剑桥中国史

总主编 /［英］崔瑞德 ［美］费正清

THE CAMBRIDGE HISTORY OF CHINA

VOL.8：THE MING DYNASTY,1368—1644,PART2

剑桥中国明代史

1368—1644年　下卷

［英］崔瑞德　［美］牟复礼／编

杨品泉　吕昭义　吕昭河　陈永革　译

杨品泉　校订

中国社会科学出版社

图字:01—1999—1496 号

图书在版编目(CIP)数据

剑桥中国明代史.1368—1644,下卷/[英]崔瑞德,[美]牟复礼编;
杨品泉等译.—北京:中国社会科学出版社,2006.12〔2020.1重印〕
书名原文:The Cambridge History of China Vol. 8:
The Ming Dynasty,1368—1644,Part 2
ISBN 7-5004-5353-1

Ⅰ.剑… Ⅱ.①崔…②牟…③杨… Ⅲ.①中国—古代史—明代
Ⅳ.K248

中国版本图书馆 CIP 数据核字(2005)第 145978 号

出 版 人 赵剑英
策划编辑 郭沂纹
责任编辑 张小颐
责任校对 林福国
责任印制 戴 宽

出　　版　中国社会科学出版社
社　　址　北京鼓楼西大街甲 158 号
邮　　编　100720
网　　址　http://www.csspw.cn
发 行 部　010-84083685
门 市 部　010-84029450
经　　销　新华书店及其他书店

印刷装订　环球东方(北京)印务有限公司
版　　次　2006 年 12 月第 1 版
印　　次　2020 年 1 月第 15 次印刷

开　　本　650×960　1/16
印　　张　72
插　　页　3
字　　数　1039 千字
定　　价　116.00 元(精装)

凡购买中国社会科学出版社图书,如有质量问题请与本社营销中心联系调换
电话:010-84083683

The Cambridge History of China

Volume 8

The Ming Dynasty，1368—1644，Part 2

edited by Denis Twitchett and Frederick W. Mote

© Cambridge University Press **1998**

Cambridge

New York • Melbourne

根据剑桥大学出版社 1998 年版译出

目　　录

导　　论

崔瑞德　牟复礼

第一章　明代政府

已故密西根大学荣誉教授　贺凯

第二章　明代的财政管理

黄仁宇

第三章　明代的法律

纽约摩根保证信托公司　小约翰·D. 郎洛瓦

第四章　明朝与亚洲腹地

昆斯学院　莫里斯·罗萨比

第五章　明代中国与朝鲜的朝贡关系

特里尼蒂大学　唐纳德·N. 克拉克

第六章　明朝对外关系：东南亚

香港大学荣誉教授　王赓武

第七章　与欧洲沿海国家的关系，
1514—1662 年

南加利福尼亚大学　小约翰·E. 威尔斯

第八章　明代中国与新兴的世界经济，约 1470—1650 年

霍巴特与威廉史密斯学院　威廉·阿特威尔

第九章　明代中国农村的社会经济发展

普林斯顿大学　马丁·海德拉

第十章　交通通信和商业

多伦多大学　蒂莫西·布鲁克

第十五章　明代文化中的道教

神学研究生会　朱迪斯·A. 伯林

图、表、图表目录

7

总编辑第 8 卷序言

　　自 1966 年费正清（1907—1991）和本人开始为《剑桥中国史》拟订计划以来，已经过了 30 年。前面的总编辑序是在 20 年前写的，不久，第一批的几卷在 1978 年和 1979 年问世。随着本卷的出版，现在有 11 卷印成。

　　在其间的若干年中变化很多。1966 年，随着"文化大革命"的爆发，中国和中国的学术界正在进入最凄凉的一段时期。历史专业与一切门类的知性活动一样遭到了破坏。在正常时期我们在［编写《剑桥中国史》］这一事业中寻求参与的中国同行被压制而默不作声并遭受羞辱。我们不可能与他们交流，否则会给他们带来危险。

　　当我们在 1976 年写作时，其规模之大令人不可思议的人类苦难和已经造成的可怕的破坏是一清二楚的。有些杰出的历史学家去世，有些自尽。其他的许多人被强制放逐，在日益恶化的条件下生活了10 年多，不得继续工作。大的学术机构已经瘫痪。能幸存的学术生活被完全政治化了。1967—1972 年期间，严肃的历史学刊物和专著的出版已经停止。少数能出版的历史作品都是陈腐的政治宣传。即使在 1976 年，严肃的出版物仍如涓涓细流，而且大部分完成于"文化大革命"前较愉快的环境之中。中国的大学仍没有正规的研究生水平的教学，以造就一批亟须的年轻一代学者。

　　1978—1979 年《剑桥中国史》第 1 卷问世之际，情况开始变化。一批中国历史学家已获准去西方旅行，开始时大部分是谨慎地参加会议和研讨会的资深学者。1979 年和 1980 年，编写两卷论述明代的《剑桥中国史》（本卷为下卷）的最初筹划工作在普林斯顿举行的两次国际研讨会上进行，这是中华人民共和国的学者参加这类国际会议的开始。不久，在 20 世纪 80 年代初期，人民共和国的第一批学生开始在西方大学中深造。

16 年以后，本卷已在改变了的氛围中完成。探讨历史学不同方面的大型国际会议每年举行多次。大量中国研究生来到西方，他们受训的水平不断提高。西方的历史学者不必非与几十年来已被蓄意禁止接触世界学术的同时代的中国人打交道。大部分西方的中国史学者的著作已被译成中文。中国的历史学术范围比起我们西方所熟悉的范围也许仍较受到限制，但现在中国的历史学家能相对自由地接触到西方的知识天地。许多人在欧洲和北美已经接受部分的训练，有着国外朋友的网络，并且具有共同的使命感，试图从所有的方向去了解过去。

幸运的是，在人民共和国工作的中国历史学家遭受的苦难并未波及所有的华人史学家。香港、马来西亚和新加坡的几个大学中一直有较小的学者团体，他们把西方的和传统的历史研究方法结合起来，颇有成果。这些团体继续在茁壮成长。

但更为重要的是台湾的学术界，许多 20 世纪 30 年代和 40 年代的中国重要学者已在那里重新定居，自 20 世纪 60 年代以来，他们及其后继者已经在那里系统地建立了一个具有丰富资源的学术社团，它在国际上对历史研究起了必不可少的作用。台湾的学者保持着研究清代和民国时期的最高学术成就；除了进行大量的研究，台湾对许多西方人来说还是一个重要的培训地。比起在大陆工作的同时代人，台湾的历史学家享有与西方学术界更长期、更密切的交往。他们之中许多人在北美享有学术地位。他们的著作，大陆的历史学家现在能够获得，并被广泛阅读，这大大地有助于赋予历史专业一种体现共同目标的感情。

［20 世纪］的最后 25 年还出现了其他变化。在吸引严肃的学术兴趣的方方面面的课题方面，西方研究中国的学术范围也已有了大规模的发展，学术成就的总的质量已大大地提高了。西方的历史学家现在可以自由地接触到人民共和国和台湾的一切档案材料，这在 25 年前是不可想象的。西方和中国的图书馆互相合作，编制全球性的书目。不但有一群年轻的中国学者得以去国外从事历史研究，而且许多

年轻的西方研究生和学者也已能够在中国的大学和研究所认真学习，还可以在 20 世纪 80 年代初期以前严禁外国人进入的中国的一些地方自由旅行。

这种情况的一个明显的后果就是出现了新的一代有早期中国史专长的年轻的西方学者；自 20 世纪 40 年代以来，这个领域在西方已被严重地忽视，但由于在 20 世纪 20 年代后期和 30 年代现代考古学在中国的兴起，特别是由于在 1950 年以后的新的发掘，这个领域有了变化。在 20 世纪 70 年代中期，当大量考古新发现的成果开始出版，我们于是作出决定：虽然早期的中国史这一领域显然是至关重要的，但它仍处于难下定论的状态，所以试图在《剑桥中国史》中收入一项恰当的全面看法尚为时过早，因此我们只能无奈地放弃。在这个阶段，专家们表现出更大的勇气，热切地利用这种新材料。许多年轻的历史学者、考古学者、社会人类学者、碑铭学者和语言学者开始出版顶尖水平的著作，并且形成了高度专业化的专家群体。这一研究早期中国的学术成就新浪潮近来使剑桥大学出版社得以委托我们撰写一部单独的《剑桥中国古代史》，以填补这一十分重要的空缺。

自〔撰写《剑桥中国史》〕这项事业开始以来，另一个鲜明的变化就是我们潜在的西方读者群的急剧变化。在 1966 年，中国对西方的普通读者来说，甚至对许多专业的历史学家来说，仍是一个处在西方人目光边缘的国家，它之所以引起公众的兴趣，主要是由于它近期的革命，以及它在世界政治中扮演的角色。它的历史仍是专家们涉足的领地。在西方国家，开阔教育的眼界，包括对非西方文化作出一定程度的报道的运动还刚刚开始。在 20 世纪 70 年代和 80 年代，其势头愈来愈猛，现在我们可以设想，大部分受过教育的人们至少会肤浅地多少接触到中国的文化和历史。40 年前盛行的对世界的目光短浅的观点因中国自己有意识地排斥外国人和敌视西方的一切事物而被夸大了，但在 20 世纪 70 年代和 80 年代初期，随着亚洲的形象在我们共同的经济前景中开始比以往呈现得更为强大，以及更多的西方人以旅游者和商人的身份开始访问这个国家，这个观点已经土崩瓦解。电视在树立这种新的意识时也起了很大的作用。到了 20 世纪 80 年代中期，每个拥有电视机的西方人已经感受到了大量中国面貌的生动形象，如从如画的风景和过去的纪念碑，直至工业城市中发展迅猛的污染状况。电视对某些事件的报道产生了政治制度的视觉印象，其影响遍及全世界，远比用文字印刷的最佳的报刊文章更令人难忘。

封闭的结束不但增强了西方对中国的认识和兴趣。新的开放也被强加给中国的统治者。他们再也不可能使民众对世界其他地方的事件和情况一无所知。通过电视机，中国人开始看到世界其他地方面貌的生动形象。后来，愈来愈多的中国人旅行看到了外部世界，或者能够与生活在国外的亲戚、同事和商业伙伴建立联系。电脑和传真机的出现使人们能与外部世界建立永久性的双向联系，这种联系再也不能中断了。

我们在本卷提到的 20 世纪 90 年代的中国史学家，不论是他还是她，是华人还是西方人，不管他用何种文字写作，都是这一新的国际化体系的一部分，这个体系是由信息技术、互相联系和互相依存建立起来的。在许多方式方法方面，在我们发现的至关重要的课题方面，在我们对过去事件社会背景的总的观念方面，在从过去寻求教训方面，我们仍持不同意见。但是我们都了解，不管我们对待过去的态度变化有多快，也不管我们对过去的解释会发生多大变化，过去是我们自我的一个永恒部分。20 世纪 60 年代中国的各种灾难源自一种被误导的和徒劳的信念，即人可以完全被塑造一新，可以断绝他们过去的文化经历。

过去不是一个国家或一种文化独有的。所有我们的历史都是人类过去经历的一部分。正如我们在 20 年前所说的那样，"中国的历史属于世界"，随着我们要生活在一个中国无疑将重新取得历史性重要地位的未来世界之中，这就更使人非信不可了。我们希望，这部当前在北京和台北正在被译成中文的历史著作将会对这种相互理解有所贡献。

崔瑞德

1996 年

（杨品泉译）

明代度量衡制

Ⅰ	长度	1 尺	＝10 寸
			＝12.3 英寸（近似值）
		1 步（双步伐）	＝5 尺
		1 丈	＝10 尺
		1 里	＝1/3 英里
Ⅱ	重量	1 两	＝1.3 盎司
		1 斤	＝16 两
			＝1.3 磅（近似值）
Ⅲ	容积	1 升	＝0.99 夸脱（近似值）
		1 斗	＝10 升
		1 石/担*	＝10 斗
			＝99 夸脱
			＝3.1 蒲式耳
Ⅳ	面积	1 亩	＝0.14 英亩
		1 顷	＝100 亩

注：本书各章有时提到的中国度量衡所依据的材料，其出入令人无所适从，而且它们取自标准单位各不相同的地区。它们并不是贯穿于明朝始终和全国性的标准，所以只能视作近似的数据。

＊石/担应该是容积单位。但是它经常被用作相当于 100 斤的重量单位。

明 王 朝 诸 帝

姓　名	年　号	庙　号
朱元璋	洪武（1368—1398）	太祖
朱允炆	建文（1399—1402）	惠帝，惠宗
朱　棣	永乐（1403—1424）	太宗，成祖
朱高炽	洪熙（1425）	仁宗
朱瞻基	宣德（1426—1435）	宣宗
朱祁镇	正统（1436—1449）	英宗
朱祁钰	景泰（1450—1456）	代宗，景帝
朱祁镇	天顺（1456—1464）	英宗
朱见深	成化（1465—1487）	宪宗
朱祐樘	弘治（1488—1505）	孝宗
朱厚照	正德（1506—1521）	武宗
朱厚熜	嘉靖（1522—1566）	世宗
朱载垕	隆庆（1567—1572）	穆宗
朱翊钧	万历（1573—1620）	神宗
朱常洛	泰昌（1620）	光宗
朱由校	天启（1621—1627）	熹宗
朱由检	崇祯（1628—1644）	懿宗，思宗，怀宗，庄烈帝

南　明

朱由崧	弘光（1644.6—1645.6）	安宗
朱聿键	隆武（1645.8—1646.10）	绍宗
朱常淓	潞简王监国（1645.6）	
朱由榔	永历（1646.12—1662.1）	
朱聿鐭	绍武（1646.12）	
朱以海	鲁监国（1645.8—1653）	

明 皇 室 世 系

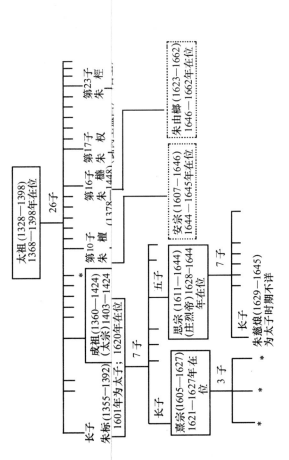

* ＝天殇之子（有选择的）
虚线方框＝南明诸帝

注：此世系表只显示未明皇室以下一些人物：在皇位继承上占有重要地位的人，进行元重大的反叛活动的人，以及这两湘人的先世父祖辈。表内某个人数及某分，均根据《明史》中的《本纪》和《诸王世表》的材料，这些在《明人传记词典》和《清代名人传》中均得到印证。在立"合法的"世子的问题上，诸王世系的问题上，其他材料可能与本表有出入。

导　论

　　《剑桥中国史》第7、8两卷专门论述明代（1368—1644年）的各个方面。第7卷是明代政治史的记述，第8卷则汇集了这段时期不同的课题研究。这两卷的编写计划早在15年前的两次连续的研讨会上作出，两次会议由全国人文学科基金会慷慨资助，于1979年和1980年的两个夏季在普林斯顿大学举行。有二十多位可能的撰稿人和高年级的大学生参加。在这两个夏季，他们和本书的两位主编每次都讨论明代的研究范围达数周之久。两卷的撰写计划被拟订出来，编写的各章也都分给了作者们。我们决定遵循两卷隋唐史的模式（隋唐史的前一卷是当时出版的前近代史的惟一的一卷），先写记叙性的前一卷，然后再写汇集各个课题研究的后一卷。

　　这两次会议不但开始了撰写剑桥史各卷的过程，而且激发了西方学者对明代研究的兴趣，并把它提高到一个新的水平。正如中国的学术从20世纪60年代和70年代的阴影中凸现出来那样，它们也有助于为从事共同的历史事业的中、日和西方史学家们的有益合作奠定基础，而这种合作在现在已经是被视为当然的事了。

　　一些不能预见的事件延误了原来打算完成这两卷明史的日程。第7卷于1988年问世，一部未经授权的中译本在1992年初出现于北京的中国社会科学院（当时，中国尚未加入国际版权公约组织。——译者注）。现在，第8卷经过长期的撰写、重新规划和编辑而终于完成。明代史的研究领域在20世纪80年代和90年代已经取得了迅速的发展，我们已经打算把新的学术成果收进本卷。主要的几章仅在三四年前才被分给作者，以反映这些广泛的发展，这样就必须改变主编和个别作者的计划。

把像本书那样一部多名作者撰写的大部头著作的各章汇集起来只是成书的一个步骤。随之而来的是需要做更细致和费力气的工作，以使全书在风格上统一。本书大大得益于詹姆斯·盖斯博士早期过细的编辑技巧，还有其后任拉尔夫·迈耶，他为出版本卷准备好了计算机化的手稿。我们还幸运地得到普林斯顿大学盖斯图书馆的马丁·海德拉博士的协助，他为我们解决了许多书目编排的问题，同时自己还撰写了内容丰富和有创见的一章。我们还要感谢本书的几个作者和许多中国史研究领域中的同事，这不但是由于他们这些年来的耐心，而且还由于在本卷成书过程中，他们对许多问题提供了慷慨的帮助和建议。

第8卷包括了明代许多课题的研究。它从这一方式或另一方式论述了政府的结构、财政和法律制度、对外关系、地方社会的运作、农业、货币与经济、运输与交通通信、佛教和道教，以及儒家思想的历史。本卷论述的题目大部分不仅仅在一章中加以讨论。有些问题的不同观点出现在两章或几章中，这些反映了不同的作者自己的研究所得。本书对作者不强加统一的解释。大家同意，每位作者写他或她感到有兴趣的内容；当他们感到有必要时，也可写不同意其他作者的内容，但他们应该知道相互不同的观点，并在文字中适当地提到这些分歧。

有些大而重要的题目不是本卷各独立章的主题。有的题目即使在讨论其他主题时也没有被充分地提及。根据计划，我们不情愿地（就像《剑桥中国史》的其他各卷那样）放弃了论述明代艺术和文学的几章。两者都是学术上范围广泛而且研究非常活跃的领域。然而，就艺术而言，许多高质量的图例是绝对必要的，而明代的文学现在广泛地被人研究，以致能独立成卷。然而缺乏对这些课题的研讨的缺憾，将使读者不能对知识精英的有重要意义的事情有所了解，而正是这些事情才深深地影响着知识精英的思想和生活作风，并有助于使他们具有共同关心的对象和认同感。

我们原来计划收入由专家撰写的论农村经济和农业技术、论手工业和生产技术的不同方面、论科学及其应用、论城镇的成长和城市功能、论图书印刷的社会史以及其他有关课题的篇章。在我们计划的某些阶段，这些主题的各章的撰写也在进行，但后来不得不放弃。就现在本卷的篇幅而言,所有的重要方面都有涉及,读者在阅读时可以明显地感受到。可是使我们遗憾的是,这一卷内容十分丰富的大部头著作不可能再加以扩充,所以不能再把那些课题收入并进行更深入的探讨。

地区的差异

在过去的四分之一世纪中,对中国历史的认识的重要变化也许是:人们了解到,虽然在总体上试图对中国的发展作全面的概括依然有重要的意义,但在地区的背景中描述特有的现象即使不是更加重要,也是同样重要。在更早的阶段,材料的稀缺(除了少数几个我们非常了解的地区之外)限制了我们把中国历史地方化的企图。到了宋、元,地方化的企图在愈来愈多的地方变得可行了。到了15世纪晚期,历史学家被大量地区性的材料所"淹没",以致在讨论任何题目时,对地区性因素的考虑几乎变得必不可少。这种情况不但适用于以下方面的研究,如农村社会、地方官吏与其行政机制之间的关系、对非正式的地方管理作出巨大贡献的有教养的地方士绅、农村民众(这些在本卷都以一定的篇幅予以论述);而且也适用于对以下方面的探讨,如不同地区的无法无天和维持公共秩序的状况,商业、经济和社会网络方面的探究,技术技艺的不同层面的发展,以及地方宗教形式和学术、思想、文学、艺术的地区学派的讨论。

科　学　思　想

人们普遍地仍能遇到一个多少有点公式化的观点:中国的科学和科学思想是其高度文明的组成部分,这一文明的发展也许在12世纪以前远远走在西方国家前面,但它后来在明、清时期就变得愚钝而毫无生气了。我们认为,这个观点被大大地夸大了。明代政府经常是压制性的,它坚决主张一贯狭隘的儒家正统观念的企图在某些情况下取得了巨大的成功,特别在涉及科举制度和学者精英的官方信条(如果不是私人思想)方面更是如此。但事实上在明代最后一个世纪或更长的时期中，出现了非正统观念、抗议、无拘无束的生活作风、在文学和思想中对男女关系的深入的审视，以及在一切艺术中出格的和创造性的表现等引人注目的繁荣现象。随着时代精神的成长，还出现了一种情况，即摆脱对求知努力的束缚性的压力，而这种求知性的努力非常合适地容许科学思想源源不断地涌现出来。

已故的李约瑟虽然把明代科学总体的衰落看成是一种典型的趋势，但也注意到 1500 年以后数学活动的明显的复苏。天文学继续显著地进步，特别是把天文观察实际应用于航海方面。制图学和海员普遍使用的航海图表的绘制也有长足的进步。医药学和药理学是明代应用科学的丰产地。这个时期产生了中国历史上几部最重要的植物学著作，它们着眼于实用性，是作为农艺学、药理学，或在自然灾害时期防止饥荒的副产品而写的。1637 年宋应星的《天工开物》总的来说着眼于实用性，是一部涉及面广而且很有价值的关于工业技术的著作。我们还能看到明代建筑工程、造桥和军事技术方面给人留下深刻印象的例子。就科学思想而言，明代不如宋代（960—1279 年）那样有创造性，这可能是事实；但就将科学技术实际应用到日常生活而言，明代是一个重要的时代。我们相信，一项致力于收集和评估一切有关材料的尝试最终会使那种关于明代的心志和精神衰退的误导人的总结成为陈腐的观点。

农 业 技 术

应用于农业的技术是一个显然需要作出新的探索努力的研究领域。令人遗憾的是，在这一领域的 20 世纪的杰出人物、已故的天野元之助不能再为本卷完成原计划收入的一章。这一章本来可以成为评估明代中国农业经济的主要内容。这个课题具有非常重要的意义和引人注目之处。明代经历了适应新大陆作物的原始阶段，而这种作物对中国社会的复杂影响现在仍未得到充分的探讨。但是需要补充的是，有充分的证据证明，在 16 世纪中叶，甚至在中国农业开始取得新大陆作物之前，明代农业已处于迅速变化和适应的状态。显然，"不变的中国"与同时代的欧洲相比，事实上更能迅速而广泛地采用这些作物，把它们用作食物，并在新型经济中利用它们。虽然弗朗西丝卡·布雷近期的论中国农业的著作为我们这方面的总的知识作出了引人注目的贡献①，但是如果能看到把明代材料综合起来并作出系统分析的情景，这才会引起人们最大的兴趣。

手工业生产

从技术的、工艺的、社会和经济的观点对手工业和工匠手艺作出一个总的观察是可能的，虽然并不容易。归属于这一标题下的大部分材料散见于本卷各处，但这个题目仍迫切地需要一个总的观察，这种观察要勾画出本卷明确而集中提到的巨大的技术工匠集团衍生的社会和经济中方方面面的影响，并深入到它更专业的细枝末节。中国文明的这些方面成了晚明时期世界的奇迹，当时西方商人首先来到中国，主要是寻求手工业技术制品、瓷器、丝绸和锦缎，玉石和珍贵木料的雕刻，漆器，精致的金属制品，以及丰富得无与伦比的其他贵重物品。

但除了用于奢侈品交易的高级产品，中国的手工业者以其深厚的创造力生产了无数日常生活中必不可少的商品和用品：从鞋、帽以及车、犁，到刀、梳子、剪刀、铁锅、各类纸张、皮革、编织品、陶瓷品和世界上最雅致的家具——真是一份无穷无尽的清单。我们认为，在明代，制造这类物品的设计和使用价值的水平达到了新的高度，而明代的商品则被分配给更广大范围的民众去使用。忽视这个领域，也就是回避给予明代生活的鲜明特征的大部分内容，但除了本卷叙述的内容，还没有其他可行的途径。

城市和城市化

最后，对明代的城市特征及城市化这两个题目进行明确论述的时

---

① 弗朗西丝卡·布雷：《农业》，载《中国科技史》，第 6 卷第 2 部分，李约瑟编（剑桥，1984 年）。

机已经成熟。早期的研究已为探究这一领域提供了扎实的、观念上的和有分析力的框架。[1]

崔瑞德、郝若贝、斯波义信、施坚雅等人对唐、宋以来市场销售和贸易的研究，已对商业革命、城市与乡村等诸多部门的相互依存以及全国性市场的成长勾画了一幅图景：总之，经济功能造成了成为中国社会史核心的城市化的成长模式。而且，如同晚明的作者所指出的那样，城市劳动变化不定的特性也应成为研究城市特征的重要方面。

再转到明代城市的物质方面，建筑传统和城市规划的观念使宏伟的两京都城及其他大小城市呈现出独特的形式和外观，这些方面已被研究得相当深入。对建于14世纪60年代与14世纪70年代的明代第三个京都（安徽的中都）的近期的研究正向我们说明，南京和北京的规划和设计，都取自于建设中都成就的精华。[2] 这将使我们注意去重新评估明代两京的历史。

一本内容丰富的著作近期在中国问世，其内容完全是探讨明代城市的社会和经济的各个方面[3]，这表明中国学者把中国城市特征单独作为一个研究领域的日益增长的兴趣。这样就把城市特征置于最广义的社会架构之中进行研究，并能从传统的史料中搜集到大量的信息。我们了解明代有相当数量的城市和大城镇存在，其规模和繁荣程度都令人惊讶，由于这些近期的研究，人们对其认识颇有进展。[4] 对明代城市特征的重点分析本来会对本卷作出有价值的补充，但这必须等到新版的《剑桥中国史》的问世，相信这部书肯定会在下一代学者中产生。

其他读者无疑会在本卷中发现另外一些缺漏。例如，从定居在中国北部军事社区的蒙古裔少数民族，到由明政府任命的土司管辖的少数民族群体，都不应仅仅作为一个地方治理问题来进行探讨。明代妇

---

[1] 例如吉尔伯特·罗兹曼：《清代中国和德川时代日本的城市网络》，1973年。此书把明代的城市发展置于一种图解的结构之中，并介绍了有用的概念研究手段。

[2] 王建英（音）：《论中都》，北京，1992年。

[3] 韩大成（音）：《明代城市研究》，北京，1991年。

[4] 关于对近期第二手研究的全面观察，见牟复礼：《晚期中华帝国的城市历史》，载《明史研究》，34（1995年），第61—76页。

女的社会地位似乎正在成为一个更明显的注意焦点，特别在通俗的和娱乐性的文学得到充分的研究时更是如此。许多有关的问题，包括抚养儿童、领养、婚姻、纳妾、妇女财产、自杀、色欲的重新盛行、与妇女和儿童有关的医药史，这一切都是在一系列有待于周密探究的历史问题之列。明代的军事力量仍需要进行广泛的研究，以探究它的管理、它的社会构成、它的训练和专业技能、它在战场上的调度，及其在维持民间秩序中的作用。

虽然本卷收进了对明代儒家思想的精辟的论述，精英和识字的亚精英的思想意识的其他方面也能增加我们对明代生活结构的认识，在此结构中，迅速变化的商界也正在成为一个比以往更为重要的组成部分。

读者将会看到，以上所述的明代的几个方面（无疑还有其他几个特定的方面）不是被完全忽视，就是没有被专门进行深入的论述；随着明代吸引着不断扩大的专家群体，这些差距会变得愈来愈明显。我们希望对本卷这些缺漏的认识会激发其他人去进行新的研究，并导致新的著作的问世。

在编纂如此规模的一部综合性著作时，在它包容的范围，以及如何使涉及的范围及时地赶上时代需要这两方面不可避免地会受到限制。此外，我们两个主编必须接受一个事实，即在如此迅速发展的历史领域中，我们仍只是触及了浩如烟海的史料的表面；我们正在开始把许多从细节调查中所得的数据置于更广泛的背景中进行研究，并把新的方法论应用于我们的材料上。因此，在某些特定的领域中，本卷在几年中不可避免地会被不断前进的学术研究所超过。尽管如此，我们仍认为第 8 卷满足了目前的需要，充分展示了当前知识的新面貌，达到了综合它涉及的领域的新水平，并且现在能够恰当地在《剑桥中国史》中占有一席之地。

牟复礼

崔瑞德

（杨品泉译）

第 一 章

明 代 政 府

明代普遍被人认为是一个进行稳定而有效的治理的时期，在此期间，些重要的新制度得以发展起来。虽然明朝最后在内乱外患的压力下垮台，但长期以来它似乎是中国人所知道的最稳固和最不受人挑战的统治皇室，而其制度也大部分被后继的清代以赞赏的心情继承下来。

在明代已经成熟的行政制度是一种发展趋势的最终形式，这一趋势在唐中期以后日趋明显，在宋代有了显著的发展，在元代蒙古人统治时期得到了进一步推动。皇帝是最高的独裁者。代表皇帝治理帝国的职责被授给受儒家学说熏陶的学者文人，这些人根据在科举考试竞争中表现出来的学术成就而被选用，他们在官场的升迁在很大程度上根据他治下的平民百姓对他的工作是否有成绩的评议，同时他们组成了基本上有自我调节能力的文官集团。

文官集团以空前牢固的程序左右着政府。它不受世袭贵族或武将的严重挑战，虽然宦官代理人或操纵皇帝的人常常破坏文官们的支配地位。整个社会被完全纳入国家控制之中，以致在明代的最后几十年中，皇帝能够稳稳地控制他要控制的一切；文官官员作为社会的天然领导人，社会中的其他集团无一能与之对抗。

本章论述明代行政制度在经历几十年中的兴衰变化，在论述时依次考虑明帝国的版图组织、组成政府的不同的集团，以及政府体制的结构。①

_____

① 关于明代政府的史料，如同中、日和西方文字的研究著作，非常丰富。主要史料包括成书于 1736 年的正史，即《明史》，以及后来的官方行政法规汇编《大明会典》（1587年版，1936 年《万有文库》丛书重印，本文所引即为此版本）。在更有用的近代参考

行 政 地 理

明代皇帝及官员治理的版图比 8 世纪盛唐以来任何本地的王朝控制的领土更加广袤,它并入了西方人根据传统称之为中国本土的绝大部分。它从北纬 40 度延伸至 20 度,从东经 100 度伸展至 120 度,呈正方形,面积约 150 万平方英里;它从长城向南延伸 1200 英里直至南中国海,从太平洋向西延伸 1200 英里而至西藏的山麓。在明代初期的一代人时间,明代西南的北部越南也被并入明帝国,在整个明代,中国本土的东北、北部和西北部的边境地区都驻守着明军,这样,从亚洲腹地的哈密直到偏远东北的黑龙江和朝鲜边境,人们都能感到明代行政力量的存在。在更远的区域,从东南亚、更远的亚洲腹地、蒙古、朝鲜,有时甚至日本的国王和领主们定期地或不定期地向明代中国皇帝表示敬意,把他们视为霸主。

从 1421 年起,明代诸帝从位于现代北京的王朝都城统治着帝国。在此以前,即从 1368 年至 1420 年,首都是在现代的南京,即明代开国皇帝的南方的权力中心。两座京城周围是省级规模且行使区域和地方管理的直隶区,京城则称为京或京师。1403 年当迁都开始启动时,原先曾是北平省的地区被改组成北京区,现代北京之名即源于此,1421 年当迁都之举正式告成,这个北京区被重新命名为京师(通常称直隶或北直隶)。原来南京周围的京师区被重新命名为南京(现在的南京之名即源于此,通常被称为南直隶),明以后南京周围的京师区被分为江苏和安徽两省;原来的南京京都此时成了一个内设支撑性

资料中,有陶希圣、沈任远著的《明清政治制度》(台北,1967 年)。叙述范围广泛的作品包括:贺凯的《传统的明代中国》(特斯康,1961 年);他的《明代的政府组织》,载于《哈佛亚洲研究杂志》,21 (1958 年 12 月) 第 1—66 页和 23 (1960—1961 年)第 127—151 页;转载于约翰·毕晓普的《中国史中政府制度研究》(坎布里奇,马萨诸塞,1968 年);贺凯的《中华帝国职官辞典》(斯坦福,1985 年),第 70—82 页。这些材料被广泛地在文本中引用,官衔则根据《中华帝国职官辞典》译成英文。在以下的脚注中还引用了其他少数传统的和近代的作品,但没有尽力地去提供书目的参考材料。

中央政府的陪都。把南直隶区的这些特殊地位和南京城保留下来，是一种纪念和尊崇明代开国皇帝的行为。

从南京迁都北京之举造成了某种术语上的混乱，以致 14 世纪文献的研究学者忽视了他们所冒的风险。直到 1421 年以前，中央政府的一批打前站的机构在北京建立，在那里任职的官员的官衔都冠以"行在"这一前缀词。在 1421 年，这种用法被停止使用，表示区别的前缀词"南京"被用在原来的首都中有留守人员并基本上行使礼仪职能的各个政府机构。这样，以北京的户部为例，它就有一个设在南方的对应的影子机构：南京户部。但从 1425 年至 1441 年，这种说得通的命名方式颠倒了过来。在此期间有一个从未实现的计划，即把行使职能的中央政府迁回南京。因此，在提到仍是支撑性的南方各机构时，前缀词"南京"就被取消，而北方各机构则恢复使用"行在"这一前缀词。这样，以仍在北京真正的中央政府行使职能的户部为例，它被不切合实际地称为行在户部。它在南京设立的基本上是象征性的对应机构却不切合实际地被命名为户部。为了便于读者理解，西方的作者一般都避免这种纠缠不清的命名方式，办法是把户部（以此为例）指称为直至 1420 年的设在南京的这个机构和从 1421 年起设在北京的这个机构；从 1421 年起，在南京的行在中央政府的一切部、署都冠以前缀词"南京"，只对在 1421 年以前过渡期设在北京的具体的部和署冠以"行在"这一前缀词。

开国皇帝本人对南京是否能充当王朝最合适的首都也不能肯定，并在北方物色另一个永久性的地方。1368 年晚期，他指定河南省开封这一宋代的旧都城作为他的北京，但河南并未成为京师区。不到一年，建立中央政府的前景成为泡影，而在 1378 年，这一提名被取消。1391 年，明太祖对一项建议作了郑重的考虑，建议提出把他的京城搬到在陕西省的先前唐都长安，但是没有结果。更持久计划的是洪武帝在 1369 年以敬重的心情提名安徽凤阳府（他的出生地）为中都。直至 1375 年，凤阳出现了一次次的大规模的盛典和一批批的新建筑，它长期持续受到敬重，但它在明代政府中从未发挥行使职能的作用。嘉靖帝（1521—1566 年在位）后来对位于现在湖北的承天府也表示了相似的敬意，他出乎意料地以皇室世系的支系后代身份登上了皇位。承天是他的故地及其双亲的府第所在，它被尊称为兴都，兴为他父亲封地之名。

除了两个京师区，明代中国出于行政管理的目的，根据传统的边界以及大部分根据自然的边界把全国划分成 13 个省，根据受明代控制的时间次序，它们是：1. 浙江（1362 年）；2. 江西（1365 年）；3. 湖广（1365 年），从字面讲，是长江中游的洞庭湖和广州区的结合，此名取自元代的用法，虽然广州区未包括在湖广省内，明代以后它被分而并入湖北和湖南两省；4. 福建（1368 年），表示福州和建州两地在该省的突出地位；5. 广东（1368 年），表示今广州及其东部的内陆；6. 广西，表示广州以西的内陆（1368 年）；7. 山东（1368 年）；8. 河南（1368 年）；9. 山西（1368—1369 年）；10. 陕西（1369 年），位于黄河大拐弯地向东流到华北平原的河套，延伸到现在的甘肃；11. 四川（1371 年），表示受长江上游诸支流支配的高地河谷；12. 云南（1382 年），表示覆盖四川的云雾之南；13. 贵州（1413 年），其名取自贵阳城及附近的贵山。

北京周围的地区从 1368 年它臣服时被组成一省，直至 1403 年为止。从 1407 年至 1428 年，安南（今越南北部）被组成明代一个省，它有一个古老的名称交趾（"交腿"人的土地，根据中国史书传奇，他们的脚朝相对的方向）。这样，在明代的早期几十年，省的数字变化不定：1368 年从 3 个增至 9 个，1369 年增至 11 个，1371 年增至 12 个，1382 年增至 13 个，1403 年减至 12 个，1407 年再改为 13 个，1413 年增至 14 个，最后在 1428 年又改为 13 个。从此在王朝的其余年代里，此数保持不变。

除了中国本土的省治类型外，明代统治者以不同形式在东北、北方和西北行使其权威；其军事管辖类型之一称"镇"或"边"，它在一定程度上与省的管辖有重叠，但它大都用于中国本土以外。

在明初的几十年，这些防区反复地进行重新调整，但趋于成熟的体系包括以下九个镇，它们分布在从满洲沿中国本土北方边界向西深入亚洲腹地的一带：

1. 辽东：从鸭绿江的朝鲜边界至山海关，华北诸山脉与北中国海的会合处。

2. 蓟州：从山海关往西直至北京北部的区域。

3. 宣府：在北京西北。

4. 大同：沿山西省的东北边界。

5. 山西（请勿与山西省相混）：沿山西省边界直至黄河，又称偏头或三关。

6. 延绥或榆林：在陕西北部，面对在黄河北部大河曲内的鄂尔多斯。

7. 宁夏西部地区：黄河从北流过，西经东北甘肃。

8. 固原：在宁夏镇南面，位于长城沿线以内的地方，扼守一条游牧民从鄂尔多斯迁徙到西藏山麓方面的通道，地处在必要时可以支援延绥、宁夏和甘肃诸镇的位置。

9. 甘肃：陕西西北，大致相当于今之甘肃省，甘州和肃州为其重要基地。

在洪武年间（1368—1398 年），中国的军事力量在北方全面地表现为：在宣府镇北面设有开平镇，它以过去元代的都城上都城外为基地。但在 1430 年，朝廷作出决定：这种设置力量太弱，不足以抵御蒙古人的袭扰，于是开平迁往长城以内、北京南面的保定，并以此为基地，开平在那里只充做明朝京城的后援。此外，还在同样远离长城的近代的热河省设立大名镇，但它在 1403 年被废除。[①]

明代诸省幅员广大，有的省的面积相当于英格兰或美国的一个大州。虽然交通运输根据同时代的标准来衡量是组织良好的，但也远远谈不上方便。人口很多，在明代还在增长，官方的人口统计报告不可靠，很可能远远低估了实际的人口数字，但它们也能使我们对各省人口相对的数字有一定的了解（见表 1—1）。

---

① 《大明会典》第 129—130 卷和明代官员魏焕（约 1529 年）的《皇明九边考》对明代诸镇有详细的讨论；《九边考》的摘录载《明代论丛》（台北，1968 年）第 6 卷的《明代边防》中，第 33—112 页。

表1-1	上报的各省人口数		（单位：百万）
	1393	1491	1578
黄河流域			
北京师	1.926	3.424	3.422
山东	5.255	6.759	5.664
河南	1.912	4.360	5.193
山西	4.072	4.360	5.319
陕西	2.316	3.912	4.502
长江流域			
南京师	10.755	9.298	10.497
浙江	10.487	5.305	5.153
江西	8.982	6.549	5.859
湖广	4.702	3.781	4.398
四川	1.466	2.598	3.012
远南及西南			
福建	3.916	2.016	1.738
广东	3.007	1.817	5.400
广西	1.482	1.676	1.186
云南	0.259	0.125	1.476
贵州	—	0.258	0.290
合　计	60.537	56.238	63.109

　　资料来源：《明史》，第40—46卷。人们普遍认为，1393年的数字可能是合理而正确的，但以后的数字都严重误导人们——如到1600年，实际总人口数已增加到远远超过1个亿，也许接近2亿人。

　　在明代，治理这些广大地区和众多的人口之所以可能，是因为沿用了在此以前的地区和地方的行政管理。依照其面积和人口数依次递减的顺序，它们是府、州和县。在满洲征服者主持下编纂的《明史》列有159个府、240个州和1144个县。[①] 这些是晚明时期的总数。由于一些地区地位的升格或降格，以及由于地方行政单位的设置或废除，在整个明代，数字变化不定。以浙江为例，它有11个府，只有1个州，还有75个县。治理全省的杭州府下辖9个县。一个知府在理论上要监管约1万平方英里内的约60万名百姓，他下属的一个知县要治理约1300平方英里的辖区内约9万名百姓。在正式的行政等

———————

① 《明史》，第40卷，第881—883页。其他的计算列出了1159个县和1169个县。

级中，县以下不设管理单位。

如同中国的前近代史的其他时期，在明代的行政体系中，城市和城镇没有特殊的地位，不过它们普遍地有几个城门的城墙明确地界定，城门从黄昏到破晓都被紧锁。例如，用来治理浙江全省的各机构的衙门以及杭州知府的驻地都在杭州大城市中，城墙内的居民也许有100万人。但是对这座有城墙的城市的管理职责由钱塘县和仁和县的两个知县共同承担，每名知县各管辖一个从城内扩展到周围很远的乡村的区。只有北京和南京，才提供了更为特殊的城市管理模式，二者都不再细分成县，而是分成5个城，每城设兵马指挥司，以监管治安巡逻和防火。特别在人口增长和有些村庄发展成城市中心时，出现了其他极端形式：有许多城镇甚至不是知县的驻地，并与它们所在县的知县很少有直接的联系。各地农村不仅如谚语所说的"天高皇帝远"，而且知县也从未来过。在城乡两地，大部分行政事务势必要交给非政府集团来处理（见以下关于县以下组织的讨论）。

政 府 人 员

受明代民众支持的政府包括接受国库俸禄的各类人物，他们相对于民众来说人数甚少，但就绝对数字而言，人数是多的：当时无疑是世界上存在的最大的这类社会上层结构。它的主要组成部分是皇帝、皇室及其宗人，享有特权的贵族集团，文官及其下属胥吏和地位低下的帮手，以及将领和士兵集团。

皇帝、皇室及其宗人

皇帝

除了清代初期在南方主持着支离破碎的勤王政体的有资格称王的那些人之外，在1368年至1644年的277年中，有16人连续统治着明帝国。自洪武朝以后，所有的皇帝都是朱元璋的后裔。在15人中11人是作为父皇的幸存的长子登上宝座，两人是皇帝的弟弟，一人是早死的长子的长子，一人是侄子。按照明代的规矩，皇位应该传给皇帝的元配皇后的长子。只有在指定的皇储无子而早死才容许有变通。这个原则得以遵守，只有在永乐帝（1403—1424 年在位）从他侄子那里夺取了皇位才破了例。即使在当时，由于永乐帝在 1398 年以后是开国皇帝的在世的最年长的儿子，人们可以争辩说，他的篡位并没有严重违反这个原则。①

　　明代皇帝中万历帝的在位期最长，他从 1572 年至 1620 年统治了 48 年；在位期最短的要数他的儿子泰昌帝，他只在 1620 年统治了 1 个月。按照中国人的算法，一个人活在一个历年内就算一岁，有 8 个皇帝在未成年时登上皇位，其中最年幼的是在 9 岁登基。登基时最年长的有 47 岁。皇帝中活得最长的是明太祖，他在 71 岁时去世。在位皇帝中去世最早的是天启帝（1620—1627 年在位），他死时 23 岁。

　　所有的明代皇帝都姓朱。他们自己的名字都不使用；官方规定在皇帝生前，组成其名的汉字不准使用，如果这些是普遍的和不可避免地要使用的汉字，则可作出一些例外。英文原文"emperor"一字则可译作传统的半神权性质的"皇帝"，但皇帝从未被如此称呼过。他们被称为"陛下"，按照字面，此词是指统治者召见其属下的高台的"台阶之下"，暗示讲话者不敢直接面对统治者说话。皇帝生前间接地被一些传统的名词指称，其中最正规的是称"上"，"高高至上"。皇帝死后则被授予精心设想的颂扬他的称号，例如洪熙帝的谥号为"敬天体道纯诚至德弘文钦武章圣达孝昭皇帝"，而他只在 1424 年至 1425 年治理了一年。皇帝们死后还被授予庙号，用于其后代对祖宗祭祀之用；在理论上，它们都是形容性的称号，如太祖、孝宗、武宗等。这些名称在后来的中文著作中最普遍地被用来指称他们。在为宏伟的陵墓命名时，他们有时也被提及。如南京城外洪武帝的孝陵和永乐帝的长陵，后者是建于北京西面 13 座明帝陵墓的第一座，现代的

---

① 人们可以从明太祖的《皇明祖训》中理解明朝的继位原则，此书从 1373 年至 1395 年几经修订。1395 年的版本可在 1966 年台湾再版的《明朝开国文献》第 3 卷和在 1966—1967 年东京再版的《皇明制书》中找到。见傅吾康：《明史资料介绍》（新加坡，1968 年）6.2.12 和 6.1.5。关于这一讨论，见牟复礼和崔瑞德编：《剑桥中国史》，第 7 卷（剑桥，1988 年），第 177—178 页（此为英文版页码，下同。——译者注）。

旅游者对这个陵墓群都很熟悉。①

本书所指称的皇帝的名号从任何意义上说都不是他们个人的名字，而是皇帝登基时所颁布的他们的年号，年号都带有吉庆的意义，如永乐、正德、嘉靖等。在以前的王朝中，任何皇帝治理期间的年号普遍地不时变换，以期事态的发展朝有利方面变化，或者是为了庆祝某个吉庆的事件。然而，明代的开国皇帝从未更改其原来的年号洪武，而他的后继者都以他为先例。虽然年号通常只是在它们颁布后的年初开始实行，但它们都与明代诸帝的实际治理期非常吻合，以致在使用它们时（特别是非中国人使用时），它们仿佛就是其个人的名字。

宫中妇女

皇帝可以随心所欲地收纳许多嫔妃，但只能有一个皇后。偶尔（但不是普遍的情况）有的皇后失宠，特别是在她们不能生育儿子时，就被贬到较低的地位，而由其他宫中妇女取而代之。在位皇帝的母亲称皇太后，其祖母称太皇太后。

开国皇帝对"妇女作乱"之类的可能性表示关切，这类事件曾使以前的王朝陷入困境，如唐代的武后确实篡夺了皇位。洪武帝在后宫立了一块金属牌匾，对宫中妇女的干政提出警告，而实际上明代的朝廷可能不像其他任何正统王朝那样受到宫中妇女的干扰。然而，仍存在有实力和有势力的皇后。第一个就是马皇后，她出身平民，是个孤儿，在开国皇帝的早期生涯中成了他的原配妻子，当时他是一次凤阳反元起义的小领袖。在他从叛乱者一跃而成为皇帝期间，她机敏地辅佐丈夫，直到1382年亡故前马皇后每当皇帝盛怒发威时就能缓解他的冲动，因而受到人们的赞誉。

另一个有影响的皇后是张皇后，她是洪熙皇帝（1424—1425年在位）的遗孀，宣德皇帝（1426—1435年在位）的母亲和英宗（1436—1449年为正统皇帝，1457—1464年为天顺皇帝）的祖母。当宣德皇帝于1435年去世时，他的继承人刚7岁多（9虚

---

① 关于明代所有皇帝的传记，参见《明人传记辞典》和《剑桥中国史》第7卷，牟复礼、崔瑞德主编。

岁）。明朝律例没有带幼儿上朝施政的规定，于是张皇后（此时为太皇太后）在包括有影响力的宦官和朝臣的非正式的摄政会议上能干地承担起政务的主要决策者的责任。在她 1442 年去世之前，她在内宫不露声色而又如此有效地左右着政府，以致历史学家把英宗第一次在位期的早期说成是稳定而良好的施政时期。

同样，当万历帝（1573—1619 年在位）在 9 岁登基时，他的母亲李皇太后对他管束得很严；主张改革的大学士张居正（1525—1582 年）在发挥其事实上的摄政作用时，她给予支持，并不时地加以引导；在 1614 年去世前，她试图约束成年皇帝不应有的冲动，并取得了一定的效果。甚至明代历史上名声最坏的有影响的宫中妇女，即万历皇帝的宠妃郑贵妃（1568？ —1630 年）在长达数十年中密谋立她的儿子为皇储的企图也未取得成功。①

根据留下来的有关她们的历史材料，明代诸帝的妃子约有 6 名，或者更多，她们有妃、嫔和夫人的称号，这些都可被理解为配偶。它们一般用前缀的名词来区别。皇贵妃似乎是这些称号中最为高贵的，其他名词包括贵妃、惠妃、贤妃、淑妃、康嫔、恭奉夫人等。明代与以前的王朝不同，似乎没有一套明确规定的有官品的称号，或者一套这类称号按照等级排列的表。②

皇帝的后妃在朝政中缺乏影响力的原因是，她们原先都不是选自显赫的家族。她们的大部分来自平民或低级武官的家庭。在每朝皇帝开始执政时，或以后在皇帝需要时，地方官员就把达到发身年龄的女孩提名为德、丽和仪。有的是作为友好的外国统治者（主要是朝鲜和蒙古）的礼品。

对这些女孩来说，正常的形式是进宫侍奉，处于低下的地位；然后，如果她们十分幸运地取得皇帝的宠爱，就会被提升为妃子，甚至

---

① 见《明人传记辞典》中马皇后、朱祁镇、李氏、张居正和郑贵妃的传记，及《剑桥中国史》第 7 卷。
② 《明史》第 113—114 卷关于宫中妇女的表和传，与其介绍性的陈述不符，它声称只用了 8 个 "妃" 的称号。

皇后。宫女一旦获得如此的恩宠,她的父亲和弟兄一般能获得武将等级中的俸禄和官衔。特别受宠的妃子偶尔地,而皇后则正规地为她们的近亲争得贵族地位,但1529年的规定"外戚封爵毋许世袭",不准这类皇亲的贵族身份再继承下去。① 总之,明代的做法是,皇亲的荣誉来自并依靠他们在宫中的女亲属所受的恩宠。对皇帝来说,他们不与有独立地位和有威信的家族联姻,因为它们(如同以前那样)能够对皇帝施加过多的压力,或者会危及王朝的延续。

在明初的几代皇帝治理时期,与元代一样有妃子在其皇帝去世时自杀(或被谋杀?)陪葬的习俗。这一习俗也盛行于皇室的亲王中。洪武帝的"许多",也许是"大部分"妃子据说以这种方式死去。弘治(应为洪熙。——译者注)和宣德两帝分别在1425年和1435年去世,每次都有10名妃子这样地死去。但是在1464年英宗的临终遗诏中,这种做法被宣布为残忍野蛮而被废除。② 在整个明代,嫔妃留在宫中至死,甚至在下一朝仍养尊处优,这显然是更常有的事。

除了皇后和嫔妃,明代的皇宫招收了大批用作侍奉的其他妇女,她们被称为女官。洪武帝避免"女乱"的部分计划是限定这类女官的最高限额为100名,他的宫中也只为宫女设立93个职位。然而到了15世纪20年代,这些限制被置之不顾,特别在明朝的最后一个世纪,宫女的人数剧增。后来清代的康熙大帝(1662—1722年在位)抱怨说,在明代的最后几十年,宫女数达9000人之多。③ 他的数字可能是出于宣传目的而加以夸大,但据可靠的记载,在明代最后几朝,年轻女子以300人一批召进宫去侍奉并非不是常事。选召的程序基本上与选召嫔妃的程序相同,因为宫女就是潜在的妃子。

在宫中侍奉时期,所有宫女都被严密地与外界隔离。据《明史》报道,隔离是如此严密,任何人私自与外界通信,按律要被处死。当

---

① 《明史》,第76卷,第1855—1856页。又见《剑桥中国史》,第7卷,第461—463页。
② 《明史》,第113卷,第3515—3516页。
③ 丁易:《明代特务政治》(北京,1950年),第24页。

宫女生病时，虽然可以按其症状下药，但医生则不得进宫为她治疗。① 但另一方面，宫女则能相当自由地被遣回或解除宫中职务。有的宫女作为皇帝的恩赏而被赐给受宠的显贵人物，从而成为他们的宠妾。其他宫女经过长期工作后被送回其家，并享有养老金。1389 年一项成规被总体建立起来，即女官经过五六年有成绩的工作以后，可以回家自行结婚，"服劳多者，或五载六载，得归父母，听婚嫁"②。

女官和协助女官的女史在 1372 年以后理论上分别为 75 人和 80 人，根据她们各自承担的职责被分成 6 大组，每个大组又被细分为 4 小组。大组为监管其他所有组的尚宫局、尚仪局、尚服局、尚寝局和尚功局。此外，还有一个负责维持宫女纪律的宫正司。这种明确的机构安排并不是一贯得到遵守的，对宫女的命名多种多样，随着人数的增加，她们的职责变得不那么明确了。宫中的太监似乎已负责宫中每天的职能，大部分宫女无疑地去侍候和陪伴地位较高的宫女，而后者又去侍候和陪伴皇后与皇帝的妃子。③

宦官

宦官人数甚至比宫女还要多，他们在明代历史上常常扮演引人注目的角色。比起"妇女作乱"的担忧来，开国皇帝对曾经困扰过以前诸王朝的"宦官之患"等情况的可能性更加关切。他在宫中立牌示警，威胁宦官们如果参与政务，将被斩首，至少有一次，他愤怒地把一名有长期效忠记录的老太监逐出宫门，因为这名太监被人偷听到他不经心地对政务作了无关紧要的议论。洪武帝坚持不扩大宦官的人数，还坚决不让他们识字，以便尽量减少他们影响政务的机会。但是，他自己也不能始终遵守这些限制。永乐帝在各方面依靠宦官去执行重要的政府使命，而以后的诸帝也一贯忽视对王朝奠基人作出的关于宦官的警告。在成化帝在位时期（1465—1487 年），有人抱怨宦官的人数超过一万人。万历帝数次成批地吸收宦官达 3000 多人。明代

---

① 《明史》，第 113 卷，第 3504 页。
② 《明史》，第 74 卷，第 1827—1829 页。
③ 同上。

以后批评者声称，在晚明的几年，北京充斥了 7 万名宦官，还有总数多达三万名的其他宦官分布在全帝国不同的机构中。[1] 更可靠的数字是，北京宫中的宦官可能有 1.2 万人；耶稣会会士谢务禄在 1626 年听到这个估计数，经他个人判断，"此数基本上没有多大出入"[2]。谁也不能肯定，因为这类事情的记载永远不会公开。

宦官当然是被阉割的男性。在中国的传说中，所有的生殖器以非常危险的手术被完全取掉。虽然在很古的时候，阉割并非不同寻常的国家惩罚，但是在明代，它不是一项正规的惩处手段。大部分宦官来自社会下层的家庭，它们有着多余的男性后裔而自愿将一个男孩去势后送进宫中。这种牺牲总能得到回报，如果这些家庭的儿子能在为皇帝效劳时得宠，这些家庭就能指望在将来得益。有些宦官的亲戚得到了官职，甚至贵族的地位。

成年男性自己阉割是违反明律的，历朝皇帝都经常予以谴责，但在宫中效劳的有些宦官似乎也是自己阉割的成年男性。明代皇宫似乎不做阉割的手术，甚至对愿意效劳的候补者也是如此。但据谢务禄所言，所有被召的人都被仔细地检查过，为的是保证"他们完全没有了，以防止他们伪装成完全失去和完全被阉；此外，每四年他们还要再被检查，因为如果没有去除干净，就会再长出来"[3]。

从很早期直至 20 世纪，宦官是中国宫廷编制中的公认的部分。一夫多妻的社会中统治者们当然不愿正常的男性随时进入其后宫，但是仍有可以安全地交给宦官去办理的基本的需要：如奴仆、维修工、贴身管事，甚至非女性心腹的服务，在这些人中统治者们能放松自己，进行娱乐，以摆脱在他们日常的时间中排满的烦人的繁文缛节。许多宦官似乎一丝不苟和忠诚地、有效地和默默地完成这些任务；中央政府中善意的官员在影响皇帝的决策时寻求宦官的帮助乃是常事。一旦遇到意志坚强或者幽居深宫的皇帝，如果要使政府顺利运转，明

---

[1] 丁易：《明代特务政治》，第 22—26 页。
[2] 谢务禄（曾德昭）：《伟大和著名的中国君主国史》，译自意大利文（伦敦），第 114 页。
[3] 谢务禄：《伟大和著名的中国君主国史》，第 116 页。

代政府必须在官员集团和宦官之间发展一种顺畅和睦的联系，否则根本不行。与其他的时期一样，明代历史中不乏"好宦官"。

可是，"坏"宦官是明代的一个严重问题。困难在于，明代国家信奉的儒家意识形态规定宦官除了充当宫廷奴仆以外，不能发挥任何合法的作用。宦官的特点是没有受过系列的儒家价值观的熏陶；除了皇帝他们不对任何人负责，他们除了投合皇帝一时性起的每一个所好，别无其他企求。受儒家思想灌输的官员阶级对皇帝们依赖其信赖的宦官执行宫外涉及国家大事的使命只能愤慨不已。但是皇帝依赖他们的宦官，从开国皇帝本人就开始了。宦官作为调查某一事件的钦差、专门的收税大员、国家经营的制造工场的指导、出使外国的使者、对外贸易的监管官，甚至军事指挥官而被派出执行使命。明代最著名的独一无二的宦官郑和（1371—1433 年）率领一支庞大舰队在1405 年至 1433 年期间七次远航至南中国海和印度洋，控制着数百艘船只和成千上万名远航大军。[1] 万历帝似乎认为，就治理帝国而言，他与其宦官代理人会比主张道德论的、自以为是的和好争辩的儒家文人们做得更好。

在明代，使用宦官在宫外执行任务的做法逐渐成为行政的一个正常部分，不管这种做法是多么有悖于王朝的思想意识。"宦官之患"只有在年幼的或软弱的皇帝听任自己被强有力和肆无忌惮的宦官所左右和操纵时才会发生，而轮到这些宦官，他们又会被文武官员中的机会主义者所利用，以扩大他们自私的党派利益。这时，政府的正常运转会被严重破坏，而坚持儒家原则的人会深感失望，身处逆境，甚至受到更深重的迫害。这样，英宗皇帝第一次治理期间发生了 1449 年土木之变的灾难，当时在宦官王振的影响下，皇帝出于虚荣心率军进行军事远征，结果被蒙古人击溃，导致皇帝被俘而成为俘虏，和许多朝廷命官的死亡。[2] 后来，一些宦官，如 15 世纪 70 年代的汪直、16世纪初的刘瑾和 17 世纪 20 年代的魏忠贤，都臭名昭著地攫取了过度

---

[1]　关于郑和，见《剑桥中国史》，第 7 卷，第 322—331 页。
[2]　关于土木之变，见《剑桥中国史》，第 7 卷，第 319—331 页。

的权力，一些正直的官员都在他们手中遭受苦难。

宫廷的宦官被组成 24 个机构，包括 12 个监、4 个司和 8 个局，"十二监、四司、八局、所谓二十四衙门也"，每个机构各司其规定的职责，但史料没有讲清楚其职责的内容。[①] 最有威望的宦官是各监的太监，而其中之最者是司礼太监，他实际上是皇室工作人员的首领，正是通过这个职务，一些宦官再三地在宫内取得独断专行的权力。除了 24 个基本机构，还有一个重要的宦官机构——内政司，它负责对违纪的宦官采取纪律措施。宦官们还管理组成内府的粮仓和仓库、各军粮供应处、工场以及"皇城门、宫端门、等十六门"。1429 年宣德帝正式设宦官的学堂——内书堂，这直接违反了开国皇帝不让宦官识字的意愿，但这又不过是把几年来已经实行的做法正规化罢了。在这里，少年宦官由有学问的官员教导。不久，在中书房（内书房）的宦官像受信任的大学士那样从事皇帝的文牍工作。最后，在违反几个世纪的传统的情况下，宦官甚至事先未经朝廷官员提议、起草甚至过目就颁发诏书（中旨）。1552 年，宦官集团开始在皇宫内接受军事训练而不顾官员的抗议；在 17 世纪 20 年代，宫中建立了一支宦官部队，当叛乱者在 1644 年横行于北京时，它成了明帝仅存的最后一支防御力量。

最可怕并遭人唾骂的宦官机构是秘密警察式的组织，它不着边际地被称为东厂（在京师东安门北设立。——译者注），由永乐帝在 1420 年设立，后来成化帝又在 1477 年增设了西厂。在司礼太监的监管和与锦衣卫的紧密合作下，两厂的宦官受权搜索帝国任何地方的叛国者。正是通过这两厂，像汪直、刘瑾和魏忠贤等宦官得以青云直上，并负责进行恐怖统治，这种统治是明代施政记录中最丑恶的污点之一。

皇亲

明代诸帝对待他们的亲属是慷慨大度的。不但对皇室关系最近的成员如此，而且对皇帝男系的后裔，只要他们姓朱，就被认

[①] 《明史》，第 74 卷，第 1818—1827 页。

为是忠诚的，就可以几乎终生地（不分男女）从国库中领取俸禄。经过数代以后，他们的人数自然会增加。谢务禄估计在 17 世纪 20 年代时，他们的总人数约达 6 万人[1]，而近代的学者曾估计，在明代的最后几年，国家俸禄册列出的皇亲可能达 10 万人。真是一个沉重的财政负担。有人计算过，1562 年上缴中央政府的田赋收入总数相当于 400 万石谷物，而仅仅分给各地亲王的收入就相当于 800 多万石；在山西一省，用于维持省、府、县行政开支的田赋收入留成数相当于 150 万石，而专门用于分给所在的皇亲成员的收入就相当丁 200 多万石。[2] 据报道，在 1591 年，山西省的一个县将其总税收的 39％—40％支给了皇室的宗人以供养他们，这是该县支出中最大一项。[3] 甚至考虑到田赋用于皇室宗人的支出负担，在中国北方总是比南方沉重，皇亲在全国范围攫取国家资源的数量也不可能是微不足道的。

明代的惯例是，所有妃子所生的儿子都与皇后所生的儿子一样合法，所有的儿子都正式称皇后为母后。而皇帝们是多子多女的，其中以开国皇帝为最，他共有 26 个儿子和 16 个女儿。后来有一位皇帝有 19 个儿女，另一位有 18 个，有两位各有 17 个，似乎只有两位皇帝死后无嗣。

按照惯例，皇后的第一个儿子在不晚于他应该学习读书写字的年龄时被指定为太子。虽然长子在法律上没有自行继位的权利，但他一般在一定的时候可以做到这点。在这方面有一个招人非议的拖延不决的事例：万历帝因顽固地拒绝指定一名继承人而激怒了朝臣。最后，继承人在他 20 岁时才被定下来，这按明代的标准极不合理；当时皇帝态度有所缓和，并指定了太子，此事触怒了他的宠妃，从此她一直没有放弃为自己儿子获取继承权的阴谋。[4] 适当而及时地指定继承人

---

[1]　谢务禄：《伟大和著名的中国君主国史》，第 122 页。
[2]　吴晗：《朱元璋传》（上海，1949 年），第 262—263 页。
[3]　黄仁宇：《16 世纪明代的税收和政府财政》（剑桥，1974 年），第 178 页表 10。
[4]　见《剑桥中国史》，第 7 卷，第 516、554—555 诸页。

之举被认为对王朝的稳定是如此地至关紧要，以致太子的地位通常被指称为"国本"。

随着时间的推移，太子与为他工作的女官、宦官随从、妃子及子女一起住在宫内称之为东宫的一区。对太子的培训指定由专门的文官机构詹事府及其下属的左右春坊负责，其工作人员都是有声望的学者官员。① 为太子登基作准备而作的部分培训内容是，每当皇帝离京外巡时，让他当权力一般很有限的监国。在此期间，太子通常主持一个由皇帝专门指定的心腹大臣组成的会议。

除了太子以外的皇帝的儿子都被授予亲王的称号。如同以前的几个王朝，他们一过了发身期就不准居留在皇宫内，以防他们受诱惑而与宫女发生不正当的关系，或者阴谋破坏继承顺序，或者在其他方面干预政务。因此，在他们十三四岁时，皇宫就要为他们准备京城外面的封地；依照古代封建王国的形式，他们被冠以地方的名称（如齐王、晋王和楚王等）。他们前往"封邑之地"（之国），每年享有相当于1万石谷物的俸禄。当洪武帝以这种方式遣送他的儿子时，他把他们分送到整个华北，在他们成年时又授予他们代理他控制北方边境一带兵力的权力。这一举措导致了1399年燕王的叛乱，其起因是开国皇帝死后他的孙子登基称帝，其结果是燕王成功地夺取了皇位而成为永乐帝。② 他当了皇帝后，不但把京都北迁至其北京的权力根据地，而且把诸亲王重新分配到中国本土的内地，并剥夺了他们以前的兵权。从此，诸亲王不过是在他们居住区内皇帝陛下的象征性的代表。像其他皇亲那样，他们不得担任职务，或者从事任何文武政治活动。除非得到皇帝批准的诏令，他们甚至不得离开指定居住的城市。

除了继位的后裔外，明代皇帝的儿子们成了亲王，并且将其地位不降级地传给各自的后裔们，结果亲王的人数不断增加。在《明史》中，至少有61个亲王头衔被设置，但它们并没有全部延续至明末。在15世纪初，每个亲王都有一笔"财产"，它由其田赋被分给亲王作

① 《明史》，第73卷，第1783—1785页。
② 见《剑桥中国史》，第7卷，第193—202页。

俸禄之用的土地组成，但亲王不能直接控制这类土地。每一位亲王的财产都有一个由文官长史（正五品）为首的王府进行管理，长史不但要负责亲王府内的正常运转，而且要对亲王的个人行为负责。如果一位亲王行为不当，那么他的长史通常就充当替罪羊而受到惩处。[①] 每位亲王还有两支部队随同，一支为护卫，负责保安；一支为仪卫，用来炫耀。[②]

亲王与其正妻所生的长子到 10 岁时正式取得世子的称号，后者到后来一般承袭其父亲的地位。其他儿子被授予次要的郡王的称号，这个称号也同样地是长子传给长子。但是，王的地位的承袭到这一层就自动终结。郡王的次子们及其后继的后代则被授予愈来愈不显赫的头衔如镇国将军、辅国将军、奉国将军、镇国中尉、辅国中尉和奉国中尉；最后一个头衔规定的年俸只有 200 石谷物，它被授给诸帝男系的第八代及以后的所有男性后裔，但不包括那些继续承袭亲王和郡王的尊贵称号的人。[③] 所有人都不准在政府任职，也不准务农。有的人为了摆脱自己处于摆设的状态，就发挥其文学和艺术才能，或者参与 16 世纪中国出现的发展中的商业活动。由于皇亲人数增加得如此之多，而且他们显然是无所事事的领取年金的人，所以他们终于获准通过科举考试在官场上争取出路，但附带条件是他们绝对不准在京城任职。[④]

皇亲中的妇女也得到特有的头衔和俸禄，但范围不如男性那么广。在位皇帝的姑母称大长公主，在位皇帝的姐妹称长公主，他的女儿都称公主。她们都领受相当于 2000 石谷物的年俸，她们的丈夫都被封为驸马都尉，在贵族中的品位高于伯爵。亲王之女称郡主，郡王之女称县主，镇国将军之女称郡君，辅国将军之女称县君，奉国将军之女称乡君。这些较次要的女皇亲都领年俸，其中最高的为 800 石谷物。她们的丈夫都称仪宾。皇亲中较次要成

---

① 《明史》，第 75 卷，第 1836—1838 页。

② 《明史》，第 76 卷，第 1865 页。

③ 《明史》，第 116 卷，第 3557 页。

④ 《明会要》，第 4 卷，第 16a—17a 页。

员（离皇帝六代以上的后裔）的女儿都不受封；女皇亲的子女（不分性别）也不受封，因为他们姓其父之姓。他们不姓皇帝的性——朱，就不能被认为是皇亲。皇帝后代中女系的男性，特别是离皇帝不超过两代的男性，通常能得到武官的闲差事，但这种待遇并不是生来就有的权利。[①]

记载皇亲所有成员的复杂世系的玉牒由宗人府保管，宗人府名义上是一个文官机构，有一名令、两名宗正和两名宗人在内工作，但实际上其成员是亲王、驸马都尉和被封为贵族的姻亲，他们都有最高的文官官品。皇亲成员的婚姻必须得到这个机构的准许，它试图准确地记录皇亲内部所有的出生、死亡和继承权利的情况。宗人府的有些职能逐渐被中央政府的礼部所接管。[②]

贵 族

在明代，非皇族的贵族包括被授予传统的公、侯、伯称号的人，封号是为了表彰他们为国效劳的杰出功绩。较低的男和子的称号只在洪武时才授给。贵族称号前一般冠以地名，但例如梁国公和会宁侯则与其称号前缀的地方没有必要的联系。他们都没有地产。与皇亲成员一样，他们也享有俸禄，但在上述情况下，俸禄数不遵循总的规定，而是在任命时个别地确定。贵族地位能否世袭，也在每次最初的任命时确定。因此，贵族在社会中并不构成独立行使权力的因素。

除了在明朝之初，贵族地位的封赏几乎只认武功。贵族的作用是应邀为朝廷装点门面，参加朝廷的议政和礼仪，并且应召指挥部队进行征战或执行特定的临时使命。个别贵族有时在公共事务中崭露头角，但贵族作为一个群体，在政府中并不是有影响的因素。

明朝历代皇帝总共封了 21 个公、102 个侯和 138 个伯。这些封

① 《明史》，第 121 卷，第 3661 页。
② 《明史》，第 72 卷，第 1730 页。

号的一半以上不是世袭的，在其余封号中，只有少数延续了三代以上。①

文 官

在前近代的中国历史中，没有任何政府比明代的政府更受一些被吸收进政府并根据政绩而得到升迁的文官的控制。② 文官在皇帝面前无疑不如宋代的文官那样有威信，但是在各个为皇帝效劳的集团——甚至把宫廷宦官过滥地干预政务以及荣誉在身的皇亲成员和贵族考虑在内——中，文官集团总的说来是皇帝赖以治理帝国的不容挑战的最重要的工具，而文官个人的政绩总的说来也是进入官场或升官的不容挑战的和最重要的条件。文官控制国家和社会达到如此程度，以致没有一个明史学者能对这一基本上是自我界定和自我调节的群体作用视而不见。

尽管它有突出地位和重要性，文官群体相对地说是一个小集团。在这方面只有少量可用的统计数据，而且不易解释，但情况似乎是，正式的文官数量从明代最初几年的 5000 人增至最后几年的 2.4 万人左右。后一个数字包括在北京任职的约 1.5 万名文官。③ 这些估计没有把未入流的低级官员考虑在内，他们相对于官员的地位大致相当于现代军队中相对于军官的无军衔的人员的地位（见下文）。

---

① 《明史》，第 76 卷，第 1855—1856 页和第 105—107 卷。

② 近代对明代文官制度最完整的叙述，见杨树藩：《中国文官制度史》（台北，1976 年），第 590—683 页。一部更扎实的总结见陶希圣和沈任远：《明清政治制度》（台北，1967年），第 153—244 页。

③ 一名晚期的明代官员声称，在开国皇帝时期，约有 5400 个授权的文官职位，在万历朝时有 1.6 万名官员。见徐溥：《小腆记传》（南京，1887 年），第 12 卷，第 5b—6a 页；稽璜编：《（钦定）续文献通考》（1749 年），重印于《影印文渊阁四库全书》第 621—631 卷（台北，1983 年），第 51 卷，第 3254—3558 页。材料显然指的是晚明，提出共有 24683 名官员，包括北京的 1416 名，南京的 558 名，其他各地的 22709 名。根据《明实录》，在 1500 年代初共有 20400 名官员。帝国的所有官员都列在官方著作《大明官志》中，此书不时地重新发行。见黄仁宇：《税收和政府财政》，第 48 页。《明史》声称，到 1469 年，武官人数超过 8 万，而文武官员总人数超过 10 万，《明史》，第 214卷，引见于杨树藩《中国文官制度史》，第 683 页。

仕途

人们取得文官地位有几个"途"径，其中有两种被认为是正途：从未入流的低级官员中升任和通过考试进入官场。在 15 世纪 40 年代以后，考试中选是确保可能取得高级文官前程的惟一途径。

在明朝伊始，当洪武帝正在迅速扩大置于他控制之下的领土时，除了通过举荐吸收人员担任他政府的官员外，没有其他可与之相比的选择。随着每个新区被并入帝国，他号召地方的权贵推荐合格的人才。如果可能，他召这些人进京觐见，然后任命他们在中央政府以及地区行政区中任职。地方官员必须每年荐举人才很快成为规定。1368 年朝廷派人前往新建的帝国各地去寻找潜在的官员；1370 年，而后又在 1373 年，专门号召荐举的诏令被颁布。按照古代的传统，洪武帝一贯对被荐举的人的基本要求是德才兼备。那些被荐举的人通常被描述为"聪慧正直"、"贤正刚直"、"孝顺廉洁"和"儒家学者"等。甚至在学堂制度培养出来的可任用的业成学员以及招收人才的考试制度牢固地建立起来以后，直到 15 世纪 40 年代，被荐举人的任命才开始被正式的考试中式所淘汰，于是，通过荐举任官之途从招收人才的制度中消失了。①

明代资助大批的各类学堂。它们包括武学、阴阳学以及在农村和城市的城坊中进行初级教育考试和灌输王朝教义的社学和书院，在书院中学有所成的学者聚集在一起从事哲学的研讨，其弟子在那里准备文官的科考。但是，完全受补贴的儒学制度最为重要。儒学（元、明、清在府、厅、州、县设学校，供生员读书，称儒学。——译者注）位于县、州和府，其目的是为年轻的学子进入仕途作准备，其部分措施是把学成的学子送到北京和南京的太学进修，两座太学由中央政府的国子学（1382 年后改称国子监）维持。②

在洪武帝在位的第二年，他建立了官学制度，学校都有国家供应的教职人员和学员的定额。在区域或地方一级的全部儒学几乎在任何

---

① 《明史》，第 71 卷，第 1711—1715 页。
② 《明史》，第 69 卷，第 1675—1690 页。对明代学堂制度多方面的全面分析，见蒂尔曼·格里姆：《明代中国的儒家教育和政治》（汉堡，1961 年）。

时候都没有完全办起来，但在洪武朝结束以前据报道有 4200 名教师在内工作。有充分证据表明，在明朝的整个时期，这个制度运行得尚如人意。经过了早期的几次变化后，制度规定在每个府的学堂应有 5 名教员和 40 名生员（在府治地的学堂则为 60 名），在每个州的学堂应有 4 名教员和 30 名生员，在每个县的学堂应有 3 名教员和 20 名生员。规定的生员人数不断增加，不过不是全部补充的生员都领国家的津贴。在 17 世纪的初期，大的儒学招收一二千名学员，甚至小儒学也招收多达七八百人。[1] 学堂设有以四书五经为重点的课程，同时还选修新儒学的著作。学员们不但被教员定期考试，而且还接受地方官员、中央政府派来视察的官员，以及尤为重要的是在 1436 年以后接受提学官的考试，提学官由两个京师区和各省任命。提学官所受的惟一任务是轮流巡视各地学堂和考核学员的质量。[2] 每名学员平均留在儒学多长时间，这并不清楚，但入学达 10 年之久的事并不少见。有时，儒学堂对五十来岁的学员作出相当于荣誉退学的处理。

全国的儒学根据定额让生员升入北京和南京的太学。这些定额有时有变化，但一般说来，每个府被要求每年送两名学员至太学，每个州每两年送三名，每个县每年送一名。这些升送的学员称贡生。[3] 他

---

[1]　林丽月：《明代的国子监生》（台北，1979 年），第 83 页注 135。

[2]　关于这些重要官员的论述和评价，见蒂尔曼·格里姆：《明代的提学官》，载《明代的中国政府》，贺凯编（纽约，1969 年），第 129—147 页。

[3]　各种史料对贡生的定额数不一致。《明史》第 69 卷第 1680 页报道说，在弘治和嘉靖年间，定额数时有变动，文中所述的定额已被固定，后来成为定制。王鸿绪等著的《明史考》（1723 年版；1963 台北重印）第 71 卷第 5b 页（第 2 卷，第 195 页）有完全相同的文字；现代学者林丽月在其《明代的国子监生》第 13 页完全接受这个数据。《明史》还包括一段材料，说 1441 年的变化已经规定更早的定额，即每个府学每年送一名贡生，每个州学每三年送两名贡生，每个县学每隔一年送一名贡生。《大明会典》声称 1441 年所定的份额成为定制。傅维麟（1667 年）的《明书》（康熙初年版）重印于《畿辅丛书》第 319—368 卷（台北，1966 年），第 64 卷，第 1271 页，只列了 1441 年的一套定制；蒂尔曼·格里姆在他的《明代中国的儒家教育和政治》第 56 页，以及何炳棣的《中华帝国晋升的阶梯，1368—1911 年》（纽约，1962 年）第 183 页都接受了《大明会典》的数据而未提出疑问。没有学者致力于解决这一矛盾。本书所选的数据是假设性的，并基于如下的观念，即有关这类事情《明史》比《大明会典》更加可靠，因为前者是学者编订和再编订的著作，而后者主要是政府书吏汇编的产物。

们在获准进太学前必须通过入学测验。如果未能通过，负责该学堂的教员就要受到惩处。由于学堂保守地倾向于论资历选生员升学，省提学官除了选那些贡生外，还破格选一些有才学的学员进太学。

如果儒家确实存在于所有地区的和地方的行政单位，如果它们都按照定额上送贡生，那么仅从这一来源，每年就能正规地汇集不少于1800名等待进入太学的候补生。按常规说，这几乎难以做到，但贡生制无疑造就了太学生（一般称监生）的绝大部分。从开始时，这些监生还得到其他种类的学员的补充。有一种群体包括各种各样的官生，他们明显的是贵族和官员之了。在1467年前，所有一至七品的文官（即除了最低级官员以外的全部文官），每人都有资格"荫"庇一个儿子或孙子，这些子孙可以自动地直接得到任命，或者成为监生。从1467年起，这种权利只限于中央政府最高品位的官员（一至三品的官员）。即使他们的后代，也必须通过资格测试，才可以进入太学，但不得直接得到任命。[①] 官生还包括恩生——在战场为国捐躯者之子，以及从朝鲜、亚洲腹地诸部、琉球和东南亚来华受教育的小王子。另一种学员（举监）包括那些暂时退出一系列科举考试，以便在太学进行更充分准备的人。

从1450年起，为了应付前一年蒙古人在土木堡俘获明帝英宗所造成的国家紧急状态，明政府给那些向国家特别贡献粮马的人以一种称之为例监（例监生）的监生地位。原来待售的例监位置限1000名，但在16世纪，数以万计的人以这种方式获得了例监生的身份，因为政府按规定寻求额外的收入。只有一小部分的例监生利用这种机会进入太学，从这种地位取得社会的尊重，以及它提供的直接被任用担任十分低级职务的机会，对他们中的大部分人来说就心满意足了。

一旦进入太学中的一所，学员们理论上要花三年至10年，按阶段在每座太学所分的六个堂依次就读。课程看重四书五经、新儒学的著作以及历史。学员们按部就班地从一个堂升至另一个堂，部分地取决于他们的上课率，部分地取决于其正规测试的成绩。在完成了规定

---

① 《明史》，第69卷，第1682—1684页；第72卷，第1735页。

的课程，学员们被证明已经学成，就被送至吏部，以备录用为官。

作为进入官场的踏脚石，两京的太学的威望在进入 15 世纪很久一直很高，但随后就下降了。下降的原因部分是 1450 年后例监生的流入降低了太学的教育质量，部分是作为科举考生培养中心的私人书院的蓬勃发展，部分是科举考试的重要性和威望不断增长。北京太学的入学人数在 16 世纪初期在 5000 人至 1 万人之间波动，此后就骤然减少。① 万历年间南京太学的一名负责人哀叹入学人数已经降至 600 人。②

1545 年至 1581 年进入北京太学的学员中，来自学堂体制的贡生不足 40%，例监生占 44%，经过考试程序进入的生员占 17%，官生不足 2%。③

威望的下降并不是 15 世纪初期太学人数减少的惟一原因。从一开始，人们就认为监生们应以历事、历正和办事的身份取得行政实际经验的机会。开国皇帝一次就召出数百名监生从事特殊的工作——推动建立社学、进行地籍勘测、编制地方行政单位的档案、倡导建设灌溉工程等等。虽然有的皇帝和官员表示可惜，但这些做法很快就变得正规化了。于是监生们按份额被分配到政府的机构，特别是首都的机构。到了 16 世纪，在太学外实习的名义上的监生多于实际上留在太学的监生。有的见习期规定为 3 个月，有的为 6 个月，有的为 1 年，有的长达 3 年。在完成使命后，有的人必须恢复其在太学的实际身份，但实习的监生立刻有资格担任实职的情况日益普遍。④ 因此，在 16 世纪时期，太学逐渐变得更像是一个颁发证书的中心，而不是一个实际的学府。

从吏的身份升入官场虽然被认为是"正途"，并且无疑是数千

---

① 孙承泽：《春明梦余录》（清初版；1883 年南海重印，1965 年香港重印），第 54 卷，第 20b—21a 页引 1441 年入学人数为 9884 人，1429 年为 4893 人，1449 年为 4426 人，1454 年为 5179 人，1464 年为 5833 人，1466 年为 6028 人，1542 年为 7151 人。

② 见林丽月：《明代国子监生》，第 83 页注 135。

③ 这些数据来自林丽月：《明代国子监生》，表 I，参见何炳棣：《中华帝国晋升的阶梯》，第 33 页。

④ 《明史》，第 69 卷，第 1683—1685 页。

人赖此充任低级官员的渠道，但这从未得到人们的高度尊重。甚至在明朝最初几十年，这也不是保证仕途一帆风顺的途径。但吏本身有国家承认的地位和国家发给的薪水。他们不是地位低下的学员，而是有专业技术的文案人员。他们在发挥首席执行官作用的、专业远不如他们的文官的监管下，保持政府的例行公事在各级运转。在明代，吏的人数众多，在施政时能施加很大的影响，特别在地区和地方的行政单位更是如此，因为那里官员少，往往不了解当地的民情。官员们一任任地更替，但吏却在几乎所有的机构中继续任职。一份材料估计他们的总数达 5.1 万人[1]，但吏与官员之比可能要大得多。例如，在 1500 年代晚期，户部的被委任的工作人员包括约 59 名官员和 155 名吏，兵部分别为 21 人和 149 人。[2] 正式雇用的吏的总人数可能接近甚至超过 10 万人。但他们在正式的文官品级中为"未入流"的人。他们定期要受其上司的考核，而经过 9 年体面的工作后，根据他们的工作记录就被视为"入流"。但是他们中的绝大多数似乎已成为职业胥吏，在其专业的职位上扎下了根（有的是世袭的），并且常常充当被任命的官员不可缺少的帮手。浙江绍兴的师爷因其专业才能而特别有名，而且多得不相称的胥吏受雇于全国各地。[3]

脱离官办学堂而单独地通过考试吸收官员的做法在明代已经完全成熟，而通过官办学堂招收官员的传统源自前汉（公元前 202 年至公元 9 年）。在明朝的最初几十年，考试制度造就的合格的在职官员远比任何其他官员更受人尊敬，而在 15 世纪 40 年代以后，在科举考试中中式的成就是取得使他担任高级文官的官场生涯起点的惟一实用的手段。官办学堂，包括太学，与科举制度配合得非常好，它们实际上成了应试者的培训中心。甚至有资格直接任职的监生也发现，获得更

---

① 黄仁宇：《16 世纪明代的税收和政府财政》，第 48 页。
② 《大明会典》，第 7 卷，第 139、143 页。
③ 近代对吏的最透彻的研究为缪全吉的《明代胥吏》（台北，1969 年）。基本的传统史料为《大明会典》，第 8 卷。

受人尊敬的中式者的身份对他们更加有利，以其他方式（例如世袭特权）取得担任官职资格的人，如果不参加科举考试，也没有多大希望在仕途中取得成就。

明代的科举考试是书面的和竞争性的，人们普遍称它们是"开科"。但考试对一部分被认为是卑贱的人不开放。"卑贱"的界定因地而异，但一般包括乞丐、戏子、船夫、其他游民以及奴仆。此时对商人和工匠家庭的限制不再生效。可是考试不是来者不拒，他必须具备资格。要做到这点，他必须在儒学中完成他的学业，或在私人老师教导下具有与人相当的学问。不论哪一种情形，证明他有相当的学业成就之事由官办学堂的教师和地方官员负责。在 15 世纪中期以后，省提学官也负此责，他们在例行的视察中对所有的地方被提名人进行证实他们学业成就的测试。由于有些提学官甚至在三年的时间内不能或不去完成全省辖区的视察，地方当局可把被提名人的试卷送到省府中提学官的衙门。据称，一个提学官每天能评定 300 份这类的试卷。①

被提学官认可的地方被提名人的传统名称为"秀才"。值得注意的是，这种身份要三年一次再次被认可，如果一名学子未能保持其学术水平或者道德行为不当，其资格就会被取消。并不是每名秀才都有权参加一系列更正规的科举考试。提学官较困难的任务之一是在每个府的愈来愈多的秀才群体中选出最合格的人，作为参加第一级考试的被提名人。这些考试每三年在省府举行，而对京师区的应试者，则在北京或南京举行，四千多名被提名的应试者定期出现在除最小的省份以外的各省的省府。

这样就开始了三年一次的"大比"②。应试者的聚集，进行考试的日期，以及中试者的庆祝活动，排满了每三年的农历八月的大部分时间，并给各省府以特有的节日气氛。乡试由中央政府为此而委派的

---

① 蒂尔曼·格里姆：《明代提学官》，第 146 页。

② 《明史》，第 70 卷。在活跃于晚明时期的耶稣会传教士的著作中可以发现科举考试的有帮助的描述。例如，见谢务禄：《伟大和著名的中国君主国史》，第 40—47 页；利玛窦：《16 世纪的中国，利玛窦日记，1583—1610 年》，L. J. 加拉格尔译（纽约，1953年），第 34—40 页。

著名的学者官员监考。考试在该月的初九、十二和十五三天全日进行，时间长达一周。考试在应试者被隔离的一个特定的禁地举行，每名应试者有一小间考房，用以写作。在禁地驻有士兵，以保证没有夹带材料和考生间互相通气的情况发生。每场考毕后，考生的考卷由誊录人誊写并编以代号，这样考官们就不会受到写卷人的姓名或笔迹的影响。每场考试后成绩差者被淘汰而退出，最后，帝国的考官不得不从人数约两倍的考试及格的考生中选出中式者。

在 1425 年，朝廷规定科举考试每省容许中式人数的名额，此后，偶尔也作出调整。从 15 世纪 50 年代起，一般实行以下的省的份额：如贵州的应试者名额摊入云南的份额直到 1535 年，这时贵州才有自己的 25 个名额，而云南的名额被定为 40 人（后来为 45 人）。

乡试的中式者（举人）一直按名次公布，他们被公众视为名流，有权穿与众不同的服装，其家庭可以部分地免缴税赋和免服劳役；如果他愿意凭借其学术的桂冠，有资格担任官职；或者在更高层的科举考试中追求更高的荣誉。举人如果最终证明自己不配有此功名，他就会被国家剥夺其身份，而且其身份不能在规定的间隔期内被重新认可。

第二阶段的"大比"于乡试后第二年的农历二月在明朝的首都举行。所有的举人，包括前几轮没有通过高级考试和未曾接受官职的人，都参加会试。在太学完成了学业，但在开始其官宦生涯前仍想在科举考试中取得更高资格的监生也可参加。从 16 世纪晚期开始，应试者先要经过一次简短的资格测试，以便汰除那些学问已经严重下降的人，会试本身并非像想象的那样由吏部组织，而是由礼部主持，这种安排强调了科举考试制度应有的象征性和重要性。考官是从中央政府最有名望的官员中选出的，在王朝初年以后通常是内阁的成员。平均每次会试一定有 1000 人至 2000 人参加。他们要经历三场全日的考试，其形式与乡试相似。中式者在农历三月初一参加殿试（廷试）；殿试由皇帝或他的代表主持，只考一个问题。这一附加考试的目的只是把会试中式者的名次最后排定。会试的所有中式者（进士）都得到官方和公众的庆贺，在近代的西方，可能除了群众参与最多的运动、娱乐和欢迎战争英雄，其场面都不能与之相比。专门的庆贺保留给状元，他在殿试中名列榜首。最难得的成就是三元及第——在连续的乡试、会试和殿试中都取得第一名。明代只有一人获此殊荣。他就是商辂（1414—1486 年），浙江人，1445 年进士。[1] 他与所有其他名列前茅的人旋即进翰林院任职，并接受将来担任大学士之职的培训（商辂从 1475 年至 1477 年任首辅大学士而达到其仕途的巅峰）。所有其他进士实际上也保证能很快任职，因为考试的轮次与对在职官员三年一次的评估相吻合，而评估的结果，许多官员要按规定退休，或被罢官。未能通过会试的举人仍能出任官员，但他们受到鼓励而宁愿在一所太学中进修，以便参加下一轮三年一次的会试。

从 1368 年至 1371 年的一轮科举考试产生了 120 名进士，但就此考试突然中止。开国皇帝认为这些新科进士太书生气，当官还不够成熟。他抱怨说：朕诚心求贤，但天下只以舞文弄墨之辈应之，不合朕意。[2] 直到 1384 年至 1385 年，他才准许每三年一次的科举考试重新开始。从此，它继续不中断地举行，直到明朝每三年一次的终了。总的说，科考先后共举行了 90 次，共产生了 24874 名进士。[3] 对最高级的考试没有作出及格人数总的定额；进士数最低为 32 名，最高为 472 名。一般地说，每次会试都各有定额。每次考试中式者的平均人数为 276 人。在整个明朝期间，每年平均造就约 90 名新进士，这些数字低于明代以前的宋代和以后的清代的平均数。如果各省正规地完成其举人的定额，就意味着明朝累计造就的举人总数超过 10 万人，他们之中有 80%—90% 的人从未成为进士；还意味着，在 15 世纪中期以后的任何一年，在有资格担任实职的人的表册内平均有 1.2 万名举人和 3000 名进士，可用来充实约 1.5 万至 2.5 万个正式授权的文官职位。关于取得进士身份的人的年龄，没有统计的数据，但明代官

---

① 见《明人传记辞典》，中商辂的传记，第 1161—1163 页。

② 谷应泰：《明史纪事本末》；4 卷本《国学基本丛书简编》（1956 年台北重印），第 2 卷，第 76 页。

③ 嵇璜：《续文献通考》，第 35 卷。

员的传记使人们留有这样一个印象，他们的年龄一般在二十八九岁至三十五六岁之间。一部近代著作作出的关于学堂和考试制度一体化的分析表明，在1412—1574年间造就的所有进士中，约有52％的人在过去拥有监生的身份。[①]

与以前的王朝一样，明代在开始科举考试时，在进士中没有作出兼顾地方性的任何规定。结果，代表帝国最富裕和最有文化的地区的南方人和东南方人在早期的考试中占有优势。1397年他们占了进士的全部名额。开国皇帝对这种不平衡状态大为震怒，他把主考官处死，下令进行一次新的考试，从而增补了全部为北方人的进士名单。这一先例促使后来的考官们更加谨慎。1425年，一个地方性的名额制度被建立起来，它保证全部进士的40％的名额归北方人，所剩的60％归其他各地。此后不久，朝廷又作了小的调整，把10％的进士功名保留给包括相当不发达的四川、云南、广西和贵州诸省省城的人。北方人的名额减为35％，55％的名额依然留给南方人（包括东南方人）。这些比率大致反映了人口的分布状况，因此颇得民心，但它们却使帝国最具学术传统的东南部吃了亏。除了偶尔作出小的调整，这些区域性的份额一直生效，直至明王朝覆灭。直到清代，进士名额分配才按省进行。

明代科举考试的题材与考生们在学堂中进行准备的题材相同——四书五经和中国历史，这些都是按照宋代新儒学大师朱熹（1130—1200年）解释的文本。在乡试和会试中，第一场全天的考试要求考生们阐述四书中的三段文字和五经中的四段文字。第二场考试是按照规定的技术性格式起草七篇论述已定题目和问题的国事文献。最后一场则要求考生至少撰写三篇（最好是五篇）论述时政和问题症结的文章，文章中还要适当地引经据典。殿试只要求撰写一篇多少关于当前政策问题的文章。在所有的文章中，考生被指望去表现他透彻地掌握古典和历史文献的能力和他对这些文献的正统诠释的信仰。考生们不必应考国家行政管理中专业性和技术性的问题，也不被要求单

---

① 林丽月：《明代国子监生》，表7。

纯去表现其诗词歌赋的才能。

从 15 世纪 70 年代晚期或 15 世纪 80 年代，所有的应试者（此后不久所有学堂的学员）都被指望去写称之为"八股文"的讲究辞藻的文章。[①] 这基本上是一种程式，用来破题，探讨其正反的含义，然后从开始到立论进行起承转合；这种程式与现代英语的作文和修辞学教师所用的各种程式没有什么不同，后者用这种方法来帮助学生集中和组织其见解，并规范其表达方式。中国的程式注重成对的陈述（每对为一"股"），通过一层层对位的表达来陈述其论点。这种形式的文章在唐宋几度成风。虽然八股文或成对的陈述是共同的形式，但其数却大不相同，这要取决于此人论述问题的复杂性，或规定他所写文章的长短。由于文章形式总是比其内容容易打分，考官们于是就过于着重对词藻形式的考虑，这样就不可避免地会使考生们照此行事。

有人争辩说，明代的科举考试导致中国人的知识探索力和创造性的不断衰退。首先，在教育和其他知识活动都集中精力地争取成为进士之前，明代民众能获取其一帆风顺的文官生涯的途径空前狭窄。其次，高等教育和考试的题目都被定得死死的，有才之士除了遵循朱熹的关于典籍和历史的、保守的、道德论的和反个性的观点外，别无其他选择。[②] 第三，有人坚决主张，通过这种限制人们表达思想的窒息人的考试，"八股文"的发展把近代以前几个世纪的中国领导人禁锢在知识的囚衣中。在这些论点中，关于"八股文"有严重负面影响的观念似乎是最容易被夸大的。

进入明代文官圈子，除了上面已叙述的"正途"外，惟一的当官途径是通过世袭捐纳，如上所述，这些途径几乎在任何情况下使人只能间接当官。个人只能世袭或捐纳监生的身份（在晚明的几十年中，

---

① 关于这种形式及其发展，见卢前：《八股文小史》（上海，1937 年）。

② 针对明代考试制度的更极端的批判之一是历史学家李恩平的《中国史纲》（上海，1914年），他写道：宋代哲学家的追随者只要能确保取得参加公共考试的特权，可以承受每一种压制的形式（第 348 页）；他把科举制度描写为人类发明的最坏的知识枷锁（第349 页）。这个观点在更近代的关于明代史的著作中还可看到。

甚至像府学和其他地方学堂的学员的身份也能捐纳）；虽然不容置疑的好处是不必凭借文才取得这种身份，但离官职的任命仍有几步之差。在这些不受重视的情况下，他们实际上就要走可能使之获得官职的"正途"。但是这类被任命的人绝不能消除以不正当方式开始其官宦生涯的坏名声。

任职的情况

通过上述任用途径之一进入官场后，此人就成为享有许多特权和豁免权的官员，但他不一定任职或者迅速任职。此人当了官，就要在吏部的行政管辖之下，他的官宦生涯就取决于由吏部主管的人事管理程序。①

作为一种体制的文官集团的支柱是品级制，每个品都有规定的服饰、俸禄和显赫的官衔。共有九个基本的品级，从最高的一品到最低的九品，通过把品分成两级——"正"和"从"，品级数翻了一番而可能分成18个品。每个在职官员都按品级表示，如从七品、正五品等。在职的所有文官各被授予统一的不同品级，各个机构一般被认为也有品级，其级别与该机构中最高职位的品级一致。一般地说，一至三品属于高官，四至七品属于中级官员，而八品和九品多少是不重要的品级。

当一个人出仕，他就被授予由他入选途径所决定的品级，如以中式者而言，取决于他过去名册中的名次。《明史》声称，"宦途升沉，定于谒选之日"②。会试的前三名被任命为翰林院编修（从六品到正七品），这已成惯例，在那里，他们可以青云直上，最后升至大学士的显赫地位。其他的进士一般能出任六品或七品的官员，但要迅速晋升而为高官的机会就不会那么多。以举人身份出仕的人一般能指望得到知府属员的任命。如果他特别幸运，他甚至可以担任知州（五品）或知县（七品）。但是这类任命通常在边远地区，官员们在那里不能指望迅速晋升。监生资格出仕的人只能在一个府或更小的地方行政单位得到辅助性的职位，其级别可能是从六品。这对一个有抱负的新手

---

① 在《明史》第71卷和《大明会典》第5—13卷有对这些程序的讨论。
② 《明史》，第69卷，第1679页。

来说可不是有前途的职位。否则他可以自荐到地方的儒学中任专职教员，级别为九品。实际上这是一个无出路的职务，他只能指望由此慢慢地爬到一个不显眼的位置了。

许多首次候任者，特别是年轻的进士，并不是能马上得到正式的任命，而是派至各机构任观政。比起见习官员的任命，观政似乎不那么明确，因为人们把观政理解为受训者，经过一定时期，据说在铨选时机成熟时，就被召回吏部。名列前三名之后的进士特殊群体被派往翰林院任观政，专称为庶吉士。这些人文才出众，其职务使他们在翰林院老师们熏陶下得到文学讲修的良机。三年后，每个群体的最优秀者得到翰林院的正式任命，其他人则被分到中央政府的各个机构。不论是哪种情况，他们迅速升迁的前景一般是一片光明，他们之中最为出众的人有希望通过翰林院升入内阁。

第一次任命某人去担任一年见习或代理乃是常事。然后，被任命人得到上司的良好评价，他就可以改任实职。得到实职的被任命人一次任期为三年，在一般情况下，还可续任两期，这样全部任期共九年。九年后任命终止，官员回到吏部报到，以便再次任用。同时，实质性的档案或政绩记录已在形成之中，它将决定一名官员的前程，因为每名官员都要经受几种考察。

主要的考察是与每个官员的履历挂钩的"考"。任职三年后，他就要被其机构的上司评定，评定的等级为优、一般或差。不论对中央政府的人员还是对省的人员的"考"都要经都察院作出适当的核对，核对的根据是派往各省的巡按送来的年报。这些"考"然后被送到吏部执行。考核为优者使他有资格得到提升的考虑；考核为一般者，能确保他继续第二任；考核为差者所得的结果是降级。在大部分情况下，考核只在官员的政绩记录中注明，直到为期九年的三次考核完成为止。然后实行以下的程序：至少评为两次优，再加一次不次于一般的得到提升；评为两次一般，再加上一次评为差的，或者评定比此更加糟糕的就要降级；评定的结果在这些水平之间的就需要调任新职，但官品不变。

但官员的命运并不是完全由这些三年一次的"考"来决定。其他的评估也穿插其中。主要的一种称"大计"。大计由评估京外官员的外察和评估一切中央政府官员的京察构成。外察三年一轮，但它与适用于任何官员三年一轮的考核无关。就外察而言，地方机构的主管每月向其知府报告关于其属员的月报，每年年末各知府向其省的上司上报其辖区中所有官员的综合报告。评估集中在八种专门归类的渎职或表现不佳的事例：贪婪、残暴、浮躁或不安心、不能胜任工作、老迈、健康不佳、遇事厌烦和漫不经心。根据这些报告以及手头上的其他情报，各省当局在每个第三年就其辖区的所有官员准备一份汇报送北京的吏部和都察院，以便它们会同商讨。这份报告也包括所有省级官员事先上报的自我评定，他们规定每三年在京城参加盛大的朝觐仪式。

据《明史》报道，在1385年，共有4117名省级官员参加觐见，其中10%的官员被评为称职，10%被评为不称职，另外还有10%（可能只是一批表现差的人）因有犯罪性的渎职或无能而获罪。诏令称职者被提升，不称职者被降职，因渎职获罪者受审，因无能而获罪者被罢官。其他的官员返回其原来的岗位。[1]

两个多世纪以后，从1601年至1610年居住在北京的著名耶稣会传教士利玛窦以多少有些敬畏的心情报道了1607年的一次"外察"：

> 每个第三年，所有的省、地区和城市……的官员必须在北京集合，以便庄严地向国王表达忠心。此时，对全国各省的地方官员进行一次严格的调查，包括在场的和未召见的官员。这次调查的目的是决定谁将继续留任公职，有多少人要罢官，有多少人要提升、降职或受到惩处（如果必要的话）。我亲眼见到，甚至国王也不敢改变这种公开调查的审判官们作出的决定。那些被惩处的人决不是少数，也不是低级官员。1607年进行的一次全面调查后，我们读到了对4000名官员作出的结论。我说"读"，是因

---

[1] 《明史》，第71卷，第1722—1723页。

为涉及的人的姓名被印成单独一卷，并向全国散发。[①]

从一开始，京察不定期进行，然后间隔五年至九年或十年进行一次。从弘治朝（1487—1505 年）起，它每六年进行一次，中央政府五品及以下的官员由其上司评定，上司的报告则被送往吏部和都察院会同考察和执行。四品和五品官员则把自我的评定直接送呈皇帝。这些评定要经过御史们的仔细核查才能执行，但皇帝可对著名的执行官员的自我评定采取行动。

除了这些"考"和"察"外，所有的官员还要另外受到都察院御史和相应的省级机构的官员不定期的考察，他们或作为巡按，或在定期的审计时，或在视察中央政府的所有机构时，可以作出自己独立的人事评定。这些评定放入作为"考"和"察"根据的政绩档案中。御史们应该深入调查，并欢迎任何有苦难的人的申诉，特别是关于地方行政官员行为的申诉。如果遇到明目张胆的胡作非为，御史有权直接向皇帝弹劾犯事人，而不论其品级多高。被弹劾的官员常常发现自己突然被罢官、降级、罚俸、训斥，或者至少要受到对他指控的正式调查。到 16 世纪后期（如果不是更早的话），受御史弹劾的中央政府官员在皇帝最终处理他们的案件之前，历来是从当时担任的职位上退下来。而在另一个相反的极端，各级官员因御史的特别推荐，意外地被提升或得到奖励。

从 1384 年开始，在承认吏部通过复杂的考察制度的同时，各机构的主管获准随时保举被吏部忽视但应受奖的属员。[②] 这些保举普遍用于地位较低的八、九品官员，或者是官员以下的吏，与明朝最初几十年赖以吸

① 利玛窦：《16 世纪的中国》，第 56—57 页；《明实录·神宗实录》，第 429 卷，第 9b—10a 页。关于 1607 年的外察，只记载了评定差的省级官员和知府的姓名。在 50 名点名的人中，9 人被定为漫不经心，12 人为浮躁不安心，29 人为不能胜任。在浮躁和不安心的人中，3 人降级三等；在不能胜任的人中，4 人降二等。另有 6 名官位相同而被罢官的人的姓名，其中 3 人因软弱和不严厉，1 人擅离职守，2 人因为贪婪。在府属机构或在州县的 56 名未点名的人据报道被定为贪婪，大概被罢官或受到惩处。利玛窦提到的 4000 人无疑是接近被评估官员的总人数，并不是被作出不良"结论"的人数。

② 《明史》，第 71 卷，第 1719—1721 页。

收新成员任职的荐举相似。这类推荐的保证在于，如果某人根据专门的保举而得到提升但后来胡作非为，保举人被认为应同样负责而受惩罚。官员们对自己面临这样的风险，自然要谨慎小心，所以皇帝习惯要求某些官员保举人员。因此，在1402年永乐帝夺取皇位以后，命令七品及更高级的京官和所有从省至县的官员每人保举一名。几十年后，一种例行的手续就形成了：每当省一级职位和知府有空缺，每一名一至三品的京官必须保举一名一般可能提升去填补这个空缺的非在任的官员。被保举人通常来自特定类型的低品级的中央政府官员。保举逐渐被广泛地依赖，以致如果没有保举人，官员很少有希望得到提升。但是，这种保举制既被结党的庇护人，也被曲意奉承的依附者所滥用。结果保举制从1530年起就不再受欢迎，逐渐在人事管理中失去了地位。

每当官员任期满后，或者如果由于以前考、察和保举的结果而在改变地位的名单上挂了号，他就会被吏部在所谓的大选中重新考虑。大选在一年的双月进行，单月则被用来进行急选。吏部在急选中处理诸如批准请假离任、恢复请假回来官员的职务、为避免亲戚在同一机构任职而需要调动工作等事务。除了1468年以后，并不需要对官员的举止、谈吐、决策能力和书法进行调查（这些是唐代考察制度的部分内容），后来，只有当没有功名的新官上任时才调查。在任命有经验的官员担任新职时，吏部几乎全部依靠政绩档案中积累的"考"和"察"的结果。

作为一般规律，一名官员品级的提升一次不得超过两个"等"；青云直上称之为"超"。另一方面，按照吏部例行措施，一名官员降级不能超过三个"等"。[①]

---

① 当然，官员如果经过适当的司法程序，也可能降得更厉害，或者被罢官。此外，官员的提升实际上常常超过两个"等"而不被称为"超"。例如，大概为正七品或从七品的在职御史被提升至大概带正四品的职位而不说这种提升为"超"，这是常有的事。可以作出这样的结论，职位所规定的品是被任命人正常的基本的品，他在任何职位上都可以按例行手续得到提升。但是在史料中也明显地载有相反的情况：官的职位与其取得的品相符，其俸禄由他的品决定，他得到的奖励只是增加荣誉称号。我倾向于认为，我们尚不能了解明代人事管理的更微妙之处。见贺凯：《明代中国的监察制度》（斯坦福，1966年），第340页注96。

当一名官员升至四品和四品以上的高官时（一般要经过几十年的工作），他的官宦生涯就不完全依靠吏部了，他的任期也不受限定。在担任的职位及职位的任期方面，他的工作几乎更取决于皇帝的意愿。但对高级官员的任命，却不能由皇帝随意作出。根据若干世纪的传统，一切事务只有在大臣提议后才能处理。皇帝一般只能任命由官场提名的人。有几种提名的集体。当任命一名大学士或吏部尚书时，就要集合有资格参加正式廷议的所有官员在朝廷进行廷推。对其他特定的任命（例如包括省一级的高级职位），所有三品和四品的高官都被召集。集体讨论的结果是将一人的姓名送呈皇帝批准，或者送呈两人的姓名供他选择。皇帝可拒绝这些提名，于是被指定的咨询集体就送呈第二次提名。因此，文官集团通过这些集体提出它的人选，供皇帝从中选择。皇帝也总有办法把这类事务的意愿传达给提名的集体。此外，偶尔也有任性的皇帝通过特旨任命高级官员，而不用等待规定的提名，不过官场会对皇帝的这种独断行为群起抗议。不论何种情况，自开国皇帝以后，明代其他诸帝都没有选无名之辈担任高级职务。

一篇现存的涉及范围最广的统计研究论文，讨论了明代各个时期和各级政府的 23300 名文官的官宦生涯。每名官员在他生涯中占 1.3 个职位，显然绝大部分只有一次任命。即使是中央政府的官员，他在其经历中平均只任两个职位，不过官至极品的人的晋升普遍地要经过累计达 10 个职位的过程。各级官员的任期在整个明代多少呈缩短的趋势。所有中央政府职位的平均任期为 2.7 年，省级职位平均为 2.6 年，下至知县一级的地方职位的平均任期接近五年。[①] 另一篇研究论文集中研究列在《明史》中的大学士和六部尚书（正二品）的情况，他们组成了中央政府中全面行政的核心。结果表明他们在一个职位上的平均任期为 31 个月。但是，即使这些非常显眼也很容易遭到攻击的职位，其任期在六年以上的竟几乎占总数的一半。因此有人提出，"高级官员

---

① 詹姆斯·B. 帕森斯：《明代的官僚政治：幕后势力面面观》。载贺凯：《明代中国政府：七篇研究论文》，第 175—231 页，特别是第 178 页表 I 。

所占任期之长……足以为中央政府提供其延续性和行政的专业知识"①。
一部对1424—1434年这10年关于御史的涉及面较窄的著作指出，任期
满九年的御史（虽然他们也很显眼和容易遭到攻击）绝不少见。②

明代人事管理的规定不助长通过保证一个人在任何特定机构中持
续任职而出现的职业化风气。主要的例外是御医和星象官员，他们
的职位大部分是世袭的。但他们只是文官中名义的成员。除了这
些职位，人们实际上不知道还有谁有持续不断地担任任何官职的
经历，足以使他积累非常专门的专业知识。例如，就户部尚书而
言，明代59个占此职位的人中有37人曾当过户部侍郎，但在这
59人中的38人有时曾在其他部当过侍郎。③ 在任职中注意非职业
化的最明显的证据是如下的事实：被选任内阁中最有权势职位的
重臣具有在翰林院担任过编修等职务的经历，但从来没有在各自
职守的行政机构中任职的经历。

官员（包括非在任的在内）作为一个阶层，享有种种特权和豁
免。一般地说，官员及其最近的家庭不必纳税和应召为国家服劳
役。官员所穿衣服的颜色因官品而异，但不准非官员穿着。官员
宅第的大小和装饰不受限制；按照官品，他们可以骑马，甚至坐
轿子，而平民则不行。④ 如果一至三品的官员触犯法律，他们实际
上可免予追查；如无皇帝的特别命令，不得采取行动。所有京官
及五品或五品以上的官员如果没有皇帝明确的批准，不受审讯；
对更低级的官员如无皇帝的批准，不得判决。⑤ 毫无疑问，许多高
级官员因过错只会遭到温和的申斥，而这种过错则会使平民受到
严厉的惩处。

---

① O.B. 范·德·斯普伦克尔：《明代的高级官员》，载《东方和非洲研究学院学报》，伦敦
  大学，14，第2期（1953年），第289—326页，特别是第98页表I和112—113页。
② 贺凯：《明代中国的监察制度》（斯坦福），第338页注92。
③ 范·德·斯普伦克尔：《明代的高级官员》，第103页，表13。
④ 明代和其他朝代官员从这些规定及其他节约法令和规定中得益的方式见瞿同祖的论述，
  《传统中国的法律和社会》（巴黎，1961年），特别是"论阶级"的第3章和第4章
⑤ 《大明会典》，第160卷。参见瞿同祖：《传统中国的法律和社会》，第177—185页。

　　在官员们得到的利益中还有显赫的头衔（散官）和功勋的头衔（勋）。在第一次"考"的成绩令人满意后，每个官员有资格得到与其正式品位相称的听起来颇具古风的散官头衔，而且他可以要求把这个头衔也赐给其父和祖父。有42种散官的头衔，这足以赐给任何品级的一名官员而不必改变实际的品级或担任的职务。明代赐给文官以相当于其正式品级的散官头衔见表1－2。

表1－2　　　　　　　　　　明代文官的散官头衔

文官品级	头　衔	文官品级	头　衔
正一品	1.（最高级）特进官禄大夫 2.（最低级）特进荣禄大夫	正五品	1. 奉政大夫 2. 奉议大夫
从一品	1. 官禄大夫 2. 荣禄大夫	从五品	1. 奉直大夫 2. 奉训大夫
正二品	1. 资德大夫 2. 资政大夫 3. 资善大夫	正六品	1. 承德郎 2. 承直郎
从二品	1. 正奉大夫 2. 通奉大夫 3. 中奉大夫	从六品	1. 儒林郎 2. 承务郎
正三品	1. 正议大夫 2. 通议大夫 3. 嘉议大夫	正七品	1. 文林郎 2. 承事郎
从三品	1. 太中大夫 2. 中大夫 3. 亚中大夫	从七品	1. 征事郎 2. 从事郎
正四品	1. 中议大夫 2. 中宪大夫 3. 中顺大夫	正八品	1. 修职郎 2. 迪功郎
		从八品	1. 修职佐郎 2. 迪功佐郎
从四品	1. 朝请大夫 2. 朝议大夫 3. 朝列大夫	正九品	1. 登仕郎 2. 将仕郎
		从九品	1. 登仕佐郎 2. 将仕佐郎①

　　勋的头衔至少在理论上是因功而赐的，而且只奖给五品及五品以上的官员。这些勋号与它们的正式品级相符合，其形式就像散官的头衔那样。它们的名称见表1－3。由于封赏散官称号和勋号的这些惯

① 《大明会典》，第6卷，第133—135页

例，一名高级官员可能以冗长的称号而被人所知，如"政治上卿资德大夫吏部尚书"。这个称号甚至没有把他所兼的职位或他可能承担的特殊任务包括在内——如除吏部外他还临时负责另外一个部，当时由于种种原因，该部尚书位置空缺。

表1-3 明代的勋号

文官品级	头 衔	文官品级	头 衔
正一品	左右柱国	从三品	资治少尹
从一品	柱国	正四品	赞治尹
正二品	政治上卿	从四品	赞治少尹
从二品	政治卿	正五品	修正庶尹
正三品	资治尹	从五品	协正庶尹①

在职官员按其品级领取国家俸禄。名义上，俸禄以米若干石计算（见表1-4）。儒学教员的薪水等级则不同，每月从米两石至两石五斗。此数大大低于从九品官员的报酬，大致在吏的水平上，吏每月领取米两石五斗往下直至六斗。②

表1-4 明代文官俸禄表

文官品级	俸禄（石）	文官品级	俸禄（石）
正一品	* 1044	从一品	888
正二品	732	从二品	576
正三品	420	从三品	312
正四品	288	从四品	252
正五品	192	从五品	168
正六品	120	从六品	96
正七品	90	从七品	84
正八品	78	从八品	72
正九品	66	从九品	60

* 每年

---

① 《大明会典》，第10卷，第255页。
② 《明史》，第72卷，第1741页。

　　虽然这些俸禄标准与以前王朝相比并不差，但是即使还对仆人、燃料和出差稍有津贴，如果按照实际收入，明代官员过得并不好。问题在于，虽然明朝开始时付给官员大米，但在洪武朝结束前，只有部分薪俸付给大米，此后官员薪俸中的大米比率不断下降。官俸的其余部分用诸如纸钞（其实际价值已降到零）、丝、棉，最后是白银等其他商品付给。此外，薪俸中的大米折成其他形式的收入，都不按市场的比率折算，而是按人为的非常低的比率付给。官员们不断地抱怨不能依靠他们的俸禄为生，而《明史》惊呼："自古官俸之薄，未有若此者！"[1] 有人估计，早在 1434 年起，官俸事实上降至其名义上的价值的4％，尤其是京官，实际上一无所得。[2] 许多官员似乎只能向国家分配的仆人收费，然后解除他们的劳役，以此来满足自己的基本需要。

　　微薄的货币收入不仅仅是明代官员待遇差的惟一方面。不论他们可能享有法定的特权和豁免，却绝对不能避免严厉的处理。在这方面，洪武帝的一系列可怕的官场清洗为王朝定下了调子，为此，他被戴上了"中国全部历史中最残酷最邪恶的暴君"的帽子。[3] 其他臭名昭著的官场清洗发生在 16 世纪 20 年代和 17 世纪 20 年代。[4] 官员在皇帝们命令下还不只是这些戏剧性的插曲。在明朝文职行政机关的最高级官员——如大学士、六部尚书和都御史的 725 人中，有 220 人（30％）得到了屈辱和灾难性的结局，14 人十分幸运，仅被贬职，133 人被罢官。被惩处得最严厉的受难者包括 38 人作为普通士兵被流放戍边，49 人被打入大牢，20 人被处死。[5] 低级官员所受的苦难不那么深重。然而从 1424 年至 1434 年的 10 年中，超过 261 名文官

---

[1] 《明史》，第 82 卷，第 2003 页。

[2] 黄仁宇：《16 世纪明代的税和政府财政》，第 48—49 页。

[3] 牟复礼：《诗人高启》（普林斯顿，1962 年），第 36 页；又见他的论文《中国专制主义的成长》。贺凯：《明代的起源及其制度的沿革》（安阿伯，1978 年），第 66—73 页。对洪武帝清洗的最透彻的研究，见托马斯·梅西：《朱元璋和胡蓝两件案件》（密歇根大学论文，1983 年）。

[4] 关于这些清洗，见《剑桥中国史》，第 7 卷，第 149—164 页。

[5] 这是作者根据《明史》第 109—112 页作出的统计。数字有的有重复，如有的人被囚禁后又被罢官或被处死。参见范·德·斯普伦克尔：《明代的高级官员》，第 98 页表 8。

在御史的弹劾中被告发；在 1620 年至 1627 年期间，超过 691 名官员同样被告发。[①] 暂时停发官员薪俸达一年之久乃是常事，而受更严厉的惩罚却屡见不鲜。

明代诸帝因把官员光屁股重杖责打而最为臭名昭著。杖责由宦官和护卫当廷执行——这种屈辱有悖于中国传统的君臣关系，而大臣身体受到如此的凌辱，以致需要几个月才能康复。在洪武朝时，贵如侯爵那样的显赫人物和二品大员就死于这种杖责。1519 年在对正德帝的任性行为的激烈抗议以后，据说有 146 名京官当廷受到杖责，结果 11 人死去。在嘉靖朝时一场争论的结果，据说 1524 年有 134 名京官既被囚禁又被当廷杖责，结果有 16 人死于非命。[②] 不难断定，明代诸帝通过宦官和锦衣卫中的代理人，对文官们保持一种恐怖统治。[③] 但事情的另一面是，明代的官员集团不断地使灾难降临到自己头上，因为他们毫无顾忌地进行派系斗争。另外，他们不惧怕皇帝的独断专行，而不时地以挑衅性的进谏向皇帝挑战。明代产生了大批理想主义的文官，他们挺身而出面对威胁人的统治者。这些人中最著名的可能是海瑞（1513—1587 年），他是一个铁面无私的道德论者和崇尚纪律的人，因批评嘉靖帝的怪癖行为和疏于朝政而入狱。[④] 很难假定，这些官员能纠正明代君臣关系的失衡状态，但人们也不能认为明代的文官就是苟安和不会抗议的受害者，也不是甘愿受皇帝一方猖獗的专制主义迫害的依附者。

明代例行的人事管理实行传统的回避的规定：如果两名亲戚碰巧在同一机构任职，年轻的必须退出和请求调动；除了学堂的教员，所有的官员都不准在出生的省的地方行政机构任职。此外，官员如逢丁

---

① 贺凯：《明代中国的监察制度》，第 306 页表 2，第 309 页表 8。
② 钱穆：《国史大纲》（台北，1952 年），第 477 页；《明通鉴》，第 51 卷，第 1914—1918 页。见《剑桥中国史》，第 7 卷，第 448—449 页，书中的讨论因根据不同的材料来源，得出的数字稍有不同。
③ 对明代诸帝及其宦官和锦衣卫的所有胡作非为的最详细和激动人心的专门论著是丁易的《明代特务政治》。
④ 见《明传记辞典》海瑞的传记，第 474—479 页。如何评价海瑞的历史地位，在四个世纪以后的 20 世纪 60 年代中期，在人民共和国触发了一场"文化大革命"。

忧，应离职服丧三年，服丧期间，一般不领俸禄，但有时因皇帝的特殊恩宠，可领半薪。在服丧期间，如果皇帝召回服职，他们应该响应，这在中央政府的受宠的高级官员中是常有的事。官员在得到吏部或皇帝的批准后可以请病假，带薪病假长达三个月。正常的退休年龄为70岁；如果退休官员面临贫困危险，他明确地可以指望每年领四石米，并由地方官指派仆人为他料理家务。年满55岁的官员因体弱可以退休，并可指望得到相类似的待遇。在这些方面，如同在职官员的俸禄那样，明朝对其文官似乎不如以前的本地王朝的惯例那样慷慨。

有骄人政绩的官员去世，礼户就授予带奉承性的谥号，如海瑞就被赐予忠介的谥号。死去官员的谥号后常加缀以"公"一字，但此字仅表示尊称，相当于"阁下"，不能与贵族爵号的"公"混淆。

武　职

军事建制在明代政府人员中是最大的一部分。在1392年，据报道有16489名武官和1198442名士兵长期正规地在服役。在明朝的其余时期，其人数变动甚大，直至明朝的最后几十年，据报道在册将领和士兵分别是10万人和400万人。下面将会看到，这些数字（特别是晚明的数字）不能说准确地代表了明代的战斗力。[①] 尽管如此，明代的军事编制一直是庞大的，需要社会付出巨大的代价才能维持下去。此外，明代的武将作为一个集团不像文官那样受到高度重视和有权势，但个别军人一直在最高级的议政会上起着突出的作用。

明代军事制度有两个特别值得注意的特点。首先，在明代最初几十年后，军人几乎完全处于文官的支配和控制之下；在整个王朝，对

---

① 明代兵制的权威资料来源是《明史》第89—92卷和《大明会典》第118—158卷。有帮助的近代研究有陈文石：《明代卫所的军》，载《中央研究院历史语言研究所集刊》，第48卷第2期（1977年6月），第177—203页；解毓达：《明代卫所制度兴衰考》，载《说文月刊》（1941年），第2卷，转载于包遵彭编：《明代论丛》（台北，1968年），第4卷，第155—247页；吴晗：《明代的军兵》，载《中国社会经济史集刊》，第5卷第2期（1937年），转载于吴晗：《读史札记》，第92—141页；王毓铨：《明代的军屯》（北京，1965年）。遗憾的是，还没有对明代军事事务作透彻研究的西方著作。

军人的行政管理由文职的兵部指导；从 15 世纪以后，文官还在作战战术方面接受了监督控制权。其次，与文官建置的原则形成鲜明对比的是，军事服役主要建立在世袭的基础之上，将领和士兵都是如此。

明制的基本军事单位为卫，往下分成千户所，再下又分成百户所，在一系列所之上是省和中央政府设的监督的官员。这些官员中最为突出的是贵族成员。另设一个独立于这一行政等级制的战术指挥组织，卫的官兵被派去临时受训和执行实战防御或实际征战的任务。关于有等级的指挥组织将在以后的分节中讨论。这里将把注意力集中放在行政结构的人事组织方面。

武官

与其文官的对应人员一样，武官也分品，每品又分成两等。但是武官的品级从最高的正一品往下只到从六品，共有 12 等的区别而不是文官的 18 等。卫的最高级职位只是正三品，指挥使就属这个品级。所有卫一级的职位都可世袭，因此可通称为世官。省级和中央级的监督官员的执行职位不能世袭，被称为流官，这些职位由来自卫一级世袭职务的候选人充任。因此，个别正四品的指挥佥事根据其表现，可能会被提升为正三品的省一级的都指挥佥事。但如果他去世或退休，其后嗣不能继续担任正三品的省级职务，而只能回到原来正四品的职位上。

武官所能继承的对象不是他可以担任特定品级的职务的资格，而这种资格对文官来说却是一条进入官场的间接的世袭途径；武官可以承袭的是特定的、具体的卫中特定的、具体的职位，这个卫对武官来说，等于某个人的出生地。这种制度可以用明代最著名的将领戚继光（1528—1588 年）的事迹来说明。戚的第六代祖先死于 14 世纪 80 年代为开国皇帝服武职时期，曾为其子赢得山东省北部沿海登州卫正四品的指挥佥事的继承权。在承袭此职一个半世纪后，戚继光 16 岁时在 1554 年其父死亡后继承这个职位。他连续地得到提拔，并在 1574 年获得了最高的正一品的都督职位，在京城的都督府任职。由于一次战场上作战的小失误，他在 1559 年被剥夺了世袭特权，但后来的成就又使他在 1571 年重新获得较低品级的世袭特权，这样他的后裔就有权要求在登州卫出任正五品的千户；后来由于皇帝恩宠有加，他又获得了让他另一个儿子在有威信的锦衣卫中袭仟正六品的百户的特权。当戚继光在 1585 年谢事时，事实上他的两个儿子的确担任了这两个职务。这种情况与戚继光只在登州卫任职四五年和从未在锦衣卫任职的事实无关，更与 1561 年至 1567 年他曾在战术指挥的司署中担任过浙江和福建两省高级指挥将领以及（1569 年至 1583 年）在北京东北的蓟州镇担任过高级将领的经历无关。他的根在登州卫，他一生经历的薪俸基本上向登州卫支领，他的正常的继承特权应用于登州卫。

继承制度从明朝建国时期就开始实行。后来明代的大部分武官之所以任职，是由于他们当时的祖先在协助洪武帝夺取江山和巩固帝国时建立的功勋，或者是由于他们的为永乐帝效劳的先人在 1401 年为他夺取皇位和在以后的征战中作出的贡献。兵部负责监督这一继承制度的顺利运行而不被滥用，它显然也谨慎行事。正妻的长子是合法的继承人。如果军官死时没有这样的继承人，其妾所生的长子或者该军官之弟可以要求接替，他一般被接受任职。如果父亲死时其子不满 10 岁，上述的接替只能是临时的，当后嗣年满 20 岁时，接替人就必须让位。不论在何种情况下，继承人的权利必须得到所在卫的当局的保证，而继承人则必须通过合格测试，才能实际服役。测试着重于骑术及马上和马下的箭术。规定时有变动，但在正常的情况下，未能通过及格考试的继承人被容许见习一年；如果届时他仍不能通过，那么根据兵部规定，家属中最近一支的继承人就得到了立业的机会。[①]

后裔或合格的接替人的直接继承并不是开始武官生涯的惟一途径。某个人在任何时候可以因战功突出而获得武官的地位。这种候补武官的主要资源包括家人，即侍从（舍人），这些人是武官的男亲属或随从，其地位相当于中世纪欧洲骑士的扈从。武官的舍人包括其弟、子、侄子，甚至包括显然无亲戚关系的食客。可以推想，每名武

① 《大明会典》，第 120 卷，第 2475 页；第 121 卷，第 2493—2495 页。

官有三四名舍人作为扈从，有时人数甚至更多。舍人被政府改组成无品级的准官员，领取国家的薪水，与庇护他的武官一起驻防，并且参加战斗。舍人可以因战功而被推荐担任武官。普通士兵因非凡的战功，同样可以被推荐担任武官。

另一条进入武官的途径是考试中举，这种考试与影响大得多的文官科举考试相呼应。虽然在王朝伊始之际对它有所规定，但武考直到1464年才设置；经过一段不正规的时期后，武官考试从1504年开始定为三年一期，如同文官考试。主要的应考人是武官的舍人，他们有资格在由所有重要的卫办的武学中受训，并在各卫受权按照府、州、县的兴办模式建立的儒学中受训。军人的儿子还有资格考虑进入由文职行政单位办的儒学深造，为此，如果他们有意并具有必要的文才，可以不受歧视地参加文官科举考试进行竞争。在整个明代最有权势的文官之一张居正（1525—1582年）就有这种背景：他的父亲曾是一名普通士兵。张居正在1547年的文官考试中中式而成为进士，最后成为首辅大学士，作为年轻的万历帝的事实上的摄政者而左右着政务。①

武官考试要求最低限度的儒家传统的文学水平和重要的兵法书籍的知识，但考试需要考生精通骑射之术。结果，虽然原则上"一视同仁"，但实际上它们只对那些在习武环境中成长起来的人，如武官的舍人，提供发迹的机会。有些年轻的世袭军官也参加考试，以期得到迅速的晋升。但是武官考试每三年只产生50名进士，以这种方式获得武官的地位并不能严重地改变武官的世袭性质。②

明代统治的第一个世纪以后，人们捐纳武官身份的情况如同捐纳文官那样，也变得可能了。这种程序的详细情况及其后果尚不清楚，但捐纳武官身份的现象在武职中一定不如在文官集团中捐纳文官那样重要。

---

① 见《剑桥中国史》，第7卷，第514—515页；《明人传记辞典》中商辂的传记，第53—61页。
② 《明史》，第70卷，第1708—1709页；《大明会典》，第135卷，第2775—2778页。

除了直接承袭以外，通过其他途径任职的武官显然没有自动将其职位传给其后嗣的特权。后来只有在承认他们的战功而根据皇帝特殊的恩赐时，他们才被授予这种特权。

一旦任职，武官没有特定的任期。但是按照规定，每到第三年，一名武官必须表现出他继续具有骑射的本领，每五年，所有武官都要经过对他们的工作和能否胜任的考察。如同文职官员，位居极品的武将不受他人的评估，而应该上呈自我评定（自陈）。如被提升，武将在有机会表现其优点（在战场上更为可取）之前，只能得到试职，然后才能把新任命改成实职。到卫以上流官的任命只能由皇帝作出，其依据通常是要求贵族成员和其他高级官员议出的提名。如果一名武官未能履行其分配的战术任务，通常是暂时中止其身份和停发其薪俸，直到他能成功地完成特定的任务，例如在指定地区平息无法无天的行为。关于武官的军事生涯，还没有大范围的统计数字，但手头上的证据给人的印象是，他们的任期比文官更稳定，对他们的标准也定得较低，部分原因是他们普遍是文盲。[1]

在明代初期，武官获准可在 55 岁时退休；但在明朝的大部分时期内，正常的退休年龄为 60 岁。没有退休金，因为一个成员可继承退休者的职位和薪俸。如果武官因公死亡，也没有子、弟，那么死者之妻或一位活着的父母可享受其全薪三年，从此无限期地领半薪。如果死者之子或弟尚年幼，不能立刻继任，他可领半薪，直到他年满20 岁能够就任继承的职位为止。

如同文官，武官也能获得与其品级相应的散官称号。共有 30 种散官称号，其中最高的四个级与文官的最受尊重的称号相同。相对于正式品级的全部系列称号见表 1－5。

如同文官，武官因特殊功勋也按品级被授予勋号，见表 1－6。最受宠的或最杰出的武官可获得公、侯或伯的贵族品级，其高贵程度依次下降，勋号是否有世袭特权，则由封赏的皇帝决定。

---

[1]　贺凯：《明代中国的监察制度》，第 125—129、195—197 页，第 307 页表 4，第 309 页表 10。

表 1-5 授予武官的散官称号

品 级	头 衔	品 级	头 衔
正一品	1.（最高级）特进官禄大夫 2.（最低级）特进荣禄大夫	正四品	1. 广威将军 2. 宣威将军 3. 明威将军
从一品	1. 官禄大夫 2. 荣禄大夫	从四品	1. 信武将军 2. 显武将军 3. 宣武将军
正二品	1. 龙虎将军 2. 金吾将军 3. 骠骑将军	正五品	1. 武节将军 2. 武德将军
从二品	1. 奉国将军 2. 定国将军 3. 镇国将军	从五品	1. 武略将军 2. 武毅将军
正三品	1. 昭武将军 2. 昭仪将军 3. 昭勇将军	正六品	1. 承信校尉 2. 昭信校尉
从三品	1. 安远将军 2. 定远将军 3. 怀远将军	从六品	1. 忠武校尉 2. 忠显校尉①

由于有种种头衔，一名著名的武将的全称可以是平江伯（贵族头衔）中都督（名义地位，正一品）延绥总兵官（实职）；或者是尚护国（勋号）金吾将军（散官头衔）扬州卫指挥佥事（世袭身份，正四品）升任后都督同知（名义地位，正二品）陕西指挥同知（实职）。为了避免混乱，一名武官脱离其名义的职位（它往往是其原来的世袭职位）而另外独立执行任务，就用表示他只领取这个职务俸禄（带俸）的带前缀的头衔来指称；不论谁去履行所分配职位的任务，就称"管某某职位之事"，即管事。

武官按品级领取的官俸与文官对应品级的官俸完全相同，从正一品每年1044石谷物到从六品96石谷物（见表1-4）。如同文官，这些官俸的一部分折成谷物以外的货币和商品。由于大量谷物的折换和吃亏的折换率，使文官的实际收入变得很低，但武官们没有深受其苦。相对地说，武官的官俸较多。此外，不论在何种情况下，文官和

---

① 《大明会典》，第122卷，第2513页。

武官在中央和省级同一级别职位任职，武官的官品高于文官。因此，在中央政府，位居都督的资深武官位居正一品，而一个部的文职主管则位居正二品；省级机构的高级武官位居正二品，而与之相当的机构中的高级文官位居从二品或正三品。更有甚者，由于高品级的武官往往有贵族的头衔，每当任何一级的文武官员聚会议事（他们经常被召集议事）时，文官一般必须让武官优先发表意见。

表 1-6	授予武官的勋号
品　　级	头　　衔
正一品	左、右柱国
从一品	柱国
正二品	尚（上）护军
从二品	护军
正三品	上轻车都尉
从三品	轻车都尉
正四品	上骑都尉
从四品	骑都尉
正五品	骁骑尉
从五品	飞骑尉
正六品	云骑尉
从六品	武骑尉[1]

武官比文官享受的更多好处是，皇帝经常分赏特别的、额外的奖励。每次军事行动后，不论其规模多么小，诸皇帝按惯例分赏礼物给参加战斗的官兵，其标准以对蒙古人作战的赏赐最多，往下分成若干等级，直至赏赐最少的清剿内部盗匪的行动。以这种方式可以得到提升，但也可以得到银两、纸钞、成套衣服和布匹等赏赐。最精确的标准可用斩杀或俘获的敌人数量来衡量，即计算多少敌人被杀或俘获，被杀或俘获的敌人中是否包括其首领。[2]

尤其是，武官们臭名昭著地滥用他们的权力，并且通过以下的手段来中饱私囊：虚报他们所统辖的士兵名额以取得空缺士兵的口粮；

---

[1] 《大明会典》，第 118 卷，第 2450—2451 页。

[2] 《大明会典》，第 123 卷，第 2419—2539 页。

克扣实有士兵的口粮和饷银；夺取国家专门拨作供士兵口粮之用的农田为自己所用；接受寻求脱离兵役或其他特殊待遇的士兵的贿赂；向每一个可以想到的受害者勒索钱财。这些胡作非为的行为在武官中当然不是普遍的，但腐败是如此盛行，以致武官团的声誉在整个明代不断下降。[1] 随着军事指挥日益置于宦官的监督之下，且又在文官的领导之下，声誉的下降又伴随着武官的自珍自爱意识的下降，而两者之间可能又有着因果的关系。总之，到 15 世纪初，武官已被降到受命于宦官和文官权贵的技术人员的地位，虽然前面已经提到武官享有品级、官俸等有利条件。尽管如此，世袭的武官直到王朝终了时继续是明朝拥有军事力量的支柱。

军人

明代的军事建制通常称卫所制，它是卫再加上其组成部分千户所和百户所（这一建制的基本单位）的简称；它最为人所熟知的特征是严重地依赖自我延续的和世袭的士兵的观念。人们（甚至《明史》）普遍地把这一制度与被誉为唐初伟大的军事成就府兵制相比（"盖得唐府兵遗意"）。[2] 但是，也有人提出有许多区别[3]，其中主要的不同点是唐代的府兵由职业士兵组成，而明代的卫所士兵则包括一个世袭的等级。

把民众世代地分成等级的做法在中国本土的传统中并非没有先例，但这种做法在唐代，特别在宋代已经很不盛行了。然而在元代，蒙古人试图桎梏他们的臣民，严密地将其分成若干社会阶层。洪武帝的一视同仁的平均主义态度，再加上元明过渡期的社会动荡，促使他松懈了元代严格的等级划分，这样，明代的大部分家庭被简单地登记为民户。第二个大类为军户，仅存的另一大类，也是相对而言较小的

---

① 有的胡作非为在孙金铭的《中国兵制史》（台北，1960 年）第 171—173 页和解毓才的《明代卫所制度兴衰考》第 213—214 页有讨论。又见王毓铨：《明代的军屯》，散见各处，特别是第 290—313 页。

② 关于唐代的府兵制，见崔瑞德主编：《剑桥中国史》，第 3 卷（剑桥，1979 年），第 13、97、175—176、207—208 页。

③ 见陈文石：《明代卫所的军》，特别是第 201—203 页。

一类是匠户。匠户主要包括各种世袭的手工劳动者，其中有的是在京城的官办的工场劳动的全日工人，他们生产贵重的和日用的制成品，以供皇宫和政府之用。其他工匠则在全国自由地经营其贸易，但能应政府之召提供征用货物，或临时性地进行政府工程，特别是京城宫殿建设的工程。

军户承担规定的责任，即每户提供一名壮丁在卫服役，必要时还要提供一名代替他的人。如同武官的情形，这是规定得很具体的义务。例如，湖广的一个军户可能要负责向驻守在东北，即近代满洲地区的百户所提供一名士兵。结果，如果驻守在满洲的百户所缺额两名，一名缺额可能从湖广的特定的村中特定户物色，而另一名可能同样具体地在浙江省找到。由于负了这种责任，军户就被免去了去服地方政府机构征用的劳役的义务，其范围大致相当于民户中任何男丁所需要服的劳役。在其他方面，军户与同在一起生活的民户没有区别。没有对他们优遇或贬损的差别。

家庭以不同方式取得军户的资格。为开国皇帝服兵役的人，或在建立明朝时期与他并肩作战的将领，在建国之际会发现他们的家庭自动地被登记为军户，当卫所巩固后，他们就定居在那里，以确保新的行政区域的臣服和安定。这些人以及他们的世袭继承被称为"从征"。明代官军中次大部队被称为"归附"。这些人原来在元军中服役，或者是与洪武帝争霸的地区军阀的部队，他们向明朝投降并为之效劳。据说，每当洪武帝控制了新的领土，他的武官逐村访问所有男丁，要他们选择当臣民或当兵，根据他们的决定就将其家庭永久分类。从武的人后来就称归附。在明代的卫中的第三部分人是一些犯了充军罪或谪罚罪而被判处服役戍边的人，他们的家庭从民户转入军册，并规定要世代承担军户的责任。

最初几十年的明朝也向民户征召（垛集）士兵以便其军队满员。永乐帝在位时曾下令，命有三个以上儿子的民户必须送一个儿子服兵役，而其他的家庭则被指定为预备户（贴户）。每名新征的士兵成立一个有世袭义务的新军户。如果另外出现军事危机，士兵从有一个以上儿子的贴户中抽调。① 这种征用方式不能普遍和长期实施，显然是一种偶尔的、地区性的和有限度的做法。尽管如此，到15世纪20年代，这种做法仍产生了帝国军户相当大的部分。

士兵似乎没有固定的退休年龄。在明初时期，70岁似乎被认为是最大的服役年龄，后来显然是60岁。但是考虑的重点始终是该士兵是否适合服役。如果一名士兵年龄太大，身体太弱，不能胜任其任务，如果他在执行任务时死亡或受重伤，当局就要物色代替他的人。超过10岁的男孩，如果身体结实健康，就被考虑为适合在将来"征召"入伍；在13岁或14岁时，这些男孩显然被认为随时可以入伍了。

替代人通常来自士兵的最亲近的家庭，他们与士兵一起生活在驻守的卫所。这些人可能包括士兵之弟，他们即使不是必须，也被鼓励与士兵一起参加受训和随同作战，就像武官的舍人那样。兵户中这些额外的男丁被称为余军或余丁，并形成了一支可随时使用的预备军。如果一名士兵死亡，或出现其他情况而必须取代，而手头上又无人可以接替，那么士兵所在的卫所的武官就上报兵部。兵部就核查簿籍，以确定被取代人所代表的军户，然后通知管辖它的地方当局，地方官员就前往应负责任的家庭，要其提供一名取代人，取代人于是就被派去接替部队中指定的位置。军户中的年长者只要他们在服役年龄期间，并且身体状况还顶得住，在指定取代人时往往谨慎从事；但军户如果雇用或收养无亲属关系的男丁服役，即属非法。如果负提供责任的军户不能找到，或者没有可以服役的男丁，地方当局就知照兵部结案。

这一长期保持一支庞大的常备军的计划原则上是可行的，但它在建朝期间就产生了种种问题。早在1370年，据称有四万名士兵开了小差；此后，随着中央政府为填补部队空缺而向卫的武官和地方当局施加压力，代替制度的弊病不断增加。当原来指定的军户为逃避未来的责任而逃离或迁离其村落时，地方当局就强征任何人入伍，特别是

---

① 吴晗：《明代的军兵》，第104—105页；解毓才：《明代卫所制度兴衰考》，第174—175页。

同姓的人或者当时打工于逃逸者自家土地上的人。服役的士兵普遍地虚报其籍贯，以掩护其亲属不被征召。军户往往提供过老的或其他方面不合格的男丁充当替代人。替代人往往在应召途中失踪。一些二流子向军户自荐去充当替代人，到规定的岗位报到，但立刻逃离，转而又向其他的户自荐，在短期内用假名出现在几个卫中服役。有的卫所的武官为了不因他部队的高逃离率而受处分，就派出自己的亲信到处强征他们能找到的人入伍。到1420年代，看起来易行的代替制度已经臭名远扬地失控了。

从洪武朝开始，专门解决难题的能手（通常是监察御史）奉命离京去"清理军伍"。到15世纪20年代，一批批官员定期被派往全国执行"清军"（"清理军伍"的简称）任务；从15世纪40年代直至15世纪50年代，这类任务通常是由监察机构正常地负责。1428年一名清军御史非法强征数百名男丁入伍，并残酷地虐待提出抗议的村长。当他的不法行为被当廷告发时，他强征的152名替代人被释放，但其他1239人则留下终生服役，其处理原则是，他们已经服役并接受了军饷。这些人得到的惟一安慰是，他们的家庭不再有强加的世代从军的义务。[①]

尽管有不断的清军行动，卫所制度的状况继续恶化。到16世纪初，据估计，许多卫所的80%—90%的士兵开了小差；到16世纪的后半期，据说卫所部队不但不能歼敌，而且不能保卫自己。[②]

卫所的生活是不尽如人意的，这部分地是由于卫的军官虐待和利用他们的士兵。[③] 更具体地说，从15世纪20年代起这种情形大规模发生，驻守在新疏浚的大运河沿岸的各卫所必须提供从富饶的长江三

---

① 《明史》，第92卷，第2255—2258页。《明代中国的监察制度》，第75—77页。参见陈文石：《明代卫所的军》，第193—198页；解毓才：《明代卫所制度兴衰考》，第213—214页；吴晗：《明代的军兵》，第111—124页。

② 吴晗：《明代的军兵》，第112、117页。对明代兵制的衰落，黄仁宇以其生动的个人观点进行了讨论，见其《平淡的1587年：衰落中的明王朝》（纽黑文和伦敦，1981年），第157—164、175—176页。

③ 陈文石：《明代卫所的军》，第198—200页。

角洲各府北运漕粮至北京和边防戍军的运输劳务。承担运输任务的士兵生活特别艰难，于是大批出逃。[①]

从 15 世纪早期起，最受凌辱的士兵莫过于各卫所必须轮流送往北京和南京两京的团营（亦称三大营、京营。——译者注）服役的那些人，这种部队的轮换的原意是在两京的能干的将领领导下对士兵进行强化训练，同时万一在需要大规模防御行动和征战时，能提供一支庞大的作好战斗准备的部队，特别在北京更有此必要。训练不是很有效，部分原因是宦官从早期起就在团营起着重要的指挥作用。1449 年英宗帝率领的导致土木之变灾难的京军就是团营组成的。新兵从各省被匆忙地召集，在北京组成一支新的防御力量，训练再次受到重视。但是不久，团营又陷入了以前的无能状态，以致分配到团营的士兵就成了宦官、贵族和浮夸的将领的私人奴仆，或者成了进行宫殿建设工程的劳动大军。在永乐朝时，团营提供了 70 万至 80 万的实战军队，而到 16 世纪，可用于军事训练和服役的士兵降至两万人。其他的被分配者（在 10 万人左右）被官方认为不过是卑下的劳动者，被所有人藐视和虐待。他们所在的大本营被贴上老朽（老家）的标签，并被认为不适合执行军事任务。每当战斗的可能初露端倪时，所谓作好战斗准备的部队中的许多人就吵着把他们重新划归老家。1550 年当蒙古的俺答汗突入长城并威胁北京时，负责京营的兵部尚书丁汝夔率兵五六万出城迎击入侵者。但是蒙古人一出现，据官方史书报道，全部士兵"驱出城门，皆流涕不敢前，诸将领亦相顾变色"[②]。指挥作战的尚书后来被处死。最后，在 1644 年，当京城的部队出城消灭造反者李自成的劫掠的军队时，据称他们一听到炮声就四处溃逃，京城除 3000 名宦官部队外，已无兵可守。[③]

---

① 星斌夫：《明代漕运研究》，马克·埃尔文译成英文，密歇根大学中国研究中心：《中、日文关于中国史著作摘要》，第 1 期（1969 年），特别是第 50—54 页。
② 《明史》，第 89 卷，第 2179—2180 页。关于土木事变，见《剑桥中国史》，第 7 卷，第 475—476 页。
③ 京城的团营在《明史》第 89 卷，第 2178—2184 页有充分的论述。又见吴晗：《明代的军兵》，第 105—111 页。

　　卫所士兵的基本军饷是每月谷物一石，但实际数量因每名士兵最近的亲属中依靠他的成员人数而异。骑兵的军饷高于步兵，这大概是骑兵要饲养他的坐骑的缘故。在征战或去京城团营的途中，还规定有专门的粮食补贴。一切衣着、兵器和装备都由政府供给。粮食口粮一部分被折成其他支付形式，但规定的粮食似乎足够供养士兵及其依靠者。但是，军官对士兵的苛刻待遇包括了许多减少士兵实际收入的方法，以致在明朝的后半期，不断有服役士兵的生活已沦于极其悲惨境地的报道。

　　从 15 世纪中期起，卫所军队在全国得到地方民兵（民壮）的辅助。在最基层一级，民众到处被登记在册，组成通称为里的组织，而里长应该在里内维持治安。知县一般应该组织数百人的民兵进行训练，这种做法取决于他辖区内的里的多少（也就是取决于人口密度），训练一般在农闲时进行；这样卫所的士兵不必劳神去应付小规模盗匪活动或地方骚乱。但是民兵不是可以征召执行卫所任务的国家资源，他们只能被指望在其故土以部分的时间参加。

　　当卫所制积累下来的弊病变得过于明显以致不能置之不理时，政府就转而求助于招募，即从民户、匠户以及武官队伍中的舍人和余丁中招募付给报酬的志愿军。早在永乐朝时，这种做法是在非常局部化和临时性的基础上推行。在 1449 年明军于土木惨败后，政府就大规模地依赖招募，以便在紧急情况下有助于恢复北京的防御力量。到 15 世纪末，每当政府在需要不仅仅是消极防御的情况时，招募就成为一种制度。在 16 世纪后半期，与以日本为基地的称之为倭寇的劫掠者斗争以及与俺答汗和其他蒙古酋长作战的，正是这些招募来的士兵。后来在 16 世纪 90 年代日本入侵朝鲜时，招募兵协助力挽狂澜。而在当时，卫所制的士兵勉强只能护卫沿运河运输的漕粮，为大规模建设工程提供劳动力，在战略要地勉强地维持静态防御的局面。每当出现军事危机时，政府就要召集专门的募兵。[1]

---

[1]　关于招募兵的发展和性质，特别见傅维麟：《明书》，第 72 章（第 2 卷，第 1453—1454 页）；吴晗：《明代的军兵》，第 124—132 页。

明政府在名称上对卫所制的士兵和所有的其他士兵作了区别，前者称军，后者称兵（卫所军士为世军，军外募民为兵。——译者注）。这种区别无法用英语精确表达。这不是士兵与民兵之间、正规军与预备役士兵之间的区别，也不是正规军与非正规军之间的区别。在明朝的最后一个世纪，各类的兵士几乎成为明朝的正规作战部队，卫所建制的军逐渐成为一支部队，它一部分是领部分养老金的驻守农夫，一部分是在和平时期为防守的要塞配备的一批守望人员，这些人还被指望在战争时期牵制敌人，直到征募的兵到达投入正式战斗为止。兵的招募有多种来源。它们以小单位形式受自然形成的领导人指挥，但更高的层次单位，则受战术指挥的上级的节制，也受监管它们的宦官或显赫的文官的节制。当战斗结束，兵就得到报酬，被遣送回家。

有经验的民兵是有用的募兵，还有其他几个群体因为它们的专业化的战斗素质也特别受欢迎。沿北方边境一带，有一些友好的蒙古人、回纥人和其他亚洲腹地定居地的民族，这些人精于骑术，熟悉定期威胁中国北方的草原袭扰者的行事方式。政府常常暂时利用从这些定居地征召的夷兵来保卫长城沿线。在湖广、四川和偏远的西南有大批松散地并入帝国的土著民族，他们依然保持着部落的生活方式。有几个土著集团是出名的愿意应召的凶猛的战士：贵州的狼人和永顺的苗人在 15 世纪初期被用以征讨越南，于 16 世纪在东南沿海被用来对付以日本为基地的倭寇的侵袭，甚至明末的几十年在北方被用来对付满洲人。[①] 一名女首领秦良玉屡次率领称白杆兵的四川部落民对抗从 17 世纪 20 年代起蹂躏华北的国内叛乱者。[②] 在中国人口稠密的地区利用土著部队的做法存在着种种困难，因为汉人认为他们粗野而不受管束，在他们协防的地方，由于他们的粗暴，很少没有受到像敌人所造成的那种破坏。

汉人群体也经常被号召去平定远方的动乱，他们被称为乡兵。他

---

① 《明史》，第 91 卷，第 2249—2251 页。

② 见恒慕义编：《清代名人传·秦良玉传记》（华盛顿特区，1943—1944 年），第 1 卷，第 168—169 页。

们包括来自现代河南几部分的精于使用匕首的爬山能手，各地的强悍的矿兵，善于用长棍作战的山东人，注重武艺的佛教寺庙的和尚，福建泉州的拳师，来自现代河北的掷石行家，福建沿海的水手，几个地区的盐工（他们是少数能熟练使用火炮的汉人）。[1] 有的地方领导人，后来甚至像戚继光等将领，在地方当局的支持下，组建和率领专门招募的部队。他们以其将领的名字而为人所知，例如戚继光的部队称戚家军。

在 1618 年满洲人叛离明朝后，军事制度的紧张状态加剧。在 17 世纪 20 年代整个时期，当宦官干政和文官之间的党争几乎使帝国政府陷于瘫痪，而新的挑战以国内叛乱的形式出现时，局势更加恶化。[2] 屡次提出的一个建议是贿赂和诱使明朝的宿敌蒙古人去袭击和打垮满洲人。长城一带中部和西部的镇的卫所部队向东转移，以协助阻挡满洲人的推进，但许多士兵沿途开了小差。京官四出成批招募兵员达 5000 多人，但只有少数人受过某种训练，甚至更少的人从未到过战场。《实录》的 1621 年条目的最不寻常的官方编者评论哀叹道："自东乱（即满人起义）以来，征兵之祸，无一能比。皆因兵丁均征自市井无赖之徒，对敌作乱无能，擅长［境内］作乱。支用几百万银钱而未得一兵一卒。最差者已逃离军伍沦为盗匪，莠民与饥民均投靠叛逆。中原此类事件不胜枚举。"[3]

考虑到当时的评论者和后来的分析者报道的明代军事建制的毫无希望的境况，明帝国晚至 1644 年莫名其妙地还能把满洲人（和蒙古人，他们不久就成为满洲人的盟友）抵御在长城以外，同时还要对付国内的几大叛乱，这几乎是奇迹。

对军事的财政支持

虽然明代的财政管理在本卷其他地方（见第 2 章）作了论述，但在这里对军事建制的支持作一概述也许是有必要的，这主要是军队应

---

① 《明史》，第 91 卷，第 2251—2252 页。

② 詹姆斯·帕森斯：《明末农民起义》（塔克森，1970 年）。

③ 《明实录·熹宗实录》，第 4 卷，第 9b 页

该自给的观念是原来卫所制的组成部分。洪武帝原来的出身是一个贫穷的孤儿，所以几次三番地坚持，他的军队务必不要成为平民纳税人的负担。他多少不确切地号称，他要设法维持百万雄师，不用平民百姓负担分文。他夸口的根据是采用元代的做法——建立军屯，即更为人熟悉的屯田。[①]

随着明军逐步取得帝国的控制，国家继承了无数农田，这些农田或是在蒙古人统治的元朝末年的动乱中被抛荒，或是元代国家和蒙古贵族的土地。洪武帝还没收了许多大地主，特别是富饶的东南的大地主的财产。这样，官田这一大类就形成了，其中有的给它基地所有人重新开垦，有的租给务农平民，但大部转给驻守的卫所部队。曾有一个打算，即给每个百户所提供农田（屯）为它自己所用。原来的想法是按每名士兵50亩的比率供地。有人指望，通过亦农亦兵，军队能够生产足够的粮食供应整个军事建制。一般的规定是，平常时期，训练和作战任务需要占用大约百户所的30％的人力，其余70％的人力则被用来在该所的农田上劳动。但在有些情况下，还有所谓的屯田千户所，它们或是依附于卫所，或是独立，承担全日务农的责任。

不管军屯制多么适合地在中国适宜务农的地区实现其目的，但它并不能很好地支持必须集中在长城一带防线的部队，那里的土地充其量只能勉强耕种。在明朝的最初几十年，大运河的运输体系尚未运转，从南方运输余粮到缺粮的北方必须依靠危险的海运，这个事实加剧了供应问题。因此洪武帝的朝廷采用并修改了宋代克服这一问题的巧妙的计划，办法是利用传统的国家分配盐的专卖事业。

产盐中心是在华东的中部沿海区。盐批发商在那里购买盐引，盐引上注明可在国内规定地区零售的盐的特定数量。1370年，政府宣布不再出售这种盐引，只有商人把粮食运往北方边防军才能获得，这

---

① 对明代屯田最透彻的研究是王毓铨的《明代的军屯》。又见黄仁宇：《16世纪明代的税收和中国财政》，第63—68页。

种制度称为"开中"。虽然商人把粮食用船运到长城边关不比政府容易，但又鉴于商人在分配盐上能获得的诱人的厚利，于是富商们不久在北方开发所称的商屯，被诱去种地的佃农可从商屯中生产粮食，以便运给附近的守军，这样就能获得其主子渴望的盐引。[1]

看来在 15 世纪 20 年代相当长一段时期，军屯和商屯的结合一定程度上供应了军事建制所需要的粮食。然后，随着大运河运输体系开始运送粮食到新的京城北京，以及北方诸省民众的重新定居和恢复，使它们有可能给边境守军提供粮食补贴，以粮换盐的开中制的作用不断降低，但即使如此，直到 17 世纪，它依然是边境供应制度一个组成部分。同时，内地的士兵逐渐丧失其作战本领而成为国家的专业的、但无效能的农民兼佃户。在 16 世纪期间，军屯逐渐被废弃，或者事实上为私人所有，因为官员和大地主接管了它们而成为私人财产。

1449 年土木之灾暴露了卫所制的缺点，于是政府开始转向招募以补卫所制之不足，这样国库开始不断流出资财去贴补士兵。虽然对这种事态发展没有预算的规定，中央政府开始以白银发放补贴（年例），维持边境的守军。[2] 在整个 16 世纪，北京定期从国库支付这类补贴 200 多万两白银，后来支付 300 多万两，而国家每年只有约 400万两白银收入来补充国库。据说 16 世纪 90 年代的朝鲜征战又额外支出了 1000 万两；1618 年满洲人起来造反后，年例的支出直线上升。1618 年至 1627 年，牵制满洲人的企图的费用估计达 6000 万两。强行向平民百姓加征的附加税名目繁多。原本就从未实现过的士兵自给的理想此时全部成为泡影。在明朝的最后几年，新招募的士兵得不到许诺的入伍津贴，战地部队领取拖欠的饷银则遥遥无期，中央政府破产了。

---

① 见黄仁宇：《16 世纪明代的税收和政府财政》，第 193—195 页；王崇武：《明代的商屯制》，孙任以都、约翰·德·弗朗西斯译成英文，载《中国社会史》（华盛顿特区，1956 年），第 299—308 页；解毓才：《明代卫所制度兴衰考》，特别是第 201—204 页。
② 见黄仁宇：《16 世纪明代的税收和政府财政》，第 68 页；吴晗：《明代的军兵》，特别是第 135—141 页；解毓才：《明代卫所制度兴衰考》，特别是第 204—209 页。

政 府 结 构

明代政府成熟的组织结构与金字塔相似，皇帝则高居塔尖。这个金字塔有三面，包括行政管理、军事建制管理（为了简明，这里只涉及其管理而不论述其作战方面）和专找弊病的监察和司法监督的各级机构。金字塔及其三面各有三级：中央、省和地方。总的说，它是一个明确的、连接得很好的结构，权力集中在皇帝身上，其程度达到以往任何主要王朝没有达到的程度；而且在结构内，职责各有明确的界定和区分。开国皇帝响应了早前忽必烈汗所表达的观点，即各级一般的行政管理是施政的根本；统治集团的军事机构指挥着军人；监察和司法约束和整顿政府的所有机构。[①] 前面讨论过的武职人员在各级军事机构任职。文官及胥吏则在各级一般行政机构和监察司法机构任职，个别官员在其官宦生涯中可以方便地在这两类的各级机构中来回调动。也就是说，没有独立于文官的特殊的群体在监察和司法机构任职。

这些等级结构中各级基本组成部分将在表1-7概括地列出。所有这些组成部分，以及那些比较次要的部分，将在下面按等级进行讨论。

表1-7 **政府的等级结构**

	中 央	区	地 方
行政	六部	承宣布政司	承宣布政司委派的道台、府、州、县
军事	五军都督府	都指挥司	卫、千户所、百户所
监察	都察院	提刑按察司、都察院派遣的巡按	承宣布政司委派的道台、都察院派的各种巡按

---

① 孙承泽：《春明梦余录》，第48卷，第5a—6b页。在明初的谕旨中，洪武帝实际上提到了当时他考虑的三大府：中书省（六部的前身，后来的内阁）、都督府（五个都督府的前身）和都察院。忽必烈的议论是：中书省乃朕之左臂，枢密院乃朕之右膀，御史台乃使朕之双手健壮之手段。见高一涵：《中国御史制度的沿革》（上海，1933年），第43页。

新制度的沿革

明代地方一级的机构多少是从元代被完整地保存下来。背离本土传统的是地方军事建制的世袭性和仅仅是理论上的自给自足，而这些在蒙古人统治的元朝已经初见端倪。但在中央和省一级，新的政府形式有了发展，以致与唐宋时期的政府结构相比，成熟的明政府呈现出了一个崭新的面貌。

重组元代遗留的制度

元代的中央政府受中书省、枢密院和御史台的支配。每个部门都有其分支机构，它们具有不同的、重叠的和地区性的管辖范围：11 个行中书省，分别管辖 185 个府；只有两个御史台，监管多达 24 个提刑按察使；一批数量不时变化的行枢密院，分别监管多达 60 个都元帅府。

明代的开国之君发起的造反运动采用了元代的政府结构和名称，这是他当时掌握的惟一模式，他成立的机构自称都元帅府。在 1356 年，当未来的洪武帝在南京设立了相对自治的政府，它的主要部门是一个行中书省和一个行枢密院。1364 年称吴王时，他把地区性的军事建制改成一个帝国规模的政府，最终形成一个中书省、一个大都督府和另一个御史台；到 1367 年，每个部门都由两人负责。随着他控制了新的领土，新领地就成了一个统一的省①，归三个平级的机构共同管辖：在 1376 年改名为承宣布政司的行中书省，一个在 1375 年改称都指挥司的都元帅府，一个提刑按察司。每个省的这三个部门都有两名高级专使，这六人组成一个议事会共同负责全省政务。省不设可以取得省军阀权力的督抚。

历史学家总是把 1380 年单独列为明代组织结构和行政作风变化的主要转折时期，因为在这一年年初，洪武帝撤销了其中央政府的整个上层机构，并把权力牢牢地掌握在自己手中，重大变化是随着中书

①　明代使用的"省"的名称，反映了元代把省一样规模的领土置于行中书省管辖的做法，然后，以同样形式简称这些机构及其管辖的地区，例如山东省。

省的资深丞相胡惟庸的贬谪、受审和处分而发生的，胡被控想篡夺皇位。[1] 洪武帝认为，现存的政府结构有可能使权力集中在大臣之手，从而危及自己的权威。他最终撤销了所有中央政府的顶层机构：中书省、都督府和御史台。

撤销中书省之举是 1380 年改组的最突出的一个方面，不但两名丞相，而且所有的其他官员都被剥夺了职位。留下的是以前隶属于中书省的六部，但此时它们处于平等地位，互不统属，各有一名尚书负责。六部此时直接置于皇帝的个人监管之下，在帝国的文官政府中组成了各机构的最高层。皇帝的报复心理是如此强烈，以致他诏令永不设中书省，并且在他有生之年中，他反复作出长久束缚其后继者的声明：任何胆敢提出重新任命丞相的人均予处死。

对帝国军事建制的控制是以稍微不同的方式进行改组，但同样未获得圆满的效果。原来的大都督府一分而为五个平等的都督府，前面加上表示方位的中、左、右、前、后的前缀字。它们各管辖各省的一批都指挥司，和一定比率的不隶属于都指挥使司而驻守在京城周围的卫所。它们都没有都督的规定编制，其数量逐年不同，没有固定的模式。因此没有一个在位的将领或指挥使能取得超过军事建置中的一小部分的控制权。

1380 年的改组对各级监察机构也有严重的影响，不过这种影响很快得到缓解。出于种种不明的原因，皇帝甚至取消所有的提刑按察司，但它们在次年被重新设置。所谓的撤销京城御史台之举与断然撤销中书省相似。全部高级的执行职位被一扫而光，监察的职责就落到了许多低级的监察御史身上，他们聚集在原来隶属于御史台而此时是群龙无首的察院中。这种混乱状态在 1382 年得到纠正，这时监察御史被组成以现有的省命名的 12 个新机构——道，在每个道设一监察都御史，作为行政的协调官员。然后在 1383 年，在诸道之上设一包括三级都御史的新的上层执行机构，这一重组的监察机构改称都察院。这样，都察院在中央政府最高层中是惟一被恢复的整体。即使如

---

① 关于这一案件，见《剑桥中国史》，第 7 卷，第 139—140 页。

此，恢复基本上也是表面的，因为在对官场保持监视督察时，所有的御史直接向皇帝报告，并对他负责。

总之，在1380年以后，明政府被组建得没有一个官员能全面控制军事、行政或监察的部门。执行的控制权依然掌握在皇帝手中，从而使他在此时成为五个都督府、六部以及聚集在都察院的数百名监察御史的惟一协调人，而都察院则纯粹是为内部人事安排和行政目的而组建的。

新协调机构的出现

洪武帝在14世纪80年代造成了中央和省级政府权力的极端支离破碎，以致不准任何人再行使丞相和都督的职能，但随着明朝日趋稳定而需要稳定的行政程序，这种情况很难完整地保持下去。各级机构亟须协调；以后的诸帝也许不如开国皇帝那样勤奋，可也肯定不像他那样多疑，于是就逐渐放弃了他继承的某些过于集中的权力。但是值得注意的是，他们并没有正式改变开国皇帝遗留下来的政府结构，而是以特命的名义设置各种协调的职位取而代之。这样，这些职位得以存在，但从来没有可能成为作为稳定的体制而向皇帝权威挑战的潜在基础。随着有关人员性格的不同（官员和皇帝都是如此），协调官员的权力也变化不定。

为以后协调中央政府的安排的种子是在1382年播下的，当时洪武帝从翰林院召集一批低级别的大学士单独在宫中效劳，如充当太子的师傅和皇帝的一般顾问。在永乐朝初期，他开始利用这些大学士做中书省的实际工作，为皇帝办理政务文案工作，到15世纪20年代，大学士们开始在政府中发挥重要的执行人的作用。

大学士名义上仍是翰林院成员，他们被分配到皇宫庞大的宫殿群中六座指定的建筑物中工作（即华盖殿、武英殿、文渊阁、东阁、文华殿及谨身殿大学士。——译者注）。六个职位并不总是全部有人担任，但供职的大学士很少低于三个。直到16世纪中叶，他们在国家文献中以他们在宫中的任职地相称，如文华殿大学士。从此，文献中才出现了正规化的集合名词"内阁"，不过自永乐时代起，这个名词已被非正式地使用过。

最初，内阁大都作为个别的咨询者发挥作用，向皇帝提出建议，并接受皇帝单独的任务，有时才以最松散的集体形式出现。甚至到16世纪，内阁只有规定得很模糊的集体责任，其大部分成员充当一位非正式的被公认的、资深大学士（首辅）的、多少仍具独立性的助手。但作为一个新的最高层的执行集团，他们通常被总称为政府。

内阁升为公认的执行权威之事在 1424 年得到推动，当时洪熙帝封大学士为正式行政机构中的实职高级官员，而把他们的翰林职位降为兼职。为了使他们的威信更加巩固，他还封他们带有尽可能高的品位的崇高而显赫的头衔，以及丰厚的补贴俸禄。从此以后的整个明代时期，那些实际上担任大学士的人就以这种方式有效地掩盖其原来较低的翰林职位。由于他们有高级而显贵的品级，以及在政府等级结构中一般担任六部尚书或侍郎等实职（虽然实际上只是名义上的），他们在礼仪上总是优先于其他文官。

15 世纪 20 年代一种不寻常的君臣组合导致内阁升为一种稳定和重要的体制。永乐帝的两位最近的继承人洪熙帝（1424—1425 年在位）和宣德帝（1426—1435 年在位），他们都受过儒家士大夫的治国论的精心熏陶，而且对他们的文士顾问都空前地尊敬。特别是宣德帝，他对曾担任其父洪熙帝老师的人，以及对曾担任其祖父永乐帝和其父大学士之职的人，都抱有一定的敬畏之心。在这两位皇帝富有同情心的统治下，三位有坚强个性的人使内阁形成一个稳定的执行体制，尽管它的地位仍不是正式的。他们就是后来历史学家不断将其列在明代伟大的政治家兼学者前茅的"三杨"：杨士奇（1365—1444年），1402 年任大学士至死；杨荣（1371—1440 年），也从 1402 年任大学士至死；杨溥（1372—1446 年），1424 年任大学士至死。三杨与洪熙帝和宣德帝的关系，特别是与 1442 年去世前支配着年轻的正统帝的洪熙帝遗孀张太皇太后的关系，无疑是明代历史中最为平稳和最互相尊重的君臣关系。[①]

---

① 蒂尔曼·格里姆：《1506 年前明代内阁的工作》，载《远东》，第 1 卷第 2 期（1954年），第 139—177 页。参见杜乃济：《明代内阁制度》（台北，1967 年）；钱穆：《中国历代政治得失》（香港，1952 年），第 79—85 页。

　　由于大学士的早期生涯一般在翰林院而不是在实际的行政职位上度过，又由于环境需要他们在工作时与有权势的宫中宦官紧密合作，所以他们与官场中的其余官员的关系通常是不平静的。在中国帝国政府内总是出现所谓的内廷和外廷的紧张关系——即一方为皇帝及为他效劳的人，一方是在皇帝指导下治理帝国的官员集团。在明代，那些在六部行使职能的尚书和侍郎，几乎都有在京城和省的丰富的行政经验。对他们来说，大学士似乎在外廷（他们本人就在那里取得突出的成就）是没有根基的人，只是充当内廷的代表和传声筒。也就是说，大学士是皇帝权威的象征和工具，不代表大臣和官僚的利益。结果，大学士常常发现自己处于调停者的地位，既不被他们效忠的皇帝信任，也不被他们渴望领导的官员集团信任。他们能对双方施加的影响不是来自他们在制度上扮演的角色（这远不如过去的丞相），而纯粹是来自他们个性的力量。但是尽管如此，在后来疏于朝政的诸帝领导下，有些首辅大学士仍有可能对政府行使几乎是独裁的权力，如1542 年至 1562 年任大学士的臭名昭著和腐败的严嵩（1480—1565年），和在 1567 年至 1582 年任大学士的具有法家思想的改革家张居正（1525—1582 年）。[1]

　　在省一级，协调承宣布政司、都指挥使司和提刑按察司的需要逐渐产生了皇帝派出的代表，他们的权力虽然足以达到协调的目的，但还不够省抚权力应有的标准。1392 年洪武帝派他的太子"巡抚"西北。这个姿态成了永乐帝在 1421 年行动的先例，当时正值明朝首都从南京迁往北京而引起行政混乱之际，他总共派出 26 名高级京官到帝国各地"安抚"军民，在以后年代中，六部和都察院的高官被派出执行使命，有时是"巡视"，在需要应付军事危机时，有时充当镇守。

　　从 1430 年开始，洪武帝定期派京畿显贵外出执行这类临时使命。"巡抚"开始成为留驻在各省以及特定的边境区和其他军事要冲的协调人，任期不定，后来有时延长至 10 年，甚至 20 年。由于辖区并不总与省的边界一致，这些显贵的头衔应该是巡抚，而不是省抚。这种

---

[1]　见《明人传记辞典》严嵩和张居正的传记。

官员的正常职责是监督和协调他管辖地区的行政工作。

视地方情况需要，巡按要关心民政和军务。当军务成为他辖区的重要问题时，他通常被任命为巡抚兼提督军务，或巡抚兼赞理军务。[①] 由于巡抚都是文官，他们的出现是文官日益支配军人的重要的一步。

巡抚陆续奉命前往各省：在 15 世纪 30 年代初期被派往浙江、河南、山东、湖广、四川、江西、山西和陕西；1444 年被派往云南；1449 年被派往贵州；在 1566 年前不定期地被派往广东，1570 年此职废除前定期赴任；1569 年前不定期被派往广西；1556 年定期被派往福建。其他巡抚奉命前往特定的地区：1497 年被派往地形崎岖不平的南赣区，该区为广东、江西和湖广的交汇地，又远离三省的省府；1597 年在朝鲜与日本人斗争之际被派往天津周围地区，该地是通往北京的沿海战略门户。另外，在 1435—1436 年，巡抚还被派往甘肃、宁夏、延绥、宣府和辽东等沿北方边境的防御重地；在 15 世纪稍后的时期，被派往紧靠北京西北和东北的两个区。当 17 世纪满洲人开始向明代的北方边境施加压力时，巡抚的人数剧增。

1453 年后，他们被正式授予副都御史或佥都御史的名义上的兼职，以便利行事。他们拥有大臣的和御史的头衔，就有足够的威望被正式的省级当局公认为领导。巡抚尽管有几个头衔，但他不被认为是某一机构的成员，也没有规定配备的下属官员。他被认为是皇帝在省一级的代理人，监督和领导那些实际处理全省事务的人。他与都察院驻在他辖区的巡按有密切协商关系；他在都察院的名义上的高级身份实际上是使他的地位高于巡按的一种手段。

一个专门任命的总督职务后来从巡抚制中分化出来。总督是协调范围甚至更广的文官，他被临时委派去处理影响一个以上的巡抚辖区的军事问题。1430 年一名侍郎、1451 年一名副都御史被任命为总督，去监督征运从长江三角洲运往北京的漕粮的工作。这项任务成了一项持续的使命，并包括了淮河流域的淮安区的兼职巡抚的工作。从此，

---

① 巡抚的全部职官表列在《明史》，第 73 卷，第 1722—1780 页。参见《大明会典》，第 209 卷，第 4155—4165 页。

总督不时地被委派去执行其他非军事的监督任务。例如，指挥沿黄河的治水建设工程。但 1441 年随着委派一名兵部尚书充当总督去对付一次云南叛乱时，这一设置本质上是军事性质的。从 15 世纪后期，总督的委派愈来愈频繁。虽然有的总督如同巡抚，多少成为政府的固定职位，但大部分仍是短期的任命。总督管辖的地区有时非常广泛，甚至包括五个省。一名官员曾被任命为江西、浙江、福建、湖广和南京师区（江南。——译者注）的总督，另一名总督一度同时监督陕西、山西、河南、湖广和四川。一名总督常常兼任他督管区内一个省或其他地方的巡抚。[①]

如同巡抚，总督在京城的正式机构中也有实职。他们通常是挂名的兵部尚书兼都御史。总督的全称是很复杂的，例如兵部尚书兼都御史，总督两广军务，兼管军粮，另外节制盐政，兼广东巡抚。在明代最后 20 年期间，总督人数大大增加。

所有这些协调官员一旦逐渐形成，省的政务由巡抚支配，多省区的军务由总督监管，中央政府则由大学士控制。这些人虽然是正式政府以外的挂名特任官员，实际上却是各级政府的主要执行官和决策者。

一般行政的等级

为明帝个人配备的人员基本上包括宦官侍从。但在理论上皇帝的最高级的议事大臣是总称为三公和三孤的显要人物。他们的传统头衔是太师、太傅、太保、少师、少傅和少保。这些显要的第二层次的人物与太子有联系，他们包括太子太师等等。在最低的第 13 层次是太子宾客。这些人都有正式的实职任命，有正一品到正三品的品级。但这些头衔实际上只是用于封给诸如大学士等行使职能的官员的补充荣誉称号，以追加其威望和补偿。

在明朝的第一个十年以后，当正一品的丞相（相国，或宰相）作

---

① 关于全部总督的职官表，见《明史》，第 73 卷，第 1773—1775 页。参见《大明会典》，第 209 卷，第 4155—4165 页。

为多少是事实上的首相主持中书省的工作时，明代诸帝逐渐通过一个较不正规的组织来对付整个官员集团。内阁及其一批大学士就可称为为皇帝效劳的参谋集体。随着内阁成为一个比以往更有实权的机制，它就把一批中书舍人（都是从七品，负责起草工作）吸收进来。① 最直接受大学士控制的是以其处理的文件的性质而命名的两个房，即诰敕房和制敕房。与大学士一起在中书科工作的其他人员从技术角度讲都是翰林。还有一些被认为更直接地受皇帝个人控制的官员被组织在文华殿内的东房和武英殿内的西房工作。后一批人后来纳入宫廷出版文献的编制，他们出版的钦定著作的宫廷版本印刷之精美，堪称榜样。

另一个由皇帝自己支配的人员任职的机构相对地自治，它称尚宝司，由正五品的卿主管。这个机构与宦官的对等机构紧密合作，负责保存许多重要的国玺并监督它们的使用，这些国玺作为皇帝权威的象征而被妥为珍藏，如不加盖，皇帝的诏令都不生效。②

在中书省的执行官员的监督下，后来在内阁的较松散的协调下，1380 年明政府的非军事的例行公务在中央政府一级主要由六部管理，在省一级由承宣布政使管理，在地方一级由知府、知州和知县管理。

六部为吏部、户部、礼部、兵部、刑部和工部。由一名尚书（1380 年前为正三品，以后为正二品）主管和一名侍郎（正三品）协管。具体工作由 4 个或 13 个清吏司执行，每个清吏司配备一个以上的郎中（正五品）以及若干名员外郎（从五品）和主事（正六品）。关于部内的事务，各部都有司务厅，由两名司务（从九品）主管。此外，户部和刑部各设照磨所，配备照磨（正八品）和检校（正九品）。各部各有一批从事文案工作的胥吏，人数从 43 名（吏部）至 187 名（刑部）不等。③ 有的部直接节制单独的、但附属于它们的机构；有的部还监督有关的、但不直接附属于它们的机构。

---

① 《明史》，第 73 卷，第 1780—1781、1807—1808 页。
② 《明史》，第 74 卷，第 1803—1805 页。
③ 关于批准的吏的情况，见《大明会典》，第 7 卷。

吏部全部负责文官和胥吏的任命、考察、提职、降级、请假、退休和授勋等事务。[①] 这些工作由文选清吏司、验封清吏司、稽勋清吏司和考功清吏司分别负责。人事安排的程序是如此重要，以致吏部尚书被公认为是各部的老大。

户部负责人口和耕地的统计、税赋的估计和征收以及政府收入的处理。[②] 在部内，责任的分配不是以专业的职能为基础（如吏部），而是根据其管辖的地域范围。该部有 13 司，每省冠以省名（如四川清吏司），每司各管有关省的部办事务。除了各司有其正规的省管辖范围外，北京和南京周围两个京师区规定的部分事务则无定见地交由不同的司处理。但在每个司内，则设四科分别承担不同的职责，它们是民科（管统计）、度支科（管一般账目）、金科（管专项账目）和仓科（管仓）。由户部主管的国家财政管理将在本卷其他章节详细论述。[③]

直属户部的机构有宝钞提举司、钞币局、印钞局和许多仓场与银库。此外，还有 12 个钞关，它们向航行于大运河的私人船主征收过境费。过境费为中央政府的一种收入，不经省当局之手。

礼部负责国家的礼仪和祭祀、文官科举考试的管理以及朝贡国使节的接待。[④] 如同吏部，它也有四个职能不同的司：仪制清吏司、祀祭清吏司、主客清吏司和精膳清理司。直属于礼部的有一个行人司、一个铸印局和一个教坊司

与礼部关系密切和间接隶属于它的是几个服务和礼仪的机构。其中最重要之一是太常寺，它在正三品的卿的主管下全面负责祭祀礼仪和音乐。[⑤] 直属于太常寺的机构是四夷馆（负责与朝贡国的来往交通

---

① 《明史》，第 72 卷，第 1734—1739 页。
② 《明史》，第 72 卷，第 1739—1745 页。
③ 见第 2 章。
④ 《明史》，第 72 卷，第 1743—1750 页。本卷第 4—7 章对明代的对外关系作了详细论述。
⑤ 《明史》，第 74 卷，第 1795—1798 页。

通信）和神乐馆。①

还有其他两大专门机构也归礼部监管，其一为光禄寺，它为祭祀和庆宴等类似事件提供精美的饮食和服务；另一个为鸿胪寺，它负责所有国家职能的礼仪事项。它们分别由从三品和正四品的卿主管。②

礼部还通过京城的僧录司和道录司管理僧、道的神职人员。国家批准并任命这两个机构两名佛教长老（善世）和两名道教长老（正一），他们各有挂名的正六品品级，但无官俸。③ 它们应该监管全国佛道神职人员正规的考察和度牒事项。

兵部负责全部军事方面的行政事务——武官的任命和升降，军事设施、装备和兵器的维护，帝国驻防制度的运转，战略计划的制定，以及其他不属于实战和战地指挥性质的军务。它有四个职能各异的司：武选清吏司、职方清吏司、车驾清吏司和武库清吏司。④ 直接隶属于兵部的机构是会同馆，它实际上是国家接待朝贡国使节的宾馆。⑤ 太仆寺由兵部间接监管，它指导全帝国的一批牧马场的工作，并在山西和陕西，以及在甘肃和辽东设分牧马场（行太仆寺）。⑥ 兵部还监管四个苑马司——一个设在北京师区，一个设在辽东，两个设在甘肃，其职能与行太仆寺相似，可能还重叠。⑦

刑部监管审判和惩处的程序。⑧ 在 1390 年之前，它分成四个不同职能的司，后来则按户部的模式组建，共设 13 个司，每省一个。它与都察院和大理寺紧密配合工作，但对它们没有管辖权。

---

① 《明史》，第 74 卷，第 1797—1798、1817—1818 页；吕维祺：《四夷馆则例》（约 1613 年；1928 年京都重印）；诺曼·怀尔德：《四夷馆研究材料》，载《东方和非洲研究学报》，伦敦大学，第 11 期（1943—1946 年），第 617—640 页；伯希和：《四夷馆和会同馆》，载《通报》，第 38 卷，第 207—290 页。1496 前四夷馆直属翰林院。

② 《明史》，第 74 卷，第 1799—1800、1802—1803 页。

③ 《明史》，第 74 卷，第 1797—1798、1817—1818 页。

④ 《明史》，第 72 卷，第 1750—1754 页。

⑤ 伯希和：《四夷馆和会同馆》。

⑥ 《明史》，第 74 卷，第 1800—1802、1845 页。

⑦ 《明史》，第 75 卷，第 1845—1846 页。

⑧ 《明史》，第 72 卷，第 1755—1759 页。关于明代的司法制度，见本卷第 3 章。

工部主管政府的建设工程，负责定期服劳役的工匠和劳动者的征用、政府设备的制造、水道陆路的维修、度量衡的标准化，以及对山、川、湖、沼泽地及其他被认为是公有地和国家资源的利用。① 它设四个司：营膳清吏司、虞衡清吏司、都水清吏司和屯田清吏司。另外它还设大批辅助性仓库、供应机构、工场（制造纺织品、金属制品、皮革制品、马具和颜料等）、一个宝源局和分布于全帝国的许多抽分局。抽分局原属于户部，但在 1471 年转归工部，它通常征收实物的林业产品，以便供应工部造船的需要。

中央政府的行政职能部门又得到了几个独立的服务机构的协助。其中最重要的机构之一是翰林院，它由正五品的学士主管，为皇帝及朝廷提供文学、编修和学术上的帮助。② 它的人员起草和润色更具庆典性的公告和其他国家文献，编修皇帝主持的历史和其他著作，向皇帝读解典籍和历史，参加庆典，在一定程度上参加议政。翰林院成员包括侍读学士、五经博士和一批专业的史官。前面已经谈到，文官考试前三名进士一般被任命为翰林院的史官，他们在那里开始盘算在将来被推荐进内阁任职，而其他新科进士常常被任命为观政，领庶吉士之衔。

服务性机构还包括：钦天监，它从事天象观察，发布天气预报，解释反常的自然现象和制定年历；上林苑监管京城的苑园和皇帝观赏的百兽馆，以及一个太医院。③

前面与科举联系起来反复提到的国子监为国家支持的学堂制定教育政策，另外它也是一个为监生参加正规考试提供教、学日程的职能中心。其主管为从四品的祭酒。正六品的司业协助他工作。它设一个绳愆厅，一个博士厅和六个堂，共有 32 名从八品助教、正九品学正和从九品学录。国子监通常称太学。

1420 年后除了内阁和与其有联系的中书科，所有的中央政府机

---

① 《明史》，第 72 卷，第 1759—1763 页。
② 《明史》，第 73 卷，第 1785—1789 页。
③ 《明史》，第 74 卷，第 1810—1814 页。

构在京师（1421年后改南京为京师。——译者注）都有其对应的骨架组织，它们都行使与京师地区有关的行政职能。

在省一级的全面行政管理原来由每个省的行中书省负责。它们是按照京师的中书省模式组建，不过不设丞相之职。相反，每个行中书省由平章政事主管。1376年，行中书省被承宣布政司（一般简称为布政司）代替，每个布政司由两名从二品布政使主管。命名的意图甚至比行中书省更为明确，即这些机构是在特任的基础上由中央政府设立的。但事实上，这些布政司相当长期地存在下来。布政司配备人数不定的从三品参政和从三品参议；设一个有一名从六品经历和一名从七品都事的经历司；设一个有从八品照磨和一名正九品检校的照磨所；设一个有从六品例问主管的例问所和一个有从九品司狱主管的司狱司；另设一个库，一个仓和一个维修建筑物的局，它们分别由一名从九品大使主管；以及人员不等的胥吏。

最后，在巡抚、都督以及从京师都察院派来的时刻注视着它的巡按的监督下，布政司[①]负责全省的民政。它负责人口和土地统计、税赋的评估和征收、开支、人员的考评、礼仪的奉行、建筑、治水、中央政府和地方机构之间的通信联系等事务。为了便于发挥中央政府和地方机构之间的协调作用，其人员分成六个曹，其名称仿照六部，各曹处理与部相关的事务（下至县一级的属员也按此方式组织）。为了周密地监督下级行政单位的活动，布政司将其部分权力下放给分司，各分司各有相应的官员负责。各分司的辖区称道，主管称道台。道有多种，因省而异。有的按区域管辖，即在一定范围的地区内行使布政司的一切权力。其他的道按职能管辖，即其职权不受地域范围的限制，甚至紧接省的范围，但其权力只限于特定的职能。由于北京和南京周围的京师区没有布政司，其邻省的布政司通过分司在它们之中分别对京师区进行省一级的监督。

每个省设三至八个分守道，其地域名称表示它职权的范围。例如，江西布政司有南锐分守道，其驻地在江西北部的省府南昌；湖东

---

① 《明史》，第75卷，第1840—1842页。

分守道，其驻地在江西东北部的广信；湖西分守道，其驻地在江西西部中央的临江；饶南九江分守道，其驻地在江西北部中央边缘的九江；赣南分守道，其驻地在江西僻远西南的南安。它们负责全面严密监督其分管区的府。

至于按职能管辖的道，每省有六个督粮道，有几个省设督册道。由于省情有很大不同，而且又因时而异，有的省还设道台，监督邮政、灌溉、储粮、屯田和其他特别的政府关心的事务。省布政使、参政和参议与都指挥司和省按察司的对等的高级同僚总称"方面"；省布政司的高级官员与省按察司的对等同僚又总称"监司"。

在省一级以下，其行政等级往下排列依次是府、州和县。百姓直接与县级政府接触。州直接控制它所在的县，协调控制其他几个县；府辖几个府，一般还辖几个独立县（原文如此，应为州。——译者注）；州和府主要行使监督职能。[1] 这些地方机构的官员，特别是县级官员，总称"有司"。

府由正四品的知府主管，下面有人数不等的同知（正五品）、通判（正六品）和推官（正七品）协助工作。知府全面负责他辖区的一切行政事务，但只在得到省当局的同意才能采取行动。

设在北京和南京的府分别是顺天府和应天府，因其特有的名称而与众不同。它们各设一名正三品府尹、一名正四品府承、一名正五品治中、三至六名正六品通判和一名从六品推官。每座京城出于警卫目的，被分成五城，每城设兵马指挥司，负责巡逻和防火。[2]

州一般是府和县之间的中介监督机构。每州设一名从五品知州和人数不等的从六品同知和从七品判官。[3]

县是政府的基层单位，配备一名正七品知县、一名正八品县承和一名正九品主簿。知县及其属员估征地方税收，为国家征用的劳役提

---

① 《明史》，第 75 卷，第 1849—1852 页。

② 《明史》，第 74 卷，第 1814—1816、1832—1833 页。兵马指挥司受设在北京和南京的两个兵部的特别的监督控制，还要受到都察院的特派官员的视察。

③ 《明史》，第 75 卷，第 1850 页

供住所，监督照顾老人和穷人，举行国家规定的祭祀和其他典礼，维持治安和司法断案。民间称知县为"父母官"，这个名词反映出它的职责范围是没有限定的，还指望他们与百姓的接触要以仁爱为主。[①]

与这些所谓"线性"等级机构并存的，还有其他许多高度专业性的行政职能机构和服务机构。它们包括由兵部领导的行太仆寺，由户部领导的国内的钞关和由工部领导的抽分局。另外还有六个都转运盐使司及总共 14 个分司，七个盐课提举司，四个位于远西与境外部落进行以茶易马交易的茶马司和 13 个铁冶所。三个位于福建泉州、浙江明州（宁波）和广东广州的市舶提举司控制着与海外国家的朝贡贸易，它们在明代初期起逐渐被皇宫委派的宦官所控制。[②]

在地方一级有一大批专业小机构，知县对它们有一定的监督权。它们包括巡检司、驿、递运所、宣课司（还有其他名称，常有分支机构）、河舶司、批验所、仓、库和造局。[③]

一切地方单位还有一些机构须向中央的一些司署进行登记，这些司署监管着地方的佛道神职人员。它们是僧纲司、僧正司和僧会司以及道纪司、道正司和道会司。[④]

所有地方单位有三种学堂：医学、阴阳学（训练看风水）和儒学。[⑤] 只有儒学在政府中占有重要地位，并单独受到国家的资助。每个府、州、县驻地设一儒学。每所儒学设一教员（府为教授，州为学正，县为教谕）和二至四名训导。

在县以下的一级，帝国政府通过称之为里的组织与大部分城乡居民接触，里负责维持地方治安，裁决地方争端，培养道德和组织宗教，兴办和维持诸如灌溉和初级学堂等主要村社服务，一般地执行法

---

① 《明史》，第 75 卷，第 1850—1851 页。参见约翰·R. 瓦特：《中华帝国晚期的知县》（纽约，1972 年），该书虽然着重于清代，但也包括明代知县状况的大量材料。
② 关于这些机构较为详细的材料，见贺凯：《明代的政府组织》，第 1—66 页，特别是第 46 页。参见《明史》，第 75 卷各处。
③ 《明史》，第 75 卷，第 1852—1853 页。
④ 《明史》，第 75 卷，第 1853 页。
⑤ 《明史》，第 75 卷，第 1851—1853 页。

律。理论上的理想形式是 110 个相邻的户应组成一个里，其中最殷实
的 10 户每十年轮流提供一名里长。其他 100 户分成 10 个甲，每甲中
的一户被指定提供一名甲首，他对里长代表他的 10 户。在明代中期
有些里被重新命名为保，但地方组织的所谓的里甲制和保甲制主要以
同样的方式办事。

里长承担的一个责任是征收地方的田赋。进入 16 世纪之际，田
赋不是交给县的官员，而是交给特别指定的粮长。粮长从殷实户中选
出。他代表一个区的几个里，从中他每年可征收应缴粮近一万石。粮
长负责每年将一万石粮食交给知县，或者直接送京，或者缴给遍布全
帝国的指定的粮仓。随着人口增长，社会变得更加多样化，国家的财
政制度变得更加货币化等情况，粮长的负担也变得非常复杂和沉重。
在 16 世纪，他们逐渐在地方上消失，知县依靠雇用的代理人向里长
或直接向各户征收税赋。这有悖于开国皇帝的初衷，他要地方尽可能
地自治，有时甚至禁止知县去巡视他的辖区。[1]

各级监察和司法机构

有几种监察机构是独立于中央政府和省的各级基本行政机构之外
的。除此之外，中央政府包括了一个特别自主的大理寺。

在传统上，监察的职能包括几种称之为察官的官员对民政和军事
活动进行主动的和被动的监视。这些察官在政府的作用应该限于荐举
该荐举的人员，和弹劾失职和滥用职权的人员。与他们相辅相成的是
各种谏官，他们有规定的职能，即注意皇帝的言行，批评他的错误。
这些分工在元代被取消，元代把监察和进谏的职能集中在传统上是最
高监察机构的御史台。明代在 14 世纪 80 年代短暂地恢复了谏院[2]，
但总的说承袭了元制。因此，从严格的组织意义上说，明代统治者与
元代统治者一样，把注意力集中在弹劾不够格的官员上，而不重视针

---

[1] 《明史》，第 78 卷。参见梁方仲：《一条鞭法和明代的税收》（坎布里奇，马萨诸塞，
1956 年）；约翰·瓦特：《中华帝国晚期的知县》，第 116 页以下。

[2] 《明史》，第 74 卷，第 1805—1807 页。

对皇帝的进谏，这种做法意在促进皇帝独裁的发展。[1]

与六部和五军都督府平列而位于中央政府最前面的最高监察机构为都察院。[2] 在明代建国之初，这个组织按传统御史台，配备两名从一品御史大夫，两名从二品御史中承，及各种有传统头衔的人员，其中包括侍御史、治书侍御史、殿中侍御史以及分别在察院工作的监察御史。京外没有元代的那种行御史台。

在 1380 年撤销中书省后，御史台经历了一次彻底的改组，但作为中央政府中惟一的其权力没有被永久分散的最高级机构，它改称都察院。它的最高领导是两名正二品都御史，由两名正三品副都御史和四名正四品佥都御史协助工作。其本部设一个经历司，一个司务厅、一个照磨所和一个司狱司。都察院的主要属员为 110 名正七品监察御史，他们在冠以省名的道工作。尽管冠以省名，道在地理上并不分设在帝国各地，它们不过是都察院的部门，以京城为基地。它们集体地被人们以旧名察院相称。

也许在明代政府中没有别的机构被指望去从事像指派给都察院那样广泛的活动。它受命监督权所有官员和政府机器（不论是朝廷、各级文官或武官），当似乎有正当理由时，它有权请求或直接采取调查、预防、纠正和惩办等措施。给御史起的各种各样的名称反映了御史职责范围之广。最普遍的称呼也许是"天子耳目"或另一个称呼"耳目官"。御史作为进谏者的兼备的职能可从"直指"这一名称中看出。他们与给事中被称为"言官"和"言路"。御史和省按察司的官员总称为"风宪官"（简称风宪）。"三法司"这一名称被用来指称都察院、刑部和大理寺，这说明了它们的司法职能。

监察御史对庞大的政府机制行使监察的职能。虽然是文官集团中的一般成员，因此也受到都察院监督官员的政绩考核，但他们在很大程度上是独立的代理人，可直接朝见皇帝，并主要对其负责。他们接受正式的和非正式的使命和任务，从而使他们拥有特定的职能或地域

---

[1] 对明代监察和进谏职能最透彻的研究著作为贺凯的《明代中国的监察制度》。

[2] 《明史》，第 73 卷，第 1867—1873 页。

上的管辖权。其中最重要的是巡按的使命。巡按是都察院的更重要的
也是皇帝在当地的总代表。每省被分派一名巡按。另外，还有两名在
北京师区和南京师区；在辽东、甘肃和宣大（即宣府和大同）各派一
名。每名巡按被派往一地，为期只有一年。在此期间，他应该前往他
辖区的各地。他口头调查和核对犯人的审讯案卷，视察地方政府的所
有部门，观察民情，自由地讯问官民，接受民众的申诉和请求，查阅
政府案卷，在认为必要时向地方当局提出建议、规劝或推荐。他有权
在直接呈送给皇帝的奏折中弹劾任何人，并可自由地向皇帝提出新政
策的建议，或者批评现行的政策。在一些次要事务中，他可以主动指
示地方官员进行、停止或修改特定的活动，而且有权对低级官员和胥
吏进行体罚而不用等待审判或批准。有关一切重大的政务，省当局都
要与他商讨；在他被派去的区内，他与巡抚会同商议有关事宜。巡按
的威望是很高的。

其他有关御史的使命涉及更加有限的职能。清理军务使（简称清军
使）定期访问地方，他们视察总的军务状况，特别是调查募兵的情况和
逃兵的补充。另设刷卷御史，他们不厌其烦地查阅政府机构的档案，以
确定业务是否确当地进行而没有延误；巡盐御史，调查贩运私盐的证据
和国家的盐的专卖是否管理不当以及其他许多御史。当进行征战时，御
史受命监军，并把战事的胜负独立地上报皇帝。在发生很异常的情况时，
御史奉命去省，监督救济饥荒，或洪灾蝗灾的善后工作，进行专门的司
法调查和审判，以及皇帝不论出于何种目的命他们去做的其他事项。

不在特定时间外出执行这类使命的监察御史就在京城都察院内的
道署内工作，其例行工作是审议省按察司送来的断案记录，对京城的
一切政府机构进行细致复杂的审计和视察。他们每次都上朝觐见和参
与议政，并参加吏部举行的官员评估的过程。

除都察院提供的这类监察工作外，还有正七品给事中提供的更加
专门的监察，给事中在京城的六个互相合作但各自独立的科内任
职。[1] 在唐宋时代，给事中是门下省成员。元统治者取消了他们的御

---

[1] 《明史》，第 74 卷，第 1805—1807 页。

史职能而成为记录皇帝起居注的记事官。明代恢复了他们御史的职能，但不设门下省，从而使他们在中央政府内具有自主的地位。

六科与政府结构的六部相对应，因此，相应地被命名，如吏科。它们不隶属于相应的部，也与它们没有任何组织关系。它们在组织上也不隶属于都察院。六科不但独立于其他机构，每科各自都是独立单位。六科没有协调的监督官员。每科设一正七品都给事中和左、右给事中（从七品）各一名，此外还有一般的给事中，其人数不等，在四名至八名之间。

如同监察御史，给事中品级虽低，但威望和权力很大。他们的影响部分地来自参与了某些监察的任务，特别是被皇帝派出进行专门的调查任务，而主要来自他们控制着中央政府文件的往来，以及他们能对国家文献行使专门的否决权（封驳或科参）。每个科专门负责监督其对应的部的文件来往流动。通过通政司或是通过由宦官任职的文书房上呈给皇帝的奏折似乎都有副本供给事中细阅。当皇帝对这类奏折的批复从宫中发出时，它们就被交给轮流担任上谕接受者的给事中。他们就转而知照有关的部，部则抄下要求它们行动或从长计议并作出答复的谕旨。六科保存谕旨送交给它们的日志，并且视情况需要定出部必须报告或呈报每个文件计议结果的最后期限。在这个过程的任何环节上给事中有权否决奏折、谕旨或是部的报告，理由是它不合规定的格式，或是其内容不妥或不明智。这种否决意味原作者必须重新考虑其文件。但是，给事中不能独断地坚持对奏议者或皇帝经过考虑的判断施加影响。在有些情况下给事中不过是编排和斟酌他认为不合适的文件。

除了这一最重要的职能外，给事中也参加朝廷觐见和许多政策讨论，对不明智的行动或政策提出意见，并与都察院以不同的方式进行合作。他们与御史的关系是如此密切，以致明代的文献反复地把他们与御史一起称为"科道"。

在中央政府中，还有一个具有监督权、否决权和自主地位的机构是通政司。它由正三品通政使主管，由正四品的左、右通政和一名正五品参议协助工作。司署配备一名有正七品经历和正八品知事的经历司为它工作。通政司的主要职能是接受呈给皇帝的奏折，登录其要旨，记下宫中的批复，然后将批复送科，以便知照有关的部。

从开始存在的 1370 年直到 1377 年，通政司称察言司，从名称可以看出它与传统的监察官员的清晰关系。从 1379 年也许晚至 1393 年，给事中隶属于通政司，甚至在此以后，通政司也像给事中那样受权可否决奏折。特别在明朝的最初几十年，即在内阁发展起来和由宦官任职的中书房日趋重要之前，通政司是一个有影响的机构。通政使被称为天子"喉舌"。虽然在 15 世纪威望下降，但他仍被认为是九卿之一；九卿为被正式召至朝廷商讨国家大事的官员的总称。这个集体还包括六部、都察院和大理寺的主管。①

在省一级，除了巡按和都察院派下的代表，提刑按察司（简称按察司）进行监察工作。② 每个省都设这个机构，以及布政司和都指挥使司。在元代政府结构中，相应的机构直属御史台。明代则不是这样，但两者之间有如此密切的关系，以致按察司被总称为"外台"。

每个按察司设正三品按察使一名，由人数不等的正四品副使和正五品佥事协助工作。副使、佥事与布政使的对等人员一样负责分司工作，每个分司有规定的地理或职能的辖区，称为道。各省分设三至九个分巡道，二至七个刷卷道，一至 12 个兵备道或海防道，各道都按照其地理位置命名。另外，除了少数有所不同，每省设一个提督学道、一个清军道和一个驿传道。如同布政司，相邻各省的按察司各设分司，管辖京师区的一部分地方。

总之，诸按察司被要求对所有地方政府官员进行监察，应该采取不论何种纪律行动，以维护政府的风气和使百姓免遭官僚腐败和压迫之苦。它们在许多方面重复和支持京城都察院派来的巡按和其他官员的工作，而按察司则被指望进行配合。除了行使监察职能外，诸按察司在司法管理方面也直接发挥作用。它们监督知县对诉讼的处理，并充当申诉的法庭。此外，每当需要处理重大事务时，

① 《明史》，第 73 卷，第 1780—1781 页。
② 《明史》，第 75 卷，第 1843—1845 页。

按察使就会同布政使和都指挥使，组成一种省级的议事会。随着巡抚和总督的设置，以及御史在地方不断扩大的活动，按察司的非司法职能的重要性似乎在下降，而其司法职能则日趋重要。但它们的监察职能并未完全消失。尤其是负责监督一切地方防务的兵备道台变得更有权力；后来到明朝晚期，据说他们人数之多，简直在全帝国泛滥。[①]

明代的政府制度在许多方面并没有赋予司法部门特别自主的地位。甚至每个知县就是他辖区的主要司法官，司法案件不过是作为一般行政的一个方面来处理。但是大部分判决必须经过行政等级中更高层次的一系列复议才能批准。案情愈严重，批准它所需的权威性就愈高；死刑的判决需要皇帝的批准。正常的程序要求断案记录定期送往按察司复议，然后送往京城的刑部。但是发生在地方军事单位的案件则采用另一条路线。它们通过指挥使司上报京城的都督府。发生在按察司的案子或者控诉它们的案子，则被送往都察院复审。[②]

除了这一层次的复审，京城还有一个称大理寺的自主机构。它由一名正三品的卿主管，并设左、右二司。它进行未经皇帝审阅的最后案情核查，以决定司法调查结果和判决是否得当。经刑部、都督府和都察院批准的案卷都要送交大理寺。除了涉及死刑的判决，大理寺显然受权颁发批准书，案子就被发回有关的惩办当局（一般都是原来经办该案的知县）。如果大理寺发现不公正的情况，它有权把案子退回案发地的知县重审，或者转给另一知县重审，或者把它提交给京官议事会，或者最后只能请求皇帝裁决。

1420年后，都察院、科、通政司和大理寺在南京都设有重复的骨架形式的机构，但南京的这些机构的任命大都是闲职。

---

① 《明史》，第75卷，第1845页。16世纪晚期存在的兵备道列在《大明会典》，第128卷。

② 关于明代司法实践的详细材料，见《明史》第93—95卷和《大明会典》第160—179卷。参见本书关于明的法律第3章。

各级军事组织

明代的兵制由两个等级组织系统组成，一个是行政的系统，另一个是作战系统。行政的和作战的军事组织遍布于全帝国，但它们自然而然地集中在军事需要最迫切的地区，特别是沿海一带和内地边境。

行政的等级组织

基本军事行政等级组织的最高形式是中央政府的五军都督府[1]，它们与六部和都察院平级。如同中书省，其前身为单一的枢密院。在早期，枢密院被改组成单一的大都督府，但在 1380 年中书省被撤销时，大都督府转而又分成五个平级的组织。

每个都督府由人数未予规定的正一品都督、从一品都督同知和正二品都督金事主管，各级都督一般都是有公、侯和伯等爵号的贵族。五军都督府总称五府，各有自行划定的地理辖区（辖区原先甚至不相邻），并在辖区内监管所有部队的活动。它们关心的是军事行政中专业的"本行"方面，而兵部则处理人事、补给之类的问题。在战地作战方面，都督管战术，而兵部则决定战略方针和军队的部署。

省设都指挥使司（简称都司）[2]，每个都司分归京城某个都督监管。从 15 世纪以后，共设 16 个这种机构：13 个省各设一个，沿北方边境三个重要地区——辽东、近代热河省的大宁、今内蒙古的万全——各设一个。此外，陕西、山西、福建、四川和湖广各设一个行都司。每个都司或行都司受一名正二品都指挥使、两名从二品都指挥同知和四名正三品都指挥金事的节制。

下级的军事行政组织基本上由卫、千户所和百户所组成，各以其地理位置命名。

每个卫受一名正三品指挥使、两名从三品指挥同知和四名正四品指挥金事的节制。每卫还各设两名从五品的镇抚，并设一所武学。

1374 年后，每个卫，至少在理论上，有 5600 名士兵，分属五个

---

[1] 《明史》，第 76 卷，第 1856—1858 页。

[2] 《明史》，第 76 卷，第 1872—1873 页。

千户所。每个千户所设一名正五品千户、两名从五品副千户和两名从六品镇抚。理论上由 1120 名士兵组成的千户所又进一步平均分成十个百户所，每所设一正六品的百户。每个百户所的 112 名士兵包括相当于现代军士的人员：两名总旗，各控制五名小旗，小旗又各管十名士兵。① 另外，还设独立的守御千户所，它按照标准形式组成，直接受都指挥使节制而不属于卫。

在 15 世纪初，据报道帝国共有 493 个卫和 359 个守御千户所，但在明朝以后年代中，其数量大增。②

在组成省和京师区的地域内，这些军事行政单位与各级民政单位并存，并没有任何独立的辖区。许多卫所实际上驻在府州城镇的城墙内。但在帝国定居地分散的边境地区民政单位很少，这些地区普遍驻留军事单位，并受它们管制。

除了这些分布于帝国的单位外，北京最邻近的周围地区还惊人地集中了全按上述形式组成的卫。它们是京卫，共 74 个，其中 33 个进一步被分出而组成上直卫（亲军卫），负责保卫皇宫。③在这些卫中，最重要的是锦衣卫。锦衣卫与东厂和西厂的宦官合作，从事秘密的特务活动。其官员行使几乎不受限制的警察和司法的权力，它的监狱（镇抚司，通常称诏狱）是一个恐怖的滥使酷刑的场所。锦衣卫的官署还为宫中的各种食客和宠幸（包括画师）提供闲职。锦衣卫不受都督府管辖，其他 15 个京卫也同样独立，直接听命于皇帝。

1420 年以后成为副都的南京也集中了大量的京卫，京卫共49个，其中17个为锦衣卫。它们都隶属于南京的5个副都督府。南京的实际军事控制权被授给三名特别任命的显贵人物。一位是守备，这个头衔一般被授予公、侯或伯（但常常由宦官取而代之），他们总被指定为皇帝个人的代理人。他的同事是协同守备，通常为侯或伯。南京三人执政的第三

---

① 《明史》，第 76 卷，第 1873—1875 页。
② 《明史》，第 90 卷，第 2204 页。
③ 《明史》，第 76 卷，第 1860—1864 页。

人为参赞机务，这个头衔正常情况下被授给南京的兵部尚书。[1]

明朝还对其他两个"名誉"京都作了特别的军事安排，它们是明代开国皇帝的故乡中都和嘉靖帝（1521—1566 年在位）出生地兴都。每地各设留守司，以监督驻守该地皇室祖坟的卫；留守司独立于两地的都指挥使司，但受北京五军都督府之一节制。[2]

其他特种类型的部队有护卫和仪卫，它们都是亲王随从的一部分。地方的卫戍部队虽然已经完成某些训练，但作战的训练则专门在北京的三个训练营进行（五军营、神机营、三千营。———译者注），其中之一负责训练火器的使用。训练营不时增加，甚至包括团营和其他特种组织。全帝国的卫的部队定期轮流调到训练营或南京的训练营，在那里充当一种作好战斗准备的预备部队。但是前面已经谈到，训练营制在 1400 年代晚期严重败坏，在明朝的后半期，这些部队主要充当建设工程的劳力。[3]

作战的各级组织

明代制度中没有脱离卫所驻军的正规作战部队。当进行征战时，高级将军或在都督府任职的贵族被特别任命为将军或大将军率领军队；部队从驻守地方的卫或从京城的训练营调出，转到战地指挥部。战事结束，将军或大将军交出临时作战指挥权，部队就回到原来的卫服役。

特别在需要经常保持守卫警惕性的北方边境地带设有相对固定的作战指挥部。它们是设在城、堡、寨、港、关口以及其他需要长期采取防御措施的战略要冲。从附近的卫的守军中轮流调出的部队去驻防这些防御地点，他们在那里接受特命的将领的指挥。

参加征战或指挥固定防御地点的将领都接受相对临时的任命，他们在正规的各级某个军事行政组织中有品级、头衔或实职。[4] 在大区

---

① 《明史》，第 76 卷，第 1864 页。

② 《明史》，第 76 卷，第 1871—1872 页。

③ 《明史》，第 76 卷，第 1858—1860 页。

④ 《明史》，第 76 卷，第 1865—1871 页。

制定战术部署指挥作战的将领被普遍称为总兵官或镇守。有的另外有将军之衔。指挥较小地区的将领称副总兵官或参将。每名参将一般还节制一名游击将军。级别较低的军官有守备、提调官等其他头衔。在明朝初期，所有重大的作战指挥权都被授予贵族和都督府的高级将领，但在16世纪和17世纪时，作战指挥部的数量太多，以致指挥的职位被正式地授给较低级的军官。得宠的宦官获此荣誉的情形屡见不鲜，而这种指挥权甚至偶尔也给文官。无论如何，总的原则是，作战的士兵不受在其卫中监管他们的军官指挥，有时也有努力改变这种格局的行动，例如1449年土木灾难以后在北京设立团营之举。这些士兵就在不论是训练的还是征战的同一指挥官麾下服役。

在明代成熟的制度中，几乎每个省都有总兵官监督士兵作战，而这些士兵在卫中则受都指挥司的监管。还有其他的总兵官，最著名的是沿长城的九个防区的总兵官。但是，在15世纪随着巡抚和总督的出现，所有兵役中的作战指挥官一般在这些高级文职显贵的监督之下行事。

明代施政的质量

在本章的前面几个部分已对明代政府实际运行的许多方式作了论述，其他方面将在下面论明代法律和财政管理的两章进行讨论。对一些特殊的问题、危机和挑战，政府如何作出反应，或者为何不能作出反应，在第7卷中也有详细的论述。

在中华帝国的历史中，对任何时代的政府的效率这一问题是很难评定的。最详细的证据几乎总是从行政条例和其他各种文献中找到，这些材料反映了统治阶级的利益，而且主要说明政府应该怎样去执行，而不是说明它实际执行的情况。大部分传统的历史、传记或其他官方或非官方的材料都有同样的偏见。传奇小说是一种人们希望可以从中窥见一些真实情况的材料来源，它们往往绝大部分由同一阶级的愤世嫉俗的成员或食客所写。所有这些材料反映出明代的愚昧、腐化和效率低下得难以置信的官僚主义。特别是传奇小说，它们把明代政府描绘成贪财、伪善、怯懦，充其量是侈谈原则而毫无效率的一潭死水。① 但是，这些材料来源也透露出为了明智地解决困难问题而作出的种种努力、无数献身和殉难的行动以及许多创新的制度安排。

从开国到末代，明代的官员随时可向皇帝抱怨政府的缺点，并且常常引起激烈的反应。明代中期和晚期反复而普遍的抱怨是，皇帝或他们的代理人不遵守根本大法和开国皇帝的祖训。这是极具讽刺意义的，因为在中华帝国历史中，没有其他本土统治者像洪武帝那样蔑视、不信任和虐待他的官员——特别是文官。他魔鬼般地清洗官员，其中最著名的案子是出于对胡惟庸丞相和蓝玉将军幻想的破灭。与此有关的是他改组了政府的结构，这些行动即使不使其追随者产生恐怖心理，也旨在威慑他们，从而使他能独揽处理政务的大权，另外还能预防以后发生任何会危及其继承者专制权力的变化。

洪武帝申辩说，他对官员集团中大部分成员的敌意是不无道理的，其根据是文官虐待平民百姓。他孜孜不倦地教导其官员、贵族和近亲，要他们恪守《论语》中提到的为人正直和行使仁政的原则。② 可是从君臣关系这一观点看，人们只能评价他逆转了从"开国明君"至"末代昏君"这一王朝循环规律，而中国人历来就是用这一规律来解释他们的政治史的。不论以何种标准来衡量，他是那种最坏的"开国昏君"。他给明代的其他历史时期投下的阴影，可能是明代统治最邪恶的一个方面。

明亡后实际上所有的历史家都坚决认为，明代的最终衰败以至灭亡是由于洪武帝在 1380 年取消中书省的行动，以及他要求其继承人对胆敢建议再设丞相或其他类似首辅大臣职位的任何人务必立即处死的训示。在他死后，君臣们同样都中了他设的圈套，即政府能在强有力的统治者

① 从传奇小说角度观察明代政府的一个优秀例子是中国最著名的小说《金瓶梅》，它讲述了社会上层中的轻浮和无赖，具有非常色情的内容，在 16 世纪后期匿名出版。它有几种英译文版本。

② 但是洪武帝的个性是不喜欢孔子的继承者孟子的（因为孟子反对暴政）。他认为孟子不尊重君主，并说如果孟子仍在世，他该受到严厉的惩罚。1394 年，他成立了一个专门编纂孟子著作的文人小组，以删除那些贬低君主地位和鼓励臣子对君主错误进行规劝的段落。共有85 段被删除。如此删节的版本被印发给学堂使用。见吴晗：《朱元璋传》，第 148—149 页。

领导下有效地进行工作。由于以后的明代诸帝的能力和爱好各不相同，当他们过于年轻单纯，或过于漫不经心而不能胜任时，皇帝的大权就会落在其他人手中。在明代中期和晚期的政府制度中，被安置能如此行事的"其他人"就是宫中的宦官和翰林院出身的大学士，而所谓的明代的根本大法和开国皇帝的告示是禁止这样做的。接连不断的始于15世纪40年代王振的宦官专横和始于16世纪杨廷和的首辅大学士左右朝政，后来都激起了严重破坏朝政的党争。这些争端于17世纪20年代在东林党和魏忠贤之争的灾祸中达到了高潮（见第7卷第9、10两章）。[1]

惟一公正的判断最终必须考虑到历史的事实，即明朝经历了超过两个半世纪的风风雨雨，这正是人口增长、城镇发展、农商扩大、货币化和通货膨胀出现、有迷惑力的新事物和新思想从早期近代欧洲引进的多事的时代。它经历和承受了几次国内叛乱，一次把安南（越南）并入帝国的未遂企图，沿海日本掠夺者施加的屈辱，与日本人在朝鲜进行的一次代价高昂的战争和蒙古人的再三侵犯而存在了下来，明代诸帝也许的确是粗鲁、暴虐、任性、漫不经心，或者只是头脑简单和颓废的人（这肯定是常有的事）。回想起来他们政府的许多方面看来是行不通的，或者是自食其果的。但事实依然是，通过努力使国家度过一个漫长而多事的时代，政府是为王朝的利益和中国的利益服务的。

总之，事情的真相似乎是，明代诸帝是不值得称道的统治者，明代的官员经全面衡量好坏都有。许多明代的中国人完全可以希望有更开明的统治者和更加始终如一的干练的官员。但还是应该这样说，尽管明代政府有种种弊病，但与同时代其他大社会的政府相比，它给中国平民所加的负担显然是轻的。很难想像，明代的中国人能设想出一个更令人满意的政制。因此，考虑到它如何维持其政权，以及如何在道德上和物质上使臣民能够生活下去，明代政府总的说应该算是同时代世界上最成功的庞大的政府。

（杨品泉　译）

---

[1] 关于东林党和魏忠贤，见《剑桥中国史》，第7卷，第532—550、596—599页。

第 二 章

明代的财政管理

导　言

　　明代财政管理鲜明的特征可以溯源于明代第一代皇帝的特殊的行政观念。1380 年丞相的职位被撤销，以后从没有恢复。从此，皇帝充当了他自己的主要执行官。从 1376 年持续到 1396 年的一系列血腥清洗，官僚集团实际上沦为一个庞大的从事文案工作的群体，只听命于君主，而无权作出重大的决定。第一代皇帝建立的新制度要求有一个无所不在的统治者，去控制据说有将近 6000 万的民众。文官政府只能发挥传达皇帝意愿的作用。

　　地方一级的情况与行政最高层的情况恰好相反。村落被组成自治的社区。这些组合的基础不是民事法，而是儒家的道德观。由于社区间的诉讼由皇帝裁决，桀骜不驯的人由他们自己的长者惩处，地方的社区很少需要官方的监督。事实上明代第一代皇帝甚至不准政府的胥吏进入农村地区。这一组织机制表现为一种独断专制的统治和理想主义观念的奇怪的结合。这种行政制度基本上是不健全的。它的运行成绩与其说是依靠官方的行政程序，不如说是依靠把统治者和被统治者连在一起的意识形态的凝聚力和行政纪律。明代第一代皇帝施政的手段实际上是，一方面用残暴和独断的惩罚威吓其臣民，一方面使用道德的训诫。

　　由于这种政治结构在中华帝国历史上是前所未有的，财政的建置就不能按照历史先例来设计。尽管明代财政制度表面上与中国历史中以前几个王朝的财政组织有一些相似之处，但从一开始它的运作就与以前不同。

明代财政制度的形成

第一代皇帝的信条：节俭和简约

明代第一代皇帝建立起来的政治秩序没有制定改变现状的条例，更不用指望去创造性地解决行政上的难题。他利用其专制的权力去严密地管理他的帝国，以使它保持其简单的农业经济。农业生产是国家压倒一切的利益所在，其他经济活动不被认真对待。从君主直到最底层的百姓，每个人都应厉行节约。对紧缩经济活动的这种执著当然也会影响到上层的行政规定。全国雇用的文官不足8000人。他们都领取微不足道的或名义上的官俸。财政结构是单一死板的。帝国收入和地方收入不加区分。省级官员和地方官员全都充当皇帝的地区司库。宫廷开支与国家开支不分。全部抵京的物资和货物都被交到皇帝监督下的宫内政府仓库。尽管宫中配备了大批人员，但从来没有设置负责皇室的专门的部门。军队没有保持独立于文官政府的后勤支援组织。

税赋是低的，田赋约为总产量的3％。所有的税都征收实物。运送这些实物的任务基本上由平民百姓去完成。为了避免建设服务设施，运送工作总是由尽可能低的行政机构去做。国家的收支当时是逐项对比，并用某地的收入去抵付另一地的支出。政府不设中间仓库和分配中心。这种做法造成了许多帝国内部纵横交错的短途供应线，税收在汇总前已经支出。户部的作用与其说是一个执行机构，不如说是一个总会计司。当记账工作达到空前规模时，改组政府后勤供应的工作就变得必不可少了。

为了符合他的仁政的理念，洪武帝避免卷入对外战争。军队奉命通过军屯至少生产部分自用的粮食。政府还用纸钞支付许多费用。因此，在洪武朝，帝国的粮仓总是充实的，尽管税收相当低。1385年，他已下令在户部官署内竖立上刻地区税赋定额的石碑。言下之意是各级政府和所有各地的预算最高限额要无限期地维持下去。皇帝几次警告他的官员，凡胆敢提出应增加国家收入者，均将被视为公敌。

成祖：无组织的扩张

1402 年成祖夺取皇位后，他发现太祖的财政结构不符合他的意图。他从不介意简朴。对安南的入侵、几次对蒙古草原的征战需要大量的军用物资。大运河和北京宫殿的建设，再加上郑和的几次远航，又要求额外的物资和人力。洪武帝安排的不健全的收入分配制度不能满足实现其宏图的需要。洪武帝的预算限额只会破坏他的扩张政策。如果成祖在他登基后立刻全面修改帝国的财政结构，以后几个世纪的中国历史完全会走一条大为不同的路线，但他没有这样做。

成祖的起居记载已被史官们彻底篡改，他被打扮成一名施仁政的统治者。他的财政记录从未被公布过，但经粗略的估算，他的支出是第一代皇帝平均支出的两倍或三倍。

的确，成祖印发了更多的纸钞，要求其部队生产更多的粮食，但仅仅这些措施绝不能解决他的财政问题。虽然详细情况尚不清楚，但当把许多同时代的材料来源中分散的证据凑在一起时，它们就显示出明代的第三个皇帝基本上采用了征用的方式。名义上税率没有提高，甚至有选择地降低了。但是，民众的劳役义务范围却大为扩大。长江三角洲的纳税人奉命将其粮食运往千里之遥的北京。即使在大运河开通后军队运输大军接管了部分运输任务时，向纳税人征收用于支付运输费用的附加税相当于甚至超过了基本的税额。律令规定，劳动者正常地被要求无偿服劳役 30 天，但他们被迫大大地延长其劳役期，有时超过一年。更有甚者，在明初，政府粮仓中的剩余商品粮不在市场销售，它被用来分给民众，以支付他们超过规定额度送缴的物资和所服的劳役。这种做法称就地采购（坐办）。在成祖朝时，这种做法被普遍采用。赔偿使这类物资和劳力只值实际市场价格的一部分。

这种做法破坏了税制。虽然表面上保持了洪武帝的国家收入定额，但它对所有的财政单位都提出了额外的要求。额外的财政负担并不是根据任何计划按比例分摊的，而是在未经协调的局部的特别决定的基础上分配的。最没有能力抵制的单位无疑要负担得最多。另外，在成祖的统治下，秘密警察变得非常活跃，他们总是能随时抓到那些抱怨税负过重的人。南京师区一名向皇帝进谏不要过度收税的知府被皇帝下令逮捕，最后死在北京。与其他人一样可以接近皇帝的户部尚书夏元吉出于财政的原因，试图劝阻皇帝不要继续他的连续的征战。夏为此行动而被囚禁了三年，直到 1424 年永乐帝去世时，他才重获自由。当仁宗在这一年即位时，他全面减税的行动可以看成是对前一朝难以承受的税收政策的一种事实上的歉意。他在一份诏书中指出，为了负担政府的税役义务，许多父亲卖掉女儿，丈夫卖掉妻子。[①]

妥协和让步

从道德和现实情况说，这种财政的不负责任的行为不能再持续下去了。在下一个 10 年，成祖的继承者悄悄地取消了他的无限制挥霍的政策。政府作出了专门的让步以减轻公众的苦难。但是虽然采取了这些措施，开国皇帝的财政组织——它的设置旨在适应自己特殊的社会秩序观，但这时已几乎不能适应帝国的社会和经济情况——从未被改建。以后的皇帝难免因缺乏财政事务的想象力而受到批评，但是进行根本财政改革的机会也许早就永远丧失了。

在进行血腥的大审时，太祖已经看到地方上最有名的地主已被摧垮。历史学家能够列出，广东的何家，浙江的华家，南京师区的沈家、莫家和赵家是最有名望的受害者。其余在他命令下遭难的殷实之户据称“无数”[②]，长江三角洲最肥沃的农田都被皇帝“没收”，理由是地方民众曾经支持他的政敌。其余的殷实的土地所有者被明朝的奠基人抽去给政府提供无偿劳务。皇帝保存了这些户的名册，不时地召见其户长，并向他们训示。它们的年轻成员被抽调去担任胥吏，但实际上把他们当作人质之类的人而加以看管。在太祖朝的整个时期，以每户拥地 700 亩或以上的 14341 户为代表的农村精英都受到了皇帝权

---

① 《明实录·仁宗实录》，第 1 卷 A，第 15—17 页。

② 吴晗：《朱元璋传》（上海，1949 年），第 138 页；梁方仲：《明代粮长制度》（上海，1957 年），第 21 页。

力的恫吓。[1]

专心致志于其建设工程和军事征战的成祖对地方精英却不能保持同样的警惕性。在他统治的最后几年中，一个新的绅士阶级已在长江下游区出现。他们不但拒绝向国家提供额外的劳务，而且还拖欠规定的税赋。在太祖时代被没收并使之成为官田的财产从没有置于政府的严密的监管之下，使用者可以任意购买和出售。应缴给政府的地租和普通的田赋通过私下的协定同样可以转让，而不必顾及购买或出卖的土地的性质。拖欠税赋的后果是积累性的：到 1430 年，许多地区未缴的税额超过了三年的税收。

作为总的和解政策的一部分，成祖之孙宣宗决定对公众的情绪让步而不去惩处欠税人。在那些拖欠税赋最多的地方，税赋定额多少有所降低。具有便宜行事权力的新任巡抚奉命去解决地区问题，同时还要取得民众的好感。这些巡抚中最典型的要算在长江下游任职的办事圆通的周忱，而那里正是帝国最重要的收入来源。他一反成祖的措施，容许减税。表面上，税赋应按原来的确定数全额征收。但是收入最高的纳税人被批准以高折扣用银子和其他物品代替粮食缴税，折扣通常超过了确定数的一半。对没收财产的性质不予深究。对官田地租和私人的田赋也打同样的折扣征收。这两种税率的合并执行得到官方的批准。这无疑对绅士阶级作了很大的让步。虽然传统的历史学家对周忱赞赏有加，但他也受到同时代人的批评。一位作者指责他不加区别地宽厚办事，从而充当了殷实户的保护伞。后来的一份上谕也命令他适当考虑个别纳税人的经济能力，不要使普通百姓负担过重。[2]

这一系列事件对明代的财政史有深远的意义。它们表明，到 15 世纪的第二个 25 年，明廷由于地方地主利益集团的存在，已经丧失了征收欠税的大部分权力。减税是容易实施的，但以后实行全面增税就要困难得多了。

---

[1] 《太祖实录》，第 179 卷，第 2704 页；第 252 卷，第 3643 页。

[2] 陵容：《菽园杂记》（1494 年），收于《丛书集成简编》（台北，1965—1966 年），第 5 卷，第 54 页；《明实录·英宗实录》，第 116 卷，第 2349—2350 页。

在传统中国，凡是基本税法都由王朝的奠定者颁布，并通过刀剑来实施。一项大胆的财政政策成功的机会在改朝换代之际要比任何其他时期更大。一旦形势稳定下来，民众就会抵制改变。从薄赋的农田收入中所得的利益很少落入原始生产者之手。由于取得农业贷款的困难、地方的土地租佃制度、抵押条件和高利贷利率，这些因素形成了一个大环境，以致使增加税率而超过现行的水平实际上变得不可能了。这种状况特别与明代的财政行政管理有关。明代依靠农业收入作为国家收入的程度远远超过了宋代，甚至多少超过了晚唐。税收的大部分被指望来自农民。鉴于农民的有限的缴付能力，税率已经被定在低水平上。

虽然没收的财产是在很少顾及公正的原则下取得的，但它们被用来弥补为平民百姓定的低税率。政府不能维持对这些财产现行的税率，这说明它对地方行政的控制已经变得多么松弛。对南方的士绅作出的这些让步开了一个不良的先例。小山正明根据明初的小说、戏剧作出的研究提出，新的绅士阶层代表的一类民户与士大夫阶层联合，后者使用本户的农业劳动力耕种其地。[①] 这些民户的组成杂乱无章，它们的运作又做了许多手脚，以致政府不可能对它们进行有效的管理。

简而言之，太祖和成祖依靠他们军事组织的力量本来能够创造一个更加合理的政府财政制度，并对它进行更有效的控制。但太祖致力于在他个人统治下建立一个理想的社会，而成祖则把好大喜功作为组织工作之前提。在明朝伊始之际，太祖经选择建立了一套严格而刻板的税赋基础，配备了一批为数不多的行政人员，制定了不干预农村行政的政策。除非一位后来的皇帝决心重整河山，否则他会发现，广泛而全面的制度改革实际上超越了他的能力。政府简直没有发展起使自身得到新生或改组自身的足够的组织力量。皇帝的专制权力在某些领域中依然是不容挑战的：在政府内部的人事管理方面；在下达司法决

---

① 小山正明：《明末清初的大地主所有——专论江南三角洲地带》，载《史学杂志》，66，第 12 期（1957 年 12 月），第 1029—1032 页。

定方面；在征用国库收入作为私人开支方面。但这种专制权力不易用来实现税率和征税机构的改革，因为这些工作需要远为广泛的组织和技术的支持。明代制度缺乏这种支持。

1430 年后的财政状况

在 15 世纪的第二个 25 年，明代的财政管理达到了成熟期。许多特定的措施此时被固定下来。太祖宣告的地区的税赋定额被保留了下来，不过作了少量的调整。财政单位的增减依然可能，但只能是很有限度的，而且它们的确定再也不像永乐帝那样独断。对帝国的财政数据的控制，其中包括对人口数和地亩数的控制，变得草率了，许多地方干脆把以前的报告当作新报表重新上报。由于税粮的解缴任务大部分由下级政府承担，处理后勤事务的中层财政管理从未得到充分的发展，甚至在大运河运解漕粮的工作也由沿水道行动的成队的兵船来执行。运送船货的财政责任落在指挥这些船只的下级军官身上，而从未与上级官署的责任挂钩。在征收税赋之前，由固定的和半固定的运送日程表定下来的大部分税收被指定用于正规的行政费用。帝国的资源几乎不可能用于实行新的政策。到 15 世纪晚期，几位皇帝逐渐退出政务，他们似乎更关心在宫内享受惬意的生活安排。甚至君臣在严格意义上的公务分歧也变少了，因为哪一方都没有能力革新。只有在16 世纪，由于以银折税役措施的逐步实行和大量的军事危机，明朝的财政安排才稍微有了调整。

同时代的作者关于征税过多的指责不应误导我们忽略以下的事实，即明代国家的赋税收入远远低于 400 年前宋代的税收。但是，折换率的一再调整，附加税的征收，向普通百姓征用劳役的要求，这些都是造成许多财政的不正当措施。这些措施助长了腐化。在明朝的后半期，由于国家收入不足以应付政府运营的开支，除了正常规定的税收外，额外的税赋实际上都得到地方行政官员的默许。管理不当和超额的征收通常把财政负担转到无力抵制和分散的人身上，从而形成了一种非累进的税制，而在同时，征收到的收入不足以为公众利益服务。不能节俭地使用资源的国家也不能发展适当的货币制度，不能控制信用，不能保护农产品的价格。这些失败使得有些纳税人不能承受税赋的水平。资金的缺乏使政府除了向农业征税外，不能创造其他收入来源。尽管有上述种种原因，我们仍必须认为明代的财政管理方法比以前诸如唐代和宋代所使用的方法倒退了一大步。中央政府缺乏管理能力，这也使它的财政制度不如元代的制度。从技术观点讲，失败的根本原因不是征税过多，而是令人不解的征税不足，而后者是明朝初期一些独有的情况综合的结果。

财政组织和总的实践原则

作为主要财政官员的皇帝

在明代的财政制度中，皇帝本人是管理帝国财政的惟一的中央权威。大学士的官方职务只限于起草诏令，有时在皇帝征询意见时，他们也参与决策，但没有任何独立的权力。在明朝的历史中，只有一小撮人设法行使保留给皇帝的权力，其中著名的有神宗朝时的大学士张居正，以及王振、刘瑾和魏忠贤这三个"宦官独裁者"，他们分别生活在英宗、武宗和熹宗时期。即使张居正通过与朝廷非正规的安排取得了权力地位，但大小事务的处理要求取得皇帝批准的形式是不容争辩的。宦官常常在皇帝的纵容下实际上破坏了国家的一切根本大法。他们都被谴责为卖国贼或被控阴谋破坏。值得注意的是，这三个有权势的宦官都不得好死，张居正在死后被贬黜。在理论上，皇权不能交给他人，也从来没有交给他人。

皇帝从许多御史、给事中、六部官员（包括司科主管）收到奏议。实际上任何人，不论其专业领域和现任职务，都可以就财政事务提出建议和批评。几十名钦差的专使和督抚也可接近皇帝。他们的建议和请求可交户部评议，当涉及重大问题，要知照九卿会议从长计议，但皇帝始终是最终的裁决人。

用贺凯的话来说，太祖和成祖的政策和训示被尊为"一种王朝的宪法"[①]。很明显，后来的皇帝没有能力改革以前的制度安排，这使他们更加尊敬其祖先的立法。但是，已经建立起来的秩序并不是完全不能违背的，皇帝不时地授权对财政制度作零星的修改。导致这种变更的步骤有一定的模式。变更通常始于一个低品位官员的请愿，内容是要求把他的辖区作为例外。皇帝通常与其他例行公务一起批准这一请求，于是就开了所需要的先例。不久，同样的请愿也被呈上并得到批准，直到原来规定的例外成了标准的做法。从此，就不需要再为另一个事例请求破例：或是皇帝诏令其余的官署比照行事，或是其余的官署未得到明确的批准就自行改革。做法的变革意味着对明初定制的重大背离，要花几十年的时间才能完成，其改革过程从未经过充分的协调或组织。

但是另一方面，取消现行的限制，特别是取消不能有效地实行的限制，所花的时间要少得多。一个相关的例子是让白银成为交易的共同媒介之事。事情始于一名广西知府的请愿，原先的建议只要求在私人交易中使用铜钱。显然这个请求所开的先例很快应用于其他地区，不久，早先禁止的白银在私人间流通的法令变得不复存在。说皇帝的诏令有时如同西方世界最高法庭下达的法令那样普遍有效是不确切的。尽管具有一切权力，皇帝在制定政策和调节社会方面宁愿扮演被动的而不是主动的角色。

北京的皇宫建筑群占地很广，内设几十个仓库以及加工和制造工场。虽然京城的这些设施主要关心的事务是供应皇宫，同时它们无疑也是当时世界上最大的这类服务和供应中心。例如，光禄寺正规地雇用 6000 名至 9000 名厨师。宫廷的供应机制本身就很复杂。大部分物资都由全帝国的县上贡，每个县除了上缴规定的税赋外，还负担某种物品的定额，这种税被认为是一种特殊的贡品。但是，一部分所收的物品是由田赋折换的。瓷器和御用缎子这两种特殊物品由宫廷宦官监督在南方几个省制造。这些制造工场的部分制造费用在其所在地的县的税额中扣除。宫殿群中所需的人力由注册的工匠提供，

---

① 贺凯：《传统的明代中国》（塔克森，1961 年），第 28 页。

他们的无偿劳务视同他们对国家的纳税义务。这些劳务和供应物品的账目不并入任何总账。库房被指定"属于"各部,其隶属取决于库内所储存的物品。但实际上部的官员只管账,而宫中宦官管钥匙,存货的处理则是皇帝的特权。因此,皇帝又在宫中自己充当起主要的财政行政官。

1436年后,户部每年给皇帝提供称之为"金花银"的现银。这笔款项一部分是正常的田赋折成的白银。由此,皇帝必须支付给北京的武官,但不给文官,也不给京外的武官。剩余部分则用于自己的开支,而且不受官员的审计。但这并不意味着皇帝的私人开支就不算是国家的支出。如果皇帝想算作国家的支出,他在任何时候都可以命令户部将资金从户部的国库转到他在皇宫的私人的内库。这种资金的转移在宪宗、孝宗、世宗和神宗时时有发生

明代宫中的开支随着王朝时间的推移而增加,但增加的趋势并不是持续不断的。在新帝登基时,支出通常大量削减。但在这种紧缩之后,随之而来的几乎毫无例外地是增加开支的新浪潮。为宫廷服务的队伍是庞大的。从15世纪中期到16世纪中期,宫中宦官的人数在1万名至3万名之间浮动。一位现代学者声称,到明朝末期,有7万名宦官在服务。[1]据明代部的官员的两项独立的统计表明,到1600年,每年例行送交皇宫仓库的物品价值达400万至500万两白银,这个数字不包括杂项开支和宫中建设的费用。[2] 虽然描述的图景不完整,但事实似乎是,至少帝国全部税收的20%—25%一定用于宫内。

鉴于国家的收入相对匮乏,这种庞大的宫中费用至少可以说把财政优先要办的事情摆错了位置。个别皇帝铺张奢侈的癖好当然是助长这种情况的因素。然而,豪华的宫廷生活与庞大的宫中服务队伍和国家举行精心布置的祭祀典礼是紧密相关的,这两者都是根据先于纪元之初所定的先例作出的传统安排。在供应皇宫的货单上最常见到的物

---

① 丁易:《明代特务政治》(北京,1950年),第22—26页。
② 孙承泽:《春明梦余录》(无日期,17世纪中期版,1883年南海再版;1965年香港再版),第35卷,第21页;冯琦:《宗伯集》(约1607年版),第51卷,第34页。

品是茶、蜡、食品、颜料、皮革、棉布，还有上面提到的采购的丝织品和瓷器。为了给读者提供宫廷开支的一个概念，不妨以一张采购单为例，它定的瓷器可以高达 25 万件。豪华和铺张不能发挥职能的作用，却无休止地汲取着帝国的资财。

户部和与它相抗衡的机构

在明朝初期，户部按照唐代的先例被组织起来。它分成四个职能不同的部门，分别负责财政统计、预算控制、珍宝储藏和粮仓储备。设一总务司，但后来被撤销。这一体制实行到 1390 年，四个职能不同的部门被所管地区的部代替。那一年，分四部为 12 个部［洪武二十九年（1397 年）改十二部为十二清史司。——译者注］，以符合当时存在的 12 个省。在成祖朝时，司增加到 14 个。1436 年后，司改为 13 个。不属省管辖区的事务被挑选出来，随便交给不同的司去处理。只是在 1575 年，有关南北两个京师区、盐业专卖、内地关卡、大运河的粮仓、帝国马厩和放牧场等事务，交由福建、四川、山东、云南、广西和贵州等司分别办理。额外的任务平衡了每个司的办公工作量。

1390 年的改组在中国财政史中有重大的意义。它反映了太祖对政府财政的治理方法，即强调地区的税赋定额、低水平的横向交易和免去顶层的财政计划工作。在正常的情况下，收支按照既定的先例来管理；税收的解缴应该是自动的。户部的主要职能是监督按期的解缴是否如期和迅速。只有在情况需要时，户部才会建议皇帝在供应程序、税赋进一步折银和折换率的修改方面批准作出小的重新调整。这些措施旨在建立小额现金收入库存账，用于应付某种特殊需要。

因此，户部尚书不是政策制定者。他没有执行官员，没有审计官，也没有统计主管。他本人在皇帝的监督下履行这些职责。官署给他提供两名侍郎。其中的一名按惯例监管京都周围的帝国粮仓。这名侍郎有独立的官署，并直接向皇帝报告。1442 年设立以来处理该部的全部银两的太仓库也由他监管。另一名侍郎通常执行实地的任职，例如担任负责大运河的特使，或者监运军需品至满洲的主管，因此他通常不在官署内办公。

户部在各省不设分署。但是北京以外的内地钞关由户部官员管理，他们通常都是部内各司暂时离职的官员。至明朝垮台时，侍郎奉命负责战地军队的后勤供应。有些侍郎是两名正式的侍郎之外另外任命的。他们充当帝国特使之类的人物。其他低品级官员（如分管各省的清吏司的主管和副主管）同样也被派往前线监督作战部队的后勤供应。他们是出于实际的目的借调给边境的总督的。他们充其量保持了军队指挥部和他们在北京的部署的紧密的联络，但不能说这些官员把部的职权扩大到省或边境。

在明代制度中，兵部（较小程度上）和工部（在较大程度上）与户部在财政管理方面实际上进行着竞争。这种职权的划分可以追溯到明朝初期作出的安排，当时货币还没有普遍地用于缴税。这时范围波及四个省的一大片地区的田赋已减了一半，以换取选定的户提供饲养政府马匹的劳务。但当这种劳务中断时，户部没有受权在这些地区增加赋税。相反，以前履行饲马劳务的民户被命令以马费的名义将银子送缴太仆寺。这种做法使兵部能征到受影响地区的正规田赋的一半。

工部不但征收许多地方林产税和收取一部分捕鱼税，而且向各省征用物资和资金。此外，它征用规定的劳动力。技工从登记为匠户的户中征用，无技术的劳动力由平民百姓提供。由于在明代这种劳务折银办法是逐步实行的，工部慢慢地成了各省上缴的大量折换劳役的白银的接收者。这笔收入使工部能保持自给自足，也可以看作是直接用税收支付的巨额费用的记录。因此，工部实际上是一个与户部抗衡的征税机构。

户部管辖的太仓库不是中央的银库。它只是北京几个银库之一。直至16世纪之末，它岁入约400万两白银。它不能控制工部管辖的承银库。此外，自1421年实行两京制以后，南京的户部相当自主地运营，它绝对不是北京户部的分署。南京的户部尚书的品级与北京的相同。他保持着自己的粮仓、仓库和银库，并且直接向皇帝报告。如无皇帝明确的命令，任何库的剩余资金不能从一个部转到另一个部。

地区的行政机构

地方政府的结构或是四层，或是三层。四层的行政结构依次往下包括省、府、州和县。在三层结构中，州直接隶属于省政府，就不再设置府这一中间层；或者县直接隶属于府，就不再设中间层的州。还有一些州虽然隶属于府，它们下面却没有县。两个各有省大小的京师区没有省政府。这些地区的府和独立的州直接向中央政府报告。结果，它们的地区财政账目就与13个省的账目处于同样的地位，从未并入中间层次的机构。

这种安排下的组织原则是：县构成基本的征税单位，府构成基本计税单位，省构成解税单位。州或是把大府分成若干行政上可以管理的单位，或是覆盖有中间层税收但位于僻远和交通不便的地方。州是为了调整这种不平衡状态而设置的，它没有自身的行政管理特点。当州隶属于府时，它作为府的分署发挥作用；当它隶属于省时，它就作为一个次要的府发挥作用。[①] 当某层政府在指挥系统中变得没有必要时，它就被淘汰。由于两个京师区的府靠近北、南两京的行政官署，省级组织就被认为没有必要了。

在这种单一僵化的财政结构中，中央政府和地方政府之间没有很大的差别。总之，一切收入都是帝国的收入。中央政府的需要没有省和地方的收入来源是解决不了的。在这种安排下，省政府和地方政府没有可以自己处理的资金。与政府正规和例行的运营费用有关的意外支出也只有在皇帝批准的情况下从公帑中支出，甚至在所需资金可以自行解决时也是如此。在这种情况下，皇帝的命令不但规定了支付的数额，而且要记在该部门的账上。所以帝国的财政资源总是不完整的。任何一级的财政官员都不能把资金完整地置于他的控制之下，并把资金作为完整的账目来处理。

一切地方单位都被指望自给自足，只有在很少的场合，中央政府才指示邻近的县给予拨款。一名财政官员受托将其县的收入转到县外

---

① 《明史》，第75卷，第1805页对此有说明。

称"起运"。起运后，这笔收入就在地方政府官员的账上消除。留在这名官员名下的余额称"存留"。在汇总县的账目时，税收和每个项目都以这种方式分开。地方官员从存留中抽取资金，支付他官署例行的办公费用。再提一下，帝国的开支和地方开支之间没有区别。所有剩余都是替皇帝保管的。中央政府不时地指示省级官员和地方官员执行就地采购（坐办）的命令，其费用可在存留中扣除。因此存留既不是剩余，也不是地方的收入，它只是地方官员作为帝国政府的司库进行管理的收入的一部分。

在帝国政府的所有官员中，知县总是承担最重的财政责任。这一安排反映了开国皇帝树立起来的特殊的行政作风，即强调在集权控制下进行分散的管理。

除了沿海和内地的关税、林产品的征用、盐税、由特定机构和高级官署征收和管理的某些行政收入以外，实际上所有的国家收入都要经过知县之手。田赋（包括各种附加税）是在县一级进行的。大部分知县要处理地方营业税、印花税、商铺开业税、执照费、酒醋经营许可证税、罚金、盐的配给费及部分捕鱼税。知县管理县内的公地，填写物资申请表，召集规定的劳动者服劳务，在劳务可以折现时还要收取现钱。每当进行土地开垦计划，或者需要民户提供养马的劳务时，或者必须征收军垦的收入时，知县应负全责。此外知县要定期进行人口登记，为其辖区编制黄册（登记可耕地和服劳役户的表册），组织里甲，计算向它们征用的劳役（见下文）。

在中间层一级，知府的财政责任主要是监督。知府监督所有的规定时间的税赋是否如期完成，是否把储备保存得井井有条。他还负责一批地方机构，其中包括府的粮仓、捕快局、驿站、营业税和捕鱼税征收站。这些设施中有的在某些府并不存在。有的地方的运河和河流建有大水闸，有的地方还有官办的采矿、放牧、染色、纺织和其他的造坊——这一切都需要知府的关照。

在王朝之初，税赋按府计算。到14世纪晚期，府的税赋定额已经相对地变得稳定了，只是在内部有时进行重新调整。知府有某种未经规定的权力，可以在他所属的县重新调整税赋定额。在一般情况下，知府都不能随便增减一个县的税额，但他可以提议改变解税的目的地，修改附加税，修订折现率：所有这些措施在一定程度上重新分配了所属县的税赋负担。

明代地方政府行使职能的方式如果不涉及具体事例是难以说清楚的。有些有干劲的知县和知府确实修改了辖内的征税程序，指导在个体纳税人中间重新分担税额，甚至在当地进行土地测量。王朝的法律没有授权他们这样做。在明朝的后半期，一名地方官员在他的辖区内有重新制定财政程序的相对的自由，但不能制定影响其他官署的程序。根据不同的情况，他可能得到上级的批准，也可能得不到。但是，由于财政结构的单一僵化，下级改革的范围必定是零星的和有限的。此外，地方官员行使便于行事之权要冒风险。除非通过修改现行的办法，知县的性格、威信和智谋被人称道，否则他容易被御史弹劾；或者他发现地方的士绅拒绝与他合作。另一方面，如果他的改革成功，这些办法会最终取得不成文法的地位。

在省一级，执行机构就不那样集多种职能于一身。省的布政司是主要的财政机构，但按察使的官署也有权视察治水工程、漕粮、土地开垦、盐政和驿站等事务，有时还视察军事防务。在明朝的后半期，按察使的调查职能常常超过了原来的权限。几乎每个按察使都能自行创收，收入部分地来自罚款和没收，部分地来自他监管的工程和规划中劳役和供应物资的折现。

布政司由左、右两名布政使主管，左者居上。司署保存主要的统计记录，其内容与各部关于预算、税赋和采办等事务相应，并负责省内的全部现金贮存、粮仓储备、仓库存货和军事供应。每当条件允许，一切事务在县级和府级进行，甚至交给平民百姓执行。省署也有一种与户部相似的有限的执行职权。每个省被认为是一个收入的解运单位，但解运只限于省内的收入项目，其中包括给边境戍所供给、解送给两京的收入和给邻省的资助，还限于布政司对中央政府负责的解运项目。

在明朝中期由于银的广泛使用，在省一级集中一定的财力就变得可能了。卫所制度的衰落迫使省级官员组织自己的防御力量，这也有助于把财权集中到省一级。但这种发展在所有地方并不是一致的。财政职能的集中在南方远比其他地方普遍。

始于1430年的省的巡抚的任命在组织上产生了许多模糊不清之处。在开始时，巡抚之职并不被打算成为永久性的职位。巡抚原来是中央政府委任去巡视特定的省或京师区中某个部分的个人。随着这种做法的发展，巡抚和总督逐步地成为定制的职位。他们建立了正规的官署，把布政使看作他们的僚属。然而，布政司从未在巡抚的管辖之下。一般地说，巡抚直接将奏议上呈给皇帝，而布政司则保持各部的交流渠道。前者报告特定的事务，而后者报告例行公事。直至王朝覆灭之前，是各部而不是巡抚，仍对布政使有管辖权，并对各省拖延上缴税赋负有最终责任。

严格地说，明代的道台不是财政官员，他们是布政使和按察使驻于省战略要地便于迅速处理战地军务的代表。到了16世纪，许多道台就财政事务就地作出决定；在有些情况下有的道台甚至批准当地知府倡议的税赋改革。甚至北京的朝廷不时地给个别道台委以特殊的任务。但是按照标准的会计手续，道没有被承认为正式的财政单位。

由中央政府直接控制的收入机构和服务机构很少在各省运营。如果可能，这种机构的主管被授予一个兼职的省的任命，这样他们就可利用他们驻当地的官署建立后勤基地，据以执行他们的特殊使命。监督茶马交易的官员通常兼任陕西巡抚或总督。钦命的管理大运河的特使负有运输漕粮至北京的某些责任，他兼领淮安巡抚之衔已成定例。南京的巡抚同时充当负责南京师区粮食供应的监督官。

由户部管辖的内地的钞关，或由工部管辖的林产品的征收站都从来没有被组成自己指挥系统中的独立的管理机构。主管这些关、站的是暂时任职的部的属员：他们从事后勤支援和运解税赋必须依靠地方官员。到16世纪末，这些关、站实际上都由部和地方知府共同经营。

管理盐业专卖的组织最不寻常。全部六个都转运盐使司和八个盐课提举司归省的行政当局管辖：运盐使司负责管理大的产盐中心，盐课提举司则管理小的中心。实际上，中央政府直接控制两淮、两浙、长芦和山东的运盐使司，而把其余的单位交给省行政当局管理。派遣的盐政御史奉命对这些产盐中心进行直接控制。这些官员为他们所管的产盐区提出标准的运营程序。他们对重要的事务向皇帝建议请示；次要的事情他们直接下令，交给所管辖的经营机构去办。

作为政府监察分支机构的成员，盐政御史不隶属于吏部。在对产盐中心行使权力时，他们应被视为帝国专使之类的人物。这四个运盐使司的收入直接上缴户部。另外 10 个单位收入的一部分则由省级官员保存，以支付地方的行政费用，一部分在中央政府的命令下被解缴给应该支付的机构。中央政府对云南、广东和四川的盐业专卖的监督只是有名无实的。

在明朝的大部分时期，国际贸易没有被视为公帑收入的来源。虽然在宁波、广州和泉州设立了市舶司，这些机构主要负责接待朝贡使团，后者有时带来大量诸如硫磺、胡椒和苏方（一种提取红色染料的木材）等货物，以换取帝国的礼品。根据现存的记录，朝贡贸易总是给国家造成损失。到 16 世纪，国际贸易的限制才解除。广州于 1509 年对私人贸易开放，1523 年后暂时关闭，然后在 1529 年重新开放。今福建厦门市附近的月港，也于 1567 年对进行海外贸易的中国商人开放。两个港口的关税由巡抚和总督下面负责海防的道台管理。[①] 其收入因从未达到一定的数额而被留给道的巡抚用作地区海防的防务。中央政府也从未积极地参与管理。

军事组织与军队后勤

当 15 世纪第二个 25 年财政制度趋向稳定后，由于不同的供应渠道，明代军队看来由三个不同的部分组成。北京和南京的京营直接由中央政府管辖。

[①] 张燮：《东西洋考》（1618 年；1962 年台北再版）。梁方仲：《明代国际贸易与银的输出入》，载《中国社会经济史集刊》，6，第 2 期（1939 年），第 292—293、305 页。片山诚二郎：《月港"二十四将"的叛乱》，载《清水博士追悼纪念明代史论丛》（东京，1962 年），第 407—409 页。道台的军事作用见本书（原文）第 79—81 页的讨论。

北方边境的守军置于镇或边统辖之下。在 16 世纪中叶以前镇数从七个至九个不等。后来在 16 世纪晚期，镇数增至 14 个，当时五个小镇升格而与九个大镇处于同等的地位。一个镇由一名巡抚或督御史监督。镇因为有自己的管辖区，所以与内地省的军事建置不同。镇下面的卫在边境地区还充当地方政府的角色。每个指挥部在军垦的名义下自己内部生产一些供给，不过实际上这种收入可能来自不同的来源，其中包括从公地收取的地租。没有一个镇能自给自足。补助由北方四省（即山东、山西、河南和陕西）的县提供。此外，帝国政府每年也有供给。

在内地诸省，供应程序是比较分散的。一般地说，每个府依然是一个基本的财政单位。军屯收入（如果有的话）由知县征收，再加上一部分田赋的存留，知府用这些收入支付他辖区的部队。因此各府所承受的财政负担是不平均的。有的府不得不负担两个或更多的卫所的费用，而有的府只维持几个千户所就可以了。

太祖时期建立起来的各级军事组织，包括中央政府的都督府和省一级的都指挥司，几乎被人遗忘。在职的官员只是从其职位上取得官品而已。在 16 世纪，所有任巡抚和总督的文官（广西的巡抚除外）兼管军务。关于军队的后勤事务，巡抚与巡防的道台打交道。道台名义上是省按察司的代理，实际上他统辖其道内的部队。因此，在军事官僚机构中的这些军官只是作为技术人员在其监督者之下工作。

国家的收入及支出

田　赋

田赋构成国家收入的最大部分，超过了其他收入的总和，但对它的管理面临着一大堆困难。一系列的问题与土地租赁、田亩计算和财产登记有关，这些问题反过来又影响了税赋的分摊。由于田赋既可缴粮，又可缴银，因此征收工作就进一步复杂化了。这种双重的财政标准引起了记账、预估和收入拨出的复杂性。总之，田赋管理中的大部分复杂情况可以说是由于中央对财政管理的控制引起的。在行政等级机构的最高层设计出来的过于雄心勃勃的企图控制田赋计算、征收和支出的规划是不能处理基层的一切实际情况的。结果，税赋管理的特点是形式上统一，而实际上极其多样化。

田赋的基础是两税制。夏季税基本上征收小麦，原来在每年的农历八月征收。秋粮基本上征收脱谷大米，在秋收后的第二月征收，产两季作物的地区付两次税。除了在王朝的第一年这一很短时期，这种税收规划从未被付诸实施。在大部分县，这两种税的定额在全县合并计算，然后根据该县的耕地总亩数和能纳税的户数重新加以分摊。16世纪的税册经常显示，一座鱼塘应付少量小麦的夏季税和同样数量大米的秋粮税。但到那时，这两种税已被折银缴付。上述的缴税期限未被一致遵守。每个县必须将其税收交给一批开支单位，开支单位很少少于 10 个，通常超过 20 个。每次送缴有规定的期限。地方官员定出自己的期限以满足自己的解缴任务。个体纳税人的税可按数量不等地分几次缴纳，最大的一笔要在收获主要作物后立即缴纳。这种做法县与县之间各不相同。

田赋原则上以固定的税率统一应用于每个府的总亩数上。计算的单位为亩，它的面积相当于近 6000 平方英尺。但所有府共同实行的统一税率所表示的只是中央政府的外部计算。在中国，每亩的产量大不相同。最肥沃的稻田产量有时是同一区干旱的贫瘠土地产量的 10 倍以上。每个县必须按照田地的不同等级重新分摊中央政府的估算，这就产生了县内估算的不同的内部税率。

为了解决如何把可耕地分等的问题，许多县找到了所谓的折算成财政亩的解决办法。何炳棣已收集了大量的如何实行的数据。[1]一般地说，每个按平均产量或超过平均产量的标准衡量的亩作为财政亩来计算。产量差的地按 1.5 亩、2 亩、3 亩，甚至 8 亩或 10 亩

---

[1] 何炳棣：《1368—1953 年中国人口的研究》（坎布里奇，马萨诸塞，1959 年），第102—123 页。

折成一个财政亩。虽然税的基础（我们指的是征收的税额）是狭窄的，但征收田赋的范围却是相当广的。除了耕地，还对桑树、果园、鱼塘、林地、芦苇荡等地征税。在海南岛，甚至棕榈树也被计入征税范围。帝国地理的多样性使得折成财政亩的统一规划，以及其他重新调整以便制定其他普遍适用的规划的做法都行不通。甚至在 16 世纪晚期，仍有人抱怨，即使在一个县内，应征税的土地也不能用普遍适用的标准精确地和公正地分等。自然的结果是，每个县各有一套评估当地土地和给财产定税率的办法。在有的情况下，6000 平方英尺标准亩的计量也被置之不顾，所在地的县引用了自己的测量单位来取而代之，其目的是打算作出更方便的重新调整。估算土地的方法和由此产生的内部估算税率就显示出很大的差异。

直到 20 世纪 60 年代，仍有人认为，在 1386 年前后的太祖统治下，全帝国进行了一次土地勘察。但清水泰次、藤井宏和何炳棣的近期研究指出，只有浙江和南京师区的农田经过精心测量。明初每省在耕地的准确记录是用不同的方法编制的。尤其是河南和湖广上报的在耕地数不过是包括大片适宜于进一步开垦的可耕地的杂乱无章的估计数。经过对明代数百部地方志的土地数据的对比后，藤井宏提出，帝国的应税地实际上从 1381 年的 3.66 亿亩，增至 1578 年的 5.1 亿亩左右。[1] 这些发现只有相对的价值。人们必须了解，在实行税赋定额制后，上报的在耕地数对中央政府来说实际上已没有意义了。全帝国统计数的编制甚至在一开始就充满着许多技术困难，在对上报的要求放松后，编制工作不可能变得更加精心。当 17 世纪户部下令增加田赋以应付满洲的危机时，它一般使用 1578 年在耕地统计数，作为分配省一级增税的指南。但户部同时承认这些数字是不准确的，还需要

---

[1] 藤井宏：《有关明代田地统计的考察》，载《东洋学报》，30，第 3 期（1943 年），第 386—419 页；第 4 期（1944 年），第 506—533 页；31，第 1 期（1947 年），第 97—143 页。这些发现由作者在和田清的《明代食货志译注》（东京，1957 年）第 1 卷第 55—56 页中作了总结。

作出许多调整。①

　　甚至在那些反复进行过土地测量的县，通过地契登记进行的税赋控制也不见效。在具有大米文化的地区，当地的地势因传统的灌溉系统而容易发生变化。这种系统常常与自然力量背道而驰，因而容易增加洪灾的次数和强度。拥地的形式和分家继承进一步把成片的土地分成许多零星小块的土地。很少土地拥有者有完整和紧凑的财产。每个县三名至五名地方官员，再加上十几名低级的胥吏，不可能严密地审查 1 万至 5 万户的账目。土地测量通常由村的文书在几乎没有官员的监督下进行。财产交易的登记每 10 年才登记一次。只有在编制黄册的这几年田赋的转让才生效。这些情况给弄虚作假留有很大的余地。虽然明目张胆地逃税的情况很少，但个体土地拥有者仍有许多办法把他们的纳税义务减到最低限度。一名富裕的土地拥有者可以将其财产的一小部分分割并降价出售，但在售出的同时，转出了按比率高于售出土地原来评定标准的纳税义务。相反，他可以从邻居那里以溢价购进一大块土地，但在购进时只容许转让购进土地原定田赋的一小部分。经过一系列弄虚作假后，有的土地拥有者对大量土地只缴名义上的田赋，从而绕过了帝国政府的征税。明代没有关于土地租用期和租率情况的可靠的统计资料。县志、地方税规定、奏议及私人账目并不支持一种普遍的理论，即土地已经高度集中在大地主之手。超过 1 万亩的大地产为数极少。在每个县，甚至拥地超过 2000 亩的只限于一小批家族。中等拥地者拥地 100 亩至 500 亩，户数更多。在 17 世纪中期，当长江三角洲的土地集中变得非常明显时，那里仍有无数只有 3 亩至 5 亩地的小拥地者。但是那些边际的拥地者无疑在税赋和高利贷的双重压榨下耕种。存在的售地地契、抵押协定以及财产登记文件进一步证实，社会的所有阶层都对小农进行不同程度的剥削。② 有的

---

① 《明实录·神宗实录》，第 574 卷，第 10862—10865 页。程开祜编：《筹辽硕画》（约 1620 年），重版于《清史资料》（台北，1968 年），第 1—12 卷、第 11 卷，第 13—17 页、第 41b 页。

② 见韦庆远：《明代黄册制度》（北京，1965 年），图版 6—8。傅衣凌：《明清农村社会经济》（北京，1961 年），第 11—13、22—23 页。

地主和从事抵押业者的社会和经济地位与他们的佃户和债务人相同。有些做法是普遍现象，如作物分成制，财产转到他人名下原主仍保留某些权利的情况，共同拥有制（一个物主从财产中每年取得固定收入，而另一物主缴财产税）。这些普遍的做法积累的后果远远超过了少数大地主存在的结果。现有农田产出的少量收入最终分摊给大部分务农的人口，这种情况使每个人分得的产品减到最低限度，而不论纳税人是谁。由于这些情况，税率特别难以进行再调整。明代的税制结构考虑到了边际拥地者的收入，然而政府没有使小土地拥有者过上好日子的打算，也不打算使他们免遭剥削。由于缺乏对农村地区的有效控制，政府不能合理地把税负分摊给种地的人。此外，当时最硬的通货——白银——在交易中的使用使农民难以获得贷款，从而给高利贷更多的机会。

公地在16世纪期间逐渐从税册中消失。这些土地也能买卖。与纳税义务相似的应缴地租给政府的义务，与售给私人的地契一并转出。这种义务不是按比例转出的：有的土地负担很少义务，甚至没有义务；有的土地负担的义务远远超过原来的税额或租额。结果，有的土地所有者负有沉重的税或租的义务，而有的几乎没有负担。1547年浙江省嘉兴的知府大胆地提出，把他辖区内的官地一笔勾销：所有登记的官地被视为私人所有；官地应缴给政府的地租作为全区田赋的一部分重新摊给所有纳税人。批准这个建议的过程可能永远不得而知。情况可能是，帝国政府对官田不再在帝国控制之下这一事实作了让步。只要地方行政官员由此征收的数额不变，政府就没有必要去考虑官田的所有权问题了。这个措施在嘉兴府实施后不久，它就扩大到南京师区的其他县。① 到16世纪末，除了支持社学的有些小块土地外，南方诸省的所有官地已被永远注销。在大部分省份，这些被注销的数量还没有大得足以使个体纳税人因这次变化而增缴税赋。但南京师区则是例外。这里由于明代第一代皇帝没收大量土地，官地占可耕地的比率，高得不相称。虽然官地的地租在15世纪已被巡抚周忱大

---

① 顾炎武：《日知录集释》（万有文库版），第4卷，第53页。

大地削减，但后来官地税项的取消仍给该区的百姓增加了相当重的财政负担。四个府的田赋税率是帝国中最高的。出于同样的原因，欠税也依然是这些地区的一个长期的问题。

宫廷产业、贵族产业、太仆寺控制的放牧地、御用的百兽苑等处的设置增加了税务管理的复杂性。这些产业的设置来自华北所谓的"无主地"（白地）。为了鼓励开垦北方诸省，明代第一代皇帝，在地区税额已经确定后，在耕的土地将永远免税。在 15 世纪，这类财产以及未开发的土地被宦官、亲王和皇亲所侵占。由于没有正当的证明归属的地契，有的免税财产的所有者逐渐成为出租人。一批宫廷产业的收入为皇太后们专用，这些产业也来自白地。在 16 世纪中期世宗朝时，已有产业的租金定为每亩银 0.03 两，其租率大致相当于同区的田赋税率。租金由知县征收，交给指定产业拥有人。租金意味着帝国国库的损失，但没有迹象表明损失的数额曾经每年超过 30 万两。

田赋征收谷物。作为田赋征收的谷物数量超过了所有其他作为税赋征收的物品数量。存在着一个普遍的误解，即明政府征收大量的作为田赋附加税的麻、棉、棉布、丝棉胎和丝织品。这种误解来自早期著作的几处材料，它们声称明太祖下令，要全帝国所有的土地所有者专门划出一部分可耕地种植这些物品，否则将征收惩罚性的税，并只能以织物缴纳。这份诏令的确在王朝建立前几年的 1365 年颁布过，并在 1368 年被重新颁布。但到 1385 年，这种强制性的生产显然不能再实行。于是早期的诏令被废除。[①] 在明朝整个时期征收田赋的丝附加税，但是总的收入是微不足道的。

出现在明代税收分类项目中的丝和棉的物品有两个来源。一部分是作为田赋的一部分征收的：丝在浙江和南京师区的几个府征收，棉则征自四川、陕西、山东和北京师区。实物税在专门生产某些物品的地区征收。在这些地方征收的实物定额代替了通常征收的谷物。这些丝棉物品的另一部分来自谷物税的折换。在那些已以谷物定出税额的地区，部分的税额可以其他物品折缴，这是因为从这些地区运粮的环

---

① 见《大明会典》，第 17 卷，第 41 页。

境非常艰险。运费包括在一个区的谷物税的定额中。但麻是作为鱼税的一部分，而不是田赋的一部分征收。

田赋的惟一一种在财政上有重要意义的附加税是干草。这种干草实物税在山东、山西、陕西、河南和北、南两个京师区开征，每100亩应税地征16捆干草。提供干草并把它运到指定地点的费用给有些纳税人增加了相当沉重的财政负担。到16世纪晚期，政府征收的总值超过白银60万两。

以谷物定额折银的做法在明代从未制度化。从一开始，朝廷为折银颁布专门命令以解决迫切的问题，但很少注意，甚至没有注意尚品的价格。经过长期实行以后，这些折算率后来成了惯例而不可变动。到16世纪，帝国行政机关的各级财政官员都有权折现。原则是，对征收机构和支出机构都有行政管辖权的任何官员对受托从一个机构解送到另一个机构的税赋都可定出折算率。例如，一个巡抚在受托将他辖区内征得的田赋谷物运到也在他辖区的部队时，能够定出折算率。由于这种供应程序完全是分权的，在不同地点、由不同官员、在官僚集团的不同层次、在不同时间和不同情况下决定的折算率，把税赋的结构改得面目全非。几乎每个区都实行十几种折算率，每石谷物折银1.9两，直至每石折银0.25两不等。除了在计算劳役折银时折算率动荡不定外，地区的和季节的价格的波动也使归纳折算率并使之一致的任何措施实际上变得不可能。事实上，明代政府也从未打算这样做过。在整个明代，谷物的石一直是征税的计量单位：只有通过这种想像的单位，才能汇总所有的账目。但到16世纪，作为财政计量单位的谷物石在国家的账上没有绝对价值。虽然白银被普遍地用于商业交易，帝国政府没有白银收入的汇总账。要确定税赋中白银所占的准确比重，就必须调查约1200个财政单位的各自的供应程序。即使是户部尚书，也只能对每年征收的白银总数作出模糊的估计。

在明代早期树立起来的一个重要观念是，田赋相当于粮食。土地的产出就是为了个人消费或者是发给个人。对田赋的这种看法在整个明代一直存在着。来自田赋的谷物是支付的惟一手段，被用来支付官员、低级胥吏和军队兵将的官俸和兵饷，发放贵族、监生和皇亲（由国家终身供养的开国皇帝的所有男系后裔）的俸禄，以及作为提供救济饥荒和举办地方慈善事业的物资。除了这些用途外，税粮收入只能用来支付坐办（就地采购）和大规模公共工程的费用。即使如此，支付这些费用的谷物主要供官办造局的工人和服劳役的男丁食用：这原则上与早期的观念不谋而合，即土地生产的一切是供食用的食物。

一般地说，税赋以谷物定额分拨，并且多少是永久性的。到 16 世纪晚期，帝国的总税额定在 2660 万石上下。表 2-1 重现了总的分配情况。[①]

| 表 2-1 | 1578 年田赋分配的估计数 | 单位：石 |

项　　目		数　　量
各省和两个京师区留存		11700000
纳税人运往北方边镇		3300000
运往南京		1500000
运往北京		9534000
其中：漕粮	(4000000)	
宫中食用的高级谷物	(210000)	
折成棉布和其他供应品的谷物	(900000)	
折成金花银的谷物	(4050000)	
其他长期折成白银的谷物	(370000)	
杂项和未记账的		566000
		26600000

在 1570 年至 1590 年期间，明代的财政保持着相对的稳定。来自谷物税的总收入估计约 2100 万两白银。175 个地区的查阅过的账目显示，除了南京师区的府以外（那里的税率高达总收成的 14%—20%），这些地区的田赋甚至把部分劳役和其他许多税项计算在内，也很少超过每区估计谷物产量的 10%。大部分县的税率从 5%—10% 不等。

役

政府的一切日常的开支除了用田赋支付外，还可以用役来支付。

---

① 此表根据《大明会典》第 17、25、26、27、28、30 和 42 诸卷作出。《万历会计录》（现存缩微胶卷）所列数字基本相同

役不能简单地看成是徭役。典型的徭役劳动力是在特定的基础上征用的，用于维修道路和开凿运河等工程，徭役从未被制度化。另一方面，役则包括大范围的物资和劳动力的征用，在永久性的或半永久性的基础上被固定下来。

役是根据累进税制的观念征用的，就此而言，它与遵循统一税率原则的田赋不同。全部人口都被组织起来，这样，每110户组成一个里。每个里分成10甲，每个甲由10户组成。所剩的10户是被评为110户中最富裕和人口最多的户。它们每10年轮流担任一年里长。同样，每个里的一个特定的甲有劳务的义务。在在任的里长的监督下，里的甲在当地征税和解税，并代表全里应付一切物资和役的征用。其他单位缴付正常的税，但就劳务而言，它们列在不服劳役的名单上。因此，每户需要每10年一次向它的甲提供劳务。在10年一轮终了时，新的人口调查就要进行，人口和地产数据被编进黄册。于是里甲就被改组，以反映新的人口数据。

向里甲征用物资范围很广。首先，每个里甲必须供应地方官署办公用品、油、焦炭和蜡烛。军事装备（包括弓、箭、刀剑和冬季军服）也由这些户提供。向皇宫进贡的每一种想像得到的物品都定期由产地运送。这些物品包括地方的土特产品、草药和矿产药的极品。役还包括一些需要付现钱的项目。除了向里甲伸手外，地方政府无钱设宴招待来访的显要人物，甚至无钱押送或处决犯人。这些费用，再加上地方巡视、官署的建设、陈设和维修等费用，以及对参加科举考试的当地考生的补贴，都由里甲来负担，所以里甲一直是地方一级惟一的正规财源。

各级帝国政府（从中央到县）只有一批骨干的领官俸的官员。像今天的那种领薪水的政府雇员在当时都征自地方的里甲，政府不付报酬。这些人充当随从、护卫、仓库的收货人、运河水闸管理员、政府马厩的马夫、地方税站的巡丁。帝国的驿站，名义上归兵部管辖，但分布在全国。它们也不用公帑维持。地方的里甲向驿站提供马匹、坐轿和船只。所有这些服务都由地方的里单位提供。为了解运税赋，在里甲制以外，富裕户被指定为粮长。粮长负汇总地方的税赋，并组织和运输到指定的粮仓。粮长一般负责里甲的财政义务，而提供搬运劳动力、记账员和向村内征税的初步工作则是里甲承担的义务。1494年后，民兵作为帝国的体制已经确立，民兵的兵源和后勤支援就成了里甲的户的额外的劳务义务。

役的征用单位是丁。但实际的分类工作充满着复杂因素。事实上役的征用对象不是个人而是户。它不完全是人头税，它还始终承担某些财产税的义务。无偿劳务只是役的一部分。此外，政府分配的某些工作不但无报酬，而且还被财政责任拖累。例如，计量员要对政府粮库的短缺承担责任，驿站的服务人员实际上承担为来往官员提供食宿服务的无限度的义务，这些官员的人数取决于兵部颁发的通行路条。还有，明代所谓门丁实际上是该建筑物的总管，个人要负担维修费用。在16世纪，甚至巡丁也被分配查获违禁品的定额，不能完成时就自己垫付：这种定额已被列为收入官署的预算收入。问题在于，在太祖制定的制度下，官署都没有由中央政府拨款的运营预算。一切行政开支都由当地民众支付。这一级政府的一切拨款、记账和开支的程序都被免去了：役被指望去填补这一空白，这个空白是明代财政管理制度在基层有意识留下的。

为了便于服劳役，户被分成上、中、下三类。分类计划的根据，部分是户的男丁人数，部分是户拥有财产的数量。一旦分类工作完成，政府只要下发征用令，具体的物资和劳务的分配工作由里甲单位去做。[①] 这一制度在明代早期运营得很令人满意，因为政府是在清教徒式的严肃氛围下工作。征用量不大，男丁的评估和户的分等一般反映了经济的实际情况。但到15世纪末期，确保这一制度顺利运营条件几乎消失殆尽，里甲制就处于压力之下。逐渐增加使用白银而不是个人服役去履行劳役义务的做法也损害了原来的组织。

---

① 关于早期里甲制的实施，见《明实录·英宗实录》，第281卷，第6032页；《明实录·宪宗实录》，第33卷，第650页；山根幸夫：《明代徭役制度的发展》（东京，1961年），第55—58页。

第一次劳役的全面修改是 1443 年的均徭制。[①] 此法最后得到皇帝的批准并在 1488 年全面推行。均徭制把劳役的 10 年一轮次分成两个五年一轮次。它仍按照里甲制实施,每一年,里要求它所属户的十分之一提供所要求的征用物资,另外十分之一的户提供劳役。户此时又细分成九等,从上上等直至下下等。所需要的劳役任务由知县公布,随同任务还宣布该任务财政负担在九个等级中属于哪一等。在村民服役时户的分等和劳务的分等原则上应互相吻合。这样,税赋的分摊在一定程度上处于政府的控制之下。对各户来说,以前劳役轮次中间的九年间隔期被减到了四年。

在 16 世纪,政府对征税程序作了进一步的修正,作为称之为一条鞭法改革的全面归并财政账目的一部分内容。通过一系列程序的变化,役部分地和逐步地与里甲制分离。大部分劳役被取消。所有的户每年仍负有应召服劳役的义务。一有可能,征用的物资和应服的劳役可以折银缴纳。相当大的一部分财政义务从户转为现行田赋的附加税。所余从户的丁作为部分税收征收。在南方各省,男丁不再分等,因此,以前的累进税制的原则实际上被取消了。由于财政制度中的许多障碍,没有一个地区全部取消里甲制,也没有完全取消把男丁作为一个财政单位的做法。实物税的实施也远没有中断。尽管存在停止抽调村民去服无偿劳役的普遍要求,这种做法仍在实施。甚至在 16 世纪实行一条鞭法改革后,中国北方的许多地区仍保留男丁分等和各户分等的税制。换句话说,14 世纪明代第一代皇帝定下的税制模式基本上依然没有变化。

转到田赋部分的劳役在地区之间也大不相同。在长江三角洲的几个府,由于田赋数量巨大,把相当大部分的劳役归入田赋是比较简单的事情。有几个县,归到田赋的劳役数可以高达 90%,只把 10%的

[①] 山根幸夫:《明代徭役制度的发展》,第 104—105 页。海因塞·弗莱茨:《明代的劳役制度(1368—1644 年)》,汉堡,1959 年,第 94—97 页。年关于均徭制的早期起源,见《明实录·英宗实录》,第 120 卷,第 2425 页;第 148 卷,第 4202 页;第 152 卷,第 2975 页;第 281 卷,第 6031—6032 页。梁方仲的《中国税制中的一条鞭法》(王毓铨英译)(坎布里奇,马萨诸塞)是一部材料丰富的著作。

劳役义务留给男丁。^①但这些百分比是误导人的。事实是,这些地区较大部分的田赋是征收实物。每个县必须征召成批的征税代理人在当地征收全部税赋,并承担一部分远程运送工作。处理这些事务的行政费用和支出是很高的,劳务账的收入绝对不够,所以只能由被抽调人和平民百姓来负担。归入田赋的劳役最高占劳役的 70%(在南方各省),在北方各省占 50%。

在 16 世纪晚期,少数县的劳役账存有白银不足 3000 两,而南方诸省少数县的账上至少存有 7000 两。现以七个省 35 个县作为实例,计算显示,一个县平均征收代替劳役的白银为 9724.26 两,其中包括从田赋的附加税中征收的部分。^②全帝国以银折役的总收入似乎应在 1000 万两左右。至少此数的一半是作为田赋的附加税征收的。

估计数额为 2100 万两总值的田赋不包括折银的劳役。但是这里提到的纳入税赋的农业生产的估计的百分比则把摊入田赋的劳役计算在内。

乍一看,征收的资金似乎应该绰绰有余地支付一个县的运营费用,但事实是,虽然表面上收到大笔款项,但并非所有的税赋都用于县内。从征收的税额中县必须支付帝国政府和皇宫的开支,以及一切中间层官署和服务机构的费用。一个县平均每年花 2000 两银子,以支撑辖区内的帝国驿递体系。^③在征役最高的东南各省,最大的支出项目是维持民兵和地方武装力量的费用,其数额常常超过总收入的 25%。结果,大部分县存留的经费不够办公之用:有时只有 300—500 两。

盐业专卖

严格地说,盐业专卖不是单一的专卖事业,而是由十几种在

---

① 何炳棣:《人口研究》,第 29 页。
② 其数据见黄仁宇:《16 世纪明代的税收和政府财政》(剑桥,1974 年),表 2、3、4、7、8。
③ 苏同炳:《明代驿递制度》(台北,1969 年),第 439 页。

非竞争性基础上经营的专卖事业组成。依照前几个王朝建立起来的制度，政府指定一批排他性的地区进行盐的分配，每个地区有一个支持它的盐场。在这些地区越界运盐应定为重罪。

专卖的成功取决于对产盐劳动力的控制。官方规定，在册的盐户保留长期不变的地位：理论上其成员既不能改变职业，也不能改变居住地。盐户的男丁被定为盐丁。在明代早期，中央政府规定的一般定额要求每丁每年产盐 3200 斤。[①] 生产者每产 400 斤，政府就奖他大米一石。

盐业专卖的经营机构没有分配盐的运输设施。盐的存货或是卖给批发商，或让盐商把粮食运往边境哨所，进行物物交易。不论何种情况，盐商必须去盐场取盐。这种以物易物的方法称开中法，它发展于宋代。

与以前几个王朝经营的盐业专卖的方式相比，明代的管理明显呈现出衰败的趋势。明代的盐务行政官员自己也承认这种趋势。明制与以往制度之间的巨大差别在于，明代的盐业专卖应将其全部收入上缴给帝国国库，这一要求使专卖业无钱资助自身的经营。

在14世纪晚期纸钞流通后，政府开始用纸钞代替谷物付给盐户。纸钞很快贬值，后来毫无价值。此时，以纸钞补贴盐户的做法停止了。从此，政府以人头税的形式征收盐税。大部分产盐区的盐户减少，不过实际上产量稳步上升，与人口的增长同步。盐大量在黑市出售。政府在 15 世纪认识到盐政的这一弊病，就授权制盐者把余盐卖给有执照的商人。盐课司再从这些商人抽取特许经营税。其结果是大量的盐被吸引到新的销售渠道，而使在册盐户作为人头税必须缴纳的盐的定额拖欠了下来。与此同时，非法走私贸易不但没有减少，反而繁荣起来。

政府在与盐商打交道时，有一种违约的倾向。盐商运粮到边哨后，常常发现盐场没有现盐，以支付他们运送的粮食。1429 年，仍

---

① 实际上有很多差别，见《大明会典》，第 34 卷，第 1 页。

有一批 1402 年前发的期票还没有兑换到盐。[1] 1440 年，每年盐的产量被正式分成两类：80％为常股盐，所余的 20％为存积盐。常股盐用作正常的流通，存积盐用于应付紧急事件，如突发的军事需要。但是由于政府很少拥有存积盐，新的措施就提供了让盐业专卖来刺激生产的一种手段。这一分类制度刚一建立，存积盐就马上用于易货交易，甚至常股盐的购买者在等货时也是如此。由于存积盐马上有货，它对盐商似乎更有吸引力，因此立刻成了一项有吸引力的投资。1449 年，朝廷进一步把存积盐增加到 60％，把常股盐减到产量的 40％。不久以后，这两类盐拖延交货之事司空见惯。一位巡视两浙的盐务御史报告说，在 1471 年甚至存积盐也拖欠了 10 年。[2]

在这种情况下，政府在盐业专卖的管理方面不得不应付三种互相制约的因素，当政府拖延交货时，盐商就必须将冻结的资金的利息加到盐的零售价格之中，从而促使盐价上涨。当盐价飞涨，非法走私就变得更加有利可图。为了减少非法销售，政府被迫降低盐价和易货的比率，以便与走私盐的价格竞争，但这样就势必减少政府企图实现的收入。在 16 世纪初期，盐的非法交易在某些地区已经根深蒂固，以致它最终把官盐赶出了市场。到 16 世纪中期户部和都察院官员算出，两淮区盐产量的四分之三已经落到非法盐商之手。[3]

在 1535 年作出的一种安排下，中央政府控制的四个产盐区进行易货贸易，以支付供应驻防北方边境一带部队的开支。在拿到边境巡抚颁发的粮仓收据后，盐商有权在指定的盐场提取规定数量的盐。盐从按税制征收的常股盐中提取。但盐商离开产盐的禁区前，他们还被要求购买一定数量的余盐，当局从中可征特许营业税。在开始前如不与政府进行易货贸易，没有人能与产盐者打交道；如不私下购买余盐，盐商也不能达成易货协定。事实上在通过检查站前，这两种盐必

---

[1] 《明实录·宣宗实录》，第 55 卷，第 1313 页。

[2] 《明实录·宪宗实录》，第 87 卷，第 1698 页。

[3] 见朱廷立：《盐政志》（1529 年版），第 7 卷，第 50 页。《明实录·世宗实录》，第 358 卷，第 6420 页；第 368 卷，第 6575 页。陈子龙、徐孚远编：《皇明经世文编》（1638 年；1964 年台北重印），第 475 卷，第 11 页。

须混合包装。政府希望通过继续实行易货制度，迫使盐商在边境维持商屯，并希望这种商屯能稳定粮价，虽然这项政策在以前并不有效。授权私卖为余盐提供了一个合法的流出渠道，混合包装确保税盐作为人头税运出。[①] 这种做法直到王朝终了一直未变。

为了应对政府的规定，盐商也进行了一些再调整。到15世纪晚期，边境的商人不再经营盐。他们在运送粮食给边境部队哨所后，就把粮库收条卖给住在产盐区或其附近的商人。到16世纪，这些当地的商人也停止把盐分销到内地市场。他们的经营有点像金融家或出口代理人。一旦盐通过了产盐区周围的检查站，他们就把它卖给一批内地的分销商。[②] 这种商业的专业化已成为必不可少，因为在正常情况下，从运送易货的粮食到领到盐，需要长时间才能完全一笔交易。有时这一过程能拖到10年。只有投入大笔资金并且连续地经营这项贸易，这种营业才能获利。当地的有些盐商还必须经常注意一些技术性的细节，即如何从在册盐户获取余盐，如何满足官员的要求。随着制度的发展，它的运作变得有利于一些当地的商人。他们变成了投机商。在从边境商人以低于面值的价格购得粮仓收据后，如果当时没有其他购盐者，他们就贿赂盐政官员提前发货，有时甚至贿赂他们推迟给其他商人发货的日期，这样在当地就能获得暴利。

专卖的机制是如此复杂，以致每当其中一处严重失调，整个运营就趋于崩溃。有时边境的部队哨所不能吸引足够的商人以满足它们的粮食供应需要。有时由于私盐的存在，内地的零售价格太低，以致分销商不能获利。大部分时间出现的问题是，盐政当局不能从在册盐户征收足够的盐来满足它的定额。有时甚至盐商在盐引中投入了大笔资金而盐却颗粒未收，因而不能另外筹措需要缴付营业税的现钱。虽然内地各省食盐严重短缺，但检查站却常常扣押大批食盐，不予放行和

---

① 见《明实录·世宗实录》，第175卷，第3793页；《大明会典》，第34卷，第12a—b页。

② 藤井宏：《明代盐商的考察》，载《史学杂志》，54，第5期（1943年），第62—111页；54，第6期（1943年），第65—104页；54，第7期（1943年），第17—59页。

流通。

在正常情况下，每个都转运盐使司负责征收盐课。盐价和交换率在整个 16 世纪和 17 世纪初期一般保持不变。盐的收入被认为是岁入的正规项目并先行挪用。在几次战争的紧急关头，定额被临时增加。但在增加后，随之而来的是以后定额无例外地剧减。如同田赋，盐的收入也有规定的最高限额。它受制于边际产盐者的能力、商人负担的利率和非法市场的状况。运盐总落后于规定日期两年至三年，管事的官员也不能确定他处理的是哪一年的积欠。官员出入于官署，每个人都忙于解决亟须解缴的现钱。另外，商人收盐的优先权从未实现过。当年的收入还欠缺时，官员以预收将来购盐的特许营业税为借口，强迫商人借钱给他们。

1617 年，从地方商人收取的预收款已经累计到使两淮区整个制度不能运营的程度。户部的一名官员通过授予地方商人特许权的办法解决了问题。这些商人被组成 10 个称为纲的联营组织，每纲负责向政府缴等额的预付款。从此，其中 9 个纲有资格与政府就当年的盐产量进行易物交易，以现钱结合通用的盐引支付。所剩的一个纲则在其成员中分得一小部分盐，作为给政府预付款的象征性的补偿。但这一小部分盐并不是来自额外的产量，而是从发送给其他 9 个纲的每个盐包中扣下来的。总之，这等于是强制取消对公众的债务，而由债主自己去偿还象征性的数量。作为回报，政府授予这 10 个纲理论上是永久性的专营权。[①]

盐业专卖是有利可图的。根据计算，两淮地区，产运一引的成本在 1600 年为白银 3 两。政府每引的收入，包括易货贸易的谷物和特许营业税在内，将近 3.5 两。在地方商人把同量的盐交给内地分销商时，一引的最低价格为 9 两。在内地港口，每引的零售价很少

---

① 原来的建议见《明实录·神宗实录》，第 563 卷，第 10607 页；第 568 卷，第 10687—10688 页；《皇明经世文编》，第 475 卷，第 19—20 页；第 477 卷，第 1—5 页。总结见孙承泽：《春明梦余录》，第 35 卷，第 46 页。又见和田清：《明代食货注译注》，第 1卷，第 602 页。

低于 15 两。按照这个价格，一名劳动者必须花 4 天的工资去购买他一年的盐的分配额。当专卖制处于混乱状态时，零售价会直线上涨到正常水平的 3—4 倍，1610 年代湖广的情况就是如此。[①] 在这种情况下，这种日常必需品实际上超过了平民的购买力。

根据 1578 年的记录，帝国盐的产额（包括余盐）超过 4.86 亿斤，或者接近 56 万引。在 16 世纪晚期和 17 世纪早期行政官员经常提起的 200 万两白银的总收入只用于支持军队。此款大约一半先交给户部。虽然这笔总数最终要送到北方军事驻地，户部为了保持分配的灵活性仍希望保持这笔现钱收入的控制权。这笔收入的分类支出见表 2—2。[②]

这个总数甚至少于 9 世纪初期唐代的同一财源的数额，那时比所讨论的时期早 800 年。唐代使用这笔收入去扩大贸易。[③] 明代政府实际上在征收前就花掉了收入。此外，由于管收入的官署经常负债，专卖事业就倾向于鼓励和支持高收益率。这种财政负担最终用盐价以间接税的形式转嫁到消费者身上。

表 2—2　　　　**约 1570 年至 1580 年盐业专卖的估计岁入**　　　　（单位：两）

收　入　项　目	数　　量
交户部银	1000000
商人交军队哨所易货物资之值	500000
盐业分配代理机构交军队哨所之银	220000
南方诸省为地方防务截留之银	280000
总　　　计	2000000

杂项收入

除田赋、役和盐的收入以外的一切收入都可归为杂项收入。没有

---

① 《皇明经世文编》，第 477 卷，第 19、21 页。
② 归纳见《大明会典》，第 32、33 卷；《明实录·穆宗实录》，第 32 卷，第 850—851 页；《神宗实录》，第 24 卷，第 624 页；第 34 卷，第 792 页；《皇明经世文编》，第 474 卷，第 1 页。
③ 见崔瑞德：《唐代的财政管理》（剑桥，1963 年），第 90—96 页。

完整的项目表。至少有 26 种见之于明代的不同财政账目。没有一种的岁入大到超过 50 万两银子。

一种收入来自工商业的税源。这些税源包括内地的关税（年税额 343729 两）、地方营业税（15 万两）、沿海关税（9 万两）、官办矿业收入（15 万两）和鱼税（5.8 万两）。另一种来自行政方面的收入，其中包括捐纳官品收入（1565 年的年收入最高，为 51 万两）、僧道人员的度牒费（20 万两）、惩处的折现和罚款（30 万两）。第三类包括来自劳役和供应物资折现的收入。这一类最突出的是工部征收的开支账目征自除广西、云南和贵州以外的所有的府县（1556 年以后年征收额为 50 万两），其次是兵部征收的稳定的折役收入（1588 年为 37 万两）。另一项不属上项各类的收入是茶马贸易收入。它是从陕西征收的茶的许可证税，征收的实物被用来在西北边境与讲突厥语和西藏语的民族交换马匹。这是非现金的收入。在 1570 年代和 1580 年代，每年以这种方式获取约一万匹马。[1] 征收的茶的许可证的货币价值为 10 万两。这一项数字在杂项收入类中是值得注意的。

以上所列项目显然缺乏稳定的收入来源。工商业的收入来源被忽略了，结果是，海关和官办矿业的收入也随之缺乏。这种情况可以部分地溯源于王朝之初。对外贸易和工矿事业以前从未被视为公共财政的主要部分。重视农业收入和地区自给自足的观念一旦建立，就不容易改变。政府的结构、主流的意识形态以及技术上的困难，都阻止了财政措施的任何大转弯，内地钞关的经营不善为这个问题提供了一个例子。

内地的钞关设在苏州、扬州、淮安、临清、河西务、北京的崇文门以及九江。除了九江，都位于大运河畔。各关独自运营，承担自己

---

① 见黄仁宇：《16 世纪明代的税收和政府财政》，第 257—261 页；根据《明实录·世宗实录》，第 188 卷，第 3968 页；《皇明经世文编》，第 386 卷，第 16 页；顾炎武：《天下郡国利病书》（1662 年），重印于《四部丛刊》（上海，1936 年），第 18 卷，第 86 页。参见莫里斯·罗萨比：《明代与亚洲腹地的茶马贸易》，载《亚洲研究杂志》，4，第 2 期（1970 年），第 159、163 页。

的年征收额。在官僚机构内外,没有一个官员具有长期发展钞关的经历,或对它有专业兴趣。与钞关合作的省级官员认为内地钞关的征收工作是他辖区一件没有报酬的财政负担。此外,当实施定额制时,官僚们最不愿意打乱现状。当一名官员不能完成定额时,就可能有损于他的前程,那些超定额的也会遭到同僚的冷落。在明代,没有一名官员因增加国家收入而受到公众的赞誉。

内地钞关没有经营预算,关税收入从未被分配去扩大其业务。钞关的关署从里甲征用的劳役服务就是为其他官署服务的那种劳役。所有的文书和巡丁都从当地民众征调,政府指望他们无偿工作。虽然关税税率很低,但政府也没有防止贿赂和勒索的有效办法。负责征税的官员对运输的大宗主要商品和小贩的货物不加区别。一切货物在钞关申报时都要详细计算:这种申报常常可能包括 3000 种货物。长途运输的货物屡次受到检查和征税。罚款很厉害。富裕的商人"被劝说""自愿捐献"。官员们还要对付大运河上宦官和军人的船只。这些船只也夹带私货谋利。

在王朝初期制度化中取得杂项收入的某些手段后来在解运程序败坏时从来没有被系统地改组。鱼税原先向捕鱼人征收。应税物品包括鱼胶、麻、铜、清漆、桐油和朱砂。把造船所需的物资包括在清单内的理论根据是,捕鱼人有船,因此可以要求他们把这类物资贡献给政府。但是到了 16 世纪,许多地区对流动的捕鱼人失去了控制;有的地区则发现所涉及的物品数量太少,不足以单独开征。它们干脆把鱼税的数额加到地区的田赋之中。剩余的鱼税征收站,不论在府或是在县,就尽可能征收实物或现钱。这些以谷物、白银、造船物资和铜钱形式的收入就被分类,并送往户部、工部、南京户部和宫内的广惠仓。总收入的大致数额每年约在 5.8 万两左右。大部分县的税额不到 100 两,有特殊情况的一些县,不足 5 两。

林产品税名义上归工部管。但是 15 个征收站根本不是作为统一制度的一个部分在运营。在边境的征收站实际上由军队控制。北京附近的征收由宦官监督,他们征收木板和圆木,供皇宫之用。只有在南方主要水道上的五个站在财政上有点举足轻重。其中四个(即淮安、沙市、芜湖和杭州)征收白银,收入解缴政府的船坞。剩下的南京附近的站收实物，木材被送往南京的一个制造宫廷家具的工场。现存的零星账目显示，到 16 世纪晚期，从这些林产品征收的现钱和实物的年总收入，其总值接近 10 万两。

地方的营业税、店铺的准业税、酒醋的特许证税、产业转让的印花税、配给盐的规费（与鱼税相似）都是令人厌烦的税费。这些地区的税费定额在明朝初期都被规定为纸钞，在以后的两个世纪从未被修改。在许多地区，征收到的数额按 16 世纪帝国政府规定的比率折成白银，就小得微不足道。然而收入仍由中央政府和地方政府瓜分。这种令人厌烦的税费的一个典型是配给盐。在 15 世纪初期定出这项规费时，政府的原意并不是要创造一项新的收入来源，而是想让纸钞苟延残喘。政府指望每个成年人每月付的一贯纸钞，就能得到一斤配给盐，而且必须以纸钞支付。最后，无盐可供配给，但征收仍在继续：支付折成了白银，于是就成了一种小规模的人头税。

有些杂项收入本不应出现在国库的报告中。它们应作为服务机构的库存现金或应收款来处理。但是明代的会计制度非常复杂，所以不可能用其他方式来归并这些项目。芦苇税在长江各岛的岸边开征。朝香费在全国朝圣地向朝拜者征收。共济金从骑兵的饷银中扣除，它与集体保险的保险金相似，其偿付基金应该用于赔偿战马的偶然死亡。速递金是一项由运输漕粮的附加税盈营余组成的科目，它从纳税人那里征得，但被军运的士兵集体截留。四项单独的账目包括宫廷工匠的劳务、北方士兵轮流来京的劳务、伺候京官的个人随从的劳务这几项的折现账，以及驿站服务的储金账。两项单独的账目记录交给钦天监的纸张和提供给光禄寺的烹饪材料。

如果 26 项杂税全部被征收，到 16 世纪晚期杂项收入每年可以提供 378 万白银。但是岁入更可能低于 300 万两。这些应收的物品被分成许多份分送到十几个支出机构。送交户部的数额在 16 世纪在 85 万两和 36 万两之间徘徊。①

---

① 《春明梦余录》，第 35 卷，第 8—10 页有 1580 年的账。关于这些收入更详细的情况，见《明代的税收和政府财政》，第 6 章。

16 世纪的再调整及最后的崩溃

主要管理问题

在 16 世纪期间，财政管理面临许多难以处理的问题。问题之一是缺乏适当的货币制度。明初纸钞的失败已被历史学家认识到了，但后来补救这种局势的措施的失败却很少有人注意。在 15 世纪非正规的在交易中使用未铸的银块的做法远远不是一种理想措施，因为它主要是对纸通货失败的一种没有计划和没有控制的反应。

从一开始，明廷不愿意再提供一种与自己的合法货币竞争的通货，顽固地拒绝铸造铜钱。从 1433 年起的七年中，朝廷没有铸造铜钱。[①] 政府时断时续地使用金属通货，直至 1448 年。因此，民众就使用以前王朝的铸钱，假钱普遍出现。在 1503 年，朝廷才重新让帝国的铸币厂开工。但铸钱的数量不够。行政官员对这个问题的重要性没有足够的认识。铸币厂的财政拨款不足。所需的物资和劳动力都是征用的。质量控制松弛，工艺粗糙。这种情况只能助长假钱的铸造。货币制度的混乱状态限制了商业，引起了粮价的上涨和失业的增加。由于不能摆脱这种困境，1564 年经大学士徐阶的建议，嘉靖帝完全放弃了铸造铜钱的做法，而决定鼓励使用白银以取而代之；尽管政府曾经大力禁止银的使用，但白银已经成为一种普遍使用的交易手段。从此，铸币厂在交换率有利时，只偶尔铸造少数的铜钱，但没有进一步作出生产一种帝国通货的努力。

16 世纪使用白银作为交易的共同手段的缺点是货币的供应很受限制。由于收获后缴税的期限，以银缴税的要求使农作物的价格受到不利的影响。征税和解税进一步从正常的流通中抽取了大量的白银，从而形成了高利率，并造成了小农的苦难。同时，政府完全失去了对货币和信贷的控制。必须强调的是，在这种财政安排之下，官署手头

---

① 彭信威：《中国货币史》（上海，1954 年），第 2 卷，第 425、437 页。

上都没有周转资金，也无权调节货币的供应。甚至私营财政体制的发展也受到了阻碍。直至 1600 年，活跃于信贷市场的私方只限于经营当铺。[①]

虽然明代的税率一般是低的，但征收的计算是根据划分细微的等级。当按贵金属计算时，税额只有极细小的差别，常常带有几百分之一或 1‰两白银的零头。征收附加税或征收实物的折现更加剧了这种情况的复杂性。16 世纪南京师区的嘉定县就是一个典型的例子，它要求基本田赋中每石谷物征劳役 0.0147445814487 两白银。实际上，由于纳税人的基本税额不会是谷物的整数，所以在复杂的计算中数字的位数可能会更多。这种征税做法反而给下层的征税员和记账者提供了天堂。

对武装部队的支持提出了另一个问题。有人认为在明代早期几代皇帝时，军队达到了高度的自给自足。现存的证据明确指出了这种主张的谬误。所报道的注册在军屯的田亩数和从这些田亩中取得的总收入不仅不准确，简直不可能。有些统计中的谬误已被明代的作者揭露。[②] 1965 年，王毓铨在主持一项关于明代军屯的集体研究计划后，称关于军屯的成就是夸大其词和没有事实根据。[③]

虽然不能断定明初军队后勤工作确切的详细情况，但军队的大部分供应很少人怀疑是来自田赋。在 15 世纪晚期和 16 世纪初期，指定用于支持武装部队的财源大为减少，原因不是出于法律规定，而是出于不可控制的局势。1449 年的土木事件后，大部分边境哨所号召务农的士兵去服现役。所留的土地以低租率租给平民耕种。在内地，原来分给士兵的土地被他们售出或抵押。分给军屯的田亩损失惨重。到 16 世纪中叶，有些地区保留的土地只有原来分配数的三分之一；有的地区公开承认不再保留军屯的土地，部队不得不全部靠田赋供养。

从明代的最初几年起，内地各省来自田赋中的存留收入的相当大

---

① 见杨联陞：《中国的货币和信用简史》（坎布里奇，马萨诸塞，1952 年），第 82 页。

② 《春明梦余录》，第 36 卷，第 3 页。

③ 王毓铨：《明代的军屯》，（北京，1965 年），第 104—105、210—211 页。

的部分用于供养军队。相比之下，其他的正常开支就显得无足轻重。但在 16 世纪，情况大有改变。在中国北方，大部分收入不得不被分出，去支付皇族成员的俸禄。可以说实行终身供养明朝开国皇帝直系后裔的政策是缺乏先见之明的。明太祖本人有 26 个儿子，仁宗有 9 个，英宗有 10 个，宪宗有 14 个。在 1492 年，明太祖第五代后裔之一的庆成王据称有子女 94 人。皇室以如此的速度繁殖，以致到 1502 年，山西和河南两省的全部存留收入不足以支付居住在这两省的亲王和皇亲的俸禄。

在南方各省，由于存留的收入分流到京城和皇宫的维修方面，用于供养军队的资源也变得不足。浙江在 1480 年报告说，该省每年供养士兵的开支已超过了留存收入的全部。此外，明代的田赋很少能足额收齐，而且从来没有出现足额收齐的记录。在 16 世纪，在一个地区收满规定田赋定额的八成就被认为是一个了不起的成绩。经常下令减免税赋，有时是因为遇上自然灾害，有时是因为出现值得大庆之事，如新帝登基，皇后生下长子。税赋的豁免时有发生，批准的原因是为了勾销那些变得不可能征收的拖欠。这些行动增加了财政赤字。由于实际收入很少能满足计划的开支，上级官署经常向下级施加压力，催促先起运最高层政府行政必不可少的项目的资金，而几乎不顾及基层的实际情况。对待起运收入一般比对待存留收入更加认真。因此，习惯的做法是把有些项目在固定的预算中视为现在所称的"硬拨款"，把另外一些项目视为"软拨款"。在资金不足时，可以对"软拨款"打折拨给，或者拖欠，或者干脆置之不理。士兵的饷银和低级皇亲的俸禄就属于后一类。

在 1449 年后的一个世纪突出地表现为中国历史中防御设施惊人地衰败的时期。官方记载的田赋的存留部分的总数达 1170 万石谷物，如果把它们全部运给部队，各省也许能维持一支最低程度的武装力量。但是，实际的运送量不会超过设想中岁入的一小部分。（但有的地方志坚决认为，军事开支占该区留存收入的很高比率，有时接近八成。这些数字必须被认为是从未足额给的"软拨款"甚至在 16 世纪的最初几年，许多卫配备的人员不到其核定兵力的 15%，许多营帐值班的士兵不到应有人数的 5%。兵部公开承认，10 名士兵中有 8 名已经开了小差。皇帝的诏书中也承认，许多单位的士兵有好几年未领军饷。有关拖欠军饷的史料不胜枚举。[1]

当蒙古部族首领吉囊和火筛在 16 世纪早期对北方侵袭，以及俺答在世纪中叶威胁北京本身时，边防指挥部不得不加强其防御阵地。当倭寇攻打南方沿海诸省时，形势变得更加紧急。许多地区仓促组建新军。为实行这些紧急军事计划而提出的财政支持的要求甚至更加迫切了。

第二个问题是官员薪水的预算资金的不足。政府官员的官俸明细表在 1392 年由明太祖订出，自实施以来，它理论上一直没有变动。但是在 14 世纪和 15 世纪当收入不足时，政府就减少了以谷物支付的官俸的价值，其办法是把官俸以不切合实际的低交换率折成纸钞和其他物品支付。原来的官俸表规定，最高级官员的每年官俸为 1044 石谷物，最低级的为 60 石，本来就不丰厚。折付实际上就是违约。京官不论品级，每月支领谷物一石，实际上成了实物配给。然后，根据官俸表所定，从四品及以上的官员的薪水的 50%，更低品级官员官俸的更小部分以胡椒、苏方木、棉布、丝织品，有时甚至以豆类、没收的衣服和废旧物品折付。折付部分的官俸的实际价值绝超不过谷物官俸原值的 20%；在大部分情况下，它低于谷物官俸原值的 5%。在 16 世纪，政府将官俸折银支付。但是已经以折扣价折成其他物品支付的那部分官俸却没有折回原来的谷物标准，然后再按当时的粮价计算，而是按照已打折扣的物品的市场价值计算。这项新措施一直实施到王朝垮台，它使一名知府（正四品）的年俸达到 62.05 两白银，此数不足以供养一个小家庭。一名知县（正七品）年俸 27.49 两白银，此数不到皇帝一天的伙食津贴。[2] 在 16 世纪晚期，北京一所典雅的住宅可抵押 7000 两白银。一个白天劳动者一月挣银一两。考虑到明

---

① 黄仁宇：《16 世纪明代的军费》，载《远东》，17，第 1—2 期（1970 年），第 39—62 页。

② 关于官俸表，见《大明会典》，第 39 卷，第 1—7 页

代官僚的总的生活标准，也许可以保险地说，如果政府的所有职位都无薪水，也不会有多大区别。官僚在政府支出中总表现为一个无关紧要的项目。但是在当时，实际上很少官员靠他们的薪水为生。这种情况也适用于低级的胥吏和宦官，宦官与文官一样，其收入聊胜于无。

在明代，这些问题都未得到解决。16世纪行政官员所做的是，尽其所能作出一系列再调整，以缓和这些问题的严重性。

扩大军费的再调整

16世纪军费的增加是可以预见的，增加有种种原因。除了由于军屯的衰落而引起的收入损失外，与卫所正规军一起的雇佣兵的出现也在很大程度上促使军费的增长。在16世纪初期，北方几个边境指挥部的雇佣军人数已经超过卫所正规军。既然是雇佣军，新来的人员就指望能按期支领军饷。直至这个世纪中期每年每人6两银子一直是合适的。以后，白银的扩大使用和征兵计划的扩展使军饷持续上升。在世纪末之前，许多募兵的饷银是一年18两，此数包括粮食的补贴。这个数额在17世纪成了士兵的标准军饷。战马的购买、火器的广泛使用、长城的建筑以及新战略指挥部的设立，促使16世纪军费的增加。

在16世纪，记载中只有一个事例注明全面开征田赋的附加税，以便筹措对付紧急军情的资金。在1551年，南方诸省的田赋定额另外增收1157340两附加税。但从那时起，这类资金通常是在地方一级零星筹措的，与总的政策或财政计划无关。而中央政府则集中力量，给北方边境指挥部提供额外的补助。南方的巡抚和总督被授予便宜行事之权，以解决省内的财政问题。

为了给北方边境增加供应，户部逐渐成为一个运营机构，虽然职权有限。困难在于，户部在过去只作为一个总会计官署在发挥作用，所以它不能具体控制帝国的财源。它这时发现自己没有可供处理的正规收入来源。一切收入都已被分给许多特定的预算，并分流到不同的供应渠道。账目处理也不会产生可观的新收入。户部的确命令北方诸省增加它们解往军队哨所的税额。记录显示，1502年山东、山西、河南和北京师一起，从它们的税收中共给边境的防御工事运送了 160 万石谷物或相应物资。1578 年起运的总数在 330 万石上下。① 应付给皇亲的津贴大部分被拖欠。许多低级的皇亲几十年领不到津贴。困境驱使他们闹事。但到那时，税赋在账上已被榨干了。

尽管如此，户部解缴到边境指挥部的银两持续增加。1500 年以前，北京每年给边境的卫支付不到 50 万两。在 1540 年代和 1550 年代期间，支付额从未低于 200 万两，例如在 1551 年至 1553 年的紧急期间，每年的支付额也许超过 400 万两。② 这一世纪从 1570 年开始的以后年代中，给北方边境的卫的每年津贴被长期固定在 310 万至 350 万两之间。③

这些资金来自不同的税源。户部从盐业专卖收入中抽取 100 万两现银。漕粮每年定额定为 400 万石。1541 年以后，运来的实物很少超过 250 万石，其余的 150 万石则征收白银。这样又可抽取 100 万两。户部的收入的几个部分来自内地钞关的关税，配给盐的收入、征用牲畜饲料折现收入和官地（原来专门拨作御用马厩和百兽苑之用）的地租收入。由贡献地区原来作为谷物定额一部分的棉布之类的供应皇宫的物品不时地被折成现银。剩余的资金来自惩处的折现和卖官鬻爵的收入。在 16 世纪的最后 25 年，这些来源的收入预期值为 400 万两。经扣下用于维持京都（包括京卫的饷银）的大约 700 万两（原文如此。——译者注），总数的余额通常被起运到 14 个军区。

1569 年，兵部侍郎谭纶声称，军队有批准的兵员 3138300 名，但实际兵力只有 84.5 万名。后一个数字似乎相当合理。约 50 万名士兵连同至少 10 万匹战马在北方边境一带服役。连同北京的补贴、北方诸省解缴的税款以及 14 个战区内部解决的物资和资金，供应北方军队的预算的总数达 817 万银两。这一供应水平勉强够维持日常的防

① 这些数字的依据是《大明会典》第 28 卷分散的数据。
② 《明实录·世宗实录》，第 456 卷，第 7712—7713 页。
③ 《明实录·神宗实录》，第 154 卷，第 2853 页；第 186 卷，第 3484 页；第 234 卷，第 4331 页。《春明梦余录》，第 35 卷，第 28 页。

务。而此时各种补贴的递解已经耗尽了户部筹措资金的能力。

在帝国的南方，对征讨倭寇的压力迫使省级当局和地方当局开征许多新税，并在原来的附加税上另加新的附加税，所有的举措都是为筹措兵饷。这些税赋向到那时还免征的寺观产业、原来税率较低的林地、新铁矿和冶炼场、运越省界的盐、过桥商品和海关征收，有的地方甚至开征屠宰税。由于由地方官员和武官管理，总数从未公布过，因此就不能有汇总的数字。从现存分散的税率材料看，管理的效率是低的。例如，福建征收的沿海的关税一般按货价的 1% 或 2% 征收。在 1600 年前，广州关税的岁入不超过 4 万两。[①]

但额外收入的主要部分来自役，换句话说，来自农村。总督开始很合乎情理地命令，民兵的兵役可以用货币折缴，收入用来资助新募的军队。筹措资金的第二步称提编。到 16 世纪中叶，大部分地区仍采用均徭制，即每个纳税户有被征用物资和服劳役的义务，每五年一次。按照提编的制度，政府要求定在下一年服役的户在当年服现役。但实际上既不需要物资，也不需要劳役。一切义务都被折成现钱而转作军用。第二年所需要的物资和劳役依次由原定在第三年服役的户提供，依此类推。

所提到的各种举措使帝国得以度过这些军事危机而不用改变其根本的财政安排。但帝国财政机器的运转已达到其极限。此外，这些新规定使整个组织比以往更加复杂。结果，大量潜在的税赋收入未被征收，而新的办法只能开辟分散的、税额不足的新收入来源。

一条鞭法改革及其局限性

明代的财政运营是以我们现在称之为"征税前分配"的原则为基础，即在征税制度建立时已经有了收入分配的重要分类的设想。这样，一名典型的纳税人要缴一定数量的税用于帝国防务，一定数量的税用于公共卫生，第三部分的税用于发展运输体系，等等。总之，税

---

① 梁方仲：《明代国际贸易与银的输出入》，载《中国社会经济史集刊》，6，2（1939年），第267—324页；在第305页引用1601年版的《广东通志》。

赋的估计直接反映了预算的结构。之所以如此，是因为在明代，收入的发生连同其相应的财政责任都是在政府的较低层次实现的。用于处理公共基金的银行业务还没有得到充分的发展。

在16世纪，一名纳税人可能被评定以若干石谷物作为他的基本缴付额。但这项基本的评估额只能用作其缴付额的一般指数。"一石谷"可能同时包括几部分税：一部分应缴实物，一部分应缴白银，还有其他部分应缴棉布。缴付这些物品的份额取决于指定地区必须上缴的货物表上的数量。每种缴纳物还要包括支付运输和处理费用的不同种类的附加税。劳役甚至更加复杂。均徭制已经把征用的劳役分成两部分，一部分包括征用的物资，另一部分包括劳务。这些贡献被送交各级政府官署，它们必须被逐项计算。

以银折役的征收办法始于15世纪，到16世纪日趋普及。尽管如此，文官政府和里甲都没有把征集后的税赋送缴的机制。结果村民们要缴纳几十种名目的税费，而且他们支付的税率并没有全部明确地宣布。提编制的引用要求预付下一年的劳役，这进一步使情况复杂化。它需要在地方的里甲另设一批征税代理人。由于这一征收制度是在军事防御使的监督之下，他们也委托催税员，建立另一个指挥渠道，以便向里长和应税户施加压力，这些户甚至在无能为力时也要提供所需的物资。同时代的何良俊描述了南京师区华亭县的境况。他指出一个月内有12种不同的税赋期限，许多村民被抽调去当征收员，这样就妨碍了他们去干农活。这种严峻的形势给予一条鞭法改革巨大的动力。甚至在16世纪的第二个25年，许多省级的和地方的官员已经了解里甲制已不合时宜。役的账目变得太难掌握，而且过于复杂，以致不能证明用它们来继续管理村、里的事务是正确的。在这种制度下分配的任务的财政负担沉重得足以使个体的户破产。尤其是因为有了豁免权的最有权势的户，累进税制的原则都没有遵守。全部取消轮流服役和财产资格、把劳务平均分摊给地区内应税地和全部男丁，每年以银征税等措施要比里甲制实用得多。

然而，这种征税观念只为贯彻一条鞭法的征税提供了一个大致的轮廓。实际上，每个地区各有自己的问题。有的县的田赋太少，而劳役则过重。在这些县，甚至把部分役摊入田赋的附加税中也是困难的。对丁的计算也缺乏一致性。没有一个县的在册总丁数如实包括应税的全部男丁。有的县计算每个户的丁数较少，每户的丁数可能与户的财产相称。其他的县计算每户的丁数相当多，但计算的许多丁贫困得无力缴税。免税的事例、城镇人口和未耕地的田亩数都形成了应予重新调整的特殊情况。虽然最受人欢迎的算法是丁四田六（即田应占役的财政负担的 60%，而所列的丁占 40%），但准确的比率因县而异。

在把所需要的税赋负担分摊到应税地时，地方官员还采取了不同的方法。有的地方用亩作为基本的征税单位。但这一措施对每亩产量差别很大的地区是不公平的。在这种情况下官员们宁愿采用计税的基本单位，即谷物的石，作为征税单位，并实施一种"捆绑式"的附加税。但这种方法需要大量的计算工作量。现以嘉定县的税率为例，它为了记账，甚至把税率算至小数点后的第 13 位。第三种方法是把应税田亩折成抽象的财政丁。例如，每 50 亩被认为相当于一丁。这个田亩数就作为一个实际的丁被征税，役就这样加到正规的田赋之中。南京师区的武进县甚至一反以上的做法，把实际的丁折成抽象的亩。由于这个地区能把大部分役转成应税田亩，亩可以被方便地当作基本征税单位。把人数相对少的丁折成比例摊入耕地的附加税的做法实际上节省了计算和记账成本。

有人可能指望，这一改革会把一切税赋并成单一的田赋。但现实远远没有达到这一理想。许多县设法归并它们负责的受托征收的税赋。但上级官署仍需要它们一贯占用的实物税和劳务。从理论上说，把银用作缴税的手段应该有利于税赋的合并。但是在明代，帝国从来没有建立中央的银库，也没有建立为中央政府税务管理服务的省级官署，政府也没有设立统一采购的机构。帝国的收入从来没有与用于地方的收入明确地分开。税收的征收和支出的责任依然在地方、府和中央政府的机构之间分离。另外，每个接受税赋的机构分别负责向那些应该缴纳的人征收。只要这种状态继续盛行，改革就不能深刻地影响总的财政状况。

地方政府的行政和后勤能力在 16 世纪期间稍有加强，但还不足以使地方政府能放弃个体纳税人履行的一切劳务，或者在需要时放弃强制民众去履行界限不清的财政责任的做法。总之，在明代统治的前两个年代（大致从 1370 年至 1380 年），财政管理非常注重管理记录的保管，但很不注意实地操作的实际需要。面临着改革的需要，税收总的水平提高得不快，不足以应付新的行政费用。地方政府人员的不足也不易得到纠正。此外，把每两银子或相当值的贡献物资的账笔笔记下，或把平民百姓提供的劳务详细记录在案，有着许多技术困难。改革还因缺乏足够的帝国通货而受阻。顾炎武在 17 世纪指出，在有的地区，流通的银两勉强够缴税，但在其他地区，则完全不够。

总之，一项更基本的改革需要政府的改组和对公共财政理念的新的理解。一条鞭法的改革事实上由省和地方官员实施，实际上没有中央的指导和协调。在改革的前后，政府机构都没有受权甚至为自身的维持设立偿债基金。预算这类费用大部分仍沿用传统的做法：轿夫的人数、木炭的数量、油的供应都按过去的标准计算，而很少（如果有的话）顾及实际情况，而且劳务或物资都被折成银两。因此，一条鞭法改革充其量是对现行税的结构的修补。消除个体被征调者履行的劳役，有的地区做得比其他地区较为彻底。这种变化在相当程度上改革了税的征收。许多以前未列出的税项此时以公开的税率列出。但是，改革并没有使税赋结构现代化。在采用一条鞭法改革时有些地方政府发的税单样品显示，纳税人仍被征收十几种单独的税项。政府官署只为纳税人算出总额。不用说，"征税前分配"的原则仍被继续采用。[1]

不正当的征税和腐败

由于明代官僚官俸低得不切合现实，他们只能保持财政清白的相对意识。虽然贪污公款被嗤之以鼻，但从公众那里取得个人的额外收入的行为，特别当金额在公众舆论中被认为是在合理的范围内时，就不被认为是违法。甚至很少人会称这种行为违反了道德准则。事实

---

[1]　这种税单样品出现在《会稽志》（1572 年版），第 7 卷，第 12—13 页。

上，在 16 世纪地方行政官员委任的征税代理人会定期和自动地把这类收入以"常例"的名义送到官员的官署。当里长被指定时，他就要送礼金给知县。以后当托运的税赋送到地方政府时，知县及属员和知府就会收到小额礼金。当缴实物税时，这类奉献就以"样品"形式赠送。数额很小，知县的份额不超过主要税赋的 2%。带货过县辖区的商人也要向当地知县送礼，数额通常不到过境货物价值的 1‰。常例的意义在于，它们实际上是强制性的，虽然特别清廉的官员会拒收这种赠送。在 16 世纪中期，似乎很少官员会从常例一项中收到低于 500 两银子的收入（这是他名义上的官俸的 18 倍）。

有些不正当的征收模糊地归入合法的范畴中。当政府的办公预算不足时，知县就命令轮值里长每天到他官署报到。在不正当的官方开支中，最大的一项是招待来访的显贵人物的费用及知县本人和其属员的旅费，费用由轮值的里长支付。虽然经常受到批评，这种做法仍始终贯彻以下的原则，即政府应通过被治者特定的贡献得到支持，而不是通过周密的财政计划的支持。同样，盐政官员向经常与政府交易的当地商人提出要求，以满足他们不正当的条件和劳务召唤。这类特权常常被官员集团滥用。据说，16 世纪 60 年代一名南京师区的知府在自己的府中用纳税人的钱养了一批戏子。

纵容贪污的官员能大大地增加他的个人收入。诉讼为他们提供了一个非法勒索的共同财源。曾当过知县的顾炎武指出，每当富人被控杀人，主审的知县就能立刻中饱白银几百两。

水利工程为监工官员提供另一个中饱私囊的机会。由于物资和劳动力费用都取自地方的里，而且实际上没有预算控制，这样就给他们留下在管理上做手脚的余地。史料文献多次提到，负责官员积累"结余"收入超过几千两。有收入的官署被认为是肥缺，特别在南方各省的这类官署更是如此。盐业专卖的管理在 16 世纪是如此腐败，以致任何人在被任命为盐政官员时其名声就已经被玷污。1616 年，全部六名都转运使都以渎职罪而被起诉。[①]

① 《皇明经世文编》，第 475 卷，第 24 页。

不在收入机构任职的官僚从同僚那里收取礼物。京官实际上得到省和地方官员的资助。海瑞被其同时代的人视为 16 世纪最正直的官员，他声称当省级官员到北京述职之年，正是京官敛财之时。明代官员的通信中经常提到交换礼物。现存海瑞的通信集中提到这类事情的有六起。他收到的一名防御使的礼物，其价值足够购买一块土地。

社会史学家的任务是要对这种做法作出更广泛的报道。但从财政史的角度看，这种有组织的腐败与其说透露了道德败坏的问题，不如说揭示了一个制度缺陷的根本问题。预算上列的项目不一定能得到拨款，账面上也不总是全部列出征税收入的类目。因此，账上的信息是半真半假的。财政混乱是由用于实施预算和支付工资的收入的不足引起的。

根据现在保存的法令、奏议、帝国和地方账册以及私人文件，有人估计在 16 世纪晚期，全部官方列出的收入项目，包括行政收入、税赋及其他杂项收入，每年达 3700 万两白银。按照何炳棣的计算，当时明帝国的人口接近 1.5 亿人。[①] 估计的总收入接近 300 万日工所挣的工资总额。这个数字说明，从全国总产值抽取的这一份额实在太少，不足以维持一个有效率和廉洁的政府。此外，即使这一预期的收入也很少被足额征收到。

在 16 世纪晚期，许多官员企图把未列出的收入来源并入正规的税册中：这正是一条鞭法改革的一个目的。税制改革的这种努力只取得有限的效果。技术的困难和社会的习俗都对这种设想的实现不利。到 16 世纪晚期当大部分税赋以银征收时，常例逐渐被并入"火耗"类目的税中。财政的程序要求把未铸的大小不一的银块重新熔铸成供运往政府银库的椭圆形的银锭。在熔铸过程中，银的实际损失为 1%—3%。在 16 世纪结束前，有的行政官员另外又抽取 2% 作为他们的熔铸费。由于行政纪律的松弛和生活费用的上升，在 17 世纪这类税收剧增。顾炎武报道说，在他的时代，火耗多达主要税赋的二至三成，和次要税赋的七至八成。

---

① 何炳棣：《人口的研究》，第 22、277 页。

张居正管理下的财政稳定时期

在 1572 年至 1582 年大学士张居正指导下的这 10 年期间，政府财政表现出明显改善的迹象。到 1587 年，旧的太仓库已经积累了 600 万两白银，银锭上铸有"永不使用"的字样。处理流水账的新库的地下银库中也有 400 万两。委托民户维护的军队马厩已经出售，收入几乎有 400 万两，存于兵部的常盈仓内。据说南京的几座银库也有储备 250 万两。南方各省地方和省的银库内也有小额盈余。列举的资金约等于国家总岁入的一半。这种充裕的情况似乎可以对迄今提出的明代财政危机（即收入不足引起的财政危机）的解释提出挑战，并可以解释为明代的收入足以应付国家的需要。但是这种表面上的丰裕不足以阻止一场财政危机，因为明代的财政管理是不健全的。

事实是，在与俺答达成了和平协议和倭寇的威胁减轻时进行了财政紧缩。张居正命令对一切往来账目进行严格的审计，有的账他亲自审查。在他的严厉的措施下，一切被认为是不必要的或不迫切需要的政府职能或是被暂停，或是推迟执行。领取政府薪水的监生人数减少，宫廷采购的宦官被置于严格的监督之下。省级官员被命令减少使用徭役，一般到原来水平的三分之一。帝国驿站制度提供的宾馆服务实际上全部被削减。但是尽管有这些经济措施，民众的大部分税赋依然没有减少。这些节约所得全被转入政府银库。欠税者被有力地告发，他们的拖欠也被认真地催缴。在张居正在职时，捐纳和僧道度牒的出售仍在继续。他的紧缩计划扩大到军队的后勤方面。由于蒙古人暂时被平定，北方边境一带的卫和巡逻士兵被削减，这样额外的开支和配给得以节省，而更多的士兵可以重新务农。负责边防的总督经劝说削减了来自北京的年拨款的 20% 的支出。

从整体说，财政制度的这种重新安排没有创新。政府官署没有改组，整个行动可以看成是企图对存在的预算收入进行空前的榨取。甚至没有设想导致更根本的改革的步骤（诸如使官俸正规化，使库与库之间和几个库内部的资金的转移更有效率）。《明史》中一段材料断言，张居正在 1591 年下令帝国全部地区实行一条鞭法改革。但张居正自己的书牍证实，他也曾拒绝加紧推行那项改革。他为皇帝起草的诏令容许地区和地方官员找出和推行适合他们辖区的征税方案。①

这一财政改组的负面效果是明显的。在张居正任职的 10 年期间所积累的大量白银储备（平均每年超过 100 万两）已经引起了农产品价格的下降。由于银锭未能使政府或经济全面地振兴，这些紧缩措施的结果可能是弊大于利。张居正之所以不能打算对税制进行根本性改组，与其说是因为没有这些想法，不如说是由于中央领导层政治的僵持状态。北京的朝廷在许多地区、个人和党派利益集团之间保持一种微妙的平衡。名义上一切权力集中在皇帝身上，实际上坐在龙椅上的人要么没有得力助手，不能认真考虑这一问题；要么就是过于懒散，即使批准了一项政策也不能大力推行。虽然官僚集团内无人能在朝廷中建立起扎实的权力基础，但都尽其所能去阻止其对手超过自己。事实上，张居正以推行明太祖制定的法律的名义所实行的紧缩计划，已经使大学士成为被普遍批评的目标。不论是他的仰慕者或是批评者都一致认为，他利用在正常情况下只有皇帝才能使用的权力实行其财政紧缩的举措，这项举措之不得人心与他死后被贬黜有很大的关系。在当时的政治大形势下，他不可能采取更加积极的姿态。他私人的通信中到处出现这样的陈述，大意是他没有行动自由，甚至不能对他的同僚暴露他的计划。

虽然张居正采取的各种措施不牵涉到制度变化，但它们仍表示了要为更加根本的改革做好准备。基本上实行了两个多世纪的财政结构和实践不是容易推倒的。在 10 年中张居正只是设法造成国库的富裕，而且他快要做到使帝国财政数据井然有序的地步。1580 年晚期，他终于集合了足够的政治力量，命令在全国进行土地勘测。6000 平方英尺的亩（约合 1.5 英亩）被用作田亩测量的普遍标准。每个地区的土地产量只限于分成三等。在一开始，没有在各区内重新分摊税额的打算，土地测量的原意是在每个县的平民中重新分配税的负担。土地

---

① 张居正：《张江陵书牍》（1917 年上海重印），第 4 卷，第 5 页。诏令见《明实录·神宗实录》，第 68 卷，第 1490 页。

勘测虽然不是完全失败，但肯定没有成功。在有些地区，张居正大学士的命令被忠实地执行；在其他地区，官员们只作了一些小的调整就把旧数据填进新的报表。有的县把衡量单位作了折中。结果，地区的报表五花八门，无法列表显示出最后的结果。张居正在 1582 年 7 月 9 日去世时，土地勘测仍未完成。他死后整个计划立刻遭到批评。有人建议放弃新的报表。几周后颁布的法令容许各地区自行决定是否用新的土地测量结果作为计税基础。①

因此，尽管张居正有着良好的意愿，但他对明代的财政改革只产生有限的积极效果。他的国库中积累的银两无疑会延长王朝的寿命，但不能给它以新的生命。1592 年，明军被派往朝鲜去阻挡丰臣秀吉的入侵。同年，在宁夏进行了对哱拜的一场征战。始于 1594 年对杨应龙和苗民的镇压在 1600 年结束。如果没有张居正生前积累的国库储备，这三大征战很可能不会进行。不过到 17 世纪初期，银锭花费殆尽，财政状况比张居正在职时变得更差。

17 世纪最后的崩溃

在明代历史的大部分时期中，皇帝都在没有竞争的基础上治理天下。蒙古部落民的边境袭扰、沿海海盗的掠夺、自然灾害和农民起义有时威胁国家的安全，不过从来不是严重的。帝国官僚对皇帝的忠诚是不可动摇的。在整个明代，都没有文官武将揭竿而起反对国家。此外，普通百姓对国家的管理不当极为容忍。作为一个规律，农民造反者就因他们是桀骜不驯的冒险者而失败，因为他们不能取得受教育的精英的支持。詹姆斯·帕森斯的近期研究指出，甚至在明代晚期，造反的领袖面临着同样的困境。虽然他们能成功地聚集农村的追随者，他们绝对不能吸引城镇居民参加他们的事业。由于这些条件，王朝能以最低的军事和经济力量存在下来。它不必认真对待行政效率。在 16 世纪，为数有时不足百人的海盗团伙能毫无阻挡地深入内地数百里进行掠夺。王朝

---

① 《明实录·神宗实录》，第 69 卷，第 2378 页；第 128 卷，第 2530 页；第 146 卷，第 2732 页。

的生命力不是基于其优势，而是因为没有别的对手替代它。

在 16 世纪的世纪之交，努尔哈赤的崛起改变了这种状况。不久满洲人也发展了文官政府、有效率的军事组织制度和铸造新兵器的冶炼工场。1618 年福山一战后，他们在满洲的地位稳固了。战后满洲人就在等待时机。

1644 年出现的明代的崩溃有着种种原因。神宗的挥霍无度、朝臣对皇帝的离心离德、16 世纪 90 年代派遣宦官征税的举措、朝廷的党争、熹宗朝魏忠贤的掌权、庄烈帝的个人指挥战争，最后还有农民的叛乱，这一切都促使王朝的垮台。很可能，如果没有早期的错误，对付努尔哈赤本来会更加有效。如果避免了后来的错误，王朝至少能生存得更长一些。但是不容改变的事实是，17 世纪初期的明帝国对与一个敌对国家进行一场全面战争准备不足，尽管明代对一些敌国仍拥有许多明显的优势。

基本事实是，政府不能动员国内的财政资源。在 17 世纪军费最高的时候，其数额为一年 2100 万两。根据 1623 年所定的筹措资金计划，约三分之二的军费由增加田赋来弥补，余额则通过强制压缩其他开支、处理粮仓储存、取消免税和开征当铺新税种等措施的所得来支付。政府连续下发了七次增加田赋的命令，每次增加额度都超过了前一次。但 1639 年最后一次增税后，这些紧急附加税的总额也只达到每亩 0.0268 两。此外，10％的增税是向所有基本田赋超过一两的税额征收的。受祸灾的地区免征。1635 年实施的第五次增税增加 10％，但只包括帝国中部的五个省[1]（这里所指的亩都是财政亩）。

为什么当时有人大声疾呼这些税率太高？根据 16 世纪晚期的记载，在大部分地区对田亩征收的可计算的税种的总额是在作物价值的5％—10％之间。由于在 17 世纪初期一亩的平均收入从每亩 0.5 两银到 1.2 两之间（取决于具体县的农产品价格），附加税不可能把征收额提高到每亩总收入的 10％以上，许多地区的税赋水平显然仍接近

---

[1] 黄仁宇：《明朝的财政管理》，载贺凯编：《明代中国政府：七篇研究论文》（纽约，1970 年），第 118 页。

10％。长江三角洲的府的确提供了一个例外。从明朝开始时，这个区域的基本税率已经高于帝国的其他地方。但 17 世纪的几次增税主要按照财政亩分摊，这就使这个区域的增税率远远低于其他地区。此外，1618 年后的增税的冲击因通货膨胀而得到缓冲。许多省的农产品价格比 16 世纪后期的价格高出 40％。每年 2100 万两的应急经费即使被足额征收，也只够供养 50 万名士兵，所以很难相信，由于征税用于战争，中国的农业经济已被榨干枯竭。

有一点值得注意：在晚明，田赋既是国家制度，也是社会惯例。民众已经习惯于地区的税赋定额，并且要设法凑钱去缴纳。税后的农业收入被精心地在土地所有者、租用者、债主和其他涉利各方分配。常例仍贡献给地方行政官员并由村收税员收取。随着财产的出售，税赋义务可以以私人契约的形式转让。利润分配所得的盈余，除了少数例外，被重新投入地产或有关的投资方面。其结果是人均投资的回报减少。在两个多世纪中，税赋从未被用以调整社会的机制，税赋这时受到了这些机制的压力。

虽然到 17 世纪，税率的修改仍不是不可能的，但这只能非常缓慢地用加强占用农业收入的办法做到。甚至在 16 世纪实行一条鞭法时，地方行政官总是一次分摊一项，以免引起激烈的动荡。许多地区的税赋改革花了几十年时间才完全完成。在 1583 年南京师区嘉定县规定长期以银折缴漕粮时，这个措施引起了该区的税收大量减少。它立刻引起了嘉定县的农田价格直线上涨，并随之产生许多诉讼。[①] 人们很容易想像到一次重大的增税引起的社会后果。

过去明代的官员反对增税，因为这样会引起更多的欠税。当处理不当时，增税后的税收会比实行前更少。在增税开始实行时，有的边际土地拥有者确实无力缴纳，地方官员就必须抓捕和责打他们。在个别情况下，欠税人可能被责打致死。甚至最残暴的措施也根本不能解决这个问题。当一个县长期内积累了大笔拖欠的税款，拖欠款反而收不回来。这样官员就不得不向皇帝请愿，要求勾销拖欠的税款。但是

---

① 顾炎武：《天下郡国利病书》，第 6 卷，第 24—26 页，第 35 页。

勾销欠税助长了欠税之风。许多富裕的土地所有者，特别是那些有官员身份和取得功名因此不会受肉刑的人，也拖欠税款。他们拖欠的时间愈长，欠税愈可能得到豁免。

1618年以后税赋逐户增加。从军事观点看，这种缓慢而又无效的动员国家财政资源的举措严重地不利于战争。后来满洲的总督报告说，军队的后勤供应处于极为糟糕的境地。甚至弓箭也供应不足。当士兵被命令披上盔甲时，里面没有穿衬衣。部队常领不到兵饷。在征战持续进行和战时附加税不断加征时，欠税情况变得不可控制。1632年户部报告说，340个县中有一半以上拖欠当年的税赋，而其中134个县分文未缴。[①] 在随后的几十年，逃兵与流窜的农民武装团伙纠合在一起。结果，政府不得不再筹措用来镇压盗匪的税赋。在1635年、1637年和1639年命令的最后三次增税，事实上希望增加额超过前四次增收额的总和。现在还没有详细的记录，但各地无疑都没有完成任务。在战场作战的部队向民众征收供应，这种行径与他们应该镇压的盗匪没有什么不同。浙江省命令征税提前两年，但解税依然落后一年。在北京被围的王朝最后几天中，守军已五个月未领到兵饷。帝国的财政机器被迫超负荷运转，在王朝垮台之前就毁坏了。

长期被忽视的其他收入来源（货物和实际的劳务）对战事没有作出重大贡献。只是在明朝的最后两年，户部尚书倪元璐才拼命地从这些税源中筹措资金。但在许多计划尚未付诸实施前，北京陷落了。

结 论

明代的财政制度是一种很独特的制度。它的基本设计框架在明朝的全部历史中一直在发挥作用。这一制度旨在适合易货交易的经济，并且有助于维持一支部分自给的军队，它在白银被用作交易的共同手段和雇佣军队出现以后，仍占有一定的地位。当它不适合当时地区的做法时，其基本框架就被巧妙地处理，以适合实际情况。它的主要目

---

① 孟森：《崇祯存实疏抄》（1633年；1934年北京重印），第2卷，第72—89页。

的是要维持一种稳定的形象和维护帝国一致性的标准。如果不能维护其本质，至少要维护其形式。

从一开始，明太祖主要关心的是建立和永远保持一种政治现状，他不关心经济的发展。在他的财政计划中，他除了在全国建立一个统一的财政制度外，很少注意其他内容。他的实践和征税标准总是定在最低而不是最高水平之上：这种做法实际上限制了较进步的经济部门的发展，所以较落后的部门也能在同一税制中存在。用谷物作为缴纳标准形式的做法、里甲制的组成、对工商业收入来源的反感、政府行政中后勤的僵硬死板，这一切都反映了他的态度。明太祖也许从未料想到他的政策会对帝国的经济产生有害的效果。总之对他来说，财政建制只是用来阻止区域财政失调的发展。

供应制度的结构也流露出明太祖的恐惧，他担心在他的帝国制度中会出现一个不服从他控制的小体制。当每个收入机构必须履行几十次解送任务，而每个支出机构又必须从不同的来源收取托运的税款时，要控制帝国的收入实际上就成为不可能的事。一名皇位争夺者在组织其财政基础以支持他发动的叛乱时面临着种种巨大的困难。"分而治之"的政策被执行得如此彻底，以致没有一名财政官员能有自己的账目。在以下这种情况下特别容易产生忠君思想：军事力量不会轻而易举地自行变成一股政治势力。在明代，军人的威信降到了中国历史中的最低点。由于周边的国家无足轻重，不配成为一个与之抗衡的国家，甚至即使武装部队衰败，也不会出现直接的危险。

但对这种稳定和自满，中国人付出了昂贵的代价。可以毫不夸张地说，许多指责，如政府的腐败和官员的弊病、与公共财政有联系的社会丑恶现象、工商业的停滞等等，都可以部分地或全部地、直接地或间接地归因于明太祖建立的财政措施。

首先，明政府没有促进经济发展的动力。王朝中期，帝国的分散账目甚至不能汇总。在交易中使用银的措施不过是换汤不换药。许多未经铸造的银块从帝国的一端转到另一端，逐渐代替了以前从一端运往另一端的托运的税粮。在非竞争性的基础上工作的官员从来没有真正地认识预算工作在财政管理中的作用。欧洲和德川时期日本的封建领主在竞争的气氛中逐渐被迫向商人求助，并且随着时间的推移，放宽了贸易规定，容许商人按照当前的商业原则行事。明代的君臣与他们不同，从来没有遇到类似的情况。甚至把规定的劳务和供应折成现钱的举措也无论如何不能改变财政管理的方法。政府绝不放弃征用权和强征权。在官盐交易中，文官甚至可以随意抽调商人为他们服务，否则就把他们列入黑名单。有明以来，文官可以依靠政治权力来弥补财政制度中缺乏经济合理性的不足。

有些历史学家依靠偶尔发现的分散的证据断言在晚明和清代初期，"资本主义萌芽"在帝国的"封建"政治结构中脱颖而出。[①] 但鉴于明代的财政管理，实际情况似乎是，单靠工商业人士，工商业的资本化决不会前进得如此远。这种发展既缺乏政府的积极支持，政府对它又不是放任不管。晚明因为缺乏健全的货币制度，月息保持在$2\%—5\%$的水平上，而且大部分是复利。[②] 许多营业税征收站、鱼税征收站和其他官署仍使用成批的骚扰行商的无偿巡丁和文书。坐商受知县之迫，不得不弥补地方税务的亏空。商人经常被迫以使他们破产的价格，把货物卖给政府。工业用矿以安全为理由被封闭。也可以想象，有些人从商业化的农业、手工业和零售业中取得巨额利润。但是达到一定程度时，他们发现应该更明智地将其财产转投到地产，或是敦促其继承人进入仕途，而不是继续扩大其事业。

明政府不但不创造发展经济的条件，而且积极反对介入商业活动。在唐宋两代，奉命从省至京解送税收的官员得到机动金，并有权在沿途买卖，被鼓励和指望为皇帝的内库牟利。明代盛行的反商业的态度导致这种商业活动的死亡。对田赋收入的过分依赖也一反以前几个王朝注重从贸易和商业中获取收入的共同倾向。

鉴于国家有限的收入，很难说晚明的税赋打断了中国农业经济的

---

① 费维凯指出，在这个论点中包含着许多巧辩，见他所写的《近期中国大陆历史著作中的从"封建主义"到"资本主义"的观点》，载《亚洲研究杂志》，18，第 1 期（1958年），第 107—116 页。

② 彭信威：《中国货币史》，第 2 卷，第 742 页；杨联陞：《中国的货币和信用简史》，第 98 页。

支柱。如果通过向富裕的拥地人征收累进的税赋，或者相反地给予边际拥地人以税赋豁免，以便从当时实行的最低水平的税率基础上提高总的税率，那么从农业来源中本来仍能产生足够的收入。但这种巧妙的处理显然远远不是政府的行政能力或是 17 世纪的技术能力所能办到。事实上明代政府对这些理想的解决办法是避而不用的。

其结果是，可供处理的有限的收入限制了政府的外貌。它变得头重脚轻。侍候皇帝的宫廷随从多于管理帝国的文官。由于缺乏用于任何税制功能改革计划所需要的资源，政府只能在财政管理方面作出表面的调整。财政运营的基础是金字塔形的结构．解运的税赋仍须直达顶层，但在底层，税赋被打了折扣或者被拖欠。为了适应明代总的权力结构，财政权威位居最高层，而执行政策的责任仍留在底层。制度中一切不切合实际的特有现象都被推到最底层去解决。这种做法使地方政府的质量趋于败坏。税制与社会习俗变得浑然一体，而又互扯后腿。官员对被治理的百姓的服务愈来愈少。在大部分情况下，他们反而要求公众提供劳务。有些认真的官员试图改善这种形势，但他们的企图充其量是出于激情，而不是有什么良策。虽然有局部改变制度的打算，但根本的改革从未出现。

中国政府极权主义的传统一部分原因是深受历史的影响，一部分原因则是受到地理的制约。但明代的制度延长并加强了这个传统。更重要的是，在世界史中的近代开始时期，明代制度仍继续采用这种行政方式。

（杨品泉 译）

第 三 章

明代的法律

　　传统中国的法律源自皇帝的命令，法典就是皇帝给地方官员的指令，指示他们如何去惩处一切违背皇帝利益的行为。[①] 明代开国皇帝在 1368 年登基时颁布了一批命令，明代的法律开始存在。成文法的形式是详细说明对具体罪行进行具体惩罚的规定和汇编。规定和汇编由皇帝下令颁布。明太祖在位的初期就小心翼翼地确保他的王朝会得益于称之为律的成文法。他如此密切注意编制法典（律）的行为是出于这样一种认识：在此之前蒙古人统治中国期间的元朝，因为缺乏一部正式的法典而弊病百出。明代开国皇帝认为一部法典是有价值的，因为它能协助他维持以他的世系为中心的官僚的纪律、公众的秩序和固定下来的制度。此外，一部法典是他统治的合法性的象征。[②]

　　由于明太祖花了相当精力致力于编制一部正式的法典，在他在位时期出现了一批版本。明代的第一部法典化的法律在 1368 年以律令的标题颁布。虽然合并的版本已经佚失，但我们仍有令的 1368 年版本，它包括令 145 条。[③] 佚失的 1368 年版的律有 285 条。这些命令和条款被归并成与中央政府六部（吏、户、礼、兵、刑和工）相应的类别。

　　在明朝建立之年的年终前，皇帝命令几名学者审定 653 年版的

---

① 见威廉・C. 琼斯：《大清律》（牛津，1994 年）导言。

② 关于明太祖对元代的看法，见《明史》，第 93 卷，第 2279 页；关于对明初期法典的概览，见内藤乾吉：《大明令解说》，1，5（1937 年），重印于内藤乾吉编：《中国法制史考证》（东京，1963 年），第 90—116 页。缺乏正式法典在元代是一个令人难堪的话题。关于元代知识分子主张应有一部法典的论点，见郎洛瓦：《元代政治思想中法律、经世论和〈春秋〉》，载陈学霖、狄百瑞编：《元代思想：蒙古人统治时期中国人的思想和宗教》（纽约，1982 年），第 89—153 页，特别是 100—109 页。

③ 已由爱德华・L. 法墨译成英文《大明令》，但尚未出版。

《唐律疏议》的条款，其用意是要修订明代的律。他命令朝中的学者
从唐律中每天约选 20 条条款在他面前详细分析，从中他选出适合在
他的王朝中继续使用的条款，不过它们规定的惩罚的性质和力度在认
为必要时被改动了。

在明太祖在位的几乎整个时期，中央成文法审定和编制的工作一
直在进行。1373 年，他命令其官员修订律。令没有包括在这次修订
工作中，事实上，令在明代的法律制度中从来没有发挥重要作用。它
们作为辅助性立法的作用已被明太祖自己的"大诰"和"榜文"代替
了。修订后的成果在 1374 年颁布，其内容结构与第一个版本完全不
同。新版的内容沿用唐律的 12 类（总则〈名例〉、御用卫队〈禁卫〉
及禁忌〈杂律〉、行政规定〈职制〉、户和婚姻〈户婚〉、公用马厩和
粮仓〈厩库〉、未授权的征用〈擅兴〉、暴行和抢劫〈贼盗〉、侵犯和
控告〈斗讼、诈伪〉、拘捕和逃逸〈捕亡〉、审判和监狱〈断狱〉）。这
版明律共有 606 条，而过去的唐律只有 502 条。这 606 条中，有的是
从 1368 年版照搬过来；有的条是被并成律的原来的令；有的条或是
对旧律作了修改，或是新定的。

在 1376 年、1383 年和 1389 年又对 1374 年的法律进行了修
改，而最后一次又对内容作了重大的改动。每次修订条数都有变
动，但到 1389 年，其数被固定为 460 条。1389 年的最后版本称
《大明律》，它又按照原来的 1368 年框架进行编排。它由与六部相
应的六大部分组成，再加上来自唐律的第七部分。第七部分为名
例，被置于新法典之首，这样，内容共有七大部分。在以六部命名
的六部分中，其内容又根据基本法律的分类进一步被细分成若干小
类（见表 3－1）。

表 3－1　　　　　　　　　　　**1389 年的大明律**

类目及细目	条	数
1. 总则（名例）	47	
2. 吏律（二卷）	33	
行政规定（职制）		15
官员行为准则（公式）		18

类目及细目	条	数
3. 户律（十五卷）	95*	
户与劳役（户役）		15
地产（田宅）		11
婚姻		24
政府粮仓和银库（仓库）		24
税及关税（课程）		19
借贷（钱债）		3
集市（市廛）		5
4. 礼律（二卷）	26	
国家祭祀（祭祀）		6
礼仪规定（仪制）		20
5. 兵律（五卷）	75	
宫廷及护卫（宫卫）		19
兵员管理（军政）		20
边卫（关津）		7
战马及牲畜（厩牧）		11
递驿及运输（邮驿）		18
6. 刑律（十一卷）	171	
暴力和偷窃（盗贼）		28
杀人（人命）		20
打架伤人（斗殴）		22
谩骂（骂詈）		8
控告与诉讼（诉讼）		12
贿赂与压榨（受赃）		11
欺诈（诈伪）		12
性犯罪（犯奸）		10
杂罪（杂犯）		11
拘捕及逃逸（捕亡）		8
审讯及囚禁（断狱）		29
7. 工律（二卷）	13	
公共建设（营造）		9
河道疏浚（河防）		4
总计	460	

　　材料来源：卜德、莫里斯：《中华帝国的法律：以〈刑案汇览〉的190件清代案例为例》（坎布里奇，马萨诸塞，1967年），第60—61页。

　　* 户部的类目数与细目数之和不符，后者为101款。——译者注

　　作为王朝的奠基人，朱元璋把自己树立为帝国惟一合法的法典制定者和最高法官。他有惊人精力，他在漫长的在位期间亲自审讯数百

人。在消灭政府弊病的运动中，他觉察到蒙古人疏于行政管理的缺点，所以乘机颁布了他自己特定的司法裁决和规定。这个过程中有针对性的主要产物是1385年、1386年颁布和1387年两次颁布的《大诰》。① 在这四份有意识的以简明易懂的文字写成的《大诰》中，皇帝亲自选登了他审讯贪污官员、胥吏、军官和普通老百姓的记录。在判决时，他常常应用在律令中都未批准的惩罚。相反，他选择的惩罚是专断和想入非非的，而且常常是任性和吓人的。产生《大诰》的方式从来没有被以后的皇帝再次采用过，因为只有开国皇帝才有当场制定法律而不顾正规的法律文本的特权。后来的皇帝受王朝家法的束缚，必须遵守体现在大明律中的定制。

在他去世前一年的1397年，明太祖连同他从《大诰》中选出的材料一起，再次颁布了他的法典。② 这部文献称《大明律诰》，它由《大明律》本身、有关以钱赎免死罪规定的律诰，以及从前四份《大诰》中选收的约36项内容组成。③

明太祖还以"榜文"形式颁布法令和他个人的谕旨。根据他的命令，榜文张贴在全帝国的公开场所。例如，1389年的一张榜文规定，凡以欺诈行为提出诉讼的人，应公开处以凌迟。犯人的首级在其家门前示众，家中成员被发配到边境以外。④ 这些榜文没有被官僚机构载

---

① 关于大诰，见上引的文件及沈家本：《明大诰峻令考》，载《沈寄簃先生遗书》（台北，1964年），第822—841页；邓嗣禹：《明大诰与明初之政治社会》，载《燕京学报》，20（1936年），第455—483页；转载于明太祖：《明朝开国文献》，载吴相湘编：《中国史学丛书》，第1卷34期（台北，1966年），第1—26页；杨一凡：《明大诰研究》（南京，1988年）。又见爱德华·法默：《作为法典制订者的专制君主：明代开国皇帝的法典》，亚洲研究协会年会论文，1993年3月，引用材料得到作者允许。

② 见杨一凡：《洪武三十年"大明律诰"考》，载《学习与思考》（1981：5），第50—54页；杨一凡：《明大诰初探》，载《北京政法学院学报》（1981：1），第54—62页；黄彰健：《大明律诰考》，转载于他的《明清史研究丛稿》（台北，1977年），第155—207页。

③ 根据杨一凡：《洪武三十年"大明律诰"考》，第52页。

④ 关于皇帝对榜文的使用，见黄彰健：《明洪武永乐朝的榜文峻令》，载《中央研究院历史语言研究所集刊》，46，第4期（1975年），转载于他的《明清史研究丛稿》，第237—286页。关于文中所引的榜文，见第245页。

入法典，所以只有少数流传至今。但它们的确真实地反映了开国皇帝统治中个人的怪异的特性。

明代法律的特点

由于明太祖经常用在《大诰》和榜文中见到的形式宣布他自己的特定的命令和惩罚，明代法律的特点是，它不能算是正式法典的简单产物。在开国皇帝治理期间，他正在设法巩固他的权力，并采用了这些临时性的手段，以记录和推行他的意志。

对比之下，以后的皇帝，特别是在永乐帝显然非法地取得皇位以后，需要通过坚持开国皇帝的合法秩序的门面，来支撑他们的合法地位。这意味着，他们不能按照自己的兴致来颁布成文法。相反，他们必须支持一种神话，即《大明律》是王朝长期不变的法律基础。他们在这样行事时，却不必受此法典的束缚，因为他们与开国皇帝一样置身于法典之上。但另一方面，他们也不能像开国皇帝那样继续修订法典。这部法典必须保持长期不变，从而提供一块合法、公平、公正统治的神话赖以存在的坚实的基石。

结果，这部法典可以从两个角度进行观察。它可以被看成是集法律教义之大成，任何时候都生效。它也可被视为一批高度具体的规定，它们制约着官员，并规定了一些条件，官员在这些条件下必须得到皇帝的批准才能进行治理。在后一个方面，法典因与社会和经济情况的步调不一致而失效了，因为在王朝史的276年间，这些情况发生了激烈的变化。

为了应付这些变化的情况，后来的皇帝在对来自官员的奏议时就事论事地作出反应，官员们在提出请求时则以法典和皇帝的告示为指导方针，这种就事论事的决定称例。[①] 作为一种未列入法典和未成体

---

① 例作为法律形式仅次于律，但明代是律例并行，例是有同律一样的法律效力。关于例在中国立法中的评论，见卜德、克拉伦斯·莫里斯的《中华帝国的法律：以〈刑案汇览〉的190件清代案例为例》（坎布里奇，马萨诸塞，1967年），第63—68页。明代例的基本参考材料见黄彰健的《明代律例汇编》（台北，1979年）。

系的法，这些日益增多的例构成了一种次要的立法。在一开始，这些裁决是作为对具体情况作出的特殊反应，并不被视作事后的法律。但是，这些事例无意中就成了后来出现的情况的既定先例，以致它们被官员们以条例的标题随时地收集起来。

在明代开始进行这种活动时相对地说是非正式的，皇帝也没有主持。但在 1500 年，孝宗皇帝颁布了《问刑条例》。这是明代把存在的例条理化的第一个全面和正式的企图。① 孝宗朝曾被人称作明智统治的"中兴期"，而他颁布的《问刑条例》的出台的确是他培养的几名优秀官员积极游说的结果，而这次游说又是可追溯到太祖时期的历史争论的结果，那时他把法典和不断发展的法律需要之间的矛盾具体化了。太祖曾宣称：律令乃护民工具、辅助施政之方法，内有经（标准的条款）与权（特殊的规定）。律为固定不变的条款，条例为应急的特殊措施。②

关于固定不变的法典和不断变化的世界之间的矛盾的争论在宪宗时期出现了。登基不久，他取消了已在前一代进行的编订条例的工作。③ 学者丘浚在他著名的《大学衍义补》中也强烈主张，这种情况应通过系统地审查突出的条例来解决这一矛盾。在孝宗登基后不久，他力主翰林学士应选出必须永远维护的条例，简明其文字，归纳其要旨，编成专书颁发，使之与法典一起通行。④ 其他在孝宗面前参加这一辩论的有记录可查的官员有刑部尚书何乔新（1427—1503 年）⑤ 和彭韶（1430—1495 年）。⑥

---

① 见怀效锋编的《大明律》的近代版本，其中包括这部明法典、万历《问刑条例》和《大明令》。

② 引自杨一凡：《洪武三十年"大明律"考》，第 54 页。

③ 这项工作由王恕（1416—1508 年）主持，见王圻编：《续文献通考》（台北，1972 年），I，第 106 卷，第 2 页。

④ 丘浚：《大学衍义补》（1488 年），收于《丘文庄公丛书》（台北，1972 年），I，第 106 卷，第 2 页。

⑤ 传记载《明人传记辞典》，第 505—507 页。其奏义见黄彰健：《明代律例汇编》，I 续，第 7—8 页。

⑥ 传记载《明人传记辞典》，第 1118—1119 页。其奏义见黄彰健：《明代律例汇编》，I 续，第 10 页。

法律被主要理解为一种威慑手段。古代中国的理想，即"刑期于无刑"，就总结了这一目的。①法被视为惩处错误行为的一整套界说。作为这一理想的结果，前近代时代的中国司法的主要问题是为犯罪行为订出惩处办法。法典就专门为犯罪行为概括出惩处办法，但由于法典都不能预想到一切非法行为，所以它们被视为定罪的有限的但又是必要的司法程序的主体。认定的坏事的范围包括官员行政管理上的渎职、贵族的胡作非为和平民做的坏事。当胡作非为涉及不同身份的群体时，惩处的力度按照做坏事的人的身份及其受害人的身份而有所不同。

结果，法典宣称的主要司法行为就是判决的行为。审判官在初步判决一名罪犯时，需要引用法典的有关条款。当一条特定的律不适用于在审的犯罪行为，主审官获准通过比照，或间接地引用另一条律，从而为提议的惩处找出合理的根据。但在通过比照的办法断案时，法典要求所提出的惩处须直接取得皇帝的批准。因此，对中国的法官来说，"无律不刑"的信条已经生效。

西方民事法中"无律不刑"的信条在19世纪充分表现出来。它在阻止国家独断地行使权力方面发挥了作用。但在中国，这个信条似乎只被用来限制官员的权力，因为在涉及皇帝的权力时，这个信条显然就会被置之不理。②

由于《大明律》作为前近代的中国法典，它并不打算界定犯罪行为，我们可从明律的条款中了解到这点。乍一看，这一条款似乎是认定在法典颁布前所犯的事是犯罪："凡律自颁降日为始，若犯在前者，并依新律拟断。"③法典并不打算追溯以前的行动是否为犯罪行为，而是要改变对原来就被认定为犯罪的行为的惩处。

---

① 这一理想首先见于《尚书》，被广泛地引用。
② 见滋贺秀三：《清代犯罪审判程序——专论其行政特点及其历史前例》，载《东洋文库研究部纪要》第32期（1974年）第1—45页和第33期（1975年）第115—138页，特别是第32期第3页和第33期第124—138页。
③ 《大明律》，第45款。

　　另一条款专门提出了法典的有限的权力的问题："凡律令该载不尽事理，若断而无正条者，引律比例，应加应减定拟罪名，转达刑部，议定奏闻。若辄断决致，罪有出失者，以故失论。"①

　　这部法典提供了可供分析的基础，主审官应比照其他案例把法典应用于无直接联系的案例上。他还应有高标准的审判水平，因为如果他的初步判决被发现断案不当，他本人就会因"故失"而面临惩处。换句话说，就断案错误而言，它可以假设为是出于隐蔽的或有预谋的动机，而不仅仅是断案失误的结果。

　　上述关于判决的讨论内容在明代法律制度中并不是独一无二的，因为用比照性地参考法典的做法，在唐代甚至更早就已存在了。

　　明律并不讨论犯罪行为的专门定义。人们通过对儒学常识的理解，去考虑哪种行为属于犯罪。这就是明法典中"泛论"的律的理论根据，以下就是一例：任何人若行为不当，应处以轻杖责打40下；若情节严重，应重杖责打80下。② 这种"泛论"的条例自很早以前就有，至少可以追溯到唐典。③ 它假定公众对"行为不当"有了共识，并在惩处较轻的罪行给司法当局以有限的便宜行事的处理权。

　　这些关于法的观念表达了对法的传统的基本了解，这种法正是支撑明太祖制定他自己法典的基础。

　　明代与其以前朝代不同的是，明代开国皇帝坚定地希望法在他的天下广为流传。他在位初期，就命令其官员对这部与平民百姓最有直接关系的法典中的条文编写白话文注释。这部作品名《律令直解》，于1368年颁布，现已佚失，但皇帝对法典的广为流传的关心却是十分明显的。他宣称，任何犯有一项罪行的人如果拥有一份《大诰》，就可减轻惩处。此外，法典中有一款要求官员们

---

① 《大明律》，第46款。
② 《大明律》，第410款。
③ 《唐律疏议》（台北，1973年），第450款，第27卷，第522页。

都要通晓法典，并责令都察院对官员每年进行考核。① 这些条款是明代的创新。

后来的皇帝偶尔也强调传播法律的重要性。例如，1404 年永乐帝收到大理寺一份奏折，控诉一名商人在他交易中使用不合标准的提秤。大理寺通过参照律中"违反一条令"的条文要惩办这名商人。② 皇帝询问禁止使用不合标准量器这一规定的榜文是否已经张贴。答复是：这条规定发给主管官员时，榜文尚未张贴。皇帝说道："民知令，则不犯令；不从，则加刑。不令而刑之，不仁甚，释之。"③ 我们不禁怀疑这些记载，因为它们把皇帝打扮成保护平民福利的卫士。明太祖的实录毕竟至少被精心编辑和修订了两次。④ 这一主题思想经常出现在形形色色的材料中，以致我们可以放心地相信，是皇帝亲自炮制了这一场争论。

明代的惩处制度

明律详列了各种用于判决的惩处，但在专门论述这个问题的明律的这一部分，在其他部分批准施行的惩处被省略了。这也许是因为明律中正式论述惩处的部分不过是照搬唐律，把它作为样本，并不打算概括实际情况。表 3－2 概括了五种标准的惩处。⑤ 没有在正式表中所列的惩处出现在明律的其他部分，其中包括最令人生畏的惩处，即凌迟。⑥ 不列在规定的五种惩处但包括在明律中的还有充军和运输（遣徙，也是一种发配形式）。⑦

---

① 《大明律》，第 63 款。
② 《大明律》，第 409 款。凡违令者应轻杖责打 50 下。
③ 《明太宗实录》，第 28 卷，第 505—506 页；引于杨雪峰：《明代的审判制度》（台北，1978 年），第 317 页。
④ 黄彰健：《读明刊毓庆勋懿集所载明太祖与武定侯郭英敕书》（1963 年），转载于《明清史研究丛稿》，第 142 页。
⑤ 此表根据《大明律》，第 1 款。
⑥ 凌迟处死只在《大明律》第 277 款"谋反"中有规定。
⑦ 关于充军，见《大明律》，第 34、366 款；关于遣徙，见第 366 款。

表.3-2 　　　　　　　　《大明律》的五种标准惩处

1. 轻杖责打（答）	10、20、30、40、50 下
2. 重杖责打（杖）	60、70、80、90、100 下
3. 罚役（徒）	一年加重杖责打 60
	一年半加重杖责打 70
	两年加重杖责打 80
	两年半加重杖责打 90
	三年加重杖责打 100
4. 终身流放（流）	放逐 2000 里加重杖责打 100
	放逐 2500 里加责打 100
	放逐 3000 里加责打 100
5. 死刑（死）	绞杀
	斩首

明律规定各种惩处可用缴付罚金的办法来赎免。这些罚金可被用来代替已定的惩处，特别是"杂犯死罪"，这是名义上的死罪，与"真犯死罪"不同。[1] 后者要判上面所提到的死刑，而前者可用付钱或服劳役来赎免。实际上五种非金钱形式的标准惩处都可折成铜钱、纸钞或劳役。在整个明代，钱与罪的折换率经常有调整，这反映了货币和货物的价值变动。

明代法律中赎罪的特权适用于广大的民众，这相当于因行为不当而付罚金的制度。[2] 明律的创新之一是在涉及罚役和流放的惩处时，把赎罪的权利扩大到妇女。从晚清的学者薛允升的评论中可以证实这种做法已经完全实行：明律普遍容许妇女以钱赎罪，其做法十分宽松和纵容，以致女犯的日益增多就不足为奇了。[3]

《问刑条例》收了许多关于赎罪的条例，其意图是保证应用法律的地区的秩序。许多标准的"五种惩处"被折成劳役来执行。例如，以轻杖或重杖责打的惩罚、放逐和"杂犯死罪"被折成劳役，依据某些具体的标准去搬运煤炭、大米、砖和谷物。这些折换部分是为了减

---

[1] 杂犯死罪的罪行比真犯死罪轻，通常以引起伤害的动机的程度加以区分，前者通常被考虑所犯的罪是无意的。

[2] 见卜德和莫里斯：《中华帝国的法律》第 78—80 页以下关于清代以钱赎罪的讨论。

[3] 见《大明律》，第 19 款；见薛允升：《唐明律合编》（台北，1977 年），第 57—58 页。

轻体罚的严酷程度，因为许多官员抱怨责打和其他的惩处过于严厉。明律以后的版本本身也规定了以现钱代替实际惩处的措施。

但明代官员享有的赎罪特权与以前的朝代相比却减少了，这反映了明代开国皇帝要根除官员不法行为的近乎妄想的关心。[1]

三法司

惩办制度是由一套精心设计的体制进行管理[2]，其最高层为京城的三法司：刑部、都察院和大理寺。1385 年，在明代开国皇帝的命令下，三法司全部集中在南京京城外一个被墙分开的建筑群内。这个建筑群有一特别的名称，它源自一个圆形的称之为贯的星宿。皇帝在解释其名称时提到了这个星宿的圆形，从中偶尔可以看到其他的星星。按照皇帝的说法，如果从贯内看到了星星，就意味着在帝国某地有着受到不公平的拘禁或审判的犯人。这个建筑群称贯城，以表示皇帝不让无辜百姓被拘禁的愿望。[3] 但当永乐皇帝迁都北京时，开国皇帝贯城的观念被放弃了。

当 1393 年一部名为《诸司职掌》的文献问世时，三法司的根本制度基础就被勾画了出来。[4] 由于此书出现在开国皇帝统治的末期，所以对了解明代政府来说是有价值的资料来源。

刑　部

刑部在 1390 年被改组。此时它的工作分别由 12 个司，后来由 13 个司运营——每个司负责一个省。司署设在京城。《诸司职掌》描述该部的职能如下：

① 瞿同祖：《传统中国的法律和社会》（海牙，1965 年）。对明代官员待遇的概述，见劳政武：《论唐明律对官人的优遇》（台北，1976 年）。

② 见杨雪峰：《明代的审判制度》，第 37—133 页；贺凯：《明代的政府组织》，载《哈佛亚洲研究杂志》，21（1958 年），第 1—66 页。

③ 杨雪峰：《明代的审判制度》，第 40 页；明太祖：《御制文集》（1535 年木刻本），8，第 15 页。

④ 翟善：《诸司职掌》（1393 年），转载于张卤编：《皇明制书》（1579 年，1966—1967 年东京重印），第 1 卷，第 173—412 页。

尚书侍郎之掌天下刑名及徒隶勾复关禁之政令。[①]

1390 年改组以后，刑部中按省分的司下面有四个科，每科名义上负责明律中的不同部分。这四部分称宪（法）、比（审定）、司门和都官（京官）。宪科主管一般的审判、官和吏的任命、官俸和其津贴的记账。比科负责监督征收罚金和没收与刑事案件有关的非法物品和掠夺所得，并审定送京复议的初步判决。比科还负责准备判决的年报，年报详列在复审期间被判应受各种惩处的人的人数。

司门科负责被判服军役的犯人，他们一般被发配到边境。在执行这个职务时，它必须根据开国皇帝定卞并在《大诰》中颁布的规定以及《大明律》进行审定。司门科还要负责帝国狱吏的管理。但都官科也有管理监狱的责任，它的职责是管理犯人及指定犯人的劳役。都官科还负责监管涉及官员贪污渎职的事务。[②]

都察院

都察院在 1380 年大动乱后没有进行大规模的改组。军事组织和文官政府作为对皇帝的威胁而被分编和削弱，都察院则与它们不同，依然保留原来的单一性质。但它被重新命名，御史台这一传统的名称被名声不那么显赫的都察院所代替。其职能如下：

左右都御史、副都御史、佥都御史专纠劾百司，辨明冤枉，提督各道及一应不公不法等事。其属有十二道监察御史，凡遇刑名，各照道分送问发落。其有差委监察御史出巡追问审理刷卷等事。[③]

大理寺

可以这样说，大理寺是司法三执政体制中的第三个机构：

本寺官其所属左右寺官职专审录天下刑名。

凡罪有出入者，依律照驳。事有冤枉者，推事辨明。务必刑归有罪，不陷无辜。[④]

---

① 《诸司职掌》，第 5 卷，第 50 页。
② 对这些的叙述，见《诸司职掌》第 5 卷，第 53—73 页
③ 《诸司职掌》，第 6 卷，第 1 页。
④ 《诸司职掌》，第 6 卷，第 29 页。

然后,《诸司职掌》详细规定它有权重新审定由下级政府先审的案件,和由刑部、都督府、都察院审理的案件。①

军事司法机构

五军都督府也受权审理案件。在 1380 年以前,军事等级制度中有一个可直接向皇帝报告的集权的行政机构。在 1380 年,五军都督府一分为五,每个府都能对皇帝负责,这样的军事建制就群龙无首,在皇帝面前就处于弱者地位。但是改组并没有改变军队中司法权力的集权化。称之为推(断)事官的军事法官所负的责任概括如下:

左右推事官职专总督左右中前后五司官。

问断五军所辖都司卫所军官军人刑名。②

省和地方的司法权力

相对地说,省和地方两级的司法管理在职能上没有什么不同。最低一级是县,由一名知县主管。这名官员广泛的义务可以用民间所称的"父母官"一词来概括。他负有多种义务,从征税到调解争端和主持审判。作为一名审判官,他的工作往往包括调查和裁决,研究司法案例,甚至还要验尸。③ 在明代,有县将近 1200 个。知县既不能在其出生地任职,也不能置产业。④ 对知县的这些限制旨在使他在调解争端和征税时保持客观。一名知县被分配 6 名以下也来自外地的文职助手;他们则依靠近 11 名至 12 名从本地吸收的胥吏。⑤

县以上为州和府,其官员向省一级报告工作。明代省一级组织相当复杂,由三个平等的机构组成:

1. 都指挥司,它对京城的五军都督府负责;

---

① 《诸司职掌》,第 6 卷,第 29 页。

② 《诸司职掌》,第 6 卷,第 37 页;贺凯:《政府组织》,第 57—58 页,但没有提到推事官。

③ 约翰·瓦特:《中华帝国晚期的知县》(纽约,1972 年)。

④ 《大明律》,第 100 款。

⑤ 黄仁宇:《无足轻重的 1587 年:衰落中的明代》,第 44—45 页。

2. 提刑按察司，它向都察院报告工作；

3. 承宣布政司，它为省一级主要的文官行政机关。

到 1430 年，各省受巡抚的监督，巡抚实际上是皇帝的特命代理人，被派遣去视察和直接控制省的行政工作。这种做法始于永乐帝，皇帝把它当作一种对其领土进行个人控制的手段。

按正规的形式，承宣布政司由两名布政使主管，在布政司正式组织内部处理司法事务的结构在一定程度上按职能分工。布政司既有理问所，又有司狱司。①

提刑按察司也发挥高度明确而又相对专业的作用。因此，它们监督知县对诉讼的处理，并且充当申诉的法庭。② 它们可以根据自己的职责，审理六品或以下的官员；经过皇帝批准后，也可审理品级更高的官员。如果发生家务、婚姻、地产和斗讼等案件，按察使也可充当申诉和复议的审判官。③

条例规定，这些诉讼事件必须通过正常渠道从最下级的法庭处理，再向上提交。根据明律在诉讼过程中越级上诉要受惩罚。此外，提刑按察司还有一项附带的职能：它必须考核省和地方官员关于法典的知识。④

其他具有司法职能的机构

明代因畸形发展宦官控制的机构而闻名。宦官充当皇帝的私人代表，获得司法的职权，控制了监狱及有关的设施。这些设施包括锦衣卫、东厂和西厂。

锦衣卫是皇帝的私人保安机构。它于 1382 年由明太祖建立起来，当皇帝亲自主审时，其成员就充当皇帝的代理人。虽然明太祖明显地并不打算让宫廷宦官取得政治实权，但他对宦官的依赖以及宦官们表

① 贺凯：《中国的政府》，第 41—43 页。
② 贺凯：《中国的政府》，第 55 页。
③ 《宪纲事类》(1371 年版，1439 年修订本)，张卤编《皇明制书》转载，第 15 卷，第 8 页。
④ 《宪纲事类》，第 15 卷，第 8、14—15 页。

现出来的重要性，为锦衣卫在后来皇帝的治理下取得大权打下了基础，因为这些皇帝并不那么倾向于遏制他们的权力。锦衣卫受皇帝信任的宦官的指挥，它与宦官操纵宫内的司礼监和可能建于 1420 年的所谓东厂紧密合作，实际上成了把宦官权力向国土进行侵略性扩张的发源地。在王朝的以后时期，称之为西厂的一个对应组织也被组织起来，并发挥类似的作用。①

宦官控制的组织拥有涉及直接威胁到皇帝利益这类事务的司法权。关于威胁内容的界说当然会产生各种理解和滥用。因此，宦官的机构能对官员集团横行霸道。清初期编修的明代正史详细论述了这些暴政的历史，并把明朝的大部分时期描述为黑暗时期或恐怖统治时期。②

由于皇帝是最高法官，他需要可靠的情报来源。又由于中华帝国统治中内廷和外廷向两极分化，皇帝们常常感到他们只能放心地依靠直接对内廷负责的代理人，以便取得他们统治时所需要的情报。这些代理人就是宦官，他们到了明末形成了一支庞大的队伍。明太祖不信任外廷官员，并在 1380 年撤销了中书省，这就加剧了以后诸帝在施政时愈加依赖宦官的倾向。这一行动使主要的文官政府没有一个正式的领头人，从而把沉重的负担转嫁给皇帝。为了帮助皇帝支撑这种负担，宦官的机构就应召搜集情报并进行视察。

如上所述，锦衣卫助长了皇帝统治不受限制和独断专行的程度。洪熙帝短暂的统治时期发生的一件事就很说明问题。作为一个统治者，他一般倾向于宽厚待人，但他容易冲动，对官员的批评的反应是暴跳如雷。一次翰林院的一名官员敢于劝他在他法定的丁父忧期不要与其妃子有性行为，对此他大发雷霆。皇帝反击的手段是贬谪这名冒犯他的官员，把他投入锦衣卫的监狱。这个不幸的人在皇帝死后一年仍在牢中。③ 一个皇帝如此虐待一个人，除了他自己的妄想狂的"犯

---

① 丁易：《明代特务政治》（北京，1951 年）；贺凯：《明代中国的监察制度》（斯坦福，1966 年），第 44—45、111—112 页以下。

② 见《明史·刑法志》。《明史》在一定程度上夸大了宦官的胡作非为，其部分目的是使清代的过渡显得合法化。

③ 贺凯：《明代中国的监察制度》，第 113 页。

上"的理由外，是不需要什么合理的根据的。锦衣卫就是执行皇帝命令最方便的工具。

世宗登基是因为死去的皇帝——他的堂兄——没有后嗣，在他在位期，宦官的滥用权力变得极为肆无忌惮。皇帝很少上朝听政，而是通过心腹宦官作为中间人进行统治。1549年司礼监一度控制了东厂，宦官实际上完全掌握着司法机构，多年来充当皇帝恐怖统治的代理人，并左右着朝廷的官员。① 下一朝的著名政治家张居正（1525—1582年），对这个时期进行了回顾：

嘉靖朝时，皇帝以恐怖进行统治，大审无数。朝臣冒犯皇帝时，就被锦衣卫当廷责打，有的当场死亡。责打的人以抢棍棒力气大小来衡量，而调查官员和锦衣卫之凶残有如母老虎。如有人不如他们之意，不知噩运何时降临。京城子民对此哀叹不已。②

明代的法律程序

虽然皇帝可以不按规矩和不受控制地行事，但官员们必须在形式上遵循精心制定的程序规定。不遵守这些规定就会获罪受到惩处。《大明律》是中华帝国第一部专门用一节记载"起诉和诉讼"程序的法典。但是这一节的12款只是在明法典和其他颁布的文献中专门讲解程序的许多条款中少数的几条。例如，《诸司职掌》内就有重要的程序规定。在明代法律中，制定程序规定的目的主要是保证准确和公正，防止官员的胡作非为。

与刑部宪科的活动有关的《诸司职掌》中的一节"问拟刑名"（审讯和临时判决）提供了一个关心程序的例子。这一节一开始详细论述了与控诉有关的记录的必要性，然后讨论对原告和被告的处置，以及如何进行听审。它声称，主审官首先审查原告，以弄清控告的理由，然后再审被告。如果被告不承认对他作出的控诉，证人就被传讯。如

---

① 怀效锋：《嘉靖专制政治与法制》（长沙，1989年）。
② 张居正：《张太岳文集》，12；怀效锋：《嘉靖专制政治与法制》第159页引用。

果证人的证词支持控方，被告就再被讯问。如果双方仍各执一词，《职掌》就指导主审官将他们一起询问，并要主审官注意以下的建议：

> 观看颜色，察听情词，其词语抗厉，颜色不动者，事理必真。若转换支吾，则必理亏。略见真伪，然后用笞决勘。

如果这样受审的人仍不能证实真相，主审官就可以使用重杖：

> 仔细拷问，求其真情。若犯重罪，赃证明白，故意持顽不招者，则用机拷问。①

这意味着要用刑具。这些工具通常包括轻重笞杖（前面已经提到），第三种是打后腿的更重的棍棒。其他刑惩也被使用，虽然在法典中未被提到。它们包括《问刑条例》准用的鞭打，和其他不准用的刑惩（夹指、火烙、紧箍颅部和用其他刑具的酷刑）。②

经过招供，真相得以证实，案情被全部详细记录存档。当局就起草拟定的判决，大致叙述诉讼的事实。如果是死刑、监禁劳役或放逐，必须向皇帝呈上拟刑的奏议。如果拟定的判决要以轻杖或重杖责打，只要起草下令执行判决的官方知照就可执行。建议判为监禁劳役、放逐或处死的奏议与囚犯一起被送到大理寺进行复审。如果大理寺对判决无异议，拟刑就被顺利地呈交给皇帝，而犯人则被押入大牢。皇帝一旦批准，判决就由规定的有关机构执行。

诬告和杀人

《大明律》中有一节主要着重于起诉，并且极力试图在法律上制止诬告。③根据这些规定，凡越级上诉者应处以轻杖50下的责打。④

---

① 《诸司职掌》，5，第53—55页。
② 杨雪峰：《明代的审判制度》，第256—266页；黄彰健：《明代律例汇编》，第975—979、1003—1004页。
③ 《大明律》，第355—356款。
④ 《大明律》，第355款。

凡提交不署名控诉状者应处以绞刑，凡发现一份不署名起诉状者应立刻把它焚毁。除控诉状的原作者外，凡向当局提交诉状者将处以重杖责打 80 下。凡接受这种第三方的状纸并按此行事的官员将被责打重杖 100 下。在这种情况下，被控一方即使在其他方面有罪，对所控的罪行不负责任。此外，对抓住并拘留这类诉状作者的人，将授予 10 两奖银。[①]

这部明律大力制止诬告的要旨包含在一条也称为"诬告"的条款中。从文字上看，它认识到如果整个帝国要秩序井然，官员本身就必须要有适当的纪律约束，所以这部明律就规定了惩处那些不能正确地接受诉状的官员的条例。根据 1500 年颁布的《问刑条例》中的有关这个问题的律的数量来判断，"诬告"这一条是明律中的积极部分。明律和条例规定，诬告要予以重罚。如果他不能在官署中说明他的起诉是对的，就会冒被严厉责打的风险。明律的用意显然是要威慑那些滥用诉讼程序而目的只是为了骚扰对方的人。但是似乎同样明显的是，这个条款限制了人们进行正当的告状，因为他把原告置于检察官和调查者的地位。审案官署可以简单地裁定控诉不可信而把它拒之门外。有人指出，当起诉人无疑是出于诚心和善意时，审案官署实际上倾向于将这一条款严厉的一面进行宽厚的处理。[②]

明以前的法典已经有禁止诬告的条例。唐律就包括了关于这个题目的几条条款。[③] 这些条款中的基本规定是实行"反坐"的惩处，即诬告者要受到如控诉属实被诬告人应受的惩处。明律对诬告的惩处比唐律的规定更加严厉。例如，如果控诉的罪行按规定要处以轻杖责打，诬告者将按此惩处力度罪加二等。如果罪行要处以重杖责打、监禁劳役或流放，其惩处力度要增加三等。最重的惩处是重杖责打 100 下，并流放 3000 里。

---

① 《大明律》，第 356 款。
② 滋贺秀三：《清代的刑事诉讼程序——重点论述其行政特点及其历史前例》，载《东洋文库研究部纪要》，第 33 期（1975 年），第 116—117 页。
③ 《唐律疏议》，第 341—344 款。

明律比唐律列得更加详细。它预想到被诬告者由于诬告，已经蒙受了他从未犯过的罪行的不公正的惩处。于是它提出了若干具体的假设的案例作为例子：

• 如果被诬告人已被监禁劳役或被流放，诬告者必须负担受害人的返程费用，并要从重受到惩处。

• 如果被诬告人因诬告已经出售和抵押地产，诬告者必须赎出财产并还给受害人。但如果诬告人太穷，无力按上述规定补偿，同时他没有可用于抵押的财产，他将受到其力度增加三等的基本处罚。

• 如果受害人有一名应服全丧的亲戚因陪同他服监禁劳役死去或因放逐而在途中死去，诬告人将被处以绞刑（"以命抵命"），他的财产的一半将转归被诬告人。

• 如果被诬告人因所诬之罪已被处死，诬告人将自尽。

• 如果被诬告人被判死刑而尚未执行，诬告者将被判重杖责打100下，流放3000里，服苦役三年。

此外，关于诬告的条款规定，被诬告人以诬告报复诬告者，那么他将承担本条款主要规定的后果；原来的诬告人不必支付条款中特别规定的返程费用或他的财产的一半。

这一条款的其他规定还涉及对几种罪行的告发，罪行的轻重程度不同，其中的一项属实，而其他几项不实。如果他举报的最严重的罪行准确无误，而其他罪行不实，举报人不受惩处。条款中还涉及诬告一人以上的内容。最后，如果已承认犯罪的犯人的亲属不顾一切地上诉，他们要受到惩处。

《大明律》是将杀人作为一种特定法律范畴的首部中国法典，因为以前处理犯罪的法典都没有把杀人提高为自成一类的条目。① 除了

---

① 《唐明律合编》，第397—399页。杰弗里·麦考密克：《传统中国的刑法》（爱丁堡，1990年），第19—20页；杰弗里·麦考密克：《唐明法律中的杀人》，载《国际古代法杂志》，35（1988年），第27—78页。唐律中关于杀人的条款分散在暴力、抢劫、攻击和控诉各部分。

包括以前法典中大部分有关杀人的内容，明法典中的 20 个条款为审判官提供了更加严密的判决指南。[①] 这些条款中的第一条为"蓄意杀人"，并在讨论中增加了关于动机（如贪婪）这一考虑因素，而过去的法典对这方面是不注意的。此外，这些条款详细提出与不同杀人形式有关的应予考虑的问题，并且以相当的篇幅谈起与通奸有关的杀人。总之，这一部分的要旨是通过加强审判官正确地判决行凶者的能力，以严明法纪。

程序条例

明律中关于审讯和拘禁的规定[②]也包括了一些值得一提的程序条例以及在审讯和惩处犯人时一些应予维护的积极的准则。关于狱吏，明律也载有他们应受惩处的条例：

- 如果他们没有拘禁应该拘禁的人。[③]

- 如果他们故意拘禁无辜的人，或对他们施刑，或对可豁免受刑的人施刑。[④]

- 如果他们拘禁百姓时间超过需要，拖延判决的实际执行。明律规定判决必须在批准它的最后决定的 3 日内执行，而被判流放或监禁劳役的犯人必须在 10 日内被遣往该地。[⑤]

明律规定狱吏必须恪尽职守。如果他们通过肉体凌辱，或者不提供食物或医药护理以虐待犯人，他们应受惩处。[⑥] 明律宣布狱吏向犯人提供使之出逃的尖锐工具为非法。[⑦] 把如此明确的规定收入法典的原因令人费解。费解程度较轻的一条也许是禁止狱吏鼓动犯人"翻异"（推翻供词）。[⑧] 翻异相当于收回自己的供词，

[①] 《大明律》，第 305—324 款。

[②] 《大明律》，第 419—447 款。

[③] 《大明律》，第 419 款。

[④] 《大明律》，第 420 款。

[⑤] 《大明律》，第 421 款。

[⑥] 《大明律》，第 421 款。

[⑦] 《大明律》，第 423 款。

[⑧] 《大明律》，第 424 款。

自动地形成了申诉。这一款法的企图是阻止的确有罪的犯人无根据的上诉。

关于审讯程序，对 70 岁或以上的老人、15 岁或以下的青少年，体弱的人和残疾人，以及一些应予特殊照顾的人不能施刑。法律特别规定，涉及上述各类人的案件，审讯只能依靠证人提供的证据，不能用行刑的办法引出供词或证实真相。①

另一款批准审判官员从其他辖区引渡涉及审判官正在听审的罪行的人，除非两地相隔超过 300 里。在收到传召的 10 天内，涉案的人必须被押解到公堂。拖延要处以轻杖责打。如果一桩罪行涉及两人以上，而且涉案人住在两个以上的县，决定引渡的规定还要求审讯公堂设在罪行较重的人所住的县。如果罪行牵涉到一大批人，审讯要转到大多数涉案嫌疑人所在的县。②

审判官不准以起诉犯人为借口刺探其他无关的犯罪。明律特别规定只能审讯原来指控的犯罪行为。但是如果在逮捕时，或在对控诉作出反应而进行搜查时发现一件无关的罪行，第二罪行也可以被调查和审讯。③

在审讯期间，拘留原被告双方是正常的。但根据法律，如果事实真相已经查清，被告已经承认而原告仍被拘禁，有关官员就要受轻杖责打的惩处。总之，一旦原告的在场在法律意义上变得没有必要时，明律要求审判官必须立刻释放控诉人。④

一条重要的条款限定了官员执行判决的一系列行动，并要求上级对严重案件必须进行复审。一旦审讯完成而事实已被完全弄清，一旦有关的调查以及对贿赂和非法财物的没收工作已经完成，那么有关监禁劳役、放逐或判决较不严重的案件可由府、州和县的官员执行。但对死刑的案件，监察御史（在北京）和提刑按察司（在京外）就要自

---

① 《大明律》，第 428 款。
② 《大明律》，第 429 款。
③ 《大明律》，第 430 款。
④ 《大明律》，第 431 款。

动地复审案件。这种复审或上诉应该决定是否出现误判。根据明律，复审官员必须对草拟的判决作出评估。他们的复审结果然后被转到刑部作最后的研究。刑部的这次研究结果相当于又一次上诉的听审，它然后以奏折形式上呈皇帝。如果得到皇帝批准，判决就被执行。在两京京师区，刑部要指定一名官员，会同提刑按察司一起监督执行（审决）。

同一条款又规定了翻供，这种行为有效地导致一次自动的再听审。家庭成员的呼冤也能导致再听审。不论哪种情况，案件被重新开庭审理。如果发现有不公平的情况，案件被发回原审官员纠正。另外，如果已经结案，执行前的一切程序已被办理，但执行无充分理由而被拖延，负责官员应严予惩办（重杖责打 60 下）。

这些条款是明代的革新。① 明代还超越了以前的王朝，把必须由皇帝审查死刑的举措制度化：这个程序称为朝审。朝审在 1459 年设置，这是前一年秋季颁发的谕旨的结果。朝审的内容是复审一批审判官判决的死刑案件，这些审判官则通过三法司向皇帝上呈的奏议而被任命；朝审在每年霜降时期进行。清代通常称这种做法为秋审。②

关于妇女的条款

明律收了几条关于妇女的条款，与以前的王朝相比，这必须被视为一个相对的进步。唐律收了禁止对怀孕妇女进行刑讯的条文。它还规定对犯死罪的怀孕妇女要等她生下婴儿后 100 天才能行刑。③ 明律保留了类似的条款，但在庇护妇女方面更超过了它们，在大部分情况下，它防止她们坐牢带来的危险。明律中专门有一条涉及妇人犯罪的条款。明法典基本上归纳了唐律中关于妇女的两条，但另外加了未见之于唐律中的重要的一款。④

根据明代关于妇人犯罪的条款，除了犯有性罪行或死罪的妇女，

---

① 《唐明律合编》，第 688 页。

② 《唐明律合编》，第 688 页；卜德和莫里斯：《中华帝国的法律》，第 134—135 页。

③ 《唐律疏议》，第 495 款和第 494 款。

④ 《大明律》，第 444 款。

她将被押回交由其丈夫拘留。如果她无丈夫，她将被交由有服丧关系的亲戚拘留。其用意似乎是不让妇女留在狱内，因为在那里他们有遭受强奸的危险。

明律中对婚姻法的界定也可以被认为多少比唐代的做法更加开明。根据唐代法律，男方家庭反悔婚配，并单方面退出，它不受惩处；但如果女方家庭反悔，其家庭成员将被处以重杖责打 60 下。唐律甚至指出男方家庭有惩处的豁免权。① 相比之下，明律规定不论哪一方单方面不履行婚约，都应惩处。

明律扩大了家庭的法律定义，以致家庭关系能对公堂作出的惩处产生影响。② 同时，在法律能适当地保护一名妇女的地位之前，它必须被解释，有时可以据以上诉。法律常常不在下级执行。1452 年的一件案例为法律保护妇女地位的程度提供了一个轶事般的注释。在这一年，兵部尚书王骥（1378—1460 年）③ 直接向皇帝申诉，要求纠正一件有偏向的司法决定。根据王的奏议④，都督之子吕瑛很早就与卫指挥官葛覃之妹有婚约。但在正式娶葛之妹为妻前，吕瑛调往北面的山海关，在那里娶了一个妇女为妻，她就是千户所俞胜之女。他又纳了陈女为妾。在与俞女和陈女的婚姻中，吕瑛有了一子一女。在此期间，原来的未成婚的新娘葛女年龄已届 30，此时成了千户所刘昱之妻，并生了三个儿女。但吕瑛显然仍想要葛女为妻（在法律意义上应该是妾），理由是多年前她已许配给他。吕控诉的下级公堂同意吕的要求，命令葛女离开其夫和三个儿女，而去当原先的、又是未来的丈夫吕瑛之妾。

但奏议者强烈反对这个裁决，并直接呈请皇帝处理此事。他坚决认为下级公堂的裁决不但有损于她的荣誉和贞操，而且使她不能成为贵妇（即武将之妻）。更糟糕的是，裁决使母子分离，夫妻不能相聚，

---

① 《唐律疏议》，第 175 款。
② 牧野巽：《明律中亲属范围的扩大》，载《中国家族研究》（东京，1941 年；1970 年东京重印），第 2 卷，第 83—106 页。
③ 传记见《明史》，第 171 卷。
④ 《唐明律合编》第 278 页有记载。

实在可悲。奏议者因此恳求皇帝命礼部重审此案，她与千户所吕瑛的"再婚"作罢。

在公堂争论的问题不是吕瑛已经独断地破坏了婚约，而是葛女是否非法重婚。这就是争论的所在，而不顾她原先盼望的丈夫已经抛弃了她而不是她把他抛弃这一事实。这个案件给人们留下的印象是，明律的这一款没有充分地保护妇女的婚姻权利。但同时它又提醒我们，这类问题相当被重视，以致在解决之前，它们能够，而且经常被提到司法系统的最高层。

从使妻子依附丈夫这一点看，明代与中国其他前近代时期相似。早期的一切法典都严惩对其夫或其夫的家庭有暴力行为的妇女。明律中规定的对妇女最重的惩处是凌迟，其罪行是故意杀死她的丈夫。① 故意杀人的正常的处罚是斩首②，而且丈夫把妻子殴打致死的确要处以绞刑。③ 但如果他的行为在当时被认为有充分的理由（如她辱骂公婆），他只被处以重杖责打 100 下的惩处。④

因此，妻子对丈夫行为不当要比丈夫对妻子行为不当的惩处更为严厉，在许多情况下，犯罪的妻子被押回交丈夫拘留。法律非常重视维护男尊女卑这一"自然"的等级制。⑤ 但同时法律也禁止她的丈夫把她仅仅当成一件动产。明律中的一条就把男人将其妻、妾或女儿典给他人作为妻妾的行为视为非法。如果男人把其妻或妾以自己的姐妹的名分嫁给另一男人，他应受惩处。进行任何这种交易而知道此女人的实际身份的一方应受到惩处，涉及的钱财被公堂没收。妇女不承担责任。⑥

这些条款大部分未见之于唐律⑦，这个事实表明，明代法典总的

---

① 《大明律》，第 338 款。
② 《大明律》，第 313 款。
③ 《大明律》，第 338 款。
④ 《大明律》，第 316 款。
⑤ 瞿同祖：《传统中国的法律和社会》，第 102 页以下。
⑥ 《大明律》，第 108 款。
⑦ 《唐明律合编》第 282 页提出，这些条款在元代被采用。

倾向在于扩大"家庭关系"的意义超越了传统的服丧等级的限制。在唐律中，如果受害人在"五服"的范围内，对伤害他的人的惩处就要加重。但在明律中，只要受害人恰巧是亲属，惩处就加重；至于该亲属是否在"五服"范围以外，则与惩处无关。

性犯罪

明代关于性犯罪的法律反映了看法上的类似的变化，并且与唐律有明显的不同。明代关于"杀一通奸者"的条款特别规定，丈夫杀死其妻及她的非法性伴侣，如果杀害行为发生在丈夫当场发现俩人作乐之时，丈夫不受惩处。如果只是奸夫被杀，妻子只受规定的通奸行为的惩处，丈夫获准可以随意把她卖给他人为妾。[①] 唐律中没有这些规定。显然这些条款在元代被引入中国，但在明代，它们作为律而被收入法典。[②] 一部明代的对明律的注疏详细论述了关于这些条款的解释和执行。[③] 如果丈夫当场发现妻子与其非法性伴侣作乐，但只杀死妻子而放走奸夫，那么他将按杀妻罪的律来惩处。同样，如果丈夫到达非法行为现场，在室外而未在性行为现场抓获奸夫，然后把他杀死，丈夫将被重杖责打，理由是他做了不该做的事。如果通奸行为与丈夫赶到和杀死奸夫之间经过一段相当长的时间（例如在路上或在次日赶到），那么丈夫将按故意杀人（故杀）之律论处。这一款律的言外之意似乎是，不能指望丈夫在发现其妻与另一人在床上时能控制自己的情绪。但是令人奇怪的是，法律规定只有丈夫把通奸双方都杀死，才能免予惩处。

逼人自杀

明律视逼人自杀的行为为犯罪。[④] 更早的法律似乎没有类似的规

---

① 《大明律》，第 308 款。
② 《唐明律合编》，第 404 页。
③ 出于对法典的"小注"，引于《唐明律合编》，第 403 页。
④ 《大明律》，第 322 款。

定。对这种罪行处以重杖责打 100 下，如果一名官员非出于公务而逼平民自杀，该官应受惩处，另外还需向受害人家庭支付埋葬银。逼二等服丧的亲戚（期亲）致死的惩处是绞刑。如果通过抢劫或通奸，诱使他人自杀，将处以斩首。对这一款的注疏表明它解释的范围很广。例如，某人走近他人房屋，模仿武装匪徒大声威胁，使受惊的户主自杀，虽然此人甚至没有进入受害人之屋，也应受到惩处。甚至还有一个更牵强的例证：如果一名窃贼被户主及其友人追逐，户主或他的一名友人在混乱中跌倒身亡，那么此窃贼按"使人自杀"之律接受惩处。①

如果促使一等服丧亲属自杀情况又是怎样？明律没有对这种可能作出规定。但我们知道明代的一个案例解决了这个问题。1503 年刑部江西清吏司上奏皇帝关于江缘一的案子，此人与其弟江缘四因粮食之事打架，后者的前额受到致命一击而死亡。案件没有被上报有司，但当其母自杀后才真相大白。事情似乎是，在江杀害其弟很长时期后的一天，江缘一被债务所逼，向其母索取其弟之女许配他人时张家所收聘金的一部分。江母拒绝，江缘一因此辱骂她，并强行取走了钱财。她万般无奈，在盛怒之下上吊身亡。下级公堂根据儿子辱骂母亲的条款作出的初步判决是对江缘一处以绞刑。江西清吏司的巡抚王哲（1457—1513）在复审时坚持绞刑对这种可鄙的人来说过于宽大，因为江缘一亲手杀死其弟并逼死其母。如果容许他全尸，就会重罪轻判。王哲要江缘一的首级，但判处斩首的困难在于，逼人自杀的条款中没有专门规定受害者刚巧是一等服丧之亲属。同样杀弟之罪并不会招致斩首。因此，除了通过采用比照的办法，审判官无法依据法律规定对江缘一起草斩首的判决。该官员于是向皇帝建议比照殴打双亲之律（按律应斩首）来解决这一问题。②他在奏议中提议，应通知全帝国司法官员将这一比照此后作为普天下有约束力的法律。皇帝批准了这一建议。③

---

① 《唐明律合编》，第 426 页。

② 《大明律》，第 342 款。

③ 关于奏议的摘要，见黄彰健：《明代律例汇编》，第 817 页；《唐明律合编》，第 428 页。

经济犯罪

明律对经济犯罪的处理比以前的法典更加详尽。这反映了自宋代以来发生的土地使用权和经济的变化。为了保持财政收入，国家当然要注意去控制土地的交易和土地的使用权。具体做法是要求当局对土地交易登记，在售地契约上盖章并收费，但这早在明代以前很久就已实行。明律则明确地把这些要求收入而成为法律。明律规定，在付清交易税（税契）和新耕种权得主向税务当局登记之前，一切抵押和售地契约都不生效。[①] 明律没有具体列出税契的税率，但按传统它定在售价的 4%。[②]

明律明确地规定违反这一款规定的惩处，惩处的对象是卖方。不付税契者处以轻杖责打 50 下，并没收售价的一半。如果纳税义务未正式转让（转让过程称过割），惩处按财产的多少实行。一亩至五亩[③]的惩处是轻杖责打 40 下，每增加五亩，惩处就加重一等，但最重的惩处不得超过重杖责打 100 下。不论何种情况，涉案的土地都应交给当局处理。由于惩处轻于监禁劳役或流放，地方当局不必复审就可执行。

抵押有期限的专门规定，逾期应归还借款和赎回财产。在抵押期间，原主就成了自己土地的佃户。缴纳田赋的义务就转给典入人。明律还规定，在抵押契约规定期间如典入人不容许典出人赎回抵押的产业，就要执行处罚。它还保护在规定期内无力赎回产业的典出人：按本款的规定免予处分。

后来的条例对无力筹措资金赎回土地的典出人提供保护。1500年颁行的《问刑条例》容许典出人作为佃农耕地两年。此外，在抵押

---

① 《大明律》，第 101 款。

② 刘重日、武新立：《研究封建社会的宝贵资料：明清抄本"租底簿"两种》，载《文献》，3（1980 年 10 月），第 143—158 页。关于概述，见内藤乾吉：《中国法制史》，增订本（东京，1963 年），第 306—311 页。

③ 一亩大致相当于 1/3 英亩。

期间，典入人定的利息最高不得超过财产的全值。①

明律对关于债务的法律也作了比较详细的规定。它特别规定合法的利率的限额。明律的一款规定了地产抵押的利率限额，另一款规定私人借贷的利率。② 明律规定可收的最高利息为月息 3％。为借款所付的利息总额不得超过借款额的 100％。违反这一规定的惩处是轻杖责打 40 下，超收的利息视同非法货物予以没收。征收者最重的惩处是重杖责打 100 下。同样，明律规定不还债的惩处。例如，欠钱五贯逾期三月不还应被轻杖责打 10 下；欠钱多，拖欠期长，惩处加重。③

明律作出规定的另一个经济领域是公共集市。法典规定了试图以不正当手段把持集市的惩处办法。例如，联合起来贿赂中间商并控制价格的销售商们将被处以重杖责打 80 下。如果有人故意向一名销售商寻衅，在附近以悬殊价格销售同样货物，使市场陷于混乱而从中牟取暴利，他将受轻杖责打 40 下的惩处。④ 这些条款很可能在此以前没有执行过，但它们可以追溯到唐律的法律传统。⑤ 由于明代的中间商处于重要地位，明律的这部分内容试图遏制中间商和销售商之间勾结的可能性。

法制教育和法律专业

在传统中国，司法事务并非司法部门独有的禁区，因为各级文官政府和军事部门都有行使司法的职能。在唐宋时期，政府在招募有法律专业知识人士时要专门进行考试。但法学的专业化在以后时期没有持续下去。这不是说后来的行政官员对法律一无所知，事实上他们应该通晓法律，以便行使行政官员的司法责任。甚至发展到后来的时代，也未曾有什么人能与唐代的法学家相提并论，但清代为地方官和

---

① 黄彰健：《明代律例汇编》，第 493 页。
② 《大明律》，第 168 款。
③ 《唐明律合编》第 625—626 页提出，这些规定可追溯到元代，但有更早的先例。
④ 《大明律》，第 173 款。
⑤ 《唐律疏议》，第 421、423 款。

其他官员效劳的无官职的幕友是一个重要的例外。由于司法管理的复杂性，清代的官员组成一批批忠于他们的随从，这些人从行政的法律角度向他们提出建议，并常常代表他们处理这些事务。司法事务自然会受到重视。[①] 但在明代，这种倾向还没有发展成一种独特的社会现象；可以有把握地说，这种法律的专业精神相对而言还没有发展起来。

尽管如此，明代仍涌现出一批法律文献。这些著作以明律的注疏和概括法律学说与程序的官员手册的形式出现。现存的注疏和手册（见附录乙）显示了一些令人注目的企图，即精心界定律的正确的意义、它们的应用以及在诉讼中的正确使用。其中许多著作收有假设性的案例，以便说明律的实际应用。

明代的官员不时地向皇帝上呈奏折，提出实行原则上为明律所要求的法律考试。1532 年明律的注疏作者和精通法律的官员应槚（1494—1554 年）提出了这一建议。他认为他同时代人所写的判决太书卷气，很难证明掌握了实质性的法律问题。他不满于这种状态，力主皇帝对所有官员进行法典和条例的年度考试。官员一次不及格，罚俸一月；两次不及格，受轻杖责打 40 下并记过；三次不及格，则被贬谪。[②] 成为刑部侍郎的刘玉（1496 年科进士）也表达了类似的观点。[③] 他尖锐地批评了从刑部、大理寺以下的整个司法机制。他还攻击了当时正在最高法庭听审的重大案件的处理，指责审判官对"律意"的了解甚少。为了补救这个缺陷，他建议到大理寺任职的官员必须对律和例进行六个月的学习。如果他们通过考试，才能被认定可以处理刑事案件。那些当时在任而知识不够的人则边见习边学。如果见习期满仍未通过考试，就被调任其他职务。孝宗的宠臣马文升（1426—1510 年）[④] 也强烈批评司法人员，攻击他们在一些有代表性

① 瞿同祖：《清代中国的地方政府》（剑桥，1962 年）。
② 《条例备考》（嘉靖本，藏于杰斯特图书馆），"刑部"，第 2 卷，第 18 页。
③ 关于"律意"和"刑讯"的奏折，见王圻编：《续文献通考》（1586 年；1979 年台北重印），第 168 卷，第 10—12、15—20 页。
④ 传记见《明史》，第 182 卷。

审判中的推理。他与应槚一样，建议要执行明律就需要所有官员掌握明律的条款。①

　　根据这些批评来判断，到 15 世纪晚期，明太祖要求所有官员成为法律专家的愿望落空了。这些批评还提出，14 世纪建立起来的司法制度早已过时，到 15 世纪晚期甚至有缺陷，官员们应用现行明律的困难是可以理解的。1500 年《问刑条例》的颁布体现了能干和关心此事的弘治皇帝想处理这个问题的企图，而且是对上述批评的一个反应。此外，16 世纪有关明律的注疏和手册数量的日益增加说明，对明太祖的司法制度的过时性质确实正在补救。不过在监察制度方面，有证据表明，法律专业知识的重要性没有被忽视②，所以，真实情况并不像批评者奏折中所暗示的那样阴暗。

法律手册和注疏

　　法律手册被分发给地方官员，其用意是启发他们对法律的性质和形式的了解，并指导他们如何应用。苏茂相的《临民宝镜》就是这些手册中极佳的例子。③《宝镜》全文转载明律，并在字里行间加进注解。明律的每一款后面都附有该款所谈问题的各种材料。这些材料来自对明律的各种注疏，来自《大明会典》④，来自与小标题审（听审）、参（复审）、断（裁决）、议（解释）、判（判决）和示（指示）有关的材料，还来自条例。每一页分上下两部分，下一部分大致占三分之一的篇幅，载明律的正文。上一部分载以上提到的材料，所占位置多少与下面部分的内容相关联。在《临民宝镜》中，上部分使用的材料，主要是针对同一页下部分法律正文的假设性案例。针对监察职能的律令载于书末的前几页。书末的附录载有以下的文字：

　　《刑统赋》（宋版）。

①　奏折见王圻编：《续文献通考》，第 168 卷，第 12—15 页。
②　巨焕武：《明代巡按御史》（台北，1970 年），第 2 章，第 25—27 页。
③　苏茂相为 1592 年科进士，此作品全名为《大明律例临民宝镜》，1632 年出版。
④　《大明会典》，1511 年，1587 年修订本。

《洗冤录》，宋慈作，1242 年的法医书籍。

《无冤录》，元代的法医著作。

《平冤录》，可能是明代的法医著作。附有帝国明令规定的当时的物价表（用于衡量涉及从事非法货物所犯罪行的严重程度）。[①] 这种格式在明代手册中是普遍采用的，甚至有所附著作书名的细节。

手册中包含许多关于审判准备、解释和应用条例及相类事务的有用的详细材料。其中有的还登载押韵的歌曲，以便官员们记住明律不同部分的重要主题和主张。其他手册则包括如《为政规模》和《法家总论》之类的著作。《法家总论》附于《三台明律招判正宗》的末尾部分，正好在转载的《洗冤录》之前。这一文本的主旨是：在许多事件中，其案件必须上诉；同时它试图用假设性的案例来概括这些事件。

《法家总论》注意提出在传统上大部分由古代哲学家荀子树立的法律的意义和价值观：

> 古法……控制人事，保持平衡。萧何（死于公元前 193 年）立法，平天下为恶之人。孔子示道，建立君臣准则规范。故律例制约诉讼。皆因诉讼之兴，岂非起于人心不正，强弱之争，物欲之失衡。归根溯源，皆因人性欲望所致。[②]

《法家总论》继续指出，人们不能互相脱离而孤立生存，同时让读者去作出结论：人们需要法律，以便让社会发挥作用。

文中还指出，使用一部法典有限的法去控制世上能发生的无数的事情存在着困难。它坚决认为法典、条例和开国皇帝的《大诰》为提供指导诉讼的手段，因为只有诉讼（词讼）才可能给人类提供公平解决问题的种种办法（推事物之公平）。它把词讼看成是一个使人们把

---

① 翟理斯译：《〈洗冤录〉：验尸官指南》，载《中国评论》，3（1874—1875 年），第 30—38、92—99、159—172 页；再版题为《医药史的一节》，载《皇家医药学会会刊》，17（伦敦，1924 年）。关于较近期的著作，见 B. E. 麦克奈特：《〈洗冤录〉：13 世纪中国的法医学》，载《东亚的科学、医药和技术》，第 1 卷，安阿伯：密歇根大学汉学研究中心（1981 年）。

② 舒化：《三台明律招判正宗》（东京，无日期），第 12 卷，第 1—2 页。

米和稻壳分离的扬弃过程，这个过程使不能保卫自己的人恢复自己的
地位：

为哑人执言，帮盲人引路，使愚者达意，惩办桀骜不驯之人，根
除残枝，救贫除暴，贬责无德之徒，惩治邪恶，修路摆渡，扶弱助
困，扬善斥恶。……①

《总论》继续讨论了词讼的形式、规则和辩论程序，向地方官员
建议辨别真伪的办法，并告诫他对每件事都要维护明律的意图。正文
强调了法律文字写作的易懂性：务必避免晦涩难懂的文风。词讼的申
诉必须写得条理清楚，应分三部分写。第一部分为争端的起因，必须
写清事情的细节和缘由。第二部分必须精确地叙述有关的非法行为。
这部分要详述殴打、争吵、强夺或欺诈他人钱财的情节。它还必须详
列有关证据和违禁物品。第三部分包括审判官对事情的分析，其语言
应鲜明严密，直陈要旨。②

《总论》给判官提供了不同类型申诉的精确的例子。在论户和劳
役的一节中，它提出了如下的要点：当某人遇到困难时，他应上告。
提供的例子是假设性的，其中包括争夺遗产、兄弟对簿公堂以及其他
类似的事情。这些案例被安排成以下几类：婚姻、继承、抢劫、夺
命、闹事、性犯罪和专门的上诉。某人之养子携其所有钱财潜逃就是
这些材料中的一例，其文大意如下：

你年迈而子已先死，风烛残年，行将就木，有人介绍某乙照顾你
晚年，而不收分文。某乙来家三年，你视同亲子，不料某乙心生离
意，粗暴无礼，夺你钱粮而去。你如追随他，他会再出走；如进行劝
诫，他会视你为仇人。③

该怎么办？建议"上告"！

另一个例子的假设性情节是：某人收养一男孩为后嗣，男孩与其
养父共同置了家产：

---

① 舒化：《三台明律招判正宗》，第12卷，第1—2页。
② 舒化：《三台明律招判正宗》，第12卷，第2页。
③ 舒化：《三台明律招判正宗》，第12卷，第43页。

"其后,汝父纳妾生一子,即汝之弟。妇人欲把持家产,唆使汝父与汝不和。某日汝父无故责打汝,揪汝头发,咬汝手臂入骨,敲掉汝之门齿。汝养母也棍棒相加,致汝混身是伤。汝母仍不甘心,反而诉之有司。上告。"①

徐继及其妹之案

明法规定,对死刑必须以最慎重的态度处理,因为它们必须在最高层复查。此外,犯死罪的人可以通过监察当局请求重新听审。这种重新听审在上级司法官员的指示下常常在地方一级举行。有时重审需要几个知县进行(即会审);知县有时发现自己要去审理在其辖区以外发生而又近得他可以进行有效调查的案件。

16 世纪的海瑞(1514—1584 年)在任浙江严州府淳安县知县时审理了一件启发人的案件。② 海瑞在 1558 年任该县知县,直至 1563 年他调任他县。他在 1561 年审理此案。③ 案子发生于也在严州府的桐庐县。海瑞听审此案时,它已被审理和重审了七次,其中包括一次三县的会审。海瑞最后应用常识性的分析和对事实的专注才解决了这一案件。在此过程中,他成功地纠正了一大冤案。

案中人物为徐继、他的母亲、他的妹妹、妹夫戴某和一名地方胥吏潘某。如同海瑞最后断案的事实那样,徐继之母曾借给戴某白银三两,但徐几次代表其母向戴某索要债款,都未成功。一天胥吏潘某在戴某之家过夜。就在那天晚上戴某还跑到其姻兄徐继那里,请徐与他和潘某一同饮酒。徐继又提到了逾期的借款,殴斗随之发生。徐继以石击中戴的头部并把戴推入一池塘中,戴就在此地身亡。徐继就用一块重石压在戴的尸体上,把它沉入池中。

此案被上报到浙江提刑按察司,该司命杭州府将此案交桐庐县知

① 舒化:《三台明律招判正宗》,第 12 卷,第 43 页。
② 传记见《明史》,第 226 卷;又见黄仁宇:《无足轻重的 1587 年》,第 130—155 页。
③ 见海瑞:《海瑞集》(北京,1962 年),上 3,第 175—176 页;黄仁宇:《无足轻重的 1587 年》,第 150—151 页。

县审理。桐庐知县审讯了徐继、其妹和潘某，认定他们有罪。在初步判决中，他根据因通奸而蓄意杀夫罪行之律判徐之妹以凌迟①（明律规定这项罪行应处以凌迟）。潘某因在此案中扮演的角色被判斩首，徐继则作为协助这一罪行的共谋被判绞刑。知县断案的理论基础是，徐继之妹已犯了与胥吏潘某的所谓的通奸罪，并带头与潘某和兄长徐继密谋谋害其夫戴某。虽然徐继作了致命的一击，但这个妇女起了主谋的作用。这一分析得到了胥吏潘某供词的支持。

初审之后，此案在省一级进行了规定的复审。在这一阶段，关于所谓通奸的情节没有上报，因此审判官把初审判决按吵架中致死之律减判徐之妹绞刑。② 案件通过正常渠道送交上级审核。经过巡按的听审后，案件呈交都察院然后又交大理寺。大理寺发现了应将此案退回由三名知县会审的理由；这一次由严州府的桐庐、建德和遂安三县的知县会审。他们支持桐庐县知县所作的原来的初步判决（这也许是官官相护），恢复徐继之妹凌迟处死、潘某斩首、徐继绞死的判决。

案件又通过正常渠道上报审核。1561 年，另一名巡按在杭州听审。徐之妹在那里提出了个人的动情的申诉，她要求审判官明察，为什么她，一名与其夫生了二子一女的妇女，竟会与胥吏潘某通奸并密谋杀害其夫。由于这一申诉，巡按将此案退回给掌管总务的道，然后转到府，最后转给淳安知县，要求研究案情，弄清事实。这名知县就是海瑞。

海瑞发现戴某之死是徐继的猛击引起的，起因是徐母借给戴某钱财而发生的殴斗。海瑞断定，此事与潘某无关。他断言，对原来判徐继之妹与潘某一起预谋谋害的初步判决根本不予支持。这是罪大恶极之事，完全不可能之事，难以言喻之事。因此，他对案件作了常识性的分析，断定徐之妹没有谋杀亲夫的动机。她对所谓的情夫并无所图，因为他并不比她丈夫富裕。此外，她与其夫生有子女。海瑞声

---

① 见海瑞：《海瑞集》，上 3，第 175—176 页；黄仁宇：《无足轻重的 1587 年》，第 150—153 页。
② 《大明律》，第 313 款。

称：妻子可以抛弃丈夫，但母子母女之情乃天所赐，按人之常情可以推定她如果钟爱子女，也会依恋丈夫。然而［桐庐县知县］竟称徐女想当［潘某］之妾！[①]

海瑞努力搜集事实。首先，潘某有原配妻子。因此，徐之妹如果要嫁给潘某，她必定成为其妾。她为什么甘愿如此降低自己的地位？其次，潘某并不比其夫富有，所以以潘某代替其夫对她来说没有可信的经济目的。由于海瑞未能找到徐继之妹的所谓犯罪的可信的动机，海瑞认为：惟一的结论是［戴］在一次与借款相关的激烈争吵中被击身亡。

第三个分析也许是海瑞处理此案的最为关键之处，他自信地断定，使这名妇女受到牵连的潘某及其仆人的伪供是通过刑讯作出的。

海瑞的立场显然被上级认可。新的判决于是乎释放潘某和徐女，对徐继处以绞刑。

结　　论

明法研究受制于案例记载的缺乏，因为我们没有类似于清代《刑案汇览》的汇编。[②] 结果，我们就难以确切地知道法律是如何应用的，官员真正懂法到什么程度。存在着学者们就官员相对地缺乏法律知识的争论的记载，但这些是高度政治化的讨论。如果徐继及其妹的案件是一个信手拈来的例子，那么这说明严重的案件可以被复审多次。这一案子之所以出名（我们至今都知道），是因为海瑞后来成为著名人物，他的关于刑案的著作被保存至今。但是人们可以假定，还有许多以相似的方式复审的其他案件。人们也许可以从这件单一的案例中断定，明代法制偶尔也的确为"平民百姓"的复审花费相当多的时间和精力，以争取较好的说法。但是，可能只有死刑才会受到当局如此细心的关注，而绝大部分较轻的犯罪和经济纠纷被提交地方当局

---

① 《海瑞集》，上 3，第 176 页。

② 见卜德和莫里斯：《中华帝国的法律：〈刑案汇览〉》。汇览编于 1834 年。

和宗族组织去解决。①

在 16 世纪，皇帝通过颁布诸如《问刑条例》等文献，试图抑制贵族的胡作非为。同时，由于皇帝实行其指令的手段有限，官方颁布的一系列文献不可能对贵族产生很大的作用。但对亲王和贵族的约束，皇帝显然很认真地作出了努力，自开国皇帝以来，这个群体的人数已经大为增加。

皇帝通过不同版本的《问刑条例》，设法协调许多特定的条例，这些条例在一段时期内是为了应付固定不变的明律中没有精确预见到的特殊情况。这样，明代就享有一种便利，即在固定不变的基石上保持它的法律秩序，同时为了适应社会的变化，通过不时地颁布条例来保持灵活性。

也许是因为制度本身并不鼓励法律专家的培养，一批几乎是白话文的文献问世了，它们的目的是帮助官员们懂法。

对罪犯的判决是一项复杂的量刑行为。审判官应该应用明律，但明律并不总是完美地针对每一件处理的案子。因此审判官被指望去参照明律，并比照明律中的条款作出不同的判决。为了防止独断和轻率的判决，在通过比照进行判决的情况下，法律要求审判官草拟初步判决，然后呈报皇帝批准。这样会给皇帝增添沉重的负担，因为可以设想，大部分呈上的案件与明律中有规定的案例总会在这一点或那一点上有所不同。结果，包含在判决规定中的制约和平衡的原则可能会因让皇帝复查大量上报的案件的不切合实际的做法而失效。

这些问题在后继的整个清代时期依然是令人关心的事，因为清代继续沿用明代的法律理论和实践。

附录甲　明律的注疏和法学手册

《折狱新语》，李清（1591—1673 年）作，10 卷。
《法家体要》，无作者，1565 年本。

---

① 这是黄仁宇的观点，见《无足轻重的 1587 年》，第 148—150 页。

《祥刑要览》，吴讷（1371—1457 年）作，1486 年本。

《刑书据会》，彭应弼作。

《益智编》，孙能传作，1614 年本，《刑狱类》第 24—27 卷。

《律解辩疑》，何广作，序言日期为 1386 年。

《律条便览直引》，陈氏作，晚明期，不晚于 1566 年。

《律条疏议附律条罪名图》，张楷作，1471 年。

《三台明律招判正宗》，余员作。

《大明刑书金鉴》，无作者，手抄本，藏于北京图书馆。

《大明律集解》，王楠编，1551—1552 年［傅吾康，6.3.3 (2).］。

《大明律集解》，胡琼编［傅吾康，6.3.3 (4)］。

《大明律集解附例》，高举（1553—1624 年）作［傅吾康，6.3.3 (10)］。

《大明律集解附例》，郑汝璧（1546—1607 年）作［傅吾康，6.3.3 (6)］。

《大明律例附解》，杜氏编［傅吾康，6.3.3 (3)］。

《大明律例注释招拟折狱指南》，佚名编［傅吾康，6.3.3 (12)］。

《大明律附例》，舒化作［傅吾康，6.3.3 (5)］。

《大明律附例笺释》，王樵（1521—1599 年）及其子王肯堂（1589 年科进士）作，1612 年本［傅吾康，6.3.3 (11)］。

《大明律附例注解》，姚思仁（1583 年科进士），约 1600 年［傅吾康，6.3.3 (8)］。

《大明律例致君奇术》，朱敬循作，藏于普林斯顿大学杰斯特图书馆。

《大明律例据会细注》，江户时期日本版，藏于普林斯顿大学杰斯特图书馆。

《大明律例祥刑冰鉴》，董裕（死于 1606 年）作，1599 年［傅吾康，6.3.3 (7)］。

《大明律例临民宝镜》，苏茂相（1592 年科进士），1632 年。

《大明律例添释旁注》，徐昌祚（万历期）作［傅吾康，6.3.3

(9)〕。

《大明律〔例〕释义》，应檟（1494—1554年）作。

《大明律疏附例》，明太祖敕撰，但日期为1568年。

《大明龙头便读傍训律法全书》，贡举作，藏于普林斯顿大学杰斯特图书馆。

《读律佩觽》，王明德作，1674年。

《读律琐言》，雷梦麟作，1563年。

附录乙　为知县准备的明法律手册

蒋廷璧（1522年科进士）作《蒋公政训》。著作见之于1584、1629年和崇祯本的《官常政要》。此著作的全称有时为《国子先生璞山蒋公政训》，又称《蒋璞山政训》。北京图书馆藏的单独版本很可能印自1584年版《官常政要》的木刻版。日本内阁文库所藏的单独版本用1629年版的《官常政要》的木刻板刻印，由于木刻板裂纹加宽，瑕疵增加。另一个我未能查阅的版本是藏于中山大学图书馆的《格致丛书》本。一种经过整理的版本附于托马斯·尼米克的《晚明时期的县、知县和衙门》（1993年普林斯顿大学论文）第229—251页。此作品原来是在1539年给在河南新任知县的儿子的家训。它反映了在1530年代蒋在四川青神县任学监时的地方施政观点。1559年蒋之子和孙将家训分成几个题目。此手册专门讨论地方行政的具体程序。

《治要录》，潘游龙作，抄本，1637年序言，藏于杭州大学图书馆。在他所作的《康济谱》的凡例中，潘声称《治要录》为他的著作，但内容几乎与吴遵的《初仕录》相同。潘从未当过官，但他参加编辑不同风格的作品。看来潘抄袭了以前的作品。

朱逢吉（1403年卒）所作的《牧民心鉴》，无日期，木刻本。转载于《从政典范集》（台北，1979年）。内阁文库藏有几种版本。近期版本为林秀一译注的《牧民心鉴》（东京，1973年）。附全部原文。

此著作最初于 1404 年付印。它反映了朱在洪武期间（约 1390 年）在河北的宁晋县任知县的从政经验。该著作主要为地方的施政提供全面的指导。

《初仕要览》见之于 1629 年版和崇祯年间版的《官常政要》。其中一篇提供全面指导，一篇专门论述地方行政的具体程序。

《居官必要为政便览》见之于 1629 年版和崇祯年间版的《官常政要》。其中有些材料取自许堂的《居官格言》和《新官轨范》中的两种手册。材料已经编辑和增补。该手册专门论述地方行政的具体程序。

何文渊（1385—1457 年，1418 年科进士）作《牧民备要》。尚未发现单独的文本。它可能是转载于《新官轨范》中的手册。它写于 1435 年或 1436 年，反映了何在浙江温州任知府时进行地方行政调研之所得。何还担任过湖广和山东的御史。原版的序言保存在他的《东园遗稿》中。

《新官轨范》见之于 1584、1629 年和崇祯年间版的《官常政要》。内阁文库所藏的单独版本很可能印自 1584 年版《官常政要》同一木刻版。国会图书馆所藏的单独版本虽然列为嘉靖本，但印自 1629 年版《官常政要》的同一木刻版。另一个我未查阅的版本是藏于中山大学图书馆的《格致丛书》版。经过整理的版本附于托马斯·尼米克的《晚明时期的县、知县和衙门》（1993 年普林斯顿大学论文）第 252—278 页上。这一作品是更早的两部手册的提要说明。第一部文本称《体立为政事情》，它由一个当过知县的人所写，因为他以第一人称评述他作为一个知县的事迹。第二部文本称《牧民备用》，它可能抄自何文渊所写的更早期的作品。这两部手册专门论述地方行政的具体程序。

许堂（1495 年科举人）作《居官格言》，见于 1584、1629 年和崇祯年间版本的《官常政要》。另一种我未查阅的版本是藏于中山大学图书馆的《格致丛书》版。内阁文库藏有两种抄本，杰斯特东方图书馆藏有 1816 年抄本的影印本。一种经过整理的论具体程序的版本附于托马斯·尼米克的《晚清时期的县、知县和衙门》（1993 年普林斯顿大学论文）第 223—228 页。这部手册反映了他在 1508 年至 1511 年期间在山西绛县和陕西安化县任知县的经历。他原先为陕西乾州的儒学学生撰写此书，后来在 1513 年至 1519 年在国子监任职期间作了修改。序言日期为 1513 年，但在文中 处出现的日期为 1519 年。此手册的一部分为一般指导，另一部分专门论述地方的行政程序。

薛瑄（1389—1464 年，1421 年科进士）作《从政名言》，其全称有时为《薛文清从政名言》，序言日期为 1535 年，重印于《从政典范集》（台北，1979 年）。此书不是原始材料。1535 年，胡缵宗（1480—1560 年，1508 年科举人）从薛瑄的《读书录》中选收了有关施政的材料付印。《宝颜堂秘笈》（上海：文明书局，1922 年）中的《从政录》作了进一步的删节。

《康济谱》，潘游龙编，木刻本，序言日期为 1641 年，藏于杰斯特东方图书馆。这是一部大部头汇编，搜集了模范官员的传记、关于地方行政著名的政论、明代地方行政方面的官方公告以及一般性的评论。潘游龙本人从未当过官。

高攀龙（1562—1626 年，1589 年科进士）作《则成州县约》，载于《从政遗规》卷下。又载于《五种遗规》，陈弘谋（1696—1771 年）编，1742 年版。转载于《四部备要》（台北，1965 年）。这一作品由《申严宪约责成州县疏》删节而成，高攀龙所写的这一奏疏从未呈上。原文可在他的《高子遗书》（1632 年本）中找到。国会图书馆的缩微胶卷现藏于"国立中央图书馆"（7：356）。这一作品并不打算被人视为一个同僚的指导，它被写成中央政府通过省级官员颁布的指导方针。它专门论述了地方行政的具体程序。

《官常政要》，南京，金陵书坊，1584 年版。共有 21 卷，收 11 种著作和一批手册。迄今为止无人发现有完整版本。部分版本藏于北京图书馆，部分版本我未能查阅，因系私人收藏。第二版，金陵书坊，1629 年。共有 41 卷，收 22 种著作。它包括 1584 年版的全部著作。完整的一套藏于北京大学图书馆，部分版本藏于中国科学院图书馆。第三版全称《重刻合并官常政要全书》，南京，金陵书坊，崇祯年间。这一版共有 50 卷，收了 29 种著作。它包括 1584 年版和 1629 年版的全部著作。浙江省图书馆和山东省图书馆各有完整的版本。这部集成专为地方官员准备。它转载了许多手册及有关地方行政的其他材料。

吕坤（1536—1618 年，1574 年科进士）作《实政录》，1598 年版藏于北京图书馆。万历年版的副标题为《新刻吕书珍先生居官必要》（台北，文史哲出版社，1971 年）。这部著作是他作为地方高级官员以指示形式写的早期手册的提要说明。它对地方行政总的指导方针和具体程序都有专门的论述。

《牧鉴》，杨昱编。1535 年木刻版藏于北京图书馆。清代木刻版收于《得月簃丛书》，《百部丛书集成》（台北，1967 年）转载。这部著作集中论述施政的总的原则，其形式是提供重要官员著作中的箴言和中国历史中有成就的官员的传记轶事。

《牧津》，祁承爜（1563—1628 年，1604 年科进士）编，1624 年木刻印刷；国会图书馆缩微胶卷藏于"国立中央图书馆"。它通过大量搜集中国历史中官员的传记来阐述施政的总的原则。

《牧民政要》，这一作品见之于 1629 年版和崇祯版的《官常政要》。书的内容表明它是崇祯时期的。它专门对使用笞杖和刑具提出警告，并提出征税的具体程序。

《仕途悬镜》，王世茂编，序言日期为 1626 年。此书又称《新刻精纂详注仕途悬镜》。文本藏于国会图书馆和北京图书馆。这是为新任知县准备的材料集成。《筮仕始末》的章节收集了几种手册的材料。这一章节或取自《初仕录》，或取自《居官必要为政便览》。材料专门论述地方行政的具体程序。

王达（1343—1407 年）作《笔畴》，万历版，《宝颜堂秘笈》（上海文明书局，1922 年）转载。撰写此书时王可能是国子监的助教。材料专门论述施政的总的原则。

汪天锡作《官箴集要》，1535 年版藏于北京大学图书馆，1619 年版藏于北京故宫博物院图书馆。我不能将此文本与其他手册对照，但有的材料取自元、明的其他来源。它包含了地方行政的总的原则及其具体程序的建议。

《为政准则》，此手册在 1513 年被广泛使用。① 它还收于《明史艺文志》。② 《明史艺文志》指出，在《菉竹堂书目》中，其名《救荒活民为政准则》。③ 迄今未发现有存书。

吴遵（1547 年科进士）作《初仕录》，南京国子监，嘉靖本。藏于北京图书馆。此作品见之于 1584 年版、1629 年版和崇祯年间版《官常政要》。我未能查阅的是《格致丛书》的版本，藏于山东省图书

---

① 见许堂：《居官格言》，第 1—2 页。
② 张廷玉等编：《明史艺文志、明史艺文志补编、明史艺文志附编》（北京，1959 年，商务版），第 258 页。
③ 叶盛（1420—1474）：《菉竹堂书目》，载《粤雅堂丛书》，《百部丛书集成》（台北，1965 年）转载，第 5 卷，第 18 页。

馆和首都图书馆。手册反映了 1540 年代他任福建长乐县知县的从政经验。它有一节论地方施政的总的指导方针，另一节论地方行政的具体程序。

余自强作《治谱全书》，1637 年本，藏于中国科学院图书馆。这是吸取以前许多手册材料的汇编。我还未能与其他文本比较。它专门论述总的原则和具体程序。

其他引用的书目

何文渊（1385—1457 年，1418 年科进士）作《东园遗稿》，无印刷地点和日期，序言日期为 1559 年，藏于内阁文库，影印件藏于杰斯特东方图书馆。

薛瑄（1389—1464 年，1421 年科进士）作《读书录》，1721 年日本版，《近世汉籍丛刊》（台北，1975 年）收录。

高攀龙（1562—1626 年，1589 年科进士）作《高子遗书》，1632 年木刻版，国会图书馆藏本的缩微胶卷现藏于"国立中央图书馆"。

《明史艺文志、明史艺文志补编、明史艺文志附编》，张廷玉等编（北京，1959 年）。

叶盛（1420—1474 年）作《菉竹堂书目》，载《粤雅堂丛书》，《百部丛书集成》（台北，1965 年）收录。

（杨品泉 译）

第 四 章

明朝与亚洲腹地

在经历了一个世纪的蒙古统治后，明代的中国极力防范来自亚洲腹地的民族或国家的新的占领。[1] 因此，朝廷的政策通常以限制与外国人，尤其是跨越北部、西北部边界而来的外国人的交往为基本原则。对未来入侵的担忧制约了明朝对中亚和亚洲腹地的态度及政策。朝廷决意恢复中国的世界秩序，以便维持对与外国交往的控制。[2] 然而，与中国北部诸族的交易中获取的经济利益仍然是不能忽视的。从贸易中获利的商人及某些官员自然努力支

---

[1] 对于亚洲史料的引用一直囿于最低限度，本章作者向读者提供的引用东亚及中亚史料的著作有：《明代中国与哈密及中亚关系，1404—1513：中国对外政策的再考察》（学位论文，哥伦比亚大学，1970 年）；《明代与亚洲腹地的茶马贸易》，载《亚洲史通讯》，4，2 卷（1970 年），第 31—39 页；《也先的傲慢和明代中国的偏见》，载《蒙古学会简报》，16，2 卷（1970 年秋），第 31—39 页；《明代中国与吐鲁番》，《中亚杂志》，16，3 卷（1972 年），第 206—225 页；《郑和与帖木儿：有何关系?》，载《远东》，20，2 卷（1973 年 12 月），第 129—136 页；富路特、房兆楹编辑：《明人传记辞典》中的传记（纽约，1976 年），第 1—2、11—15、416—420、479—481、683—686、971—972、1035—1039、1308—1309 页；《两个出访亚洲腹地的明朝使者》，载《通报》，62，1—3 卷（1976 年），第 1—34 页；《明末清初的回民起义》，载，《明清之交》，约翰·威尔斯、乔纳森·斯宾塞（纽黑文，1979 年），第 168—199 页；《元明时期的女真人》（伊萨卡，1982 年）；《陈诚〈西域番国志〉译文》，载《明史研究》，第 17 卷（1983 年秋），第 49—59 页；《中国与伊斯兰世界》，见《他人看我们：相互感知，东方与西方》，伯纳德·刘易斯等编（纽约，1985 年），第 269—283 页；《中国的穆斯林》，载《宗教百科全书》，米尔其·厄里阿德（纽约，1987 年），第 7 卷，第 377—390 页。

[2] 在费正清编的《中国人的世界秩序》第 1—19 页及莫里斯·诺萨比编著的《中央王国及其处于平等地位的邻邦，10—14 世纪》，书中描述了这种世界秩序。罗荣邦在《对于战争与和平政策的制定与抉择》一文中讨论了第一个与国外交往的皇帝禁令，见贺凯编：《明代中国政府，七篇研究论文》（纽约，1987 年），7，第 52 页。

持商业的增长。① 在朝廷坚持限制商业时，这些商人及官员们甚至违反规章继续与越境而来的民族及部落进行贸易。

然而，永乐皇帝（1403—1424 年在位）经常支持倡导贸易的人，并推进与亚洲腹地的交往。不过他的那个时代是独一无二的，他的政策是例外。② 与明朝的其他皇帝不一样，他积极鼓励扩张商业并力图扩大来中国的使节的数目。他对王位的篡夺及随之而来的他的正统性的问题促使他追求大量的外国使节涌入，因为，从儒家的观点来说，一个好皇帝自然而然地吸引所谓蛮族"到来并归化"（来化），即承认汉文明的优越性并日渐汉化。使节来得越多，永乐皇帝在他自己的人民眼中看起来就越具有正统性。他渴望推动中国参与到亚洲的政治、经济活动中去，一位有影响的学者把他那个时代称为"明代历史上最为敢作敢为的时期"③。然而，他那个时代并不是常规，明代其他大多数皇帝都力图限制与外国人交往。

史　　料

史料的限制妨碍了对明朝与亚洲腹地的关系进行综合性的研究。满洲的女真人创制一种书写文字，但主要用于印章及碑铭题献，而不是历史文献。16 世纪后期蒙古人对佛教的皈依促进了他们的历史文献的形成，但集中在宗教组织、传说及高僧传记，而不是蒙古政治政策。最后，中亚及波斯的史料很少涉及中国。例如有关中亚这一时期最为重要的著作拉施特的《史集》并未提及中国。④ 一位中亚使者到

---

① 有关商人的上升参看奚孙凝芝：《明代商人阶级的社会和经济地位》（学位论文，伊利诺斯大学，1972 年）；波多·维特霍夫：《1368—1567 年中国的海禁政策和私人海外贸易》（汉堡），第 142—170 页。

② 关于永乐皇帝，参看陈少岳：《燕王的篡位：1398—1402》（旧金山，1975 年），引用该书应审慎。

③ 爱德华德·L. 法默：《早期明代政府：两京制的演变》（坎布里奇，马萨诸塞），第 104 页。

④ 奈伊·伊莱亚斯编，E. 丹尼森·罗斯译：《中亚莫卧儿人史》（1841 年；1970 年纽约再版），第 63 页。

中国的游记提供了有关明朝宫廷的有价值的观点，但是其他的文献却很少有西北边境诸族与中国关系的详细的描述。[1]

因此，历史学家们要依赖中国的史料，而这些史料是支离破碎的，至少也是有偏见的。那些编写这些记录的学者们公开声称不缺乏对外国人及对外关系的关心。他们将外国人描写为野蛮人，并很少关注他们，有关与中亚、亚洲腹地诸族的商业和经济关系的信息很稀少。即便如此，《明实录》还是包含了许多与这些地区的外交和朝贡关系的信息。[2] 但是直到最近，很少有学者研究明朝与亚洲腹地的关系。不久前，一部写于19世纪的关于明朝—中业关系的书还被评述为"尚未被完全取代"[3]。然而，过去20年，日本、中国和西方学者的研究已为这些关系提供了更加明晰和详细的知识。

中国人在理论上已经发展起了一套对付外国人的体制，他们在大部分历史时期中运用这一体制。在这种体制之下，中国被视为中心的王国，而其余的国度则被打上属国的标签。中国皇帝被认为比所有其他统治者优越，后者通过定期向中国君主朝贡来表达对中国皇帝的尊崇和承认他们的"属国"地位。贡使的周期、每次使团的人数、进京的路线，所有这些细节都为中国当局无一遗漏地规定好了。觐见皇帝时，要行跪拜礼，这是一种表示接受中国的世界秩序的象征。

蒋廷黻，一位有影响的对外关系朝贡制度理论的鼓吹者，断言中国的主要目的在于边界的防卫，几乎从不在乎获取金钱及外国人带来的物品。[4] 实际上，朝廷回赠给礼品、荣誉和饰物（明器），包括作

---

① K. M. 麦特拉翻译的《一个到中国的波斯使者》（纽约，1970年）中有此记述。

② 日本学者做了大量的工作，从浩瀚的《实录》记载中搜集有关明朝与亚洲其他地区关系的材料。有关蒙古和满族的见田村实造的《明代满蒙史料》（京都，1954—1959年）；有关中亚的一部摘集在荻原淳平的《明代西域史料》中；陈学霖在其《明实录中之东南亚史料》（香港，1968年）中做了同样的工作；另见渡边纮良《〈明实录〉记录的伊斯兰国家出使明代中国的使节及贡使索引，按地理区域分类》，见《东洋文库研究报告》，33（1975年），第285—347页。

③ 贺凯：《中国文献目录评介》（塔克森，1962年）第29页提到 E. 布雷特施奈德的《根据东亚史料对中世纪研究》（1910年；1967年纽约再版）。

④ 蒋廷黻：《中国与欧洲的扩张》，载《政治学》，2卷（1936年3月），第2—3页。

为重赏的丝织龙袍。"这些礼物等于是告诉外国的统治者，他们可以将自己视为这个家庭中的一员。"[1] 向外国使节赠赐礼物远远比他们带进宫廷来的贡品慷慨大方。而且，与中国商人进行的贸易，对于他们来说是有利可图的，而对于中国人来说则并非必需。中国官员强调的是贸易、朝贡制度的礼仪特性而贬低商业的安排。蒋廷黻宣称："不应该设想中国朝廷从朝贡中得利。"[2] T. C. 林，另一个传统解释的支持者补充说道："直到最近，中国的政治家们几乎没有用经济学家的眼光来看待贸易和朝贡。"[3] 实际上，费正清说："贡使带来的任何东西对于帝国国库几乎没有任何益处。"[4] 中国不需要外国使节和商人提供的任何物品，而且"贸易是对这种体制的搅扰……"[5]

尽管在这种体制之下，外国统治者的地位似乎被贬低了，但他们的确获得了具体利益。其一，他们确保得到他们所需要和渴求的中国商品。纺织物、谷物、工业及手工业品、茶，所有这一切都由商队运送到他们的土地上，或者通过中国边境沿线的特别指定的集市购得。其二，当亚洲腹地统治者得到中国皇帝册封时，他们的特权也得到了支撑。其三，与第二点密切相关的是，如果他们的领土被认为对中国的利益是至关重要的，那么当他们遭受外国攻击时，可以指望得到中国的支持。

最近一些年来，对外关系的朝贡体制理论已经受到挑战，也许应根据最新研究成果来加以修改。中国并不能总是将他们的世界秩序加诸亚洲腹地，特别是在虚弱的王朝之下。由于他们不能控制周围的草地和沙漠之上的部落和民族，他们也就不能维持对朝贡和贸易的限制。而且，最近的研究表明，一些中国人要求贸易并从中获利，少数

① 苏勒尔·凯曼：《明清宫廷为了外交目的赠送的龙袍》，载《汉学》，3（1951—1953年），第 194 页。

② 蒋廷黻：《中国与欧洲的扩张》，第 4 页。

③ T. C. 林：《明代满洲的贸易和朝贡》，载《南开社会经济季刊》，9（1937 年），第 856页。

④ 费正清：《中国海岸的贸易和外交》（坎布里奇，马萨诸塞，1953 年），第 29 页。

⑤ 王伊同：《中国与日本的官方关系，1368—1549》（坎布里奇，马萨诸塞，1953 年），第 3 页。

输入中国的外国商品是必不可少的，而非可有可无的外来品。再补充一句，尽管朝廷官员不予承认，但与此相反，中国人却惊人地熟悉其北方和西方邻居的经济、风俗和政治实践。使节及边境的文官、武将们的报告提供了有关亚洲腹地诸族的有益的事实和见识。简而言之，中国强加的对外关系体制并未完全规定明王朝与亚洲腹地关系的性质。

蒙古的威胁

明王朝的官员们极其关注在近期内被驱逐的原来统治者蒙古人。洪武皇帝开初曾试图压服蒙古人，重占原来被元王朝控制之下的亚洲腹地领土。但是，他的军队在 14 世纪 70 年代早期之败，迫使他放弃了扩张，至少在 15 年内不得不维持一个"较小的帝国"。1387 年，他派遣了一支军队，迫使纳哈出指挥下的一支强大蒙古军队投降，1388 年，他的将军蓝玉击败脱忽思帖幕儿率领下的另一支强大的蒙古军队。[①] 但是没有远征大军涉险深入草原地带，也未打算保持对这些地区的控制。

令人惊奇的是，尽管对蒙古势力怀有忧虑，洪武朝廷还是允许一些蒙古人在中国留居。中国接纳汉化了的蒙古人，或者那些对于游牧社会经常不断地迁徙感到厌倦了的蒙古人，甚至允许他们在北部边境的战略要地居住。王朝在沙州的蒙古人和在甘肃西部的赤金选出的蒙古人中组建卫。为了吸引蒙古人并维系住他们的忠诚，王朝赠赐给他们衣物、住房、谷物等礼物及纸币，并赐给他们头衔与特权。通过向他们提供适于定居农业的土地来鼓励他们放弃游牧生存方式。生活方式的改变将促进同化和汉化。一些蒙古人感受到汉文明的吸引力，而且确实适应了。少数人甚至为王朝承担了有益的服务，如分派为兵士、使节和翻译。大多数被证明是忠诚的，因为中国的史料很少提到

① 《明史》，第 8465—8466 页；路易斯·汉比斯：《明代蒙古人历史文献》（巴黎，1969年），第 11—14 页。

叛逆行为。那些由地方情况而引发的极稀少的小骚乱"是轻微的，也没有导致哪怕是最微小的后果"[①]。朝廷对这些反抗的反应是温和的，对所谓的叛乱的处理是宽大仁慈的。理由是"严厉的惩治将给境外的部落造成恶劣的影响，在轮到他们时他们会因恐惧而不投向中国"[②]。

中国境外的蒙古人受到更为深切的关注，他们是不顺从的。尽管在洪武朝末期击败了一支蒙古军队，但总体上蒙古人并未接受招抚。实际上，在明王朝的大部分历史时期，他们即便不是威胁，也继续构成挑战。要完全压制住各个蒙古游牧集团即便不是不可能的，也是异常困难的。蒙古人散居各地，并分为如此众多的部落，以至于要招抚所有的集团实际上是行不通的。而且，在明王朝时，蒙古人并未在战场上与中国军队全面交锋。通常是小团伙与中国部队相遇，大多数场合是与他们进行打了就走的袭击，或者说是游击战。中国士兵不能追击溃逃的蒙古部队，因为不适应蒙古的沙漠和草原地带，并且没有必需的供应线来对难以捕捉的蒙古游牧骑兵进行纵深追击。因此，明朝的史料中所描述的决定性胜利是要打折扣的。中国军队也许偶然击溃某个蒙古部落，但是明王朝编年史中有时记述的巨大的成功是可疑的，那些毙命和捕获蒙古人的数字应审慎地引用。

这种事态明显的一面是透露出蒙古人的政治组织。蒙古确实不能统一在一个领导人之下。13 世纪，在蒙古征服的鼎盛时期领导权是集中的，但在 1241 年成吉思汗之子窝阔台死后，蒙古控制之下的领土就日益分裂瓦解，没有一个单一的领导者（汗或是"汗中之汗"）能够控制蒙古领地。蒙古人不能理解有章法的汗位继承制度。按照一种规则，成吉思家族成员中功绩最著显者应承袭汗的头衔，但是要确认谁是最有能力者，通常导致吵闹、争执、战争，而这些争斗侵蚀了最终继位者的势力和影响。[③] 在明王朝时期，更为复杂的是，强有力

---

① 司律思：《洪武朝（1368—1398 年）的在华蒙古人：1368—1398》，见《中国和佛教文集》，11（1959 年），第 245 页。

② 司律思：同上书，第 246 页

③ 小约瑟夫·F. 弗雷彻：《蒙古人：生态环境与社会的透视》，载《哈佛亚洲研究杂志》，46，第 1 卷（1986 年 6 月），第 24—28 页。

的军事头目们获取对一个相当大的集团的控制，并把成吉思汗家族的成员当作傀儡，以使其统治合法化。这种企图只在短时间内起效，但导致了进一步的分裂。蒙古没有统一领导权状态继续发展，这阻止了新的蒙古帝国的出现。

此外，蒙古人具有惹是生非的潜质，这需要明王朝对他们的北方邻人清楚地宣示政策。然而，中国的官员和皇帝对待蒙古人的态度、给蒙古人的待遇、与蒙古人的关系却并非始终如一。他们在宽容地允许相当数量的使节和商人进入的政策、一致努力限制这类联系的政策、企图控制或者逼近蒙古人土地的侵略性政策之间摇来摆去。政策的多变激起了怨恨和敌意以及贸然进行的袭扰攻击，从而败坏了他们与蒙古人的关系。

洪武皇帝的军队数次击败蒙古军队，看来占据了上风。1378年，蒙古汗爱猷识里达刺亡故；1387年，他们的头领纳哈出被迫投降；次年，他们最后一位强有力的汗脱忽思帖幕儿为明朝将军蓝玉的军队所击败，他最终被他自己的一个亲属杀死。脱忽思帖幕儿之死确实结束了成吉思汗家族在蒙古人中攫取领导权的可能性，也许也结束了在中国复兴元王朝势力的可能性。自此以后，几乎所有的汗都成为野心勃勃的军事或政治头领操纵之下的傀儡。[①]

永乐皇帝1403年登基，与蒙古的关系出现不稳定状况。中国文献指责，蒙古人难以缓解的敌意导致了紧张局势和冲突。他们并不认为蒙古人的行动出于理性的动机。按照这种看法，蒙古人袭击中国边界上的居民点，是出于其劫掠好斗的天性。在中国的文献中，搅乱的中国与蒙古关系的经济问题几乎没有记录，也没有记录蒙古人的正当的不满。

中国的记载简单地报道了永乐皇帝面对东部蒙古人中怀有敌意的集团的情况。鬼力赤汗及他的主要家臣阿鲁台都拒绝皇帝建立朝贡关系的提议。他们还毒死了西北的哈密绿洲的王安克帖木儿，安克帖木儿是中国人册封的这一通往西域的重要门户的统治者。东部两个蒙古

---

① 汉比斯的《文献》翻译了《明史》中有关这些事件的部分。

领导人之间终于爆发了冲突，冲突以 1408 年鬼力赤被杀告终。胜利者阿鲁台并未继承汗位，他从别什八里的中亚城镇招来蒙古王族的后裔本雅失里取代他原来的盟友、现在已死去的对手鬼力赤。明王朝得知这一变化，寻机利用动荡的局势，派遣了一个叫郭骥的使者向他们提出派遣贡使到中国的要求。[①] 阿鲁台的回答是杀死明朝的使者。

此时，永乐皇帝企图运用分而治之的政策来招抚蒙古。他偏爱蒙古联盟中的另一人，寻求通过赐给礼物、头衔、优惠来结成同盟，反对他的更为好战的北方邻人。他挑选出来予以支持的是瓦剌蒙古人（西部蒙古人），其放牧地在蒙古西部及天山以北的准噶尔草原，他们的三个头领并不厌恶与明王朝交往。在接受了明王朝 1403 年、1404 年、1407 年三度派出的使节后，他们的最高头领马合木派贡使于 1408 年朝见了永乐皇帝。永乐皇帝热情地接待使团，因为使团的到来不仅有助于他所渴求的正统性，而且还表明了瓦剌与表面上难以驾驭的东部蒙古之间的尖锐分歧。他欣然赠给使节大量的礼物，并赐给瓦剌的三个头领印章和头衔。马合木被封赐为顺宁王，而把秃孛罗和太平则分别被封赐为安乐王和贤义王。[②] 无疑，瓦剌对于与中国适宜的关系中所包含的实质性的经济良机的兴趣要比对宫廷所提供的礼仪上的外部标志及特权的喜好要浓厚得多。对于瓦剌来说，他们需要中国的谷物和制造品，贸易即便不是必需的，也是有价值的。只要他们获得商业优惠，他们就乐于接受明王朝提出的绝大多数条件。如果他们发觉有寻求政治或军事优势的途径，他们自然会抓住机会。然而，他们通常维持着相对和平。如果恩准他们进行贸易，并且他们独立于中国的地位不受到挑战，朝廷也不站在他们的蒙古人中敌人的或中亚的敌人一边，他们偶尔也与明王朝合作。不论何种妨碍与蒙古人关系的冲突，都产生于明朝的这类政策。

① 详细情况见我写的《阿鲁台传》，见《明人传记辞典》，第 11—15 页。另见爱德华德·L. 德雷尔《早期明代的中国：1355—1435 政治史》（斯坦福，1982 年）中的解释，第 177—182 页。

② 杜荣坤：《西蒙古史研究》（乌鲁木齐，1986 年），第 64—65 页；莫里斯·罗萨比：《马合木》，见《明人传记辞典》，第 1035—1036 页。

从早期的明王朝的观点看来，正是由于蒙古人不愿接受中国的世界秩序而使它受到阻碍和骚扰。而从永乐皇帝的观点看来，正是东部蒙古不响应他的建立朝贡关系的呼吁并杀害其使臣而令他震怒。他于是招揽马合木及其瓦剌军队帮助他平定东蒙古，无疑他对马合木有所暗示，也许是明确地许诺增加贸易和朝贡。马合木召集军队，1409年出兵东征。马合木与阿鲁台、本雅失里在亦集乃地区的宁夏北部遭遇，击败他们的部队，迫使他们到胪朐河（克鲁伦河。——译者注）附近躲避起来。明朝的分而治之政策似乎取得了成功。永乐皇帝试图利用东蒙古的慌乱，据明史所载，他派遣丘福将军率 10 万精锐的骑兵以粉碎顽抗的蒙古人。10 万这个数字看来是夸大了，因为要在远征计划所规定的时间内组织和供应如此庞大的部队，尤其是在草地，几乎是不可能的。据明代编年史所载，参与丘福与东蒙古人作战的仅有 1000 名明朝骑兵，这个数字给人印象不深但更为可信。丘福因瓦剌部的胜利而过分自信，他落入了致命的圈套。到达胪朐河时他的部队抓获一个蒙古人，据他透露，敌人已溃不成军，杂乱无章地后撤。丘福按照这个情报采取行动，追逐去向不定的敌军深入草地，没有考虑或没有意识到蒙古人惯用的伪装撤退的计谋。在现在蒙古人民共和国与黑龙江交界的斡难河以西，本雅失里、阿鲁台发动总攻，丘福与其他部队失去联系，不堪一击，部队被击败，他本人也战死。

灾难性失败的消息激怒了皇帝，他亲自承担起征伐东蒙古的军事责任。登基前，他当燕王时曾指挥了许多征伐。他的积极行动的思想，在许多方面类似于蒙古汗王们强调军事领导权的思想，可以说是他们的继续。就这一点及他的许多其他政策而言，皇帝采纳了元王朝的模式，是在步他否定了的王朝的后尘。[①]

1409 年冬，他筹划远征，次年春出师。据明史所载，他统率 50 万（更为可靠的估计为 10 万）军队到达胪朐河北岸，在此勒石记事："永

---

① 关于永乐皇帝对蒙古的远征，参看傅吾康：《永乐帝对蒙古的远征》，载《汉学研究》3（1945 年），第 1—54 页；及他的《15 世纪中国对蒙古的远征》，载《汉学》3（1951—1953），第 81—88 页。

乐八年四月十六日（永乐庚寅年丁酉月壬子日，即 1410 年 5 月 19 日），大明皇帝率六军于征讨蛮贼途中经过此地。"[1] 显然，明王朝军队的数量及其力量本身就表明本雅失里和阿鲁台对一项行动计划意见不一，只有四散出逃，王室氏族的后裔们向西，而军事头领则向东移动。明朝军队先对付本雅失里，将他逼入困境，最终在 1410 年 6 月 15 日在鄂嫩河给予他的部队以致命打击。本雅失里逃脱了，但他的势力损失殆尽。永乐皇帝下一步追击阿鲁台并在塔尔河附近的静虏镇追上他。明朝军队击败了阿鲁台，但并非致命打击，如中国的编年史描述，因为在此后 20 年东亚的政治舞台上他依然是一股重要的力量。[2]

明王朝与阿鲁台间维持着脆弱的停火，但是和平并未遍及中国边境沿线各地。现在，阿鲁台寻求与明王朝合作，部分原因是慑于明朝的军队，或许更重要的是他更确信能通过贸易获得中国货物。1410 年晚期，他上贡马匹，得到的回报是获准与中国商人贸易。在此后几年间，他精心建立与明朝的友好关系。阿鲁台带来的威胁解除后，永乐皇帝不再需要对瓦剌部作出让步，许给特权了。于是朝廷对待瓦剌使者及他们提出的增加贸易和朝贡的愿望不再那么热情大方了。瓦剌的头领马合木自然对这种态度的改变感到不满，尤其是在他击败和杀死本雅失里，将后者的儿子答里巴当他的傀儡就任新汗，自认为作出了不可估量的贡献之后，他更为愤懑不平了。当他请求给予那些参加对本雅失里、阿鲁台作战的瓦剌部下属人员特别奖赏遭到皇帝拒绝时，他发誓要进行报复这种侮辱。于是，当明朝的使节到来时，他扣留了他们，并指出他要对中国边境沿线，尤其是现在的甘肃和宁夏沿边的控制发起挑战。皇帝则派太监海童出使，争取释放被扣留的使者，但海童的努力也没有成效。

双方都在为战争作准备。马合木担心阿鲁台和中国人和解而共同

---

[1] V. M. K. 卡萨克维奇：《中国远征蒙古史料》，载《华裔学志》，第 8 卷（1943 年），第 328 页。

[2] 德米特里·波科提洛夫：《明代东蒙古史：1368—1644 年》（成都，1947 年），第 28 页。

反对他；而皇帝则第二次率军北上，但为边境沿线的骚乱所困扰。双方军队最后在土剌河和胪朐河上游的一个地方交战，在随后的战斗中明王朝和瓦剌双方均遭受重创。阿鲁台起初曾向明王朝提出站不脚的托词，说他病得很重不能提供帮助，而战斗一结束，他乘瓦剌遭削弱之机，立即进行骚扰和追击。1415 年末某个时候，或 1416 年初他追上并制服了他们，杀死了马合木及傀儡可汗答里巴。

剪除了敌手瓦剌部后，永乐皇帝在处理其他蒙古人时处于更强有力的地位。同时，阿鲁台粉碎了瓦剌部，也渴望得到他认为应该得到的奖赏。他期望扩大与中国的贸易，但收到的只是给他和他的母亲册封的头衔。当商业特权落空时，他就抢劫往返于中国北部的商队，进行报复。1422 年他攻占兴和的边境城堡，杀死指挥官，促使永乐帝第三次远征蒙古。中国派出大规模的军队，估计达 23.5 万人，阿鲁台被吓得逃入草原，明朝军队扑空。阿鲁台新的攻击又使皇帝在 1423 年进行第四次远征，这又是一次令人恼火的军事行动，蒙古头领还是躲避开了追击部队。然而，皇帝利用蒙古指挥官也先土干的投降，宣称取得战争的胜利而班师回朝。边境局势依然紧张，阿鲁台向开平、大同几次发动攻势。次年，皇帝发动了第五次也是最后一次远征。由于阿鲁台命令部队后撤，避免军事接触，中国军队还是未能发现蒙古人。从这次令人沮丧的远征返回的途中，皇帝垮掉了，随即死去。[①]

永乐皇帝与蒙古关系由于缺乏一贯性而被搅乱。他谋求运用分而治之的策略，然而当这种策略取得成功，他又常常不给支持他反对那些与他敌对顽抗的蒙古联盟的蒙古集团额外的奖赏。他还试图确定明朝与其北方邻人的商业关系的性质。当某个被拒绝进行贸易的蒙古集团以袭击中国边境居民点进行对抗时，他无视中国传统的力戒扩张的观点，五次深入草原亲征，这种政策是元朝统治者政策的翻版。他的五次亲征并没有促进在明王朝与蒙古

[①] 关于这次远征，参看傅吾康的《永乐帝对蒙古的远征》第 1—54 页及他的《中国对蒙古的远征》第 81—88 页；关于瓦剌，参看虽已过时但仍有用的吴基昱文章《谁是瓦剌人？》，载《燕京社会研究学报》，3，第 2 卷（1941 年 8 月），第 174—219 页。

之间建立正规的和平关系。

永乐皇帝死后，王朝抛弃了某些早期的政策；1437 年宣德朝终结后，更是如此。扩张主义因其耗费而无成果受到非难。诸如郑和出使的遥远的远航被中止了。朝廷力图阻止与外国人的交往，削减与邻近及遥远地区的贸易和朝贡。王朝推行消极的对外政策，在 15 世纪 30 年代晚期和 15 世纪 40 年代初期控制政府的著名的"三杨"（"三杨"指英宗时执掌朝政的杨荣、杨溥、杨士奇。——译者注）通过限制外国人来寻求稳定与和平。

永乐皇帝死后的 20 年间，明王朝仍追随他的分而治之的政策，其结果也是一样的。起初，王朝支持瓦剌对抗东蒙古。马哈木死后，永乐皇帝通过册封他的儿子妥懽为顺宁王而加强了与瓦剌的关系。随着从中国获得的礼物及相对的和平，瓦剌从他们遭受的损失中得到恢复，妥懽任命另一个蒙古王室后裔脱脱不花（Toghto bukha）为傀儡可汗。妥懽巩固了他的权力后，与阿鲁台的斗争日益加剧。阿鲁台曾提出他的可汗候选人阿台（A-t'ai）。明王朝意识到瓦剌力量日益增长，此时试图通过礼物和册封来与阿鲁台联盟，但既未得到他的响应，也未能阻止他骚扰中国领土。最终，妥懽更为成功，1434 年，在经过一系列军事斗争后，他击败并杀死了阿鲁台。现在中国在其边境上面对着一个强大的没有争议的蒙古集团，施行分而治之的政策也遇到了困难。

妥懽，尤其是他的儿子也先在 1439—1440 年继承他为瓦剌的头领后，扩张瓦剌版图，领导他们争取减弱明朝的限制。在也先的领导下，瓦剌先向西移动，迫使具有重要地位的哈密绿洲的王公接受其霸主地位，沉重打击了宣称这个地区为其属国的中国。沙州和赤金西北地区的蒙古部落也受到威胁，有的被迫承认瓦剌的霸权，有的逃入中国避难。[①] 1447 年，也先向东北推进，征服蒙古东邻的兀良哈各族。

也先控制着如此广袤的领土，更加恶化了他与明王朝已经产生敌

<hr />

① 司律思：《明代甘肃的蒙古人》，载《中国和佛教文集》，第 10 卷（1955 年），第 311—312 页。

意的关系。令中国朝廷更为担忧的是，它已经察觉也先滥用朝贡体制的后果。15 世纪 40 年代，瓦剌贡使团的数目急剧增加，每一个贡使团的人数也同样增加。每个贡使团已不再由数百人，而是几千人组成，明朝提供运输、食宿、向使者及其统治者赠赐礼物的负担也随之加重。开支的上升使得明朝的官员们开始限制也先使团的人数，并减少贸易中赐给他们的礼物和产品。[1] 也先的反应是可以料想的。他指责中国进行不公平交易，盘剥瓦剌，虐待他的使者，并准备与明王朝对抗。大学士杨士奇意识到也先军队所带来的威胁，提议朝廷加紧备战，向边防部队增拨马匹和其他作战物资。朝廷没有听从杨士奇的恳请，再次施展分而治之的计谋，这次打算离间也先与脱脱不花可汗。但是，中国官员们错估了这两位蒙古领导人之间的关系，他们没有认识到也先已垄断政治权力，脱脱不花只不过是一个傀儡。错误的判断导致了分而治之策略的失败。这个策略是不适宜的，最终使中国卷入与瓦剌的武装冲突。朝廷一味向可汗大肆赠送比他通常应得到的更多得多的礼物，竭力讨好他。结果令人失望，可汗没有中断他与也先的关系。

　　贸易、朝贡以及领土方面的紧张局势终于迸发为战争。[2] 1449 年 7 月，也先分三路向明朝发动进攻。他派遣一支军队由脱脱不花率领向东进攻辽东，另一支军队向东南进军攻击宣府，他率领自己的部队南下大同。[3]

　　中国对于进攻的反应导致了一场灾难。两个译员未经授权即向也先保证将中国公主嫁给也先的儿子，而朝廷很快断然拒绝这一保证，也先被激怒了。[4] 据中国文献，与对瓦剌的商业盘剥有牵涉并卷入与

---

① 戴维·法夸尔：《瓦剌与中国人的朝贡关系，1408—1446 年》，见《阿尔泰研究：纪念尼克拉斯·波普文集》（威斯巴登，1957 年），第 65 页。

② 牟复礼：《1449 年土木之变》，见弗兰克·A. 基尔曼、费正清编：《中国的用兵之道》（坎布里奇，马萨诸塞，1974 年），第 251 页。该书赞同律思所说的"蒙古最为需要的是与中国可靠的经济关系，如果贸易以合理地使他们满意的方式进行，战争未必爆发"。

③ 菲利浦·德·赫尔：《看守皇帝》（莱顿，1986 年），第 16 页。

④ 罗萨比：《评也先的傲慢和明代中国的偏见》，第 31—33 页。

瓦剌的贸易争执的权倾一时的太监王振也将瓦剌和朝廷引入歧途。他一再阻挠也先增加贸易的努力。当也先发动进攻时，王振劝说皇帝督战并亲自率军抵抗入侵。总是用最直言不讳的笔调抨击太监的中国文献斥责王振怂恿皇帝亲征，以使这次远征看起来非同寻常。然而，仅仅是在 30 年前，永乐皇帝曾进行了 5 次进击蒙古人的远征。王振只不过是追随由明朝伟大的皇帝所开创的传统而已。

然而，对远征的谋划却糟糕透顶。从京城出发时，皇帝得知也先的部队已击破了大同东北阳和的明朝守军；中国的记载将战败的部分责任归咎于王振派遣指挥战争的一个太监。明朝 50 万大军（也许也是一个夸大了的数字）跨越居庸关，越过长城内线。尽管多次提出警告，要求放弃远征撤回长城的安全地带，但王振还是直扑宣府、大同。到了大同，他又改变主意。他担心也先正在引诱中国军队落入陷阱，于是命令迅速向宣府撤退。瓦剌军队乘势追击，8 月 30 日追上明军并击溃后卫部队。次日，帝国军队到达土木，这是一个易遭攻击的驿站，又没有足够的水源。文武官员均恳求皇帝继续前进，赶到距离只七八英里的筑有城墙的怀来镇，然而王振却惟恐如此仓促的撤退会使皇帝和他个人载有珍贵物品的商队遭受风险，决定在土木扎营以等候装载财宝的篷车。第二天，也先军队发动进攻并摧毁帝国军队，杀死王振，俘虏皇帝。

但是，瓦剌头领没有及时利用这出乎意料的胜利。他耽搁了一个半月才进兵北京，让中国人有时间重新组织，作好迎击进攻的准备。在中国史书的记载中被描绘为英雄的兵部右侍郎于谦组织动员京城的居民，使朝廷同意被俘皇帝的弟弟成王继位（后来定年号为景泰），为行将到来的进攻调集人力物力。10 月 27 日，也先进抵北京城门[①]，要明廷出钱财赎回皇帝，遭到明廷断然拒绝。这一拒绝促使也先围困京城，直到 10 月 30 日，然而他未能越过护卫着北京的筑防的军营。

[①]　关于这位北京的解救者，参看傅吾康：《国务活动家与兵部尚书于谦，1398—1475》，载《华裔学志》，11（1946 年）；关于于谦之死，参看同一作者：《一份指控于谦的文件（1475 年）》，载《华裔学志》，第 6 卷（1947 年），第 193—208 页。

当他听说明朝救援部队已在赴京的路途上，就撤退了。经过这次失败后，也先采取了和解政策，部分原因是为了恢复商业和朝贡关系。他还急着要把现在已成为负担的前皇帝遣返回国。可以理解，新登基的皇帝反对立即让他回国，因为这可能会对他的地位和正统性提出挑战。最终，朝廷的官员上谏劝说他采取积极的态度确保他的兄长得到释放并让这个前皇帝自动退位。他派遣足智多谋的杨善到也先营帐谈判，杨善施展计谋，成功地把老皇帝带回。①

外交的失败终于使也先衰落，其他几个蒙古头领利用他的困难向他的地位的合法性发出挑战。脱脱不花直到这时还是名义上的可汗，他利用这次机会中断他与也先的关系，并提议试图罢黜也先。然而这一图谋注定要失败。1451 年冬，他被也先的部队制服，在他向东逃窜的路上被当地的部落民杀死。在一年半内也先自称可汗，这是一个自我毁灭的决定，许多守旧的蒙古人不认可非法僭取这个头衔而离开了也先，这时，他已恢复了与明朝的朝贡和商业关系，但即使这一外交的成功也未能平息他那个阶层中的不满。1454 年，突发了一场暴乱，也先被一个他所处死的人的儿子杀死。

也先之死并未结束蒙古与明朝的敌意。瓦剌内部的分裂阻止了这个蒙古集团成为中国朝廷的主要威胁。然而，土木兵败及随后对中国的挑战，促使朝廷放弃了长城以外的筑防哨所。自此以后，中国实际上抛弃了扩张主义和与永乐皇帝及其直接继承人相联系的更为武断的政策。许多人反对恢复与也先和瓦剌的关系，但于谦与新登基的皇帝压倒了朝廷中的这个派别而采取一种较为和解的政策。他们寻求和解的一个明显的标志是皇帝在 1454 年初期称也先为汗，这是在瓦剌统治者采用此称号以后之事。然而，由于没有一个缓冲地带，因此当 15 世纪末 16 世纪初，中国北方邻人实现统一并谋求兼并新的领土时，中国却越来越脆弱。② 对于蒙古人来说，也先的失败是一个有益

---

① 李实《北使录》及杨铭《正统临戎录》记述了皇帝被俘的情况；另见吴智和：《土木之变后明朝与瓦剌的交涉》，载《明史研究专刊》，3 卷（1980 年 9 月），第 101—103 页。

② 德·赫尔：《看守皇帝》，第 1—3 页。

的教训。第一，如果他们要在东亚发挥重要作用，统一是必不可少的。第二，实现了统一的蒙古联盟的领导人应当是蒙古王室的后裔，或者像也先那样的"大元帅"（太师），但不超越其地位和僭取可汗称号。[1]

15世纪后期，蒙古王室的一个后裔把秃猛可力求吸取这些教训。把秃是东蒙古的头领，他僭取大元可汗称号，并首先统一了他的人民。[2] 随后，他转而树立对瓦剌的霸权地位。瓦剌自阿鲁台死后一直是蒙古人中的统治集团。15世纪80年代早期，他降伏了瓦剌中最强大的头人并试图凭借其至高无上的统治地位支配与明朝的关系。他要求增加与中国贸易的机会，当其要求被断然拒绝后，他就大肆抢劫，以致"1480年以后，没有哪一年不是在大队蒙古人越过中国西北边境进行抢劫中度过的"[3]。他的军队从大同到宁夏一带发动攻击，而中国军队看来无法阻止他们持续不断的入侵。1506年，正德皇帝任命杨一清为负责边境事务的主要官员，杨一清提议沿北部和西北部边境构筑城堡，而不是在这些地方常驻大量部队。然而，杨一清在朝廷中有一个身为太监的政敌，他说服皇帝拒绝了杨一清的建议。杨一清被迫离任，蒙古人继续袭击侵扰。[4]

内讧阻止了蒙古人利用他们所获得的机会。把秃猛可在某种程度上对这一分裂负责，他封给他的儿子巴拉斯博罗特"济农"称号（蒙古贵族的封号，意即亲王、副汗。——译者注），隐含以其后代作为他的主要助手和继承人的企图。蒙古其他头领对这个显而易见的把戏心怀不满而疏远可汗。可汗被迫从中国边境上调回部分军队以对付反对者。在一次战斗中，巴拉斯博罗特被把秃的敌人杀死，把秃在其生

① 司律思：《15世纪蒙古的太师》，载《哈佛亚洲研究通讯》，37，第2卷（1977年12月），第353—380页。
② 关于大元可汗，参看冈田英弘：《大元可汗生平》，载《亚洲学报》，11（1966年），第46—55页；和田清：《大元可汗研究》，载《东洋文库研究部论文集》，19（1960年），第1—49页；司律思：《大元汗后裔谱系》（海牙，1958年）。
③ 罗伊·米勒：《把秃猛可》，见《明人传记辞典》，第18页。
④ 波科提洛夫：《明代东蒙古史：1368—1644年》，第101—103页；又见吴智和：《土木之变后明朝与瓦剌的交涉》，第75—99页。

命的剩余时间中，经常处于与他自己的臣民作战之中。他的主要贡献是统一了内蒙古的蒙古各部，但内部分裂使他未能对中国的完整构成主要威胁。直到他在 16 世纪 20 年代死去前，他的军队持续袭击中国境内。然而，无论是蒙古可汗，还是中国都未能占据上风。

俺答汗作出明王朝时期统一蒙古的最后一次努力。[①] 他建筑的科克果答（Koke gota，意为蓝泉）都城证实了他怀抱的这个目标。俺答汗作为把秃猛可的孙子继承了领导权及他的祖父征服的领土和部落。16 世纪 30 年代和 40 年代在蒙古肆虐的天花瘟疫，在某种程度上推动他如同他的先辈一样渴求与中国贸易和朝贡。当他遭到拒绝，就报之以疯狂的劫掠。比如，1542 年他率军袭击和蹂躏了山西。他给中国造成的最大的麻烦是在 1550 年他的军队进抵可以望到北京的地方。由于担忧类似也先带来的战争再度爆发，明王朝最终作出让步，允许开放以蒙古马交换中国丝绸的边境贸易。稍后，蒙古方面要求交易谷物，朝廷中止了贸易。朝廷怀疑蒙古是为了那些中国的变节者，如俘虏、逃犯或为蒙古人服务的普通民而要求购买谷物的。这些变节者为蒙古提供的行政、工艺及财政方面的技能，会对中国构成威胁，因为他们不仅教会蒙古人如何征服中国，而且使他们学到统治中国的方法。[②]

中断贸易的后果是可以预料的。俺答汗不断袭击中国边境，直到 1571 年达成一项协议才结束。边境动荡既损害了中国——它耗费了庞大的防务开支，也损害了蒙古人——他们被战争弄得疲惫不堪。双方都打算作出妥协。大同总督王崇古首先行动起来，说服朝廷作出一项安排：开放边境市场，允许俺答汗每年送来 500 匹马作为年贡，同

---

① 莫里斯·罗萨比：《俺答汗》，见艾因斯累·恩布里编：《亚洲史百科全书》，第 1 卷（纽约，1987 年），第 50 页；莫里斯·罗萨比：《蒙古：从成吉思汗到独立》，见帕特利西亚·贝尔吉尔编：《蒙古：成吉思汗的遗产》（纽约，1955 年），第 38—39 页；司律思：《俺答汗》，见《明人传记辞典》，第 8—9 页。

② 司律思：《16 世纪初期南部蒙古的中国人》，见《华裔学志》，18 卷（1959 年），第 26—66 页；关于天花瘟疫的影响见卡尼·T. 费舍尔：《天花、商贩和宗教门派：嘉靖朝（1522—1567 年）期间明王朝与蒙古的关系》，见《明史研究》，第 25 期（1988 年春），第 4—8 页。

时换回中国的产品。朝廷还册封俺答汗为顺义王，他的部属也得到较低级的封号。朝廷坚持要蒙古交还一些极为重要的变节者，后来这些人都被处决了。协议许可与蒙古进行朝贡和贸易，同时王朝沿北部边境构筑城墙。[①] 在这个时期，分而治之作为一项政策未被强调。

俺答汗皈依佛教也对稳定发挥了作用。13 世纪萨迦班智达及其侄子八思巴喇嘛将喇嘛教传入蒙古。八思巴成为忽必烈汗的佛教导师，封为国师，他原先的学生还授给他西藏的管辖权。[②] 佛教残留到明朝时期，但不普及，没有得到上层的支持。俺答汗意识到需要一种宗教来作为统一蒙古各部的一支力量。萨满教太质朴，没有组织，缺乏丰富多彩的文化。佛教的普遍性及其盛大礼仪、复杂的组织、浩瀚的经典为统一提供了更为适宜的传播工具和象征。1577 年，俺答汗邀请西藏佛教中的黄教格鲁巴派领袖与他会见。1578 年，会见在青海举行，结果是俺答汗皈依佛教，两人互赐封号。西藏僧人宣布俺答汗是忽必烈汗的化身，而蒙古的领导人则赐这名僧人以达赖（广大无边或普照一切的喇嘛）称号。[③] 到 1582 年俺答汗死时，只有相当少数的蒙古人信奉佛教，但是，大规模皈依的前景令中国人担心。宗教统一会转化为政治的统一和集权，这一前景使中国人震惊。西藏和蒙古潜在的世俗联合也是令人烦恼的。这种联合进而会破坏传统的分而治之的政策。然而，佛教在蒙古的广泛流行至少经历了一个世纪。结果，潜在的蒙古与西藏的世俗联合是有限的，此后不久，他们自己就

① 参看司律思的一项综合研究：《有关中蒙 1570—1571 年和平的四个文件》，见《华裔学志》，第 19 卷（1960 年），第 1—66 页，一些蒙古人实际上在王朝建立之初就为明朝服务了。司律思：《明朝早期被封为贵族的蒙古人》，见《哈佛亚洲研究杂志》，22（1959 年），第 209—260 页。俺答汗的作用参看阿瑟·沃尔德伦：《中国的长城》（剑桥，1990 年），第 159—164 页。

② 最近对这位杰出的喇嘛的讨论参看赫尔贝特·弗兰克《元代中国的西藏人》，见约翰·D. 朗洛瓦编：《蒙古统治下的中国人》（普林斯顿，1981 年），第 305—312 页。

③ 关于更早的佛教传入蒙古的材料，参看司律思的论文：《喇嘛教传入蒙古的几点意见》，见《蒙古学会简报》，第 7 期（1968 年），第 62—65 页；《蒙古的早期喇嘛教》，见《远东》，第 10 期（1963 年 10 月），第 181—216 页；查尔斯·A. 鲍登：《蒙古近代史》（纽约，1968 年），第 24—32 页。

割断了他们间的精神联系。蒙古人急于防止外国人的精神控制,在17世纪从他们自己的人中挑选了一个人作为他们的宗教领袖。[①]

中国对于佛教的担忧是看错了对象。他们对皈依佛教将助长尚武精神并激励蒙古人使用武力传教的担心,结果证明是错误的设想。相反,在清朝,大部分蒙古男人成为和尚,最终使他们荒疏了军事技术。佛教对和平主义的强调及反对流血也许还抑制了蒙古传统中的强大有力军事力量的上升。俺答汗以佛教作为共同联系的基础而统一蒙古的梦想完全没有实现。在中国与蒙古关系中,一方面是袭击与入侵,另一方面是贸易往来,两者继续并存;由于蒙古缺乏统一,使他们未能利用16世纪和17世纪早期中国的虚弱。此外,蒙古的不统一并不是明王朝分而治之策略的结果。相反,他们自身固有的发展,如对定居生活方式的抵制等,影响了他们,使他们缺乏组织成为一个强大帝国的能力。而且,正统性的问题,以及在建立一种确定而有序的继承制度所面临的困难,也降低了统一的可能性。如前所述,这种困难从很早时期以来就一直困扰着亚洲腹地的游牧民族。

尽管明王朝与蒙古的政治关系经常处于动荡之中,但在王朝的大部分时期,朝贡和贸易仍继续进行。正如研究这一关系的有影响的学者所说:"不管怎样,从来没有哪一次战争使朝贡中断几个月以上,即使是皇帝被俘到也先的大元帅营帐中,朝贡关系仍然令人惊奇地继续,只不过是规模减小了。"[②] 这些经济关系是复杂的,涉及和包含在许许多多各式各样的排场之中,但是,大体上划分为贡品及相应的赠礼、京城贸易和主要为马匹的边境贸易这几类。中国和蒙古都未保存下商业或朝贡的账目。蒙古方面之所以没有这样做,部分原因是账目并不是他们世代相传的习俗,另一个原因是他们大多数人是文盲;中国方面则是由于朝廷对商业的厌恶及对商人的蔑视,使他们对保存

---

① 鲍登的《库伦的哲布尊丹巴呼图克图》(威斯巴登,1961年)提供了关于这个"活佛"生平的记载。关于喇嘛教的传入另见拉里·W. 摩西:《蒙古佛教的政治作用》(布卢明顿,1977年),第108—123页。

② 司律思:《明朝时期的中国蒙古关系》第2卷《朝贡制度和外交使团(1400—1600年)》,见《中国和佛教文集》,第14期(1967年),第9页。

外国朝贡及贸易的账目缺乏兴趣。可望能够得到的惟有经济关系的概况。

蒙古贡使携带着献给皇帝和朝廷的物品定期来到中国。《实录》中列有相当完整的使者的登记及至少一份他们呈送明王朝统治者的最为重要的产品的清单。几乎每一个蒙古使团的贡品都列举了马匹，表明了朝廷对此的重视。尽管朝廷常常抱怨贡马品种低劣，但这种贡物还是有用的，因为中国的防务缺乏足够的战马。尽管可以通过贸易及没收捕获的蒙古人来得到这种必需的动物，明朝皇帝还是渴求得到马匹，并乐于接受这种贡物。蒙古使团带来骆驼，但更为经常列举的贡品则是蒙古东部的毛皮。所有这些产品都是实用的，而不是引起学者型官员们指责的浪费的奢侈品。

明朝皇帝向使者及其统治者回赠礼物。赠物当中，一些是纯粹的礼品，根据使者、随从、头领在中国人眼光中的地位、权力和财富的不同而有所分别。这类礼物包括丝绸、缎子、棉织物、长统靴、长统袜、帽子等。其他赠物实际上是针对贡品的支付。如明代的一些文献，特别是《大明会典》清楚表明的那样，这是一种精心制定的物物交换准则。贡献马匹则收到确定数量的丝绸、缎子，或纸币，或其他商品。这种交换实际上就是贸易，尽管中国人将它列为"朝贡"。

京城的贸易主要在使者们寓居的会同馆（译员会馆）中进行。使者和商人们被允许用三至五天与中国商人在精心选定的场合进行贸易。朝廷给贸易作出许多限制。中国商人必须从朝廷得到许可证才能允许进行贸易，他们的利润受到控制，因为在朝廷看来，"货物的交换必须对双方都是公平的"[1]；一些产品，如缎子、历史书籍、武器、金属等属违禁品；普通市民及军人被禁止参与商业活动。但是从反复宣布将对违反者进行更严厉的惩罚的公告来判断，这些限制的实行是有困难的。一些蒙古卫兵和商人公开违背规章，而另一些人则悄悄地逃避限制。走私常年不断地困扰着明王朝当局，而一些中国商人参与

---

[1] 《大明会典》，第1603—1606页。

这种非法的商业活动并从中获利。[①] 同样，一些普通的中国人和士兵未经朝廷允许也从事贸易。[②] 看来中国人和蒙古人都能从这种贸易中获利，不然他们就会遵守朝廷的规章了。明朝的一些官员不赞成这样的贸易，他们宣称中国从交易中什么也没有得到。然而，中国的个人从与蒙古的商业活动中获得了高额回报。他们供给丝棉织物、纸币、谷物、铁锅、药材，获得马及动物产品。由于干旱等自然灾害，蒙古人常闹饥荒，又由于游牧生活方式，他们几乎没有什么剩余物品，因此他们极其需要与中国贸易。贸易进行之时，蒙古人就安宁；一旦贸易中断，他们就作出狂暴的反应。[③]

中国—蒙古沿边界的贸易集中于马匹的交换。早至 1430 年代初，马市就已在大同出现，但只是在俺答汗时期这种集市才定期进行。1550 年，俺答汗的部队进至北京城门，威胁明王朝，他强迫朝廷在中国北部边境沿线的大同、宣府设立马市，但是关于贸易的争执破坏了集市，后来集市解散。作为 1570—1571 年和平谈判的一个结果是重开马市。中国人得到了战马、牲畜和羊，而富有的蒙古人得到绸缎，贫穷的蒙古人则得到棉织物、缝针和日常用品。朝廷的官员们默认了集市，他们相信这样一来他们可以更容易地控制蒙古人。如果蒙古人袭击中国的土地，集市就将中断。集市的花费由中国当局承担，尽管一些地方官员们抱怨，但"中央政府直观地认为，不管怎样花费也不算太高，而且，废除集市势必再给中国造成更大的损害"[④]。

明王朝经常承担着蒙古使者和商人的费用。在 15 世纪早期花费并不太多，但后来随着使团的规模增大，财政负担也随之上升。为使节们举行的宴会及款待的花销越来越高昂。彼此抱怨对方供给低劣的

① 司律思：《中国蒙古关系》，第 430 页。
② 顺越泰博：《明蒙交涉下的秘密贸易》，见《明代史研究》，第 3 期（1974 年），第 17—32 页。
③ 司律思：《明朝时期的中国蒙古贸易》，见《亚洲史通讯》，9，第 1 期（1975 年），第 37—38 页。
④ 司律思：《明朝时期的中国蒙古关系》之三《贸易关系：马市（1400—1600 年）》，见《中国和佛教文集》，第 17 期（1957 年），第 221 页。

产品。明王朝对于走私、向蒙古王公提供津贴及蒙古旅游者的间谍活动甚为忧虑。然而，贸易和朝贡仍旧继续下来，直到明王朝终止之时，因为，从总体上说来，这种贸易关系对于双方都是有益的。

明王朝与分裂的喇嘛教地区

西藏在元朝与中国有着广泛的联系，但与明朝几乎没有外交关系。在蒙古王朝之下，西藏由元王朝任命的萨迦派的一个喇嘛和一名称为本钦的官员管辖。早期的蒙古统治者通过这些地方当局行使权力，维持着相当有效的控制，直到 14 世纪 20 年代为止。那时，继承皇位的争斗、经济上的失调、自然灾害等削弱了元王朝并使之崩溃。忽必烈汗在很大程度上发展了与八思巴喇嘛间的施主与僧侣关系，通过这种关系，僧侣被授予治理西藏的权力，而蒙古汗则被承认其霸主地位并得到了宗教对其正统性的支持。忽必烈汗死后，蒙古汗与八思巴所属的西藏佛教萨迦派间的关系就不再那么亲密了。[①]

洪武皇帝建立明朝之时，西藏与中国几乎没有接触。促使与西藏恢复关系的因素是明王朝早期皇帝们对西藏佛教的兴趣。此外还对恰当地划分中国与西藏边界感兴趣，以结束边境上的敌对行动。再者，希望通过茶马贸易获得西藏马匹。[②]

如同早期的蒙古汗一样，明王朝第一位皇帝也被西藏的宗教迷住了。洪武皇帝早先在其父母亡故后曾进入佛教寺庙当和尚，后来又目睹了前王朝衰落之时佛教作为反元意识形态所发挥的作用，因此他倾

[①] 关于元对西藏的统治，参看赫尔贝特·弗兰克：《元代中国的西藏人》，第 296—328 页；卢西亚诺·佩特奇：《西藏与宋代中国及蒙古人关系》，见莫里斯·罗萨比编：《中央王国及其处于平等地位的邻邦》（伯克利，1983 年），第 10—14、179—194 页；卢西亚诺·佩得奇：《西藏中部与蒙古人：西藏史中的元朝萨迦派时期》（罗马，1990 年）。

[②] 佐藤长：《明代西藏的八大教主》，见《东洋史研究》，第 21 期（1962 年），第 295—394 页；第 22 期（1963 年），第 203—225 页；第 23 期（1964 年），第 448—503 页。佐藤长：《关于西藏尼贡巴教派》，见《东洋学报》，第 45 期（1963 年），第 434—452 页；希瑟·卡梅：《早期的中国西藏艺术》（沃明斯特，1975 年）。

向佛教，并对西藏佛教的价值有着深刻的认识。最近的研究注意到，洪武皇帝"清楚了解佛教在西藏盛行及佛教在中国与西藏间建立联系的程度"[1]。他派遣一个叫宗泐的和尚出使西藏尽可能地搜集佛教典籍珍本。[2] 同样，永乐皇帝也对佛教抱有好感，他篡夺权力之时曾得到姚广孝和尚的支持。

另一方面，有关西藏边界的争执也令中国当局苦恼。西藏并未对中国构成真正的威胁，但早期的明朝时常引唐朝为例，强调来自喇嘛教地区的危险性。唐代早期和中期，西藏军队反复骚扰边境地区。明朝意识到现在的威胁来自蒙古人，因此西藏北部边界是至关重要的。明朝早期，中国与西藏边境反复发生小规模冲突，早期的明朝皇帝渴望消除动荡以缔造更为持久的和平。因此，早期明王朝寻求与西藏建立联系以防止这类冲突。

早期的明朝皇帝如同珍爱蒙古马一样珍爱西藏马。早在宋朝，中国北部和西部边界沿线就开展了大规模的茶马贸易。政府垄断了茶叶，这使它得以掌握茶马交换的条件。西藏以茶为饮料，佛教礼仪也需要茶，渴求从中国得到砖茶。

虽然洪武皇帝派遣了第一个使者出使西藏，但永乐皇帝却是明朝第一个积极谋求扩大与西藏关系的皇帝。一些学者指出永乐皇帝成功地施行"分而治之"政策，瓦解了来自西藏的威胁。这种解释过分地强调了中国的影响。实际上，在明王朝最初时期，西藏就已分裂为许许多多寺院集团，相互争权夺利，但没有哪一个集团或寺院占据主导地位。曾经得到蒙古人保护的萨迦派已不再是这里主要的宗教或世俗力量了。分裂是那个时期西藏的特征，而不是受中国政策的影响所致。[3]

永乐皇帝在寻求正统性、渴求马匹、确保边境沿线和平及更多地

---

[1] 埃利奥特·斯珀林：《对早期明朝皇帝对西藏实行"分而治之"政策的考察》（学位论文，印第地安纳大学，1983年），第42页。

[2] 榎一雄：《宗泐出使西域，1378—1382年》，见《远东》，第19卷（1972年），第47—53页。

[3] 休·E. 理查森：《西藏及其历史》，第2版（博尔德，1984年），第36—37页。

了解西藏的愿望的推动下作出努力，恢复与西藏的关系。1403 年，他派遣侯显携带邀请噶玛噶举派（Karma-pa）第五世教主来中国的信件出使西藏。他给噶玛噶举派五世教主的信透露出了对西藏佛教的兴趣，也"反映出了他想把自己装扮成太祖（即洪武皇帝）和皇太后的孝子，为此他企图通过由噶玛噶举派教主这样的宗教显要人物来主持一项以他们的名义进行的宗教仪式"[①]。显然，为其正统性寻求支持是推动他发出邀请的一个动机，五世噶玛噶举派教主接受了邀请。这位西藏僧人于 1407 年到达南京，朝廷为他举行了豪华盛大的欢迎宴会，并赐给精美的礼品。皇帝甚至专门为他及他的随从修建了一座寺庙。作为回报，五世噶玛噶举主教举行佛教仪式为皇帝已亡故的父母祝福，并给皇帝皇后讲经。他到达后两个月，皇帝赐给他大宝法王封号，元朝时曾赐给八思巴同样的封号。他以这种方式暗示他希望与西藏建立与忽必烈汗所开创的相同的关系，喇嘛的国度相应地处于附属国地位，噶玛噶举教主则为明王朝的代理人进行统治。五世噶玛噶举主教拒绝了这种关系而怂恿皇帝将封号赐给其他教派的领袖。[②] 实际上，永乐皇帝广泛地向各个宗教集团赠赐封号和礼物并不是有意识地实施"分而治之"政策。

永乐朝时期，一批西藏僧人访华。永乐帝都给他们赏赐，赐给封号，并接受他们的宗教指导。但他未能说服西藏最有名望的僧人来这个中心王国。这个僧人，即宗喀巴，他在 14 世纪末对喇嘛卷入政治活动感到厌倦，创立了他自己的教派格鲁巴（意为"道德规范"）。该教派重视禅定和严格的寺院戒律，不提倡对世俗事务的参与。由于他驳斥许多与他竞争教派的世俗性，所以吸引了大量的追随者，很快被尊崇为这个地区的神圣。[③] 永乐皇帝听说了他，1407 年派使者劝他来

---

① 斯珀林：《对早期明王朝政策之考察》，第 78—89 页。

② 埃利奥特·斯珀林：《五世噶玛噶举活佛及西藏与早期明王朝关系的几个方面》，见阿里斯等编：《纪念休·理查森西藏研究文集》（沃明斯特，1979 年），第 284 页。

③ 关于宗喀巴，参看大卫·斯内尔格罗夫、休·理查森：《西藏文化史》（博尔德，1980年），第 180—182 页；更详细的情况参看鲁道尔夫·卡斯切夫斯基：《格鲁巴派教长宗喀巴喇嘛生平（1357—1419）》（威斯巴登，1971 年）。

中国，宗喀巴以旅途漫长艰难而他身体有病为由谢绝了邀请。1413年，永乐帝再次派太监侯显为首的使团出使说服这个僧人亲自来朝廷。宗喀巴再次谢绝邀请，为了不疏远中国皇帝，他派了他的一个门徒释迦也失前往明廷。1415年，这个西藏使团到达中国，受到了大肆渲染的迎接，并得到大量礼物。释迦也失则祈祷皇帝长寿，并表演魔术，举行宗教仪式作为回报。他留下了如此良好的印象，以致在他1416年离开时，朝廷赐给宗喀巴礼物，也赐给他金银器皿。永乐朝时其他西藏僧人也到过朝廷，得到银器、丝袍及锦缎、茶的赏赐。

永乐皇帝与西藏的交往大多没有什么政治色彩。尽管西藏僧人的到来有益于皇帝政治上的正统性，但僧人使者们进行的活动主要是精神和宗教仪式方面的，几乎没有透露出政治方面的暗示。西藏的僧人们并不清楚他们是明朝的附属国臣民。他们的到来有利于商业，但几乎没有政治意义。皇帝向他们提出的惟一问题是重建驿站，以利于中国与西藏间的旅行和贸易。

明朝廷对于两地之间安全通行的兴趣来自对贸易，尤其是换取西藏马的愿望。中国朝廷历来不能饲养战马，不得不从外国获取。西藏人将马带至边境交换中国茶。对于各种品质不同的马匹和茶制定出了明确的交换比率，因此这是不折不扣的贸易而不是不公平的朝贡制度。设立的茶马交易机构（茶马司，下面予以讨论）用来监督和控制贸易。朝廷试图维持对茶的垄断，以便规定有利于中国的价格。但是，走私者常常搅乱和暗中破坏控制这项贸易的努力。他们以低于政府的价格向西藏人提供茶叶，有意打破政府的垄断。

无论是在经济领域，还是在政治领域，西藏人都未觉得他们是明朝廷臣民。另外，他们无须中国居中调解而维持着与其他国家和民族的关系。与蒙古的俺答汗的联系是最重要的。正如我们已看到的，格鲁巴派的领导人为了在与其他教派的竞争中增强其正统地位，与这个蒙古领袖会晤，并使他皈依，从而造成了建立一个令人生畏的联盟的趋势。17世纪早期，俺答汗的曾孙被挑选为四世达赖喇嘛时，这一联合似乎就要实现了。然而，蒙古与西藏的联合未能实现，蒙古的支持也没有立即导致格鲁巴派在与其竞争对手的争夺中取胜。达赖喇嘛确定无疑的霸主地位直到 1640 年代蒙古和硕特部固始汗的军队粉碎了反对派之后才确立下来。[①]

中亚：与中国削弱的关系

蒙古统治曾使中国通过中亚而与波斯、中东、欧洲相联系，但明王朝初期缺乏维持一个如此广泛的商业和文化网络愿望。元朝繁荣的欧业贸易，对于洪武皇帝来说似乎没有什么意义。防卫在中国西北部边境沿线和现今蒙古一带游牧的蒙古人及抵御该地区的主要居民突厥人各部，这才是使皇帝忧虑的至关重要的问题。在西北边境建立一个缓冲带是对外政策的主要目标，为此，他在对付北部相邻各民族及沙漠绿洲的民族时摆出一副咄咄逼人的姿态，他希望将蒙古人及其他敌人从西北通道驱逐出去，而一旦他控制这个地区，就不再愿意维持与西方的关系。在这个时期，中国与中亚、中东的关系萎缩了。

朝廷将注意力集中于现代的新疆这一相邻地区，而淡化在元朝的大部分时期中曾维持的与更遥远的中亚地区的联系。在新疆，明王朝统治者或是谋求控制塔里木河床绿洲的主要居民畏兀儿，或是试图与他们建立友好关系。这些民族通常居住在天山以南，并依赖于从天山流下的河流从事自给自足的农业，辅之以与西方及相邻的新疆北部的游牧民族，包括哈萨克人、吉尔吉斯人和蒙古人之间的贸易。这些城镇的种族、宗教、语言构成的多样性有利于商业的开展，从西亚来的商人可以保证得到很好的接待，找到与他们有着共同的语言、宗教和风俗的居民。一位 15 世纪初期的波斯旅行者[②]注意到一个城镇中，艾米尔"建筑了一座宏伟的清真寺，在与它相对的地方，又建筑了一

---

① 夏克巴·孜本：《西藏政治史》（纽黑文，1967 年），第 103—114 页；休·E. 理查森：《西藏及其历史》（博尔德，1984 年），第 43 页。

② 亨利·玉尔：《马可·波罗，一位威尼斯人关于东方王国及奇迹的书》，亨利·科尔迪修订本，第 3 版（伦敦，1903 年），第 1 卷，第 209—210 页。

座很高的佛教寺庙"①,这就是多样性的象征。

朝廷不那么专注于与准噶尔的游牧民或更遥远的中亚地区打交道,准噶尔是新疆北部的草原,与南部虽然有绿洲点缀其间但大部分是干旱的沙漠环境形成强烈的对比,若干世纪以来一直是游牧经济的中心。由于缺乏统一的领导,准噶尔的游牧民就难以与中国建立直接的长期的联系,因为明王朝宁愿与显赫的统治者打交道。有些贸易在中国的商人、官员与游牧人的头人之间开展,因为后者需要农业定居地方的产品,他们与中国及沙漠绿洲都进行贸易。当沙漠绿洲国家或王国,或者中国对贸易加以限制时,他们就分裂动荡。然而关于他们与明王朝的文献极为贫乏,因为中国的记载集中在那些已经建立起来的公国方面。

明王朝第一次介入畏兀儿斯坦,即新疆南部,是因平定中国西北部所致。1372年,冯胜击败元军在甘肃的残部,在与中国边境相邻的畏兀儿地区设卫。② 到1380年,明王朝的远征已打开通到西域门户哈密的道路,1391年左都督金事刘真率军进入哈密。③ 但他不久将军队撤出。朝廷显然不愿意维持一条远至哈密的耗费高昂的漫长的补给线,也不打算花费巨大代价在这个沙漠绿洲驻扎占领军。朝廷的目的在于削弱哈密并防止它被利用为向中国进攻的前进阵地。敌对势力控制这个绿洲会对中国边境地区构成严重威胁。洪武皇帝通过支持这些军事远征已经暂时防止了敌对的国家或民族控制哈密,但直到这个明朝第一个皇帝的时代结束,真正的外交关系没有建立起来。只是随着他的儿子永乐皇帝——明朝的第三个统治者登基,更具有约束力的关系才发展起来。

洪武皇帝也没有与所说的西域的更为遥远的国家建立一种紧密的可操作的规章。洪武朝的中国文献记载了由中亚的统治者帖木儿(跛

① K. M. 麦特拉:《一个到中国的波斯使者》(纽约,1934年;1970年纽约再版),第14页。
② 《明实录·太祖实录》,第74卷,第26—27页。
③ 《明实录·太祖实录》,第211卷,第3页。

子帖木儿）派出的官方"使团"，帖木儿在此时已征服和统治着波斯、中亚的大部分地区和印度北部。这些"使团"无疑是那些渴望与中国贸易的中亚商人带领的商业机构，帖木儿与这些以商业为主旨的使团没有联系。这些商人机智地将自己描述成官方使者，并呈递号称是帖木儿的信，信件将中国皇帝当成至高无上的统治者。由于相信这些伪造的信件，1395 年洪武皇帝派遣由傅安和太监刘惟率领的使团向帖木儿祝贺，并对他恰当地履行了作为中国皇上的一个附属所应承担的义务表示感谢。[1] 帖木儿对于这种以保护者自居的语调来表述他与中国皇帝的关系勃然大怒，立即扣留了使者。第二次使团于 1397 年从中国出发，他们受到了同样的敌对的接待，并禁止他们返回故乡。帖木儿曾听到过许多广泛流传但被夸大了的中国穆斯林被迫害的故事，他决心为中国朝廷对待他的傲慢的态度，为他的宗教同胞所遭受的虐待进行报复。明朝与这位中亚征服者的关系显然仍动荡不定。

中国与塔里木河的绿洲及中亚更遥远地区间的贸易和朝贡活动并没有正常地开展。某些基本的物产，如马匹、骆驼，某些奢侈品，如绿玉及所谓穆斯林蓝染料——制作蓝色和白色瓷器所必需的配料，都没有运到中国。一项公平的商业和朝贡安排尚未完成。

正如西藏的情况一样，是永乐皇帝主动促进与西域的和睦关系。他创设了四夷馆和会同馆以培训来京的使节们所使用的各种语言和笔译、口译人才，表明了他教化外国人的迫切愿望。他一攫取权力就派遣使者出使哈密这个与中国最邻近的塔里木河床上的绿洲，以促进外交和经济的友好往来。几个月内，当地的王公安克帖木儿（Engke Temür）即以马匹为贡品回报朝廷，皇帝极为高兴，册封这个哈密的统治者为忠顺王（原文为 Ching-shun wang，现按《明史·西域传·哈密卫》译为"忠顺王"。——译者注）。[2] 尽管明朝皇帝在哈密设立了卫，但并未管辖该地，也不指望在该地获得税收和军事援助。卫的

---

① 《明史》，第 332 卷，第 8609 页。
② 《大明会典》，第 107 卷，第 1607 页。

建立只不过是一个形式，不能解释为政治控制。

然而，有一次永乐皇帝试图将对哈密的影响发展为实际上的统治。哈密王室的后裔脱脱（Toghto）是在中国宫廷中抚养长大的，接受了中国价值观念，皇帝计划将他扶上王位以便利用其亲中国的倾向。1405年，安克帖木儿被他的蒙古敌人谋杀，为皇帝提供了一个强加其候选人的机会。皇帝克服了脱脱祖母的抵制，不考虑统治与具有伟大的农业定居文化的臣民完全相反的、由差别各异的集团所组成的绿洲居住者所需要的截然不同的技能，就将这个年轻人扶上王位。结果，脱脱不仅不能适应新的环境，而且出于他酗酒成性，对政务漠不关心，疏远了当地人民。他向明朝朝贡，但却未能履行作为一个统治者所应承担的其他职责。从一个明朝宫廷和京城中的食客转变为边境上的决策者，对于脱脱来说，这个转变的代价太高了，过度紧张使他崩溃了。哈密居民对于永乐皇帝干预其内部事务的不满日益上升，明王朝与他们的关系也紧张起来。1411年，脱脱之死才结束了潜在的敌对。[①]

由自己的人民挑选出来的新统治者才真正稳定了与明朝的关系，并比脱脱更好地为中国利益服务。在此后的14年间，有16个朝贡使团，不包括那些私人派出的非官方使者及到中国边境集市的商队，从哈密到达中国。哈密统治者还提供了有关中亚的情报，允许那些来自更遥远地区的贡使前往中国。[②] 永乐皇帝的回报不仅是赠给哈密统治者及其亲属精美的礼物，并说服瓦剌蒙古人不再攻击哈密。由此而来的朝贡关系给中国提供了马、羊、骆驼、硇砂（天然产的氯化氨，可入药。——译者注）和玉石，而哈密的统治者则得到必须在中国国内使用的纸币、丝绸，这两者在中国都极其丰富。这种安排是公平的，并不会像后来那样耗尽明王朝财政。

永乐皇帝对帖木儿帝国的政策在开始时却并不成功。他又派使者

---

① 有关这方面更多的情况，参看陈高华：《明代哈密吐鲁番资料汇编》（乌鲁木齐，1984年），第39—44页。

② 《大明会典》，第107卷，第1607页。

去要求释放早先被帖木儿扣留的使者，可惜他对于这位中亚统治者的权力一无所知。帖木儿部分因为他认为被明王朝侮辱，部分受他使中国伊斯兰化愿望所驱使，企图使用军事征战来控制中国的资源。在作出严密准备后，1404 年他率 20 万大军出发侵略这个中央王国。明王朝几乎没有采取任何预防措施来对付这位世界上最伟大的征服者所发动的战争，对中国人幸运的是，1405 年 2 月 18 日帖木儿亡故。

对于中国人来说，同样幸运的是帖木儿的儿子和继承人萨鲁克·巴哈都尔急于要与明王朝建立和睦友好关系。随着敌意的大为消除，两个王朝之间互相派出贸易和朝贡使团。永乐皇帝派遣陈诚回访，向驻扎在赫拉特的萨鲁克和以撒马尔罕为基地的萨鲁克之子兀鲁伯（Ulugh Beg）赠送礼物。陈诚访问结束返回，带回了日记《西域使程记》和他沿途访问的城市和国家的记述《西域番国志》。[①]永乐帝在给萨鲁克的信中将他与这位中亚统治者置于平等地位，以迎合后者。萨鲁克组织了包括画家吉亚苏德—丁·纳奎在内的使团前往北京以建立正常的贸易关系，并向皇帝呈送一匹漂亮的白马和其他礼物。引入朝廷觐见皇帝时，使者们鞠躬致礼，但没有下跪。皇帝迫切希望建立友好关系，以致对于这种在通常情况下被视为冒犯的行为视而不见。他让使者们在宫廷中陪伴他，并与他一同出猎。吉亚苏德—丁·纳奎利用帝国的优待，记述了使者们在中国受到的富丽豪华接待，为后来的史学家们提供了无法估量其价值的明朝宫廷一瞥。[②]

双方互派使者的结果是建立了稳定的贸易和朝贡往来。从 1407 年到 1424 年，有 20 个使团从帖木儿帝国各地到中国。帖木儿帝国的使者和商人提供马、羊、骆驼、玉石、硇砂，换回纸币、长袍和丝绸。[③]显然，双方都从这种安排中获利。永乐皇帝鼓励中亚的其他城

---

① 有关陈诚的情况，参看罗萨比：《明王朝的两个使者》，第 1—34 页；费利西亚·赫克恩：《15 世纪中国与赫拉特的外交》，见《皇家亚洲学会学报》第 3 期，3：1（1993 年 4 月），第 83—98 页。

② 麦特拉的《一个到中国的波斯使者……》一书翻译了吉亚苏德—丁·纳奎的记述。

③ 陈循：《寰宇通志》，见《玄览堂丛书续集》（1456 年；1947 年南京重版），第 117 卷，第 8b 页，列出了交换产品的清单。

镇和绿洲建立适宜的关系。例如，和阗开始输送优质玉石、吐鲁番和喀什噶尔则输送马和羊。

1424年永乐皇帝之死是中国与中亚关系逐渐变化的一个标志。他对蒙古和越南的远征已经遭到灾难性的失败；随着15世纪的消逝，明王朝的军队开始衰落；1432年郑和远航中止后，海军也倒退了。中国军事力量的削弱促使包括中亚人在内的外国人扩大他们自己的经济利益。他们的使者拒绝接受纸币而要求得到有价值的瓷器、丝绸、缎子和衣物，要求提高他们输入的产品的价格。他们带着大批随从来华，使朝廷的开支大为增加。走私盛行，朝廷开始显现出反对外国的倾向。

哈密与明朝的关系也为同样的问题困扰。到中国的哈密使团1432年5个，1433年7个，1437年5个。朝廷对此深为烦恼。1440年哈密使团头领脱脱不花要求得到大量的茶、纱、丝绸，朝廷的官员们被弄得心烦意乱。当年，他们作出反应，限制哈密每年只能朝贡一次。也先1444年和1446年对哈密的入侵使明朝加强限制的尝试落空。瓦剌统治者对哈密的控制使朝贡使团的次数及使团的人数都增加了，而明王朝对于使团带来的货物质量低劣的抱怨之声不绝于口。即使在也先被击败和亡故之后，同样的经济和外交问题仍然存在，继续困扰哈密与明朝的关系。非法贸易猖獗，明王朝为没有节制的哈密使团人数，为从该城镇输入令人不满意的、有时甚至是低劣的产品，为与其头领日益疏远的政治关系哀叹不已。

永乐皇帝死后，中国与中亚更遥远地区的交往更少了。例如，1424年以后，《明史》没有记载任何来自和阗、喀喇和卓的使团，而在永乐皇帝时，它们曾数度派使。帖木儿帝国的中心撒马尔罕在永乐皇帝死后的大约15年间还稳定地派使来华。内部的叛乱及与明王朝的误解和责备导致了使团的削减。帖木儿的孙子兀鲁伯为反复发生的暴乱所困扰，1449年暴乱达到高潮，发生了政变，兀鲁伯被杀死。[①]动荡的局势妨碍了派遣使者出访外国。同时，明王朝官员则责备中国

---

① 关于兀鲁伯，参看 V. V. 巴托尔德：《关于中亚史的四篇研究论文》II，T. 米诺斯基、V. 米诺斯基译（莱顿，E. J. 布里尔，1958—1962）。

赠送给撒马尔罕使者的礼物花费浩大，敦促皇帝拒绝接受劣等手工艺的贡品。由此产生的不愉快的事件终于使朝贡及官方关系中断。

在 15 世纪最后的二分之一时期中，明王朝与哈密关系恶化了。15 世纪 60 年代后期，礼部尚书苦恼地指出最近的哈密使团人数多达 360 人，却只带来了 20 匹马，其中一些羸弱不堪，其他的不适于做战马。对于明王朝来说，这真是糟糕的比率，因为它要给如此庞大的随从提供食宿。他提议限制哈密使团一年只能来一次，在接受贡马之前中国官员应加以查验，朝廷批准了他的建议。[①] 哈密仍无视中国的规定，数次违反规定派使来中国。这类经济摩擦不可避免地加深了明王朝与哈密的隔阂。

吐鲁番莫卧儿国家的兴起更加剧了双方的障碍。莫卧儿人，即成吉思汗的蒙古人穆斯林后裔，他们曾征服了吐鲁番当地的畏兀儿人，并力图增加他们对邻近城镇和绿洲的影响。1473 年他们的统治者郁碌斯汗（Yunus Khan，即中国文献中的阿里）入侵哈密并迫使畏兀儿统治者罕慎（Han Shen）逃亡中国。取得胜利后，他要求皇帝给他超额的礼物。[②] 明王朝军事力量衰落的一个标志是不能筹划发动解救哈密的战役。1482 年，罕慎利用哈密内部的动乱收复了哈密。[③] 这次外交关系的中断不可避免地意味着明王朝梦寐以求的马及其他货物不能输入明王朝了。哈密和吐鲁番之间的冲突还阻止了更遥远的国家和绿洲派遣贡使。撒马尔罕是少数几个继续派遣贡使的国家之一，但他们呈送的狮子令明朝的官员们不快，他们对饲养这种毫无用处的动物的花费甚为忧虑。[④]

哈密和吐鲁番间的斗争并未因罕慎胜利重返哈密而告终。取得对哈密的控制就可使吐鲁番处于支配中国至中亚道路的地位，吐鲁番新

① 《明实录·宣宗实录》，第 21 卷，第 46 页。
② 《明实录·宣宗实录》，第 115 卷，第 1b—2a 页。
③ 《明实录·宣宗实录》，第 227 卷，第 8b 页。
④ 《明实录·宣宗实录》，第 245 卷，第 4a—b 页；有关明朝与吐鲁番关系更详细的情况参看刘元珠：《吐鲁番战役》，载《亚洲史杂志》，24，第 2 辑（1990 年），第 105—160 页。

的统治者马黑麻渴望攫取这一霸权。1488年,马黑麻假装提议与罕慎联姻,获准带一些部队进入哈密,进入后他立即杀死太容易上当受骗的畏兀儿统治者。[①] 他很快占领了哈密,并拒绝了中国要他撤退和交还该城印绶的要求。1492年他似乎要放弃对该城的占领。然而,次年当中国支持的准备立为该城统治者的人到达时,马黑麻即绑架了他。1495年,在那些主张采取行动的大臣,如马文升等人的鼓励下,明王朝发动远征,将吐鲁番军队逐出。中断吐鲁番贸易和朝贡的政策甚至取得了更大的成功,1497年遭绑架的哈密统治者得到释放。[②] 但是,吐鲁番并未放弃攫取对哈密充可争辩的控制的努力,1513年其统治者满速儿占据该城。

中国未能抵制满速儿是其军事力量日益衰弱的另一个标志。而且,在这时,那些与侵略政策有联系的中国官员们都离开了政治舞台。丧失了对哈密的控制,中国就不能顺利地管理贸易和朝贡。现在,许许多多的使团违反明王朝关于贸易和朝贡的制度,招待供应使团的费用扶摇直上;走私猖獗,朝廷规定价格进行垄断的能力大大削弱。结果,朝廷中越来越多的官员呼吁限制中亚朝贡使团。永乐皇帝时只有几个官员上书主张加以限制,政治和商业地位的衰落使得这类给皇帝的奏章大量增加。明王朝由于专注于内部问题及先是蒙古人的、而后又是满族人的严重威胁,所以不能制止对于朝廷有关中亚朝贡和贸易规定的嘲弄。例如,16世纪后期吐鲁番的商人派遣了无数的"使者",装扮成官方使团,其实不过是贸易商队。尽管明王朝官员明明知道这是诈骗,还是默认并允许他们进入中国。

许多中国人了解中亚人,并对他们有广博的知识。四夷馆和会同馆的所有人员与来自所谓西域的使者商人有着私人交往,因此很容易获取有关中亚的情报。同样,中国商人和太监经常与哈密、吐鲁番及西北方的其他城镇、国家的商人和使节打交道,一些太监经常到边境

---

① 傅维麟:《明书》,见《国学基本丛书》(康熙朝早期;1928年上海重版),第167卷,第3294—3295页。

② 《明实录·孝宗实录》,第131卷,第1b—3a页。

上去迎接中亚人并护送他们进京。朝廷也打算建立起一支通晓西亚事务的专门队伍。16 世纪早期提议改变西北边境防务的杨一清,在朝廷官员听取他有关哈密和叶鲁番冲突的评论及建议前,曾在陕西任职达八年之久。马文升在他被任为兵部右侍郎得以决策前,也在陕西任职八年。他的简历及题为《兴复哈密记》的文章表明了他对于西北形势的知识。① 简而言之,说中国缺乏有关中亚的专门知识,对于中亚的事件一无所知的传统解释需要加以修正。

同样,认为中国从其西北邻人获得的是稀罕无用之物的观点也需要再审查。而且,中国的货物,无论是作为礼品赠给中亚人的,还是在贸易中交换到中亚的,至少在整个 15 世纪,都没有给明朝经济带来沉重负担。赠赐给统治者和使节的礼品包括纸币、丝绸、长袍、靴子、帽子及其他衣物,都是明王朝有剩余的产品。只是在 15 世纪晚期,使团带着庞大的随从人员,使团的每一个成员都要求并获得礼物的时候,朝廷的支出才扶摇上升。朝廷作为贡品的回报赠赐的礼物也并不过分,并且常常是由中国人决定交换价值。《大明会典》提供了以下哈密马的交换比价:

1. 每一匹中等马——一匹精丝、八匹粗丝,及价值两匹粗丝的纸币。

2. 每一匹劣等马——一匹精丝、七匹粗丝,及价值一匹粗丝的纸币。

3. 每匹新生的小马驹及每匹死于途中的马——三匹粗丝。

4. 每匹西方马——五件加衬里的着色缎袍。②

---

① 有关马文升和杨一清的情况,参看《明人传记辞典》2,第 1027—1029、1516—1519 页。

② 《大明会典》,第 112 卷,第 1653 页。"西方马"可能是来自中亚更遥远的地区的马(据《大明会典》第 112 卷第 1654 页,此段原文为"使臣自进中等马,每匹,纻丝一匹、绢八匹、折钞绢二匹;下等马,每匹,纻丝一匹、绢七匹、折钞绢一匹;新生马驹、中途倒死马,每匹,绢三匹;驼每只,三表里、绢四匹;带进西马,每匹,五表里;阿鲁骨马,每匹,六表里"。——译者注)

该书还提供了哈密贡品运送者带来的骆驼、玉石、天青石、钢刀、皮货等的交换价值。比价是由中国人控制的，因此，他们确保交换不至于成为不能忍受的财政负担。

除了朝贡交换之外，还有真正的商业关系。对于这类贸易朝廷也加以规定，也就是意味着从理论上来说，可以防止不利于中国的灾难性的差额。朝廷指令贸易须在会同馆内或附近的地方进行三至五天，禁止交易武器、铁器、刀、剪子、绘有龙凤及花卉图案的罗纱。中国商人换取马、玉石、皮货，所有这些都是有使用价值的，而不是官员们抱怨的稀罕而无用的商品。[1] 反之，哈密的使者及商人则被允许购买丝绸、瓷器、地毯及少量的茶。15世纪时，这种受到控制的私人贸易显然是有利的，然而随着王朝的衰落，商人们绕开朝廷对私人贸易的禁令。非法贸易猖獗起来，违禁物的交易也避开了朝廷制定的严密规章，未受相应的惩罚。贯穿于整个16世纪源源不断地发出的禁令及皇帝的告诫表明反反复复给皇帝上书及皇帝的旨令几乎没有发生任何作用。正如一位研究明代经济的学者指出，"官方规定国际贸易是非法的，但是，事实上，在地方当局的怂恿下，依然在进行着"[2]。这样的商业无疑对于商人和官员个人是有利的，但明王朝在对外贸易中的地位却被侵蚀了。

茶马贸易为明王朝开始成功，后来失败的贸易政策提供了又一个证据。马对于中国的防务来说是必不可少的，然而，明王朝既没有饲养马的专家，也没有放牧足够多的牲畜所需要的牧场。甚至本已不够了的划分出来放牧的牧场也不断被农民侵占。1409年陕西有24个牧区，但到15世纪末仅有六个保存下来。王朝设立了苑马司和太仆寺来管理牧区，检验马匹，但是，有人仍然不断地抱怨这两个机构缺乏足够的人员。耶稣会会士利马窦提到："中国人几乎不知道驯马……

---

① 他们还获得羊、猎鹰、硇砂、金银器皿、钻石、穆斯林蓝（用于制作蓝色和白色瓷器）玛瑙、黄赭石、葡萄。参看罗萨比：《明代中国与哈密的关系》，第262—287页。

② 黄仁宇：《明朝的财政管理》，见贺凯编：《明代的中国政府：七篇研究论文》（纽约，1969年），第110页。

他们有无数的马在军队中服役，但是这些马都退化了……以致一听到鞑靼马的嘶鸣就惊慌四逃。"[1]

王朝通过茶马贸易从西北边境地区和西藏得到所需要的马。根据可以利用国外对茶叶的需求（因为茶比其他饮料保鲜的时间更长，比凉水更清洁，人们长期受冻后，茶能起到温和的兴奋作用）这个设想，明朝重设了始建于宋朝的茶马贸易机构（茶马司）。如果政府控制了茶叶，在与中亚人打交道时就有了讨价还价的力量，因为他们要依赖明王朝供给他们这种饮料。于是，朝廷建立了对茶叶的垄断，征收10％的实物税，并购买了几乎所有上税后的茶叶，命令四川的部队将茶叶从该省的种植地运输到陕西的茶马司分支机构。禁止私人进行茶叶的国际贸易，走私者被判以重刑，甚至被砍头。设在河州、洮州、西宁、甘州的茶马司分支机构由下级官员组成，他们的薪俸微薄，与他们所起的重大作用相比，极不相称。朝廷仍被商业是卑贱的、监管贸易的官员不应当有相应的高级官阶的观点所束缚。尽管朝廷认识到需要商业，但仍藐视商业。[2]

中国朝廷力图完全控制这种贸易。边境官员给那些获得贸易特权的外国人颁发金牌信符的上半段，允许他们每三年来进行一次茶马交易。朝廷决定的马价如下：

上等马：120 斤茶
中等马：70 斤茶
下等马：50 斤茶

然而，只有成功地禁止私人输出茶叶，茶马司才能够维持上述价格。朝廷期望每年能得到1.4万匹马，数目不算少。洪武朝后期及永乐朝，朝廷很容易地从中亚得到他们所要求的马匹，这对于永乐皇帝

---

[1] 利玛窦：《16世纪的中国：利玛窦行记，1583—1610年》，路易斯·加拉格尔译（纽约，1953年），第13页。
[2] 本章茶马贸易部分依据罗萨比的《与亚洲腹地的茶马贸易》撰写。

五次征讨蒙古的战争和其他扩张行动有着不可估量的意义，因为在此期间他显然得不到蒙古马了。

也先的袭击和由此产生的中国对外政策严重地损害了茶马贸易。1440 年代中期，也先对中国西北边境地区的侵占搅乱了明王朝对茶马贸易的控制。对茶马贸易至关重要的信符金牌几乎全部流失了。没有这种凭证，政府就不能确定哪些外国人能与中国人进行合法贸易，同时也难以防止那些道德败坏的中国官员和商人与中亚人交易。由于军队要对付也先的入侵，所以茶叶从四川到陕西的运送也被打断了。具有讽刺意味的是，也先的入侵表明了中国对马的需求，但正是中国人自己中断了马匹的获得。茶叶走私增加，政府似乎没有能力维持其商业体制。

朝廷采取各种方法来恢复对茶马贸易的控制。成化皇帝（1465—1487 年在位）派遣茶使巡察边境，禁止非法贸易。他还命令在陕西的空闲地种茶，以使军队不再承受运输茶的负担。陕西茶的产量增加了，朝廷不必依靠日益败坏的军队。但这些努力未能恢复官方贸易。政府只能得到微不足道的马匹，因为中亚人可以从私商那里得到价格更低的茶。

15 世纪最后 10 年边境贸易遇到更大的困难。当吐鲁番开始向明王朝发出挑战时，西北边境局势更加不稳定，朝廷恢复茶马贸易的努力受阻。15 世纪 90 年代陕西遭受了与吐鲁番挑战同样严峻的旱灾饥馑，但朝廷却更加腐败，这些都使茶马贸易陷入危机。为了救济陕西百姓，朝廷施行"开中"（中间人）法，即向那些自愿运送粮食到受灾省份的商人供给一定量的茶。这种供给不仅减少了朝廷的茶叶贸易量，而且增添了新的竞争，一些商人用他们新获得的茶叶与中亚人进行非法贸易。

1505 年，负责陕西马政管理的左副都御使杨一清写了一个奏章，提出了一个挽救茶马贸易的计划。他提议重建金牌制度，并由边境官员对这种许可证进行严格的监察，以杜绝假冒。他还建议皇帝增加茶使，以便根除威胁政府贸易的"恶草"——杨一清对腐败的边境官员的比喻。按照他的计划，将对走私商及与他们勾结的官员处以包括处决在内的严厉惩罚。实际上，杨一清打算恢复明王朝最先几位皇帝时期的体制，即由中国政府监察和控制的体制。然而，向边境地区运送茶叶仍然是一个问题，杨一清不得不寻求与商人通融。他提议商人在陕西购茶并将茶运送到茶马司所属的分支机构，并在那里领取银两作为其服务的报酬。他的计划是确保政府仍然是惟一合法的有权进行茶马贸易的机构。然而，商人们并不遵从他的计划，并蓄意破坏恢复官方贸易，因他们将茶叶直接出售给中亚人肯定比出售给明王朝得到的利润更为丰厚，于是他们就将茶运过边境。16 世纪，明王朝为其他国内和国外问题所牵制，没有能力制止走私。1513 年，哈密陷落，稍后，明王朝与蒙古人关系动荡不定，这些进一步破坏了茶马贸易，16 世纪后期和 17 世纪早期，茶马贸易实际上不存在了。

从女真到满族

具有讽刺意义的是，起初，中国东北边境对于明王朝北部最不具有威胁性；然而，最后，正是这一地区的人民导致了明王朝的垮台。[1] 该地区的主要集团是女真人，他们的祖先曾征服中国北部，建立金朝（1115—1234）。1234 年被蒙古人击败后，一部分女真人在中国居住下来，但是，无论是一直留在故土的，还是从中国中心地带迁回的，都保留了他们独特的种族特性。到明王朝早期，女真人至少发展起了三种不同的经济。在最北部，那些居住在黑龙江和乌苏里江河谷的女真人，是原始的狩猎人和渔民，他们的生活方式与中国人差异之大以致明王朝将他们称为"野人女真"。居住在西部的是游牧民，过着蒙古人的生活方式。居住在南部，即建州和毛怜的女真人，其社会与中国人相似，一般已定居务农，他们最终成为明王朝的最大忧虑。

元朝时，上述土地置于蒙古人的统治之下，洪武皇帝驱逐了末代

---

[1] 本节大部分内容系依据罗萨比的《元明时期的女真人》撰写的。读者可从该书查到更为广博的引用文献。

元朝统治者，为女真人开创了新的可能性，也给他们带来了新的危险。在明王朝最初的几十年间，蒙古的分遣队仍然在女真人土地上游荡，亲蒙古的集团仍统治着边界那边的高丽。1362 年以后辽阳的蒙古总督的纳哈出谋图从他在女真土地南端的基地向外扩张，高丽则打算攫取对高丽人居住的辽东地区的控制。高丽担忧居住在其边界以外的朝鲜人对其统治的潜在威胁。

洪武皇帝最初的目标是纳合出。纳哈出从他在沈阳以北 70 英里的金山基地出发袭击明王朝在辽东新建立的卫所，在一次袭击中，他的部队杀死了 5000 名（中国）士兵。洪武皇帝专注于平定残余元王朝的忠实支持者，对东北地区一时不能有大的作为。然而，14 世纪 70 年代晚期和 14 世纪 80 年代初期他对蒙古军队的一系列胜利使纳哈出的一些支持者叛变，于是他采取了更富有侵略性的政策，如将叛变者编入辽东的千总，并向北部和东部的纳哈出部队挑战。1387 年，洪武皇帝派遣冯胜率 20 万大军击败纳哈出。冯胜渴望避免军事冲突，派遣下属提出宽厚的纳哈出投诚的条件。纳哈出慑于明王朝强大的军队而投降，中国人遵守了他们的给予宽大的保证。洪武皇帝封纳哈出为海西侯，对他的助手也赐予了封号及与他们新职位相应的礼品。他将纳哈出的一些部队收编入明王朝军队，不久前，这些人还是明朝的敌人。朝廷没有惩罚、监禁、处决以前的敌人。无疑，朝廷的政策给尚未受招抚的蒙古人和女真人留下深刻的印象，结果有利于明王朝在东北实现和平的企图。

朝鲜也决意保卫他们在女真人地区的利益。高丽朝廷最初极为恐慌明朝进抵辽东，它在任何情况下都支持蒙古人。1388 年，高丽国王组织了一次征战以将明朝军队逐出辽东，然而，李成桂率领当地的军事将领集团倒戈，推翻亲元的君主。李成桂蔑视蒙古人，厌恶蒙古人对朝鲜的侮辱。1392 年，李朝取代高丽，新王朝的政策专注于积极安抚日益增多的居住到高丽边境的女真人。野人女真发动的一次毁灭性战争迫使建州左卫的女真人从松花江地区南逃至图们江两岸，并以此为基地发动对朝鲜的袭击。军队数次威胁和反击迫使建州左卫女真人的头领猛哥帖木儿屈服，并于 1395 年向朝鲜进贡，此后十余年，他一直承认朝鲜名义上的宗主权。[1] 建州头领阿哈出（Akhachu）也从满洲北部迁移至高丽边境，同样被迫向李朝统治者进贡。中国朝廷日益焦虑地注视着朝鲜对女真人取得的成功。尽管对东北边境构成主要威胁的纳哈出的势力已经消除，但它对女真的政策并未取得如此的成功。

早期的明王朝不能够、也没有去追求蒙古人曾对女真人施加的控制，然而它创建了一种组织原则，这一准则最终成为处理与东北边境沿线的各民族关系的主要手段。它不能如同蒙古人那样对女真人征税。与蒙古人不同，早期明朝的中国人没有在辽东和满洲北部建立驿站，以利于官方邮件的传递及加强对这个地区的控制，这表明他们没有取得如同元朝那样的权威。明朝尽管没有取得占优势的地位，却建立起了一种体制，这种体制使与女真的关系正规化，最终使明朝获得与女真人交往的手段。洪武皇帝时，明朝在辽东设卫，后来在永乐皇帝时又在满洲设卫。然而卫的设立并不意味着明朝的统治。女真的头领并没有真正地收编入明帝国，他们为自己而不是为朝廷征收税赋和征召军队。明朝卫所的建立也不表示女真的头领已向一个更加汉化的社会迈进。卫所只不过是明王朝重新确定传统的中国对外关系的一个方便的工具。从卫所的设立产生了一个令人惬意的然而却是把人引入歧途的观点，即女真人已接受了中国的世界秩序，承认他们处于明王朝的"属国"地位，并意识到中国文明的优越性。正是在这样的"理解"下，中国朝廷批准了与女真的商业和朝贡关系。

需要解释的是，女真为什么会接受这样一种被不正确地描述为"属国"或臣民的、至少在礼仪上将他们贬低了的地位。一种解释是他们将明朝的批准当作合法性的表证。女真头领利用中华帝国给予的荣耀和特权来支撑他们自己在人民中的地位。[2] 另一种解释是，他们

---

[1]　鸳渊一：《建州左卫的建立年代》，见《历史和地理》，26，第 6 辑（1930 年），第 465—466 页。

[2]　关于这种观点，参看菲利浦·伍德拉夫：《15 世纪朝鲜的东北女真人的地位和门第》，见《中亚和亚洲腹地研究》，第 1 卷（1987 年），第 122 页。

可以依赖中国的支援来反对朝鲜及其他敌人。对中国援助的希望也许是一种幻想，但有时对中国军事援助的请求也是一种威慑，能制止潜在的敌手。然而，"不论这些解释有多少价值，首要的考虑似乎是经济方面的。女真人希望得到中国赐给每一个朝贡使团的礼物，渴求那些能在贸易中得到的中国货物。他们接受中国的政治体制，以便为他们的民众获得即便不是必需的，但也是有用的产品"[①]。

总之，到洪武朝末年，对女真政策的基本内容已经形成。满洲的绝大多数居民，除去野人女真外，都与中国保持着和平。然而，明王朝与其东北邻居间尚未建立起适宜的关系。卫所制度几乎还没有扩展到满洲，朝贡和商业的规章相对地说也还没有形成。明朝宫廷中，还没有这方面的专家和谋士，不论他们是汉人还是女真人。

永乐皇帝再次承担起为明朝与女真关系设计政策框架的责任。他抑制住自己不对女真施行对待蒙古人那样的侵略性政策。他依靠外交手段去确立他所希望的关系。在投入对蒙古战争之际，他不希望在东北树敌。他寻求与女真人的和平，防止他们与蒙古人或高丽人结盟，从而对中国边境构成威胁。赢得女真人的一个方法是建立朝贡和贸易的正常体制，这对东北部邻人及明朝双方都有利，而明朝也需要并渴望得到某些女真的物产。最后，永乐皇帝将辽东与其他女真人更北部的地区加以区别。辽东被定为明王朝正规行政管理的一个部分，设有地区军事机构（都司）及相应的军事组织，承担与中国内地省份相同的财政义务，这些与加在中国中部诸省并由它们普遍承担的职责相似。

永乐皇帝并不指望在女真人地区建立的都司、卫发挥同样的作用。他授予女真人头领官阶及头衔，但他们没有义务参加明朝的征战，也不要求他们缴税。虽然授予他们印章及礼物，但明王朝肯定没有将他们置于自己的管辖之下。一般说来，皇帝只是认可对当地头领的任命，既没有能力，也不打算实行分而治之的政策。明朝没有军事和政治力量足以防止个别的卫的势力过分强大。在明王朝初期，卫只

[①] 罗萨比：《女真人》，第18页。

由相当少量的人口组成，但这在更大程度上反映了他们的经济状况及不健全的管理体制，而不是明王朝政策的体现。"利用野蛮人遏制野蛮人"（以夷制夷）的政策没有实施，也没有力量真正去实施。

尽管永乐皇帝对那些更靠近中国的从事游牧和农业的女真人的处理显然比对那些以狩猎和捕鱼为生的野人女真的处理更为成功，但他既关注南方女真人，也关注北方女真人。在他登基后的两年内，至少派遣了11个使团劝说女真人与中国建立适当的关系。① 无疑，永乐朝时，中国对于女真及其他亚洲腹地诸族施行一种积极的政策。那种认为明代中国畏惧和憎恶外国人、力图限制对外关系的观点并不适用于永乐时代。

明朝首先向与永乐皇帝关系最密切的建州女真提出和议，中国及朝鲜的文献均宣称建州女真头领阿哈出之女被纳入永乐皇帝后宫之中。永乐皇帝派出的第一个使者自然是前往建州。同样也不奇怪，1304年12月，阿哈出同意在他那个地区设卫。尽管在永乐朝，建州女真经常迁徙不定，但他们一直与明王朝保持着朝贡和外交关系。朝廷则封阿哈出的两个儿子为永乐朝在建州设立的179个卫中的两个卫的指挥。猛哥不花当了毛怜女真的头人，而朝廷赐给汉族姓名李显忠的另一个儿子最后受权管辖建州。明廷还在居住在现在哈尔滨市附近松花江与阿什河汇合处的海西女真人中设立卫所。海西女真人生活方式较不固定，而且其地理位置比建州离中国更远，因此这种关系的建立更为引人注目。

起初，建州左卫女真人对明朝和议的态度较为强硬。他们的头领猛哥帖木儿早先曾与李成桂结盟，并接受其管辖。1404年他受邀到朝鲜首都，国王封给他王室卫队中的一个头衔，并让他在镜城食邑万户。他似乎成为朝鲜的忠实臣民。永乐皇帝没有放弃，仍坚持劝说这个女真头领归顺。猛哥帖木儿由于得到朝鲜的大力支持而拒绝永乐皇帝的和议。明王朝由于没有准确地使用猛哥帖木儿的封号而触怒了

---

① 《明代满蒙史料：李朝实录抄》（东京，1954—1958年），第1卷，第139、145—146、151—152、155、157—160、164—165、170页。

他，劝和活动更加困难。最后，1405 年，明朝钦差王教化用恰到好处的尊敬语调给他写了一封信，使他相信应当与中国人同甘共苦。直到起身赴明王朝宫廷前，猛哥一直没有对他的朝鲜保护人透露他已改换门庭的风声。永乐皇帝赐给他封号及礼物，任命他为新设立的建州左卫长官。猛哥帖木儿的欺诈背盟行为令朝鲜朝廷勃然大怒，他们取消了建州左卫的通商特权，拒绝供给盐、马、牛、铁，以示报复。[①]他的部队与朝鲜人立即爆发敌对冲突，1411 年他被迫从朝鲜东北边境地区迁移到邻近中国的凤州。到永乐朝末年，猛哥帖木儿力图在忠顺于中国与朝鲜间维持不稳定的平衡。他从与中国的贸易中获取丰厚的利益，但仍害怕朝鲜的武装进攻。

朝鲜朝廷意识到中国人向他们领土逼近而给他们的安全带来的严重后果，对此焦虑不安。随着东北边境沿线所有的外国人都归顺了明朝，朝鲜人惟恐他们也会步其高丽前辈的后尘，成为另一次征服的牺牲品。明朝已经诱惑了那些早先在朝鲜朝廷供职的女真人，劝说他们改换门庭。在给明廷的一封信中，朝鲜坚称他们有权合法地占有女真人的土地，指出两个李氏统治者的陵墓还在这一地区。他们竭力争取，但徒劳地想保留住猛哥帖木儿对朝鲜的效忠。皇帝特别提到猛哥是皇后的血亲，压制朝鲜对于这个女真头领新近政治转向所持的反对意见。但是，他也接受了朝鲜方面的可能追溯到辽金时期的部分领土要求，然而没有放弃那两座陵墓所在的地区，并强迫朝鲜将陵墓迁出。在明朝的大部分时间，中国与朝鲜在女真人归属的问题上的争夺仍继续进行。

到 1410 年，永乐皇帝已经建立了一系列卫所，取代了朝鲜在女真人中的影响。他在图们江、黑龙江、松花江、乌苏里江的女真人地区赢得了和平。中国政府积累了关于女真各部及其头领的专门知识。这些知识有助于规定女真各部的等级，并按等级给他们赏赐。这里应当再次强调，卫所的建立并不意味着政治统治的施行。

---

① 施田巍：《关于明代女真人的铁器》，见《东方学报》，第 11 卷，第 1 期（1940 年），第 261—262 页。

即便是在努儿干野人女真地区建立的军事机构（即努儿干都指挥使司。——译者注）也不充分意味着政治控制。1403年，永乐皇帝派遣钦差大臣劝说野人女真归顺，但结果令人失望。两个野人女真部落携带礼品白隼来到朝廷，但未能维持有效力的关系。1409年，永乐皇帝命令亦失哈，一个海西女真人出身的太监，率远征队到黑龙江口招抚野人女真。两年后，亦失哈才带领1000人乘25艘船出发北上。他受到女真头领的热忱接待，他也向他们赠送了礼物。他们同意设立都指挥司，并派贡使随同亦失哈到明朝宫廷。1413年，皇帝再次派亦失哈前往努儿干会晤女真头领，并修建永宁寺以便推进佛教在居无定所的女真人中传播。[①]他制作了一块石碑，上面用中文、女真文及蒙古文记述这次远行。他熟知女真人的风俗、观念，他的努力得到了丰硕的回报。[②]他和永乐皇帝说服女真人同意在努儿干建立驿站，这不仅为官方邮传提供方便，而且行商也将依靠驿站得到食宿供应。

亦失哈的活动及永乐皇帝的政策使他们的部分目标得以实现，但这并没有转化为对该地区的政治管辖。朝贡和贸易开始从努儿干进入中国，女真头领们接受了明朝的封号，佛教在当地民众中传播，驿站为商业和交通提供了便利。然而，明王朝并未支配野人女真的政治命运。它只是单纯地维持了明朝在遥远的满洲东北地区的存在，而在永乐皇帝死后，要维持这种存在也越来越不容易了。1426年到1432年，宣德皇帝数次派遣亦失哈带队乘船远征野人女真地区。第一次出使，他受命修建码头和库房，以便供应拟派驻努儿干都司的官兵。第二次出使，他为新任的头领颁授印章，给其他与明朝合作的女真人赠送礼物，他还重修了几年前遭受严重损坏的永宁寺。此后不久，出使就终止了。1432年的出使是明王朝派出的最后一个官方使团。朝中的官员们认为远行耗费太大，由于费用问题及女真人的反对，他们还放弃了亦失哈修建的库房及码头。到15世纪40年代，朝廷失去了公认为设立在野人女真中的不稳固的基地。

---

① 杨旸：《明代努儿干都司及其卫所研究》（郑州，1982年），第52—67页。
② 关于亦失哈更详尽的情况，参看罗萨比：《两个出访亚洲腹地的使者》。

　　然而，明王朝在某种程度上成功地促进了建州和毛怜女真人的汉化。1417 年，朝廷在建州设立地区佛教徒登记处，这表明至少一小部分女真人皈依了佛教。朝廷还鼓励那些不抱敌意的女真人在中国境内邻近边界的地区定居，朝廷为他们设了安乐、自在两个居民区。①为了帮助移民并促使他们居住下来，明王朝还供给他们长袍、谷物、纸币及构筑房屋的材料。随着他们汉化的日益加深，他们开始为朝廷提供有用的服务。他们不仅向皇帝进贡，与中国商人交易，而且担任口译、笔译、搜集情报、护卫使者等工作。有的参加了皇帝的贴身卫士锦衣卫。他们关于女真人语言、风俗、政治的知识是明王朝的无价之宝，朝廷也为他们的专门知识给予丰厚的奖赏。

　　同时，越境进入女真人地区的汉族人现身说法，将汉文明栩栩如生地介绍到该地区。他们中一些人是与女真进行非法贸易的商人，另一些是边境沿线对朝廷军事和财政的勒索苛求愤恨不满的农民和士兵，还有一些是在早期明朝与女真敌对行动中被俘虏人员的后裔。

　　　　无疑，中国的流亡者对女真的发展作出了巨大的贡献。他们教导和鼓励女真人——特别是海西和建州女真人——成为农耕者，教他们的被保护人使用农具和农业技术；他们作为工匠和训练有素的技工在女真人中服务；他们在军事技术和冶炼铁方面给"未开化者"以指点。②

　　以官方身份与女真人共事的各种汉族人也影响并促进了东北各族文化的变化，而这种文化将发展为中国文化本身的一个引人注目的分支。比如太监，一方面他们经常充任使者访问女真人；另一方面，他们又往往是在边境迎接女真使者的第一人；有时，派出的太监并非汉

---

① 　江岛寿雄：《关于安乐自在二州》，见《史渊》，第 48 卷（1951 年），第 71—72 页。
② 　罗萨比：《女真人》，第 28 页。对于永乐皇帝对女真政策作出的不同解释，参看 G. V. 梅利科夫：《明代帝国与女真人的政治关系，1400—1413 年》，载 S. L. 蒂赫文斯基编：《中国及邻邦》（莫斯科，1970 年），第 251—274 页。

族人，这样他们又成为汉化的一个样板。具体的收益似乎都落到了那些接受了汉文明的人身上。太监通常都得到皇帝的信赖，被委以广泛的权力。

同样，边境上一些与女真人打交道的军官也是汉化了的非汉族人，他们成为效法的榜样。卫所的建立对于推动女真的变化具有更为重要的意义。许多女真头领原来地位软弱，而一旦被任命为卫所的头目，被赐给礼物、印章，得到进行贸易的准许，他们的地位就得到了加强。明朝的任命和支持给他们提供了机会，在他们自己所属的民族与中国朝廷间充当外交和商业的中间人。具有讽刺意味的是，正是明王朝的政策培育了一个更大规模地、更完善地组织起来的女真社会。

明王朝与女真人的经济关系在向中国提供有价值的商品的同时，也促进了满洲居民社会的变迁。从朝廷得到"特许证书"（诰敕）或金牌（信符金牌），女真朝贡使团沿着从开元和抚顺的指定路线，穿越辽东到山海关进入中国。永乐皇帝时已出现了对伪造的印信的指责，但问题还不算严重，政府只是半心半意地防止假冒滥用。觐见皇帝时，女真使者们依照其级别和地位得到纸币、染色缎子、丝、长袍、靴子、长统袜等礼品。对于朝廷来说，礼品都是现成的，并不算贵。因此只要使者的数目限制在合理的范围内，实际上朝贡关系并不会导致财政枯竭。而女真人则送给他们从蒙古人或朝鲜人那里得到的马，大概也是从蒙古人那里得来的骆驼、毛皮等贡品。他们还呈送了许多奇异的外国货，诸如大隼、鹰还有阿胶——一种治疗瘫痪、哮喘、咳嗽及其他呼吸系统、循环系统慢性病的胶状物。大致说来，朝廷从每一个进贡使团收取至少一种必不可少的产物，用以表明它从交易中有所得。如果每个使团的人数都增加，对礼物的要求也随之增加，那么就存在明王朝财政的重大流失的可能。此外，明王朝在危难时期还要为贫苦之中的北方、东方的女真人及辽东的汉族人提供救济谷物，这也是一笔潜在的花费。永乐朝时，尚未因这些行为而出现明显的困难和浩大的费用。

看来，女真人与中国商人、官员之间的贸易是互利的。在京城及1406年建立于开原、广宁的边境集市上，女真人以马匹交换丝、棉，交换比率按马的优劣来确定。朝廷官员先挑选他们所想要的马，把马送到在辽东设立的 24 个牧区，然后才允许中国商人交易剩余的马。只要朝廷能制止它自己的商人走私丝、棉给女真人，那么，它就得到它需要的马。人参是中国在与女真人交易中要获得的另一种宝贵的商品。中国人宣称这种根茎对健康极其有益，大加赞赏，是不会被误认为稀罕无用的奢侈品的。因此，商业为中国提供了宝贵的商品。另一方面，女真也得到了即使不是必需的，但也是有用的中国纺织品、谷物，诸如铁器等工艺品和制成品。双方均从商业中获利。

永乐皇帝之死使原先与女真发展起来的稳定互利的关系开始松弛下来。不久，与他当朝联系的扩张性对外政策就被废止了。而在 1449 年土木大溃败之后，朝廷处理外国人事务更加小心翼翼了。朝鲜人谋图利用明朝的退守政策，以便在女真人中发挥更大的作用。

在李朝、明朝、女真人的三角关系中，每一方都有自己特殊的、有时与其他方面互相抵触的利益，永乐皇帝死后，这种利害关系引发了冲突。敌对和争夺日益增长的一个标志是女真人持续迁徙。继承其父李显忠为建州头领的李满住屡次恳求明廷允许他迁入中国。李朝统治者向他及他的人民施加压力，企图向他征收赋税和劳役。李满住在他的人民中的地位部分取决于他向他们征收赋税和劳役的能力，部分依赖于明朝的认可。他为朝鲜的威胁而忧虑，因此从中国寻求保护。也许是出于对一个统一的具有相当规模的女真人集团在中国边境沿线定居的担忧，明王朝拒绝了他的恳求，迫使李满住迁往离朝鲜边境不远的地方。袭扰和入侵破坏了女真人和李朝之间的关系，直到 1434 年朝鲜军队击败李满住的部队，迫使他迁离，1437 年李被迫再度迁移。李满住苦于一直得不到明朝的支持，最终投靠了瓦剌头领也先，与他结成反中国的联盟。

建州左卫也卷入了与明朝和李朝的斗争之中。起先，建州左卫头领猛哥帖木儿曾疏远朝鲜，因此，1433 年猛哥帖木儿及其子被与他敌对的一个头领杀死，朝鲜对此颇为称心。实际上，朝鲜在会宁建了一个要塞，企图从这一突变中谋利。建州左卫现在意识到没有了头领他们弱不堪击，于是渴求到中国避难。但明王朝不允许他们进入。他们只能自己设法救自己了，他们接受猛哥帖木儿的同父异母兄弟范察继任建州左卫头领，而已故头领之子董山的继承权则被范察置之不顾。范察带领他的人民数度迁移以躲避包括朝鲜在内的敌人的攻击。范察避开了敌人后，但在若干年中，他又面临着他那已长大成人的侄儿的竞争。1442年，明王朝为了防止全面的敌对，出面调解他们的争端，承认董山为建州左卫长官，同时为范察另设建州右卫长官的职位。他们的关系暂时摆平了，但明王朝、建州左卫、右卫及朝鲜之间的潜在冲突隐藏在表面现象之下，随着瓦剌头领也先的崛起而爆发出来。

对于明王朝的政策制定者来说，女真各部之间的关系真是一团错综复杂的乱麻。猛哥帖木儿的姊妹嫁给李显忠，是李满住的母亲，而李显忠的女儿又是猛哥帖木儿的儿子董山的妻子。[①] 李满住的姊妹又许配给范察。这些姻亲关系造成建州、建州左卫、建州右卫之间敌对与联合交错并存的关系，使明王朝难以形成一种对建州各部都适用的明智的政策。

在这个时期，明朝与女真的经济关系也恶化了。女真却渴求扩大贸易和朝贡，而明王朝此时要设法限制。女真人派出为数众多的所谓使团，其实基本上是商团。1436年有50个使团从女真各卫来到中国，而每个使团的人数都大大增加，以致有几个使团多达3000人至4000人。供给如此众多的人吃住，使明王朝花费甚巨。同时，贡品的数量和质量却大大下降。人们指责贡使粗鲁无礼、酗酒成性，有的甚至被斥为土匪强盗。据中国史书记载，他们抢劫伤害平民百姓，购买违禁商品，辱骂虐待驿站吏卒，索要无度，在交易中供给奢华和用处不大之物。总之，早先对双方有利的朝贡和贸易的经济关系此时已成为明王朝的负担。朝廷为接待女真使团、筹办礼品、进行贸易花费了巨额款项，而得到的是没有价值的商品和对它的法律制度的蔑视。有时，中国自己的商人和官员们在女真人身上谋私的行为也加剧了朝廷的困难：

---

① 伍德拉夫：《女真人的地位和门第》，第138—139页。

中国文献反复引证那些对申请许可进入中国的使节索要和经常收受贿赂的官员的事例。文献还指责一些官员扣减给"野人"的礼物，袭击他们的居住点而激起女真的侵袭……中国的典籍还进一步承认一些中国货物粗制滥造、质量低劣。[①]

显而易见，永乐皇帝创立的经济关系在他死后显然已不复存在。也先1449年的袭击更是火上浇油，进一步加深了女真与其中国和朝鲜邻人之间的分裂。几个女真头领，包括董山、李满住，在中国致力于抵御瓦剌的侵袭时背叛了明朝。朝廷采取的对策是：在辽东境内修复和建筑一段新的长城；暂时关闭边境市场贸易；限制在安乐、自在及中国其他地方居住的女真人数目；在制定针对女真人的政策时与李朝统治者合作。对此，建州和建州左卫予以反击，他们指控中国背盟，并进行袭击。1467年，中国和朝鲜暂时从"女真困扰"中摆脱出来。1466年，明朝扣留了亲自率团来访并对中国礼品表示不满的董山，并将他处决。1467年，中国与朝鲜的联合部队击败建州女真，杀死李满住。在整个15世纪70年代，辽东巡抚陈钺在朝廷中权势显赫的太监汪直的支持下，时时无缘无故地攻击原先友好的女真诸部，向合法前往朝廷的女真使者以收取礼物为名勒索贿赂。兵部右侍郎马文升巡察辽东，反对陈钺的所作所为，汪直、陈钺反诬马文升煽动女真，最后朝廷将他调到其他边境地区。

15世纪80年代早期汪直倒台，与此同时朝廷改变了对女真的政策，对女真的敌意减少了。明王朝觉察到陈钺在汪直的支持下时常欺压诈骗东北边境沿线人民，因此放弃了针对女真的军事行动，重开边境马市，允许女真各卫派使朝贡。朝廷官员甚至容忍违背朝贡和贸易的有关规章，因此，女真使者来访更为频繁，随从人员更为庞大，索求更多礼物，有时与中国商人进行非法贸易。然而，相互间的和平从15世纪后期延续到16世纪中期。

---

① 罗萨比：《女真人》，第40页。

在这相对和平时期，女真人内部却经历了剧烈的变化。随着董山、李满住之死，原有的由出生于自元末明初以来的统治家族来决定女真人头领的继承方式也发生了改变。由于缺乏资料，尚不能清楚地了解导致这一变化的女真人的内部动力，但他们开始转变的事实是不容否认的。一个重要的标志是个别女真集团的规模增大。15 世纪早期，卫通常只有数百居民，但一个世纪以后，女真头领往往统治着数千人以上，甚至数万人。头领权力的取得往往是凭借他们的功绩而不是出身。发生变化的又一个证据是女真对明朝农具的需求上升，证明在中国东北边境的邻人中定居倾向有了发展。同样，女真人关注的焦点也越来越转向中国，而朝鲜的影响日趋减弱。

16 世纪后期，和谐友好关系结束。部分原因是女真社会的变迁。甚至在早些时候，在嘉靖朝（1522—1566 年）时中国再度限制朝贡和贸易，强制执行现有的规章制度。双方关系就已呈现出紧张局势。然而，直到 16 世纪 70 年代，才爆发了首次冲突。建州右卫都指挥使王杲因不满明朝对商业的限制而袭击中国的居民点。朝廷任命李成梁——一个朝鲜血统的军事将领去平息"桀骜不驯的野蛮人"。在与王杲闹翻了的两个女真头领觉昌安和他的儿子塔克世帮助下，1574 年李成梁击败并杀死王杲。在以后的 10 年中，李成梁多次受命镇压建州头领王兀堂和海西女真头领逞仰奴的部队，但他最有影响和历史意义的成就是对王杲之子阿台（A-tai）的胜利。1582 年，他击败阿台并焚毁建州女真头领的营寨。也许更为重要的是，大火要了觉昌安的命，而在混乱中，塔克世也被李成梁的部队杀死。

当努儿哈赤被证实为觉昌安之孙、塔克世之子时，这一次偶然杀害的严重性就更显而易见了。[①] 努儿哈赤——清朝第一位皇帝的祖父，满族人民的第一位组织者——立即要求为其祖父和父亲之死予以补偿。李成梁也确实向这位将向明朝发起挑战、而他的儿子和孙子最终推翻中国王朝的女真头领送了礼。

努儿哈赤并不满足于这些微不足道的礼物，因为他志在成为东亚

---

① 关于最新的努儿哈赤传记，参看阎崇年：《努儿哈赤传》（北京，1983 年）。

舞台上的主要角色。通过形成一个能维持相当数量的人口的农业社会及发展起一个能够供给自己的农具和武器的制铁工业，女真人已取得了长足的发展；为了达到他的目标，他很快认识到要将女真人统一起来。他垄断了人参、毛皮和珍珠，控制了金银矿，这就为他统一女真、建立军事武装及将汉族人吸引到他这边来提供了物质资源。中国的叛变者是极为珍贵的，因为他们可以给他提供治理一个庞大的女真政府所需要的管理和财政方面的技能。要建立一个真正的女真政府，他需要有文化和能胜任管理的中国人帮助。在控制了满洲财富的有利条件下，通过联姻和征服，到 17 世纪早期，他成为这一地区的主宰，在中国和蒙古谋士的帮助下真正进行了统治。他取得了如此的成功，以致将女真以外的各族都汇集到他的旗帜之下，他所领导的各个集团可统称为以女真人为主要成分的满族人。1616 年，努儿哈赤称帝，国号金，采用这个国号显然是想把他的政府与曾经在 12 世纪至 13 世纪早期统治中国北方的女真王朝相联系。

努力哈赤的崛起事实上属于清代的历史，但它再一次具体生动地表明亚洲腹地诸族在中国历史上的重要意义。明朝继承蒙古人的王朝——元朝（1279—1368 年），后续的则是满族的王朝——清朝。实际上，在过去的七个世纪中，亚洲腹地的民族统治了中国将近一半的时间。这个事实，赋予明朝与亚洲腹地各族关系新的重要性，然而在中国文明的研究中尚未得到足够的重视。关于明朝与北方邻人的相互作用的研究对人们广泛地持有的以下假定提出挑战，即明王朝处理外国人事务既无知，又僵化顽固。朝廷及其官员、太监，有时商人，都从与亚洲腹地的朝贡和贸易中获取利益，因此，出于商业与安全方面的原因，他们需要关注其北方和西方的邻人。

（吕昭义 译）

第 五 章

明代中国与朝鲜的朝贡关系

中国与朝鲜朝贡关系模式

朝鲜往往被当作中国的朝贡国的典范。与中国的朝贡关系对于朝鲜的政治制度及较高程度文化的发展的重要意义，怎么说也不会过分。从 7 世纪初朝鲜的新罗国与唐王朝联盟之时起，朝鲜就擅长于按照他们的需要来吸收和改造中国的典章制度。稍后，高丽（918—1392 年）继续了这种适应自身的模式，并密切地注视着辽、金、蒙古一个个崛起，又一个个相继改进朝贡体系。1270 年，蒙古征服完成以后，朝鲜被置于帝国的直接控制之下。从此以后，高丽的王子被送到北京接受抚育，娶蒙古公主为妻，蒙古在平壤、双城派驻骑兵。[①]

在蒙元统治的时代，高丽王族与蒙古皇族联姻，而某些朝鲜的家庭也因娶元朝高级官员之女而得势。长期以来，与元朝联系对于高丽变得如此之重要，以至于它对 14 世纪中期元朝的垮台毫无准备。在许多方面，高丽朝的衰亡和 1392 年朝鲜王朝的兴起是

---

① 关于中国与朝鲜朝贡关系的一般性原则，参看全海宗：《清代中国与朝鲜朝贡关系研究》，见费正清编著的《中国的世界秩序》（坎布里奇，马萨诸塞，1968 年），第 90—111 页；关于中国与朝鲜朝贡关系发展的考察，参看全海宗：《韩中关系研究》（汉城，1970 年），该书有一个英文的总结，第 250—255 页；崔瑞德、米切尔·洛伊尔编：《剑桥中国史》（纽约，1986 年）第 1 卷，《秦汉帝国：公元前 221—220 年》（《剑桥中国秦汉史》），第 446—451 页；崔瑞德编：《剑桥中国史》（纽约，1979 年）第 3 卷，《隋唐时期的中国：589—906 年》（《剑桥中国隋唐史》）第 1 部分，第 134—147 页；崔瑞德、赫尔贝特·弗兰克：《剑桥中国史》（纽约，1993 年）第 6 卷，《异族政权》（《剑桥中国辽西夏金元史》），第 100—104、219—229、283、400—405、436—437、473 页。

与中国元朝和明朝的兴替相关联的,而明代中国与朝鲜的关系的进行是一个很好的典型,通过这个典型可以了解朝贡关系作为政治工具、安全机制及贸易与文化交流的渠道是怎样服务于各方的。朝鲜通过朝贡和表示顺从,预先阻止了中国的干预,从而买得了安全和自治。通过朝贡的付出,朝鲜国王还购得了帝国给予他的正统性和对他的支持。对于中国人来说,朝贡体制意味着朝鲜将如一个属国那样行动,不进行威胁,并支持中国在该地区的安全目标。用儒家的话说,当朝鲜接受了中国的小兄弟的地位,那么互惠的原则就将保证各方的基本利益。

明代中朝朝贡关系的进程可以划分为几个阶段。第一阶段,朝鲜努力赢得明政府的信任,这是一个困难的时期。到永乐朝末年,双方关系是稳定的。朝贡体制运转相对地顺利,直到 16 世纪最后 10 年丰臣秀吉入侵朝鲜,朝鲜向中国告急,请求军事援助。战争给朝鲜在物质上和精神上造成深重的灾难,并使明王朝衰落。在明王朝日薄西山之际,女真人入侵朝鲜并自行接受朝贡。然而,直到 1644 年以后很长时间,朝鲜仍认明王朝为正统,保留明朝的历法和明朝服饰体制。因此,可以说,如果说朝鲜是一个典型的朝贡国,那么明代的朝鲜就提供了一个运转中的中朝朝贡体制的有代表性的例子。

明朝与朝鲜关系:第一阶段

高丽与明王朝的建立

恭愍(1330—1374 年)登基后不久,朝鲜开始就 1352 年元朝统治的衰落调整政策。和他的前辈一样,恭愍曾在北京接受培养,随后回朝鲜为元朝服务。但在他 1351 年继任国王后不久,蒙古在中国的统治就开始坍塌了。1354 年,被征调的朝鲜军队目睹了元朝军队在高邮的失败。高丽朝廷相信元政权已处于危机之中,濒临崩溃。恭愍国王作出反应,切断与元的某些联系;清洗了一批朝廷中包括出生于朝鲜的元朝皇后的亲属在内的蒙古宠臣,发布命令不再穿戴元朝的朝服，取消元朝的发式，不使用元朝历法。他着手收复元朝容许让女真人控制的东北土地。

改革的努力因朝鲜内部的一系列问题而受阻。反对派极力抗拒恭愍国王的新政策。日本海盗（倭寇）年复一年侵扰朝鲜海岸；旱魔烤焦了朝鲜的田野；1359 年和 1360 年中国的叛乱蔓延到朝鲜，红巾军入侵并攻占京城，迫使恭愍国王只不过是为了收回自己的国土而支付巨额金钱。1365 年，在朝鲜已陷入紧迫的财政和行政问题的困境之际，恭愍的王后又死去。经受这一事件后，恭愍国王越来越多地把国事交付给他的佞臣，朝廷中宗派朋党间争吵不休。失去切实有效的领导，朝鲜对于中国 1368 年发生的改朝换代毫无作出切实有效反应的准备。

1368 年明王朝建立，恭愍国王的首要义务是向新的明朝皇帝朝贡。恭愍知道他必须这么做，但他处于左右为难的境地。满洲大部分地区尚处于还没有投诚明朝的蒙古人的控制之下。这一局势使朝鲜的北部边境失去了抵御蒙古人入侵的保护。如果按照明朝皇帝的要求与蒙古人断绝关系，就将在朝鲜的北部边界招惹麻烦。一心一意忠诚于明朝的要求与维持与蒙古人友好联系的需要之间的冲突一直困扰着朝鲜与明朝的关系，直到 1387 年明朝军队最终控制了辽东和满洲南部才告结束。

起初，恭愍国王的政府竭力保持与明朝和蒙古两方的友好关系，在维持与蒙古人头领纳哈出（死于 1388 年）及其在北方边境的部队联系的同时，又照常向中国人朝贡。然而，与蒙古的关系并不总是和平的，小规模武装冲突时有发生。1370 年，恭愍甚至派遣一支部队进入辽东以稳定该地区局势。这一军事行动造成了两重损害：不仅没有制服蒙古人，而且引起了明王朝的强烈反应，明王朝将这一军事行动视为侵犯。洪武皇帝作出反应，斥责恭愍狡诈不忠，并加强了朝贡的要求。

1374 年，恭愍被他自己的太监谋杀。朝鲜不得不向明朝皇帝报告此事，并恳请册封恭愍的继承人，一个叫祸（1364—1398 年）的王子［《明史·外国一·朝鲜》记载："颛（恭愍是他死后明朝封的谥号）为权相李仁人所弑。颛无子，以宠臣辛肫之子祦为子，于是仁人立祦。"李仁人，在《李朝实录·太祖实录》及《明实录·世宗实录》中又写为李仁任。——译者注〕。通常，册封新国王只不过是例行公事，但1374年的事件给新国王的朝代蒙上阴影。谋杀恭愍之事需要进行调查，惩办凶手。更为糟糕的是，谣传祦实际上不是恭愍的儿子，而是恭愍多年的心腹谋士僧人辛肫（死于1371年）的儿子。使事情更为复杂的是，一位明朝的使者在恭愍死后立即回国的途中也被杀了。谋杀及对祦的出生的怀疑给予明朝充足的理由扣留册封，直到所有事实真相大白之时。册封的征迟，迫使国王祦在没有中国支持的情况下，摇摇欲坠地开始他的统治；正是由于他登上王位导致了与明王朝的摩擦。洪武皇帝通过扣留册封迫使国王祦乞讨明朝的支持，这个行动是用来突出祦虚弱的地位和加剧恭愍死后朝鲜的政治混乱。

如同在他之前的恭愍一样，国王祦不得不应付北部边境上的蒙古人势力，也不得不与蒙古人、明朝保持友好关系。洪武皇帝听说朝鲜还与纳哈出有联系，于是进行报复。在14世纪80年代早期拒绝接待朝鲜使者。结果，朝鲜与明王朝关系中断了若干年。

在1385年之前，国王祦显示了他即使没有明朝的支持也能生存下去的能力之后，洪武皇帝才发慈悲，重新接纳了朝鲜朝贡，解决办法是一项交易：明朝册封国王祦；作为交换，朝鲜一次性付清以往年间未交的贡物，并同意不介入即将到来的明朝与纳哈出在满洲的对抗。

然而，1387年明朝军队在接受纳哈出投降之时，进一步把中朝边境地区组编成卫。作为组编的一个部分，明朝将原来蒙古的开原地区编入辽东的卫所体系中，这样就把朝鲜东北置于明朝的控制之下。这是对朝鲜人的严重挑战，国王祦朝廷中的反明势力劝说他发布命令进行军事远征，以阻止明朝对辽东以外地区的扩张。

1388年国王祦深入辽东的武装试探是一着错棋，它成为高丽覆亡和朝鲜王朝（也称为李朝）兴起的催化剂。在李成桂（1355—1405年）的指挥下，军队进抵鸭绿江时却折头向首都开京进军。[1] 李将军控制了政府，在利用傀儡国王进行了四年的统治之后，他自立为王，建立朝鲜朝。

明朝与朝鲜之间的冲突显然是导致朝鲜的高丽、朝鲜两个王朝兴替的一个原因。此外，起作用的因素还有：持续的旱灾，无力保卫海岸免遭日本海盗侵害，普遍蔓延的对地租和税收的不满，国王禑不能稳定与中国的关系而招致了李成桂的政变。而且，李将军还得到了朝廷中改革派的决定性支持，改革派反对当时占主导地位的政策：高丽朝支持佛教集团，维护土地占有家族的权势、地位和继续与蒙古人交往。改革者崇尚儒家的经世论，要求镇压佛教，改革地租和税收，根据对才能和实绩的考核来选拔官员，通过"萨代"（汉语：事大），即尊崇强大者的政策来调整朝鲜与中国的关系。

朝鲜王朝早期明朝与朝鲜的关系

严格从法律上说，李成桂（庙号太祖，1392—1398 年在位）是一个篡位者，因此他特别需要取得正统性。他对明朝册封的要求一点也不比他的前任少。1392 年建立新王朝时，他的首要行动之一就是向明朝皇帝呈送报告并恳请帝国承认。然而，明政府接到了他就位的消息，反应却是复杂的。皇帝颁布御旨，高丽国号恢复使用古代的名称"朝鲜"（朝鲜语 chosŏn 通常意译为"早晨宁静的土地"），并赞扬他行为适宜，含蓄地接受了他；另一方面，礼部尚书在另一份文告中，对在朝鲜造成的既成事实表示不快，警告太祖不要像他的前任那样惹是生非。尽管他宣称他是在人民不断地恳求之后才登基的，但明朝对于他关于事件的说法仍有怀疑。洪武皇帝在世期间，只要提到朝鲜国王总是使用临时性的头衔，强调明朝的容忍是可以撤销的。这种模棱两可的双关语一直是整个太祖时代的一个障碍。

为什么明朝政府对于朝鲜的新政权如此冷漠？对此的解释，部分是依据明朝对太祖夺取政权所处背景的认识作出的。尽管朝鲜方面坚持相反的说法，但明朝仍认为这位朝鲜的新国王就是前高丽臭名昭著

---

① 《明人传记辞典》，第 1598—1603 页。

的大臣李仁任（死于 1388 年）之子。他们还认为太祖在兴起之时，曾谋杀了高丽朝最后的三位国王。任何办法都不能说服中国人改变他们对于朝鲜事件的观点。直到 1587 年出版《大明会典》新版本时，他们才承认了朝鲜的抗议。[1]

中国在东北边境地区的安全问题对于明王朝不情愿承认朝鲜朝的正统性提供了另一个解释。尽管李氏家族起源于朝鲜西南的全州，但太祖的父亲曾作为一个边境官员在朝鲜东北的咸镜地区度过了他的大部分生涯。在那里朝鲜人和女真各部自由地混合在一起，有时相互争战，有时进行交易。太祖在那里长大，学会并精通女真人酷爱的马术和军事运动，这对于他以后成为一个武士大有助益。他继承他的父亲成为边境指挥官后，他仍与他的女真邻人保持联系。有时，他将他们招募入他的队伍。他的一些优秀的下属军官实际上就是女真人，即他 1392 年以后的功臣[2]核心集团中至少有一个是早先向他投诚的女真人。在明王朝看来，他与边境上的非朝鲜族人熟悉亲近，朝鲜与女真勾结的潜在危险性就增加，就会成为明王朝扩展对满洲控制的障碍。

太祖在取得王位前的后期军事生涯也令明王朝警惕。1370 年他指挥了恭愍国王对辽东蒙古人的军事试探行动，熟悉那里的地形及防务。1388 年为了对抗明王朝对辽东的扩张，他指挥对该地的第二次军事行动，也就是在这次军事行动中他夺取了政权。在他在位的整个时期，明朝当局一直认为他勾引女真人移居朝鲜控制的边境地区，而这些女真的移民以朝鲜领土为基地发动对中国的袭击。在明王朝看来，朝鲜人是在抵制其将东北各民族安全地分隔开来的政策。综合这一切，明王朝的怀疑是有相当充分的依据的。

---

[1] 富路特：《朝鲜对中国历史记载的干预》，见《皇家亚洲学会华北分会学报》，第 68 期（1937 年），第 27—34 页。

[2] "功臣"这个词在朝鲜历史上的使用与中国一样。就朝鲜王朝来说，功臣名录的设立是为了奖赏那些太祖（1392—1398 年）、定宗（1398—1400 年）、太祖（原文如此，应为太宗。——译者注）（1400—1418）的忠实支持者。奖赏通常是赠给土地和奴隶，但大都被任命为高级官员。

其他一些棘手问题的出现，使朝鲜与明王朝关系正常化的打算落空。朝鲜的奏表措辞拙劣，冒犯了对于真实的或想像的怠慢总是十分敏感的皇帝。有两次，皇帝降旨朝鲜，要求以不敬罪惩治撰写冒犯他的奏表的人。第一次朝鲜敷衍拖延了事。第二次撰写人为太祖最亲信的谋士之一郑道传（死于1398年）。朝鲜的一个高级使团力图说服皇帝确实没有有意冒犯之意。但是，当1397—1398年第三次冒犯事件发生时，皇帝显然没有耐心了，他关闭边界并威胁要与朝鲜绝交。朝鲜宫廷因此突发危机，再度出现了向辽东发动进攻以显示朝鲜的意志是不可侮的言论。这次明朝与朝鲜的冲突以1398年朝鲜方面太祖的退位和南京洪武皇帝之死而突然结束。

1398年太祖退位，他儿子之间的一场王位继承战争随之而来。王子芳果（1357—1419年，庙号定宗）继位，1400年被他的弟弟芳远（1367—1422年，庙号太宗）推翻。芳远的统治至1418年结束。[①]与朝鲜王位继承战争相吻合的是朱允炆，即建文皇帝的短暂统治。在这期间，洪武皇帝的继承人之间也为争夺明王朝皇位展开厮杀。

明朝第一位皇帝死后的数年间，明朝与朝鲜的关系重新开始。明朝与朝鲜双方互为需要，明王朝皇位的争夺者们竞相谋求朝鲜的合作。在南京，建文皇帝需要从朝鲜得到马匹以防御他的叔叔燕王朱棣。朱棣即后来的永乐皇帝，此时他正谋图推翻建文皇帝。燕王占据东北，他需要稳定与朝鲜的边界，以解除后顾之忧向南方进兵攻打他的侄儿。因此，中国皇位的争夺者们比洪武皇帝更希望与朝鲜恢复正常关系。建文皇帝几乎没有任何犹豫即册封了定宗及其弟太宗。

1401年夏，中国方面要求朝鲜供给1万匹马，这表明了朝鲜的朝贡对于中国皇位继承战争的重要性。那时，建文帝与燕王的战争正向长江推进，帝国军队发现比以往更难以阻止住燕王的骑兵。这样的形势迫切需要册封朝鲜国王，以便通过朝贡的交易获得马匹。直到1402年中，朝鲜与明朝关系的主要内容均为用这种动物来交换中国

① 《明人传记辞典》，第1594—1598页。

的丝和棉布。①

永乐皇帝 1403 年就位，他继续保持与朝鲜友好关系的基调。朝鲜太宗王在听说他就位后立即朝贡，而永乐皇帝也毫不延迟予以回报，册封他为国王。明王朝对待朝鲜的新立场典型地反映在皇帝将 1398 年以前抓捕的朝鲜人释放回国，并赠赐中药医治新国王太宗已退位的年迈的父亲。②

明王朝在 1398 年之前与此后对朝鲜立场的迥然不同反映了这一时期明王朝对外政策的某些带有普遍性特征。由于洪武皇帝注重巩固和扩张明王朝对边境地区的控制，因此他对朝鲜奉行具有侵略性的威慑政策，以使朝鲜按照明朝的利益行动。他的继承者建文皇帝则全身心投入生死厮杀中，他需要朝鲜的帮助，并接受朝鲜表面上的效忠和支持。而永乐皇帝的立场是这两者的混合：尽管他具有威慑朝鲜的力量，但他也知道让人们把他看作是外国统治者朝贡的接受者将会增强他的地位。

明朝早期与朝鲜关系还显示出朝贡体制的另一个方面。中国政府有赖于盟国或朝贡国来遵守他们的承诺，新王朝在巩固它在中国的权力时尤为如此。1370 年至 1395 年间，由于朝鲜及边境沿线的局势动荡不定，朝鲜有时不得不要求放弃他们对明王朝的义务。直到 1395 年之后，朝鲜王朝充分稳定下来，才保证履行他们对明王朝的承诺。当太宗王在永乐朝之初掌权时，明政府认识到朝鲜王朝的稳定性，才开辟了双方更为友好和睦关系的新时期。

14 世纪后期的事件显示了朝鲜在朝贡体制中的利益所在。朝鲜的目的在于安全和自治。通常他们通过与中国的朝贡关系来"买得"安全与自治，然而，有时这一目的的实现还不能不顾及同时存在的与蒙古、与女真的关系，尽管中国对此予以反对。朝鲜在其他方面也抵制了中国的要求，例如他们拒绝派谋士郑道传到中国对其被指责为无礼的奏表作出交代。尽管安全是重要的，但有时，朝鲜似乎更为珍视

---

① 末松保和：《高丽朝末朝鲜朝初的对明关系》(汉城，1941 年)，第 140 页。
② 《明史》，第 320 卷，第 8284 页。

他们的自治。

朝 贡 使 团

到中国的朝鲜使者

明代朝鲜派到中国的贡使一年包括三个庆贺使团。一个在阴历元旦，另外两个分别为皇帝及太子的生日派出。后来，通常在冬至派遣使者。还有许多特别使者：致谢的（进贺，原文如此。——译者注）、吊唁的（进慰）、上香的（进香）、报丧的（告讣）、献马的（押马）、送特别奏表的（奏闻）。此外，特别是在明朝早期，出现的许多问题打乱了中国与朝鲜关系的常规，因此在明朝与朝鲜王朝进行各种谈判期间，朝鲜派出特使请求申诉。有时使者来得太频繁，引起礼部抗议，他们为招待来华的外国使者耗费了太多的资金。洪武朝，常例之外到来的朝鲜使团的数目已成为令人头痛的问题。而朝鲜方面，仅仅是为了朝贡的象征性意义而坚持派遣这些使者。

1392 年至 1450 年间，朝鲜朝廷派遣了 391 次使者来华，平均每年 7 次。使者并非都是到北京的，有的只到辽阳交涉有关边界事务。每年派遣使者的次数反映了明朝与朝鲜关系的状况：冲突摩擦较少的年份使者数目就减少。使者的数目从 1400 年前后每年平均 8 次减至朝鲜成宗国王（1457—1494 年；1469—1494 年在位）时的 3.7 次；1506 年前后因废除国王燕山君（1476—1506 年；1494—1506 年在位）而引起朝鲜政治危机之时，数目又上升了，当时中宗国王（1488—1544 年；1506—1544 年在位）谋求册封。正常情况下，维持友好关系所需的使团每年不超过 3—4 次。

典型的朝鲜贡使团由 40 人组成。使团成员包括一个大臣级别的正使及副使、秘书、翻译、医生、书记、执拂拭者、马夫、仆从、脚夫、奴仆。随员的规模反映使团首领的级别：到北京去的王公的扈从当然多于押送贡马到辽阳去的首领的随从。

《大明会典》公布了标准的朝鲜贡品的清单。向明朝上的贡品有：

253

金、银、各种蒲席、豹皮、海獭皮、素丝、各式染色亚麻布、大麻布、镶真珠母的梳妆盒、白绵纸、拂尘、人参。还规定每三年呈送50匹种马。[1] 这里没有提到的还有那些定期要求的特别贡物，如牛、超过定额的马、棉布、制作武器的原材料、茶、胡椒、谷物，以及最令人厌恶的索求，即人——奴隶、年轻女郎及太监。官方清单上主要列举的是朝鲜货物，其质量优于中国的同样货物，这突出地表明了朝贡关系中的商业成分。在北京的市场上，朝鲜的人参及纸价格尤为昂贵。

事实上，往来中国获取利润的良机，至少是朝鲜人热衷于更频繁地出使中国的部分原因。[2] 而朝鲜政府之所以也热衷于频频派使，则是因其只需从国库中为使者支付相当少的费用，因为朝鲜政府设想使者们可以携带货物在途中或到北京后与商人进行私人交易。这种附带的贸易牵涉到与边境居民的未经许可的交往，而这些边境居民主要是女真人，因此使得力图将朝鲜与女真分隔开来的朝廷官员大为恼火。在北京，按照规定，使者只能与招待他们、接收他们的贡品、向他们回赠给朝鲜国王礼物的礼部打交道。然而，使者们一到北京，中国的掮客立即不请自来，向他们购买超额带来的人参、纸、毛皮、拂尘等等，这些朝鲜人则四出购买他们自己的物品。

私人贸易令人蹙眉，但却是重要的，不过朝鲜人对于朝贡交易最为重视的还是中国皇帝赠送给朝鲜国王的礼物。实际上，这一交易渠道也是中国对朝鲜文化发生影响的主要传导管。回赠的礼物包括那些宫廷礼仪中使用的物品，如龙袍、玉带等[3]，乐器也经常在礼品清单上出现，给王室成员的服饰、丝绸、绿玉、药物等也是经常赐给的物品。

中国书籍也许是对朝鲜产生了最广泛的影响的物品。朝鲜使者总

---

[1] 《大明会典》，第105卷，第4页。

[2] 加里·K. 莱迪亚德：《1488—1887年400年来朝鲜到中国的旅客》，见《朝鲜不定期论文集》，2期（1974年3月），第4页。

[3] 鱼叔权：《考事撮要》（1613，奎章阁丛书7，影印本，京城帝国大学［汉城］，1941年），第12b—14b页。

是带回有评注的中国经典、论文集、史著，以及所有类型的文学作品。这些都可以在朝鲜重印，并传播到朝鲜各地。明代早期，书籍还是将中国新的典章制度传送到朝鲜的工具。例如，早期明朝的法典就被用作 1394 年公布的第一部朝鲜法典及刑法的范本。^① 尽管朝鲜人总是对中国的思想和制度加以修改使之适合他们自己的国情，然而，朝贡贸易作为文化影响的渠道与其作为商业交流的通道一样，其重要性都是不可比拟的。

通常，朝鲜使者在陆海两路中选取一条到中国。一条走陆路，他们从汉城出发，经平壤、义州（Uiju），越鸭绿江，经凤凰至沈阳，然后过山海关到北京。全程约需 30 天。海路要长一些，包括陆路在内有 5600 里。朝鲜使团从汉城经平壤到宣州，然后到海滨城市铁山，再至近海的椵岛。旅客由此登船，横渡危险重重的黄海，至山东的登州，由此取陆路到北京。在北京，朝鲜人被招待到朝鲜会馆（通闻馆）居住，并接受礼部的礼仪礼节教习。北京东南玉河会堂（玉河馆）就是接待他们的典型场所。

尽管使者通常都善于写作中国古文，但口语不行，中朝双方配备的翻译帮助朝鲜人进行交流。为此，朝鲜设立了自己的翻译机构（司译院），培养翻译人员，并翻译外国文书。绝大多数朝鲜朝贡使团都从该机构挑选人员。翻译被看作是具有一种专门技艺的语言专门人才，尽管是必需的，但其地位仍被贬得很低。通常进入翻译机构的人选都来自非贵族的"中人"（平民）这一技艺阶级，他们没有使者本人的社会地位，而使者则属于"两班"这一学者士绅阶级。

明朝的遣朝使者

明朝使者通常走朝鲜使者的道路，逆向而行入朝鲜，一般他们走陆路。到达辽东时，他们派遣信使先行通报义州长官（府尹），义州府尹将消息传递给平安（P'yongan）省督，平安省督派信使通报汉城。这样，朝鲜朝廷就能事先知道明朝使团的到来，但是直到使团到

---

① 威廉·R. 肖：《儒教国家的法律准则》（伯克利，1981 年），第 4—5 页。

达汉城附近的慕华馆（一个特别的宾馆，在现在著名的独立门所在的山上）之前，他们对于使团任务的性质等一无所知。明朝使者一到首都，就被恭敬地接到紧邻南城门内专门接待明朝使者的很舒适的太平馆。

明朝使者的目的是各种各样的：询问调查；宣布皇帝的继位或皇储的任命，或者只是传达皇帝的敕令或礼部的指示和要求。使者赴朝的最主要的仪式是册封新继位的朝鲜国王。

由于绝大多数明朝与朝鲜的交涉可以更方便地通过朝鲜定期派使者到北京处理，相对而言，明朝代表赴朝较为稀疏。1392 年至 1450 年期间，明朝使者到朝鲜共达 95 次，其中 50 次发生在 1400 年至 1418 年，即中朝关系保持稳定的永乐皇帝期间。1460 年至 1506 期间有 26 次，1506 年至 1567 年间只有 10 次。在宣祖在位的 41 年间（1567—1607 年），明朝遣使赴朝达 35 次，主要原因是明朝与朝鲜需要配合作战，抵抗丰臣秀吉在 1590 年代对朝鲜的入侵。1392 年至 1644 年，派遣使者次数总计为 186 次，平均每年不到一次。[①]

偰斯（Hsieh Ssu，死于 1380 年以后）[②]，是明朝第一个赴朝使者，他携带洪武皇帝宣布明朝建立并要求朝鲜归顺的谕旨于 1369 年到达朝鲜。1370 年，偰斯再到朝鲜，送给恭愍王极为重要的正统性象征物——皇帝册封他为国王的诰书及金印，典籍的抄本，明朝历书、乐器等举行典礼用的器物，以及 40 匹优质布。[③]

对于以后的明朝使者来说，偰斯对朝鲜的友好访问并不具有代表性。明朝的使者常常是太监，有时是出生于朝鲜的太监，朝鲜太监曾是 14 世纪人口买卖的一个部分。他们在朝鲜的行为举止引发了一些问题。他们作威作福、傲慢无礼，比通常的中国使者要停留更长的时间，致使接待费用增加。例如，朝裔太监申贵生 1398 年的出使，他多次侮辱他的朝鲜主人，提出过高的要求，或拒绝朝鲜方面的好意，

---

① 李铉宗：《对明关系》（汉城，1973 年），第 324 页。

② 《明人传记辞典》，第 559—560 页。

③ 郑麟趾：《高丽史》（1454 年；1972 年汉城再版），Kwon（chuan）第 5 页下。

拒绝讲朝语，羞辱朝鲜高级官员。在一次宴席上，他甚至当着国王的面，喝得酩酊大醉，挥刀舞剑。[①] 中国出生的太监担任使者的也不比他们好多少。如明朝的太监黄俨[②]，他曾从 1403 年到 1411 年 6 次出使朝鲜。因他作威作福，并以皇帝的名义到寺院搜索物品，而为人们厌恶之极。黄俨还以搜罗帝国后宫年轻女子而臭名昭著。这些事例增加了接待明朝使者的费用，加深了朝鲜人接近明朝使者的恐惧感。

　　明朝出使朝鲜的最详尽的记载之一是翰林院学士董越（1469 进士）撰写的。他于 1488 年到朝鲜宣告弘治皇帝登基，他在其散文诗《朝鲜赋》、出使日记《使东日录》及朝鲜之行的个人杂记《朝鲜杂志》中记述了他对朝鲜成宗朝（1469—1494 年）的观察。[③] 董越似乎被他的朝鲜主人迷住了，他的著述给人们传达了对于成宗时期朝鲜人民及官员的正面肯定的印象，成宗朝时中国与朝鲜关系尤其平静稳定。董越的著述还有助于说明，只要双方不存猜疑，都愿维持基本的宗主关系，中朝关系就可以是真诚友善的。当然，从根本上说，这种关系是不平等的，其中包含着中国霸主地位的成分，这一点在明朝使者到达朝鲜首都时令人深刻地感觉到。这也是为什么朝鲜方面尽可能要在北京与中国人办事的另一个原因。

明朝—朝鲜—女真的三角关系

朝鲜与女真部落的联系

　　满洲的女真人在 1403 年明朝与朝鲜关系稳定以后很长时间里仍对其间的关系发生影响。朝鲜与明朝双方出于安全方面的理由都想控

---

① 《朝鲜王朝实录·太宗实录》太白山本，1400—1445 年；1603—1606 年第二次印刷；摹印本，国史编纂委员会，1955—1958 年；摹印本，汉城，探求堂，1968—1970 年（14），第 15b—16、第 16b—17 页。

② 《明人传记辞典》，第 1596—1597 页。

③ 《明人传记辞典》，第 259 页。参看詹姆士·斯卡思·盖尔对董越日记的译文《汉阳》，见《皇家亚洲学会朝鲜分会学报》，Ⅱ 卷（1902 年），第 35—43 页。

制女真人。当朝鲜力图通过政治象征及朝贡贸易来与明朝争夺对女真人的影响时，问题就产生了。14世纪90年代，女真头领承认朝鲜的领主地位，派遣贡使到朝鲜朝廷。然而，在永乐朝，皇帝将女真人牢固地置于明朝的控制之下。

朝鲜人在辽东及满洲南部（该地为建州女真人的居住区）的利益起源于他们的祖先直到10世纪一直居住在那里。然而，在高丽朝期间，朝鲜丧失了对鸭绿江和图们江邻近地区的控制。辽、金、元三朝都将朝鲜北部的某些地区直接并入它们的帝国。在边境战争和寻找农耕土地的推动下，不可阻挡的移民潮流将朝鲜人的人口中心挤压向半岛南端。1350年以后，当恭愍国王打算从元朝的统治下争取朝鲜的自治时，收复失地就成为明确的目标，朝鲜开始排挤这些地方的蒙古和女真部落。高丽朝最后几十年间推行向北扩张的政策，有时通过战争，有时通过外交手段，有时则是通过变动朝贡贸易。1387年纳合出向明朝投诚，造成了一个朝鲜人迫不及待地想去填补的真空，同时也打开了明王朝插入辽东直到鸭绿江的通道。这就形成了一个牵连明代中国、朝鲜、女真部落在边境地区角逐的具有潜在危险性的三角关系。

朝鲜有理由担忧明朝势力在鸭绿江沿岸的增长。到1390年，朝鲜已为收复失地付出了30年的努力，但朝鲜北部仍然人口稀疏，几乎没有得到开垦，难于防卫；朝鲜东北部多山，缺少耕地；朝鲜北部中心地区冬季酷寒。朝鲜政府曾几次定期努力让朝鲜人重新定居于这些地区，但都失败了，因此只好允许满族人在接受朝鲜政府管辖的条件下在这里生活。14世纪90年代后期，朝鲜将朝鲜北部划分为由中央政府的官员管辖的县。这样，朝鲜政府就开始着手笼络和控制建州女真居民。

洪武皇帝时时警惕着朝鲜与女真的勾结，并力图使两者处于分隔的状态。朝鲜贡使接受指令只要有可能就走海路，以防止他们与他们的邻人女真串联；当需要走陆路时，他们奉命在越过鸭绿江进入中国边境后，不得与当地人贸易和交谈。他还试图阻止女真人向朝鲜迁移。1380年代，他要朝鲜确定一条明确的边界，并撤回边界以南，驱逐居住在朝鲜的非朝鲜籍难民。高丽未能满足他的要求，于是，他于1388年宣布占有远至咸镜省的整个开原地区，其意图显然在于由他自己来划定朝鲜的北部边界。朝鲜意识到帝国的这道命令将摧毁朝鲜收复北部边境地区的多年努力，决定为了控制辽东地区向明代中国发起挑战，由此直接导致了李成桂向鸭绿江的进军以及随之而来的政变和朝鲜王朝的建立。可以说，对边境地区的争夺在高丽与朝鲜的王朝更替中起了关键性的作用。

明朝对女真的政策

明朝对女真政策的意图在于支持中国势力向东北扩展及维持和平与安全。中国希望通过朝贡体制建立对女真贸易的垄断。他们希望削减或消除女真人与他们的邻人，不论是与蒙古人，还是与朝鲜人之间的联系，以防止敌对联盟的形成。为了达到这一目的，明王朝将女真组织到中国传统的"羁縻"管理体制之下的统治链条上的卫所之中，并赏赐给女真头领礼物、头衔及类似的犒赏。这种政策的目的在于将女真作为朝贡国纳入明王朝的控制之下，实际上通过他们将中国的势力扩展到满洲。

在15世纪早期，部分由于明朝陷于皇位继承危机，满洲仍留在明朝的控制之外。建州女真斡朵里（Odoli）支族头领猛哥帖木儿（死于1433年）[1] 曾迁入图们江以南的朝鲜，由于他向朝鲜朝廷纳贡，并在会宁扎营，因此朝鲜人将他看作是其附属。于是，当明朝开始笼络女真人投入中国控制之下时，猛哥帖木儿就成为主要目标。1405年，猛哥帖木儿与他的邻人、1403年被明朝册封为建州卫头领的阿哈出一起迎接了一队带着礼物和明朝与女真结盟建议的中国官员。

明朝与女真联系的后果

1404年朝鲜授予猛哥帖木儿斡朵里万户长之衔；1405年，访问

---

[1] 《明人传记辞典》，第1065—1067页。

他的第一批中国使者称他为"斡朵里卫长官",表明他们已假定猛哥帖木儿将愿意与阿哈出一样成为中国防御网络上的一个组成部分。起初,猛哥帖木儿拒绝中国单方面的意愿,并公开声称他已接受朝鲜的委任。与此同时,朝鲜方面也竭力与中国抗衡,努力将他维系在他们的轨道之上。他们派遣代表团,带着礼物、赞扬之词,以及他怎样才能最好的对付中国人的授意,前来访问他。他们还巡视了东北部其他女真人头人,鼓动他们不要屈服于明朝的压力。

1405 年,朝鲜政府甚至直接向永乐皇帝要求不要干预猛哥帖木儿的活动。朝鲜反对明朝邀请猛哥帖木儿前往明廷向明王朝表示敬意的打算,坚持说由于这位女真头领居住在朝鲜境内,因此应当将他视为朝鲜的臣民。而且,他们争辩道,由于担心被对手推翻,猛哥帖木儿不能冒险离开他的部落。然而,猛哥帖木儿最终还是成行,并接受明王朝任命他为地区长官。他没有别的选择。明王朝的支持已大大增强了他的对手阿哈出的势力。继续对抗明王朝将自讨苦吃。在这种情况下,朝鲜争取他的忠诚的企图,势必处于下风。[①]

明朝政府向朝鲜发出保证,猛哥帖木儿的归顺不会危及朝鲜的领土,因为这只是他个人的得体的行为,而不是土地的割让。然而,很快其他女真头领纷纷效法猛哥帖木儿变节的榜样,前往南京获取他们应得到的礼物及头衔。早在 1406 年,朝鲜显然已在这场竞争中失败了。与明王朝角逐超出了朝鲜的能力。如果朝鲜曾图谋利用它自己的朝贡体制将女真安置为边境沿线的抵抗明王朝的一个缓冲地带,那么,现在他们发现他们在谋略上已失败了,不得不将其战略转向常规的军事防御。[②]

这次失败之后,朝鲜并没有断绝与女真的关系。然而,他们不再提供诸如开放东北边远地区的庆源集市之类的便利了。原先曾允许女真到庆源市场进行贸易,换取朝鲜的盐、铁、牛、马。然而,关闭这

---

① 《朝鲜王朝实录·太宗实录》,第 10 卷,第 12b 页。

② 《朝鲜王朝实录·太宗实录》,第 12 卷,第 24b 页。另见司律思:《永乐朝(1403—1424 年)的中国与女真关系》(威斯巴登,1955 年),第 42—61 页。

个集市立即导致了另一个问题，女真用偷窃的方式来获得不能通过购买得到的东西。而且，1406 年明朝建立了一个市场，争夺与开原以南女真人的马匹交易。[①] 关闭贸易使朝鲜一无所获，因此在一年内，他们重开庆源集市，并在其南部的镜城又开设了第二个集市。[②]

1406 年至 1410 年间，朝鲜与女真的关系迅速倒退到袭击与报复交织的状态。通过重开市场来赢得边境和平的打算收效甚微，而努力控制这一地区的费用急剧上升。朝鲜一位指挥官在与女真人战斗中阵亡，庆源和镜城的前哨又难以防守，最终迫使太宗于 1410 年完全放弃东北边远地区。

同时，猛哥帖木儿也成为朝鲜报复性攻击的主要打击目标，因而弄得筋疲力尽。1411 年他带斡朵里部落西迁至与明朝建州卫相邻的凤州，此时凤州处于他原先的对手阿哈出之子李显忠的控制之下。明朝任命猛哥帖木儿为独立于建州卫并与它级别相同的建州左卫的长官。这个地位未能使他满意。整整 10 年间，他一直耻于位居建州主卫之下；1423 年他再次到图们江边的会宁扎营。此后，直到他 1433 年死去，猛哥帖木儿宣称他既为朝鲜、也为明朝服务。他的后裔继续统治建州左卫，偶尔与女真主要部落联合。满族人最终从这个女真支族集团中产生：努尔哈赤自称他是猛哥帖木儿的后裔。

朝鲜对于边境地区不稳定的局势采取的对策是后撤，取得补偿，与明朝、女真保持适当的关系，为最终再征服东北地区进行筹划。在他们的地图上，朝鲜的治理范围远至鸭绿江和图们江。1434 年，乘斡朵里与兀狄哈部落间爆发战争的有利时机，在世宗领导下重新开始中兴的战役。朝鲜军队成功地将女真人从朝鲜北部中心地区逐出之后，立即推行强制迁居，规定每个南部省必须抽调一定名额的移居者，以便造成具有深远意义的朝鲜人在该地区首次存在。在收复运动的年代中，朝鲜军队无数次越过鸭绿江和图们江发动进攻。到世宗朝

---

① 莫里斯·罗萨比：《元明时期的女真人》，见《康奈尔大学东亚论文集》，第 26 辑（伊萨卡，1982 年），第 35 页。

② 《朝鲜王朝实录·太宗实录》，第 11 卷，第 21b 页。

1450 年结束之际，朝鲜已沿图们江深入到长白山高地建立起了它自己的军事指挥辖区的链条，并对后来划为咸镜省的地方进行了有效的控制。沿鸭绿江中游地区建立起了相应的民政管理系统，加强了朝鲜对那些直到现代仍处于朝鲜支配之下的领土的控制。

朝鲜王朝对女真的侵略性政策与明朝的政策如出一辙，1433 年，女真人开始给中国人制造麻烦。阿哈出之孙，当时建州卫的长官李满住为了抗议中国人和朝鲜人对他施加的限制，武装袭击邻近地区。尽管从法律上来说，李满住是明朝的官员，但他并不忠诚，他经常袭击辽东的村落。随着 15 世纪 40 年代明朝对东北地区的控制逐渐瓦解，李满住及其他女真头领非正式地加入蒙古兀良哈部落对辽东的侵略。从女真中招募的士兵还参加了瓦剌头领也先（死于 1455 年）的袭击，也先的袭击严重地削弱了辽东的防卫，并导致了明朝的衰落，而 1449 年的土木之变则将明朝的衰落暴露无遗。[①] 中国试图通过切断贸易来惩罚女真人，但得到了与朝鲜人早些时候采取同样措施一样的后果：女真人的袭击更为频繁了。

到 1450 年，女真人确信朝鲜已加入了明朝摧毁他们的军事行动，于是他们开始在朝鲜的土地上进行战斗。在传出关于建州图谋入侵朝鲜的谣言之后，边境战争在 1466—1467 年间达到高潮。明朝 5 万军队与朝鲜 1 万军队联合作战，向女真发动攻击。在一次对建州主要部落的进攻中，李满住和他的儿子古纳哈被杀。而猛哥帖木儿的儿子董山也在中国被谋杀。这些事件清除了一批女真部落中最有才干的头领，在一段时间内中止了战争。在这期间，女真恢复了对明朝的朝贡关系。

但是，明朝—女真—朝鲜之间的边境战斗并没有完全停止。仅仅在中国与朝鲜联合作战后 10 年，明王朝即要求朝鲜派遣部队越过鸭绿江攻击建州部营地。这次行动仍未取得持久的效果，此时，朝鲜边境上的袭击和小冲突时有发生，已成为家常便饭。16 世纪后半期，

---

① 参看牟复礼、崔瑞德编：《剑桥中国史》，第 7 卷《明朝：1368—1644》第 1 部分（纽约，1988 年），第 322—331 页。

明朝与女真因贸易和朝贡发生争吵，关系再次恶化，朝鲜边境再度暴力肆虐。1592 年，丰臣秀吉侵略朝鲜之时，朝鲜朝廷能找到的最好指挥官是那些在东北部与女真人的战争中学到战术的将军们。

明朝与朝鲜关系的其他问题

册　封

若干其他问题也影响着明朝与朝鲜的关系，其中最主要的是册封。洪武皇帝迟迟不愿册封朝鲜国王，导致了明朝早期与朝鲜的摩擦；永乐朝后，这几乎就不成其为问题了。然而，册封是皇帝承认新任国王正统性的标志，因此，明朝很重视朝鲜国王取得王位的方式。《明史》记载了两次中国扣压册封的事件，一次是 1455 年世祖（Sejo，1417—1468 年；1455—1468 年在位）篡位，另一次是 1506 年中宗（1441—1457 年；1452—1455 年在位）废除燕山君。世祖废除被明朝皇帝先正式封为王储而后又册封为国王的他的侄儿端宗（1411—1457 年；1452—1455 年在位），他宣称端宗年幼多病，不能进行有效的统治，这次事件以明朝皇帝接受世祖提出的理由而得以解决。事实是中国需要朝鲜在即将到来的对女真人战争予以支持，使他们容忍了这次非正常的王位废立。

第二次事件为中宗 1506 年发动的政变，拖了较长时间才得以解决。朝鲜朝廷中对中宗的前任国王燕山君〈他的同父异母兄〉不满的官僚集团推翻燕山君，拥立中宗为国王。政变本身几乎没有流血，但是整个事件笼罩着残酷的清洗。明王朝授予中宗临时性的封号，在进行调查前，拒绝正式册封。朝鲜源源不断地向北京的礼部呼吁（包括批准继位的王太后也发出恳请），拖延了一年多，明王朝才开恩册封。[1]（《明史·朝鲜传》记载，正德二年，朝鲜国王㦕奏请以国事付其弟怿，朝鲜国人复奏请封怿。礼部议命怿"权理国事"。后，朝鲜

---

[1] 《明实录·武宗实录》（台北，1964 年），第 33 卷，第 3 页

贡使及 憷母也奏请册封怿为国王。明武宗始依礼部奏请派使入朝敕封。——译者注）这两次事件表明了朝鲜国王是怎样高度重视中国的册封，而中国人又是怎样利用册封和拖延来施加其影响。

朝贡清单上的贡品

朝贡贸易进行若干年后，朝贡所要征集的黄金显然已超过朝鲜的供应能力，白银的征集也存在同样的情况，只不过短缺程度轻微一些。朝鲜国内几乎不产金、银，然而每年的征集高达数百两。1383年，明朝命令朝鲜呈贡 500 斤黄金、近 3 万两白银，高丽王朝通过交涉，明朝同意以马匹来代替一部分白银的朝贡，然而，这次替代只是作为例外来处理的。1409 年，太宗国王请求明朝将替代定为常规。① 据说，由于中国皇帝的拒绝，太祖不得不为了得到所需要的这种贵金属而在朝鲜家家户户大肆搜刮。② 世宗国王 1418 年即位后，反复恳请，仍未获准。第三次又提议以昂贵的朝鲜纸来取代贵金属也同样失败了。1425 年，朝鲜为了获得所需要的黄金，被迫熔炼佛寺里的器物，贡使到北京后还得向中国商人购买黄金。朝鲜甚至打算向日本购买黄金。③

终于在 1429 年，贡品清单经历了一次彻底的修改。金、银从贡品中删除了，在某些情况下对某些人可贡献更多的人参、亚麻、席垫和大麻布。按规定：每逢元旦朝鲜须向皇帝、皇太后、皇后、皇储进贡；皇帝圣诞时向上列除皇储以外的所有人进贡；而秋季的朝贡只须向皇帝进贡。④

人　贡

无疑，明朝与朝鲜关系中最为肮脏败坏的问题是始于元朝而一直

---

① 《朝鲜王朝实录·太宗实录》，第 17 卷，第 4b 页。
② 李铉淙：《对明关系》，第 333 页。
③ 《朝鲜王朝实录·世宗实录》，第 40 卷，第 26b—27 页。
④ 末松保和：《高丽朝末朝鲜朝初的对明关系》，第 178—181 页.

绵延不断的人口交易——人贡。帝国，虽无定规，但都征调小孩入宫：女孩纳入后宫，男孩当太监。通常每次征调的数目不多，但这种交易本身却是重要的，朝鲜方面的记载表明，朝鲜人对此痛苦不堪，难以忍受。朝贡关系中没有哪一个方面像人贡那样显示出朝鲜对中国皇帝奴役的卑躬屈膝，或中国对其忠顺的邻人的蔑视侮辱。

被当作人贡带到中国去的男孩有的干得不错。例如当太监的，他们有时奉命回到故国。这未必是一桩令人愉快的事情。在朝鲜，朝鲜出生的太监以对待东道主人粗俗无礼而声名狼藉；他们的亲属都因此而感到羞愧耻辱，不愿接待他们。太监也不能给他们的家庭带来多少好处，在中国官府中做事的朝鲜官员也许能为他们的亲属谋求到一个好职位，但是一般说来，太监却不能给其亲属以令人尊敬的差事。

女孩如被选中入皇帝后宫，命运要好一些，她们的家庭在朝鲜受到尊敬，男性亲属也因此而享有特权。在中国，她们中的一些人在皇帝的众多嫔妃中出人头地。例如，元朝的末代皇帝妥懽帖睦尔（1320—1370）有一个叫奇的朝鲜妃子，由于她给皇帝生了一个皇位继承人，而只位居皇后之下。洪武皇帝的朝鲜妃子——韩妃，至少给他生了一个女孩；长期以来人们一直猜测，永乐皇帝是另一个朝鲜妃子——贡妃之子（原文如此。——译者注）。[①] 这些偶尔成为皇帝嫔妃中的佼佼者的朝鲜妇女自然是中国与朝鲜关系的积极因素。但是，从总体上来说，朝鲜人为人贡这种观念所激怒，并认为这是违背儒家基本原则的。由于这些妇女是从那些高贵的家族中挑选出来的，就更是令人愤恨不平了。

1408 年至 1433 年期间，将朝鲜妇女作为贡品的索求最为频繁。[②] 1424 年前，明朝只索求年轻女子主要作为皇帝后宫的候选人。选拔

---

① 李晋华：《明成祖生母问题汇证》，见《中央研究院历史语言研究所集刊》，第 6 辑，1 期（1936 年），第 55—77 页。傅斯年：《跋〈明成祖生母问题汇证〉并答朱希祖先生》，所载刊物同前。

② 王崇武：《明成祖朝鲜选妃考》，见《中央研究院历史语言研究所集刊》，第 17 辑（1948 年），第 165—176 页。

女人是一个精心挑剔的过程。例如，1408年，明朝派遣太监黄俨到汉城，在全国范围内组织对13岁至15岁的合适人选的搜索。200多名女孩被带到景福宫进行第一轮挑选。黄俨从她们中选出了44名进入第二轮。最后一轮他挑出了5名，都是来自低级和中级官员家的女孩。在举行了一场特别仪式中，她们被赐给中国服装和后宫封号。她们的男性亲属也得到封号。朝鲜王朝的实录记述了这个过程的细节，描述了黄俨带领这些女孩出发前往中国的情况。她们的兄弟获准沿路护送，她们强忍住了哀泣，但她们的亲属哀伤恸哭之声充斥于整个城市的大街小巷。① 她们中大多数再没有看到朝鲜，据记载永乐皇帝死时，她们有的人甚至自杀，跟随他去来世。②

1424年以后，中国人索求的妇女变得多种多样，舞女乐伎、厨娘、侍女也包括在内。1426年，11名妇女被经常派遣出使朝鲜的在朝鲜出生的太监尹凤带到中国。次年他又带走33名。此后，带到中国去的妇女就只是舞女乐伎和厨娘了。1433年，朝鲜人的输入全部停止了，《明史》记载说，英宗皇帝1436年（朝鲜的记载是在1435年）将53名朝鲜妇女遣返回国。③

丰臣秀吉入侵时期的明朝与朝鲜关系

从朝鲜王朝早期，在海盗对朝鲜沿海的袭击平息之后，朝鲜与日本的关系为朝鲜东南的有限的贸易，及通过对马岛世袭大名家族的半官方联系。日本商人在熊川、蔚山等地居住经商。1443年签订的一项协议为这种通常保持在低水平的商业订立了贸易规则。日本商人时常向汉城的国王呈送商品；同时，接受作为交换的礼物。1460年以前，朝鲜使者数次访问日本幕府。除此以外，有意义的联系是在朝鲜

---

① 《朝鲜王朝实录·太宗实录》，第16卷，第38—39页。
② 《朝鲜王朝实录·世宗实录》，第26卷，第15b页。
③ 《明史》，第320卷，第8285页；《朝鲜王朝实录·世宗实录》，第68卷，第8b—9b页，完整地记述了她们在中国效劳的生活。

与对马岛之间进行的。

在丰臣秀吉（1536—1598 年）1590 年统一日本以前，日本与朝鲜相安无事。丰臣秀吉一经在日本取得确定无疑的霸主地位，立即要求朝鲜支持其经由朝鲜向明朝发动进攻的下一步军事行动。[1] 丰臣秀吉如此胆大妄为，令宣祖国王（1552—1609 年；1567—1608 年在位）大吃一惊，予以拒绝，并从道德和常识两方面进行规劝，敦促他放弃这个计划。宣祖的劝告毫无作用，朝鲜朝廷围绕着丰臣秀吉是否在虚张声势发生分歧。朝鲜派遣使者去刺探丰臣秀吉的真意，然而使者们的看法仍不一致，作出了彼此矛盾的报告。最终，朝廷作出了丰臣秀吉是在虚张声势的结论，未能针对他作出军事准备。这样，当日本1592 年 5 月在釜山登陆时，朝鲜毫无准备，措手不及。

入侵的日本军队分为若干个 18000—20000 士兵组成的师，共计15 万人。小西行长（约 1558—1600 年）[2] 率领一个师首先在釜山登陆，加藤清正（1562—1611 年）师第二批登陆，其余部队相继而来。朝鲜人进行了勇猛的、然而败局已定的抵御。釜山战役很快就结束了。日军从半岛的这一立足点分兵三路北上，向汉城前进，粉碎了朝鲜所有抵抗，其中包括在忠州（Ch'ungju）击败了朝鲜的精锐部队。忠州战败的消息传到汉城时，宣祖的大臣们惊慌失措，劝说宣祖逃离首都，北上至平壤安全之地。各路日军几乎没有遇到任何有组织的抵抗就进入汉城，并于 1592 年 6 月中占领该城。

朝鲜之所以轻率地过低估计丰臣秀吉的决心和能力，其中一个原因是朝鲜朝廷内部的派别斗争。1590 年派去探查丰臣秀吉意图的使团由当权的和在野的两个派别的成员组成。使团中的在野派成员主张政府应当加强朝鲜脆弱的防御，而当权派则认为朝鲜的防御已足够了。政治动机影响了这一决定，而结果却证明当初在野派是正确的。

---

[1] 关于对丰臣秀吉大陆帝国思想的研讨，参看玛丽·伊丽莎白·贝里：《丰臣秀吉》（坎布里奇，马萨诸塞，1982 年），第 206—217 页；丰臣秀吉 1590 年给朝鲜国王宣祖的信，见久野吉（音）：《日本对亚洲大陆的扩张》（伯克利，1937 年），第 1 卷，第 302—303 页；另见牟复礼、崔瑞德编：《剑桥中国史》，第 7 卷，第 367—374 页。

[2] 《明人传记辞典》，第 728—733 页。

军事指挥的失误也造成了朝鲜军队的失败。例如，宣祖国王的首席将军申砬（Sen Ip）争辩说，由于日军船员拥有航行技术优势，在海上抵抗必将失败，他主张朝鲜应等待日军登陆后再进行抵御，然而，他的指挥失误却使朝鲜丧失了保卫自己家园的优势。申将军自己也战死于忠州战役。在陆军被粉碎后，宣祖的谋士提议朝廷北迁，并呼吁明朝进行干预。

宣祖离开汉城之际，任命其子李珲（即光海君，1575—1641 年；1608—1623 年在位）[1]为王储并负责朝鲜东北部咸镜省的防务。加藤清正穿越汉城尾追王子进至咸镜；小西行长则追击朝鲜主力直抵平壤，迫使宣祖再次逃奔，直至鸭绿江边的义州。[2] 在通过汉城之后，日军推进速度逐渐放慢，到达平壤后完全停顿下来了。恶劣的天气、过于漫长的供给线、交通工具的匮乏，以及为了防卫朝鲜地方民团和海军而布置的后卫，这一切迫使小西行长在大同江停顿下来。在东北部，加藤也遭受了同样的困难，而且因地形崎岖不平而更为严重。

在朝鲜进行的各种抵抗中，最有组织、最有成效的是 1592 年夏海军将领李舜臣（1545—1598 年）指挥的在朝鲜东南沿海的海口和海湾进行的战斗。在日军入侵前，李将军就已进行了建造战舰的试验，造出了称为"龟船"的攻击型战船，一种用金属顶棚保护舱面不受弹丸和燃烧的箭矢打击的划艇。[3] 龟船显然要比日本大多数战舰大，许多日本战舰完全不是海军战舰，而是临时征用的沿海运输船或渔船。龟船装备有火炮，尽管船大，但由于线条设计精细，有利达到最高速度，调转灵活。日本舰船难以追上，无法捕捉并登上龟船。日本人在釜山登陆时，李将军已造出若干艘龟船，并有能力阻止丰臣秀吉在当年夏季派遣船队穿越黄海沿朝鲜半岛而给平壤的小西提供补给的企图。据记载，在最初的三次战斗中，李将军击沉了将近 100 艘日

---

① 《明人传记辞典》，第 1591—1594 页。

② 李基白：《新编朝鲜史》，爱德华·W. 瓦格纳、爱德华·J. 舒尔茨译（坎布里奇，马萨诸塞，1984 年），第 209—215 页。

③ 关于这种舰艇的说明，参看霍勒斯·安德伍德：《朝鲜的船舰》，见《皇家亚洲学会朝鲜分会学报》，第 23 卷（1934 年），第 71—84 页。

本船只。在1592年7月的闲山岛大战中，70艘日本舰船只有14艘逃脱，未被捕捉或摧毁。闲山岛大战的意义在于它对日军高层指挥的影响，它决定此后对小西和加藤的补给仍由困难重重的陆路进行，打消了由海路到达西海岸的企图，从而大大地减弱了日军向中国边界推进的能力。

在义州，国王的阁员们仍在争论是否要向明朝提出援救的请求。1592年7月的某一天，宣祖打算自己越过鸭绿江到辽东避难，但是代替这一想法的是，他作出派遣使者到明朝京城请求军事援助的决定。这一非常之举，恢复了明朝与朝鲜朝贡关系中的军事防御的内容；它导致了明朝的军事干预，而没有中国的干预，朝鲜也许已被丰臣秀吉的军队征服了。

明朝最初的反应并不积极。明朝一批边境官员曾报告了他们的怀疑，说假使朝鲜没有纵容，日军的推进本不会如此迅速，因此朝廷对于朝鲜的信用尚存怀疑。然而，随着1592年7月21日平壤的陷落，问题已不再是要否支援朝鲜，而是如何防卫明朝边境了。尽管朝鲜拒绝了日本提出的让开一条通到鸭绿江的道路的要求，但中国人知道边境已危在旦夕。

明朝政府为入朝干预调集部队。1592年夏天小西在平壤整编部队之时，一支3000人的中国前锋部队从辽东越境进入朝鲜。这支部队在8月下旬与日军在平壤的第一次交战中遭到沉重打击。9月，中国政府组建了一支由李如松（1549—1598年）①指挥的更为庞大的、足以全面抗击入侵的军队。

明朝政府同时还决定进行谈判，希冀就确保与朝鲜边界的安全达成交易，即使可能牺牲朝鲜的利益也在所不惜。兵部尚书石星（1538—1599年）的代表沈惟敬（1540？—1597？年）与小西行长在平壤会晤谈判。双方均未作出让步。沈惟敬要求日本从朝鲜彻底撤军，而小西则要明朝皇帝承认他为丰臣秀吉的附庸。

双方宣布停火，以便使沈惟敬与其政府商议，同时也给双方重新

---

① 《明人传记辞典》，第830—835页。

集结力量的时间。当沈惟敬回来没有提出新的东西时，双方再度开战。1593 年 2 月，李如松率领 3.6 万人的部队与李镒（Yi Il, 1538—1601 年）率领的朝鲜军队围攻平壤，重创小西部队，迫使他放弃这座城市。然而，李如松没有追击，让小西撤离，并使他有时间获得增援，以致三个星期后在汉城附近的碧蹄馆战场上小西得以击败李如松。这次战役后，双方都不能取得决定性的优势，到春天，双方军队停止了战斗。5 月，日军撤退到半岛东南部，随后，李如松率领的明朝军队全部从朝鲜撤回。随着大战的结束，宣祖国王也返回首都。

在战争的间歇期，明朝的代表与丰臣秀吉重开谈判，谈判延续至 1596 年。与此同时，朝鲜的民团与愤怒的农民继续与半岛南部的日本人进行小规模战斗。日本人不得不动用具有压倒优势的部队来维持他们在该地区的地位。例如，日本人攻占晋州，杀死了 6 万名士兵和城镇居民，制造了这场战争中最为血腥的一幕。

1593 年，中国与丰臣秀吉达成交易，但是双方都误解了协议的条文。[①] 争议的问题是，册封丰臣秀吉为日本的统治者，及他占有的朝鲜半岛的全部或部分土地的事实。在协议的原文本中也许是一项有交换的安排，但是明朝使者带回北京的文件却说丰臣秀吉愿意从朝鲜撤出，并承认他为明朝皇帝的附属。然而，当明朝 1596 年派出使团到日本册封丰臣秀吉时，却发现日本还在朝鲜南部驻军。在日本，丰臣秀吉为明朝册封他为附属国国王文告中使用的降尊纡贵的语言所激怒，出使以失败告终。丰臣秀吉意识到，照此解决，他的朝鲜行动将一无所获。

1597 年初，丰臣秀吉下令出动 14 万人的军队，发动第二次侵朝战争，仍由小西行长和加藤清正担任军事指挥。第二次入侵并没有深入到第一次入侵所到达的地方，然而，日军与中朝联合部队在朝鲜南部进行的战斗激烈程度一点也不比第一次差。1597 年晚期，丰臣秀吉的部队牢固地盘踞了蔚山、泗川（Sachon）和顺天（Sunchón），并成

---

① 久野吉（音）：《日本对亚洲大陆的扩张》，第 1 卷，第 328—332 页。

功地击退了企图将他们逐出的中朝部队。从日本新来的部队有力地打击了补给极其困难的中国军队。防卫战表面上是中朝联合指挥，但实际上是由明朝军官指挥。中朝双方领导人之间存在着尖锐的分歧。是战，还是和，中国不同意朝鲜的看法，并对朝鲜人在战斗中的表现吹毛求疵。一个明朝的军官甚至指责朝鲜利用日本人来帮助他们重占辽东的部分地区，中国真的进行了调查，然后才撤销了这种指责。[1]

1598 年 9 月，丰臣秀吉死去。在这年的夏天，他在朝鲜的部队遭到由明朝将领刘𬘩（约 1550—1619 年）[2]、董一元指挥下的中朝联合部队的强有力的抵抗。11 月，丰臣秀吉的继承人命令日军全部从朝鲜半岛撤出。此时，日军正卷入在朝鲜南部若干地方的战斗之中，中朝联合部队决心不让日军有秩序地撤离。日军的撤退给防守者提供了在南部海岸以外的海面上发动进攻的机会，许多中朝船只已经各就各位准备打击。当小西企图让其部队在以釜山为基地的日本舰队的掩护下在顺天登陆之时，1598 年最重要的海上战斗随即打响。陈璘（死于 1607 年）[3] 指挥下的中朝海军在露梁海峡迎战前来的日军。开战之初，日军顶住了进攻，击败了邓子龙率领的左翼舰队，围攻陈璘的中军舰队。朝鲜海军将军李舜臣见陈璘处于危急之中，驶舰而来，将陈璘解救出来。李将军战死，但他的部下继续给予撤退的日军毁灭性的打击。

战后，明朝政府为陈璘在这次最后的激战中摧毁 300 多艘日舰颁奖。然而，朝鲜人回想起了当初笼罩在中朝指挥官之间的怀疑与背叛的指责，他们坚持李舜臣应当为最终击败小西的部队受到奖赏，因为正是他和他的部队在露梁海峡解救了陈璘。

1599 年，日军全部从朝鲜撤出。中国担心日本发动新的进攻，仍选择在若干地方驻扎，到 1601 年他们也撤离了。这场战争是完全

---

[1]　加利·K. 莱迪亚德：《1598 年朝鲜的安全危机：儒家的国家安全模式》，哥伦比亚大学朝鲜问题研讨会论文（1980 年 12 月）第 19 页以后。

[2]　《明人传记辞典》，第 966 页。

[3]　《明人传记辞典》，第 167—174 页。

徒劳无益的。日本史学家普遍认为丰臣秀吉进行的征服中国的战争是个愚蠢的行动。然而，这次战争还是产生了深远的影响：它耗尽了明朝国库，转移了原来用于控制满洲的军队。为了抵抗 1592—1593 年的第一次入侵，明朝投入了 20 万部队，花费了 1000 万两银子。1598 年的防卫战也花费了相等的银两。[①] 国家财政承受了这一负担，再加上建筑万历皇帝陵墓、重修紫禁城宫殿的开销，削弱了政府对于帝国全境的防御。与此同时，满族的头领努尔哈赤在满洲组建了"旗人"制度，为征服中国本土进行谋划。因此，丰臣秀吉发动的战争导致了明朝的垮台，只不过不是以他打算的方式进行。

战争对朝鲜的影响有所不同。一方面，由于日本人被限制在南方诸道，并且最终从朝鲜撤走，因此，朝鲜的保卫战是成功的。但是，成功的代价却是无法计算的。朝鲜政府的政治控制被削弱了，朝廷内部的派别斗争加剧了。朝鲜人感到他们对明朝欠了债，在以后的年代里，他们力图以抵抗满族人来偿还欠债，结果遭受了皇太极在 1627 年和 1636 年的入侵的惩罚。同时，朝鲜经济陷入混乱，农业、集市、税收及地租制度都被搅乱了。朝鲜社会经受了家庭破裂，流浪者和强盗大大增加，人们离乡背井，社会大动荡等苦难。

在战争中，对于朝鲜人来说，有时很难区分出作为他们敌人的日本人与作为他们盟友的中国人。中国军队杀死朝鲜平民来扩大杀敌数目。日本和中国的军队都从朝鲜人那里拿走他们能带走的一切，而将不能打进包裹的一切付之一炬，以致所有城镇及朝鲜最壮观的建筑都消失了。朝鲜失去了工匠艺人，特别是陶匠，他们被带到日本强迫劳动。藏书馆、印刷活字、绘画、卷轴书画以及无数宗教的和世俗的制品都被当作战利品带走了。甚至新儒家思想也成为战时的获得物，由被日本人捕获的朝鲜学者姜沆传到日本。可见，朝鲜保卫战的成功只是就军事意义而言。战争的惟一获利者是满洲的努尔哈赤和德川家康，后者在日本的地位由于那些最积极地支持丰臣秀吉战争的日本西

---

① 埃德温·O. 赖肖尔、费正清：《东亚，伟大的传统》（波士顿，1960 年），第 332—333 页。

部的大名被削弱而得到加强。

朝鲜与明王朝的覆灭

　　朝鲜人对于中国在丰臣秀吉战争中给予援助的负债感，以及努尔哈赤的崛起及其驻扎在朝鲜北部边界上的军队决定了 1600 年以后的朝鲜与明王朝的关系。宣祖的继承人光海国王处于持续不断的内部政治派别的压力之下，他必须在日趋衰落的明朝宗主与咄咄逼人的野蛮邻人间作出抉择。正如 14 世纪后期的情况已经证明了的那样，试图与两者都保持友好关系是不现实的。处于政治十分动荡之中的朝鲜，如果它支持明王朝，必然遭受又一轮侵略。这一回，对朝鲜的惩罚是由建州女真人的后裔——满族人来进行的。[①]

　　光海国王尽量推迟作出生死攸关的抉择，然而 1619 年明王朝号召他参与杨镐在辽东对努尔哈赤的战争。朝鲜忠实地听从号召，派出 1 万人的部队，在姜弘立（1560—1627 年）的指挥下参加萨尔浒之战。姜弘立得到命令，如果情况不妙，就退缩不前，并投降。实际上，他们也确实这样做了，并向满族人解释说，他们参加战争只不过是出于政治需要而已。此时，满族关注中国甚于关注朝鲜，所以容许姜弘立及其部队平安地返回故土。

　　朝鲜不能含糊地放弃承诺了。在努尔哈赤夺取辽东后，1623 年光海国王的朝廷围绕着国王对待明朝的冷淡态度发生了严重的分歧。这个问题的提出再次影响了政治斗争的结局，光海国王被推翻了。

　　满族人 1621 年夺取了辽东，阻断了朝鲜与明朝中国间的陆路，一个叫毛文龙（1576—1629）的中国将军[②]带领一支小部队逃到朝鲜，在鸭绿江口稍南的椵岛（《明史》记为皮岛。——译者注），建立

---

① 加里·K. 莱迪亚德：《中国—满洲—朝鲜三角中的阴阳关系》，见莫里斯·罗萨比编著：《中央王国及其处于平等地位的邻邦，10—14 世纪》（伯克利，1983 年），第 328—330 页。

② 恒慕义编：《清代名人传》（华盛顿特区，1943 年），第 567—568 页。

基地，从这个基地组织队伍深入辽东骚扰劫掠，攻击满族人，取得了令人惊叹的成功。明朝的船队从山东直接给他运送补给。毛文龙以朝鲜国土为基地的多年活动，促使满族人确信必须武力征服朝鲜。可以说，毛文龙给满族人 1627 年入侵朝鲜提供了重要的理由。这次入侵后，即在朝鲜再次回避接受清王朝附属国地位之后，1636 年入侵再度发生，最终有效地结束了朝鲜与明朝的官方关系。

对于朝鲜人来说，就如同对于中国人一样，满族的统治是个奇耻大辱。在满族征服中国及朝鲜顺从地向清王朝朝贡之后的很长时间内，朝鲜人民仍然对满族保持一定距离，而以敬慕之情深深地怀念明朝，与清朝的循规蹈矩的朝贡关系被保留的具有象征意义的遗风遗俗所抵消：汉阳（原文如此，似应为汉城。——译者注）政府中的朝鲜官员仍使用明朝纪年来签署内部文书，穿着明朝服饰，采用明朝礼仪。与中国交接的边界沿线颁布了严格的法令禁止人们在无人之地居住，以便阻止朝鲜人与中国一侧的邻人混合。贡使仍然同明朝时一样取道前往北京，进行贸易，写下详细的日记。朝鲜王朝用朝贡买得了清朝的不干预，他们宁愿生活在平静与孤独之中，直到 1876 年与日本订立江华条约时，半岛的大门才洞开。[①]

（吕昭义　译）

[①]　关于这一日本订立的条约对中朝朝贡关系的影响，见芮玛丽：《清朝外交的适应性：以朝鲜为例》，见《亚洲研究杂志》，第 17 辑，第 3 期（1958 年 5 月），第 363—381 页。

第 六 章

明朝对外关系:东南亚

明代中国的统治者们并没有把今天称作东南亚的地方看作是一个地区。他们将浡泥（现在的婆罗洲 Borneo）以东的群岛划为他们所称之为东洋的一部分，而所有其余的海岸国家归为西洋的一部分。长期以来，在他们的术语中，西洋还包括与印度洋相连的国家。而那些构成现今的缅甸、老挝及泰国北部的国家，则被归并到与东洋、西洋诸国完全不同的集团之中。

帝国京城北京或南京所持有的关于其他国家的观念总是以中国为中心。外国，除非其统治者与中国皇帝有关系，否则都被视为没有存在的价值。与中国首都距离的远近、是否与帝国接壤、对于帝国的防御有何重要性等因素，也被视为有意义的。对各国的认识上还有一些特殊的差异：经福建泉州来朝贡的国家有别于经广东的广州来朝贡的国家；而对于走陆路来朝贡的国家中，经广西、云南来的与其他国家也有区别。在中国朝廷历来强调的适当处理对外关系行动的普遍原则中，对于决定中国对东南亚政策具有最重要意义的是该王朝一定时间内占主导地位的政治状况。

在明朝统治的最初 60 年中，元朝的先例，以及从元朝的政策和官方文档中吸取的教训对于明朝对外政策的形成具有决定性的意义。同样，那些来自中国中心地带，创建了明王朝的新贵的态度及其担忧，尤其是对蒙古人的态度和担忧也是决定性的。就沿海来说，海盗问题，以及政府尚未决定的有关是否允许，或者说在什么条件下开放海上贸易的问题，则导致了对中外游历和交往的限制。中国与越南（安南。——译者注）、占婆（占城。——译者注）的关系已经出现了麻烦，而这两个国家之间也有纠纷。必须进行的是对于直至 1382 年

275

仍为蒙古梁王所控制的云南的征服[1]，与缅甸、老挝相接的西南边界上的纠纷也影响了对外政策的形成。最后，明朝钦差正使总兵太监郑和（1371—1433年）的远航及其对东南亚的冲击也对对外政策产生影响。然而，大约1435年以后，朝廷对南方逐渐失去了兴趣。15世纪早期，帝国迁都北京后，与东南亚及东南亚以远的国家的交往减少了。16世纪时，除了日本在中国海盗的帮助下袭击中国南方海岸的几十年之外，对外政策的焦点集中在北方的防务上。欧洲人的到来为海上贸易开辟了新的领域，但是，几乎没有改变明朝对南方国家外交关系的态度。

明朝的记载显示，朝廷集中关注东南亚直到15世纪中期。明朝第一位皇帝的时代是鼓励与东南亚国家建立正式的朝贡关系的，同时，与此相反，又力求限制与国外联系的范围。然而，永乐朝时，官方文献记载了这一活动的滥觞。非正式的文献也佐证了活动上升的情况。对于该王朝最初60年的现代学术研究，为几乎是遍及世界各地的对于郑和经东南亚至印度洋海岸远航的兴趣所充斥。此外，明朝对越南的入侵及长达20年的管辖，为基本文献及辅助性的著述增添了新的章节，也为这一时期的对外关系提供了资料。然而，15世纪30年代以后，原始文献中明朝与南方王国关系的记述相对稀少。尽管来到中国沿海广东和福建的外国商人多为寻找贸易伙伴，但官方文献只是在他们对帝国的利益构成威胁，或与既定政策发生冲突之时才做记述。

明朝的第一个皇帝特别重视从元朝的政策及其后果中学习。蒙古人为了准备征服南宋，曾从西藏的东部进攻西南王国大理，并威胁越南。征服南宋之后，蒙古人要求越南、缅甸、泰国诸国[2]，及占婆，

---

[1] 关于对云南的征服，参看约翰·郎洛瓦：《洪武之治，1368—1398年》，见牟复礼、崔瑞德：《剑桥中国史》（纽约，1988年）卷7《明代史：1368—1644》第1部分，第143—146页。

[2] 我曾使用掸—老—泰国家（原文使用的是"states"。——译者注）来描述缅甸、老挝、泰国北部，及云南的部落地区未被纳入阿瑜陀（即暹罗或暹）统治之下的王国。对于阿瑜陀的统治者，我使用了泰语或暹语。严格说，傣（Tai）现在用来指云南操傣语的人们，但是在明朝，傣、掸、老之间的界线并不是很清楚。然而，如果我所使用的泰（Thai）只是指统治阿瑜陀国，或被阿瑜陀所统治的人们，就比较清楚了。

甚至爪哇归顺臣服。当这些统治者不恭恭敬敬应从,蒙古人就侵略他们的国家。忽必烈汗（1260—1294 年在位）死后,就放弃了这种侵略政策。这种侵略性的政策,或者是元朝的鼓励海外贸易的政策,都没有在明朝开国君主身上出现。私人贸易没有得到控制,并混杂到对朝廷的朝贡贸易之中。这些,在这位明朝皇帝看来,使得他的与皇位一同继承来的沿海边境地区动荡不安。

元朝对于南方王国的政策是以该王朝的北方边境并未面临威胁为依据的。所以,元朝统治者能向南方王国发出威胁,并将其势力尽其可能向南扩展。然而,明朝的第一位皇帝却发现他处于正相反的情况:他面临来自北方的威胁。[①] 他需要稳定南方和沿海边境,以便集中力量平息北方的蒙古—突厥人的大联盟,及防卫满洲西部与西藏东部之间的漫长的北方边境。他不能同时对南方邻人开战。

就这一形势而言,明王朝的战略地位与汉、唐、宋王朝相似。明朝第一位皇帝的谋士们敦促他从这些前王朝的历史文献中寻找答案。他曾被劝说从过去的历史中去寻找建设帝国的诸多方面的模式,有关中国与南方国家关系的政策也不例外。他恢复使用前朝的以中国为中心的外交辞令,和许多他的汉、唐、宋朝的前辈们接待属国朝贡使团时的古代礼仪。他的政策与元朝大相径庭,他避免炫耀武力、勒令归顺、试图对属国进行间接控制。他所寻求的是他们对中国为天下的中心地位的象征性的承认,及对他继承皇权的正统性的承认。

明朝的第一位皇帝清楚地认识到明朝所处条件与元以前的王朝普遍面临的条件也不相同。与汉朝的皇帝高祖（公元前 206—前 195 年在位）、武帝（公元前 140—前 87 年在位）不同,明朝的第一个皇帝继承了一个人丁兴旺,但为严重的海防问题所困扰的中国南方。与唐朝的第一位皇帝及其著名的子嗣——唐太宗（626—649 年在位）也不同,明朝的第一位皇帝不是一个贵族职业军人,这类人来自西北,

---

[①] 对明朝第一位皇帝的政策的全面分析,参看王赓武:《明朝早期与东南亚关系:背景探析》,见费正清编:《中国的世界秩序:传统中国对外关系》（坎布里奇,马萨诸塞,1968 年）,第 34—36、50—53 页。

能自由自在并满怀信心地在草原游牧骑士及其剽悍头领中来回迁移。对于明朝的第一位皇帝来说，辽阔的草原仍然是敌对凶险的异国殊域。此外，与建立了宋朝的赵氏兄弟还是不一样，明朝的第一位皇帝占领了整个长城沿线。明朝从来没有像宋朝那样被强大的敌人压缩在中国本土之内。因此，明朝的第一位皇帝不能完全墨守前朝成规，他不得不在防御部署及对外政策方面有所革新，甚至对和平的南方邻人也是如此。为了达到首要目标，他不得不重视处理好与广西和云南境外的西南陆上邻人的关系，及驾船驶入广东、福建港口的海上邻人的关系。

洪武皇帝给南方王国的第一次通告是 1369 年初发出的，主要宣布了他对蒙古人的胜利和新的正统王朝的建立。[①] 值得注意的是，这一通告是在同一天对越南和朝鲜发出的，一个月后再发给占婆、爪哇、西洋（南印度）及日本。那时，东南亚首先遣使访问明朝的国家——占婆已经派出它的第一个使团到中国。此外，还发现元朝被推翻之时，最末一次出访元廷的爪哇使者还在福建，于是明朝把爪哇的使者护送回国。越南很快对通告作出反应，但在派遣使团到明廷后不久国王就死去了。明太祖甚为焦急，在礼仪规定的哀悼期结束后即册封已故君主的侄儿继位。

所有上述场合都强调传统：明朝宣告在经历一个世纪蒙元王朝统治的间断后，正常关系恢复了。在这个时期，明王朝对外政策的实施方法的重要特点是使用既有的惯用辞令及恢复适宜的礼仪，包括属国呈献贡物、帝国回赐礼品、册封外国国王等仪式，颁赐明朝新历书的仪式也在恢复之列。仪式是精心设计的，但并没有实质上的要求属国臣服于明朝的控制。后来，虽然对象征性臣服的程度作了详细规定，但即使如此，明朝考虑的也是统治者可以接受的接待和派遣使者的惯例。不过，至少有一个新的特征是唐朝和宋朝所没有的。

古代，祭祀五座圣山及四条圣河是皇帝，也即天子，在京城举行的礼仪职责的一个部分，其象征意义是他的帝国已囊括至五岳四河周

---

① 《明实录·太祖实录》，第 36—47 页。

围的一切，也即"天下万物"。后来，在五岳建庙筑坛，派遣官员祭祀。唐、宋之时，祭祀也可由郡县的官员在地方上的祭坛进行，或者在京城，或者朝廷派遣官员外出举行。然而，明朝的开国君主远远超越前朝，在帝国祭祀地点的标准上又增加了 21 座山、6 条河，及越南的 6 条小河与朝鲜的 3 座山、4 条河。他甚至戒食肉荤，编撰祭文，派遣官员到实地去祭祀。他把占婆也包括在内。几年以后，他又增加了琉球。后来，他的大臣建议他不要在京城亲自祭祀外国的山河，而由指定的省份代行祭祀。例如，广西的祭祀包括对越南、占婆、柬埔寨、暹罗（Siam）和南印度的山河的祭祀，广东的祭祀包括室利佛逝（宋代以后称三佛齐。——译者注）和爪哇；福建包括日本、琉球和浡泥；辽东（满洲）包括朝鲜；陕西包括甘肃、西藏的东部和西部。祭祀帝国境内的山河与祭祀境外的山河有所区别。尽管象征性的祭祀实践在外表上似乎仅仅表达了祝愿诸国国王长寿安宁、国土繁荣昌盛的仁爱之心，但是，将诸国山川登录入祭祀清单及进行祭祀暗示着天下的范围，以及帝国对这些以前从未明确宣称领有的地方的职责。[1]

但是，和谐与繁荣的词令并不能掩饰仪式后面的真实：越南与占婆仍在互相厮杀；蒙古王公还在统治着云南；云南边境沿线的部落邦国骚乱不宁；爪哇海及满剌加海峡各国正在经历政治大动荡。明朝的第一位皇帝很快发现他不得不卷入上述第一场和第二场冲突之中，而最后他的帝国也为第三场冲突所引起的震波所触及。

的确，在明王朝的其余时期中，现在称为东南亚的这个地区至少向明廷出了四个不同的难题，每一个难题都决定了王朝南方的对外关系的某个侧面。现将这些问题综述如下。

首先，越南与占婆的关系，这一关系以越南征服占婆而告终，但又演变为越南与柬埔寨的敌对关系，而后者又导致了越南与泰国间的竞争。尽管这些冲突发生在远离越南与中国边境的地方，但它们却对明代中国对东南亚的政策制造了麻烦。

---

[1] 《明实录·太祖实录》，第47、48 页。

其次，中国与越南关系中存在一些特殊的问题。这些问题固然和越南与其邻国间的敌对关系相关，但是更多的是涉及到中国与越南的边境问题，以及越南对位于越南西方、中国南方的部落地区的政策。明代中国未能成功地将越南纳入其帝国之中是东南亚大陆历史上具有重大意义的事件。

第三，明帝国的海上活动，无论是军事的或是商业的，都涉及从吕宋到泰国和占婆海港的南中国海沿岸诸小国，还涉及满剌加海峡以远的国家，并且在 15 世纪早期的短时间内涉及把西至阿拉伯海和东非沿岸的沿印度洋各国纳入帝国的政治势力圈内。这种联系还使印度、波斯和阿拉伯的商人与中国交往，并为葡萄牙、西班牙、荷兰新的商业和政治活动打开了东南海岸。

第四，明王朝通过土著官员（土司）来管辖现在缅甸、老挝的西南国家及云南省。这种管理体制是元朝的遗产，是元朝将大理的南诏国（原文如此，应为大理国。——译者注）作为帝国的一个行省并入帝国之时建立起来的。在明王朝建立前夕发生的另一个具有重要意义的事变是：与越南人、缅甸人一道，泰人也开始向南扩张。阿瑜陀耶（Ayutthaya，或 Ayudhia）王国建立于 1350 年。它沿湄南河谷扩展，并将北方的暹（暹［Syam］或素可台）国与南方古代的罗斛（Loho）国合并为中国文献记载的暹罗王国。

东南亚地区只是在忽必烈汗对大理、缅甸、越南、占婆和爪哇的远征之后才成为帝国在中国政策的目标。这一系列重大事件使该地区具有了分享权力的经历，而这种权力在南方从来没有如此广泛地行使过，并提醒了该地区诸王国关注与强大而具有潜在侵略性的中国比邻而居所产生的问题。因此，一个新皇帝，比如能够打败蒙古人的明朝开国君主，是应当对之尊敬的人物。正是在这样的背景下，明朝第一位皇帝给他们的文书应该予以阅读。

明朝第一位皇帝把主动寻求邻国对他正统地位的承认及其严格限制与国外交往的愿望等同并列。限制与国外的交往似乎可以从儒家的教条中找到依据，但更重要的是现实的原因。明朝的第一位皇帝认为与帝国境外关系有关的一切事务应当以高度集权管辖。尽管他的主要考虑是皇室及帝国的安全，但是他也渴望控制所有的对外贸易，以便确保敏感的边境沿线的贸易不会骚扰其国内的法律与秩序，因此，与国外统治者的正式关系和对私人商业活动的禁止都列在首要的位置。这一政策并不意味着国外的贸易都是不可能的；这只是使它非法地、秘密地进行，并且大部分未被记录下来。这里我们毋须考虑对外关系中的商业方面的情况，这在本卷的另外篇章予以论述。[①] 本章集中讨论明朝的帝国体制在东南亚邻国的运转。

派遣帝国信使到东南亚去通告明朝第一位皇帝登基的直接目的在于迅速确定哪些国家希望与中国建立密切的关系，而哪些国家则不愿意；哪些国家是附属的友好的，而哪些国家则是潜在的敌国。很快就可以清楚地看出，与元朝初期的统治者不同，明朝的第一位皇帝对于东南亚各国向天子归顺的兴趣并没有对于他们正式承认其新王朝的兴趣高。他的努力集中在一个相对小的地理势力范围内，并坚持将朝贡使团的次数限制在传统的理想范围内，即与中国紧邻的国家为每三年出使一次，其余的国家为每 30 年派遣一次。他鼓励帝国的官员们及其继承人必须在以下三个方面保持高度的敏感：向作为天子的中国统治者表示足够崇敬；对边境纠纷迅速作出反应；警惕任何国外势力与国内政治进行联系。在对外关系的另外两个方面，他制定了明确的政策：不攻击海外的国家；不利用朝贡关系获利，不得将私人海外贸易混杂于朝贡关系之中。

在所有这些政策的制定上，这位皇帝都有革新精神，事实上，他奠定了此后五个世纪的中国与东南亚国家关系的基础。他在对外政策上的革新必须予以说明。他对尊崇天子的敏感性似乎来自传统，但是他的行动却不是走过场，也不拘泥于仪式的规矩。在往返中国的使团后面是有关道德的和政治目的的观念。这种道德目的的观念在派遣到越南去的各个使团体现得最为明显，在经历与元朝一个世纪的微妙关系之后，越南在独立及自尊问题上极其敏感。明朝第一位皇帝的时代

---

① 　参看本卷威廉·阿特威尔写的《明代中国与新兴的世界经济》，第 376—416 页（原书页码）。

正值陈朝王室多灾多难之秋。他于1369年派遣出使越南的头两个使团到达之时陈朝正发生一场王位继承之争。陈朝君主睿宗（原文如此，应为陈裕宗。——译者注）刚刚死去，睿宗（应为裕宗。——译者注）已故长兄之义子登基。通过精心安排的仪式，明廷正式承认了这一王位继承。不到一年，新登基的君主就被推翻并被处死。事变不仅没有报告明王朝，相反，陈朝的新统治者艺宗（Nghê-tông）还试图欺骗明朝的第一位皇帝。当真情最终泄露之后，可以理解，明朝皇帝是何等的愤怒。

明廷拒绝承认艺宗。两年后，艺宗将王位让给他的弟弟睿宗（原文如此。——译者注），朝贡关系才恢复。但是只要艺宗仍在幕后掌权，中越关系仍冷淡如故。睿宗和他的儿子废帝都不再寻求明朝皇帝批准册封。废帝又被他的表兄弟胡季犛（又作黎季犛）所弑，明朝的第一位皇帝对此更为怀疑敌视。1393年他再一次拒绝了越南朝廷派出的朝贡使团。直到洪武朝的最后三年（即1396—1398年），只是由于帝国与越南边界沿线的争端，双方关系才重新恢复，但仍然远非友好。最使明朝皇帝气愤的是，这些接二连三的篡夺就是对他认可和册封越南君主的嘲弄，而在他看来，对越南君主的认可和册封乃是稳固双方关系的基础。正如他在艺宗死后一年多得知这一消息后所说的：

> 若遣使吊慰，是抚乱臣而兴贼子也。异日四夷趣之岂不效尤。
>
> 狂谋踵发，亦非中国怀抚外夷之道也。[1]

然而，当边境发生骚动之时，明朝第一位皇帝迅速作出反应，于1395年单方面恢复了外交关系。龙州的部落民在广西最南端边界沿线发动叛乱之时，两个由高级使者率领的使团出访越南。而当问题看起来极其严重之时，朝贡礼节的绝妙借口就被抛在一边了。比较而言，1381年在同一段边界发生的争端并不如此严重，皇帝愤怒地命

---

[1] 《明实录·太祖实录》，第244卷，第3547页。

令广西省地方当局今后将越南派出的所有使团拒之门外，然而，事实上就在第二年明朝就接待了一个越南使团。[1]

明朝的第一位皇帝警惕地关注着他的边界的安全，同时也力求避免卷入邻人的纷争之中。帝国有关越南与占婆相互攻击的报告反映了这一立场。尽管皇帝在 14 世纪 70 年代曾五次呼吁双方停止战争，但他不愿意在这场恼人的争吵中站在任何一边。甚至在越南不讨皇帝欢心，而占婆却能正常地前往明廷之时，皇帝严格的不偏袒的原则也从未动摇。但是，如果事件关系到帝国的安全，反应就不同了。当 1384 年明军在云南的军事行动需要获得谷物供给时，就期望越南将给养逆红河而上运送到边境。同样，在 1395 年镇压广西边境上的龙州叛乱需要获得供给时，越南也被期待将给养送到最邻近的明朝驻守军营。而在明廷平息与越南边境紧邻地区的动乱之时，越南不能保持中立。

国外统治者与明朝官员之间关系问题甚至更为敏感。两个事例说明了皇帝是如何关注他的官员作为霸主的代表与外国统治者交涉时应当怎样维护适宜的礼节。第一个与越南相关，长期以来越南敢于蔑视中国，坚持它作为南方帝国与中国处于平等的地位，并为其敢于对抗蒙古人的高压并生存下来的历史自豪。当明朝皇帝决意将维护霸主地位、不允许任何人对他君临天下的至高无上的地位及等级制度提出挑战作为他应尽的职责时，越南一开始就与中国皇帝进行了一场意志的较量。明朝坚持一丝不苟地履行仪式。当派去册封越南国王的官员发现越南国王刚刚亡故，就拒绝进入越南为已故国王的继承者授权。越南不得不向明朝皇帝禀报国王逝世，并请求正式承认越南国王的死亡。

在使越南安分下来后，明朝皇帝对于明朝使者因拒绝接受越南统治者呈送的所有礼物而甘冒触犯越南统治者的风险的行为大加褒扬。

---

[1] 《明史》，第 321 卷，第 8309—8311 页；赵令扬编：《明实录中之东南亚史料》（香港，1968 年），第 1 卷，第 3、7、15、17、25、28、30、35、41、48、50—51、56、60—64 页。

通过这一行动强调这样的原则，即主持对外关系的是皇帝本人而不是他的臣属，而越南只能朝贡，不能恩赐礼物，即便是对明朝的使者也不能施行恩赐。事实上，在以后的年代里，越南决心在对外关系上坚持某种程度的平等乃是导致与中国关系紧张的原因之一。礼部为明廷接纳越南贡使及越南朝廷接待明朝使者制定了更为细致的仪式。礼仪细致到了如此程度，以致明帝不得不约束礼部，要它不要做得太过分。同时，明朝迫使越南放弃了一年一度的朝贡，而与占婆、柬埔寨、暹国等同样按照传统做法每三年朝贡一次。1383 年明朝作出了一项决定，向占婆、柬埔寨、暹传送用来查验明朝使者身份的信符，但不送给越南，这也许是帝国冷淡疏远越南的又一个迹象。①

第二个显著的例子与三佛齐国（即室利佛逝），或苏门答剌东部、中部及马来半岛周围的马来世界有关。沃尔特斯教授曾探究与马来有关的背景情况，并对 14 世纪 70 年代及 14 世纪 90 年代影响明朝与马来关系的事件提供了新的解释。② 他指出，明朝第一位皇帝对于东南亚海岛地区政治的微妙之处既无知也没有兴趣。他的研究还阐明了这一地区君主与附属之间关系的复杂性，而明王朝并没有重视这种复杂性。沃尔特斯令人信服地解释了这些地方争夺贸易和合法性的斗争如何使明朝的官员们卷入其中，而他们如何又引导明朝第一位皇帝犯下使他蒙羞受辱的错误，并使他的使者死于爪哇人之手。即使明朝的官员并未与这些地区的统治者合谋，但他们未能使皇帝免犯错误，也引起了皇帝对他们的怀疑。他特别怀疑他的握有重权的丞相胡惟庸，后来他被指责与日本人及那些对整个中国沿海地区的海盗活动负有责任的人有着不可告人的关系。宁波卫指挥林贤事件证实了皇帝对于官员

---

① 关于明朝与越南关系的观点是从《明实录》和《明史》（参看本书第 292 页注释①）记载中得出的。将明朝的观点与反映在吴士连的《大越史记全书》（陈荆和编，东京，1984 年，第 1 卷，第 436—470 页）中的越南观点加以对比，是很有趣的。另见约翰·K.惠特莫尔：《越南、胡季犛与明朝（1371—1421 年）》，耶鲁东南亚丛书（纽黑文，1985 年），第 16—36 页。

② 参看 O. W. 沃尔特斯：《马来历史上的室利佛逝的衰亡》（伊萨卡，1970 年）及《早期印度尼西亚的商业：室利佛逝起源研究》（伊萨卡，1967 年）。

们插手对外关系的怀疑。林贤曾因胡惟庸参奏被放逐日本。据说，后来他带 400 名日本武士回国策应胡惟庸谋划发动的政变，但林贤到来太晚，未能援助胡惟庸。六年后，林贤被揭露参与谋反，并被处决。林贤事件有助于解释皇帝为什么坚信他的官员与外国人的关系必须是绝对循规蹈矩的，并须置于严格的控制之下。[1]

显然，皇帝的政策是朝贡关系不应当用来谋利赚钱。这种严格限制的关系给国际贸易带来的后果在本卷的其他部分揭示。关于这一点值得注意的是皇帝明确制止侵略海外国家的政策。这种对于南方和东方的国家采取完全防御性政策的引人注目的新特征再怎么强调也不过分。这不仅是对以往的汉、唐、宋帝国实践的肯定和对蒙古皇帝忽必烈汗实践的否定，同时也是为明朝对外关系确立了一条重要的信条。

具有意义的是该项政策首次宣布是在 1371 年，后来收入 1373 年公布的第一位皇帝的《祖训录》之中，在洪武朝末期的《皇明祖训录》的最后版本中加以修改并再次确认。这是明朝的第一位皇帝从来没有偏离过的为数不多的基本政策之一。这项政策是如此不寻常地宣布的，理应全文引录。关键的段落在 1373 年版本中他对其后裔的谕示中可以找到。

> 海外诸夷，如安南（越南）、占城、朝鲜、暹罗、琉球（琉球群岛）、西洋（南印度）与东洋（日本），南蛮诸小国，皆限山阻海，僻处一隅。得其地不足以供给，得其民不足以使也。使不自量而扰边，则不祥彼；彼既不为中国患，而我轻用兵肆伐，亦不祥甚哉。我恐后世子孙，倚中国富强，贪一时武功，便兴兵伤民。切记其不可。惟胡戎密迩西北边，世为患。必选将练兵，时谨　备焉。（译注：此段引文参照吕本等编：《皇明宝训》卷 6 译出，英文原文与《皇明宝训》所记稍有出入。《皇明宝训》原文为：四方诸夷，皆限山阻海，僻处一隅。得其地不足以供给，得

---

[1]　关于胡惟庸叛国事，参看郎洛瓦：《洪武之治》，第 137—142 页；有关林贤之死，见第155 页。

其民不足以使也。使不自量而扰边，则不祥彼，作宜捕捉；彼既不为中国患，而我轻用兵肆伐，亦不祥甚哉。我恐后世了孙，倚中国富强，贪一时利，便兴兵伤民。切记其不可。惟胡戎密迩西北边，世为患。必选将练兵，时谨备焉）。[1]

该段摘引自《祖训》开篇部分，仍保留在 1395 年的最后修订本中。在后一版本中对这段文字的增改颇引人注意，各训条排列顺序的调整也是很重要的。在早期的版本中这一段放在该部分的最后，而在最后的版本中，提前到最重要训条的第四条。

此外，有 15 个国家被拟定为"不予侵犯"国家，在上引文中列举的 3 个东南亚国家之外又增加了 7 个：柬埔寨、苏门答剌—帕赛（北苏门答腊）、爪哇、彭亨（Pahang）、百花（巴塔克或西爪哇）、三佛齐（室利佛逝，或苏门答剌中部和南部的帕棱邦［Palembang]）和浡泥（婆罗洲）。将后面的 4 个列入很重要。这 4 个可能都是爪哇的满者伯夷（Majapahit）的属国，有趣的是皇帝从 1371 年就已知道浡泥是爪哇的属国，而从 1378 年之后也知道三佛齐是爪哇的属国。但是，直到 1395 年他仍将这两个国家留在名单上，直到 1379 年他仍不公开承认三佛齐为爪哇的属国。[2]

在后一版本中，皇帝还对上述国家加以区别，并指出惟有柬埔寨和暹罗与明帝国关系是相安无事的。越南是不受欢迎的，该国被限制只能三年一贡。占婆及其他南方国家曾经欺骗皇帝，将私商混入朝贡使团之中；1375 年至 1379 年期间明朝曾数次提醒这些国家的使团禁止这类欺骗行为，直到这些国家停止这种行为为止。显然，皇帝知道进行贸易才是外国统治者派遣朝贡使团到中国的最终目的，但是他希

---

① 明太祖：《皇明祖训录》（1373 年），见《明朝开国文献》（台北，1966 年），第 3 卷，第 1686—1687 页。参看 1395 年最后的修订版《祖训》，第 3 卷，第 1588—1591 页。第一次明确宣布"海外蛮夷诸国，限山阻海，僻处一隅"的政策是在 1371 年 10 月 30 日（九月辛未），见《太祖宝训》（序言签署日期约为 1418 年），收录入吕本：《皇明宝训》（1602 年编），第 6 章《御夷谛》。

② 参看郎洛瓦：《洪武之治》，第 168 页。

望他们谨慎从事。最后，删除了早期版本中特别提到的"海外"诸国及"南蛮诸小国"，最后的版本中列举了"不予侵犯"的15个国家，尽管未必准确，但要比早期的版本更为清晰明确。"海外"词句的删除是否有意，尚难确定。这一删除使越南和朝鲜保留在名单之中，而皇帝知道这两个国家是可以从陆路入侵的。

明廷还与可经陆路到达的南方国家建立外交关系。明朝的第一位皇帝从元朝文献中得知云南境外的外国。也许他在1371年遣使分别出访各方之时，派遣了一个使团经由越南前往缅甸。该使团因越南对占城的入侵而受阻，在越南滞留了两年仍未能进入缅甸。在这期间，四位使者中有三位亡故，惟有一人生还。[①] 后来，明廷再没有作出努力与缅甸联系，尽管皇帝认为缅甸是越南以外的最强大的国家，可能还想与它结盟以反对仍然控制着云南的蒙古人统治。假使云南不是在蒙古王公的控制之下，还难以推断明朝的第一位皇帝是否会将云南并入帝国。确凿事实是云南还在蒙古的控制之下的事实使得皇帝迟早必定向云南进军。在1382年入侵成功之后，元朝任命中央官员统治这一多种族地区的政策得以更改；土著官员（土司）制度推广到帝国边界以外的地区，地方统治者或头领被封为帝国各级长官，至少在名义上代表皇帝进行统治。以这种方式形成的任命制度模糊了国外的属国与帝国直接统治地区之外的自治地方之间的区别。这样，在（缅甸的）掸、（老挝的）老、（云南的）傣等有亲缘关系的部落居住的各个地方，形成了一种稀奇的现象：同样属于有亲缘关系的暹罗（即暹）的统治者被确认为国王，而其他部落的统治者却不被承认为国王。缅甸人和孟人的统治者都没有被授予国王的封号。后者只被授予宣慰使的军事头衔，被视为更直接地附属于明朝统治之下。[②]

这一时期，明朝对外政策最重要的变化是决定不承认缅甸为王

---

① 《明实录·太祖实录》，第86页；赵令扬：《〈明实录〉中之东南亚史料》，第1卷，第18页。

② 《明史》，第313—315卷，云南土司传。尽管阿瓦（Ava）的统治者在1394年被封为"缅甸宣慰使"，但在《太祖实录》第242卷和第244卷中，太祖在1395年和1396年仍称之为缅国王。在此后的《实录》中缅甸从未被称为王国。

国。这一决定是由于明朝鼓励间接统治的政策，与此同时则削弱了中国西南地方统治者的地位。征服云南之后，明廷在更南边的地区坚定地推行这一政策。1393年，缅甸经由清迈（史称八百。——译者注）的傣族侯国（名义上是明朝的一个宣慰使司）与明朝再次建立联系后，派遣了一个使者到中国。1394年，阿瓦的统治者被任命为他那个地方的宣慰使。没有对恢复缅甸王国的地位进行过讨论，明廷明白，自从蒙古人摧毁了蒲甘（Pagan）的缅甸王国之后，一度强大的缅甸王国分裂了，形成了许多掸族人的国家（即使是阿瓦王国也是由掸王室的一个分支统治的）。

明廷继续施行分离和削弱这些国家的政策。正如明朝皇帝所看到的，麓川的卯掸是这些侯国中最强大最具有威胁性的。① 它位于可对大理进行攻击的范围之内，控制着萨尔温江以外的大片土地。它试图摧毁阿瓦并将其他掸族人的国家统一在其领导之下。因此，明朝皇帝在征服云南后，即着手遏制该国，粉碎其势力。明朝已经册封了三个掸—傣宣慰使司，另外两个是车里（西双版纳及位于云南、缅甸、老挝周围的地区）和清迈（八百）。清迈为明王朝与阿瓦的缅甸王朝的首次外交联系提供了帮助。遏制卯掸政策的另一步骤是册封阿瓦的掸统治者。1402年以后，通过提升与麓川相邻的两个掸族国家为宣慰使司来完成分裂古老的缅甸王国的任务落到了明朝第一位皇帝的儿子——永乐皇帝的肩上。然而，永乐皇帝是更富有侵略性政策的设计者，假如是他父亲的话，是不会批准这种政策的。

明朝的开国君主为他的继承人构建起了对外政策的框架，并如此详细地规定了他们要做些什么，似乎以后的对外关系必定会严格地遵循他的旨意，然而，事实却并非如此。第一位皇帝的继承者建文帝是他的孙子。建文帝的叔父是第一位皇帝的一个儿子，在1402年推翻了他。篡位者——永乐皇帝感到他的登基要与他的父亲一样完全合法化，需要使用包括在所有边境上推行侵略性对外政策的手段。他最激

---

① 钱古训：《白夷传》［江应梁注解（昆明，1980年）］，提供了卯掸国最详尽的记载。概况见《明史》，第314卷，第8111—8114页。

进的政策涉及与东南亚及印度洋沿岸国家的关系。他对外政策中最著名的行动是派遣海军将领太监郑和率领之下的浩大的海上远航。永乐年间，日益加剧的越南与中国间的紧张关系遮蔽了越南与占婆间的紧张关系。在其他所有海外关系都因伟大的远航西洋而黯然失色之时，明朝与云南南方的掸—傣国家的关系却受到帝国制服越南政策的影响。要了解永乐朝的发展，首先应考虑的是对越南的入侵，其次是郑和的远航，以及从这两者衍生出的具有深远影响的结果。

表面上，永乐皇帝只是重申了他父亲的政策：不允许私交外国人，不允许私人对外贸易，除了详细规定的朝贡制度之外不允许有贸易或其他关系。但是，实际上，他要求更多，更富有侵略性，当人们（无论是中国冒险者，或是外国的统治者）不按照他的愿望行事时，他比他的父亲更倾向于进行干预和威胁。这种好战的性格也许来自他对皇亲国戚们的不信任感。对他们来说，他的篡位依然是一个污点。好战性格也许来自他对使用武力的态度。他是一个伟大的战士，相信许多问题都可以用武力解决。他对越南的关系尤为清楚地说明了这一点。越南新统治者在1400年未能得到永乐皇帝的侄儿的批准，后来他再次请求明廷承认他为已灭亡的陈朝的合法继承人，永乐皇帝谨慎地予以回复。他的父亲曾对越南1370年以来的一系列篡位甚为恼火。此后，没有一位越南的统治者能令调查其合法性的明朝官员感到满意。

永乐皇帝追随他父亲关于册封越南国王合法性的政策。他的官员向他保证越南的新统治者是曾被选择为国君的陈朝王室的亲属，他同意册封他为安南"王"。令他大为懊恼的是，几个月后，他发现此人是篡位者，又是弑君者。30年前发生过同样的事件，他的父亲受骗上当，被利用来为越南朝廷政治利益服务。和他的父亲一样，永乐皇帝曾坚持对越南新国君的要求进行核实，但越南人玩弄类似蒙骗他父亲的手段，欺骗了他。后来，陈朝惟一存活的后代被找到了，并被送回越南立为国王。但他到达时就被谋杀了。永乐皇帝曾许诺支持不复存在的陈朝王室，越南篡位者的叛逆使他大受侮辱。他愤怒之极，立即下令全面入侵越南。他完全知道越南是列入他父亲"永不用兵肆伐"的国家的名单上的,但他相信他有充足的理由置《祖训》于不顾。绝对不能容忍越南的篡位者逃脱惩罚。无疑,永乐皇帝也明白他自己也存在合法性的问题。他绝不能容许人们说他不是一个正统家族的强有力的支撑者。

一支由十多个省抽调来的部队组成的庞大的远征军被派往越南。这次远征与 25 年前他父亲征服云南并迅速取得全胜的军队旗鼓相当。征伐主力部队经广西出征,一支部队从云南顺红河而下,其余部队从海路进发。初期明军获得胜利,推翻了篡位者,进展顺利,但随后数年遭受挫折,最终不得不承认整个战争是个错误和失败。对云南的征服与这次战争的主要区别在于:这时越南已成为一个具有十分相似的、并拥有以中国模式为基础的成熟的管理体系的国家了。越南已具备了足以抵御被并入中华帝国的独特的文化特性和资源。①

越南与中国表面上有相似之处,包括使用同样的中国书面语言,运用相类似的儒家辞令和国家体制,这些使皇帝作出了不幸的决定。他不满足于将陈氏王朝正统的篡位者赶下台,于是作出决定:越南与中国是如此相同,以致可以把它重组为中国的一个省。此时,陈朝王室没有占有王位的合法人选,中国皇帝认为他可以以早在 1500 年前汉朝建立的边界为依据来确立其领土的历史权力。摧毁王国,由南京集权管辖越南这一灾难性的决定就这样出台了。

作出这个决定的另一个原因是越南人宣称他们的国家是一个与明代中国相平等的帝国。在攻占他们的首都时,明军发现了越南有关"帝国"的记载和文件,这些被认为是越南朝廷妄自尊大和口是心非的又一证据。永乐皇帝有理由相信越南人已经习惯于接受一种中华帝国模式的统治,但他没有看到相对于他的文化独尊的思想的某种与文化民族主义相类似的思想。说这种原始的民族主义已被中国的文化词

---

① 王赓武:《中国与东南亚:1402—1424 年》,见陈志让、尼古拉斯·塔林编:《中国与东南亚社会史研究:纪念维克托·珀塞尔文集》(剑桥,1970 年),第 381—383 页;王赓武:《明人传记辞典》中"张辅"和"黄福"条,第 64—67、653—656 页;另见 C. P. 菲茨吉拉德:《中国人向南方的扩张》(纽约,1972 年),该书就越南的国民性与南诏、大理各族的对比展开了讨论。

语表述过，这个事实是误导人的。

明朝在这场对越南进行了 20 年的战争和占领之后却不能取胜，而越南人的游击战战术却取得了惊人的成功，这些都属于中国历史和越南历史，我们在这里没有必要考察其详情。[①] 1427 年中国人撤出后，就承认了越南的篡位者，即也以后黎朝的创建者而知名的黎利（约 1385—1433 年）。由于莫氏家族控制了北方，导致了越南南方和北方的政治分裂，所以，在 16 世纪早期以前，后黎朝的存在仍是不确定的。[②] 与我们有关的是，中国在越南的失败对于它与东南亚国家的关系意味着什么。越南的两个邻国卷入了冲突。越南的宿敌、中国忠实的属国并依赖中国抗拒越南的占婆，现在发现一旦与中国成为邻国，则比比较小的越南相邻更令人不安。战争中，占婆（Cham）的统治者被迫调派军队和供应支持中国对越南的占领，但他们很快就发现中国官员坚持对占人声称拥有土地，提出了曾经向越南提出过的同样的要求。如果中国占有这些领土，占婆将无立足之地。

影响更为重大的是战争的最终结果。在永乐皇帝下令入侵越南以前，中国的权威依赖于它拥有的越南人所不愿冒险尝试的巨大的军事潜力。明朝皇帝的一个告诫就是一个有效的威慑。但是，当战争在初期胜利之后遂告失利；当明朝军队粉碎越南"叛变者"的军事行动一次又一次失败之时，权威就失去威慑力了。最终，占婆被三个事态发展所困扰：它自己对于中国士兵和官员们贪婪的愤恨；它自己对于越南在黎利及其继承人领导下抗御中国的日益上升的钦佩；最后，对于中国的失败及对于一个更为强大统一的越南国家的出现所感到的震惊。战争的最终结果——明朝在其剩余的时间里对于经历战争而生存下来的黎朝越南的权威的衰落，决定了占婆的命运。占婆力求恢复到

---

① 约翰·K. 惠特莫尔：《越南、胡季犛与明朝（1371—1421 年）》（纽黑文，1985 年）；《剑桥中国史》，第 7 卷，第 229—231、289—291 页。

② 参看尼古拉斯·塔林编：《剑桥东南亚史》，第 1 卷《从早期至 1800 年前后》（剑桥，1992 年），第 150—153、415—418 页。

先前与越南势均力敌时的原状的企图导致了灾难性的后果。几十年以后，当越南摧毁占婆的时机到来之际，明王朝的告诫再没有足够的权威来阻止越南了。[①]

对越南的入侵在东南亚大陆的其他民族中也引起了反响。中国对占人的宿敌越南的入侵和占领给占人壮了胆，他们对柬埔寨发动攻击。柬埔寨一度遭受两面夹击的威胁，在西方阿瑜陀耶（暹罗）继续向柬埔寨扩张，损害它的利益。只是在明王朝时，柬埔寨获得了中国支持，遏制了占人。而在中国军队从越南撤离后，是越南，而不是中国，遏制并最终摧毁了占人。

老挝在明王朝占领越南期间所扮演的角色更为有趣。它是云南以南的若干个相类似的小侯国之一。其统治者由永乐皇帝册封为宣慰使。老挝人的兴起是高棉人为了阻止阿瑜陀耶的扩张，竭力维持傣族各头人分离状况的结果。明朝出于不同的原因，也施行维持帝国南部边境沿线分裂状况的政策。明廷封老挝为土司，即土著治理机构，授予其统治者宣慰使的头衔，如同承认车里（西双版纳）、八百（清迈）、麓川（卯掸）等其他一些侯国。

老挝满足于通过外交手段来应付南边的柬埔寨、西边（原文如此。——译者注）的越南人及北边为若干个小部落联盟相隔的中国，以求得生存。然而，在越南置于中国统治之下时，老挝的地位就不那么稳固。被打败的越南军队不愿南逃去向他们的世仇占婆寻求帮助，而情愿到老挝避难。但老挝的统治者不打算投入战争，也不希望中国成为其邻国，他也许还同情越南人普遍的对抗中国统治的斗争。另一方面，他也不想惹怒明廷。因此，当要求他不要支持越南人时，他阻止越南"叛乱者"将老挝作为抵抗明朝的基地。但从长远来说，他还是期望他的国家必须与越南人相处，因此他小心翼翼地不惹起越南人对老挝的敌意。

所有与云南省交界的傣族国家都感受到了侵越战争的冲击。云南

---

① 关于占婆（占城）的历史，参看 G. 马伯乐：《占婆王国》（巴黎，1928 年）；另见《明史》，第 324 卷，第 8383—8393 页。

省，不仅在入侵的初期，而且在粉碎越南抵抗的有些行动中，提供了大量部队参战。1428 年，越南逆红河而向云南边界发动反攻，确定了中国与越南在云南南部的势力范围。为数不多的少数民族小部落民对于相邻的这两大势力深为畏惧，谁强大就屈从谁。然而，与这两大主导势力均有共同边界的两个较大的傣族侯国（老挝和西双版纳）在两大势力间周旋折中，小心翼翼地维护其独立。的确，只要永乐皇帝还在位，并显示出有再度使用武力的决心，那么所有与云南交界的国家就觉得他们最好维持和平。

当然，永乐皇帝并不仅仅是依赖威胁和武力来实现其目标。他有条不紊地继续推行其前辈的政策，分裂南方的有潜在强大势力的傣族国家，他至少新任命了五个宣慰使，其目的主要是分裂麓川卯掸的势力和抑制未来缅甸势力的增长。对于阿瑜陀耶（暹），他施行两项政策：在海上，他抑制南下马来半岛向满剌加的扩张；而在陆地，他并不反对阿瑜陀耶针对缅甸、柬埔寨和其他傣族国家北上的军事行动。简而言之，对越南的入侵使所有与明代中国南部边境接壤的国家警惕中国使用武力的准备。但是从长远来看，更为重要的是，它还表明了中国既不愿意也没有能力来征服和控制南方的领土。它在越南的失败，以及后来新生的越南黎朝运用外交手段使中国处于无可奈何的境地，这两者给东南亚大陆的其他所有国家上了重要的一课。越南的例子说明，可以既满足中国人的傲慢自负，又维持自身的政治独立。

永乐皇帝对越南的侵略政策与郑和对印度洋的海上远航如出一辙。首先，这两者都直接违背了明朝第一位皇帝的不许对南方滥用武力的训示；其次，两者都耗费巨大代价来扩大永乐皇帝的自负傲慢与凛凛威风，但却没有取得经济利益和长远的政治优势。最后，到永乐朝末期，这两方面的行动日益成为沉重的负担，显然已不符合帝国的利益。1419 年的迁都北京，以及永乐皇帝为了减缓来自北方蒙古人更为严重的威胁而进行的他个人最后的孤注一掷的行动，转移了对外政策的重点。因此，当他的孙子发觉国库空空如洗，而北部边界面临的威胁依然存在时，放弃对越南的行动及海上远航就不足为奇了。

为什么永乐皇帝要展开向东南亚和印度的海上远航，后来又将远航扩展到阿拉伯和东非？他的行为肯定与他的篡位及对于远播天下的正统地位的渴求有关。他宣布的意图是要寻找前皇帝即他的谣传已逃往国外的侄儿建文帝。这恐怕只不过是为了撇开他父亲关于禁止向海外用兵训令的一个公之于众的理由。其实，他需要在所有的同父异母兄弟及侄子们面前，在知道他是篡位者的文武大臣面前，更要在他所有的臣民面前显示他是伟大而正统的皇帝，这才使得他去寻求他的舰队所能到达的地方的所有外国统治者的拥戴。他作为一名斗士所具有的自信，在与蒙古人战争中所取得的成功，他从蒙古人那里感受到的对于武力的观念，以及从新京城北京的北方视野来制定的政策，这些也与他炫耀武力有关。有一种看法认为他原本打算派一支海军去查清撒马尔罕帖木儿的实力。1405 年初，帖木儿在他快要亡故之时，发动了对中国的攻击。这种说法看来也并非奇谈，虽然，为了撇开其父不许海外冒险的禁令，这件事永乐皇帝本来也是做得到的。

最后，远征以及努力劝说外国统治者派遣贡使觐见也与由他父亲创立的帝国贸易政策有关。永乐皇帝知道，大多数朝贡使团如不能获得利润是不会到中国来的，因此他必须使使团认为值得前来。要准确地说出有多大利益，明王朝的海外贸易在多大程度上从郑和远航中获益，此时对这些问题尚不能作出圆满的回答。因此，这里关注的焦点是这种显示武力的政治及国际关系方面的问题。

共计有七次远航，分别在 1405、1407、1409、1413、1417、1421 年和 1431 年派出。最大的一次有 300 余艘大小不等的船只（其中有 62 艘大型运宝船）和 2.7 万人。甚至最小的远航舰队也由 40—50 艘船组成。最早的三次航行远至印度西海岸；第四次航行更远，穿行至波斯湾；第五次和第七次远航访问了非洲东海岸。从永乐皇帝和他的海军将领的眼光来看，远航极其成功：至少两个王国，满刺加和苏门答剌—帕赛（北苏门答腊）在明朝显示海上武力之后由于皇帝的承认而得到加强。

1433 年以后远航中断，也没有再进行炫耀武力的表演。最终他们在所访问的三十来个国家没有留下永久性的标记。J. V. G. 米尔斯说得正确："这些伟大的远航……留下的只是孤独的武力游弋，只不过是炫耀成绩。"[①] 在郑和远航之前或同时还有一些小规模的出使活动。每一次出使，尤其是分遣到孟加拉、暹罗、东爪哇等地的郑和随从的游历，以及对浡泥、苏禄和菲律宾其他岛屿的特别访问，一般都值得一提。从中国在东南亚活动的整体情况考察，这些伟大的远航意义重大。它们的确使东南亚沿海国家对于中国的财富和武力留下了深刻的印象，并使这些国家以后与中国沿海地区的贸易持续上升。

至于说永乐皇帝是为了要创建一种新型的海外对外关系体制，一种以定期展示海上压倒优势和宣布积极干预的新立场为基础的体制，那么显而易见这里有三个问题。首先，这种政策代价太大：它已经导致了 20 年的对越战争和来往于该地区的不可计数的使团，以及随之而来的慷慨大方的招待和赏赐。如果是在开放经济的体制之下这种政策有扩张性的私人企业的支持，那么所有的利润将流入主要运输线沿路的人们手中。经济总体中的利润积累也许能够创造出足够多的财富来支付使团所需的费用。但是，在保守的儒家观点的支配下，理想的国家和社会应当在受到限制的农业的基础之上运转，而这种政策仅仅是在前一代人才刚刚得到忠实的充分推行，明朝国库还不能长期支付这些新增的费用。

第二，南方的这种新举措危害了北方的防务。永乐皇帝在帖木儿 1405 年 2 月死后所得到的和平没有持续多久。他很快就回到他的老军事根据地北京，又出发越过长城进行征伐。迁都北京这个决定本身就是一个花费浩大的主张，而它只不过是一种新的意识的开端：在北方展示武力才是重要的，而在南方展示武力则并非如此。作出迁都决定后面的真实原因已向永乐皇帝的直接继承人展示出来了。1421 年永乐皇帝最后一次派遣郑和出访东南亚，而在他 64 岁之时准备再次出征蒙古；在永乐皇帝的晚年，征伐蒙古的动机远远比继续进行海上远征的动机更直接地推动他去行动；永乐皇帝的直接继承人从上述决

[①]　J. V. G. 米尔斯编译：《马欢的〈瀛涯胜览〉(1433 年)》(剑桥，1970 年)，第 34 页。

定中认识到了内在的矛盾。

最后，传统的朝贡体制绝对没有支持积极的国际政治活动的用意。它经过了若干世纪的演变，为的是鼓励正规的最小规模的对外关系，当作帝国防务政策的一个工具，同时满足外国统治者和中国商人对贸易的某些要求。总之，永乐皇帝的新的行动主义实际上是建立在他父亲为了进一步限制对外关系而精心重建的对外政策体制之上的。运用同一体制去追逐国际性的目的就意味着永乐皇帝的野心已远远超越了他对于中国与东南亚邻国传统关系本质的理解。对于他来说，打算派遣舰队去反对缅甸以帮助木邦（位于麓川即掸头人领地以南）的掸族头人，或者鼓动浡泥和苏禄摆脱对于爪哇的效忠，这些都是缺乏这种理解的最显著的例证。他显然是想取得南方的弱小国家作出遵从明朝皇帝的表示，但他不能也不愿意以创新的方式来改变中国对外关系的基础，而在遵循旧体制上花费更多的钱和力量，举行更多的礼仪，这是注定是要失败的。因此，在永乐皇帝死后短短几年，他的更为守旧的孙子在恪守儒家原则和明朝第一位皇帝训令的官员们的支持下决定扭转永乐皇帝的政策，就不足为奇了。他的孙子决意结束对越战争，并决定1431—1433年的海上远洋是这种活动的最后一次。

此后的两个世纪中，中国再没有在东南亚进行冒险活动。可以说，明朝回到了开国皇帝立下的不干预政策轨道。但更准确地说，明王朝，尤其是在1449年蒙古人俘虏了明朝皇帝和几乎攻占北京之后，对于北方边境的安全再也没有信心了，而且它已虚弱得再不能向南部边界之外发动远征了。除了与卯掸、越南，及以后与缅甸和其他掸族国家间的边界纠纷之外，再没有派遣军队到东南亚附近地区了。与屈指可数的几个南方王国的正常的对外关系仍继续下来，其中主要的是与占婆的关系延续到占婆被越南摧毁，与爪哇各个统治者的关系持续到15世纪末，与满剌加的关系则延续到1511年满剌加落入葡萄牙人之手为止。惟有越南、阿瑜陀耶（暹罗）、老挝、缅甸及掸傣诸国等大陆王国与明王朝的关系持续到明王朝的终结，尽管并不总是和谐的。

就明代中国的海外贸易来说，随着葡萄牙人来到位于摩鹿加的满刺加，并最终来到中国沿海，1500年稍后发生了根本性的转折。[①] 这是一个新时期的开端，在此时，武装的富于侵略性的西方商人削弱了阿拉伯人、波斯人、印度人等穆斯林的贸易势力，间接地鼓动了中国和日本对东南亚私人贸易的发展。因此，明朝的海外贸易可以划分为两个刚好相等的时期。在该王朝的前半期，朝贡贸易占主导地位；在后半期，地方上的商人和日本商人与西方武装商人在中国海面的竞争与合作成为贸易的常规。怎样解释明朝时所发生的改变，这里提出了一些问题。罗香林提出了以下几个明朝海外贸易和对外关系史的分期：1368—1404、1405—1433、1434—1510、1511—1618、1619—1661年。[②] 这一划分既考虑了对外关系，也考虑了贸易，但是如果对对外关系作更密切的考察，就可发现没有必要划分得如此精细。除了1402年至1435年这一短暂时期的例外，明朝第一位皇帝的政策对于该王朝其余的时期都有影响。但是正德朝（1505—1521年）之前与之后有着重要的差别。

首先，一旦明朝意识到北方、东北方、西北方对该王朝的生死存亡构成最紧急的心腹大患，那么它与南方王国的关系就越来越成为礼仪性的枝节问题了。正如人们从明王朝不愿意将占婆从越南的吞并之下解救出来，也不愿意帮助满刺加抵御葡萄牙人等事例中所看出的那样，明王朝本来就没有强大到去树立其对南方的权威，但它极其稳定、自信，不需要以任何方式证实其合法地位。朝贡使团再也没有洪武帝和永乐帝时期曾有过的氛围了。用来维持与南方国家外交关系的手段已变为代价高昂的死气沉沉的过场，而对于明王朝没有任何实际利益。结果，1500年前后，海外的朝贡使团实际上停止了来朝。很少几个国家仍派使前来，其中几个就在南部港口受到接待，并不鼓励

---

① 见张维华：《〈明史〉佛郎机、吕宋、和兰、意大里亚四传注释》（北京，1934年）；张天泽：《中国葡萄牙贸易：1514—1644年》（莱顿，1934年）；戴裔煊最近注释的《〈明史〉佛郎机传笺正》（北京，1984年）收录了一些新的资料。

② 见罗香林为赵令扬所编的《〈明实录〉中之东南亚史料》所写的序（香港，1968年），第1卷，第2—26页。

他们北上直接向皇帝呈送贡品。

第二个差别源自第一个差别。随着朝贡使团日益丧失其意义，明朝官员们对于葡萄牙人的到来也视而不见了。尽管他们已经看到葡萄牙具有相当的海上力量并已征服了明王朝名义上的属国满刺加，但仍未认真考虑运用朝贡体制中所规定的那个关键性的作用来阻止葡萄牙人。朝贡礼仪及随之而来获取贸易利益的机会有助于明王朝控制邻国，保证其边界的安全。到了正德朝时，朝廷对于作为控制手段的朝贡已没有兴趣了，只把使团看作是没有政治意义的商业往来。① 这样，在欧洲人到来之后，尤其是西班牙人、荷兰人、英国人加入到葡萄牙人之中一起重新安排南亚、东南亚的版图之时，明王朝并没有注意到该地区已经发生了多么迅速的变化。

第三方面的变化更为重要。从总体上来说，贸易对明朝的经济日益重要。宫廷自身通过数以千计的太监采办及遍及全中国的皇室成员的大规模需求刺激了奢侈品贸易的发展。尽管官方从不鼓励私人贸易，但却容忍了私人贸易的增加，并认可了进口某些外国商品的必要性。然而，朝廷仍墨守早期明朝的对外贸易政策，没有对处理后来已发生了变化的情况建立新的体制，这就使得中国海防陷入了土崩瓦解的境地。明王朝的官员们越是极力将与外国的贸易局限在一两个港口，就越是加大了地方上的和外国的商人拼命寻找对方的压力。因此，在正德朝以后的很长时期内，本应更加密切地关注对外关系的细节，并使现存的贸易网络多样化来加以解决的贸易和对外关系的问题，却变成了如何改进海岸防务和怎样打退普遍的大规模的海盗进攻的问题了。

他们是全新型海盗。与相对和平的阿拉伯、波斯、印度教徒和穆斯林贸易团伙相反，葡萄牙和日本的海盗与中国新萌生的依赖于海外

---

① 赵令扬等所编的《〈明实录〉中之东南亚史料》一书中 1487 年前后的史料数目的强烈反差很值得注意，1368—1487 年的 120 年间共有 444 页史料，而 1487—1623 年的 136 年间只有 100 页史料。

贸易为生的中国阶层结合在一起，形成了一种具有暴力倾向和具有破坏力的组合。[①] 在长达 150 年的期间内，尽管在这一过渡时期中地区的、全球的局势已发生了意想不到的变化，明王朝从未打算重新审查在 14 世纪后期制定的决定与谁开展外交关系的体制，可见其自负到了何种地步。到此时，这个体制已经丧失了对这种变化了的范围加以监督的能力。因此，就海外的对外关系而言，对贸易加以规定的朝贡体制已成为一种仪式而渐渐地徒具虚名，最终没有任何效力了。

然而，就明代中国的荣耀、安全及其文化优势而言，这种体制却更为有效。从中国与东南业的陆上外交关系来说，尤其如此。最明显的例证包括与掸—傣诸国、越南、缅甸的战争和边境冲突。这些冲突虽然发生在 15 世纪中期（1438—1499 年）至 16 世纪末的不同时间，但都反映了明朝国家基础的稳定性。尽管有 1449 年北京之危险境地及 16 世纪 90 年代东北边境所遭受到的相当大的军事压力，尽管朝廷还在使用 14 世纪后期以来的老一套辞令、制度和伎俩来控制"蛮人"，朝贡体制仍在继续发挥作用，足以适应南部边界的形势。

尽管明军 15 世纪 20 年代在越南遭受了灾难性的失败，随后中国又丧失了对于昆明和大理以南的掸—傣国家的权威地位，朝廷似乎还能巧妙地对付叛乱和边境上的骚动。对于明朝的势力和外交的第一次考验来自萨尔温江以西的永昌卯掸头人。明朝的第一位皇帝曾在 1387 年，后来又在 1398 年驯服了势力最为强盛的卯掸头人，将麓川大国（平缅）分割为八块小领地。他的儿子永乐皇帝又设立两个领地作为宣慰司，并将它们提升到与麓川平等的地位，以进一步分解卯掸；他公开利用这两个部落抑制麓川的势力。这一政策带来了不幸的后果：遭受分割的西南地区暴露于阿瓦统治者的劫掠之下，并为以后缅甸取得对明朝边境上的掸族国家的支配地位铺平了道路。

---

① 最近的两项研究突出了 16 世纪贸易的重要性。见林仁川：《明末清初私人海上贸易》（上海，1987 年）；张增信：《明季东南中国的海上活动》（台北，1988 年），第 1 卷。最容易得到的西文著作是苏均炜的《16 世纪明代中国的日本海盗》（东兰辛，1965 年）。

随着明朝军队于1427年撤离越南，麓川的卯掸头人们再露头角。此后几年间，卯掸几个部属明白明朝没有条件在云南边境进行战争，在以后几年其野心更加膨胀。1436年以后，其军队开始侵入云南中部的几个边境县，深入永昌、景东（Ching-tung）。整整这一时期中，无论是朝贡外交，或是土著官员的管辖体制都不能制止战争。当帝国军队在西北边境取得胜利时，1440年对麓川发动全面远征的呼声又强烈和高涨起来。然而，战事拖延了将近10年而未能取得决定性的胜利，这一事实表明了在帝国遥远的西南角落进行战争必将一无所获。在最终平息叛乱前，明朝不得不动员所有南部和西部省份进行支援，并寻求缅甸及其他与麓川敌对的掸族人的帮助。它甚至许诺将麓川土地赠给任何献出卯掸头人首级的部落头领。然而，当缅甸人这样做了时，明朝收回了它的诺言。[1]

总而言之，战争给明朝国家带来了灾难性的后果。它使所有派遣军队或提供供应来进行一场针对部落国家的消耗战的西南省份的经济崩溃，并使明朝付出了边境上部落同盟者对其尊崇的代价，他们目睹了明军是何等的愚蠢笨拙和挥霍浪费。而且，这次战争从北方抽调了大批对于北部边境防务至关重要的指挥官、士兵及其他资源。重要的是1449年早期麓川战事一结束，在长江以南的5个省就爆发了部落民骚动和另外的叛乱，而在北部边境就在该年的较晚时期明军大败，蒙古人摧毁了明军，捕获了明朝皇帝。

1449年是明王朝历史的转折点。明朝好不容易从越南战争的灾难中恢复过来，随即又卷入了掸—缅边境上的代价高昂而又不必要的战争之中。自此以后，明代中国从未派遣大部队到其南部边界以外作战。明朝很幸运地从这些战争中存活下来。此后，王朝安全的最大威胁毫无疑问来自北京正北的蒙古人。对于南方不得不运用朝贡的辞令

---

[1] 《明史》，第314卷，第8111—8123、8125—8155页；更为详细一些的记载见严从简：《殊域周咨录》（故宫博物院，北京，1930年），第9卷，第12a—31b页。另见G.E.哈维：《缅甸史，从最早时期至1824年》（伦敦，1925年）；王婆楞：《中缅关系史》（长沙，1941年）。

及外交策略来处理：战争，即便是作为最后手段，也不予考虑。因此，在以后两个世纪中，明朝与越南、缅甸的关系主要表现为华丽虚夸、承诺保证的言词，再掺杂上一点点软弱无力的威胁。尽管还时时发动军事远征来对付涉及到边境诸部落，尤其是云南与缅甸、广西与越南之间诸部落的纠纷，但战争的规模被限制在与缅甸和越南这两个势力相对较小的国家相对称的范围内，而这两个国家也极其乖巧机敏，从不直接向明王朝的势力发起挑战。

与越南的关系提供了一个有益的说明：朝贡体制对于保证南方和平是何等的重要。仅举两个事例就足以说明。一个与黎朝君主黎圣宗（1460—1497 年）有关①，另一个则与越南北部的莫氏政权（1537—1597 年）的兴亡有关。在圣宗统治时期发生的两桩相关事件考验了明王朝的朝贡体制。② 第一桩是 1471 年越南最终灭亡占王国，另一桩是 1479 年至 1481 年间对老挝的侵略。占婆在中国败于越南 45 年之后的灭亡确实与中国对越南的攻占有关。在 1406 年明朝进入前，占婆与越南这两个敌对的国家势均力敌对峙了一千多年。甚至蒙古人在 13 世纪末对两国的入侵也未能打破两国的均衡状态。越南每次对占婆的入侵无一例外地要遭到占婆对越南的反入侵。入侵和反入侵一次次重复，中国相当容易发挥调停者的作用。只要进攻不是决定性的，并要耗费大量的人力物力，那么只要警告入侵者，劝诫受侵略一方不要报复，就足以缓和敌对。然而，中国 1406 年成功的进攻导致了越南进行更为严密的统治，黎朝继承了这种统治并加以发展。入侵还导致了联合的反抗运动，从而加强了越南军队，并给予他们新的自信心。最重要的是中国 1426—1427 年的失败摧毁了中国作为违抗和叛乱的惩罚者的信誉。

现在，越南人确信只要遵守朝贡的程序，只要中国朝廷不丢面子，明中国就不再会进攻。而且，再次将儒家思想确定为国家的意识

---

① 即明朝文献中的黎灏，参看《明人传记辞典》第 1030 页；《明实录》有关条目。

② 《明史》，第 321 卷，第 8327—8337 页；《明实录》的史料收录在赵令扬编的《〈明实录〉中之东南亚史料》（香港，1976 年），第 2 卷，第 639—710 页。

形态使越南恢复了它自己的朝贡体制。越南依照中国土著官员模式，已将西面的傣等部落少数民族地区任命为宣抚司领地。越南在应付它与中国的朝贡关系方面已经如此的熟练，以致它在处理与作为它自己的朝贡国的邻国关系时也极为精通。

越南势力的严峻考验首先是针对占婆的，随后又针对内陆的傣族诸国（老挝、清迈、西双版纳）。在 1471 年摧毁占婆后，越南通知明廷：占城统治王室的垮台是内战的结果。在占婆残余土地的南部角落建立了新的占王朝；占朝的傀儡国王向越南朝贡，而占王室的另一个候选人则呼叮明王朝进行干预。此后 40 年间，这个王位的要求者与中国之间，以及中国与越南之间的交涉使朝贡体制承受压力之大达到其极限。

这些交涉表明，当中国虚弱并且不打算使用武力之时，朝贡体制的词令及制度就可为明朝维护其霸权地位的神话及扶弱抑强的保护者的形象提供巧妙的手段。文献中满篇都是官方不情愿支持失败者的种种托词、理由，及似是而非的论据。结果是毫无疑问的，恐怕在长达 40 年的争论中，无论是越南朝廷或是中国朝廷自始至终都已认识到：占婆作为一个政权消亡了，邻土被吞并了，而中国与越南仍可以利用领会的儒家经典中的细微差别继续就责任问题进行没完没了的争辩。与此同时，越南派遣使者到中国，明朝则将越南使者看作贡使，并册封越南统治者为安南"国王"，而越南人使用的辞令则将其王朝置于与明帝国同等的地位。那个占朝王位觊觎者则既向越南、也向中国朝贡。严峻的紧张局势和深仇大恨就这样被转移到礼仪、宣言、注解之中了。每一件事都被安排得使中国的朝贡体制看起来仍约束着越南人，又安抚了占人。这样，明朝的心理上的优越感得到满足，和平又得以维持达 40 多年之久。

圣宗的另一扩张行动并不那么成功，但也显示了中国的土司体制中的外交方面的情况。1479 年，圣宗侵略老挝和其他傣族部落领土。越南人注意到在明朝占领越南期间，老挝的统治者得到中国的封号并支持中国人费劲地压制越南的反抗。圣宗的祖父黎利（Le Loi）从事将越南从明朝占领军解放出来的斗争时，未能在老挝得到安全的避难地。后来，黎朝还发现老挝已将其势力扩大到那些原先承认越南的宗主权并向越南定期朝贡的傣族人之中。越南重新在这些傣族中树立权威的行动导致了对老挝的入侵。越南占领了琅勃拉邦（Luang Pra-bang），杀死该邦的统治者。该邦统治者的一个儿子逃到清迈（明朝名义上的朝贡国），越南又试图招揽西双版纳（Sipsong Banna）（中国的一个宣慰司）入侵清迈。明朝的边境官员则警告西双版纳不要卷入这场斗争。清迈则站在老挝一边，驱逐越南军队，明朝对于清迈的忠诚给予奖赏。越南否认老挝曾遭到攻击，坚称他们甚至不知道清迈位于何处，暗示中国的官员被错误的报告蒙骗了。中国的官员们却认为他们发现了典型的圣宗侵略行径：将其越境袭击云南、广西时编造的借口与进攻老挝杀死其头领，同时急忙将一个王子封为该国的新国王的借口相类比。

圣宗的军队并没有撤回湄公河三角洲，并夺回紧邻的部落地区，巩固了越南的西部边界。老挝、清迈、西双版纳也没有再纠缠此事，明朝皇帝也满足于向圣宗发出一封警告信，提醒他作为一个文明国家的国王要牢记儒家关于信守忠诚、行为有礼以及与承认中国皇帝为天子的姊妹国家维持和谐关系、怜惜他统治之下的人民的生命等义务。[1]

在这件事务上有几点值得注意的特征：首先，明代中国是知道越南已经沿其北部和西部边境建立起了它自己的土司体制的，然而并未对此提出异议。这样，明朝就给予越南和占城这类君主国比包括老挝、缅甸在内的南方 10 个宣慰使司更高的地位。中国也知道这类君主国可能只是名义上的。只是由于中国 1471 年后对占城"国王"的正式承认，才防止了它被看作是越南的属国，而实际上占城已是越南的属国，比老挝、清迈、西双版纳这些地位相对低下的宣慰司还要弱小。而老挝、清迈、西双版纳事实上并不依赖于中国，确实也从未如同占城那样继续依赖于中国的扶持。最后，最值得注意的是，在明朝的官方文件中没有提到清迈和老挝与阿瑜陀耶（暹）进行的无数次战

---

[1]　皇帝的信摘录于《宪宗实录》第 2—6 卷，成化十七年六月壬子（1481 年 7 月 9 日）。

争,这并不是因为中国人不知道阿瑜陀耶是多么的富于侵略性。相反,中国曾警告过它不要攻击满剌加、苏门答剌和占城。在作为外国的阿瑜陀耶与作为省级政府职能延伸的掸—傣宣慰司之间似乎有着清晰明确的界线。

尚不清楚究竟是中国毫不知道,还是毫不关心暹罗的侵略,或者是暹罗的定期朝贡使团如此成功地将明廷的注意力转移到他们的海外活动上,以致明廷从未将暹罗看作对于明代中国南部边境的可能威胁。与明朝对越南入侵老挝的关注相对比,令人惊诧的是,16世纪时,中国对暹罗的攻击没有讲只言片语,而对丁缅甸征服清迈(更不要说对阿瑜陀耶了)和数次侵略老挝只讲寥寥数语。这些证实了尽管对于东南亚大陆的土司与外国间的区分是模糊不分明的,但对越南的情况却并非如此。越南是与明政府管辖之下中国的南部地区最邻近的外国。越南曾击败明朝军队,并直接依照中国的管理模式建立其国家体制。越南是一个特例:对于与该国的外交关系而言,朝贡体制并不总是一种适宜的机制。

16世纪,越南由于内部分裂再度衰弱,中国被邀请进行调停,他毫不犹豫地向这场两败俱伤的争斗火上浇油。尽管各方都赞同同一个标准,对于朝贡外交辞令和体制的运用都十分纯熟,但结局却远远不是那么简单的。中国和越南一度临近战争的边缘。当莫氏篡位者屈服于明朝时,战争得以避免;越南在朝贡体制中的地位从君主国降到了宣慰司的上级(都统使司)。[①]尽管1592年莫氏家族被推翻,黎氏家族复位,越南仍停留在这一地位上,直到该王朝结束。

16世纪越南势力衰落之际,缅甸却在莽瑞体和莽应龙治下成为东南亚大陆的主要力量。越南与缅甸在这一时期的反差颇为有趣。衰落了的越南并未降到土司的地位,因为它不是由野蛮的头人,而是由

---

① 贺凯:《中华帝国职官辞典》(斯坦福,1985年),第15页说都统是军事职衔,与战场指挥官相等。不过在明朝,并未正式使用这个职衔。在这里越南的地位被贬低了,具体情况与缅甸和掸—傣—老的宣抚司或宣慰司相类,不过稍高一点。因此,说成"宣慰司上级"是恰当的。

儒家精英来治理的；而缅甸并没有如同阿瑜陀耶历来的那样被视为外国。尽管到 16 世纪后半期，缅甸已成为东南亚大陆最强大的势力之一，但仍被列为云南省督抚管辖下的土司。在缅甸征服了阿瑜陀耶和几乎所有云南边境以南的土司而势力臻于鼎盛之时，这种反常就更为明显了。[①]

在明朝整个统治时期，中国对外关系体制都没有发生变化。这就掩盖了三个世纪以来东南亚大陆发生的政治经济变化的重要性。不能察觉到欧洲势力来到南中国海及中国沿海的重要意义，也就不能认识到扩展到云南边外的土司制度不能无限期地防止强大国家的联合统一和最终不能确保中国对他们的控制。

缅甸在莽瑞体和莽应龙治下的惊人成就结束了越南的扩张，惟有阿瑜陀耶早期的侵略可与比拟。事实是，中国目睹了三支主要力量，泰人、越南人和缅甸人，沿河谷和东南亚大陆沿海席卷而下。明朝的朝贡、土司、宣慰司等体制是否有利于它认识该地区所正在进行的事件呢？很难说这种体制起了这种作用。越南曾是中国的一部分，现在实行着同样的儒家行政模式，因此是独一无二的。阿瑜陀耶王国与那些由共同语言紧密联系在一起的，如云南和缅甸的掸人、老挝的老人、云南的傣人等部落集团的关系似乎已经疏远了。阿瑜陀耶被视为主要是一支海上力量，其势力沿马来半岛延伸到东南亚海岛，其贸易远至中国以东的琉球、日本等地。[②]

把缅甸视为云南省督抚管辖下的土司，甚至在它 16 世纪 40 年代复兴之后也这样看，这对于了解缅甸政治的任何方面都是有妨碍的。这一点在遗留下来的明朝有关缅甸的记载中反映得极其明显。除了很少一些有关它与孟、暹罗为邻以及在南部与葡萄牙人有接触的暗示以外，缅甸是作为一个桀骜不驯的和惊人强大的土著势力呈现在明朝面前的，其余土著势力只能结成各种各样的力量大小不一的联盟与之抗

---

① 这一时期缅甸势力的上升参看哈维的《缅甸史》；另见 D. G. E. 霍尔：《东南亚史》（伦敦，1981 年），第 287—295 页。
② 戴维·K. 怀亚特：《泰国简史》（纽黑文，1982、1984 年），第 104 页。

衡。从明朝一些关于伊洛瓦底江和萨尔温江流域某些地方的边境纠纷事件（偶尔也有湄公河沿岸的警报）的记述来看，缅甸声势壮阔的重新统一，是不可思议的。明皇室的最后一位称帝者朱由榔兵败广西和贵州后就是撤退到这些地区的。他从云南出奔时，生存的惟一希望就是到缅甸避难。当然，这是孤注一掷之举。尽管这位最后的称帝者曾在广西和湖南驻留了许多年，但是他是否知道缅甸是一个什么样的国家，还是大有疑问的。他可能必须依赖于云南督抚的意见。如果他认为缅甸只不过是一个对明朝皇帝的忠心大有疑问的土司，而不是一个强大的国家，那么，显然中国控制对外关系的僵化不变的体制使当时的明朝误入了歧途，正如今天它仍在误导中国历史的学者一样。

（吕昭义　译）

第 七 章

与欧洲沿海国家的关系，1514—1662 年

朝贡国家的范式

1514 年至 1662 年间，中国的人民和政府都卷入了"现代世界体系"发展的第一阶段之中，并受其影响。这种卷入是通过将除了南极洲、澳洲之外的所有大陆连接起来进行商品、谷类植物、疾病、人员和思想交流的海上道路来实现的。在与葡萄牙人首次遭遇后，明朝的官方观念及正规化了的对外关系体制几乎完全不能指导中国官员，对于中国与欧洲的关系也几乎没有产生任何作用。然而，官方的实际反应是警惕的、通融的、合理有效的。中国的商人、工匠、水手热火朝天地参与到建设南中国海贸易和居住点的新世界的活动之中。长崎和九州的其他海港的兴起，台湾中国人移居地的开拓，海澄和稍后的厦门的突然出现，澳门、马尼拉、万丹、巴达维亚、阿瑜陀耶、满剌加的繁荣，以及许多商业和经济中心的增长，这一切在很大程度上都有赖于中国的这些创业者的活动。与日本、马尼拉的丝—银贸易对明朝经济发生了实质性的影响。罗马天主教传教团的来临及中国对它的反应，尽管规模很小，但也触及到中国社会各阶层。正如我们努力去了解个人卷入的动力一样，我们也需要利用我们对于明代后期文化和社会日益增长的知识，尤其是对于作为社会、经济、政治变体的沿海地区的知识。在第 7 卷中精辟地归纳的全帝国的政治变化往往有助于我们理解官方处理沿海问题的变化。

中国官方对外关系的某些长期存在的特征都已包含在明朝的朝贡体制之中。这些是：防御性、以礼仪性的皇帝至高无上地位为中心、单方面的官样文章式的规章，及对与外国交往的限制。明朝的朝贡体

制以一种独一无二的系统化和官僚化的形式将这些特征汇集起来。在其他地方我曾争辩说，如果我们对明朝的这一体制保留"朝贡体制"的概念，而不将它笼统地应用于其他时期不那么系统化而更为多样化的外交实践，将有助于澄清我们的思想。[①] 正如人们所说的那样，决定明朝有关沿海地区对外政策的一个极其重要的因素是朝廷对于"日本海盗"威胁的反应。其实许多海盗就是中国人。明朝绝对禁止中国私人进行海上贸易活动，将中国港口的对外贸易被限制在与朝贡相关的贸易之内，其规模及次数均作限定。郑和远航最好被认为是例外，是对宋元时期积极进行海外贸易的朝贡体制框架内的国家指导海外贸易的复兴。官方远航的结束以及对中国私人远航的禁止，使中国在东南亚海上的活动急剧下降。在这一半真空状况下，以印度为中心的穆斯林海上贸易繁荣起来；东南亚诸国，主要是穆斯林国家，扩大了他们与朝贡使者相联系的对华贸易；琉球人也从禁止中国人海上贸易和对日本来华使者的严厉限制中获利，成为中国人与日本人间的中间商，其贸易远达满剌加。中国人从来没有停止非法对外贸易和移居国外，有时在安排朝贡使者时，他们与东南亚的王公，尤其是暹罗的国王合作。[②]

到1500年，中国海上非法贸易的扩展使得福建漳州附近的月港繁荣起来。正德朝时，东南亚朝贡国来的船只获准不受朝贡制度对人数和次数的限制，任其所愿来华，但其贸易则须纳税。海船监管机构（市舶司）受热衷于为宫中攫取稀罕的进口物的太监的指导。为了适应这种贸易，广东市舶司在边远的沿海高州的电白设收

---

① 小约翰·E. 威尔斯：《朝贡、防御与依附：关于清代中期对外关系某些基本思想的使用和范围》，载《亚洲研究协会东南亚会议年刊》，第 8 期（1986 年），第 84—90 页；《美国海神》转载，第 48 期，第 4 期（1988 年秋），第 225—229 页。关于明代朝贡体制的概述见威尔斯：《使者与错觉：荷兰、葡萄牙使者觐见康熙，1666—1687 年》（坎布里奇，马萨诸塞，1984 年），第 14—23 页。

② 见《明史》，第 28 卷，第 8400 页记载有一个叫谢文彬的人，他当上了暹罗的高级官员，1481 年率领朝贡使团来华，被查出进行违禁货物的交易（原书所记《明史》的卷数错，应为 324 卷暹罗条。——译者注）。

税站。[1] 后来，又在广州河口的屯门（T'un-men），即与葡萄牙人初次相遇的地方，或在澳门本地，设了一个站。这种对东南亚的贸易虽然得到官方批准，却违背朝贡体制的基本原则，然而却为暹罗、满刺加与中国南方贸易的繁荣提供了母体，也就是在这个母体中，葡萄牙开始了他们与中国的关系。

葡萄牙人的进入，1514—1524 年

1498 年，瓦斯科·达·伽马绕过好望角，率船队驶达印度西海岸的科利科特，开辟了亚洲历史的新阶段，并与同时代的哥伦布到美洲的航行一起，开辟了世界历史的新时期。欧洲人侵入印度洋所带来的影响完全没引起如同西班牙在加勒比群岛、墨西哥和秘鲁那样的灾难性的剧变。在蒸汽船时代之前，亚洲的海商在绝大多数商路上，在绝大多数商品上仍然是欧洲人的有力的竞争对手；在荷兰人 1670 年代起向爪哇推进之前，以及在 1750 年英国势力在印度崛起之前，欧洲的政治势力仍局限于一些小岛和海岸的圈占地之内。不过，葡萄牙人及其后继者仍具有很大的破坏性。穆斯林连接红海、波斯湾与印度、东南亚的繁盛且细密的海上商业网络，在舰船建造及组织方面却不能有效地抵制和对抗葡萄牙人从地中海带来的由海盗活动、先进的海军火炮以及极力垄断贸易路线的侵略活动所构成的综合力量。直到 1550 年以后，葡萄牙人严重地破坏了对手穆斯林的贸易，此后，他们更关注于自己的内亚的贸易，对待穆斯林竞争对手就较为温和一些。这种情况也反映在他们与中国的关系上，在中国早期的咄咄逼人行为导致了灾难，而 1550 年后商业上的调和取得显著的成功。

瓦斯科·达·伽马在印度西南海岸的科利科特听说了有关几代人以前留着长髯的人们乘坐大船沿海岸航行的故事；葡萄牙人没有意识

---

[1]　张维华：《明史佛郎机吕宋和兰意大里亚四传注释》（北平，1934 年），第 52 页。我所引的《明史》"四传"中有关欧洲的史料绝大部分引自他的注释。与葡萄牙有关的另见周景濂：《中葡交通史》（上海，1936 年）。

到所说的就是郑和庞大的舰队。① 假设明朝没有放弃其伟大的海上事业，那么葡萄牙人会发现要在印度海岸取得立足之地就将难得多，也许他们在满剌加、苏门答剌和暹罗什么也得不到。

满剌加成为葡萄牙人进入中国的钥匙。葡萄牙人第一次远征此地是奉命尽可能发现"秦人"（Chijns，中国人）及其贸易。1509 年，在满剌加做生意的中国商人与当地统治者有一些纠纷，就与葡萄牙人友好；1511 年，阿尔布库尔克征服满剌加时，使用中国商人租借给其入侵部队的一艘大帆船进行关键性的登陆，使他得以击溃满剌加军队。② 中国商人力图与新征服者维持友好关系，用帆船运送葡萄牙使者往返暹罗。关于在葡萄牙的赞助下对中国的头两次访问，我们只是模模糊糊地知道一些：一次是乔治·阿尔瓦雷斯在 1514 年进行的，另一次是意大利人拉斐尔·佩雷斯特勒罗在 1515 年至 1516 年进行的。佩雷斯特勒罗乘满剌加商人的帆船前往，阿尔瓦雷斯搭乘的也可能是满剌加或中国人的船，两人都在广州河口的屯门交易，满载可获厚利的货物而归。

1517 年 8 月，弗瑙·佩雷斯·德·安德拉德率领 8 艘船只，护送作为葡萄牙国王使者的托米·皮雷斯（Tome Pires）到达广州河口，葡萄牙人的行动范围随之发生了急剧的转变。佩雷斯·德·安德拉德 1515 年从里斯本被派遣出发，会同已在印度的佛罗伦萨商人乔万尼·达·恩波利专程访问中国。乔万尼曾写了一份精彩的关于中国贸易前景的概要。挑选皮雷斯作为使者是大胆破格之举：在一个有贵族血统的人作为担任要职的先决条件的社会中，他作为一个中产阶级的药剂师，新近得以负责调查和搜集亚洲的药物以呈送给国王曼纽尔；他是他那个时代欧洲最优秀的亚洲情报搜集者。他的《东方概要》是所有语言中有关葡萄牙侵入之初亚洲海上贸易的最重要的独一

---

① 唐纳德·福开森：《1534—1536 年广州葡萄牙俘虏来信，附：关于 16 世纪上半期葡萄牙与中国交往评介》，见《印度文物》，第 30 期（1901 年），第 421—451、467—491 页。

② 福开森：《来信》，第 422 页。

无二的原始资料。他到中国的计划因在过满剌加海峡时损失了 6 艘船只而推迟，后又因讨论转向孟加拉而耽误。后来在 1516 年，拉斐尔·佩雷斯特勒罗将一份热情洋溢的关于中国贸易的报告带到满剌加，又推动了他实施到中国的计划。

1517 年 8 月，佩雷斯·德·安德拉德与充当（商业机构）代理人和经常作为与中国交涉的中间人的恩波利竭尽一切努力与中国当局建立友好关系。他取得了相当的成功，但是在这一过程中也首次暴露出若干导致纠纷的根源，这些根源长期存在于前现代中国与欧洲关系之中。欧洲人在外交交涉中的急躁傲慢与中国官场的拖沓延误和中国政府在处理对外关系中的单方面自行其是相碰撞。欧洲人还被证明有一种不幸的倾向，即拒绝中国对其决定作出的解释，并将这种解释看成是中国官员贪污腐败和自私自利的结果。[①] 在珠江口附近的南头与明朝海军指挥官的第一次交涉中，佩雷斯·德·安德拉德在长达一个多月内力求得允许，让他的船队逆河上行至广州。他威胁说即便得不到书面允许，他也要去；明朝那个海军指挥官退却了，让这个令人头痛的客人去见广州当局，并派了一名领航员协助他。葡萄牙人未经书面允许到达广州城外，鸣放礼炮致意，引起了更大的惊恐和愤怒。葡萄牙解释说，中国商人到达满剌加时也是这样做的，并宣称他们攻占了满剌加，对反对中国商人的地方独裁统治者进行了报复。中国政府明确禁止中国人进行海外贸易，而且被推翻的满剌加国王本是明王朝忠实的朝贡者，因此，葡萄牙人的解释更加深了明朝官员的忧虑。船队受到严密的监视，葡萄牙人不准上岸，也不准任何人接近他们。在高级地方官员到达广州并与这些外国人交涉后，他们被极其隆重地迎接上岸，托米·皮雷斯及陪同这位使者的七名葡萄牙人（可能还有

[①] 有关托米·皮雷斯出使的葡萄牙的主要史料见若奥·德·巴罗斯、迭哥·德·库托：《亚细亚》（里斯本，1777—1778 年；1973—1975 年里斯本重印）Ⅲ：Ⅰ：Ⅰ；Ⅲ：Ⅱ：Ⅵ，Ⅶ，Ⅷ；Ⅲ：Ⅵ：Ⅰ，Ⅱ；Ⅲ：Ⅷ：Ⅴ中的有关段落（罗马数字分别表示 Decadas，Livros，Capitulos。以下的单个注释所提到的段落难以在编年顺序中找出，将给出上述重印书的页码）。关于将延误归咎于官员们个人的自私自利见Ⅲ：Ⅱ：Ⅷ，第 209 页。

一些奴隶）被提供了住宿，货物被一批批搬上岸，交易安排得有条不紊，给葡萄牙人留下很好的印象。他们还派了一艘船去考察福建的贸易前景。贸易前景是极其美妙的，但是前往福建航行的报告送到朝廷，惹起了中国人对于间谍的疑惧。佩雷斯·德·安德拉德错过了 1517—1518 年的北季节风，滞留到 1518 年 9 月北季风即将来临之时，他在屯门发了一个布告，宣布任何受到葡萄牙人损害或者任何被葡萄牙人欠了钱的人，都可来找他索取补偿（如一位葡萄牙编年史作者告诉我们的）。佩雷斯·德·安德拉德因此树立了一个好形象。

1519 年 8 月，弗瑙·佩雷斯·德·安德拉德的兄弟西蒙·德·安德拉德率领三艘帆船从满剌加来到此地，他很快就毁坏了弗瑙辛辛苦苦建立起来的脆弱的和解。他在所有外国人聚集的贸易中心屯门岛修建了一个小城堡，大张旗鼓地处决了一个葡萄牙人，阻止其他外国人（据推测为暹罗人和其他东南亚人）在他之前进行贸易。他和他手下的人打伤了力图坚持明王朝对该岛行使主权的明朝官员。他们收买中国儿童，若干年后西印度迪乌的葡萄牙当局发现了其中一些人，他们都是良家子女。[①] 明代中国并非完全不知道买卖儿童的情况，但是，葡萄牙人对于儿童新的大量的需求可能加剧了绑架良家子女的行动，并使得葡萄牙人如何收买儿童并将他们煮食的传说"掠小儿为食"很快传播开来。西蒙和他的人留下过冬，于 1520 年 9 月离开。没有有关当地制止和惩罚他们的这种暴虐行为的记载，但是在他离开时有关的报告肯定通过各种渠道正在送往北京的途中。报告在北京所产生的影响再加上其他因素，使皮雷斯使团在劫难逃，并使葡萄牙与中国的关系在今后 30 年间倒退到非法的私人贸易边缘。

使团于 1518 年离开广州，但直到 1520 年 1 月才启程北上。葡萄牙方面的史料告诉我们，在这期间，围绕着皮雷斯使团，广州和北京间曾三度交换信函。正与清王朝的皇帝和大臣们乐意接待新的朝贡者以便证明王朝威名远播相反，明王朝的许多政治家认为不应当接待来

---

① 巴罗斯和库托：《亚细亚》，Ⅲ：Ⅵ：Ⅱ，第 17 页。

自没有列入该王朝第一朝代的朝贡国名录上的统治者的使者。① 由于太监们在开发商业方面的利益和皇帝着迷于所有奇异的外国人，在正德朝最后几年中，这种观点尚未流行。1520年5月，使团到达南京，皇帝正住在那里，但很快被命令前往北京等待皇帝回京。葡萄牙的史料告诉我们，使团成员在北京等待期间，他们必须在阴历每个月的初一和十五匍匐于紫禁城的一道城墙前。笔者尚不知道哪种中国史料中有这种礼仪的记载。② 1521年1月，他们听说皇帝到达通州，并处决了叛乱的宁王。他们还知道满剌加被驱逐的国王的使者已经到达，他是来禀报葡萄牙的征服，并请求中国支持他们将侵略者赶出去，将该城交还给合法的主人的。他们知道了两个监察御史，丘道隆和何鳌已上奏谴责葡萄牙人征服满剌加，强烈要求拒绝该使团。广州官员也上奏折报告说，葡萄牙人是难以对付的人，正提出要求恩准设立贸易站。他们被告知，在有关反对葡萄牙人的奏折送达首都后，译员被一个一个地传唤询问。至少有一人承认，因为葡萄牙人希望将信原封地呈交到皇帝手上，译员们实际上并没有看到葡萄牙国王的信，于是拼凑了一个适当的"朝贡奏本"文本。这些在中国文献中都没有提到。③

再没有召集葡萄牙人去举行每月两次在宫殿外进行的仪式，在皇帝1521年4月19日逝世之前也没有对拒绝使团作出决定。显然，为皇帝举哀必须暂停所有礼仪及对外国人事务的处理。实际上，在政治风向转变之时，随着大臣杨廷和暂时占据上风，太监势力遭到普遍反对，拒绝使团和禁止与葡萄牙发生关系的决定在皇帝去世前就已是不可避免的定论了。皇帝死后的第二天，使团被立即逐出北京，9月到达广州。

1521年4月或5月，大约5艘葡萄牙帆船到达屯门并开始贸易。

① 张维华：《明史佛郎机》，第32页。
② 福开森：《来信》，第467页。
③ 在北京严密讯问译员的材料中对此有暗示；巴罗斯和库托：《亚细亚》，Ⅲ：Ⅵ：Ⅰ，第8页。

当皇帝逝世的消息传来，所有的外国人被命令立即离开这个国家。葡萄牙人拒绝离开，因为他们尚未收集到全部货物。中国调集强劲的战船攻击葡萄牙人及带有葡萄牙人的来自暹罗、帕塔尼的帆船，一艘船沉没，许多葡萄牙人和其他外国人有的被杀死，有的被俘虏。6月，至少两艘葡萄牙帆船赶来，中国人再度进攻，但被击退。随后平静了一段时间，9月3日葡萄牙船只好不容易打退中国人的又一次进攻而撤出。托米·皮雷斯使团 1521 年 9 月 21 日回到广州之时，这些海战加强了明朝当局逐出葡萄牙人的决心。中国人将使团与在海战中俘获的战俘分隔开。当局盘点登录使团的礼物及从捕获的船只上搬下的货物，葡萄牙人感到这是不诚实的行为。①

这一事件的结尾是马丁·阿方索·德·梅罗·科廷霍率领 3 艘船于 1522 年 8 月到达屯门，他奉国王之命与中国缔结和平，并带了足够的人员来守卫他打算在取得中国同意后修建的堡垒。船队的指挥官完全不知道关系已经破裂，在一次出乎意料的中国发起的攻击中，损失了两艘船。幸存者乘上第三艘船，在中国水面只呆了 14 天就撤走了。海战中的俘虏遭受苛刻的对待，被套上枷锁，1523 年秋大审后被处决。托米·皮雷斯被迫写信给葡萄牙国王、葡萄牙驻印度的总督和满剌加长官，转达中国皇帝关于将满剌加交还给合法君主的命令。他及他的人被扣为人质，只有在明朝当局得到报告说葡萄牙已将满剌加归还给合法统治者时才予释放。皮雷斯死于 1524 年。他的使团中的两个人在 1534—1536 年还活着，并写信到满剌加、果阿，满篇都是有关广州的有用的情报及征服广州的疯狂计划。② 1528 年以前，明朝当局每年都调集船队防备葡萄牙人返回。所有的外国人被禁止参与正德朝时在广东繁荣起来的官方征税的非朝贡贸易，东南亚贸易转移到福建漳州的非法贸易中心，这样就严重损害了广东的财政和商业。

---

① 福开森：《来信》，第 469 页。

② 阿尔曼多·科特索在他给托米·皮雷斯《东方概要》（伦敦，1944 年）写的评介中（第 xlvii—xlviii 页），争辩说这些信写于 1524 年。但是，福开森的《来信》第 478 页的一封信清楚地提到在沿海维持防御舰队直到 1528 年。

即便在 1530 年广东重开征税的非朝贡贸易，葡萄牙人也被完全排除在外。

这些事件在广州地区引起了极大关切，造成了对于葡萄牙人的恐慌和轻蔑的情绪，这种情绪一直存在于澳门繁荣的整个过程中。从现存的中国文献来看，葡萄牙人在朝廷和高级官员名流中，留下了零零碎碎的模棱两可的印象。他们的火炮及舰船备受赞扬；在广州河口建造了一艘葡萄牙式的舰船；一个叫汪鋐的官员因推动仿制葡萄牙式火炮，并将它使用到长城要塞那样遥远的地方而出名。在这个时期的记载中，葡萄牙人被称为"佛郎机"，这一名称来自印度与东南亚的"ferengi"，用来指所有拉丁族基督教徒，归根到底它是从十字军的"法兰克人"派生出来的。而"机"（chi）这个汉语词又有"机械"的意思，于是就用同样的词来表示火炮。这样就很快产生了混淆，难以肯定佛郎机到底是指火炮，还是指人。在《明史》佛郎机的记载及一些有关史料中，一个叫火者亚三的外国食客，以葡萄牙使者或其译员的身份出现在皇帝左右的腐败随员之中。这也许是把来自哈密或吐鲁番的某个人弄混了，但也可能是反映了与中国的满剌加语译员有关的某种阴谋，这个译员很可能就是招认了伪造"朝贡奏表"的那个变节者。[①]

从宁波到澳门，1530—1572 年

16 世纪 20 年代的失败将葡萄牙人抛回到东南亚与中国贸易的边缘，于是他们只好以个人的身份搭乘东南亚船只旅行，后来也派自己的船只到满剌加人、暹罗人及其他人进行交易的港口。16 世纪 30 年代偶尔也提到王室或总督特许航海到中国的证件，1542 年首次到达日本的葡萄牙船是在前往"宁波"（Liampo）的航行中被大风吹到那里的。"宁波"，大概就是浙江沿海舟山群岛的年连岛上的双屿贸易中

---

① 伯希和：《明代历史上的火者与写亦虎仙》，见《通报》，38（1948 年），第 81—292 页。

心。16 世纪 40 年代，这个地区成为中国与日本、中国与东南亚繁荣的非法或半合法贸易的中心。葡萄牙人还参与了以福建漳州（即欧洲文献中的"Chincheo"）河口的月港及附近的岛屿浯屿为中心的非法贸易。在某种程度上，这种非法贸易是正德朝期间广东沿海岛屿的与合法性沾边的贸易的复活，它同样也能确保使危险的外国人远离主要城市。但是由于这些中心未经合法授权，也没有官方的参与，因此比起前一时期的贸易中心更倾向于暴力，更易招致政府的敌意。

对于这些贸易中心的兴衰来说，葡萄牙人并不是一个十分独立的因素，因为他们只是附带地参与到中国与日本交往的进程之中。[①] 对于非法贸易和有时伴之而来的海盗活动的报告，最终导致了明朝任命朱纨为享有广泛权力的特别高级协调官员，以粉碎浙江和福建沿海的走私和非法活动（据《明史·朱纨传》，嘉靖二十六年七月任命朱纨为提督浙闽海防军务，巡抚浙江。——译者注）。1547 年 11 月，朱纨对漳州地区进行调查，并提出了改进防务和控制沿海中国人活动的措施。[②] 1548 年 4 月，他在杭州处理由策彦周良带领的日本使团的不正当行为，并调集军队对双屿发动全面进攻。从那一年的 4 月到 6 月，双屿被占领并遭到破坏。中国的文献只报道了有几百人伤亡，没有任何葡萄牙人伤亡的可靠记录。很明显，许多中国人和外国船只及商人已设法离开了。这次进攻恰好在南季风开始之时发动，这正是到日本去的贸易船离开的季节，因此对于双屿的外籍人来说是个很适宜的时间。由于对他们的基地岛屿的攻击已作好充分准备，非法贸易者收拢其出口货船，将船只和人员撤到安全的地方，并没有多大的困难。

1547 年，朱纨就已在福建下令采取措施以切断非法贸易。1548 年夏他返回福建，此时，反对他的政策的呼声高涨起来，8 月他的权限被削减了，但他不为所动。那年夏天在福建海岸贸易的葡萄牙人起

---

① 朱尔吉斯·埃利索纳斯的《不可分的三位一体：日本与中国、朝鲜关系》对此作了精彩的总结，提供了翔实的史料，见约翰·惠特尼·霍尔主编、詹姆斯·麦克连副主编：《剑桥日本史》，第 4 卷《现代日本早期》（剑桥，1991 年），第 235—300 页。
② 《明人传记辞典》，第 373—375 页；《剑桥中国史》，第 7 卷，第 494—495 页。

初发现他们沿海贸易几乎完全被切断，但后来他们贿赂了某些海岸军官，得到了出口货物。原曾任高级官员的林希元，此时已深深地卷入海上贸易，显然是他怂恿这种贸易，并玩弄各种花招推延执行朱纨严厉的命令。他辩护说，葡萄牙人在过去五年中一直和平地进行贸易，甚至支持官方攻打海盗。[①] 1549 年早期，大概是从日本来的葡萄牙商人发现不可能进行贸易，就将货物留下交给中国代理人。2 月或 3 月间，一艘或两艘帆船被诱骗登岸，在福建和广东边界附近位于诏安的走马溪遭到攻击。数百人当场被杀，或战后不久死去。96 名俘虏被带到泉州，在那里朱纨命令将其中的中国人处死，四名葡萄牙人被当作满剌加的国王或王公。朱纨自行处决，特别是处决那些不在战场上的人，正是要把他搞下台的他的政敌所需要的。他被撤职下狱，自杀而亡。所谓"满剌加显贵"的谎言被揭穿了，给葡萄牙人留下了中国审判彻底和公正的印象。葡萄牙人被流放到中国各地若干年，其中一些人最后加入到在广东沿海进行贸易的葡萄牙人中。[②]

　　朱纨倒台之后，江南、浙江、福建海岸若干年间动乱不已，不断打击海盗。葡萄牙为了寻求和平贸易，再次转向广东沿海。中国沿海每一个地方，旧有的限制尽行弛废，军人们有时与地方上层勾结，权势炙手可热。正是在这一变化了的局势下，葡萄牙人得以部分地弥合 16 世纪 20 年代遗留下来的与中国的第一次破裂，并搞出了一个令人惊讶的极其有用而持久的葡萄牙和中国的利益调和点——澳门。一些早期的史料说，官方是在 1557 年允许葡萄牙人在澳门居住。[③] 到 17 世纪 20 年代，澳门的葡萄牙人精心编织了一个故事，说葡萄牙人在 1557 年消灭了曾占据澳门的一伙武力强大的海盗，结果，皇帝将澳门主权转让给他们，并赐给"金牒"予以确认，"金牒"保存在澳门城市大厅中。然而，澳门当局多次承认，中国仍保留澳门的最高主权。可以看出，包

---

① 张维华：《明史佛郎机》，第 43—47 页。

② 查尔斯·R. 博克瑟编译：《16 世纪的中国南方：盖略特·伯来拉、加斯帕·达·克路士、马丁·德·拉达的记述》（伦敦，1953 年），第 26—37，190—211 页。

③ 现存最早提到这一日期是门德斯·品托，见费尔璐·门德斯·品托著，利贝卡·D. 盖茨编译：《门德斯·品托游记》（芝加哥和伦敦，1989 年），第 508 页。

含在这些澳门建立的神话之中的某些因素也许反映了 1564—1565 年间发生的一些有充分文件依据的事件。认为葡萄牙人的那种愚蠢接纳是在 1557 年以前，这同样有可靠的文件为依据。

葡萄牙在广东沿海的私人贸易也许在 1548 年和 1549 年在浙江和福建的失败之后不久就开始了。首次主动推动贸易向更加正规化方向发展的事件是 1552 年果阿总督在圣·弗朗西斯·沙勿略的提议下派遣迭戈·佩雷拉为使者出访中国。满剌加的葡萄牙总督可能是由于担心佩雷拉会搅乱满剌加商人在葡萄牙与日本、中国贸易中的支配地位，所以不允许他由此前行。伴同佩雷拉出使的沙勿略希望能就出使之事进入中国，他仍继续前进而未能进入，几个月后，死于广东海岸之外的上川岛。

一名叫列奥内尔·德·索萨的葡萄牙私商取得了更成功的主动行动，他也于 1552 年到达广东海岸。他本人的信件是我们关于这一事件的主要的信息来源，也是中国与葡萄牙关系史的重要文件。[①] 索萨的成功在于他本人认识到要从与中国的贸易中获利，特别是在葡萄牙人过去所造下的残暴好斗的坏名声的情况下，更需要与中国的利益和权力相调适，这种见识是与其毫不沾染亚洲的第一代葡萄牙人的那种愚蠢的好战性而专注于贸易相一致的。他很幸运遇到了一位同样不沾染中国原有成见的中国同事，这个中国人正准备制定一项地方性的协调方案。此人为"海道"，即海上防务巡察副长官汪柏（汪柏于嘉靖三十二年任按察司副使，分巡海道。——译者注）。据中国史料，他收受葡萄牙人的贿赂，允许他们将货物搬上岸"晾干"，并同意他们纳税后到广州贸易。1552 年，索萨听说中国人允许所有外国人缴纳关税后进行贸易，"佛郎机除外，这些人心地丑恶卑鄙……被他们看作海盗"[②]。他敦促在这个地区进行贸易的其他葡萄牙人要维持该地

---

① 这些信件由约道·德·弗雷塔斯于 1910 年首次公开发表。见弗雷塔斯：《16 世纪澳门史料》（最早登于《葡萄牙历史档案》第 VIII 卷，里斯本，1910 年；1988 年澳门再版）；J. M. 布拉卡的《西方先驱者及其对澳门的发现》（澳门，1949 年）一书对于这一时期作了精彩的概述。
② 弗雷塔斯：《澳门》，第 8—9 页。

的和平，如果得到允许进行贸易，就一定要纳税，要努力"改变他们的名声"，以便不再被当作可恶的佛郎机。他告诉汪柏，他们只能缴纳 10％的税；汪柏说，帝国的税率是 20％，但他会协调，收税之时只按他们的货物一半征税。许多葡萄牙人赶到广州，贸易毫无困难，对收税官吏隐瞒了大量货物，以致只有大约三分之一货物付了税。汪柏在葡萄牙船上受到隆重的接待，心满意足。他授权索萨管辖所有来这个地区贸易的葡萄牙的和东南亚的 16 艘船上的人们。所有这一切，索萨都是在富商西蒙·德·阿尔梅达的协助下完成的。阿尔梅达通过向汪柏及其随从赠送礼物，使事情办得极其顺利快便。也许就是在这时，双方约定每年须送给海道副使 500 两银；据澳门地方传说，直到 1571 年或 1572 年前，这些银两一直是私下交给"海道"个人的。而在那一年交付银两时，有其他官员在场，一个特使急中生智，称银两是为在澳门居住而缴纳给帝国国库的"土地租金"，使自己摆脱嫌疑。[①] 西蒙·德·阿尔梅达离开之时，汪柏提议葡萄牙派遣使者来华以便确定葡萄牙的正式地位。1554 年秋索萨起航到满刺加之时，葡萄牙人在广东海岸立足的基础，在未经奏请北京朝廷的情况下，或者在除了对外国贸易征税之外不提其他政策方面的要求的情况下，就已稳固地奠定了。

1552 年至 1557 年间，葡萄牙人活动的中心逐渐从圣·弗朗西斯·沙勿略 1552 年创办的葡萄牙人贸易中心上川向东转移到更临近海岸的"浪白澳"（Lampacao），后又移至澳门，耶稣会会士贝切尔·努内斯提供了有关这一时期的最好的描述，1555—1556 年他在去日本途中在浪白澳过冬。[②] 那冬季那里有 300—400 名葡萄牙人，他们住在粗糙的茅草屋中，目无法纪，以致这位耶稣会会士使他们能够做到的就只是不要彼此残杀。贝切尔神父也许是随同在那里贸易的葡萄牙商人一道前往广州的，他设法游说释放数年前在福建被俘虏而

---

① 弗雷塔斯：《澳门》，第 20—21 页。
② 《耶稣会士日本、中国书信》，2 卷本（埃武拉，1598 年；1972 年日本重印），第 1 卷，对开页码，第 32v—37 页。

关押起来的一个葡萄牙人，但徒劳无益。

据估计，到 1562 年澳门有 800—900 名葡萄牙人。他们有两座简朴的教堂和一些比浪白澳的茅草棚更舒适、更牢实的房屋。圣·弗朗西斯·沙勿略曾写信给果阿总督，抱怨迭戈·佩雷拉的出使在满剌加受阻，敦促使节成行；他的要求最终得以实现，1563 年佩雷拉到达澳门。广州官方的最初反应是，提议佩雷拉作为朝贡使节予以接待。所送的礼物都被仔细地检查，一个来到澳门查验礼物的高级官员受到盛大显赫的招待，看起来十分喜悦。这个官员提出还须新增加一些从果阿运送来的礼物，其中包括两头大象。耶稣会会士极其认真地对待这个提议，致信果阿敦请顺从这位官员的要求。然而，什么东西都没有从果阿送来，在"多次拖延"后，最终中国当局提出了两个关键性的问题。葡萄牙人是否带来交给早先那位使者的文件？（这可能是指要葡萄牙人放弃满剌加的命令）他们为什么要攻占满剌加？由于大概在 1565 年某个时候提出这些问题，这清楚地表明使团将不会受到接待。澳门还将继续在朝贡体制的规则和惯例之外发展。[①]

澳门与长崎，1572—1640 年

1572 年至 1590 年间，无论是在广东官方，或是葡萄牙人的小居住地内都形成了某种管理制度的框架，使澳门在中国官方的眼光中是可以控制和容忍的。这种变化在中国文献中记述得极为肤浅，而葡萄牙文献又大部分是第二手或第三手资料，但是体制的总体模式似乎是相当清楚的，其实际动作的功效还可以从以后年代记录得相当完整的事例中看出来。我们几乎没有能将这种变化与中国的政治背景相联系起来的证据，但注意到这样一点是有益的，即这些发展的开端正值张居正努力推行财政改革、恢复中央控制的年代，而其持续的时间又是在虽然中国政府中央管理的活力急剧下降，但有

[①] 弗雷塔斯：《澳门》，第 30—35 页。

许多例证说明省级政府仍保有权能和进行改革的活力之际。与福建官方在 1600 年以后与马尼拉、荷兰、海澄的中国商人发生冲突正相反，没有证据表明太监矿税使的活动对于澳门与广东的关系带来任何实质性的困难。

我们已经注意到，在 1571 年或 1572 年一种成为惯例的贿赂变成了指派的数额确定的土地租金。当局 1573 年采取了具有决定性的下一步行动。那一年它在澳门所在的半岛的隘口筑起了城墙和城门，即"城门"（Circle Gate，又称为 Porta do Cerco），禁止葡萄牙人和其他外国人外出。[1] 城墙的澳门一侧几乎没有留下任何农地，因此，澳门从一开始并永远将置于依赖于外界供给食物的境地，而中国官员则可在任何时候切断供应。

在下一个 10 年一些使澳门地位正式化的措施进一步施行。在很早以前，葡萄牙人就已经在广州贸易，随着其贸易的增长，很可能他们在这里的"集市"上每年进行两次贸易的新章程被制定出来。[2] 1582 年，耶稣会士阿农索·桑切斯从马尼拉来到此地，宣布西班牙的菲力浦二世继任葡萄牙王位，这是一个很不受澳门的葡萄牙人欢迎的消息，但也没有对他们控制的地方局势产生多大实际影响。然而，两广总督陈瑞产生了怀疑，将澳门的代表传召至其督府所在地肇庆。据我们的史料说，起初，澳门代表遭到严厉指责，指斥他们在中国的领土上却按照外国的法律来管理他们自己；但随后，解释和礼物起了作用。[3] 也许就是在这次对抗之后，广东当局认可了澳门的代理人为"外国人总管"（夷目）。[4] 可以理解，正是在这一背景下，葡萄牙居民感到有必要尽可能地使其自己管理自己的权力正规化，并按照他们

---

[1]　印光任、张汝霖：《澳门纪略》（1757 年原版），第 1 卷，第 2、23 页。

[2]　张天泽：《1514—1644 年的中葡贸易》（莱顿，1933 年；1969 年莱顿重印），第 102—103 页。

[3]　安德鲁·扬斯德特德特德爵士《葡萄牙人在中国殖民简史》（波士顿，1836 年），第 79 页；耶稣会士乔治·敦约翰：《巨人的时代：明朝末年中国的耶稣会士的故事》（诺特丹，1982 年），第 19—22 页。

[4]　张天泽：《1514—1644 年的中葡贸易》，第 101 页。

认为适宜的方式与中国官员打交道，把来自果阿的以及遥远而格格不入的马德里的主子的干预缩小到最低限度。1583年，一次由主教主持的居民集会通过向果阿当局和马德里提出请愿，要求授予地方政府的正式特许状。[1] 1586年果阿总督颁发特许状，授给澳门葡萄牙埃武拉市的所有特权，1595年葡萄牙国王批准了该项特许。[2]

自治政府就这样建立起来，它有一套精心安排的间接选举的惯例程序，以组成著名的皇家参议院（Leal Senado）的三名市参议员、两名行政官和一位代理人。每三年，执行行政官或法官在与所有市民商议后挑选出三对选举人。每对选举人为每一个待选举的职位填写三个候选人姓名的名单。执行官员再将填好的名单按照三年分别组成三份名单，每一份名单均放入蜡丸加印密封，锁入柜中。除夕或元旦这一天，由一位小孩随意抽出一份名单，名单上所列的人即担任来年的官职。在亡故或缺席而出现空缺时，则即时选举填补。必要时，尤其是出现市的财政或与中国关系方面的危机时，原任行政官及富有者则被召集举行会议。[3]

这样，决定权几乎完全掌握在那些对于澳门的长期存在和繁荣有着既得利益的常驻商人寡头集团手中，他们知道如何与中国当局打交道；尽管将军和总司令们为葡萄牙的荣誉而对懦弱地屈服于中国官方愤慨不平，呐喊咆哮，但这些商人明白澳门完全处于中国政府的控制之下；任何时候他们忘记这一点，中国官员们只要封闭城门几个星期，就足以使他们清醒。商人寡头集团还管理圣慈善会（Santa Casa de Misericordia）——一个有势力的世俗兄弟会慈善机构，它关照贫病者，并将从遗赠的财产中抽出资本向澳门的海上贸易投资。这个城市组织盛大热烈的宗教游行，赞助许多教堂、修道院和传教士，显示了它对天主教的虔诚。最有势力的宗教机构属于耶稣会，它是与中国

---

[1] C. A. 蒙达尔托：《澳门史》（香港，1902年），第36—37页。

[2] 关于这一事件的最可靠的史料见《北京主教训及有关澳门历史的其他文献》（里斯本，1943年），第142页。

[3] 查尔斯·R. 博克瑟：《热带地区的葡萄牙社会：果阿、澳门、巴伊亚、罗安达的地方自治市政会》（马迪逊与米尔沃基，1965年），第6—7、42—71、167—176页。

进行外交活动的宝贵财富，并且控制着如此之多的资产，以致成为对外贸易的主要投资者。

1590 年至 1610 年期间是澳门成为联系欧洲日益发展的国际海上丝绸之路与后期明代中国过热的社会经济的枢纽，在向日本输出生丝和丝织品换回白银的交易中发挥了特别重要的作用，其繁荣臻于极盛。[①] 尽管从这种贸易中获利，但澳门仍令广东的人们深深不安。任何来到这里的中国人都会发现街道上充斥着形形色色不同肤色的异国人：欧洲葡萄牙人、印度洋周围各地的奴仆和欧洲人与北美印第安人的混血儿。异国情调的建筑，宗教游行队伍，教堂的钟声，所有这一切都表明：他不是在中国。街道上，在夜间，有时甚至在光天化日也是不安全的。天主教皈依者在广东其他许多地方的出现惹起了人们的敌视，反过来又影响了人们对于澳门的态度。逃离葡萄牙主人而进入广东的非洲奴隶是招惹敌对情绪的又一根源。1580 年前后，利玛窦就已经发觉，如果他想要得到广东上流社会的欢迎，就须小心翼翼地不要与澳门有牵连。[②] 大约在 1600 年，一位广东上流社会的匿名人士的话被引证，他说澳门再也不是广东的一个部分了。[③]

16 世纪 90 年代，丰臣秀吉对朝鲜的入侵转移了朝廷对南方沿海的注意，但加深了对日本是危险的敌人的认识。此后，日本与东南亚贸易的扩展及其对台湾的试探，1609 年萨摩对琉球的征服，再次将朝廷的注意力吸引到日本可能对南部沿海地区的威胁上来。与此同时，1600 年前后，以朝廷为中心的派别斗争在太监矿税使与那些已失去权力的官员们的地方斗争中引起巨大反响，后者卷入家乡政治并常常与商人有着联系。有关日本威胁意识的复活增加了澳门的诱惑力，即可以将它用作一个获取日本白银的中立渠道，既可不让日本人登上中国沿海地区；又不用担心中国商人与日本人串通。但是，这种诱惑力很容易被任何有关葡萄牙人容许日本人进入澳门的暗示所抵消。

---

① 本书这一卷中，威廉·阿特韦尔所写的章节对此有全面的分析。
② 乔纳森·D. 斯彭斯：《利玛窦回忆》（纽约，维京，1984 年），第 192—193 页。
③ 沈有容：《闽海赠言》，见《台湾文献丛刊》，第 56 卷（台北，1959 年），第 34 页。

这些年代中，就对澳门的政策而言，关键性的人物是 1597 年至 1610 年间担任两广总督的戴耀。《明史》指斥他及其下属官员"甚有利其宝货，佯禁而阴许之者……养成其患"①。戴是福建漳州长泰县人，他与那些比葡萄牙人在澳门居留时间更长的福建商人的关系很可能影响了他的态度。他因减轻税收及劳役而受到赞誉；在 1606 年，他甚至缩减了澳门贸易的税收定额。② 值得注意的是，1600 年，澳门所在的香山县令设法避免了税收专使太监李凤进驻香山的企图，他争辩说："夷人禀性难测，一有机会他们就会攻击朝廷旨令的传送人，朝廷威德如何（避免遭受触犯）呢?"③

在戴耀当权的岁月中，发生的事件和谣传不断加剧了中国人对澳门的反对态度，然而，对澳门的政策并未改变。1598 年，马尼拉的西牙人谋图在广州河口建立一个他们自己的贸易点，他们在广州得到很好的接待，花费了 7000 里亚尔送礼，并被告之可以在一个他们称为埃尔皮瑙（El Pinal，意为凤梨林）的地方立足，该地位于何处尚不可知。葡萄牙人不能说服广州当局同意他们排斥西班牙人，随即擅自行动，派遣火攻船发动攻击，但未获成功，在中国人减少对澳门的食物供给后中止了进攻。后来，他们在澳门的另一个地方攻击了一艘为风暴损坏的西班牙船。1599 年，一艘大型船只从马尼拉来到埃尔皮瑙，据报道澳门人与他们进行了贸易。然而，贸易季节结束后，西班牙人没有在埃尔皮瑙留下任何人就离开了，此后再也没有来。④

1601 年，荷兰船只首次在中国水域出现，在澳门附近抛锚停泊，派出在沿海进行探测的一队人员被葡萄牙人抓捕，20 名荷兰俘虏中有 17 人被处决。明朝当局也许从这一事件和埃尔皮瑙事件中认识到，

---

① 张维华：《明史佛郎机》，第 62 页。
② 张维华：《明史佛郎机》，第 52—53、62—63 页。
③ 周景濂：《中葡交通史》（原文如此，似应为《中葡外交史》。——译者注)，第 93 页。
④ 查尔斯·R. 博克瑟：《来自亚马逊的大船：澳门与旧日本的贸易编年史》（里斯本，1959 年；1988 年澳门重印），第 61—62 页；巴罗斯和库托：《亚细亚》，XII. II. XI；安东尼奥·德·摩尔加编译，J. S. 卡明斯：《菲律宾大事记》（伦敦，1971 年），第 136—138、148—149 页。

在澳门的葡萄牙人将与到达沿海的其他外国人发生冲突。他们作了类似的推断。中国人认为，在必要时，澳门是可以控制的，并且对于控制其他外国人来说也是有用的。在明代的记载中，荷兰人的探测有所记录，但埃尔皮瑙事件则没有任何线索。

更令中国人忧虑的是日本人对澳门渗透的迹象，及在这一时期中日本人、耶稣会士、葡萄牙人之间微妙的关系。由于担心荷兰人可能卷土重来，澳门加紧构筑新的防御工事，也令中国人惊恐不安。如果葡萄牙人能够更好地保卫自己，就更难以控制他们了。圣保罗大耶稣教堂就是在这些年代建筑起来的，许多工作是日本基督教工匠完成的，在中国人看来，它更像是一个城堡。更令他们惊慌的是，在澳门内港顶端的一个叫做伊哈维尔德（Ilha Verde，即青州）的小岛上，一座围墙教堂拔地而起。葡萄牙人收到命令，撤除伊哈维尔德岛上的这座建筑，推倒了一些围墙。1606 年，谣传葡萄牙图谋依靠日本和马尼拉的辅助及不少中国人的加入，发动对中国的入侵。广东附近地区的人民惶惶不安。据说，入侵者打算拥立耶稣会士拉扎罗·卡托尼奥神甫为皇帝。澳门发生了骚乱，在广州一名中国基督教徒被当作间谍拷打致死。1607 年，荷兰船队到来，打算在离澳门不远的地方贸易，由于谣传船上有 200 名日本武士，中国人万般小心地对待到来的荷兰船队。当时，葡萄牙人将他们逐出。1608 年，中国最忧虑的事情似乎成为真实。航行到越南贸易的日本水手和武士在归途中到达澳门，他们全副武装穿行于澳门的街头，最后爆发了激烈的战斗，许多日本人被杀。[1]

葡萄牙人对待日本入侵者不得不谨慎小心，因为这些日本入侵者与势力强大的长崎官员有密切的关系，而后者是葡萄牙人在日本贸易时所要依赖的。1608 年事件直接导致了 1609—1610 年长崎的一系列冲突，结果，大型舰船马德里·德·迪乌斯号被炸毁，而在澳门骚动

---

[1]　查尔斯·R. 博克瑟：《日本的基督教时代：1540—1650 年》（伯克利、洛杉矶、伦敦，1951 年），第 269—271、287—288 页；查尔斯·R. 博克瑟：《远东的费达尔戈人》，第 53—54 页；见以下有关荷兰的航行。

没有再继续下去。1606 年，一位到京城会试的广东举人提议将"各种外国人"从澳门驱逐到浪白澳，这个建议被拒绝。[①] 1610 年张鸣冈取代戴耀继任两广总督，争议再度兴起。一些人倡议将葡萄牙人全部逐出。我们有一份完整的郭尚宾的奏议，他主张将所有日本人和黑人驱逐，命令葡萄牙人离开澳门，"如以前那样在浪白澳贸易"，这意味着不再允许设永久居留地。郭的奏议提到葡萄牙人逃避关税，为日本人、黑人及中国的亡命之徒提供避难场所。它在我们所有的文献中最充分地反映了明朝反对澳门的态度。1613 年，据一份已经轶失了的中国文献的葡萄牙译文，澳门被迫驱逐 98 名日本人，并禁止澳门再容许任何日本人入境。[②] 然而，张总督没有接受郭的过激的提议，他争辩说，葡萄牙人在目前所在的地方，我们更容易控制他们，因为在那里的几个方面上都有明朝军队在附近驻防，而且中国人很容易对该城的食物供应加以控制。1614 年后期，张派遣官员宣告一份完整的章程，今后葡萄牙人必须逐条逐字地遵行不误。章程刻在皇家参议院大厅前面的一块石碑上。石碑可能是 1617 年立的，在一份葡萄牙人的总结中列出了这个年份。章程有五条：第一，澳门不得窝藏日本人；第二，禁止收买中国人口；第三，所有船只，包括战船，均须纳税，必须驶入澳门内港，严禁在外岛抛锚贸易；第四，贸易须在广州进行，而不得在澳门交易，纳税也须在广州；第五，严禁在澳门构建新建筑，旧有的建筑可按原样修理或重建。这些规章，以及在 1740 年代所进行的修改和扩充，是直到 19 世纪的中国对澳门政策的基础，也是澳门从屈从获得生存的宪章。[③]

在此后的几年中，造成双方关系紧张的问题集中在葡萄牙在澳门的建筑上，尤其是那些可能被视为城堡的建筑。1621 年，耶稣会被迫拆除他们建在伊哈维尔德的教堂，而明朝城关的堡垒在某些方面得

---

① 张维华：《明史佛郎机》，第 61 页；周景濂：《中葡外交史》，第 95 页。

② 《北京主教训》，第 115—116 页；文献错署为 1579 年，而文本中的一个正确的年代为万历四十一年。

③ 张维华：《明史佛郎机》，第 64—67 页；印光任、张汝霖：《澳门纪略》1：第 25ab 页；《北京主教训》，第 116—118 页。

到加强，并被置于更高级军官的指挥之下。^① 1622 年，荷兰试图征服澳门，幸运的是一发炮弹恰好射入荷兰人的火药桶，葡萄牙人及其奴仆一阵猛烈的冲锋，突入荷兰人登陆的海滩，荷兰人才被击退。^② 中国文献对此只字未提，然而，我们的确有一份耶稣会关于澳门防御的报告，在这份报告中他们坚持建立澳门防御，经著名的皈依天主教者伊格纳提乌斯·孙元化（Ignatius Sun Yuan-hua）提交到京城。据耶稣会士材料，孙为他们辩护，说澳门已与中国维持了许多年的和平，并派遣炮手在与满洲人的战争中服务（见下文）。现在，海上到处是欧洲海盗（指荷兰人）。当初澳门的建筑是那些受微利诱惑并容许建造的人所犯下的错误，"而现在，在这个方向上没有别的办法可以抵御荷兰海盗，保卫帝国"^③。另一条有关地方省级官员反映的线索载于葡萄牙 1623 年的一份文件，其中说道，在说服明朝允许澳门人建筑新城堡的过程中，"送了更多的贿赂，一些中国官员来查看了那艘大船及战场上的尸体，并带回了一些头颅以证明我们要求构筑城墙只是为了防卫属于中国国王领土的这座城市"^④。但是一份中国的文献说，就在那些年代，中国强迫拆除了一些城墙。^⑤

澳门通过顺从地逐出日本人，击退荷兰人，也许已经得到了一些宽容，但是当葡萄牙人想通过派遣军队援助明朝对付正在崛起的满人来加强他们的地位时，他们陷入更为错综复杂的政治困境。1623 年，著名的天主教皈依者徐光启和李之藻（Li Chih-tsao）提议，葡萄牙人应该训练明朝士兵使用火炮。一小队葡萄牙炮手被带到北京，但在一次演示中，火炮爆炸，一名葡萄牙人和三名中国人被炸死。沈漼及其他反对耶稣会及其皈依者的官员乘机对此大加抨击，炮手立即被

---

① 张维华：《明史佛郎机》，第 68 页；印光任、张汝霖：《澳门纪略》I：第 1ab 页。

② 博克瑟：《远东的费达尔戈人》，第 5 章。

③ 匿名作者（认为是 V. P. Kirwitzer 所作），《1624 年中国行记》（巴黎，1629 年），第 22—24 页。

④ 《澳门创建史》，1623 年 11 月 27 日，发表于弗朗西斯科·保罗·门德斯·达·鲁兹的印度委员会：《17 世纪初葡萄牙海外商贸和统治（管理）史研究建树》（里斯本，1952 年），第 606—616 页，引文在第 614—615 页。

⑤ 周景濂：《中葡外交史》，第 89 页；印光任、张汝霖：《澳门纪略》2：第 22b—23 页。

遣返回澳门。1630 年，一小队炮手又被派来，他们参加了抵抗满族进攻的涿州保卫战，战绩卓著。此时，计划扩大了，数百名澳门士兵应征入伍为明朝服役。他们行进至江西南昌，随后又返回。他们之所以被阻止继续前行，也许是广东与贸易有利害关系的人及其官方盟友努力的结果，这些人不希望葡萄牙人在中国其他他们所不能控制的地方拥有贸易和联系的渠道。派出的士兵中有几个继续前进，加入到山东登州守军中，其中大多数死于 1632 年孔有德叛乱。[①]

澳门的生存及其繁荣，很少因它与广东官员和人民之间的摇摆不定的关系而陷入危险之中。对于澳门的生存与繁荣来说，主要的决定因素是日本对天主教的态度，及随之而来的对待与天主教密切相关的葡萄牙人的态度。澳门崛起的辉煌成就依赖于各个领主"吸收黑船"到自己领地上来的巨大愿望，以及使他们能够购买中国货物的白银生产的扩大。1580 年，长崎被赠赐给耶稣会之时，这一明朗的热情好客的时期达到其早期的高峰。1587 年丰臣秀吉的反基督教敕令表明反基督教行动的开始，随着 1612—1614 年间反基督教措施施行，情况进一步恶化。[②] 然而，中国人、荷兰人及英国人仍未能提供其他渠道向急速扩大的日本市场提供足够的中国货物。迟至 1630 年代早期，日本日甚一日地采取严厉措施禁止他们自己的沿海贸易，加紧对天主教的压迫，中国沿海发生动乱，荷兰搞糟了他们与日本的关系，所有这些抑制了其他供应货物渠道的形成。约在 1637 年，荷兰及其中国竞争对手和贸易伙伴都安下心来进行和平贸易。随着局势急剧变化，无论是在日本，或是在中国，葡萄牙人都借用这种方式来维持其竞争

---

① 查尔斯·R. 博克瑟：《葡萄牙支援明朝反对满族的军事远征：1621—1647 年》，见《天下月刊》7.1（1938 年 8 月），第 24—50 页；《明人传记辞典》，第 414、1147 页；敦约翰：《巨人的时代》，第 215—218 页。

② 博克瑟：《来自亚马逊的大船》、《日本的基督教时代：1540—1650》（伯克利、洛杉矶、伦敦，1951 年）；朱吉斯·埃里索纳斯：《基督教徒与大名》，见怀特利·霍尔主编、詹姆士·麦克连副主编：《剑桥日本史》，第 4 卷《现代日本早期》（剑桥，1991 年），第 301—372 页。

地位,他们的经验及其既有的关系网使他们成为难以对付的竞争者。不是商业的变化,而是由于1637年的岛原叛乱才毁灭了葡萄牙在日本的贸易,同时也驱使澳门无可挽回地滑向衰落和贫困。1639年,葡萄牙人被逐出日本,并禁止重返日本。1640年,葡萄牙派遣使团赴日请求重新考虑禁海令,整个使团,包括官员、商人、水手都被处决。

澳门再没有从其贸易领先地位的丧失中恢复起来。紧接着,1641年荷兰在满剌加海峡对葡萄牙舰船发动进攻,征服了满剌加,使澳门失去了与印度贸易的枢纽地位。澳门派遣　支部队支持忠于明朝永历帝的势力,但在战争中遭受重大损失,并失去了明清更替之际的贸易。当然,使它再也没有和不能从中恢复过来的打击,还是与日本贸易的丧失。[①]

马 尼 拉

在西班牙人来临之前很久,中国商人航海通商,就到了后来成为菲律宾的这片群岛。然而,中国与西班牙的联系,中国在吕宋居住区及其事业的扩展,却与先前的活动没有什么关系;这种联系几乎全是中国与西班牙的交换造成,即跨越太平洋的中国丝绸去换取西班牙美洲的白银。中国与吕宋的贸易资料可以在西班牙首次航行到这一群岛的记录中找到,麦哲伦1521年的记录、洛阿萨1527年的记录,都提到这方面的情况。良好的港湾,富饶的内地农业区域,与中国已经建立起来的商业关系,所有这一切导致了西班牙在米古尔·洛佩斯·德·列迦斯皮的率领下在1570—1571年对马尼拉的征服,以便在这里建立起一个具有完备体制框架的西班牙城市,并将西班牙在亚洲海域的指挥中心迁移到这个新城市中来。而此时,当地人民在穆斯林的影响之下,才刚刚开始形成庞大的君主体制。因而,一旦西班牙人焚

---

① 关于澳门1640年后期至1660年后期的情况参看威尔斯:《使者与错觉》,第83—101页。

毁国王的城镇，并开始在该地建造有围墙的西班牙城市，他们还不能对西班牙人的统治进行持久的抵抗。[1]

中国人早已在一个穆斯林国王赐给他们的地方定居了，该地横跨从马尼拉流来的帕西格河，大体上在比龙多地区，那里从当时至今，一直是中国人人来人往居住的中心。[2] 1571 年列迦斯皮的船只在民多洛（Mindoro）岛以外搭救了一艘毁坏了的中国帆船的船员，中国人意识到在马尼拉将有新的机会，并会得到友好的接待。1572 年，一些得救的中国人驾驶一艘满载货物的船来到马尼拉，1573 年他们再度来临。驶来的第一艘中国货船被派出横渡太平洋前往阿卡普尔科。1574 年有 6 艘，1575 年有 12 艘或更多的船到来。也就是在这几年，对现在为玻利维亚的波托西银矿的开采顺利进行，在美洲西班牙人定居的奢侈放纵的城市中，发展起了中国丝绸和其他精致手工艺品的市场。贸易成为马尼拉压倒一切的存在目的，以至于没有花费多少努力去开采吕宋的黄金资源，也没有开发马尼拉周围地区的农业潜力。在马尼拉，几乎所有航运到新大陆去的货物都是中国人带来的，几乎所有的商业活动及技术性手工工作都是由中国人从事的。

在这一进程顺利开展前，西班牙人在马尼拉的存在几乎为中国人的攻击所清除。中国人的攻击是在西班牙打开与明朝直接关系失败之后发动的。一度出现了这样的可能性，中国与西班牙贸易的中心将不是在马尼拉，而是在福建沿海的某个"西班牙澳门"。1574 年，海盗林凤被逐出福建，逃到澎湖列岛避难。该年 11 月 29 日他的船队进入马尼拉海湾，次日他第一次登陆被击退。12 月 2 日，林亲自带领 1000 人发动更大规模的进攻，但也被击退，他的人有 200 名被击毙。

---

[1] 罗伯特·R.里德：《殖民地时代的马尼拉：西班牙都市化背景及其发育进程》（伯克利，洛杉矶，伦敦，1978 年）。

[2] 关于马尼拉中国人的概要及史料介绍参看威廉·L.舒尔茨《马尼拉大帆船》（纽约，1939 年；1959 年纽约重印）第 1 章及小阿方索·菲利克斯主编的《菲律宾的中国人》（马尼拉，1966 年）第 1 卷的各篇论文。关于西班牙人到来前中国的情况参看传道团修士阿尔贝托·桑塔马利亚：《中国城》，见 A. 菲利克斯主编的《菲律宾的中国人》第 1 卷第 67—118 页，该书第 106 页中引用了马尼拉前国王的一个年长的儿子的证言。

随后，他退出马尼拉地区，在吕宋沿海更北方的冯嘉施兰筑垒自守。1575年3月，一支西班牙部队和菲律宾辅助人员追逐他到了这里，烧毁了他的船，几乎夺取了他的营寨，并驻扎下来等他投降。但是林的人仍能从附近居民那里得到食物和薪柴，最后，他们搜集到足够的木材悄悄地建造起37艘帆船逃到海上。[1]

　　西班牙部队到达冯嘉施兰后不久就与明朝派遣跟踪林凤的军官王望高会合。看起来，西班牙人完全控制了局势，王望高于是被派到马尼拉，他受到热诚的接待，不久即启程返回。他带了两名西班牙世俗使者米奎尔·德·洛阿卡、佩德罗·德·萨明托与两名僧侣马丁·德·拉达、哲罗尼莫·马林同行，他们去寻求与福建当局达成贸易协定，并要求获准在中国传播基督福音。他们在同安、泉州受到热诚的接待，最后福建巡抚在福州接待了他们。他们被告知，在收到皇帝对他们要求作出的回答前，他们不会得到任何答复。1575年9月他们起航回马尼拉时，他们的中国东道主指出，漳州河口以南的小岛浯屿将给他们作为建立贸易站的地方。在中国的记载中，他们的使团被记录为一厢情愿的朝贡使者，据说，明朝向他们赠赐了礼物，而他们的礼品则由当地官员代为转呈，这表示不再会允许他们建立长期关系了，因为他们"不是朝贡国"，也就是说，在明朝早期的朝贡国名单中并没有他们的国家。[2] 王望高与使者回到马尼拉，他沮丧地得知林凤已经逃脱了，马尼拉的新总督对他粗鲁无礼，而那两个僧侣还逼迫他将他们带回福建。最后，他们登上了他的船，但在吕宋北部被送上岸。[3] 到1589年，总督还告诉萨拉札尔（Salazar）主教，他正在努力取得漳州官员的同意，在邻近海岸的岛屿上建贸易站。[4] 这个计划也许为下文叙述的1593年对西班牙贸易的禁令所中止；前面在澳门那一节中记述的埃尔皮瑙事件似乎是西班牙为了规避这一禁令而作出的最后一

---

①　《明人传记辞典》，第917—919页；博克瑟：《16世纪的中国南方》，第44—47页。

②　张维华：《明史佛郎机》，第75—77页。

③　《明人传记辞典》，第1131—1136页。

④　多明戈·萨拉札尔主教：《1590年6月24日信》（已绝版），菲利克斯的《菲律宾的中国人》中重印，第1卷，第121页。

次努力，而明朝对于埃尔皮瑙劫夺事件未予解释则意味着加强禁令的明确含义。此后，西班牙对来到马尼拉的中国人保持互利的，但很不自然的，有时甚至充斥着暴力的关系。相对而言，1603、1639年及1662年的大屠杀已为人们所熟知，并有相当详细的记载，但是，必须将这些事件置于中国社团的组织结构及税收状况的背景之下来理解，而这些背景人们知道得并不清楚。

有关中国人在马尼拉的历史及明朝当局偶尔对他们的关注，需要从分散在各处的史料中搜索汇集。塞维利亚的档案中偶尔有详细的从中国进口货物的数量、种类的资料。皮埃尔·乔努所搜集的对中国贸易的征税及中国居民缴纳的人头税数目具有重大价值，但这些数字由于征税实际操作的变化及腐败程度而不准确。[①] 生丝和丝织品一直是西班牙与中国贸易的大宗商品。1586年，由于考虑到硬币流向中国，中国商人在讨价还价中的精明固执及在贸易季节大批中国人来到马尼拉，而他们中一些人要在此停留直到来年，马尼拉于是吁请西班牙国王批准实施潘卡达制度，即一种在贸易季节到来之前商讨统一所有中国商品价格的程序，1589年王室批准实施该项制度。虽然潘卡达制似乎是西班牙人创设的（这个词是马尼拉的创新词，其起源尚不清楚），但它同时也适应了中国人卖完所有货物按时返航福建以便让贸易尽可能顺利进行的需要。很可能定居马尼拉的中国人社团头领是谈判的重要中间人，但关于这一点尚无确切的证据。1593年，这一限制性政策扩展到对跨太平洋贸易数量的限制，禁止秘鲁进口中国货，禁止西班牙人航行到中国进口那些已由某些西班牙人专营的中国货。潘卡达制度似乎一直存在漏洞，它很快仅限于在高级商品中实施，但到1600年代彻底崩溃，为中国船到来后开设的自由集市（feria）所取代。

在马尼拉地区定居的大量中国人更令人忧虑不安。1586年，马尼拉估计有1万名中国人，而西班牙人不到2000名，普遍禁止中国

---

① 皮埃尔·乔努：《伊比里亚人的菲律宾和太平洋（16、17、18世纪）：方法及活动介绍》（巴黎，1960年）。

人从事零售和永久性定居的命令几乎没有得到贯彻。出售中国人定居许可证的做法始于何时尚不清楚。1600 年前后，有关的规定只允许出售 4000 份许可证，每份两个里亚尔。但这时，许可证的发放已成为贪污受贿的一个财源，主管官员将许可证送给他的亲朋好友，后者不仅从定额或超额出售许可证中获利，而且进行额外勒索。每年贸易船离开后，中国人如果被发现没有居留许可证，他就要花 6 个里亚尔才可买得一份许可证。① 结果，限制中国居民人数规定的执行摇摆不定，而且更多地落到新来的中国人头上，而不是已经定居的中国商人头上。

最早的帕尼安（Parian），即后来所说的中国城，位于该城的城墙内。1583 年，中国人被迁移到城墙外东北方的沼泽地带。很快他们将这一地区变成了街道整齐有序的、中心有一个大水塘的繁荣的城镇。水塘可驶入船只，其中心是一个小岛，中国罪犯在那里受惩治。在各个时期，都有中国人从该地区短期迁出，并在帕西格河北边的通多和比龙多发展起了若干单独的中国基督教徒居住点，但以上提到的地区直到 19 世纪基本上仍然为中国居住城市的主要中心地带。从筑有城墙的老城英特拉莫罗斯中国城门的名称及中国米商所在的阿罗塞罗斯（Arroceros）街，人们仍可追寻到中国城的遗迹。② 到 1590 年当地贸易和手工生产，从面包的烤制到书籍的装订，从酒店客栈的开设到石匠泥瓦匠的活计，所有这一切都引人注目地由中国人占支配地位。多明我会传教士在他们 1587 年来到此地后立即在中国城附近建筑教堂，很快他们便孜孜不倦学习汉语，明智地利用炫耀、慈善事业和教育，在中国人中争取皈依者。③ 中国早期的皈依者曾被要求穿着西班牙服装，剪短头发。多明我会在多大程度上修改了这一做法尚不

---

① 耶稣会士 H. 德·拉·科斯塔：《1581—1768 年菲律宾的耶稣会士》（坎布里奇，马萨诸塞，1961 年），第 205—206 页。

② 桑塔马利亚：《中国城》，见 A. 菲利克斯主编的《菲律宾的中国人》，第 1 卷，第 67—118 页。

③ 小约翰·E. 威尔斯：《从马尼拉到福安：多明我会传教政策的亚洲背景》，见 D. E. 蒙格罗主编《中国礼仪之争：历史与意义》（内特托尔，1994 年），第 111—127 页。

清楚，不过他们 1589 年和 1590 年的两封信显示了对于汉语的极大兴趣，并愿意考虑迁就他们的文化的必要性。① 1590 年的信还第一次向我们提到中国基督徒——"唐·朱安·詹可（Don Juan Zanco），中国基督教徒总管"②。尚不清楚他是否被授予权力管辖那些非基督徒的中国同胞，但他可能是他们与西班牙人关系中的重要的中间人。1603 年王室对到那时已为已经确立的做法予以确认，即任命一位中国基督徒为统辖所有中国人的市长（alcalde，也称为 Capitan），而其他地方的市长（alcalde）对他们没有管辖权，但在有关法律的事务及其他重大事件上中国人市长被要求征询检查法院（Audiencia）的国王代理人（fiscal）的建议。③

1593 年，戈麦兹·佩雷斯·达斯马里纳斯总督的帆船桨手暴乱，杀死总督。暴乱者向西航行，其中大多数留在越南沿海，有 32 人回到中国。他们的所作所为已经上奏朝廷，领头的人被惩治。在马尼拉，由于担心发生新的攻击，当地中国人被迫将其居住地迁移到帕西格河北岸。1594 年，7 艘中国战船驶至马尼拉，佯称搜寻中国不法之徒，局势更加紧张。随后中国人获准迁移回河对岸。1596 年，1.2 万名中国人被遣返回他们的故乡，但更多的人留在原地。

1603 年，恐惧烦恼的煎熬、相互依赖的关系、繁荣的贸易、不可阻挡的移民相互交织的局势导致了大屠杀的爆发，2 万中国人被杀。大屠杀的催化剂是福建省当局派出的官方使团来到马尼拉。福建冒险者阎应龙和张嶷向臭名昭著的矿税使太监高寀（Kao Tsái）进言，宣称在马尼拉海湾的卡维特（Cavite）半岛上有座金山。为使团制定的计划似乎是在海军的支持下进攻马尼拉，或者寻找这座金山。一些官员提出反对意见，但毫无作用；后来福建当局决定由

---

① 《萨拉札尔主教和朱安·科波的报告》（已绝版），见 A. 菲利克斯主编的《菲律宾的中国人》，第 1 卷，第 119—142 页。

② 《萨拉札尔的信》，见 A. 菲利克斯主编的《菲律宾的中国人》，第 1 卷，第 129 页。

③ 米拉格罗斯·古雷罗：《菲律宾的中国人：1570—1770》，见 A. 菲利克斯主编的《菲律宾的中国人》，第 1 卷，第 15—39 页，引用史料见第 30—31 页。

他们派员稍微进行一些探查,目的是要揭穿张嶷的骗局。县丞王时和、百户于一成被派遣,带上锁着镣铐的张嶷前往调查他所说的故事的真实性。

使团于 1603 年 3 月到达,佩德罗·布拉沃·德·阿库纳总督立即接待他们。使团行进的队伍鼓乐齐鸣,先锋开道,旗帜招展,给人们留下深刻的印象。他们得到舒适的招待。然而,当他们正要在中国社团审案时,得到命令立即中止。在 5 月第二次与总督会晤时,他们明确表示他们也不相信张嶷的报告,但不得不遵从皇帝的旨意。于是,总督果断地作出安排,让他们去卡维特亲眼看看那里并没有黄金。他们去了,随即带着一篮子卡维特的泥土和仍然披枷戴锁的张嶷返回中国。[①]

由于不知道这次探查后面的政治背景,西班牙人不相信寻找金山是探查的真正目的。不久就有谣言传播开来,说这是中国为了大举入侵马尼拉而进行的侦察,而且当地的中国人将配合中国入侵。采取了一些防御措施,许多西班牙人、菲律宾人、居留的日本人开始威胁中国人。在中国城长年居住的中国商人尚能保持平静与调和的态度。但是那些新到来者,尤其是居住在帕西格河北部半乡村的人,则没有那么好管制,他们损失不多,但更遭受前面提到的征收许可证费用的弊病之苦。该河北部的一大团伙中国人策划首先出击,一些中国城内的居民开始加入到他们之中。中国城市长胡安·鲍蒂斯塔·德·拉·维拉(其中文名翻译为恩康,Eng Kang)试图劝阻他们,但发现他的义子在指挥这次叛乱。他们试图劝说他出来当他们的领头人,但他逃回中国城,立即向西班牙人报告局势的危急。当在他的房屋内发现了火药(可能原本是用来做烟花爆竹的)时,他被逮捕,后来被处决。

10 月 3 日夜,西班牙人关闭内城城门,准备发动攻击。在帕西

---

① 1603 年事件的叙述依据以下著作:德·拉·科斯塔:《菲律宾的耶稣会士》,第 203—215 页;莫尔迦:《菲律宾大事记》,第 206—225 页;耶稣会士弗朗西斯科·科林:《菲律宾耶稣会士传布福音的活动》,耶稣会士帕布罗·帕斯特尔斯主编(巴塞罗那,1904 年),第 2 卷,第 428—432 页;张维华:《明史佛郎机》,第 90—101 页。

格河北部的一家西班牙人被杀，许多房屋被烧。西班牙士兵击退了中国人对通多教堂的进攻，但却鲁莽地追击中国人进入一片沼泽地，被切断通路，团团围困起来。叛乱者稍事休息，相互争议，抽签决定下一步行动（这种抽签方式在福建南部文化普遍存在）。10月6日，他们渡过帕西格河，占领中国城，制作云梯和滚动攻城塔楼，作攻打内城的准备。他们从被阻隔在沼泽地中的西班牙人那里夺得一些火器，但仍不能同城内瞄准他们的滑膛枪、火炮的火力相匹敌。他们对内城的攻打混乱无序，被击退，云梯和塔楼被炮弹炸碎。一两天内纪律严明的西班牙和日本士兵开始从城内出击，当菲律宾援助部队从外地赶到时，中国人溃败了，四散逃奔。在后来的几个星期内，他们被追逐到乡村，只要西班牙人或菲律宾人追上他们，就没有一人被活捉为俘虏。估计遭屠杀的中国人为1.5万至2.5万人。

西班牙人很快认识到，不论他们是怎样地害怕和鄙视中国人，但没有他们的贸易和工业，他们就不能生存下去。中国城内活下来的商人得到保证，贸易可以照常继续进行。马尼拉总督致信广东和福建当局，解释发生的事件。福建官方倾向于将大部分罪责归咎于张嶷。据《明史》记载，他们回复说，西班牙人本不应当自行杀死中国罪犯，现在应当将寡妇和孤儿送回中国。但中国并未派遣军队进行惩罚性远征。由于中国城受到严重焚烧，1604年前来从事贸易的中国人只好在内城的好房屋住宿。贸易恢复得非常迅速，乔努关于中国贸易税收的数字显示从1606年到1610年年均贸易额超过300万比索，是贸易史上年平均数最高的五年。[①]

西班牙对中国社团的司法权问题仍然纠缠不清，仍然可以用金钱来收买，总督被认为具有最终司法权，检察法院的王室代理人作为中国人的"保护者"及他们的市长的司法事务上的顾问。中国人免除从事体力服务和菲律宾人须支付的低额的个人税，但须交付极其严格的许可证费，每年八个比索，此外，还要遭受许可证出售者

---

① 依据乔努《伊比里亚人的菲律宾和太平洋》第34、92页的数据，用年均46390比索的税收除以3%税率，考虑到获准免税及税收起征标准以下的贸易，再乘以2。

的勒索和骚扰。中国人连续向西班牙国王上书请愿，倾诉对西班牙人勒索及苛政的怨愤，要求自己管理自己，1630 年他们的申诉被驳回。[①] 许可证的出售仍被保留为西班牙被委任者的一项受贿特权，将中国人口限制在 6000 人以内的新的努力毫无成功的可能；17 世纪 20 年代和 30 年代估计中国人口数为 1.5 万至 2.1 万人，1639 年叛乱时达到 3.3 万至 4.5 万人，这些人大多数居住在农村。许可证费成为比对中国的贸易税更多的政府收入的来源。[②] 此时，中国人口中的一大部分在边远地区务农，或在作为教团地产的农场上干活，至少有一例则是在一个强制居留地劳动。1639 年，正是这些农村的中国人起来反对西班牙人，并导致了另一场对他们的大屠杀。

1639 年吕宋的中国人叛乱在很大程度上说是一个乡村事件，叛乱者只在短期内占领了马尼拉的中国城，使西班牙内城受到威胁。他们装备简陋，但组织得很好。西班牙士兵将中国人逐出宿营地进行搜索时发现蓄积的大量稻谷、记事牌，还发现了有关编制情况的证据，暴动者组织完善，10 人编为一班，这是在战斗结束当天从收集到的筹码了解到的。暴动肯定在乡村的中心地区作了相当时间的准备。谣传暴动的领导者与郑芝龙有联系，相互配合举事的日期定在 12 月 24 日，然而，在乡村提前进行的暴动打乱了原定的计划。这些传说并不十分翔实可靠。暴动发生在 11 月 20 日，在马尼拉以东的拉古纳—德海湾南岸的卡兰巴。那个地方有大量的中国人，也许有好几千，从事水稻种植的开发。他们中许多人是被强迫迁移到那里的，所有的人都要向西班牙王室缴纳地租。这个地方卫生条件极其恶劣，他们中已经有 300 人死去。叛乱者向马尼拉迅速进军，11 月 22 日占领了东郊的圣佩德罗·马卡蒂的教堂。当大批西班牙和菲律宾部队赶到时，他们就溃散逃亡了。此时传来了其他地方发生暴动的报告，11 月 26 日至

---

① 查尔斯·H. 坎宁汗：《西班牙殖民地的检察法院，以马尼拉的检察法院为例，1583—1800 年》（伯克利，1919 年），第 253 页。
② 乔努：《伊比里亚人的菲律宾和太平洋》，第 92 页。

12月2日叛乱者控制了帕西格河北岸。[1]

12月2日，中国城的一些人暴动，并开枪射击，西班牙人也从城墙上向中国城射击。估计有300名能使用武器的西班牙人对付2.6万中国人，西班牙人采取激烈的行动使中国人没有任何集中力量的机会。12月5日，西班牙总督向所有城外的西班牙人居住区发布命令，杀死所有他们能找到的中国人，并悬赏割取中国人的头颅。西班牙人和菲律宾人几乎用不着再加鼓动了。在某些地方，中国人被包围起来，一次就有10人被砍头。在另一些地方，西班牙人和菲律宾人排成扇形队列，搜索猎捕中国人。估计总共有1.7万至2.2万人被屠杀。中国人最后一支大约有6000—7000人的部队坚守拉古纳—德海湾东滩，直到1640年3月15日才投降，他们被押回马尼拉，关押在帕西格河以北的一个营栅中。

乔努的关于中国贸易税及对中国人的许可证费的统计数字在1650年以后均急剧下降。引起这一下降的因素包括新大陆白银生产缩减和由于明清交替之际的战争对于贸易的破坏。在收缩大趋势下，还出现了大动荡，这种动荡可以看作是诸如南京的派别内讧及隆武皇帝与郑芝龙间的冲突等南明悲喜剧的遥远的回声和继续。1662年4月24日，即荷兰在台湾热兰遮城投降后不到3个月，郑成功就派遣在1650年代在厦门有一传教团的宣道团修士维克托里奥·利西奥（Victorio Riccio）携带信件出使马尼拉，要西班牙人承认他为宗主，向他朝贡，并威胁说，否则他将如同征服荷兰人那样率舰队征服他们。如果说，郑成功的信件除了反映他的妄自尊大之外还想达到什么目的的话，那么，他的意图即在于吕宋的稻米生产，在几乎没有得到开垦的台湾荒地上，他的饥肠辘辘的士兵正需要吕宋的稻米来填饱肚子。利西奥5月5日到达，西班牙人认真地对待郑成功的威胁，撤回摩鹿加和棉兰老岛的驻兵以加强马尼拉的防卫。自此，西班牙人就再

---

[1] 这段记述依据德·拉·科斯塔的《菲律宾的耶稣会士》第389—392页，菲力克斯《菲律宾的中国人》一书第103—105页中桑塔马利亚的记述，埃玛·H.布赖尔、詹姆士·A.罗伯逊编的55卷本《菲律宾群岛》第29卷，第201—258页。

没有返回摩鹿加，在多年内也没有重新占领棉兰老岛兵营。西班牙人下达了严峻的命令征集建筑材料、食物、中国和菲律宾的劳工，在西班牙城墙上大建新工事。[①] 许多人主张杀掉或遣送所有非基督徒中国人。中国城内的中国人更倾向于逃走，而不赞同叛乱。总督尽力作出保证并使他们保持镇静。然而，5 月 25 日在中国城门附近发生群斗，结果双方均有伤亡，西班牙人炮轰中国城。越来越多的人逃到帕西格河以北。总督与中国人谈判并达成谅解：不伤害和平归顺的中国人，让当时还在的贸易船运送非基督徒中国人离开马尼拉。史料没有说明有多少中国人离开，但提到一艘船挤上了 1300 人。这项谅解不能满足进行屠杀的普遍欲望。后来，总督也顺从这种欲望，下令杀死所有在 6 月 4 日前未到达集合地点的中国人。一些人被杀死，另一些人逃上山，其中有的饿死，有的被尼格利陀人杀死。利西奥神父带了一封挑衅性回信被打发离开。然而，当他 1663 年 4 月 8 日带着郑经倡议和解的信回来时，西班牙人立即再次认识到有必要与中国保持良好关系。[②]

传教士与明王朝

罗马天主教在明朝中国的传教事业在宗教、学术界、科学、文学与艺术等方面引起了富有魅力的相互作用。它一方面与教会的、天主教教皇制的，尤其是天主教在马尼拉和澳门的先遣组织的政策及体制息息相关，另一方面又与明朝政治的变幻及明朝官场上天主教的庇护人和保护人的政治命运纠缠在一起。这里仅从它与中国和外国的政治

---

① 多明戈·阿贝拉：《1662 年几乎结束西班牙在菲律宾统治的国姓爷》，载《菲律宾历史评论》，2，第 1 号（1969 年），第 195—347 页，材料引自第 301—302·321—322 页。

② 德·拉·科斯塔：《菲律宾的耶稣会士》，第 450、483—484 页；布赖尔和罗伯逊：《菲律宾群岛》，第 36 卷，第 213—266 页；小约翰·E. 威尔斯：《一个多明我会会员的传教历险记：维克托里奥·利西奥在厦门、台湾和马尼拉，多明我会的传教冒险，维克托里奥·利西奥》，见《尚蒂伊第二次国际汉学讨论会文集》（巴黎，1980 年），第 231—257 页。

联系来考察，至于文化方面的相互作用，威拉德·彼得森在本卷另外地方予以探讨。[①]

我们曾提到，1574 年至 1575 年，多明我会和奥古斯丁教团的传教士曾与西班牙使者相联系，力争获准进入中国。后来，多明我会和圣方济会数度试图从马尼拉进入帝国，但直到 17 世纪 30 年代，所有企图进入中国的传教士都当即被逐出。在传教的前半世纪，所有取得成效的传教工作都是由在葡萄牙人的赞助下来到远东的耶稣会成员完成的，他们都经过澳门进入中国。从圣弗朗西斯·沙勿略（Saint François Xavier）以来，耶稣会就直接参与了葡萄牙人争取在广东诸岛进行贸易和居留的努力。1580 年到 1581 年随同葡萄牙商人访问广州的耶稣会的罗坚明（Michele Ruggieri）采取了一项重要的措施，他极其认真地学习和实践中国礼仪，应邀出席所有外国商人与广东官员的会议。罗坚明还将基督教教义的讲解翻译成中文。[②] 从许多方面来说，利马窦是从罗坚明打开的门户进入的。

罗坚明随同澳门使团参加了 1582 年在肇庆与总督进行的谈判，他给这位高级官员留下了良好的印象，被邀请留在那里。1583 年，他到澳门将利马窦带回。由于肇庆出现了敌对情绪，1589 年罗坚明转移到韶州（Shau-chou）。关于利马窦逐步找到与中国社会名流对话可能的曲折复杂的故事已经多次被谈过了。利马窦了解到在帝国通行的关键是得到高层官员的保护，在他庞大的随从队伍中，独自一个的外国牧师可以不受地方群众或官员们的刁难而通行无阻。1598 年利马窦随同兵部尚书石星到南京（据艾儒略《大西利先生行迹》："少司马石公亦敬爱利子，遂携利子之南都。"另据张维华《明史欧洲四国传注释》，利马窦赴南京为万历二十二年，即 1594 年。——译者注）。他立即意识到这里作为他行动的中心有巨大的潜力，但也意识到巨大的困难，尤其是在丰臣秀吉入侵朝鲜之时，对外国人的怀疑增大了。

---

① 见本书（英文版）第 789—840 页。
② 耶稣会士约瑟夫·塞比斯：《利马窦的先驱者》，见查尔斯·E. 罗南、S. J. 波内、B. C. 奥赫编：《东西方相遇：耶稣会士在中国（1582—1773 年）》，第 19—61 页。

他在南昌住了下来，在那里他第一次接触到明代后期学术界和读书人圈子中的微妙复杂的道德和人生观的争论。①

1598 年利马窦加入另一个高级官员的随从队伍到北京短暂游历。他没有在北京停留，而是返回南京居住。他的一份世界地图为他在学者圈子中博得广泛赞誉。在这座学术活动丰富活跃的城市中，他从叶向高、李贽、陈第、焦竑（Chiao Hung）等人身上学到了许多东西，并在许多方面与他们有争论。最重要的是，正是在南京的年月里，他结识了徐光启这位明代后期最有影响的耶稣教皈依者和支持者。

1600 年，利马窦再次前往北京，这一次他的身份是掌管皇家丝绸织造的太监的随从。到了临清他又投奔宫廷太监马棠。在北京，他被当作贡使，他所呈献的礼物也被看作贡品。因为皇帝没有接见，所以不清楚举行了什么样的仪式。利马窦注意到滑稽可笑的"朝贡制度"被中亚的商人利用来作为获准进入首都市场的手段。尽管礼部指出，按规定贡使在受接见后必须马上离开，他仍设法在北京居住下来。② 他呈送的钟、古钢琴和其他礼品给宫廷造成了良好的印象，太监们以这些物品在皇帝周围编造了使之欢乐和着迷的网络，这种情况使他受益匪浅。他的新、老中国朋友都帮助他，将他的著述翻译成优美的中文，为他的著作写序，在各省重印他的著作。赴京赶考的生员、来京办事的官员络绎不绝地拜访他，有的是为了寻求精神上的新知，有的只不过是出于好奇。1610 年利马窦死后皇帝赐给他墓地，这进一步表明了他在朝廷中建立起来的稳固的受尊敬的地位。

清朝时的天主教传教团因宫廷内权力和政策的改变而屡遭倒退波折，与此不同的是，明朝时的传教士几乎没有受中央政府政策的影响，他们是在中国人出版书籍和中国人的友情及保护所形成的关系网的基础上来扩展其事业的。到天启末年，尽管出现了两次反传教士政策的插曲，但除了上面提到的两个地方以外，他们除在江苏的上海、嘉定和常熟外，还在杭州、福建、陕西、山西建立传教点。其中大多

---

① 这段陈述主要依据敦约翰的《巨人的时代》。
② 张维华：《明史佛郎机》，第 171—180 页。

数只有一个神父就迅速启动了，而这个神父就安分地住在他曾在南京或北京，或者其他传教点见过面的某位有权势的同情者寓所之中。

反对传教士的政治派别主要由沈㴶煽动教唆。沈㴶在 1615 年任南京礼部侍郎，这个职位承担最低限度的实际责任，但却具有最大限度的维护正统的职责。在他及其支持者的奏疏中，我们已经看到了一些言论，说传教士正在组成一个类似白莲教那样的秘密会社，正在为欧洲人的侵略目的进行间谍活动，正在中国支持者中发展"第五纵队"，并正在用金钱来引诱群众。沈依据他维护传统的礼教秩序的职责，大肆斥责传教士使用"大西洋"这种贬低中国的词语，采用不同的历法，明目张胆地鼓励忤逆不孝的感情和行为，在太祖孝陵附近购置产业。[①] 1617 年朝廷对沈㴶的奏疏作出反应，颁发了皇帝旨令，将所有传教士遣返回国。沈在南京权势很大，得到广泛支持，那里的传教士被抓捕入狱，并被遣送到澳门，同时他们的皈依者则入狱和遭到虐待，吃了很大的苦。在其他若干地方的上层名流中和民间也有反传教士情绪的迹象。但名流中的支持者们也设法让传教士安全地居住在他们家中。在杭州，杨廷筠甚至接纳庇护了一些被强迫离开北京或其他地方传教点的传教士。

1622 年，沈㴶的反传教士事业及其政策又在短期内复兴，这次是因上面所提到的澳门炮手演示失败及由山东大规模白莲教叛乱引发的恐怖情绪煽动起来的。但是，沈很快就失势，传教士又被允许在北京居住。重大的突破来自 1629 年，那一年徐光启被任命为礼部侍郎，次年他升迁为礼部尚书。1629 年他安排分别使用传统中国、伊斯兰的及新传入的欧洲历法来预告日食，让它们进行竞争，比较优劣。事实证明，欧洲方法是惟一准确的。皇帝批准依照欧洲方法的计算结果来改良历法，一批欧洲人和中国学者在徐光启的指导下从事包括制造设备和翻译科技书籍在内的庞大项目的工作。耶稣会最优秀的科学家邓玉函（Johann Terrenz）参与了这项工作，他 1630 年死后，由汤若望（Johann Adam Schall von Bell）、罗雅谷（Giacomo Rho）继续

---

① 《明人传记辞典》，第 1177—1178 页；约翰·D. 杨：《儒学与基督教：第一次遭遇》（香港，1983 年），第 60—61 页。

进行。1630 年，朝廷颁布了根据新法计算出来的第一部历书，耶稣会士们在天文学和历法方面的工作成为让他们留在北京及与朝廷保持联系的最充足的理由，这使人们得以在京城继续看到他们的存在（先前利马窦正是充分利用了这一点），并使他们能代表其他传教士和澳门来发挥其联系作用，甚至在宫廷的太监和宫女中争取皈依者。

在耶稣会士在京城的稳固地位的保护下，他们在山西、陕西取得成功，并扩展到湖广、四川和山东。西班牙的多明我会和圣方济会从台湾北端基隆、淡水前哨站进入中国。尽管它们与耶稣会在传教政策上剧烈争吵不休，它们还是从耶稣会在京城得到的接纳之中受益，特别从汤若望的名气和政治手腕中获利。他们在山东、福建的福安建立长期的传教中心。传教士或多或少是卷入明清交替之际的数次戏剧性事变之中的见证人。两名耶稣会士在四川被张献忠叛军抓获，受尽了苦难的折磨。另一耶稣会士被忠于隆武皇帝的明朝政权传召，后来又被派返回澳门寻求军事援助。[1] 在忠于永历皇帝的明朝政权中，皇后和太监庞天寿都是皈依者，该政权派遣耶稣会士卜弥格（Michal Boym）出使罗马。[2] 耶稣会士还报告了上海附近农村的骚动[3]以及清军征服广州。[4] 维克托里奥·利西奥留下了他在郑成功统治下的厦门经历的引人入胜的长篇记述。

横冲直撞的荷兰人

荷兰东印度公司将政治和商业决策集权化及远远超过葡萄牙东印度公司的暴政带到亚洲水域。公司予以印度尼西亚某些地区及葡萄牙竞争对手毁灭性的冲击。在与中国关系方面，他们以在东南亚所吸取的教训

---

① 《明人传记辞典》，第 1151 页。

② 《明人传记辞典》，第 20—22 页。

③ 罗马耶稣会档案：《中国—日本教区档案》，第 122 卷，第 204—242 张；《安东尼奥·郭维亚致总主教维特列齐，1645 年 8 月 16 日》，见第 212—213 张。

④ 耶稣会士安东尼奥·弗兰西斯科·卡汀：《日本传教团的战斗》，卢西亚诺·科尔迪罗编（里斯本，1894 年），第 37—40 页。

为主导的决策集权化使他们难以学会如何与中国人交往。加之，他们将与西班牙—葡萄牙君主国之间的战争带到远东水域，一股劲儿狂暴地瞎冲瞎打，使他们博得了一个与"佛郎机"不相上下的臭名昭著的坏名声——"红毛"。后来，他们又与开辟中国人居住点的沿海的中国人一道在台湾定居，两者共生，关系并不和谐。台湾的开发对于中国沿海地区的历史具有重大意义，但是由于全神贯注于恐怖的王朝崩溃的剧变之中，大多数中国的名流及明朝的统治者几乎没有注意到这一进程。

1601 年，某个打前哨的公司派出的一艘寻找联合荷兰东印度公司的船只被风暴吹过马来半岛上的帕塔尼，最终在澳门附近抛锚停泊。两队派上岸的人被葡萄牙人抓捕。由于不能再上岸传递信息，荷兰人只好扔下被俘的人离开。据《明史》所载，税使太监李道盘查了其中一个俘虏（据张维华《明史欧洲四国传》考证，其时李道任湖口税使，《明史》错，应为李凤。——译者注）。20 个俘虏被葡萄牙人处决掉 17 个。《明史》记述了如此细小的一桩事，这告诉我们，相当丰富的有关 1600 年至 1610 年这 10 年间明朝与欧洲关系的中文文献只不过是上层名流关注他们与太监矿税使之间斗争的副产物。[1]

1604 年，公司的指挥官韦麻郎（Wijbrand van Waerwijck）在帕塔尼遇到几名福建商人，他们告诉他，如果他们给官员们送丰厚的礼物，他们就可设法让荷兰人得到允许进行贸易。显然，这些商人头脑里特别贪财的官员就是太监高寀。8 月，一中队荷兰海军停靠澎湖列岛，派信使往返奔走。高寀传话说，只要送给他 4 万至 5 万里亚尔就可获准贸易。然而，10 月份，海军官员沈有容率领一支 50 艘作战帆船组成的舰队到来，告诉荷兰人，他们必须撤离澎湖，因为这里是明朝领土，如果他们停靠到台湾海岸，明朝可以就贸易作出某种安排。[2] 荷兰人在那里找不到适宜的港口，最后只得放弃，扔下那几个关在中国监狱中

---

① 这部分依据 W. P. 格罗恩费尔德特：《在华的荷兰人》（海牙，1898 年）；张维华：《明史佛郎机》，第 113—147 页。

② 中国文献间接地证实了这一点，张维华《明史佛郎机》第 120 页引述沈告诉荷兰人的话："四海大矣，何处不可生活。"

的福建中间人不管，折回帕塔尼。那些中间人中，至少有一个被处决。对于文人和文官来说，这个事件只不过是太监与出海远航的亡命之徒间又一次狼狈为奸，它与 1603 年的马尼拉事件是如此相同，以至于在同一份奏折中将这两个事件相提并论。

1607 年，荷兰人试图在澳门附近通商，这引起中国人的恐慌，担心他们与日本合谋，最终他们被葡萄牙人逐出。此后，荷兰人集中精力巩固他们在香料群岛和爪哇的地位，不得不依靠由中国船只带到东南亚港口的中国货物的供给。1619 年至 1621 年期间，他们对中国海运的攻击是他们对伊比利亚君主制的世界战争的一个部分，这些行动又在福建海港流传下一些有关"红毛"的令人恐怖的事件，但在现存的中国史料中却没有留下任何文字。

1622 年荷兰人又恢复了对中国沿海的攻击。如前所述，他们对澳门的进攻遭受失败，舰队离开澳门，7 月占领澎湖列岛。他们在那里建筑一座堡垒，并派信使到厦门提出令人惊愕的要求：必须允许中国商人到澎湖或台湾贸易；中国商人要获准通过荷兰控制的水路航行到巴达维亚或者暹罗和柬埔寨，但不得前往马尼拉；任何驶往马尼拉的中国船只将成为荷兰抓捕和没收的目标；如果推迟同意上述要求都将导致对中国船只和沿海城镇的攻击。在现场的荷兰军官很快就意识到他们不能像威吓东南亚海口小王国那样来恐吓明帝国，但荷兰巴达维亚当局迟迟不能明白这一点，或者说根本没有明白过来，相反，一而再，再而三地发布命令，批准使用毫无道理的暴力去对付那些他们本应与之合作以便获得通商的人们。[①]

1622 年 9 月 29 日，澎湖岛上的荷兰人收到福建督抚商周祚的信。据荷兰人说，信件丝毫未提同意通商之意。就在荷兰人开始谈论攻打中国沿海时，送信人提议，如果荷兰人撤退到台湾海岸的某个港口，就可以作出某种安排。对此，荷兰人予以拒绝。这种解决办法早在 1604 年就向他们提出过了，那次他们最终被迫接受。10 月、11

① 关于澎湖事件另见列昂纳德·布鲁塞：《荷兰对澎湖列岛的占领，1622—1624 年》，见《日本东方学国际会议会刊》，18（1973 年），第 28—44 页。

月，荷兰人抢劫厦门附近地区的城镇，焚烧帆船，强迫中国俘虏修建澎湖岛上的堡垒，活下来的一些俘虏后来被船运到巴达维亚。即便这样，商周祚给荷兰人提议仍然是他的信使非正式提出的内容：可以作出某种安排，条件是荷兰人不得占领澎湖。1623 年早期，荷兰指挥官科内里斯·雷吉森到福州拜访商周祚，他们很快达成协议。荷兰人在福建当局派代表亲临现场的情况下，象征性开始拆除他们在澎湖的堡垒，随后福建当局将此上奏北京，并提议允许中国商人领取通行证出海到台湾的一个港口与荷兰人通商。荷兰人可以留在澎湖，直到他们在台湾找到 个适宜的港口，但找到不准再留。中国将派遣使者到巴达维亚以取得这项协议的批准。

1623 年 6 月，雷吉森和商周祚得知他们在巴达维亚和北京的上司均反对所提议的协议。商被撤职。荷兰派舰艇在广东和福建以外海面巡航，截获开往马尼拉的中国船舶。8 月，雷吉森收到巴达维亚发来的稍许缓和一些的指示，他在 8 月和 10 月派人试探重开谈判，后一次派出的几名使者被逮捕入狱，送使者的船只遭到战船攻击。1624 年 1 月，荷兰船艇再次袭击厦门以南海面。1624 年 2 月初，载有 5000 多名士兵的 40—50 艘帆船渐渐在澎湖列岛北部集结。7 月 30 日，这支部队向前推进，占领了除荷兰人堡垒所在地的主岛全部。此时，荷兰人的水源被切断，不得不老老实实地谈判。日本平户中国人社团的领袖李旦及其年轻的代理人郑芝龙从中尽力调解斡旋。[1] 到 1624 年末，荷兰人全部从澎湖撤出，并开始在现在的台南地区立足。在双方遭受了巨大的生命财产损失后，荷兰人终于接受了早在 1604 年第一次向他们提出的解决办法。

在台湾的荷兰人和西班牙人

1620 年时，台湾几乎完全为我们称之为"土著人"的马来—波

---

[1] 岩生成一：《日本平户中国居民的头领李旦，明朝末期的日本》，见《东洋文化研究部论文集》，第 17 卷（1958 年），第 27—83 页。

利尼西亚人的诸集团所居住：他们中的某些集团与南边相距 100 海里吕宋的居民有着相当密切的联系。他们赖以为生的渔猎资源颇为丰富，轮种的庄稼产量也还可以，因此过着舒适的生活。中国海盗有时在沿海建立据点，而中国和日本的商人则定期在其中几个港湾相聚。荷兰人是入侵者和竞争对手，但是如果他们能为中国、日本、东南亚，甚至遥远的欧洲市场提供新的稳定的贸易联系，他们就可成为可以接受的，甚至是受欢迎的邻居；然而，如果他们目光短浅，力图将一切按照自己的方式办事而无视中国和日本贸易伙伴的利益，他们就使他们自已成为最不受欢迎的人。不幸的是，他们正是如此的愚钝。1627、1628 年，他们极力向在荷兰人到达以前就在台湾从事贸易的日本商人征收捐税，这种行径挑起了险恶的争斗，日本当局进行报复，禁止荷兰与日本贸易，直到 1632 年。[①]

截至 1636 年，荷兰与中国贸易伙伴间的障碍来自他们一再对所有中国的贸易实践作过火的反应，他们怀疑这些贸易实践干预了他们与所有中国商人的"自由贸易"；还来自那些自许为中国海的主人之间的大量冲突。特别是，荷兰人一再制定计划支持中国当局反对这个或那个"海盗"，指望他们的帮助会得到"自由贸易"的回报。这导致了荷兰海军在沿海进行频繁的活动。但是，总的说来，这些活动通常并不受当局和沿海居民的欢迎，尤其是在 1622—1623 年荷兰人蛮横残暴的袭击之后更是如此。对于荷兰人来说，惟一稳健的解决办法是离开沿海地区，脱离沿海政治，尽其可能做好给他们送上门来的贸易。这些毕竟就是 1624 年原来谅解中的规定。

1628 年至 1636 年间，郑芝龙在他的宿敌之间，也在他的新老盟

---

① 有关荷兰人在台湾的初期最重要的史料和文献导读是 J. L. 布鲁塞等人编的台湾热兰遮记载，1629—1662，I：1629—1641（海牙，1986 年）；有价值的研究包括曹永和：《台湾早期历史研究》（台北，1979 年）；约翰·谢波德：《台湾边疆的政略及政治经济，1600—1800》（斯坦福，1993 年），第 2、3 章；徐文相（音）：《从土著人岛屿到中国的边疆：1683 年以前台湾的开发》，见罗纳德·G. 纳普编：《台湾历史地理学中的中国岛屿边疆研究》（檀香山，1980 年），第 3—29 页。特别引用的一些论断可以参见小约翰·E. 威尔斯的《台湾历史上的荷兰时期：试探性的综述》（未发表）。

友之中施展谋略，以便突破重重阻碍，在福建沿海建立其支配地位，通常荷兰人是支持他反对他的敌人的，但又总是对他回报的贸易感到失望。郑芝龙本人对局势的全面控制的确还没有达到荷兰人想要什么他就能给什么的地步。1633 年，一名好斗的荷兰指挥官向郑芝龙下最后通牒，要他放松对贸易的限制。郑芝龙答复同意和解，但这个荷兰指挥官未等收到他的答复就驾船前往巴达维亚。7 月，荷兰指挥官回来，向郑芝龙舰队发起进攻，令郑芝龙大为惊讶。在进行了两个月的小规模战斗和荷兰人沿海岸的掳掠抢劫后，郑芝龙集中舰队，10 月 21 日向金门海面的荷兰舰队发动全面进攻，一艘荷兰船被炸毁，其余舰船退到台湾。荷兰人曾试图与郑芝龙的对手，特别是一个叫刘香的人合作，但此时又拒绝刘作出的主动表示，于是刘在 1634 年 4 月进攻台湾的荷兰人城堡，但被击退。①

该岛北端的西班牙居住者对荷兰人在台湾地位的挑战并不那么危急。1626 年西班牙人在基隆建立前哨站，这既是反对荷兰的一个战略行动，又为中国商人不受荷兰人干扰而前来与西班牙交易提供一个贸易中心。

另一个前哨站于 1629 年在淡水建立。西班牙人在基隆构筑了一个极为坚固的石城堡，在淡水也建筑了相当坚固的防御工事。1628 年据报道在基隆驻有 200 名西班牙士兵及 400 名菲律宾士兵，这个数字可能比荷兰人在该岛南部能够调集的部队还要多。1630 年，中国确实到基隆来交易了，但他们发现西班牙人手中只有很少的现金来购买他们的丝绸。1633 年，西班牙人能够买到与荷兰人刚到台湾的几年所买到的同样多的丝绸，但他们发现基隆的卫生条件是如此的恶劣，以致第二年有 100 名西班牙人和 20 名葡萄牙人离开基隆前往马尼拉。淡水又面临着大量土著人的敌对，而于 1638 年放弃。1642 年 8 月，一支 591 人的荷兰军队攻占基隆城堡，由 115 名西班牙和 155 名菲律宾老弱士兵组成的防卫部队几乎没有进行多少抵抗。

---

① 列奥纳德·布鲁塞：《荷兰人在中国沿海的陈规和社会策划》，见 W. L. 伊德马：《莱顿汉学研究》（莱顿，1981 年），第 87—105 页。

到 1636 年，郑芝龙在福建沿海的霸权地位已没有真正危险的敌手了，与日本的冲突已得到解决。荷兰东印度公司派遣 400 余增援部队到台湾，这些部队在 1635 年至 1636 年期间，经过长途跋涉，分赴台湾北部和南部，在许多土著人村落和广泛增加的中国人可以安全地从事农业和商业的地区建立起了荷兰人稳固的支配地位。1639 年，现在台南附近的难以攻克的石城堡热兰遮城（Casteel Zeelandia）竣工落成。日本驱逐葡萄牙人并禁止所有日本人出海航行，结果导致了为荷兰人所欢迎的与中日两国贸易竞争的减退。贸易迅速扩展，从 1637 年后期至 1639 年早期的 19 个月，荷兰得到了价值 100 万银两的中国货。[①] 其中大部分货物是用日本白银支付的。直到明、清间的战争使中国的生产和贸易崩溃之时，贸易额一直保持在这一规模。

中国在台湾的定居及其农业的发展是一个缓慢的过程。荷兰人到达之时，中国商人已经在沿海的土著村落中居住了。尤其受荷兰人欢迎的是鹿皮供给的增长，来源是中国人追猎或设陷阱捕捉的鹿，或者从土著人那里购买；荷兰公司收购鹿皮运到日本市场销售。[②] 随着稻谷和甘蔗种植在荷兰人城堡附近的平地推广开来，出现了一种新型的中国人居住区。一些中国大商人作了大量投资和组织工作，他们中最有趣的人物是巴达维亚中国社团的第一号头领苏鸣冈。1635 年他辞去这个职位，移居台湾。1644 年后，躲避明清战争的大批难民渡过台湾海峡，当中国东南部的战争停息之后，他们中一些人返回大陆。然而，17 世纪 50 年代郑成功大力巩固他以福建为基地的势力，清朝则加强力量将他逐出，于是又出现移民浪潮。1640 年，台湾的中国人口不到 4000 人，而到 1648 年超过了 1.4 万人。

与西班牙人在马尼拉所作所为惊人相似的是，荷兰人也对每个中

---

① 布鲁塞等：《记录册》，第 451 页。

② 托马斯·O. 霍尔曼：《福摩萨及鹿肉鹿皮贸易》，见《约 1400—1750 年亚洲海上贸易中教堂楼堂、商品和企业家》，载罗德里希·普塔克等编：《南亚文集》，第 145 号（斯图加特，1991 年），第 263—290 页。

国人征收人头税。从 1645 年开始，荷兰人将对各土著人村落的贸易垄断权通过竞争投标包给中国人，这给公司增加了相当可观的收入，但在 17 世纪 50 年代又使每一个人大受其难。1650 年前后，公司从台湾得到的收入一半来自贸易利润，一半来自赋税、人头税及其他。随着各种垄断权承包费由于竞争投标而增加，征税人越来越经常地拖欠款项，或者负债。人头税征收人横征暴敛，甚至闯入妇女闺阁，为人们深恶痛绝。

1652 年 9 月，上述种种紧张局势爆发成郭怀一领导的武器简陋的大规模叛乱。荷兰人得到七位中国人头领报警，只有一夜时间调集军队。第二天清晨，郭怀一的 4000 多人部队抢劫了荷兰人在赤嵌的居住地（该地离热兰遮城堡一湾之隔），将 8 名荷兰人和一些奴隶杀死，或断肢。然而，当他们面对 150 名纪律严明、火力强大的荷兰毛瑟枪手时，当即溃散逃亡，再也没有进行有组织的抵抗。荷兰人和土著居民搜查出逃亡者，其中包括逃上山宿营的一个大团伙，"杀死了 3000—4000 叛乱的中国人，为荷兰基督徒流出的血复仇"。这一事件在许多方面与马尼拉的叛乱惊人地相似：农村居民与向荷兰人通风报信的头领之间的分裂、对于征税行为的痛恨、土著部队狂热地加入屠杀。[①]

17 世纪 50 年代，荷兰公司从台湾得到的利润减少，并且不如以前稳定，这主要是由于郑成功加紧对台湾海峡贸易和海运的严密控制。台湾增长之中的甘蔗业生产已经出现过剩，而巴西甘蔗生产的恢复使欧洲对台湾甘蔗的需求下降，更加剧了台湾甘蔗的过剩。巴达维亚公司当局越来越倾向于把台湾看作一笔前景可疑的资产，而不太愿意认真采取措施对付郑成功可能发动的对台湾的入侵。然而，无论他们怎样，都不能使他们抵挡住郑成功庞大的训练有素的部队于 1661 年 4 月 30 日在台湾的登陆。

---

① 约翰尼斯·胡贝尔：《中国移民对荷兰东印度公司的反抗：1652 年台湾郭怀一领导的叛乱》，见 E. B. 弗米尔编：《17、18 世纪福建省的发展和衰落》，载《莱顿汉学》，第 22 卷（莱顿，1990 年），第 265—296 页。

郑成功的部队登上台湾时，几天之内荷兰对台湾绝大部分的统治即告结束。从上述所发生的冲突及台湾的中国人遭受的苦难来看，毫不奇怪，他们中绝大多数人将郑成功看作是解放者而欢迎他的到来。热兰遮城堡的守卫者别无良策，只有抵挡住郑成功的进攻，他们从巴达维亚得到一些增援，但也只能眼睁睁地看着郑成功巩固他对该岛的控制；他们只能分派许多士兵去干农活，甚至向台湾的中国人收取他们欠荷兰人的债务。1662 年 2 月 1 日，荷兰人投降了，允许他们有秩序地走出城堡撤离，而将积存的公司钱币、武器、货物留给郑成功。荷兰在台湾的出现推动和加速了中国向该岛移居的进程，但是，荷兰人居留太久，早就令中国人厌恶了。台湾第一次有了一位中国人统治者。

沿海中国人的世界

本章的结构似乎需要通过一个有关欧洲各国及其人民与诸如中国国家、中国人民这类如此庞大而又没有差异性的统一体之间关系的论题来处理作为具体的研究对象。不过绝大多数这种关系是在一种受极为独特的中国文化、经济和政治变异体支配的十分特殊的环境下发生的。这种变异体就是沿海中国人的世界。[①] 我们看到了那些居住在诸如马尼拉、台湾等远离中国的居住中心区的海上中国人，更甚于居住在中国沿海岸本身的沿岸中国人。除了著名的郑氏家族之外，我们还见到了一些有名有姓的人，如台湾的苏鸣冈、郭怀一，及马尼拉不幸的胡安·鲍蒂斯塔·德·拉·维拉。后者的命运是冒险超越文化和语言的障碍进行调和的突出例子，而这些障碍正是沿海中国人所具有的特质。我们还看到许多沿海中国人程度不同地采纳了统治他们的欧洲人的服装、习俗和宗教。

[①] 小约翰·E. 威尔斯：《从王直到施琅的沿海中国：边缘历史题目》，见乔纳森·D. 斯宾塞，小约翰·E. 威尔斯编：《明清之交：17 世纪中国的征服、地区与持续》（纽黑文，1979 年），第 204—238 页。

我们看到了葡萄牙人首次到印度以东的冒险得益于在他们到达时就已经在满剌加贸易的中国人，也是他们帮助了葡萄牙人前往暹罗和中国沿海，16 世纪 40 年代和 50 年代，葡萄牙人与一群中国人头领分享处于转折关头的沿海世界。这些中国人头领随着时机的变化，或者进行袭击，或者开展贸易，或者与政府谈判。依据我们所掌握的史料尚难以确定特定的相互作用。1600 年至 1605 年期间，是近海的私通外国者和中间商人将荷兰人带到福建沿海，也是他们将中国代理商带到马尼拉。郑氏家族支配了大部分荷兰与中国的关系，正如该家族在 1625 年以后支配了大部分中国沿海贸易一样。

从中国南部沿海出走的中国人的成就常常通过荷兰人及其他欧洲人的记载，可在长崎、巴达维亚、万丹、阿瑜陀耶、满剌加、望加锡等东亚、东南亚港口查寻到。在这些记载中，对于我们的论题最重要的，并得到充分研究的，记述得也许最为完备的是巴达维亚的记载。在荷兰人 1619 年征服以前，在雅加答就有一小群中国人居住。荷兰人取胜后不久，令人生畏的总督简·皮特尔兹·科恩就任命苏鸣冈（荷兰人称他为"本肯头人"［Captain Bencon］）为中国社团的头领。苏与另一个荷兰人称之为简·孔（Jan Con）的中国人（我们不知道其中国姓名但能力极强）头领立即着手与荷兰人订立各种各样的贸易和其他活动的收税合同，其中中国赌博税收是最早的和最有利可图的。简·孔还为兴修建筑物和城堡提供木材、石料，这是一桩艰苦的工作，并且由于以万丹为基地的荷兰人的敌人的攻击更具有危险性。他还与荷兰人签订契约为修建房屋、城墙和水渠提供中国劳工。中国社团的头领从劳工契约、供给建筑材料、征收农业税中获利，而广大的中国穷人则有稳定的建筑活可干，两者的利益极其一致。1625 年，在简·孔的建议之下，荷兰人开始对每一个中国人征收三个里亚尔的特别税，收上来的税款指定用于建筑项目，这样又以工资、劳务契约费和建筑材料费等方式返回给中国人。此外，中国人还要支付人头税，以免除在由中国头领承包的民团中服役。这两种税收超过巴达维亚捐税的一半。1644 年，荷兰人在巴达维亚的 24 种捐税和垄断事业中，有 19 种为中国人承包。

　　到 1639 年简·孔和 1644 年苏鸣冈逝世之时，在巴达维亚的中国社团已十分繁荣，他们不再干巴达维亚的重体力活。他们维持着一个复杂的与众多港口有联系的贸易网络，其中包括那些不允许荷兰人进入的，或者荷兰人顾不上来的港口。是他们最早在巴达维亚附近作出努力，从事可望在那个世纪以后时间中发展为大规模产业的盐的生产和甘蔗的种植。当荷兰人与他们在万丹和马塔兰的爪哇敌人的外交关系紧张，纠缠不清之时，两边的中国人顾问经常充当调解人。巴达维亚与马尼拉、台湾的热兰遮堡一样，在许多方面，简直就是一个"中国人的殖民城镇"[①]。

　　本章中所描述的两个世界充满活力的汇合，如在马尼拉、澳门那样的复杂的中国与欧洲相互容纳的发展演变，早期传教士和皈依者网络的形成，在很大程度上归功于在中国沿海的和在外国港口的沿海中国人，归功于机敏现实的官员，归功于那些比起高唱中国文化老调的人更令我们信服的擅于接纳新鲜事物、愿意与外国人相辅相成的政治家和知识分子。在我们这个相互作用和跨国活动日益增长的世界上，研究这些中国人的成功和挫折，研究那些他们与之相互作用的令人惊叹的形形色色的欧洲人，不论是残暴的、虔诚的、愚钝的还是勇敢的，将给我们提供丰富的精神粮食。

（吕昭义　译）

---

① 布鲁塞:《奇怪的伙伴》，第 4、5、6 章。

第 八 章

明代中国与新兴的世界经济，约 1470—1650 年

导　言

宋朝（960—1279 年）和元朝初期（1279—约 1320 年），中国的农业和工业生产、国内贸易及与"外部世界"的经济联系都发生了急剧的扩张，所达到的水平远远超过了已知的中国历史上以往的一切时代。近年来，研究这一问题的一些学者，如威廉·H. 麦克尼尔、J. L. 阿布—卢霍德（J. L. Abu-Lughod）、牟复礼，主张这一时期中国经济的发展不仅深深地影响了中国的文明，而且也对欧亚大陆的其余部分产生了极大的影响。正如威廉·H. 麦克尼尔教授所指出的：

> 在上亿的中国人中增加的新财富开始跨越海洋（很大一部分也沿着商队的路线）外流，并且给与市场有关的活动增添了新的活力和领域。数十艘，数百艘，也许数千艘航船开始在日本海、南中国海、印度尼西亚群岛和印度洋的各个港口之间穿梭航行。大多数航程较短，货物从最初生产者那里通过沿途许多货物集散地分装转输，才到达最终的消费者手中……商品流动的增加意味着更多的人员上下航船，或滞留在集市上，讨价还价。①

---

① 威廉·H. 麦克尼尔：《权力的追逐》（芝加哥，1982 年），第 53 页。另见贾尼特·L. 阿布—卢霍德：《在欧洲霸权之前：1250—1350 年的世界体系》（纽约，牛津，1988 年），第 316—340 页；牟复礼：《哥伦布时代的中国》，见杰伊·A. 利文森：《1492 年前后：探险时代的艺术》（华盛顿特区，纽黑文，伦敦，1991 年），第 337—350 页。有关帝国晚期中国海上贸易研究的重要的新著作，可查阅中国海洋发展史论文集编辑委员会编的《中国海洋发展史论文集》（台北，1984 年、1986 年、1988 年、1991 年）。

　　13 世纪 70 年代中期，也就是马可·波罗开始他在中国长达 17 年的逗留之时，"商品流动的增加"则意味着大量的中国生丝、丝织品、瓷器及其他物品由船舶，或商队输往亚洲各地、东非、中东、地中海贸易区，甚至西北欧的主要市场。[①] 然而，紧随这个有前途的和至少在一些方面看来是极为有利可图的开端之后，到来的是被 R. S. 洛佩斯和 H. A. 米斯基明称为"文艺复兴时期的经济萧条"期间的"东方与西方"间贸易往来的锐减。"文艺复兴时期的经济萧条"是指 14 世纪早期到 15 世纪末一系列持续性的经济和货币紧缩，它们在这不同时期影响到几乎整个欧亚大陆。[②] 到文艺复兴晚期，对于曾经获得的这一贸易所创造出来的巨额利润的追忆仍然激发了许多欧洲人重要的"航海发现"。例如，克里斯托弗·哥伦布 1492 年 10 月从西班牙起航时，他的打算并不是去发现"新大陆"，而是去寻找一条到东亚和香料群岛的更短途、更快捷，而且低耗费的航线。正如哥伦布自己在首次到达新大陆后的第 9 天，即 1492 年 10 月 21 日清楚地写到的：

　　……我将航行到另一个大岛去，从圣·萨尔瓦多印第安人告诉我的迹象上看，我确信这个岛屿就是日本。他们把这个岛屿称

①　罗伯特·萨巴蒂诺·洛佩斯：《元朝时欧洲的中国丝绸》，刊于《美国东方学会杂志》，第 72 期（1952 年），第 72—76 页。罗伯特·洛佩斯、哈里·米斯基明、亚伯拉罕·尤多维奇：《1350—1500 年英格兰至埃及：长期趋势和长距离贸易》，见 M. A. 库克编：《从伊斯兰的崛起至今的中东经济史研究》（伦敦，1970 年），第 93—128 页；哈里·米斯基明：《1300—1450 年，早期文艺复兴时期欧洲的经济》（剑桥，1975 年），第 126—129 页；埃利亚胡·阿什托尔：《中世纪地中海东部国家贸易的研究》（伦敦，1978 年），第 4 卷，第 45—46 页。

②　罗伯特·S. 洛佩斯、哈里·A. 米斯基明：《文艺复兴时期的经济萧条》，见《经济史评论》，第 2 辑（1962 年）第 14 期，第 408—426 页。这篇文章也见于米斯基明：《欧洲的现金、信用和危机》（伦敦，1989 年）。另见 M. M. 波斯坦：《中世纪欧洲北部的贸易》，见 M. M. 波斯坦、爱德华·米勒编：《剑桥欧洲经济史》（剑桥，英国，1987 年），第 2 版，第 2 卷《中世纪贸易和产业》，第 240—305 页。最近对于将这一"萧条"夸大到导致 15 世纪中叶明朝经济"崩溃"的程度的观点进行了有意义的研讨，参见阿布－卢霍德：《在欧洲霸权之前》，第 340—364 页。

为 Colba(古巴,他们说那里有很多大船和海员。从这个岛屿我
打算去他们称为波希澳(Bohio,即希斯盘纽拉[Hispaniola]
岛)的另一个岛⋯⋯至于其他坐落其间的全部岛屿,我将在通
过时去看看,并按照发现金子或香料情况,决定做些什么。当
然,我已经决定去(中国)大陆,去贵色(Quisay,现在浙江
省的杭州),而后把殿下您的信呈交大可汗,恳请回复,并携
带返回。[①]

如同同时代的很多欧洲人一样,哥伦布已经阅读过,甚至注解过
那些热情洋溢的记述亚洲和亚洲贸易的 13 世纪至 14 世纪的著述,如
马可·波罗,"约翰·曼德维尔爵士"及其他人的游记。此外,据哥
伦布本人说,他可能还受到当时欧洲最伟大的学者之一,佛罗伦萨的
地理学家保罗·德尔·波佐·托斯堪尼在 15 世纪 70 年代或 80 年代
给他的一些信件和一幅世界地图的进一步鼓动。托斯堪尼为马可·波
罗亲身游历所吸引,满怀激情地描述了亚洲,尤其是中国的财富的商
业潜力:

⋯⋯在这里,携带着货物的航海者是如此之多,以至于世
界其他地方的全部航海者人数都不及称为刺桐(Zaitun,即现
在的福建泉州)的著名港口的多⋯⋯在一个称为大(汗)的王
公的统治下,这里(中国南部)人口密集、富裕、拥有众多的
省份和王国,数不胜数的城市⋯⋯(中国)值得拉丁人去探
究,不仅因为从这里可以获得我们从来没有接触过的巨大财
富,如金、银、各种珠宝和香料,而且因为它的学者、哲学家

① 罗伯特·H. 富森译:《哥伦布航海日志》(坎登,缅因,1987 年),第 90 页。另见塞
缪尔·埃利奥特·莫里森:《海洋上的将领:克里斯托弗·哥伦布的一生》(波士顿,
1992 年),第 250—266 页;马丁·科尔克特:《1492 年前后的日本:哥伦布与黄金品
的传说》(这里所说的岛屿,即马可·波罗游记中所记述的东方海中的一个到处是黄金
的岛屿 Cipangu。——译者注)。见利文森编:《1492 年前后》,第 305—314 页;J. M.
科恩:《哥伦布的四次航行》(伦敦,1988 年)。

和精深的占星家……①

哥伦布和托斯堪尼在此仍在谈论大可汗，这表明在 15 世纪晚期有学识的欧洲人所能获得的有关东亚的知识，大多数已经远远过时了。② 当然，这些知识也非完全不准确的。如同欧亚大陆的其他国家，中国虽然在 15 世纪中期发生了严重的经济、政治困难③，但在 1492 年哥伦布首次穿越大西洋时，中国经济和明朝的统治（1368—1644 年）正从其早期的困难中迅速地恢复过来。的确，在 15 世纪晚期，中国仍然是全世界最强的经济大国。中国拥有也许超过 1 亿的人口、一个具有巨大生产能力的农业、广泛而复杂的国内贸易网络，及在每一个品种和每一个方面都要优于已知的欧亚大陆的其他地方。例如，15 世纪早期，一个欧洲外交使者在访问中亚政治和贸易中心撒马尔罕之后，描述他所看到的中国货物"是（进口到该城的货物）中最丰富、最精致的……因为，震旦（Cathay 即中国）的手工艺人以其远远高于其他国家的最精湛的技巧而闻名于世"④。

---

① 保罗·托斯卡内利：《1474 年托斯卡内利给哥伦布的信》，见唐·奥沙利文：《发现的时代，1400—1550 年》（伦敦，纽约，1984 年），第 97—98 页。另见菲利普·费尔南德斯—阿米斯托：《哥伦布》（牛津，纽约，1991 年），第 24—44 页；热维·多尔—内尔：《哥伦布与发现的时代》（纽约，1991 年），第 76—79 页；戴维·伍德沃德：《地图及地理空间的合理化》，见利文森编：《1492 年前后》，第 83—87 页；戴维·摩根：《蒙古人》（牛津，纽约，1986 年），第 198 页。

② "大可汗"术语指中国的蒙古统治者，在托斯堪尼写信的一个世纪之前，蒙古末代统治者已被明朝的军队从中国驱赶出去。关于蒙古人从中国的逐出，参见爱德华·L. 德雷尔：《明代的军事起源》，见牟复礼、崔瑞德编：《剑桥中国史》（剑桥，1988 年），第 7 卷，第 88—106 页。

③ 关于该世纪中叶中国问题的细节，参见崔瑞德、泰尔曼·格里姆：《1436—1464 年正统、景泰、天顺统治时期》，见牟复礼、崔瑞德编：《剑桥中国史》，第 7 卷，第 3○○——342 页。

④ 拉伊·冈萨雷斯·德·克莱维约：《克莱维约：1403—1406 年到帖木儿帝国的使者》，盖伊·列斯特兰奇译（伦敦，1928 年），第 288—289 页。有关明朝时连接中国与亚洲其他国家的商队贸易的更多情况，参见本书由莫里斯·罗萨比编的另一章。另见莫里斯·罗萨比的《中亚商队贸易的"衰落"》，见詹姆斯·D. 特蕾西：《商业帝国的兴起：早期现代世界的长途贸易》（剑桥，1990 年），第 351—370 页。

正如 10—14 世纪欧亚大陆贸易大扩张时一样，在"哥伦布时代"，享誉欧洲、中东和亚洲市场的中国货物仍然是生丝、丝织品、产自江西省景德镇和福建省德化手工业中心的精美的（有时并不十分精美的）瓷器。[①] 今日的中东，有两个地方仍然收藏着大量的中国瓷器，一个在伊斯坦布尔的托普卡皮·萨拉伊博物馆；另一处是从阿尔达比勒圣地发掘出来的中国瓷器，现收藏于德黑兰考古博物馆里。[②] 在东南亚、斯里兰卡、印度、叙利亚、伊拉克、埃及和东非也发现大量的明代瓷器。[③] 1960 年代在东非工作的一位学者，时常满怀惊奇地报道说，"在肯尼亚海岸的任何城市"都可以发现从元朝到明朝的大量的"青化"瓷器。[④] 还有关于印度西部一些古老的贸易港口的类似的评论：在港口的一些地方"散乱地堆放着晚明的瓷器碎片"。[⑤]

1461 年埃及苏丹把少许明代青花瓷器作为礼品送给威尼斯的多

① 有关明朝时期中国手工艺产品的详情，参见本书马丁·海德拉的章节。

② 约翰·亚历山大·波普：《14 世纪的青花瓷器：伊斯坦布尔托普卡皮·萨拉伊博物馆的一批中国瓷器》（华盛顿特区，1952 年）；和他的《阿尔达比勒圣地发现的中国瓷器》（华盛顿特区，1956 年）。尽管在 1574 年，一场奥斯曼宫殿的大火使"大量的瓷器"损失了，但今天仍有超过 8000 件中国瓷器属于伊斯坦布尔的托普卡皮收藏品。这些瓷器中很多都是明朝时的。德黑兰的收藏品超过 1000 件，没有一件的日期是 1612 年以后的。参见琼·麦克卢尔·马奇：《北美的中国出口瓷器》（纽约，1986 年），第 18 页。

③ 东南亚的中国瓷器，参见约翰·S. 盖伊：《9 到 16 世纪东南亚的东方陶瓷贸易》（新加坡，1986 年）。关于斯里兰卡和印度，参见巴兹尔·格雷：《中国对印度的瓷器出口》，见《东方的陶制品学会学报》，36 期（1964—1966 年），第 21—36 页；约翰·卡斯韦尔：《中国与伊斯兰：印度和锡兰沿海调查》，见《东方的陶制品学会学报》，42 期（1977—1978 年），第 25—45 页；弗兰克·珀林：《欧亚结合部的财政制度和商业活动：1500—1900 年的比较思考和结构思考》，见汉斯·波尔编：《1500—1800 年欧洲人的世界大发现和它对前工业社会的经济影响》（斯图加特，1990 年），第 264—265 页；关于埃及、叙利亚、伊拉克，参见乔治·T. 斯坎伦：《埃及与中国：贸易与仿制》，见 D. S. 理查兹编：《伊斯兰与亚洲的贸易》（费城，1970 年），第 90—91 页、第 95 页注 24；约翰·卡斯韦尔：《中国、亚洲和伊斯兰世界的青花瓷》，见约翰·卡斯韦尔编：《青花瓷器：中国瓷器和它对西方世界的冲击》（芝加哥，1985 年），第 30—34 页；关于东非，参见内维尔·奇蒂克：《基尔瓦：东非海岸的一个伊斯兰贸易中心》（内罗毕，1974 年），第 240—241、244 页；詹姆斯·S. 柯克曼：《作为印度洋贸易和文化的一个因素的肯尼亚海岸》，见米歇尔·莫拉特编：《东方和印度洋商业的社会和公司》（巴黎，1970 年），第 247—253 页。

④ 柯克曼：《肯尼亚海岸》，第 248 页。

⑤ 珀林：《财政制度和商业活动》，第 265 页。

吉·帕斯奎尔·马尔皮罗之后①，欧洲的首领们也开始热衷于收集中国瓷器。洛伦佐·德·美第奇在 1487 年获得了他的第一件瓷器，而 1498 年瓦斯科·达·珈马从葡萄牙启程到印度时，他从曼纽尔（Manuel）一世那里接受了寻找香料、基督教徒和"瓷器"的特殊使命。1499 年他的确带了一些瓷器返回里斯本。同样，佩德罗·阿尔瓦雷斯·卡布拉尔率领葡萄牙舰队第二次远征印度船队于 1501 年返回时也带回了瓷器。在此后的 20 年间葡萄牙人进一步向东方推进，他们找到的中国货物是如此之多②，以致曼纽尔国王开始把向欧洲王室赠送明朝青花瓷器的礼物作为一项惯例。③然而，瓷器并未长久为王室所独占，1520 年，阿尔布雷克特·杜雷尔从一个葡萄牙熟人那得到了他的第一件瓷器，而到 16 世纪 30 年代，在安特卫普和里斯本市场上，明朝的青花瓷器已然很容易见到。④

　　然而，在 16 世纪前半叶要得到中国的丝绸和瓷器，特别是那些高品质货物，并不总显得那么容易。例如，17 世纪早期，一个失望的荷兰商人谈道，他和他的同事"（在中国）并非找不到货物……而是没有足够的钱购买"⑤。他的说法略有误导，因为在当时，荷兰已经进口了大量的中国丝绸和瓷器到阿姆斯特丹。⑥虽然如此，的确，这时的中

---

① 约翰·埃斯顿编：《青花瓷：其起源及西方影响》（波士顿，多伦多，1987 年），第 1 页。
② 在安德鲁·科萨里斯 1515 年到满剌加的旅行中，对发现的中国瓷器及"丝和包括全部种类的缎制品，诸如花缎、缎和极其浓艳的锦缎"产生了深刻的印象。引自 G. F. 哈德森：《欧洲与中国》（伦敦，1931 年），第 203 页。
③ 伊尔达·阿雷兹、玛丽亚·阿泽维多·考丁霍·瓦斯孔塞罗斯·伊·索萨和杰西·麦克纳布：《葡萄牙和瓷器》（里斯本，1984 年），第 14—16 页。
④ D. F. 伦·斯切尔里尔：《中国瓷器的出口》（纽约，多伦多，伦敦，1974 年），第 46 页。另见琼·米歇尔·马辛：《追求舶来品》，见 J. A. 利文森编：《1492 年前后：探险时代的艺术》（华盛顿特区，1991 年），第 115—119 页。关于葡萄牙与安特卫普在 16 世纪早期的商业联系，参见费尔南德·布劳代尔：《对世界的透视》，锡安·雷诺兹译（纽约，1984 年），第 137—157 页。
⑤ 引自费尔南德·布劳德尔：《贸易的转动》，锡安·雷诺兹译（纽约，1983 年），第 221 页。另见安东尼奥·德·莫尔加在其《16 世纪末期的菲律宾群岛、摩鹿加群岛、暹罗、柬埔寨、日本和中国》，亨利·E. J. 斯坦利译（伦敦，1868 年），第 340 页。
⑥ C. L. 范·德尔·皮基尔—凯特尔编：《1613 年维特—里乌装载的陶瓷制品》（阿姆斯特丹，1982 年），第 8—10 页。

国商人往往看不上外国产品，正如上面所说，他们宁愿收"钱"。事实上，从 16 世纪晚期到 17 世纪早期，中国人想从大多数外国商人那里得到的是白银。要了解这一原因及现代早期（约 1470—1800年）国际白银流动在中国海上贸易扩张中所起的作用，就必须对 14世纪晚期明朝货币制度建立的特殊环境进行考察。①

白银与明朝的货币制度

影响明朝货币制度的一个最重要的演变发生在 1368 年明朝建立以前的将近 20 年。在 14 世纪 40 年代，面对中国的许多地方不断加剧的经济困难②——其中某些困难与欧亚大陆其他地方的经济、政治形势恶化有关③，1350 年，蒙古人统治下的元朝宣布实行新的货币改革，由政府印刷并发行各种新纸币。由于此时元朝国库没有足够的贮藏，因此，这些新纸币就不像早期蒙古纸币那样可以兑换，或者有贵重金属、铜币和丝绸衣物的支持。在这一情况下，加之自然灾害、军事叛乱、瘟疫在中国许多地方蔓延肆虐，新发行纸币不能维持其武断指定的价值就毫不奇怪了。到 14 世纪 50 年代，纸币确实变得毫无价值，由此刺激了对优质铜币和未铸造为货币的金银的收藏。结果如以下所示，此时银价急速上升。不到几年，贷款在中国变得更难获得，

---

① 关于明朝货币制度的更详细的讨论，参见本书马丁·海德拉所写的章节。

② 关于这些困难，参见牟复礼：《明朝的兴起，1330—1367 年》，见牟夏礼、崔瑞德编：《剑桥中国史》，第 7 卷，第 18—47 页。

③ 在此时，发生在欧亚经济中的诸多困难中有一系列强烈的货币波动，在 14 世纪 40 年代期间，这些波动对西欧、中东、南亚和东亚商业活动产生了不利的影响。虽然尚不明白这些波动的根本原因，但是卡洛·西波拉曾提出，至少部分原因也许与在中亚一些地方爆发的通常所说的"黑死病"相关，年代正好在 1346 年之前。此时，黑死病不仅中断了欧亚大陆的国际贸易，而且也可能严重地影响土耳其斯坦、费尔干那、布哈拉的金银矿业。关于 14 世纪中期欧洲的货币困难，特别是佛罗伦萨这一与亚洲有着特别紧密贸易联系的城市的困境，参见卡洛·西波拉：《14 世纪佛罗伦萨的货币政策》（伯克利，洛杉矶，伦敦，1982 年），第 1—46 页。关于 14 世纪中期南亚同样的问题，参见塔潘·拉雅恰杜里、伊尔凡·哈比布编：《剑桥印度经济史》（剑桥，1982 年），第 1 卷，第 93—101 页。

商业活动减慢。14世纪60年代后期,在除了劣质铜币和谁也不要的、几乎没有人愿意使用的政府发行的纸币之外的所有通货都在急剧紧缩之中,元王朝崩溃了。[①]

明朝初年,与蒙古帝国崩溃相关联的货币问题明显地动摇着中国人接受政府发行纸币的意愿。例如,由于政府财力仍很虚弱,明太祖(1368—1398年在位)的管理机构在14世纪70年代中期发行了自己的纸币,这些纸币无疑遭到人们的冷遇。如同元朝晚期一样,这些明代纸币无法兑换为金、银或布帛。如表8-1数据所示,纸币迅速贬值。

尽管明朝货币政策在关键问题上已经失败了,但明朝初期政府仍然继续发行大量的纸币,把其中一些作为礼物赐给皇亲和贵族,或作为赏赐和俸禄发给政府官员,或作为礼品赠予外国使团和贸易使节。但是,由于纸币在整个明朝早期一直在贬值,也由于纸币在中国以外的任何地方都毫无货币价值,所以人们都尽快把手中的纸币用掉,这又导致了纸币进一步贬值。明朝初期政府阻止纸币贬值的努力,包括周期性地禁止在商业交换中使用铜币、贵金属,都未获成功。因此,虽然在明朝的多数时间中,政府发行的纸币在有限范围内仍继续流通,但在大多数中国人的经济生活中纸币并未占重要地位。至迟在15世纪早期,中国进入了新的货币时代,交易时进行称量的散银[②]与合法的或非法的铜币成为货币流通的主导形式。

---

① 同其他许多前现代社会一样,在中国,帝国晚期经济和政治状况的恶化通常导致劣币的铸造。元朝晚期也不例外,不但伪造者,而且反政府的造反者都生产大量的劣币。参见彭信威:《中国货币史》,修订版(上海,1965年),第570—571页。

② 其原因并不完全清楚,但是它反映了国家对几个关键的经济生活要素的控制还不完善。在中国,前现代时期的政府除了最重要的礼仪目的外,很少铸造金币和银币。在帝国晚期,散银的基本单位是两(约等于0.0375公斤),它比黄金更适于作为交换媒介。然而,白银以不同重量、不同纯度的银块进入流通,迫使人们要频繁地依靠"钱铺"、"银铺"、"银匠铺"的试金师来保证支付的金属的质量。参见杨联陞:《中国的货币和信用简史》,第2次印刷(坎布里奇,马萨诸塞,1971年),第79页;乔·克里布:《中国贵金属货币的历史考察》,见《古钱币史》,第7册,1979年19号,第185—209页。

表 8-1　　　　　**1376—1567 年明代纸币与银的兑换率**

（每一贯纸币兑换的银两*数）

年　　份	官率（两）	市率（两）
1376	1.00	1.00
1386	0.20	
1391	0.20	
1397	0.07153	
1407	0.0125	
1413	0.0476	
1426	0.0025	
1429	0.01	
1432	0.01	
1436		0.0009
1452	0.002	
1456	0.00142	
1477	0.005	0.00045
1480	0.005	
1487	0.025	
1493	0.003	
1511	0.00143	
1525	0.03	
1527	0.001143	
1528	0.009	
1529	0.003	0.0008
1540	0.00032	0.0001
1566	0.0002	
1567	0.0006	

＊一两约等于 0.0375 公斤

资料来源：彭信威：《中国货币史》，修订版（上海，1965 年），第 671—672 页。

　　在这一情形下，明朝初期政府对待金银的开采和铜币的铸造的态度就多少令人费解。正如已经提示过的，14 世纪中期元王朝的货币制度崩溃时，中国的银价急速上升。[①] 例如在 1346—1475 年期间，金银比价从 1∶10 降到 1∶4（参见表 8-2），中国银与金的比价比欧亚大陆任何地方都要高得多。

表 8-2　　　　　**1282—1431 年中国金与银的复本位比率**

年　份	每个单位金的银比值
1282	7.5
1287	10.0
1309	10.0
1346	10.0
1375	4.0
1385	5.0
1386	6.0
1397	5.0
1407	5.0
1413	7.5
1426	4.0
1431	6.0

　　资料来源：全汉昇：《宋明间白银购买力的变动及其原因》，载《新亚学报》，第 8 卷，1 号（1967 年 2 月），第 160—161 页。

　　此时，银价急剧上升并不仅仅限于它与金的比价上。例如，全汉昇的研究指出：把明初与宋元的大部分时期相比，一个单位的白银可购买的大米几乎是原来的两倍，可换到的丝绸为三倍。[②] 在这种情况

[①] 虽然 14 世纪中叶中国银价上升的准确时间尚待确定，但是，同样重要的是，佛罗伦萨银价较小幅度上涨的时间被定为 1345—1347 年，而开罗则是在 1339—1347 年之间。至少有一个学者认为，意大利和埃及的货币波动起源于"远东或者中东"某地的未知事件。参见奇波拉：《14 世纪佛罗伦萨的货币政策》，第 15、19—20 页。对元朝后期银价上涨的传统解释是，蒙古人于 1368 年从他们的首都大都逃跑时，携带大量的金属回到蒙古。然而，由于在 1368 年前的很长时期内，元朝财政的金银储存量就很少，蒙古人只能带走他们能够带走的黄金和白银，似乎有理由推测此时国际白银的短缺，及由于国内经济和政治不稳定而导致的白银贮藏，才是中国银价上涨的更可信的解释。

[②] 全汉昇：《宋明间白银购买力的变动及其原因》，载《新亚学报》，第 8 卷，1 号（1967 年 2 月），第 163—168 页。

下，人们料想明太祖会立即鼓励开采金银，特别是银矿，以支撑其新政府的经济地位。但是，太祖却决定推行自己的纸币制度，而且显然由于顾虑到他曾亲眼看到大规模开采中工人受剥削的可能性，因此在其统治的 30 年（1368—1398 年）年间，他只允许官方有限制地采矿。① 14 世纪晚期，中国每年银产量可能从未超过 10 万两（约合3750 公斤）。② 其中一些年份，银产量也许远低于此数。由于早期明朝政府劝说中国人使用其纸币的努力普遍遭到失败，因此限制采矿政策的最严重的后果是遏制了货币的增长，并使中国白银的价格保持在大大高于世界的水平上。

在铜币方面，明朝初期的政府也未获得多大的成功。虽然在明太祖 1368 年登基以前就曾经铸造过铜币，但由于生铜的短缺③，以及皇帝渴望看到他的新纸币被接受，因此他和他的谋士都未能充分重视在严格的政府监督下，生产一种可靠的、低价值的硬币的财政和技术方面的细节。有时，早期明朝当局是如此的担心官方铸币会与政府发行的纸币竞争，以至于他们完全停止了铸币的生产，甚至如前面所说，颁布临时禁令，停止在商业交换中使用铸币。虽然这些政策都未获成功，但它们对流通中的铜币数量与质量产生了巨大的影响。例如，在 14 世纪后期的各年中，明朝政府发行硬币最多的年份，据认为刚超过1372 年发行的 2.2 亿枚。而在北宋（960—1127 年）的一些年间，中国政府发现每年必须生产 20 亿至 30 亿枚铜币。④ 明政府

---

① 《明史》，第 7 卷，第 1970 页；和田清编：《明代食货志译注》（东京，1957 年），第 2卷，第 777—779 页；百濑弘：《明代产的白银和外国银》，见《青丘学丛》，第 19 卷（1935 年），第 93 页。

② 全汉昇：《明代银课与银产额》，见《新亚书院学术年刊》1966 年第 9 期，第 246—254页。对于明代中国早期采矿活动的水平的不同的解释，参见本书马丁·海德拉撰写的章节。

③ 关于生铜的短缺，参见《明史》，第 7 卷，第 1962 页；参见陈纶绪：《明朝的兴亡》（诺曼，俄克拉荷马，1982 年），第 132 页。关于明代中国的铜矿业和铜币，另见本书马丁·海德拉撰写的章节。

④ 黄仁宇：《16 世纪明代中国的税收与政府财政》（剑桥，1974 年），第 75 页。

在这一领域的失策——这种失策从未被太祖的继任者所改正——可能造成整个明代在全国很多地方优质铜币供给短缺。由于在一些地区严重缺乏铜币用于低水平的国内交换以及与日本、东南亚的国际贸易,这种短缺导致了前王朝的铜币的继续流通及普遍铸造假币的局面。同时,在国内和国际市场的大规模商业交换中对高价值通货的需要提高了对作为交换媒介的散银的依赖。[①]

明成祖（1403—1424 年在位）在 1402 年篡夺皇位后,极大地推动了将银作为交换媒介的使用。他不仅积极鼓励政府控制之下的对外贸易,从而增加了从欧亚大陆其他国家进口白银,而且废除了太祖对开采金银矿的限制政策,在明帝国的许多地方开矿和恢复采矿。正如表 8-3 的数据所示,这种新政策导致了一个虽然短暂的,但却十分显著的结果,每年中央政府以"采矿税"名义征收的白银的数量明显上升。

表 8-3 的总数仅反映了官方从采矿得到的收益,而不是总产量,梁方仲、百濑弘和全汉昇认为官办矿业及官方认可的矿业所开采的金银的 30% 为明政府征收。"非法"开采的规模虽不得而知,但是在 15 世纪的前 30 年,中国开采的大量白银并未直接流入政府的手中。在当时中国经济普遍良好及白银继续保有高购买力的条件下,这似乎表明有很多新开采的白银找到了进入一般流通的渠道。证明这个事实的一个迹象是:1436 年,明政府决定,允许南直隶的一部分地区,以及浙江、江西、湖广、福建、广东、广西省用白银交税。[②] 这个决定极为重要,因为它意味着以白银付税成为官方认可的选择,只有当允许这样做的指定地区的市场上有充足的白银流通,才可能施行这一政策。

---

① 明代虽然流通着少量的散金,但这主要用作贮藏,而不是交换媒介。

② 关于这一决定的背景,参见陈学霖:《建文、永乐、洪熙和宣德之治:1399—1435 年》,见牟复礼、崔瑞德编:《剑桥中国史》,第 7 卷,第 294—298 页。参看黄仁宇:《税收与政府财政》,第 52—53 页。

表 8－3　　　明政府 1401—1520 年从国内银矿业获得的岁入*

年　　代	公　　斤	每年平均（公斤）
1401—1410	48719＋	5413＋
1411—1420	108960	10896
1421—1430	74760＋	7476＋
1431—1440	47920＋	5324＋
1441—1450	10866	1811
1451—1460	13630	2272
1461—1470	23501＋	2305＋
1471—1480	22097＋	2210＋
1481—1490‡	30090	3009
1491—1500	19896	1900
1501—1510	12195	1220
1511—1520	12345	1235

　　＊　1520 年以后，明代中国的国内银矿业没有可靠的数据。

　　＋　1401，1435，1441—1443 和 1450—1454 这些年，没有有关政府白银收入的资料，因此这些年代的十年期填入的总数下降了，低于实际数；每年平均数是根据可以得到的那些年代的数据估算出来的。

　　‡　从 1487—1520 年，政府从金、银矿业得到的收入合并在一起登录。由于开采金子数量被认为非常少，这里将总数作为白银数额列出。

　　资料来源：全汉昇：《明代银课与银产额》，载《新亚书院学术年刊》，1966 年 9 期，第 246—254 页。

　　然而，1436 年颁布的纳税替代的规定并不表示明朝的货币问题已经解决。相反，表 8－3 的数据表明，从 1430 年代开始，甚至在此之前，中国对散银作为交换媒介的依赖性增加了，这可能是伴随着国内白银生产的显著下降而产生的。[1] 在明朝货币制度特殊性质的条件下，这种发展自然会对货币供给的增长率产生严重的相反的影响。王朝货币形势的恶化，既不是由于政府仍然无力生产充分供应的铜币[2]，也

---

[1]　对于这一点的不同解释，参看本书马丁·海德拉撰写的章节。

[2]　从 15 世纪 30 年代到 15 世纪后期，政府没有生产任何钱币。参见黄仁宇：《税收与政府财政》，第 75 页。

不是因为这些硬币输出到日本和东南亚①,或者在正统、景泰和天顺(1436—1464年)年间严重的经济和政治动荡导致了人们对贵金属的贮藏。② 15世纪中期,中国货币紧缩的严重性也许表现在:尽管开始从日本进口了大量生铜③,但是在此时,就是明帝国极其活跃的、善于随机应变的制假者也难以生产出可被接受的铸币。④

从15世纪后期到16世纪早期,中国的经济和政治形势有所好转⑤,与此相伴随的是贵金属收藏的减少和国外白银进口的增加。⑥即使如此,明朝的经济仍然在严重的货币紧缩之下运行。纸币的使用仍然个为中国公众所接受,政府改革铜币的企图大多没有成功,国内

---

① 新近关于这种进口的讨论,参见上木哲翁(音)、广三山村《银矿和宋代的钱币——在国际视角下的中世纪和近代日本的货币历史》,见J. F. 理查兹编:《晚期中世纪和早期近代的世界贵金属》(达勒姆,北卡罗莱纳州,1983年),第336—346页;约翰·K. 怀特莫尔:《13—18世纪越南与东亚的货币流动》,见J. F. 理查兹编:《晚期中世纪和早期近代的世界贵金属》,第363—370页。

② 关于此时的经济和政治动荡,参见崔瑞德和格里姆:《1436—1464年,正统、景泰和天顺统治时期》,见牟复礼、崔瑞德:《剑桥中国史》,第7卷,第309—337页。这一时期中国经济的困境究竟在多大程度上与欧亚大陆其他地方有同样的困境相关,尚需进行全面的研究。

③ 关于此时中—日外交和商贸关系,参见田中长男(音):《日本与海外国家的关系》,见约翰·惠特尼·霍尔和丰田编:《室町时代的日本》(伯克莱,洛杉矶,伦敦,1977年),第168—171页;河添彰二(音):《日本与东亚》,广三山村(音)编,G. 卡梅伦·赫斯特译:《中世纪日本》,第3卷;《剑桥日本史》(剑桥,伦敦,1990年),第423—446页。

④ 黄仁宇:《税收与政府财政》,第76页。

⑤ 关于这一时期,参见牟复礼:《成化和弘治统治时期,1465—1505年》,见牟复礼、崔瑞德编:《剑桥中国史》,第7卷,第341—402页。另见威拉德·J. 彼得森:《方以智和争取知性活动的动力》(纽约、伦敦,1979年),第70—71页;约翰·梅斯基尔译:《崔溥日记:渡海漂流记》(图森,1965年),第93—94页。

⑥ 正如以下讨论的,在15世纪晚期到16世纪早期,欧洲白银产量有相当可观的增加。一部分增加的白银立即就被用于欧洲、中东、亚洲之间的国际贸易。因为实际上白银全部都被熔化和浇铸成锭银,有多少欧洲白银最终流入中国无法估计。不过,至少有一枚15世纪威尼斯人的银币(格罗索)在广州的一个年代考订为1480年代末或者1490年代初的坟墓里发现。参见约翰·U. 内夫:《1450—1618年中欧银的生产》,载《政治经济杂志》第49辑,1941年8月第4期,第575—591页;夏鼐:《扬州拉丁文墓碑与威尼斯银币》,载《考古》1979年6月第6期,第532—537页;M. 斯卡帕里:《中国发现的十五世纪威尼斯银币》,载《考古》1979年6月第6期,第538—541页。

金银生产较低甚至仍在下降。① 中国人口的快速增长被认为大约发生在 1500 年之后②，在此条件下，可以预料国家将很快陷入货币增长缓慢，甚至由于贵金属交易中的损耗而导致货币紧缩的痛苦之中。这一可能发生的情形，由于继续制作假铜币，更为重要的是，由于或多或少可以可靠地称之为世界货币历史上的一个"革命"而得以避免了。

中欧和新大陆白银的采矿
及其对中西方贸易的影响

这一革命的第一阶段始于 15 世纪 50 年代到 60 年代，其时中欧的白银生产急剧增长。③ 例如，在 1460—1530 年间，在萨克森、波希米亚、匈牙利和提洛尔白银的产出上升了大约 500%，估计每年达到 9 万公斤。在瑞典也记录了同样的增长，到 1500 年，新矿开采"热"弥补了很多在前 60 或 70 年间著名的欧亚大陆"白银饥荒"期间损失的贵金属。15 世纪的最后几年，政府的造币厂遍及整个欧洲，"当可以获得银块来铸造货币这一维持经济活动的生命源泉之时"，这些造币厂又恢复了生机。④ 这些发展对中国明代经济十分重要，原因有两个：第一，新开采的欧洲白银（和铜）有助于刺激和维持欧亚大陆西部的经济活动，再度容许欧洲和中东的上流社会满足他们对"东方奢侈品"的渴求。至迟到 15 世纪 90 年代，通过在地中海和中东贸易区购买胡椒粉、香料、丝绸、棉花，以及至少那些今天在伊斯坦布尔、德黑兰、巴格达、开罗发现的中国 15 世纪后期的瓷器，大量的欧洲白银

---

① 参见黄仁宇：《税收与政府财政》，第 243 页。参见全汉昇：《明清时代云南银课与银产额》，载《新亚学报》1976 年 3 月第 11 期，第 65—66 页：表 8-3。

② 关于这一人口增长，参见本书马丁·海德拉写的章节。

③ 内夫：《中欧银的生产》，第 575—591 页。

④ 哈里·A. 米斯基明：《1460—1600 年欧洲文艺复兴晚期的经济》（剑桥，1977 年），第 32 页。

再度流出。正如一位亚洲制陶术专家指出的那样，准确地说，在15 世纪的最后几十年，"第二次中国青花瓷器的浪潮席卷近东"[①]。我们在前面已经看到，这股浪潮不久继续深入到了意大利、葡萄牙和西欧的其他地区。

第二，15 世纪后期和 16 世纪早期欧洲白银产量的增加对中国经济的重要性在于，因为它有助于"航海大发现"能获得经费支持，而"航海大发现"导致了新大陆矿藏财富的发现。最初到美洲大陆的期望是发现金子，而在 16 世纪 30 年代到 40 年代，西班牙却更意外地发现了白银。发现白银最主要的地方是新西班牙（今墨西哥）的萨卡特卡斯、瓜纳华托和圣路易斯波多西，以及在上秘鲁（现在的玻利维亚）恰卡斯县的波多西和其他地区。白银从这些矿区几乎立即进入国际流通领域。但是，直到大约 1550年以后，汞齐化精炼法在整个西班牙美洲传播开时，白银产量直线上升，这才改变了世界货币的历史。在上秘鲁的波多西，汞的第一次使用是在 16 世纪 70 年代的初期，并产生如表 8-4 所示的戏剧般的结果。[②]

到 16 世纪 70 年代中期，波多西和新大陆其他矿区的白银已经由三条贸易通道流入中国，其中最重要的一条是从现在墨西哥西海岸的

---

① 卡斯韦尔：《中国、亚洲和伊斯兰世界的青花瓷》，第 31 页。另见彼得·斯珀福特：《欧洲中世纪的货币及其使用》（剑桥，1988 年），第 367 页。关于此时欧洲和中东可供使用的白银的增加，哈里·萨希里奥鲁曾写到："在现代初期的开端，欧洲经济发展的提高，刺激新的大银币的铸造。奥斯曼帝国随即在 1470 年把重达10.14 克的大银币引入了流通……"参见萨希利奥格鲁：《奥斯曼货币史上的国际货币作用和金属流动》，见理查兹编：《贵金属》，第 271 页。关于此时从欧洲出口到埃及的白银，参见弗雷德里克·C. 莱恩：《威尼斯和历史》（巴尔的摩，1966年），第 299 页。

② 彼得·巴克韦尔：《西属美洲殖民地的矿业》，莱斯利·巴塞尔编：《拉丁美洲殖民地》，载《剑桥拉丁美洲史》（剑桥，1984 年），第 2 卷，第 108—149 页。彼得·巴克韦尔：《红山的矿工：1545—1650 年波多西的印第安人劳工》（阿尔伯克基，1984 年），第 13—26 页。有关 16 世纪晚期到 17 世纪早期波多西经济状况的有价值的概要，参见约翰·林奇：《1598—1700 年的西班牙与美洲》，载《哈布斯堡王室统治下的西班牙》，第 2 卷，第 2 版（牛津，1981 年），第 231—244 页。

表 8－4　　　　　　　**1556—1650 年秘鲁波多西的银产量**

年　　代	每年平均产量（公斤）
1556—1560	58686
1561—1565	62458
1566—1570	57014
1571—1575	41048
1576—1580	124050
1581—1585	187591
1586—1590	202453
1591—1595	218506
1596—1600	192235
1601—1605	208359
1606—1610	179618
1611—1615	183347
1616—1620	158214
1621—1625	153065
1626—1630	148008
1631—1635	141090
1636—1640	167726
1641—1645	129273
1646—1650	137540

　　资料来源：H. A. 克罗斯：《南美银块生产和出口，1550—1750 年》，载于 J. F.
里查兹编：《中世纪晚期与早期现代世界的贵金属》（德拉姆，北卡罗来纳，1983 年），
第 422 页。

阿卡普尔科到菲律宾岛的马尼拉。[①] 正如 J. E. 小威尔斯在本卷其他
地方所论述的，在 16 世纪 60 年代，西班牙人统治了菲律宾，并于

---

① 有关这一主题的文献较为丰富。中文著作参见全汉昇在其《中国经济史论丛》（香港，
1974 年，第 1 卷，第 417—473 页）中的三篇优秀研究论文。全教授在其英文论文《晚
明至清中期中国与西属美洲的丝绸贸易》中归纳了他的发现，见劳伦斯·G. 汤普森：
《亚洲研究：贺陈受颐教授 75 岁寿辰文集》（旧金山，1975 年），第 99—117 页。有关
最近更多的英文论著的研讨，参见克罗斯：《南美洲块银生产和出口》，见理查兹编：
《贵金属》，第 412—413 页；约翰·J. 德派斯克：《1590—1800 年新大陆的白银，卡斯
提与菲律宾》，见理查兹编：《贵金属》，第 425—445 页；尤金·莱昂：《马尼拉大帆船
的航道》，载《国家地理》，第 178 卷，1990 年 9 月第 3 号，第 3—37 页；威廉·M. 马
瑟斯：《受孕圣母》，载《国家地理》，第 178 卷，1990 年 9 月第 3 号，第 38—53 页。

1571 年以马尼拉为它的首都。在非常短的时间内，马尼拉市发展为新大陆与中国之间生气勃勃、赢利最高的贸易中心。^① 马尼拉贸易快速增长的一个迹象是，在马尼拉居住及贸易的中国人的数目，从 1570—1571 年的 40 人左右，升至 1588 年的大约 1 万人，1603 年达到 3 万人。1573 年，中国与西班牙在菲律宾开始直接贸易后仅两年，两艘西班牙大帆船满载中国货物，包括生丝、丝和棉织品，以及 2.2 万多件的明代瓷器，返回墨西哥。^②

　　在 16 世纪 70 年代到 80 年代期间，迅速增长的中国与西班牙的太平洋贸易成为整个西方世界商人和政府谈论的热点和羡慕的对象。例如，此时正值英国与西班牙之间的外交和贸易关系恶化之时，海盗们，如弗朗西斯·德雷克、汤姆斯·卡文迪什，加紧制定计划，以捕获一艘差不多每年都要从阿卡普尔科驶往菲律宾的满载着白银的马尼拉大帆船。^③ 海盗们的这类计划从未成功，但是，即便小有捕获，也十分可观。例如，1579 年 2 月，德雷克在现在厄瓜多尔海面捕获了

① 除本书威尔斯写的章节外，另见陈荆和：《十六世纪之菲律宾华侨》（香港，1963 年）；陈纶绪：《16 世纪晚期到 1603 年的中国与菲律宾关系》，载《菲律宾研究》，1978 年第 24 期，第 51—82 页；王赓武：《没有帝国的商人》，见特雷西编：《商业帝国的兴起》，第 400—421 页。陈教授的著作以英文出版，并作了一些修改，标题为《16 世纪菲律宾的中国人社区》（东京，1968 年）。最近有关马尼拉的中国与西班牙贸易的著作，参见林仁川：《明末清初私人海上贸易》（上海，1987 年），第 188—192 页；另见他的《16—17 世纪福建私人海上贸易》，E. B. 费米尔编：《福建省在 17—18 世纪的发展与衰落》（莱顿，1990 年），第 163—215 页；张彬村：《晚明福建的海上贸易与地方经济》，E. B. 费米尔编：《福建省在 17—18 世纪的发展与衰落》（莱顿，1990 年），第 63—81 页。
② 当时和之后的大量瓷器还能够在现在新大陆的教堂和其他公共建筑的陈列中发现。参见莱昂：《马尼拉大帆船的航道》，第 31 页；马奇：《北美的中国出口瓷器》，第 35—84 页。
③ 关于马尼拉大帆船的重要材料可见威廉·L. 舒尔茨：《马尼拉大帆船》（纽约，1939 年）；C. R. 博克瑟：《1530—1730 年从西属美洲流到远东的白银的启示》，载《菲律宾研究》，1970 年第 18 卷，第 457—468 页；O. H. K. 斯帕特：《西班牙红颜料》（伦敦，1979 年），第 176—291 页；查尔斯·P. 金德尔伯格：《挥霍者与窖藏者：1550—1750 年西属美洲白银在世界的分配》（新加坡，1989 年），第 23—25 页。

一艘西班牙小型海岸船,船上载有 1300 条白银[①],14 箱银币和数目
不详的金子、珠宝和中国瓷器。[②] 卡文迪什的著名的掳获物是 1587
年捕获的西班牙大帆船"圣大安纳"号,当时这艘船正从马尼拉返回
阿卡普尔科,船上满载着中国丝绸、瓷器、金子和其他货物,据说在
美洲和欧洲市场上价值超过 200 万比索。按当时的比价,200 万比索
大致为 6 万公斤白银。[③]

这些数据给人深刻的印象,但令人遗憾的是我们尚不能确定
16—17 世纪期间中国与新大陆的贸易总值的准确数字。西班牙官
方的贸易统计的确存在[④],但由于做统计的官员本人时常深深地
卷入非法贸易,因此数据并不可靠。贸易的早期年代里情况就已
如此了。[⑤] 而在 17 世纪 30 年代早期,马尼拉的一个教堂会议提
醒西班牙国王说,除了每年由阿卡普尔科合法地运送到马尼拉的
40 万比索的白银之外,"可以肯定,还运送来了 200 万(比索,
大约相当于 5.75 万公斤白银)。运来这么大数目的白银,而您的
法官和官员们却加以隐瞒,因为巨额利润在阿卡普尔科就落入他

---

① 虽然还不知道这些银条的重量,但在 1985 年发现的 17 世纪西班牙沉船"纽斯特拉·
   塞诺拉·德·阿托恰"号护卫帆船上的银条每条重 70 磅。参见罗杰·C. 史密斯:《西
   属美因河的宝船:伊比利亚—美洲的海上帝国》,见乔治·C. 巴斯:《美洲的船队及海
   难》(伦敦,1988 年),第 94 页。
② 当时德雷克得到的瓷碗中的一个可能现在收藏在纽约都市博物馆。见杰维斯·杰克逊
   —斯托普斯编:《英国的珍宝馆:500 年的私人资助和艺术收藏》(华盛顿,1985 年),
   第 209 页。
③ 威廉·L. 舒尔茨:《马尼拉大帆船》,第 305—308 页。按照全汉昇、李龙华编汇的数
   据,在这时,明代中央政府每年白银收入总数大约为 14 万公斤。参见全汉昇、李龙
   华:《明中叶后太仓岁入银两的研究》,第 136—139 页。
④ 这些统计已经被皮埃尔·乔努发现,见他的著作:《伊比利亚人的菲律宾和太平
   洋》(巴黎,1960 年);德帕斯克:《新大陆的白银,卡斯提与菲律宾》;另见沃
   德·巴雷特:《1450—1800 年世界块银的流动》,见特雷西编《商业帝国的兴起》,
   第 248—250 页。
⑤ 例如,参见《皇室检查官给皇帝的信》,见 E. H. 布赖尔、J. A. 罗伯逊编:《菲律
   宾群岛》(俄亥俄州克利夫兰,1903—1909 年),第 11 卷,第 86—119 页;伍德
   罗·博拉:《早期墨西哥与秘鲁的殖民地贸易》(伯克利,洛杉矶,1954 年),第
   120、124—125 页。

们手中了"①。

如果这些<u>数据</u>是正确的，这就意味着在 17 世纪 30 年代早期，从新大陆船运马尼拉的白银，也许是合法数量的 5—6 倍，而此时中国与西班牙的贸易被认为早就跨过了从 16 世纪后期到 17 世纪早期的高峰时期。如此严重的腐败意味着完全不可能知道，在明朝后期通过菲律宾流入中国的西属美洲白银究竟有多少。这一领域最权威的中国学者全汉昇认为，在 17 世纪早期的好年景时，每年进口的白银总数价值在 200 万至 300 万比索（57500—86250 公斤白银）之间。② 但涉及的数量可能要大得多。1602 年，墨西哥的官员禀告西班牙国王，每年从阿卡普尔科用船运往菲律宾的白银通常为 500 万比索（相当于 143750 公斤白银），但在 1597 年，运往马尼拉的白银总数达到了 1200 万比索（相当于 34.5 万公斤白银）的惊人数额。③

第二条西属美洲白银运往中国的路线，是从著名的"财宝舰队"开始的，这些船队每年从新大陆运送白银返回西班牙。舰队中的一些

---

① 《教会市政厅给菲利浦四世的信》，见 E. H. 布赖尔、J. A. 罗伯逊编：《菲律宾群岛》，第 24 卷，第 254—255 页。

② 全汉昇：《明清期间美洲白银的输入中国》，见全汉昇：《中国经济史论丛》，第 1 卷，第 444 页。约翰·林奇引用与全汉昇相同的资料，同意这个数据是可能的。参见林奇：《哈布斯堡王室统治下的西班牙》，第 2 卷，第 244—246 页。

③ 博拉：《早期墨西哥与秘鲁的殖民地贸易》，第 123 页。另见德帕斯克：《新大陆的白银，卡斯提与菲律宾》，第 436 页；C. R. 博克瑟：《西属美洲流到远东的白银的启示》，第 457—468 页。在 17 世纪 30 年代，一个在马尼拉的西班牙官员写道："中国国王能够用从秘鲁运到中国的银条来建造白银宫殿……这些白银（在阿卡普尔科）没有登记。"这个官员继续说道："中国王国里商品如此充裕，（中国人）在商业中如此精明，如此热衷于追求利润，以致他们知道英国人、荷兰人需要多少商品，在日本总的可以卖出多少。而且，他们是如此的精确，一个裁缝只要看一眼一个人的体形后，就可确定做衣服需要多少布料。他们以同样的方式对待我们。他们知道每年仅有两艘船航海（从菲律宾到新西班牙），在马尼拉的中国人居住区，他们通常存有装载这些船舶的必要数量的货物。"参见唐·赫罗尼墨·德·巴纽洛斯·卡里洛：《菲律宾群岛的关系》，见 E. H. 布赖尔、J. A. 罗伯逊编：《菲律宾群岛》，第 29 卷，第 71、79 页。应予注意的是，这里所说的西班牙船通常是当时在世界各地服务的船中最大的船。

船只因风暴和海盗抢劫而损失①，但是大部分安全到达塞维利亚，在那里，运来的白银用于偿还西班牙政府的债务和维持王国庞大高昂的军务费用。这些白银渗入到一般流通领域，也有助于刺激和维持西欧许多地区从 16 世纪后期到 17 世纪早期的经济扩张。根据 E. J. 汉米尔顿和 H. A. 米斯基明的开创性工作所得到的表 8－5 中的数据，表示西班牙在本章所涉及的年间从新大陆进口的白银。

表 8－5　　**1503—1660 年从新大陆运到西班牙的金银（公斤）**

时　　期	银	金
1503—1510	—	4965
1511—1520	—	9153
1521—1530	148	4889
1531—1540	86194	14466
1541—1550	177573	24957
1551—1560	303121	42620
1561—1570	942859	11531
1571—1580	1118592	9429
1581—1590	2103028	12102
1591—1600	2707627	19451
1601—1610	2213631	11764
1611—1620	2192256	8886
1621—1630	2145339	3890
1631—1640	1396760	1240
1641—1650	1056431	1549
1651—1660	443257	469

　　资料来源：哈里·A. 米斯基明：《文艺复兴时期后期的欧洲的经济》（剑桥，1977年），第 33 页。

---

① 　关于失落的金银运输船，见史密斯：《西属美因河的宝船》，第 85—106 页。有趣的是很多这样的船除了主要的货物白银外还装载了中国的丝绸和瓷器，其中包括一艘 1641年在西班牙北部海面沉没的转用为商船的"拉·康塞普肯"号帆船。这些中国货很有可能是装载在中国船上从中国运送到马尼拉，再用"阿卡普尔科大帆船"从马尼拉运到科，最后再用骡车由阿卡普尔科运到墨西哥东海岸的韦拉克鲁斯。众所周知，"拉·康塞普肯"号阿卡普尔 1641 年 6 月从韦拉克鲁斯驶向西班牙，在哈瓦那停泊后，于当年 10 月份触礁沉没。1991 年 8 月，圣多明哥的拉斯·卡萨斯·里阿斯博物馆（Museo de las Casas Reales）展出了在该船上发现的明朝瓷器以及一条金手链，博物馆管理员认为，那条手链做工很精细，肯定出自中国工匠之手。

在这里尤其重要的是：在这些年代，有一部分运到西班牙的新大陆白银被转运到邻国葡萄牙[①]，从这里再运往印度、东南亚和中国，用以购买胡椒粉、香料、生丝、丝织品、金和瓷器。[②]虽然不能得到这些年代的关于中国与葡萄牙直接贸易的可靠统计数据，但据估计，早在 16 世纪 30 年代，每年大约有 4 万至 6 万件中国瓷器从亚洲运到里斯本。[③] 到了 40 年代，据说里斯本的上层人物已身着中国丝服、品尝着中国茶，按照葡萄牙图式专门订购明朝瓷器了。[④]

在 16 世纪早期，虽然葡萄牙船运到中国白银的数量相对较少，但大致 1550 年以后，当新大陆银的产量开始直线上升时，葡萄牙船运往中国白银的数量急剧增长了。到 16 世纪末，葡萄牙人每年大约将 6000 公斤至 3 万公斤白银运到澳门，这是与现在香港相邻的葡萄牙在中国海岸的殖民地基地。[⑤] 例如，在 1601 年，三艘葡萄牙货船从东南亚驶往澳门，其中一艘在南中国海沉没，仅这艘船上就装载着香料和价值 1 万公斤白银的葡萄牙银币。[⑥] 两年以后，荷兰人捕获一艘驶往里斯本的大帆船，船上装载着 1200 捆中国生丝和大约 20 万件

---

① 这一时期中欧的白银也被船运送到里斯本作为国际贸易的支付手段。布劳代尔描述说，到 1508 年，欧洲的"白银（通过安特卫普）为了葡萄牙人的巡回贸易的利益而消耗殆尽"。我们在这里说到的巡回贸易就是葡萄牙新开发的与亚洲的贸易。见布劳代尔：《世界的透视》，第 148—150 页。

② C. R. 博克瑟：《16、17 世纪作为宗教、商业港口的澳门》，见《亚洲学报》1974 年第 26 号，第 70 页。这一时期从中国流出的黄金，见全汉昇《明中叶后中国的黄金输出贸易》，载《中央研究院历史语言研究所集刊》53，第 2 部分，1982 年，第 213—225 页。

③ 阿雷兹：《葡萄牙和陶瓷》，第 18 页；琼·麦克卢尔·马奇：《中国风格的西班牙青花瓷》，见约翰·卡斯韦尔编：《青花瓷器：中国陶瓷和它对西方世界的冲击》（芝加哥，1985 年），第 43—44 页。

④ 阿雷兹：《葡萄牙和陶瓷》，第 16—17 页。

⑤ C. R. 博克瑟：《来自亚马逊的大船》（里斯本，1959 年），第 62—64 页；C. R. 博克瑟：《远东的费达尔戈人》（海牙，1948 年），第 6 页；杰弗里·帕克：《欧洲现代金融的萌发》，见卡洛·西波拉：《丰塔纳欧洲经济史：16—17 世纪》（格拉斯哥，1974 年），第 528 页。明代晚期葡萄牙人在澳门的作用，见本书约翰·E. 小威尔斯写的章节。

⑥ C. R. 博克瑟：《来自亚马逊的大船》，第 62—64 页。

明代瓷器。① 从最后那个数据来看，当人们听说在果阿的葡萄牙医院中病人通常用中国盘子进餐，而 16 世纪巴西的葡萄牙居民已经普遍使用明瓷②，到 16 世纪 80 年代，仅仅里斯本的一条街上就至少有六家专门出售中国瓷器的商店时③，就不会感到惊奇了。如今，在里斯本的旧圣多斯宫称为"瓷器室"的墙和天花板上装饰着的 200 件大多属于明代后期的中国青花瓷砖，使人们还怀念着这一中国—葡萄牙贸易的全盛时期。④

第三条西属美洲白银通往中国的航线，也从每年把白银从新大陆运到西班牙的财宝舰队开始。然而，在这条路线上，一部分运达塞维利亚的白银被船运往阿姆斯特丹和伦敦；从 17 世纪早期起，从这两地再由荷兰和英国的东印度公司的船运载到亚洲，用以购买胡椒粉、

---

① 克里斯托夫·格拉门：《荷兰与亚洲的贸易：1620—1740 年》（海牙，1958 年），第 112—113 页；阿雷兹：《葡萄牙和陶瓷》，第 18 页。

② 从亚洲返回葡萄牙的船只经常在巴西停靠补充给养。

③ 阿雷兹：《葡萄牙和陶瓷》，第 16 页。17 世纪，在法国的葡萄牙商人也在巴黎郊外的圣日耳曼市场上出售陶瓷。诗人保罗·斯卡隆用诗这样称赞道：

　　带我去葡萄牙人那儿，
　　在那儿能看见新花样，
　　从中国来的稀奇货。
　　在那儿能看见灰色的琥珀，
　　亮漆漆过的漂亮玩艺儿，
　　还有精美的瓷器，
　　都来自这个庄严的国度，
　　来自这个伊甸园。

　　（引自陈纶绪：《明朝的兴亡》，第 106 页）

④ 马奇：《中国风格的西班牙青花瓷》，第 43 页。葡萄牙人对中国产品的热情以及对获取中国产品的欲望也强烈地感染了欧洲的其他人。1562 年葡萄牙大主教惊讶地发现罗马教皇的餐桌上使用金银器皿，但他很快就称赞起瓷器来："（它是）这么的精致，这么的半透明，就像玻璃和雪花石膏一样。有时它用蓝色装饰，就像雪花石和青玉的混合……如此美丽的器皿，着实令人倾倒……"这给教皇留下了相当好的印象，如同全西欧的宗教、政治领袖们一样，他也为自己订购了中国瓷器。在 17 世纪早期，法国、英国的皇室均拥有成套的由葡萄牙在澳门的代理商直接购买的瓷器。见邓肯·麦金托什：《中国的青花瓷》，第 2 版（伦敦，1986 年），第 132—134 页；C. L. 范·德尔·皮基尔—凯特尔编：《维特—里乌号装载的陶瓷制品（1613）》（阿姆斯特丹，1982 年），第 28 页。

香料、棉花、丝绸和瓷器等商品。① 迈林克—罗洛夫斯对参与到这一商业活动的中国商人写道：

> （中国人）带着丝、丝绸、丝线，沉重而质地精美的瓷器、麝香及其他药材和大量的（"铜"）币来到万丹……多亏欧洲人能够出口面值 8 里亚尔的（银）币……事实上，渴望得到欧洲人的钱，是为什么在北欧人到来后中国商人增加了船只装载量的主要原因。由于他们在万丹出口里亚尔，这个小镇出现银币短缺，这表明荷兰和英国没有足够的交换商品以获得中国商品，特别是丝和瓷器。同时也表明，中国出口到万丹的货物也达到很大的规模，除了大量的胡椒粉外，还有昂贵的檀香木、象牙、玳瑁等等。商人们能够将积蓄的（银）里亚尔带回中国。②

虽然沿着这条航线运到中国的白银的总量尚不能确定，但据 F. S. 盖斯特拉（F. S. Gaastra）估计（参见表 8-6），出口到亚洲的荷兰白银最终大多数都落到了中国人的手中。正如迈林克—罗洛夫斯在上述引文中所提示的，在 17 世纪早期，荷兰人几乎在刚刚到达亚洲海域时，就成为与"中国贸易"的热情的参加者。例如，早在 1608 年，荷兰东印度公司（VOC）就订购了 10 万多件的中国瓷器。③ 到 1614 年时，据说，阿姆斯特丹一般人已把明代青花瓷器当

---

① 关于这一点，见 F. S. 盖斯特拉：《荷兰东印度公司从欧洲出口至亚洲的贵金属：1602—1795》，见理查兹编：《贵金属》，第 447—467 页；另见亚瑟·阿特曼：《1500—1800 年世界金银块贸易中的荷兰企业》（哥特堡，1983 年）。

② M. A. P. 迈林克—罗洛夫斯：《1500 年至约 1630 年期间亚洲贸易及欧洲在印度尼西亚的影响》（海牙，1961 年），第 246 页。明代晚期在印尼的中荷贸易情况另见利昂纳德·布鲁塞：《奇怪的伙伴》（荷兰，多德雷赫特，1986 年），以及此卷中约翰·E. 小威尔斯写的章节。

③ 麦金托什：《中国的青花瓷》，第 135 页；科林·希夫、理查德·基尔伯恩：《哈彻号的瓷器货船》（牛津，1988 年），第 21 页。在弗吉尼亚詹姆斯镇附近的英国边境居民点发掘出的两只万历年间的青花瓷杯子可能来自葡萄牙商人。这个居住点只在 1618—1635 年之间被占领过，这表明中国瓷器是以怎样的速度沿着新的国际贸易路线扩展的。见马奇：《北美的中国出口瓷器》，第 88—89 页。

作"日常之用"①。此后3年，荷兰东印度公司估计它每年在荷兰售出的中国生丝为3.5万公斤。②

表8-6 　　　　荷兰东印度公司出口到亚洲的白银的估计

（1602—1650）

时　　　期	白银（公斤）
1602—1610	53726
1610—1620	102816
1620—1630	123360
1630—1640	89436
1640—1650	90464

资料来源：F.S.盖斯特拉：《荷兰东印度公司从欧洲出口到亚洲的贵金属，1602—1795》，J.F.里查兹编：《中世纪后期及现代早期的贵金属》（达勒姆，1983年），第475页。

明朝后期的日本白银与中日贸易的扩大

如同表8-7金银比价间接显示出来的那样，16世纪，随着日本西部新的白银矿藏的发现，日本银产量迅速增加。

16世纪后期到17世纪早期日本银产量的迅速增长，部分原因在于几个军事领袖如织田信长（1534—1582年）、丰臣秀吉（1536—1598年）和德川家康（1542—1616年）逐步完成了日本的统一，后两人对白银开采的经济和政治利益特别敏感。③ 但是，比政治统一进程更为重要的是，16世纪期间由国外引入日本的冶炼和精炼技术的改进。

---

① C.R.博克瑟摘自1614年荷兰的一份出版物。见他的《荷兰海上帝国，1600—1800》（伦敦，1988年），第195页。

② 格拉门：《荷兰与亚洲贸易》，第8—10页。

③ 关于日本16世纪晚期金银矿开采的情况，日本编年史家有弘志材（1527—1610年后）写道："自从丰臣秀吉摄政（1582年）以来，白银从日本的山区和平原源源不断地涌出……从前，很少有人见过金子，但现在，任何一个人，甚至庄稼汉、乡巴佬，不论他是多么低贱，都掌握着丰富金银。"引自乔治·埃利森：《十字架与剑：桃山时代历史范式》，见乔治·埃里森、巴德威尔·L·史密斯编：《军阀、艺术家与平民：16世纪的日本》（檀香山，1981年），第55页。

表 8-7　　　　　　　日本金银的兑换率（1434—1622*）

年　　代	兑换一个单位黄金的白银数比率
1434	4.66
1438	5.74
1447	4.04
1540	3.62
1571	7.37
1575	10.34
1579	8.77
1581	8.92
1583	9.19
1588	9.15
1589	11.06
1594	10.34
1604	10.99
1609	12.19
1610	11.84
1615	11.38
1620	13.05
1622	14.00

　　＊　应该注意到，16 世纪晚期到 17 世纪，尽管日本的金银产量增加，并且日本从南亚和中国进口黄金，同时大量白银也从该国流出，但黄金与白银的兑换率还是提高了。

　　资料来源：上木哲夫、广三山村：《银矿与宋币——从世界视角来看日本中世纪和近代的货币史》，见 J. F. 理查兹编：《中世纪后期和现代早期的贵金属》（达勒姆，1983 年），第 346 页。

到 1600 年，在大多数重要技术上，日本矿工熟悉了世界其他地方的同行掌握的大部分重要技术。① 虽然不能得到这一时期全日本白银产

---

① 小叶田淳：《金银贸易史研究》（京都，1976 年），第 221—228 页；德尔默·M. 布朗：《中世纪日本的货币经济：钱币使用研究》（纽黑文，1951 年），第 56—61 页；上木、山村：《银矿与宋币》，第 346—348 页。

量的可信的数据，但据上木哲夫（音）和广三山村（音）估计，在1560年至大约1600年期间，日本每年出口的白银平均在33750—48750公斤之间。[1] 这个估计也许过高了，但也并非不可能。在此期间，尽管中国政府由于对日本军事力量感到惊恐而加以干涉[2]，但人们都知道，日本和中国商人把大量白银从日本出口到中国。[3] 16世纪中期，葡萄牙人成为中国与日本贸易的重要的中间商，也参与了中国和日本的商人的交易活动。[4] 到16世纪80年代，单是葡萄牙人也许每年就从日本出口了超过15万公斤的白银。据说在16世纪末数额仍有大幅度上升。

1603年德川幕府建立后，日本白银出口继续扩大。该研究领域的日本权威小叶田淳教授认为，17世纪早期的一些年份，日本、中国、葡萄牙和荷兰的船装运的白银加在一起，出口额可能达到15万至18.75万公斤之间。[5] 这个估计经其他专家诸如岩生成一、上木、山村略微修改，而为人们所接受。[6] 虽然明朝政府限制中国与日本的直接贸易，但这意味着许多白银要首先运达澳门、台湾或东南亚，其中大部分最终运进了中国。中国商人热切地用迅速膨胀的日本国内市场所需要的丝、丝棉织品、瓷器、黄金和其他商品来换取白银。日本国内市场增长情况的某些迹象，可以从以下事实反映出来：从16世纪后期到1630年代早期，日本人每年进口的生丝——其中大部分来

① 上木、山村：《银矿与宋币》，第351页。
② 关于这一点的最近研讨见盖杰民：《嘉靖时期，1522—1566年》，见牟复礼、崔瑞德编：《剑桥中国史》，第7卷，第490—505页。
③ 参看小叶田淳：《金银贸易史》，第59页；岩生成一：《朱印船与日本町》（东京，1978年），第78页；林仁川：《福建私人海上贸易》，第181—183页；王赓武：《无帝国的商人》，第414—419页。
④ 关于这一领域有许多文献，英文经典著作有博克瑟：《来自亚马逊的大帆船》；另见乔治·布里安·索萨：《帝国的残存：在中国及南中国海的葡萄牙贸易和社会，1630—1754》（剑桥，1986年）。
⑤ 小叶田淳：《16、17世纪远东的银的流通》，见《小叶田淳教授退职纪念国史论丛》（京都，1970年），第8页。
⑥ 上木、山村：《银矿与宋币》，第352页。

自中国——估计从6 万至9 万公斤增至28 万公斤。^① 这一数据有助于解释乔·罗德里格斯神父的陈述。罗德里格斯神父是一个著名的葡萄牙耶稣会会员，他从1577 年起在日本生活和工作，直到1610 年被德川幕府驱逐。他写道：

> 在古代，甚至直到我们来到日本的时期，丝绸的使用是罕见的，而且由于丝绸的匮乏，普通人不使用它，士绅也不穿，领主即使穿也不是经常的……但是自从那时（丰臣秀吉，约1582—1598 年）以来，整个王国实现了全面的和平，贸易得到如此的增长，以至于全国都穿上了丝袍；甚至农民和他们的妻子都有丝肩带，他们中境况较好者甚至有丝袍。^②

17 世纪早期生活在日本并对日本经济状况十分了解的一个西班牙商人证实了罗德里格斯的陈述，他说："（日本）人民穿着从来没有像现在这样华贵，而且从中国和马尼拉进口的生丝现在已经不能满足需要……"^③

---

①　小叶田淳：《江户初期的海外交易》，见小叶田淳编：《日本经济研究》（东京，1978 年），第526 页；山胁悌二郎：《长崎的唐人贸易》（东京，1972 年），第9—11 页；加藤荣一：《闭关政策形成时期的日本与荷兰的贸易》，载《亚洲学报》，第30 号（1976 年），第44—47 页；岩生成一：《16、17 世纪日本的对外贸易》，载《亚洲学报》，第30 号（1976 年），第1—18 页；弗朗索瓦·卡隆、朱斯特·斯考顿：《日本和暹罗王帝国纪实》（伦敦，1935 年），第51 页；另见奥姆·普拉喀什：《荷兰东印度公司与孟加拉经济，1630—1720》（普林斯顿，1985 年），第118—122 页。

②　胡奥·罗德里格斯：《日本岛国》，迈克尔·库柏编译（东京，1973 年），第133 页；另见埃里森：《十字架与剑》，第5—56 页。

③　贝尔纳迪诺·德·阿维拉—吉隆引自加藤《日本与荷兰的贸易》第45 页。这一时期从马尼拉出口到日本的丝也是来自中国的。与外国特别是与中国的贸易对德川幕府早期经济的重要作用，见马里乌斯·B. 詹森：《德川时代的中国》（坎布里奇，马萨诸塞，1992 年），第25—33 页。据估计大约在1618 年前后，有2000—3000名中国商人每年都在长崎做生意。见岩生成一：《日本对外贸易》，第11 页。

明朝后期影响中国外贸的货币因素

如前所述，明朝后期，致使中国人对外国白银的强烈需求的因素之一是王朝货币制度的特殊性质。因为中国的白银生产不能满足国内需求，17 世纪之初，中国的银价仍保持大大高于世界水平的状况。[①] 因此，中国商人乐于寻找愿意用白银交换中国商品的外国商人。正如一个西班牙观察者在 1600 年记述的，到马尼拉的中国人惟一想要的就是用白银交换他们的产品，"因为在交换中，他们不喜欢金子，也不喜欢其他商品与之交换，他们不把任何商品运回中国"[②]。

中国把白银置于高价地位也有助于解释此时国外对中国商品的极大兴趣。正如 J. H. 帕里在前些年指出的："横跨太平洋的（马尼拉与阿尔普尔科之间的）贸易在一个高度需要银条的社会与一个有大量白银而且银价便宜的社会之间建立起了直接的联系。"[③] 16 世纪 70 年代早期，西班牙人一开始在马尼拉交易，他们就发现从中国来的商品不但比那些从欧洲来的商品品质优良，而且价格也要低廉一些。例如，在 16 世纪 70 年代中期，西班牙菲力浦二世得知：在马尼拉的中国商品的价格如此之低以至于"得到它们几乎不用花钱"[④]。毫不奇

[①] 这在当时是为欧洲商人所熟知的，正如弗兰克·C. 斯普纳记述的："中国人对白银的渴求为国际经济开创了贸易的新纪元。（佛罗伦萨的商人菲利浦·萨塞提）在 1586 年 1 月 20 日写道，如果没有这种渴求，'西班牙里亚尔绝对不会上升得如此值钱。在所有的亚洲人中，中国人如同其他地方的人们对黄金一样地对白银情有独钟'。1588 年从果阿来的葡萄牙人杜雷特·戈梅斯也报道说，中国维持了一个'比世界上任何政权规定的价格都要高的银价。'见弗兰克·C. 斯普纳：《1493—1725 年法国的国际经济与货币流动》（坎布里奇，马萨诸塞，1972 年），第 77 页。

[②] 莫尔加：《菲律宾群岛》，第 340 页；又见林仁川：《福建私人海上贸易》，第 207 页。

[③] J. H. 帕里：《运输与贸易路线》，见 E. E. 里奇编：《16、17 世纪扩张中的欧洲经济》，第 4 卷；C. H. 威尔森：《剑桥欧洲史》（剑桥，1967 年），第 209 页；另见博克瑟：《西属美洲流到远东的白银的启示》，第 457—460 页。

[④] 《胡安·帕契克·马尔多纳多（给西班牙国王菲利浦二世的）信》，见布赖尔和罗伯特逊：《菲律宾群岛》，第 3 卷，第 299 页。

怪，这些商品大多数被船运回新大陆，在那里它们很快就结束了西班牙商业利益对该地市场的支配。1594年，秘鲁总督写信给马德里的政府当局说道：

> 中国商品如此便宜，西班牙商品如此昂贵，以至于我相信不可能将这种贸易扼杀到没有一件中国商品在这个国家消费的程度。既然一个男人能让他的妻子只花200里亚尔（合25个比索）就穿上中国丝绸，他就不会花200比索给她穿西班牙丝绸。[①]

8年后，有一个报道说，利马的居民身着"最精美和昂贵的丝绸衣服"。"（在利马）妇女的节日礼服和服装如此之多，如此的奢华，以致在世界上再也找不到其他国家能像这样。"[②] 在新西班牙也有相同的情况，在这里丝绸衣服通称为"中国波布拉娜（China Poblana）"，成为（而且依然是）墨西哥妇女的"民族服装"[③]。威廉·L. 舒尔茨曾这样描述几乎每年从菲律宾到达阿卡普尔科的"中国船"上的货物：

> 重要的是……这些是丝绸之船。船上装的最有价值的货物是各个制作阶段的、各种不同的编织法的和各种式样的丝绸。有轻软的薄纱和广州绉绸……丝线、波纹绸……华丽的锦缎、粗丝织品，以及用金丝和银丝织入奇异图案的重锦缎。船上装着丝织着装，有数千双长袜、裙子、绒胸衣、披风、长袍和晨衣。装在大帆船船舱里的是丝床罩和丝帷、手绢、桌布和餐巾，以及从索诺拉（Sonora）到智利的各个教堂和修道院宗教仪式上所用的华丽的

---

① 引自博拉：《早期殖民地贸易》，第122页。
② 引自舒尔茨：《马尼拉大帆船》，第365—366页。一切都说明了明代瓷器在秘鲁也被广泛使用。中国瓷器的碎片在海拔15000英尺的喀喀湖畔发现。见第369页；马奇：《北美的中国出口瓷器》，第43页。
③ 莱昂：《马尼拉大帆船的航道》，第5—7页。

礼服。几乎全部都是中国手工产品。[①]

物美价廉的中国产品给予新大陆制造业沉重的冲击。例如，西班牙在 16 世纪早期征服阿兹特克帝国后不久，曾在墨西哥鼓励生产丝。到 16 世纪 50 年代，丝产业被牢固地建立起来了。在 16 世纪 60 年代到 70 年代，丝产业有了大幅度增长。然而，16 世纪 80 年代期间，墨西哥丝绸生产者开始遭受严重的经济困难，导致这种状况的主要因素之一是来自中国的竞争。

关于菲律宾贸易破坏了墨西哥丝绸文化的观点，早在 1582 年时（一个官员）就提出来了，他写道，因为从菲律宾运来了大量的中国衣服和纱，墨西哥就没有必要在本国生产丝绸。他写这个报道时，（中国与西班牙在菲律宾的贸易）只开展了不过 9 年。1573 年 11 月，装运着中国锦缎、缎及其他各种颜色的丝绸第一次到达（墨西哥）……随后的几年间，大帆船带来了中国的衣物和丝绸，所有货物都很畅销。1579 年 11 月，当商人带着远比过去多得多的丝绸和衣物返回时，获得了更高的利润，贸易迅速增长。[②]

16 世纪后期和 17 世纪早期，马尼拉贸易增长，而新西班牙的生丝产量持续下降。然而，与此同时，墨西哥织工的丝产品制造业却明显地增长了。原因之一是数量越来越多的中国生丝进口到阿卡普尔科，墨西哥和其他工业中心的丝业行会用这些生丝来为西属美洲，甚

---

① 舒尔茨：《马尼拉大帆船》，第 32 页。尽管丝和丝织品是开往阿卡普尔科货船的主要货物，但是，还是有许多青花瓷被运进了墨西哥，以致瓷器的碎片在稍作加工后也被派上用场，这种碎片被叫做 Chinitas。见马奇：《北美的中国出口瓷器》，第 43—44 页。

② 伍德罗·博拉：《殖民地墨西哥的丝蚕饲养》（伯克利，洛杉矶：加州大学出版社，1943 年），第 89 页。

至欧洲市场织造多种多样的丝织品。[1] 17 世纪 30 年代，一个西班牙观察者甚至宣称：由于新西班牙国内供应的生丝不能满足需要，因此与中国的贸易有助于维持墨西哥城、普埃布拉和其他城市 1.4 万个织工的就业。[2] 这些织工中的一部分人可能就是中国人，因为在 17 世纪 30 年代中期，有证据显示，在墨西哥城有一个相当可观的中国人社区。[3] 其他中国人则经过穿越太平洋的长距离航行，定居于新西班牙的阿卡普尔科，或一些重要的采矿中心。[4]

国外白银与晚明经济

虽然最近有一些相反的观点[5]，但似乎并没有怀疑从新大陆和日本进口的白银对晚明中国经济产生了重要的影响。[6] 有关这种影响的

---

[1]　关于最后一点，见《压制中国在西班牙及其殖民地的丝业贸易的经济原因》，见布赖尔和罗伯逊编：《菲律宾群岛》，第 22 卷，第 279—286 页。

[2]　胡安·格劳·依·蒙法尔考：《1637 年备忘录资料》，见布赖尔和罗伯逊编：《菲律宾群岛》，第 27 卷，第 199 页。在日本与印度也存在同样的情况，当时远如京都、雷瓦丹达和切乌尔（Cheul）等纺织工业中心的织工至少部分地依靠中国的生丝维持生计。见加藤：《日本与荷兰的贸易》，第 45—50 页；索萨：《帝国的残存》，第 52—53 页；珀林：《财政制度和商业活动》，第 264—265 页。今后的研究可能会发现 16、17 世纪时在欧洲和中东市场走俏的著名的"波斯丝"，其中至少一部分也源自中国。例如奥斯曼法庭在 16 世纪中期接受过从伊朗掠夺来的战利品"中国丝织物"。见埃辛·阿迪尔：《苏莱曼帝国：图说伟大的苏莱曼的历史》（华盛顿特区，1986 年），第 198—199 页。

[3]　1635 年 6 月，墨西哥市裁判所倾听了西班牙理发师对中国同行的抱怨。当局作出有利于西班牙理发师的决定，规定中国的理发店只能限定为 12 家，而且必须在郊区。当局还指责中国的理发师不收西班牙学徒。见霍默·H. 达布斯和罗伯特·S. 史密斯：《1635 年在墨西哥市的中国人》，载《远东季刊》1，第 4 号（1942 年 8 月），第 387—389 页。

[4]　舒尔茨：《马尼拉大帆船》，第 374 页；马奇：《西班牙的青花瓷》，第 50 页。

[5]　见杰克·A. 戈德斯通：《17 世纪的东西方：斯图亚特王朝的英格兰、奥斯曼时代的土耳其和明朝》，载《社会与历史比较研究》，30(1988年)，第108—109页。与戈德斯通的意见相反的研讨见威廉·S. 阿特威尔：《17世纪东亚的"总危机"？》，载《现代亚洲研究》24，第 4 号（1990年），第661—682页。

[6]　下面的讨论在很大程度上参照了威廉·S. 阿特威尔的《约 1530—1650 年国际块银流动与中国经济》，见《过去与现在》，第 95 号（1985 年 3 月），第 80—86 页。

统计证据可以从明代中央政府在1570年以后记载的白银收入的陡增中找到①，在东南沿海的地方政府征收白银的同样的增长中找到②，还可在16世纪后期到17世纪早期中国的金银比价出现的戏剧性的变化中找到。例如，虽然在中国银对丝、瓷器和其他很多产品的购买力与世界水平相比，仍然保持高水平，但是在1568—1644年间，金银比价由1：6扩大到1：10，甚至1：13。③另一方面，在1577年到17世纪20年代早期之间，中国的银与铜的比价从1：229缩小为大约1：112。④这两个方面的情况说明，这些变化至少部分地反映了上面讨论过的大量白银的进口及金块和铜币的出口，是明朝与日本、东南亚贸易增长的极其重要的因素。这里，特别重要的是：与中国的金银比价的变化相平行发展，新大陆、欧洲、南亚和日本也发生了相似的变化，这就给明帝国逐步融入被称为"浮现的世界经济"的论点提供了进一步的根据。⑤

---

① 1570—1577年间，据报道，明朝中央政府管理税银的中央机构太仓库的年收入从86500多公斤白银上升至163478公斤还多。应当注意的是，这一增长是明政府（1567年）放宽海上贸易限制，同时也是在中日贸易在长崎（1570年）建立后迅速增长，以及在西班牙与中国的贸易在马尼拉（1571年）被建立为西班牙在菲律宾统治的首府以后得以切实地开展以后才出现的。到1577年，太仓库登记收入的白银几乎是16世纪60年代最高记录的两倍多，一直到明朝末年，每年白银的收入大概从来没有低于10万公斤。当然，其他因素也促成了这种增长，但十分清楚的是明政府这一时期的银税的明显增长与对外贸易和白银进口的空前增长有直接的关系。进一步的讨论，见全汉昇、李龙华：《明中叶后太仓岁入银两的研究》，载《中国文化研究所学报》5，第1号（1972年），第123—155页。

② 16世纪晚期，福建海澄县的月港成为中国的一个首要港口，这个港口有一个联系从日本到东南亚各地的贸易大网络。大约从1570年到1594年，在海澄作为许可证费和关税征收的白银由每年113公斤上升到了1088公斤以上。现在普遍认为这种增长几乎完全归因于月港这些年间的对外贸易及白银的进口。这正表明了日本和西属美洲的白银进入了福建的经济，并最终进入了中国的经济。见全汉昇：《中国经济史论丛》I，428；林仁川：《福建的私人海上贸易》，第196—200页；黄仁宇：《税收与政府财政》，第235页。

③ 彭信威：《中国货币史》，第714页。

④ 同上，第715页。

⑤ 斯普纳：《国际经济与货币流动》，第3—45页；弗兰克·珀林：《晚期前殖民时期印度的货币使用和通货媒介形式的国际贸易》，见J. F. 理查兹：《莫卧儿印度的帝国货币制度》（新德里，1987年），第249—256页；伊尔凡·哈比布：《"价格革命"时代的三本位主义体系：银的流入对莫卧儿货币制度的影响》，见理查兹编：《莫卧儿印度的帝国货币制度》，第138—170页；哈里·E. 克罗斯：《南美块银的生产与出口，1550—1570年》，见理查兹编：《贵金属》，第398—400页。

在向整体化迈进的步伐加大的同时[1]，明代中国农业的专业化和商业化程度急剧发展[2]，丝、棉、瓷器产业快速增长[3]，跨地区贸易岩见宏：《动荡的社会》，见田村美造：《最后的东洋式社会》（东京，1968 年），第 133 页；宫崎市定：《明清时代的苏州》，第 306—320 页；牟复礼：《最近一千年的中国城市史：苏州的形态和时空概念》，载《赖斯大学研究》29，第 4 号（1973 年秋），第 44—45 页。显著扩大[4]，将大部分土地税、劳役和超额征收都折合为白银支付的所谓

① 以下在很大程度上参照了威廉·S. 阿特威尔：《白银、对外贸易和晚明经济》，载《清史问题》3，第 8 号（1977 年 12 月），第 1—33 页。

② 这是伊夫林·S. 罗斯基的文章《华南的农业变化和小农经济》（坎布里奇，马萨诸塞，1972 年）的主题之一；另见何炳棣：《美洲谷物在中国的引入》，载《美国人类学家》57（1955 年 4 月），第 191—201 页；何炳棣：《1638—1953 年中国人口的研究》（坎布里奇，马萨诸塞，1959 年），第 169—195 页；德威特·H. 帕金斯：《1368—1968 年中国的农业发展》（芝加哥，1969 年），第 3、6、7 章；马克·埃尔文：《最近一千年的中国历史：土地占有权模式的变化》，见《近代亚洲研究》4，第 2 号（1970 年），第 104—105 页；富路德：《哥伦布的新发现：中国与新大陆》，载《中国历史研究》8，第 4 号（1975 年夏），第 3—14 页。

③ 中国和日本关于讨论上述增长的学术论文，见田中正俊：《中国史学界关于资本主义萌芽的研究》，载铃木俊、西岛定生编：《中国历史分期》（东京，1971 年），第 219—252 页；佐伯有一：《日本关于明清时代研究中的商品生产评价的探讨及其学说史展望》，载铃木俊、西岛定生编：《中国历史分期》，第 253—321 页；拉蒙·H. 迈尔斯：《近代中国棉织手工业和棉织工业的发展》，见《经济史评论》第 2 辑，第 18 号（1965 年），第 614—632 页；拉蒙·H. 迈尔斯：《明清时期经济组织的若干问题》，见《经济史文集》，第 2 号（1974 年 12 月），第 77—93 页；克赖·迪特里希：《清初的棉花种植与加工》，见 W.E. 威尔莫特编：《中国社会的经济组织》（斯坦福，1972 年），第 109—135 页；孙任以都：《清代中国的养蚕业和丝织生产》，载威尔莫特编：《中国社会的经济组织》，第 77—108 页；居密：《近代中国早期的棉织品生产与农村社会变迁》，载《中国文化研究所学报》7，第 2 号（1974 年 12 月），第 515—531 页；伊夫林·S. 罗斯基：《明代的社会和经济》，载《明史研究》，2（1976 年春），第 12—19 页。

④ 宫崎市定：《明清时代苏州轻工业的发展》，见他的《亚洲史研究》4（京都，1964 年），第 309 页；何炳棣：《长江流域中上游各省的会馆分布》，载《清华中国研究学报》新编第 5 卷，第 2 号（1966 年 12 月），第 121 页；吴震强：《福建南部的农村社会研究，1506—1644》，见《南洋大学学报》，6（1972 年），第 208—209 页；居密：《棉织品生产》。

"一条鞭法"而广泛推行。① 这些发展带来的影响在长江下游经济发达地区特别显著②，这些地方的中心都市，如苏州、松江、嘉兴、南京都出现了前所未有的繁荣。业已成为中国丝绸业之都和最重要的金融中心之一的苏州，在 16 世纪后期人口增长迅速，总数超过了 50 万，使它也许成为世界最大、而且肯定是最富裕的城市之一。④ 松江附近地区在这些年间的繁荣不是由于丝绸，而是棉花，这种作物自从元朝后期以来就在中国东南部开始种植。16 世纪后期，当国内外对棉制品的需求激增时③，松江近郊越来越多的人改行从事全日纺织和贸易。事实上，从 16 世纪后期到 17 世纪早期，松江的人口像苏州那样急剧增加，甚至农村附近的一些小集镇也变为兴旺的染色、上浆及相关行业的中心。④

最后，正如傅衣凌、吴震强、伊夫林·S. 罗斯基、斯波义信、张彬村、林仁川及其他人指出的那样，与亚洲、欧洲和新大陆的贸易扩张对于中国那些直接卷入了海上贸易的地区产生了深远的影响。正如福建省南部沿海地区一位骄傲的本地人所写的：

> 我穆庙时（穆宗，1567—1572 年在位），除贩夷之律。⑤ 于

---

① 毋庸置疑，"一条鞭法"改革的完成与直接从日本、欧洲和新大陆进口白银有关。首先，大多数重要的早期改革实验都是在最直接卷入海上贸易的福建和浙江这两个沿海省份进行的；其次，根据黄仁宇教授的观点，在 16 世纪的最后 30 年间，改革的实施"达到了它的高峰"，而就是在这段时间内输入中国的白银开始猛增；最后，"一条鞭法"改革中最有影响的三位改革者海瑞、庞尚鹏和王宗茂都是东南沿海人，因此他们肯定知道当地特殊的货币和经济情况。关于上述几条，见梁方仲著，王毓铨译：《中国的一条鞭税法》（坎布里奇，马萨诸塞，1956 年）；黄仁宇：《税收与政府财政》，第 112—133 页。

② 牟复礼：《南京的变迁，1350—1400》，见施坚雅编：《中华帝国晚期的城市》（斯坦福，1977 年），第 151 页。

③ 16 世纪后期，"不同种类和质量的中国白棉布"经菲律宾进口到墨西哥。安东尼奥·达·莫尔加引自鲍林·西蒙斯：《有图案的中国的丝绸》（纽约，1948 年），第 25 页。

④ 关于这一主题的中国及日本文献汗牛充栋。英文文献见迪特里希：《棉花的种植与贸易》；居密：《棉织品生产》和马克·埃尔文：《集贸市镇及水路：1480—1910 年的上海县》，见施坚雅编：《中华帝国晚期的城市》，第 441—473 页。

⑤ 对日本的贸易限制仍然有效，虽然中国的商人经常，甚至习惯于无视这种限制。见小叶田淳：《金银贸易史研究》，第 284 页及其以后各页；博克瑟：《来自亚马逊的大船》，第 30—31 页。

是五方之贾熙熙水国，刳艅艎，分市东西路①……所贸金钱，岁无虑数十万②，公私并赖，其殆天子之南库也。③

1639 年，福建沿海地区的另一位本地人，概述了他关于支持中国继续参与海上贸易的理由：第一，丝和丝织品在菲律宾和东南亚出售的价格经常是国内价格的两倍④；第二，瓷器和其他中国产品在海外也备受赞誉；第三，大量的失业工匠在菲律宾找到了工作。这个作者继续解释到：西班牙人并不打算用货物来交换商品或服务，而宁可用"银币"（银钱）来支付。⑤ 他的言外之意是：他相信当这些银币进口到中国以后，一般地说，对明朝经济，具体地说，对福建经济都将产生积极的影响。

虽然外国白银给中国带来了确定无疑的利益，但也带来了一些问题。例如，银块进口非但未能完全地解决明朝长年的贵金属短缺问题⑥，而且在 16 世纪后期到 17 世纪早期，这种进口也促使城市快速增

---

① "东方航路通向吕宋、苏禄群岛和摩鹿加，而西方航路则经由印度支那沿海及马来半岛远达顺达噶喇叭，即后来西爪哇海岸的雅加达。"见布卢塞：《奇怪的伙伴》，第 104 页。

② 一两约等于 0.0375 公斤。

③ 周起元为张燮《东西洋考》作的"序"（北京，1981 年）第 17 页。关于这一段文字稍有不同的翻译见郑克诚（音）：《郑成功的海上扩张与清初的海禁》，见费米尔编：《福建省的发展与衰落》，第 225 页；林仁川：《福建的私人海上贸易》，第 197—198 页；对明朝后期漳州的英文的深入研究见罗斯基：《农业变化》，第 57—100 页；另见张彬村：《海上贸易与地方经济》，第 63—81 页。斯波义信对同时代关于浙江省宁波地区的研究也发现了同样的发展："1576 年海外贸易的限制解除后，日本、葡萄牙和西班牙来的白银经宁波涌进中国内地。"见斯波义信：《宁波及其腹地》，载施坚雅编：《中华帝国晚期的城市》，第 399 页。

④ 无疑，这位作者显然已经知道，17 世纪早期中国的丝绸在日本已经十分畅销。因为与日本的贸易仍属非法，所以他可能不愿意引起朝廷注意这一点。

⑤ 顾炎武：《天下郡国利病书》（台北，1979 年），第 6753—6754 页。感谢杨隆章（音）教授提醒我注意这段内容。杨教授与张彬村博士在其未发表的手稿中讨论了这段内容，并非常友好地允许我阅读他们的手稿。

⑥ 正如威拉德·J.彼得森和黄仁宇所指出的，明代庞大的人口及大规模的经济表明，不论进口再多也解决不了朝廷铸币用金属长年紧缺的问题。见彼得森：《争取知性活动的动力》，第 68—70 页；黄仁宇：《税收与政府财政》，第 79—80 页。然而，白银的进口已足以使这个国家的某些地区完全放弃其他货币而采用白银作为交易的媒介。例如，西

长，放纵了商业投机，以及至少在国内的一部分地区导致了明显的通货膨胀。[①]随之发生的经济不稳定性由于在这一期间中国商人和生产者日益过分地依赖于货币经济的扩张而加重了。然而，由于国内矿业萧条，以及中国的铜币生产仍为一些问题所困扰，因此货币经济自身在很大程度上依赖于白银的进口以增加货币的供应，才能维持工商业和消费者的信心。

在万历朝（1573—1620年）的大部分时间里，这种依赖并未引起真正的问题，因为日本和新大陆银矿继续生产大量的银，其中相当大部分用于购买中国商品。然而，在天启（1621—1627年）和崇祯（1628—1644年）年间，世界各地的政治、经济环境发生了变化，对中国经济产生了重大影响。对明朝货币制度尤为重要的是，中国与西班牙在马尼拉的贸易在17世纪的前半叶数度中断。其中几次中断是因为荷兰和英国骚扰拦劫西班牙、葡萄牙和中国在南中国海的航运而引发的，但是更重要的原因可能是此时新大陆银产量急剧下降。例如，在秘鲁的波多西，银产量在17世纪早期迅速下降（参见8—4表）。此外，到17世纪30年代，水银的短缺也使墨西哥银产量陡降。此后，波多西再未从它在17世纪的暴跌中恢复过来，直到明朝

班牙奥古斯丁会修士马丁·达·拉达（1533—1578年）在1575年访问福建南部时，他"除了［在泉州］及其所属地方外，没有看见任何形式的货币，那儿（泉州）有一种中间穿孔的带标记的铜钱……其他任何地方（也包括这儿）买东西时都使用要用秤来称量的碎银"。马丁·达·拉达引自C. R. 博克瑟编：《16世纪的中国南方》（棱代尔，列支敦士登，1967年），第294页。假设达·拉达神父稍后几年再到福建，他就可以看见西班牙在墨西哥和秘鲁铸造的比索也在那儿流通了。见庄为玑：《福建南安出土外国银币的几个问题》，载《考古》，6（1975年），第352—355页；庄为玑：《福建泉州隶属出土五批外国银币》，载《考古》，6（1975年），第373—379页；吴震强：《福建南部的农村社会研究》，第209页。

① 由于明代晚期中国总体上仍处于货币化程度不足的状态，这个国家并没有经历16世纪晚期和17世纪早期在欧洲、新大陆、中东的某些地区发生的剧烈通货膨胀。然而，在诸如东南沿海、长江三角洲、大运河沿途这些外国白银流通相对自由的地方，有证据表明，在16世纪后期和17世纪早期的某些特定的期间发生了明显的通货膨胀。见罗斯基：《中国南部农业变化及小农经济》，第25页；陈纶绪：《明朝的衰亡：内因研究》（学位论文，哈佛大学，1953年），第97—98、116—117页；盖杰民：《1368—1644年明朝统治下的北京》（学位论文，普林斯顿大学，1979年），第144页及以后诸页；彼得森：《争取知性活动的动力》，第70—73页。

崩溃后多年的 17 世纪 60 年代，墨西哥的银产量也未有明显的增加。①

17 世纪 30 年代，当西班牙菲力浦四世努力减少牵涉到与中国和其他亚洲国家通过新大陆与菲律宾的商品贸易的腐败现象时，中国经济和货币形势更加恶化。17 世纪 30 年代早期，菲力浦四世对秘鲁与墨西哥之间的商业施加新的限制②，1635 年，他派遣一个特别督察官到阿卡普尔科监督海关税务。当所谓的"来自中国的大船队"中的两艘船在 1636 年到达阿卡普尔科时，这个督察官对船上据称价值 80 万比索（合 2.3 万公斤银）的丝绸和瓷器进行估价，估定的价值竟高达几乎难以置信的 400 万比索（合 11.5 万公斤银）。③ 这大大超过有关对从亚洲合法进口到阿卡普尔科货物的限制，督察官决定进行惩罚，在应对这起企图诈骗行为负责的人付出高额罚金前，不允许出售这些商品。管制政策推行了若干年，给马尼拉、阿卡普尔科造成了严重后果，而且，由于西班牙国库也因此丧失了一些关税，因此给马德里也带来了重大影响。几年后西班牙国王承认：

> 必须注意的是：［马尼拉的］市民贸易商品的四分之三惯常是［向中国人］做过保证的，因为迄今为止，这项贸易完全靠赊账的方式维持；然而……在 1636—1637 年，由（马尼拉的）市民于［1636 年］运送的［中国人］以赊账方式售出的商品没有得到（来自新西班牙）的钱，因此，中国人已不能相信得到偿还的承诺了。由于这个原因，［中国人］走了，说他们已经遭受了损失，不愿再遭受更多的损失……④

① 巴克威尔：《西属美洲殖民地的采矿业》，第 120、144—145 页。
② 正如伍德罗·博拉令人信服地证明，这项贸易中的一个主要项目是从菲律宾经阿卡普尔科运往秘鲁的中国丝绸。见博拉：《早期殖民地贸易》，第 122—125 页。
③ 胡安·格劳·依·蒙法尔考，引自安东尼奥·阿尔瓦雷斯·阿布鲁：《菲律宾与新西班牙的贸易》，见布赖尔、罗伯逊编：《菲律宾群岛》，第 30 卷，第 69—70 页。
④ 引自布赖尔和罗伯逊编：《菲律宾群岛》，第 30 卷，第 86 页。

不足为奇，已经从 16 世纪后期到 17 世纪早期所记录的水平上大大下降了的中国与西班牙在菲律宾的贸易，又进一步下降了；在 1637 年，仅有一艘小帆船装载着价值微薄的商品从马尼拉航行到阿卡普尔科。① 1638 年，由于中国人重新回到市场，两艘大帆船，其中一艘是菲律宾建造的最大的帆船，从菲律宾海岛出发到墨西哥，情况才稍有改善。对那些参与中国与西班牙贸易的人来说不幸的是，那艘最大的船在去阿卡普尔科途中失事，货物全部损失，许多船员遇难。② 据说，1638 年马尼拉只有非常少量的白银，中国人很可能再次以赊账方式售出他们的商品，这样，他们在三年内遭受了第二次经济灾难。更坏的消息接踵而来。1639 年 8 月，开往马尼拉的两艘大帆船再次失事，据说损失超过 50 万比索。③ 17 世纪30 年代后期从新大陆流往菲律宾进而流到中国的白银，已从 1632年以前的每年总数大大超过 200 万比索（57500 公斤白银）的水平减少为涓涓细流了。

1639 年后期，马尼拉的经济形势非常严重，殖民政府增加新税以弥补其运转经费的不足，欧洲人与中国社团之间的紧张关系爆炸了。据说，在 1639 年 11 月至 1640 年 3 月期间，装备优良的西班牙人在整个菲律宾杀死了 2 万多中国人。④ 不出所料，事态的发展导致 1640—1641 年间中国与西班牙贸易的中断。⑤ 虽然在1642—1643 年间，情况有了明显的改善，但是 1642 年澳门的葡萄牙人得知葡萄牙人在欧洲起义反抗西班牙，于是中断了澳门与马尼

① 舒尔茨：《马尼拉大帆船》，第 188、194 页；《马尼拉财政官给菲利浦四世的一封信，1638 年 8 月 31 日》，见布赖尔和罗伯逊编：《菲律宾群岛》，第 29 卷，第 58 页。
② 舒尔茨：《马尼拉大帆船》，第 259 页；《菲律宾群岛概况，1638—1639》，见布赖尔和罗伯逊编：《菲律宾群岛》，第 29 卷，第 168—171 页。现在失事的船已经找到，并打捞上来。见马瑟斯的论述，《我们信仰的主》。
③ 《菲律宾群岛概况，1639 年 8 月—1640 年 8 月》，见布赖尔和罗伯逊编：《菲律宾群岛》，第 29 卷，第 194—196 页。
④ 《中国人的反叛》，见布赖尔和罗伯逊编：《菲律宾群岛》，第 29 卷，第 208—258 页。
⑤ 见乔努《伊比利亚人的菲律宾和太平洋》一书中关于 1640—1641 年船运数字，该书第 157、159 页。

拉的商业关系，这样又抵消了上述改善。众所周知，17 世纪 30 年代的一些年份，单单澳门与马尼拉的贸易额就达到 150 万比索（43125 公斤白银），因此澳门与马尼拉贸易中断的经济后果对于西、葡双方及中国都是相当严重的。[①]

正如约翰·E. 小威尔斯在本卷其他地方讨论过的，在 17 世纪期间，这并不是第一次欧洲政治对澳门经济的影响。自从荷兰人于 1600 年来到亚洲水域，他们就不断袭击伊比利亚的船舶，在 17 世纪 30 年代中期，他们开始扩大对满剌加和果阿这两个葡萄牙的殖民地的封锁。[②] 满剌加于 1641 年落入荷兰人的手中，这一变化使葡萄牙从欧洲和南亚进口白银到澳门更为困难。然而，在 17 世纪 30 年代至 40 年代期间，由于从新大陆运载白银到欧洲的船只大幅度减少（参见表 8－5），这条航线对澳门和中国的经济已经远没有二三十年前那样重要了。

此外，大致在 1635—1638 年之间，葡萄牙迅速提高了其殖民地与日本之间的贸易量及利润，从而削弱了荷兰人的这些行动对澳门经济的影响。导致这种提高的直接原因是 1635 年德川幕府决定禁止日本臣民和日本船只从事海外贸易。尽管日本出口的白银总数下降了[③]，但是，当日本京都、大阪、长崎的商人为了满足日本的商业需求而寻找其他供给渠道而乱成一团之时，荷兰人、中国人，特别是葡萄牙人的商业得到了增进。例如，在 1637 年，葡萄牙的航船将 200 多万两（7.5 万公斤）白银从长崎运送到澳门，而到 1638 年，这一数字超过 100 万两。[④] 在同一时期，荷兰和中国商人在日本的贸易也取得了成功，在 1637—1638 年，他们从日本出口的白银合起来可能

---

① 博克瑟：《来自亚马逊的大船》，第 135 页，注释 284；另见舒尔茨：《马尼拉大帆船》，第 132 页。

② C.R. 博克瑟：《荷兰海上帝国，1600—1800 年》（纽约，1965 年），第 25—26 页。

③ 对于 17 世纪日本贸易数字中在以后一些年间白银出口减少的不同解释见罗伯特·利罗依·英尼斯：《半开的门：17 世纪日本的对外贸易》（学位论文，密歇根大学，1980 年），第 376—432 页。

④ 博克瑟：《来自亚马逊的大船》，第 145—148 页。

接近，或者甚至超过葡萄牙的总数。[1] 无论如何，亚洲经济和政治历史的新纪元即将破晓。1637年，日本西南部经济状况的恶化导致了所谓的岛原暴乱，大约有2万名日本基督徒及其同盟者起义反抗当地统治者的政策和德川幕府。1638年"基督徒反叛"最终被镇压下去，德川幕府决定禁止与葡萄牙人的一切联系，指责葡萄牙人支持叛乱并阴谋征服日本。1639年到达长崎的葡萄牙人的航船被禁止卸货，即使他们运载的丝绸和其他货物已经由日本商人付过款。此后，直到19世纪，葡萄牙人才被允许在日本进行贸易。

荷兰和中国商人迅速行动，从上述局势中渔利，但是他们从日本出口的白银始终没有达到1637年葡萄牙、荷兰、中国三国加在一起的总数。到1642—1643年，日本白银出口明显下降，每年低于150万两（56250公斤）。[2] 无论数据的准确程度如何，这个数字都远远低于小叶田淳对17世纪早期中国与日本贸易高峰时每年达400万至500万两（15万至18.75万公斤）白银的估计数。而且，如将这一下降置于马尼拉商业的萧条、从新大陆到欧洲运送金银船只的减少（参见表8-5），以及荷兰对满剌加和果阿的封锁而导致的贸易中断的情况下来考察，显然17世纪40年代早期能够出口到中国的白银已大大少于仅仅几年之前的数字了。

伴随着因白银进口下降而引起的问题，又出现了中国铜币制造的困难。16世纪后期至17世纪早期，面对经济和军事问题的加剧[3]，明政府试图通过扩大铜币生产来改善它的财政状况。帝国在很多地方建立了新的造币厂，但是，这些造币厂由于缺乏管理和资金不足，生产的铜币的

---

[1] 我的这段陈述是依据岩生成一《朱印船》（第327页）一书中的有些自相矛盾的资料。岩生成一：《近代日中贸易数据的考察》，载《史学杂志》62，第2卷（1953年11月），第991页；加藤：《日本与荷兰的贸易》，第66页；奥斯卡·纳霍特：《17世纪荷兰东印度公司与日本的关系》（莱比锡，1897年），增刊，第207—208页。

[2] 岩生成一：《朱印船》，第327页；纳科德：《荷兰东印度公司与日本的关系》，增刊63，第208页。如同在新大陆的情况一样，日本白银出口在这一时期下降的原因是国内白银产量的下降。对于这一问题的研讨及有关书目，见阿特威尔：《对中国和日本"17世纪危机"的考察》，第231—232页。

[3] 这些问题见牟复礼、崔瑞德编：《中国剑桥史》，第7卷，第557—584页。

质量远低于政府的希望和预期。而且,在 17 世纪 30 年代到 40 年代早期经济状况恶化时①,国内的许多伪币制造者(其中一些人显然曾在官方造币厂工作,或与政府有其他方面的关系)加紧了他们的活动,使劣币在市场上泛滥。② 正如表 8-8 所示,这些劣质铜币和进口白银的下降促使将白银从经济发达的中国东南地区的市场上逐出。

表 8-8　　　　1638—1646 年中国东南部 1000 枚铜钱的币值

时　　间	银（公斤）
1638	0.03375 （ ︱ ）
1640	0.01875 （＋）
1643	0.012375
1646	0.0063

（＋）表示所给出的该年数据的原始资料是不准确的,实际数据很可能稍大于表中的数字。

资料来源:叶绍袁:《启祯记闻录》,见《痛史》(上海,1911 年),18 册,2/6a;张履祥:《桐乡灾异记》,陈恒力编:《补农书研究》(北京,1958 年),第 325 页。

这种突然出现的对于本章前面所论及的银价朝着下降的长期逆转趋势是很重要的。第一,正如弗兰克·C. 斯普纳在 20 多年前指出的,这种逆转是 17 世纪中期影响到西班牙、法国、德国、荷兰及其他许多欧洲国家的一种国际现象。像中国一样,西班牙货币最不稳定的时期发生在 17 世纪 40 年代早期,当时白银进口下降(参见表8V5),铜币造假和政府控制货币导致了银对铜币比价的"惊人的增长"。③ 日本也普遍发生了同样的情况,在那里,银产量下降和政府货币政策的改变导致银与铜交换率在 1638—1647 年期间迅速扩大。④ 虽然对 17 世纪从银"转换"到铜尚有很多问题有待于研究,但斯普

①　虽然超出了本章讨论的范围,但因其重要,还是应该强调指出,这一时期中国的许多经济问题显然与气候变化对农业生产的恶劣影响有着密切的关系。对此作出的开拓性研讨,见阿特威尔:《对中国和日本"17 世纪危机"的考察》,第 224—227 页;阿特威尔:《17 世纪东亚的"总危机"?》,第 671—674 页。

②　彭信威:《中国货币史》,第 690—693 页。陈纶绪:《明朝的兴亡》,第 285—287 页。

③　斯普纳:《国际经济与货币流动》,第 50 页。

④　上木和山村:《银矿与宋币》,第 355 页。

纳认为这对早期现代世界经济具有根本性的重要意义："在（16世纪）由于白银的注入使情况得到好转之后，17世纪没有取得同样的进展……17世纪因为铜而衰弱和烦恼，这时，任何事物似乎都失去了先前的生命活力和多样性。"[①]

在中国，17世纪40年代，没有哪个地方像一度兴盛过的苏州这样，"生命活力和多样性"的衰落是如此的显著。正如一个苏州本地人早在1642年所写的：

> 街道上有无数的瘦弱可怜的乞丐。而且，因为是新年，天气寒冷、阴雨连绵。春天即将过去，但寒意犹浓。二月满月之后，阴雨又连绵十几日。大量的人死于饥饿。每天我都亲眼见到有数十具饿殍在王公的地产上埋葬。当每斤大米的价格升到90多个铜钱时，他们没有任何吃的就毫不奇怪了。城市中大多数住宅都人去房空，只剩断垣残壁。肥沃的农田和豪宅都标价出售，但是无人问津。往昔，（苏州）城曾一度繁荣，其居民奢靡成风。自然盛世之后将紧随衰败，但是我从未料到在我有生之年会遇到这些不幸。[②]

这段描述，以及海伦·邓斯坦、安杰拉·梁和其他人的研究清楚地表明，在这些年间，并非所有的苏州问题都起源于货币，其性质也并不完全属于货币方面。实际上，在17世纪30年代后期，特别是17世纪40年代早期，连续不断的洪灾、干旱和蝗灾的打击，使中国东南部的粮食严重减产，加剧了一些地区食物的严重短缺。[③] 然而，其他因素显然也助长了"食物短缺"的产生。随着中国纺织业在16世纪后期到17世纪早期的急剧增长，长江下游地区的农业性质发生

① 斯普纳：《国际经济与货币流动》，第86页。
② 叶绍袁：《启祯记闻录》2/10b，引自陈纶绪：《明朝的兴亡》，第235—236页。
③ 海伦·邓斯坦：《晚明流行病初步探讨》，见《清史问题》3，第3号（1975年12月），第1—59页；安吉拉·梁：《明清中国有组织的医学：长江下游地区国家及私人的医疗机构》，载《晚期中华帝国》8，第1号（1987年6月），第135—166页；阿特威尔：《17世纪东亚的"总危机"?》，第671—674页。

了根本的转变。为了满足增加的国内和国际的需要，那里扩大了棉花和桑树的种植，一个曾是食物自给自足的地区，现在发现它的大量稻谷供应依赖于跨地区贸易。因此就是在本地稻作物收成好的那些年景，南直隶、浙江省北部和其他地区的人们也需要出售桑叶、蚕、生丝、原棉、棉纱和棉布，来购买短缺的谷物，支付赋税和地租，偿还附近城镇债主的贷款。如果他们不能这样做，或者如果他们用现金购买的谷物价格波动太大，特别是当本地谷物储备较少时，灾难就不可避免了。从下面浙江北部的湖州的记载来看，后一种情况在 1640 年代早期就已明显地存在于扬子江流域地区了。据说，在湖州，1640年至 1642 年间，30% 的人口死于"饥荒"和疾病。

> 今天，养蚕业是湖州人生计的根本。哪里想得到情况会是这样，在（1641 年）……生丝实际上已一文不值，但桑叶却很紧缺，价钱高昂。随后（在 1642 年），生丝的价格提高了一些，但是桑叶却出奇的低廉，第二拨蚕又全部损失了。地里未收的第一拨桑叶与第二拨新叶一起仅仅只得到通常收入的一半……湖州人遭受如此不幸，人间的事是多么不公啊。[1]

同样的问题也发生在松江府附近的棉花生产区。例如，1642—1644 年期间，在松江府，棉和棉织品的银价直线下跌，同时谷物的银价上升却超过 200%。[2]

这些戏剧般的价格变化可以从几个方面作出解释：第一，正如前述，17 世纪 30 年代后期到 40 年代早期，自然灾害和大范围的军事行动减少了中国很多地方谷物的产出，并引起谷物价格的上扬。然而，应当记住的是，在整个 16 世纪后期到 17 世纪早期的期间，实际上，中国的纺织品贸易的每一个阶段最终都涉及白银的交易。从上面讨论过的白银进口急剧下降的情况，以及明政府强行提高的税率和贵

---

① 沈氏：《奇荒纪事》，见陈恒力编：《补农书研究》（北京，1958 年），第 29 页。
② 居密：《棉织品生产》，第 525 页；另见彭信威：《中国货币史》，第 713 页。

金属储藏可能性的增加等方面来看，有理由猜测在 17 世纪 40 年代早期，中国经济发达地区流通中的白银的数量从早期的水平大幅度下降了。表 8-8 的数据有助于证实这种猜测；而以下事实也有助于证实：税收直线下降促使明朝考虑再度采用纸币，及借助于西方技术援助来扩大政府的矿业开采。① 然而，事实证明，这些计划已不可能实行了，叛乱者的军队 1644 年 4 月占领北京时，他们发现国库实际上已空空如也。

从总体上说，国际贸易和货币波动对明朝覆灭的影响仍然是一个有相当大争议的问题。② 然而，海上贸易和白银的进口对中国特定地区和晚明经济的特定部门的重要性仍是不应低估的。③ 正如广东省的一位学识渊博的观察者在 1647 年夏天所写的：

> 嘉靖年间 (1522—1566 年) ……（葡萄牙）逐渐渗透到中国边境，远至澳门，在这里他们建立了永久性居所……（并且）获准每年在广州进行贸易……（结果）中国和外国商品在广东自由地流通……
>
> 结果，官场腐败……到了驱使葡萄牙人诉诸于暴力的程度……此后，不再允许他们到广州……（于是）中国商人不得不带着他们的商品到澳门交易。这件事发生在 1640 年。
>
> 从此以后，商人再次遭受困苦，商品不再流通，（在广东的）贸易（实际上）已经停顿……因此，很清楚，澳门人来贸易，广东就繁荣；他们不来，广东就受损失。④

---

① 计六奇：《明季北略》，4 卷本（台北，1969 年），第 3 卷，第 337—338 页。杨联陞：《货币和信用》，第 67—68 页；彼得森：《争取知性活动的动力》，第 74—76 页；潘吉星：《晚明中国乔治·阿格里柯拉的〈矿冶全书〉的传播》[Georgius Agricola, 即德国矿冶学家乔治·鲍尔 (George Bauer)，Georgius Agricola 是其拉丁文译名。——译者注]，见《通报》，77 (1991 年)，第 108—118 页。

② 参见戈德斯通《17 世纪的东西方》和马丁·海德拉写的本卷第 9 章。

③ 以下在很大程度上引自阿特威尔：《17 世纪东亚的"总危机"?》，第 677—680 页。

④ 佟养甲，引自《文献丛编》（北京，1930—?），集，第 24 卷，第 19b 页；另见傅乐淑：《中国西方关系文件汇编》（图森，1966 年），第 2 卷，第 7 页。

读过 C. R. 博克瑟著作的学者们知道，在 1640 年以前"澳门人"（葡萄牙和他们的中国代理人）带到广州的几乎全是日本和西属美洲的白银。这些年间，经常出入于福建和浙江港口的许多海上贸易者也是如此。由于广东、福建和浙江省合在一起，人口超过 2000 万，而且与南直隶、江西及其他中国发达地区有紧密的商业联系，因此这几个省在明朝后期经济中发挥着重要的作用。

海上贸易对经济的重要性还可以从清朝早期（约 1644—1683 年）某些政治演变中得到进一步证实。虽然对清朝统治的抵抗持续到 17 世纪 80 年代早期，但有证据表明到 17 世纪 40 年代后期，中国经济已经开始从上面讨论过的一些灾难中恢复过来。从 17 世纪 40 年代后期到 50 年代早期，不仅谷类和商品的价格回复到接近正常的水平，而且海上贸易似乎也得到了重大的恢复。正如一个清朝官员后来评论的："我仍然记得大约 1649 年至 1650 年的岁月，那时……在所有市场上都有外国的商品，人们的交易常常使用外国银币。因为这些银币在所有的省份流通，随处可见。"[①]

这种情形并未持续多久，因为从17世纪50年代后期到60年代初期，清朝当局强行清除了东南沿海一带的几千个城镇和村庄，企图扫除海上贸易——这个新政权的敌人得以建立其繁荣的商业帝国的基础。虽然扫除政策得到了成功，但却付出了高昂的经济代价。正如上面引文所指出的，从17世纪40年代后期到50年代，海上贸易再次给中国沿海地区带来大量白银。像明朝后期一样，大多数进入的白银又渗入中国内地，从而有助于刺激和维持那些地方的经济活动。然而，当清王朝禁止海上贸易的旨令在17世纪50年代后期一旦推行，"（外国）银币（从流通中）完全消失了。这是财富的源泉已经被堵塞的明显证据"[②]。

---

① 慕天颜：《请开海禁疏》，见贺长龄编：《皇朝经世文编》（台北），26 编，14b，第 966 页；另见全汉昇：《中国经济史论丛》，第 2 卷，第 514 页。

② 慕天颜：《请开海禁疏》26编，14b，第966页；全汉昇：《中国经济史论丛》，第2卷，第514页；岸本美绪：《康熙朝的萧条及清代早期的地方市场》，载《近代中国》10，第2号（1984年），第227—256页；汉斯·乌尔里奇·沃格尔：《中国中央的货币政策，1644—1800年》，载《晚期中华帝国》8，第2号（1987年12月），第2—3页。

　　显然，说海上贸易是中国明代晚期和清代早期的"财富的源泉"是夸大其词。然而，毫无疑问，在 16 世纪和 17 世纪，中国国内对进口白银的需求，国外对中国丝绸、瓷器、金、铜币和其他商品的需求，促使中国比以往更深地卷入了世界经济事务。这种卷入被证明是一种祸福结合的幸事，然而，它对于研究中华帝国晚期的重要性是不能低估的。正如研究这一时期的一位专家指出的：

　　　　到 1644 年，中国是世界历史的一个部分，它深受世界贸易中白银流动的影响，深受由于粮食作物的传播而使其农业发生转变的影响，以及深受烦扰中国人日常生活的武器和战争、瘟疫和产品的影响。在各民族的意识中，无论是中国人、欧洲人，或其他人的意识中，欧亚大陆的民族国家实体仍然使世界保持着分割的状态，而且直到目前为止仍是如此。但是在许多方面……欧亚大陆的文明和民族国家实体正在变为彼此的回应与对答。①

　　　　　　　　　　　　　　　　　　　　　　　　（吕昭河　译）

---

① 牟复礼：《元代与明代》，见 K.C. 张光直编：《中国饮食文化：从人类学和历史学角度的考察》（纽黑文，伦敦，1977 年），第 195 页。

第 九 章

明代中国农村的社会经济发展

导　　言

　　本章概括了明代中国农村社会经济总的发展情况。由于精确地使用了"社会经济"这一字眼，我只对农村中社会发展和经济发展相互作用的最突出的问题进行论述。本章探讨明代经济因素反映在社会组合和组织的变化中的方式，以及经济因素有时是如何促进这些变化的。反之，对社会因素反映在——有时促进——经济发展方面的方式也进行探讨。

　　对税赋和徭役的结构进行相当详细的论述。对里甲制的社会和体制基础的讨论是出于两个原因：它提供了观察明代社会经济面貌独特性质的视窗；其次，它存在引起变化的重要原因，而且本身就是变化的重要起因。逃避和豁免赋役的各种可能性是影响明代社会和经济发展的一股重要力量，而长期以来政府不能调整土地和人口记录的情况也是如此。政府各级官员认识到了这个缺陷；明代官员实施了许多改革，旨在更公平地重新分配税役和便于征税。结果，虽然里甲结构到清代相当长一段时期还继续存在，但到 17 世纪初期，里甲制的内容在许多方面与明代开国皇帝朱元璋所展望的制度已大不相同了。

宏观经济环境

导论:区域划分

就历史分析的需要来说，省一级的行政单位及其往往更古老的府、县级的下层行政单位是中国最有用的区划形式：传统的行政资料被编制和汇总，保存在这几级行政单位；这些资料往往反映了全省实施某些特定政策的情况。此外，明清时代新出现了功名获得者的阶层，这些人本身就是按行政结构的等级组织起来的科举考试的产物；他们日益形成了分别隶属于这些行政单位的既是文化的、又是政治的幕僚集团。有些学者为了作某些历史分析，也利用施坚雅提出的更细致的"大区"体系，即把各地细分为经济的和社会的"中心区"和"边缘区"①。虽然施坚雅为清代提出的构想被人甚至提前用于宋代（960—1279年），这种用法在许多方面是与时代不符的。从最好方面说，大区是被一体化的经济网络和大区内中心地的服务等级划分而成的。但是，成为这种考虑基础的经济区域只是在明代的后半期才逐渐形成。这种用法的最差的一点是，作为分析手段的大区被错误地认为是具有不仅仅是经济方面的某些特点的同类的区域，这些特点被断定存在于整个区域中。经济网络的发展、网络的范围、一体化的程度、地方渗透的密度，以及它们存在的社会基础和物质基础，都是中国历史的重要课题。但是有关这些课题的问题不是简单地参阅一幅大区的地图就能解决的。首先，施坚雅界定并被广泛重复的大区并不一定是通过经济数据的归纳而作出的，而是在某些情况下以武断地勾勒的水系作为依据。②

---

① 见施坚雅编：《中华帝国晚期的城市》（斯坦福，1977年），及其《主席发言：中国历史的结构》，载《亚洲研究杂志》，44，第2期（1985年2月），第271—292页。

② 在明代，沿长江和大运河的大区间的贸易可使任何大区内部的贸易相形见绌，这鲜明地反驳了以下的大区假设，即大区内的贸易处于最重要的地位。这种全国范围的长途贸易很可能出现在经济网络的发展之前，并引起了经济网络的发展；这些经济网络会发展成类似大区的地域。

人口密度、市场渗透、土地产量，这些都是任何社会和经济分析的重要因素。它们应被视为绝对的变数，不应被仅仅看成是次于或从属于诸如"中心区"和"边缘区"之类的几种武断的思维产物，可是它们在"中心区"和"边缘区"中，却在大区范围内部成了相对化了的变数。[1]

更为重要的是，对许多社会、政治和文化方面的需求来说，地理的或社会的划分反而更能说得通：一些方言区域可能比商人更能反映较大群体的真实的社会和文化网络。[2] 其他的事例需要更为客观地确定并以地理、气候或人口统计等特定标准为基础的地形学来划分。[3]在大部分事例中，对社会的或经济的现象的任何认真的解释需要把许多这类因素综合起来阐述。但是没有一种武断的界说，不论是"中心区"说，或是"边缘区"说能够适用所有的目的。这里我们将采用一种较简单的省份组合方法，这些省份很松散地根据地形学、气候、农业生产的性质和社会组织形成了地理区域。它们不能看作绝对的实体或网络。

如果我们把讨论对象放在中国本土，华北的特点是一部分用畜力耕种小麦和小米的农业，按照各方面作者的争论，也就造成了比其他地方更多的经营地主和分成租种的小农。特别在平原，人口分布在相对密集的大村落中，这些村落被简陋的道路连接起来。在元代（1271—1368 年），或元明过渡时期（不能确切肯定是元还是

---

[1] 如果我们沿用现在普遍使用的大区概念，人口密度和土地产量在某些大区的边缘县要高于其他大区的中心县。为了一些最商业性的目的到达网络的中央枢纽的结构距离是非常重要的，"中心区"和"边缘区"的概念可能对那些特定的事例有用。但在其他例子中，如对租佃或其他农村经济特点的分析，人口压力和剩余产量的绝对数字可能更为重要；人们应了解，眼下使用的中心区并不直接等同于人口最密集的地区。

[2] 见周振鹤、游汝杰：《方言与中国文化》，载《中国文化史丛书》（上海，1986 年）。在自宋以来府的辖地保持不变的事例中，作者甚至用政治的而不是经济的划分更确切地论证方言区。

[3] 见金其铭的研究作品。例如，金其铭：《中国农村聚落地理》（南京，1989 年）；他的《农村聚落地理》，载李旭旦编：《人文地理学论丛》（北京，1985 年），第 126—143页，及《中国农村聚居的形态与规模》，载郭来喜（音）、霍夫波尔、麦金泰尔合编：《中美人文地理学研究讨论会文集》（北京，1988 年），第 54—61 页。

明），各种情况已经造成人口的大量减少或流离失所。但是许多世纪遗留下来的无数星罗棋布的小县比其他地方提供更为无孔不入的政府控制和援助的机会。大运河沿岸涌现出许多仅次于江南的重要贸易城市。仅边境巨大的军队消费群体在明代初期就处于非常重要的地位。

这里所说的江南笼统地包括江苏南部和安徽（明代为南直隶，简称南京），以及浙江，它自宋代以来已成为中国的经济中心：新出现的稻米品种创造了生产足够的剩余粮食的机会，以供应许多小村落和充满活力的城市，它们通过贸易，用无所不在的水路与外界连接起来。下一步就转向耕种更有利可图的作物和从事手工业，之所以成为可能，是由于依靠从其他地方，特别是沿长江（明代通称为大江）一带输入粮食。在种稻米的地方，富有户依靠租佃而不是直接交纳谷物，他们把财富转投到其他方面，特别是文化、政治和教育方面。许多功名获得者介入官府和直接耕作者之间，依靠与官府的交往而取得了保护；更还有一说不知是否言之有理，有人认为在皇室中存在一种排斥江南的情绪。苏州周围的区域可以认为是最能体现这些特征的地区。还有一个分区即徽州，如果我们从纯粹的地理学角度考虑，它只能被认为是江南的一部分；它在许多方面基本上可以说是独特的，这是由于它具备遍布全帝国的徽商网络，有着最著名的理学家朱熹遗留的持久的影响，最后（但并非不重要），它保存着商人精英下的大批经济资料。

江西和湖广是盛产稻米的农业富饶地区，它们通过长江及其支流相连接。没有河流的地方就比较不发达，但是靠近长江的区域日益参与以江南区域为中心的贸易。在明以前时期，江西在全国比在明代更加重要[1]；明代的人口过剩引起了江西向湖广及以外的地方迁出民众。湖广包括现在的湖北和湖南两省，取代江西而成为以长江为中心

---

[1] 我在本章相当笼统地使用"nation"（国家）、"nationally"（在全国）和"nationwide"（全国的）这些字眼，它们指的是中国本土这一整体而不是指任何特定的区域。我无意参加这样的争论，即在明代，中国是否可以说构成了当前政治意义上的"国家"。

的中国的米袋子；今日的汉口（包括汉阳镇和武昌府治地江夏①）逐渐取代了前政治中心江陵（即荆州）。在明代的大部分时期，来自其他省份的移民仍能改善自己的经济地位和社会地位，直到晚明粮食产量已不能满足当地人口的增长并导致输出大米的地主与当地民众开始发生冲突时为止。

四川当时似乎没有从长江沿岸增长的粮食需求中获益，它似乎基本上保持自给自足。明清过渡时期人口和资源的巨大破坏可能会使我们产生假象。18世纪四川的经济发展水平与两个世纪前湖广的水平相似，但是这个事实并不一定意味着在整个明代四川的经济不很发达。

福建（及其北面和南面的类似地区）在经济上逐渐变得很发达，发达的基础不是农业，而是国内的和国际的贸易。以城镇为基地的商人精英赚得的财富投向任何有利可图的地方。在某些情况下，这种投资可以投向土地；"外来的"资金和土地的短缺（福建多山）相结合，造成了普遍的和特有的土地所有制，在这种制度下，不同的人对土地投入不同份额资金，并有权分享不同份额的产量。

在明代的大部分时期，广东的珠江（明代通称西江）三角洲还没有纳入沿海贸易之中。发展首先是在名副其实的聚居地代理机构的严格指导下采取逐步开发沿海的沙地的方式实现的。社会地形结果造成了有时是强大的敌对社团组织，最终导致有时是虚假的"宗族"的出现。由于税额在明初期户数较少时已经确定，这些宗族组织的族长在纳税时享有很大的回旋余地。在法律面前，全族常常代替一户。结果，在这种安排下，在一个真实的家庭和国家之间没有什么直接的接触。

---

① 中国古今的地名可以说很复杂。除了固有的名称（也许还有更古老的和文学上的名称），任何居住地可以用它所在的县、府甚至省的地名。同时，如果一个府的所在地与以府命名的地方不在一地，这个地名可以属于不同的居住地。因此，明代湖广的武昌既可指武昌县所在地（今鄂城），也可指武昌府所在地，它同时行使江夏县（今武汉的武昌部分）治地的职能。还应注意的是，同一城市可以是几个县的治地，例如明代的广州既是南海县，又是番禺县的治地。

在明代，云南及其邻近诸省仍是远离国家舞台，结果记载是如此之少，以致只在特殊情况下才被提起。

气 候

我们时代的许多历史学家寻找过经济盛衰的终极的原因，但是社会经济生活十分复杂，寻求个别的原因可能仍是徒劳的。取而代之的是，人们必须尝试去调查和联系尽量多的因素，以期能构成一个整体的综合经济"形态"，它包括诸如价格、收成、生产力、工资、利率、营业额和货币等因素。[①]

在解释近代以前农业社会的短期和中期经济表现时，正在研究的表示多年实际收成的农业生产曲线的真正形状有着极大的重要意义。农业生产直接影响消费和生产者本人的消费和再生产能力。农业生产的水平，结合人口对农产品和自然资源的压力，决定了农产品的价格。在取决于不同社会经济阶层民众的市场参与的水平和类型的同时，这些价格又反过来影响那些阶层的命运。收成又间接地决定着为制成品创造的大部分城乡需要。不像现代，那个时候农业出现危机也意味着制造业的危机：对工匠制成品的需要下降，同时他们收入中用于食品的比重急剧上升。[②] 有几位历史学家已经指出，大部分短期的经济动荡取决于收成的逐步变化，而不是长期的生产力或货币供应的发展程度。[③]

收成的结果是经济生活中的重要因素，在这样一个经济制度的背景中，研究气候条件就很重要，因为气候是影响收成情况的主要变数

---

① 例如，勒鲁伊·拉杜里、伊马纽埃尔、米歇尔·莫里内奥编：《农民文学和新月》，第4章，载费尔南德·布鲁德尔和欧内斯特·拉布鲁斯编：《法国社会经济史》（巴黎，1970—1982年），第873—999页；米歇尔·莫里内奥：《流通、库存和厚斗水车》，载《不可靠的传闻——16—18世纪荷兰传说中美洲返回的财宝》；米歇尔·莫里内奥编：《近代资本主义》（1980年，1985年伦敦和巴黎再版），第550—655页。

② 例如，米洛斯拉夫·赫罗奇和约瑟夫·彼得拉：《17世纪封建社会的危机》（1976年），埃列斯加和拉尔夫·梅尔维尔译成德文，载《历史观点》，17（汉堡，1981年）。

③ 特别是勒鲁伊·拉杜里、伊马纽埃尔、米歇尔·莫里内奥编：《农民文学和新月》，第4章。

之一。但是，对气候效果的概括很难作出，因为作物有其自身的生长要求，特定的天气条件对每种作物的影响就不同。气候又间接地影响着对经济或社会有重要影响的其他因素，诸如影响收成、动物和人类健康的微生物的流行，运输条件的状况，或者取得风动力或水动力的能力。[1]

气候只是影响经济活动的因素之一。大部分作者同意权威的意见[2]，他们坚持一般地说法，依据我们所知的整个历史时期来判断，社会经济制度能够适应天气和雨量变化的幅度，甚至在某些个别的事例中，平均气温或雨量稍有下降，也只能出现维持最低生计和挨饿的差别。

自然灾害在一定程度上与气候有关，但不能一概而论。有一种假设提出，欧洲的自然灾害（包括流行病）使大批人死亡，但土地却完好无损，从而在灾害过后期提高了劳动力成本，促进了经济的发展。对比之下，据说亚洲的特点是土地和人都遭了殃。[3] 一般地说，中国的自然灾害对资本、土地和设备的破坏甚于对人的生命的毁灭，因此不会引起劳动力供应的剧减。所以那里在自然灾害过后不会有大的缓解或经济反弹。

关于研究气候条件对经济和社会的影响，应注意的最后一点是，研究欧洲的气候历史的成熟的研究作品数量远比研究中国的多。但是，根据欧洲气候变化的研究作品来推断中国可能的情况也很可能起误导作用。一般地说，欧亚大陆两端之间的气候状况如果有相互关系，也是很少的。例如，在16世纪晚期的所谓"小冰河时代"，欧洲

---

[1]　见 M. J. 英格拉姆、G. 法默和 T. M. L. 威格利：《过去的气候及其对人类的影响的回顾》，载 T. M. L. 威格利编：《气候和历史：过去的气候及其对人类的影响的研究》（剑桥，1981年），第 3—25 页。

[2]　例如，J. L. 安德森：《历史和气候：几种模式》，载威格利等编：《气候和历史；过去的气候及其对人类影响的研究》（剑桥，1981年），第 337—355 页；或 E. L. 琼斯：《横跨欧亚大陆的灾难和气候差异：一个答复》，载《经济史杂志》，45（1985年），第 675—682 页。

[3]　见 E. L. 琼斯：《横跨欧亚大陆的灾难和气候差异：一个答复》。

异常潮湿，而在中国的寒冷时期，却比平常更为干燥。[1]

为了说明中国和欧洲气候的巨大差别，中国的著名气象史学家竺可桢（1890—1974年）提出一个假设，即寒冷中心约在1100年始于太平洋，然后移向欧洲，在那里从1300年滞留到1600年，才又移回。[2]此外，异常的状况在全中国范围内并没有显示出一致性，一年中异常情况发生的确切的时间（例如播种或收割的时间）才是重要的。

关于世界气候体系如何起作用的理论问题还伴随着缺乏资料的问题，以及我们拥有的资料不准确的问题。资料显示，明代初期量雨器被分发至各地，1424年的诏书责成官员们上报农业产量；但是我们不知道量雨器是否被使用，农业产量是否真正上报过。总之，这些措施的资料都未保存下来。物候学的方法（采用间接措施进行的研究，它根据诸如花卉[3]、植物开花和成熟的资料，作为确定气候条件的手段）已被用来间接地再现气候变化的记录，以期克服缺乏直接资料的困难。以中国的事例而言，已有从日记摘编的记载，日记记下了桃、杏、丁香、酸苹果开花的时间。

虽然在明代流行病相当定期地伴随着饥荒，而饥荒又常常伴随着旱灾，但是我们最好分别对它们进行考虑。流行病并不是旱灾引起的，它们的存在与否可以造成完全不同的死亡数字：1586年的流行病使安徽省的六安就死了3万人。[4] 这么大的数字很难能归因于地方

---

[1] 值得注意的是，没有发现元末和晚明的垮台与异常寒冷的天气有直接关系。事实上，中华帝国晚期最寒冷的天气出现在清初，而不是在晚明。

[2] 中国的状况与格陵兰相似，这个事实可能误导了一些学者，例如施坚雅《主席发言》，或魏斐德《大事业——满洲人重建17世纪中国帝国秩序》（伯克利，1985年），第7页注7，注中提到一份欧洲人和中国人的通信。关于全世界的总的看法，包括一些中国的日本资料，见H.H.拉姆：《气候、历史和近代世界》（伦敦，1982年）。

[3] 张沛元（音）、龚高发（音）和张津荣（音）的研究甚至不能找到北京和长江流域之间春天气温的一致性，见《气温变化及其对清代农业的影响》（论文），清代人口史研讨会，加州理工学院，加州帕萨迪纳，1985年8月26—31日，第2页。关于较详细和近期的材料，见张家诚编：《中国各历史时期气候的重现》（北京，1988年），这是一部优秀的初步研究论文集，它收集了对内蒙古、保定府、广东和江西的地方调查材料。

[4] 见海伦·邓斯坦：《晚明流行病初步探讨》，载《清史问题》，3，第3期（1975年11月），第1—59页，有关内容在第13页。

的饥荒，因为那里的灾民有其他的选择去对付饥荒，尤其可以暂时迁移。有的历史学者声称 17 世纪 40 年代饥荒或流行病使人口大量减少，但更严谨的研究表明，这个数字是根据与税赋有关的证据作出的，对这类证据必须谨慎地评估，而且人们难以测定准确日期。[①]

除了间接说明气温变化的物候学研究[②]，一本地舆图集近期问世，它利用选自各地方志中的印象主义的资料，再作出统计学的调整，以提供旱涝灾害连贯和全面的图景。按这些图景的性质，这些资料没有精确地或直接地反映出降雨量；但对我们的目的来说，它们仍优于其他资料，因为它们的确反映出降雨量对收成的影响，从而引起了社会经济史学家们较大的兴趣。[③]。遗憾的是，图集只提供了从 1470 年起的资料，所以必须通过其他途径找到研究明初期的资料。我试图利用刘昭民提供的至 1470 年的更为印象主义的资料。[④] 至于从 1470 年到明朝灭亡再到约 1650 年的时期，我主要利用图集更加丰富的资料，再用刘昭民的资料进行比较。这些计算的目的是确定相对的降雨量，办法是把涝灾与旱灾的资料分开，并按每 10 年一期计算出与正常降雨量的差异。[⑤] 17 世纪 20 年代和 30 年代被认为是叛乱起

---

① 例如，魏斐德：《大事业》，第 8 页注 15，沿用金石（音）的观点，见金石：《1368—1840 年太湖地区的小农经济和农村社会》（伯克利加州大学论文）。关于叙述饥荒时期征税人口与实际人口的巨大差距，见尹水源（音）：《作为 16 世纪中国人口指南的饥荒救济统计：对河南省的个案研究》，载《清史问题》，3，第 9 期（1978 年 11 月），第 1—30 页。

② 有帮助的研究作品有竺可桢：《中国 5000 年来气候变化的初步研究》，载《中国科学》，16，第 2 期（1973 年 5 月），第 226—256 页；张沛元等：《气温变化及其对清代农业的影响》；刘昭民：《中国历史上气候之变迁》（台北，1982 年；1992 年修订再版）；张家诚：《中国各历史时期气候的重现》。又见陈高傭等编：《中国历代天灾人祸表》（1939 年；1986 年重印）。

③ 中央气象局气象科学研究院编：《中国近五百年旱涝分布图集》（北京，1981 年）。

④ 刘昭民：《中国历史上气候之变迁》。

⑤ 简单地说，刘昭民的方法是，每 10 年给每个省一个指数，指数是通过增加反映天气恶劣程度的逐年文字叙述的衡量值（从 0 到 3）计算出来的。图集的方法是，选出的富有代表性的地区的已经量化的数据折换成反映偏高平均值的数字（即图集的 1 和 5 折换成 2，2 和 4 折换成 1），每 10 年进行合计。如预料的那样，两种方法得出的大灾发生时间相符，但在其他方面，两种方法作出的曲线并不相似。

因所谓的山西、陕西和山东的恶劣气候条件被这些数据所证实，但这些年代并不一定比明朝以前年代更加恶劣。虽然这里不可能详细阐明采用的方法，但我们已经综合上述的所有的数据①，以作出明代主要气候状况的非常假设性的表述（见图表9－1和9－2，注意两个图表的标度不同）。出现的总的状况是：在相对潮湿的元代以后，约在1620年前的整个明代时期比通常要干燥。如果我们把明朝细分成若干时期，以下的结论似乎是站得住脚的。

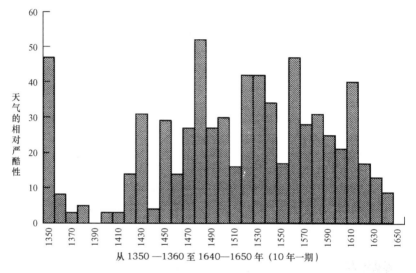

图表9－1 按照刘昭民数据的明代气候

1. 1350—1450年。这个时期整个中国出现寒冬，较暖和的春季也许始于1400年前后。1454年江南区域仍能见到雪。这里只列出几次最具破坏性的灾害：有两次大旱灾，一次发生在1353年至1354年的山西、河南、浙江、湖南和广西；另一次发生在15世纪20年代的山西。这个时期的平均气温也许比现在的平均气温低1摄氏度。

2. 1450—1520年。这是比较干燥的时期，特别在1499年之前有

---

① 见王绍武（音）、赵宗慈（音）：《1470—1979年中国的旱涝灾害》，载 T. M. L. 威格利等编：《气候和历史：过去的气候及其对人类的影响的研究》（剑桥，1981年），第271—288页。

温暖的春季（偶尔出现早霜）和暖冬，1500 年以后冬季气温逐渐变冷，1513 年以后太湖、鄱阳湖和洞庭湖都结冰了。最常见的灾害类型是南涝北旱。1452 年湖广，1504 年河北、山东、山西和陕西发生了大旱灾。1482 年，洪水淹没了河北和湖广的大部分。明代最大的灾害也许是 1485 年至 1487 年祸及山西、山东、湖北以至江南地区的严重饥荒；1484 年是全国性最干旱的年份。[①] 南方在 1477 年至 1485 年间经历了连续 9 年的水灾。[②] 平均气温依然比现在约低 1 摄氏度。

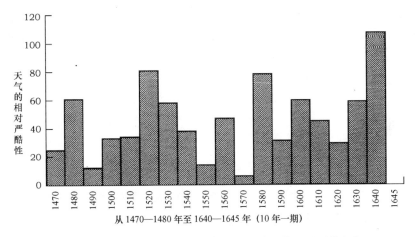

图表 9 - 2　按照《中国近五百年旱涝分布图集》的明代气候

3. 1520—1570 年。这是一个较潮湿和相对寒冷的时期，但到这个时期终了时，冬季变暖。长江区域有干旱，但其北和其南有涝灾。1528 年，浙江、山西、陕西和湖北出现大旱；这一年的旱灾可以算作整个明代最严重的一次。[③] 1568 年福建大旱，北直隶（简称京师）气候普遍恶劣，而 1569 年全国的气候极为潮湿。平均气温比现在低1.5 摄氏度。

---

① 极端干旱和潮湿年份的资料取自张家诚等：《中国近五百年旱涝分布图集》，载张家诚编：《中国各历史时期气候的重现》（北京，1988 年），第 40—55 页。注意他们的数据只始于 15 世纪中叶。
② 张、张、徐：《旱涝灾害》。
③ 张、张、徐：《旱涝灾害》。

4. 1570—1620 年。这个时期相对地温暖[1]，特别在冬季；但春季出现霜冻，但仍日益暖和。总的说，虽然许多区域有涝灾，这个时期仍较干燥；1613 年出现全国性的涝灾。1585 年华北平原发生大涝。然后在 1586 年又发生了一次邓斯坦所描述的大流行病。[2] 平均气温比现在低半摄氏度。在这个时期末，即在 17 世纪 10 年代，山西、福建和山东有旱灾；最严重的一次是 1589 年的全国范围的旱灾。

5. 1620—1700 年。气候趋冷，而且稍为潮湿；1618 年广东下雪。这标志着"小冰河时代"的开始。17 世纪 30 年代山东、山西有旱灾，然后发生流行病，1637 年到 1641 年屡次出现涝灾。1640 年和 1641 年还有大旱。平均气温比现在低 1.5 到 2 摄氏度，特别在 17 世纪晚期。

人　口

导论：人口趋势

影响农业社会的社会经济状况的两个基本因素是人口的多少和总耕地面积的大小。遗憾的是，在近代以前无论何处都没有关于人口和在耕地的可靠统计数字，中国也不例外。明清时代官方出版物中提供的一些貌似系统的数字一定要非常小心地进行处理，并且要与编制它们的体制常规联系起来重新进行解释。只有这样我们才能有根据地推测这些数字掩盖的实际的情况。这些数字还必须与从非统计学的文学史料获知的总趋势联系起来，还必须与少数纯人口统计的数据联系起来，这些数据随着学者们分析了一些非官方的、主要是家谱的材料而被人掌握。根据所有这些因素，人们就可以对明代的人口作出几种与以前稍有不同的估算。这些新的数字尽管是尝试性的，但确实有应该认真考虑的含义：明代和清代的经济学者常常坚持各种理论，虽然每

---

[1] 关于这方面和其他方面的气温阐述，见郑思忠（音）：《1400 至 1949 年气候变化及其对粮食生产的影响》，载张家诚：《中国各历史时期气候的重现》（北京，1988 年），第 138—145 页。

[2] 邓斯坦：《晚明流行病》。

种理论本身听起来似乎有理，但当相互比较时，它们就不能被同时认为是正确了。

明代的缔造者朱元璋在他事业的早期就很注意他控制地区的人口数量。部分原因是征兵的实际需要，部分原因是在公平地分配税役时掌握人口记录和使用它们是一个想成为帝国皇位的合法登基人的长期以来的特权。早在 1358 年，南京区域（在 1356 年已成为他的根据地）的人口被认为已经登入新的户册。1370 年，在正式宣布王朝成立以后，户帖制被广泛推行。户的成员（包括年龄和姓名）及其应纳税的资产（主要是拥有的土地，还有牲畜及房屋）都被列入表内。[①]这种表格即将成为推行载入黄册的在全国范围内推行人口—税赋登记的基础，这种登记还与全面推行所谓的里甲制联系起来。[②]

这一制度行使职能的方式将在后面进行探讨。在理论上，每一里（行政村社）由 110 个有土地和"能维持生计的"户组成，对寡妇、未成年人和其他人等另作规定。但在实际上，里从一开始就是沿袭下来的单位，负责提供各种税役，提供农业的互助，编制里内居民的原来人口数字并定期修正。因此，在开始实施时，我们可以假设（有大量证据支持这一假设），只要自然条件容许，村落被合并，以组成约 110 个能维持生计的户的里。以前的划分单位被细分或合并，以接近这个数字，但很少进行重建。但是随着人口的增加，行政村社（里）数未被调整，当局也无意进行调整。对里和对黄册记载的所谓 10 年

① 例如，见山根幸夫：《明代徭役制度的发展》，东京女子大学学会研究丛书，4（东京，1966 年）。又见韦庆远：《明代黄册制度》（北京，1961 年）；梁方仲：《明代的户帖》，《人文科学学报》，2，第 1 期（1943 年），转载于《梁方仲经济史论文集》（北京，1989 年），第 219—228 页。又见韦庆远：《明代黄册制度》图表 2，内有常常引用的清册供单。但此单从 1641 年开始，应谨慎利用，它并不一定反映更早的清册供单的格式。
② 除了上面的注所列的作品外，又见唐文基：《明代赋役制度史》（北京，1991 年），第 23—25 页；又见栾成显的研究：《明初地主制经济之一考察——兼叙明初的户帖和黄册制度》，载《东洋学报》，68，第 1—2 期（1987 年 1 月），及鹤见尚弘译成日文的栾的论文：《朱元璋攒造的龙凤时期鱼鳞册》，载《东洋学报》，70，第 1—2 期（1989 年 1 月），第 25—48 页。

一次调整，只根据各户的经济变化来考虑已存在的里的集合体的变化和重新分配税额。① 例如，没有明确的机制把所有定居在一个村的家庭纳入管理该村的里。官府强烈地坚持一个规定（只有少数例外），即各户应在原来登记的地方登记，这样，除了本地自然增长引起的变化外，就直接阻碍了里甲制为适应变化而作出的调整。此外，里之内的几个儿子结婚，他们被鼓励不要自立门户，以免减少大户的户数，因为这些户被指望去应付最迫切需要的、常常是惟一的徭役差事。结果，这个制度只会减少家庭单位，即使连绝户（已不存在的户）常常记录在册时也是如此。这一做法说明，即使其他证据指出人口增加了，却出现许多"绝户"的材料和有时随之而来里的合并的材料；人口的增加大多是由于外来新家庭的迁入。在地域上，一个里经过一个世纪，将包括那些原来的家庭（即使它们原来从外地迁来）后代的"老户"，而村内新的家庭，只通过土地税或徭役再分配的非正式的当地安排，与里发生间接关系。它们可能被征收不同的税，但不直接受里的安排。②

这种总的模式有若干例外，主要在华北，那里在 15 世纪初期面

① 例如，见奥崎裕司：《中国明代下层民众生活中的善书的一个侧面》，载《专修史学》，13（1981 年 4 月），第 22—50 页。

② 学者们愈来愈多地发现说明这种现象的新的证据，表明直至明初期祖宗的户仍保留在税册上，同时向其后代征税。这些后代就要自己安排如何履行世代依附于这个户名的义务。这类证据可以典型地在家谱的记录而不是在地方志中找到。例如在福建方面，见郑振满：《明清福建的里甲户籍与家族组织》，载《中国社会经济史研究》，2（1989年），第 38—44 页；在广东方面，见片山刚：《清代广东省珠江三角洲的里甲制——税粮、户籍与宗族》，载《东洋学报》，63，第 3—4 期（1982 年 3 月），第 1—34 页；和刘志伟：《明清珠江三角洲地区里甲制中"户"的衍变》，中山大学学报（社），1988/3，第 64—73 页。在徽州方面，见铃木博之：《明代徽州府的族产与户名》，载《东洋学报》，71，第 1—2 期（1989 年 12 月），第 1—29 页。在明初，里和甲被期望多少能同样承担它们的职责，为了便于做到这一点，较大的平民户在某些条件下被允许分家，而不像军户和工匠户那样。但随着时间的推移，政府变得更关心不让大户从税册上消失，户籍的姓名和义务就成为世袭。特别见刘志伟：《里甲制度中"户"的衍变》，第 66—68 页。1451 年，分产（分系）更被禁止，见唐文基：《明代赋役制度史》，第 145 页。关于用不同办法分户的历史，见金钟博：《明代里甲制度与赋役制度之关系及其演变》（中国文化大学论文，1985 年），第 199—205 页。家族式的户也能起源于属于全族的土地，见铃木：《明代徽州府的族产与户名》。

临着大量浮动人口，于是官府采用鼓励向有许多空地的县迁移的政策。官府也暂时地和偶尔地容许在那里进行正式的再登记（附籍）。1431 年，华北准许对那些拥有 50 亩[1]（在那里这是户在经济上能维持生计的最低数字）以上的户进行一次全面的再登记，在 15 世纪 30 年代和 40 年代的华北，新"移民的"里一般地与现存的里合成新的区划。

陕西、河南、湖广和四川交界的荆襄区域是关于里的正常做法的另一个例外。这个区域已成为重新安置流民的大区，不过在洪武朝（1368—1398 年）时那里的居民曾被清出，该区已被宣布为移民的禁地，因为它为盗匪们提供了一个理想的避风港。但这个措施未取得成效。到 15 世纪初期，据说该区域已有 20 万以上的非法占地者，在15 世纪 20 年代，有几个县增设了移民的里。1465 年至 1476 年当另一次移民潮引发了几次叛乱时（在此期间大批新的非法定居者反而又被驱赶返回原地），许多户才终于在那里获准重新登记。[2]

这些例子清楚地说明，明代存在的里的数字，与人口数字的精确编制工作毫不相干。对明代建朝后的任何时期来说，以里的数乘以其组成的户数 110（甚至更糟的是，乘以 550，即乘以每户 5 口的假设性的"通用乘数"）来计算人口的企图，都是毫无用处的办法。

上报的（即登记的）人口数字的精确性各不相同，这要视它们在地方里甲制中的重要性而定。北方人口数的重要性与南方大不相同：在北方，徭役以及货币税赋的征用量都是根据各户所定的等级，更具体地说，是根据丁（每户内 16—60 岁的健壮男人）来征用。因此，官府普遍注意保存反映财产（包括人力和畜力）分配的记录；由于耕作方法的性质不同，同样的这些财产，北方比南方更加重要。除了这一有利于保存记录的因素外，北方官府控制的程度较高，地方上有势力的地方集团（如有功名的家族）较少，那里有可能把移民

---

[1] 亩的面积不一致，但在明代一般可确定为 6.144 公亩或 0.152 英亩。

[2] 见牟复礼：《成化和弘治统治时期，1465—1505 年》，载牟复礼、崔瑞德编：《剑桥中国史》，第 7 卷（剑桥，1988 年），第 384—389 页。

纳入里甲制中，这些都使保存的记录在较长的时期内较为可信，特别在河北和河南更是如此。在南方，根深蒂固的非法行径、较不公平的土地分配、妇女儿童不登记的普遍做法（官方或多或少地不加追究，结果儿童成年后继续不登记），使人口的记录非常不完整。之所以对此没有进行什么纠正，是因为这些记载并不直接为了征税的目的。只是往后拖了较长的时期，才作出了一些纠正的措施，但是对付南方最不合理的税赋分配措施是进行新的土地丈量和不再依靠人口数字的较新的税制，于是人口数字就成了过去税制的无意义的遗物。[①] 在明代较晚时期，官府尝试进行几次新的户籍调查，但它们是零星的，与下面讨论的新的土地丈量尝试相比，也是次要的。

在万历朝（1573—1620 年）期间，也许与在新税制基础上大力重建地方税赋结构的尝试有关，许多县增加它们的人口数字，甚至那些在以前多年来上报人口减少的数字也增加了。利夫·利特鲁普假设，新数字可能是以新编的地方记载为依据，但这个假设没有证据。[②] 更可能的是，它们反映了对在册户籍的修正，而不是全新的人口普查。例如，在福建省惠安县，叶春及（1532—1595 年）留下了大量里的计量的材料，除去某些基本上可以解释的差异，材料似乎有几分可靠。[③] 这次"新"调查的问题是它得出的新数字与 1489 年的数字相比几乎未变。一种可能的解释是，这些数字意味着对旧的里集合体后代的另一次再调查，而忽略了大批后来住在那里而仍未纳入里

[①] 于是出现了调查人口所需要的怀疑论，如见何炳棣：《1368—1953 年中国人口的研究》，载《哈佛东亚研究杂志》，第 4 卷（坎布里奇，马萨诸塞，1959 年）。关于明代对户籍的许多评论，见王毓铨：《明朝人论明朝户口》，载《中国历史博物馆馆刊》，13—14（1988 年 9 月），第 160—169 页。

[②] 见利夫·利特鲁普：《明代中国基层官僚政府：16 世纪山东省研究》（奥斯陆，1981 年），例如第 52 页。

[③] 例如见山根幸夫：《十六世纪中国户口统计——福建惠安个案研究》，载《东洋大学纪要》，6（1954 年 3 月），第 161—172 页；萨比尼·皮齐纳—吉尔斯特：《知县叶春及记录 16 世纪中国的惠安地区》（汉堡，1984 年）。一部新的、但不完全可靠的版本是福建省地方史编纂委员会、泉州历史研究会、惠安县文化馆等编：《叶春及传》，载福建地方志丛刊（福州，1987 年）。

甲制的居民。另外，可以看出妇女数字是使用平均乘数作出的。

中国北方的人口（即个人，相对于户）的数字是比较可靠的，它显示的增加速度大于户。这种情况似乎反映前面所述的原因，即不要求一个户分家，当儿子或孙子结了婚，也不鼓励这样做，这种做法本质上不构成逃税。我们必须设想，在徭役变得过于沉重之前，当里内各户的平均境况稳定，户与户之间的经济差别不是太大而且随时会发生变化时，采用某些方式公平地重新分摊税役，对里之内各成员本身有利。但是，随着农业日益货币化，重新分摊税役负担的其他方式形成了。同时，内部经济的日益分层化，进入官场的途径更加多样化，减低了民众反抗权势者私利的普遍愿望和能力。这些变化的后果是，甚至在北方，记录的质量终于下降了。

在南方，对里甲制不利的因素从明代刚开始就有了。口与户之比例下降而不是提高，因为逃避口的登记甚至比逃避全户的登记更加容易。

国内的迁移类型

在明代，两大人口再安置的类型影响着人口趋向和官方的人口记录。一类是官府命令的强制民众进行的重新定居；一类是在灾祸的压力下发生的或自愿的内部迁移。

在明代开始时，或是由于导致建立明朝的内战，或是由于更早的混乱，中国北方的大部分都处于荒芜状态。为了进行补救，洪武帝和永乐帝都重新安置了大批民众。[1] 仅仅洪武朝时候，由于这些政策约有 300 万人被重新安置。他们主要来自不像其他地方深受 14 世纪中期战祸的山西。[2] 在河南发现的一块"迁民碑"记载了来自山西的一

---

[1]　徐泓：《明洪武年间的人口移徙》，载"中央研究院"三民主义研究所编：《第一届历史与中国变迁（中国社会史）研讨会》（台北，1982 年），第 252—293 页。

[2]　例如，见米仓二郎：《东亚的村落——日本与中国村落历史地理学的比较研究》（东京，1960 年）；石田宽：《解放前华北农村的性质——专论村落与庙的关系》，载《关西大学经济论集》，32/2（1984 年），32/3（1984 年），第 6 章转载于《中国农村社会经济构造研究》（京都，1986 年）；或见牧野巽：《中国的移居传记——专论祖先同乡的传说》（1945—1953 年），结合其未发表的材料转载于《牧野巽著作集第 5 卷——中国移民传说广东原住民族考》（东京，1985 年），第 1—163 页。

个流民群体（110 户整，说明它严格地遵照官方的规定标准）。① 来自山西的自愿的移民源源不断地迁移达到了如此规模，以致官府后来不得不命令移民返回山西。再安置政策对中国北方的发展有巨大影响，其痕迹可在方言和风俗中找到。在南方，洪武朝时期也出现了从浙江和福建的沿海富饶地带向其内地的强制性迁移。

其他两大内部迁移与政府的干预关系较少。前面已经讨论了特别在 15 世纪期间像流民这样的浮动人口向毗连河南西部的荆襄地区不断的流动。又出现了从江西平原向江西山区和向整个湖广以及新建的省份相似的流动。② 向土地肥沃和相对空旷的湖广区域的大部分迁移发生在明代很早的时期。直到清初，湖广才不再接纳大批前来的移民。③ 惟一的例外是洞庭湖周围的地区，那里继续吸引着流民。许多移民作为工匠和小贩来此，但他们在新居住地相当容易转为佃农。他们因为是流民，不能被纳入里甲；通过开发新的和因此不必纳税的土地，他们能够转变成完全独立的农民。④

这些国内的迁移部分地由官府自己引导。明初不发达区域的税赋份额是低的，尽管这些区域后来有了发展，仍保持低税额。结果，这些地区继续吸引外来者，同时民众倾向于逃离在明朝开始时已经稳定和繁荣的区域，因为那些繁荣区域较高的税率反映了它们原来较好的境况。

明代人口的增长也引起了十分地方化的迁移。例如，在浙江东部，迁移主要在 1550 年后趋于频繁，那时宗族分支迁移到附近，常

---

① 高心华：《明初迁民碑》，载《文物参考资料》，3（1958 年），第 49 页。
② 见傅衣凌：《明代江西工商业人口及其移动》，载《抖擞》，41（1980 年 11 月），第 1—7 页。
③ 可以从彼得·C. 珀杜提供的统计数字中看出，见《区内人和外来人——1819 年湘潭骚乱和湖南的集体行动》，载《近代中国》，12，第 2 期（1986 年 4 月），第 166—201 页；又见珀杜：《耗尽地力——1500—1850 年国家和湖南农民》，哈佛东亚研究丛书，130（剑桥，马萨诸塞，1987 年），第 101—113 页。
④ 见吴金成：《明末洞庭湖周边的水利开发与农村社会》，山根幸夫译成日文，载《中国水利研究》，10（1980 年 10 月），第 14—35 页；傅衣凌：《明代江西的工商业人口及其移动》。

常迁向县内的同一个乡内。新的定居地常常位于现存的村落之间，这样做通常只要作出很小的灌溉规划。从某人原来的住地迁出而实际上仍留在离它很近之处，这样就可能容忍了一种逃税形式，即听任他逃离以前的里甲登记：迁移的户被列为"绝户"，或者至少在原来的里的征用额会降低；可能仍需缴纳田赋，但徭役可能免除。① 虽然这种做法严格地说是不合法的，但难以制止。

人口统计学的标志

近来，有的学者更加力图弄清较后期的中华帝国人口中诸如一个人的配偶数、守寡的比率、婚姻的生育率、性别比率、婚姻双方的年龄差别等人口统计学的特征。关于人口中的精英的、甚至皇室的宗谱的抽样材料已经提供了使用方便的数据。其他家庭的家谱也被充分地利用。甚至更新和更复杂的统计方法也被用来从有限的史料中推断各种数据。如同斯蒂文·哈勒尔等人所论证的那样②，中国的大族比欧洲的氏族更能贴切地反映一个能包容财富和地位有巨大差别的复杂的社会，因此对大族的研究并不像研究英国贵族那样有社会偏见，这肯定是正确的，但是对这些家族的研究仍难以取得可以方便地加以概括的资料。使用中国资料的家谱学，家务必把许多复杂因素考虑进去。③

---

① 许多详细的资料未在本概述中提到。又见上田信：《浙江省奉化县忠义乡的履历》，载《社会经济史学》，49，第 2 期（1983 年 6 月），第 31—51 页；《地域与宗族——浙江省山区》，载《东洋文化研究所纪要》，94（1984 年 3 月），第 115—160 页。现随便举一例，徐姓一族从浙江省山阴县（绍兴府所在地）迁往同省的萧山，以逃避朱元璋的人口调查。见刘翠溶：《1650—1850 年浙江萧山两个宗族的人口统计》，载苏珊·B. 汉利、亚瑟·P. 沃尔夫编：《东亚史中的家庭和人口》（斯坦福，1985 年），第 17 页。

② 斯蒂文·哈勒尔：《富人生儿育女：1500—1800 年中国 3 个家族的分割、分层和人口状况》，载汉利、沃尔夫编：《东亚史中的家庭和人口》，第 81—109 页。在刘翠溶的丰富的家谱抽样材料［刘翠溶：《明清时期家族人口与社会经济变迁》（台北），中央研究院经济研究所，1992 年］中，有文官武将功名的人只占全部个人的 1.95％。这可能高于占整个人口中的比例，但并不会使家谱不具代表性而不能利用。

③ 例如，见特德·A. 特尔福德：《中国家谱学中社会人口统计数据的考察》，载《晚期中华帝国》，7，第 2 期（1986 年 12 月），第 118—148 页。刘翠溶：《明清时期家族人口》，把生女和儿童早死列为最严重的问题，而结婚时间则不是总被包括在内。

上面已经提出应谨慎处理的问题，但是人口统计史学者的几个发现，仍能引起人们的兴趣。总之，他们的发现倾向于说明，整个明代以至于清代，人口增长的速度普遍降低，这主要是由于死亡率的上升。很重要的一个发现是出生的平均寿命在明清时期普遍缩短了。①高层精英成员和下层人们的死亡率有着很大的差别。②

总结起来，可以用来证明并坚持明中叶至清中叶生活质量和人口增长速度趋于恶化的各种数据如下：未婚者的百分比增加；一夫数妻的人数减少；在全国范围内（湖北可能例外），1500 年至 1800 年期间平均的死亡年龄稳定地下降。这些数据已在图表 9－3 中标出。只有 1675 年至 1725 年稍低的初生年龄（与以前和以后的世纪相比）可以对此结论提出异议。因此，我们可以作出结论，从 1500 年至 1800 年人口增长速度应该是稳定和缓慢地在下降，从明过渡到清的恢复元气时期可能是例外。③

人口计算

为了试图对 1380、1500、1600 年和 1650 年的中国人口作出新的计算，我们必须用中央政府在 1380、1391 年和 1393 年编制的人口调

---

① 见米歇尔·卡蒂埃：《明代中国人口统计的新资料》，载《经济、社会、文明编年史》，28，第 6 期（1973 年 11—12 月），第 1341—1359 页；袁易今（音）：《1365—1849 年一个中国南方家庭的寿命表》，载《人类生物学》，3，第 2 期（1931 年），第 157—179 页；刘翠溶：《明清人口之增殖与迁移——长江中下游地区族谱资料之分析》，第二届中国社会经济史研讨会，载许倬云、毛汉光、刘翠溶编：《汉学研究资料及服务中心丛刊，论著类》（台北，1983 年），第 285—316 页。刘翠溶的一部多篇论文组成的著作现以《明清时期家族人口》问世。历史人口统计学是当前在中华人民共和国很流行的课题。但是不像威廉·拉夫利、李中清和王丰（音）合写的《中国的人口统计学》一文［载《亚洲研究杂志》，49，第 4 期（1990 年 11 月，第 807—834 页）］，我对这些著作的大部分评价不高。因为它们甚至没有试图得出诸如历史上上报程序的可靠性这类基本问题。米歇尔·卡蒂埃的《艰难的诞生：中国的人口统计学史》，载《中国学书目评论》，9（1991 年），第 119—126 页，显然同意这一意见。
② 见特德·A. 特尔福特：《补缀中国谱系学的漏洞：1300—1880 年桐城县的家族人口的死亡率》，载《晚期中华帝国》，11，第 2 期（1990 年 12 月），第 116—137 页。
③ 文中的全部数据来自刘翠溶的《明清时期家族人口》，必须说明，她无可置疑地把上述许多趋势的时间确定到清代。这可能是由于当前风行一时的所谓"清代人口爆炸"的假设。但是她的数据，特别是表 5—3 的数据和本章图表 9－3 以图表示的数据，说明死亡率提高的趋势至少在 1500 年就开始了（更早时期的数据缺）。

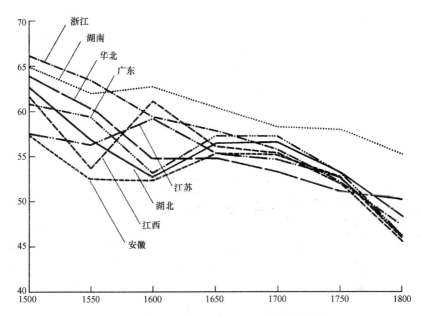

图表 9-3　1500 年至 1800 年区域的估计寿命

注：图表的数字表明人口的平均死亡年龄已经达到中国人年龄 15 岁（原文如此，疑为 45 岁。——译者注）。所有数据来自刘翠溶：《明清时期家族人口》。

查数字作为基础——1393 年的一次是对以前人口调查的复核。在 14 世纪晚期的这些数字中，江苏、江西、福建、湖南和广西的数字低于宋元两代的相应的数字。较低的数字可以说明，未完全登记是比何炳棣和其他作者所暗示的更为重要的因素。[1] 关于明代人口的一篇老的、但仍有用的研究论文的作者横田整三作如此说。[2] 因此，我们可以相当保守地接受 1380 年的人口为 8500 万这一数字，此数是横田的大致估算。这将在官方调查的 6000 万这一数字加上 2500 万，其数字的分配如下：北方少登记数 500 万；全国女性和儿童少报 1000 万（17%）；四川、沿海省份和各省周边少报 1000 万。

---

① 何炳棣：《人口研究》。

② 横田整三：《明代户口的移动现象》，载《东洋学报》，26，第 1 期（1938 年），第 116—138 页；26，第 2 期（1939 年），第 122—164 页。

在少数几个似乎存在相对可靠数据的府和县，它们至 1500 年的增长率从 0.46％到 1.27％。[①] 这些县大部分在河南和山东，但是江南沿海的经济活力一定至少出现了相似的增长率。我们只能作出结论：当与中国和平条件下已知的增长率相比，我们假设的下面 3 种不同的增长率方案是很保守的。以下方案的前提是，在整个明代，甚至在其经济增长时，人口增长率几乎肯定是非常缓慢地在下降。此外，这里使用的最初的人口增长率已经低于其他作者提供的估计的"正常"增长率。

第一种假设设想，从 1380 年至 1500 年人口每年增长率为 0.6％，从 1500 年至 1600 年为 0.5％，从 1600 年至 1650 年为 0.4％（由此还可减去战争和灾难的损失，不过这些也可能已包括在最后 50 年较低的增长率中）。[②] 第二种假设的设想分别是 0.5％、0.4％和 0.3％。难以相信的第三种假设的三个时期较低的增长率则为 0.4％、0.3％和 0.2％。应用这些数字的结果仍能给人以启示。应用第一种假设的结果是：1500 年为 1.75 亿人，1600 年为 2.89 亿人，1650 年为 3.53 亿人。最后的数字几乎等于 1812 年的官方数字，而这也许是 1393 年以后最可靠的官方数字。在第二种假设中，上述三个时期的数字分别为 1.55 亿、2.31 亿和 2.68 亿人；而相当难以置信的第三种假设为 1.37 亿、1.85 亿和 2.04 亿人。以上所有的数字，包括 1650 年最低的三个数字，都比被广泛使用的何炳棣的估算数字要高得多。需要重复的是，在得出这些数字时，使用的是保守的增长率，这种增长率要低于任何可利用的量化数据；尽管文献描述了至少从 1500 年以来的生气勃勃的经济，这些低增长率仍被人采用。

有种种证据支持以下的意见，即明代的人口增长的速度更接近于前两种假设。总之，这些假设含蓄地指出增长率低于何炳棣为清代作

---

① 这是我根据河北、河南、山东和江苏的抽样县作出的估算，较低的数字为 1391 年至 1472 年齐东的数字，较高的是指洪武朝（约 1391 年）至 1472 年恩县的数字。两地都在山东北部。当然，所谓的"可靠的"县是我选择的。

② 从何炳棣的《人口研究》收集的数据可以明显地看到。

出的假设。尹水源（音）根据 1593 年至 1594 年河南饥荒救济的几个措施，确定 1600 年为 2 亿人。[①] 赵冈由于断然错误地接受 1380 年恰好为 6000 万人这一数字，就沿着不同的思路提出 1595 年为 1.64 亿至 2.98 亿人，并提出整个明代"很合理的"总增长率为 0.6％。[②] 我们作出的数字（止于较晚的时期，但始于 1380 年的 8500 万）假定了低得多的增长率。实际的人口数很可能在我作出的第二种和第一种假设之间。但无论如何，所有的证据都说明一个事实，即人口"爆炸"（有的经济和社会史学家以此来总的解答多种多样的社会和经济现象），不仅仅是清代的现象，也是明代的现象。[③] 所有的关于晚明人口过剩（相对于在耕地面积而言）的文献数据应予认真对待。此外，人口增长是否为引起晚明许多史料中明显记载的农村商业化的一个重要因素，我们应特别注意。

至于各省的估计数，每省占 1393 年 8500 万总数的相对人数被表列出，对 1812 年的数据也同样处理。[④] 这些数字都被平均以取得 1600 年分布的数字。最后得出的比率再用于所需要的不同乘数，以取得 2.3 亿（对 1600 年，使用第二种假设）和 2.9 亿（对 1650 年，使用第二种假设；对 1600 年，使用第一种假设）。这些数据都列在以下的表内，表内其他栏列出了每省的平均增长率［假设 A 指的是 1600 年中间的（即第二种）估算，假设 B 指的是 1600 年的高（即第一种）估算］。见表 9-1 和 9-2。

---

① 尹水源（音）：《饥荒救济统计》。

② 刘翠溶：《明清时期家族人口》，第 247 页。她提出她研究的家族的固有的增长率为 0.7025％。

③ 这使人想起德川和明治时期史学家的阐述之间的抵牾：为了强调明治（相当于清）的成就，所用的起点是德川（相当于明）时代学者所不能接受的低基点。

④ 1812 年的数据是清代开始收集数据后的第一批比较可靠的数据，它们大致相当于时间稍晚的《嘉庆一统志》中公布的数据。关于这些数字的重要性，见施坚雅：《19 世纪四川的人口：从分散数据中吸取的教训》，载《晚期中华帝国》，8，第 1 期，第 1—79 页。相对地说，施坚雅发现的这些数据最为可靠，根据我用湖广的数据进行研究作出的判断，我同意他的意见。我们对晚清的数据都比何炳棣更抱怀疑态度。

表 9-1　　　　　**1393 年和 1812 年可利用的区域人口数据**　　　（单位：千）

省　份	1393 年人口（乙）	％	1812 年人口	％	1650 年估计的％
南直隶	10756	17.76	72012	19.99	18.91
北直隶	1927	3.18	27991	7.77	5.55
浙江	10488	17.32	26257	7.29	12.15
江西	8982	14.83	23047	6.40	10.48
湖广	4703	7.77	46023	12.77	10.35
山东	5256	8.68	28959	8.04	8.35
福建	3917	6.47	14779	4.10	5.25
山西	4072	6.73	14004	3.89	5.20
河南	1913	3.16	23037	6.39	4.83
陕西、甘肃	2317	3.83	25400	7.05	5.49
四川、贵州	1467	2.42	26724	7.42	5.00
广东	3008	4.97	19174	5.32	5.15
广西	1482	2.45	7314	2.03	2.23
云南	259	0.43	5561	1.54	1.00
合计	60548	100.0	360282	100.0	100.0

资料来源：主要根据梁方仲的《中国历代户口》中表甲 69 和表甲 82；1650 年人口的百分比根据 1400 年（1393 年）和 1800 年（1812 年）数据线状算出。

表 9-2　　　　　**晚明中国人口"推测估算"**　　　（单位：千）

省　份	假设 A 2.3 亿	假设 B 2.9 亿	平均年增长（假设 A）（基数 6000 万）	平均年增长（假设 B）（基数 6000 万）
南直隶	43495	54841	0.56	0.65
北直隶	12759	16088	0.76	0.85
浙江	27941	35229	0.39	0.49
江西	24113	30403	0.40	0.49
湖广	23803	30012	0.65	0.74
山东	19203	24213	0.52	0.61
福建	12072	15221	0.45	0.54
山西	12102	15259	0.44	0.53
河南	11103	13999	0.71	0.80
陕西、甘肃	12624	15917	0.68	0.77
四川、贵州	11496	14495	0.83	0.92
广东	11846	14936	0.55	0.64
广西	5136	6476	0.50	0.59
云南	2307	2909	0.88	0.97
合计	230000	290000	0.54	0.63
如果用于 1400 年的基数为 8500 万			0.40	0.49

资料来源：主要根据梁方仲的《中国历代户口》的表甲 69 和表甲 82。

耕地面积

导言：土地丈量

官方人口数据的不可靠性并不准确地反映在表示征税土地（也就是耕地）数量的数据上。土地拥有与征税有着直接的和基本的关系，而且当徭役日益部分地根据拥有的土地来折征时就变得更加重要。这种增加的征收更促使肆无忌惮之徒隐瞒拥有的土地和不正当地进行登记。另一方面，也有对欺诈施加的抵消性的压力：地方官员和善意的人们希望在当地能够保持合理和公平地分担税赋负担的局面。最重要的是，登记意味着官方正式承认了某人的土地所有权——这种承认可用于到处出现的土地争端中。我们听说明朝一开始就有的多种弊端是错误登记土地所有权，而不一定是少登土地。这些弊端表现的几种形式是诡寄（假依附），即以他人（知情或不知情）名义登记土地；飞洒（或洒飞），用这种手法就可以造成一种假象，即此人拥有的土地被分成小块，从而逃避分摊给他的累进的徭役；投献（投靠更有权势的户），把土地委托给贵族或功名获得者的户的成员，这些户在法律上或习俗上，有资格享有豁免的特权。全部或部分的税赋义务常常脱离了财产本身或财产的用益权而被单独出售，以换取部分租金的回报。这种操纵如果巧妙地运用，可以使记录完全混乱。如同所有的时代，公开逃税行为是存在的，不过新开发的土地不纳税是合法的，不算逃税。

甚至土地被合法登记时，权势者仍有许多办法分摊较低的税负。在北方，他们已拥有使用大于"小亩"土地单位的量器丈量的"大亩"，而小亩则是明初推行移民计划时丈量和开垦的土地单位。在南方，权势者以"低税率"登记其土地，他们常常不正当地以民田的低税率代替，而不是以向官田征收的以税代租的较高的官田税率登记。

土地的丈量也常常不准确。缺乏受过训练的人员，缺乏测量不规则土地的有效的数学方法，这些都成了准确测量的障碍。近期一位作者指出，1524 年出版的书中提供了测量土地的正确的指导，但实际上在以后的丈量中未被使用。① 此外,许多持怀疑态度的作者指出②,大量不合标准的尺和步的量器被用来丈量基本亩(其田面面积约等于1/6英亩)。另外,在明代洪武以后,新编的基本地籍并不总是由中央保存。这个因素容易使地方对其做手脚。

但是,在限制这些主要弊端时,**里**拥有很大的社会控制权:在登记时,民众可以抱怨其邻居的评估。如果控告属实,原来的犯法者要被严惩,原告作为控方会得到奖赏。中国使用的这种测量方法——先自估和自报,然后用抽样调查来核实——并不是像最持怀疑态度的作者使我们相信的那种不可靠的土地丈量方法。看来它们属于近代以前作出地方能接受的税赋评估最佳方法。在社会控制措施被普遍破坏的那些地区,如寄庄户(村社内无利害关系的不在本地的地主)盛行的地区,或者在法制开始出现矛盾的地区(如那里的特权户已经增加得太多),这种方法就不能行之有效。公平合理的评估可能是正常的;只有一些例外,即出现许多不在本地的地主的特殊情况,除此没有太多的抱怨。

所有这些地方的实际解决办法的结果是否系统地上报上级行政机关,这些解决办法是否应用一致,以致使形成的数据具有可比性,都是很成问题的。遗憾的是,在大部分情况下数据没有可比性。税赋份额定于王朝开始的洪武朝,直到万历朝,税额才被认为增加了。如果上报较新较高的数字很容易引起增加征收的担心,因此就没有了改变上报数的需要,这样常常会造成在一个制度中保持两套记录的情况:用旧份额的一套上报中央政府;另外一套包括更近期的数据,应用于当地。当把两种可利用的记录进行分析,就很能给人以启示。许多作者认为所谓的"折亩"是真正了解在耕面积的数据的障碍③,但这只

---

① 赵冈、陈钟毅:《中国经济制度史论》,中国制度史论丛书,Ⅰ(台北,1986年),特别是第2章;赵冈:《中国历史中人和土地的经济分析》(斯坦福,1986年)。所谈的书是王文肃的《古今算学宝鉴》。

② 何炳棣:《人口研究》。

③ 何炳棣:《人口研究》;梁方仲:《中国历代户口、田地、田赋统计》(上海,1980年),第335—358页。

是从更早时期起出现的现象的一小部分。事实上，折亩是明代特殊的政治和历史条件造成的。折亩不是表示数据不可靠，而是容许人们对标准亩的总概念有推测的余地，不过折亩只是在这种或那种情况下见之于地方志或其他文献之中。[①] 使用一定的折换率，人们有时能方便地取得当地采用的"真实"数字。在其他情况中，从地方志中发现的许多文字修补工作不是出于复杂的现实，而是由于把较新的当地数字折成原先过时的份额的需要。[②]

洪武时期的土地丈量

所称的"鱼鳞册"[③] 在整个明代用于地籍记录，它叙述附在拥有的土地调查记录上的地图。由于按照图式绘于地图上，许多小块土地的范围外形像鱼鳞。早在 1190 年宋代已使用这个名称；当时编的修正的或未修正的记录仍被继续使用于元代，以致明代登记地块的所有者都收到所有权的证件。鱼鳞册最为定期修正的地区之一是浙江北部的婺州（明代为金华），1359 年，朱元璋在那里与他的顾问开始一起制定他当时创立的政体的治理计划。[④] 很可能当时已对作为治理工具的鱼鳞册有了兴趣。[⑤] 1368 年，特别是为了对诡寄（假登记）的弊病进行专项斗争，官府在浙江西部进行了一次监督得力的丈量，使用的

---

① 见川胜守：《中国封建国家的统治结构——明清赋役制度史研究》（东京，1980 年），第 290 页注 50，指出何炳棣在这方面的研究并非有误。

② 见森正夫：《16 世纪太湖周边地带官田制度的改革》，载《东洋史研究》，21，第 4 期（1963 年 3 月），第 58—92 页；22，第 1 期（1963 年 7 月），第 67—87 页。森正夫：《明代江南土地制度研究》，载东洋史研究丛刊（京都，1988 年），特别是第 5 章。

③ 还能经常称其他的名称，尤其是"地亩坐落册"，见李龙潜：《明清经济史》（广州，1988 年），第 64 页。

④ 关于总的考察，见唐文基：《明代赋役制度》，第 9—12 页。

⑤ 在这类著作中，见鹤见尚弘：《明代的农村控制》，载《东亚世界的发展》，岩波讲座世界历史 12：中世 6（东京：岩波书店，1971 年，第 57—92 页）。蒂莫西·布鲁克和詹姆斯·科尔莫译文载琳达·格罗夫和克里斯琴·丹尼尔斯：《中国的国家和社会——日本人对明清社会经济史的看法》（东京，1984 年），第 245—277 页；西村元照：《张居正的土地丈量》，载《东洋史研究》，30，第 1 期（1971 年 3 月），第 33—61 页；30，第 2—3 期（1971 年 12 月），第 214—241 页；何炳棣：《南宋至今土地数字的考释和评价》，载《中国社会科学》，2（1985 年），第 133—165 页；3（1985 年），第 25—147 页。

是一批来自国子学的可能是廉洁的学员。许多官方记载似乎暗示这次丈量是全国性的，但这肯定与事实不符；洪武朝时耕地数因此普遍不如人口数字可靠。① 但是根据一些较晚期的记载，奉命在 1387 年进行的一次全国性的"丈量"至少使政府取得了全国可靠程度不等的数字。②

在地方上，这种数字常常根据宋元时期的数据，但在许多地方，它们的耕地数大大低于宋代数字。这些差距使一些学者大为不解。但经更严谨的考察，应该认为耕地数低于宋代数字的原因与其说是明代少报的结果，不如说是因为指导应该登记的原则的不同。宋代许多地方的数字很高，甚至高于 20 世纪 30 年代；不论是否明确地说明，它们包括了许多不能耕种的山地。

身为学者的官员霍韬（1487—1540 年）③ 声称，普遍的少报现象、赐给王侯的土地从地籍册中剔除的情况以及文书的错误，使全国可征税土地从 850 万顷减到 430 万顷（1 顷等于 100 亩）。这些数字已被反复引用，以说明明朝岌岌可危的状况。20 世纪 40 年代，藤井宏公布了对从地方志中摘出的 200 组地方数字的详细分析，得出了关于明代土地登记的相当肯定的结论，可惜未被广泛利用。④ 在耕的 850 万顷的高数字证明是根据记录中几个明显的、但仍普遍被人忽视的错误作出的。仅仅湖广数字中这样的记录错误就达 200 万顷（一个 10 的因数增加了湖广的数据），另一个河南的记录错误使数据相差 100 万顷以上！以后

① 有的明代地方志由于假设作者利用的洪武初期的数字一定是指 1368 年的数字，而把情况复杂化了。
② 见何炳棣：《南宋至今》。黄佐编：《南廱志》。
③ 见富路德、房兆楹合编：《明人传记辞典》（纽约，1976 年），第 1 卷，第 679—683 页。
④ 藤井宏：《明代土地统计考察》，载《东洋学报》，30，第 3 期（1943 年 8 月），第 90—123 页；30，第 4 期（1944 年 8 月），第 60—87 页；31，第 1 期（1947 年 2 月），第 97—134 页。德怀特·珀金斯及其当时的助手王业键是属于很少的几个不但引用这篇论文，而且实际上用了这些必然的结论。见德怀特·珀金斯（在王业键等人帮助下）：《1368—1968 年中国的农业发展》（芝加哥，1969 年）。李龙潜甚至根据 800 万顷这一不真实的巨大数字断定，洪武时期的测量因此必定是可靠的和全帝国性的！见李龙潜：《明清经济史》。

的明代官方编纂的文献，如万历时期的《大明会典》由于未加批判地照抄这些1393年的省的数字而沿袭了这些错误，并由此推算出其他的数字。[1]

经过与地方志和洪武时期定的税赋份额比较，我们应沿用藤井宏的假设，即不论与现实是什么关系，实录中记载的1391年的390万顷是政府实际使用的数字。霍韬痛切地哀叹国家控制的耕地面积在减少，而现代的中国马克思主义史学家认为是残酷剥削的结果，根据上面的假设，这种说法是荒谬的。[2] 这个数字与章潢（1527—1608年）[3] 编的《图书编》中报道的约1500年的更详细的数据很吻合，《图书编》显示，在16世纪土地丈量前耕地面积反而稍有增加。因此，最好根据1400年的数字，从中得出土地面积的分布状况，虽然它并不反映实际的增长。[4]

洪武帝到张居正的几次丈量

政府正式规定继续采用洪武时期的税赋份额，同时豁免所有新开垦地的田赋。[5] 但16世纪20年以后，调整似乎是势在必行了。前面所说的种种非法弊病在北方和南方达到了不可收拾的程度，尽管原因各不相同。在北方，造成日益恶化的问题是，原来的当地拥地者使用

---

[1]　近期的学者，如赵冈和樊树志，甚至在发现这些较严重的错误时，作出了不正确的推论，企图纠正它们。见赵冈和陈钟毅：《中国经济制度史论》，第2章；樊树志：《万历清丈述论——兼论明代耕地面积统计》，载《中国社会经济史研究》，2（1984年），第25—37页。他们使用了《诸司职掌》中以错误材料为基础的其他数据，表面上其日期始于洪武时期。应注意的是，实际的征税数字不根据抄录错误的数据。至于《大明会典》，有两种可用的现成版本：1509年的正德版，它由李东阳带头的一批学者编纂，再版为3卷本（山根幸夫作导言，东京，1989年），这一版本在1578年已经修订；另一再版本为李东阳的5卷本（台北，1976年），申时行等修订。

[2]　人们应该利用黄仁宇在《16世纪中国的税收和政府财政》（剑桥大学出版社，1974年）所列的数字来重新估算以接受850万顷的数字为基础的其他许多论点。

[3]　传记载《明人传记辞典》，第83—85页。

[4]　河南的数字很离奇，所幸我们掌握了1441年的一个修正的地方志数字。

[5]　这次豁免原先可能限于北直隶、河南和山东，在宣德，也许在嘉靖时期不再豁免。见藤井宏：《明代土地统计考察》，I，第115页注15。在其他地方，期限为3年。有些记载指出，新开垦土地的拥有者很乐意为其田地付低额赋税，因为登记意味着法定的所有权，因此有了不受侵占的保障。

"大亩"，而在早期官方重新安置的移民用"小亩"，这就导致了在当地使用一致的亩来丈量土地的新的全面测量的需要，以使赋役更加公平。① 人们指望，这些丈量应包括新开垦地及以后前来的非官方组织的移民的土地。②

著名的官员桂萼（1511 年科进士，死于 1531 年）③ 在北直隶成安县任职时，于 1522 年倡议一种新的折亩登记法，即把实际增加的耕地亩数折成固定亩数加入原来的税赋份额中。土壤的肥沃程度以及用于给土地分等的其他标准也加以考虑，这样，一定数量的特定等级实际亩数可考虑折成一亩用于纳税的"官"亩。这样就使拥地者在计算税率时更为简便，因为不再需要把不同税率用于不同等级的土地；这种差别在登记一块地的官定面积时已经加以考虑。此后，"小亩"和"大亩"之称就被用来区分实际的亩和官亩。使用这种新法的地区，从北方的山东、陕西和河南扩大到南方的江西、安徽和广东。④ 官府对这种做法时而鼓励，时而又禁止，理由是与此有关的工作会落入县衙书吏之手，这批文人—官员总是被怀疑为容易"腐化"的集团。

与此同时，中央政府推行了其他的纠正措施。对新的丈量出现了抵制，大拥地者担心他们拥地真相一旦大白就会增加税负，但事情不仅如此。实际上，随着税制的任何变化，有的拥地者会受益，而其他拥地者受损，尽管税制改变后总的说更加公平。新丈量的一个普遍令人注意的后果是，经过一段短期间歇后，地价上涨，市场活动增加。这些现象表明，至少在土地市场上，人们发现新的赋税分摊制度是一个改进。⑤ 这些丈量的结果是，许多地方准备了新鱼

---

① 见川胜守：《中国封建国家的统治结构》，第 2 章。
② 见西村元照：《明后期的土地丈量》，载《史林》，54，第 5 期（1971 年 9 月），第 1—52 页。
③ 传记见《明人传记辞典》，第 756—759 页。
④ 西村制作一表，列出了至 16 世纪 80 年代所有的新丈量，见《明后期的土地丈量》。有些新丈量实际上稍晚，与张居正的丈量同时进行。张的丈量见下文。使用了标准亩，地方上新的实际数字可为原数的 1.8 倍至 8.1 倍，这要取决于土地的类别。稻田和旱田占总数的绝大部分，一般说最接近官方数字。
⑤ 西村元照：《明后期的土地丈量》。

鳞册，有的还是第一次编制。① 此外，以后每次土地交易都有土地所有证。另一个副产品是归户册［逐户列的（土地）登记册］。一户的所有地块被列入册内。② 它们代替了黄册——由于前面所说的理由这种人口登记册已没有用。通过这几次丈量，有关土地所有权的大部分混乱现象得以清除。

　　张居正的丈量

　　1581 年，万历朝初期的宰相张居正（1528—1582 年）③ 下令在全国进行土地丈量，并大力推行。20 世纪的学者通常把这次丈量视为并不重要的举措。清水泰次、何炳棣和黄仁宇的意见是典型的。他们争辩说，这次丈量从未完成，因此无重要的实际意义。如上所述，藤井宏早就指出这种观点是不正确的。在更近期，一小批中国和日本的史学家开始对它重新评价，认为它具有很重要的历史意义，而且是提供重要数据的有价值的史料来源。④ 它可以被描述为宋代以来第一次全国的丈量，其范围之广，丈量质量之细致，都是在近代以前无可比拟的。⑤ 中国大部分区域的鱼鳞册或是第一次编制，或是已经过修正。事实上，鹤见尚弘已经指明，所有的明、清地籍可追溯到 1581 年或 1582 年，而不是洪武时期。⑥ 这次丈量产生的一些现存地籍簿册包括了其他文献史料一切可信的内容，簿册中应该有：地块的名称；面积计算法（至今甚至还保存着单独的计算书籍）；土地所有权；租佃情况；标明大部分小地块的图；至今常常还没有得

① 又见西村元照：《张居正的土地丈量》。
② 一个早期的例子是 1538 年的常熟县（在江南区），见川胜守：《中国封建国家的统治结构》，第 257 页。
③ 其传见《明人传记辞典》，第 53—61 页。
④ 西村：《明后期的土地丈量》；川胜守：《中国封建国家的统治结构》，第 4 章；樊树志：《万历清丈》；赵冈和陈钟毅：《中国经济制度史论》。
⑤ 何炳棣持相反意见，见《中国人口研究》和《南宋至今》；他似乎忽略了晚明或清代的一些编纂的赋税文献是根据这次丈量的事实，例如《江西赋役全书》。
⑥ 关于全面的看法，见鹤见尚弘：《鱼鳞册调查——中国的学术访问》，载《近代中国研究汇报》，6（1984 年 3 月），第 30—68 页，及注 166 中此作者的其他许多关于鱼鳞册的学术论文。又见李龙潜：《明清经济史》，第 181—182 页。

到解释的山区地块的特征，这些地块可能是村社所有，或者是数人共有。但许多地籍册没有实际的税赋数据，这令人吃惊。情况似乎是，这次丈量主要着眼于土地的布局，不是税赋本身，不过地籍簿册中的确有详细的拥有地地图。

经过几次地方性的试行后，全国范围的丈量在 1580 年 12 月 16 日宣布进行，此时离张居正之死不到两年。官方提供的关于推行这次新的普遍地籍测量理由是拖欠应缴官方的税款（税款总是低于评估之数）的情况，和对日益普遍的一田数主制的做法的不满，这种做法使纳税义务由经纪人而不是由真正的应税田拥地人或耕作者来承担。

拥地人必须公布丈量结果，清查其拥有的财产及其佃户（如果有佃户），然后取得新的文契。佃户然后根据正式登入官方税册中拥地人名下的土地数量缴租——这个程序确保互相监督。许多专业的书吏在丈量时被雇佣，其报酬由几年前地方奉命留存的税赋支付。在开始时，新的丈量进行过快，有充分理由确信，一些上报的结果是虚假的；但为了解决这些问题，对此立刻进行严惩。还采取各种措施，以确保书吏不会拥有过多的权限和处理权；他们的姓名被记录在册，以使他们对其工作负责。使用制定的 240 平方步等于一"实"亩这一标准，地册的折算普遍展开。已被折成稻田的旱地或山地、已被折成田地的池塘重新被登记入册，归入更高的税类中。这些丈量大多显示，耕地面积大量增加，不过偶尔有因新丈量而面积减少的情况，这可能是因为使用了新的测量标准，或是由于改正了原来的不正确的数字。

虽然存在着世界任何地方的地籍测量都有的不一致和问题，但是通过在 16 世纪 20 年代把新的丈量推广到全国，许多积极的结果随之产生了：许多可靠的地籍资料——"实赋役"簿——被编制，文契也被颁发了。

此外，这次测量的重要历史意义由于以下的事实而更加突出：所有清代的数据最终都溯源于它，只是作了若干调整和豁免，这是为17 世纪中叶的战争破坏作出的补偿。遗憾的是，张居正的大部分政策在他死去的那一年内被废除。结果，由于这一废除，新数字不必上报中央政府（因为丈量的公开目标不是增加税赋份额），现在只能找到这次丈量的几个省的合计数和几个地方的数据。我们缺乏明代全国性的县一级的耕地面积数字并不意味着明代官员和地方民众不能利用这些数字，也不是说这些数字对他们没有用。

在耕地面积下的计算

如上所述，1400 年的数据都不如《图书编》提供的耕地数字。对 1578 年的数字，万历版《大明会典》中保存的张居正之前的数据可以利用，但要进行前面讨论的再估算。至于 1581 年的张居正测量的新数据，各省耕地的增减已经知道。在有几个省，"旧"数字与新的总计数并存。但这些"旧"数字存在一个问题。它们与已知的更早时期的数字常常不符。因此意味着"旧"数字要用新采用的"小亩"作为标准来重新衡量，"小亩"自古以来就是应税的土地单位。其间这些数字或许是局部存在、并且从 16 世纪 20 年代经过多次新测量得出的"实"数，但因为未被官方采用而在 1578 年的《会典》中被删除。[1]

以各省 1600 年应税土地面积的分布数作为衡量基准，根据 1400 年和 1766 年的土地面积数据进行线性推断，并把这些数字与各省 1581 年至 1582 年似乎是最可靠的耕地面积数联系起来，我们可以算出列在表 9-3 和表 9-4 中的耕地面积。[2] 通过把这些数字与此前的人口估计数进行对比，就能得到每人所占耕地之比，比率列于表 9-5。

---

[1] 遗憾的是，我们没有全国的合计数；在许多地方，我们只能看到"顷数大增"之类的叙述，这就必须要我们使用最佳的旧数据。赵冈和陈钟毅在其《中国经济制度史论》和樊树志在其《万历清丈》一文中都未做这一工作，他们使用的是《大明会典》中错误的"洪武"数字。我个人对这里使用的"旧"和"新"的解释是："旧"指已在册的所有土地，但常经过再测量；"新"包括上述土地以外新登记的土地。这一解释可以解答许多"旧"数字超过了任何更早时期的数字这一事实。

[2] 我在这里使用的推断法通过以下方法进行：把一些省份（我们已掌握它们的多少可靠的合计数）与这些省份耕地总面积计算出的百分比（根据明初和清中叶的数字得出）进行比较。其他省份的数据也据此得出。

表9-3 　　　　　　　　明代早期可利用的耕地面积数据　　　　（单位：千顷）

省　份	根据《诸司执掌》面积	根据《图书编》面积	根据《图书编》的％	根据《大明会典》(1578年)的万历面积
南直隶	810.2	696.7	16.23	773.9
北直隶	269.7	274.0	6.23	492.6
浙江	517.1	472.9	11.04	467.0
江西	431.2	402.5	9.38	401.2
湖广	209.0	209.0	4.87	236.1
山东	724.0	555.9	12.95	617.5
福建	146.3	135.3	3.15	134.2
山西	418.6	391.6	9.12	368.0
河南	416.1	416.3	9.70	741.0
陕西、甘肃	315.3	203.7	6.14	292.9
四川、贵州	112.0	107.9	2.51	140.0
广东	237.3	255.8	5.96	256.9
广西	102.4	92.5	2.15	94.0
云南	无数字	17.3	0.40	18.0
合计	4709.2	4292.4	100.0	5033.9

　　资料来源：除了南直隶和北直隶（都用1502年数字代替）及湖广（用《图书编》数字代替），《诸司职掌》的数据取自表乙（30页），载梁方仲：《中国历代户口》。《图书编》数据取自表乙（31页），载梁方仲：《中国历代户口》。

表9-4 　　　　　　　　晚明耕地面积"毛估"数　　　　（单位：千顷）

省　份	根据《实录》的旧数字	根据《实录》的增加数	1580年前后的面积	1812年起的面积	1812年％	1600年前后估计的％	1600年前后的修正面积
南直隶		41.0	814.9	1135.3	14.80	15.51	1445.4
北直隶		33.0	525.6	741.4	9.66	8.02	747.5
浙江		45.9	512.9	465.0	6.06	8.55	796.6
江西		61.5	462.7	472.7	6.16	7.77	723.8
湖广	364.4	542.3	906.7	921.0	12.00	8.44	786.0
山东	800.8	365.8	1166.6	986.3	12.86	12.90	1202.2
福建			134.2	136.5	1.78	2.47	229.7
山西		22.5	390.5	552.8	7.21	8.16	760.6
河南	1007.3	44.4	1051.7	721.1	9.40	9.55	889.6
陕西、甘肃	472.6	31.0	503.6	543.6	7.09	6.61	616.2
四川、贵州		275.6	415.6	493.2	6.43	4.47	416.6
广东	266.4	71.2	337.6	320.3	4.17	5.07	472.1
广西		0.8	94.8	90.0	1.17	1.66	155.0
云南			18.0	93.2	1.21	0.81	75.4
合计	2911.5	1535.0	7335.4	7672.4	100.0	100.0	9316.9
被考虑为比较可靠的几个省			3966.2	3492.3	45.5	42.57	3966.2

　　资料来源：关于《实录》的数据，见赵冈等《中国土地制度史》中之表2.6；合计数是我算的。1812年数据取自梁方仲：《中国历代户口》表乙（61页）。1600年前后估计的％根据《图书编》和1812（1800）年数据算出。

表 9 - 5　　　　　　　明代每人耕地面积估计数　　　　（单位：亩/人）

省份	1400	1600 (假设A)	1600 (假设B)	1936	平均变化 1400—1600 (假设A)(1)	(假设B) (2)	平均变化 1600—1925 (假设A)(3)	(假设B) (4)	(1)—(3) (假设A)	(2)—(4) (假设B)
南直隶	6.5	3.3	2.6	3.8—2.5	−0.33	−0.45	−0.02	0.05	−0.32	−0.50
北直隶	14.2	5.9	4.6	4.2	−0.44	−0.56	−0.10	−0.03	−0.34	−0.53
浙江	0.45	2.9	2.3	3.7	−0.23	−0.35	0.08	0.15	−0.31	−0.50
江西	4.5	3.0	2.4	3.5	−0.20	−0.32	0.05	0.12	−0.25	−0.43
湖广	4.4	3.3	2.6	2.7—2.5	−0.15	−0.26	−0.07	0.00	−0.07	−0.26
山东	10.6	6.3	5.0	3.7	−0.26	−0.38	−0.16	−0.09	−0.10	−0.29
福建	3.5	1.9	1.5	2.4	−0.30	−0.41	0.07	0.14	−0.37	−0.56
山西	9.6	6.3	5.0	7.4	−0.21	−0.33	0.05	0.12	−0.26	−0.45
河南	21.8	8.0	6.4	4.2	−0.50	−0.61	−0.20	−0.13	−0.30	−0.49
陕西、甘肃	11.4	4.9	3.9	5.0—5.4	−0.42	−0.54	0.02	0.09	−0.44	−0.63
四川、贵州	7.4	3.6	2.9	2.8	−0.35	−0.47	−0.08	−0.01	−0.27	−0.46
广东	8.5	4.0	3.2	1.1	−0.38	−0.49	−0.40	−0.32	0.02	−0.17
广西	6.2	3.0	2.4	2.8	−0.36	−0.48	0.05	0.05	−0.34	−0.53
云南	6.7	3.3	2.6	2.8	−0.36	−0.47	0.05	0.02	−0.31	−0.50
合计	5.0	4.1	3.2		−0.11	−0.23			−3.67	−6.28

注：1400—1600 年和 1600—1925 年之间的（负）年增长的总差别在假设 A 栏是最低的。

资料来源：根据前面表 9-1 至 9-4 计算。

上列表的材料似乎指明，中国北方和南方之间人与耕地亩数之比的巨大差别在明代开始时随着时间的推移在逐渐变小。实际的人口对土地压力问题似乎在 19 世纪中期发生太平军起义的区域已经很尖锐了：起义造成的破坏使 19 世纪晚期的数据较难与明代和清初期的状况相比较。到晚明时期，中国人口相对地说显然已经过多。中国人均拥地数明显地证实这一点。赵冈提出 1109 年每人有地 5.45 亩，1748 年为 3.96 亩。我们使用的数字指出 1400 年之比是每人 5 亩，而早在 1600 年的几个数字是在 4.1 亩和 3.2 亩之间。从翰香声称，明初江南已经有巨大的人口压力，从而导致了农业的集约化和分散化①，这

① 见从翰香：《论明代江南地区的人口密集及其对经济发展的影响》，载《中国史研究》，3（1984 年），第 41—54 页。"集约化"指单位面积增加劳动投入，"分散化"指种植多种作物，特别是经济作物，使单位面积产量（货币的）价值增加。

不是夸大其词。虽然这里提出的估计数的根据是比以前更可靠的数据，但它们依然是假设性的。不宜根据它们作出深远的推算。此外，为了对土地上的人口压力作出分析，原始的人口和土地数据必须补充农产品剩余的分配、产品价格和土地增产情况等材料，而这些因素都是难以衡量的。有人可能争辩说，1600 年浙江每人 2.9 亩地能过得比 1400 年每人 4.5 亩地更好，但这也不能真正肯定，还要取决于物价变动等诸多其他因素。① 明代商品价格史的研究仍处于初始阶段，可能还未成熟。

价格和货币

物价水平是最常用于衡量经济活动的指数之一，但只有把物价史置于总的经济背景下研究，才能显示其全部意义。脱离其他经济因素而考虑物价，只能取得很少收获，物价毕竟在一定程度上反映了可使用的贵金属的数量：如果有更多的可用的贵金属，即使没有其他经济变化（不过这种情况很少发生），物价也会上涨。在收成欠佳时，食品价格也会临时上涨，当人地之比恶化而产量没有提高时，物价就长期上涨。这些因素对社会上的不同活动和集团有不同的结果。

当然，陈旧的货币学观点已被抛弃，它认为 16 世纪欧洲富有活力的经济完全是美洲白银大量流入的结果，17 世纪晚期的萧条是白银流入减少的反映。其他因素，诸如战争、饥荒、信用设备的可利用程度以及收成的好坏，证明至少与白银的流入一样重要。② 首先，对

---

① 德怀特·珀金斯使用很不准确的方法，根据他的一套人口和耕地估计数大致计算了土地生产力。但是为了做到这点，他假设一个不变的人均农业产量，但任何对经济生活曲线感兴趣的历史学家都不会这样做。此外，这种假设直接与这个时期估计寿命缩短的现象有矛盾，也间接地与所有的文献数据相违背，这些数据显示在有的时期经济上升，在其他时期则经济衰退。当然，我们自己根据线性统计算出的人口和土地估算数当（或如果）有更能说明问题的曲线可以利用时，也应修改，因为它们与总的经济结合体有关。

② 米舍尔·莫里内奥：《不可靠的传闻——16—18 世纪荷兰传说中美洲返回的财宝》；《阿姆斯特丹式奴役——物价史的东方的反映?》，载《经济、社会、文明》，23，第 1 期（1968 年 1—2 月），第 178—205 页。

贵金属供应与货币的关系，其次，对货币供应与价格的关系都要作出比以往理论预料的远为细致和经验主义的探究。[①] 世纪末，大量增加的货币能买到的东西比世纪初要少。[②]

如果我们需要评估中国从 16 世纪中叶起在世界白银网络中所起作用的近期看法，上述引言是很重要的。的确，白银的进口及与白银进口有关的兴衰一点也不能低估。1540 年至 1600 年期间，中国白银的年进口量从 4 万公斤至少增至 15 万公斤，大大地超过了国内的白银产量。当然，白银的进口对经济交换有利，否则就不会进口。但是把白银的进口数量和周期看成是经济活动周期的直接原因是错误的。欧洲的事例已经说明这一点。

此外，我们甚至缺乏一般的经济数据，以便与欧洲的（或者日本的）物价系列进行哪怕是关系很远的比较；鉴于上述的异议，我们不能无保留地使用白银进口数，或中央政府太仓财政库的白银收入来代替所缺乏的材料。[③]

在收成不佳时食品价格上涨的现象并不令人吃惊，同时期棉价下降这一不那么众所周知的事实也是如此。但是这些现象的确指出，欧洲社会经济史学家的几大发现也适用于中国：如收成的好坏在短期内对价格有重要影响，以及前近代的经济剪刀差模式对中国也有效。[④] 我们掌握的少量关于大米产量或国家的白银收入的经济数据以及类似的数据，必须被置于这种总的经济和社会背景中加以考虑才有意义。

---

① 以厄尔·J. 汉密尔顿命名的所谓汉密尔顿假想，见《1501—1650 年美洲财富和西班牙的价格革命》（坎布里奇，马萨诸塞，1934 年）。

② 盖杰明提供了北京这种情况的几个例子，见《明代的北京》（普林斯顿大学论文，1979 年）。

③ 关于更多的材料，见威廉·S. 阿特韦尔：《约 1530—1650 年国际银块流与和中国经济》，载《过去与现在》，95（1982 年 5 月），第 68—90 页；本卷他撰写的《明代中国与新兴的世界经济》；魏斐德：《中国和 17 世纪危机》，载《晚期中华帝国》，7，第 1 期（1986 年 6 月），第 1—26 页；及其《大事业》，第 1—8 页。

④ 在这种情况下，当食品的非弹性需求因高粮价而引起货币需求的增加，而用于弹性需要的产品的货币供应就减少；这些因素在短期内比假设的平衡更重要，根据这种平衡，货币供应直接地和不变地与物价水平有关。

缺乏数据使这项任务难以完成，但这是处理这个问题惟一可能的途径。

我们只能大致叙述关于货币供应的不完整的材料。在明朝开始时，洪武帝试图推行纸钞制，但纸钞既不能交换，又没有白银做后盾。为了保证纸钞流通，铜钱和银块都被禁用。出于同样的原因，明代的税制虽然基本上要求以实物缴付，但有时也容许以铜钱和银子代替，但不许用纸钞，为的是使铜和银退出流通。纸钞被大量印发。[1]铜钱供应紧张，因为在宋代提供 95％的供应的铜矿已被开采殆尽。[2]铜的短缺使铜钱稀少，因此价值提高。[3]

过度印发纸币通常被认为是失信于民的原因。但是如果谨慎地加以利用，没有理由认为纸币不能代替铜和银。在某些时期，例如在1425 年前后，政府似乎几乎要推行一种制度，如容许以 70％的纸币和 30％的铜钱缴纳商业税。

但是在货币结构中存在几大矛盾。官员和士兵的薪俸都以纸币支付，薪俸的数量也不以物价水平为指数。物价上涨虽然不一定在经济上有破坏性（恰恰相反），却对推行纸币流通政策的官员没有好处。[4]1433 年，开始容许以部分白银缴税，这样较纸币少受通货膨胀的影响；1436 年，更扩大到以银缴田赋，和矿工与工匠的以银代役。但这些准许都不表示政府试图用银本位来代替政府规定的纸币制的理想。

官员和诸如参与北方边境开中法贸易的巨商，发现使用白银很有帮助，因为它量小价值又高。数额巨大的白银比大量的铜钱更易运

---

① 例如，在 1390 年实际增加 7500 万贯，理论上面值一贯的纸钞相当于 1000 枚铜钱。1390 年的市值是约 4 贯可购米 1 担。见黄仁宇：《税收》，第 69—70 页。

② 见伯恩德·埃伯斯坦：《明代的矿业和矿工》，载《东方自然和民族学会通报》，57（汉堡，1957 年）。

③ 面值 1 贯的纸钞贬值到 160 文铜钱。

④ 历史学家李剑农指出，因犯正规的付款赎罪也未用价格指数，使犯人因不调整通货而从中受益，见其论文，英译文为《明代的物价管理和纸币通货》，载孙任以都等编：《中国社会史论文选译》，美国学术团体理事会——中国及有关的文明研究，第 7 期（1957 年），第 281—297 页。

输，因此白银对进行大宗交易更有帮助。可是白银不是经常用于日常交易，因为数量不够，而且长期以来白银价值高，不适合购买低价物品。严格地说，白银也不是通货。它未被铸成银币，因此，它比西方来仍然更是商品中的商品；是否要多开采白银，受制于总的市场条件。虽然尚未作适当的调查，但似乎可以合乎逻辑地假定，增加（但有限度地）使用白银[①]，对纸钞的流通有负面的影响。

15 世纪 50 年代，徭役从服役转为付钱，同时缴税也从以实物缴纳转为以货币缴纳。那时指定使用铜钱。直到 16 世纪 20 年代，最底层的征税才使用银子。

由于铜和银基本上用于不同的部类和经济的不同层次，铜的供求变化并不一定意味着银的供求变化。因此，当把取自不同史料的物价进行比较时，当代的历史学家必须断定（显然并不一定可能），价格是以白银标明和支付，还是以白银标明而以铜钱支付（还要断定是以官方的银铜兑换率计算，还是以市场兑换率计算），还是以铜钱标价又可能以铜钱支付。随着白银进口量的增加，特别在开采波托西银矿以后，白银作为经济交换的媒介很可能深入原先使用铜钱、纸钞、布或进行物物交换的各种经济部类。考虑到征税方式的所有变化，我们必须作出如下的论点，即表示政府在不同时期收进太仓国库的白银数量（最多年份为 1570 年和 1621 年，最低年份为 1590 年）的曲线甚至不能被认为是那些年份总的经济状况的近似标志。

大体上可以这样说，白银在政府收入中终于起了日益重要的作用，它缓慢地代替了实物税。1631 年政府收入的白银是 1618 年的两倍，1642 年又是 1631 年的两倍。至于它值多少，有一种对明末白银总供应量的奇怪的计算：晚明户部的一名低级官员蒋臣估算有 2.5 亿

---

① 滨口把 0.1 两作为起点，价格高于 0.1 两就使用银。见滨口福寿：《明代银纳批判论考》，载《木村正雄退官纪念东洋史论集》，木村正雄先生退官纪念事业会东洋史论集编集委员会编（1976 年），第 279—288 页。又见其《隆庆万历的钱法的新发展》，载《东洋史研究》，31，第 3 期（1972 年 12 月），第 73—92 页。

两，其中包括餐具和饰品。[①] 由于没有更早时期的可比数字，所以无法知道货币供应是否能与人口增长和物价水平保持同步。

除了这些应注意的事项，还有甚至更加令人遗憾的情况，因为我们很难取得明代不同商品价格的资料。官方不合理地固定的价格表确实存在，但只是从 1570 年起，才一年调整两次。但这些价格表一份都没有保存下来，所以我们不知其价值如何；可能价值不大，因为所列的价格可能是商人作为部分税赋必须卖给政府的售价。[②] 彭信威提供的物价最频繁地被采用[③]，但这些物价来自全无联系的数据，所以即使是最易轻信的物价史学家也不应过于相信它们。根据这个证据，卡蒂埃尔指出 1400 年前物价急剧上涨，此后直至 1430 年至 1450 年物价下降，在 1500 年前逐渐复原，高物价维持到 1610 年，此时物价已是早期的 3 倍或 4 倍。[④] 北方另一个粮食价格系列表现为其价格持续上涨，但那里的粮食供应日益恶化，这是开中法贸易制度和商人屯田的变化所致。[⑤] 也许我们只能这样说，在 16 世纪 40 年代前后或 70 年代前后当白银开始增加进口时，总的说物价似乎没有突变。[⑥]

---

① 寺田隆信：《明末银的流通——评蒋臣的钞法》，载田村博士颂寿东洋史论丛，田村博士退休纪念事业会编（京都，1968 年），第 407—421 页。黄仁宇对这一低数字感到惊奇，它一定制约了晚明的经济；但我们务必记住，欧洲也总是缺乏足够的货币。见黄仁宇：《从〈三言〉看晚明商人》，载《香港中文大学文化研究所学报》，7，第 1 期（1974 年 12 月），第 165 页注 291。

② 1578 年的一份物价表仍反映了铜和银的有限供应，李剑农称上面的价格"低得出奇"。

③ 彭信威：《中国货币史》（上海，1958 年），第 497—498 页。黄冕棠提供了另一篇有帮助和令人难忘的明代物价汇编，见其《明代物价考略》，载其《明史管见》（济南，1985 年），第 346—372 页。但据此也难以推算实际的趋向。

④ 见米歇尔·卡蒂埃尔：《14—17 世纪中国的物价史》，载《经济、社会和文明》，24，第 4 期（1969 年 7—8 月），第 876—879 页。

⑤ 从 1440 年至 1489 年，平均价格为每担 0.49 两；从 1490 年至 1539 年为 1.75 两；从 1540 年至 1589 年为 2.66 两；从 1590 年至 1639 年为 3.56 两。见寺田隆信：《山西商人研究——明代商人的商业资本》，东洋史研究丛刊，25（京都，1972 年）。

⑥ 黄仁宇的《税收》没有充分证据就认为除了 16 世纪 70 年代至 80 年代，16 世纪的物价是稳定的。他坚持，以后的物价上涨肯定不仅仅是由军事征战引起的。

农村行政:征税和农村社会秩序

组织民众

导言:里甲制

除了一些很地方化的和个别的印象外,只能利用一些间接资料,来帮助我们了解明代开始的一个半世纪的农村社会。大部分保存下来的可利用的资料来自政府、国家建立的有关地方控制和税赋的制度,以及这些制度的逐步演变。因此,这里我们将集中论述里甲制的变化,以期把这一制度当作"真正"社会的变化的间接指数。但是,如果国家在其农村控制的制度中遇到的问题显示出社会的变化,我们还必须承认里甲制本身对社会发展施加了影响并引起了变化。不同的社会群体占有不同的社会地位,并在面对制度时经历了不同的命运。里甲制还提供了各种各样的机会,不同的社会—经济群体可以利用它们从统治机制中获益,或者逃避这些机制。

众所周知,在明代,里甲制是落实政府与农村社会关系的基本工具。在纸面上,一里包括 110 户。里中最富裕的 10 户的负责人称里长,所剩的 100 户分成 10 甲,每甲 10 户。里长任期一年,与甲首(其位置也轮流担任)一起轮流担任,里甲头头的全部轮换在 10 年内完成。① 我们在下面将会看到,里作为真正的村社和作为行政单位,两者之间总是存在着紧张关系。

明朝的各种官方制度汇编对里甲组织的描述不完整,而且含糊不清。例如,还不清楚在特定的年份,一年一换的里长究竟由每 10 个甲的一名轮值甲首协助工作,还是由一个甲中全部 10 户协助工作,

---

① 甲首的意思似乎是"一甲之首",这意味着每甲每年一名甲首,但还有其他明显的例子,即甲首用于 10 甲的全部 100 户,而不单单是正在任职的人。在这个意义上,它相当于花户。

441

这个甲作为一个集体，每年将被另一个甲代替。① 在有的地方，一个甲似乎由 11 个户组成，其中包括一名受甲首指导的不在任的里长。② 里甲制的真实机制在这类问题上依然是不明确的，尽管在政府主持的汇编中列有简单得易令人误解的指示。近来，学者们就一系列社会问题展开辩论，其中两个问题是：里甲制与社会整体是如何发生关系的？里甲制打算达到的社会目的是什么？一般地说，辩论涉及里甲制的基本目的究竟是否想通过有意绕过甚至根除原先在农村社会存在的自然村社，来实行权威性的控制③，或究竟这个制度是否基本上只是合理地组织起来的征税（实物税和徭役）的和地方司法的形式，它承认和利用原先存在的社会机构。④应该注意的是，要官方在诉讼中承

---

① 如果此里是一个大村，这种区别是微不足道的（在这种情况下，甲的意义完全可以从第一种情况变成第二种情况），但在一个甲相当于一个小村的许多地方就有明显区别；在这些情况下，甲涉及超村落的关系：里长究竟由一个小村协助工作，并与它一起监督其他小村，还是由每个小村的一名村长协助工作。

② 在确定里长已经形成了一个显然以地位为基础的阶层，还是与普通村民难以区别的人时，这个因素很重要。

③ 小山正明持这个观点，见其《赋役制度的变革》，载《东亚世界的展开》，《岩波讲座世界历史》，12：中世 6（东京，1971 年），第 313—345 页；《亚洲的封建制——中国的封建问题》，载《现代历史学的成果和课题 2：共同体、奴隶制、封建制》，历史学研究会编（东京，1974 年），第 119—136 页；《明代华北赋役制度改革史研究之探讨》，载《东洋文化》，37（1974 年 3 月），第 99—117 页。又见韦庆远：《明代黄册制度》；有时还可参阅栗林宣夫：《里甲制研究》（东京，1971 年）。

④ 这是日本所谓的"共同体"争论，几个不同的传统学术观点都参与和发挥作用。有的作者认为共同体是一个"民主的"自治村落，里面充满了互助和社区活动。相反，其他作者认为，真正的共同体社会是国家维持的封闭的岛屿，以便更有力对它们进行剥削，因而它们就成了向近代发展的障碍，但是其他的战后学者则重新界定共同体的概念，使之包括牢固的阶级界线：例行的合作在地主或国家领导下进行，以便使小农处于服从的地位。

　　上述许多观点即便不在理论上或修辞学上，也实际上已被纳入鹤见尚弘、川胜守、滨岛敦俊等作者关于里甲制的多方面的见解中。我希望在这一章中明确，我不认为在里甲制的"自然的"和"行政的"职能与其起源之间一定有矛盾。关于几篇优秀的全面论述，见鹤见尚弘：《明代的农村控制》；《旧中国共同体诸问题——明清江南三角洲地带》。川胜守：《中国封建国家的统治结构》的导言，又见第 2 章。滨岛敦俊：《明代江南农村社会的研究》（东京，1982 年）。多田捐介：《战国秦汉时期的共同体与国家》，载《史潮》（新），2（1977 年 7 月），第 16—33 页。旗田巍：《中国村落与共同体理论》（东京，1973 年），第 1 章。木村础：《共同体的历史意义和讨论》，载《史潮》（新），2

认某人的土地所有权，他就必须在里甲组织中正当地进行登记。

虽然仍存在巨大的意见分歧，但认为里甲制是上面强加给社会的强制的和完全是人为的结构的观念几乎被放弃了。现在出现的一种普遍同意的意见是，由于政府自身根本不能在自然村社体制上强加一个做出决断的机构，里甲制就与自然的社会单位合而为一，否则国家在委派为它征税和行使其他职能时，这些单位就会被置之不理。与有些早期的观点相反，里仍不被认为是一个基本上民主的地方单位。因为它本质上是一个打算利用地方领导人为政府利益而不是为里内成员的利益服务的机构。[1]总之，在中华帝国没有真正的"村社民主"，不过原先存在的村落仍构成国家最基层的基石。鹤见尚弘贴切地道出了里甲的特点，他说里甲作为征税、农村控制和提供社会再生产的必要手段的制度，通过已有的社会分工行使其职能；而社会再生产手段则包括能使村社本身长期生存下去的公共服务、互助等行业。

明代的制度之前还有几种形式。在元代理论上每乡任命一名里长，县以下的每个乡镇都可任命几名书手或主首。[2]选择的标准是这些人比较富有。在北方，盛行稍为灵活的社会制度，每社包括的户多达 50 户。社被指望与用于宗数、礼仪和农业目的的社部分重叠，和补充后者的不足。随着新里甲制的实施，这些原先存在的单位大多被纳入其中。

事实上，要从原先存在的旧制度残余中清理出在新的明代制度下建立的县以下行政体制并不都是可能的。在山西，里甲的名称早在 1369 年至 1371 年期间就存在了，它在那里是伴随着土地开垦行动出

(1977 年 7 月)，第 2—15 页。关于许多有关的详细内容，见杰曼·A. 霍斯顿：《马克思主义和战前日本的发展危机》（普林斯顿，1986 年）。关于社会学调查的内容，见福武直：《中国农村社会的构造》，再版为《福武直著作集第九集》（东京，1976 年）。英文著作，见福武直：《亚洲农村社会：中国、印度和日本》（西雅图，1967 年）。

[1] 见萧公权：《19 世纪中华帝国对农村的控制》（西雅图，1960 年）。

[2] 例如，见金钟博：《明代里甲制度》，第 2 章。

现的。①

把 1381 年以后里的数量和名称，有时再把它所辖的范围与更早期的县的区划外形进行比较，就能看出大部分里的基础是宋元时代的区划。情况似乎是，在没有达到官方指标数 110 户的地方，就合并原先存在的较小单位或分割较大的单位，来设立新的单位。没有完全重新标定能形成新组织实体的所辖范围。有迹象表明，甚至旧地域的小调整也是在 1381 年前进行的。例如在 1375 年，全国正式奉命为每个约 100 户的宗教群体建里社坛和乡厉坛，这说明里甲也许不过是这些社区般群体的职能的延伸。②

里甲制在 1381 年被正式公布实施，不过里甲制的结构在此以前已部分地在不同地方存在。里甲制以用户数衡量的单位而不是用面积衡量的单位组成，这反而是正常的，因为第一次土地丈量直到 1387 年才进行。这次丈量的结果是，1391 年政府对新制度的界说的措辞作了一些小的修改。关于里甲对农村社会的关系，将在讨论赋税义务以后进行探讨，因为赋税义务是实行里甲制的主要目的。③

里长凡 10 年一周，任期一年。为了区别于不在任里长，称之为现年，不在任者称之为排年。里长在任时，其主要的职责是，监督征收每年夏秋两季的税赋。在这一层里甲的管理中，对税额的责任能导

---

① 山根幸夫：《明代徭役制度的发展》，他是最早指出这个情况。又见鹤见尚弘：《明代的农村控制》和《元末明初的鱼鳞册》，后者载《山根幸夫教授退休纪念明代史论丛》，明代史研究会、明代史论丛编集委员会编（东京，1990 年），第 665—680 页；川胜守：《中国封建国家的统治结构》，第 1 章。可是大部分作者不相信 1381 年前普遍存在文中的任何一种制度，例如，见张哲郎：《明初的地方控制，1368—1398 年》（明尼苏达大学论文，1978 年）。

② 英文著作，见张：《地方控制》。更多的资料可在下列著作找到：栗林宣夫：《里甲制研究》；和田博德：《里甲制与里社坛及乡厉坛——明代的农村控制和祭祀》，载《悼念前田信次先生论文集》，庆应义塾大学东洋史研究室编（东京，1985 年），第 413—432 页。

③ 关于支持一个知县观点的某些人的看法，见托马斯·G. 尼米克：《晚明的县、知县和衙门》（普林斯顿大学论文，1993 年）；黄六鸿：《福惠全书》（1694 年），章楚译成英文（特斯康，1984 年）。

致一种事实上的包税制。① 其他的里长正式职责包括维持地方秩序，仲裁争端，保持和编制黄册。这些任务中，有的得到粮长、里老和其他人员的协助。官方规定，里甲的领导资格依照财富的多少按顺序排列。最富有的里长可能在黄册每 10 年一次的修改年份担任。② 但最可能的是，在明代开始时定的顺序在王朝的其余时期继续采用，不再修改。③

关于轮值的里长还要负责征收额外的皇帝花费以及用于公共开支的资金的时间问题，一些权威人士的意见多少不一致。④ 无论如何，这项额外的工作很快变为沉重的负担，这些征收的项目可以包括动物、裘皮、鸟禽、地方的美味佳肴、药品、颜料、文房四宝、茶、漆器和各种军需品。征用物品并非都是土产品，因此常常要靠市场才能取得所需品的物品。⑤ 另一种特殊支出（用于公共开支）为送礼、春节贡献、祭祀和礼仪支出，科举生员赴试路费、防疫药品供应、对从省一级衙门直至当地县衙门书吏的补助。⑥ 在那些没有邮递站服务的地方，全部在任的里甲长，包括甲首，必须承担提供运输征用物品的人畜的费用。⑦

从一开始，这些特殊征用的管理显然与征收税赋的职责相似：里长负责提供所要求的税赋，但这些税如何缴纳，或者税赋如何在全部或一部分村民中重新分摊，则没有说明。一个经常引用的规定指出，

---

① 见松本善海：《明代》，载和田清编：《中国地方自治发展史》（东京，1939 年），第 99 页，他的观点在他死后出版的论文集中得到更充分的发展。见松本善海：《中国村落制度史的研究》（东京，1977 年），特别是第 100—139 页和第 459—587 页。

② 甲有几种不同的顺序：重要的是，户的男人在快到 10 年一次修改表册时期的期末达到服役年龄（16 虚岁）时才被登记而在以后的年份服劳役，这样他们就可以尽快地被征服役。例如见奥崎裕司：《中国乡绅地主研究》（东京，1978 年），第 6 章。

③ 田中一成：《中国祭祀演剧研究》（东京，1981 年），第 2 部分，第 1 章。

④ 山根幸夫：《明代徭役制度》，他假定了较早的时间；岩见宏定的时间稍晚，见《明代徭役制度研究》，载《东洋史研究丛刊》，39（京都，1986 年）；黄仁宇在《税收》中认为这种情况在 1550 年后才发生。黄定的时期肯定太晚。

⑤ 特别是见岩见宏：《明代徭役制度》、《嘉靖年间的力差》，载《田村博士颂寿东洋史论丛》，田村博士退官纪念事业会编（京都，1968 年），第 39—56 页；山根幸夫：《明代徭役制度》。

⑥ 栗林宣夫：《里甲制研究》，第 2 部分。

⑦ 小山正田在《赋役制度的变革》和《亚洲的封建制》中强调了这些"剥削性"的征用。

在任的里长必须提供 30％的税，他下面的 10 名甲首应提供余下的 70％；但已知这个原则有各种不同形式：从里长负责全部征用的形式到全部征用负担转到全部里的形式。

伴随着这些所谓的正役①职务，产生了杂役②的需要。杂役包括：在县或府治地需要时为中央政府履行的各种劳役；协助邮递专业户完成邮递站的运输任务；规定地方法律和维持秩序；处理工匠的要求；在征收和运输漕粮时提供帮助。③ 明朝初期，这些任务并不繁重；它们通常每年从各在任的甲首中最多抽出三四个当地的户去应征，其他的户则免去这些义务。④ 免服实际徭役的特权，或者后来免除缴钱或实物以代替徭役的特权（它们最终在破坏里甲制方面起了很大的作用），在法律上不适用于里的正役。

在黄册中，所有的户根据 3 种主要类别——民、军、匠——来划分，少数人则归于其他类别。⑤ 不是户的实体也必须在里甲中登记。

---

① 正役包括与在任的里长或甲首有关的职能。在法律上，这些职能始终不能豁免徭役，只有杂役才能免除。因此就出现了争论，即究竟后来发展起来的社区职务，诸如村中的耆老、塘长、书首或总甲等——它们有的是从里长的职务派生出来的——应算作正役，还是应算作杂役。

② 这些"杂"役可能是很"正规的"：杂役名目很多，但也不是无限制的，而且每种杂役很快就有明确限定的份额。这些职能有的已经地方化了，但大部分职能即使不一定在全国，也在大片地区非常相似。因此，杂役为"非正规"的说法是错误的；真正非正规的劳役可能与公共工程有关，常常是有关治水和修路的劳役。有关这些劳役的材料不是很多，这也许是因为它们很容易被认为是必不可少的，所以引起的抱怨较少，也许是因为它们由大得多的民众群体承担，从而减少了每个人的负担。

③ 山根幸夫：《明代徭役制度》。

④ 据山根幸夫和我所见的许多史料，只有有地者服杂役。但是根据明代法律，每个成年男丁都应服徭役。例如，见张显清：《明代官绅优免和庶民"中户"的徭役负担》，载《历史研究》，2（1986 年），第 161—174 页。除了无地富商户的情况，或后来徭役以钱折缴并在全里重新分摊的情况外，实际服劳役的人数之低成了争论不休的问题。

⑤ 王毓铨坚持元代细致的户的分类制度被明代接收并严格执行。但他自己选出的量化史料表明大部分分类很勉强，他还指出在许多情况下，这种登记非常合乎人们需要，因为它可以免去他一切劳役的义务。例如，见《明代劳役制的几个显著特征》，载《明史研究》，21（1986 年春季刊），第 1—44 页；《明朝徭役审编与土地》，载《历史研究》，Ⅰ（1988 年），第 162—180 页；《明朝的配户当差制》，载《中国史研究》，Ⅰ（1991 年），第 24—43 页。我特别同意把这些勉强和零碎的不正规现象当成一个包容一切的严厉的专制制度的象征。

每座寺庙必须登记为一户，并履行相应的义务。甚至可能存在根本没有民户的里。① 军户和匠户，以及官员和书吏都免去服非正规劳役的义务。在军户占当地人口 50％ 的地区，豁免给由余下人口组成的户带来了困难。

里甲制的实施

根据最普遍使用的定义，里是"一个约有 110 个应税拥地户组成的地域上紧密的群体"②。如上所述，这些里的人口统计表始终难以符合实际情况。一个里一旦划定，它从此就作为一个永久性的地方群体。10 年一次的修正对已在里中登记的户的材料进行调整，而不再进行人口普查，以使记录也反映迁入本区的户的实际情况。

明代的里与其他可能原先存在的定居类型的群体的关系，在范围和内容方面都必须加以考虑。前面已经指出，关于明代的里的性质的最早的争论焦点之一是，它是否为有自己村落机制的原来存在的自然村，它是否故意不顾这些村落的区划，以便设立与"自然村"不同的"行政村"。

要弄清这一问题的一个主要障碍是，当代中国对定居地地理的研究仍处于西方一个世纪前的阶段。③ 可是村的平均面积、它内部的社会和政治的总体结构、它的宗教和其他传统，在确定其历史时是举足轻重的，与它的地形、经济基础，及与其他村落的关系一样重要。这些因素肯定影响了国家的控制，对我们历史学家来说是很重

---

① 如惠安的一个里。

② 鹤见尚弘：《明代的农村控制》。

③ 少数西方学者已经开始尝试对中国这方面的情况进行研究，如哈特默德·肖尔兹：《中国 18 个省的农村定居地》，载《汉学》，3（1953 年），第 37—49 页。此文仅探讨了不同少数民族群体之间的差异，而几乎没有再深入下去；最常提到的是陕西黄土区的窑洞。对中国本土，大部分作者把个人所知的有限的村落类型来代表全体村落。甚至有些作为农村社会学家而在西方受训练的中国学者，如杨懋春，似乎也在重复他在国外学到的村落类型，而不是面对中国自己的现实。见杨懋春：《近代中国农村社会之演变》（台北，1980 年）。

要的。①

虽然有的作者错把村落结构和组成中的区域变化解释为长期形成的现象②，但我们也不能假设近代的特点适用于明代中国。现举一例，各地方志描述的中国北方的主要特点是，大批的村落归属于一个里，而至迟在明初它应包括不到 100 户而不是接近 200 户。③ 因此，与晚清相比，明代地方的村庄似乎是很小的，只包括 10 户，最多到 20 户。北方村的平均规模从明初至晚清大为增加。在北方，也许由于水资源相对缺乏，从明至清的人口增长形成了较大的村落，从而更形成了村内的团结；而在南方，由于到处可以灌溉，定居地反而增

① 关于近期的、但仍不充分的概括，见濑川昌久：《华南村落的特色》，载《民族学研究》，47，第 1 期（1982 年 6 月），第 31—50 页；又见他的《中国人的村落和宗族——香港新界农村的社会人类学研究》（东京，1991 年）。施坚雅的有影响的市场类型研究主要取材于四川，被广泛地认为不是典型。见他的《中国农村的市场和社会结构》，载《亚洲研究杂志》，24，第 1 期（1964 年 11 月），第 3—43 页；24，第 2 期（1965 年 2 月），第 195—228 页；24，第 3 期（1965 年 5 月），第 363—399 页。关于批判作品，见普拉森吉特·杜阿拉：《文化、权力和国家：1900—1942 年华北农村》（斯坦福，1988 年）；黄宗智：《华北的小农经济和社会变化》（斯坦福，1985 年）；亚瑟·P. 沃尔夫：《社会等级和文化多样性——施坚雅的中国小农文化观点的批判》，载《中央研究院第二届汉学会议论文集（庆祝中央研究院院庆 60 周年）》，民族文化组编（台北，1989 年），第 311—318 页。米仓二郎：《东亚的村落》；中村治兵卫：《中国集落史研究的回顾与展望》，载《中国集落史研究》，唐代史研究会编（东京，1980 年），第 5—22 页；松本善海：《中国村落制度史研究》。这些不同类型的村落又以一种基于历史学的社会学方式进行研究，见下列典型的研究：戴维·福里：《中国农村社会结构：新界东部的宗族和村落》（香港，1986 年）；石田宽：《中国农村的历史和经济——农村变革的记录》，中国农村经济的历史展望（大阪，1991 年）；石田宽：《中国农村社会经济构造研究》（京都，1986 年）；又见查尔斯·艾伯特·利津格：《华北寺庙社区和村落文化的融合：取自 1860—1895 年直隶教案的证据》（加州戴维斯大学论文，1983 年）。

② 施坚雅的"开放的"和"封闭的"村落应解释为区域、地理和文化差别的产物而不是王朝循环的产物。例如，见濑川昌久：《华南村落的特色》。当然，在明清过渡时期村落在全国范围内看不是封闭的，而是恰恰相反。见施坚雅：《中国的小农和封闭的村社：一个开放和关闭的事例》，载《社会和历史比较研究》，13，第 3 期（1971 年 7 月），第 271—278 页。

③ 栗林宣夫：《里甲制研究》，第 1 章。又见川胜守：《中国国家的统治结构》。以下事实也许很重要：北方的一口井或南方的一个灌溉池塘平均归 5—10 户（一个甲？）的群体使用。明代的一个锄耕单位也是这个规模。见鹤见尚弘：《明代的农村控制》。

加，从而出现了更多的单族村落。①

虽然江南有可称为小镇的大村分成几个里的罕见例子，最常见的形式是一个里包括几个小村或低注地。因此，里不是最底层的"基本的自然"组织单位，它成了若干单位的地域集合体，这些单位在原先存在的单位的基础上组成，这样每个里就接近所定的 110 户的要求。在这些原先存在的社会单位内部的合作（特别是宗教和灌溉事务方面）有时出现在政府介入之前，有时在它介入之后。里的规模达到政府的组织要求通常不困难，因为存在的社会单位大到必须加以分割的情况并不多。地域广大的里在山西和陕西的一些地方似乎造成了问题。在这些区域，较小的里（为半里或曰里的一半，有的半里的户较少，有的是户较小）② 获准设立，以确保组成里的小村不至于分散。

有些区域，如广东的某个宗族结构很强大的地方，一个行政里的基础甚至是一个家族。③ 因此最常见的是，新里仍用旧名，并沿袭过去的社会形式。④ 尽管有这些先例，官方规定，里仍是用于行政目的、达到一定户数的单位。

在以后的几个世纪出现的关于土地测量和税赋的问题可以用如下的情况来解释：这些里原来紧密的地域与后来为各该里原来的户所占的分散的地区的差异愈来愈大。虽然一个里的原来成员已经迁出，它们仍保留着原来里的成员的身份。

在不同区域，对村落的侧重点有所不同。河南人吕坤（1536—

---

① 见上田信的《地域的履历》和《地域与宗族》指出的浙江移民类型。许多作者认为单族村落是次要的发展，见濑川昌久：《华南村落的特色》，或石田宽：《中国农村社会经济构造》。

② 唐文基提供了一个例子（湖广的兴国），1562 年那里有所谓的一分里：《明代赋役制度》，第 332 页。

③ 通过松田吉郎等人的研究，这种情况被搞清了。见松田：《明末清初广东珠江三角洲的沙田开发和乡绅控制的形成过程》，载《社会经济史学》，46，第 6 期（1981 年 3 月），第 55—81 页。

④ 栗林宣夫：《里甲制研究》；又见牧野巽：《有关中国宗族村落的分布的统计资料——剡源乡志》中地图 3，载《宗族与村落》，2（1942 年 3 月）；转载于《牧野巽著作集》第 3 卷《近代中国宗族研究》（东京，1980 年），第 265 页，对此有明确的阐述。

1618 年)① 把"人口里"界说为"买方里",即购进土地的纳税义务
将由买主正式所属的可能很远的里负担,而不归土地原来所属的里负
担。他把"地域里"界说为"卖方里",即购买的土地的纳税义务仍
由土地原来所在的密集的里负担,即使买主住在其他地方也是如
此。② 这些定义反映了一个迄今为止未能真正解决的长期存在的问
题。③ 这个问题在整个明清时期一直存在。试图根据土地位置(或另
一种根据居住地的办法)对人口进行登新或重新登记的大部分改革经
过几十年就不符合实际情况,除非材料经常加以修正才能避免这种缺
陷。④

作为社区的里甲

关于里作为一个自然社区还是作为一个人造的社区这一常带有政
治色彩的争论仍在继续。但更重要的是要反映村落内部真正的凝聚
力。中国北方和南方的村民有着与他们认同的村有关的某些权利。在
整个中国存在着村社寺庙和村社的宗教典礼;存在着提供村社放牧权
利的村社土地;村落在用水权方面是实体;村民在村落土地出售时有
优先购买权。⑤ 在明代出版物中,保存的村规⑥包括采伐烧柴、在池

---

① 传记见《明人传记辞典》,第 1006—1010 页。

② 清水盛光:《中国乡村社会论》。

③ 这两种制度的对立不一定像布鲁克所想的那样与"里"和"都"两词的用法相对应。
从一开始,里就被看作地域性的。例如见奥崎裕司:《中国乡绅地主研究》,第 98 页。

④ 又见杜瓦拉:《文化、权力和国家》;西德尼·D. 甘布尔:《华北村落——1933 年前的
社会、政治和经济活动》(伯克利,1963 年),它论述了 20 世纪初期类似的问题。

⑤ 见旗田巍:《中国村落与共同体理论》(东京,1973 年)。关于试图更正中国村落为无
定型这一观点的其他持修正态度的作者,见本书第 448 页注①所引戴维·福里、石田
宽和黄宗智的作品。

⑥ 如《三台万用正宗》。仁井田陞调查过许多例子,见其《元明时代的村规与小作证书
(一)——日用百科全书类二十种》,载《东洋文化研究所纪要》,8(1956 年),转载
于其《中国法制研究:奴隶农奴法——家族村落法(增订)》(第 1 版,1964 年;东
京,1981 年),第 743—789 页;《元明时代的村规与小作证书——新调查日用全书之
类二十余种》,转载于《中国法制研究——家族村落法(增订)》,第 790—829 页(原
为其 1961 年研究成果的一部分);《元明时代的村规与小作证书(三)——元泰定本
〈新编事文类要〉启剳青钱》,转载于其《中国法制研究——家族村落法(增订)》,第
671—693 页。后者的原稿日期为 1963 年。

塘和河道取肥、挖笋和割搂草等规定。在村社生活的许多方面，如提供基本的公共服务（筑路、建坝、造庙、建校等等），以及为了提高本村的地位去战胜和应付他村的竞争，都需要合作。由于人口的增加，这种村社的合作变得比以往更加需要。前面已经指出，村民付税，为的是提供个人不能做到的社会需要。① 此外，明代许多宗教典礼是以村为基础承担费用和组织进行的。

因此情况愈来愈清楚，整个里甲的概念从一开始就不打算切断原来存在的联系纽带，而是围绕着原来存在的社会单位的结合体进行工作，以使国家和务农的村民都能得益。作为赋役单位的里甲又是作为社会和村社单位的里甲。这种里甲在有些情况下可在自然村之上履行职责，但它们仍保持相当强的社会凝聚力。

也许是因为出生于一个穷村的农户，朱元璋采用的措施表明，他比任何中国皇帝更了解小农。他在实行许多恢复农业和利民的传统方法——诸如鼓励重新定居，帮助重新开垦土地，解放新立契约的奴隶，任命治农的官员②——的同时，还非常注意推动地方的宗教、村社、教育和司法等方面的活动。最早采取的措施之一是设立"里社"和"乡厉坛"，规定每百户设一个。为了完成这项措施，1375 年全国奉命合并原来存在的宗教会社。1369 年至 1372 年期间，向地方社会灌输道德价值观的"乡饮酒礼"在全国得到推广。它虽然没有取得广泛的成功或被人接受，但仍很流行，在以后几个世纪，有些地方依然进行这项活动。③ 1372 年，在 1381 年实行里甲制之前所称的"里长"奉命建造两种村亭：申明亭（地方犯法者受村社谴责的场所）和稍后的旌善亭（宣扬社会美德的场所）。这些亭堂甚至在实行里甲制时被

---

① 例如，见渡边信一郎：《中国前近代史研究的课题与小经营生产模式》，载《中国史像的再构成——国家与农民》，中国史研究会编（京都，1983 年），第 37—54 页；吉田宏一：《现代中国认识与中国史研究的视角》，载同一著作，第 1—36 页。

② 但这些措施不像存在的村社行使的方法那样有效，见森田明：《明代江南的水利和治农官》，载《福冈大学研究所报》，14（1971 年），转载于其《清代水利史研究》（东京，1974 年），第 417—449 页。

③ 见森正夫：《明末的社会关系，秩序的变动》，载《名古屋大学文学部三十周年》（名古屋，1979 年）。文中提到江苏南部的吴江。

重新整顿之前，可能已经在县以下的单位普遍推广。[①] 至于它们是否很好地发挥其作用，以及它们持续存在了多久，则有不同的看法。[②] 但其他材料则指出，它们没有完全消失，并且继续发挥重要作用。[③]

在皇帝颁发的称之为《大诰》（1385—1387年颁布）[④] 和《教民榜文》（1394—1398年颁布）的著名汇编中关于里老制、授给里长和在较小程度上授给粮长的职能的证据，提供了农村生活的重要材料。中央政府鼓励里老发挥里的仲裁者的传统作用。原来每个里可有3—10名里老，与小的自然村数相当，但后来每里一个里老的情况更为普遍。[⑤] 里老制容易产生弊病，特别在官员认为设里老的惟一目的是为了征用徭役，因而他们是随时可利用的臣民时更是如此。[⑥] 但是，直到明末为止，大部分改革的要求仍是由里老本人提出，或是由里老与地方乡绅和官员商量后提出。但是究竟他们是"官方"的里老，还是非正式执行任务的里老，在提到他们的报告中并不都说清楚。

《教民榜文》授予或承认里长和里老广泛的权力，使他们能仲裁争端，维持地方秩序，逮捕罪犯和制定惩处轻罪的规定。地方的一些领导人还负责监督小规模的村社灌溉工程的修建；在可能时提供水车和其他水动力设施[⑦]；通过公布官方出版的道德书籍和箴言，监督进行道德的教诲；征召捕快，偶尔还征民兵；推动农业方面和典礼活动

---

① 栗林宣夫：《里甲制研究》，第1部，第3章。建立亭的确切地方级别，按照参考的史料而说法似乎不同；官方规定每里建一个，但实际上常常在更高的一级，例如都，建一个。

② 在宣德时期，陕西的大部分亭已经失修。见奥崎裕司：《中国乡绅地主》，第50页注68。

③ 奥村郁三：《中国官僚制与自治的结合——集中讨论裁判权》，载《法制史研究》，19（1969年），第25—30页，第30—31页的注，说明特别是申明亭，继续被用来仲裁争端。

④ 关于对《大诰》的研究，见杨一凡：《明大诰研究》（南京，1988年）。

⑤ 萧公权：《中华帝国的妥协》，6（西雅图，1979年），第33页注75，讨论了晚期中华帝国农村社会里老领导和执行仲裁争论的职责。

⑥ 清水盛光：《中国乡村社会论》；栗林宣夫：《里甲制研究》。

⑦ 鹤见尚弘：《旧中国共同体诸问题》。

（特别是殡葬活动）方面的互助；为有关村社其他许多方面的事务出谋划谋。[1]

总之，里甲在这些管理者之下享有一定程度的自治，这些人通过其地位或手段，可以进行领导。

但在面积远大于里的地方设粮长，这个职务是在地方领导的特殊背景下出现的。1371年长江下游区域首先任命一批粮长。粮长负责在税额约一万担的地区负责监督征税。更重要的是，他负责把税粮运到指定的专门粮仓。[2] 虽然在规定粮长职责范围的基础方面，这个制度多少是灵活的，即其职责范围究竟是限于把税粮缴到特定粮仓的地区[3]，还是限于一批户[4]，或者其职责是取决于征税的多少；但在职的粮长与地方村社之间的关系不易找到，也可能不存在，虽然粮长无疑是挑选出来的（因为他们是地方的权势者）。[5] 并不是每个地方都能找到在财富和气质方面合格的人，所以粮长常常由其他地方的人担任。这意味着在许多情况下，严格地说他们不是当地社会的成员；但是一般地说，他们往往已经掌握某种被人听从的权威，而不是那些只在政府任命时期取得权力的人。[6]

---

[1] 关于里长职责方面的更详细的情况，见清水盛光的《中国乡村社会论》和张哲郎的《地方控制》。不同的活动流行的周期有所不同；村社宣读《大诰》到1450年中止，但后来又恢复。见奥崎裕司：《中国乡绅地主》，第3章。又见酒井忠夫：《中国善书的研究》（东京，1960年）。

[2] 山根幸夫：《明代徭役制度》；《明代华北役法的特征》，载《清水博士追悼纪念——明代史论丛》，清水博士追悼纪念编集委员会编（东京，1962年），第221—250页。小山正明认为存在的区划被大改组，以使每名粮长能征收约1万担，这个论点已被认为是错的。见其《明代的粮长——集中讨论前半期江南三角洲地带》，载《东洋史研究》，7，第4期（1969年3月），第24—68页。

[3] 如湖州府，见山根幸夫：《明代徭役制度》。

[4] 如安徽的绩溪，见梁方仲：《明代粮长制度》，载《中国社会经济史集刊》，7，第2期（1946年7月），第107—133页，孙任以都译成英文，载《中国社会史论文选译》，载《美国学术团体理事会——中国及有关文明》，第7期（1957年），第249—269页，孙任以都和约翰·德弗朗西斯编。

[5] 在1382年至1385年曾有一段短暂的试验期，当时粮长被取消，而是希望里长担任粮长的责任；但发现这行不通，于是重新设立粮长。

[6] 梁方仲：《地方征税》，载《明代粮长制度》（上海，1957年）；奥崎裕司：《中国乡绅地主》。

在山东、河南、陕西和河北等北方省份以及四川，已经发现多少相似、但使用不同名称的制度。在这些已知的例子中，大户似乎就是长江下游和其他地方的粮长。①

里甲内部的划分

里的领导权在里内被 10 名轮值的里长划分，其他的 100 户则被分成 10 个单位，这些并不是里内惟一的正式划分形式。在 1385 年，甲首根据财富被分成 3 等，分等是用来评估杂役的分配。严禁划分原来的户，因为一个上等户划分后会形成两个中等户或下等户，这样纳税基础就会失去一个所需要的税类。此外，除了 110 个正式的户，里还可能包括其他两种户，即带管户和畸零户。② 管理这两类户的规定不总是明确的。看来畸零户的成员不齐全，它们包括寡妇、老人和儿童。它们不服劳役，但如果有地，可能要缴纳田赋。1391 年，里的组织又加进寄庄户。它们在其他地方登记，因此在登记地服杂役，但这时需要在新购土地所在的里缴纳田赋。新增的寄庄户说明了前面讨论的问题的起因，即里由它控制的地域来界定，还是由属于它的民众来界定。这种分户（析户）实际上是出于税赋目的在购地的另一个里另立一个挂名的户，这是名义上容许分户的惟一的情况。③

有一种意见认为，所谓的带管户是在都被划分成里时遗留下来的，但是它们在何处负担税役的问题则不明确：有的规定记载它们应为全都服役，而其他规定则把它们"依附于"里长。④ 应该指出的

---

① 但对此仍有争论，见谷口规矩雄：《论明代华北的人口》，载《东洋史研究》，7，第 4 期（1969 年 3 月），第 112—143 页；利特鲁普：《明代中国基层官僚政府》。

② 见鹤见尚弘：《明代的畸零户》，载《东洋学报》，47，第 3 期（1964 年 12 月，）第 35—64 页。但并非所有的文献都对这两种户作出区分。寺庙如果有地，就被划为正常的户；如果无地，就被划成带管户。见金钟博：《明代里甲制度》，第 36 页。

③ 川胜守：《中国封建国家》，第 186—202 页；鹤见尚弘：《明代农村控制》，都强调普遍禁止分户，相反，小山正明一度认为分户是保证甲同样有活力的必要的方式，见其《明代的十段法》（1），载《前近代亚洲的法和社会》，第 1 卷，仁井田陞博士追悼纪念论文集编集委员会编：《仁井田陞博士追悼纪念论文集》（东京，1967 年），第 365—386 页；（2）《千叶大学文理部文化科学纪要》，10（1968 年 3 月），第 1—40 页。关于分户（析户）的问题，见第 473 页注①。

④ 见鹤见尚弘：《明代的畸零户》。

是，从一开始就有一里内包括超过 110 户的制度化的根据。[1]

　　我们了解里甲制的最大问题是不知道把佃户归于何处。由于每个人（包括上述非正规地组成的户）都被纳入里甲并被登记在册，所以不可能把佃户遗漏。在朱元璋于 1368 年把所有权授给许多无地的耕作者后，有的佃户就变成独立的有地者。许多佃户同时有了大小不一的土地，根据其财富被归入里的一般的户。但是，一定还有无地的佃户，虽然难以确切说明里甲制如何对待它们。其他的有地者很可能优先于佃户，而使用奴隶、奴仆或雇工的劳动。那些帮工无疑被划为有地产的成员。从更早的宋代起，许多佃户已经变得相当自主，它们利用契约取得土地使用权，并且要弄花招从几个有地者租用能合成整块地的地块。[2]

　　里甲制的整个概念是先假设有应纳税的务农人口提供的劳动力的存在。因此，在创建王朝的历次战争以后，特别在开国皇帝采取了清除因战争状态引起的租佃现象的专门措施以后，我们必须假定，绝大部分的户至少拥有它们耕种土地的一部分。虽然长期以来许多历史学家中流行一些观点，即明代是"封建的"，因为它的基础主要是地

① 见鹤见尚弘：《明代的畸零户》；又见布鲁克：《空间结构》，注 100。这个事实完全否定了郝若贝"计算"的明代数据，见其《750—1550 年中国的人口统计、政治和社会的变化》，载《哈佛亚洲研究杂志》，42，第 2 期（1982 年 12 月），第 365—442 页。

② 这是宫崎市定的论题，见其《宋代以后的土地所有形式》，载《东洋史研究》，12，第 2 期（1952 年 12 月），第 1—34 页。他的观点近来至少被鹤见尚弘的鱼鳞册研究含蓄地证实。见鹤见尚弘：《鱼鳞册调查》；《论国立国会图书馆所藏康熙十五年丈量的长洲县鱼鳞册》，载山崎光生退官纪念会编：《山崎光生退官纪念东洋史学论丛》（东京，1967 年），第 303—318 页；《清初苏州府的鱼鳞册考察——集中讨论长洲县下二十五都正扇十九图鱼鳞册》，载《社会经济史学》，34，第 5 期（1969 年 1 月），第 1—31 页；《康熙十五年丈量苏州长洲县鱼鳞册田土统计的考察》，载木村正雄先生退官纪念事业会东洋史论集编集委员会编：《木村正雄先生退官纪念东洋史论集》（1976 年），第 311—344 页；《康熙十五年丈量的苏州府长洲县有关田土统计的再考察》，载中岛敏先生古稀纪念事业会编：《中岛敏先生古稀纪念论集》（东京，1980 年），第 415—433 页。又见足立启二：《清代苏州府地主的土地所有的发展》，载《熊本大学文学部论丛》，9（1982 年 11 月），第 24—56 页；《清代和民国期农业经营的发展——专论长江下游》，载中国史研究会编：《中国史像的再构成——国家与农民》（京都，1983 年），第 255—288 页。

主—佃农的关系，豪强地主控制着地方的农业社会，但这些观点必须根本上予以修正。这些修正并不否认明初中国已经存在地方上财富的巨大差别。1380 年前后，在福建的崇安县，11％的户缴纳 83％的田赋。在 14 世纪末所有府中最富的苏州，490 户缴纳自有地的田赋 100 至 400 担；56 户缴纳 500—1000 担；六户缴纳 2000 担以上；两户缴纳 3800 担以上。但全地区的 14341 户只占有 700（原文如此。——译者注）多亩地。[1] 即使不计缴纳 100 担以下的户，税赋的分担也是高度不平等的，如图表 9－4 所示。

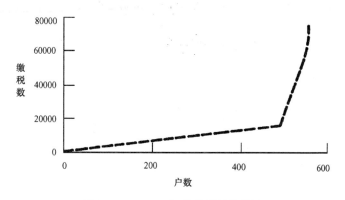

图表 9－4 1370 年苏州税赋的分摊

有一种说法认为，租种官田的佃户被接受为正规的登记户（甲首）。这说明其他的佃户就不被认为是正规的登记户，因而被列为带管户或畸零户。[2] 规定徭役和其他义务的法律有多处不明确，特别是这些法律是否适用无地户。从法律上讲，可能适用。但实际上，较小的有地户被豁免，所以佃户也应该被豁免。[3]

有的作者还假定，前面提到的群体之间的地位有巨大差别。例

① 这些1397年的数字取自1370年阴历二月的《实录》并引于寺田隆信：《明代苏州平野的农家经济》，第8页；张哲郎：《地方控制》，第95页。

② 见山根幸夫：《明代徭役制度》。

③ 例如，见川胜守：《中国封建国家的统治结构》；张显清：《明代官绅优免》。当然，大规模公共工程可能需要不同的措施。

如，有的记载指出，里长和粮长最初获准穿官员的蓝袍，他们的家庭常常通婚。[1] 有时有人还引用表示地位差别的证据。但是，存在强烈反对农村人口之中存在巨大差别的论点。有法律依据的差别肯定不存在。滥用其势力的里长和粮长逃避税役，后来常常被里所惩处，他们任期刚满，就被加之最重的徭役义务。[2]

组织土地：土地的类别

有些较早期的历史学家认为，明代土地制度的研究主要包括土地在税册中分类方式的讨论，即土地是民田、官田、庄田还是屯田。本书主要讨论前两种土地。[3]

必须指出，中国政府具有没收和再分配土地，以及向庄田征税的特权，但它没有阻碍土地的随时买卖和继承。出售土地通常优先考虑售给宗族成员或其邻居。除了灾祸或大赦，政府偶尔下令减租。[4] 地价除了产量以外，还取决于许多因素，如社会价值观念、税制（包括税务中的徭役因素）和土地与人之比率。[5]

官田，更确切地说是政府拥有的土地[6]，有几个来源。有的土地是从宋元政府手中接管的，而主要的是来自没收、强制占有、购买或国家监督的开垦。江南的有些官田来自洪武初期没收的豪强地主的土地，这些人曾经支持明代开国皇帝的敌人张士诚，此人以江苏东部和

---

[1] 甚至三等的划分也对结婚形式有影响，见川胜守：《中国封建国家的统治结构》，第173 页。

[2] 奥崎裕司的《中国乡绅地主》第 6 章提到这种情况。

[3] 研究作品中有，居密：《14—15 世纪财政和农村控制制度的变化》，载《明史研究》，3（1976 年秋），第 53—69 页；伍丹戈：《明代的官田和民田》，载《中华文史论丛》，I（1979 年），第 119—163 页；森正夫：《明代江南土地制度》；北村敬直：《论明末清初的地主》。

[4] 后一种权力到清初期才被放弃或撤销。

[5] 北村敬直：《论明末清初的地主》，载《历史学研究》（1949 年），转载于北村敬直：《清代社会经济史研究》（京都，1971 年），第 18—49 页，特别是第 36 页。

[6] 有的作者把官田译成"公共的土地"，这是用词不当。它不像湖泊和山地那样为公共所有，而是私有的，所有主是国家，"官"有"帝国或皇帝"之意。应该指出，晚明官田也被用来指"官员的地"，即有功名者所拥有的并免去徭役的土地

浙江北部为其根据地；有些则是当时发现的未耕的土地。这种政府拥有的土地平均约占全江南应纳税土地的50％。对这种土地征的"税"（相当于付给作为土地所有者的政府的"租"，再加上税）比私田的税要高得多，不过明代向官田征的税率仍远比宋代低。一个典型的例子是：1430年前在苏州对官田征的税相当于每亩4.4斗，而对私田征的税为每亩0.4斗至0.6斗。但这个税率仍低于通行的佃户的田租：每亩7—15斗。①

农村行政：15、16世纪的变化

反逃税逃役的改革

14世纪后期所设想的税役制从一开始就有许多内在的矛盾：税役制实施时在以土地为基础和以人口为基础两种标准之间动摇不定；它不是为适应人口的变化而制定的，也没有预料到随着时间的推移人口会普遍增加；它假定自然经济为计算纳税的基础（92％的夏季税和99％的秋季税征收实物）。② 这些特点在明初的战后环境很可能是合理的，但它们不能完全适应一种恢复的经济。③ 内部的压力和外部的压力都立刻迫使税制作出意义深远的变化。

---

① 关于较特殊的土地类别的概述，见李龙潜：《明清经济史》；李文治：《明清时代的封建土地所有制》，载《经济研究》，8（1963年），第67—77页；9（1963年），第55—61页。关于庄田能引起的某些地方问题，见佐藤文俊：《明末社会和王府》，载其《明末农民叛乱》（东京，1985年），第152—160页；王毓铨：《明代的王府庄田》，载《历史论丛》，I（1964年9月），第219—305页。关于屯田，见刘凤鸣（音）：《明代（1368—1644年）的屯田》（汉堡，1984年）。

② 关于最后一点的叙述，见北村敬直：论《论明末清初的地主》，载《历史学研究》（1949年），转载于他的《清代社会经济史研究》（京都，1971年），第21页。

③ 村落很长时期持续不变的定额制不一定是合法的，它产生的后果是在政府和实际纳税人之间制造了一个中间阶层。古岛和雄已经注意到这种情况，见其《中国近代社会史研究》（东京，1982年），第3—33页，特别是第32—33页，注21。

　　逃税的种种诱因都总能出现在那些能利用内部矛盾的人面前。在15世纪，不同方式的逃税包括：（1）投献，把自己的土地依附于其他豪强（主要是庄田）的土地中，这样就能从多种豁免中真正得益[①]；（2）诡寄，把自己的土地登记在免除非正规徭役的有功名的人名下（有时他们是亲戚，但并不都是如此），这种行径通常是付给有功名的人一定的报酬，但有时在登记时后者甚至不知道；（3）花分，分割某人的财产自立门户（至少两户），从而把一个高税役类变成可以完全逃避徭役的低税役类。[②]

　　粮长的事例有助于弄清这种变化所产生的种种后果。粮长之职原来在10年的周期内轮流担任一年：这意味着有足够的户能提供领导，并且这些户在有的情况下有必要的物资和社会力量履行与此职有关的任务。特别在江南区，粮长的责任在永乐帝于15世纪20年代迁都北京变得大为沉重，因为运输税粮的距离大大增加。能担任这种服务的户数减少了，不过对那些其权势足以将送礼和行贿（包括自己的）的增加的负担转到它管辖下的户的粮长来说，这一职务仍是有利可图的，特别是因为王朝的初期，粮长之职是直接进入官场的踏脚石。在宣德朝（1425—1435年），少数（但更有权势）的户垄断此职，于是一些律令被修正，以反映这种变化。[③]但后来在15世纪，科举制度发展到成为担任官职的惟一途径。结果在许多地区对家庭殷实而能担任此职的人来说，粮长一职的吸

---

① 取决于把土地依附特权户的原来平民的财富和地位。他们之间的关系各不相同，从依附（贫苦农民也许为新主人干卑贱的活以换取税役的豁免）到平等（较富裕的平民使用与有功名的户的关系逃避税赋）。

② 投献似乎比诡寄形成更多的社会关系。例如，见川胜守：《中国封建国家》，第685页。但这些名词有时可以交替使用。又，同一名词可应用于不同的社会现实。例如，见酒井忠夫：《中国善书的研究》。清水泰次的著作包括：《投献考》，载《东亚经济研究》，11，第2期（1927年4月），再版于其《明代土地制度史研究》（东京，1968年），第385—404页；其他两篇转载于第421—422页和第443—458页，这些作品常被引用，但现已过时。关于分立门户，见本章第473页注①。

③ 粮长长途运粮通过15世纪的几次改变（如"改对"运输）而距离缩短了，最后在1471年军队接收了一些粮食托运任务。见星斌夫：《明代漕运的研究》（东京，1963年），马克·埃尔文摘译成英文，载密歇根摘编集，I（安阿伯，1969年）；黄仁宇：《税收》。

引力减弱了。① 到 16 世纪初期，对粮长职务的吸引力减弱的现象造成许多地区作出安排，让几个户同时担任粮长一职。但是这些威望小得多的户没有权力迫使富裕户去履行应尽的义务。但在粮长从社会上有名的富裕户中挑选的地方，这种新安排使粮长和里长之分趋于模糊不清，粮长的职能常常被分成几部分，并被纳入比粮长低的里长的职能之中。

属于大地主、离开土地而住在城镇的商人②或住在他处而在原来的里不完全承担义务的地主这几种人的地产的增加，使主要财产仍在原来的里的地主处于沉重的压力之下。有些有权势的地主发现，较好的办法是把增加税役转由佃户负担③，但是风俗习惯常常禁止这样做。

早在 15 世纪 30 年代，江南区旧里甲制进行了重大的改革。京都从南京向北京的迁移大大增加了用于漕运的徭役的需要。迁移又使许多人从里册中消失。史料称这些人为"绝户"（消失户）或逃亡户，但 1430 年至 1450 年任南直隶巡抚的周忱（1381—1453 年）的报告表明，许多户迁移并不远，有的搬到附近的乡，有的依附于军官，有的搬到繁荣的运输城镇，有的在走运的犯法者那里帮工，后者把惩罚性邮递站的服务变为能获利的商业冒险活动，从而发了财。④

---

① 我们务必记住，甚至是重要的富户也会因担任此职而倾家荡产，一名叫刘英的高官的例子就很能说明问题。他致仕后，曾与一名知县争吵，后者进行报复，派他及其家庭成员担任 7 名粮长，为的是使他破产。见梁方仲：《明代粮长制度》，详情见此书第 67 页注 2。

② 这究竟是涉及短距离迁移的实际人口统计过程（如始于北村及其"地主论"的许多日本学者所主张的那样），还是土地权基本上转向城镇，还是真正向城镇迁移（主张"城乡一体论"的学者的假设），但只是有功名的人或商人一生中一个暂时性的阶段。这些都是引起争论的问题，但这并不影响征用赋役的目的。如果人们注意到"城镇"往往是新的经济和社会中心而不一定是县的治地，这三种情况无疑都会发生。

③ 见杰里·保罗·登纳林：《财政改革和地方控制：士绅—官僚的结盟在征服后的生存》，载魏斐德和格兰特编：《晚期中华帝国的冲突和控制》（伯克利，1975 年），第 86—120 页；唐文基：《明代赋役制度史》，第 130—137 页。

④ 森正夫：《十五世纪前半期苏州府徭役劳动制的改革》，载《名古屋大学文学部研究论周》，41，《史学》14：《中村荣考教授选官纪念》（1966 年 3 月），第 105—124 页；又见森正夫：《明代江南土地制度》，第 3 章。

　　由于租种官田的租和税比私田的要高，作为补偿，官田的佃户原先被免除一切非正规的徭役。但是随着所需的劳役的增加和在册户数的减少，这种优惠待遇不再继续。豁免徭役显然足以吸引租赁操纵者去租赁这种田地。他们然后又以正常的私人佃户的租率转租出去。而此时，租赁操纵者还必须提供劳役，于是必须采取一些措施来平衡民田和官田之间存在的赋税和徭役之间的差距。这种平衡的完成，部分是通过在法律上应用不同的折换率（在税赋获准付钱或以规定的税粮以外的其他形式支付时使用），部分地通过应用不同的损耗费用（平米）来补偿运输中的损失。通过这些考虑，"官田"的税粮负担在1433年减了二至三成。[1] 作为交换，"官田"的田主此时也变得要服非正规的劳役。这些措施不只在江南实行，而且还扩大到在有大量在册"官田"的区域，如浙江东部、福建、江西和湖广。[2]

　　对征用非正规徭役方法作出的变化比估税的方法更加重要。原先的制度是在需要时专门征用，并常常根据当时仍在使用的过时的户的分类制，这种制度在1432年改成建立一种预算。杂役每年进行估算而不论当年是否需要，每10年应征一次。这种规律性显然受到欢迎。

　　名义上仍以大米的担为征税单位，但经济的日益货币化导致许多地方的税制改成以货币缴税。这证明是对增加商品生产的一种刺激。对不同类别的征用使用不同的折纳率，更给国家提供了一种有利的方便机制，它可以随着人口增长所需要的服务的增加范围，用隐蔽的和根据不同的情况来增加征收。[3]

　　这种折纳法是以大米的担为单位的税额折成其他商品支付，它在1368年朱元璋建立明朝以前就已存在。"折"原来被视为对纳税人一种恩惠——它言外之意是"省去"（或打折），需要在下列情况下经过专门批准：当地不能取得粮食；税粮的运输力量不够；灾害毁坏了收

---

① 关于这些变化，见前面注引的森正夫的著作；赖惠敏：《明代南直隶赋役制度的研究》，载《文史丛刊》，63（台北，1983年）；郁维明：《明代周忱对江南地区经济社会的改革》（台北，1996年）。

② 有的作者，如小山正明认为，征税的有些变化是根据户的类别作出的，但论据不足。

③ 黄仁宇：《税收》，第92页。他的论点比较悲观。

成；必须缴纳拖欠的累计税额。究竟哪些社会阶层赞成赋役折成银子缴纳，各种记载的说法略有矛盾；有的地方穷人似乎赞成折纳，而在其他地方则富人赞成。[①] 哪一个群体赞成折纳，这取决于特定地方、特定时间的经济状况，以及村与县治地的距离。总的说，较远的地区赞成以银缴纳，即使在那里银子较少时也是如此，因为这样做，就能把农民从与其农活严重冲突的长期劳役中解放出来。

在 1436 年，部分税粮以银折纳据推测作为一种临时措施而被首先批准实施，后来为了解除北京武官的负担，又被要求实施，因为他们被迫在粮价较低的南京出售俸粮，又在粮价较高的北京购进需要的粮食，会遭受相当大的损失。[②] 直接把税粮运到北京仍较昂贵。折纳法原先被认为是暂时性的，但后来继续实行，并且扩大到更大范围的税种。用于折纳的银子后来称为金花银，这是一种高纯度的白银的称呼。[③] 但是只是在获准实行徭役折征后，才更普遍地推行基本田赋的折纳，折纳法直到 1490 年才正规化。[④]

向预估非正规的劳役和徭役的转变，以及日益货币化经济的影响，导致了以均徭法为名的里甲税制的第一次广泛改革，均徭法（均徭册式）1443 年首先在江西全省经夏时（1418 年科进士，以通晓时政而著称）建议推行，并被几次取消。[⑤] 1450 年，它在几个省恢复实施，最后从 1488 年起在全国推行。[⑥] 这一普遍采用并被官方承认的理性化的行政改革过程历时半个多世纪。它无意中透露出北方和南方

---

① 见山根幸夫：《明代徭役制度》。例如，16 世纪上虞县（浙江的绍兴附近）的穷人和同时期海盐县的富人。

② 清水泰次：《明代租税银纳的发展》，载《东洋学报》，22，第 3 期（1935 年），第 367—416 页；山根幸夫：《一条鞭法和地丁银》，载《中华帝国，世界历史之十一》，筑摩书店编集部编（东京，1961 年），第 282—299 页。

③ 清水泰次：《中国近世社会经济史》（东京，1950 年）。

④ 一般地说，折纳率低于市价，有利于纳税人。见唐文基：《明代赋役制度史》，第 195—196 页。

⑤ 由柯暹在当地试行以后，见唐文基：《明代赋役制度史》，第 228 页。

⑥ 与这项改革有关的其他几个重要人物是：在广东、福建、陕西任职的朱英（1417—1485 年）；在江西、江南任职的崔恭（1409—1479 年）。

之间经济状况的巨大差别。

这一改革意味着有限的一批加重的所谓劳役负担——如提供为个人服务的侍候、曹吏、马夫、差夫（学堂的仆人）和膳夫（学堂的厨师）等，特别是提供为知县和提学官服务的人——都根据预算进行计算。① 这些费用（或相应的实际劳役）向组成均徭甲的户征收；均徭甲是甲首的群体，这些人已在五年前，有的在三年前轮流服过役。② 此时不需要亲自服劳役，而是以货币形式（通常是银）折纳，用来雇用他人服劳役。其他的劳务，如库房看守、狱吏和邮递员（铺兵），大多继续需要本人去服役。③ 均徭甲中成员分摊的需服的劳役根据户的等级而有所不同，当局试图使劳役义务的分量与服役户的等级相称。这意味着，高等级户将负担几种劳役，而低等级户只负责某种劳役的一部分。④

但是在南方，按照财富对户分等的做法趋于消失，均徭法终于只按拥地数量来评估等级。

北方相当晚才采用这一制度。由于北方一般地说比南方穷，所以每 10 年轮服一次劳役不能提供足够的人员去服所需要的徭役。同时，这些地区缺乏白银流通，这样就出现了本人服役的趋势，而不再把徭役折成货币形式。

赋役以及地方公共开支以实物支付折成以银支付（由每 10 年轮值一次的里甲长提供）在均徭法的折纳以前就存在，不过有时这两种办法同时发生。前一种折纳支付的银子通称为里甲银，但也有其他的名称。政府正式预计并作出规定的开支分配额基本上固定（即使政府

---

① 前两个名词常常可以交互使用。

② 这个例子很清楚，甲已不再是每年都服劳役的户的群体，而是全部户在特定的一年都服劳役的甲。

③ 山根幸夫：《明代徭役制度》。

④ 在任何年份，当劳役沉重时，服役户的百分比很低；唐文基的《明代赋役制度史》（第125页）列举的22例中，有10例低于3％。在大部分情况中，平均的均徭银每年每（登记）人为0.05两至0.1两。见唐文基：《明代赋役制度史》，第246—247页，表35。在一特定年份中，不是所有的登记户都缴纳，因此单独户的缴纳就较高。又见岩见宏：《明代嘉靖前后赋役改革》，载《东洋史研究》，10，第5期（1949年5月），第1—25页；小山正明：《明代华北赋役制度改革史研究的探讨》，第99—117页。

的实际需要不断增加时也是如此），但长期以来出现一种倾向，即在预算以外征用额外的劳役或货币：只有在16世纪20年代，福建才有一种每年修正预算的办法。①

赋役制在北方和南方采取了几种不同的发展途径。在北方，里甲银的全面采用要比南方晚半个世纪。约从1500年起，对银差和力差作了区分。这两个名词，甚至在力差为了方便对比而以相当值的银来衡量以后，甚至更在两者有时都以银缴纳以后，还继续存在。

在南方我们掌握证据的地方，赋役的一切折纳仍每10年缴一次。虽然原则上每年所缴的总额是相同的，但是不同的均徭甲的——有时是应役的里甲的——丁和亩的总数都不相同。结果，为了使赋税更加公平，下一步是将这10年服役的所有户的全部丁和亩相加，每年按此总数的十分之一征收。在里内，这种做法就不考虑原来以户为基础的甲的划分；但更常见的是，它在全区实行。在这种情况下，甚至可以不顾原来的里的划分。这种做法约在1460年在福建实施，在1510年以后称十段法而变得更加流行。②

在北方，赋役制发生了另一种变化：在那里，均徭的规定是每年估计某个管辖层的一切银和劳动力的需要，征用对象是这一层（大部分是县一级）的所有的户。缴纳不是10年一次的较大数额，而是每年一次的较少的数额。③ 但缴纳并不像南方那样直接按田亩估算。缴纳白银此时按照更加精密的九户等级制实施，称门银，这个制度在

---

① 这种办法称八分法，由1508年科的进士沈灼首倡，只应用于漕运劳役，其他公共开支仍由里甲劳役提供。见山根幸夫：《明代徭役制度》，第136—140页。但八分法不得不在1537年被修正。

② 这一福建的制度（后来不知什么名称），为盛苹（1418—1492年；1457年至1464年在福建）首倡。更典型的是武进县（江南常州府治地）约在1500年至1510年马姓副知县采用的丁亩并重的办法。由于各户的亩数可能多于丁数，所以就非常重视亩。见山根幸夫：《明代徭役制度》，第2章，第123页。又见梁方仲：《明代十段进法》，载《中国社会经济史集刊》，7，第1期（1944年），第120—137页，孙任以都英译文，载《中国社会史论文选译》，第7期（1957年），第270—280页。

③ 后一种制度并不总是受到欢迎：如唐顺之就是著名的主张10年一缴的人。见《明人传记辞典》，第1252—1256页。又见梁方仲：《明代十段进法》。

1479 年被固定下来。劳役直接按每户的成年男丁数估算成白银，称丁银，但不一定缴银。最高等级的户通常不多。绝大部分是最低等级的户。例如在 16 世纪的北方，现河北省文安县 1586 年的 9 个等级的户数由高至低分别为 0、0、0、25、157、620、1232、2672、9777。（见图表 9-5；还有许多其他例子。）

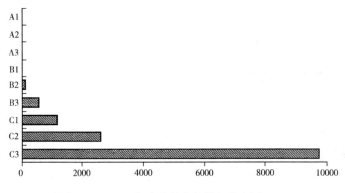

图表 9-5　1586年文安县户的等级分布图

仍保存的其他徭役也按户的分类逐渐予以规定和进行折纳、预估和征用。在 15 世纪，这类徭役变得更加专业化，范围也缩小了，必须服役的户一般没有以前的服役户有钱有势。不论是本人服役的徭役，还是付钱由国家雇别人代替的徭役都出现专业化。行政的记录列出了多种名词来称呼专门的任务，而这些任务原来属于一般的劳务类别。例如，"塘长"一词从 15 世纪 60 年代起用来称呼负责新辟低地之人，他的管辖范围远小于原来的里；里长的职责分成分催、书手或在县治地服务的里长的专业化的任务。有时一名里长本人可能有若干头衔，并且在 10 年的三四年中行使与该职位有关的一些任务。[1] 有总甲头衔的武官行使里内治安的职责。值得注意的是，他们对其辖区内的所有居民负责，而不仅仅是那些在里甲管辖下登记的居民，这个事实明确地证明了不纳税的流民的存在。里的治安职责是从 1436 年

---

[1]　小山正明：《赋役制度的变革》，第 334—335 页。

起增加的。①

粮长履行的职责也被分解，交由递运户（解户）、总催税人（总催）、南运户和北运户履行。徭役性质的这些变化主要在南方，但北方也发生类似的变化。② 在16世纪，裕州（今河南南部的方城县）每里最后有六个大户，而原来几个里才有一个大户！③

有一个方面，北方的问题比南方少。北方不住在本地的户（寄庄户）较少。有人指出，这也许是因为南方的水运比北方的陆运更方便，而且运费较低：这种情况造成了北方较紧密的和经济上较内向的村落。④

防止里被瓦解的改革

新的组织形式：保甲和乡约

里甲规定中所要求的里的职能在前面讨论的情况下可能削弱了。总结起来：富人向镇和城市迁移的情况增加，资本从农业投资转为以集镇和城市为基地的投资。地主不住在本地而住在其他农业地区，或更多地住在城市定居地的情况增加了。商业活动的明显增加，使地主和佃户都把自己的注意力集中于自己的利害得失，而不顾有关全里的事务；这种倾向表现在地主和佃户互相提供的互助减少了。⑤ 虽然史

---

① 酒井忠夫：《明代前中期的保甲制》，载清水博士追悼纪念编辑委员会编：《清水博士追悼纪念——明代史论丛》（东京，1962年），第577—610页。山根幸夫的《明代徭役制度》（第63页）提到总甲始于1447年福建的延平。又见岩见宏：《明代徭役制度》，特别是第192—200页。

② 平均土地亩数的减少也是使职责分解的一个原因。同时代的作者声称，最富的户已"今不如昔"。

③ 谷口规矩雄：《论明代华北的大户》。

④ 小佃龙雄：《关于江南里甲的编制》，载《史林》，39，第2期（1956年3月），第1—35页。关于反对寄庄户的措施，见下文。1451年简单地禁止寄庄户未能生效。见川胜守：《中国封建国家》，第165页。

⑤ 森正夫：《明清时代的土地制度》，载《东亚世界的发展》，岩波讲座世界历史12：中世6（东京，1971年），第229—274页，关于常见的同时代里的瓦解的论述，见《明末的社会关系和秩序的变动》；又见徐泓：《明代后期华北商品经济的发展与社会风气的变迁》，载中央研究院经济研究所编：《第二次中国近代经济史会议》（台北，1989年），第1卷，第107—173页；《明代社会风气的变迁——以江浙地区为例》，载中央研究院编：《第二届国际汉学会议论文集：明清与近代史组》（台北，1989年），第1卷，第137—159页。

料没有充分反映，但每人拥地的数量却普遍下降，这无疑给农业生产力留下较少的余地去提供希望和充分的物质，而这些正是在支持那些为公共事业服务的人时所需要的。同时，国家愈来愈对里的职能不感兴趣，因为赋役的征用问题日益严重，因此，它把注意力放在更重要的财政问题上。

但是我们确实不知道里的这些职位的职能缩减的程度，因为这些职能继续由一些人在行使，而他们不想用愈来愈像徭役和被人利用的准官员职位来玷污自己或给自己添加负担。官方支持的村社生活的表面形式，如里甲长和民众共同朗读《教民榜文》的仪式到 15 世纪晚期已完全一去不复返。[①] 但这并不意味着殡葬的互助就停止了，也不意味着减少对公用的排水和建坝工程、灌溉或排水措施，或者对里和地方至关重要的其他活动的关心。虽然官方指定的长者存在着一些问题，但也出现了一个日益扩大的非正式的地方领导群体。[②] 这种日益明显的形势简单地说就是里正在变成一个纸面上的组织而不是在社会上发挥作用的实体。随着 15 世纪晚期福建十段法改革（见上文）的颁布，以及以缴银代替里甲的劳役，里即使不是完全消失，也已经起了变化。它充其量是一个地方的有赋役义务的人口的单位，它不再是一个包括该区全部居民的地域单位。

但是，许多地区里老制的削弱似乎造成了值得注意的真空。有关的官员和地方的权势者开始模仿原来的里甲组织形式。这种行动采取两种形式：通过实行保甲（地方的联防组织，其形式相当于里甲）组织村落防务；通过乡约来提高道德水平。

里甲制实行自我管理，但既不能自决，也不能自治。它从来没有任何自卫的条款，并且日益放弃原来的一些职责，如司法，指导地方的道德行为，推动里甲的自我改善，维持伦理和制度。甚至里甲制原

---

① 奥崎裕司：《中国乡绅地主》。

② 栗林宣夫：《里甲制研究》。吴辰汉（音）：《晚期中华帝国的庙会》（普林斯顿大学博士论文），作了关于涌现的非乡绅和非准官员的新领导来充当地方祭祀和神坛组织负责人的个案研究。

来的防务规定也不过是控制流窜的乞丐和作恶多端的书吏。[①]

早在 1436 年至 1437 年，有的地方力图建立地方的治安制度，它通常被称为总甲，其基础是把全部登记人口编成包括 100 户的单位。这种治安制度试图管辖所有的居民，其中包括不论是否在里甲簿册中登记的流民。虽然不是自愿参与，但它不被看成是一种徭役，所以不能豁免。[②] 著名的哲学家王阳明（王守仁，1472—1529 年）采用地方保甲制的思想，使得出于地方防务目的的保甲制军事化大为加强。[③] 这种组织方面的努力透露了一个事实，即在有些情况下，"户"一词已表示家族而不是家庭，其他称呼小家庭的字眼（门、舍等）必须取而代之，以便包括全部人口。这种情况说明，地方的里甲登记长期以来未经修正，不能真正体现一个地方的居民或他们户的结构的实际情况。因此，在某种意义上，地方保甲制的发展是对里甲制度的地域和人口统计的修正，而不是有些学者假设的一种完全不同的措施。[④]

乡约的规定主张在村民中组成一种互相规劝和互助的集合体，它由一个地方上有组织的领导集体领导，并通过定期的集会和捐献被维持下去。这种乡约的思想从南向北传播。在大部分情况下，实行乡约的地域范围，与原先存在的社、都或里的区划相同。这些地域范围也

---

① 酒井忠夫：《明代前中期的保甲制》。
② 例如于谦（1398—1457 年）号召恢复包括所有居民的地域单位，如同原来的里。见酒井忠夫：《明代前中期的保甲制》。于谦的传记见《明人传记辞典》，第 1608—1612 页。与以前的巡检司相比，设立的总甲（和小甲），更加接近农村，而巡检司在明初已经出现在几个地方上的重要的镇。最早的总甲之一邓茂七（死于 1449 年）在一次异乎寻常的转变中，后来成为一次福建重要叛乱的领袖。见田中正俊：《民变——抗租奴变》，载筑摩书房编辑部编：《中华帝国历史（世界历史 11）》（东京，1961 年），第 41—80 页，约瑟夫·麦克德莫特英译，载琳达·格罗夫、克里斯琴·丹尼尔斯编：《中国的国家和社会——日本人对明清社会经济史的看法》（东京，1984 年），第 165—214 页。邓茂七传记见《明人传记辞典》，第 1275—1277 页。
③ 其传记见《明人传记辞典》，第 1408—1416 页。
④ 关于几个较有名的例子，有和田清；清水盛光：《中国乡村社会论》。保罗·奥斯卡·埃尔姆奎斯特在其《早期近代中国的农村控制》（哈佛大学 1936 年博士论文）中总结了他们的观点。许多条例与里甲制的规定相似。

包括移民。① 晚明最著名的制度也许是在 1590 年前后由著名的官员兼思想家吕坤提出的，它原先是为了在山西防盗。参加这个制度是自愿的。社会等级的最高层的功名获得者和在底层的雇工或佃户被排除在外。雇工和佃户在其主人名下登记。② 乡约约有 100 个"诚实和正派"的家庭参加，如果必要，它们可以来自几个里。其领导层不是轮值担任，而是固定不变，这也许是反映了一个较少流动和较不发达地区的情况。吕坤的想法促使其他人提出类似的制度。人们应该注意到，称为乡约的村落约定是切合实际的形式，没有儒家色彩，在以前已经存在。但它们与明代村社组织的理想的关系还没有搞清，尚需作进一步的探索。③

晚明乡约和村的防御体系常辅以村的学堂和粮仓。在这种情况下，学堂和粮仓可能较小，王定湘（1474—1544 年）④ 提出并于 1529 年被批准的情况就是这样。20—30 个家庭要提供一个供村社需要的粮仓。⑤ 16 世纪 30 年代以后粮仓建议有了一些变化，这显然是得到了相当大的地方支持和宗教援助。寺庙被选为集会的主要场所，集会日期是在有重要宗教意义的阴历十五和月底。开国皇帝的《教民榜文》中的六条训示重新被用来作为布道和说教的基础。到 16 世纪末，许多县，特别是江南的县，已经建立了独立进行讲道的堂馆。⑥ 这些分散但持续不断的发展表明存在一种普遍的意识，即社会需要某种社村组织，它即使不完全与明初的里一样，也与它相似。由于社会、人口和行政的发展趋势，明初的里的形

---

① "里"在这里实际上似乎形成了后来的社会安排，如同里有时也形成了市场结构。又见布鲁克：《空间结构》。

② 不让有功名的人参加是为了防止出现礼仪问题，但常常被视为"低贱"的厨师和差役可以加入。

③ 见埃尔姆奎斯特：《早期近代中国的农村控制》和本书第 450 页注⑥引的仁井田陞的论文。关于吕坤，见乔安娜·汉德林：《行动中的晚明思想——吕坤和其他士大夫的再定位》（伯克利，1983 年）。

④ 传记见《明人传记辞典》，第 1431—1434 页。

⑤ 栗林宣夫：《里甲制研究》。

⑥ 见奥崎裕司：《中国乡绅地主》。

式已经改变。保甲制和乡约是完成某种村社组织的受欢迎的手段。但是虽然偶尔得到政府的批准，但新制度从未被普遍采用。只是在 1644 年清朝建立后的几十年，地方政府的这种辅助形式才进一步在全国具体化。

治水

水的管理是里的最重要的职能。在讨论治水时，人们必须讨论村落的相互关系、灌溉范围内村落的组合，以及其他争论热烈的问题。村落和灌溉的社区是不完全一样的，不过两者之间有明显的关系。[①]在乡村周围，有时为了灌溉，整个河道被沟通起来。在这些事例中，耕地 1000 顷以上的一百多个村落可成为一个合作单位。[②] 大部分情况是几个村而不是个别几户组成基本的工程单位。组成灌溉工程单位的村可向其村内的户征用。这种能力显示了社区的某种权威。在北方，甚至佃户也要受到征用。但明代的大部分情况是，参加合作灌溉工程的村为 1—3 个[③]；就我们所知，只有在出现差错时（这种情况也许日益频繁地发生），政府才进行干预。

在 16 世纪，高层的里和徭役的职能分解了，为了适应这一总的趋势，塘长愈来愈多，并负责较小的地区。此时，地方官员加紧利用他们，常常派他们离开家乡去执行其他任务。有人试图以银代役，但有的塘长宁愿自己去服役。有时折纳的钱并不用于预定的目的。森田明敏锐地看到，16 世纪灌溉管理的问题与其说是体制性或技术性的，不如说是社会性的：这些问题反映了管理不当的情况普遍增加。[④]

---

① 有人相信，北方存在一种日本式的牢固的灌溉社区，还有一些人否认。其他人围绕以下问题展开讨论：这些体系是否上面命令的；它们是否与其他组织——例如宗教团体——有联系，或者只是为特定目的临时组成的"团体"。关于这个讨论，见森田明：《明清时代的水利团体——论其共同体的性质》，载《历史教学》，13，第 9 期（1965年 9 月），第 32—37 页。

② 第一个例子在河北邢台（顺德府治地），第二个例子在福建莆田（兴化府治地）。见森田明：《明清时代的水利团体》。

③ 森田明：《明清时代的水利团体》，第 36 页。

④ 森田明：《明末塘长制的变革》，载《东方学》，26（1963 年），转载于其《清代水利史研究》（东京，1974 年），第 450—471 页。

如同其他事情，在灌溉管理的事务方面，16世纪的管理不当的问题在晚明时期的一些地方逐渐得到解决。塘长的职务是一种徭役，因此被人轻视或逃避，于是塘长就被一种包税人（泥头）所接替。如同其他的行政创新，有人力图把泥头视为非法，因为包税的做法似乎是不合法的[①]，但普遍的事实是，泥头证明能完成需要完成的事。泥头之职得到官方的承认，并出现在地方志中。究竟是泥头还是塘长的职务更加行得通，这个问题似乎不在于在体制上设泥头之职优于此前的塘长制，而在于任职者的素质。当负责管理灌溉的人诚实可靠，村社的职能就能正常地行使。17世纪初期流行的危机感伸这些负责任的工作人员人数大增，而在此以前有些地方的大地主和臭名昭著的豪强，为了自己的利益已经利用权力去夺取这些职位。[②]

一条鞭法改革：简化预算

有人常说，一条鞭法是明代赋税结构的最重要的发展。事实上，在所有的地方改革中，难以挑出一项具体措施能单独地认定为一条鞭法。此外，如同以前进行的均徭法的大规模改革内容，称之为一条鞭法的改革的内容也多种多样。[③]

虽然新的税收程序来源于变化过程，但变化过程中最重要的特征可能是1581年伴随它的新的土地丈量，因为这次丈量成了实行15世纪和16世纪历次改革的基础。所谓一条鞭法的各种特征已在1936年出版

---

① 例如见滨岛敦俊：《明代江南农村社会》，第186—191页。周孔教（1580年科进士）试图加以禁止。

② 森田明：《明末塘长制》。

③ 在一个极端的例子中，所有合并的内容是缴纳赋役的征收数据。见梁方仲：《一条鞭法》，载《中国近代经济史研究集刊》，4，第1期（1936年5月），第1—65页；《释一条鞭法》，载同一刊物，7，第1期（1994年）。这两篇论文由王毓铨英译，载王：《中国的一条鞭税法》，哈佛东亚专著，I（坎布里奇，马萨诸塞，1970年）。又见栗林宣夫：《一条鞭法的形成》，载清水博士追悼纪念论集委员会编：《清水博士追悼纪念——明代史论丛》（东京，1962年），第115—137页；藤井宏：《一条鞭法的一个侧面》，载和田博士还历纪念东洋史论丛编集委员会编：《和田博士还历纪念——东洋史论丛》（东京，1951年），第571—590页。

的梁方仲的开拓性的研究中提到[1]，它们包括：比照地亩征用几种名目的徭役；每年征收代替 10 年一次的征收；政府官员征税，不再使用徭役征税；把不同种类的税役并为一种；简化土地类别，以达到统一征税的目的。这些改革以不同名目（经常是单项的）已经进行了一个世纪。除了把这种或那种形式的赋役合并成一个单项缴纳，这些措施不一定都是后来文献史料中所称的"一条鞭"改革中的必要部分。所以更有效的研究途径是确定 15 世纪和 16 世纪进行的改革的不同脉络，了解这些以不同名称出现的措施的不同结合，而不是试图通过归纳在所有冠以"一条鞭"名称的改革中找出一个单项主题来进行研究。

我们可以保留梁方仲描述的大部分特征，以及前面已经提到的那些均徭法特征。我还要补充作为一条鞭法最重要的特征之一，改革无论是对丁或是地亩，征收在全县的基础上进行，而且涉及的预算比以往更加精确。这个特征反映了县一级政府日趋重要，而不利于县以下和准官员的里的体制。从此，日益增长的士绅抗税运动也在全县范围组织起来。

实行时各地的区别依然很大，因为到世纪之末各县经历了各种简化估税和征税的途径，这通常得到中央政府的默认。[2] 有关徭役缴纳的混乱状况最为突出，在这个领域改革相对地说也更为重要。在许多地方，均徭的以银折纳与里甲的、正规的和非正规的以银折纳合并。有时这些评估的赋役合并之迅速，甚至缴纳时尚未问清雇用劳动力代服何种劳役。当发生这种情况时，有些徭役需要又被提出，但又没有取消雇人代替的费用——这是官府乐于使用的一种生财之道。[3]

虽然在整个一个县普遍按照全部丁亩征税，从而使里充其量成了

---

[1] 梁方仲：《一条鞭法》。

[2] 清水泰次：《中国近世社会经济史》。相当完整的合并包括：1578 年的福建；1578 年的河南；1583 年的祈门（惠州府）和 1592 年的华阴（陕西）。又见山根幸夫：《明代徭役制度》；梁方仲：《一条鞭法》；梁方仲：《明代一条鞭法年表（初稿）》，载《岭南学报》，12，第 1 期（1952 年 12 月），第 15—49 页；转载于《梁方仲经济史论文集》（北京，1989 年），第 485—576 页。

[3] 如 1537 年的苏州、松江和常熟诸府。

制度的一个无关紧要的助手，但还不清楚缴纳是年度的，还是像十段法那样 10 年缴一次。

到期的赋税和其他缴纳是通过在里甲中轮值的人付清的。随着银子的普遍采用，在运输赋税时他们就不像以前那样被人需要，却反而会造成损害，因此知县们尝试在关键地点设柜，实行个人缴税。户主获准将合并后的缴纳装在封套中投进柜内。这个做法于1567年在浙江余姚开始实行①，很快在全省推广。这个过程和柜子由政府雇用的柜头进行监督和记录（不过不复核），有的地方仍由里长做这些工作，而在北方则由大户去做。从征收地点到粮仓的运输完全由政府接管。②

赋役一旦合并，预定以银缴纳的项目用各地不同的公式按照亩数和丁数进行评估。特别在南方，一切徭役的缴纳实际上几乎总是按照田亩数计算。各类土地从一开始便按照一定的公式折成标准的税亩，以使每实际亩的纳银数更加公平：为了折成税亩，贫瘠地折算得较小，肥沃地折算得较大，这样，每一税亩所纳的官银相等。

在北方，一条鞭改革与传统展开了更大的决裂。前面已经谈到，北方为征税而进行的户的分类一直未作变动，并且作为更早的唐、宋和明代实践的继承者而大力捍卫。③ 对南方通常实行的按地亩平均缴纳的做法普遍存在着反对情绪。在北方，官方原来规定可以豁免的最低等级的户占一个地区人口的 90％，如果沿用南方实行的先例，它们就有缴纳的义务。④

---

① 见栗林宣夫：《一条鞭法的形成》，第3节。

② 见谷口规矩雄：《论明代华北的大户》。东昌府（治地在山东聊城）的征收和运输在 1628 年完全被政府接管。

③ 见小山正明：《明代华北赋役制度》；山根幸夫：《明代徭役制度》。

④ 例如，见万历时期山东邹县丁的分布（因有功名而被豁免的丁加在括号内）：8（5）、1（1）、1（1）、10（5）、32（17）、57（27）、272（94）、3402（357）、31723（691）。见山根幸夫：《明代徭役制度》。由此可以清楚地看出，等级高的户相对的有较多的特权。川胜守的《中国封建国家的统治结构》（第 401 页）表 V1—2 提供了另一个例子：最高的六个级只有 69 丁，最低的一级却有 29376 丁。在南方，人们免除徭役的下限常常根据拥有的亩数来确定，并且随着时间的推移，下限数减少。在南京，下限数开始时为 100 亩，后来为 10—20 亩。见梁方仲：《一条鞭法》。苏州的下限为 10 亩，昆山为 40 亩。

一条鞭法还引起了各种问题，因为北方的银子较少，而非地产的财富相对来说更加重要。私有土地与其他投资相比，更成了一种负债，并出现了把耕地抛荒的报道。①

作为评估赋役基础的田亩日趋重要，其意想不到的结果之一是助长了逃避土地登记之风。在维持10年一缴制并且未受十段法的调整影响的地方，经常把土地再登记到当时未开征的土地拥有者（挪移）名下的做法增加了，这与诡寄的做法一样。② 地主甚至有在其他地方购地的欲望，因为他们在那里可以合法地不服徭役：寄庄户大量增加。

一条鞭法改革是最进步的形式是吸收了十段法的一些内容（十段法是以整个县为一个单位，并使用对丁和亩的侧重有所不同的公式），同时也吸收了根据划分等级户的北方估税法的内容（每年征税代替了轮流缴纳）。③ 县的预算根据过去的实际开支，每3年至5年进行编制。④ 只有在里长和其他人员仍需要纳税，并且仍按原来的里数被吸收进来时，里才能作为一个单位继续存在。但它不再是有赋役份额的税赋单位。最终对原来制度的摒弃，如果不是针对其条文，都发生在这个时候：里长的任务（主要是交税）根据固定的土地亩数来确定（即每个县的总亩数被用来确定里长的总人数），而不再考虑以前的区划。即使新的面积（称亩里）因出于实用的目的仍由一整块土地组成而不包括分散在其他地方的小块地，这种方法也是通用的。

虽然一条鞭法简化了纳税人的实际缴纳，但它增加而不是减少了

---

① 其始末见岩见宏：《山东经会录》，载清水博士追悼纪念编集委员会编：《清水博士追悼纪念——明代史论丛》（东京，1962年），第197—220页；海伦·邓斯坦译成英文，载格罗夫、丹尼尔斯编：《中国的国家和社会——日本人对明清社会经济史的看法》，第311—333页；山根幸夫：《明代徭役制度》，第212页注26。

② 见山根幸夫：《明代徭役制度》，第2章，第122页以下；滨岛敦俊：《明代江南农村社会》，第4章。当时盛行的比价是江南每亩银0.3两。因此土绅允许诡寄可以从中取得物质利益。见滨岛敦俊：《明代江南农村社会》，第258页注36，他不同意登纳林在其《财政改革》中所持的论点。

③ 浙江省温州府甚至另有一种称为十段——一条鞭的概念模糊的方法，见山根幸夫：《明代徭役制度》。

④ 见梁方仲的《一条鞭法》和岩见宏的《明代徭役制度》第127—128页中刘光济的改革。

文牍工作，因为为了记账的一切新合并的项目仍必须以书面形式重新分摊到明初就已存在的杂项赋役之中。1538 年江苏南部的吴江就是一个明显的例子。① 在均粮改革时期，不同种类的土地被折成税亩。后来的正役改革提供了每个财政亩与每个徭役项目之比。在纸面上，这项计算很复杂。首先，原来的税粮和后来的附加税都有与各现存的税种的一个不同的比率。其次，银与实物缴纳之比也多种多样。这种逐条计算的结果是，原来所有的赋役种类都被保持并上报到上级官府。1542 年财政亩结束时，都按每亩0.0376担缴纳，其中0.02担缴粮，其余部分折银0.09两。绝大部分的一般土地属于同一等级，尽管账册上混乱不堪。② 改革的每一步都会给纳税人带来困难，于是出现了抵制。虽然每亩一种同样的缴纳使赋税更加简单，但它毕竟不能改变地区间生产力的差别。此外，赋役中大部分明显差别已在地价中反映出来。尽管有这些问题，晚明各种新的分类和制度基本上成了清代制度的基础。

　　在所有改革中未获益的是那些履行最沉重劳役的人。例如，运粮户、运布户或粮仓管理员未能得到减免。③ 开支激增，在明朝统治的最后一个世纪增加了两倍。④ 把这类徭役折纳成银常常是不现实的，

---

① 见森正夫：《十五世纪前半期太湖周边地带的国家和农民》，《名古屋大学文学研究论周》，载《史学》，13（1965 年 3 月），第 51—126 页；《明代江南土地制度》，特别是第 5 章。另一个很能说明问题的这种努力的例子，即用折合法来平均每亩的实际缴纳，同时又以书面形式保持名目繁多的旧的分类，见唐文基：《明代赋役制度》，第 161—162 页。所举之例为 1519 年的湖州。
② 森正夫：《十六世纪太湖周边地带官田制度的改革》，载《东洋史研究》，21，第 4 期（1963 年 3 月），第 58—92 页；22，第 1 期（1963 年 7 月），第 67—87 页，修订和转载于其《明代江南土地制度》，第 82 页注 4。这里的徭役缴纳是每丁 0.03 两和每亩 0.012 两，一个 5 亩 2 丁的标准户结果要缴每亩 0.024 担。但在这个区域的其他地方，亲自服徭役部分与折纳部分相当，例如嘉定（见岩见宏：《明嘉靖前后赋役改革》）徭役折纳占 11%，劳役折纳占 40%，劳役的银值占 49%。
③ 中文分别称运户（运粮户）或解户，布解户（运布户），库知或斗记（粮仓管理员）。役夫（邮递员）养马（主要是北直隶的养马户）和弓兵的任务依然沉重。
④ 张显清：《明代官绅优免》；在刘宗周时期（1578—1645 年），一名里长的开支从 20—30 两增至 60—100 两。见恒慕义编：《清代名人传》（华盛顿，1943 年），第 532—533 页。

因为很难雇到代替服役的人。① 处理这些存在的问题，还有待于 17 世纪明代最后的改革家们，而这些问题由于豁免户或寄庄户的增加而更加严重。

以上的概述说明，明代的制度在 15 世纪和 16 世纪碰到许多问题，但在这些问题的可行的解决办法在 16 世纪 70 年代以后才在地方一级找到。明代农村中行政和社会体制的崩溃并没有很快与清代在军事和政治上接管明政权之事相呼应。人们最多只能说，晚明时期改革的普及得益于清代早期的统治者强有力地建立了社会和政治的控制后出现的政治气氛。

乡村的商业化

市场结构

在尽力描述中国的商业化及其市场结构时，有几种研究方法是可行的。有的学者主要强调在全国的大河流和大运河上流动的大量粮棉，并对县或村以此闻名的一切手工业品或稀有果品特产津津乐道。肯定还有足够的例子去消除其他学者所坚持的观念，即中国是由自给自足的小单位组成，它们除了由过于强大的中央政府缔造的交往外，相互之间没有联系，也没有"近代"发展的前景。但是与其把晚期中华帝国的经济描写得一片光明，或者不切实际地以 20 世纪西方的标准去衡量它，就认为帝国"没有发展的可能"，倒不如说，中华帝国的经济以同时代的标准来衡量是引人注目的，虽然这仍忽视了大批民众。

人口的增加，伴随着随之而来的平均拥地面积的缩小和以前不宜种粮的边缘土地的开发，使农民必须部分地依靠种植经济作物来谋生。在一定程度上，为了缴纳租税，这些作物的种植一直是必要的。因此，伴随着人口的增加并与区域的经济状况保持同步，小型周期性

---

① 见岩见宏：《明嘉靖前后赋役改革》。

的集市在最底层不断出现。但很难说这些集市是"商业性"的。生产者和消费者交换他们的货物，以缓解其需要，基本上没有外界的干涉。在善意的地方精英分子既不能通过建立"自由市场"（义市）而成功地阻止国家的插手，又不能提供必要的调解和监督的地方，当外来的商人来此开始购销粮食、纺织品或牲畜时，官方的中介机构（牙行）才在较大的市场出现。大部分地方集市没有厚利可赚，因为人们都知道为生产产品投入的劳动力价值，并且希望"公平"交易。在这个阶段，这些市场的目标是使用价值而不是交换价值。明代大量增加的市场无疑属于这一类。

随着山区的发展，在山区和低地交界处成长的市场也可以说是这种情况。在福建和浙江，许多这样的市场在自给程度较差但有互补性的环境之间发展起来。这些市场常常被一些作者选出作为论点：人们不应把它们视为经营经济作物的市场。①

第二种市场交易的形式属于城乡型，在地主愈来愈多地居住在其地产附近的城镇的地方，城乡型尤为发展，如江南（那里许多地主成

---

① 例如，见藤井宏：《新安商人研究》，载《东洋学报》，36，第 1 期（1953 年 6 月），第 1—44 页；36，第 2 期（1953 年 9 月），第 32—60 页；36，第 3 期（1953 年 12 月），第 65—118 页；36，第 4 期（1954 年 3 月），第 115—145 页。这里我支持吴承明关于这些市场的基本保留意见，见其《明代国内市场和商人资本》，载《中国社会科学院经济研究所集刊》，5（1983 年），第 1—32 页，并且要指出，在许多地区，这些市场为数太少，属于例外，不能视为商业化的迹象。但它们的确构成了以后发展的第一层面。关于明清时代中国商业化的另一种意见，见费维恺：《"原始工业化"和中国的"资本主义萌芽"》。广义地界定，"农业商业化"一词包括以下任何情况：一户的部分收成在市场上进行交易，换取其他产品或货币，或换取这两者。在中国，这种现象到 12 世纪已广泛存在。见斯波义信：《宋代商业史研究》（东京，1968 年），马克·埃尔文摘译成英文（安阿伯，1970 年）。但我认为，这类户基本上投身于市场交易的目的，是取得货币去缴税，购买自己不能生产的产品和处理剩余的收成和地租。在这些情况下，农产品价格提高的趋势会减少而不会增加农产品的交易量，因为出售量较少也能取得用于缴税等项的货币。因此，除了少数例外，这种商业活动的结果不会改变基本经济结构。对比之下，本章所用的"商业化"一词指的是以下的事例、时期和区域：经济结构的确经历了根本的变化；面向市场的生产不是勉强进行和不得不做的事情，而是一个户的活动决定性的主要内容。在这些情况下，高价格的趋势会导致更多的而不是更少的产量。我把这第二种"商业化"浪潮视为明中叶开始扩大的一个重要现象，不过甚至到 20 世纪，它还没有席卷中国的所有地区。

为官员）或福建（那里他们更多地趋向于从商）。应付给他们的租税通过运河和河流运去，地主和佃户的剩余物品都在市场上出售。与自给自足市场上见到的货物的运输距离相比，较好的基础设施往往使运输市场货物的距离增加了。但是应该指出的是，甚至在城乡型的市场，"利润"和专业商人也不一定直接起作用，税和租也不一定被用来交换外界的商品，即使此时的江南已有 3000 万或 4000 万担米投入城乡型市场交易，也是如此。①

一种更加重要的所谓"全国性市场"已从宋代起逐步发展起来，在明代以后将得到迅速发展。这种市场不但像城乡型市场那样交换地主、佃户和其他生产者的剩余收入（常常换取奢侈品），而且交换直接为市场本身生产的商品和交换其他这类货物或货币的商品。利用生产者和消费者不能直接交易的商人出现了。这些商人从区域间（1550年后从国际间）而不是从区域内的价格差别中获益。利润就是这样取得的，尽管有的利润是利用国家专卖的带有人为操纵的手法取得的（如茶盐贸易）。商人们及时缴纳官税，而 15 世纪初期赋税局（钞馆）的地理分布显示了帝国的主要商业命脉，并着重指出沿大河流的长途贸易是帝国经济结构的主要支柱这一事实。必须指出的是，这类长途贸易对明代经济的压倒一切的重要性明显地与中国经济史中"大区"的论述相矛盾。虽然基于地理、政治或历史现实的区域差别在经济结构中占很重要的地位，但大部分贸易在区域间进行，利润也是在区域间（并且只能在区域间）赚取。这些经济交换使在区域内部发生的交换相形见绌，而且如果这个区域远离大河流，区域内的交换就根本不会发生。关于大区内每个城市与区内任何城市的贸易多于与区外任何城市的贸易的论点在历史上得不到证实②；长途贸易似乎已是更具区

---

① 见吴承明：《论清代前期我国国内市场》，载《历史研究》，1983 年第 1 期，第 96—106 页。

② 见施坚雅：《19 世纪中国的区域城市化》，载他编的《中华帝国晚期的城市》（斯坦福，1977 年），第 211—236 页，及其《城市和地方制度的等级》。在罗的研究汉口的著作中（第 281—301 页），他指出一切早期的重要贸易都在沿流入长江的河流边进行；明代汉口的重要地位来自长江的贸易，而不是来自它的内地。见威廉·T. 罗：《1796—1889 年汉口的商业和社会》（斯坦福，1984 年）。

域性的经济兴起的条件，而不是其结果。

长江流域的贸易最为重要，在四川设有几所钞馆，湖广设几所（因为荆州有驻军），大部分设在江南区，因为那里市场密度高。在这些地区，经济作物以货币为媒介换取手工业品。

1411 年启用的大运河是另一条主要命脉，沿大运河不但运送漕粮（严格地说，漕粮不是商业性的），而且另外还为北方的军队运送粮食和棉布，这些军需品被用来换取盐引。空船在南返时试图带回可上市的产品（主要为原棉）。15 世纪 20 年代迁都北京后，多少属于奢侈品的货物也被北运。这种贸易大部分由私商经营，或者官员以私人身份经营。像德州和临清（在山东的运河边上）或高邮和扬州（在南直隶）等城市作为商业中心，在明清时期远比 20 世纪重要。征收漕粮运往京都的粮仓设在德州和临清，以及位于江苏的淮安和徐州。

另一条商业命脉是海路，它把中国港口与海外的贸易港口连接起来，尽管明代法律禁止私人出海贸易，但它仍在大部分地方有了发展。丝、瓷器、棉花、漆器和糖开始时向琉球、日本和东南亚出口，后来通过马尼拉、澳门和其他地方向西方出口。由于明代这种贸易的大部分不列入朝贡关系，属于非法，所以基本上没有记录，难以把这种收入与在宋代已被官方批准的这种贸易收入进行比较。贸易也发生在整个中国沿海，但它主要集中在长江三角洲和珠江三角洲之间的南部沿海。

陆上贸易没有水上贸易的运输方便和经济的优点，但是五分之一的商业地带位于北方，防御亚洲腹地游牧民侵袭的部队就驻守在那里。由于众多的军事人员、政府解送军饷的活动以及地方供应的不足，那里的需要量很大。这些因素能使贸易获得厚利。结果，政府毫不犹豫地在那里设立钞馆。[①]

就全国性的主要交易产品而言，粮食（主要是大米）贸易最为重要，虽然大米大部分属于供应政府的税粮，或者属于最终供应城镇的

---

① 我们将沿用吴承明的论点，他试图从宏观经济的角度列表说明商业结构。他的几篇论文收于其《中国资本主义与国内市场》（北京，1985 年）。

缴租的粮食。在 15 世纪晚期和 16 世纪初期，中国东南部长期遭受缺粮之苦，被迫从江南、广东或广西运进粮食，但从三地运进时还要取决于取得粮食的可能性和粮价等因素。福建尤其深受影响，因为当地粮食供应总是不足，福建对其他经济作物的依赖程度也许因此就高于其他区域。从 1500 年起，江南从长江上游（湖广、江西和安徽）运进大米的数量日益增加，尽管那里大米产量相当高，而且由于对大米的高需求，不怎么种植经济作物。江南的需求尤为迫切，因为那里的人口密度很高；作为几大命脉终端的运输中心的城市，其大部分居民并不务农；政府因江南大米质优，需要量很大，对江南的大米征收高税赋。第三个缺粮区是在安徽南部的徽州府周围，那里地区虽小，但仍很重要，因为它的需要量高度集中，这在几个方面与以下的事实有关：它是从事盐业的富商的出生地，并且仍被认为是他们的正式的寓所。

自从容许以银而不是用粮食直接换取盐引以后，北运的状况就恶化了；在盐的分配制度中，以银换盐引的做法于 15 世纪中叶实行。[①] 政府或士兵本人将用银在当地购买粮食。但是，盐的分配制度的这些变化导致了地方粮食生产的不断减少；地方的粮食生产到那时为止，一直受到商人的支撑，他们需要稳定的粮食供应（不是银子）以取得分销盐的盐引。北方的防区就这样变成了缺粮区。它与南方不同，没有可以换取从远地运来的大米或其他粮食的地方产品。因此，1500年以后全区的经济条件每况愈下。

吴承明估计，在 16 世纪期间，每年约有 1000 万担大米必须投入长途贸易。这个数字不包括用于消费所征收的实物租税。这些粮食的大部分一定被地主作为地租的剩余售出，价值大约为 850 万两。

如果由于盐作为政府专卖产品，不会严格地服从经济规律而我们可以把它排除在外，那么棉花就是第二个最重要的贸易物品。原棉主要产于北方，先产于河南和山东，稍后产于江西和湖广。[②] 棉花从那

---

① 例如，见寺田隆信：《山西商人研究》。
② 特别是山东的东昌府和兖州府，尤其是兖州府的郓城县。

里运至江南①并愈来愈多地运往福建织布，不过当地也能生产一定数量的棉花。

松江府（今上海之南）为最大的棉布产地。它运"标准布"（标布）至山西和陕西，运"中机布"（中机）至湖广、江西和广西，运小布至江西。其他城市有更地方化的市场：嘉定销往杭州，常熟销往山东，等等。由于棉花可用来做保暖的棉衣，它最早的市场是在北方，因为那里需要用它来保暖。棉花贸易包括亚洲腹地边境的以布换马贸易。在明末时期，原来只产原棉的地区（例如湖北和山东）开始生产自己的织品以代替输入品，于是松江失去了它在北方和西部的一部分市场份额。吴承明估计布的总产量，包括地方消费的产量，约2000万匹，价值330万两。

第三种主要商品是丝。生丝产于乡下，而大部分加工（缲丝、绕轴、上浆、丝织、轧光和印染）则在城镇进行。产丝的两大地区，一是在浙江北部的湖州周围，其主要加工地为杭州、湖州和苏州；一是四川的保宁府（今阆中），其丝的主要加工地为山西的潞安，它在历史上是丝绸加工技术的中心，甚至当地停止生产生丝以后仍占有重要地位。在明代较晚时期，与外国的贸易，使福建的（后来使广东的）丝织业欣欣向荣而超过其他产区。吴承明估计，丝绸的年总产量为30万匹，价值30万两，这说明与粮、棉织品和盐相比，丝产品只占明代贸易的一小部分。②

明代市场结构还包括其他产品。糖从福建的漳州和泉州运至江南、浙江和国外。纸从江西铅山运至河南和安徽。瓷器从江西景德镇运至各地。生铁从广东运至江西，从四川运至江苏无锡，从福建运至苏州；至于铁具，广东的佛山是主要出口中心。肥料市场在开始时尚

---

① 例如太仓县及附近的新泾镇。

② 与吴承明对清代初期和中期的估计数相比，晚明时期的数字是很低的。关于清代初中期，吴的数字是棉布9500万两，原棉1300万两，丝和丝织品1200万两。这种情况使清代市场从4500万两扩大到3.88亿两。部分原因可以用银供应量的增加来解释，但吴很可能严重地低估明代的市场经济。但应注意，棉布与丝之比稍有下降，从11.1：1下降至7.9：1。

不重要,但理论上意义重大;豆饼是这种商品的主要形式,并且成为"资本"市场中第一种商品,因为它不是消费产品,而被用来增加其他商品的产量。[1]

这些工业产品价格的上涨速度不如米价,这反映了手工业部类的产量较大的增加和人口的增长。中国在 1440 年前后,一匹布能买 2 担米,在 1470 年前后能买 1.27 担米,在 1540 年前后只能买 0.82 担。中国正走向这样一个时代:棉布和其他手工业品产量的增加将不能赶上更高的粮价,这种情况似乎发生在 17 世纪初期。关于兴起的全国性市场,见图 0-1,图 9-2 则标明明代最重要的经济中心。

区域间的差异

从区域上说,以下情况得到公认。[2] 北方的山西、陕西和甘肃需要输入粮食,但无物可出售;甚至衣着和盐之类的必需品,也必须以粮交换,但区内粮食供应不足。靠从四川运进和少量地靠从湖广运进生丝进行加工的山西潞安的丝织业则是例外,但直到万历时期为止,这个行业似乎已经凋敝。[3] 在晚明和清初期,北方几个地方,如山西的榆次才开始织棉布。少数输出品之一是羊毛:陕西西南的关中区是国内羊毛贸易的主要中心。在戍守北方边境的大城市,如大同和宣府(更不用说北京),其市场也有某些奢侈品,但它们都通过大运河从江南运来。当 1575 年沿北方边境开放了几个茶马贸易市场时,政府的政策导致对该区作了几次投资:对宣府投资 12 万两,对大同投资 7 万两,对水泉(大同西部)投资 4 万两。但是这些投资对整顿过的区域经济看来没有多大效果。[4]

---

[1] 见《关于明代国内市场问题的考察》,载中国人民大学中国历史教研室编:《明清社会经济形态的研究》(上海,1957 年),第 198—262 页

[2] 又见藤井宏:《新安商人研究》,第 1 部分。

[3] 另一个次要例外是山西的沁源,它以铁换盐和棉布。

[4] 见侯仁之:《明代宣大山西三镇马市考》,载《燕京学报》,23(1938 年),第 183—257 页。英译文载孙任以都和德弗朗西斯编译:《中国社会史论文选译》,美国学术团体理事会——中国和有关文明研究,第 7 期,第 309—332 页。

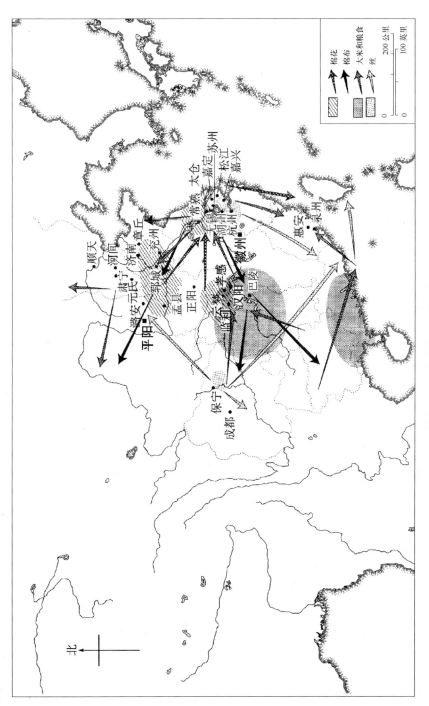

地图 9 - 1　晚明的全国性市场

图例：
棉花
棉布
大米和粮食
丝

200 公里
100 英里

北

顺天
河间
肃宁　济南　章丘　兖州
大仓
常熟
嘉定　苏州
松江
嘉兴
无锡
湖州　杭州
歙州
惠安　莱州
蒲安　元氏
邹城
孟县
正阳
汉阳
孝感
监利
巴陵
保宁
成都
平阳

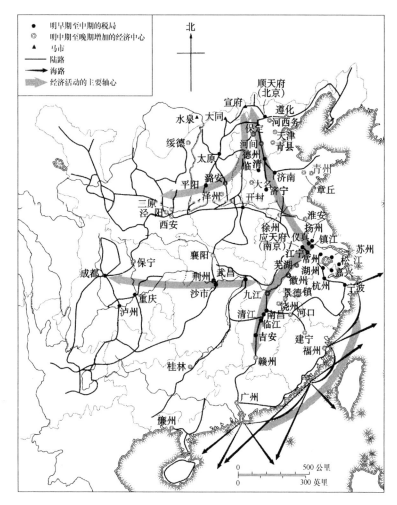

图例：
- ● 明早期至中期的税局
- ◎ 明中期至晚期增加的经济中心
- ▲ 马市
- —— 陆路
- →→ 海路
- ⇒ 经济活动的主要轴心

北

顺天府(北京)
宣府
遵化
水泉 大同
河西务
绥德
保定
天津
太原
河间
青县
平阳 潞安
德州
临清
泽州
济南
青州
三原
泾阳
开封
大名
济宁
章丘
西安
淮安
襄阳
徐州
应天府(南京)
仪真
扬州
镇江
苏州
常州
松江
成都
保宁
荆州
武昌
芜湖
湖州
嘉兴
沙市
九江
徽州
杭州
宁波
重庆
清江
景德镇
泸州
南昌
临江
饶州
河口
吉安
建宁
桂林
赣州
福州
广州
廉州

0   500 公里
0   300 英里

地图 9-2 明代的经济中心和道路

河南的状况多少相似，不过它能输出原棉。但输出时，它处于外地商人——大部分是山西商人——的影响之下。[1]

沿大运河的山东段，情况就迥然不同，那里的运输设施已经创建几个有店铺和仓库的大城市，其中临清最大。次要的产品，如福建的

---

[1] 见藤井宏：《新安商人研究》，第3部分，第97—98页。

纸、满洲的人参和貂皮等也在这里进行交易。除了原棉，土产品的贸易规模要小得多。

在明代，江西是棉布生产的中心，虽然随着其他地方——如山东、咸宁或湖广的巴陵——开始就地生产，产量有所下降。但江苏取得了更多的国际出口方便条件，还不能完全搞清发展取得了什么结果：输给了几个竞争中心，还是从出口中取得收获。伴随着布的生产，染料制造也变得重要了，不过产地稍离纺织生产的中心区。苏北的如皋、兴化和淮安，苏南的嘉定和靖江，尤其是安徽的芜湖，都成为重要的加工中心。油、豆饼以及小麦，成了长江以北扬州和淮安县的重要商品。在另一方面，浙江则是丝的生产中心。丝的加工地主要是杭州，原料来自湖州周围，湖州的丝船还到达福建和广东。

安徽可售之物很少。前面已经提到，芜湖在明代是染料中心，不过在清代它主要转向制铁。小麦和豆类在长江以北交易，再运往江南区的腹地。

江西必须输入纺织品：从浙江输入丝，从江南，后来还从湖广输入棉布。它在南方大米生产的确有剩余，在赣州周围靛蓝生产也日趋重要。江西因景德镇及其周围的瓷器生产而闻名，瓷器生产还扩大到浮梁和饶州地区。

福建主要依靠非谷物生产。早在1500年，甘蔗如同瓷器，也是兴化府的主要产品。纸产于延平和建宁，大的铁矿和银矿也集中于此。丝产于漳州，茶产于泉州府治地晋江。1500年前后，福州在丝织技术方面有了重大改进，加上它的海上贸易的有利位置，它的产品可与较老的潞安和苏州进行竞争。烟草在晚明也开始输入种植，而棉布生产则始于惠安。[①] 应该注意的是，在这些寄庄户现象比其他地方更加严重的区域，交易大部分由佃户在市场进行，这进一步相对地削弱了地主的地位。[②]

广东、广西地方一级的生产虽然有了重大的进步，但参与全国性

---

① 《关于明代国内市场问题的考察》。

② 又见藤井宏：《新安商人研究》，第3部分。

市场的活动却较晚。也许可以说四川也是这种情况。

可以肯定，湖广在明代有明显的发展，它在开始时主要从事以米换盐贸易。来自与江西交界的醴陵的茶、食油和纸在南方是贸易商品。如上所述，棉布生产在咸宁（武昌以南）和巴陵（今岳州）两县日趋重要。有人推测，湖广的绝大部分大米贸易由地主经营，其类型可与东欧的再度封建化相比。① 这个比较有中肯之处：湖广向其他省份输出粮食的经济依赖性，使地主对这项贸易的利用，既有必要，又有利可图。崇田德已经阐明，佃农和地主的关系是怎样根据该地区是否输出粮食（即是否有运输的河道）而发生变化的。②

吴承明根据对清初期的调查作出了若干结论，其中与它们有关的因素已在晚明出现。吴承明认为，全国性市场（除去前面描述过的市场）包括其价值占 42% 的食品，相当于食品总产量的 11%③；价值占 24% 的棉布（占总产量的 53%）；15% 的盐；8% 的茶；4% 的丝织品（占上市总产量的 92%）；原棉和生丝各占 3%。食品换棉布和盐的基本模式依然存在。④

商业化的棉、丝生产大大地增加了专门经营这种或那种产品的镇。与以往相比，更多的镇成为地方上货物再集散之点。市镇和镇市，或单独使用的市（市场）和镇（无行政地位的镇），已成为商业地方的名称，而不是用来称呼设立巡检司以管理当地和征贸易税的地方。⑤

---

① 几名日本学者，包括藤井宏（《新安商人研究》）提出这个论点。

② 崇田德：《清代社会经济史研究》（东京，1975年），第1—66页。

③ 这个数字稍高于德怀特·珀金斯的估计数，即占农业总产量的 7%—8%；见珀金斯：《中国的农业发展》。

④ 大米贸易大量增加，达到 3000 万担，但仍存在着困难，即北方生产可以换大米的具有交换价值的物品很少。由于盐的需求无伸缩余地，棉布似乎已是可能成为推动总体商业化的惟一商品。但是，人口压力造成的大米需求的增加一直是棉布业充分发展的障碍。刘永成的《论中国资本主义萌芽的历史前提》（载《中国史研究》，2 [1979年7月] 第32—46页）提供的晚明和清初期的资料已在地图中表现出来。

⑤ 许多地方，这些名称不能互用，这表示存在一定的等级，镇通常较大；但已知也有相反的用法。见刘石吉：《明清时代江南市镇之数量分析》，载《思与言》，16，第2期（1987年7月），第128—149页。又见《明清时代江南市镇研究》（北京，1987年）。

　　断定只有在大规模的商业化开始后才出现超过千户的很大的农业镇的论点是错误的。在江南，诸如平望、同里、朱泾（今金山）和王江泾等地，当它们作为棉、丝贸易中心而处于重要地位时，已经相当大了。在晚明时期，一个县的最大的镇除了为其居民运进粮食施加影响外，在商业上不一定很重要。[1] 城市化、商业化和市镇的发展互有影响，但又是分立的现象。

　　在明代初期，集市（或每月有集的天数）在县城普遍增加，这个趋势在 15 世纪后期和 16 世纪初期仍在继续。在明代初期市场的增加不一定表示有大市场存在（甚至不一定存在于行政城市内）。1500 年后，随着人口的增加，官员或地方头面的精英分子逐渐设立农村集市。有官府（牙行或巡览）出面的市场数似乎与没有官府出面的地方的市场数大致相等。但是这些市场的管理费收入是微不足道的。明末叛乱和军事行动时期，许多市场场址遭到破坏，全部重建它们所花的时间长得出奇。[2] 从万历朝末年（17 世纪初期）至乾隆时期（18 世纪初期至中叶）华北市场场址增加得很少。[3]

　　在江南区和东南，情况有所不同。苏州的市场数约从 1400 年的 30 个增至 1520 年前后的 45 个；杭州的市场数约从 1500 年的 21 个增至 1600 年前后的 44 个；嘉定则约从 1520 年的 6 个增至 1600 年前后的 17 个；嘉兴约从 1530 年的 7 个增至 1600 年前后的 28 个。这种增长过程在明清过渡时期看来没有停止。松江的市场数约从 1520 年的 44 个增至 1700 年前后的 79 个。总之，刘石吉估计，从 1500 年至

---

[1]　在江苏东南的嘉定县，南翔、娄塘和罗店各有 1500 多户，只有南翔真正能称为商业中心，而且商业正在衰退；据说牙行的行会抑制了它的成长。见杰里·登纳林：《嘉定的保皇分子：17 世纪中国的儒家领导和社会变化》，耶鲁历史出版物（杂），第 126 号（纽黑文，1981 年），第 75 页注 3。

[2]　山根幸夫：《明代和清初华北的市集和绅士豪民》，载明清史论丛刊行会编：《中山八郎教授颂寿纪念明清史论丛》（东京，1977 年），第 303—332 页。

[3]　山根幸夫：《明清时代华北的定期集市》，载《东京女子大学史论》，8（1960 年 11 月），第 493—504 页，特别是第 495 页之表。关于明清时期定期集市的增加的最大的数据编集和一位地理学家对它的意见，见石原润：《定期集市的研究——机能和结构》（名古屋，1987 年）。

1650 年，市场数增加了 2.5 倍。[1]

拥有高级特产品的城市常常是明代文人笔下的骄傲，如作为主要丝绸中心的盛泽、震泽、王江泾、濮院、双林和菱湖，或作为主要棉花中心的枫泾、魏塘（嘉善县治地）、朱泾和安亭（见图 9 - 3）。随着时间的推移，这样的镇更具有城市的特点。[2] 但仍难以看出一种全面向更城市化方向的转变，据推测，这种转变应该是一批典型的城市资产阶级推动改革的结果。事实上。城市的发展不可能阻碍有些工业的乡村化。在有些情况下，大规模的城市制造业看来已经萎缩，政府本身就关闭了自己的纺织制造工场。[3]

城市不论大小，都可以有数量惊人的专业工匠"行会"。江宁县（其治地在南京）约在 1500 年有 104 个，位于长江江畔湖广的旧行政中心江陵附近的新商业城市沙市在明末有 99 个。[4] 事实说明这是过度的分工，而不是"进步的"社会分工，完全可能成为经济进一步发展的障碍，因为工匠极端的专业化一般地会妨碍商业化，尽管大陆的中国史学家中公认的明智意见对此持有异议。[5]

---

[1] 根据刘石吉的图，见《江南市镇》。使用这些数字时必须谨慎，数字依据的史料不是完全可以比较的。

[2] 在山东的滋阳（兖州府治地）、邹县或阳谷等地，居民在秋季返回故里协助收割，但新型城市就不再有这种情况。关于更详细的调查，见《明代国内市场》等。关于其他城市，如濮院，见陈学文：《明清时期江南的一个专业市镇——濮院的经济结构的探索》，载《中国社会经济史研究》，1（1985 年），第 14—61 页；关于乌青，见林和生：《中国近代地方都市的发展——专论太湖平原乌青镇》，载梅原郁编：《中国近代的都市与文化》（京都，1984 年），第 419—454 页；陈学文：《明清时期江南巨镇乌青镇的经济结构》，载《中国结济史研究》，2（1988 年），第 29—38 页。陈学文近来从事撰写江南新的小镇的一系列论文。又见樊树志：《明清江南市镇探微》（上海，1990 年）。

[3] 例如见赵冈：《中国历史中的人和土地》；田中正俊：《中国史学界关于资本主义萌芽的研究》；佐伯有一：《日本的明清时代关于商品生产评价的学说史展望》，载铃木俊、西岛定生编：《中国史的时代划分》（东京，1957 年），第 253—321 页；佐伯富：《手工业的发展》，载筑摩书房编集部编：《中华帝国》，《世界历史》，11（东京，1961 年），第 213—232 页。

[4] 《关于明代国内市场问题的考察》。

[5] 关于这一争论见彼得·克里德特：《工业化前的工业化》（1977 年）。比特·舍姆普英译：《世界市场的起源、农业背景和条件》，载彼得·克里德特等编：《工业化前的工业化——资本主义萌芽中的农村工业》（剑桥和巴黎，1981 年）。

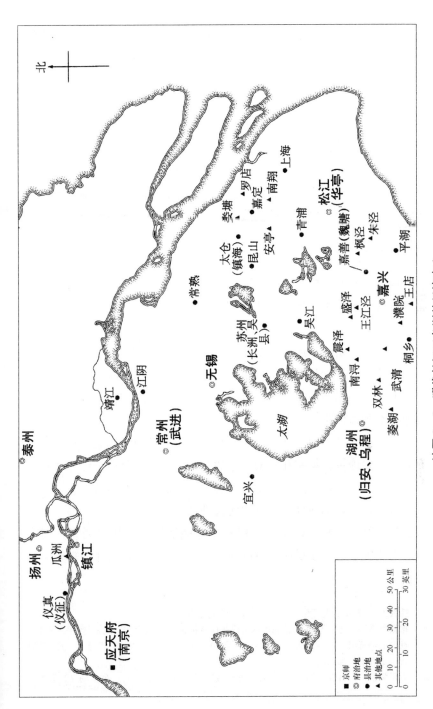

地图 9-3 明代长江三角洲的经济中心

应天府
(南京)

仪真
(仪征)

扬州

瓜洲

镇江

泰州

靖江

江阴

常州
(武进)

无锡

宜兴

太湖

常熟

苏州
(长洲、吴县)

太仓
(镇海)

昆山

震泽

吴江

湖州
(归安、乌程)

双林

菱湖

南浔

盛泽

王江泾

武清

桐乡

嘉善(魏塘)

濮院

王店

嘉兴

王店

嘉定

南翔

上海

罗店

秦塘

安亭

青浦

松江
(华亭)

朱泾

枫泾

平湖

北

□ 京师
◎ 府治地
○ 县治地
▲ 其他地点

0   10   20   30   40   50 公里
0   10   20   30 英里

就城市的规模和等级而言，我们知之甚少。歙县（在安徽南部徽州府）县志的一段有趣文字把南京（应天府）、杭州、福州、北京（顺天府）、南昌（江西）、广州列为帝国的一等城市，把苏州松江、淮安、扬州、临清、济宁、仪真（今江苏江北的仪征）、芜湖、瓜州（镇江正对面）和景德镇列为二等城市。① 湖州和汉口未列入，但后来在明朝肯定发展起来。收列的城市不无令人意外之处，如收入瓜州，把南昌列为一等城，把苏州列为二等城。但所列城市似乎与其他材料相当吻合，并没有过高估计城市的商业重要性。在这些城市化地区的附近，有的农民专门种植蔬菜、水果和花卉，在城市出售。

主要商品：棉花和丝

根据其商业重要性，更严谨地考察明代棉花和丝的生产状况可能会有帮助。宋代引进棉花生产技术。随着轧棉和纺纱技术的改进，它在元代从广东和福建普及，扩大到长江下游；它还从中亚被引进华北。棉织品可用于一般的和高级的衣着；到1500年，它基本上代替了以前使用的苎麻和亚麻。棉布更适宜在碱性土壤和沿海地区的沙质平地上种植。据说上海县50％的土地，邻近的嘉定县和太仓县70％的地，都种植棉花。②

松江成为产棉中心并非偶然。它位于南方纺织区和北方种棉区交界处的重要地带。特别在江南平原的东北部（大部分在长江以北）全部，种棉已经普及，这是由于那里有良好的水运和当地从丝业中取得的织布知识。在那些地方，种棉代替种稻，水稻因为土壤条件，在那里长势不好。③ 从1433年起，棉布在这些地区也可用来缴税，因为政府需要大量的棉布供应北方的守军。严中平估计，每年的需要量为

---

① 藤井宏：《新安商人研究》，第1部分，及其他著作。

② 根据克雷格·迪特里希：《清初中国的棉花种植和加工》，载 W. E. 威尔莫特编：《中国社会的经济组织》（斯坦福，1972年），第109—135页，清初全国3/5至4/5的县都种植一定数量的棉花。

③ 寺田隆信：《明代苏州平野的农家经济》，载《东洋史研究》，16，第1期（1957年6月），第1—25页。

1500万匹。[1] 在土地肥沃的地区，种植棉花当时不能成功地与种植大米竞争。[2] 事实上，棉花的最大的成功是为它找到了合适的社会位置，甚至地理上的更合适的位置。妇女用私有的织机织成大部分棉布，不过在城市中棉布生产逐渐也成为男人的职业。棉花可以与大麦和豆类套种；作为次要作物，它不一定要纳税。

松江以外的区域相当晚才转向棉花生产；晚至1486年，浙江的官员试图从松江引进织工来鼓励棉花生产，吕坤在16世纪末在山西也照此行事。[3] 特别在16世纪的山东和河南的一些地区，生产的普及甚至达到产棉并始代替产粮的程度。

产丝比产棉更加有利可图，但风险也更大。有明显的迹象说明丝的生产是如何普及的。约在1420年，丝的生产从其中心苏州向南扩大到邻近的县城吴江。在15世纪以后的时期，它又扩大到震泽及其附近各地，它们成为新兴的丝镇，为包括40—50个里的一个区域提供加工和销售的方便。丝加工看来在产棉业以前就成了男户主的主要专业，它有望取得厚利。由于在生产过程的几个特定阶段继续使用过时的技术，养蚕、种桑树和织丝基本上是分开进行的。在高度专业化的地区，如湖州、嘉兴和杭州，丝显然是为市场生产的。生产者不穿丝织品，他们似乎主要在市场上出售，市场则由购买商而不是出售的生产者控制。[4] 由于私营部门加强了专业化和分工，明初期二十多个官办丝厂减少到三个，分别设在南京、苏州和杭州。[5] 1485年后，以

---

[1] 严中平：《明清两代地方官倡导纺织业示例》，载《东方杂志》，42，第8期（1946年4月15日），第20—25页，引于居密：《近代中国早期棉织品生产与农村社会变化》，载《香港中文大学中国文化研究所学报》，7/2（1974年12月），第513—534页。

[2] 根据西岛定生的估计，见《中国初期棉业的形成及其构造》，载《东方学》，2（1949年），转载于其《中国经济史研究》（东京，1965年），第805—872页。英译文载格罗夫等编：《中国的国家和社会——日本人对明清社会和经济史的看法》（东京，1984年），第17—78页。

[3] 居密：《近代中国早期棉纺织品生产》。

[4] 见寺田隆信：《明代苏州平野的农家经济》。据说嘉靖时代（1522—1566年）产丝中心湖州的一次经济萧条使之没有能力购买所需要的原棉。

[5] 关于苏州的官办丝绸工业，见保罗·桑塔杰洛：《明清时期的官办丝织业——特别是苏州的丝织业》（那波里，1984年）。

政府市场来弥补其需求之不足。丝绸工人为城市劳工，从 1590 年至 1630 年时期是反对宦官滥用职权而引起的骚乱的主要参与者。[1]

商人集团

明代商业发展的一个重要因素是盐的分配制度提供的动力。为了确保主要驻在北方边境以及四川的军队能取得充分的粮食供应，政府于 1389 年开始在云南、1419 年开始在贵州实行所谓的开中法（盐的实物交换制度）。这个制度规定，在交换运往这些边境区的粮食和牲口饲料时，政府颁发可以在产地换盐的盐引，商人然后可以在专卖条件下在指定的分销地售盐。这个办法可保证商人比在自由市场分配制度下取得更多的利润。理论上，政府压缩所有的官办盐场生产，以致盐的需求总是大于供应。[2]

江苏北部沿海的两淮盐场所产之盐质量最佳，产量最多。每年只准从盐场到交盐地点往返一次。这个限制将除了资本雄厚的大商人以外的其他商人挤出这个行业，但对驻于北方边境区附近的商人有利，因为他们需要的运粮费用较少。因此，山西和陕西的商人占有很大优势并充分加以利用。驻于诸如陕西的三原、泾阳和绥德，以及山西的平阳（其治地在临汾）、泽州和潞安诸府的商人熟悉本地的环境条件，把粮食隐藏在地下的黄土洞穴，以防止蒙古人的侵袭。[3] 他们还通过建立所谓的商屯——商人控制的农业庄园——以鼓励本地生产粮食。他们还合法地或非法地从事马茶贸易，并在其北方基地和江南地区之间运输丝和棉花。[4]

政府定期提高粮食换盐引的价格，对粮食愈来愈大的需求使发出的盐引数量过多，这就减少了商人对盐引的追求，因为这种交换的利润减少了。商人面临的其他问题是，运输过程中浪费粮食太多，与丝

---

[1] 潞安的丝的生产可能更多地依靠官方支持，当政府开始依靠江南的私营市场时，它就衰落了。但又见寺田：《江南农村骚乱》。

[2] 因此，盐的非法走私活动始终是一个长期存在的问题。

[3] 藤井宏：《新安商人研究》，第 2 部分和第 3 部分。

[4] 关于山西商人（实际上是山西和陕西商人），特别见寺田隆信：《山西商人研究》。

棉市场竞争性的机遇相比，周转缓慢。为了诱使更多的商人参与盐的贸易，1492 年政府在 1491 年至 1496 年任户部尚书的叶淇的敦促下，决定把以银换盐引代替以粮换盐引的做法合法化，尽管换盐的比价要高于以往。虽然这一措施在财政上对政府更有利，因为它增加了收入，但它一定使北方戍军的粮食供应更不稳定。如果不是这样，对这些戍军的粮食供应问题不会如此糟糕，因为军垦自 15 世纪中叶以来每况愈下。但是新制度对商人更加方便，它解除了他们向遥遥的戍军供应粮食和饲料的义务。①

以银换盐合法化的另一个结果是更靠近两淮盐场的商人此时能从事盐的贸易。结果新安（安徽南部徽州府的别名）的商人逐渐与北方山西和陕西的商人相匹敌。② 他们常常搬进产盐区附近的城市，特别是靠近两淮区而又不远离两浙盐场的扬州。山西商人也开始住进这些城市③。这些商人以分销盐为基业，在全国建立了巨大的网络，还经营其他的产品：茶（也部分地是专卖品）、棉布、木材和丝。大米和其他谷物每磅又恢复到较低的利润，常常只与其他产品一起经营。④ 愈来愈多的盐商参与放债，由于普遍缺乏资本，放债一定有利可图。⑤

商业是赚钱的事业：17 世纪开始时，东林党学者耿桔（1601 年科进士）⑥ 估计，工匠赚取的利润是农民的两倍，商人是三倍，而盐商则是五倍。根据万历时期的一个数字，全国有 17 名拥资 50 万两的人。三名为山西商人，两名为徽州商人，两人住在江苏的无锡城内；

---

① 王崇武：《明代的商屯制度》，载《禹贡》，5，第 12 期（1936 年 8 月 6 日），第 1—15 页。英译文载孙任以都、德弗郎西斯编译：《中国社会史论文选译》，第 298—308 页。
② 据说万历时期山东大运河畔的重要城市临清的 9/10 的商人来自徽州。
③ 寺田隆信：《山西商人研究》
④ 吴承明：《明代国内市场》。
⑤ 这有时被认为是商人落后的表现和他们的"前近代"行为的证据。但我倾向于同意寺田隆信，即更有趣的问题是为什么放债比直接商业投资能获得更多的利润。
⑥ 滨岛敦俊：《明代江南农村社会研究》，特别在第 3 章和第 8 章中，耿又突出地表现为一名治水条例的著名著作的编纂者，当时在 17 世纪初期，他任常熟县知县。见本书第 541 页注③。

其他人或是亲王，或是显宦。[①] 在 1617 年，跻身于最富的盐商行列的活动在 1617 年受到严格限制，此时为了解决未兑现的盐引过多的问题，政府限制了有资格参加盐业专卖的商人人数。在那些保持其资格的商人中，有的成为清代的巨富。

还有其他几个著名商人集团，如福建帮、江西帮和苏州帮。苏州帮的一个分支集团称为洞庭帮，它来自太湖边苏州附近的富饶的郊区。[②] 这种商人集团在中国到处可见，离开故地在异地经商的商人称客商。客商必须与经营规模小得多的坐商区别开来。后者为客商提供仓储设施，以及店铺和某些批发设施。

农业的反应

走向农业集约化

农业对人口增长的反应落后于社会和经济的变化。到近几十年为止，有人一直求助于忽视人口增长的"王朝循环论"来解释社会—经济的变化，而且有些人士仍继续持这个论点。这个概念坚持，王朝开始时，官方的政策以及存在大范围未耕的和遭受破坏的地区容许拥有少量土地的农民的出现；当时的和平环境和增加的财富导致土地所有制日益向两极分化；富人于是合法地或非法地逃避赋役，从而增加了小土地拥有者的税负，他们最终发动叛乱并造成王朝的垮台。这种模式预先就假设人口是固定不变的，经济出现零增长，它还假设小农的分化在和平时期是自然现象。因此，它不能解释以下的重要事实就不足为奇了，即不能解释每个人与土地之比率的减少、小规模经营的继

[①] 在清代，拥有的资财要大得多，商人，特别是盐商仍占主导地位。见吴承明：《明代国内市场》。

[②] 见傅衣凌：《明清时代商人之商业资本》(北京，1956 年)；注意几项受人注意的研究，如雅克·加内：《中国》(巴黎，1972 年)，它由 J. R. 福斯特英译：《中国文明史》(剑桥，1982 年)，第 429 页。又见蒂莫西·布鲁克：《16 世纪中国的商人网络》，载《东方经济社会史杂志》，24，第 2 期 (1981 年)，第 165—214 页。

续、佃租和雇工之比率的变化，以及其他中国经济上某些特有的特点。其他的历史特有特点包括功名拥有者的社会经济的重要地位、宗族土地所有制、北（产麦）南（产米）两个农业体系之间的巨大农业差别。在以后的帝国时期，有人不用王朝循环论来解释社会经济变化，就能概括地辨认出农业史中一个朝集约化和商业化发展的线性趋势，这个趋势又以各种复杂的方式与更纯的社会经济趋势互相联系起来。[①]

毫无疑问，明代的农业生产有了进步，这些进步使空前众多的民众或多或少地得到适当的供养。明代停滞论是一种偏激的观点，一些学者，特别是顾炎武（1613—1682 年），对它进行宣扬；它不是纯经济的观点，其论述是出于对满洲人的仇恨和对沦于他们之手的清王朝的愤懑情绪。[②] 现在非常难以肯定人均产量究竟是增加，保持不变，还是减少。答案必须考察到以下几个因素的时空差别：社会劳动力分化的加剧、非农业的商业追求、劳动不太密集的农业耕种方法（因引进新作物而出现）的进步，当然还有天气条件。相对地说，所有这些因素是互相独立的，任何一种因素的变化趋势不一定是直线型的。不妨比较保险地承认，我们仍不知道产量或人均收入状况是如何发展的，即使凭主观印象也做不到，倒不如像有的人所做的那样脱离历史记载去假设，当时能维持固定的基本生活水平。[③] 我们不必附和中国的马克思主义悲观论者，他们认为对群众的封建主义剥削日益加剧，群众的生活水平日益下降[④]；也不必追随美国的乐观论者，他们认为

---

① 持不同意识形态的人支持这些趋势：正统的中国马克思主义者和持修正主义观点的美国学者都支持这个观点。

② 反马克思主义学者托马斯·梅茨格也肯定地看到了这一点，见其《论中国经济现代化的历史根源：明末清初时期政体的经济分化的加剧》，载《近代中国经济史，近代中国经济史会议纪要，台北中央研究院，1977 年 8 月 26—29 日》，侯继明等编（台北，1977 年），第 3—21 页。

③ 珀金斯的《农业发展》已经这样做了。应该指出，他在甚至假设人均产量依然接近维持基本生活水平时，仍打算证明农业有进步之处。不能认为他的著作已证明人均产量是保持不变的，如有人多次所做的那样。由于有许多迹象表明，不同时期有不同的经济局势，现在摆在经济史学家面前的任务是及时确定何时有提高，何时下降了。

④ 无论如何，这个观点是很难与小农始终生活在勉强能生存水平上的意见相调和的。

明代是不断"成长"和"高度综合"的经济。人们在读到认为经过几个世纪假定的有力增长以后19世纪和20世纪中国的商业化水平仍相当低的作品时,头脑倒常常会清醒起来。[1] 有迹象表明,15世纪和16世纪的经济增长以后,社会经济结构在食品生产力方面已经达到极限。导致作出这个结论的因素包括:在探讨清代时发现死亡率增加,寿命缩短,地主及农业专家要求恢复种稻以代替种经济作物的压力加大。[2] 经济因素和社会因素紧密相连,达到的极限并不一定意味着是纯经济因素所致。

在17世纪的江南,特别在30年代和40年代,普遍出现一种不满情绪,即佃户种棉太多,代替了地主需要的稻米。[3] 这种不满的出现,是经济实践和社会实践复杂的相互作用的结果。地租以棉花缴付,租额在很早以前确定,不能改变。由于歉收、人口压力、所谓的"白粮"(宫廷需要的最佳的税米,以实物缴纳)的需要和急剧增加的战争征用,大米的需求增加,米价也被抬高。以棉花缴纳的地租再也不够缴这些税和其他的特种税,因此地主陷入困境。另一方面,佃户受到棉花的低需求的困扰,因为大部分佃户必须用大部分收入购买食品。棉花产量的增加不能弥补佃户遭受的棉价下跌的损失。但是棉花在与大麦、小麦或豆类(它们不用缴租)套种时,就能保证棉农最低的生活水平。转种稻米牵涉到缴租。种稻比种棉需要更多的灌溉,但建造和维修灌溉系统或者重建这些已经损坏的系统所需的社会机制在监督这些活动的地主移居他处时就消失了。不像以前普遍产米的时候,水的管理对大部分农业人口来说多少已不相干。如果每个人无一例外地都种水稻,恢复米的生产就会增加农民的平均收入,但这容易

---

[1] 这并不否认明清两朝在有的地区和某些时期,其状况优于20世纪初期,但任何稳定的和线性经济增长的观点都应抛弃。

[2] 例如,徐光启(1562—1633年),即《农政全书》的编纂者劝人们不要实行流行的棉豆套种,因为这种做法耗费地力。见传记载恒慕义:《清代名人传》,第316—319页。

[3] 见川胜守:《明末清初长江三角洲的棉花种植和水利》,载《九州大学东洋史论集》,6(1977年10月),第77—90页;8(1980年3月),第98—101页。另见川胜守:《明末长江三角洲的社会和荒政》,载西岛定生博士还历纪念论丛集委员会编:《西岛定生博士还历纪念——东亚的国家和农民》(东京,1984年),第487—515页。

鼓励一些自由攒和者，他们会在短期内从灌溉系统取得更多的利益而花费较少的力量去开发或维护它。由于同样的原因，一个使用者的疏忽能够破坏整个灌溉系统的效用。因此，即使宏观经济指导农民在其他方面能够获利，但出于社会原因，棉花生产仍在继续。

17 世纪初期最进步区域粮食生产利润的增加（这意味普遍的人口压力使中心区的多种生产不能再靠其他地方生产的多余粮食来支撑）还可以在江南以外的地区看到。例如在 1615 年至 1617 年的福建，地主们不断增加压力要求恢复交谷租种制，并放弃以定额的现钱缴租（后一种办法马克思主义学者认为在历史上是更加进步），并要求官方的支持。此时地主和佃户分享的粮食生产的剩余显然是如此之少，以致不惜为之斗争。[1]

弗朗西丝卡·巴里近来总结出适用于北方产麦粟区和适用于南方产米区的不同的农业发展机制。[2] 她与其他几个专家在细节上有所不同，特别在农业差别方面，她为各种一般的社会发展找到了基本的解释，但她的大部分论点被其他人从不同的意识形态的立场上加以重复。

早在 6 世纪，北方已经找到了适宜本地的技术。集中种植小麦的监管费用高昂，但是通过适当的轮种（如麦或粟与豆类或苜蓿轮种）和更合理地利用肥料、牲畜和雇用劳动力，就会产生几种规模经济效益；较大庄园的利润要大于小农场。[3] 牲畜的利用在北方很重要，耕地面积在 100 亩以上获利最高。[4] 在高价时期，大庄园地主雇用劳动

---

① 在 16 世纪末之前已发生过类似的情况。那时国家，以许孚远为代表，担心地主势力太大，就支持佃户，从而国家加强了对地主—佃户关系的直接介入。

② 弗朗西丝卡·巴里：《农业》，《生物学和生物学技术》的第 2 部分，载李约瑟编：《中国科技史》，第 6 卷（剑桥，1984 年）；又见弗朗西丝卡·巴里：《产米社会的演变类型》，载《农民研究杂志》，11（1983—1984 年），第 3—33 页。

③ 这些生产有利条件是纯技术性的还是取决于财富的多少（即大庄园因产量高，才富有，还是它们因为富有，才能取得高产量），这个问题仍可供争论。关于这个争论的总的看法，见石田宽：《1930 年代华北种棉地区的农民层分析——东部农村"富农"经营的性质和关系》，载《亚洲经济》，21，第 12 期（1980 年 12 月），第 48—62 页。

④ 见托马斯·B. 威恩斯：《1920—1940 年中国小农经济的微观经济学》（纽约，1982 年）[原文为 "microeconomics" [微观经济学]，而第 1135 页 "书目" 中为 "macroeconomics"（宏观经济学）。——译者注]。

力,或严密监督在自己小块地上种植赖以生存的作物的分成缴谷租种者。但是,随着南方的农业制度能取得高得多的利润,北方进一步的发展日益受到阻碍,政府和富人的注意力都集中到南方。

在南方,种植的灌溉和集约化一般都比新开发地区更为廉价,是提高生产力的非常重要的方法。劳动集约化的一年两熟作物,只要有额外劳动力和土壤肥沃程度不减,仍在耕种,在明代从江苏、浙江、福建扩大到安徽,甚至扩大到黄河的有些排水区。由于大米的改良品种的扩大使用,以及肥料用量的增加,报酬递减现象的冲击推迟了。[①] 甚至在把更多的劳动力用于插秧、除草和种植多种作物时,报酬递减的现象依然推迟出现。[②] 新稻田的产量增加了。

一个成年男丁集约种植稻米适当的单位面积约为一亩,即六分之一英亩。几个世纪中,这个适当的面积没有多大变化。种植不用机械,因为对小块土地不很适用或根本不适用;有成效的种植需要有质量的劳动;特别在人口密度高的地区,租佃比大规模的农场耕种更加有利,因为监督种稻米的工作几乎与自己耕种一样花钱。务农的家庭能够通过酿酒、制作豆腐、酱油、酱菜和种春季作物(常常可以免租)来增加收入。由于家庭兴衰循环而造成的可利用的劳动力供应的变化导致土地的高流通率,大部分家庭每一代人至少一度有一定数量的土地。真正的农奴制基本上与生产稻米的总的状况是不相容的,已知的准农奴制的事例,几乎都见之于北方、边境和山区。分成缴谷租种制在江南很少见。[③] 在这些耕作劳动集约程度很高的地区,帝国晚期出现了朝固定地租发展的明显趋势,这给了佃户一种甘冒风险的动力,以增加他们的收获。另一方面,拥地者似乎丧失了为改善

---

① 施肥的方法包括在田地烧残茬,浇粪,撒石灰,掺油菜籽饼和豆饼,把用作绿肥的作物犁在地下。

② 见弗朗西丝卡·巴里:《结论:农业变化和社会——停滞还是作出反应?》,载李约瑟编:《中国科技史:农业》,第6卷,第2部分,第553—616页。

③ 见居密:《近代地主制的起源》,载沈刚伯先生八秩荣庆论文编辑委员会编:《沈刚伯先生八秩荣庆论文集》(台北,1976年),第289—344页;草野靖:《中国的地主经济分种制》(东京,1985年)。

他们土地而投资的兴趣，因为进行严密监督的费用高昂，这个困难意味着最终反而使佃户获益。下面将会谈到，出于商业和政治的原因，土地所有制会带来利润，但严密管理的庄园并不有利可图，所以不去发展。

关于明代的农业改进，我们可以提到北方高粱的普及，高粱可以补粮食之不足，还可用作牲畜饲料。高粱因能在碱性土壤生长，所以特别有用。棉花种植的普及已在前文讨论过。糖在南方占有重要地位，精白糖制造业始于 16 世纪中叶的广东和福建。糯米主要用于酿造米酒，在有些地区已广为种植，以致像浙江的绍兴，食用的普通大米不得不从外界购买。茶在山西和陕西是国家的专卖品，在长城以外用来交换马匹，但在其他地方种茶没有限制。产茶业在广东、福建、安徽和江西尤为发达，特别在与欧洲国家开始进行贸易后更是如此。[①]

在南方，人口的增长及随之而来的对劳动集约型农业的依赖，说明了有些早期的作者认为是表现出明代农业落后的几个特点。不但很少出现任何新开发的或改进的农具，甚至以前样式引人注目的农具在有些情况下被用人力而不用畜力的更简单的农具所代替——因为人力更加便宜。[②] 在北方，唐代就已存在的长柄翻土犁板普及得很快。它翻土不很深，因此在供水不很稳定的地区可以防止水分过快的蒸发。对比之下，南方则需要深耕，增加施肥和使用更加廉价和简便的农具，如铁搭（铁犁）和耘荡（除草器）。[③] 人口压力在北方也引起了集约化，尽管规模不同。根据税制改革，可以明显地看出，北方许多

① 天野元之助：《明代的农业和农民》，载薮内清、吉田光邦编：《明清时代的科学技术》（京都，1970 年），第 465—528 页。
② 在稻麦轮种的地方，常常不用犁，但在施肥时必须用锄或鹤嘴锄。在《沈氏农书》中可以看到，农民支出中约 40％用于肥料，只有 1％用于农具。
③ 北方的一些地方也使用同样的农具，河南和山东的中心区就是如此，那里在明代已开始种植多种作物，豆类常常是次要作物。关于农具，见大泽正昭：《中国小经营发展的几个阶段》，载中国史研究会编：《中国史像的再现——国家和农民》（京都，1983年），第 55—78 页；又见杜修昌编：《中国农业经济发展史略》（杭州，1983 年），第 171—176 页。

地区随着多种作物轮种法的增加，原来夏、冬田地之分逐渐被取消。①

据说在江苏南部的苏州，有一头牛或水牛的家庭最大的耕地面积为 10 亩，如果无牛，则为 5 亩。其他材料的数字与此相似或稍高——在耕作集约化程度较低的地方，多达 20—30 亩。② 这些数字与宋代的情况形成鲜明的对比，当时使用耕牛的面积从 60—100 亩的自耕地相当普遍。③ 宋代使用国家资金开垦的大面积低地被进一步划分——这是由于人口增长而造成的一个必然过程。宋代低地中部未耕的大沼泽地和湖泊区都被排水，小河被开挖，把宋代的低地分成 200—500 亩的较小的区域。这些小河形成运输网络的基础，沿岸出现了村社组织。④ 明代在原来征税的土地上开挖小河的地方，此税或

---

① 在南方，对同一块土地开征的冬季税和夏季税是两种不同的项目。又见黑木国泰：《一条鞭法实行的生产力基础》，载《明代史研究》(1976 年 11 月)，第 1—12 页。

② 这是何良俊提供的其故乡松江（又为华亭县的治地）的数字；又见黄仁宇：《税收》，第 41 页。关于何良俊，见《明人传记辞典》，第 515—518 页。

③ 黑木国泰：《一条鞭法实行的生产力基础》。我称耕作者为"小农"(peasants)，是因为他们之中的大部分耕作规模极小，虽然当耕作者不管是否愿意而与市场发生关系时，有的（但绝对不是全部）人类学家反对使用这个字眼。见琳达·格罗夫、约瑟夫·埃什里克编《从封建主义到资本主义——日本学者论中国农村社会的变化》，载《近代中国》，6，第 4 期 (1980 年 10 月)，第 397—438 页，文中称耕作者为"农民" (farmers)，因为"他们把农作物、手工业品、田地和劳动力视为商品，而不像远离市场的小农 (peasants)"。我认为所定的这个特点过于武断，容易把"农民"(farmers) 一词只用于商业耕作者在纯资本主义环境中经营的事例。丹尼尔·索纳：《作为经济史中一个课题的小农经济》，载《1962 年埃克斯昂普罗旺斯第二次国际经济史会议》，第 2 卷（巴黎，1965 年），第 287—300 页；莫里斯·埃马尔：《自身消费和市场》，载《经济、社会和文明》，38，第 6 期 (1938 年 11—12 月)，第 1392—1410 页，他把"小农经济"恰恰归因于中国耕作者所处的那种境况，包括市场和税赋关系的境况。有迹象表明，在整个明清时期，除了江南最商业化的地区外，大部分耕作者只是在迫不得已时才勉强种经济作物。只有在英语中，才对这两个名词作出区别，因此使用有其限度：我在特定的事例中使用这个或那个名词时，没有附带过多的含义。

④ 方言中称这些定居地和小河为塝；例如见滨岛敦俊、森田明、海田能宏：《明清时代的分圩——三角洲开拓的集约化》，载渡部忠世、樱井由躬雄编《中国江南的水稻耕作文化——边缘学科研究》(东京，1984 年)，第 4 章，第 171—232 页，滨岛是关于宋代低地分成明代小低地讨论会的主要与会者。又见滨岛：《明代江南农村》特别是第 2 章及其地图。

是被取消，或是在其他土地上分摊。有的小河为村社所有，有的则为私有。小河提供肥料，也用于排水，是农业的一大进步。棉花通常种在堤坝和河堤上，这样就可把劣质土壤用于生产，可以方便地把河流的淤泥用作肥料。棉花还便于运输。

宋代引进的占婆米的普及有几个原因。由于较少依靠阳光（因此成熟更快），它可以在预计的旱涝来临前，或在早期的水灾损坏作物后播种和收割。它还能在较贫瘠的土壤上生长。它原先被认为口感不佳和难以保存，通常不予征税。此外，它可以与小麦交替种植，从而保证人们继续食用它。杂交作物的改良使明代可以利用更早熟的品种。但是专门种植占婆米的地区逐渐转种更有利润的棉花，它具有占婆米的某些优点，但没有它的缺陷。[①]

明代农业有进步表现的最后一个领域是用于养蚕业的桑树种植。它的改良品种变得更低矮，可以更快地采摘，种得更密。最后，种桑树所得的利润可与产米的利润相匹敌。

土地所有制的几个社会经济侧面

拥有土地的面积

讨论明代拥地制度的近代作者已经提出几个问题：土地拥有的大小和演变；涉及土地所有制和租佃的关系；农民拥地面积和实际耕种的农田（包括租种的田地）面积之间的差别；在里的规定中地主、自耕农和佃农的地位等等。这些问题的不同方面是难以互相分开的，或难以与其他更确切的社会或政治因素分开，但这里仍试图逐一讨论其中的几个问题。

关于拥地面积演变的趋势的大辩论仍在继续，这一争论引起了关于诸如维持生存的一般水平、佃农的社会地位及有关事务等因素的不同意见。有关这些问题的观点可以分为三大集团。

---

① 见渡部忠世、樱井由躬雄编《中国江南的水稻耕作文化——边缘学科研究》（东京，1984 年）中的几篇论文，包括前一个注所引的一篇。

一个群体①已经发现，在同时存在土地自由市场和对功名获得者和官员豁免税赋的情况下，土地更加集中在少数人之手。这种地主可以雇用劳动力②，甚至使用奴隶在田地上干活，但更普遍地依靠佃户；他们让佃户分成缴租转为固定地租，有时甚至改缴现金，这是他们更加离开其实际耕地的一个迹象。一般的佃户反而会变成富裕佃户，在特殊情况下，还自己雇用劳动力。如在山区，幼树要花费很长时期才能长成可以出售的商品木材，从而会推迟投资的任何回报，这使大多住在其他地区的土地拥有者愿意把这种毫无其他用途的土地以优惠的条件租给有创业精神的佃户。③

第二种有特点的口头意见是日本学者小山正明提出的，他认为明代的土地拥有的主要趋势是脱离家长式的地主统治制（大部分耕作者在此制度下如无其地主的经常帮助，根本不能维持自己的生计）而向佃户通过集约化和商业化的农业更能达到维持生计（虽然很勉强）水平的制度发展。④ 这些佃户逐渐能够自己组织里社，而留下的农村地主不得不使生产集约化，开始依靠比明初期的"奴隶"花费较少和技术较高的雇用劳动力。

小山的理论虽然在一些西方的著作中有影响并被采用⑤，但大部

---

① 李文治：《论中国地主经济制与农业资本主义萌芽》，载《中国社会科学》，1（1981年），第1—18页；与1987年的后记转载于其《明清时代封建土地关系的总结》（北京，1993年），第546—581页。李是代表人物。
② 雇用劳动力从事农业的所谓经营地主为数很少。
③ 傅衣凌：《明清社会经济变迁史》（北京，1989年），第3—19页。S. T. 利昂英译：《中国农业中的资本主义——论支配其发展的法律》，载《近代中国》，6，第3期（1980年7月），第311—316页。
④ 小山实际上使用"农奴"一词。关于明初期的佃户和奴仆，他用了未加说明的"奴隶"一词。崇田德沿用小山的名词。见崇田德：《乡村支配的成立和结构》，载《岩波讲座世界历史12：中世6》中《东亚世界的发展》（东京，1971年），第347—380页；修订版载其《清代社会经济史研究》（东京，1975年），第155—206页。丹尼尔斯英译，作为《乡绅统治的起源和结构》的一部分，载琳达·格罗夫、克里斯琴·丹尼尔斯编：《中国的国家和社会——日本人对明清社会经济史的看法》（东京，1984年），第335—385页。
⑤ 例如见埃尔文：《中国过去的模式》；罗伯特·马克斯：《华南的农村革命：农民和海丰县创造的历史，1570—1930年》（麦迪逊，1984年）。

分必须不予考虑，或者必须予以修正。① 前面已经谈到，里甲制不是由有奴隶的大地主组成，而是基本上由在小块田地上劳动的小农组成。没有理由假设，佃农只能达到可以维持生存的水平而从来不能逾越这个界限。此外，相当重要的一点是：佃农是独立的，佃农的契约毕竟是契约，即使在北方极为不平等谷租分成制的情况下也是如此。

赵冈提出的理论更能说服人。他坚持，仅人口增长这一因素就足以解释晚明无监督的佃户兴起的原因。全家在农田耕种的劳动组织可能使边际劳动产量（即由于增加了一个人的劳动的产量）降到能维持生存的水平以下。虽然增加的一人（也许是儿童）通过劳动会增加总的收入，但此人（不论男女）的消费大于其产量。如果是儿童，家庭可以接受这种不经济的做法，因为儿童终归要消费。但在经济意义上，雇用一个外来人就行不通，因为用于他食品和工钱的花销大于他的产出。因此，从纯经济角度衡量，只有从家庭内部，才能雇用产出少于花费的劳动力。除非边际劳动生产力的下降率被其他因素（南方的糖、烟草和水果种植或北方小麦农场的规模经济，或进入市场的方便程度）所抵消，否则在产米的南方经营地主的人数只会减少而不会增加，因为他们必须至少付给每名增加的雇工基本生活消费的费用。②

此外，人口的增加不但降低了工钱，而且增加了土地的需求，从而使提高地租出租土地更有吸引力，而高额地租正是因需求的增加而

---

① 关于几篇批评文章，见鹤见尚弘：《鱼鳞册调查》、《明代的农村控制》；森正夫：《乡绅的土地所有论》，载《历史评论》，304（1975 年 8 月），第 11—16 页；《日本明清史研究中的乡绅论》，载《历史评论》，308（1975 年 12 月），第 40—60 页；312（1976 年 4 月），第 74—84 页；314（1976 年 6 月），第 113—280 页；古岛和雄：《中国近代社会史研究》（东京，1982 年），第 3—33 页；北村：《论明末清初的地主》，第 18—49 页；寺田隆信：《商品生产和地主制研究——明清社会经济研究史诸问题（1）》，载《东洋史研究》，19，第 4 期（1961 年 3 月），第 502—511 页；安野省三：《地主的实态和地制研究》，载《东洋史研究》，33，第 3 期（1974 年 12 月），第 183—191 页；奥崎裕司：《中国乡绅地主研究》；天野元之助：《明代的农业和农民》。小山所引的事例证明是非典型的和不同性质的，并且在解释时有倾向性。
② 赵冈、陈钟毅：《中国土地制度史》，第 5 章。这一解释否定了传统的中国的马克思主义立场，这个立场认为经营地主是一种进步的表现。

成为可能。在北方产麦区，劳动相对地说不是集约化的，因此劳动力不像南方那样重要。另外，耕种所需要的农具和牲畜往往为地主所有。这样，仍需要监督管理。这些因素以及存在的高风险（降雨量不稳定），再加上地主和佃户追求稳定收入的愿望，迫使他们通过分担风险而使双方对耕种结果有直接的利害关系。收成分成制就这样产生了，即使在土地拥有者还有土地以外的农活所需要的农具和牲畜时，分成制也常常对他非常有利。另一方面，在南方的农业风险较小的精耕细作地区，监督的成本较高，因为种稻的劳动更加密集。雇工是否勤劳对收成非常重要；而且风险始终存在，即一旦有了基本生存的保证（南方由于气候较好，更可能做到），除非受到严密的监督，劳动者就没有任何增加收成的欲望，尤其在地主分得增产的最大份额时更是如此。为了寻找一种办法，即既要节省这些监督的费用，同时又要提供刺激以保证佃户能继续改良土壤和增加田地的价值，地主发现征收固定的地租是有利的，这样可以使佃户自担歉收和丰收时取得的剩余有多有少的风险。当征收固定的租额时，就不必像收获分成制那样每年确定收获的数量。此外，从长期观点看，土地简单地通过定期施肥就能增值。

因此，晚明奴仆（其中许多人并不从事农业生产）人数的增加应该用政治原因而不是纯经济原因来解释。[①] 只要边际生产力没有下降到零，即使在平均生产力下降时，也不会达到马尔萨斯论的危机状态，这种危机状态表现为通常的人口按倍数增长已经超过了通常的生产力线性增长能够承受的程度。[②]

---

① 谭棣华、黄启臣、叶显恩：《刘永成著〈清代前期农业资本主义萌芽初探〉评价》，载《中国社会经济历史研究》，1（1983年），第122—125页。此文在评论刘永成著作（福州，1982年）时指出，雇用劳动力的出现取决于经常发生的祸灾而不是直线形的经济趋势，城市还不能吸收这种经常重新组成的流离失所的阶层。

② 赵冈认为，所发生的循环模式是战争而不是内部因素造成的结果，见赵和陈：《中国土地制度史》，第8章。又指出佃户数本身的增加并不涉及其社会地位或讨价还价的能力，也不涉及土地所有制的循环："租佃"不一定是终生的，并且肯定不是最坏的条件。租佃更能适应家庭循环和其他状况。租种土地百分比的增加，或拥有土地平均面积的增加是属于土地所有制的问题，而与租种规模无关，后者是管理的问题。

佃农和奴仆

虽然我们没有忘记社会的阶级是根据许多非经济的因素（如是否识字）划分的，但出于某些目的把明代农村人口按照拥有土地的情况分成若干社会经济群体还是很有帮助的。

前面几次提到一种向日益分化的土地所有制发展的社会趋势，其过程首先从明初占压倒多数的自耕农以及一些不很大的土地所有者开始。[①]

有更专门的数据。在1379年，中国全国拥地700亩以上的户只有14241个。数字表明，每个县的这种户平均不超过10户。甚至在江南的松江，拥地1000亩以上的不超过250户。[②] 在1570年，中国最大的拥地者占有7万亩，常州最大的则拥有2万亩。即便如此，只有很少的个别拥地者占有地1万亩以上。[③] 租佃（或是按租地户的百分比，或是按佃户种地面积的百分比）情况可能已经增加；但不一定假设拥地平均数量同时也有增加：土地产量的提高使更多人出租自己的土地，从而降低了可能成为地主的条件。

在中国各地存在一批社会地位低下、奴役性很强的佃农。他们的起因仍是一个谜，甚至在清代"解放"他们后，他们仍处于这个地位。他们是一个另类群体，只能在某些地理上有限的地区找到，其中最著名的是在安徽的徽州、宁国、池州诸府和湖北的麻城县。[④] 许多人卖身，并且妥为保存其卖身文契的副本。他们能拥有财产，但习惯

---

① 甚至小山的"大土地所有者"有时拥地不超过20亩。小山正明：《明末清初的大土地所有——专论江南三角洲地带》，载《史学杂志》，66，第12期（1957年12月），第1—30页；第1期（1958年1月）。克里斯琴·丹尼尔斯英译文载：《中国的国家和社会——日本人对中国社会经济史的看法》（东京，1984年），第101—163页。

② 赵冈、陈钟毅：《中国土地制度史》，第213页。

③ 黄仁宇：《税收》，第156—158页。徽州的地主财产册上还列有小地主。此外，它们显示逐年只有很少的财产流动。

④ 其他例子有泰和（江西）、南海（广东）、南阳（河南）、今山西的新绛以及耒阳（湖南）。

上或由文契规定，必须干通常佃农不屑干的低贱的活。[①]

有的卖身的奴仆与长期的穷雇工没有差别，但有的也是富有的店铺的管理人和佃农的监工。[②] 总的说来，他们无论如何都是小人物。

有功名的人[③]拥有土地的总的百分比逐渐增加，但在明代后半期更为明显。典律规定有功名的人免受肉刑，他们的影响对其族人、奴仆和"被举荐的"富户来说就很重要。[④] 虽然有功名的人及其影响都有增加，但大部分地主的土地依然不多。[⑤]

一般佃农与其地主之间的关系是有契约约束的[⑥]，虽然是不平等的，其间存在一种前后辈分的关系。[⑦] 除了契约规定的一些劳务外，佃农不必履行其他的特种劳务。地主早就知道，要求太多会影响及时缴租。[⑧] 江南的地租主要收（但不是只收）粮食作物，地租一般占收

---

① 最普遍的称呼为佃仆，但此名词和归类含糊而且重叠。在法律上，他们不是奴仆，1397 年以后只有三品和三品以上的官员才准使用。他们地位最重要的特点是可以使用属于地主家属的坟地，作为报答，他们就处于奴仆地位。有时这种义务持续几代人，所谓的世仆就能发展了。见叶显恩：《明清徽州农村社会与佃仆制》（合肥，1983 年）；或基恩·杜安·黑兹尔顿：《1500—1800 年徽州的世系和地方精英》（普林斯顿大学论文，1985 年），第 200 页。但是在中国，有奴仆法律身份的人的肉体也不能被拥有，例如不能随便杀害他们。

② 田中正俊：《民变——抗租奴变》；约瑟夫·P. 麦克德莫特：《晚明太湖流域的奴仆：错误身份认定的案例》，载《亚洲研究杂志》，40，第 4 期（1981 年 8 月），第 675—701 页。

③ 还有其他的免税地，例如两淮盐区的产盐用地。甚至衙门的胥吏也享有有限度的豁免。

④ 赵冈争辩说，实行一条鞭法后，人们干脆可以出售土地和停止履行任何繁重的徭役。在这种情况下，个人的投靠就变成较少理性的行为。见赵冈、陈钟毅：《中国土地制度史》，第 7 章。但有人宁愿假设，对最多不过付钱就可以不再低三下四的富有的平民户来说，土地的投靠仍有吸引力。

⑤ 连主张"土地更加集中"论最力的李文治也承认这种情况，见其《论清代前期的土地占有关系》，载《历史研究》，5（1963 年），第 75—107、100 页。

⑥ 见陈张富美：《明清时代佃农地主关系的初步分析》（北京，1980 年 10 月 26—11 月召开的自宋至 1900 年中国社会经济史学术研讨会论文）

⑦ 也有例外，如吴江的饮酒盛典，见森正夫：《明末的社会关系和秩序的变动》，第 135—159 页。在华北无权势的小佃农阶层中也有例外。明代的《便民图纂》记载，佃户和雇工以平等的身份参加活动。见鹤见尚弘：《明代的农村控制》。

⑧ 魏金玉：《明清时代佃农的农奴地位》，载《历史研究》，5（1963 年），第 109—134 页。

成的五成至六成，最初缴实物。随着不在本地的地主人数的增加，固定的实物地租或货币地租就流行了。[①]

虽然固定的地租省去地主的监督费用，但在价格上涨时，这种地租也会导致地主实际收入的减少。结果在晚明，地主通过要求收地租押金作为契约展期的费用[②]，或用作附加地租[③]以补偿收入的减少。他们遭到激烈的反抗。对这类加租的抵制活动蔓延开来，一直持续到康熙时期（1662—1722 年）。[④] 地租本身很少成为抗租运动的焦点。

佃农日益参与市场，土地市场的成交量日益增加，这使得地主—佃农的关系很可能是暂时性的；佃农人数的纯增以及不在本地的地主之远离佃农，形成了佃农不再是边缘人口的社区：他们不论是否得到官府的帮助，都组成了自己的组织。在 16 世纪，佃农支付了灌溉工程的大部分费用，同时许多抗租骚乱也说明村落的佃农中存在着一种相当严密的网络。但另一方面，佃农的日益独立不一定会提高其平均收入：生产力的提高会被人地之比的恶化抵消，参与市场活动的增加也会带来更多的风险。由于取得支付地租和债务的现金的压力加大，佃农就不再依赖地主，转而依靠商人和放高利贷的地主；棉布或大米价格的下跌可能是非常灾难性的。对小土地所有者和佃农来说，当铺老板和大米中间商就成为重要人物。

因此，为说明佃农经济地位演变而提出的两个争论的理论都有一定的正确内容。持佃农地位改善论的人提出以下几点来支持他们的论点：在固定地租中增加收入（确保增加的产量属于佃农）；许多地主

---

① 并非同一地主与所有佃农都订有一样的地租契约，契约也可以再议。见陈张富美：《佃农地主关系》；赵冈：《中国历史中的人和土地》。

② 福建、江西和江苏更是如此。

③ 据伊夫琳·罗斯基，附加地租很低，见《华南的农业变化和小农经济》，哈佛东亚丛书，66（坎布里奇，马萨诸塞，1972 年）。但居密在《16—18 世纪的地主和小农》［载《近代中国》，6，第 1 期（1980 年 1 月），第 3—39 页］中有说服力地争辩说，如果附加地租无关紧要，就难以被宣称为几次大范围的佃农叛乱的起因。

④ 这类抵制活动，还针对强制性的追加劳役，或在粮食量器上的弄虚作假。

不在本地（减少了直接控制和监督）；"长期性"租佃增加；双季作物增加（第二季作物一般不缴租）。持反对改善论者列出以下理由来支持其观点：土地集中在地主手中，从而增加了佃农的绝对人数和相对人数；存在着土地所有制的中间层，从而使下层佃农的租金加了一倍[①]；每人的拥地数减少；地主力图增加地租。

调和这两种理论的一个办法是更充分地考虑地理的影响：不同地区给佃农提供不同的参与市场的方式。在四川或湖广的一些地区，地主在参与市场（就大米市场而言）和收取诸如地租押金以抵消佃农拖欠地租的风险等方面，都处于更有利的地位。当官府控制软弱无力，本地地主拥有武装和权势，劳动力不足因而多方寻求时，佃农就被迫处于奴隶般的境况，这种境况可在这些省份的落后山区见到。在其他地方，山区也能维持一种不寻常的多样化经济。地主在一开始投入相当多的资金以后，确定固定的现金地租（作为回报，佃农将取得永佃权）比继续分成收取劳动所得更加有利。木材的情况就是如此，那是需要多年才能成材的。[②] 一个富裕的佃农阶层能够而且的确在产林的山区存在，他们对贫苦的劳动移民常常充当二地主的角色。[③] 佃农没有地主或官府的帮助自行开垦土地，如果他们下工夫对它进行丈量，登记并纳税，他们的权利就得到支持，这样有利于纳税。

开垦土地常常是取得永佃权的一种途径。在许多情况下，地主不

---

① 傅衣凌一直强调这一点：《清代永安农村赔田约的研究》，载其《明清农村社会经济》（北京，1961年），第44—59页；清水泰次也指出这个事实，见《明代福建的农家经济——专论一田三主的惯例》，载《史学杂志》，63，第7期（1954年7月），第1—21页；又见片冈芝子：《福建的一田两主制》，载《历史学研究》，294（1964年11月），第42—49页。

② 在地主更直接感兴趣时，收获分成的做法也存在。见赵、陈：《中国土地制度史》，第7章。

③ 例如，江西的这些移民来自福建和广东。见片冈芝子：《福建的一田两主制》。所用称呼有：棚民、茎客、麻民、蓝户。这些富裕佃农常常成为佃农叛乱的领袖，如崇祯朝时浙江东部。见傅衣凌：《明清农村社会经济》（北京，1961年），第68—153页。

能把其佃农赶出这种开垦的土地，而佃农自己可以互相转让耕种权。[1] 另一种土地所有制形式是所谓的一田数主制，它最早出现于福建。一般地说，称这种现象为佃农与佃农之间的中间层可能是夸大其词：许多人是地主和商人，他们在旧地主和佃农之间插了一手，办法是付较低的地租押金，再转租给某人，从中收取高地租。[2] 在这种情况下，取得这种土地"中间权"（包括收租，但不缴税，税仍由原来的地主缴）的价格要比"真正的"所有权（即包括缴税在内的所有权）的价格高得多。福建等地区的城市商人有多余的现金，这些中间权就成了他们投资的目标，农村的佃农变得更加独立，虽然他们要付较多的地租；同时原来缴税的农村地主对这类佃农的控制被削弱了。[3] 货币使用的增加又加快了土地的周转；这种情况往往在原来的土地所有者不知情时发生，并且又使真正耕作者的身份模糊不清。因

---

[1] 常常有人坚持，永佃不是第二种明显的土地所有制形式：根据法律，只有在缴纳规定的地租后才能存在。见陈张富美和拉蒙·H. 迈尔斯：《清代中国的习惯法和经济增长》，载《清史问题》，3，第 5 期（1976 年 11 月），第 1—32 页；3，第 10 期（1978 年 12 月），第 4—27 页；仁井田陞：《明清时代的一田两主习惯的产生》，载《法学会杂志》，64，第 3 期（1946 年）；64，第 4 期（1946 年），转载于其《（增定）中国法制史研究：土地法：取引法》（1960 年第 1 版；东京，1981 年），第 164—215 页。但事实上，甚至真正发生拖欠地租之事，由于不知道佃农的下落，或担心找不到更合适的佃农（有时全村对付地主，拒绝耕种被驱赶的佃农耕的地；见片冈芝子：《福建的一田两主制》），地主会默认。的确，地租押金的需要正是为了对付这种可能发生的事。这样，耕地的权利不一定可以转化成货币。见居密：《近代地主制的起源》，第 336 页。地主能否全部购回某一特定地块的全部权利，他是否可能因收不到地租而驱赶佃农，仍是热烈争论的问题。换句话说，有人认为，涉及的"财产"的范围仍可以争论。关于包括双方意见在内的法律上的全面看法，见寺田浩明：《田面田底惯行法的性质——概念的分析》，载《东洋文化研究所纪要》，93（1983 年 11 月），第 33—131 页。

[2] 吴震强：《福建南部的小农社会研究，1506—1644 年》，载《南洋大学学报（人文科学）》，6（1972 年），第 189—213 页。他非常正确地指出，罗斯基在其《农业变化》一书中常常过于随便地把佃农加强的安全性与这种中间的不缴税的土地拥有者等同起来，并提请谨慎对待。又见吴震强：《贸易和社会：中国沿海的厦门网络，1683—1735 年》（新加坡，1983 年）。

[3] 见赵、陈：《中国土地制度史》，第 4 章。闽清、闽县及侯官（后两个县的治地在福州）的大部土地由福建的土地拥有者所有。见林祥瑞：《福建永佃权成因的初步考察》，载《中国史研究》，4（1982 年），第 62—74 页。早在 1449 年建阳就盛行类似的情况；清水泰次：《明代福建的农家经济》。

此，后来的契约常常禁止一田数主制。

还可以通过其他途径取得永佃权。军户在自己不从事农业时，有时愿意赠予或出售他们土地的永佃权而取得固定的地租。寺庙有时愿意把小农的土地披上官田的外衣以取得地租，作为回报，小农取得永佃权，契约订定后，他们可以免服杂役，因为寺庙土地可以得到这种豁免。[1] 习惯上存在购回权的事实提供另一个例子，即同一块土地可以自然地产生几种不同的权利。

一田数主制

我们已经看到，提供永佃权的各种安排常常与流行于福建的一田数主制相混淆。永佃涉及一名地主和一名佃农，其形成是由于前面提到的因素（不在本地的地主、土地开垦），在开始时无转租权。一田数主制至少涉有关的三方，并与有关纳税的问题紧密相连。常常有中介的一方处于原来的土地所有者和佃农之间，他们收租，但不纳税。一田数主制是人口过多的一种反应，并把对土地的权利分散到其他措施难以做到的大群体。一田数主制的事例主要限于福建的情况并非偶然，因为那里人与地之比属于全国最差者之一，但它能取得商人资本，并且对土地投资比对本地工业投资更加方便。人地之比的结果加剧了对有限资源的竞争。

同时代的作者们意识到这种情况：《五杂俎》[2] 的一段文字提出：江南田赋太高，从农田获利太少，不能保证商人投资。山西以及陕西农田产量太低，坏气候造成的风险太高；江西和湖广偏南之地米价低，人们不把土地看作追逐的投资目标。只有福建和广东的田赋不高，地价适当，仍可获利。结果，官、商只在那里向土地投资。

---

[1] 在漳州府治地龙溪和南靖，全部土地的 30%—40% 为寺庙的土地。这种做法与投靠相似，但"投靠"一词通常是指小土地所有者把少数土地投靠官户，并处于较屈从的地位。当较富裕和较有势力的平民户投靠他们的土地时，就不会那样屈从，永佃可能这样产生。

[2] 作者为谢肇淛（1567—1624 年）。见《明人传记辞典》，第 546—550 页。这段文字引自卷 4，许多文章都对它进行讨论。例如见片冈芝子：《福建的一田两主制》。

有几种不同类型的一田数主制。[①] 就政府而言，所有的真正土地所有者都必须缴税，不考虑他实际上是最有力的土地权利索取者还是取得土地收益最多的人，也不考虑他是不是被更有权势的人所迫而缴租。[②] 早在 1472 年，长泰就已存在一田数主制，但到 16 世纪，这种做法才遍及福建全省。[③]

一田数主制的起因之一发生在以下的情况：原来的土地所有者把权利和缴税义务廉价售给另一个人，后者就成了大租主（纳税人），其地位可能并不令人羡慕，除非本人是免税户[④]，或者拥有武装或运转良好的收租机构，这种收租机构被指望收到多于契约规定的地租。最后一种情况是纳税人（大租主）还依靠第四者白兑（非官方的兑换人）作为包租人。但是佃农更多的是通过中间人把租缴给大租主，或者地租分别由佃农缴给中间人，中间人再缴租给大租主。

一田数主制的第二种更流行的形式是：原来的地主出于种种原因保持其纳税人（大租主）地位，而常常不得不出售其免税和收租的中间层权利给他人，这些人往往是城市商人，据说他经常利用农村的每一次危机，从处于困境的当地农民那里取得这些权利。这类土地的结

---

①　张彬村提出了对这个问题的可能是最佳的全面看法，见《十六、十七世纪中国的一个地权问题：福建省漳州府的一田三主制》，载《食货月刊》，14，第 2 期（1984 年 5 月），第 95—107 页。

②　许多作者不了解有关的不同形式地租的名词。粮（意指粮食，但到明代又指秋季税），用来称缴给政府的税。税（通常指夏季税，干脆称税），在这一制度中一直被用来指耕作者付给名义上的在册地主（大租主）的地租。还有其他名词，清水泰次试图把不同出处的名词统一起来，但没有完全成功。"租"的数额较大，缴给中间的土地所有者，即小租主。至于"地面上"（中间土地所有者的权利）和"地面下"（名义上的土地所有者的权利）这两个还用于永佃的名词，也有几个中文名称。这些名称因地而异，有时在相邻地区意思完全相反。"田面"（地面上）也可用来指"田底"（地面下）。其他常见的名称包括：田皮、田骨或田根，现代中文称这个制度为一田两/三主；称两主或三主，取决于作者如何看待底层耕作者的权利。

③　由于文中所参照的 1472 年是在它的废除期间，1558 年龙岩往往被认为是"真正"开始的时间和地点。见吴震强：《贸易和社会》。又见其《福建南部的小农社会》；张彬村：《中国的一个地权问题》。

④　草野靖：《明末清初田面的变化——专论漳州府地区》，载《熊本大学文学部论丛》，5（1981 年 3 月），第 24—68 页，从中看到的是乡绅，而不是处于中间地位的人。

局是依然登记在某个人的名下，他虽然不再控制土地，却有为这块土地纳税的义务，而实际的地主却不缴分文。同时代史料中的"虚悬"（虚登记）常常不是单纯地指税册中的一种普遍混乱现象，而是指这种特殊的情况。

通过这些方式，税赋和实际土地所有权（即收入）之间关系变得很疏远，而政府则不断试图使两者的关系紧密相连。罗青霄（1562年科进士）在 1573 年的改革努力是企图做到这一点的最著名的行动，此外这种尝试就很少①作为惟一的貌似公平的解决办法，知县们试图按照一块土地最初投资的价值来征税，但这些努力太复杂，注定不会成功。它们还产生了一个后果，即破坏了与这个制度中不同的权利和义务有关的一些地价的微妙的平衡②。

农业和土地制度：区域的差别

华北

在全国的不同区域中，土地所有制的类型一方面根据主要作物类型，另一方面根据经济发展而有所不同。以下的论述是对一些大致凭印象界定的区域作出简单的一般观察，目的在于避免对明代的土地及其使用进行更空泛的概括。

有人常常论及 20 世纪，说华北自耕农种植比南方各地区更为盛行；并说这一事实是由于种麦或粟和种大米有不同的需要。但是，他们没有十分注意以前时期的情况。③ 人们普遍同意，虽然自耕农更加普及，但在北方，特别在商业化程度较差的地区，大、小土地所有者之间存在的差别更大。

这种状况可以用以下方式与农业实践加以联系。一般地说，小

---

① 例如，1545 年在平河，1569 年在南靖，1573 年在漳州。见张彬村：《中国的一个地权问题》。

② 见草野靖：《田面的变化》。

③ 对这一问题进行研究的作者有：足立启二：《清代华北的农业经营和社会构造》，载《史林》，64，第 4 期（1981 年 7 月），第 66—93 页；片冈芝子：《明末清初华北的农家经营》，载《社会经济史学》，25，第 2—3 期（1959 年 6 月），第 77—100 页。

麦、粟和某些饲料作物是中国北方的主要农产品。由于每年有大部分田地休耕，平均一年一收的作物在清初之前最为普遍。[1] 牲畜对犁地、运输和制肥是非常重要的。要最充分地利用这些牲畜，最经济的农田规模应为100—300亩，最多为400—500亩，虽然也有经营较小农田的若干农民也能集中其资财自行购买一批牲畜。因此，北方的地主一般地说平均比南方的地主拥有更大的地产。由于北方全部田地的较大部分被这类地主所有，他们在北方的社会结构中占有突出的地位。

这些有权势的地主既有较长期劳工（伙计），又有其庄园的监工。监工管理必须干的犁地、锄地和除草等农活，一部分工收现钱。足立启二根据清初期的几部农书指出，虽然这些活动很多是现金交易，但这些庄园的目标是自给自足，剩余的农产品或是就地消费，或是借给该区地少的小农，从而使他们处于极端屈从的地位。[2]

除了大地主和拥有很少土地的小农（小农耕自己的土地，同时作为雇工或收获分成的耕作者种同样数量的田地）以外，还可以在这个制度中找到富裕的佃农，他们往往有一群牲畜，再另外租种土地，以便尽量利用它们。[3]

在明代的北方，土地最肥沃地区使用劳动集约化耕作的情况也增加了。有少量土地的小农和无牲口的劳动者也（而且格外）种植商品化

---

[1]　只有在山东和河南的中心地区，以及河北的少量地区才存在粟类—冬小麦—豆类—休耕的作物轮种制，即两年三熟制。

[2]　例子有归德府治地商丘和固始。见片冈芝子：《华北农家经营》。但是，这类小农有契约；即使中文中的所谓"奴隶"也很少，因为所需要的劳动力数量能被雇佣的短工更好地调节；片冈芝子在《华北农家经营》第77—78页注1中反对小山的意见。因此，雇工在北方比在更商业化的南方更加流行，见片冈著作第82页。

[3]　也许如片冈所述，他们受税制的照顾，我们已在北方见到，这种税制包括依照财产（含用于运输的牲畜和大车）按户征收的一种很进步的办法。按照逻辑，我料想在实行一条鞭法改革后才是如此，在北方，恰恰是因为非土地的因素成了重要的内容，改革才受到激烈的抵制。我猜想租佃只有在16世纪后期才更有利，因为它使耕作者免缴此时与纯土地所有制更直接有联系的税。

的作物。①耕种少量田地在经济上变得可行，牲口的重要性下降，这种情况在明末工钱的上涨方面得到反映。北方的情况与南方形成对比，因为北方的小农愈加不愿意受雇外出打工。租佃小块农田的做法发展缓慢，它在北方的实行远比南方晚。②

江南：苏州

人们都认为，江南区（包括江苏南部、浙江北部和安徽的几个邻近的区）是中国经济最进步的区域。这里稻米的产量最高，也是上市产品的一部分。现金交易更加频繁③，城市人口更多，造成了粮食作物及其他产品更多的需求。更多生产非农业品的工匠在这里劳动。中国能否发展自己的以资本主义方式使用投入的劳动和资本的富裕农民，因此经常被认为是一个只有这里才能提供最佳答案的问题。④

曾有人对帝国晚期和 20 世纪初期的平均农田面积进行了调查。⑤有人认为，农田规模的趋势会反映某一特定的农业制度的适宜的规模，从而告诉我们，富裕地主的大农场（大于单家独户能耕种的农田）是否确实在经济上比小规模的小农耕作者的农田更加有利。在北方和四川，表示某一特定地方的农田规模和耕田农户百分比之间关系的曲线成反比：即大多数的农户耕小块农田，数量适中的农户耕种的

---

① 较大的地主有时也种棉花。张履祥提到河南南阳一个有 1000 亩的地主种植棉花。见片冈：《华北农家经营》，第 89 页注 6。

② 足立启二的《华北的农业经营》对集约化过程进行了论述。这里使用的租佃是指租出土地以取得不定量的或定量的收成，农田管理由佃户负责。在北方，直到晚明时期，介于单纯领工钱劳动和租佃之间的作物分成制更为流行。近来，草野靖在其《中国的地主经济分种制》（1985 年）中令人注目但也不能令人信服地争辩说，中文中现在可以通用、或在一起用来表示租佃的地租的"租"和"佃"应该加以区别：只有租才包括地租和出租（租种）土地；而佃包括作物分成，监工基本上仍是地主的事。

③ 据说一担米或一匹布以上的一切交易都使用银。见寺田浩明：《明代苏州平野的农家经济》。

④ 当然，在有些专业化的山区，或在如福建那样的农业相对贫困的地区，商业化程度可能更加发达，华北收取工钱的劳动也可能更加突出，但这些是与总的农业生产力无直接关系的特殊情况，因此不影响问题的实质。

⑤ 足立启二：《清代苏州府地主的土地所有的发展》，第 24—56 页；基本研究涉及 20 世纪 20 年代，然后使用另外的数据推算过去。

农田面积适中，只有少数户耕种大农田。但是根据在耕地的总面积观察，大部分耕地属于中等的和大的农田，这反映了前面概括的农业传统。在更商业化和集约化的农耕地区，大农田甚至更少。

在南方的大部分地区，包括江南的大部分和山东的几个部分，面积很小的农田占主要地位。大部分土地被分割成小块，农田小到肯定不能供养一个户：大部分民众不得不依靠副业以弥补生计的不足。大于5—10亩的农田数明显下降，这似乎暗示大农田在这个区域是无利可图的。

但是在最进步的农业区[1]，出现了最小的和最大的农田消失而代之以中型农田的趋势。因此原则上似乎没有任何不让农村中产阶级发展的障碍。没有这种障碍，是否从历史的角度（而不是从理论的角度）看就能听任中产阶级发展，要回答这个问题，我们必须更严谨地调研一些数据。[2]

我们应从明初期的形势开始。在朱元璋没收大土地所有者的土地后，我们料想绝大部分的田地应为自我经营的小农田。如上所述，一对夫妇能耕肥沃的低田25—30亩。在贫瘠的高地或需要投入更多劳动力的土地上，能耕的面积减少到5亩。据《天工开物》[3]记载，合适的农田面积对有一头牛的夫妇来说应为10亩，对无牛的夫妇来说应为五亩。如同里甲制所暗示的那样，如果租佃在明初期不如后来普及，我们可以利用1370年苏州府税赋分摊的数字来确定农田的面积（见图表9-4）。这些税赋数字间接地指出，拥地在200—7800亩之间的户数超过500；鉴于所讨论的地区一定存在远远大于此数的应纳税户，可以认为这些数字进一步证明拥有大地产的情况相对地少，虽然很少的大地主确实占有支配地位。

关于租佃比率的增加、小农债务、假登记（诡寄）以及不在本地

---

① 不包括城市附近的地区，那里的非农生产更为有利可图，因此，其平均的农地面积不一定能反映农业本身的各种可能情况。

② 见足立启二：《清代和民国期农业经营的发展——专论长江下游》，第255—288页。

③ 孙任以都等英译：《天工开物——17世纪中国的技术》（帕克大学，1966年），中文原著在1637年第一次出版。

的地主（寄庄户）的存在等资料非常之多，以致不能排除租佃普遍流行的可能性。应该承认，我们根据文献资料所掌握的土地所有制中阶级分化加剧的材料多不胜数。[1]

即使如此，地产的平均面积绝对不会很大，最大的土地所有者并没有占用大量土地：在 16 世纪晚期，服徭役最高一类的人（布解）的土地拥有量只有 2000—2500 亩，一般地主的地远远少于此数。张履祥指出，只有 1% 的户拥有的土地超过 40 亩。[2] 这种状况出现在他所在的相对的落后区，当时据说 10 亩地勉强够维持一家人的生计；这些家庭不得不派家人外出打短工，或者举债，或者寻找副业，以弥补生计的不足。[3] 晚明清初的鱼鳞册一般证实了上面所述的情况。[4]

至于农田面积，吴县（其治地在苏州）[5] 的一本鱼鳞册显示，很小而又紧密的农田占优势。即使小农田包括几小块土地，它们相隔也不超过五六百米。佃农必须从几个土地所有者那里租小块地，才能组成如此紧密的农田。有许多"半无产者"，他们单靠种田难以维持自己的生计：在耕地不足五亩的人中，耕地少于 2.5 亩者占 60%。[6] 可

---

① 但也有人说，许多人完全脱离农业。有人提到 1550 年有 60%—70% 的人脱离，这几乎可以肯定是夸大。见寺田隆信：《明代苏州平野的农家经济》。这样应该会使留下务农的人境况好一些。

② 此数划为地主仍绰绰有余，因为一户平均只耕 10 亩地。甚至著名的士绅归有光（1507—1571 年）、张履祥（1611—1674 年）和董思白（翰林）等，拥有的地不过 20—40 亩。归有光传记见《明人传记辞典》，第 759—761 页；张履祥，见恒慕义：《清代名人传》，第 45—46 页；张履祥，有时也读张礼祥。见寺田隆信：《明代苏州平野的农家经济》。

③ 寺田：《明代苏州平野的农家经济》。

④ 鹤见尚弘和足立启二进行了调研。见鹤见尚弘：《鱼鳞册调查》；《康熙十五年丈量的一本长洲县鱼鳞册》；《有关清初苏州府鱼鳞册考察》；《康熙十五年丈量苏州府长洲县鱼鳞册田土统计的考察》；《再考察》。见足立启二：《清代和民国期农业经营的发展》；《清代苏州府》。赵冈在其著作中也提到明清的鱼鳞册，但他的分析是粗略的，他提出的鱼鳞册的出处未经很好的调查。见赵和陈：《中国土地制度史》，第 5 章。

⑤ 该鱼鳞册的时期从 1676 年起，并基本上（但不是全部）可追溯到张居正的丈量。它显示 20 世纪耕地的 96.5%—100% 已经记录在册，因此少报现象极少。

⑥ 根本无地的人不记入鱼鳞册。甚至既登记佃农又登记有地者的鱼鳞册也的确很少，而这些登记对文中的那种计算又是必要的。前面已谈过，所有这些清初的鱼鳞册显然追溯到张居正丈量时期盛行的状况。

是耕地在 20—50 亩的富裕小农在经济上占重要地位：虽然他们只占耕地农户总数的 9.5％，却耕种全部土地的 30％—40％。[①]

经与农田面积的数据对比，从清初长洲鱼鳞册中发现的数据给人展示了另一个图景。[②] 它显示地主户有地 10—25 亩，很少几户有地 30 亩以上，只有 1 户的土地超过 100 亩。[③] 在此鱼鳞册登记的有地户中，70％的户有地不足五亩，许多有地 10—20 亩的户出租其地的一部分。经营地主为数很少。吴县的鱼鳞册说明，最大的地主依然占重要地位：占全部户 3％的最大的户拥有全部土地的三分之一。[④]

从另一本鱼鳞册[⑤]中，我们了解到在各种圩田中，68％—96％的土地被租出，这些数字扎实地证实了文献的材料。占全部农户 2.6％的最大的农户拥有全部土地的 37.5％，典型的地主自己经营 10—20 亩，如果有地 30 亩以上，肯定要出租。4％的户有地超过 100 亩，全部户的一半稍多有地不足 5 亩。社会经济的分布状况见图 9-6。图内的数字表示特定类的户数。注意图内有 2 户甚至属于所有 3 个社会经济群体。也就是说，他们耕种自己的一部分地，因此被归入"自耕农"类；出租其他一部分地，因此被归入"地主"类；并且又从其他户租种土地，因此又属于"佃农"类。这说明在社会经济体内部，即使不是总体流动，其流动性也相当大。

同一材料[⑥]显示，自耕农的土地比佃农少，而且贫瘠。自己拥有一部分土地另外再租种土地的人显然比耕种自己田地的人的境况要好一些。[⑦] 另外，53％的佃农从一个以上的地主租种土地，这表明地主佃农

---

① 足立启二：《清代和民国时期农业经营的发展》。

② 册 25B/19—正册，日期也始于 1676 年。

③ 此册所提到的税的等级指明，我们可以充分利用这个文献来了解晚明的情况：税额和分类与 1620 年的相等，只是作了所称的几次次要的重新分类。

④ 鹤见尚弘：《康熙十五年丈量苏州府长洲县鱼鳞册田土统计的考察》；《有关清初苏州府的鱼鳞册的考察》。

⑤ 长洲鱼鳞册 21B/8。

⑥ 鹤见尚弘：《苏州府长洲县鱼鳞册田土统计的考察》。

⑦ 同上注；福武直《中国农村社会的构造》报道了民国时期类似的情况。这种情况的发生是因为小农在劳动力有富裕时通过租地把耕地扩大到适当的规模，其境况要好于不如此行事的人。佃农本身的社会地位，甚至经济地位似乎不会因此而有所不同。见赵冈、陈钟毅：《中国土地制度史》，第 417 页。

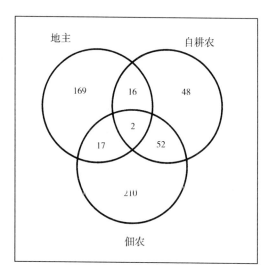

图表 9-6 晚明时期长洲的社会经济群体 I

之间的关系不可能是个人依附的严格的"封建"关系。还有一本鱼鳞册描述了与此相类似的情形①，我们从中可以看到官田类土地被取消后的情况，此前，官田占了全部土地的95％。只有10名地主种地超过20亩，但9名佃农也是如此。但两名最大的地主却占有土地的20％以上。这里拥有小农田并另外租种一定数量土地的小农也比只耕种自己土地的小农境况要好（见图9-7）。② 离城市愈远的地方，租佃现象愈增加，农田也愈小；三个社会经济群体之间的差别比图表9-6的显示更为明显。

总之，根据这些鱼鳞册，占人口比率很小的一部分人拥有大部分的土地，但土地的实际经营却广泛地分散在少地或无地的人手中。

---

① 册24/20。

② 鹤见尚弘：《再考察》。他在别处报道说，在其他尚未经分析的鱼鳞册中有更多的自耕农。见其《鱼鳞册调查》，第61页。

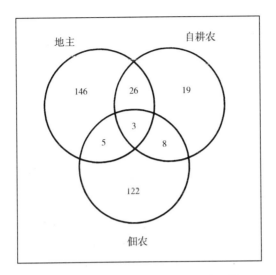

图表 9-7　晚明时期长洲的社会经济群体 Ⅱ

江南：徽州

　　材料最丰富的地区也许就是位于安徽省的徽州府。除了从张居正丈量时期起的鱼鳞册外，现在仍存在几个名门望族的土地契约簿册。遗憾的是，徽州在明清时期中国所占的非常特殊的地位，徽商的突出的位置，以及奴役佃农的特殊性的存在，使人们难以根据描述该府状况的材料来概括整个中国。但我们仍可以思考某些最引人注目的详细情况，这些情况在近来日益不断的徽州社会经济制度的研究中展示了出来。

　　在 1384 年，歙县的最大的地主缴税 600 担米，说明他的地产有 1200 亩。[①] 在不同时期，徽州府的其他地方的地主很少有超过 1000 亩的。在 16 世纪后期的一段时期，县内的最大的土地所有者有地 2400 亩。[②]

────────────

①　除非田赋轻于通常的税率和文中所提到的土地数被低估了，他控制的 360 个佃仆并不全部用于务农。见彭超：《休宁〈程氏置产簿〉剖析》，载《中国社会经济史研究》，4（1983 年），第 55—66 页。

②　叶显恩：《明清徽州农村社会与佃仆制》。

一般土地交易的规模表明少数地主有大地产。[①] 但是呈现出一种趋势，即地主平均的拥地数量增加，更多的交易在地主之间进行。[②] 地主日益摆脱对土地本身的实际管理，这个事实可以从租佃簿册中愈来愈少地提到地块的准确位置的现象中得到反映，簿册中只记录租额和佃农的姓名。[③]

直到16世纪初期为止，大部分交易使用纸钞、粮食或棉布作为交换媒介；15世纪晚期以后，银子逐渐代替了以前的交换媒介。[④]

为什么土地集中在少数所有者之手的进程十分缓慢，一个原因是，至少在徽州，只要有可能土地只出售给族内的其他人。这种做法不但暗示存在着强烈的宗族凝聚力，而且暗示宗族成员内部存在相当大的经济差别。[⑤] 作为社团实体的寺庙和宗族拥有土地也有增加。向寺庙捐献土地或把土地登记为宗族所有，是防止土地因出售或继承而分散的一种手法；在法律上和习惯上，这样捐献或登记的土地不能出售。[⑥] 在山区，地主和佃农分担风险或收成分成的做法仍在实行，不过固定地租日益成为惯例。但固定地租从未全额缴付。[⑦]

---

① 从1393年至1515年，王氏宗族从自耕农购买的地块大多为2亩或更少；到1522年，以这样小数量购买的土地总共才65亩，可是王氏肯定不是无足轻重的门第。见刘森：《略论明代徽州的土地占有形态》，载《中国社会经济史研究》，2（1986年），第37—43页，刘使用旧的词藻，仍称它是"大地主所有制"。休宁的洪家的地产增加也很缓慢：1390年至1604年，只增加了80亩稻田，5亩旱田和104亩山地。见叶：《明清徽州农村社会》。

② 彭超的《休宁》一文衡量土地的大交易从嘉靖时期（1522—1566年）的23％增加到天启时期（1621—1627年）的90％，但没有确切地说明他考虑的"大"和"小"交易的界限。

③ 刘森：《略论明代徽州》。

④ 刘森：《略论明代徽州》。白银仍短缺，这从珠宝可用来支付这一事实得到证明。见彭超：《休宁》一文。

⑤ 在洪氏的契约簿的103份契约中，61％的契约的双方是宗族的成员，3％是原主购回的契约，8％是邻居购地的契约，剩下的契约性质不明。

⑥ 在当地，宗族土地有时（但这些例子相当晚）能包括全村耕地的70％以上。见叶显恩：《明清徽州农村社会》。

⑦ 歙县的胡家一般只收到八九成实物租，货币地租的收入也只有90％。见章有义：《十七世纪前期徽州租田关系的一个微观研究——歙县胡姓〈怀忻公租簿〉剖析》，载《中国社会科学院经济研究所集刊》，5（1983年），第33—59页。

江南：桐乡

如果不提《沈氏农书》及张履祥之补，即《补农书》，对江南的论述就不算完整。[1] 张履祥及其几个朋友是兼营的小经营地主，但大部分土地所有者作为经营地主就无法生存。租佃显然更加有利可图。[2] 从购买肥料中（整个农活都被肥料所缠，因为肥料通过在农田放养牲畜才能得到），有人已经看到严格意义的资本主义农业的开始（肥料增加生产，因此是资本）。[3]

在此书两次印刷期间，物价上涨，工钱下降。在第二次印刷时，物价和工钱作了调整。[4] 由于有迹象表明，在 16 世纪后期工钱稍有增加，这个材料证实了以上所述的社会政治趋势：已发生的雇佣劳动力供应的增加部分地是由于有的自耕农不愿耕种自己的土地，因为对土地所有者徭役需要过于沉重。16 世纪的几次改革以后，情况有明显好转，劳动力供应因此减少，从而工钱暂时增加，直到长期的人口趋势再次把工钱降下来。[5]

张履祥作为一个经营地主，既不算大地主，也不是成功的地主，他的农业事业最后终于失败。他没有完全商业化：生产的粮食自己消费，如果能找到雇佣劳动力，只有有风险的丝市为他提供一些利润。

---

[1] 张履祥写的书在实用性和非规范性方面，不同于所有的官方汇编，此书根据沈氏的《农书》写于 1658 年，沈氏的情况不详，只知道他可能是张的亲戚。第 1 部分多少与日常农活有直接联系，而第 2 部分，即张写的部分则略为系统化。见古岛和雄：《〈补农书〉的撰写及地点》，载《东洋文化研究所纪要》，3（1952 年），转载于其《中国近代史社会研究》（东京，1982 年），第 334—367 页；又见第 307—333 页之文。

[2] 除了前面的注所引古岛和雄的研究作品外，见陈恒力：《补农书研究》（北京，1958年）；田中正俊：《〈补农书〉诸研究（上）——明末清初土地制度史研究的动向》，载《东洋学报》，43，第 1 期（1960 年 6 月），第 110—116 页。

[3] 试图对张履祥的数据量化，但很困难，可能出现几种有矛盾的解释。张本人有几次提供了很详细的记载，但他忽略了几种大开支和用于村社工程的所有钱财（他作为一名优秀的儒生，试图组织这些工程）。见足立启二载于《史林》，61，第 1 期（1978 年 1 月）第 40—69 页之文；关于批评文章，见岩间一雄：《明末清初长江三角洲自耕农经营——农氏张履祥的自耕主义》，载《土地制度史学》，196（1982 年 7 月），第 52—68 页。

[4] 古岛：《〈补农书〉撰写和地点》。

[5] 陈恒力：《补农书研究》。当时的工钱约 13 两（包括 5.5 担米），在晚明一年收入此数虽低，但还是适当的。

张履祥在失败前的一切利润都用在书上。

江西

为了方便，我们把江西分为两大区。第一个是鄱阳湖周围和沿赣江下游的肥沃的平原，那里在明代以前已发展成为粮食输出区。第二个是江西南部的山区，在明初那里基本上仍是不发达和程度不同的自给自足的地区。[①]

这两个地区不但以不同方式跨入明代时期，而且它们此后的发展也不相同。江西的北部从未停止向江南输出粮食，尽管大力发展灌溉网络和低洼地，但那里仍日益苦于人口过多。[②]从明代开始，江西北部的特点就是向其他省份和向省内其他地区移民。

省内的流动是沿长江支流移向南部地区，那里种稻的机会吸引许多定居者。赣州靠近广东边境，通过赣江与鄱阳湖，进而与江南相连，成为大米的纯输出基地。

从江西涌入湖广的最大的移民潮在15世纪初期已在进行。湖广吸引人之处与江西南部相同，但规模要大得多。移民处于王朝开始时制定的税制范围以外，因此对一个勤劳的小农来说比较容易站稳脚跟。这样就损害了已经纳入里甲制组织的当地民众，因此这样的迁移成为不断冲突的根源就不足为奇了。[③]移民潮不但在江西的记载中容易找到，而且在湖广本身也十分明显。一次次的调查透露，湖北、湖南绝大部分的移民宗族最初来自江西，而且大部分移民在明代迁来。[④]

---

① 见吴金成：《中国近世社会经济史研究——明代绅士层的形成和社会经济分析》，载《大东洋史学研究丛书》，3（汉城，1986年），第293—312页有英文摘要。渡昌弘全部译成日文：《明代社会经济史研究——绅士层的形成和社会经济分析》（东京，1990年）。

② 见中央研究院编：《中央研究院第二届国际汉学会议论文集（1986年12月29—31日——庆祝中央研究院院庆六十周年）：明清与近代史组》（台北，1989年），第1卷，第189—211页的《明代江西农村中的社会变化与审视》中的表4（第203—205页）。

③ 例子见吴：《明代江西》，第196页。

④ 例子见曹树基：《湖南人由来新考》，载《历史地理》，9（1990年10月），第114—129页；关于湖北4个县，见第115页表1；关于湖南，见表7（第123页）和表9（第125页）。清代的迁移显然要少得多。又见傅衣凌：《明代江西的工商业人口及其移动》，第1—7页。

　　江西的多山说明了与粮食生产无关的大部分经济发展的原因。因瓷器而闻名于世界的景德镇由于它自宋景德朝(1004—1007年,该地以此得名)以来其产品已在国家控制之下并专供国家使用,可能是一个例外。但即使在明代的后半期,景德镇从事制造瓷器的窑也是私营的。有人估计,16世纪后期的产量为3600万件,总产值达银180万两。①

　　虽然景德镇没有真正影响其邻近的农村内地(那里除了供瓷窑的烧柴业外,商业化程度依然很低)②,其他地方则比较普遍地有了发展。有的山区的产品和手工业品保持着相当的多样化,产品包括竹器、草药、茶、靛蓝,甚至矿产品。像河口(即铅山)等地,在晚明的发展中堪称典型;它们在河边建仓库,山区的产品就运到那里。这些产品把江西与全国市场联系起来,就景德镇而言,则与国际市场联系起来。③

　　湖广

　　湖广在明代是相当令人猜测的区域。掌握重要材料的作者坚持该区有一种地主支配的出口经济,而《五杂俎》等著作则称贫富差别不很大。④ 如果考虑到湖广的特殊条件,这两种观点是可以调和的。湖广原来人口相当稀少,但到15世纪中叶,它的大米出口经济是如此繁荣,以致出现了"湖广熟,天下足"之说,它模仿了以前与江南有关的一句谚语。⑤ 结果,官方的税册(在王朝初期已被固定)和土地所有者的现实情况之间出现巨大的差别。这种差别为移民和佃农向上爬提供了方

---

① 见萧放:《论明清时期江西四大工商市镇的发展及其历史局限》,载《江西经济史论丛》,1(1987年5月),第139—175页,第141页。
② 见梁淼泰:《明清时期浮梁的农林商品》,载《中国社会经济史研究》,1(1988年),第28—38页,特别是第36—37页。
③ 关于这些城市和其他城市,见萧放:《江西四大工商市镇》。
④ 崇田德与安野省三的意见针锋相对,后者观点见其《明末清初长江中游的大土地所有制考察——专论湖北汉川县萧尧采集的材料》,载《东洋学报》,44,第3期(1961年12月),第61—88页。安野省三不相信有地主市场。罗斯基也不相信,见其《农业变化》。
⑤ 开始有人认为此说始于晚明,岩见宏首先把日期推到16世纪初期,寺田隆信在1979年则发现了天顺时期(1457—1464年)的材料。见岩见宏:《湖广熟,天下足》,载《东洋史研究》,20,第4期(1962年3月),第175页;寺田隆信:《湖广熟,天下足》,载《文化》,43,第1—2期(1979年9月),第87页。又见藤井宏:《〈新安商人的研究〉中译本序言》,载《中国社会经济史研究》,3(1984年),第51—54页,这是他原著的中译本的介绍。

便。当该省更加充分发展时，地主更有能力供应出口的市场。①

作为产米区，湖广发展的基础是：耕地面积增加了；洞庭湖周围勉强能种双季作物，而一年两熟作物在醴陵、攸县和安仁等县生长。② 湖北在 1400 年前后，在与江南和湖南很不相同的条件下开始了巨大的灌溉系统工程：需要多县大力协调的长堤坝对确保今武汉周围的湖北平原的安全是必不可少的。排水在这块平原非常重要，因为长江在那里的水流缓慢，积聚了大量淤泥。16 世纪中叶这个系统出现了重大危机，当时私人开发的低洼地过多，过多的排水地已被占用；为了保证位于安陆县的嘉靖帝双亲的陵墓有好风水，许多排水口被封闭。③ 这样就引起了低洼地区的水灾，迁移在 1567 年以后放慢或停止。有些灌溉工程仍在进行，但是政府的财政问题使这些工程无效率可言。湖北在明末已面目全非。④

湖南的灌溉工程更属于地方的事务，特别集中在洞庭湖周围。少量的地方权势者（多数是有功名的人）通过管理灌溉工程和充当堤长或塘长来增加自己的势力⑤，许多低洼地在绅士的领导下得到开垦。⑥

因此，从 16 世纪开始，贫富阶级明显地更加分化；在原来的纳税人口中佃农和穷人增加，地主通过对灌溉工程的控制，对佃农的控

---

① 在清代初期，当地主企图通过押租收到更多的收成和输出超过整个区域经济承受能力的大米时，这种情况最终导致地主和佃农之间的冲突。见崇田德的论文及黄宾（音）：《清代的米骚乱》，载《亚洲研究杂志》，41，第 4 期（1982 年 8 月），第 767—788 页。

② 安野省三：《明末清初长江中游的大土地所有制》。

③ 见皮埃尔—厄蒂安尼·威尔：《水利基础设施管理中的国家干预：以帝国晚期湖北省为例》，载 S. 施拉姆编：《中国国家权力的范围》（伦敦和香港，1985 年），第 285—347 页。

④ 这里我同意皮埃尔—厄蒂安尼·威尔的观点，见其：《中国的水力循环：16—19 世纪的湖北省》，载《法兰西远东学院学报》，68（1980 年），第 261—287 页。不过应该提出，汉口同时因其内地日益重要而得益匪浅。见谷口规矩雄：《汉口镇的建立》，载布目潮风：《唐宋时代行政经济地图的构成（研究成果报告）》（大阪，1981 年），第 111—119 页。

⑤ 职务有塘长、坝长和垸长，垸在湖南是指圆形的小低洼地。

⑥ 在华容县，工程从 48 个增至 100 个（至嘉靖晚期，在 16 世纪后半期）；巴陵县（岳州府治地）在 15 世纪从 20 个增至 50 个。

制日益加强。① 然而，从长江诸省，特别是江西，仍有一次大迁移，这些移民不负担任何赋役义务。地主常常雇佣这些移民开垦新地，并且出现了一种政府鞭长莫及的状态，其结果因区域的不同部分而有差异。在官方控制力量本来薄弱和因缺乏水运而输出产品的可能性很小的地方，地主有时可以使用武装团伙，把奴役性很强的条件强加给佃农。这种做法尤其在西部和南部更为盛行，那里的少数民族人数仍众多，民间也是高度军事化的。

但是沿着河道，地主和移民都能利用它们输出产品。尽管有这些机会，原来有少量土地的小农经常抱怨说，外来人不入政府税册，另外他们的湖地不纳税。② 结果反对江西移民的情绪高涨。

地主权力的加强，以及迁入的佃农能成为土地所有者的可能性，必定造成了《五杂俎》等著作提到的形势，即富人和穷人的社会地位和位置依然是相当流动的。在一条鞭法改革和张居正在湖广进行的相当成功的丈量以后，这些情况有了变化：经济的和社会的地位的流动性变得较小。地主最终支配社会的趋势加剧，这种形势可以说明清初的佃农为什么趋于贫困化。

四川

众所周知，关于四川的明代资料很难找到，而打算探讨还留存的材料的学者也很少。蒙古人的征服和明清过渡时期张献忠的占领是灾难性的。可供利用的少量史料显示③，明代继续宋代已经开始的趋

① 见吴金成：《明末洞庭湖周边的水利开发和农村社会》，山根幸夫译成日文载《中国水利研究》，10（1980 年 10 月），第 14—35 页。

② 例如在湘阴，原来的小土地所有者的一半逃离其居住地或变成佃农，而有一半移民已变成土地所有者。丘浚（1420—1495年）已经要求把后者纳入湖广的税册，但实际上这些税册很少被修正。见《明人传记辞典》，第249—252页丘的传记，和吴金成《明末洞庭湖周边的水利开发》。关于丘浚见朱鸿林：《丘浚及其〈大学衍义补〉：15世纪中国的经世思想》（普林斯顿大学论文，1983年）。

③ 我同意保罗·J. 史密斯：《公元 2 年至 1948 年长江上游的商业、农业和中心形态》，载《晚期中华帝国》，9，第 1 期（1988 年 6 月），第 1—78 页；他试图用某些明代材料，再进而外推到自宋至清的时代，来研究明代的四川。我把史密斯所用的宋代名称改成明代的和现在通行的名称。

势，即与中国北方相连的陆运被与中国中部和南方相连的河运所代替。四川东部日益成为中国本土的一部分，而不再是以往那样的少数民族地区。[①] 沿长江上游的农业产量提高；在晚明，大部分府趋于自给自足，有的府甚至自给有余。16 世纪，玉米种植扩大到不能灌溉的丘陵区。

明代四川沿长江的贸易中心（应加上湖广的沙市，因为那里有四川的大船队）主要是转运中心，其河岸的内陆地区很少。

社会的详细情况知之甚少。四川的情况一定与湖广相似：仍有新土地，因此移民（开始时从湖广、广东和福建，后来从江西、陕西和贵州迁来）仍有机会为自己创造较美好的生活。但是我们不能假定四川的近代特点之一（即其农村人口分居在小村庄或孤立的农舍，它们是被集市形式而不是被村社结构脆弱地联系着）在明代已是如此。这种社会形态更可能是在张献忠以后发展起来的。

福建

福建提供了一个使人产生兴趣的研究对象。人口过多、小规模生产者被迫的商业化、海外商人网络以及剩余资金，这一切形成了前面已经讨论过的一田数主制和抗租运动。关于农业商业化中更突出的因素是推进还是牵制的一场讨论还在继续。[②]人口压力很大，同时代的人也认识到这种形势，不过例如内陆的永春等县，在 1526 年条件仍很好，完全能供养当地的人口；而在 1612 年，地方志不顾改进肥料和引进甘薯的事实，把那里的景象描述得一片惨淡。[③]

其他作物被引进种植，其中包括 1500 年前后引进的安南大米新品种，从而使双季稻的种植成为可能。花生约在 1600 年引进。

---

① 进士功名的名单也说明类似的变动，除了成都周围地区外，还有重庆周围地区也得到照顾。
② 例如，见傅衣凌：《明清农村社会经济》（北京，1961 年），傅主张是推进因素；罗斯基：《农业变化》，主张是牵制因素。
③ 甘薯从吕宋引进，1594 年歉收后，金学曾（1568 年科进士）大力推进在贫瘠土壤上种植。见吴震强：《福建南部的小农社会》，第 195 页。

但是严重的缺地事实被普遍认为是当地许多人从事贸易的原因。[①] 经济作物仍处于次要地位，不如直接为消费而耕种的作物，大麦缓和了日益恶化的人地之比的后果。条件的改善从未超过维持基本生存的经济水平。[②] 事实上，人口压力和由此引起的高粮价促使养蚕业和种棉业[③]在 17 世纪的福建南部被逐渐淘汰。[④] 仅有的几个适合种植经济作物的地区在泉州和漳州周围有限的区域，它们与大规模的贸易有联系，但这些贸易的特点是包括许多非本地商品的再出口。[⑤]

大部分利润来自福建的商业增长——从农业角度说，这种利润是寄生性的，因为其基础是海上贸易（铜钱从漳州出口到日本）[⑥]，海外贸易的货物产于其他地方（如丝、棉花），只有少量原料或商品在福建本地生产——运往江南；另外的利润来自商人居住的城中对造船、建房和教育等事业的投资所得。

但是许多小地产农民和佃农参与贸易网络，并从外界资源中取得相当可观的收入。[⑦] 为了抢先增加面积太少的农田，已在防御海盗中发挥重要作用的宗族企图通过建立公共财产的土地来保护自己，这是一种伪装的加以集中的土地。在福建，这些宗族往往是虚拟的，其公

---

① 在 1490 年，龙岩、长泰、南靖和漳平仍见不到商人；但在 16 世纪，据说福建人口中有一半不得不在村外活动中谋生，米和银成为与外界联系的重要纽带。又见吴：《福建南部的小农社会》。

② 前田胜太郎观点，引于吴：《福建南部的小农社会》；又见吴：《贸易和社会》。

③ 棉花的马来语（原来为梵语）为 kapas 或 kapok，很早就在福建种植，但不很普遍。见吴：《福建南部的小农社会》，第 211 页；又见周振鹤、游汝杰：《方言与中国文化》，第 237 页。

④ 张彬村：《晚明福建的海上贸易和地方经济》，载 E. B. 弗尔梅尔编：《17—18 世纪福建省的发展和衰落》，载《莱顿汉学》，22（莱顿，1990 年），第 63—82 页。张的文章也很重要，他发现 1620 年的一次紧缩，并把它归因于商品供过于求。

⑤ 吴：《贸易和社会》；《福建南部的小农社会》。

⑥ 自 1450 年以来，特别在海澄（又称月港）被指定为官方港口以后，福建在海外贸易方面已占支配地位。1590 年前后，福建年进口值估计超过 100 万两，此数甚至排除贪污的因素。见张彬村：《海上贸易：16 世纪的福建》（普林斯顿大学论文，1983 年）；张：《海上贸易和地方经济》。

⑦ 关于造成不在本地的地主数增加的情况见本章一田数制之文。福建的乡村地主还直接住进城市，部分原因是城市生活更有吸引力，部分原因是他们非常害怕海盗。见滨岛：《明代江南农村社会》，第 2 章注 23。

共的族姓也是灵机一动想出来的。① 驻守的军队②和寺院也是大土地所有者,在 1564 年丧失特权前都正式免缴赋税——不过习惯上他们保持特权的时间仍要长得多。这些寺产从 100 亩到好几百亩。一份夸大的记载,漳州县七分之六的土地由寺庙土地组成。一部分寺庙土地只是名义上的,寺庙只为真正的中间层的土地所有者充当大租主的角色。③

珠江三角洲

自 16 世纪初开始,广东珠江三角洲已在迅速发展;对外贸易在 16 世纪中期开始影响该区的社会经济发展。市场数从永乐时期的 30 个增至 1558 年的 95 个,到 1602 年又增至 176 个;广州本身的人口据说从明初的 7.5 万人增至 1562 年的 30 万人。④

粮食产量相当高:一年每亩能产米七八担。其他经济作物有时利润更高（甘蔗每亩获银多达 14—15 两),自嘉靖时期以来,大米从贵州和湖广输入。丝棉织业在 15 世纪发展起来,使用的原料是江苏和安徽输入的丝和棉花。⑤ 广州被指定为官方海港的措施,以及人地之比的日益恶化,保证了农业的商业化不会丧失其发展动力;烟草从吕宋进口,在 16 世纪其种植面积扩大。茶被集约化种植（需要 2 人种 1 亩),同时妇女日益成为劳动力的一部分。⑥ 随着南海县（其治地在广州）实行种植果树的农田与养鱼塘相结合的做法,出现了一项重要的技术突破;而九江村种桑树则更能营利。⑦ 如同福建,该区也出现了某些受出口驱动的经济发展,其中包括佛山的铁工厂。

---

① 关于这一解释,见吴:《贸易和社会》;《福建南部的小农社会》,第 200 页。
② 沿袭国家的指导方针,一名士兵可得到 25—30 亩,大大地超过了他的需要。
③ 在有的情况下,福建寺庙的支配地位是如此牢固,以致有的作者断言,向寺庙奉献的祭祀礼仪的负担比正规的税赋更沉重。吴:《福建南部的小农社会》,第 204 页。
④ 黄启臣:《明清珠江三角洲商业与商人资本的发展》,载《中国社会经济史研究》,3（1984 年）,第 37—50 页。
⑤ 见本页注④。
⑥ 见叶显恩:《略论珠江三角洲的农业商业化》,载《中国社会经济史研究》,2（1986年）,第 16—29 页。
⑦ 这说明了为什么这个地区的大量土地被划定为"塘"（1581 年在龙山乡占土地的 18%),对它征的税也更高。

珠江三角洲有许多不在本地的地主（寄庄户），所以租佃率相当高。更早期的边陲状态产生了另一种一田数主制，即富裕的佃农从地主租田，以便转租给其他人。[①] 宗族在开垦土地方面常常发挥重要作用，而族长兼做政府税收的代理人。这些情况，以及防止全区盗匪横行所必须的防御体系，使得住在设防村内的有内聚力和各具鲜明个性的宗族成为那里风土人情的主宰。

晚明的社会经济发展

"绅士"的地位

晚明社会经济生活中的重要特点之一是所谓的乡绅或绅衿的影响的加强。这些名词的英译文为"gentry"，不过始终不要把它们与英语中有地的"gentry"在形式上或职能上相提并论。我在这里使用乡绅、绅士及相当于此意的名词，同时也知道，探讨这些名词的确切意义依然是这方面研究的重要内容。

对绅士的研究有几种不同的途径。早期的一个途径关心的是，绅士是开放的群体，还是封闭的社会群体。有几位作者[②]把绅士—精英与几种或全部有功名的人[③]等同起来。经研究发现，大部分功名获得者出身于其前三代父系中未出过获得高等功名的人的家庭。因此，他们肯定绅士阶层是很开放的，上升（还有下降）的流动率相当高。

为了估计社会流动性，如果我们局限于文官（因为需要两种高功名才能当上），就完全可以把那些出过高功名获得者的家庭列入绅士

---

① 包田，见叶显恩：《略论珠江三角洲》。

② 何炳棣：《中华帝国晋升的阶梯——1368—1911年社会流动的几个方面》（纽约，1962年）；张仲礼：《中国的绅士——他们在19世纪中国社会的作用》（西雅图，1955年）。他们是这场争论中最杰出的学者。

③ 何炳棣只把获得举人及以上功名的人列为精英。如果其父系的前三代未出过任何生员，何就称此精英分子出身"地实寒微"；在明代，这一类人占全部他界定的精英的比率从46.7%下降到19.2%。

的范围。但是，有殷实根基的家庭即使在没有人取得高功名时，很可能仍可以保持其社会地位和影响。事实上，在任何特定地区内，取得高功名的人都很少；取得低功名和其他社会因素完全可以使一些人取得和保持精英或绅士的地位。财富、村社中的地位、或社会的善举都能方便地使几代人在都是白丁的境况下渡过困境，并使家庭的地位能维持下来。如果我们只把有功名的人列入绅士的范围，"绅士"的人数就会太少，在地方上不能形成重要的一层；显然，我们需要一个能容纳地方领导的更全面的界定。此外，这样对绅士的界定没有考虑到社会群体的性质．为了界定绅士的范围，至少同一家庭的其他成员——也许甚至整个宗族的成员——应被视为同一社会阶层的成员。

对地方村社以后的研究说明，低层精英的社会流动性远低于高层精英的流动性。地方的宗族能维持其显赫地位达几个世纪之久。它的显赫地位可以用不同方式加以衡量，培养有功名的人只是其中之一。但是，由于对资源的竞争日益加剧，这成了宗族更常用的方式。地产是另一种用来维持社会显赫地位的策略，它常常是培养有功名的人的先决条件，因为教育很花钱，意味着要有多余的收入和时间。宗族的创建又是一种策略，我们可以很保险地假设，宗族组织的增加，是对竞争社会显赫地位日益加剧的反应，与对教育的投资相似。如果社会精英包括全部人口中有钱和有闲的一部分人①，那么全部有功名的人只代表社会精英中的很小一部分人。显赫地位还可以通过利用联姻和参与能博得名声的工程（包括维修寺庙，组织娱乐和演戏，维修灌溉网络和捐助丧葬团体）来加以维持。有功名的人来自精英中这个大群体，本身不是一个"非永久性的和不牢靠的上层阶级"②。由于有了

---

① 费孝通的定义，见《小农和绅士：中国社会结构及其变化的一种解释》，载《美国社会学杂志》，52，第1期（1946年7月），第1—17页。当时它包括人口的1/5。

② 希拉里·J.贝蒂对此作了明确的阐述，见《中国的土地和门第——明清时期安徽桐城县研究》（剑桥，1979年）。基思·黑兹尔顿声称，地方精英中"偶尔能培养出上层绅士，作为阶段性地证实和巩固其地方精英地位的手段"；黑兹尔顿：《徽州的世系和地方精英》，第6页。

功名，有功名的人显然能以多种方式享受政府的优惠待遇，就会形成所谓的地方社会精英的顶尖人物。有时有功名的人融合于地方精英之中；有时当人数足够时，就自行分离出来，组成一个有特性的、全国性的超精英群体。

作为社会经济群体的功名获得者

为了便于分析，仍有充分的论据把有功名的人从这个社会精英的整体中分离出来。最重要的论据是经济方面的。明朝一开始，官员和所有有功名的人不但获得礼仪的特权，而且还得到具体的利益——特别是免服徭役，因为他们被认为在为皇帝效劳时已经劳心。这些豁免终于扩大；随着徭役和实物税的合并，以及赋税的以银折纳，他们的豁免甚至包括纳税和缴纳地产税方面的照顾。[①] 功名获得者享受的法律特权甚至保证他们在不缴超过豁免范围以外的赋税时，实际上也没有什么办法强迫他们缴纳。富人和穷人同样可以把他们的土地投靠到功名获得者或隐退官员的名下，以避免缴税，但是他们不可避免地处于地方绅士的控制之下。富人可以依靠自己的社会力量和地位，或与有功名的人的交情，让后者作为一种恩惠接受他们土地的投靠（在这种情况下，富人在社交方面欠一笔情），但穷人为了投靠他们的土地，往往不得不沦为佃农或奴仆。[②] 绅士几乎都能成为地主[③]，虽然地产不一定是成为绅士的先决条件。有功名的人虽然穷，只能靠文牍工作和教书谋生（一些更具同情心的批评者对此感到惋惜），也能得到特

---

① 最后一种豁免被认为是非法的，不过有人持相反意见；在当时这是一个热烈争论的问题。

② 见酒井忠夫《中国善书研究》等著作。当绅士日益为地方为基础时，这种现象变得更加流行，见下文；到那时，大部分地方的投靠还与亲王的庄园有关。

③ 在特权不包括豁免正规徭役（可豁免非正规的徭役）的地方，徭役很重，有时绅士也不愿购买土地；例如海瑞（1513—1587年）就如此评论，据姚汝循的《寄庄议》，这种情况在一条鞭法实行后得到补救。崇田德引其文，见《乡村支配的成立和构造》，再版本第197页和第205页，注44，引自《天下郡国利病书》。关于海瑞，见《明人传记辞典》，第474—479页；米歇尔·卡蒂埃尔：《16世纪中国的改革，1558—1562年海瑞在淳安》（巴黎，1973年）。

权。其他许多群体，如商人、有成就的文人①、自封的道德说教者、画家、僧侣，尤其是地方的富人，在社会上往往根本不是低三下四的人。② 此外，许多绅士是商人、投资者、当铺主和高利贷主出身，或者自己就是这种人。

不论其社会地位如何，功名获得者在地方社会中形成一个群体，这个群体通过国家授予的功名和税赋特权而被选出，从而与帝国的官僚机构相结合。科举制度是一种机制，通过它，国家用主要依靠接受国家赏赐特权的人逐步代替地方的耆老和名流。③ 这个功名获得者群体包括每个层次的人，他们不但应有地方的特权和权力，而且应有上面赏赐的特权。他们在地方的地位基础可能是他的良好的业绩和行为，但也常常是通过其得力的随从和奴仆所施加的影响。虽然高级官员因需要住在城区任职④，但还有许多绅士住在乡下，其中有的是家长式的经营地主。从政治上说，和从社会经济意义上说，由于有了功名，这些人就与国家有一种关系，富有的群体除非出钱购买类似的官员身份，否则也许还得不到这种关系。不论功名获得者是否自认为是一个特殊的群体，其行为举止是否符合这个群体的标准（有许多证据表明，他们的确自认为是一个特殊的群体），为了了解明代，在分析时着重研究功名的经济特征是相当重要的。按照马克思主义的观点，功名获得者肯定不是一个经济阶级，但是他们是明代社会中政治和经济上界定的一个客观存在的

① 当然，著名的艺术家等人避而不与地方上有财有势的人为伍，因此得到超脱的"山人"的名声。参阅威拉德·J. 彼得森：《苦葫芦——方以智和知识变化的动力》（纽黑文，1979 年），第 130 页。

② 例如见张英（1638—1708 年）之文，他说投靠土地只是因为这样就更加安全。贝蒂：《土地和门第》。关于张，见恒慕义：《清代名人传》，第 64—65 页。

③ 由于这种特权地位经常在不同的家族之中进行再分配，并不是土地所有制的直接结果，情况更是如此。见崇田德：《乡绅支配的成立和结构》；《乡绅的历史性质——乡绅观的由来》，载《船津胜雄教授纪念号（历史学）》，22，第 4 期（1971 年 3 月），第 85—97 页。

④ 但是通过他们的随从和代理人，他们仍能与其农村的财产保持联系。

重要阶层。①

有的作者不是用经济的和社会的标准来界定绅士其人，而代之以使用标准意义的"绅士"一词。这些作者把绅士定为应有社会精英的行为举止的一群人；他们为了功名而攻读，深受儒家道德伦理的熏陶，并试图将其学习所得付诸实践，即通过支持社会福利机构，资助和监督灌溉工程，调解地方争讼等活动，以确保再现一个儒家的村社。② 由此看来，绅士在道德、知识、思想和文化等方面是"民众的领袖"，正因为这样，他们在政治上和经济上是有影响的，因此，他们形成了社会秩序围着他们转动的轴心。③ 作为地方的领袖，他们充当知县在当地的可靠的助手，因为知县来自外地，三年之内就要离任，需要取得一切地方上的支持。有些绅士感到自己身负挽救世风的道德责任，也会反对某些知县和官方政策，但只是为了公众利益。根

① 在日本，这场争论称"乡绅土地所有"的辩论。首先提出辩论的学者是佐伯有一（在 1957 年）和安野省三（在 1961 年），当时不在本地的地主所有制首先与官员联系起来。见佐伯有一：《明末董式之变——有关"奴变"的性质》，载《东洋史研究》，16/1（1957 年 6 月），第 26—57 页；安野省三：《明末清初长江中游的大地主所有考察》。有人作出了一些努力，企图把以下现象纳入这一观点，即地主除了对其直接的佃农外，还对小农行使权力，并力图说明绅士支配了地方社会的各个方面。这就是崇田德主张的"乡绅控制"观点：《乡村支配的成立和结构》；此文虽有夸大，但仍是这个题目最易懂的假设；但又足立启二载于《历史评论》，400（1983 年 8 月）第 134—151 之文。对在其他方面独立的小农行使权力的方式是土地市场控制、高利贷、市场、强制、与官员的关系、司法程序的影响、灌溉活动和慈善事业。关于对这场辩论的总的看法，见森正夫：《乡绅的土地所有论》，载《历史评论》，304（1975 年 8 月），第 11—16 页；《日本明清史研究中的乡绅论》，载《历史评论》，308（1975 年 12 月），第 40—60 页；312（1976 年 4 月），第 74—84 页；314（1976 年 6 月），第 113—280 页；吴金成：《日本对中国明清时代绅士层的研究》，载《东亚文化》，15（1978 年 12 月）；日译文载《明代史研究》，7（1979 年 11 月），第 21—45 页；坛上宽：《明清乡绅论》，载谷川道雄编：《战后日本的中国史论争》，第 6 章（名古屋，1993 年），第 192—233 页。
② 关于清代的全面的论述，见瞿同祖：《清代中国的地方政府》（麻省剑桥，1962 年）。
③ 对绅士的这种标准看法，可在如宫崎市定的著作中清楚地看出：《明代苏松地方的士大夫和民众》，载《史林》，37，第 3 期（1953 年 6 月），第 1—33 页；参见森正夫：《明代的乡绅士大夫与地域社会关系概论》，载《名古屋大学文学部研究论周》，《史学》，26（1980 年 3 月），第 1—11 页；英译文载《亚洲学报》，38（1980 年），第 31—53 页。

据这个观点,绅士反对无功名的其他土地所有者的自私和土豪劣绅的贪婪,因此体现了儒家思想的精华。

对绅士的这种看法的问题是,它模糊了一个重要事实,即在1530年以后,相当于绅士的乡官、乡绅等词,基本上是贬义的,被用来描述那些滥用其特权的人,并进而包括这样一批人:他们与前者同流合污,在前者的领导下,和常常在前者知情的情况下,组成一个地痞团伙,内有乡绅的奴仆、讼棍、亲信和衙门中处境优越的胥吏。一小部分功名获得者或绅士针对这种情况慢慢地起而反对(不过起而反对的不仅仅是他们)。包括一些有功名的人在内的"道德领袖"全面地强烈反对并猛烈批评这些乡绅,并把他们的厌恶情绪集中反映在他们撰写和出版的善书中。

事实上,最早为公共利益办事的人是县令,而不是绅士。尽管有许多相反的主张,但绅士远不能担负为"大众"服务的职责[1],而只是代表范围非常狭窄的利益:他们只捍卫本县的利益,却损害了他县;他们忘记了没有合作,两县都会垮台的道理。在晚明,由于绅士组成的集团太小,并不是真正的"地方领导";他们不得不在全县寻找有同级功名的人;他们在全县组成其利益与地方利益迥然不同的网络。他们可能争取为其县内其他居民带来好处的活动,但他们参与的目的常常不是为他人的利益;这些"有公益心"的绅士经常力图把税种转给邻县,以改善自己的处境。[2]

---

[1] 是登纳林的用词,见登纳林:《嘉定保皇党》。

[2] 的确,登纳林主张绅士关心"私利"的同时,没有否认他们也关心"大众的利益",他本人也举了几个有公心精神的例子,但这些例子应作不同的解释;当王朝正沦于外国侵略者之手时,绅士力主扣押军需品以"增强地方的信任"。见登纳林:《嘉定保皇党》,第41页。在防御满洲人的战争中,当绅士反对把以银折纳恢复为缴米,以支付扶摇直上的军费时,他们以空洞的词藻慷慨陈词,争辩说国家失民心大于它取得的大米,从此事我也看不到什么"明显的宽广胸怀"。见登纳林:《嘉定保皇党》,第201页。绅士甚至极力反对有"私心"的认真的村社领导进行地方动员,并对真正的地方村社工作袖手旁观。这样,绅士不能指望有追随者就不足为奇了。我反对称绅士"有公心"而称社村领导"有私心"——即使他们在诡辩时使用这些字眼,我仍反对;但我不那么反对登纳林提出的把绅士和村社领导区分的意见。

当绅士中的一个小集体终于相信,因他们缺乏参加村社活动而引起的社会动乱对他们来说证明可能是个灾难时,就向其他成员呼吁:出于自我利益的原因(也出于宗教报应的恐惧),应该服从当局和习惯的规定,其方式是对灌溉工程、地方粮仓、村规乡约、保甲制或福利团体作出贡献。即使如此,绅士中这些"讲道德"的成员[1]也有着矛盾的心理,即他们的"公"心偏向高度地方化的利益,而反对地方精英的其他成员提出的福利计划(公共的或宗教的)。这并不是否认存在地方公认的社会道德领头人,他们对这种活动有自觉性,并声称关心公益和公共事务以及公共项目的活动。[2] 但是,这些人不是称之为乡绅或绅缙的群体。[3] 社会的现实是变化不定的,政治上和经济上有特权的绅士群体与地方精英和公认的道德卫士之间的关系需要进行调查和阐述,而不要作先验的假设。毫无疑问,主张完全取消科举考试(如陈启新在1635年)和主张把有功名的人改为平民(如李侨在1636年)的那些倡

---

[1] 东林党可以说是最有名的例子,不过沟口雄三计算他们只有150人!沟口雄三:《东林党人士的思想——前近代时期中国思想的发展》,载《东洋文库研究纪要》,75(1978年3月),第111—341页。

[2] 这是蒂莫西·布鲁克对"绅士"下的定义,他认为绅士是不包括商人、耆老或豪强的社会网络。我肯定要包括前两个集团的一些人,尤其是耆老,他们也许在职务上形成这个群体的稍低的一层。蒂莫西可能指的是官方的"耆老",这些人可能是压迫人的土豪,而不是道德领头人。见蒂莫西·布罗克:《中国社会中的绅士支配:1500—1700年地方社会结构中的寺院和族系》(哈佛大学论文,1985年)。

[3] 严格地说,乡的意思是县以下的单位,在明代享有实在的、但是半官方的地位,处于县和里之间,但是在"乡绅"和"乡官"的名词中,"乡"仍是"地方上"之意:"地方上"泛指从省到县以下的任何对象,其意义视文字的上下文而定。约从1500年起,"乡"被放在表示官员或功名获得者的名词之前,其首要意义为"乡下"。"绅"与士大夫(本文中的精英)一起很早就被使用,自正德时期以来用于"缙绅"或"绅缙"等名称之中。它只包括在任、退休或离任的官员,酒井忠夫的《中国善书》中强调这一点。明代与宋代不同,官员不应与其门第或故地断绝关系。无官职的举人在晚明(崇祯)之前不包括在"绅"的行列。"缙",有时"士",用于无官职的功名获得者。登纳林在《财政改革》中在有官方关系的绅士与无官方关系的绅士之间作了更明显的社会区分,这样基本上以类似的方式划了一条界线,不过他更注意有关绅士的主观兴趣。也有很少的例子把生员也包括在乡绅之中(其中的一个例子可追溯到1612年),但这不是明代正规的做法;但生员被包括在士大夫等名词之中。见和田正广载于《九州大学东洋史论集》,9(1981年3月)第79—109页之文。"绅"原指周代官员佩戴的表示官品的腰带,"缙"是指生员以上所有有功名的人规定的便服的领边。

导道德的人的心目中,仍念念不忘有私心的普通功名获得者。①

地方社会还可能被其他思想和群体所支配。这些支配的因素可以是:宗族和门第②;身为土地所有者、村社工作的领导、负责代办赋役的地主;享有土地所有权和特权的绅士;道德精英(士大夫)群体(他们从儒家思想和道德危机感中得到动力,并享有最广泛的威信);国家(它日益接管村社及其他"公共"职能);最后是本地民众自己的组织(我们知之甚少,但它们有时出现在抗租、反乡绅、反宦官或宗教斗争和叛乱等活动中)。最坏的情况是,单纯的暴力和军事力量在建立地方领导权时会成为决定性的因素,而且在晚明,地方的豪强变得愈来愈强大。在其他的情况中,有名的文人或富豪之家是地方领导的基础。③ 一位作者假设,决定社会地位的方式有了变化,即决定社会地位的基础从以平等地位的人之间的结合变为个人与权威的关系,也就是以亲属纽带为基础。④ 实际上,在晚明,对亲属纽带(有时是虚假的)日益依赖的现象的确十分明显。但是,平等地位的人横向结合的增加(全县乡绅网络的形成就是一例)基本上与这种变化平行发生。就是在晚明,出现了国家和平民都反对绅士在均田均役的改革中的胡作非为并作出了反应,一小部分绅士逐渐同意,只有严格禁止绅士的陋习才能缓和社会的巨大动荡。⑤

---

① 关于这些作者,见登纳林:《财政改革》。

② 关于研究地主、绅士、家族和地方控制关系的优秀作品,见北村敬直:《魏氏三兄弟及其时代》,载《经济学年报》,7,第8期(1957—1958年),转载于《清代社会经济史研究》,第88—153页,论魏氏家族;寺田隆信:《山西同州的马氏——明清时代的一个乡绅系谱》,载《东洋史研究》,33,第3期(1974年12月),第156—182页,论马氏;特别是奥崎裕司:《中国乡绅地主研究》;滨岛敦俊:《明末江南的乡绅的具体形象——南浔庄氏》,载岩见宏、谷口规矩雄编:《明末清初期的研究》(京都,1989年),第165—222页,论袁氏家族。

③ 关于文中所提的几个因素,见森正夫:《中国前近代史研究中地域社会的观点》,载《名古屋大学文学部研究论周(史学)》(1982年3月),第201—203页。此文阐述相当系统,但不是结论性的。

④ 布鲁克:《绅士支配》。

⑤ 在1624年,海盐的绅士为了转移反对的力量,自己要求缴纳其三分之二的蠲免。见森正夫:《日本明清史研究中的乡绅论》,第1—3部分概述明代社会经济史的三个发展阶段。

在 16 世纪中期以后，有功名的人日趋重要，而且有了争议，他们的特权自宋代以来就已存在。[1] 但在明代，他们社会地位变化的过程和原因仍有待于说明。[2]

明代与以前几个朝代的一大区别是教育制度。在明代，学堂制度和科举制度结合在一起，所以只有官方承认的学生才能应试；而另一方面，学堂制度及其对外展览的国子监，作为科举制度以外进入官场的另一条途径，已经丧失其重要地位。[3] 此外，与以往时期不同，进士（通过会试和殿试的人）和举人（通过乡试的人）的功名对持有者终生有效。[4]

从明代一开始，每个功名获得者（包括生员）本人及其家庭至少两名成员免服徭役。但更早的豁免只限于在任的人。因此，使绅士发展成为一个政治、社会和经济阶级的客观条件在明初期已经存在。绅士当时尚未形成一个引人注目的群体，因为他们人数很少，官位的空

---

[1] 据吴金成，1428 年以来越南也存在，不过绅士阶层在那里没有发展起来，见其《明代绅士层的形成对社会经济的分析》，载《震檀文化》（1979 年 10 月），第 39—72 页；山根幸夫、稻田英子译成日文，载《明代史研究》，8（1980 年 11 月），第 39—60 页；9（1981 年 10 月），第 19—44 页。以下我只论述文职的功名。

[2] 这个问题已由日本学者和田正广和韩国学者吴金成进行探讨：前者调查了乡绅等名词社会组成的变化，以及他们的特权；后者调查了明代不同阶层的人口变化。见和田正广：《明代举人阶层的形成过程的考察——科举条例探讨》，载《史学杂志》，87，第 3 期（1978 年 3 月），第 36—71 页；《徭役优免条例的发展和明末举人的法律地位》，载《东洋学报》，60，第 1—2 期（1978 年 11 月），第 93—131 页；吴金成：《明代绅士层的社会移动》，载《省谷论丛》，13（1982 年），第 86—122 页；此文由山根幸夫译成日文，载《明代史研究》，14（1986 年 3 月），第 23—48 页；15（1987 年 3 月），第 47—66 页。关于功名与官职的关系，见和田广正：《关于明代地方官职位身份制序列的考察》，载《东洋学报》，60，第 1—2 期（1978 年 11 月），第 93—131 页。

[3] 从任何人都能参加入学考试的意义上说，学堂制度仍是"开放的"，但科举考试不再对任何与学堂无关的人开放。见寺田隆信：《关于乡绅》，载明清史国际学术讨论会秘书处编：《明清史国际学术讨论会论文集》（天津，1982 年），第 112—125 页。熙宁时期（1068—1077 年）王安石执政时，曾试图作出类似的安排。

[4] 就生员（名义上通过学堂入学考试的人）而言，他们的身份实效上终生有效：他们必须每两年或三年再应试，再取得生员的地位，但如果未考取，可以用数量不多的米购买。国子监也盛行这种做法。见吴金成：《明代绅士层的形成过程》，第 1 部分。

缺数更多，甚至社会较低阶层的人也能取得官职。[1] 但是当官员人数徘徊在 2.5 万人至 4 万人之间时，有功名的人从 10 万人逐渐增加到 55 万人。

最低级的功名获得者[2]生员的人数增加最多：从洪武时期的 3 万人增至 1430 年前后的 6 万人，1513 年前后有生员 18 万人，晚明则增至 50 万人。[3] 当日益增多的有举人功名的人尚无官可当时，生员显然没有理由指望取得任何官职。人们急于追求这个头衔，因为有它就有豁免徭役的特权。生员往往自视为有别于平民的群体，由于他们没有升迁的机会，这种情绪更为强烈。尽管在 16 世纪初期三令五申地禁止他们结党和干涉政治及地方事务，他们仍一起行动，抗议考试的结果或反对学官。[4] 他们甚至联合起来驱赶地方官员，或者要求减少自己地区的税赋。虽然有时人们误认为他们代表自己县的利益[5]，但他们有偏袒自己的特权和反对"平民"的倾向，结果反而使后者强烈地憎恨他们。

政府授予功名获得者各种特权（包括法律上的优惠待遇，高级官员可拥有"奴隶"的权利，有别于平民的值得夸耀的消费限额，功名

---

[1] 例如见吴金成：《中国绅士新探：其形成和社会流动》（为亚洲研究协会中大西洋区第 11 届年会所作的论文，1982 年 10 月 22—24 日，匹兹堡）；《明代的国家权力和绅士的存在形态》，载滕纬藻、王仲荦、奥崎裕司、小林一美编：《东亚世界史探究》（东京，1986 年），第 267—280 页。又见吴：《明代绅士层的形成过程》、《明代绅士层的社会流动》。

[2] 严格地说，它只是一种可以赴乡试的资格，学堂的学员要重复取得生员的资格；关于一个有趣的例子，见彼得森：《方以智和争取知性活动的动力》，第 48 页。

[3] 吴：《明代绅士层的形成过程》，第 2 部分。他采用何绍棣的人口估计数（我认为太低，见前文），这样就从总人口的 0.046％上升到 0.33％，他还把此数与清末的 0.18％进行对比。以上提到的人口估计数说明晚明的比率与晚清的比率相似，这暗示功名获得者的重要性从明至清是相同的，而不是降低了。

[4] 即提学官。政府很清楚失控的生员会造成的危险后果，在 1436 年设立此职。如见寺田隆信：《关于乡绅》。

[5] 由于大部分税是在县的基础上计算的，晚明的绅士组织似乎把其政治范围的县而不是把定居地（如宗族）、里甲单位（如里长、粮长）或其他文化或集市区作为其基地。纯经济区尚未形成。见岸本美绪：《康熙年间的谷贱——清初经济思想的一个方面》，载《东洋文化研究所纪要》，89（1982 年 9 月），第 251—306 页。

获得者要求豁免更多税赋的权利，当官的权利），其中对社会经济结构最为重要和最具破坏性的特权是徭役豁免权。

在正统时期之前，指导功名获得者享受的豁免的规定还相当明确。生员本人及另外二丁可免服杂役。举人和监生享受同样待遇，在任官员则更多。他们都仍旧必须服正规的徭役。但在大力推行均徭法以后，许多正规的和混杂的徭役缴纳被合并，造成了混乱，而功名获得者声称他们的田赋缴纳中包括了他们享受的豁免部分。那些看到增加有资格享受豁免人数的危险性、并要求加以限制的官员反对这些申诉。1494 年采取了第一个试图限制豁免的行动。新规定在 1504 年颁布，它规定京官免服一切杂役。省级官员按品级享受某些豁免，其中包括按地亩计算的徭役。此后变化频繁。[1] 由于地亩的新的豁免规定，以及许多官员的土地少于正式容许他们要求豁免的最高限额，就出现了通过投靠（诡寄）逃避徭役的问题：至少在纸面上，为了取得这种豁免的好处，其友人和家属就把田地委托给这些官员。[2]

这种做法在 1531 年被严格禁止；但为了弥补，对丁、亩的豁免可以折算。例如一个豁免的户没有达到分配的免役的丁数（一品京官可有 20 名免役的丁），就可改为增加田赋的免缴额，即可以比原来容许免缴的田赋再少缴 20 担米以上。1545 年，豁免数量增加，但丁与亩之间豁免的互换的可能性也没有了，在 1587 年才恢复实行。[3]

根据田亩的数量确定免除杂役的趋向，尤其在江南引起税赋义务和正役缴纳的混乱。地方官员试图纠正根据田亩豁免徭役这一做法的增加。十段法改革（见前文）打算保证根据田亩的豁免只限于官户，每 10 年免一次。但是，随着每一次调整和限制税赋豁免的新的努力，政

---

[1] 例如 1521 年，京官的豁免范围从 4000 亩（正一品）到 1000 亩（从九品）。见张显清：《明代官绅优免》。

[2] 这在法律上是绝对禁止的，但张显清（《明代官绅优免》）提到无锡的一个事例：绅士的土地如果没有达到豁免的数量，他们显然从知县得到钱的补偿。

[3] 最高的豁免数为 1500 亩，退休的官员的豁免数可达"正常"数的 7 成，离任官员的豁免数可达一半。一名九品退休官员的豁免仍多于举人，这说明关于诡寄的抱怨为什么仍主要直接针对"官户"。

府不得不增加豁免的绝对数额。此外,随着绅士社会的发展,功名与官品相比,成了取得免役的远为重要的手段。1581年,嘉兴的一名进士可以要求3000亩地的豁免,一名举人可要求1500亩的豁免,此数超过明朝开始时一名一品官的权利。超过豁免额的土地应照章缴税。[①] 举人渐渐地与监生区别开来:甚至无官职的举人号称其豁免10倍于监生所享受的豁免,虽然在明初时期这两个群体原来享受同样的豁免。

最后不再变动的条例在1610年公布。豁免范围又大量增加,但此时成为县的定额,所以后来有资格豁免的绅士的增加,反而会使一个特定区的平均豁免额减少。一名进士享受的豁免是以前的10倍,举人是以前的6倍,监生是4倍;而一名捐纳的监生享受的豁免两倍于原先得此功名的人。与明初相比,举人的境况最佳:甚至一名无官职的举人,其豁免的徭役增加了20—30倍,对比之下,甲等进士增加了10倍。但是生员的豁免额几乎没有增加。[②]

国家和晚明的治水

在晚明,最先发生问题的领域以及国家被迫派遣有作为的地方官员比以往更加努力去处理的大事,是那些正在衰竭的灌溉活动和地方饥荒救济。以往发展和维护灌溉体系的组织形式是使用一部分徭役劳动,劳动力的来源是以正在运行的地方村社为基础的经过修改的里甲制。但是这种方法到晚明已经行不通。

在一些涉及按田亩豁免徭役和寄庄户问题的事务方面,一些有活力的地方官员和绅士中的有识之士试图在1570年至1660年采用一些新的解决办法,这个时期政府开始加强对社村的社会职能的参与,此时,这些职能不仅涉及一个乡或一个里,而是包括整个县。[③]

---

① 这种超额土地被划定为"官田";在其他材料中,此词被用来指免赋的田。见和田正广:《徭役优免条例》,第115页。

② 和田正广:《徭役优免条例》。

③ "村社"有许多意思,我这里只用于正常发生的合作组织。我在这里也不谈其他类型的村社(甚至不谈其中的几种),如住在蒙古领地中并发展成明代税制另一种形式(表现在对明代税吏的态度上)的汉人城市中的宗教性村社。见夫马进:《明代白莲教的考察——与经济斗争有关的新型共同体》,载《东洋史研究》,35,第1期(1976年6月),第1—26页。

同时代的史料声称，灌溉活动的失败始于 16 世纪初期。它们列举了失败的几个原因。[①] 灌溉工程原先由居住本地的大地主负责，他们监督里内的其他地主。在仍由地主开垦的地方，如在洞庭湖周围和广东，当地富裕的土地所有者仍有足够的资财和动力去继续从事灌溉活动。但在其他地方，商业化程度的加强和对经济作物的依赖普遍导致一类对灌溉体系无直接兴趣并且从中不能获益的人群的出现。[②] 强大的土豪为了自己的利益霸占了公共的小河、湖泊和排水池塘的使用权，塘长再也不能控制它们。塘长们受到县令或绅士的剥削、凌辱或恫吓，有时自己也欺凌他人，要想取得工程的共同合作，这种态度是一个凶兆。

有一段文字对灌溉和饥荒救济领域的失败提出了五个原因。第一，穷佃农人数增加。贫困使他们不能履行所有圩垸居民原先和此时仍被要求去完成的任务。第二，对维修灌溉设施之类的工作监督不够，因为有钱人已移居其他地方，或在他处投资；土地不再是他们关心的对象。第三，灌溉的需要没有被人认识到，因为种植经济作物不需要（也往往没有时间修建）灌溉工程——对佃农和原来的（此时大多不在本地的）地主已都是如此。第四，不在本地的地主（寄庄户）的人数增加。大所有者的土地和小农的土地已混淆不清，以致开始出现"自由搭乘者"的问题：每个人都希望自己不出劳动力而去享受其他人维修灌溉设施的成果。第五，佃农担心如果他们承担地主的维修灌溉体系的工作（或如果他们新近成为佃农，继续这项工作），就会提高土地获利的能力，结果地主为了把土地高价售给另一个佃农，就收回其租佃权。由于官府承担这项事业会向每个人征收附加税，人们也都不愿要求地方官员监督灌溉体系的运行。[③]

农村村社的瓦解还可从以下事实得到证明：强有力的土豪和地主为私利更加频繁地非法使用河流淤泥、水草和湖泊，这些原来都为公

---

① 我们这里论述的主要是中小型的灌溉工程，大工程都是由国家组织，从每个里甲中征用数人。最大的工程可使用多达 20 万个工日。见滨岛：《明代江南农村社会》。

② 苏州有时以小麦代替大米作为粮食作物。

③ 川胜守：《中国封建国家》，第 627—628 页。文字见耿桔：《常熟县水利全书》，所述为 1620—1621 年的情况。

有。关于这种现象的材料从 1530 年起就可见到。[①]

在这些情况下，坏天气能引起比以往经历过的更严重的危机，全面的经济危机的确更加频繁地发生。[②] 政府面临这些危机，同时了解旧的以村社为基础的救荒制度实际上已不能被指望发挥作用，于是不得不更提供官方的饥荒救济。对 1640 年至 1642 年期间南京周围发生的饥荒采取了有些作者认为在清代是典型的有力的对策：政府采取灵活的措施，其中包括鼓励私营市场、商人和绅士保证把粮食运到需要的地区。[③]

结果，一些倾向（如灌溉系统的滥用、日益增加的胡作非为和经济危机）不准再继续下去；在晚明，国家更加在地方上插手有关灌溉的事务。[④] 国家在代替有干劲的地方官员组织灌溉体系时依靠地方居

① 川胜守：《中国封建国家》。有关这个问题有争论。滨岛坚持，使用这种淤泥是国家承认的一种地主私人权利。虽然滨岛指出，在 16 世纪，私人可以拥有和继承小河等，但他没有反驳大部分著作明确反对的意见，即私人使用河泥等物属于非法；森正夫支持川胜守，甚至认为在明初为公共使用。我认为这两种观点可以调和，即指出在 16 世纪，许多小河是在有主的土地上开挖的，所有权就扩大到这些新开挖的小河。又见滨岛：《明代江南农村社会》、《明代江南三角洲治水的组织工作》，载《亚洲学报》，38（1980 年），第 69—92 页；森正夫：《日本明清史研究中的乡绅论》，第 1—3 部分。

② 属于前近代的所谓拉布鲁斯型危机，即高米价不能弥补上市大米量的减少，因为大部分人无米可售。例如 1630 年著名的陈龙正所描述的危机。陈的传记见《明人传记辞典》，第 174—176 页。关于饥荒，见川胜守：《明末长江三角洲的社会和荒政》，载西岛定生博士还历纪念论丛编集委员会编：《西岛定生博士还历纪念——东亚的国家和农民》（东京，1984 年），第 487—515 页。这类危机不同于康熙初期的萧条，那时粮食生产过剩，因为耕种的增加速度快于人口，粮价就下跌。农业人口没有足够的收入来创造对非农产品的需求，于是被同时代作者愈加看清的全面经济危机随之发生。

③ 川胜守：《明末长江三角洲的社会和荒政》，文中介绍（但没有充分分析）处理饥荒的文献；又见《明清江南农业经济史研究》（东京，1992 年），第 4 章。清代的制度不像人们常常设想的那样创新；在某些方面（如财政方面），其制度可能更有效，处理饥荒的国家制度基本上已经存在，而且做得比较成功，即使在 17 世纪 40 年代政府处境不妙的情况下也是如此。

④ 有人对圩田被分成小块时国家的干预程度进行了讨论，这个过程前文已经提到。滨岛敦俊假设发生率是高的，并注意到小块圩田使国家易于组织小型灌溉工程；用于挖小河的土地常常先被国家购买，它的税赋不再重新分摊。其他私有土地也可免税，而从挖成的小河得到的利益（用作肥料的河泥、芦苇和鱼）也可私有。另一方面，原来的塘在改成稻田后常被课以高税。其他人指出，至少在有些情况下，划分圩田是自然的事情，也许常常由村社牵头进行。

民，而不管他们是地主、自耕农，还是佃农。谁都不能免除贡献，甚至有权要求豁免徭役的功名获得者也不能：国家宣布，维修灌溉设施不算徭役。耕作者按地域单位被组织起来。这些单位往往是低洼地，从其他意义（例如像宗教性的社区）上说，它可以算村社，也可以不算。每个耕作者必须根据他在圩垸所种的田亩参加工程；如果他不是土地所有者，那么他的地主必须付给他参加工程的工钱。国家保证这项工钱，佃农如果得不到工钱[1]，获准在收获时可以从应缴给地主的地租中扣除两倍于此项工钱的数额。[2] 另一种选择是利用泥头，这些人基本上是灌溉工程的包工头，主要在种棉花的地区被雇用；在那些地区，粮食生产不具吸引力，因而对灌溉不感兴趣。国家本身对灌溉工程不直接监督或出资，除非工程涉及几个圩垸的组合或大河流才这样做。[3]

晚明赋役结构的改革

从 16 世纪起，又出现了寄庄户户数增加的问题，也就是说，地主的土地分散在原来的几个里，除了在其原来的土地所在的里以外，按法律他在其他的里不服徭役。[4] 田赋应该缴纳，但难以征收。有时田赋全部在地主居住的里缴纳。这些差别对衙门的胥吏和税吏提出不可能做到的要求：他们如何去了解地主在其他地方的地产。有时赋税向土地所在地的里缴纳，而地主却不在那里居住。在这种情况下，可能向佃农征收，这种做法在税收方面形成了国家官员与佃农之间的直接联系。[5] 甚至在佃农缴纳其地主的赋税的地方，由于里仍是在册的

[1] 工钱是必要的，因为在农闲时有从事手工业和种经济作物的另外选择。参阅滨岛：《明代江南农村社会》，第 177 页。

[2] 我们首先看到的材料是弘治时期（1488—1505 年）关于一种不参加工程的人的贡献制度。见滨岛：《明代江南农村社会》。

[3] 耿桔给我们留下了很详细的材料，他详细地列举了完成的所有工程，挖出土方的数量，"民众"和国家（但次数较少）贡献的程度，这些都明确地表明国家权力在地方一级的恢复，虽然耿的工程由于缺乏资金没有全部进行。

[4] 在有些情况下，他们算作 1 丁；在其他情况下，他们总是全免。

[5] 当然，除了非常特殊的情况，寄庄户暗指佃农；两者在明初都普遍存在。通过佃农征税在晚明成为一种新的发展，但不太普遍。参见川胜守：《中国封建国家》，第 213 页。

户组成的官方的单位，这些税仍需在不同的里之间，甚至在县之间的高一层进行交换。这项活动又牵涉大量文牍工作，并为弄虚作假提供许多机会。[①]

在16世纪的明代，不在本地的地主（寄庄户）已经普遍存在。这种地主在各地拥有一定比率的土地。在地方一级，这种土地超过已有耕地的10%。由于把土地投靠到豁免税役的人名下，官员感受到的问题更加严重。[②] 寄庄户做法的起源有多种形式；我们必须记住，在自己居住地以外购地常常是逃避徭役的合法手段。但有时还有其他原因。在广东，许多灌溉工程已在明代进行。[③] 这些开垦工程已经由有势力的豪强领导，他们为了私利，强迫他人开垦土地。结果，这些原先提供资金和进行监督的人往往住在新的已被开垦以外的其他地方。为了纠正寄庄户户数增加的问题，有人力图建立"嵌田"里——一个县内属于另一个县的地域单位。在其他情况下，赋税向佃农征收。1580—1581年进行的丈量部分地是为了调查由寄庄户引起的这个问题，不过问题性质本身使得丈量难以取得成功。[④]

在租册上的所谓"老户"之间的税、租交换与不同的里或县之间

[①] 后一种做法在广东的番禺、南海、顺德和新会诸县之间实行，见川胜守：《中国封建国家》，第220—224页。

[②] 如果这些人是绅士地主，问题几乎与诡寄的做法相似；在这两种情况下，里可利用的徭役劳动力就少了。但在寄庄户的情况下，缴税也可能减少。例如寄庄户在绩溪（在徽州府）有12%的地，在盱眙（在江苏的淮安附近）有15.8%的地，在江浦（南京对面）有4%的地，在永春（在浙江［应为福建。——译者注］的泉州府）有2.5%的地，在顺德有0.7%的地，在渭南（西安附近）有5.5%的地，在保定（在河北）有3%的地。见川胜守：《中国封建国家》，第214—215页表3—1。关于其重要性，又见第181—182页注114。

[③] 在洪武和永乐期间，主要是南海受到影响，但从15世纪中叶起，许多工程也在番禺、东莞和新会开始进行。到了晚明，灌溉工程扩大到顺德和香山。

[④] 关于以上情况，见松田吉郎：《明末清初广东珠江三角洲的沙田开发和乡绅控制的形成过程》，载《社会经济史学》，46，第6期（1981年3月），第55—81页。

的税赋交换平行发展。这种交换的进行是南方包揽（包税）① 的一种典型形式。老户的名称用来指自明代建国或稍晚时期税册上未经调整的户。这种户名代表当时一个缴纳该地全族一切赋税的宗族。偶尔有几个已依附于老户的户为了方便以它的名义缴税。② 如果土地交换改变了原来的土地所有权，从而改变了这一族的赋税，作为交换双方的宗族之间就要不经过官方进行结算，但税册不予变动。③

限制寄庄户合法利益的呼声日益高涨。早在 1534 年江南的江阴就有取消这些利益的企图。在北方，对寄庄户征收额外的税赋。④ 虽然地主把赋税通过加租尽量转嫁给佃农，但地价下跌。这样就吸引城市中可以免税的有功名的人购买土地。于是一个问题代替了另一个问题。⑤

寄庄户问题和把地投靠给可得到豁免的人名下的做法使簿册中旧的定额脱离了实际，而包税和一田数主制的做法又使有些户不得不为早已售出的土地负担税赋。结果，拖欠税赋的事时有发生，因为剩下的应纳税的土地难以弥补免税土地的税赋。16 世纪改革的最终结果是张居正的丈量，改革旨在通过使用前面解释过的亩折法重

---

① 包揽是纳税人和一名包税人之间通过协议（也许是强制性的）进行的包税，它与包收不同，后者是知县和包税人之间的协议。见王业键：《1750—1911 年中华帝国的田赋》（坎布里奇，马萨诸塞，1973 年）。当然，当国家开始承认已经存在的包揽时，两者可能相似，如泥头（见前文）。在大部分情况下，国家反对包揽，因为它会给民众带来额外的负担。其他形式的包揽人有：衙门的胥吏、低级功名获得者（他们滥用特权，但不会被捕）、催税人、催税人监督者，以及尚未深入研究的大米掮客和米商（他们管理粮仓，自明中叶起，有时负责解税）。见西村元照：《清初的包揽》，载《东洋史研究》，35，第 3 期（1976 年 12 月），第 114—174 页。

② 见松田吉郎：《明末清初广东珠江三角洲》。

③ 在有的情况下，有一种一田数主制的背景，老户负责税赋而不一定是土地所有者。这个制度可能是村松裕次描述的租栈的几种前身之一，见其《近代江南的租栈——中国地主制度的研究》（东京，1970 年）。川胜守也对许多租栈作了分析，见其《明清江南农业经济史》。

④ 例如，见崇祯时期的元氏（今石家庄附近）的例子。见川胜守：《中国封建国家》，第 216 页。

⑤ 例如，万历时期的上元县（其县治地在南京），见川胜守：《中国封建国家》，第 211 页。

新分摊以前的税额和保证"粮随田转"（纳税义务的转移与土地归属的转移同步进行）的实施，来解决这一特殊情况。此外，由于土地所有者能住在其他的县或城市，地方官员不能与他们联系；如果地方官员要求缴纳赋税及履行徭役和缴纳，就只能找他们的佃农。①

丈量常常是应地方的要求，尤其是应地方的耆老和住在本地的富裕平民的要求进行的②，他们感到增加徭役有失公平。因此可以说丈量是出于地方的社会经济目的和改善国家的财政状况而进行的。这两个目标完全是一回事。③

一个很引人注意并能说明问题的个例研究是浙江嘉兴府的嘉兴、秀水和嘉善诸县的嵌田纠纷，这场纠纷长达几个世纪。④ 纠纷的起因是 1430 年从嘉兴县分出嘉善和秀水两个新县之事。这些新县设立的基础是仍按户进行组织时的里甲制。由于三个县税赋份额不同，其税

---

① 有的作者，尤其是崇田德，已经指出，清初期国家开始规定欠租是应予惩处的犯罪行为，而且按照田亩充分征用徭役劳动力。见崇田德：《清朝农民控制的历史性质——地丁银的建立》，载仁井田陞博士追悼纪念论文集编集委员会编：《仁井田陞追悼纪念论文集》，第 1 卷《前近代亚洲的法和社会》（东京，1967 年），转载于崇田德：《清代社会经济史研究》（东京，1975 年），第 98—122 页；崇田德：《一条鞭法和地丁银》，载《人文研究》，18，第 3 期（1967 年 3 月），转载于其《清代社会经济史研究》（东京，1975 年），第 122—137 页。因此，他们争辩说，国家的权力变小，放弃了它对佃农的要求和权力（即要求他们履行徭役的权力），完全依靠和支持土地所有者。实际上更有帮助的说法是，国家日益要求佃农为其地主缴税（从地租中扣除），它就置身于地主和佃农之间，其权力就变得更大而不是更小；国家强制佃户付租，是国家在地方的重要性加强的一个表现。实际上，要求佃农服徭役的程度也不能确定。参阅川胜守：《中国封建国家》，第 293 页注 73。
② 有些重视道德的绅士还设立义田，以便弥补因寄庄户和诡寄的实行所受的损失。由于知县使这些田免役，其田赋就被分摊给其他土地，所以这种做法虽然听起来是儒家的道德高调，但完全不合理。结果，义田的寿命一般不长。见滨岛：《明代江南农村社会》，第 4 章。
③ 我再次同意川胜守而不同意西村元照的意见，西村认为嘉靖时的丈量与张居正的丈量不同；另外我也不相信西村肯定的意见，即新丈量通过兼并加强了地主的力量，因此在税册中承认地主佃农间的关系。但从没有人否认这种关系，实际上在新丈量的许多方面，佃农和地主都必须在数量上达成一致。
④ 特别见川胜守：《中国封建国家》，第 9 章。

率也不同，税率最低的是嘉兴，最高的是嘉善。嘉善原来不是县城，只是一个集市，地主远不如其他县富裕，大部分土地为原来县城的户所有，而原来的县城此时是其他两县县衙门的所在地。^① 这三个县的事例是伴随着寄庄户的出现而引起的问题的典型例子。税赋在每个县的全境征收，在县之间进行结算。但是，结算需要协调各县之间税率不同的问题，即一块嵌田由此县征税，但又位于另一个县，它缴税的税率应是多少？是按嵌田所在地的县的税率还是按收税县的税率？^②

在 1570 年至 1660 年期间最重要的单项发展是均田均役改革，这些改革为未来几个世纪的清代农村体制准备了条件。改革部分地从一条鞭法改革演变而来，是明代农村社会经济发展的第三阶段。从以村社为基础的里甲结构，经过仍保持部分正役的"均田甲"，此时完全取消一切徭役劳动、限制甚至取消功名获得者的豁免、政府不需里长的插手自己负责征税和解税、真正取消里甲单位而改以县作为征税单位的时机已经来临。

为均田制^③制定的第一个计划始于 1561 年，但是把土地投靠在可免赋役的人名下的行径过多，如果不经过土地丈量，这个制度不可能付诸实施。可以说，均田均役制第一次真正的实施始于 1581 年杭州湾附近的海盐县。1601 年，其他几个县也开始采用这项制度。^④ 根据这些改革，甚至直到此时为止依然没有改革的正役也被改征货币或被重新分摊。一名里长的缴纳此时基本上直接按一定的亩数征收（大

① 嘉善的 193 顷地为秀水地主所有（嘉善地主拥有秀水的地 27 顷），嘉善的 120 顷地为嘉兴地主所有（嘉善地主拥有嘉兴的地 7 顷）。一些记载的数字不同，这反映了这三个县的地方志在关于它们所认为的"原始"份额方面所采取的不同立场。甚至在地方志中斗争也很激烈。

② 关于这类问题的另一个例子，见金钟博：《明代里甲制》，第 186—187 页，例子中所涉及的并不总是限于豁免户。

③ 均田制不应与有些农民起义中要求重新分配土地的口号相混，中国大陆的作者尤其会犯这种错误。

④ 例如，嘉善、平湖、乌程（治地在湖州）和崇德等县。还有更早的较小范围的事例，即把繁重的里长职责折成一定数量的地：如 1522 年的云河县，或 1522 年的瑞安县，它们都在浙江。见金钟博：《明代里甲制》，第 218 页。

多按 250 亩左右，相当于一个甲的面积，甲此时被视为一个土地单位）。决定一个甲应缴税土地数量的根据是在可征税土地总数中减去免税地，再把减除后的可征税地除以该地区法定的里长人数。在下一个 10 年，律令又规定取得豁免的土地数量不得增加。后来，对豁免的土地规定了上限定额。此时，功名获得者的增加就意味着这个地区所有功名获得者的平均豁免的减少。

当局还注意确保不让某人把土地分成几户，以防逃避高等级的劳役征用（这种手法称作"花分"）；对特定的地方获准取得豁免土地的定额被确定。[①] 仍留下一个问题：虽然此时的纯行政里的负担已加以平均，每个里提供的赋役的数额和种类原则上与其他的里一样（对一个甲来说，基本上也是一样），但实际上各地的徭役负担不同。例如，一个离县治地较远的里运税粮的负担会更加沉重。因此，雇人履行义务和让地方衙门自己监督解粮就成为合乎逻辑的措施。[②]

在这里回顾一下明代初期以来"甲"经历过的巨大变化可能会有好处。甲原来既是指紧邻的土地的组合，又是指相邻的大约 10 户的组合。这种状况就改变了一个甲的范围，此甲实际上已是一批土地的组合，但土地属于原户的后代而仍以原户的名义登记。以后人口和所有制的变化造成了一种情况：甲中的土地可能既不是属于已经分散居住的甲的成员的紧邻土地的组合，也不是相邻所有者的分散土地的组合。一个甲可能不会再有成员，但另一方面也可能包括全族。在明代的最晚的一次改革中，一个已被平均的甲成了一个面积相当固定、首先（但不全是）由完全毗邻的土地组成的土地单位，不过这些土地可能属于不一定相邻的数量不等的户。

甚至"均地的甲"也不根据上述的地域位置划定。它虽然常常被称为"田甲"，它依然是一批户的集合体，它们拥有土地的总数大致等于相邻的甲的集合体拥地的数量，但它首先是紧密的。一名大土地

---

① 在海盐，取得豁免的土地占登记土地总数的 22.3%。

② 在这些改革中，城市中的富人和农村的穷人也在一定程度上有赋役负担，这样就减轻了居住本地的中等地主的负担。其结果之一是农村更可能出现富裕农民。

所有者甚至可能"是"几个甲。虽然一个甲的土地数量（不是户数）此时应该保持不变，但户与户之间的土地交换最终仍引起了一些问题，也就是在把可能拥有分散在几个地方的小块土地的户组织成集合体时引起的问题。

其他的新改革也被试行。有一项是把功名获得者的土地并入"官图"①，官员从中"获准"征收赋税和仍未豁免的一些徭役缴纳。但是其他的改革取消了徭役豁免，只准功名获得者保留以银折纳徭役（贴银）而不是自己劳动的特权，因为被迫亲自服劳役被认为是降低自己的身份。② 当找到了把赋役负担分摊给无地的城市居民的办法时，处于经济中游的小农一定会从这一改变中得到好处。

1640 年在金之俊（1593—1670 年）③ 的倡议下，最后的几项徭役，如布解和北白粮，被折成白银缴纳。这些是最后被代替的徭役项目，因为它们负担最为繁重，因此最难被代替。这些措施实施的范围在清代继续扩大。④

有些作者，尤其是西方的作者，已经把地方和中央政府之间的紧

---

① 图是里的另一种叫法。

② 有的绅士主张贴银只用于超过豁免的土地部分；其他绅士，如东林党的组织者高攀龙（1562—1626 年），则建议其豁免的土地也付贴银，超过的部分自己服徭役。见《明人传记辞典》，第 701—710 页

③ 其传记见恒慕义：《清代名人传》，第 160—161 页，但在文中未提到这些措施。

④ 柯耸在嘉善的建议（1661 年）被视为清代结束绅士弊政的伟大的行动（他向朝廷提出时在户部任职）；一些建议没有新东西，因为它们就限制绅士特权而言，是从较进步的明代改革倒退了一步；建议之所以有名，事实上是因为它们被多疑的新中央政府采用了。晚明的均田的里最初似乎局限在浙江，但限制功名获得者和寄庄户特权的措施却被更广泛地实施。均田甲的制度有时在旧的里中进行，但更经常在县的范围实施，直到 1727 年全国实行"顺庄变里"（根据庄来安排里）运动时为止。这个运动又是一些事例之一，即清代的这些措施被认为是创新的，而实际上并非如此；"庄"可用于一切被视为合适的场合，有时指一个原先存在的均田里，有时指一个原先存在的均田甲。新的庄有时只是一个实在的定居地，与原来的明代的里或甲的形态相似，因为土地所有权的变化相对地说已经不重要了。此外，它基本上在朝定期调整税册以符合上一次调整以来发生的变化的举措中只迈了一步，明代就是如此。即使能暂时取得更合理的调整，土地所有权的变化会重新引起户的单位与土地单位的分离，因为这次"改革"与明代的改革一样，没有作出定期调整的任何规定。清代肯定不像有的人所坚持的那样有新的重大改进。见川胜守：《中国封建国家》，第 10 章

张状态视为晚明社会的一大特点。只要我们限于考察注重道德的绅士的政治和社会思想时，这个说法似乎是正确的。但是应当反复指出，大部分领头的绅士力争控制他们的地盘或县，是为了自己的利益，而不是为全局或公众的利益。从有关前文讨论过的灌溉方面以及有关征税和免税方面的改革中可以清楚地看出，改革的倡议往往来自当地贫穷或富裕的平民，知县和知府常常宁可站在他们一边反对绅士，地方官员认为他们在追求自己的利益。有的生员活跃于一些支持迫切需要改革的绅士中间，部分原因是他们认为自己离平民更近，部分原因是他们强烈地感到从长期看，改革对他们也更有利，因为他们对在自己家庭的每一代人中培养功名获得者不抱希望。[①] 最先敢于支持民众要求的头面人物无疑很少：1581 年，海盐望族之一的成员、藏书家王文禄（1503—1586 年）鲜明地宣称，他之所以敢于顶撞其他地方绅士，不过是因为"我无子女，他们不能加害我家"[②]。但是地方的日益动荡不安，以及像东林党那样的具有改革思想的群体的影响和威信的提高，至少使各地有些上层绅士把改革当作好事而给予支持。最后，清代推翻和征服明代的事实使所有的绅士大为震惊，以致他们终于理解，支持新的改革和放弃部分特权（1581 年已有一些绅士指出），是他们还要在新王朝统治下保持自己的地位所必须做的事情。

结　　论

一些有影响的学者认为 1644 年明朝的垮台是明代政府不能使其税收机构及其他筹措资金的机构适应变化中的经济、社会和政治形势的直接后果。他们认为，由于明朝奠基者朱元璋奠定的章法尽管对当时的状况不适合也不能变动，政治的惰性和对"祖宗成法"的崇尚使

[①] 一旦功名获得者死去，其特权随之消失，里有时立刻对其家庭进行报复。见奥崎裕司：《中国乡绅地主》。

[②] 传记见《明人传记辞典》，第 1449—1451 页；滨岛敦俊的《明代江南农村社会》（第449—456 页）对他投身于海盐改革的事迹作了概述。

国家陷于瘫痪，其结果是不可避免的——明朝必定覆灭。其他学者认为，明代不能抵御满洲人的征服，是因为它没有能力或不愿把更多权力交给新的地方"绅士"精英和实行中央集权的独裁统治方式。

根据前面一章的论述，我的想法是这两种有影响的观点似乎都不那么有说服力。事实上，明代主动提出适应形势变化的举措特别频繁，而且很有成果。有的改革在县一级进行，其他改革在省一级实施，但它们都得到官方的批准和支持。支持以下论点的证据极少：明代的政治结构本质上不能修订、撤销朱元璋颁布的法律，或对它们进行再解释。

但是，这些影响深远的变化却以一种呆板的论道方式进行描述。像里和甲这类字眼在明代一直是标准的名词，而且在清代也沿用得很久，虽然1640年海盐的一个里与1400年该地的一个里迥然不同。上报给中央政府的人口和土地数据的变化极为缓慢，而报告提到的现实状况却在经常变动。通过不同的折纳率和其他多种措施，已经找到使征收赋役简单和更公平的许多方式。中央政府却满足于原先上报的赋役类别，从这个意义上说，最高层出现了某种政治惰性。但这并不否定一个事实，即地方上存在着多种多样的适应措施，以使旧的和过时的税种和税率符合当时当地的情况。

许多这样的改革包括对政府编纂的和报给政府的土地和人口数据的重新计算工作，以便作出赋役的不同分配定额。简单地说，前近代的政府都不能因无法使记录适时和可靠而受到责难；在土地交换频繁和合法而又不能阻止人民流动的地方，几十年后，任何编集的数据都不会准确地反映现实。明代在人口的增长率至少与清代的相等时，它的情况当然也是如此。

其他学者强调明代（或任何其他朝代）为征收而编制的数据普遍的不可靠，但我想强调，这并不会使数据变得无关紧要。地方官员在呈送中央政府的报告中必须使用原来的税种和税额。通过准确地了解"实际"情况如何被凑入报告中使用的税种和税额，就可以从中发现实际情况最有趣的内容。这就是以不同方式引起社会和经济发展的背景，这些发展有的是被国家认可的，有的则被禁止。这就是宗族、包税、土豪的称霸、一田数主制、不同的地价、绅士土地所有制、可变的货币折纳税率等（以上只是少数几个例子）在其中得以发展的背景。在这种为逃税提供机会的双重标准的税赋结构中始终存在着漏洞，这些漏洞有待有善良愿望的官员以及矛盾心理和正义感愈来愈强的愤怒的功名获得者去堵塞。四分之三的人口可能不在政府的税册之中，但这并不意味着他们没有纳税。从技术角度看，政府的数据是不准确的，但它们依然是用于计算正在实施的税赋再分配和再核定的基本数字，因此仍值得对它们下一番工夫。

当然，在地方一级也有周期性地试图调整这种材料的行动，使之符合当时实际的人口和土地数据。对需要全体民众合作的村社防御和宗教组织来说，这尤其是必要的；这些数据不打算上报政府。在打算以当时的数据代替过时的数据时，像保甲、乡约和里甲等名称之间的差别不像人们往往想像的那么大，虽然它们的目标、组织它们的动力，以及从中选拔的领导人的社会阶层各不相同。不过我们面临的实际是，现实生活中的村社和人为的赋税单位不是人们有时声称的相互分离的部分。相反，我是把明代建立的不同组织看成是正在演变过程的一部分；这个过程始于宋代，终于民国时期，其特点是周期性地企图把现实的定居地组成一个整体的结构，它通过改编和改组税赋和人口记录，来行使村社、征税和防务的职能。这种机制的想像中的基础是一种理想化的固定不变的村落，村落则由拥有若干田块的住在紧密地域的近邻组成。这些企图的成败取决于它们是否适合地方的需要，或者符合地方的实际情况。地方的实际情况，而不是在律令中用来描述这些企图的名称，决定了结果。因此，在有的情况下，真正行使职能的村社及其领导人不过是根据新方案的命名改换名称而已（元代的社改成明代的里，15 世纪又改成大户，16 世纪改成柜头）。在其他情况下，旧的名称被保留下来，而实际的村社成员和领导人则有变化，它可以包括以前被排除在外的移民。在有些情况下和出于不同的原因，一些地主从不把拟定的建议付诸实施。在帝国晚期的这种组织类型中，我看不出有任何巨大的变化。因此，关于发生的社会经济发展的材料，不应在中央政府制定的有关这些组织的法律、规定和条例中去找，而应在呈送给皇帝的奏议、地方志和家谱中去收集，这些材料概括了新建议的内容，更重要的是，还说明了这些组织面临的问题和详细叙述了问题的起因。

本章着重指出了晚明时期县一级政府在社会和经济方面日益重要的地位。在许多地方，衙门预算的核算单位是全县，而不是下一级的里。原则上，每亩或每丁的名目众多的征用额被全县通用的税率所代替。正在壮大的功名获得者的队伍也在全县的基础上进行组合，因为文官的科举考试也以县作为分配名额的基础。功名获得者也联合起来维护他们的税赋豁免权，在全县范围内推动或反对改革，因为在任何一个县，他们在这个方面的处境完全相同。功名获得者人数的大量增加意味着他能在县一级真正组成自己的社会网络。他们后来较少地投身于自己农村的行政管理工作之中。正是这个享有特权的阶级，在税赋改革取消他们的免税地位和他们县的有利条件时，就小心翼翼地进行抗议。而阻挠各种企图，不让在更高一级协调不同的措施和进行制度改革的，也正是这个群体。在这个群体中很难找到明代的潜在的救世主，因为当时其成员实际上阻挠着为动员更多的资源去抗拒满洲人的每一个企图。有的成员在抗租运动和自己坚定的道德信仰的推动下，也的确投身于均税的运动之中，但大部分成员却没有。不能说清代的税赋结构和财政改革优于明代的相应结构和改革；满洲人对暴力、恐怖和恫吓的依赖所造成的形势能使晚明的改革比以前更为广泛地进行。所以清代的社会经济结构并没有体现出与明代结构的决裂，它是明代结构的继续。

（杨品泉 译）

第十章

交通通信和商业

在明统治的三个世纪中，中国的生活有了明显的变化。对经历过这些变化，并感到必须把他们的惊奇和泪丧记录下来的人来说，情况似乎至少是如此。到了明王朝中叶，许多有洞察力的有识之士日益认识到，开国的洪武皇帝奠定的制度不再在指导人们的社会实践。他们各持己见，把这种偏离归因于经常发生的问题：松弛的管理，低级的腐败和日益弱化的道德结构。明末的作者则另有看法。他们认为，不但是王朝的衰微，而且还有其他原因起了决定性的作用。许多人原先得到的教诲是要求他们相信中国社会的本来面貌，即在一个以农为本的国土中，在上面的人应知道自己的职责，在下的应安守本分，而此时情况已愈来愈离开了其本来面貌，因此他们对这一偏离的程度日益惶恐不安。但是他们感到，人民不再故步自封：阶级界线令人目眩地在变动；对财富的聚敛已经取代了对道德的专注，而成了时代压倒一切的目标。

在晚明著作中看到的这些由惊恐引起的愤怒也许不能代表那个时代所有人的共有的情绪，它也没有直接谈到一批奋起战斗的精英分子感到难以承受的压力。但相差不远。比如，有些晚明的作者认识到中国正变得比明初更加拥挤。但只有那些遇事更加沉不住气的人坚持，从洪武帝统治时期到进入 17 世纪之际，人口翻了一番有余。其他一些人也敏感地觉察到耕作者为取得足够的土地以求生存的困难——事实上已是如此。但只有少数人意识到 15 世纪和 16 世纪使中国人西移的迁徙，而他们又不去了解这一运动的规模。所有的人都了解，大批商人都往来于全国，但几乎没有人认识到商业控制了生产并把原来分散的地区经济连接起来的程度。他们能确切地看到的是，人员、法令、事物的变动已经取代了洪武帝教导中勾画出的固定不变的秩序。这种变动的发生来源于两个因素：一部分是一套庞大和发展中的运输交易通信网络，它正使全国各个部分具有与其他部分进行交流的潜力；另一部分是使这种潜力得以实现的甚至发展得更快的商业经济。

在扩大交流的背景下，明代的商业化可以看作是这个王朝的一个突出的方面。就商品的生产和流通而言，明代标志着中国历史的一个转折点，这不论在为市场生产的货物的规模上，或是在控制商业交换的经济关系的性质上，都是如此。在明代，国家、个人或集团对运输的改善并不在一个档次上；即使如此，国家驿传制的扩大、大运河的重建，再加上对运河、道路进行物质投资的积累性的效果，都大得足以对货物和人民的流动作出突出的贡献，因此有利于商业网络的改善。在这几个方面，明代都没有脱离过去发展的基础。从宋、元两朝继承下来的基础设施和实践进行的积累性的投资为发展新的体制和经济关系奠定了坚实的基础。明代的各种发展大大有利于社会环境的重组；在当时及以后，这种重组形成了中国人民的生活。

在明代，国家在这一重组过程中扮演了一个巨大的和经常是不自觉的角色。首先，洪武帝恢复农业生产的行动推动经济向生产必须进行交换的剩余物品的方向发展。他不愿意过分控制商人和市场，这意味着这些成分和机制可以相对自由地进行贸易，而且贸易量日益增加。洪武帝为驿传制注入新的活力，从而鼓励了地方官员在其治地主持建造运河、道路、码头和桥梁。为了建设新都南京和维持北方边境防务的需要，他要征用大量粮食和其他物资；此外，他还要注意为其臣民生活的各个方面立法和对官员的工作进行周密的监视。这一切意味着国家的运输和驿传要经常运行，维护运输基础设施的压力也没有间断。永乐帝决定把主都从南京迁到北京，这给运输和交通通信增加了沉重的压力，从而导致了北方和南方交流渠道的开通，其中引人注目的是大运河。在以后几个皇帝的治理时期，财政征收从分立的劳务和实物征用转为以现金的统一支付（通称为一条鞭），这使国家的交通通信的运作摆脱了古代徭役的农业模式，而转向雇佣劳动的更加商业化的模式。同时，赋税制度的货币化促使更多的白银进入经济领域,以更快的速度流通,从而推动了货物向商品的转化,并使家家户户去购买其所需而不是自己种植和制造其所需成为可能的事,因为这样做更加经济和理性化。

在明代,虽然国家的政策在形成和扩大交通通信和商业方面有重要的影响,但国家作了些什么却没有完整的记述。只有这些政策有了响应,它们才能导致更加流动、商业更加活跃的社会的形成。例如,在明代,国家交通通信网络可能决定在哪些地点建造大部分桥梁,但它们主要是通过私人捐助建造起来的。只有当桥梁为捐助者提供其他的和更多的地方利益时,资金才能筹集到,而桥梁则通过促进使捐助者得益的客货流动来发挥这种作用。还可以提供一种例子,国家对农业生产的刺激推动了贸易,以致使商人看到了地方特有因素的相对优势,并在农业和手工业生产中促进区域专业化。随着更大规模的贸易活动,市场的大小商贾充斥于各级行政治地及在明代出现的新集镇周围。商品贸易的利润鼓励有些商人对海外贸易进行投机活动,从而在16、17世纪为中国的纺织品、瓷器以及用白银购买的加工工业作物创造了一个巨大的国外市场。白银的进口不但便于以白银折缴税赋,而且就白银的进口和与此有关的一条鞭法改革而言,还使商业经济红火起来。

这些变化的社会影响与变化一样令人瞩目。在明朝的最初几年,士、农、工、商的传统地位等级不管表现得多么做作,到了明末这种地位等级不过是少数吹毛求疵的士子文人作出的一种古怪的比喻,以哀叹他们认为可以自抬身价的几乎是世袭权利的消失。这种哀叹可能真实地反映了士子中一些人的苦恼,但当人们考虑到士子的收入(来自商业化地租和对租金形式的剩余物品上市交易的控制)对商业经济(它把商人抬到了社会等级的第二位)的日益依赖,哀叹听起来就不真实了。到了晚期,许多士绅可以追溯自己的门第——有时在周围的族人中追溯——并发现,商业的成功支持他进入精英社会(并且仍在为此付出代价)。士、商的社会壁垒在清代以前并非无关紧要,但在明代走向灭亡之际,用商业财富加强士子的农村基地的过程进展得相当顺利。商业的流动不可避免地引起社会的流动。

国家的交通通信和运输体系

国家的交通通信和运输体系构成了明代交流的基本脉络。国家在交通通信结构中的重要作用来自它的关心；它能动员（更确切地说，能调动）它需要的一切资源（税赋、士兵、供应、行政官员等），而且一旦需要，随时可以动员。国家是一个占有空间的实体：只有它在治理的所有地区中拥有足够的手段去扩展其存在和资源，才能保证其生存。在明代，国家是运输和交通通信设施的最大的单独投资者；它还是能对超越地方堤坝规模的工程协调其投资的惟一投资者，不过它对此只是偶尔为之。这样，其他一切交通通信趋向于在国家安排的渠道内部或在渠道之间起其作用。明代经营三种主要的制度：驿传、邮递和运输。它们在管理上各自为政，但仍有协调发挥职能的倾向，以便充分保证国家所依靠的信息、收入和人员的流动。

驿　传

驿传服务用于在中国境内运送信函、行政官员和来访的外宾。驿传由 1936 个驿站提供服务，所建的驿站相隔 60—80 里（35—40 公里），这是一个官员被指望在一天所走的路程（到万历时期，驿站几乎减了一半[①]）。驿道构成了一个官道网络，这些官道，最初从南京，迁都后从北京向外辐射。驿道成了明王朝的主要道路，并且充当了扩大全国运输网络的骨干。因此，驿道通常首先出现在每本路线指南或旅程手册中。[②]

外国人在华的出现是随皇帝的一时高兴而定，他们的旅行安排和费用都由国家负责；迎送他们，对驿传制来说只是一个小负担。然

[①] 明代在 16 世纪 80 年代有 1936 个驿站。据苏同炳：《明代驿递制度》（台北，1969 年），第 15 页。

[②] 例如，以北京和南京为中心的网络成为黄汴的《一统路程图记》（1570 年）最前两卷的内容，该书重印为《天下水陆路程》，杨正泰编（太原，1992 年），第 1—60 页。

而，由于外国人在中国对目睹的事物感到惊奇，并且发生兴趣，因此不时对国家的运输设施提供了详细的记载。这些文字在中国的记载中是找不到的。以下我们将通过审视两个外国来宾保存的日记中出现的信使行程记载来叙述驿传服务：他们之中一名是波斯人，叙事时间为1420年；一名是高丽人，叙事时间为1488年。

第一篇日记记述一个波斯使团，他们在1420年通过长城西端的关隘嘉峪关进入中国（两年后经过与原始的入关登记核对姓名后在同一关隘离开）。使团碰到的第一个驿站设于萧州的西门内，萧州是长城内离长城45公里的第一个城池。从这里往前，运送和接待波斯人的工作就成了驿站的任务。使团的记事官吉雅苏德·丁·纳加赫对驿站提供的物资有着强烈的印象。"至于马匹、食物、饮料和卧具等一切使团的需要，驿站都能供应。只要他们住在那里，每晚每人就配备一个睡椅、一套睡衣，还有一名仆人伺候他们。"关于食品，使团每个成员能得到："按照品级已经确定的份额，有羊肉、鹅、禽、大米、面粉、蜂蜜、啤酒（米酒）、酒、蒜、用醋保藏的蒜和洋葱、用醋泡制的各种蔬菜，还有指定的其他必需品。"①

从萧州到北京的行程中，他们经过99个驿站，站与站之间平均相隔60—80里（35—45公里），这是指望一个人一天所走的路程。在穿过人烟稀少的地方前往甘州的第一段旅程（公布的距离为430里，或250公里）中，每隔40或50里（23—28公里）有一驿站；后来当使团经过河南时，旅行就比较顺畅安全，一天能走更长的路，站与站之间的距离大致翻了一番。西北的每个驿站奉命为波斯使团提供450头牲畜（马、骡）和50—60套运载工具。记事官发现它们很新颖。他饶有兴趣地评论轿夫："那些小伙子把绳索系在运载工具上，再套在自己肩上拉着前进。不管是下雨，或是在山区，他们有力地用

---

① 哈菲兹·阿布鲁：《一个到中国的波斯使者》，K. M. 梅特拉英译，富路特写新导言（无出版日期；再版本，纽约，1970年）。阿布鲁是一名史官，他把吉雅苏德·J. 纳加赫的日记载入波斯的宫廷编年史中。所引的文字见第27—28、33—36、43—44和49等页。距离取自黄汴的《一统路程图记》，第23、82—83、127—132等页。

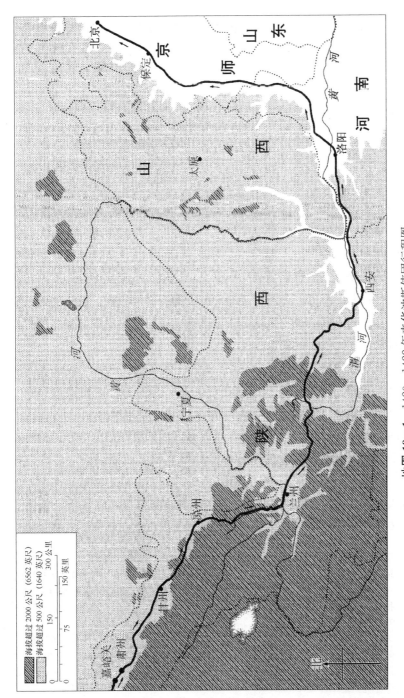

地图 10–1　1420—1422 年来华波斯使团行程图

肩拉着运载工具，把他们（使团成员）从一个邮亭（驿站）送到下一个。每个运载工具配备 12 人。小伙子们长得很俊，耳朵下垂着人造的中国珠子，头顶上盘着发结。"波斯人还对驿传服务载送他们一行向前的速度产生兴趣。他声称，骑马的护送人员驰骋前进，直奔下一个驿站，速度快于波斯帝国最快的信使。

从嘉峪关到北京，使团花了三个半月，途经 99 个驿站。根据公布的距离，行程全长 5042 里（2900 公里）。所以在整个旅程中，使团每天的平均行进速度大致为 30 公里。在京城逗留五个月后，波斯使团在 1421 年 5 月 18 日离京开始返回。记事官很少提供沿途的材料，只提起使团在大部分日子里从一站到下一站的距离。有一次他们在陕西的西北角遇阻，他们在甘州耽误了两个月，又在萧州停了两个月，因为蒙古人的袭扰使旅途不安全。记事官不厌其烦地记述的几件事之一是，在抵达兰州前的某地，他们的行囊被检查，以核实是否带出走私货物，其中最主要的是茶，因为它是与游牧民族交换马匹的大宗货物。①

波斯人离华 66 年后，43 名高丽人一行在浙江沿海比较荒凉的地区沉船遇险。他们同样被驿站送往北京。其中为首的崔溥（1454—1504 年）写下了在华经历的详细记载，其中特别注意旅行的内容。②高丽人在一开始被带到桃渚营，这里是区内的沿海防务中心，营指挥官命他的一名名叫翟庸的军官护送这批高丽人前往绍兴地区的指挥使，由此他们先被送到省会杭州，然后再转至北京等待遣返高丽。这批人在 1488 年 3 月 6 日出发。崔溥及其官员乘坐八抬轿子，其他人则步行。沿着军用道路，他们一行在四天内抵达白峤驿。白峤驿位于

① 阿布鲁：《波斯使团出使中国行记》，第 118—119 页，日记说使团行囊在平安被搜查。在甘州和萧州之间有一个同名的宋代要塞，但按时间推算，该地地点与日记的叙述不很符合。记事官只记载使团离北京一个半月后抵达平安。可能平安是西安或其下属长安县之误。

② 约翰·梅斯基尔：《崔溥日记：渡海漂流记》（塔克森，1965 年），所引段落见第 58、66—69、88、111、113、135—157 等页。计算距离的根据，见黄汴：《一统路程图记》，第 1—2、100—101 等页，及憺漪子：《天下路程图引》（《士商类要》）的清初再版本，重印本编者为杨开泰；太原，1992 年），第 395—397、484—485 等页。

沿海北与至宁波府的驿道上。从此由驿站负责他们的旅行，不过从几名驿长迫切地希望他们启程可以看出，在中国的这一部分地区，可以筹集的供应和劳动力是有限的；43 人一行，再加上护送人员，是一个使接待有困难的庞大的集体。不像从嘉峪关出发的沿途，那里还有其他几个旅行服务机构，而这里的驿道则没有接待大团体的粮食。

为了赶到北面 60 里（35 公里）的下一个驿站西店驿，高丽人当天赶路，直至晚上二更。3 月 10 日风紧雨大，不可能再向前赶路，他们一行就留在戒备森严的驿站。虽然次日风雨不停，翟庸坚持，这批人应不顾天气好坏，必须启程。他告诉崔溥：中国的法律是严格的。如稍有延误，他们将受到惩处。现在下大雨，但也不能留下。当天他们赶了 60 里（35 公里）路，次日抵达宁波正东的北都河。他们在那里留下轿子，开始了把他们带到北京的河上航行。官方记载，大运河不是从这里，而是从杭州开始；但是从北都河往西到杭州的河道网络（在那里和绍兴之间有两处被短途陆上摆渡点隔断）有效地使运河又延伸了 465 里（270 公里），这样宁波就成了大运河真正的南端。两天后他们抵达绍兴，又两天后抵达杭州。翟庸在那里受到杖责。因为他把高丽人从桃渚营带到省会费时太久。翟庸在西店驿延误的担心是有充分根据的。

3 月 23 日，杭州府给崔溥一行派了另一个护送队，并给他一份文书，授权他们在旅途中可以利用驿站服务。他的护送队到达目的地的期限为 5 月 11 日，并被警告：如不按期到达，将受惩处。崔溥非正式地被告知，从杭州到北京所花时间约 40 天，不过给他们抵达京都的期限为 47 天。从旅程中损失两天（一天在苏州停留观赏，一天因坏天气不能动身）来推算，这批人花了 43 天结束旅程，共走了官方认定的 3621 里（2090 公里）。他们于 5 月 9 日（再过两天旅行准行证就将失效）抵达北京，下榻于会同馆；会同馆与南京的一所宾馆，是全国驿传网络的两个中心。在京一个月后，他们被转向东北，在 7 月 12 日过鸭绿江进入高丽。

把站与站之间的距离相加，连接宁波与北京的内陆水路的总长度为 4064 里（2340 公里），崔溥一行在 49 天实际旅行走完这段路程。

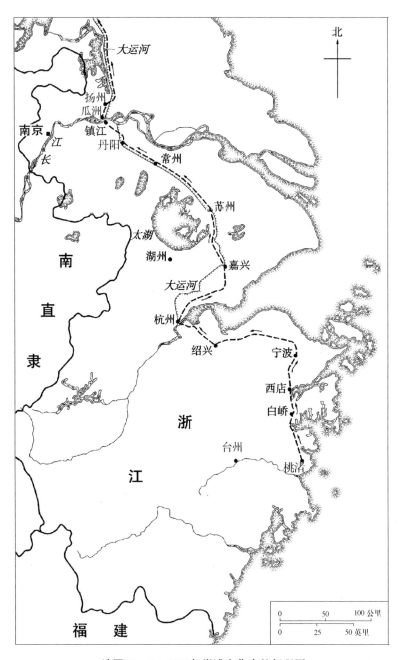

北

大运河

扬州
瓜洲
南京
镇江
丹阳
常州
长
江
苏州
太湖
南
湖州
嘉兴
直
大运河
杭州
隶
绍兴
宁波
西店
白峤
浙
江
台州
桃渚

南
直
隶

浙

江

福　建

0　　　　50　　　100 公里
0　　25　　　50 英里

地图 10－2　1488年崔溥在华中的行程图

在途经北直隶平原时，他们行进速度最快，一天达 61 公里。在杭州和扬州之间，他们的行进速度为一天 49 公里。其余的旅程，他们每天的速度定在 43 至 44 公里之间。与波斯人交通工具每天行进 30 公里的速度相比，高丽人显然享有旅途坐船的有利条件。

在驿传制中，陆路和水路有差别，因为它们的设备不同，使用的目的也不同。陆上路线沿着所谓的官路，水上路线则沿着较大的和维修较好的水道。驿站相应地分成两种：马驿（陆驿）和水驿；不过在通行困难需要步行的地方，驿站称足驿。马驿大多照顾传递国家文书信函的信使，或必须迅速启程的官员，而水驿则为例行调动的官员服务。

站与站的间距应为 60 里（35 公里）。在间距正常的地方，一个官员根据他经过的驿站数，可以知道他行进路程的大致距离。[1] 但是在许多地区，驿站的分布不那样一致：在人烟稀少、安全受到威胁的边境地区，间距可能是上面所说的一半，而在水路和往返频繁的地区，其间距则更大。顾炎武在明亡后写道，明朝不愿像汉朝那样按 30 里的间距分设驿站，是一个不幸的失策。他争辩说，古人所设驿站众多，故能迅速往返，不伤马匹。后人为节省，过分合并，达七八十里设一站，以致因过度劳累而马垮官倒。[2]

驿道并不连接每个县治地，而是贯通省会及州府的治地。因此一个府拥有的驿站数往往稍少于所辖的县数。在旅途困难的地方，也可以有较多的驿站在运营。例如，在湖广洞庭湖以西丘陵地带的常德府只有四个县，却有九个驿站，最后一个是在 1392 年增设的。[3] 大部分府大大少于此数。在一条驿道上并有一个驿站的县被定"冲"级。"冲"是地方行政中四级负担沉重的驿站中的一种，它对知县来说，意味着各种繁重的任务。他要负责维护其辖地的驿站、道路和运河，征用所需要的劳动力和物资，保持官方规定的马匹数，接待途经本地

---

① 例如，见《琼州府志》（1619 年），第 10 卷，第 7b 页。

② 顾炎武：《日知录道读》，赵俪生编（成都，1992 年），第 109 页。

③ 陈洪谟：《常德府志》（1538 年），第 4 卷，第 14a—21a 页。

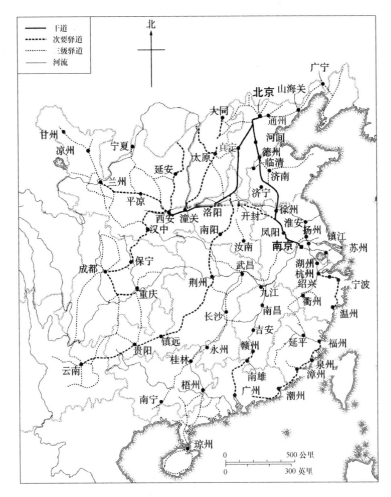

地图 10 - 3　全国驿传网络，1587 年

的达官贵人的队伍。

　　大部分驿站和它们使用的驿道都早于明代，往往在宋元或更早时就已存在；不过明代确实扩展了一些驿道，并在一些地方增设了低级的驿站，以便更有效地运送信息和人员。[①] 明初对驿传服务的使用看

---

① 例如，横贯湖广、经常德府通往云南的驿道，即所谓的"东路"，在洪武年间停止使用，原因是马匹不能在艰险的地形中高速驰骋。慈利的常德县的 3 个驿站之一被关闭，另外两个降为递铺，见陈光前：《慈利县志》(1574 年)，第 10 卷，第 12b 页。

来比元代厉害。国家不去设立新的驿站以适应增加的负担，而宁愿扩大驿传服务的资源基础，即征用更多的人员来维护驿站和照顾马匹。在国都迁往北京后，华北的驿站确有增加：北京南面的河间府在1376年至1415年期间新设了五个驿站。[①] 总的说来，明代初期的趋势是巩固未充分利用的驿站，使之更为重要，以此来使驿传服务能顺畅地运营。例如，浙江的交通通信设施在南宋时已经扩大，去为国都杭州服务。元代没有加以整顿。明代继承了43个马驿、32个水驿和1个足驿，但又削减了三分之一，削减的大部分是马驿；后来又进一步削减，到王朝终了时只留下34个站。[②]

还有一个更罕见的例子，海南岛属大府琼州管辖，在明初其驿站不少于29个，此数远超过国内任何一个府的驿站数；这是宋代遗留下来的，当时海南岛刚开始移民，但到明中叶才开始合理调整：首先，在15世纪40年代关闭了4个，90年代关闭1个，在1506年又关闭11个，最后在1522年又关闭1个。这样就剩下12个，它们的间距在100公里以上。1522年又一个关闭后，知府因交通需要上奏朝廷，要求恢复该驿站，然而紧缩之风在长时期内仍在持续：1559年1个驿站关闭，1568年又有4个关闭，1612年又1个关闭。1619年版府志的编纂者不禁评论说：自嘉靖隆庆两朝关闭驿站后，驿站所剩无几。但另一方面，驿站的任务也不繁重，因为编纂者观察到，海南闭塞，地处边远沿海，游人甚少。但是驿站的减少并未实现预期的利益——减少费用，从而避免增税；这使编纂者感到很烦恼，认为驿站已去而税役依然。[③] 明代中期和后期，驿传服务继续紧缩。新建了几个驿站，有的新驿站未定级，少数水驿改成马驿。但晚明对驿传服务的大部分新投入限于边境地区，如陕西西部和贵州。

由于信使都是士兵，他们传递直接影响皇帝安全的国家文书，所以在兵部管辖下工作。因此管理驿传服务的条例相应地载入《大明

---

① 《河间府志》（1540年），第4卷，第10a—17a页。
② 徐望法编：《浙江公路史》，第1卷（北京，1988年），第6—10页。
③ 《琼州府志》（1619年），第4卷，第21b—46b、62b—65a页。

律》关于军法的卷中。[1] 逾时一天，信使应受杖责 20，每超过三天，加责一杖，最高处杖责 60。这些惩罚条例说明，一名信使可以被指派多达 121 天行程的传送任务。洪水阻塞信使的行程时，可免予惩处；如果被延误的文书地址有误，可减轻惩处，但信使本人误写的不在此例（因为信使被要求有一定的文化程度）。当所递文书涉及军务时，处罚力度加大 50%。[2]

除了传递信函文书，驿站还照顾因公出差的人，但他们应持有相应的旅行证件。如果情况紧急，官员可获准骑马，但是那些例行调动的人不论到哪里，应坐较省钱的官府驳船。退休回乡的官员获准可以利用驿传服务，以表示皇恩浩荡；但在其他情况下，对那些以私人身份旅行和没有旅行证件的人则不予接待；官员还不得将其特权扩大到其家庭成员或姻亲，但如果官员因病带家返乡，则不受此限。

骑马行进的官员只准携带私人行李，另加 10 斤（6 公斤）的货物，超过此限额，每超过 5 斤，应受 10 下轻竹板的杖责，最重的惩罚为 60 下。（对骑马的信使，由于他们利用职务牟取私利的诱惑一定很大，要加倍受罚。）乘船或大车的官员除私人财物外，可另带 30 斤（18 公斤）以下的物品，超过此限额不论多少，按骑马旅行的案例加倍惩处。如果官员替他人运送货物，此人应像对多出来的货物视而不见的驿传官员那样，受到同样的惩罚。

尽管国家对其官员配备各种设施及人员，旅行常常是缓慢和艰苦的经历，以省提学官的巡视任务为例，这个职务设于 1436 年，以便对各地儒学学堂进行更严密的监督。为了履行其职责，提学官们被要求至少每年去其管辖的县一次，以视察那里的学堂。在设立此职的最初几年，提学官们看来尚能忠实地执行这一日程表。而在明中叶，他们往往放弃出差和巡视教育制度，而留在省府阅读生员送来的文章。

---

[1] 《大明律》，第 17 卷，第 1a—26b 页。

[2] 《大明律》，第 17 卷，第 8a—10b 页。当信使送的是物品或犯人而不是文书时，对延误的最高处罚减到 50 杖。

经世治国论学者丘浚（1420—1495 年）在 15 世纪 80 年代指出，要走的旅程之长，使许多提学官却步而不愿作年度巡视；有的县 10 年中最多被巡视一次。[①] 例如，湖广的提学官按程序安排，每年要视察全省 15 个府、两个指挥使司、17 个州和 108 个县，[②] 这不但令人疲劳不堪，而且在体力上也不可能做到的。他宁愿留在省会，避免路途的劳累，而不去指出各地负责督学的官员的懈怠，这说明官差仍是一项艰辛的任务。

《琼州府志》的编纂者反映了驿站撤销但徭役依旧的怨言，维持或扩大驿传服务的主要障碍是它依靠为驿站服务的征用的劳动力人数远远超过了信使人数。大部分知府面临着要么维持驿传制的有效运转，要么减少运转费用的选择，由于受到财政收支平衡的压力，他们只能选择了后者。随着经济的货币化和用现金支付代替徭役，驿传制的服务和税赋实物的运输等徭役改由职业的服务人员和运输工承担。纳税人发现，雇佣船夫、搬运工、仆人、仓库保管员和报关员来工作，在经济上对他们有利，因为他们能从事更加有利可图的事情，而只要用他赚取钱财的一部分去支付雇佣的服务；地方官员也发现，雇佣的劳动力更有效率，更容易管理。即使如此，把代替徭役而征收的资金挪作他用的压力是很大的；折征就简单地把征用足以使驿传服务运营的劳动力的问题转化成如何使驿传服务保持预算平衡的问题。

在明代的最后 20 年，资金不足使整个驿传制突然严重收缩。从 1629 年起，全国关闭的驿站占总数的三分之一，这样，一年可节省 10 万两的国库支出。这一削减，使驿传服务的负荷超过了原已十分紧张的能力，从而使明代的行政陷入恶性循环之中，因为政府管理交通的人员严重不足，以致不可能承担任务，而被遣退的信使——像后

[①] 蒂尔曼·格里姆：《明代的提学官》，载贺凯：《明代中国政府》（纽约，1969 年），第 141 页。

[②] 明末湖广的行政单位数，见《明史》，第 1071 页；1476 年至 1497 年湖广的县比此数少 5 个。

来的起义领袖李自成——在他们服务过的官路上抢掠行人。因此，许多晚明的地方官员只能依靠地方民团来控制道路，从而点燃了明王朝最后几年的全国军事化的烈火。[1]

顾炎武在清初回顾，发现明代的驿传制很少有值得赞许的地方，尤其当他把它与以前几个王朝（特别是唐朝）相比时带有反感情绪；顾集中攻击了驿传制的衰落，以突出明代对交通通信基础设施投资的普遍不足。他在所作的有关这方面的一段评论中，回顾了他阅读的两段文字，它们都详细评述了唐代设备完善的驿站；评论还哀叹，相比之下，明代所建的驿站，实不过是为囚犯执笔。[2] 在其《日知录》的后面的文字中，他又哀叹明朝不能维护道路，不能在路边植树遮阳，不能造桥修码头。顾炎武认为，扣发地方官员为维护这些重要设施所需的税金，明代是在自掘坟墓。不管明以后的这位批评家如何振振有词，明代的财政制度是建立在分权的基础上，即指望运营驿站的资财由地方征集。只要是由地方征集，地方官员又承担起移交给他们的驿传服务的任务，驿传服务能够在——而且确实在——过得去的水平上运营。

邮　政

明代驿传服务的紧缩之所以可能，部分原因是另一项交通通信服务业——递铺——的出现。为了加快传送紧急信函，元代设急递铺，明代沿用急递铺以传送紧急的官方文书。[3]

驿站网络分布稀疏，只在主要路线上开展服务，而且并非每个县都有驿站；邮政服务则不同，它负担县与县之间的交流。每个县在县

---

① 例如，在 17 世纪 20 年代扬州府遭受洪灾时，盗寇蜂起，从高邮府至盐城县之路阻断，兴化县知县赵伦率民团捕获 37 人，内有盗首。见程梦星：《扬州府志》（1733 年），第 27 卷，第 47a 页。

② 顾炎武：《日知录集释》，第 12 卷，第 18b 页，以下文字杨联陞英译于其《明代地方行政》，第 20 页。

③ 见彼得·奥尔布里希特：《13 和 14 世纪蒙古统治下中国的邮政》（威斯巴登，1954 年）。

城设总铺。沿着通向县城的主道,大致每隔10里设一铺,不过如果限于财力物力,它们的间距可以两三倍于此。一个小县运输体系的能力有限,也许只有三个铺,大县可以多于24个。最多的一个县,即湖广的慈利,不下于41个铺分布在通向县外的三条道路上,在县城还设有总铺。[1] 在明代中叶的几十年间,递铺适度增加,这也许是为驿传服务的逐步紧缩作出的调整。

如同驿传服务,文书也由士兵传递,征用的劳动力则维护和供应邮铺。铺的头头是一名低级官员,其头衔为铺司,当国家文书送到铺时,铺司负责接收,并检验件数和目的地,然后毫不迟延地传到下一个邮铺。每10名铺司之上设一邮长,全县所有的铺及人员之上设一铺长。他被要求每月视察每个邮铺,以确保各铺能得到充分的供应和设备,并能有良好的维修。大部分铺有四名铺兵,他们来自世代从事邮务的家庭。铺兵长期服役,不分昼夜必须及时传送文书。损坏、丢失、截留或阅读文书,或者使信封装文书的皮包受损,都属违法行为,应受惩处;如涉及军务方面的文书,惩处力度加大。铺兵只负责传送政府文书。官员利用职务之便运送私人物品甚至国家货物,应受责打,并处以每人每天60文的罚款——《大明律》使用"雇工"一词,含蓄地表示此数是合理的运费。[2]

急递铺专门用于铺与铺之间的文书接力传递,传送速度为每24小时300里(170公里)。由于要求铺兵传递的距离比信使短,他们如果不能按时送到,所受惩罚的力度更大。延误三刻钟,要挨轻竹杖20下,以下每延误三刻钟加责一杖,最高的惩罚为50下。[3] 这些惩罚暗示,铺兵可以接受持续达24小时的递送任务。学究式的意见指出,邮政服务到晚明就被废弃,但与此相反,大部分地方官员把这一制度精心维持到王朝终了,因为没有邮政,他们就会丧失与县境以外复杂多变的世界的交流渠道。

---

① 陈光前:《慈利县志》(1574年),第10卷,第8b页。
② 《大明律》,第17卷,第1a—2b、8a页。
③ 《大明律》,第17卷,第1a页。

递运所

明代初期，国家发现运送国家征收货物的任务远非驿传服务所能负担，而且还需要地区（府）一级机构一定程度的协助。为了方便运输，特别是粮食运输，以及载运大批建造运河、城墙和宫殿的服劳役的人丁，洪武朝在 1376 年设立递运所。这些所的设立，一般为一府一所，不过在运输任务大的地方，当地可再设一所。

递运所一般设在府的治地。府城如位于与贯穿该府的主要河道联系不便的地方，递运所就设立在尽量靠近府治地的河道边。与驿传和邮递服务一样，国家的递运所也由指定长期服役的士兵运营。[1]

一旦重建王朝的宏伟工程完成，有些原先忙于向京城运送物资的递运所就失去了存在的理由，从此它们趋向于成为驿传服务的助手。例如，北京的顺天递运所基本上降为为离京官员提供车辆坐骑的机构，有的在明代较晚的时期关闭。在海南岛，当 1568 年当地为了节省开支而把 4 个驿站撤销时，该岛的惟一的递运所也被关闭。

漕运制

为明王朝服务的庞大的国家运输体系就是漕运制，士兵们通过它从南方 6 省把粮食运往京城和北方边境。[2] 在洪武朝时，国都在南京，漕运的主要任务是把粮食运往驻扎在辽东和东北的部队。粮食是用沿山东沿海经渤海湾北上的海上帆船运输的。这些船只运输大量去壳稻米。数量在 50 万至 60 万担之间（约 5 万至 6 万公吨）。1380 年，运输量增至 70 万担。

---

[1] 在直接受军事管制的边境，如陕西西北部，运输制度的维持需要高度安全，递运所的官员有总旗的官衔。见黄汴：《一统路程图记》，第 161 页。

[2] 星斌夫对漕运制作了全面的研究，见《明代漕运研究》（东京，1963 年）；马克·埃尔文部分英译：《明代的漕运制》（安阿伯，1969 年）。

永乐帝迁都北京的决定要求运输量加倍，因为这个区域的粮食产量不足以供养一个全国的首都。北运的粮食数继续增加，直到 1472 年为止，那时运粮定额为每年 400 万担，相当于全国田赋收入的七分之一。[①] 一方面出于 15 世纪初北运大量粮食的需要，一方面对海上航线面临航行艰难和海盗威胁的担心，这两个因素促使永乐帝在 1403 年下令设计一条内陆路线。粮食装在大驳船上（能运载 300 担以上粮食）经过淮河北上，然后转用浅水驳船（能运载 200 担以上）运经山东西南，又转用大驳船运至黄河。粮食在黄河被卸下，由征用的河南大车夫陆运至卫河，然后再用驳船运至北京。经常转运的装卸使人力十分紧张，以致山东济宁的地方官上奏，要求恢复使用在元代已被废弃的旧运河，以便消灭陆路的瓶颈。[②] 奏章一旦批准，这一意见就使明代承担起恢复这条连接南北的运输大命脉的任务。

大运河

大运河不是一条漫长的运河，它由一条条短运河组成，它们"会通"原来存在的水路，著名的有白河、黄河、淮河、长江和钱塘江——因此其北段的中文名称为会通河。之所以这样设计，是因为可以尽量依靠它连接的各条河流的自然流向。由于大运河的大部分河道流过平原，运河的开挖工程可以保持最少的用工量。为了保证浅水驳船必需的最低水深，即 3 尺（0.93 米），进行一定程度的建设和大部分维修仍是必不可少的，因此要不断清浚河底。在低水位期，运河必须加以疏浚，以防自然淤塞。在高水位期，要对付一种挑战，即防止河水过快地溢过河渠以保持足够的水深。

运河地势最高和引水最困难之处是山东西南的汶上县的南旺，对这一段的重新设计，是明代为这一年代久远的大运河作出的重大贡献，

---

① 黄仁宇：《16 世纪明代的税收和政府财政》，第 50 页提到了陕西青阳府的递运所官员。
② 谢彬：《南京户部志》，第 10 卷，第 1 页。

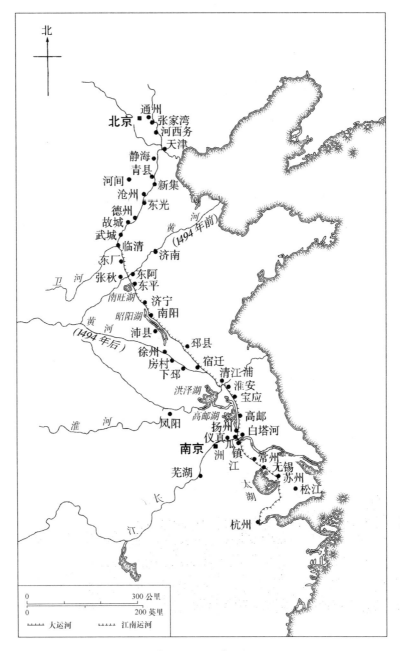

北

济南

黄　河
(1494年前)

卫
河

黄　河
(1494年后)

北京
通州
张家湾
河西务
天津
静海县
青县
河间
沧州
新集
德州
东光
故城
武城
临清
东厂
张秋
东阿
东平
南旺湖
济宁
昭阳湖
南阳
沛县
邳县
徐州
房村
宿迁
下邳
清江浦
洪泽湖
淮安
宝应
高邮湖
高邮
凤阳
扬州
仪真
白塔河
南京
瓜洲
镇江
常州
无锡
苏州
松江
太湖
芜湖
淮　河
长
江
杭州

0　　　　　　　300公里
0　　　　　　　200英里
＋＋＋＋　大运河　＋＋＋＋　江南运河

地图 10 - 4　大运河

也是使它能重新开放的关键工程。在工部尚书宋礼（死于 1422 年）的精心监督下，一条转引汶河河水的大坝在 1411 年建成，以便把水在南旺引入大运河。60％的河水北引，40％的水南引，这样使这段运河的水深足以保持在最低水位之上。他的第二项工程是在山东地势较高之处建造四个大水库，这样就不必再从当地地下抽水。在以后的四年中，前沿的漕运指挥陈瑄（1365—1433 年）在大运河南段一带监建新运河、堤岸和闸门等大工程，以使河道充分发挥作用。这个工程消除了一度使扬州以北内河交通缓慢和劳累的搬运。工程在 1415 年完成，海上运输路线立刻停止运营。沿运输路线，每隔 35 至 45 公里设一驿站，这使大运河既能驿传，又能用作运输走廊。

工程完成之时，人们可沿着连绵不断的水路，绕开南直隶北端的两个急流，从北京直达全国的经济中心江南。船夫经过徐州东南 1 公里的徐州洪和再往南 24 公里的吕、梁洪时必须小心操纵，才能经过奇形怪状的礁石；它们在水花中凸出，能阻塞或触沉迷离航道的小船。在吕、梁洪源头凸现出来的饮牛岩是运河中最高的障碍，它高出水面 11 米。虽然宽不足两米，它却粉碎了许多驶入这条急流的小船。吕、梁洪中最长的礁石在运河之中伸展 24 米，在突然起风时，对顺流而下的小船有致命危险。再从吕、梁溯流而下有红石岩，它虽然只有一米阔两米长，但在涨水期，每天至少有一条船粉身碎骨。1464年在管洪主事的倡议下，徐州洪首先得到疏浚，80 年后，管洪主事在更为艰险的吕、梁洪执行同样的任务。[①]

大运河恢复运输的漕粮是从南方六省征收的。在明代建国之初，这些省份的纳粮户负责自己运输粮食（或付运输费用）到地方的粮仓，再由军队运至南京。按正规田赋征收的粮食也同样处理：里甲制的副官粮长受权监督，将其管辖范围征收的粮食运往指定的集结地，这项工作是无偿的。随着大运河的重新开放，粮食必须被远运至位于南直隶北部淮安的国家粮仓，或者运往山东的济宁，这要视粮食的来

---

① 全部开挖工程见蔡泰彬的专著《明代漕河之整治与管理》（台北，1992 年），第 3 章；关于管洪主事对吕梁礁石的详细叙述，见该书第 54—56 页。

源而定。3000条浅水驳船把收集在淮安粮仓的粮食北运至济宁，另外2000条驳船则把粮食从济宁运至北京正东的大供应站通州贮藏。漕粮运输每年四次。1432年，这种安排被"兑法"代替，根据兑法，军队运输工在有些地区接管了运粮的工作。他们的报酬来自漕粮纳税人所缴的附加税。延长至1481年的这种改徭役运输为有偿运输的转变称"改对运"；根据此法，原来仍由缴粮人负责把粮食运到大运河沿线次要粮仓的任务也转给了士兵。

关于缴纳实物的税制，负担的运输会有许多周折，因此纳税人必须支付许多增加的管理费用。在明代更是如此，因为按元代以前的标准，它不但统治着广袤的领土，而且在1403年以后，还要指挥把国家的大部分收入转到远离国家主要供应地的京城。虽然依附于一个有广阔空间的大国对一个普通耕作者来说能得到一定的好处（从安全和低防御费用的角度考虑），但也肯定要增加运输负担，对耕作者来说负担就转化成更高的税赋。在开始时，加于漕粮（以及其他税项）的主要附加税称为"耗"，这是用来弥补粮食散落、霉烂和丢失的损耗。至于从湖广远运至北京的漕粮，附加税可高达粮食成本的80%。研究财政的历史学家黄仁宇注意到，附加税的这种标准并不是不合理的，因为"长途运粮要在许多转运地倒手，才能到达目的地。疏浚运河水闸需要搬运工和大车的服务，当运河和河流太浅时就要征用小驳船。这些倒手造成了损失。碾米受潮容易发霉。每次倒手后粮食必须经常晒干，这项工序会使粮食重量大减，五小时要减轻8.5%（经官方的一次试验证实）"[①]。明政府不愿把这些损失纳入其财政制度的运营成本之中：评估纳税人的应纳粮数不是他缴纳的粮数，而是政府在最后的目的地收到的粮数。

除了依靠纳税人支付运费外，漕粮制还把其基础设施的费用，特别是维修大运河和造船的成本，分摊给运河流过的地方的文官政府和军事单位："整个漕粮制和河政都得不到中央的财政资助。河道由地方的徭役维修，没有中央政府的补贴。到15世纪中叶，运输队伍有

---

① 黄仁宇：《税收和国家财政》，第51页。

121500 名官兵，操作 11775 艘运粮船。但人员的报酬和口粮却来自派遣他们的 124 个卫和独立营，甚至服役船只的建造费用（每 10 年建造一次），一部分从驾驶它们的士兵的饷银中扣除，一部分由提供漕粮的县汇解。"[1]

南京区共驻守 34 个卫，它们要提供 20608 名运输兵和 1895 艘浅水驳船。为了使驳船队伍保持良好的运输能力，这些卫每年固定向淮安的清江船厂定制 74 艘新驳船。[2] 这只是清江船厂所收订货的一部分，该厂共负责建造大约一半在大运河航行的船只。在沿一段淮河的河畔，明初清江的兵船建造商每年能造 746 艘船，在 15 世纪 60 年代，一年能建 550 艘驳船。[3]

这样，军方提供了建造和在大运河航行的船只的劳动力和材料，国家不直接支付费用。取而代之的是，费用主要由士兵兼船夫的人自己负担，而他们得到的补偿是在官船上携带个人财物以外有限的货物。通过这些货物的交易，或者携带受商贾之托的货物，船夫就能弥补旅途的费用。士兵携带的货物数量远远超过其合法的携带量，这一公开秘密除了迂腐而认真的官员，谁也不会揭穿。众所周知，私人携带货物是为运河付出的代价。为运费而如此组织财政收入，明代国家正在依靠私人的商业利润，不过它没有对此公开承认。驾驶驳船的劳动力只是经营大运河的部分成本，其他劳役，如维护水道和码头设施，都是无偿征用一些人力的服务，他们都是不幸地位于运河河道两岸的县的居民。根据后来顾炎武提供的数字，维持大运河的运转需要征用 47004 名全日劳动力，其中 30％全来自山东省。[4] 这样，政府既依靠征用徭役的古典农业原理，又依靠商品交易的商业原理，来支撑这个制度的经营费用。

这种安排表明，大运河既是输送国家漕粮的通道，又是私人商业

---

① 黄仁宇：《税收和政府财政》，第 53—55 页。
② 谢彬：《南京户部志》（1550 年），第 10 卷，第 18a 页。
③ 黄仁宇：《税收和政府财政》，第 56 页。
④ 黄仁宇：《税收和政府财政》，第 336 页注 48。

运输的命脉。国家并不是为了促成华北和华中之间的私人贸易，也不是为了有助于把商业网络扩大到南直隶北部、河南和山东诸省而有意识地专门对这一部分的国家运输基础设施进行投资，虽然投资产生了以上两种结果。显而易见的是，运河不仅限于国家的驳船使用，它也容许私人交通；这的确表明，对这个基础设施的商业性利用，即使不是实际的意图，也至少是意料之中的。重开大运河的机遇，迅速创造了在其河道中运输私人货物的商业需求。[①]

国家立刻认识到了这种商业性的交通，并在运河被重新运营后的14年，对私人货物征收过境税。1492年，北京和南京之间共设立了七个关卡，其中六个设在大运河。这些关卡监督官粮的运送和向私人货物征税。[②] 一名船长驾驶船只经过关卡，如果拒付货物关税，船货会被没收。这种征收纯粹是敛财，与产生收益的投资无关。收入转进皇帝私囊，而不入漕运司的账上。

运　　输

在明代，中国的运输如同驿传交通，既有陆运，又有水运。陆运有马匹（费用昂贵，主要由信使、官员和军官使用）、轿子、牛拉车或驴拉车、手推车。水运用船，有用帆的、手划的、竿撑的或拉纤的，用何种方式行驶要视船型而定。使用何种运输取决于运送的人、装运的货和目的地，或者是否时间紧迫而不计费用等因素。最快的运输形式是马运，但这仅适用于个人旅行或传送文书，还取决于道路和渡口的状况。水运是运输大批人员和货物的最经济的方式。

1937年上海搜集和公布的关于传统运输方式的材料表明，一艘河船一天能以75公里的速度运送10公吨货物。相比之下，一辆畜拉

[①] 关于隋、唐、宋建设和使用北—南诸主要运河的先例，见崔瑞德：《唐代的财政管理》（剑桥，1963年），第84—93页。

[②] 七个关卡设于潞县（在北京以东的粮仓通州外面）、临清、济宁、徐州、淮安、扬州和上新河（在南京外面），见《南京户部志》（1550年），第12卷，第15a页。

车一天能拉四分之三吨，行进 50 公里；手推车运十分之一吨，行进 40 公里；一名苦力运二十五分之一吨，速度相同。坐轿需要两名轿夫，运送能力相当于两名手推车劳动力，一天能运送五分之一吨，行进 40 公里。[①] 所以陆路运货比水运贵得多，其中速度的原因次于运载量的原因。一份 15 世纪 60 年代的官方报告反映了明代大车运输的费用：用车把 1 吨焦炭从北京以西 230 公里的易州的焦炭厂运至北京，运费为白银 5 两。[②] 除非水路不通，这样高的运费使陆运大宗货物成为不可想像的事。

水　运

明代的船只有多种船形和尺寸，其差别取决于其帆、桨、舵和拖网的安装状况。郑若曾（1505—1580 年）曾在 16 世纪 60 年代画了浙江的海岸图（下文将会提到），在附在一篇短文后的太湖地图中，他概述了人们可以看到在江南河流中划桨行驶的几种船只。[③] 郑若曾不满足于简单地列举，而是把它们分类。首先，他根据打算穿越水面的船体的大小来分辨船的类型，因为船体大小决定了它们打算利用或抗顶的风的级别。他确定四种主要类型：在长江行驶的船、内河航行的船、湖船和海船。在长江航行的船分大小两种，大船用于沿江上行至湖广和四川，小船用于横穿山峡和摆渡。内河船也分官船和私船两种。

太湖的船只种类最多，也似乎最引起了郑若曾的兴趣。他首先专门列出了湖船：运石料的称山船，运商品的称驳船，用于私人来往的称塘船，用于守卫和治安的称巡船，民团和水哨驾驶的称哨船，摆渡的称渡船。按照郑若曾的说法，这六种湖船都不能像一年四季昼夜挥桨于江南湖泊的渔船那样适合于对付风暴。他根据船桅的多少从两桅（装载量不足 100 担）到六桅（能装运 2000 担），对渔船分等。四桅船

① 吴元黎：《共产党中国的空间经济》（纽约，1967 年），第 126 页。
② 黄仁宇：《税收和政府财政》，第 57 页。
③ 郑若曾：《太湖》。引于顾炎武：《天下郡国利病书》（1662 年；1975 年京都再版），第 4 卷，第 3a—4a 页。

种类最多，大的足以运载 1000 担，小的完全可以进入大部分港口，并且在夜间很容易把两船固定在一起，使之成为一个海盗不敢攻击的小型浮动堡垒。但是三桅船和两桅船更为常见。除了这些标准的渔船外，郑若曾还指出其他几种船：江边船，从两个桅到五个桅，与其他正规渔船一样，装载量多达 2000 担；厂梢船，能运 700 担；小鲜船，装载量不足 100 担；剪网船，船体狭窄，但速度较快；丝网船，只能乘三人，顺风时速度很快；划船，三四人划桨时比丝网船快，能划到其他船只不能行驶的地方。郑若曾又补充了苏州的吴江和常州两县的其他几种特有的船。仅仅船的种类就证实了明代对船的设计的高超水平。

　　大运河是把华北与从江南到四川的全部长江流域广大的内陆水路网络连接起来的非常重要的命脉。不论在运输国家货物，或是装运私人商品，可以这样说，只有大运河才是明代对中国运输基础设施作出的最重大的贡献。不过明代也主持建设了较小的工程，它们有助于明显地改善地区的运输体系。明初期最值得注意的工程是建国最初几年建于南京应天府南端的东坝。促使建造这一工程的主要关心是太湖的洪涝问题，因为湖水上升造成了位于东坝以东水路距离约 350 公里的苏州被淹。碰巧苏州也缺乏把它与更大范围的长江下游地区充分融合起来的内陆水路。东坝的建成改善了内陆水路，以致形成了一条把苏州与长江口岸芜湖连接起来的西向水路。沿此水路航行的船只必须被拖越下坝，船货必须在再往西六公里的上坝换船运输，[1] 但尽管有这些阻塞，这条水路大大地改善了使苏州通过水路进入全部江南市场的机会，从而确立了它作为地区经济中心的地位。[2] 在苏州东面，由国家指导的运河体系进一步的建设始于 1403 年，它将完成重新把江南河流建成一个有效的运输网络的任务。[3] 两项工作都是在户部而不是

---

[1] 憺漪子：《天下路程图引》，第 385 页。

[2] 芜湖作为交通纽带的重要性在《士商要览》这本路程书中着重提出，该书列出的 50 条华南路线中的 5 条始于芜湖，只有从徽州、苏州、杭州出发的路线超过此数；见憺漪子：《天下路程图引》，第 407—411 页。

[3] 迈克尔·马梅：《人间天堂：1127—1550 年苏州的兴起》，载《晚期中华帝国的江南城市》，琳达·柯克·约翰逊编（奥尔巴尼，1993 年），第 31 页。

工部的请求下完成的，政府主要关心的是控制当地洪涝，以便增加税收，而不是开辟运输路线。但是治水的结果是改善运输，而运输的改善给商业的利益超过了给国家的利益。

在明代，江南及其他地区的运河建设常常是出于调节供水量自然升降的需要，防止涝时洪水溢过堤岸，或干旱时河道水位下降而刮坏船的龙骨。水位的升降通常是季节性的，它不断影响较大部分的中国运输网络，堤坝和水闸不能控制这部分网络，政府也不愿意对它进行投资。除了大运河外，只有当国家在解决更大的供水问题时，才进行大规模的河道工程。京都地区范围内对航道和道路的具体维修是工部职责的一部分①，但它不负责对它们的改进。地区和地方的管理特点基本上也是这种趋向。急流导致航行危险或搬运变得繁重不便的河道不予改进，除非如上所述，它们的改进是灌溉和防洪工程的一部分。甚至在大运河，沿徐州洪挖了半个世纪的淤泥，国家才在那里进行了必要的投资；花了 80 年，吕、梁洪才被清淤，阻塞的河道比较畅通。这种改进不管中国其他内地河道多么需要，都轮不上。它处于国家职责范围以外。在进行小工程的地方，如开挖小运河穿过一处河道艰险地点，工程往往是出于善举或商业原因，由私人进行，而不是由地方官员倡导。②

耶稣会传教士利玛窦在 1595 年带了年轻的中国皈依者（葡萄牙名为若昂·巴拉达斯）与一名官员乘往返于中国内河的浅水驳船经江西省北上时，发现有些河道的状况十分危险。赣江从赣州府城下流 115 公里至万安县，经 18 个滩；徽商黄汴在其 1570 年出版的流传甚广的图记中说："上无难而下难。"③ 但在所提到的第三个滩时，黄汴的警告证明是估计不足；利玛窦描述说："我们到天柱滩（天挂滩），那里在高山之下，流急水深，流水声如震耳的雷鸣，我看到时只能虔

---

① 《大明会典》，第 208 卷。

② 例如，见林有年编：《安溪县志》（1552 年），第 1 卷，第 11a 页，其中谈到了李生所挖的元口渡。安溪属福建泉州府。

③ 黄汴：《一统路程图记》，第 216 页。

诚地祈祷，希望水势减弱。因为（江西）河上的船都有高桅，没有龙骨，我知道它们在雷鸣般的河水中很容易被掀翻；但是不管我如何恳求，领航人和船夫仍漫不经心，把船满帆驶进急流。顷刻间我们的船与两艘官员的船都翻了，并且旋转不止。这样，我和若昂·巴拉达斯（因为我们在一起旅行）一起被掀入河底。但是上帝伸出了援助之手，因为在旋转时我抓到了我们船中漂浮的几根绳索，使我能把自己拉到该船的一个支撑物上。我看到我的文具箱和床铺漂浮在水面，我就把它们拉到我那里；然后几名船夫游回登上了船，又帮助我爬上。但是若昂·巴拉达斯沉入河底，流水把他冲走，再也没有出现。"①

利玛窦的船夫为什么对天挂滩的危险表现得漠不关心，原因不详：如果这不单纯是利玛窦在这里表现出他个人特有的烦恼，也不是船夫的无能，那么就可能是船夫们受契约要求他们在某时赶到其目的地的限定，所以他们才拒绝以比较安全的速度经过急流。此外，包括赣江在内的大部分河流并非不可通航，不过是带有危险性，而且是季节性的危险性。在洪水时期，河水流速快，难以控制船只；在枯水时期，水下的礁石露出水面。

从沿长江入川的航线中可以看出河运的季节性特点。在湖广的洞庭湖这一产粮的大集水区之东，长江是相当稳定的河流，不会因季节而变化不定，但是往西进入四川，涌现的洪水使上游航行很困难。商人们都知道，河运货物溯江而上到四川的最佳时期是秋冬两季，那时水位低；从四川运货顺流而下，则以春夏两季比较适宜，那时水位较高，水流较快。运货入云南的商人，在经过四川时，河运并不完全受到季节性的妨碍。当长江泛滥时，上游航行十分困难，他们另走一条称之为东路的水陆交替的路线，经湖广和贵州下行，虽然缓慢，但是更宜航行。② 另选全年可与各地相通从而使运输摆脱季节性限制的路

---

① 引于乔纳森·斯彭斯：《利玛窦的回忆》（纽约，1985年），第91—92页。急流名天挂滩，在赣州以北30公里。利玛窦把"挂"的四横误算成三横，使他误写成"柱"，这是常见的错误。

② 憺漪子：《天下路程图引》，第497页；黄汴：《一统路程图记》，第55页。

线，是明代鼓励扩大内陆运输网络的进程的一部分措施。即使如此，中国河流互相平行地东流而流向不交叉的趋向，使中国许多地方不可能另选航线。

中国的地理位置使各流域之间的连接地非常重要。它们穿越高耸崎岖的地带，地势险要，因此对地区间的一体化是必不可少的。例如赣江是贯穿江西和广东之间的关键河流。穿过湖广进入广东的人甚至会遇到更大的危险。从长江中游前往广东，人们必须乘船沿湘江而下到衡州，然后沿一条支流上行至郴州。旅客在那里必须走50公里；如果他是货运商，走这条绵延的陆路既慢又贵。宜昌镇有一条小河往南流入广东，旅客又可以走水路，不过只有装载10担的小船能在此河航行。这些小船渡运货物远至广东西北位于管浦的商业中心，再在那里由桑船（能运20担的稍大的船）转运，顺河而下进入广东的中心地区。[①]

限制用水路自由运送客货的另一个因素是冬季。徽商黄汴在其1570年的图记中建议在冬季北上北京的商人尽快南返以防因冰冻不能成行。问题通常不是运河被冰冻得很结实，而是相反，所结之冰不牢，就不能承载车辆，每当日出就开始融化。[②] 但在特别寒冷的冬季，山东的运河段的冰就冻得很厚实，如1567—1568年的冬天，据记载山东当时的气温下降到能把动物冻死。[③]

陆 运

在明代，国家并没有进行像大运河甚至东坝那样规模的道路工程。修造路桥的工程都由地方发起，常常由地方官员倡议，他们的职责中有维护陆上运输路线这一项。地方一级的实际投资表现为对驿路、邮路和桥梁的修造。这种投资对维持明代陆路交通仍是必不可少的；明朝初期，地方官员在执行洪武帝重建元明战争后重建地方的规

① 黄汴：《一统路程图记》，第237页。
② 黄汴：《一统路程图记》，第147页。
③ 蒂莫西·布鲁克：《明清史的地理史料》（安阿伯，1988年），第15—16页。

划中取得这种投资。

最佳的道路是在路中间铺石块，两边的路肩填以夯实的土。通过广东文昌县（今海南省文昌市。——译者注）中部的一条路在1592年用当地开采的石块铺成，石块长60公分，宽30公分，厚6公分。路建得很好；该县在1605年遭受的大地震破坏了县内除孔庙以外的所有建筑物，而它仍能保存下来，至今仍在使用。[1]由于石块费用昂贵，只有官路才用石块铺设，而且只铺在通过大城市的路段。大部分道路，不论是官路或其他路，都简单地以砾石和沙为料。它们不耐磨压，也经不起天气变化，需要经常保养。地方官员征用劳力，和使用一部分获准提留用作行政经费的税赋支付工程款。

道路在不能通行前可能已处于失修状态，而桥梁和渡口则不是这样。如果不能渡过，交通就中断。一名官员指出：一县如果河多，河渠又宽，官府不采取行动，民众就不能渡河。故渡津要有船，两岸要有石木桥，过路人才乐于在陆路经过其治地。[2]

洪武朝时期突出的成绩是修造许多桥梁。以山东省为例，据1682年版省志保存的材料，洪武朝是明统治第一个世纪中造桥最最活跃的时期。据历次有造桥人材料的记载，造桥人都是知县。洪武朝以后，造桥活动在15世纪10年代得到恢复，然后在15世纪30年代后期和40年代初期再度恢复。那时正是永乐帝的统治和年轻有为的正统帝摄政的中央政府活跃时期，地方官员在地方上如有首创性的政绩会得到褒奖。弘治朝时造桥活动又可能以空前的速度得到恢复，特别在华中和华南。

明代有的桥梁以耐用的石质结构代替木桥，不过投资较大，通常只在紧迫的情况下才这样做。[3]但是要渡过未建桥的河流，常见的权宜之计是建造一座浮桥。在明中叶，似乎有许多浮桥建成，这也许是

---

[1] 朱运材：《文昌县文物志》(1988年)，第61页。
[2] 包瑛：《固始县治》(1659年)，第3卷，第18a页。
[3] 例如，1465年华南遭受大水灾后，在1466年至1470年期间海南岛许多木桥被石桥代替。见《琼州府志》(1619年)，第12卷，第3b页。

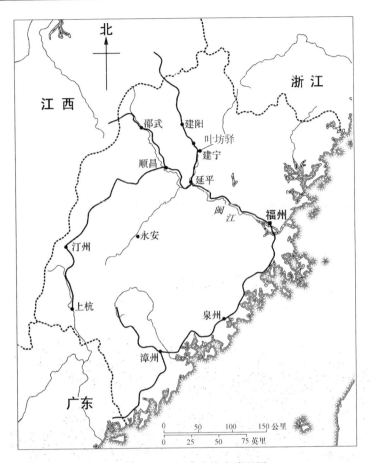

地图 **10－5**　福建省境内路程图

因为当时商业性运输日益繁忙，给明初期的运输体系造成堵塞，所以
不得不以节约的方式予以解决。例如，福建省顺昌县知县于 1499 年
在西津主持建造了一座 36 条浮舟支架的浮桥，就是这个原因；他指
出，从邵武和汀州流来的两河相交，行人难以过渡。明中叶已有浮桥
的地方，就大力改善桥况，使之能承担更繁忙的交通。在西津造桥的
前两年，位于顺昌下游延平府治地的有 38 条浮舟支架的明翠桥已用
厚木板加宽和改建，可以牵马来往。[①] 在以前，马匹不得过桥，这样

---

① 　郑庆云、辛绍佐：《延平府志》(1526 年)，第 3 卷，第 16b、24a 页。

就需要装卸马驮的货物。

造船资金常常不是来自县的预算，而是由关心改善交通的私人负担。例如，西津桥之建成，是受到一名称为"义民"的人的捐助。明翠桥是在一名"义官"的指导下重新安装木板的；"义官"是对地方慈善家的尊称，不一定是官员，甚至不是士绅。洪武朝时延平府其他造桥赞助人被称为"散官"（一人）、"里人"（一人）和"邑人"（一人）。[1] 这些头衔，以及像"义民"和"里人"等更普遍的褒奖，是使那些非士绅的人经常见之于明中叶的文字记载中的途径。鉴于商人对运输网络的维护和改善表现出特有的兴趣，他们看来是15世纪末大批造桥活动的主要资助来源。这种现象代表了明代第一个世纪的转变。据1526年版的延平府志，并继续引用前面的例子，在明初期的造桥人中，官员和私人人数相当；而在明中叶，私人出资造的桥超过了官员造的桥，其比例为5：1。同样，地方筑路主要靠地方精英捐助的资金，不过偶尔要征用土地，这意味着工程常常必须有官员的介入。[2]

在未建桥梁的河上，行人或运货人只能靠摆渡过河。一个渡口的成本稍多于河两岸的堤坝、系泊地、一二条船及驾驶它们的劳动力的费用。但是即使是渡口也需要定期投资，不管数量多么有限。华南的一名官员警告说：各官办渡口之栅栏必须每年更换。此项工作如果拖延，摆渡者岂不浪费时间？及时修缮岂非当局之急务？[3] 驿道上的渡口多属官办，因此是地方官员预算的负担。运营渡口的劳动力由船户提供，他们作为征用的劳力，被指定为渡口服务。大部分官办渡口也供行人使用，但要收费，不过军事要道上的渡口只供官员使用。看起

---

[1] 郑庆云、辛绍佐：《延平府志》（1526年），第14卷，第51a—54a页。他们列举了得义官和散官头衔的人的姓名，这在府志中是不多见的，列举散官的情况尤其少见；散官有七品官阶，不过他们不在官僚机构中任职。又见张世域：《龙泉县志》（1878年），第2卷，第16b—17b页。

[2] 李照、蔡藩编：《琼山县志》（1917年），第5卷第51a页叙述士绅捐助的情况；关于1447年在府治地内为了建一座堤坝需要开宽道路之事，见第6卷第11a页。

[3] 《琼州府志》（1619年），第4卷，第97a页。书中举了一个私人渡口被接管为官办渡口的例子，见第4卷，第488b页。

来虽然不是绝大部分，但许多渡口由私人经营，往返于河上的船夫向行人收取服务费。

商业运输

国家和私人运输使用的道路与内地水路网络为运输商业化创造了条件。至少在江南，正规的可供雇用的交通服务在 16 世纪——也许还要早得多——已很进步。行人可以在扬州"跳船"（当时的说法）下行至长江边瓜州的北门，付铜钱 3 文。他在那里过南门赶上另一条船，摆渡过江至长江南岸的镇江码头，付铜钱 2 文。从码头进镇江西门，再走 1.5 公里到南门，赶上南下驶往大运河的船。行人如带行李，可雇码头搬运工，每件付银 0.015 两。在南门，六条船接力联运，白天航行，运至苏州南面的吴江县；乘一天或一夜的船至嘉兴，再在那里乘船一天到松江，或航行一天或一夜到杭州。如前往佛教圣地普陀岛朝圣，从杭州向东至宁波（与崔溥一行的行程方向相反）的路程有周到的服务，商用船日夜往返于此航线上。如果前往许多明代中后期大徽商的故乡徽州，可在苏州乘一夜渡船至湖州，再从那里夜渡至浙江边境的泗安，从那里已无航道，行人必须陆路旅行；泗安前往徽州府的商业运输有坐轿、车辆和马匹供行人选择。[①]

有关夜间旅行的材料很重要。虽然许多江南城市提供了与其他商业城市相通的昼夜交通运输，但另外一些城市不提供，因为担心盗匪的攻击。即使在江南中心地区，限制有效的运输互联的因素是安全问题。据 1570 年的黄汴的图记，太湖以南地区十分安全，能使大部分从湖州出发的船只在夜间起航前往目的地，而不让乘客蒙受相当于一天营业的损失。但没有夜间从苏州出发北上的船只，而在江南中心区东端的松江，只有白天船只服务。[②] 对比之下，后来在 1626 年出版

---

① 这些商业路线、服务及价格在黄汴的《一统路程图记》第 232—234 页中被提到。虽然黄汴的图记到 1570 年才出版，但他报道说，商业路线早在 1570 年前相当久已建立起来。

② 黄汴：《一统路程图记》，第 233、235 等页。

的一本图引对江南就不那样有信心；在明代的最后几十年，江南农村的安全的确日益恶化。编纂者注意到，位于湖州正南、靠近杭州的定居人口密集区的旅行是安全的，但他劝行人不要拂晓或黄昏行路，并警告他们绝对不要在青黄不接时期进入该区。至于苏州周围地区，文中提到在歉收时期那里盗寇聚集，以致行人在苏州农村要有武装护卫才能旅行。[①]

在江南中心区以外，安全问题更为严重。扬州南面的大运河与长江汇合之处是盐商和棉商的集结地，据说没有盗寇袭扰；但在长江以上地区，走私食盐的活动使那里不能夜行。黄汴劝商人在雇佣当地船工时要小心，因为他对这些人的诚实评价很低。渡过黄河后，问题不是他们会偷货物，而是他们为了还债与商人讲定总价钱后，在赴京途中一走了之。在天津至北京的最后一段路程中，安全又成了一个争论点。行人能沿这条路线夜行，不过黄汴建议要谨慎。在大运河航行比走陆路安全得多。因为在这段陆路的北段，行人必须有一名武装保卫，以防不时出没于华北平原的骑马匪徒的袭扰。从颍州至大名的一段路程实在难以预测，甚至连带一名武装保卫也不够。黄汴坚决认为，相比之下商人从大运河西行，经开封到山西南部，就不会遇到这些问题。清化对南下的山西商贾来说是河南北部的运输大纽带，那里没有盗寇，行人甚至在满月时也可以夜行。[②] 可能这个地区邻近明中叶和晚明大晋商的故乡，商业交通繁忙，所以旅行较交通往来较少的华北平原的陆路旅行安全。

海　运

明代中国被其国内交通和运输网络相当合理地连成一体。同样，虽然也许在较小程度上，它也被许多海上航线与日本、东南亚，甚至有时与更西边的地方连接起来。

人们普遍认为，明代抵制海外交往，从最好的方面说，它把目光

---

① 憺漪子：《天下路程图引》，第 373 页。
② 黄汴：《一统路程图记》，第 3、146—147、164、169 等页。

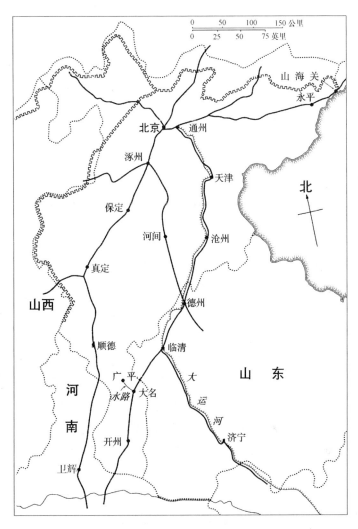

地图 10 - 6　北直隶境内路程图

转向大陆；从最坏的方面说，它把目光向内转向本国。这一名声主要是由于我们对明代外交活动的误解，认为它宁愿把与海外各国的往来限于接纳朝贡；也出于对其海上政策的误解，认为它严格限制进出口，并且往往把海上贸易视为海盗行为。

　　永乐帝采取了另一种不同的主动行动（一种以前的蒙古国际关

系模式），即派遣在大太监郑和（1371—1435 年）率领下的一次次远至东南亚和进入印度洋的大规模的海上远航。第一次远航发生在 1403 年至 1405 年，最后的第七次发生在 1431 年至 1433 年的宣德朝。这些远航都有宏大的规划，每一次都有数万名官兵和百余艘船参加（最大的一次有 300 艘船），要花一年进行准备，航行长达两年。远航的理论基础是外交性质的，即宣告永乐皇帝的登基，表明他对亚洲各国的宗主权，并为外国使节提供向中国皇帝朝贡的通道；但它也是经济性质的，因为在远航的沿途进行了大量有利可图的国家贸易。据说在一次远航中，在印度的港口卸下了堆积如山的中国货，数量之多需要花三个月为每件货物定价。但 1433 年以后，国家的海上事业终止了。

郑若曾曾在 16 世纪 60 年代被委派去协助制定对付海盗的政策。如同研究太湖的船只，他被证明是一位海上航行的严谨的观察家。他列举的海上驳船不如太湖船只详尽，但仍能引起人们的相当的兴趣。他先列出了郑和所称的新会船和东莞船（以广州以外建造它们的两个县命名），然后又提到其他船只的更加形象化的名字：太福船（可能是最大的海上货船）、草撇船、海沧船、开浪船、高杙梢船、绮桥船、苍山船、八桨船、鹰船、渔船、蜈蚣船、两头船、网船和沙船。[①] 研究得最详细的船是郑和远航时行驶的所谓"宝船"。这些船只载货 1000 英吨，最快时一天航行 215 公里，每小时速度保持 5.75 海里。远航每天平均航行约 165 公里以上，航速每小时 4.4 海里。[②] 这些船只在南京以外长江南岸的官办龙江船坞建造。1431 年最后一次远航返回后，该船坞再也没有定做这样大的船只；在一代人的时期内，建造如此巨大船只的知识似乎丢光了。

但是使船能远离国土的航海知识没有丢失。郑和的每次远航都收集了关于海路及东南亚周围和印度洋以前未标出的海岸线的大量资料。这些资料都被编入航线图、星辰图和"针经"（提供罗盘方向的海程

---

① 郑若曾：《太湖》，引于顾炎武：《天下郡国利病书》，第 4 卷，第 3b 页。
② M. V. G. 米尔斯：《马欢的〈瀛涯胜览〉，1433 年》（剑桥，1970 年），第 305、308 页。

手册)中,在针经中,航程根据称之为"更"的时间段组织起来,在每更终了时,航行者应根据新的罗盘方向调整其航线。理论上,海船被指望一更航行 60 里(35 公里),不过实际上,出东南沿海至台湾或佩斯卡多尔列岛(澎湖列岛)的路线大致以一更 30 里标出。[①]

15 世纪初期官方远航的针经经常被修正,"累次校正针路,牵星图样,海屿水势山形,图画一本,山为微簿"[②]。每次远航都注意根据新收集的材料修正针经的文字,材料是由为下一次远航的指挥官提供地图和针经的国内制图机构整理的。如果制图机构提供的地图和针经的份数与每次远航的船只一样多,它们一定会流传到指挥官圈子以外,航海图由兵部保存到 16 世纪,这时兵部尚书刘大夏(1437—1561 年)把它们付之一炬。[③] 兵部尚书焚烧海图之举是与明中叶朝廷的情绪一致的,当时它在对外关系方面保持了一种内向和防御的姿态,对明初期开创的对外贸易和外交活动的机遇不感兴趣,但是这些知识在社会上没有流失。从 16 世纪和 17 世纪被重新发现和制印的针经判断,手抄和手工修正的海图和针经在整个明王朝时期仍在沿海海员中流传。[④]

1570 年,明朝发现自己需要原来掌握的海运方面的知识。当年春季,南直隶北端的黄河决口,造成大运河泛滥。800 艘运粮至北京的船只沉没。官方的第一个反应是要求以后在农历年年底前把粮装上运粮船,以便在运河系统春汛前北上。[⑤] 但这种命令只能在将来奏效。1570 年的当务之急是明朝的主要运输命脉中断了,粮食和其他食物再也不能通过常用的路线运到京都。1571 年朝廷全力设法解决这一问题,于是命巡抚山东的梁梦龙(1527—1602 年)去寻找一条

---

① 向达:《两种海道针经》(北京,1961 年),第 6 页。
② 《顺风相送》(针经),引于米尔斯的《马欢》,针经在向达的《两种海道针经》中转载。
③ 黄仁宇:《中国宏观史》(阿尔蒙克,1988 年),第 156 页。
④ 第一本这类刻印的针经为《渡海方程》,1537 年在福建出版;田汝康对它有详细叙述,见《渡海方程——中国第一本刻印的水路蒲》,载李国豪等编:《中国科技史探讨》(上海,1982 年),第 300—308 页。这本针经在本书论海上贸易的后一部分进一步探讨。
⑤ 黄仁宇:《税收和政府财政》,第 142 页;朝廷已在 1564 年颁发了相似的命令。

从淮安出发绕山东半岛运粮到天津港的海路,梁梦龙需要海路的信息,就张榜收买这种材料。这种方法使他征募到志愿人员在夏季作两次试验性航行。第一个五艘船的船队从淮安驶至天津,共用 45 天;第二个三艘船的船队从前面的胶州湾(今青岛)出发,用了 35 天抵达天津。据报道,下一年有 300 艘船航行,没有出事。1573 年损失了七艘运粮船,这给提倡海运的官员的政敌提供了关闭海上漕运的机会。[①] 这时大运河已经几乎恢复正常。

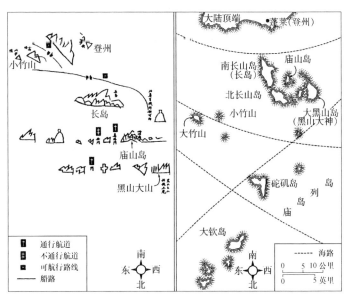

地图 10-7　16世纪海关通过山东以北海峡庙岛列岛的
　　　　　　海程图(左)与近代地图的对比

但是,海禁终于被解除,海上贸易得以恢复。在此以前三年,当福建巡抚涂泽民上奏新登基的隆庆皇帝,要求为海上贸易松绑,并给从漳州出发的海上贸易商人合法地位(和向他们收税)时,贸易的结算已经开始。涂泽民和梁梦龙都不过是要求在法律上承认已经在非法进行的活动。如果没有不顾禁令而出海的船只和船员,梁梦龙就难以通过张

[①]　《明人传记辞典》,第 899—900 页;关于 1570 年黄河的水灾,见第 1108 页。

榜成功地取得他需要的信息。在黄河遭洪灾那一年出版图记的黄汴承认,山东沿海的海路在解除海禁前确实在使用,但他反对使用海路,理由是海路危险,而不是它的非法性:"海风不定,遇风虽易亦险,无风难期,客当别路可也。"[1] 这个劝告认为,已有旅客(指商人)出海。

旅　　行

明代成了旅行的兴旺发达时期。旅行带来的流动并非帝国计划的一部分。明代开国之初,洪武帝下令,旅行要有国家发给的证件:只有因公出差的官员和持有国家执照的商人才能获准旅行,只有官员才能利用国家的交通设施。过城关、渡口或过境,需要路引;旅行如无路引,受杖责 80。行人无证件可以离开县境,但不得离其居住地 100 里(58 公里)。绕过控制交通网络要津的城关或渡口要加责 10 杖。伪造路引再加责 10 杖。最后,无皇帝批准擅离国境,判死罪。沿海航船只能在看得见陆地的距离内航行,超过此距离,按擅离国境论处。[2] 这些法律条例有效地限制了旅行的自由,只准人们在其居住地活动。

在整个明代,法律始终未变,但很快就变成一纸空文。使法律脱离现实并几乎不可能实施的因素是迫使大批人员移动的经济压力。例如艺术家戴进(1388—1462 年)等人就受到了这种压力。戴进出于艺术的和政治的原因在杭州、南京、北京和云南之间四处奔波,寻求庇护人。明中叶的学者郎英宣称,戴进在他一生的事业中一定行过 10 万里路程。[3] 从纯粹数字看,明代经济移民中为数最多的是农民,他们在整个王朝时期西迁到人烟稀少的地方。这些移民中,有的是按照洪武和永乐两个皇帝的再安置规划迁移的,规划旨在耕种未充分利

---

① 黄汴:《一统路程图记》,第 153 页。
② 吴缉华:《明代海禁与对外政策的连环性》,载吴智和编:《明史研究论丛》(台北,1985 年),第 2 卷,第 132—134 页。
③ 引自玛丽·安·罗杰斯:《宏伟的视野:戴进的生平和艺术》,载《大明的画家:宫廷和浙派》,理查德·M. 巴恩哈德编(达拉斯,1993 年),第 129 页。其实罗杰斯已经写成一篇涉及戴进许多居住地的传记。

用的土地，缓解东部中心地区的人口压力。但是在寻求土地和劳动力之间平衡的规模远为宏大的连续迁移洪流中，持有官方文书的这一小部分农民是微不足道的。

其他人也旅行：商人最突出，但也有文人、士绅旅游者和香客。应当指出的是，这些职业旅行者中大部分为男性。明末伟大的旅行家徐弘祖之母为了徐追求的旅行事业，进一步解除了他的家庭义务并教导他说：男儿应志在四方。①

商业旅行

行商到处可见，在明代随着时间的推移，人数愈来愈多。水泉位于兰州下游150公里的古老的丝绸之路上，是一个重要的运输中心，一块16世纪的纪念它建立一要塞的石碑描述经过水泉的商人"来往如流星……来后即走，不作一日息"②。

克服距离障碍是一个成功的商人一生的关键因素。南京南面的徽州府商人，被认为是明中叶在全国商界经营有方的为首的几个商人集团之一，他们能确立自己地位的部分原因是，他们把江南等地大量需要的土产，如茶和木材运到那里的市场。运输这些货物是一个挑战。虽然徽州的河向四方流到徽商售货的市场，但茶和木材等货物占地大，分量重，需要雄厚的财力物力才能运输；但是一旦运到，他们就能获取丰厚的利润。因此徽州一范姓家族的家谱盛赞三名贫苦的弟兄在进入15世纪之际因做木材生意成了巨富，它生动地描述他们努力把木材和其他商品运进市场的情景："他们在夜间驾艘竹筏通过闸坝，树与他们擦身而过。有时竹筏装满货物，以致他们几乎无容身之地。上岸时他们必须攀树而过。"③

外出经商可能是危险的。明初节烈寡妇的传记中多有透露，她们

---

① 徐弘祖：《徐霞客游记》（上海，1980年），第1184页。

② 引于陈琦：《甘肃公路交通史》（北京，1987年），第126页。

③ 引于哈里特·曾道尔人：《中国地方史的变化和延续：800—1800年徽州府的发展》（莱顿，1989年），第96页。

守寡的原因是嫁给外出经商的商人。扬州的府志记载了 14 世纪的一名寡妇，其夫外出经商，溺水而亡。同一史料的另一篇传记记载，寡妇之夫去河之上游经商，在南京外面的句容被淹死。[1] 还有人为的危险。船夫勾结匪徒的传闻，特别是在较荒僻的农村，足以让胆怯的人体会到旅行引起的恐惧。[2]

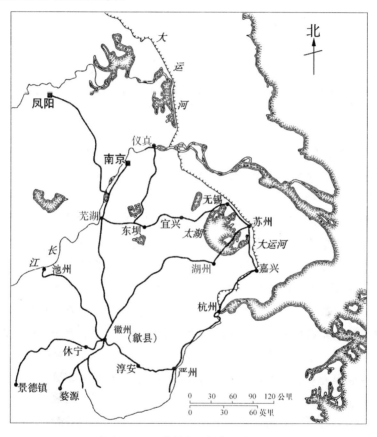

地图 10−8　徽州府通往各地路程图

对旅行经验少的人来说，居无定所的生活前景似乎令人感到沮

① 《扬州府志》（1733 年），第 34 卷，第 5 页。
② 朱国祯：《涌幢小品》，第 17 卷，引于张正明、薛慧明：《明清晋商资料选编》（太原，1989 年），第 116 页。

丧。一名来自东湖广的方志编纂者在 1531 年表示了这一态度，当时他看到当地人抵制商业的诱惑，害怕远出经商，宁可贫穷而死也不愿沦为盗贼。[①] 仿佛出没无常的盗贼与在各地巡回的商人莫名其妙的是同一类人。在明朝的较早时期，人们不用远至湖广，就可以发现普遍厌恶四出经商的情绪。据 1488 年版的吴江县县志：在苏州正南的农村，村民不远出。商人如果离家 100 里以外，让家人在家从事耕作，就会愁眉苦脸；离家不顾，在外地经商追逐利润，又多年不归，会被视为无信义的人。但这段文字所表述的文化价值观随着商业的经济利益更加明显和商业旅行也许变得较为方便而发生了变化：在 1548 年一部吴江的县志编成时，这段文字被删除。[②]

河北河间府（包括天津）府志中的 16 世纪 40 年代的一段文字提供了丰富的内容，说明当时商人们正在覆盖面很广的商业网络中营业[③]："在河间境内运货的商人经营丝织品、粮食、盐、铁和木材。丝商来自南京、苏州和临清。粮商从维辉、磁州沿官道远至天津沿河区，丰年趸购，歉年出售。铁匠主要经营农具，从临清和泊头推小车前来。盐商来自沧州与天津，木材商来自真定。瓷漆器销售商来自饶州（景德镇所在的府）和徽州（制漆器）。地方商人多来自黄河以北之府县，称为'铺户'。"作者然后说明河间府哪些县在大运河畔，可以通过水路运粮到北京，哪些县要陆运粮食。[④] 文中关于大运河和官道的材料，反映了商业旅行对国家建造和维护的运输基础设施的依赖。如果没有国家对这种基础设施的投资，河间府不可能维持它当时的商业规模。

商业网络一旦建成，商业生产和交换的模式就确定了，如果产品为其他地方所需要，即使运输不便的地方也会被纳入全国市场的网络

---

① 童承叙：《沔阳志》（1531 年），第 6 卷，第 12a 页。

② 莫旦：《吴江志》（1488 年），第 5 卷，第 26b 页；引文载布鲁克：《明清史的地理资料》，第 17 页。1548 年版的志书实际上在 1561 年才出版。

③ 见地图 10-6《北直隶境内路程图》。

④ 《河间府志》（1540 年），第 7 卷，第 3a—4b 页。

之中。例如，永安县位于福建西部偏僻的腹地，由于它位于流至省府福州的闽江水系边上，享有一定的有利条件，但它离省府足有 200 公里。更南面的漳州离永安稍近，但永安到漳州要经过一段艰难的陆路到九龙水系。尽管永安与大的集散中心有一定的距离，"但该县平民多从事手工制品，携带到县外交易"[1]。根据 1526 年版的府志，也可以这样说，运输的连接克服了地理的闭塞。[2] 还可以看到福建内地其他县发展的同样例子。位于其北面的闽江水系的另一条支流上的建阳是纸张和书籍的产地。（最近一个驿站在其下游 20 公里，名叶房驿。）取道水路从建阳到南京，沿途要经过几次搬运，相距 1000 公里，[3]但是南京对书籍的需要使建阳的出版商发现，运书到江南供应消费者仍是有利可图的。

明代商人在相隔遥远的产地和消费地之间运输货物，扩大了流通货物的运输量，扩展了货物在其内部可以节约地流通的领域。由于路程的更加商业化，和有了摆渡和客栈的较周到的服务，无论在经济上，或是在物质上，距离缩短了。

士绅旅行

士子是专业的旅行者。作为科举考试制度的考生，他必须先到省府，如果考中，就要再去京城应试。一旦在官场任职，他们就往往远途赴任，如果仕途有成就，一生就要长途跋涉几次。作为官员，他们的旅行得到驿站的服务。但如果仍为应试者，他们的旅行就得不到这种服务，不过较自信的考生沿途也能威逼驿长提供方便。[4]

不当官的士绅也旅行。最明显的是，从 16 世纪中期以来，受良好教育的人宁愿艰苦地外出旅行并从中得益，也不要官职带来的辛劳和报酬。他们远出求师访友和寻找志同道合的学者，前往过去只在书

---

① 郑庆云、辛绍佐：《延平府志》(1526 年)，第 1 卷，第 13a 页。

② 见地图 10-5《福建省境内路程图》。

③ 南京至建阳的路程，见憺漪子：《天下路程图引》，第 404—405 页。

④ 宫崎市定：《中国的考场地狱：中华帝国的文官考试》，康拉德·希洛考尔英译（东京，1976 年）。

上读到的风景胜地和历史遗址。晚明成了士子旅游的全盛时期。因此著名的诗人和学者袁宏道在一篇写于 1596 年的盛赞苏州洞庭湖(原文如此。——译者注)美景的短文中宣称,苏州士子酷爱旅行,旅行是其惟一的癖好。[1]

旅行的部分冲动是获取教益。闲暇的士绅要欣赏古人赞美的有名的胜景,还要观看高层次文化视为非常重要的历史文物和艺术品。旅行是学者修养的一个组成部分。如同一位 17 世纪的学者官员所言:"不读万卷书,不行万里路,非学有所成之君子。"[2] 因此晚明的士绅就动身去寻找古代的战场、著名文人的书斋、唐代诗人誉为不朽的景色;他们观赏唐代优秀的墨宝、宋代美好的建筑物和元代艺术家珍视的绘画。在一个没有听到博物馆这一名称的时代中,寺庙保存了中国过去的许多材料记录,因此频频受到光顾。那里的宋代建筑、绘画和书法,以及有大文人撰文的石碑都在晚明被一些人甄选,他们希望与这些文物所表现的文化传统心神交融。至于旅游者是否真正懂得他们看到的一切,则是另一回事。在 16 世纪 90 年代,潮水般来南京旅游的士绅使冯梦桢不屑地评论说,士子们要看的是著名的遗址,却不能领会或了解它们表示的内涵。[3]

这个时代造成的旅行不仅助长了 16 世纪无思想内容的旅游事业,而且鼓励了面向学术研究的新趋势的兴起,这种趋势不仅根据古代的书籍,而且以个人经历为基础。新趋势并不排斥文本的主导地位,但是古籍面对学者们收集和访问了其中提到的材料和地方并据此作出的审查和修正,就变得站不住脚了。李时珍(1518—1593 年),依靠他四出旅行研究了所列的 1892 种药材,才写成伟大的药典《本草纲目》。徐光启(1562—1633 年)使用手边的经典农书编成《农政全

---

[1] 袁宏道:《袁宏道集笺校》(北京,1981 年),第 1 卷,第 164 页。关于晚明的文化癖好,见朱迪丝·蔡特林:《僵化之心:中国文学、艺术和医药中的癖好》,载《晚期中华帝国》,12,第 1 期(1991 年 6 月),第 1—26 页。蔡特林在这篇文章中谈到袁宏道,不过未提起旅行癖好,这是她少数疏漏之一。

[2] 黄兴鸿:《福惠全书》,章楚英译(特斯康,1984 年),第 5 页。

[3] 铁舟行海:《金山志略》(1681 年),第 1 卷,第 4a 页。

书》，但他根据在江南的实地经历取得的证据补充了经典的解释，并提出了质疑。宋应星在其《天工开物》中同样采取了令人尊敬的批判性的态度，此书是他对技术的通论，1637 年出版。在晚明，把旅行作为一种学术考察方式的最有名的作家当然是徐弘祖（1586—1641年）。在 1613 年至 1640 年期间，徐弘祖从其家乡长江湾的江阴县出发，作了 17 次游览，遍及华中和华南有历史意义和地质学意义的遗址，远至云南省。在他所记的 850 天的游记和文章中，提供了他对这些地方的观察所得，以及他对远如《禹贡》、近至同时代地方志的材料的评价。[①] 他在旅行中取得的实际知识和把实际知识应用于文字知识的做法，在明亡以后仍被人继承，顾炎武的 17 世纪 50 年代至 70年代的历史和地理专著表现得最为明显。

朝　圣

佛教朝圣者属于明朝最坚定的旅行者。僧俗都经常旅行到佛教圣地，去朝拜与圣地有关的神佛，或者从活着的大师接受教诲和启示。由于明代有关俗人朝圣的资料很少，以下的论述主要限于宗教朝圣。

在明代初年，许多僧人为了在一所寺庙中获得永久的居住权，被迫云游四方。对僧人来说，宗教性的流动是为了谋生。对国家来说，这是一件令人忧虑的事。事实上，削发为僧意味着对儒家的社会和道德生活秩序——表现为男系的繁殖和维持父系、进而扩大到维持社会秩序的责任——的一种挑战。但是僧人的云游生活被视为对儒家国家至尊地位的一种更为明确的挑战；儒家国家的目标是把每个人安置在固定的位置和地位上，惟一的变化只是世代的更替。僧人不适合这种永恒的周而复始的模式，因为他把自己游离于这种循环之外，而且由于未繁殖后代，根本不能再被同宗的和拥有共同财产的人登入地籍册中，因为他到其他地方去做别的事情了。15 世纪许多向朝廷奏本的

---

① 关于徐弘祖的传记及作品，见《徐霞客游记（英文版）》（香港，1974 年）；唐锡仁、杨文衡：《徐霞客及其游记研究》（北京，1987 年）。徐弘祖的游记及所附之文已重印于 3 卷本的《徐霞客游记》。

官员抱着一种比反对朝圣更为强烈的情绪抱怨说，僧人云游是一种宗教修炼形式，实际上正是如此。

朝圣作为一种宗教培养方式，在其周围笼罩着宗教的神圣不可侵犯性，在出现对僧人的流动提出挑战时，这种不可侵犯性常常给明代僧人提供方便的防卫。朝圣有多种类型。有沙弥求师的初级云游阶段，师父将教导他并授予圣职（更实际地说，就是给他一个提供食宿的地方）。对进一步受训的僧人来说，到圣地旅行是朝圣的一种重要形式，因为他能通过受磨难（佛教通常认为旅行是受苦难的一种形式）获得智慧，又能获得广博的阅历，从而以学识丰富而闻名。几乎明代每一个有名的僧人的传记都有广泛旅行的材料。例如，据1535年的一段文字，1484年在南京修复一座小寺庙的僧人宝山定瑪在走遍了名山和半个中国以后才实现了这项有价值的计划。[1] 对同时代的读者来说，这段简单的描述使定瑪僧人以严谨认真而闻名。

僧人能自由地旅行，这是其他人无法比拟的。要求游方僧人住进寺院的压力在16世纪减轻了，这样，在明代的后半期僧人流动就没有限制。1599年的一本流行的历书似乎已经显示出这种缓和迹象；它在其信函的格式中，有沙弥邀请其友做伴朝圣的一种。[2] 一名士绅在1638年指出，出游无人能如僧人方便。这名作者分门别类，列举了俗人会遇到而僧人可避免的种种不便；他看到：僧人来去自如，住在老寺庙与知己做伴，所以许多僧人云游天下。[3] 这句话中包含的妒忌情绪表明，大部分士绅因多种俗务缠身，可能发现自己愈来愈难于沉溺于云南大师见月读体的情趣之中，后者描述他本人酷爱旅游，遇此不会裹足不前。[4] 读体本人就是晚明僧人云游现象的一个有力的例子。在17世纪30年代，他与一批沙弥长途跋涉，从云南到长江三角洲，北至山西北部的五台山往南返回江南。读体的旅行绝非个别的事

① 葛寅亮：《金陵梵刹志》(1607年)，第36卷，第1b页。
② 余象斗：《万用正宗》(1599年)，第39卷，第6a—7a页。
③ 浪云海珠：《云游草》(1599年)，第39卷，第6b—7a页。
④ 见月读体：《一梦漫言》(康熙本；约1987年莆田再版)，第1页。

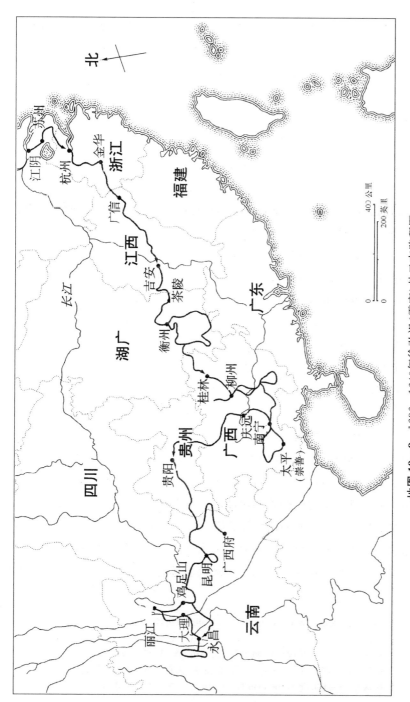

北

江阴
苏州
杭州
金华
浙江
广信
江西
福建
吉安
茶陵
衡州
广东
桂林
柳州
庆远
南宁
太平
（崇善）
广西
贵阳
贵州
长江
湖广
四川
广西府
昆明
鸡足山
丽江
大理
永昌
云南

400 公里
200 英里

地图 10—9 1636—1640年徐弘祖（霞客）赴云南路程图

例，而是朝圣形式的一种，它导致明代最后一个世纪数百名云南僧人东游，并使其中多人跻身于上层僧人之列。[①]

僧人中朝圣旅行风的兴起使有的佛教徒不安。著名的佛教大师莲池袾宏（1535—1615年）在他对沙弥的佛规中，警告他们在受戒律初期不要扩大朝圣范围，因为那时沙弥年轻，信念不固。[②] 男沙弥只能与益友作短途至规定的地点，年轻女尼根本不能出游，尤其不能到普陀岛及天台山等众望所归的朝圣胜地。[③] 长途朝圣的确成了一件令人却步的艰辛的经历，有的僧人宁可回避。袾宏警告说，游方沙弥必须忍饥渴，耐寒暑，经受各种难以想像的困苦。[④] 除了这些具体的障碍外，当见月读体本人在丹阳码头购票登船之际，才发现晚明的游方僧人是容易被偷盗和恫吓的对象。但另一方面，袾宏也承认旅行是寻师过程中不可缺少的部分。在一篇《行脚住山》的短文中，他一方面批评了想省钱而不出门的过分行为，另一方面又批评不顾一切平生南北漫游的人；但他同时承认：应先行千里以至万里与有识之士交往，才能心志豁然开朗；执迷于愚昧，满足于现状又有何意义？一旦寻师问道，获得了解决生死大事之道，观赏景色除了用来自夸见多识广，又有何用？[⑤] 因此，朝圣在宗教锻炼中有其应有的地位。

早在明代以前很久，中国的圣地被定在古代令人崇敬的地方——献给神秘莫测的文明的创始人的"五岳"，和道教在地形学上标为直通仙境的"三十六大洞天"和"七十二小洞天"。虽然这些圣地不断吸引香客，但明代的宗教朝圣的安排与一些佛教遗址有关，其中有的与佛教出现前的圣地吻合，另一些的确定并不参照以前地形学体系的材料。各佛教的遗址没有集合在一个单一空间内。明以前的禅宗有一个大的佛地体系，称为"五山十刹"，但这个体系没有被民间传说广为采纳。被人们共同归纳的佛教遗址为"四大名山"，即五台

① 陈垣：《明季滇黔佛教考》（1940年；1962年北京再版）。
② 玄化：《沙弥律和行为戒规要义通解》（旧金山，1975年），第84页。
③ 云栖袾宏：《哮义无蔼庵录》，再版于《云栖法汇》（1897年），第5a、7a页。
④ 云栖袾宏：《竹窗随笔》，再版于《云栖法汇》（南京，1897年），第42b页。
⑤ 云栖袾宏：《竹窗随笔》，第49ab页。

山、普陀山、四川的峨眉山和南京西南的九华山。它们都位于比较难以通达的地方，也都是道场（即佛神显灵之地：文殊显灵于五台山，观音显灵于普陀，普贤显灵于峨眉山，地藏显灵于九华山）。按照著名佛教居士的说法，老佛在这些地方化身显灵，弘扬佛法，超度众生。① 但它们没有形成一个体系，香客不必全部去这四个地方，就可以感到完成了朝圣的心愿，不过大部分明代高僧至少去过前三个地方。②

香客在地区间所走的路线，自然要取大部分其他旅客使用的建造良好的驿道，但是在地区内香客的流动往往与商业活动的流动方向相反。商人从农村地区收货沿河下行运至地区中心，而香客则从行政治地转向圣山所在地的半外围地区。香客也可能走大部分旅行者从来不走的山路，但是他们通常依靠标准路线在国内旅行，这可能意味着说明朝圣活动的范围由于此时运输体系发展的程度而得以扩大。

一个虔诚的居士也可能采取僧人长途朝圣的行动，以表示他对佛教的信仰。一本佛教祈福的书籍描述了明中叶河南一个名严江的制革工，他在中年放弃了这项职业，因为佛教徒认为制革要杀生，是罪过；于是他的余生就成了一名永久性的香客，在旅程中只带《金刚经》，口念阿弥陀佛。③ 但是对大部分俗人来说，朝圣被组成集体，而不是个人的宗教活动。这些群众性朝圣活动在村一级组成，以共同认捐的钱财预付费用，所去之地是某一重点朝圣地。朝圣活动似乎常常由妇女率领，其实它就是妇女能享受长途旅行的惟一机会。④

路程知识

1570 年黄汴的《一统路程图记》的出版，是明代运输史转折期

---

① 屠伦：《白榆集》（1600 年；1977 年台北再版），第 5 卷，第 31a 页。
② 五台、普陀和峨嵋三地常作为僧人朝拜的最重要的朝圣地而一起被列入高僧传中，见陆锡熊：《娄县志》（1788 年），第 30 卷，第 9a 页。
③ 周克复：《金刚执验志》（1999 年），所引之事发生在 1518 年。
④ 关于朝圣活动的小说中的描述，见格伦·杜德布里奇：《朝拜泰山的女香客：一本 17 世纪小说中的几页》，载韩书瑞等编：《中国的香客和圣地》（伯克利，1992 年），第 39—64 页。

的一个标志。1570 年以前路程知识在两个方面有局限性，一是知识只有专业人员掌握，一是知识只限于一条路线或一套路线。随着这本图记的问世，对某条路线的存在和安排成了公开的知识，任何能读到它的人都能获得。这些信息成了一个全面的整体而不是依旧不连贯的分散材料。

在晚明的路程书中，我们可以找到 1570 年前路程知识的表现形式。其中之一是列出特定路程上的地点的易记忆的诗歌。1599 年出版的历书《万用正宗》中的《两京路程歌》，详细叙述了从南京到北京的路程，共 35 行，每行 7 字；歌的末尾提出在这条路线航行的人应牢记此歌。在 1629 年出版的路程书中，《水驿提要歌》在列出沿运河的水驿时，也用了这个办法，此歌共 26 行。[①]

在路程书出版以前，路程知识的第二种形式是路程地图（程图）。程图的历史至少可以追溯到公元 10 世纪，不过现在仅存的程图是清代的。此图折叠如手风琴风箱，它从图前至图末连绵不断地画出一条横线。沿线标出了城镇、驿站和旅行者要经过的地形特征，地点之间的距离也被注明。明代可能已有这种简单的大运河程图，也可能已有供官员使用的驿传主干线的程图，因为从清代起这种手写程图已经存在。[②] 程图似乎也在商人中流传，虽然已经找不到。我们现在只能看到黄汴在其《一统路程图记》的叙中的叙述，他说他在苏州时从全国商人处获得了各种程图，并把它们用作图记的主要材料。[③]

黄汴在出版其图记之前的第三种路程知识形式是文字。它按路程地名的前后顺序叙述地点，其间又以里注明一地至下一地的距离。保持这种格式的最早的明代文本是政府使用的《大明官制》。此书列出沿驿道的驿站、县城和其间的距离，为旅行的官员提供方便。所列内容并不一直被限定为国家使用的信息，而是到了晚明被出版者在上述

---

① 余象斗：《万用正宗》，第 2 卷，第 40ab 页；憺漪子：《天下路程图引》，第 397—398 页。

② 布鲁克：《地理资料》，第 12—13 页。

③ 引于布鲁克：《地理资料》，第 4 页。

《万用正宗》之类的书中加以普及。这种格式又被黄汴在构思《一统路程图记》时采用。

不像《大明官制》中的路程部分，黄汴这部新颖的图记是供商业旅行者而不是供官员使用的。黄汴本人就是徽商，经历过他记述的许多路程。他的基地在苏州，据推测是作为其家族的代理人而住在那里，所著的书也在苏州出版。由于黄汴有行商的经历和眼光，他的注意力集中在商业运输为之服务的江南的各条路线上，但是他也的确实现了撰写全面路程诺言：他把他的材料组织进 144 条遍及全国的水陆路程之中。黄汴除了在路程中列出了地点和距离，还不厌其烦地附上了过险要的转弯处和使用备用路线方面的建议，以及关于当地的位置、客栈、渡口和路程是否安全（如一天里什么时候或一年中什么季节最为安全）的信息。在整个晚明和清初时期，这类信息在黄汴著作及其他路程书的版本中逐渐增加，从而使它们的体裁和风格朝着成熟细致的商业手册的方向发展。

《一统路程图记》第一、二两卷首先记载始自北京和南京的官方干道，然后在第三卷内叙述各省官道的组织，其他各卷主要以各县治地和驿站作为指路标志。书的后半部分的大部分路程以长江流域为基础，最后两卷详细叙述进出其故乡徽州的各条路线，尤其徽州与苏州相通的路线。黄汴在其叙中坚持，为人官者有此书可得益匪浅，但他是为商贾撰写的。1635 年版的编者惟恐人们怀疑此书面向的对象，所以在书的扉页上采用了新的书名：《客商一览水陆路程》。

黄汴的著作是晚明所写（并被大量非法翻印）的两部主要路程书之一。另一部名称不一，如《士商类要》、《士商要览》和《天下水陆图引》。它最早的版本是程春宇写的四卷本商人手册《士商类要》（1626 年）的前半部，不过可能还有更早的版本。1626 年版的作者和叙的作者与黄汴一样，也是商人，自称徽州人，不过出书地在杭州而不是苏州。从此书的结构可以明显看出徽杭的特征：最先 8 条路线始于徽州，其次的 5 条从杭州辐射而出，然后向读者提供始于宁波的路线，再后才谈到从苏州出发的路线。此书包括 100 条路线，其中 53 条谈江南，47 条谈江北。不过重点仍在江南，因为大部分江北路线

都位于长江北面的南直隶境内。在黄汴和程春宇的路程书（前者共
144 条，后者共 100 条）中，江南以外路线比重的减少，反映了徽商
经历的商业旅行的类型；徽商集团在晚明区间贸易中最为活跃，对他
们来说，路程知识具有重要的财政意义。

旅行速度

熟悉路程，旅行速度就能更快，特别在本人旅行时更是如此。如
上所述，使用驿传服务的人有期限以及使他们如期到达的设施。私人
旅行则没有。晚明路程书籍的问世提高了私人从一地到另一地旅行的
效率。

在明代，旅行者行进速度不一，这要视采用的运输方式和到达目
的地的紧迫性而定。在江西理学家和制图学家罗洪先的两篇游记中，
我们可以得到一个人旅行步速的概念。[①] 在第一篇游记中，罗洪先描
述了他于 1539 年从南京至扬州一带乘船的旅行。他写道，从镇江至
南京以东长江边的龙潭驿用了一天半（距离为 60 公里）；从龙潭到仪
真用了一天（30 公里）；从仪真夜间摆渡至扬州用了一夜（40 公里）；
从扬州至泰州用了两天（60 公里）；从六合到全椒用了两天（75 公
里）。罗洪先的描述说明，他旅行时没有在沿途观赏，而是从一地到
另一地，不过也没有很大的时间压力。罗洪先是以便捷的步速旅行，
既不闲逛，也不赶时间，每天能行进近 35 公里。他的旅行速度稍慢
于崔溥从宁波至杭州的速度，当时崔溥一天行 43 公里。但是崔溥的
护送人员必须采用更紧迫的日程表，而罗洪先的旅行则没有期限，只
是想适当地享受一番。

在第二篇游记中，罗洪先详细谈了 1548 年夏他与友人在江西赣
江旅行的经过，地点正在利玛窦翻船的天挂滩下游。他说他用了八天
从吉安沿江而下至新淦，行程 140 公里；新淦至丰城用了五天，行程

---

① 罗洪先的《念庵文集》第 5 卷包括两篇游记：《东游记》和《西游记》（无出版日期，
1974 年台北重印）。本段和以下段落的距离取自黄汴：《一统路程图记》，第 2、49、
144、157、162、214 等页。

95 公里。从这两段旅程可以算出，速度一天几乎为 20 公里，大致相当于他在南京和扬州之间乘船速度的一半。差别的部分原因是，赣江与长江流域用旧的运河网络相比，航行更加困难。罗洪先在 1539 年之行较快的原因，也可能得益于他是出官差，可以利用驿传服务，而在 1548 年他是私人旅行。例如，他在第二篇游记中没有提起驿站，还提到从新淦至丰城之行坐了商船。

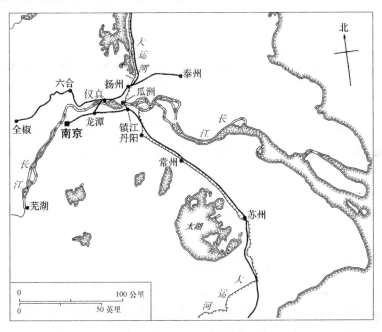

地图 10 - 10　1539 年罗洪先行程图

　　旅行进行得不像罗洪先游记中所说的那样顺利。应该注意的是，他在长江地区冬季旅行的每日 35 公里的速度没有包括因不能启程所丧失的时间。特别在冬季，旅行因恶劣的天气条件，可能会随时中断。例如，罗洪先提起逆风使他从扬州乘坐的西行船不能抵达目的地；还提到一个月后扬州的大雪中断了该区的一切船运达四天之久。[①]

---

① 罗洪先：《念庵文集》，第 5 卷，第 3a、15a 页。

明代作家徐弘祖（1586—1614 年）留下了他的详细的游记。游记的篇幅与旅行速度说是不成比例的，因为他主要着眼于研究，而不是行程的时效，但是他的确进行了一次有效率的旅行，这也是他的最后一次旅行。他在云南中部逗留期间得了病，在 1640 年夏天被当地知府送回长江口江阴县的家乡知府为他提供了一座轿子和旅费。他远抵距离约为 4500 里（2600 公里）的武昌。轿夫用了 150 天走了这段距离，徐弘祖的陆上行速一天大致相当于 17 公里。1420 年波斯使团的行速一天为 30 公里；相比之下，徐弘祖的旅行速度按驿传的标准是缓慢的，不过他的行程受到了崎岖的地形和他本人生病的限制。他到了武昌，当地一名官员给他提供一条船，并让他沿长江而下直达江阴。他仅用了 6 天走完了将近 3000 里（1700 公里）的路程，行速大致为 280 公里。①对比之下，1488 年崔溥在大运河的行速在 49 至 61 公里之间。长江的下行航行显然是中国最快的长途水上航线。

知识的传布

在明代，知识的记载和传布有多种形式：口头形式（记入文本只是为了便于记忆）；向个人传布信息的文字形式；为了尽量广泛地扩大知识覆盖面而进行复制的印刷形式。明代大部分中国人是文盲，但这并不意味着他们不能获取文字和印刷形式的知识。文牍、当众布道和口头传达成功地降低了大部分不识字的民众与文字和印刷书籍之间的障碍。口头的、文字的和印刷的形式的知识不一定是组织和扩散知识的有先后顺序的步骤。它们可能是，但不同形式的知识要服从不同的传布方式，某一种传媒对某一种信息更为适用。

行政体系敏锐地意识到与民众交流的必要性，也知道交流不可能单纯依靠文字。例如，当一名文盲要在县衙门打官司，他应当把案情

---

① 返程的详细情况见吴国华所写的传记，载徐弘祖：《徐霞客游记》，第 1189 页。距离根据黄汴的《一统路程图记》，第 2、31、70—71、188—189 等页；里程都为近似数。

口授给衙门的书记员，由后者笔录在"口告文簿"上。[1] 当皇帝要向百姓宣告其意图，就以文本分发给地方官员，命他们交给属员向公众宣读，使所有的人都能听到和遵守。

1488 年高丽人崔溥访问中国期间，他对中国人的文化水平印象颇深。他深切地了解这一情况，因为他不会讲汉语，只能依靠书写进行交流。他看到许多人能阅读，甚至农村儿童、摆渡工和船夫，至少也被指望能识字。[2] 他没有谈到妇女识字之事，尽管有的妇女认字。在明代初期，妇女的识字大部分与跟随有文化的父亲学习有关。例如，何慧莲之父教她《论语》和《孝经》，他推迟女儿的婚嫁，直到 20 岁，才把她嫁给一名穷书生；她还卖了自己的饰物，购书送给穷书生。[3] 总兵程凯之女 1393 年出嫁时年 17，她受到更高的教育，据说她精通《尚书》和《史记》，而且面容端庄。[4] 在精英分子的狭窄圈子之外，看来很少妇女达到了能掌握基本用途以上的文化水平。洪武帝在 1372 年发现了这一问题，于是他派宦官至苏杭，征召识字妇女到后宫任职，教导其妃子。44 名妇女因此被选送至南京。但只有 14 名通过了为她们命题的文字测试；另外 30 名被定为文化程度低于所要求的水平，被送回家。[5]

明代识字范围的大小可以从出版业的规模反映出来。晚明出版书籍的种类之多是中国前所未有的。这种发展取决于许多因素：识字的人更多；对赖以考取功名的典籍知识有更大的需要；对著述（和阅读）非经典的书籍有更大的兴趣；图书的商业市场更加扩大。意大利传教士利玛窦出生在一个印刷刚开始影响知识和使拥有任何数量的书籍成为可能的文化氛围之中，他在进入 17 世纪之际对"这里有大量

---

[1] 《大明令》，收于《大明会典》，第 177 卷，第 1 页。
[2] 梅斯基尔：《崔溥日记》，第 155 页。
[3] 刘梧：《惠州府志》（1619 年），第 10 卷下，第 90b 页。
[4] 《琼州府志》（1619 年），第 10 卷下，第 93b 页。
[5] 祝允明：《野记》（1511 年），收于《历史小说》（上海，1940 年），第 12a 页。以后的皇帝就较少关心宫中的识字问题。1423 年征召贞烈寡妇教导永乐帝后宫的妃子的条件是这些寡妇应无子女，而不是识字。不过与识字问题一样，这项限制在同年放宽了，只规定她们不得带其子女入宫。

书籍流通，而且售价低得出奇"的情景惊讶不已。①利玛窦没有夸大其词，因为在利玛窦在华期间出版的书籍的确在"那一代人中流通"②。但是出书的繁荣只是各种知识的记录比中国历史中以前任何时代更加频繁、传布也更经常和广泛的一个标志。

国家文件的传送

明代在官僚机制内部和向整个社会常常传送信息。洪武帝，特别在他统治的第一个10年，源源不断地向官民发送官方文件，教诲他们要各尽职守。为了确保文件真正传送下去，《大明律》规定，隐匿文件要以重竹板责打80下，洪武帝在位后期，对下达的诏令未能取得预期效果表现得更加不安，于是在1385年的第一部《大诰》第六十条中，把这项惩罚改为凌迟处死。

洪武帝下达的种种指令给交通通信增加了沉重的负担。指令和典范必须下发，而各地的反应必须收回和加以处理。为了解决这一负担，1370年洪武帝设察言司，它的任务是接受全国各地官员的奏议，再转呈皇帝。1377年的阴历七月，察言司被扩大和升格，更名为通政司。在上一月，皇帝已诏告天下，官民如有重大事务，都可以奏告皇帝，他将亲自过目。（事实上，平民只在弹劾地方官员时才向皇帝奏本，而且确实奏过。）③通政司可能已被扩大，期待这份诏书会加强与皇帝的沟通。当通政司收到一份奏本时，就复抄一份，原件呈送皇帝，副本转交都给事中。皇帝阅读奏本后，就相应地作出批示，然后把奏本和批示交都给事中转有关部门处理。因此，通政司在君民沟通的渠道中处于关键的地位。通政司如不能把收到的奏本呈报皇帝，将被视为严重犯罪。有一次，当永乐帝发现几件涉及小事的奏本未转呈给他时，就大发雷霆。"盖天下交，则泰，不交则否。自古昏君其

---

① 路易斯·加拉格尔英译：《16世纪中国：利玛窦行记，1583—1610年》（纽约，1953年），第21页。
② 孟俊：《光州志》（1660年），第9卷，第23a页。
③ 例如，见《明史》，第7189、7191、7193、7215等页。

不知民事者，多至亡国。"①

京城的官员可以用另一条渠道递呈奏本。他会获准直接把奏本送到会通门的宦官办事机构中，而不必经过通政司。好处是完全保密。正如黄仁宇指出的那样，直接向皇宫递呈奏本，意味着其内容在皇帝把它们连同作出的决定发给给事中之前，一直保密。与经过更具渗透性的通政司呈报给皇帝的文件不同，"个人的请求及其内容一直保密，甚至上奏本官员的上司也不知道，许多争议都是由后一种奏本引起的"②。

奏本经皇帝过目后，就连同其批示被编入朝报。朝报的摘要就准备印在《邸报》上。《邸报》是把朝廷大事传布给整个行政机制中的官员的出版物。《邸报》中最主要的部分是奏折和诏书，但它也报道一些与国事有关的内容：皇帝的活动、官员的升降、军务及自然灾害。自然灾害的报道虽然简单，但它们在这样一种文化中隐隐地具有最大的影响：自然活动的失调被认为是对皇帝行为的裁决。③

除了君臣之间沟通，明代国家还要处理其他种类的文件。中央对财政资料归档的需要很可能造成数量极大的文书记录，它们必须在地方政府和京城之间搬运。1391 年当洪武帝命令地方官员要确保其辖地所有的户都应如实地按里甲制登记；他下发给地方官员一种标准的登记表格，下令抄录和刻在印版上。根据当地的一个户填写的标准格式，并确保它适用当地的实际情况后，知县就刻印表格，发给县内各坊的村级官员。表填完后就回收到知县那里，他随即装订成册（称为黄册）。人口普查的法令要求这些税册的副本每 10 年送交南京的户部一次。税册经核对后转到后湖专门建造的库房保存。按照这个制度的要求，簿册的保存数量是巨大的。1550 年户部志记载，明初户部收

---

① 引于尹韵公：《中国明代新闻传播史》（重庆，1990 年），第 28 页。

② 黄仁宇：《平淡的 1587 年：衰亡中的明王朝》（纽黑文，1987 年），第 15 页。

③ 虽然至今没有邸报留存，但一名晚明的匿言编纂者保存了 1573 年至 1617 年期间邸报的摘要，见《万历邸抄》（万历年间；台北，1963 年）。尹韵公在《中国明代新闻传布史》中对明代邸报进行了研究。

到 53393 卷，所指的这段时期大概是 14 世纪 90 年代。①

私人文书的传送

如同两类国家文件（沟通类和记录类），明代流通的文书也分成两类：一类旨在传布信息，如信函；一类旨在保存信息，如契约。

信函广为收发，这在明代著作中频频出现收发信函的内容中可以看出。总的来说，信函既不是即兴写的文件，也不是私人文书，它们常常被保存下来，作为作者文学收藏中的写作精品，特别在晚明更是如此。与任何书籍一样，信函也沿用传统的体裁和风格。在元末和明代，希望写出典雅的信函但又没有受过这方面训练的文化较低的人可以利用写信的指南，它们或独立成卷，如明初的《翰墨全书》，或作为通用工具书中的一个部分，如元末的《启劄青钱》。这两部工具书被大量翻印、改写和印刷。它们的流行，证明信函已在日益增加的识字人之中流通，也证明识字已能使社会的交往更加依赖文字：在整个明代，能读和写的私人队伍正在扩大。

信函一旦写成，就必须发出。传送它们的公共机构还不存在。驿站和递铺都只传递国家的通信。信使不准递送私人文书，不过当然有有偿服务的情况；这意味着国家正在间接促进私人通信。前面已经谈到的罗洪先 1539 年的游记几次提到寄私人信件之事。其游记的开头说，当他到镇江时，他收到在驿站等他的哲学家王畿（1498—1583年）的信。王畿在南京的兵部任职。由于罗王二人已在 7 年前相遇，罗洪先可能已在两个半月前（他出发前）在家中写信给王畿，告诉王他将经南京前往北京；也可能王听说罗即将赴任，就亲自写信留住途中的罗洪先。王畿的地位容许他使用驿站送信。罗洪先收信后就沿江而上，到离南京 50 公里的龙潭驿，并于次晨写信，这一次他让送信人送去。这段路程手递信件是办得到的。碰巧王畿也写信派人送来，但恶劣的天气使两名送信人彼此错过。次晨，王畿因联系中断，就亲自到龙潭驿迎接罗洪先去南京（罗洪先后来在扬州时，收到西面 160

---

① 《南京户部志》（1550 年），第 5 卷，第 15b 页。

公里之遥的全椒的一位友人的信。可惜罗洪先没有说明信是如何收到的，只是说来信邀访）。①

短途的信可由仆人送去，但长途的信必须由友人代劳，或者更可能由去目的地方向的客商送交。徐弘祖在其游记中多次提到长途信函之事。在去云南的长途旅行之初，他在 1636 年 10 月 22 日访问苏州友人陈继儒（1558—1639 年）。陈继儒乘这难得机会，写信给他相识的云南鸡足山的两名僧人，请徐弘祖交给他们，徐照办了。在旅途中徐弘祖还发回给自己亲友的信。在停留在贵州西部边缘地区寻找一个搬运工带他进云南时，他得知一名湖广商人即将返回他的原籍省份时，他给商人一封寄给他叔叔的信。大概他指望商人直接到长江后，再托人将信沿江而下带到江南。②

尽管信不一定能送到，但在明代，人们对信能送到目的地抱有信心。人们可以从清初江南以商业目的出版的诗信集的编者通知中得到这样的印象。例如，1663 年在杭州出版的一种标准尺牍汇编中登有一个通知，要求读者将有趣的信寄给出版商，以便收入续编，续编在 1667 年和 1668 年按时出版。编在续编的信是否为对这个通知的反应，则不得而知。有的信本身就是私人通信的进一步的证明。在第二次续编中，一名女画家写信给一个女编者，建议不必见面就可以组成一个志同道合的女诗人团体，办法是在春秋的节假日互寄诗篇；她还想知道，这些诗可否寄给编者编成诗集。③

对指导明代生活有重要意义的另一种书写的私人文件是契约。正像政府依靠黄册之类的文书去记录土地所有权和税赋评估那样，平民也对买卖和财产抵押保存自己的文字记载。这种契约具体注明交易的财产的数量和地点，以及价格、条件和出售后的结果。契约上载有买卖双方和几名证人，以及契约书写人的姓名。各方在其姓名下签名或

---

① 罗洪先：《念庵文集》，第 5 卷，第 1b—3b 页。
② 徐弘祖：《徐霞客游记》，第 94、95 页。
③ 《尺牍新语广编》，引于埃伦·威德默：《17 世纪中国书信界的才女》，载《晚期中华帝国》，10，第 2 期（1989 年 12 月），第 9 页。我要感谢多萝西·郭，因为她提请我注意妇女通信之事。

盖章，以确认这份文件如实反映交易的情况，文盲可以简单地画一"十"字。土地契约不是明代的发明，但只有从明代起的土地契约大量流传至今。

契约大量在徽州府流传，徽州雇佣农业劳动力的劳作与那里富商辈出一样有名。至今中国的研究人员已经收集到685份从明代起的地契，时间跨度从1400年至1643年。相比之下，只有2份宋代契约和10份元代契约留存。1400年以后契约留存的情况并不表示1400年前明初开始的作为保存和沟通经济交易手段的地契就不普及了。但是可以推测，保存文字形式的经济交易比以往更成了一种规范的行为。

现存最早的明代徽州地契订于1400年，它记录了休宁县出售0.848亩土地的交易。[①] 上面有卖主、其姑母、叔父、证人及契约书写人吴志高的签名。吴志高称他是根据口头证言写下了这份文契。没有留下这名书写人的其他文字记载。他的名字没有出现在那时保存下来的其他休宁的契约中，他也不是其他著作的作者。吴志高虽然能写，用的是老一套的格式，即其他地契使用的套话。但他也不是一个机械的识字人，因为他必须加进反映特定交易中具体情况的材料和改变契约的格式以容纳这些细节。吴志高不会是休宁县惟一的契约书写人。事实决不是这样，休宁县与其他县一样，一定有数十名这样的人来满足文字记录的需要。因此，吴志高是明初期好几万职业文人之一，他们在促进经济生活文字化过程中扮演了不可缺少的角色，并且通过偶尔保存下来的他们所书写的脆薄的文书才被人所知。

当众宣读

虽然明朝认识到文件的重要性，它也知道把书写的和刻印的文字转化为口传形式以便向全民传达的必要性。为了便于向群众传达，洪

---

① 中国社会科学院历史研究所徽州文契整理组编：《明清徽州社会经济资料丛编》（北京，1990年），第2卷，第19页。

武帝要求全国各府县的衙门在邻近建两座宣读亭。还可以在县城外的中心地（如集镇）另建两座亭子。旌善亭用来宣传有模范道德行为的当地平民的善举，其方式是张榜公布他们的姓名。作奸犯科者的姓名在申明亭宣示，以示警戒。申明亭又是解决争端——特别是门户之间婚姻方面的争吵——的场所。[①] 这个宣扬正确价值观念的场所可以由知县主持，也可以由地方的长者负责。[②]

为两座亭子所制定的仪式没有传下，亭子本身也没有保存下来。晚明时期有的知县毅然以重建亭子为己任，希望重振开国皇帝想像的那种商业社会以前的道德秩序。例如，广东定安县的申明亭在 1578 年被重新建造，在 1582 年被安置在新址；可是 35 年以后的府志却记载它被弃而不用。[③] 缺乏使群众必须到亭的有说服力的和强制性的必要措施，这就削弱了国家在这些场所持续地宣传道德价值观的能力。

地方官员可以不用这种形式而通过公开的教导，向其所辖的民众（通常是地方的精英）宣讲。例如，1530 年扬州的知县建造了一座他称为亲民观的建筑，以便于教导和教学。[④] 可惜不知道知县委派何人进行教导，不过讲学者可能是县内的士生。其他知县在需要时利用公开讲话与整个地方精英沟通。1532 年，广东琼山的知县希望振兴当地的学堂，在孔庙召集琼山的士绅，就此事对他们讲话。这样，他既能赢得他们对此事的普遍支持，又能点名表彰同意进行这项工作的人。[⑤]

1459 年至 1465 年在河南固始县任知县的一位办事认真的举人选用自己所作的《劝农歌》与民众——不仅仅与士绅——接触：

---

① 关于申明亭解决婚姻争端的事例，在《河间府志》第 4 卷第 5b 页提到。
② 关于地方长者使用申明亭的材料，见包瑛：《固始县志》（1659 年），第 3 卷，第 6a 页；关于设亭于集市，见第 3 卷，第 14b 页。
③ 《琼州府志》（1619 年），第 4 卷，第 30b 页。
④ 程梦星：《扬州府志》（1733 年），第 13 卷，第 12b 页。
⑤ 李照、蔡藩：《琼山县志》（1917年），第15卷，第 18 页，根据霍韬（1487—1540 年）在广东家乡悼念其母时所立之碑。

> 劝汝重孝道，
>
> 劝汝睦邻里，
>
> 劝汝勤耕织，
>
> 应随遇而安。

歌词的目的是重申社会秩序和每个人在其中的地位：

> 穷儒有书读，
>
> 农民有地耕，
>
> 工商守其业；
>
> 无论在何处，
>
> 均勤其本业，
>
> 汝离或汝留，
>
> 无恨又无妒。[1]*

　　登载此歌的 1659 年版县志没有说明歌词是如何传达给民众的。但是我们知道，民众知道歌词，因为两个世纪后有评论说：民众至今仍能咏唱。[2] 作者本人能否以当地听得懂的方言歌咏？对他来说，掌握那里的方言不很困难，因为他是位于河南正东的南直隶省和州人。他在固始工作勤奋，改善了诸如灌溉、办学和造桥等大工程。如果他不能有效地与地方士绅和农民沟通，这种积极性是难以持久的。

　　明代的方言在许多方面有难以克服的特征，在地区内和地区间、阶级之间以及城乡之间都是如此。一部海南岛 1619 年版志书的编者指出，当他注意到当地的方言时就能发现方言表现出的这三种特征：当地有官话和中区（指华北）的正规方言，士绅和城市居民能讲与之相近的话，但在农村无人听得懂。换句话说，海南的上层和城镇居民能讲地方官话，以此区别农村和下层阶级的语言。但受良好教育的人可能感到，他们讲的官话和华北的官话存在差距，这反映了一种他们

---

[1] 包瑛：《固始县志》（1659 年），第 10 卷，第 31ab 页。（＊歌词根据英文译出。——译者注）

[2] 包瑛：《固始县志》（1659 年），第 5 卷，第 37a 页。

难以逾越的社会障碍。通过讲另一地区的语言，他们不但参与了朝廷倡导的标准语言计划，而且可以克服自己作为南方人被排除出这种主导地位的乡土意识。编者随之注意到另一种方言：东部方言。他说，这种方言与福建方言接近，这反映了福建人沿海南下的事实。除这些方言以外，区内还有少数民族黎族的语言；根据不同的地理历史，它又细分为海南黎族讲的土话和显然是广西省黎族讲的西江方言。甚至人人都讲的方言也有其等级性，因为编者认为，府城讲的语言是标准的，它逐渐影响到所有村落的方言。① 因此，海南的方言因城镇和乡村间的地位因素而不同，这种现象在整个明代是普遍存在的。有趣的是，编者在结束这篇论方言的短文时表示了对黎族在当地语言中持续的——他认为是侵蚀性的——影响的关心。如果士绅要保持精英和平民之间的界线，他们就更要努力坚持一种观点，即汉族与非汉族之间的差别是一条必须保持的必不可少的社会界线。土著语言在公开的（汉语）交谈中没有地位。

公开张贴的榜文

国家和民众同样都接受文字交流的权威性，随时都可能利用文字交流去发扬对他们有利的思想。百姓在墙上涂鸦，或在明显之处张贴告示或招贴，向一般公众和国家在当地的代理人表达他们的观点。这些文告的有效性并不完全依靠识字的面。大部分民众与这些面向公众的文告的关系不是阅读的关系，因为多数人不识字。只要有一人能阅读这些文告，并把其主要内容传达给他人，文告就生效了。同样，张贴榜文既传递具体的信息，至少又向当局表达要求（或向当局挑战）。

徽州府休宁县知县周德成（1339—1391 年）的事例是明初榜文所起作用的例子。周德成在任期第七年因一张贴在当地衙门门口的匿名榜文的指控而被捕。县内 30 名士绅组织起来支持他，并赴南京朝廷为他说情，他才未被定罪。② 对周知县的政策和措施，休宁百姓意

① 《琼州府志》（1619 年），第 3 卷，第 83a—84b 页。
② 曾道尔夫：《中国地方历史的变化和延续》，第 89—90 页。

见不一。反对他的人不能压倒士绅的意见，所以只能采用匿名张贴的方式去破坏周德成的名誉。从这件事看，张贴表达了被排除在官方或士绅交流渠道之外的观点。

地方官员是公开宣告榜文的倡导者。榜文有的是他本人写的，有的是上级通过他进行传达的。这些公告对他的工作至关重要。他要传达所有方面的信息：历法和节日；收税日期和方式；市场的章程；新的政府规章等等。但是公告的内容扩大到超过关心实用的范围，还可能包括道德的说教和告诫。说到底，榜文不仅仅是为了向民众传达信息，而且也是为了适当地显示地方官员施政的形象。为了维持辖区的治安和确保稳定的税收，地方官员发现，使百姓相信良好的社会秩序同样要依靠官员和百姓的道德行为这一点很有用。公告、警诫和褒奖的文告有助于完成这项任务。对采用这些方式的人来说，表示他们意见的优先方式是把这种文字镌刻在石碑上。如同榜文，这些要长期保存的文字只能在一个地点向外传达，但也另有优点，即能长期传布。如果士绅面对反对他们的榜文而不能控制当时的形势时，他们总是把观点留在石碑上，以左右未来的舆论。这些镌刻的记载可使人们从中得知许多信息，它们揭露许多歪曲当地政治生活的争夺地方资源的情况。碑文把社会的景观文字化了：确定哪些地方的风景为重要的景点，从而告诉当地民众哪些地点和机构具有特殊的文化价值。它们提供已故地方名人的传记，以便追念他们对当地社会的贡献——同时也不使其贡献在公众记忆中消失，从而使后代能受惠于其先辈的权威。它们记载了修建当地建筑物的经过，承认那些捐助人的投资和从中获得的象征性的资本。它们登记公共机构受托保管的财产（有时不但包括地块的清单，还附有简图），以防这类土地被非法征用。石碑还能用来劝告或警告当地民众，要他们不要习以为常地从事不道德的或非法的活动，这种劝诫几乎总是由地方官员作出。

印　刷

在亭子宣读，或在衙门墙上张贴文字，或是刻石，都是在目光所及范围内的传布，不管信息多么有效地传给百姓，朗读和手写的文本都受到缺乏流通性的妨碍。只有经过誊写和刻印以后，这些传布形式才能在明代真正大规模地和数量日增地进行。印刷的使用，对国家来说肯定是一种重要的传布手段，对平民来信，也是一样。到了明代的最后一个世纪，印刷（不是官方命令）正在决定哪些思想可以公开交谈，以及决定它们如何流传。

明代的印刷绝大部分为木刻印刷：把文字刻在木块上，再把纸放在涂墨的木块表面取其印记。木版印刷已被使用许多世纪，技术普通，比较简单。有的明代印刷者使用活字，这是一项中国印刷者早在 11 世纪发展起来的技术，但一直未被推广。[①] 虽然把一本书的文字刻在木块上的最初成本大于用一个个活字印刷的成本，但刻印被认为是较好的长期投资，因为文字一旦刻成，书就可以连续地被重印，而活字版的书一旦活字被用作他用，就需要重排。此外，刻字者不像排字工，不必识字。他只要沿誊写人写在木块上的字（反方向的）的边缘刻制就行。只是储存的成本不利于木刻版的流行，但在明代，人们对此似乎并不在乎。

由于刻印是比较简单又不昂贵的技术，它在明代被广泛用来复制希望保存下来的文字记录。例如，在一个广东家族的家规中可以看到这种情况，它建议，家族成员不但要保存家族坟地的抄本，还要刻印坟地地图。[②] 印刷被建议用来预防以后几代家族成员根据家族长辈所持不同的记录提出关于坟地的财产要求，因为刻印的地图都是一样的。

明代充分利用印刷能力来复制信息。例如，工部在每 10 年一次

① 明代这方面和其他方面的印刷的概述，见吴光清：《明代的印刷和印刷商》，载《哈佛亚洲研究杂志》，7，第 3 期（1943 年），第 203—260 页。又见钱存训：《纸张和印刷》，载李约瑟编：《中国科技史》（剑桥，1985 年），第 5 卷第 1 部分，第 172—183、211—215、262—269 等页。

② 引多贺秋五郎：《宗谱的研究》（东京，1960 年），第 608 页，英译文载帕特里夏·埃伯利编：《中国文明和社会史料集》（纽约，1981 年），第 166 页。

的人口调查之前分发标准的表式，供地方官员在编制黄册时使用。[1]
工部还印刷盐茶专卖用的执照（引）。这些引在南京的国家工场用铁
板而不是木块印刷，因为木版不适用于所需要的那种生产规模去供应
足量的引；茶引一年需要 15 万张以上。印刷盐引的劳动力来自 54 家
苏杭工匠，他们被强制迁至南京，在皇宫附近工作。据推测，他们是
有技术的印刷匠，可能还是铁工。1421 年，印版和工匠被送至北京，
在那里继续印刷，但六年后，两者又被转回南京，从此南京一直是盐
引和茶引的印刷中心，直至明朝灭亡。印刷工分两班工作，一班印刷
引，一班点数并在上面加盖官印。用于印刷茶引和收据本（即底簿，
颁发茶引加盖官要与之核对）所需的纸张的成本，必须算在茶引批
验所所在地的县的预算内。纸张由地方购买，然后运往南京，引在南
京的国家工场印刷。[2]

　　说明明初印刷工的普及和技术的一个标志是造假者能够伪造国家
的印刷品，其中值得一提的是伪造洪武帝时政府发行的纸通货。假钞
被大量印制，据说只有最敏锐的人才能分辨真伪。洪武帝的皇太子朱
标（1355—1392 年）被任命监督纸钞的发行，据说他特别擅长追查
伪钞。[3] 同样的问题也折磨着茶的专卖，因为茶引与货币一样值钱。
每份茶引上印有伪造会带来可怕的后果的警告和举报可获得丰厚赏金
的字样：凡伪造茶引者处死，财产没收；凡举报并逮捕伪造者归案
者，奖银 20 两。[4]

　　印刷又是一项明代地方官员指望加以利用去复制表格的技术。户
籍登记和土地登记的规定要求他需要的登记表格在当地印刷，而造表
纸张的费用应用里甲办事人员征收款项中的一部分支付。印刷的表格
填写后，它们就立刻被装订成册（户籍表被装订成黄册，土地资料
订成鱼鳞册）并在南京存档。两种簿册给县添加了大量抄写负担，因

① 韦庆远：《明代黄册制度》（北京，1961 年），第 23 页。
② 谢彬：《南京户部志》（1550 年），第 12 卷，第 40a 页；第 14 卷，第 36a、38b 页。到
　　1550 年，其中 21 户继续印茶引。
③ 祝允明：《野记》，第 10a 页。
④ 谢彬：《南京户部志》（1550 年），第 12 卷，第 39a 页。

为完成这种文字记录需要一批有文化的人。一部广东的地方志指出，地方官员为了编制其县的黄册，必须在镇一级任命几名吏书，在县一级任命一名总书进行誊写、校对和汇总材料等工作。在村一级，每个社区必须从中选出一名能写会算的人充当书弄。[①] 在明初，一名地方官员似乎能指望征召足够的有文化的人去制作黄册。对地方官员来说，收集户籍和土地资料，把它们整理成便于寻找的顺序，并抄在主表上，不仅仅需要文化，而且需要印刷、装订和书籍存放等方面的技术。他必须雇佣印刷工和装订工，并要维护或建造县的档案处，以便存放全部文件。

国家出版活动

洪武帝清楚地认识到，他生活在一种印刷文化之中，并了解利用印刷文化可以使思想在社会中方便地流传。皇帝并不想垄断出版活动，或像基督教改造运动时期的欧洲在面临新技术时那样管制出版者。[②] 他选择印刷，把它作为一种手段加以利用，以使他可以看到他赞成的思想能比利用其他手段更有效地被传布开来。洪武帝出版的书籍大致可归并为五类。

第一类为儒家传统的学术典籍，官办学堂的学员需要铭记在心。皇帝认为《易经》的正确文本应该是朱熹注释的程颐版本（程颐所著为《易传》。——译者注）；他宣称，《诗经》的正确版本应是朱熹的版本等等。一部典籍的哪一种校订本被他（更确切地说，被他的几个顾问）定为正确的版本，与其说与该文本在历来关于版本的学术争论这一老问题中所定的地位有关，不如说是出于在其中选定一种（任何一种）版本的需要。官方版本的典籍的出版，可以使皇帝树立一种他认为可以支持其社会秩序观点的知识标准，另外还可以消除许多世纪流传下来并有讹误的文本中内容的不一致，这样，全国学员使用的版

---

① 蔡光明等：《琼州府志》（1619 年），第 5 卷，第 66a 页。

② 蒂莫西·布鲁克：《18 世纪中国的监察制度：书籍贸易一瞥》，载《加拿大历史杂志》，23，第 29 期（1988 年），第 179—180 页。

本就能众口一词，而且将一直众口一词。各文本之间的差异就不能被用来对国家的权威提出质疑。

洪武帝出版的第二种书籍是明朝司法、行政和礼仪方面的手册，国家出版这些书籍的目的是告诉官员在任期内如何治理其辖地。第一部文书是《大明令》，根据中国的先例，此书出版于王朝的第一年。随后出版的有《大明集礼》和1371年版的《宪纲事类》。洪武朝最重要的法律文书《大明律》最初在1373年至1374年出版，然后在1397年被重新修订成新的标准本。单独为军事编纂的《军法定律》可能也是在这个年代开始编的。其他许多律令随之问世，现列举两种：《诸司职掌》，它奉御旨在1393年编成；1396年版《稽古定制》，它为封爵官员规定应遵守的礼仪。

洪武帝朝廷颁布的第三种出版物是道德方面的书籍，其中有他用来指导社会而不是指导行政行为的个人训示。1380年冬胡惟庸事件后，他命朝廷学者遍览自《春秋》以来的所有历史文书，并选出贤良和奸佞之臣。他下令把他们分别编成两卷，亲自作序，广为分发。[①]关于他个人的训示，第一部是1375年的《资治通训》。然后是三部更为严厉的训示：1385年和1386年印刷和分发的《大诰》，1398年出版的《教民榜文》，这两部训示的目的是起到口头教诲的作用，向平民宣读，要求所有官办学堂的学员牢记（判刑的罪人能背《大诰》者可罪减一等）。但它们也被用作课本：各家各户即使不识字，不能阅读，也应有一本，以表示对王朝的忠诚。更有针对性的训示是《皇明祖训》。第一版在1373年出版，最后一版出版于1395年，训示是针对皇子们的特权和行为准则作出的。

第四种是洪武帝向精英分子颁发的书籍，为的是控制他们的交流形式。皇帝命宋濂于1379年编《洪武正韵》，以确定适用于诗词的音韵。由于诗词是一种正式的谈吐和讲学形式，确立音韵有助于树立写文章的定规，由此定出哪些公共交流的形式可以接受，哪些则不能。

---

① 其序重印于朱元璋：《明太祖集》（合肥，1991年），第310—312页。

洪武帝最后一种书籍的出版是为了赋予这位开国皇帝的机制的权威性。堪为这一类图书典型的是《洪武京城图志》，此书由工部奉皇帝命令在 1395 年印刷。根据协助监督执行帝命的官员的序言，这种简要的图志的出版，不是把南京作为另一个短命的地区性王朝的首都（南京过去就是），而是要把它作为会通四方、众民臣服的国家中心而置于中国历史中伟大首都的行列。这名官员宣称，图志必须保证城市的平面图不会遭到以前几个王朝的京师平面图的厄运而丢失。序言也流露了洪武帝对京都的长期性的忧虑；事实证明，忧虑有充分的根据，因为永乐帝登基后，就立刻迁都北京。①

以后几个继承人登基时，洪武帝时代的出书热情仍在继续。永乐帝命令重编儒家典籍，并定出三套配套的图书，即《五经大全》、《四书大全》和《性理大全》，把诸如朱熹的《家礼》等主要的后期典籍编进了大全。这些钦定的修订本是生员在科举考试制度中必须通晓以便出任公职的基本读物。不但儒家典籍，而且佛道经书也奉命被重编，经永乐帝批准出版。明代的《道藏》在 1406 年被委托编纂，不过到 1445 年才出版。所谓的北方版佛教三藏经后来在 1420 年被倡议编印，但在 1440 年初才完成。除了这些宏伟规划，永乐帝还主持了几部单纯说教性的书籍，著名的有：《劝善书》，以其妻的名义在她 1407 年死后不久发行；1419 年的《为善阴骘》；1420 年的《孝顺事实》。这些书与其后继者宣德帝的 62 卷的《五伦书》这部大部头说教作品相比，只能算是中等篇幅的书籍。《五伦书》在 1443 年宣德死后八年，才被皇宫刻印。

永乐帝主持的最被人怀念、并且冠以自己年号的编书规划是编写《永乐大典》。这部共有 22887 卷的巨著是他在位第一年（1403 年）颁布的诏书的成果，诏书命令要保存现有的知识。第一部草稿在解缙

---

① 没有记载说明印了多少份。到 1492 年图志再版时，它是珍本。也许是主都迁往北京减弱了人们对南京的皇家历史的兴趣，以致无人关心此书。1492 年负责再版此书的官员坚持所有书籍爱好者都需要一本，但这个版本也没有重新树立其地位。只是 16 世纪 60 年代在归有光的主持下重新发现和再版此图志，它才得以流传到 20 世纪。

（1369—1415 年）的指导下完成，在 1403 年末呈交皇帝，但被发现不合格。永乐帝命令扩大规划，内容更丰富的汇编在 1408 年完成。这个规划之所以可行，部分原因是他父亲的藏书。洪武帝没有爱书癖好，但是他了解文字知识的威力，于是逐步建成一个宫中的大书库来控制文字知识。洪武帝给人的印象之一是，他是不时埋身于浩如烟海的藏书堆中的读书人。[1] 他的书库在元代的御书库基础上建起，当明军占领北京时，御书库未遭劫难，并被迁往南京。此后洪武帝诏告天下，全国留存书籍的抄本都要送皇宫。看来洪武帝的藏书计划没有被积极执行，因为 1406 年当永乐帝询问当时指导《永乐大典》编纂工作的解缙关于藏书的情况时，熟悉情况的解缙禀告说，书库所藏大部分书籍不全，并有散失。皇帝的反应是派人四出购书，并命令购书时不计代价。据推测，他急于购书，惟恐缺乏完成任务的必要条件。[2] 从现存的残卷中可以看出，《永乐大典》的编纂者似乎是根据收藏的大量资料工作的。例如，在论述地理部分关于北京地区的章节中，编者提到，这些章节的编写取自一些编者普遍引用的洪武朝的"图经志书"的材料。[3] 由于明朝几乎没有这么早出版的该地区的地方志（虽然多种在编写），编者一定接触到手抄本的地方史和行政文书，才能编写这个部分。

《永乐大典》从未出版，但上面提到皇帝主持编的其他书籍则出版过。明代几个皇帝不但要树立准则，而且还要加以传布，他们在宫内设立经厂。在那里印的书称官书，或称御制书，官员必须阅读，并且是官办学堂的基础课程。篇幅较短的书可能免费发给学堂，作为皇帝提倡的在全国向全民灌输信仰和行为标准的运动的一部分；但大部头的文集（大全），则必须在地方官员的预算内或由管教育的官员出

---

[1] 这种印象可以从他几篇序言中看出。见朱元璋：《明太祖集》（合肥，1991 年），第 296、302 页。

[2] 《明史》，第 2343 页。

[3] 例如，见缪荃孙：《顺天府志》（1886 年；1983 年北京再版），第 1、257 页。"图经"一词用于隋唐，指的是地方志的原型；"志书"一词较笼统地指有法律效力的行政文书。我见到的两词合用的惟一的地方志是 1522 年版的湖广省志，称《湖广图经志书》。

资。比如，五卷本的《为善阴骘》和两卷本的《孝顺事实》在 1492 年被"赐"给湖广慈利县的官办学堂，这一年它们刚开始分发。这个学堂可能是自动收到这些书的，也可能是地方或一名当地人慷慨捐赠的。宣德帝时期的《五伦书》的篇幅要大得多，它在出版后四年的 1447 年才被送到这所学堂。[1] 取得此书较晚，可能说明需要时间去筹得购书的预算资金。除了少数例外，各县学堂备有图书目录（有的地方志中可以看到这种目录），列有几乎每一种上述的御制书，军法书籍则除外。[2]

在以后几个皇帝统治下出版的书籍中，年轻的嘉靖帝（1522—1566 年在位）下令编写的两种书是突出的。嘉靖帝不愿把两件有争议的事件的裁定通过邸报传出去，就决定将其观点通过赞成他立场的文献汇编加以表达。第一部为《明伦大典》，它在 1524 年礼仪大辩论后的次年付印，目的是为他给未当皇帝的父亲以尊号的不得人心的姿态辩解。此书出版时原名《大礼集义》，后像《大诰》那样经重订和修补而成为 1528 年的宫廷本，并广为流传。嘉靖帝还采用同样的手法，在 1526 年监禁大争论以后把他对一些事件的解释付印。他下令出版一部类似的编纂本《钦明达狱录》为他对一名逃脱的叛逆的裁决进行辩解。

地方官员的出版活动

明代的地方官员与他们的皇帝一样，也投身于出版活动，把它作为一种扩大对其治下民众道德生活和社会生活的影响的一种手段。例如，皇如金在 1509 年任南直隶提学官时，他为该区高等文学作品的文风崇尚轻薄浮华而苦恼。皇如金洞察到——鉴于他受到儒学的熏陶，应该洞察到——背离正统的风格不但会败坏个人的写作形式，而

---

[1] 陈光前：《慈利县志》（1574 年），第 11 卷，第 14b 页。

[2] 例如，见郑庆云、辛绍佐：《延平府志》（1526 年），第 12 卷，第 7a—8a 页；张岳：《淮安府志》（1530 年），第 9 卷，第 10ab 页；《瑞金县志》（1524 年），第 3 卷，第 13a—14a 页；谢顾：《瑞昌县志》（1568 年），第 5 卷，第 6a—7a 页。我只在谢彬的《南京户部志》（1550 年）的"应用书目"（第 1a 页）看到引用"军法定律"。

且还会败坏作为被提升为国家公务员的士绅所特有的主要交流风格。儒家精神体现在规定的典籍中，其拥护者所受的培养是接受训练，根据规定的程序去写辅导性的文字（如预期在科举考试中写出的注疏之类的文字）。背离这一套模式，意味着对儒家传统的抵制，这至少在那些被指定去维护正统的人眼中是如此。皇如金对写作浮夸文章的反应是编一部从秦至宋的正统著作的大全，把书分发给该大区官办学堂的学员。①

皇如金这部书的对象是上层的精英分子。一名地方知县也可能出书，作为他提高道德和民风所作努力的一部分。对公众的行为，他可能主持出版概括正确礼仪的书籍，如同 16 世纪 40 年代琼州知府所做的那样；当时知府印发了《四礼节要》，以改变琼州的民风。1585 年继任的知府沿袭这一做法，出版了《谕琼礼要》。② 关于地方的生产，知县可能发行农业手册，如扬州县知县印发王祯的著名的插图本《农书》，以提高当地的农业技术。③ 在后一种情况，把技术传给文盲，插图是必不可少的，因为文本本身只有受过教育的地主才能看得懂。

地方官最坚定地主持出版的书籍是志。这种涉及县官辖地生活各个方面的正式记载，可以以县作为书名（县志）；或者可以集中论述一处名胜，如名山（山志）或名寺（寺志）。虽然志书有时是一名单独的个人的行为，此人有志于编写其故里的历史，或者想引起人们对当地某个需要投资的地方的兴趣，④ 但它日益成为一项公共事业，作为编者或出版者的地方官员也参与其中。河南的一名 1411 年科的举人在其子第一次出发就任知县时，在给儿子的教导中要求后者编印一部县志并把它出版。他认为，在任时出一部志书，既是一名好县官职责的一部分，又可为地方士绅提供良好的榜样，使之不腐化，杜绝酗

---

① 程梦星：《扬州府志》（1733 年），第 27 卷，第 20a 页，引 1523 年的府志。

② 《琼州府志》（1619 年），第 9 卷下，第 78b、80a 页。

③ 《扬州府志》（1733 年），第 27 卷，第 21a 页。

④ 例如，明初以仁僧人编了杭州城外龙井寺的一部志，希望鼓励后人重建此寺；汪孟钧：《龙井见闻录》（1762 年；1884 年再版），第 8 卷，第 18 页。

酒。[①] 在王朝初这么早的时期，县志实际上出版得很少，到了 16 世纪，全国才几乎普遍修志。

出志书给投身这一工作的官员带来的威望可以与给志书记载的县带来的名声相媲美。在一部志书上附上自己名字的愿望是如此强烈，以致万历年间广东省（海南岛）琼州府的府志（篇幅几乎有 1300 页，叙事下限约为 1619 年）不得不用整整四页列举声称参加修志的每一个人。在目录表前直接列出了编修者的姓名，为首者是主编修（副省提学官），后面是 4 名副主编修（知府、副知府、助理知府和府的司法官），再后的是 13 名编修（琼州各州县的知州和知县，会同县因当时处于交接任时期，未列其知县之名），再后是 10 名编辑（4 名府学堂的学官，1 名州学堂的学官，3 名县学堂的学官，其他两名是小县的县学堂教师和助手），最后是 3 名特约供稿者和 7 名撰稿者（府学堂的生员）。[②] 在这 37 人（应为 38 人。——译者注）中谁做了实际的编纂工作？幸亏主编修大度地在序言中告诉读者共有 7 名作者，他只列了 5 个人的姓名，其中 1 人甚至没有出现在上面的名单中，但其他 4 人则在名单中，他们是最后两名编辑（小县县学堂的教师和助手）和前两名撰稿者（都是府学堂的生员）。其他 5 名撰稿者和 3 名特约供稿者大概参加了实际工作。换句话说，前三页所列的姓名无非是美化这部志书的政治外壳，而最后一页的几人实际上才是撰写此书的作者。这层政治外壳仍是很重要的：它提供了促使这部海南岛志付印的动力和资金。清澈的现实音符在名单的末尾敲响，这里载有三名监督刻字的人的姓名，名字挤在文字的最后一行，字体只有其他人的一半大小，这与他们在金字塔形官僚机制中的低级地位相称：他们是陈经纶、黎文明和李德焕。

出版一部地方志的工作并不轻松。1536 年版《衡州府志》书末的题署指出，此书要刻木版 200 块，这项工作需要两名书写人、三名

---

① 孙铎：《鲁山县志》（1552 年），第 10 卷，第 9b 页。

② 《琼州府志》（1619 年）。

誊写人和六名刻字人（其中两对或是弟兄俩，或是堂兄弟）。[1] 为了支付人工、木块和纸张的费用，出书通常向地方士绅募捐资金，而士绅在书印就后就能取得一部。印数很少超过几百部，但木版被妥为保存，在需要时可以再印。1638 年 9 月中旬，当徐弘祖来到人烟稀少的云南省东南区的广西府治地时，他写信给知府索取一部府志。三天后知府回复说必须另外印一部。衙门有木版，但没有印好的书，不过要花些时间才能知道能否再找到一部。五天后由于徐弘祖的仆人纠缠不休，知府因耽搁而写信向徐致歉，说负责印书的书吏办事缓慢，在印书时损坏了几块木版，他答应当天下午送给他一部，结果书的确送来了。[2] 当一部书只是出于偶然需要才付印时，只有少数几部得以流通。看来这部志书就是这种情况，它没有流传至今。

学术出版活动

富有的士绅不但支持地方官员主持的出版活动，而且在明代他们愈来愈多地进行自己的出版计划。这些计划通常不是为了谋利，而声称是为了学术。例如，珍本书的主人在明中叶首先开始进入出版界，并安排出版这些书籍的新版本或抄本。像苏州人王延哲（1483—1541 年）在 1527 年就摹刻了一部珍本：宋代木刻版的司马迁的《史记》。他是从一个想把此珍本卖给他的人那里摹刻的。但他没有购买，而是向此人借了一个月，然后雇刻字工刻新木版印了几十部。当此人来要回珍本时，王延哲交给他一部复制书，以考验他能否辨认出来。此人未加注意，携书离去，但后来返回对王说，这部书确是宋版，但纸质不如出借的那部，所以查问是否出了差错。王延哲大笑，并向他展示了一堆书。我们相信，此人欣赏这个玩笑的幽默，并要回了原书。[3]

---

① 《衡州府志》（1536 年），第 9 卷，第 14b 页。

② 徐弘祖：《徐霞客游记》，第 687—691 页。

③ 吴晗：《江浙藏书家史略》（北京，1981 年），第 127 页。《明人传记辞典》第 1346 页根据另一史料，说王延哲摹写用了两年时间。

其他藏书家的图书出版规模比王延哲大得多。他同时代的巨富安国（1481—1534 年）除了出版同时代人（如艺术家沈周的诗）的作品外，约在 1512 年开始刻印他所藏许多珍本书中的精美版本，其中有的是用铜活字印的。安国所编之书非常严谨，很受欢迎；每卷卷首及每页对折处上端赫然印有他的姓名。[1] 因此，他对传布知识的贡献可以说不是没有私利；在这方面，他在同行中不是个别的。一本好书是件珍藏品，既有文化价值，又有商业价值。

晚明学术出版活动的一个重大发展是丛书的出版。有的藏书家不急于一部部地出版其珍本的摹刻本，而是汇集相配套的版本出版系列丛书。有的人还把自己的作品收入这种系列之中。例如，王文禄的藏书万卷的大书库在 1565 年焚毁，但在 1555 年他已出版了 50 种书，其中 12 种是他的作品。他仿效宋代丛书《百川学海》，给这些书起了一个丛书体的书名《九陵学山》。到 1584 年他又出了 50 种，其中多种又是他的作品。[2] 由于出版一部丛书所费不低，有的学者，如南京的司马泰（1523 年进士），把书编成而没有付印。司马泰编的丛书不下五部，每部篇幅在 30 至 100 卷之间。[3] 晚明出于商业目的刻印的丛书为《说郛》及其续编《说郛续》，二者在 1607 年至 1620 年期间第一次被一名杭州书商刻印。有的木版在 1621 年的杭州大火中烧毁。出版商就将剩下的木版卖给其他一些同行，后者又把这些木版刻书收入自己编的丛书中。[4]

晚明学术出版活动的另一个重要发展是自己出书，它以王文禄的出版活动为先驱。在明初，个人出版自己的回忆录、文章和随笔之事很少；这被认为是其后代应做的事。但在晚明，作者热情地自己出书，有时将其作品编成丛书形式。如果一名作者的一生著作数量多得（和滥得）足够编成几部书，他往往每次重复其书名，只加一个"续"

---

① 吴晗：《江浙藏书家史略》，第 132 页；《明人传记辞典》，第 11 页。

② 《明人传记辞典》，第 1450 页。

③ 吴晗：《江浙藏书家史略》，第 131 页。所编丛书之一《续百川学海》通常被认为是吴永之作，司马泰只扮演了主办人的角色。

④ 《明人传记辞典》，第 1271 页。

字，以与其他丛书相接。以旧丛书体例出版几部历史著作文集的茅坤（1512—1601 年）也在 1565、1584（一部续编）和 1588 年出版了自己的文集。他的家族在他死后据此编成全集。[①]但到明亡时，许多作者甚至等不到其作品积累到可以编成文集的程度，而是像艾南英（1583—1646）之孙所说的那样，他祖父是边写边出版。[②] 晚明的出版规模，使图书如洪水般地涌向读者群，促进了这个时代空前丰富多彩的学术氛围。

地图出版活动

明代地图制造业始于 1373 年，当时洪武帝诏令全国各区送呈地图，另附该区行政地理及地方物产的说明。10 年后，这一命令被重申，还要求附有更详细的说明。到 1385 年，根据这些材料编成的一幅合成的全国大地图上呈朝廷，但它从未出版。1418 年永乐帝要求再送一批地理材料，后经补充，这批材料在编 1461 年版《大明一统志》的过程中收入该书。遗憾的是，这部书中粗糙和标记不足的地图为官方制图学定了低标准；以后大部分志书都简单地沿用这种风格，在处理空间关系时的趋向是，象征性示意压倒了几何学示意。[③]

到了下一个世纪随着旅行兴趣的增长，学者们才开始把注意力转向地图，并以空前的规模出版地舆图。这个趋向随着 16 世纪前半期的几种著名地舆图的出版而开始。这些地舆图画的都是全国有战略意义的地区：北方边境和东南沿海。随着蒙古人和日本人日益频繁的袭扰，在嘉靖朝时期，地图制作成了集中注意国家边境政策的有用的方式。在绘制的东南沿海的地舆图中有《岭海舆图》，它是姚虞（1532年进士）在广东任监察御使时编成，其 1542 年版的序为湛若水所写。嘉靖朝时内容最为丰富的地舆图是郑若曾的 1561 年版《筹海图编》，

---

① 《明人传记辞典》，第 1046—1047 页。
② 引于布鲁克：《18 世纪中国的监察制度》，第 188 页。
③ 青山定雄：《明代地图之研究》（1940 年，林丝译成中文，1941 年；转载于《明史研究论丛》，台北，1985 年），第 2 卷，第 505—506 页。

它在前面论路程知识时已经提起。

在绘制的北方边境的地图中，最著名的是《九边图论》，此书由礼部的一名低级官员许伦（1494—1566 年）于 1537 年上呈皇帝，于次年出版。他后来晋升到兵部任职。4 年后，主管兵部征战的职方部门的魏焕（1529 年进士）把他的《九边考》呈给皇帝，同年付印。两书很快被认定为标准著作，屡被参考，多次重印。当隆庆帝在 1569 年命兵部尚书霍冀制作有参考价值的北方边境的地舆图时，兵部的职方部门参照许伦和魏焕的地舆图，编成《九边图说》，同年付印。但是霍尚书指出，《图说》并非战略地图。职方部门要边境军事机构送上它们自己绘制的地图；它们几经退回修改后，才被收入地舆图。为了赶上进一步的变化，兵部从那时起，要求边防机构每年上报变动情况①，目的是要每三年修正一次地舆图。

利用许伦的《九边图论》的另一个制图规划是编制《广舆图》，此书是罗洪先（在前文已提到他的两篇游记）在 1555 年出版。这是明代出版的第一种全面的中国地舆图。罗洪先说，他是根据朱思本（1273—1333 年）制作的大幅中国地图制成，不过他的地舆图中 45 幅图的比例和内容的全面性都超过了朱思本的图。罗洪先地舆图中还有一点与众不同：他使用了"画方计里"法，这项技术最初在 1261 年得到了验证。画方计里法是把准备画成地图的地域分别画成方块，逐一加以勘察，然后把分别勘察的材料编入总的坐标方格中。

把画方计里法应用到地图制作的人是一名广东学者，与朝廷无关。第一个企图应用罗洪先方法的人（似乎也是明代惟一企图应用的人）是叶春及；16 世纪 50 年代叶春及仍为学生时，几次北上江西去见罗洪先。由于罗洪先的介绍，叶春及才见到了许伦的《九边图论》，但他认为《图论》远不如罗的作品。叶春及对明代制图学的贡献在于他把罗洪先使用的全国比例的画方计里法往下应用到县一级：首先在

---

① 霍冀：《九边图说》（1569 年），第 1a—2b 页。霍冀把许伦的《九边图论》说成是《九边图考》。在许伦和霍冀本人的作品之间，霍还提到另一部边境地舆图《九边考》，此书是 1541 年魏焕在兵部主管征讨的职方部门任职时呈给皇帝的。

1573 年应用于福建的惠安县；又在下一个年代应用于广东的顺德县；最后在 1586 年又应用于其故里广东省的永安县。第一次应用是单独出版的，后两次则作为县志的组成部分。画方计里法未被广泛应用，直到 19 世纪，它作为与欧洲制图学竞争的土生土长的技术才得以复兴；但它的复兴是为了竞争，所以只能是昙花一现。尽管如此，罗洪先的地舆图被广泛地发行，在 1555 年至 1799 年期间至少出版了 6 版，这证明了晚明对善本地图的热情，也证实了有销售这类地图的市场。[①]

宗教出版活动

中国的印刷史是作为宗教史的一部分开始的。抄写佛经被认为是对抄写人有好报应的善举。印刷作为一种技术，它的发展加快了复制经文的速度，扩大了佛像和佛经在社会流通的范围。明代的佛教徒继续利用印刷技术去散发佛像和传布佛的教诲。这些物品很少流传下来，因为它们大多是用廉价纸张制成并供大众使用的传单和小册子。少数佛像已从 17 世纪流传下来，当时有些欧洲人偶尔获得，回国后就立刻在其出版的书中刊印，以满足好奇者。

佛教寺庙也积极地收藏和刻印书籍，尤其在晚明，寺庙收到的财政捐献数额之大，是 10 世纪以来所没有的。例子不胜枚举，现仅举福州一例就足够了。福州主要的禅宗寺庙万福寺在 1555 年屡受沿海海盗的侵袭而遭到破坏以后，在万历朝时被重建。1601 年该寺被完全恢复，住持就立刻呈请万历帝，要求赐一部御制的《三藏经》。13 年后，皇帝终于赐赠一部，同时还从御用金库中拨黄金 300 两，用来建造藏书的书库。由于此数不足以建成一座完备的书库，当时引退回故里福州府的大学士叶向高（1562—1627 年）为

---

① 关于对叶春及制图的考察，见蒂莫西·布鲁克：《16 世纪的地图绘制知识：叶春及的制图地名索引》，载《杰斯特图书馆杂志》（1994 年）。叶春及的永安县地图被胡邦柏（音）考察过，见《永安县志的地图》，载《杰斯特图书馆杂志》，6，第 1 期（1993 年春），第 85—100 页。顺德县志中叶春及的地图似乎已佚失；《惠安正书》和《永安县志》只留下单独的卷册，分别保存在东京和北京，不过前者在 1987 年在福州被重印。

僧人上了奏议，请求准许他们自行筹款以补不足。奏议照准，书库同年建成。万福寺还是活跃的宗教出版机构。从 1616 年直至 1637 年其寺志出版时为止（也许还要往后），万福寺至少出版了 18 种书，从正宗的宗教著作，如佛经和佛教大师的精选的箴言，到较"实用"的出版物，包括一本寺院日常生活应遵守规则的手册，和重印一篇论佛、道、儒关系的元代经典文章（估计拟在黄檗有名的士绅居士施主中间传布）。[①]

商业出版活动

不管有多少僧人、学者或官员从事出版活动，明代书籍的主要来源仍是出版商。他们做着红火的生意，这只有随着王朝的欣欣向荣和书市的发展才能如此。明中叶的商业出版活动之得到推动，部分是由于朝廷正在印书，几乎每一种宫廷本书籍的出现，商业的版本也立刻问世。御制书是重要的文本，而商业性的印书在很大程度上使得这种重要性在整个社会得以持续下去。[②] 据福建籍士大夫张岳（1492—1553 年）所言，再版典籍和宫廷版本这种商业活动，有助于确定一套大部分文人希望能拥有的官书的精髓。这一套基础图书包括洪武朝时代刻印的删节的儒家典籍、历代王朝的正史、《大明律》以及明代的典章。[③]

不像宫廷，出版商大量出版廉价的版本。他们提出各不相同的出

---

① 行玑、行元：《黄檗寺志》（1637 年），第 1 卷，第 2、24 页。手册为《比尼日用》（1633 年）；元代的文章为刘谧的《三教平心论》（1324 年；1637 年重印）。蒂莫西·布鲁克对刘谧之文作了探讨，见他的《综合精神的再思考：晚期中华帝国的三教合一及其共同崇拜》，载《中国宗教杂志》，21（1993 年）。

② 《五伦书》（1443 年）在宫廷本出现后七年，由北京刘姓售书商私人刻印。李贤编的《大明一统志》（1461 年；1965 年台北再版），可能是因它的部头太大，直到 1505 年才由慎独斋出于商业目的刻印成书；但 3 年后，另一家出版商鸿昌堂印了第 2 版。关于 1505 年版的《大明一统志》，见傅吾康：《明史资料介绍》（吉隆坡，1968 年），第 237 页。

③ 张岳：《惠安县志》（1530 年），第 9 卷，第 10a 页。以上的话可能不是张岳说的，因为 34 年后在湖广的一部县志中，张的言论被逐字地重复；陈光前：《慈利县志》（1574 年），第 11 卷，第 14a 页。

版书单。虽然他们盗版翻印正统的典籍，但大部分出版物适合于书市的低档次读者。他们一般不出版高学术水平的作品，除非在科举考试时有此需要。他们更倾向于出版较简单的出版物，如考试入门、历书、行为指南等。16世纪中叶一部未出版的县志中，有一段关于法律书籍落到行为不检点的人手中的丑闻材料，这说明这类书籍也能被广泛地获得，言外之意，会被喜好利用法律的人牟取私利。[①]

在晚明时期，出版商号在所有的大城市涌现。出版业中心，如同书市，也是在江南，而主要出版商的堂、斋位于苏州、杭州、南京和湖州。出版业也是北京的重要行业，它满足了官员和生员的购书癖好。但是，大量印书的骨干行业集中在福建北部的内地，像建阳等专业的印刷城镇。这个地区之所以如此，关键因素并不是它靠近市场，而是这里盛产制造廉价纸张的原料——竹子。[②]

晚明商业印刷业的发展，意味着随着社会下层识字群体的扩大，出现了一个正在成长的市场。为了迎合一批对说教性文献兴趣不大的读者，出版商设想出各种适合于新读者群体的新书，现列举以下几种：路程书、历书、初级课本、警世箴言小册子、小说、戏剧、艳史、笑话集、尺牍入门示范大全，以及海外风情录。最后一种由湖州的慎氏家族出版，它经营了一家名耕芝馆的出版社。慎家的慎懋赏编了一套丛书，内有四套两卷本的"广记"，都是从已有的文本中广收博采其内容，来论述外国的风俗和语言：论述朝鲜和日本的为《朝鲜广记》；论述蒙古的为《北狄广记》；论述亚洲腹地的为《西夷广记》；论述从越南到法兰西等海上国家的为《海国广记》。耕芝馆在1579年至少就出版了上述书籍的最后一种，也很可能已全部出版。慎家的另一名成员慎懋官（与慎懋赏可能是弟兄）也汲取了类似的知识，编写了10卷本的《华夷花木鸟兽珍玩考》。[③]

① 蔡光前：《琼州府志》（1619年），第3卷，第88b页。

② 钱存训：《纸张和印刷》，第49—50页。

③ 根据向达对这些书籍的描述，引于郑鹤声、郑一钧编：《郑和下西洋资料汇编》（济南，1980年），第1卷，第306—307页。

这种不同形式的普通常识的再循环流通，标志着一批读者群体渴望非说教性书籍的消费。他们肯定不限于只受较低教育的人。徐弘祖作为一名受过典籍教育的年轻生员，也进行这种商业性文学的消费。徐弘祖的墓志铭作者显然没有顾忌，而且不无骄傲地说：他爱读奇书；古今历史、论地理地形之书、山海图、叙述道教和隐士之书，都在他爱读之列。读时将书放在经书之下，无人知晓。[①]

藏 书

明初的书籍不是像以后那样的廉价商品。人们必须相当富有，才有收藏大量图书的雅趣。永乐帝在 1406 年就看到，很少士庶之家有余资藏书。[②] 皇宫绝对是最大的藏书者。皇帝的藏书在 15 世纪 20 至 40 年代已有 2 万种，近 100 万卷。[③] 在平民中，藏书只是有钱人的爱好。藏书几千卷被认为是数量巨大，超过万卷就很了不起。[④]

这种情况在 15 世纪后半期有了变化。藏书在明中叶的知识分子生活中的地位日趋重要，这可以从经世治国论的大学者丘浚的经历中得到佐证。作为边远的海南岛人，丘浚年轻时从反面经历了这种变化。1426 年丘的父亲逝世之前他才 6 岁，家中藏书数百卷，这在海南岛是相当多的。其父死后，人们擅自取走藏书，丘长大时只能收回一部分。他向书商借书以求深造，不过他抱怨说：当时 15 世纪 30 年代晚期至 40 年代初期——市上之书大部分为低俗杂作，很难获得有学术价值的著作。这时在遥远的南方，非轻松休闲的书籍很难得到。在那里，一名生员必须从书籍中获得知识，其依赖程度远远超过江南的生员；可是丘浚居住地与已建立起来的学术中心和印书中心的距离，使他难以拥有书籍。他为此倍感不便。

---

① 引于《徐霞客游记》（英文版），第 16 页。

② 《明史》，第 2343 页。（原文为"士庶家稍有余资尚欲积书"，原意与英译引文似不相符。——译者注）

③ 《明史》，第 2343 页。

④ 例如，见吴晗：《江浙藏书家史略》（北京，1941 年），第 44 页，提到宁波人金华的藏书情况。

在明中叶的江南，私人藏书数千卷的情况愈来愈普遍。[1] 少数藏书家收藏甚至超过万卷的巨数，于是他们建造房屋，用作藏书的楼阁。[2] 其中最重要的两家是宁波的丰家和上海的郁家，他们搜集了令人注目的明中叶的文集（丰家的藏书后被范家购得，成为范家有名的天一阁藏书的主要部分）。丰、郁两家都把藏书放置在他们所称的万卷楼中。[3] 这些藏书楼成了文人聚集探讨学问和交流社会趣闻的场所。例如，苏州西边的伊侃（1436 年进士）的装满图书的寓所在 15世纪 50 年代至 70 年代就是周围州府文人聚会的场所。[4]

收藏如此众多的书籍，超过了一个人的需要或他作为读者的阅读能力；展示它们就成了炫耀自己学问和智慧的手段，在当时宋版孤本书可以售到 300 两的高价时，又是显示自己财富的手段。[5] 一个大藏书楼不但是个人财富的象征，而且是此人善于利用其财富的证明：财富和博学的完美的结合。在藏书界，比地位甚至超过了比财富，藏书者竞相获取市场上没有而且金钱不能买到的版本，如明以前的孤本，或手抄本，它们已不能被印刷商复制，只能靠手抄才能取得。清初学者朱彝尊（1629—1709 年）在评论进入 16 世纪之际苏州上层文人时注意到了这种现象：“是时吴中藏书家多以秘册相尚，若朱性甫（朱存理，1444—1513 年）、吴原博（吴宽，1436—1504 年）、阎秀卿（阎起山，死于 1507 年）、都玄敬（都穆，1459—1513 年）辈皆手自钞录。”[6] 以上数人除阎起山外都是巨富。阎之家甚贫，他的藏书很大部分是通过抄录他人的珍本而积累起来的，但他抄录时经过仔细鉴别，而且范围很广，所以他的收藏可以与其更富有的同好相媲美。

---

[1] 例如，一名河南官员李敏的书斋藏书数千卷；《徐州志》（1540 年），第 4 卷，第 12b页。

[2] 吴晗：《江浙藏书家》，第 10、22、145、155、229、232 等页。

[3] 吴晗：《江浙藏书家》，第 112、160 页。

[4] 吴晗：《江浙藏书家》，第 132 页。

[5] 吴晗：《江浙藏书家》，第 126 页。

[6] 吴晗：《江浙藏书家》，第 141 页，引朱彝尊：《静志居诗话》（1819 年）。关于阎起山，见第 223 页。

阎起山是例外，苏州大部分私人藏书楼与明中叶的大古董收藏一样，都操在上层士绅之手，如史鉴（1499 年科进士），"客至，陈三代秦汉器物及唐宋以来书画"[①]。引文的作者通过把藏书与拥有其他珍贵文化器物联系起来，指出了珍本书具有抬高身价的交换物特性：作为社会性的物品，可以向他人表示和传达地位的信息。书籍作为储存和交流信息的工具，其特性在这种氛围中几乎丧失殆尽，不过在社会地位低下的人面前，书籍内在的学术价值能继续混淆或掩盖这种操纵，这些人意识到自己根本接触不到珍本书；但除了了解珍本书价格不菲外，他们却不明白自己怎么会接触不到它们。由于吸收了象征性资本的投入，书籍不是用来传播知识，而是为社会地位的变动服务。

到了晚明，万卷不再是藏书最多的上限，有爱书癖的人号称藏书3 万、4 万甚至 5 万卷。[②] 藏书最多的人可能是葛涧，他藏书至万部（不是卷）。[③] 晚明的藏书也比明中叶更加不拘一格。宋版木刻珍本和手抄本继续吸引藏者，并且能卖高价，但不很经典性的文本也受到某些藏书者的欢迎。隐居而拥有巨资的沈启原（1559 年进士）因其博学而受人尊敬，"虽医药卜筮之书，无不探讨"[④]，这些都不属于被人重视的正规的典籍知识。沈启源具有一种有爱书癖的人可以接受的品味。王光经（1559 年进士）因此被誉为"平生无他玩好，止藏书万卷，手不废卷"[⑤]。王对书籍的感情可以在其他晚明爱书癖者的传记中感受到，这些传记开始把对书的爱好描写为"癖"，袁宏道在谈到晚明士绅旅行爱好的特点时也使用了这个字眼。

学堂图书馆的建立

正像明中叶以来私人藏书者以空前规模收购书籍那样，公共机

---

① 吴晗：《江浙收藏家》，第 130 页。
② 吴晗：《江浙藏书家》，第 59、126、140 等页。
③ 吴晗：《江浙藏书家》，第 205 页。
④ 吴晗：《江浙藏书家》，第 32 页。
⑤ 吴晗：《江浙藏书家》，第 11 页。

构——如学堂——也常常开始收藏图书。北直隶河间府办的学堂藏书的书目包括73种，每种附有取得书籍过程的简单说明。12种——主要是大全和洪武的御制本——早已被收藏。其中三种为嘉靖本，包括一部阐明美德的典籍和《大明集礼》，两书大概为朝廷所赐。学堂的其他图书由两名知府获得：19种图书由1529年至1533年在任的知府获得；剩下的42种由1539年修复府学堂一间校舍的知府获得。[①] 1529年至1533年期间购得的图书包括《大明一统志》、《大明会典》和丘浚的《大学衍义补》，还有《史记》和一批宋代著作的精本，1539年购得的图书包括新版的大全及其他几种以前收藏的图书（可能是补散失的或损坏的书），此外还有一整套二十一史和范围广泛的哲学和文学集子。其中值得注意的是《五经白文》，这是一套学员应该通晓的五经的白话文本，购买此书可能是为了教导学习较差的学生：在教育制度中，典籍可以加注，不会遭到反对。

在明中叶，大部分学堂似乎已藏有相当多的图书，这可能是因为书籍愈来愈容易得到。到1568年，江西瑞昌县一所官办学堂有图书32种，共816卷。[②] 在江西内地偏僻的瑞金县，其县学堂有图书41种。[③] 如上所述，河间府学堂的书目列有图书73种，不过实际的书种更多，因为总数达2917卷的21种王朝正史在书目中只列作一种。因此，河间府学堂藏书一定接近4000卷。按照同时代欧洲的标准，这个藏书量令人吃惊：1424年时剑桥大学藏书只有122册。但河间府的图书馆如与中国的私人巨大的藏书楼相比，仍是小型的。还应注意，许多学堂的藏书甚至更少。湖广常德府的府学堂和县学堂各有9至11种，而且书名几乎相同：永乐版的大全、初级说教读

---

① 《河间府志》(1540年)，第28卷，第58b—59b页；第5卷，第1b页；第17卷，第15b页。

② 谢顾：《瑞昌县志》(1568年)，第5卷，第6a—7a页；总卷数没有包括据说已经散佚的17卷。

③ 《瑞金县志》(1542年)，第3卷，第3a—4a页。

物和宣德版的《五伦书》；在武陵县学堂，有嘉靖版的《大礼集义》。①

由于学堂藏有大量书籍，它们就面临着保持书籍干燥、有序和管理的问题。一般的做法是把书放在木柜中，然后安放在原作他用的建筑物内。但是随着学堂藏书量的增加，也可能由于展览图书的欲望随之增加，学堂开始建造专用的藏书楼。这就是海南岛年轻的失意文人丘浚所要做的；1472 年他请假回乡时决定捐赠一批图书供府图书馆的生员使用；他造了一座藏书库。由于存放书籍面临华南气候潮湿的问题，他决定全部用石料建造。只有书柜是木制的。丘浚称此书库为石室，并说地方虽小，心怀四海之事。把书存放在石室，表示身居斗室，能通万里天下。他选用距离的比喻，表示他的捐助是因为认识到距离对知识的传布造成的问题。由于有了可以利用的书库，一名远离学术知识发源中心的生员此时有力量去克服距离的障碍。②

明中叶标志着中国开始大批建造学堂图书馆。有时也采用适度的方式建造；江西吉安府的助理知府在 1468 年把龙泉县学堂的食堂（才盖了 10 年）改建成御书阁，为的是珍藏御赐的典籍。③ 学堂图书馆最普遍的名称为尊经阁。

1468 年前学堂的图书馆比较少。④ 第一批建于 15 世纪 30 和 40

---

① 陈洪谟：《常德府志》（1538 年），第 9 卷，第 4a—11b 页。马泰乐（音）的《明代中国的私人书院》（论文，芝加哥，1987 年）有关于学堂和书院图书馆的较详细的材料。

② 丘浚建书库的记载收于《琼州府志》（约 1619 年），第 11 卷，第 26b 页；转载于李熙、蔡藩：《琼山县志》（1917 年），第 14 卷，第 27a—40a 页。石室被用作学堂书库长达一个世纪，1614 年才被代替。

③ 张世域：《龙泉县志》（1878 年），第 5 卷，第 2a—3a 页；书中指出，"御书阁"通常专门称呼展示皇帝书法的亭阁。

④ 一次不成系统的调查发现，1431 年前只有 3 个府有学堂图书馆的确切证据，它们是南直隶的扬州、浙江的严州和江西的袁州。袁州的学堂图书馆建于 1339 年，它的两个县的图书馆分别建于 1395 年和 1396 年。见严嵩：《袁州府志》（1514 年），第 4 卷，第 6b—9b 页。在扬州，一座原已存在的学堂图书馆在正统朝时期（1436—1449 年）被替换；《扬州府志》（1733 年），第 12 卷，第 3b 页。严州的桐庐县有一座明以前的御书阁；《严州府志》（1613 年），第 3 卷，第 16a 页。

年代，^① 不过建馆之风直到几十年后才普遍开来。一般地说，府的学
堂先有图书馆，县学堂后有。学堂图书馆的兴建说明，明中叶以来学
堂收藏了足够数量的图书，以致使存放成了问题。明初学堂接受国家
出版和分发的书籍，但它们通常不收私人刻印的书籍。商业出版活动
的发展改变了这种状况。与此同时，明中叶的文人已认识到，明初期
由于缺乏图书馆，学堂往往更易丢失它们拥有的书籍。^② 在图书馆成
为集中收藏的另一种普遍选择之前的一个世纪，评论家们是不会写出
这种看法的。

明中叶至晚明建立图书馆的活动，到明末给中国留下了比明朝建
立时数量多得多的图书馆。与欧洲的对比是鲜明的。它肯定使 17 世
纪来华的欧洲访问者吃惊。根据这些人的观察，杜·霍尔德深有感触
地谈到："中国的大批图书馆建筑宏伟，装饰精致，收藏着数量惊人
的图书。"^③

商　　业

一个农业社会内部各区间存在的自然不平衡，以及在广袤的国土
中征税的做法，意味着这一庞大农业国家的经济在一定程度上必定是
商业性质的。中国经济至迟在战国时期起就已经具有商业性了。明代
中国商业经济迅速而深刻的发展并不表示它突然摆脱了以前的时期，
也不是说这种发展完全是明代独有的。但是明代商业化的规模，以及
商业化构成和改变社会生活的威力说明，中国过去在某种意义上出现
过商业化，但它决没有发展到如此程度。前面关于民众、货物和知识

---

① 建于 15 世纪 30 年代的学堂图书馆，见《扬州府志》（1733 年），第 12 卷，第 10a 页；
《严州府志》（1613 年），第 3 卷，第 12a 页。建于 15 世纪 40 年代（或更普遍地建于正
统朝时期），见刘梧：《惠州府志》（1542 年），第 7 卷，第 2a、16b 页；王家士：《光山
县志》（1556 年），第 1 卷，第 27b 页；《湖州府志》（1877 年），第 11 卷，第 22a 页。
蒂莫西·布鲁克的《开发知识：明代学堂图书馆的建立》（载《晚期中华帝国》，17，
第 1 期，1996 年 6 月）对明中叶学堂图书馆的发展进行了讨论。
② 张岳：《惠安县志》（1530 年），第 9 卷，第 10a 页。
③ 让·巴布斯蒂·杜·霍尔德：《中国通史》（伦敦，1741 年），第 3 卷，第 63 页。

的流动和交流的几节所谈到的变化，只有与商业对社会和经济生活的重新塑造联系起来探讨，才能说明问题。

这些变化并非开国皇帝计划中的一部分。洪武帝对农村生活的想像是自给自足的村落经济。男耕女织，一切需要都能从菜园或山坡采集。这种封闭和安于现状是一种有用的想像，或者从另一个占上风的观点说是一种必要的幻想；它有助于缓解那些统治者的不安，并使他们相信：他们渴望的政治上层的稳定有着社会底层安居乐业的田园生活的顺从和支持。

甚至在明代的最初几年，情况并非如此。也必然不是如此。商品的流通在明代早期可能缓慢下来，但这与其说是因为农村生活受到种种规章的限制，不如说是与战争的破坏有关。一旦国家得到恢复并发展了运输体系，国家的或其他方面的货物的流动只会加快，而且更加顺畅。明以前几个王朝的商业活动，再加上新王朝对基础设施的投资，可以部分地说明明代为什么一定会成为商业突飞猛进的时期。

商业和明代国家

值得赞扬的是，洪武帝没有忽视商业的经济职能。他愿意准许商人以自己选择的方式比较放手地购买、运输和销售货物，只有受国家专卖控制的几种货物除外。政权的主要注意力放在登记商人的工作上。不像对待工匠那样，明代没有为商人定出分门别类的登记项目，不过《大明律》也把某些应用于工匠的关于世袭的限制同样地应用到某种商业管理人员身上。例如，捎客和码头代理人按律必须来自已经从事这个行业的家庭，而且他们及其交易应该在他们工作所在地的地方政府登记。行商的姓名以及他们携带货物的详细说明应该登记在地方经纪人保存的簿册上，官员每月检查一次。这种登记制度基于以下的设想：外来的商人如果没有一名当地的代理人，就别打算做生意。我们了解到，不论在何种情况下，明代试图规定世袭职业地位的律令（借鉴自元代的律令）都行不通。没有一条实施过，政府只能采用容许人们去填补职业空缺的其他较自然的方式。

洪武帝扩大对商业的某种控制，是出于对固定物价的关心。由于经历了元末猖獗的通货膨胀，皇帝把稳定物价作为他施政的主要目标。商人在他的控制价格的政策中起了作用。他要求他们只能以公道的市场价格买卖。《大明律》规定，商人的商品定价不公道，将依据有关的贿赂法受到惩处，惩处力度取决于他的售价与市场价格相差的程度。市场价格由地方官员决定，他们被要求在每月的头 10 天进入市场编制价格表。在地方市场垄断货物哄抬物价的商人应受杖责 80下。为了再给消费者提供保护，商人只准使用符合规定的衡器和量器。此外，他们只准销售优质制成品，否则零售商（不是制造商）要受到惩处。①

不论明初的法律给予商业什么承认，洪武帝在小农基础上重振经济的计划却没有把它考虑进去。农民被封闭在狭小的社区中，从事农耕，对身外事不问不闻。但是，一旦农村的稳定得以恢复，为自己生存而生产的农民发现，在丰年他们会有剩余，从而愿意把自己的剩余物品进行交易。如果商人简单地充当流通剩余物品的角色而不去操纵市场以欺骗生产者和消费者（如那些怀疑论者通常指责他们的行为那样），那么，他们在经济谋划方面就另有打算。但是，问题的关键——明初从自给自足经济向商业经济过渡——不会在商人的道德品质中找到，而要到财产在相对自由的交换的运作方式中去找。洪武帝把农村作为一个封闭社会不成系统地加以重建的规划就是把他的简单的平均主义思想应用到复杂的现实之中，从而掩盖了一段时间以后将在各处冒出（而且确实冒出）的复杂情况。在地区之间都存在着差异时，在贫富之间不可避免地有着差距时，任何的经济状况都不会一成不变。只要对买卖不加禁止，这些差异和差距将会引起货物、最终是劳动力的买卖。洪武帝设想把商业保持在城镇地区，而不考虑在农业经济成分中给商业以法律地位，但在中国这一农业国家中，商业恰恰是在这种农业经济成分中兴起的。

总的说，明代国家选择了既不限制也不鼓励商业的政策。它没有

---

① 《大明律》，第 10 卷，第 1a—10b 页；《大明会典》，第 37 卷；又见苏更生：《明初的商政与商税》，载《明史研究论丛》，吴智和编（台北，1985 年），第 2 卷，第 436 页。

为商业服务和监督商业活动的机构，也没有担保财务协议的部门；但它也不妨碍交换、交易或协议的执行。它的确——尽管间接地——提供了有利于商业的各种条件，如重开大运河，容许漕运船夫携带货物自行交易而不是付给他们相应的工资，改实物纳税为以银纳税，如在明中叶实行的那样。但是这些政策带来的结果基本上不是存心想取得的。一部分原因是，政策是意识形态方面的事（儒生藐视商业）；一部分原因是国家不想"与民争利"——从经济中过分榨取经济赖以生气勃勃地成长的必要的资源（这一政策称为"藏富于民"）。

明代满足于与商业保持一种适度的寄生关系，认为这正是在保存古代的农业理想，也不担心会造成一种与新势力相抗衡的经济。对商业的这种含糊的宽厚态度似乎与民众的态度是一致的。尽管儒生们习惯于把商人在地方社会的出现视为某些事情越轨了，但在明初，全国较商业化地区方志的记载对商人的出现不以为怪，并加以接受。扬州城是位于长江正北大运河河畔的主要商业中心，那里早已出现的商人并没有使 14 世纪后期江都县（扬州的第一大县）县志的编纂者感到不安。他说，江都为江淮主要交通命脉，民风好从商而恶农。四方行商与民共处。民富甲该府诸县。①

在明代，国家不愿意与传统的儒生一起藐视商业，这在政策上转化成一种含蓄的选择，即让市场——而不是国家——在一定的限度内去调节商品的交换。这种态度在明中叶丘浚的《大学衍义补》中得到最明确的支持。丘在此书中公开陈述在商业经济所起的作用方面市场与国家相对立的观点。② 在卷 25 的第一篇关于市场调节的文章中，他对市场作了解释：有的人的生活条件使他们生产的物品某些有余，某些不足，就在一个中心地点与他人相遇和进行交换，后者因生活条

---

① 《扬州府志》（1733 年），第 10 卷，第 10a 页。
② 丘浚：《大学衍义补》（1506 年；1971 年台北再版），特别是第 25 卷，第 1b—28b 页；参阅皮埃尔—厄蒂埃尼·维尔：《养育百姓：1650—1850 年中国的国家民用粮仓制》（安阿伯，1991 年），第 11—13 页，内有丘浚的经济哲学的讨论。英语作品中对丘最透彻的研究，见朱鸿林：《丘浚（1421—1495 年）及其〈大学衍义补〉：15 世纪中国的经世思想》，普林斯顿大学论文，1983 年。

件不同，生产的余缺与前者不同。这里描述的是以物易物的市场而不是商业市场：丘有意避而不提商人和国家，这样他就可以分别论述其各自应该活动的领域。丘浚同意中国传统的观点：当民众的生活受到威胁时，国家应干预影响粮食供应的事务。但是他不同意，国家为了均贫富，就去操纵经济，这是许多改革者为了干预所常用的理由，其中包括洪武帝，不过他没有点名。丘认为，指责商人要为贫富分化负责是荒谬的；分化正是限制商业的国家政策的产物。[1] 迫使商人退出市场不会消除贫富的差别。

因此，市场销售完全应该是商人的事。丘浚承认商人的活动会对民风起负面影响，引起挥霍浪费，以致丘浚与所有儒生一样，认为这种行为对庶民的道德结构有害；但同时他又指出，商人的活动决定了国家调集它需要的资源的能力。如果没有商人，国家财政活力所依靠的经济简直不能发挥作用。在另一方面，对国家来说，从商人手中接管市场活动就是制造灾难。民营集市，能随时议质议价，以定应否购买。官办集市，质价都予固定，但私利及幕后交易到处出现，经营（官办集市）难以获利和避免腐败。故官府以不参与为宜。[2]

在表达他反对国家干预经济的论点时，儒家的教诲迫使丘浚再次提到一切关于"利"的讨论的权威性的文字：梁惠王在希望孟子提出对他有帮助的建议的欢迎词中提到了利 ["叟不远千里而来，亦将有以利吾国乎？"（《孟子·梁惠王上》）]，受到孟子的非议，因为梁惠王此时应一心一意地关心"仁"和"义"。每当商业化出现危及洪武帝向往在他的国土中重新实现农业自给自足的理想时，孟子对利的蔑视在大部分儒家的政治经济论作者的著作中就被用来贬低商人和谴责商业化。但是丘浚通过重新整理孟子论利的著名看法的原文的上下文（谈到适合国家进行的事业），他把这个讲话转过来反对儒家的反商业的思想。他把利与义进行对比（在明代的上下文中，义作博爱解比较合适），后者是设法为公众提供利益，而他理解的利则是为自己谋取

---

① 丘浚：《大学衍义补》，第 28 卷，第 6b 页。

② 丘浚：《大学衍义补》，第 25 卷，第 13b 页。

利益。但是，他不愿对利作道德的裁决，因为他了解，商人如不能获取利，则不会干他们的工作；但他断言，国家追求利在道德上说是不能接受的。[①] 国家不应从交换必需品的事务中谋利。这是商人做的事。

丘浚相信，商人从事再分配商品和平衡供需的工作会比国家做得更好，于是就继续进行争辩，反对已被纳入中国国家治国术的一些做法。国家不应经营手工业，而应由商人去管理生产。国家不应垄断必需品，如实行盐的专卖来增加收入，应容许盐在公开的市场流通，改以土地为基础的税赋作为它的收入。（丘同意明代实行茶的专卖，因为它与边境军备有关，不会影响这个商品在民间的流通。）根据丘浚的意见，如果有什么因素促使贫富分化，那就是从受限制的商品中榨取收入的手法。国家应解除海运的禁令和鼓励海上贸易——这个立场在 16 世纪日益得人心，最后在 16 世纪 60 年代得以实现。

如同关心专卖事业和海禁那样，当明代关心起国家的安全时，就不会同意丘浚的建议了。否则丘浚的国家有限度地干预经济的模式与明代的政策是不会不一致的。相对低的商业税证明了这一点。全国各县设税课局以征收商税，但税率只有 3.3%。许多税课局后来被撤销，不过商税作为县预算中的一份定额，仍被保存下来。此外，由于明代税制是以定额为基础，不是全面的税制，负责征收商税的官员只要完成定额即可。商税的问题在于，定额可能在几十年前已经定下，当时通过关卡的交通量要低得多，预计的收入也少得多。税吏在完成其税收定额后，他怎么做就可自行定夺了。1521 年，长江港口荆州任税吏的一名官员在王朝的正史中受到表扬，因为他在前三个月征满了年度定额，容许以后通过关卡的商船不纳税。传记作者判断的基础不是这名税吏资助国家施政的贡献，而是他愿意藏富于民的仁爱之心，后者在中国关于税赋的正统思想中一直是一种美德。[②] 根据当时的做法，以下的含蓄假设并非没有道理：一名税吏超过税收定额，就

---

① 丘浚：《大学衍义补》，第 25 卷，第 7b 页。

② 《明史》，第 5451 页；黄仁宇：《明朝的财政管理》，收于贺凯编：《明代的中国政府》（纽约，1969 年），第 74—75 页。

干脆侵吞收入，而不会把敛收的部分在经济中进行再投资。

在明代的后半期，朝廷自身财政紧张的压力愈来愈大，它的确把商税当成一种便捷的税种；它设立新的商税局，任职的不是正式的财政官员，而是宦官，后者汇集征得的收入，直接解送到皇室。1515年正德帝诏令，在汉阳府主要桥梁和渡津设新的商税局，并派宦官赵田和锦衣卫的官员前往，向来往于该府的商船征税，只是在正德朝后期，终于有一名省的监察御使以扰商为由，胆敢要求关闭这些税局。这名官员在1528年盖了批准撤销的官印，立碑宣布它们不再工作。[①]朝廷就这样在与商业的财政关系上动摇不足，时而对它剥削，时而为它消除障碍，但从未把它真正地纳入财政或经济的方针大计之中。地方官员有时也被种种开支所迫，像正德帝那样盯上了商业。洪武帝故乡凤阳府所辖的正阳镇是淮河边上最繁荣的镇，那里批发商（泊在东岸）与当地商人（聚集在西岸）进行交易。凤阳知府想建一座城墙，宏伟得足以表示对王朝奠基人故乡的尊敬。知府派其属员前往正阳开征船税，以支付建城墙的费用。[②]

除了营业税，明代还对零售商开征称之为门摊税的商税。这种税收只在较大的城市才相当可观。明中叶有的官员持不同意见，坚持门摊税对商业活动有消极影响。1528年，御史朱实昌向嘉靖帝上奏一本，要求江南几个主要的府——南直隶的苏州、松江、常州和镇江，浙江的杭州、嘉兴和湖州——的店铺和商品都不缴税。令人惊奇的是，皇帝准奏。对江南商人来说，这是一次慷慨的让步。那个世纪后来的一些观察家把苏杭的繁荣归因于这项政策。[③]

作为消费者，国家以另一种身份对商业经济产生了影响。为了供应皇室和朝廷，国家需要采购和征用大量制成品。有些制成品来自京城的御用工场，技艺最高超的工匠应召前来工作。例如，珐琅质酒杯深受北京宫廷喜爱，在景泰朝（1450—1456年）之初，只有从云南

---

① 朱衣编：《汉阳府志》（1546年），第3卷，第36a—37a页。

② 黄汴：《一统路程图记》，第151页。

③ 黄汴：《一统路程图记》，第204页；憺漪子：《天下路程图引》，第373页。

应召至北京的回民工匠在宫内制造，因此中文名称为景泰蓝。[①] 朝廷还在宫外工艺已相当专业化的地方经营御用工场，委托制造所需的物品，然后运往京城。御用的丝绸来自苏州的工场，御用的锦缎来自杭州，纸张来自江西的西山，瓷器也来自江西的景德镇。

景德镇在元代已是主要的瓷器中心，当时宫廷的惠顾刺激了青白釉底钴质瓷器的发展，在这里烧制这种瓷器的官窑到明代变得世界闻名。官窑在1369年被重建，当时皇帝命令今后一切国家庆典用的器皿都必须用白色瓷器而不用金属器皿。白釉的祭奠物品成了宫廷礼仪用的标准器皿。例如1407年当永乐帝准备接待西藏佛教教主时，他命景德镇的官窑专门为这次盛会烧制白釉瓷质的西藏器皿。当下达这种不寻常的订单时，图样，也可能是木质模型必须送交陶瓷工。朝廷还取得大批瓷器供皇室使用。专为皇帝使用而制造的青白瓷器以标有其年号而与众不同，这种做法始于元代，可能始于14世纪20年代。明中叶宫廷要求继续供应白底青花器皿的情况导致质量的改进。与宣德年间的器皿相比，15世纪70年代生产的器皿，其釉质更薄，更加透明，产量也高。更早的记录已被破坏，但1528年以后皇室订单的部分记录说明，宫廷购买的瓷器数以千计：1529年购2570件；1536年购碗3020件，带脚杯1800件，盘子1340件；1545年购盘子2500件；1546年购白底青花盘子16000件；1548年购白色方罐1350件——这只是少数几份数量较大的订单。[②]

国家专卖

明代对商业经济采取的主要干预形式是专卖。它控制了盐、茶和明矾三种商品的生产和分配。对盐、茶两种重要商品实行专卖的目的

---

① 见关于《格古要论》的评论，载《中国人的鉴赏：〈格古要论〉》，珀西瓦尔·戴维编译（伦敦，1971年），第144页。

② 玛格丽特·梅特利：《16世纪景德镇的组织和生产》，载罗斯玛丽·斯科特编：《景德镇瓷器》（伦敦，1993年），第69—73页。又所引数字见迈克尔·狄龙：《明代的一个工业中心：景德镇》，载《明史研究》，6（1978年），第37—44页；袁清：《1550—1700年景德镇的瓷器工业》，载《明史研究》，6（1978年），第45—53页。

纯粹是为了取得稳定的收入：盐的专卖是为了向需要这一必需品的消费者收费；茶叶的专卖是为了控制国际间以茶换马的易货贸易。下面将要谈到，这些专卖实际上主要是为富商的利益服务，而不是违背他们的利益。

至少从汉代起，盐的专卖一直是国家收入的主要支柱，明代继续实行这项专卖。这是一项排他性的和全面实施的专卖：只有国家才能授权制盐，只有官盐才能获准流通。但它不是国家企业。国家监督盐的生产及其流通；但在王朝建立的几年内，盐的流通和销售实际上被承包给私商，他们付钱购买盐引，取得这项定价高和能获利的商品的特权。盐引准许持引人在盐场以规定价格购盐，每张可购 205 斤（120 公斤），然后在某些地区零售。①

大盐场位于从北方的山东至南方的广东的沿海。在山东，盐的取得要经过昂贵的生产过程：在海的附近洗出饱含盐分的沙子，然后运送 35 公里至有燃料的内地熬制。在南直隶的两淮区，制盐或是用铜锅熬煎海水，或是让它在阳光下蒸发。后一种方法比熬煎便宜，因为熬煎要用昂贵的燃料，增加成本，但熬煎法制成的盐质量较高。盐还可以在内地生产：在山西省从盐湖制盐②，在四川和云南从深钻的盐井制盐。③ 虽然钻探很费钱，但由于可以省去把这种大宗商品从沿海运至内陆的高额运输费用，这笔钻探成本可被抵消。由于盐的市场差价直接与其运输距离有关，明代沿袭以前王朝的做法，把专卖分成若干分配区域，其范围大致与省界相符。正如黄仁宇指出的那样，这种安排基本上尊重了分配的自然趋向，使分配纳入地区市场的等级结构之中，从而使国家避免了"制定适用于全帝国的价格结构，也不必相

---

① 《南京户部志》（1550 年），第 14 卷，第 28a—30b 页。盐引给持引人购 200 斤（一包）的权利，另加 5 斤用来弥补损耗，称为耗盐。在明朝开始，当盐由政府代理人专营时，每张引值 400 斤；当把分配承包给私商时，每张引减值一半，为 200 斤。实际上每张引购盐数差别很大。见黄仁宇：《税收和政府财政》，第 193 页。
② 见海伦·邓斯坦：《明代的河东盐政》，剑桥大学论文，1980 年。
③ 汉斯·乌尔里克·沃格尔：《公元前 311 年至公元 1911 年四川的产盐史考察：专卖和生产组织》（斯图加特，1990 年）。

应地去协调盐的生产"①。一种由南京监督颁发盐引的制度控制了专卖制度，派往各大产盐区盐务司的监察官员组成的网络密切注意经营状况。

按照《大明会典》，盐的专卖收入主要用于边防，其次用于应付饥荒救济等紧急事件。当边境粮食和马匹的供应不足，国家的运输基础设施又无力把它们运到边境时，国家为了加强盐的专卖的主要职能，在1395年采用了开中法。这种以货易货的安排作为供应边境哨卡粮食的手段，始于宋代：它要求需要盐引的商人把粮食、饲料或马匹运到边境。开中法是作为明初两种主要政策的补充而被恢复使用，这两项政策一是兵屯，一是要求平民将漕粮运往北方边境。这些政策证明不足以提供所需要的粮食数量，因此政府就把一部分供应负担转给私商。这种贸易的利润促使粮食从丰产的南方流向需要它的北方。但这一安排也是昂贵的。为了减少运输成本，有些从事开中法的商人就在边境区购买土地，设立农业庄园。称为商屯的这些商人开垦地能够凭借土地和劳动力的较低成本的优势省去从南方运粮的大量费用，不过这种节省也被北方土地低产量所抵消。

在理论上，开中法对所有愿意运粮到北方和用它向政府换取盐引的商人开放，不过事实上，长途运输的费用，以及运盐的成本，意味着只有最富有的商人才有能力投身于盐的专卖业。此外，统管这项贸易和提高分配成本的官僚机制意味着一笔盐业交易的投资至少要被占用两年，有时长达五六年。② 尽管如此，对那些有能力进入这种交易的人来说，参与官办的盐业专卖是能赚钱的冒险事业。由于各县都分摊了它必须购买的官盐的份额，盐商就在一种强制性的市场上销售。参与这种贸易的商人通常来自两个地区：一是山西省南部和陕西省西南部，那里是靠近边境的经济最为发达的地区；一是南京南面的多山区徽州府，那里与边境没有联系，但自宋代以来有活力和善于理财的商人出生于此。

---

① 黄仁宇：《税收和政府财政》，第190页。
② 黄仁宇：《税收和政府财政》，第195页。

明代的双重政策——命士兵实行军屯，命平民另外向边境供应粮食——在 15 世纪中随着民运逐渐转成纳税，再由政府用此税收购粮而消失。从征用劳动力转为购买实物的结果是，一个庞大的粮食商业市场在北方出现。这一商业化的进程在 1492 年导致了一个合乎逻辑的结局；当时户部尚书叶淇（1426—1501 年）建议把开中法改为支付货币的方式；从此商人获准以白银直接向政府购买盐引。他们不必再运粮到边境。政府控制折换率，并用这项现金收入为军队购买所需的粮食和其他军需品。从正德朝（1506—1521 年）以后，军粮供应的进一步折换结果加大了市场的规模，巩固了需要用于参与盐业专卖和分享由此带来的利润的资本的地位。折换还推动了私人领域中白银的使用和流通；白银是一种媒介，大量运往边境的粮食是通过它来实现的。

开中法带来的众多后果中的两个是：经营这种贸易的商人更加专业化；山西帮和徽州帮作为中国两个最有实力的商人集团占了支配地位。在扬州所用的词汇中，边境商指的是北方人，他们向戍军供应米、豆和饲料，代价是盐引。盐引以折扣价被售给内地商，他们之中有山西商（也有陕西商），其他的人是徽商；他们都以靠近官办盐场的扬州区为基地。这些人控制了盐的交易。他们购得官盐后批发给第三集团（水运商）取得厚利，水运商则把盐分售给地方的零售商获利。[①] 到 1552 年，西北来的数百名内地商住在扬州[②]；扬州充当了江南盐业贸易的中心。

茶不像盐那样由国家全面控制进行专卖。相反，茶的专卖纯粹是为了管制向中国北方边境游牧民族销售茶的业务。销茶的目的是为中国取得军用马匹；中国发现，与游牧民族进行马匹交易比自己牧养更为有利。1371 年，政府在陕西西北设立三个茶马司来进行这项贸易；

---

① 《扬州府志》（1601 年），第 111 卷；引于张正明、薛慧林：《明清晋商资料选编》，第 79 页。山西商人和边境商人的关系在寺田隆信的《山西商人研究》（东京，1972 年）中进行了讨论。见张正明等的同名汉译本（太原，1986 年）第 199 页以下各页。

② 程梦星等：《扬州府志》（1733 年），第 32 卷，第 80a 页。

后来在陕西和四川又加设了几个司。从一开始，茶马司获准每三年进行一次贸易，价格定为上等马120斤（70公斤），中等马70斤（40公斤），劣等马50斤（30公斤）。茶马司用来交换马匹的茶由商人供应，他们通过茶引制度整批购进，然后运至各茶马司。[①]

只准指定生产者种植的茶进行贸易。供应这项贸易的茶有几个来源。其中之一是湖广的安化县，该县位于长沙西面偏僻的深山。茶的批发贸易的主要中心在西部的华中区，茶从那里用船沿资水而下运至洞庭湖，再北运至边境。江西、四川的一些县及云南的县（较小规模地）也为贸易提供茶。驻丁这些县的茶法官监督官茶的采购，确保商人的采购量不超过他持有的茶引所规定的最高数量。在产官茶的下游各地，政府设批验茶引所，以核查茶引和保证贸易按照规定进行。例如，江西省沿长江的港口九江的批验所在1373年设立，它被用来监督附近的庐山生产的官茶船运。这种茶的成本依照商人把茶运到边境的距离来确定。在1397年，四川省官茶的分配集中在四个地点的货栈。从事茶的专卖的商人必须用粮食购茶，然后北运至边境。这样，茶的专卖能使政府引导粮食向商业化程度较低的中国西部地区流动。茶的专卖执行一些禁令，不准私人越过西北边境售茶；在整个15世纪，这些禁令的执行力度加大，以确保马匹的充分供应。[②] 到16世纪中叶，每年流过边境数量已达到1600万斤（950万公斤）。[③]

---

① 在明初，运输任务由士兵负担，后来改由商人负担。见莫里斯·罗萨比：《明代与亚洲腹地的茶马贸易》，载《亚洲史杂志》，4，第2期（1970年），第142—143页。

② 《南京户部志》（1550年），第12卷，第36a—39a页；《大明律》，第8卷，第16b—17b页。三个茶马司设在洮州（今临潭）、河州（今临夏）和西宁。四个四川茶货栈设在成都、保宁府、重庆府和博州宣慰司。关于马的成本，见黄汴：《一统路程图记》，第84页。关于九江的批验所，见《九江府志》（1527年），第9卷，第11b页，该批验所1527年关闭，其职能由南京的批验所（应天府批验所）承担，该所仍如九江批验所，归户部的九江司管辖。1440年，私运茶的惩处扩大到与交易有关的任何人，包括运茶的马车夫和船夫、帮助私运的货栈主或经纪人。1842年，惩罚力度加大到与贩运私盐的惩罚相当。

③ 《南京户部志》（1550年），第12卷，第39b—40a页。

供国内消费的茶的种植和加工（在中国的茶产量中，这一部分远远大于在边境交易的部分）不受专卖的限制。在元代和明初，对茶的需求促进了种植的普及。此时条件改善的饮茶客的品味也在变化。最值得注意的是茶末向茶叶的转变。茶末的加工方法是把茶叶碾成粉末，然后加压成块以便运输。这样加工的茶适用于长途贩运，因为茶叶会很快变味；此外，船运时茶末可装得更密实。但是由于茶成为社会消费更广的饮料，新茶叶的需要量也随之增加，从而向江南上层饮茶客原来的茶末爱好提出了挑战。洪武帝本人就爱饮叶茶；他宣称，那些向朝廷供应茶的地区单独进贡茶叶就够了。他作出这个决定的部分动机显然是想打乱围绕征收茶末所产生的贪污活动。①

第三种专卖品是用于鞣制皮革和给纸张上胶的明矾。这项专卖作为专项税1370年在产地庐州府和安庆府实行，但其规模不如盐或茶的专卖。国家规定，只有官方指定的窑才能生产明矾，生产的数量也有限定，私自生产和出售所受的处罚与茶的专卖中的有关规定相同。②

除了明矾、茶和盐，对以前几个朝代已经实行专卖的某些商品——如酒和醋——也开征专项税：生产者须在产地纳税，商人把这些商品带进城销售也须缴税。商人到年底未缴清受限制货物的税，官员征收的税额低于前一年，要受体刑，其货物的一半要被没收。③虽然人们可能会产生这样一种印象，即商人必定在相当严的限制和相当大的压力下经营，但是受限制的和专卖的商品的流通仍由商人掌握，没有被国家接管。在明代，国家不是设法去压制或控制商业，而是使用各种执照制度去利用商人的经营，以便达到其财政和政策的目标。国家对商人的利用为他们创造了促进明初商业发展的机会和财富。

---

① 珀西瓦尔·戴维：《中国人的鉴赏》，第10页。
② 《大明律》，第8卷，第19ab页。
③ 《大明律》，第8卷，第20ab、22b—23a页。

市　场

明代商业经济成长的可靠标志是市场（市、集）的成长。商业交换赖以进行的网络中心点就随着需要出现了。由于贸易的发展，市场的数量和它们开放的次数也随之增加。在明初，每个县只有二三个市场，几乎都是定期的。最长的周期为 10 天，即集市每月三次。五天一集更为普遍。县城通常是县的中心市场，经常是长期开放，或者间隔期短于农村市场。但是有些位于内地的县治地直到 15 世纪才有定期市场。市场得到官方承认，但官方通常不予资助甚至监督。

县的市场在经营上与府的其他市场的关系是等级性的，这可以从开放集市的间隔期中得到证实。在北直隶的河间府，府城的集市为一天一集，州和县城的集市一月五六次，而镇则是一月二三集。[①] 在市场对当地经济变得必不可少的地方，市场的周期性可用一月中错开赶集日的市场分布来弥补。例如，在河南鲁山县城内及周围，城内的市场已增加到七个，城四周的城门外增加到四个；城内的七个，四个一月三集，两个一月两集，一个一月一集。在城外的四个市场，一个一月五集，两个一月三集，一个一月两集。一月共有 30 个集，这样安排，一个月每天就有一个集市开放，不会互相竞争。[②] 在 11 个地点每天轮流办集市，不但填补了间隔期，而且更便于县城不同地点的居民赶集。

到 16 世纪中叶，长期性正在代替定期性。河南另一个县——广山县——的 1556 年版县志上列了八个集市，其中四个每天都有集，其余的每隔一天有一集。县城的大集和南门内的市场在固定的基础上每天有集。[③] 在县城外，长期的集镇也在原有的居民区形成。在北直隶大名府 1506 年版府志的一份村落长名单中，有四个"镇"被选出，作为商人聚集之地。商人固定交易的地方就专门称之为"镇"。这些

---

① 《河间府志》（1540 年），第 7 卷，第 4a 页。
② 孙铎：《鲁山县志》（1552 年），第 1 卷，第 33ab 页。
③ 王家士：《广山县志》（1556 年），第 1 卷，第 21ab 页。

镇中，三个成为镇的理由是：两个镇位于一条大河附近；一个镇因为土地肥沃，言外之意是产量高。只有这四个镇被定为贸易中心，这说明明代在这个北方的府，农村市场仍是有限的，这几个镇以外生产的货物必须运到那里进行交易，而不是运到地方集市组成的更连贯的结构中。例如，这个府志指出有一个村落，许多村民从事织布①，这说明生产和交换在不同地点进行。

市场在各种条件有利于交易的地方发展起来。四通八达的良好的河运始终是最佳的有利条件。河南固始县知县1469年的描述引起人们对这有利条件的注意：固始县地处吴（江南）楚（湖广）之交，为淮（南直隶北部）汝（河南南部）间之中心。人口众多，物产丰富，水陆路程交错，便于贸易。货物流通利民便农。故商品汇集于集市，民众来此交易。②

市场不会自然出现，必须有人设立。它们往往由个人或家族建立，为的是能跻身于能获利的商业网络之中。例如，苏州北部常熟县的县志报道说：南翔区奚浦市于正统时期由钱姓居民所建。街以砖铺地，靠近长江，可泊商船。这个钱姓居民，也可能是钱家的另一人，在田庄又建一市，这大概是想重复第一次的成就。县志继续报道，徐家市由一姓徐的所建，唐家市、李家市、何家市分别由姓唐、李、何的人所建，等等。③偶尔地方官也建立集市并冠以自己的姓④，不过更常见的建市者是当地人，他能凭借家族的财富进行必要的投资以招徕生意。通过征收集市的规费和对贸易进行监督，建集市的家族一定能获得丰厚的利润。

许多市场专门从事某种行业。由于县内市场的增加，专业化程度

---

① 唐锦：《大名府志》（1506年），第1卷，第30b—38a页。

② 包瑛：《固始县志》（1659年），第3卷，第4a页。

③ 《常熟县志》（1687年），第5卷，引于傅衣凌：《明清社会经济史论文集》（北京，1982年），第235页。县志没有说明其他集市建立的日期，但它们不会早于明中叶。傅又引了另一个明初嘉定县的例子。

④ 例如，《嘉定县志》（1882年），第1卷，引于傅衣凌：《明清社会史论文集》，第235页；蔡光前等：《琼州府志》（1619年），重印于《琼山县志》（1917年），第4卷，第102b页，其中提到1515年一名州官建集市的情况。

也随之加大。例如，苏州吴江县农民在 15 世纪 80 年代在吴淞和庞山村出售其蔬菜，而渔民则将自己的所获在充浦和庵村上市。庵村一定是大集市，因为那里的金属制品如同檀丘的制品，也是一种特产。该县的县志不但列出了大部分集市的常客，并且至少举出每个镇一座大庙的名称，有的举出四个庙名；也就是说，这些集市能招徕足够的生意，才供得起这些花钱的祭祀机构。[①]

一个市场从定期开放升格到每日开放后，下一阶段它可能发展为镇。这个过程可以在 16 世纪的江南的大部分县找到。例如，16 世纪初嘉定县有九个镇六个集市，到这个世纪中叶，其中四个集市已变成镇，另外又增建一个镇。到世纪末，嘉定又增加了四个镇和一个集市（明清改朝换代付出了代价：直到 18 世纪后半期，嘉定的城市结构才重新把自己树立起来，使得镇的网络分布得像 16 世纪那样广）。[②]

明代中叶至晚期江南镇的不寻常的发展是在日趋精密的地区市场等级结构中进行的。这种等级结构把货物和各种服务往上集中到地区的中心——如江南集中到苏州，这样做就刺激了等级结构底层的农村集市的产品和劳动力的出售。江南的各级商业经济发展了，不过苏州受益最为明显。苏州作为江南的经济中心，它的崛起在明朝的最初几年未必有人预料得到。在争夺王朝的战争中，苏州因是洪武帝的主要对手张士诚的根据地而闻名；此外，洪武帝对苏州不放心，因为它曾是蒙古人统治下士绅—地主力量的主要中心。他开始统治时，他向苏州征收沉重不堪的税赋，强迫苏州的民众迁移，企图迫使它屈服；对南京大量投资，授予南京以国都的殊荣，试图使苏州黯然失色。但计划没有成功。由于苏州商业化的地方经济的实力，它证明有能力负担皇帝加给它的税赋。的确，税负迫使民众为了赚钱去寻求创新的策略，有助于进一步刺激商业化。永乐帝放弃了他父亲的计划；通过把主都迁到北方，他放弃了洪武帝的打算，即把南京在地区中放在高于

---

① 莫旦：《吴江志》（1488 年），第 2 卷，第 10b—13a 页，只有两个集市没有列出庙宇。
② 陈学文：《中国封建晚期的商品经济》（长沙，1989 年），第 152 页。

苏州的突出地位。

虽然大运河把苏州、南京与北京连接起来，但南京与大运河的联系并非主要推动力，主要的运输命脉流向苏州。因此大运河的重新开放或多或少保证了苏州地区将成为江南的经济中心。① 南京是作为行政和文化中心，但不是作为贸易中心而保持其突出地位。与苏州竞争江南商业最高地位的惟一城市是杭州，但它位于大运河更南的地方，不在三角洲的中心区。此外，明代禁止出海航行，海上贸易衰落，杭州又位于更南的地方，这些因素意味着着眼于出洋航行的杭州不能与被陆地围绕的苏州匹敌，况且苏州在明代也是航海商船的港口。

大运河的恢复使用对江北也有相似的效果，因为通过其关卡的财政性和商业性交通给南直隶的扬州和徐州、山东的济宁和临清带来了财富。这些城市偏僻的内地的商业发展程度较差，这意味着，与江南的城市相比，大运河甚至是更加决定性的资产；但同时它们的内地的市场体系的弱点限制了这种影响的力度，从而阻止了它们与江南几大城市的竞争。

商 品

市场是交换和买卖货物的场所。简单地说，货物或是作为剩余物，或是作为专门为交换而种植或制造的产品进入市场。后一种产品必须出售或进行交易，生产者才能取得生活的必需品；换句话说，它们是商品。从剩余物品交易向商品交易的过渡是商业发展的重要的一步；这种过渡也是明代经济史的一个重大课题。

从纺织业中，我们可以看到向商品交易发展的明显例子。在明初商业发展程度较差的地区，纺织品生产局限于农户之中。纺织品的原料是农民自己种的，使用的机器也是农户的。随着商业的发展（在明中叶）和货物更大量和更正规地进行交易，市场的需求开始把农户内一体化的农业生产和手工业生产分开。例如，有的农户已经栽桑养蚕，从蚕茧抽出生丝再织成丝绸，专门从事丝的生产。他们不是兼种

---

① 马梅：《人间天堂》，第 30 页。

稻和桑树，而是专门栽种桑树和产丝，而到市场上购买粮食。到了晚明，有的农村生产者的专业化不仅仅限于某种产品，而是专门进行产品某个阶段的生产。现再以丝为例：农户的劳动力从生产粮食和丝转变为只生产丝以后，晚明的一些户专门缫丝，他们购茧，把丝售给企业主，后者再把丝供应织丝户。① 这种日益明显的分工是明代经济生活的重要发展。

纺织生产的商业化——从出售剩余物品到为市场生产——是明中叶的一个发展。在潮湿的江南中心地区，有名的优质丝绸在南宋时已被普遍生产，随着丝的生产从集中地苏州城往卜转到其卜属的各县城，那里的商业化在 15 世纪初期就普及了。在 15 世纪 70 年代和 80 年代，扶摇直上的需要打破了城市的垄断，使丝的生产转为农村的工业。② 据一部太湖区的地方志记载，一镇附近各村村民全力以丝谋生，富人雇人织绸，穷人自己织造。③ 这一报道指出，太湖周围的商业化已经走得很远：不但农民放弃其他的生产而只产丝，而且富人为了利用迅速发展的纺织市场给他们提供的机会，还雇佣劳动力。

尽管如此，明中叶的大部分纺织品依然不是为市场生产的。1543 年版福建邵武府的府志已经有注意性别分工的习俗，即男性在田地干重活，妇女在织机旁干较轻的活，并说妇女为其夫之衣而织布。但是事实并不符合男耕女织的古典模式，因为他们将所剩之布交换谋利。④ 这说明在 16 世纪 40 年代，福建内地上市的布仍是剩余品，不是作为商品生产的物品。在离江南纺织业较近的地区，商业化的过程也许进行得没有江南远，但是在引导生产者生产可以进入地区市场网络的某种物品方面，商业化确实对生产产生了影响。例如，据 1527

---

① 这一逻辑由田中正俊作出，见《16—17 世纪江南农村的手工业》，载琳达·格罗夫、克里斯琴·丹尼尔斯编：《中国的国家和社会：日本人对明清社会经济史的看法》（东京，1984 年），特别是第 86 页。

② 马梅：《人间天堂》，第 34 页。

③ 《震泽县志》（1746 年），第 25 卷，引于《明代浙江市镇分布与结果》，载《历史地理》，第 5 期（1987 年），第 186 页。

④ 《邵武府志》（1543 年），第 2 卷，第 45b 页。

年版的府志，九江生产的"土丝"的质量不能与其下游苏州产的精丝竞争。① 即使如此，丝仍是九江生产的位居第二的重要织物，其交易面很广。换句话说，一个优质丝绸占主导地位的成熟的市场仍能吸引质量较差的丝绸的商业流通，因为它也有市场。在这种情况下，专业化是不可避免的。这部地方志据此指出，德化县妇女只知缝而不知织。② 换句话说，这些农妇用来缝衣的布是购自市场的商品，而不是农户自己生产的。

在明代，棉业的组织经历了与丝业相同的发展，不过它的扩大和转变甚至更加激动人心。棉花在宋代的华南扎下了根，在元代和明初往北先向长江流域，然后再往北向山东和山西发展。生产棉布的技术紧跟着棉花的来临而出现。在元代的江南，通过借鉴丝织技术，织布技术得到提高，产棉的商业化，尤其在松江，在 15 世纪后半期完成。③ 据称，进入 16 世纪之际，松江能"衣"全国。松江府位于苏州、杭州、南京等大都市以东的江南中心地区，这使棉花业靠近大的交易和生产地点。松江府还因位于长江以北的省（那里种棉比南面更普遍）和长江以南的省（那里纺织技术比北面更发达）之间的交会区而受益。更为特殊的是，松江东区土地荒瘠，不宜灌溉，农民如种稻，就不敷租税支出。耕作者不得不转种其他适宜其土壤的作物，和产量高到足以维持生计的作物。丝、亚麻、苎麻等织物以前在江南的其他地区已作为农村的副业出现，当农户在市场将其纺织品进行交易时，也给他们带来少量的盈余，但这些都不适合松江的条件，棉花填补了空缺。1433 年，棉花成了松江税赋的固定部分；此后不久，棉花成了普遍的农民副业。1486 年知府倡议把税赋从实物部分地转成白银，这进一步推动棉花成为上市的商品。到了晚明，松江府东北部将近 90％的土地种了棉花。以前灌溉稻田的网络渠道被废弃，因为农民发

---

① 《九江府志》（1527 年），第 4 卷，第 17a 页。

② 《九江府志》（1527 年），第 1 卷，第 19b 页。

③ 关于松江的棉业，见西岛定生：《中国早期棉业的形成》，载琳达·格罗夫、克里斯琴·丹尼尔斯编：《中国的国家和社会：日本人对明清社会经济史的看法》（东京，1984 年）。

现种棉比种稻更能获利。1631年版的府志指出,种棉已根深蒂固,各村镇都有自己生产的棉布品种和名称,所列品类多不胜数。[1]

棉的生产周期,从种棉到织成棉布,原先是一致的。种棉、轧棉（去掉棉籽的加工过程）和纺织都在一家一户完成。商业行为表现为:把产品售给巡回的布商,有时购买原棉以补农户所种的不足,但分工是微不足道的。但到明中叶,有的生产者的棉布生产变得更加专门化;据1512年版府志的描述:纺织不但在农村,在城市也能见到。老农妇带棉纱在黎明上市,换原棉回家。次日晨又携纱离家,无片刻休息。织布人日织一匹,有人通宵达旦。[2] 纺纱者和织布者在这样的生产过程中完成各自分内的工作,他们的收入完全依靠以城市为基地的市场所决定的分工。江南棉布的商业性生产是如此发达,以致原料必须从其他地方运来,才能维持纺织者的生产。商人从山东沿大运河而下,从福建和广东沿海而上,用船补充供应轧过的棉,以使江南有技术的纺织者能继续其忙碌的生产。同时,这些商人又把粮食运进江南,供应自己不再种粮的人。这样就开始了从长江中部产米有富裕的湖广和江西等省沿江而下运粮给江南消费者的长途秋季贸易。

晚明江南的棉纺织生产是否在较大的商人控制之下?布商插手生产过程,甚至到了利用分工差别的程度:商人定期购买轧棉再卖给纺纱者,或者购买棉纱再卖给织布者,或者全部收购织布者的产品卖给批发商,再卖给布的零售商。朱国祯（1557—1632年）描述了他家乡——浙江北部的湖州——的这种安排。他说,来自邻近的府——很可能是商业纺织业中心苏州和松江——的布商在湖州开店,出售原棉给纺纱者或织布者。他们清晨就到市场,以其产品易原棉,然后回家再纺纱和织布,次晨再到市场易棉。[3] 这样,由于纺织制造过程被分

---

① 陈继善等:《松江府志》(1631年),第6卷,第10b页;引于西岛定生:《早期中国棉业的形成》,第49页。

② 《松江府志》(1512年),第4卷,第11b页;引于西岛定生:《中国早期棉业的形成》,第35页。

③ 朱国祯:《湧幢小品》。

割成不同阶段，商人就可以控制生产。为商人工作的纺纱者和织布者就被束缚在生产过程中，这种束缚常常因向商人借债而不能摆脱。由于他们的劳动时间全部用于布的生产，他们已不是从事一种副业的小农，而几乎成了专业的纺纱者和织布者。

了解欧洲资本主义发展过程的历史学家详细地审视了晚明的记载，想寻找中国的纺织工人正被纳入放债制度的证据。按照在欧洲发展起来的放贷制度，商人以原料的形式预付资金给工人，并保证他们劳动的收入。商人投入的资本控制了生产过程，放贷制度成了把纺织劳动力集中到工厂的先驱。研究明史的史学家在江南商业性地组织纺织生产是否可以认定为放债这一问题上展开了正反两方面的辩论。[①]在所引朱国祯的文字中，他使用"易"而不使用"售"，可能说明生产者不是为出售产品而天天议价，而只为处理生产全过程——从购买原棉到分配制成的棉布——的单独一名代理商工作。人们肯定可以找到关于江南商人把纺织生产的不同阶段结合起来加以监督的其他事例：例如，松江枫泾镇的棉花铺从当地织布的小农购买原坯布，再从南京成百名地雇染工和轧光工来完成布的加工，然后出售成品。[②] 但是，就了解资本主义的历史而言，放债的重要的特征是，商人凭借他们投入的资本来控制生产的过程。放债的商人不是单纯地通过某天早晨售棉给织布人，又在次晨收购其产品这种方式去利用分工，而是通过提供原料和规定生产进度的方式直接购买劳动力。他从生产过程的内部控制生产过程。晚明的商人也控制纺织品生产，但他们用以下方式在生产过程之外攫取利润：贱买贵卖；垄断纺纱者和织布者交换其产品的市场[③]；以高利贷利率放债给生产者，用债务束缚他们。曾经令人信服地为这种观点进行辩论的田中正俊坚持，不应把欧洲的放债

---

① 西岛定生的《中国早期棉业的形成》第 63、64、66、69 页反对放债之说，傅衣凌的《明清社会经济史论文集》第 227 页坚持放债的观点。

② 《枫泾小志》，第 10 卷。援引傅衣凌《明清社会经济史论文集》，第 227 页。

③ 例如，松江普树镇的棉商就能垄断那里的市场。由于农村织布者没有出售其棉布的其他渠道，商人可以将购价压低两成。见《嘉定县志》（1881 年），第 29 卷；引自傅衣凌《明清社会经济史论文集》，第 233 页。

制与中国的产品换原料的制度混淆起来。他指出，后者"不应被视为发展（朝资本主义方向的发展）的促进因素"，因为中国的制度没有改变生产关系。[①] 根据这个观点，晚明的商业经济既不像明初期维持生计的经济，也不像早期的近代欧洲那个时代兴起的经济。[②]

白 银

随着明中叶小农终于为市场而生产，他们就要依靠白银作为交换的手段，以此他们可以用其产品去换取自己没有生产但必须作为商品才能取得的货物。在商业化程度较低的地区，这些货物主要是广东省志一名编纂者所选称的"杂物"，即供个人消费的廉价物品：槟榔子、糖、粮食、食油、蜡、贝壳饰物、木材、祭祀用的香和篝衣。不需要大量银子去进行这种交换。这些物品虽然当地不能生产，价格都不很高。[③]

像江南那样商业化程度更高的地区，已把其大批产品转向市场的小农需要更多的基本物品，特别是自己不再种植、但既要食用又要向国家进贡的稻米，他们对交换和作为交换手段的白银的依赖就大得多。嘉定县一名上奏本的官员在 1593 年用四个步骤描述了那里棉农的经济生活：以棉织布，以布易银，以银购米，缴米给士兵作为漕粮运往京城。通过交换就能获得生活中一切必需品，嘉定的产棉者不必再花劳动时间去生产棉布以外的任何物品。家庭的地租、食着、用具及用于抚育子女和埋葬死者社会事件的花费都来自棉。[④]

作为商品交换的主要手段，白银终于体现了商业的威力，它渗透到出现商业化的一切地方。相反，据 1530 年版的一部县志记载，在

① 田中正俊：《16、17 世纪江南农村的手工业》，第 85、90、93 页。
② 关于不同的观点，见马梅：《人间天堂》。马梅引了祝允明的一段文字，作为放债的证据。祝允明叙述主管坐商和行商资本的商人，把资金分到织布户，收集制成的布匹，再返回给坐商和行商。但在这种情况下，可能这名商人在利用资本控制交换，而不是控制生产。
③ 《广东通志》（1561 年），引于李熙、蔡藩编：《琼山县志》（1917 年），第 2 卷，第 16 页。
④ 《嘉定县志》（1605 年），引于陈学文：《中国封建晚期的商品经济》，第 154 页。

福建沿海的一些闭塞村落中，村民有生活需要的一切物品，不必去捕鱼、熬盐或经商。因此村中银子很少。当村民定期庆祝宗教节日，只筹集铜钱和稻米，用于花销。[①] 在村民制造商品之前，白银不流入，除了最起码的商业交换，任何交换都建立不起来：他们的经济依然是铜钱和稻米的经济。

在白银日趋重要时，有些税赋——实物的或徭役的——折成白银支付，国家的政策进行了配合。折缴始于 1436 年金花银引入之际，当时南方七省 405 万担税粮以每担银 0.25 两的折换率折成白银。为了便于从运输困难的县上缴税，折缴很快在南方普及。[②] 这项改革转而扩大到地方税单中其他一切税种。金花银的运作如要立刻见效，只有在以下的环境中才有可能：许多经济交易已经通过货币而不是物物交换进行；有足够数量的银子支付税赋。即使没有新供应的银子介入经济，纳税的货币也会自行加快，从而进一步刺激面向市场的生产。

在 16 世纪中期的几十年，在与日本进行非法贸易时白银已经流入中国，但直到 16 世纪 70 年代，流进中国的外来银块才愈来愈多。近因是 16 世纪 60 年代后期和 70 年代初期西班牙之征服菲律宾。西班牙商人以马尼拉为贸易基地，通过泛太平洋的海上航线，开始用船从阿卡普尔科运进南美的银，以支付中国商人从福建和广东带到菲律宾的货物。他们以空前规模进行这种贸易，致使商业流通中的白银数量大增，并且对中国经济的各部类产生积累性的冲击。由于白银变得更易获得，而且更加便宜（相对于铜钱和其他交换媒介而言），国家更容易通过一条鞭法的改革进一步实行税赋的货币化。贵金属库存的增加，再加税制的货币化，使经济得到愈来愈强的推动，并且在很大程度上给 16 世纪晚期和 17 世纪初期的商业繁荣以财政支持。[③]

对白银的日益依赖意味着交换特点的改变。生产者不再依靠以物

---

① 张岳：《惠安县志》（1530 年），第 4 卷，第 1b、3a 页。

② 黄仁宇：《税收和政府财政》，第 52 页。

③ 威廉·阿特威尔：《约 1530—1650 年国际银锭流动与中国经济》，载《过去与现在》，95（1982 年），第 68—90 页；本书第 8 章。

易物（交换价值相当的物品）的原则进行交易，而是通过价格（买卖不同价值的物品）进行。这种转变引起的价格不可避免的波动使经济生活产生了易变性。价格根据供需、囤积和不断变化的银铜双金属交换率而动荡不停。杭州当地的乡绅朱国祯注意到在一天中，桑价在早集和午集间，在午集和晚集间波动，而且上下幅度如此之大，以致圣人也难以预测桑叶价格。[①] 小生产者与批发商相比，更易受到这种不稳定性的伤害；批发商更能等待时机，低价购进，高价售出。

海上贸易

在海盗行为的恶名下经营的海上贸易对明中叶和晚期的商业经济有着巨大影响，它不但把白银带进中国，而且刺激了国外需要的某些商品的生产。它还使许多住在东南沿海一带的商人格外富有。如同崔溥访问杭州时被告知的那样，风险是高的；但据一位福建的地方志编纂者的记载，其利润之高，使商人甘愿为之冒台风和覆舟的风险。[②]

海上贸易在政治上是敏感的，因为它涉及与外国人的接触，而只有被授权的官员才能获准接触。由于受到限制，海上贸易在财政意义上也是敏感的，因为海上贸易商人通常从事不付商业税或进口税的贸易。《大明律》要求出海的船只申报所载之货，并在沿海停泊处缴税。如不申报，以及申报低于所值，所受惩罚是严厉的：责重杖 100 下，没收全部船货。与船只打交道的当地商人或中间商同样要负责监督船货的申报，如果他们购买或存放未经地方官员许可的船货，也要受同样严厉的惩罚。据《大明律》的注释，惩罚比一般的商业逃税严厉，开始时是因为海上贸易获利要高于陆上贸易，后来是因为国家希望制止与外国进行的非法贸易。合法的对外贸易被限制在一定的时间和地点进行，并且只限于一定的商品。来中国纳贡的外国使团获准在京城

① 朱国祯：《涌幢小品》（1622 年），第 2 卷，引于《明代浙江市镇分布与结果》，第 187 页。
② 林魁、李恺：《龙溪县志》（1534 年），第 1 卷，第 26b 页。

进行五天贸易，不准购买兵器或金属物品，只能与官方指定的商人交易。① 如果店主或行商等人与外国人来往，并进行贸易，其货物将被没收，犯法者带枷一个月。②

这些惩罚几乎阻止不了居住在密布港口的东南沿海的任何人参加对外贸易的行业，这使有些人很感到沮丧。我们可从一名来自福建港口城市漳州的官员的传记中看到，当他在 1506 年赴广东任职之际回故里访问时，他得知其亲戚已建了一艘大船，准备与外国人贸易。他大发雷霆，扬言要向官府告发，因为他知道有关私人对外贸易的禁令仍在执行。③ 他没有向官府告发，威胁足以终止这项冒险行动。儒家官员和他的有商业头脑的权贵之间的意见分歧显示了明中叶商业经济的发展与闭关自守和封港这一既定政策之间正在形成的矛盾程度：这些政策正在限制海外商业的发展。

前面已经谈到，丘浚早在 1487 年力主不但要解除海禁，而且要免征关税三年以刺激贸易。后来，持同一方针的官员一致把丘浚当作权威加以引证。④ 但是，中国朝廷对进行更大量的贸易——特别是与日本人的贸易——这一要求的反应是关闭 1523 年已在宁波进行的有限的合法对外贸易。禁止反而加大了要求贸易的压力。压力变得如此之大，以致热衷于进行国际贸易却遭到阻碍的商人为了取得商业机会，就采取具有侵略性的对策——海盗行为。在这种情况下，随着在沿海活动的中国和日本海员从贸易转向掠夺，闻名一时——但有些不确切——的 16 世纪 40 年代和 50 年代的倭寇（"日本海盗"）灾祸就发展起来了。⑤

尽管政府禁止，海上贸易仍在明中叶盛行起来。间接证据是残存的沿海地图和航程手册及其流通。在 16 世纪，随着对这类参考材料

① 《大明律》，第 10 卷，第 5b—6b 页。
② 《大明律》，第 17 卷，第 15a 页。
③ 林魁、李恺：《龙溪县志》（1534 年），第 8 卷，第 36a 页。
④ 《明人传记辞典》，第 251 页。
⑤ 苏均炜的《16 世纪明代中国的日本海盗》（安阿伯，1957 年），对倭寇进行了详细研究。

的需要的增长，一名漳州经商家庭成员在 1537 年出了第一部刻印的航程手册。《渡海方程》是根据郑和获得的资料，以及详述从长江往北至辽东的另一个文本编成。编者为怪癖的学者吴朴，他是有权势的商人—官员林希元（约 1480 年至约 1560 年）的助手；林对海上贸易禁令的藐视和他从这项贸易中取得的财富同样是传奇性的。这部航程手册的出版可被视为沿海有权势家族的战略的一个组成部分。他们在林希元的合作下，为实行一种较少防御性的边境政策和开放海上贸易施加压力。《渡海方程》在清代继续被福建的航海者使用、抄录和修改。[①]

1567 年海上贸易的部分解禁使东南地区的经济得到一段暂时的大繁荣，当时纺织品、瓷器、漆器被大量运到日本的长崎销售，并运往马尼拉再转运至全世界。当时马尼拉召见厅长官安东尼奥·德·莫尔加详述了中国商人通过马尼拉进行丝绸和其他纺织品的国际贸易的情况："成捆的双股原丝和其他较差的丝；白色的和其他颜色的绕成小束的优质散丝；大批天鹅绒，其中有的素色，有的织成各色图案和花样，有的饰金或绣以金丝；金银丝或丝织的各色各类织物和锦缎；大宗成束的金银线；各色锦缎、缎子、塔夫绸和布料；原料为草的亚麻布（称 lenÇesuelo）；各种数量不等的棉布。"

在中国商人带出国的品种繁多的商品中只有纺织品是最重要的品种。"他们还带出麝香、安息香和象牙；许多床饰品、帷簾、被单和绣绒挂毯；颜色浓淡不一的丝挂毯；桌布、坐垫和地毯；同样料子的马饰品，上面绣有玻璃珠和珍珠；珍珠、红宝石、青玉和水晶；金属盘、铜壶、铜和铁质的锅；大量品种俱全的钉子、铁皮、锡和铅；还

---

① 一名耶稣会传教士得到的一份似乎是手抄的文本，在 1639 年呈给大主教劳德，并被收藏在牛津的博德兰恩图书馆。通过与田汝康的《渡海方程》一书的比较，注意到第一部印刷的欧洲版航程手册出现在 16 世纪的第一个 10 年，英文版在 1527 年出版。关于林希元，见博多·威特霍夫在《明人传记辞典》所作的传记，特别是第 921—922 页。顾炎武把包括《渡海方程》里记载的罗盘上日本的方位收入《天下郡国利病书》（1662 年），重印于《四部丛刊三编史部》（上海，1936 年；京都重印，1975 年；台北，1979 年），第 34 卷，第 59a—60b 页。

有硝石和火药。"

德·莫尔加在一份更长的加工品货物单中继续列出了在马尼拉交易的中国货存货，这些都是运给马尼拉西班牙居民区的加工食品和其他供应："面粉；以橘、桃、李、豆蔻、姜和其他水果制成的蜜饯；咸猪肉和其他咸肉；优良品种的活家禽和许多阉鸡；大量品种俱全的水果和柑橘；优质栗子、胡桃和一种新鲜的和风干的美味水果（chicueyes）；大量多品种的优质线、针和小饰品；小合和笔架；床、桌、椅和涂金色的长凳，上面都画有许多人物和花样。他们带来国内的水牛；状如天鹅的鹅；马、骡和驴；甚至有笼养的鸟，其中有的能讲话，有的能唱歌，他们把它们调教得能玩许多把戏。中国人提供了无数其他品种的廉价物和低价装饰品，它们在西班牙人中备受欢迎；各色优质的陶器；加佳（kaga）布和黑色、青色长袍；种类俱全的床；各色成串的玉髓珠子和其他珠子，以及各色宝石；胡椒和其他香料。"

莫尔加在他的货单最后列了一个杂货类，"有多少纸张也写不尽这些珍奇物品"[1]。他写的纸也来自中国。

中国商人在这项贸易中所以能取得成功，不但是因为他们经营市场上有需要的货物，而且因为知道如何使自己的商品很快适应外国的规格，包括式样。在图样上迎合西班牙人的爱好，这使中国丝绸在进入17世纪之际支配着世界的丝绸市场。与此相似的是，景德镇的瓷器制造者，特别在1620年御用订单减少后，就转而按照日本和欧洲的风格制造瓷器。早在嘉靖时期，人们就可以看出瓷器表面的装饰图样的适应情况，当时欧洲的贵族家族能定制有其盾形纹章的瓷器。[2]

---

[1] 威廉·舒尔茨在《马尼拉大帆船》（1939年；1959年纽约再版），第73—74页引。耶稣会士科林在1663年写的关于马尼拉货物单的记载证实了纺织品和织锦缎在中国产品中的突出地位，但他补充了瓷器，在莫尔加的国际贸易货物单上，瓷器显然没有列上。他只提起瓷器是供应西班牙社区的物品，不用于贸易。见舒尔茨：《马尼拉大帆船》，第50页。

[2] 伦敦维多利亚和艾伯特博物馆收藏的画有欧洲盾形纹章的嘉靖时期的水罐，纹章可能属于葡萄牙皮耶肖托家族（C.222—1931）。

到万历时期，中国的瓷器制造者不但模仿图像，而且仿造形状。① 在明朝的最后几十年，明代的瓷器工既生产日本人餐桌上用的成套小碟，也生产欧洲人用餐的大浅底盘——中国环境中都不用这两种餐具。中国的陶瓷工以中国的设计来装饰外国形状瓷器的表面，不过设计者似乎有意识地使之"东方化"，目的在于向欧洲人故意展示异国的风采。例如，在伦敦维多利亚和艾伯特博物馆内，一件欧洲的餐盘边上画有表示士农工商的四个人物。② 我们将在下文看到，这些图案在晚明不可避免地被认为已经过时，再也不会出现在中国的餐盘上。景德镇的陶瓷工特别擅长迎合。他们独特的青釉底瓷器在 17 世纪欧洲市场上称"china"，此字也被用来称呼中国。

对一个成功的商人，海上贸易的利润是巨大的。1600 年原丝在日本的售价接近在中国的售价的两倍，纱线是 2.5 倍，高级丝织品几乎是三倍。陶器在日本的售价是广州售价的二至三倍，酒是三倍。③

明代社会的商人

明代中国是一种文化的产物，这种文化按照一种古代农业社会——它被帝国的统治明确地统一起来，又与商业交换只有最低限度的联系——的理想把自己概念化（在一定程度上又试图把自己合法化）。但这种概念化不得不与商业的现实进行斗争，后者正以前所未有的速度包围着社会生活的各个方面，而前者则在斗争中修改自身。这场斗争大部分是商人发动的；他们能够发动斗争，因为他们生活在其中的文化有藐视商业的倾向，可是同时又尊重财富，并且容许富人以适当的速度进入上层的生活圈子之中。回顾商人在明代社会所处地位的变化，就不难看到商业对这个时期中国社会的影响的性质和广度。

① 维多利亚和艾伯特博物馆收藏一件万历时期青釉底色的盐碟，状如约 1580 年的英国银盐碟（C. 566—1910）。
② 维多利亚和艾伯特博物馆，C457—1918。
③ C. R. 博克塞：《来自亚马逊河的大船：澳门编年史和古老的日本贸易》（里斯本，1959年），第 179—181 页。

明代的中国人关于商业的思想方法的第一个转变是去调整职业集团的等级，这种等级是在中华帝国以前的时期沿袭下来的：士在农之上，农在工之上，士农工在商之上。人们可以发现，洪武帝引用了这种排列，但是以一种约定俗成的意图引用——更注重于作为一个集体去称呼他的臣民。[①] 这种排列在明朝中叶开始以一种更迫切的方式加以使用，有时以一种温和的警告，告诫一切事物应该是什么样子，但现在已不再是这样了。因此北直隶 1506 年版的大名府志在谈及府治地时说，士应专志于读书，农应专心务农，商人虽擅长经商，但不要越轨。这类词句可以上溯两千年而在中国的经世治国的著作中看到：它们被恢复使用，这一定说明关于职业之分的习俗正在被人藐视，上层的士绅感到必须告诫有这种行为的人，特别要告诫其他地方正在越轨行事的商人。编纂者不是直接表示他的反对，而是通过赞扬本地没有这种情况，来表达他对商人正在发动的针对传统职业结构的挑战的愤怒。[②] 在 16 世纪，愈来愈多的其他地方的方志编纂者作出了关于在他们地区内四种职业等级的类似的表态。一有可能，他们喜欢表扬学者专心学习，农民勤于耕种和他们都不愿经商的情景；但他们的评论的可靠性却因以下的评论而减色，其大意是，如今这些特征正在逐渐变化。[③]

直到 16 世纪的后几十年，有关民风变化的冷静的评论让位于对四个等级已经崩溃的公开承认，有的士子文人愿意接受这种状况；正如学者归有光（1507—1571 年）所言：古时四等庶民各有其职，但后来士农工商之别已混淆不清。[④] 其他的人认为这种混淆是一大不幸，是世风败坏得不可挽回的证明。两种立场都含蓄地承认，晚明的富商能够进入体面的社会，达到了以往不可能的程度；另一方面，又含蓄地承认，士绅家族愈来愈多地卷入商业活动。的确，作为 16 世纪一个扩大的阶级进入士绅社会的许多家庭回顾以往，就把其商业的

---

① 例如，见包瑛：《固始县志》(1659 年)，第 8 卷，第 12a 页；内引 1372 年的一条皇帝诏令。

② 唐锦：《大名府志》(1506 年)，第 1 卷，第 21a 页。

③ 孙铎：《鲁山县志》(1552 年)，第 1 卷，第 38b 页。

④ 何炳棣引于《中国人口研究》(坎布里奇，马萨诸塞，1959 年)，第 73 页。

成功作为财政基础，凭此就可以把他们的儿子送上官僚发迹的阶梯。商业财富正在资助商人取得士的地位。

到了晚明，在上层精英生活中商业的存在已经强大得足以使历来反对商人的偏见——表现为商人在传统上被置于社会等级底层的地位——不能继续下去。但是商和士之间的紧张关系没有消除。士抵制商人侵入他们的领域，并设置了有效地排斥商人参与士绅网络的重重障碍。这些障碍直到 18 世纪才被消除。到明末，很少商人能指望在社会上与士平起平坐，但许多商人能够抵制区别士商的服饰规定。① 自明中叶以来，为进入士的圈子准备最为充分的商人是住在扬州从事盐业的富裕的徽商。这些商人必须非常努力地建立与官员的良好关系，这不但能减少被官僚掠夺的危险，而且在与其他商人冲突中能得到支持。当徽州盐商范延富（1448—1517 年）决定在 15 世纪 90 年代从扬州退隐时，包括有权势的御史大夫刘大夏和御史戴珊（1437—1506 年）在内的几名官员送给他一批著作。② 这些礼物表示，为了能够取得事业上的成功，像范那样的人必须与地区的官场头面人物建立密切的关系。

未能如此接近官场的商人并非完全处于劣势，因为他们能采取其他途径从商人过渡到士。有两种策略。一种是渐进的策略，暂时接受低人一等的地位，期盼其家庭总有一天会培养出一名取得功名的人；他的成功会使家庭增光，并洗去从商的不光彩。这种策略表现为有商业和制造业背景的人普遍在撰写其家族史和个人传记时精心采用的手法。这种手法可称为"开创时刻"。它出现在困难的背景下，常常以没有预料到的方式，有时以神秘的方式发生；它表示一个转折——常常是从务农转到经商，并都是从贫困变得在社会上出人头地。由于开创时刻标志着向商业生活的过渡，这在一篇符合儒家期盼的合乎道德

---

① 安吉拉·昊（昊孙凝芝）：《明代商人阶级的社会和经济地位》（伊利诺斯大学论文，1972年）。

② 曾道尔夫：《中国地方历史的变化和延续》，第 100 页。从经济和文化角度研究徽州（新安）商人的经典文章是藤井宏的《新安商人研究》，载《东洋学报》，36，第 1 期（1953 年 6 月），第 1—44 页；第 2 期（1953 年 9 月），第 32—60 页；第 3 期（1953 年12 月），第 65—118 页；第 4 期（1954 年 3 月），第 115—145 页。

行为的发家史叙事文章中，是一种伤脑筋的联系。张翰（1511—1593年）出身于杭州经营纺织业的家庭，后位居高官；他认定开创时刻发生在他曾祖父之时，曾祖父是一个小酿酒商，其酒毁于一次洪水。"一天晚上，曾祖父回家时有人在后面呼他，他转身迎去并接到一件温暖之物。此人突然失踪。我的曾祖父回家后点灯照看，此物是一小块银锭。"① 于是这块银锭就成了其曾祖父经营纺织行业的资本，其家庭转向富有的开创性投资就这样用神秘力量的干预（甚至是神的干预）展现出来。用来进行原始积累的手段——投机、操纵价格、不公平的交易行为——就被方便地掩盖了。

汪道昆（1525—1593年）是具有徽商背景的著名晚明学者，对他来说，他家庭史的开创时刻发生在其祖父的时期：家庭世代务农，祖母劝祖父经商，因为去温州和处州的商人都能发财。祖母为之筹资，祖父才能变富。② 汪道昆不像张翰那样把资本积累的最初活动掩盖在神秘事件后面，而是把它作为崇敬其祖母的机会，因为她给其夫一笔嫁妆，使之事业有成。这样，由农转商的变化就表现为值得赞扬的贤妻的奉献行动，不会背离儒家的价值观。虽然有的士绅的自传作者被迫说明，他们家庭的历史没有通过不道德手段致富的污点，但晚明的士绅不再回避去写其商业家庭的背景了。一个人不必是——也不用假装是——出身于古老的理想化的乡绅之家；不管怎么说，乡绅正在消失，因为在晚明，更富有的人放弃了农村的庄园，用他们商业化地产取得的利润购置城市的住宅；住宅通常位于县城或府城，如果可能，还位于省城。③ 商业本身不再是卑贱的职业。

商人可以用来逾越士商之间障碍的另一个更为主动的策略是从事士用来在当地社会标榜其力量的各种各样文化炫耀。他们能兴建豪华

---

① 蒂莫西·布鲁克引于《16世纪中国的商人网络——张翰的〈论商贾〉的讨论及译文》，载《东方经济社会史杂志》，24，第2期（1981年5月），第173页。
② 汪道昆之文引于曾道尔夫：《中国地方历史的变化和延续》，第48页。
③ 蒂莫西·布鲁克：《家族延续性和文化霸权：1368—1911年宁波的缙绅》，载约瑟夫·埃什里克、玛丽·兰金编：《中国的地方精英和统治的形式》（斯坦福，1990年），第40页。

的花园和万卷藏书楼，购买宋代的珍本，展示唐代的图画，收藏商代的铜器，赞助当代最佳的艺术家，雇用最优秀的作家替他们执笔。汪道昆是采用这种策略的行家里手。通过宏伟奢华地进行各种文化工程，这些商人能压倒士，迫使士另眼相看。徽州的富商又是这一文化界的参与者。徽州范族的家谱记载了作为弹琴能手的茶商范继宗（1412—1461 年）及在晚年赋诗作乐的大粮商范余庆（1402—1464年）；弹琴赋诗显然是士的爱好。另一个徽商鲍松（1467—1517 年）收藏珍本达到万卷，其中有的与自己的注疏一起刻印。[1] 这些投入表示对 项文化宏图的赞助，与旨在培养官场候补官员的策略只有部分联系。总之，取得功名不如保证家族事业继续繁荣昌盛重要。明中叶的文化清楚地认识到连续几代人保持商业财富的脆弱性。16 世纪中叶的广东省志指出，商人的子女安于现状，只会挥霍，不知物力维艰；而奢侈浪费之徒不顾一切，养成放荡酗酒恶习，聚众呼吆喝六。故很少有人将产业传给下一代。[2] 二范有幸保持了家庭财产，但他们显然没有培养出科场的生员，尽管不乏尝试。总之，对明代商人来说，使自己的家庭在文化上自外于士的世界固然没有好处，但大力降低士商之间的地位障碍则更没有好处。

没有掌握这种财富、也不想在科场上培养一名家庭的年轻子弟的商人，仍设法减轻士的文化把他们视作地位较低的集团的压力，办法是树立一种说教，把栽培经济价值观与培育道德价值观等同起来。简单地说，晚明商人致力于把商业作为一种儒家生活方式而加以概念化。[3] 这是一项困难的工作，因为固有的传统早就把四个等级地位纳

---

① 曾道尔夫：《中国地方历史的变化和延续》，第 52、96—97 等页。

② 《广东通志》（1561 年），引于李熙、蔡藩：《琼山县志》（1971 年），第 2 卷，第 17a 页。

③ 儒家价值观与商业成就的关系在余英时的《中国近世宗教伦理与商人精神》（台北，1987 年）中有争论。关于把儒家思想作为意识形态强制应用于重商主义价值观的不同解释，见蒂莫西·布鲁克：《中国的商业经济和文化困惑》，载布鲁克等编：《东亚的经济和文化》（安阿伯，密西根大学出版社，1997 年）。关于寻求包容改造的儒家思想的中等商人意识形态，见理查德·卢夫拉诺：《一般商人的世界：晚期中华帝国的自我修养和商业成就》（待出版）。

入儒家观念的体系之中。但在 17 世纪初期首先出现的刻印的商人道德指南中人们可以看到这个工作已在进行。这些文本是作为商业和理财方面的有成效的实践指南编写的——既对业务，又对个人，但作者们未加区分。其中之一是《商贾梦醒》，它作为一本经商之书的附录在 1635 年开始问世。这可能是它第一次出版。作者可能是经商之书的编者李晋德；为了叙述方便，我们将以李为作者。

《商贾梦醒》由一系列警句组成，警句只有几个字或几句话，然后有略长的注解。它们是商人（可能是老商人）的话，注释则是更贴近当时的一套陈述，详细阐明作者对商业生活中正确行为的观点。贯穿全书的中心主题是：维护道德比追求利润更加重要。注释同样强调保证稳定而长期利润的惟一途径是诚实而不是欺诈，于是在孟子时确立的这一儒家主题转用到了商业的目的。堕落到采用腐败的阴险手法的不道德商人，不论他欺骗周围的人多么成功，其事业最终将会失败。商业应迎合儒家的道德，只要通过诚实的行为取得利润，并且把利润保持在可接受的范围内，那么利润在道德上是无可指责的。例如，根据作者的观点，以 20%—30% 的利率提供商业贷款和个人借款是可以接受的，理由是它在正常的利率范围内，不应对此怒目而视。视情况需要，利率偶尔可能达到 70%—80%，但不能经常为之。放债人如以群情愤怒的利率贷出，将会发现借债人拖欠不还，他的本金会化为乌有。[①] 不如放弃取得短期高利润的可能，而取长期的合理的利润。

李晋德关于经营事业取得利润的道德规劝的另一个重要内容是一种简单的办法，即善于避免入不敷出。他说，可用三种办法取得这一结果：第一是勤奋，事必躬亲，一切交易都要谨慎处理，早睡早起。第二是积财，防止浪费，避免铺张，量力而行，不与浪费钱财于嫖赌之徒为伍。如果在这几方面谨慎行事，这些财富就会带来应有的回报：产生更多的财富。第三是仔细记账，"人处家务，量入以制出，则终身无失。若不划算，必有差失"[②]。

---

① 李晋德：《客商一览醒迷》（1635 年；1992 年太原重印），第 311 页。
② 李晋德：《客商一览醒迷》，第 293、325 页。

这些规劝的全部内容与引入商业领域的儒家的倡导——勤奋、谦虚和精心做好事——巧妙地相符。儒家思想承诺做好事的人会取得成功[1]，李晋德的商业道德同样坚持，以这些道德方式行事的商人将会在社会上取得事业有成的回报。把商人的事业有利地放在一个崇尚谨慎和忠于职守等行为的基础上，新商业儒家思想就能重视明代商业已经在中国社会组织中引起的巨大变化，同时又能把商人纳入道德升华的氛围中，这种氛围正是明代自我修养的思想把它作为达到真理和正确行为的标准而想方设法树立起来的。换句话说，时代的核心哲学正以过去认为不可能的方式加以塑造而去接纳商业。

晚明时期，已有身份地位的士绅家族发现自己处于追逐地位的富商阶级的包围之中，就针锋相对地对新闯入者和只有钱财的人加强文化的壁垒。士绅精英并不像商人雇用的捉刀文人所希望的那样在意识形态的地盘上让步，就通过经常地提高一名想成为君子的人必须跨越而达到有真正教养境界的标准，以维护其特权意识。这些并不是只根据能否达到而定出的标准。那种针锋相对的策略只有在财富和地位一致的社会才行得通，而在晚明，二者并不一致。更确切地说，上层精英设立的标准是个人在进入上层精英社会前必须掌握的表示良好教养的学识成就。没有充分知识去履行礼仪，进行高雅的谈话，赋诗，讨论哲人，或鉴赏精美的器皿和艺术品，此人就被阻于门外。如果不能接触到使这类技艺和爱好得以发展的社会圈子，此人甚至不知怎样挤入高层社会。[2] 钱算不了什么，正在提出的种种对儒家思想的新见解更不在话下。

即使如此，富商要求进入这些圈子。他们以日益增长的财富策略性地投入某些艺术形式和支持某些学者，所产生的力量使得对他们的排斥愈来愈难以维持下去。打破文化壁垒的那种压力所产生的焦急心情可以在商品领域中发现。拥有昂贵的物品（例如云南的宝石，或日

---

①　关于明代儒家重建应得善报的观念，见辛西娅·布罗考：《功过格：晚期中华帝国的社会变化和道德秩序》（普林斯顿，1971 年）。

②　布鲁克：《家族延续性和文化霸权》，第 37—42 页。

本的漆瓶）是一种宣传自己财富的办法，而晚明繁荣的商业经济使那些想买的人能够买到。懂得如何摆设、欣赏和讨论那些能得到文化反响的物品（如元代伟大艺术家黄公望的画），是宣传自己已在有文化有雅趣的人的行列中的一种手段。对商人的挑战是把自己与文化商品的关系从第一类转到第二类。仅仅有贵重的商品是不够的，物主必须懂得如何在社会环境下布置和展示，以便取得他期盼的地位带来的利益。因此，从16世纪中叶以来，发展了一种论收藏和鉴赏这类物品的作品。晚明论文物的著作的数量是"空前的，以致使人们更加认识到，奢侈品的生产和消费如果处理不当，会成为一个潜在冲突的根源"①。

也许具有讽刺意义的是，晚明在书市能购到的鉴赏学的书籍对士商文化壁垒两边的人都有用。它们定下了当时受高等教育的人认为该享受的奢侈品应有的标准。但是这些书籍也使被用来参加这种曲高和寡的文化交流的知识商品化。任何认字的人此时只要读过这些书籍，就懂得如何成为一名高雅的君子——收藏什么，如何处理，安放在何处，何种文物不该摆出展览。因此晚明对稀有文物的鉴赏可以部分地被视为财富的委婉称呼，因为鉴赏的对象在体现高文化价值之前是具有高商业价值的器皿。换句话说，这些文化器物通常是需要投入大量财富才能收藏的稀有珍品。成为收藏和展览文物基础的商业现实并不否认它们的文化价值，但商业现实的确决定它们从中取得文化价值的环境。鉴赏行业支持了有能力拥有文物的富人。从这个角度看，阅读和撰写有关这些文物的书籍的热情证明商业正对晚明的上层社会产生影响。穷文人仍能在社会体现自身价值，其方式是运用自己对文物的知识，而这种知识在用文化字眼宣传它们时是必不可少的，因此在富商花园集会时就需要这种人。但是穷文人为之侃侃而谈的文物的主人却是富商。

在晚明，尽管金钱的威力有所上升，但是士绅的价值和标准仍然

---

① 克雷格·克卢纳斯：《华而不实的器物：近代中国初期的物质文化和社会地位》（剑桥，1991年），第8页。

统治着社会。如果没有趣味的调节力量，财富是不可能以简单的形式转化成社会地位的。而商人只能影响而不能控制这种力量的规定作用，这还必须从士绅那里学习。只要士绅精英还能够找到开发金融财富的方法，只要选拔官吏还是通过科举而不是财富贡献，士绅就依然保持着统治地位。通往社会地位的阶梯以及附属于这种地位的价值，在明末经历了一个调整的过程，这就使得晚明的社会秩序不同于洪武皇帝时代的社会秩序。尽管如此，14—17 世纪之间的连续性还是有助于人们对整个明朝进行回顾性的考察，并有助于人们通过明朝来理解后一个朝代的中国人的所作所为，有助于人们把明朝视为一个变动中心，但却仍是中国历史链条中的紧密连接。

（杨品泉 译）

第 十一 章

晚明思想中的儒学

导　　言

　　这里所指的晚明时期，是指开始于 16 世纪 20 年代，并涵盖了明朝 1644 年春在北京覆灭之前的最后六个皇帝统治期。其间有几个可能引起那些致力于某类知性活动者的政治地位重大变化的时刻，这些知性活动引起了当时人们及历史学家的注意。16 世纪 20 年代，刚登基的嘉靖皇帝成功地维护了其凌驾于政局的领导地位的意志，并在此过程中，成功地疏远了一大批官员与士人。在这 10 年间，王阳明在 1529 年去世前，把大批追随者聚集到他的新学说中。王阳明尚在世时，他的思想因偏离了帝国钦定的新儒家学说而遭到批评。25 年后，王阳明思想受到了许多士人远比官方学说更多的重视。1553 年和 1554 年，第一次在北方，大批士人和官员聚集北京讨论阳明学说。从 1529 年到 1554 年期间，可以看到王阳明思想影响继续扩大，他的弟子在不断增加。其后的 25 年中，从 1554 年到 1579 年，在王阳明学说影响下，思想观点不断增生。在所有的省份，那些几乎没有文化的人，以及士人和官员都卷入了对这些学说的讨论，虽然他们最主要的影响是在浙江、江西及南直隶地区。1579 年，权倾一时的大学士张居正（1525—1582 年）试图弹压大多数他贬抑为无效的有关道德的哲学清谈。张居正的行为开创了另外一个 25 年时期，即从 1579 年到 1604 年，在此期间，我们现在可称为持不同政见者的知识分子，以及仅仅是有道德意识的知识分子，招致了高级官员们的抨击。一些较为引人注目的持不同政见者遭到杀戮，更多的人被迫离职，尤其是在 16 世纪的最后 10 年。至此时，所有王阳明的亲传弟子都已去世。

从 1604 年到 1626 年，是东林学派运动所主导的时期，也是从其正式创立到瓦解的时期。它的领导者及人数达数百人的同盟者，力图重新整合王阳明思想和帝国钦定的新儒家学说，并试图抛弃数十年来正值朝廷内外交困时对阳明学说的误解。最后，从 1627 年到 1644 年以后，当明朝政府对全帝国的行政控制需要修复的意图变得明显时，期盼它能办得到的希望呈现了出来，但然后即破灭。怀着不同信念的士子们都力图认定那些一旦被皇帝所倡导就多少可以改善秩序的思想，但没有一个人最终获得成功。

核心思想

整个 16 世纪和进入 17 世纪后，知识的氛围是在一个稳固但不平静的思想体系的背景中树立起来的，这个思想体系自 13 世纪完成并得以维持，成为帝国支持并控制的一个思想体系。这套思想有着不同的名称，包括程朱学说、道学、性理学。它后来被称作宋学，并被泛指而称为新儒学，有时有人打算指它为狭义的道学。

传授这些思想的主要手段，是通过强调选择朱熹（1130—1200年）等人共同注解的经典文本而进行的教育过程。核心课程由著名的四书——《大学》和《中庸》（它们在宋明时期仍被认为分别为孔子门徒曾子和子思所作）、孔子的《论语》和《孟子》所构成。经过朱熹系统注疏后，重要命题贯穿于这些文本之中，并贯穿于更大型经典集成《五经》中，其中心思想是相当坦诚的：既有永恒真实的道德价值，包括人性、正直、对家庭的孝道与爱心，对统治者的忠诚，又有对礼仪礼法的尊敬，它们综合起来就成为：

（1）所有人际之间正当关系的基础，也是人与精神、神性之间正当关系的基础；

（2）维系社会秩序的正确手段；

（3）首先并最清楚地由古代圣人所表述，并传承下来的经典文本；

（4）通过学习过程而能被充分领会的经典；

（5）如果每个人在其内心认识它们并整合这些价值而加以实践的

准则；

（6）在动态的宇宙中植根和持续存在的可感知的整体，人们将与之达到终极的统一。

这些命题含蓄地摒弃了佛教的观念，即现实最终为虚幻的，感官认识的过渡性世界本质上是短暂的；也反驳了帝国的主张，即统治者是、而且应该是一切价值观念的最终仲裁者。

这些核心思想的多少有些复杂的学说，在朱熹去世后的数百年中，被士人——其教育达到足以能够参加国内公共考试制度的较高文化层次的人——所教导与记诵、讲述与撰写，实践和确认。自 15 世纪初起，如果一个人想通过考试，就必须对朱熹的注释详加讲述。然而，他们并不要求相信它，而且在他们的其他著述中，士人可以脱离朱熹，尽管他的思想被作为思考、讨论和注释的出发点。在朱熹的注释中，核心概念被理解为如下这些内容：

（1）保持内心正直（正心）；

（2）保持意志真实（诚意）；

（3）获取知识（致知）；

（4）探究事物（格物）。[①]

朱熹强调的最后一个词组（即格物），意即探究事物内容（穷理），而第一个词组（即正心）涉及到人心（包括人的欲望和情感）与理的统一，而理作为人之"性"，存在于人的心中。后来，关注哲学的士人认识到，其同时代人并非生活在与源自于这些理念相一致的道德生活中，有些人被激励去继续探讨涉及到这些价值的本体论地位与认识论基础的复杂问题，而不管朱熹对解决这些问题的尝试。他们还试图阐明这些价值如何被个人（包括皇帝）因有利于一个整体的国家和社会而更好地去理解与实践的方法。数百年来，思想家们提供了大量的简单化的、有细微差异的诠释，但没有确切的结果。大致来说，他们仍停留于朱熹系统诠释的四书，特别是《大学》与《中庸》

---

① 参见但尼尔·K. 加德纳在《朱熹与〈大学〉》的论述（坎布里奇，马萨诸塞，1986年）。

的框架之中。当个别士人超出这一框架时，有许多人这样做，他们仍然想利用朱熹的概念作为一个标准，再把自身的表述从中区别出来。

在 17 世纪初，虽然朱熹体系的核心思想仍被教导，就像进入 20 世纪后它们仍被继续教导那样，但不同于朱熹的重大选择却有着一种明显的增加。从 16 世纪开始，许多著作试图向朱熹思想挑战，并转而导向其他方法与观点之结构的一些根本不同的设定。尽管没有人像朱熹体系那样精致或成功，但它们共同削蚀了朱熹遗产的影响力，并为构筑道德价值基础的其他方法，和相信对儒家有意义的其他学术表达开辟道路。

以下章节探讨晚明时期儒家思想主流（大统）中内在冲突的演变。在这一思想主流（大统）中，存在着观点的繁衍，以及想整合一种士人特质的企图，对于这一特质，当时有些人主张是一种不一致的东西，而其他人则希望能够重现其活力。晚明形势还有着显著不同的知识立场，它们有意无意地对有关学问的主导理念提出了质疑；这些立场只要不得到大批士人的忠诚，就会被视为"异端"而摒弃。① 传授和公开发表的思想多种多样，而士人对于思考内容则各有选择。

学问精英

用最简洁的术语来说，对于当时的观察者及以后的历史学家，学问精英的构成由一个单一的标准所决定：即具有阅读与撰写可通过考试文章的才学。在晚明，这种人称为士子，他们在 17 世纪从拉丁文译成英文即"literati"。不管怎样，国家考试的需要塑造了士的生活与思想。在国家资助的学校里，课程大多是应考试科目所决定②，正如它在社区资助的学校和家庭通常请的老师那样。一旦获取基础知识，教师和学生就把培养考试文章的能力当作他们的首要任务。他们学习典籍、阅读历史、赋诗，完善写作则是辅助。那些偏离常规而强调其他学习可能善意地被讥讽为个人癖好，或者甚至被看作白痴。学

---

① "异端"一词出于《论语》，216，具有一种否定性的含义。
② 《明史》（北京，1974 年），第 69 卷，第 1675 页。

问高深的最明显的表现是通过帝国举办的最高等级的考试。

每一等级的考试制度都传授着与朱熹的名字相关联的学说。在京城举行的会试，首先并最重要的是长达三天的考期，需要从朱熹注释是其惟一权威的《四书》中择取论题撰写三篇文章。另外，还要求在第一天从《五经》中的一部选取专题，由赴试者撰写四篇文章。对于《易经》，两部标准的注释是程颐和朱熹的注释；对《诗经》的注疏以朱熹的所作为标准。对于《尚书》，标准的注释本是由朱熹的学生及讲友的儿子蔡沈（1167—1230 年）所著；蔡沈说朱熹曾安排他编撰的任务。这三部经典最通常选择为专题论述。① 在 15 世纪初，永乐皇帝颁布了《大全》，作为《四书》和《五经》文本与注释的官方版本。② 它们是备考和评判考试文章的根本。它们在每一个县学、府学以及在很多文士的家中都能得到。③

进士功名，其字义是指"（为朝廷）所提供的士"这一考试制度的等级，它明确地标示着进士持有者有着较高的社会地位。每三年只有300 人至 400 人被授予进士。15 世纪后，进士学位获得者的基本数目是300 人。在特殊情况下，再增加 50 人至 100 人，如新皇帝登基的首次会试。实际上，这个数目是经常改变的。从 1568 年到 1643 年，进士的实际数目，从 1598 年的 292 人到 1622 年的 409 人不等。在此期间，居中数目是 1595 年授予 340 名进士功名。④ 任何一个在会试中金榜题名者，都无疑是全国有教养的精英中的一员，无论其此后的经历如何，或者今后有没有当过官，在学术上有没有成就。任何在每年一度的乡试中试者，都因此而获得举人的学位，字义为"向朝廷荐举的人"，他们也是全国精英的一部分，有资格参加京城三年一度的会试。

---

① 《明史》，第 70 卷，第 1694 页。对于《春秋》及其三部早期评注，标准的评注由胡安国（1074—1138 年）所撰。对于《礼记》，则采用标准的唐代注疏。

② 《明史》，第 70 卷，第 1694 页。

③ 另外的一些传统注疏在永乐年间后常被忽略，据顾炎武：《日知录集释》（1872 年）1968 年台北重印），第 18 卷，第 11ab 页，《四书五经大全》。

④ 《明史》，第 70 卷，第 1697 页；《明代登科录汇编》，见于《明代史籍汇刊》，屈万里编（台北，1968 年）。

晚明任何一个时期，在世的有进士功名的人数估计在 3000 人到 5000 人之间，其假设根据是中举者平均约在 30 岁时获得功名，然后又活了约 30 多岁，即 10 次会试相隔的时间。举人的人数可能是其 3 到 5 倍。乡试的配额在 15 世纪制定，但多少有些上浮。在明末，每三年大约有 1200 乡试功名被授予。[1] 再假定那些通过考试的人在世，以后还有 11 或 12 次乡试，我们可以推断在任何一个特定之年，约有 1.5 万人在世，他们至少获得了举人的功名。两个由首都北京和南京直接管理的直隶区，有配额 100 人到 130 人以上，其他省份定额较少，普遍都少于 100 人。[2] 当那些把持考试制度的人为"收士心"[3] 时，定额才有所增加。

在晚明时期，所有进士功名获得者都到北京参加考试，但大多数没有获得举人以上的功名的人也去。另外，全国有教养的精英包括在南京或北京国子监正式登记造册的监生。[4] 在南北二都，他们是优先录取的学生，他们与同辈结成同盟，并得到政府高官的庇护。当他们仍是学生时，就被授予在政府部门见习的职务。许多人接着担任正规的政府任命，尽管由于没有获得更高的功名而只能担任低级的职务。有些监生在乡试中担任辅助职务。他们中许多人进而获得举人和进士学位，因此，他们的人数并不大大增加了全国有教养的精英的总数，但他们必定被看作那些精英中更年轻的一群，并且看作为储存有品级官员的一个重要组成部分。从来自每一个省的人员通常被囊括其中的意义上说，国子监是全国性的机构。

也有区域性的、省里和地方上（即城或镇）的有教养的精英，他们也大多由通过参加考试制度所决定。这些精英包括居住所在地获得

① 何炳棣：《中华帝国晋升的阶梯》（纽约，1964 年），第 184 页，估计清代举人的累计数约 10000 人，并暗示稍少于明代的举人数量。
② 《明史》，第 70 卷，第 1697 页。
③ 《明史》，第 69 卷，第 1687 页。
④ 在晚明，贡生与监生的学位可由那些参加乡试合格者出钱购买。参见何炳棣：《晋升的阶梯》，第 183 页，特别是第 27—34 页。在此我只指作为普通学生到南京或北京参加国子监的贡生。

京试或乡试功名的人，无论他们任职与否。他们还包括所有那些已经通过了由州府所举行的资格考试的学生，成为生员或贡生（贡生也可由生员出钱购买所得）。许多贡生接受了官府的任命，通常在教育界任职。所有的生员都至少要名义上在一个国家资助的府学、县学或卫学、或是在国子监登记注册。地位比生员更低、但也是地方教育精英的人，是那些通常被州县地方官吏认作为童生的人。童生有资格参加州府考试，如果通过，即确认他们为生员。[①]

有明一代，生员人数一直在扩大。生员并没有确切的定额，总数很大。[②]例如，夸大的膨胀数字约有 4 万名士子（可能并不全是生员），被用于描述 1570 年参与江西府学考试大厅门口（可能在南昌）的闹事。[③]张居正试图削减生员人数，而有些督学官则奉行太过，竟把府学考试生员资格削减至几乎为零，[④]不过实际实行时间不长。对于晚明时期，顾炎武估计，在一个大县的生员人数至少有 1000 人，全国大约近 2000 个州县，平均每个州县大约有 300 名生员，或者在任何一个时期都有 50 万以上的生员。[⑤]

有多少童生，即那些从未通过府学资格考试获得生员身份的人？宫崎市定估计，在州县认可的有资格参加府学考试的人数，是允许通过者人数的四倍。[⑥]牟复礼的推测则是，在 25 到 100 个试图成为生

---

① 《明史》解释说，那些没有入学的士子通称为童生（"士子未入学者，通谓之童生"），《明史》，第 69 卷，第 1687 页。

② 《明史》，第 69 卷，第 1686 页。

③ 王世贞：《弇山堂别集》（1590 年），载《中国史学丛书》，第 16 册（台北，1965 年），第 83 卷，第 8b 页，总第 3608 页。

④ 《明史》，第 69 卷，第 1687 页。参见《明人传记辞典》，第 58 页。在 1575 年，张居正下令在 5 到 50 名生员之间，这要根据州府的规模大小及以往的成绩而定。

⑤ 顾炎武：《生员论》，载《顾亭林诗文集》（北京：中华书局，1959 年），第 1 卷，第 22、24 页。何炳棣：《晋升的阶梯》，第 181 页，引用了顾的估计，并提出 60 万生员人数，在晚明可能是一个最小值。

⑥ 宫崎市定：《中国考试地狱：中华帝国的文官考试》，孔瑞德·希鲁考尔译（纽约和东京，1976 年），第 24 页。

员的人之间，通过者就有一人。[1] 如此之高的比率，在江南和福建的某些州府中可能是普遍的，因为这些地区水平和设施都更为先进，接受教育也相对容易。譬如，浙江绍兴府志 1586 年版的撰写者们自豪地写道："下至蓬户耻不以诗书训其子，自商贾鲜不通章句，舆隶亦多识字。"[2] 但教育的这种繁荣，纵然不被夸大，也肯定不在全国流行。我的印象是，在明末，考试制度的竞争性阻塞出现在生员层次后面。很多人普遍察觉到他们人数太多又受到乡试定额的严格限制。这并不似乎在童生层次上有许多人一般地都被阻止上进，也并非有大多数人足以获得认可，却不能可靠地被县官和督学官正常认可为童生。相反地，按照惯例，受到相应教育的十几岁的男孩都能取得这种承认。我个人的推测是，在明末的任何一年，有一个生员就有不到 10 个人读过书，懂得如何写八股文，他们或许以后能成为生员，或是出于种种原因永远不能获得这种身份。如果模糊的数目可接受，一个一致的观点可能是，有 100 万至 1000 万之间的人曾受教育到如此水平。[3] 换言之，明末男性人口的约有 10 个百分点的人可能具有一个高水平的教育成就，而不到一个百分点的人成为生员，不到 0.01 个百分点的人通过殿试而成为进士。（如果我们只考虑成年男子，这些百分点将增加一倍。）

在晚明，学生——被制度及社区视为从事学问的少年和男子——和至少在名义上具有较高功名的学者，加上相对少数的具有高超文学成就、但除了生员身份却从未获得正式身份的人，构成了有教养的精英：在相当重要的意义上，这些精英与过去、现在和潜在的政治、经济权力拥有者相互重叠。这些人就是士。他们撰写了大多数书籍，他

---

[1]　牟复礼：《当今中国研究中的中国历史》，载《亚洲研究杂志》，第 32 期（1972 年），第 107—120 页。

[2]　译文见何炳棣：《晋升的阶梯》，第 251 页，出自《绍兴府志》，第 12 卷，第 2a 页。

[3]　大卫·约翰逊利用了有些不同的数字，推测"在清代至少有 500 万名受古典教育的男性平民"。大卫·约翰逊：《中华帝国晚期的交往、阶级与意识》，收入《中华帝国晚期的大众文化》，大卫·约翰逊、安德鲁·J. 纳什和埃弗林·S. 罗洛斯基编（伯克利，1985 年），第 59 页。

们又是明末印刷的大多数书籍的读者，如果大多数这个词是根据书名的数字来推断的话。针对那些具有一定阅读能力但并不是士的人出版的宗教短文、基础知识书等等的版本总数量，可能超出了那些仅供士阅读的书籍版本的总数，尽管这对于晚明来说是不可能的事情。士的思考、讲论，首先是士的著述，是构成史学家们阐释晚明知识思潮内容的主要材料。

晚明的道学

在 16 世纪的最初 25 年，源自于与朱熹的名字相关联的学说的道学，仍是全国的主导思想。它仍是考试教育的标准，但它作为一种可依赖的哲学体系正在瓦解。自 1520 年后，王阳明挑战性的良知新思想吸引了关注与追随者。这一思想同时也引起了并不总是出于朱熹曾明确阐释的立场的反对，湛若水（1466—1560 年）就是不屈从于王阳明的一个杰出的思想家，并作为一个二者可选其一的人。在时常引用的《明史》中的评论称："时天下言学者，不归王守仁，则归湛若水；独守程、朱不变者，惟吕楠与罗钦顺云。"[1] 有些改变了学说重点的人，并不放弃其原则。

湛若水，一个来自广东的 1505 年进士，曾是陈献章的一个公开弟子，并通常被说成是强调心的陆九渊的一位哲学继承人。不过，在两个重要方面，湛若水仍与朱熹的立场保持一致。湛氏强调学习的重要性，强调自觉的知性工夫的重要性；在像《大学》中所教导的个人德行的自我准备过程中，并作为避免最终陷于佛教之见的一种方法，他主张这必须与冥思及其他自我修养的静养方法相结合。其次，他的宗旨是，一个人应该随处体认天理：天理既在一个人的内心中，亦普遍地存在于世界中；一个人必须把天理领会为不可分的，并同时领会天理的多样性与独特性。[2] 对于湛若水来说，"格物"仍意味着穷尽

---

① 《明史》，第 282 卷，第 7244 页。
② 黄宗羲：《明儒学案》（1691 年；1987 年台北重印），第 37 卷，第 876、881、883 页。

其理；他论辩说，格物包括了王阳明的"良知"概念。王阳明与黄宗羲二人都认为，湛若水主张我们能够在外在的现象世界（包括书本）中寻求道德之理，甚至像他也力求"心"与"天理"的等同。① 在此意义下，湛若水仍是一个与朱熹相关联的道学重要思想的倡导者。

湛若水在南京与北京二地都曾担任很高的职务，直到 1540 年才退休。当其在任时，湛若水参与负责注释《四书》和《五经》之一的知性活动。他监修了 100 卷关于经世及冠之以"格物论"的皇帝的道德改善的撰述，出版了"修正"朱熹学说的著作。② 他从未因其经典学者的身份而获得历史学家的较高评价，但他力图使自己的思想与经籍及宋代的先辈们联系起来。他还建立了大约 36 座书院，主要在广东和南京周围。通过这些活动，以及通过他作为一个主考官的作用，1560 年他死后，人称他几乎已有近 4000 名弟子。③ 湛氏受到了王阳明追随者的尊敬（当他退职后访问江西时），但除了他的长寿，他几乎没有持久的影响。他的许多追随者转向王阳明的学说。但他的挂名弟子之一，吕楠，却不这样。

吕楠（1479—1542 年）于 1508 年会试中登进士榜首，湛若水是此次会试的主考官之一。作为一个忠诚的楷模，在送呈批评皇帝、大太监们及当时朝政的奏疏后，吕楠再次回到陕西老家。虽然吕楠继续倡导程朱学说，但他也为把王阳明和湛若水二人作为伪学加以查禁而申辩。④ 作为 16 世纪 30 年代在南京的一位高官大员，吕楠与王阳明的弟子邹守益及湛若水共同主持大型聚会和讲学。⑤ 一个世纪后，刘宗周记录说，吕楠之学几乎与王阳明一样成功。刘还赞同吕楠强调以其坚贞不屈的正直为榜样的道德践履，这对于某些王阳明弟子专注于

① 黄宗羲：《明儒学案》，第 37 卷，第 877、883—884 页。
② 对于湛若水著作在其直接的政治背景中的内容之分析，参见朱鸿林：《明儒湛若水撰帝学用书〈圣学格物论〉的政治背景与内容特色》，载《中央研究院历史语言研究所集刊》，第 62 卷，第 3 期（1993 年），第 495—553 页。
③ 侯外庐、邱汉生和张岂之：《宋明理学史》（北京，1984—1987 年），第 171 页。
④ 《明人传记辞典》，第 1011—1012 页。
⑤ 黄宗羲：《明儒学案》，第 8 卷，第 138 页；《明人传记辞典》，第 1011 页。

空谈"良知"来说，乃是一个重要的矫正。[1] 吕楠的操行，也受到了黄宗羲的称赞，尽管他正苛评吕氏对所讨论的哲学论旨的理解。[2] 吕楠的讲学，对《四书》、《五经》及宋代五个与道学相关联的伟大思想家的评论，被刊印成书籍，但它们对于在哲学基础上维护朱熹却几乎没有影响。

吕楠被推崇为西北地区的一个主要思想家，那里的人更保守地依附于流行的朱熹学说；而在其他地区，朱熹学说的吸引力因为辩护不力，正日益衰弱。有意选择把朱熹与王阳明学说联系起来的情况，却日益流行。到隆庆年间（1567—1572 年），朱熹学说黯然失色了，尽管仅是暂时的。[3]

诠释者辈出：第一代

与对朱熹学说的维护不同，王阳明的学说在他于 1529 年去世后，仍充满活力，它如此活跃以至于诠释者辈出。王阳明被数以千计的人所亲聆，这部分地是由于其人格魅力，他拥有数以百计的公开弟子。其中五人可足以作为阐析由弟子们传播的阳明之学的例证。

钱德洪（1496—1574 年）与王阳明来自同一个县，并早在 16 世纪 20 年代就已成为王阳明的弟子。与王畿一道，钱德洪在帮助教导从其师尊求学的众人中负有特殊责任。1527 年，当王阳明在广西督导军队出征时，他们二人继续传授他的思想。[4] 王阳明离开绍兴前，在一个夜晚，他的两个主要弟子紧挨着他坐在天泉桥上，请他阐明其学说中的一个重大问题。根据朱熹学说，人们应该通过人们内在的善良德性（性）来正心。钱德洪和王畿二人都接受朱熹教法中的经过修正的思想，其中，人们的善、人们的道德理性（理）

---

[1] 黄宗羲：《明儒学案》，《师说》，第 11 页，译见于朱莉亚·秦：《黄宗羲的〈明儒学案〉》，第 66 页。

[2] 黄宗羲：《明儒学案》，第 8 卷，第 138 页。

[3] 这是 18 世纪的看法，表达于《四库全书总目提要》，纪昀总编纂（1933 年；1971 年台北重印），第 97 卷，第 2006 页，《朱子圣学考略》条。

[4] 参见《明人传记辞典》，第 241—242 页。

的根基是心，而并非如朱熹所教导的那样仅仅在于性。然而，在王阳明的解释中，他们看到了不同的含义，人们的心即是道德的理或原则，因此人们的"心"是不可能被改正或修正的。王阳明的诠释被精练概括为四句教，即"无善无恶心之体，有善有恶意之动，知善知恶是良知，为善去恶是格物"（朱熹称格物为"探究事物"）。① 对于钱德洪来说，四句教意味着我们应该努力认识善并实践善，认识恶并避免恶。而这是王畿所怀疑的一种推论。当他们那晚在天泉桥上请王阳明阐明时，王阳明对二位弟子的解释都表示认可，尽管他们二者显然不一致②，王畿和钱德洪在王阳明于1529 年去世后几十年间，继续着歧义的解释。

钱德洪悲悼他的老师，几乎就好像他是父亲。然后，他与王畿一道于1532 年到北京完成进士功名的考试。钱曾有过一次受挫的从政经历。他担任过几个较次要的职位，他于1541 年在刑部任职时，违背了皇帝的旨意而入狱。两年后，他削职为民，并获释出狱。此后，再未另就他职。不过，钱并没有过着与世隔绝的隐居生活。据黄宗羲所述，钱德洪在野近30 年间，"无日不讲学"③，有时是与王畿一道讲学。1548 年，钱前往拜会在广州附近隐居的湛若水。钱回忆说，在16 世纪20 年代，湛曾给王阳明写了一封信，讨论"良知"与"天理"的关系；王阳明辞谢不答，并曾告诉钱说，这论题需要极其仔细的阐释，轻率作答会引起争端。如果王曾同意"良知"等同于"天理"，那么就没有理由重新诠释朱熹要求格物以便穷理，因为朱熹同

---

① 四句教见于王阳明：《传习录》，陈荣捷英译（纽约，1963 年），第243—244 页。我曾根据牟宗三的论述更改了某些译义；牟宗三：《王阳明王龙溪及其四无说》，载《东西方哲学》，第23 卷（1973 年），第103—120 页；牟宗三：《王学的分化与发展》，载《新亚书院学术年刊》，第14 期（1972 年），特别是第106—115 页。唐君毅：《从王阳明到王畿的道德心概念的发展》，收入《明代思想中的自我和社会》，狄百瑞编：《东方文化研究》，第4 卷（纽约和伦敦，1970 年），第93—119 页，对从朱熹到王畿的道学关于心的几个解释命题提出了精彩而简洁的评述。

② 王阳明：《传习录》，第244—245 页。

③ 黄宗羲：《明儒学案》，第11卷，第225页。参见《黄宗羲的〈明儒学案〉》，朱莉亚·秦编（檀香山，1987 年），第112 页。另见《明人传记辞典》中钱德洪条，朱莉亚·秦撰。

样以沉思和内省为方法。如果王阳明否认这种同一性而坚持原来的创意，那么他的"良知"概念就包含着相对的、特别是就每一个体而言的可能性。20年后，当钱来访时，湛若水指出，所发生的事情确实如此。"今游先生之门者，皆曰良知无事无虑，任其意智而为之。"[1] 湛若水问，这如何能够仍被称为道德之善的"良知"呢？而钱德洪以往一直调和，甚至在他自己的记述中，也只能表示同意。不过钱也为王阳明学说加以申辩。钱根据先师的生活编纂了详细的年谱，并且他还促成出版了王的书信，记录谈话稿，以便保存并澄清被数十位弟子所详解的教导。钱在1556年写道："今吾师之殁，未及三纪，而格言微旨，渐觉沦晦，岂非吾党身践之不力，多言有以病之耶？学者之趋不一，师门之孝不宣也。"[2] 作为一个局内人，钱德洪视诠释者辈出为一个问题，但他的努力却未能遏止它们。直到他70岁时，钱仍在江南、湖广和广东游学，以阐释他对王阳明四句教的理解，主张良知包括实修的努力。尽管他对先师教法的诠释迟疑未决，但钱仍被后人描述为一个忠实的追随者。[3]

与钱德洪不同，他的来自绍兴的同门大弟子王畿（1498—1583年），则被许多其同时代人认为，并被历史学家追溯为，是王阳明亲传弟子当中最具原创性的思想家。王畿怀疑其师1527年在天泉桥上提出商讨的四句教的表述。据大多数记载，王阳明再次强调了他的观点是基本的，但王畿自己讲授的对这四句意义的解释得到了充分的支持，并在以后的50多年中都在传授四句教的否定性的看法。

根据王畿（和王阳明），未曾体认到心体无善无恶（就像王阳明四句教中第一句那样）的中根以下的学生，需要道德修养，并陷溺于存在（有）的状态。王畿认为，对于上根者却有着一种更直接的观点。由于已经体认到"无善无恶是心体"，他们能够避免存在状态的

---

[1] 黄宗羲：《明儒学案》，第11卷，第230页。黄宗羲记录了刘宗周对王阳明的断言"良知即天理"，《明儒学案》，第16卷，第334—335页。

[2] 英译文见王阳明：《传习录》（陈荣捷译），第262页。

[3] 黄宗羲：《明儒学案》，第11卷，第226页。参见秦：《黄宗羲的〈明儒学案〉》，第113页。

纠缠，并领悟到王阳明"无心（之形式）的心，无意志（之形式）的意志，无知识（之形式）的知识，无事物（之形式）的事物"的思想。一旦理解了王畿的观念，那么现象世界的普遍事物就不会改变或扰乱呈现良知本体的无形式的实体或活动。[①] 这就是王畿所谓的四句教的否定性版本。它涉及到对虚无或非存在状态（无）方面的理解。王畿改变了无善无恶之心，并超越到无心的层次。由于坚信这一良知既超越存在的状态，同时又超越善恶，人就成为一个圣人。王阳明的良知观念打开了通向内在领悟自己本身（而不是从外在的）的道德之善的可能性的大门。王畿本人则指明了门打开得多么宽。有一天，王阳明问他当他外出时所见如何，王畿回答说："我看到满街都是圣人。"王阳明回应说："你看到满街都是（潜在的）圣人；满街人看你就是一个实在的圣人。"[②] 王畿的直觉对于所有确实掌握它的人都是可行的。它是一种自我领会，超越了那时通常所习惯理解的道德实践。

在他于1532年成为一名进士后，王畿曾有几年在南京任较低的职位。部分地由于他与王阳明之间的引人注目的关系，他遭到了一些高官大员的敌意。他于1541年从官场引退，此时钱德洪正被捕入狱，此后他就再未接受任何委任。为了致力于传授他对良知的理解，王畿到处旅游、讲学，通常与钱德洪一道，遍及两都及南方诸省。[③] 隆庆年间，当他正被考虑再次入仕时，王畿说，他的使命是与朋友们一道讲学。《明史》注意到，王畿生活的晚年，"缙绅士讲学者数十人，聪明解悟善谈说者推王畿"[④]。1588年，王畿弟子萧良干（1534—1602年）刊印了王畿现存于世的书信、序

---

① 牟宗三：《王阳明的直接传人》，第120页。

② 王阳明：《传习录》，第3卷，第151页，见《王文成公全集》（晚明），《四部丛刊本》（1926年上海重印）。另见陈译：《传习录》，第239—240页。

③ 黄宗羲：《明儒学案》，第12卷，第238页。传记见于王畿：《王龙溪先生全集》（1588年；1970年台北重印），特别是第20—21页和第26—27页。容肇祖：《明代思想史》，第110—111页。秦撰写的王畿条目，见于富路特和房兆楹：《明人传记辞典》。《明史》，第283卷，第7271—7272页。

④ 《明史》，第283卷，第7275页。

言、诗词和杂述以及语录、谈话。据萧所述，王畿认为，他没有什么写作才能，而更愿意通过口头对同时代人表达他的思想。[1] 就此而言，王畿喜欢其他弟子们都利用讲论的媒介，而不是撰写出来的文本。

王畿的同时代人及其大多数读者早就曾认识到他的四无说类似于禅宗佛教的重要思想，并难以区别。[2] 无论当时人或者是后来的读者是否断定王畿的思想越过了某些一般公认的佛教学说所根植的界限，而不是基于（儒家）道学，但在其讲学与著述里，从 16 世纪中叶起，在士吸收佛教思想这一点上，王畿是极其重要的。更早些时候，干阳明就曾教导说，本源性的道一分三，道教与佛教的教义仍包含着本源的某些部分，特别在涉及到人性和命运的观念时。[3] 为了扩充其导师的观点，王畿强调，圣人学说与佛教之寂、道教之虚具有相同的内容，并且具有一同回归到人的（源初的）本性（复性）的共同目标。尽管他拒绝承认它们是不可接受的"异端"，但王畿并不想让儒家学说附属于佛教或道教。[4] 对王畿而言，目标在于从后人误入的歧途中，重新发现本源和完整的儒家圣人之教或道。他争辩说，人通过全面体认内在的道德知识（良知）就能够领会原来之道在三教中的足迹，反之亦然。对此一诠释的口号实际上就是"三教归儒"[5]。

无论王畿的诠释多么引人注目，但它即使在王阳明学说的公开的、早期的追随者中，并没有博得普遍的依附。尽管如此，王畿对四句教与良知的否定性诠释的效应，在于它有助于打破王阳明所寻求的

---

[1] 萧良干：《王龙溪全集》序，第 1 页。参见荒木见悟：《明末宗教思想研究》（东京，1879 年），第 100 页。黄宗羲指出，有人认为王畿笔胜舌，见黄宗羲：《明儒学案》，第 34 卷，第 762 页。参见秦：《黄宗羲的〈明儒学案〉》，第 188 页。

[2] 黄宗羲认定王畿对四无说的诠释类似于禅宗佛教。牟宗三对此明确表示不同意。《直接传人》，第 120 页，参见黄宗羲：《明儒学案》，第 226 页。

[3] 王阳明：《王文成公全集》，第 34 卷，第 959—960 页，见其《年谱》。

[4] 王畿：《三教堂记》，见于《王龙溪先生全集》，第 17 卷，第 1316—1318 页。另引见容肇祖：《明代思想史》（1948 年；1962 年台北重印），第 115 页。参见余英时：《再探焦竑的知性世界》，载《明史研究》，第 25 期（1988 年），第 34 页。

[5] 参见容肇祖：《明代思想史》，第 116—117 页。

一体性，他的办法是把良知解释为道德知识和道德活动（行为）的必要前提。就王阳明而言，价值论的功能（用）及其根本性的方面（体），非但是不可分割的，而且是内在一致的。[1] 王畿的诠释强调了不具有形式的心的一种超越而静止的知识。王阳明的其他追随者则侧重于更直接而简明的诠释。

在王阳明的亲传弟子中，有的人不同于王畿强调哲学上的精微入神，和涉及到对"无心"的理解，转而强调实现人自身内在的圣人性，并为更广泛的士人听众提供那种范式。虽然它的根源追溯到孔子，但这一强调尤其与南直隶的泰州的王艮（1483—1540 年）相关。[2] 甚至在 1520 年见到王阳明之前，王艮就已经在提出一种思想，即在他本人体内，更在每个人的体内，都有成为圣人的能力，而不仅仅有成为圣人的想法。以不同的形式，这一可能性的预设曾是自宋代以来道学的一个标准部分，尽管通常被忽视，并有着可追溯到孟子的先例。在一次到山东的旅行中（可能是贩盐），当时识字不多的王艮，参观了在曲阜祭祀孔子的圣庙。据耿定向所述，王艮问他自己，孔子这个人如何成为一个受世代敬崇的圣人。王艮断定，成为一个圣人并不需要博大精深的学问（像朱熹教导的），或者是精微入神的意志洞观（像王畿教导的），它只需要如圣人之所为的那样行动。

作为来自扬州东北部泰州府盐田的一个制盐者的儿子，王艮从未受教育而达到成为一个士的资格。每当有人向他学过的经典文本诘难时，王艮就回答说，他一般地理解经典。[3] 当他二十几岁时，曾经历过一个深刻的梦境体验，此后，他开始戴他所认为是在经典礼仪书籍中所描述的衣服、帽子和腰带；他力求遵循圣人尧。详尽的典籍研究、彻底地阅

---

① 唐君毅：《从王阳明到王畿道德心概念的演变》，载《自我与社会》，狄百瑞编，第100—104 页。

② 对于王艮的有用的简述，见狄百瑞：《自我与社会》，第157—177 页。其注 29 列举了有关王艮的主要及次要的材料。另参见富路特和房兆楹：《明人传记辞典》，王艮条。侯外庐：《中国思想通史》（北京，1959 年），第 4 卷下册，第 958—995 页，其论述至关重要而详尽。

③ 侯外庐：《中国思想通史》，第4卷下册，第960页；另见第974—975页。

读评注、广泛地记诵段落,王艮觉得所有这些都与成为一个圣人无关。任何言、行、服都像圣人的人,才是一个圣人。在穿着古人装束,到江西拜访著名的官员和老师王阳明前,王艮就有这些思想。王阳明充满礼貌地接待了他。

在一些困惑之后,王艮声称自己成为王阳明的追随者,此时,他体会到的良知新概念为他自身的信念提供了一个有力的支持,使他认识到内在于自己的圣人性不依赖经典或学说,甚至不依赖王阳明的学说。王艮的自我依靠困惑着王阳明,王阳明试图阻止他,但没有多少成功。[①] 王阳明尚在世时,王艮就在门上挂了一幅标语,写道:"此道贯伏羲、神农、黄帝、尧、舜、禹、汤、文、武、周公、孔子,不以老幼贵贱贤愚,有志愿学者,传之。"[②] 王艮为此受到了嘲笑,并非仅为他自置其身于受尊崇的古圣人之列。重要之处只在于,他在中国的许多地方,对所有人的行为,而不仅仅对士,都提出了儒家圣人的范式。[③]

在王阳明于1529年去世后的十多年间,王艮通过讲学、谈话和他本人的示范行为,传布其做一个圣人的宗旨是要使人的行为符合圣人行为的学说。王艮反智论的思想,要求把关注点从(王畿所强调的)我们心的努力转向我们的身体力行。从传统的前提出发,我们应该尊崇道和道德人性(德性),而道与人性是不可分的(不论这一统一体是否以理为中介,如果把道与人性列入不同范畴的话)。王艮补充了人的自我或"身"为同一性的表达的思想。然后他可能反问说,崇尚道与崇尚身之间是否存在差异?如果不存在差异,那么,崇尚身就是完全正当的,这对绝大多数儒家学者来说是一个崭新的思想,而对某些人来说则会感到不舒服。但对王艮来说,这是自信的一个源泉。"如果自己不能尊信

---

① 黄宗羲:《明儒学案》,第32卷,第709页。参见秦:《黄宗羲的〈明儒学案〉》,第174页。另见侯外庐:《中国思想通史》,第4卷下册,第971—972页。

② 侯外庐:《中国思想通史》,第4卷下册,第962页。另译见狄百瑞编:《自我与社会》,第159页。

③ 参见侯外庐:《中国思想通史》,第4卷下册,第999页。

（你的'身'），又岂能使他人尊信它？"这正是使王艮名扬天下的、充满创造力说教的关键所在。没有为学识或名目所障蔽，王艮对其他人宣传其自信的教义。[1] 我们能够践行良知，通过行动而不是沉思发现良知。通过我们自身的行动体现良知，我们就会为整个世界带来平安，而不是等待政府去实现。[2]

王艮热情的教导被他本人及其弟子转达给大量听众，其中包括无技术的劳动者、手工艺人，也有士人和官员。对此的先导是佛教徒。学（并非仅指书本学问）已经成为一种士的特权。在整个 16 世纪，对更为广阔的听众、包括短衣百姓的宣传，乃是一个日益增长的现象。王阳明曾接纳了几乎没有文化的王艮作为弟子，而王艮则甚至更接受那些文盲为弟子。有王艮影响樵夫、陶工的轶闻记载。[3] 王艮标榜他"入山林求会隐逸，至市井启发愚蒙"[4]并无充分的证据表明，有多少非士子接受了王艮的传道，以及它如何影响他们的行为；王艮的主要听众仍是士子。他的弟子之一是林春（1498—1541 年）。他出生于泰州的一个贫困家庭，在王艮支持下接受教育。林在 1532 年的会试中荣登榜首，并于同年与钱德洪、王畿一同成为进士。后二位门徒并没有完全致力于传授他们对王阳明学说的阐述，直到王艮和林春二人都去世后为止。因此，在 16 世纪 30 年代，王艮作为平民在南方，林春作为官员在北都，在传播一个人在其自身必须呈现圣人道德学说的思想中，是有影响力的人。后来发现，在首都参与林春曾投身其中的讲学的官员和士子中间，那些强调实际践履的人都以道德严谨的林春为楷模；相反地，那些更喜欢谈论获得自心证悟的人，其楷模

---

[1]　黄宗羲：《明儒学案》，第32卷，第725页。参见秦：《黄宗羲的〈明儒学案〉》，第 184 页。

[2]　黄宗羲：《明儒学案》，第32卷，第709页。参见秦：《黄宗羲的〈明儒学案〉》，第 174—175 页。另见侯外庐：《中国思想通史》，第 4 卷下册，第 991—992 页；狄百瑞编：《自我与社会》，第 165 页。

[3]　黄宗羲：《明儒学案》，第32卷，第719—720页。参见秦：《黄宗羲的〈明儒学案〉》，第181—182页；侯外庐：《中国思想通史》，第 4 卷下册，第 997—998 页；狄百瑞编：《自我与社会》，第 171—173 页。

[4]　侯外庐：《中国思想通史》，第 4 卷下册，第 997 页。另译见狄百瑞编：《自我与社会》，第 174 页。

则是王畿。①

据黄宗羲所见，王畿和王艮二人都以其不同的方式，帮助其导师的学说风行于天下，同时，二人都由于没有真实保持他的观念，并对转向以禅宗的术语理解这些学说负有责任。② 钱德洪以及在从绍兴到北都的东部沿海省份的其他亲炙弟子，当他们阐释或发挥王阳明的思想时，全都误入了歧途。另外，黄宗羲还指出，惟有江西的弟子们转述了他们导师的学说，并作出恰当地传承他的学说的推论。③ 没有歪曲王的思想的江西的几个弟子，或许具有一个较好的基础，因为他们比绍兴的弟子们更早地追随王阳明，因此在阐发"致良知"的含意时坚持王的意旨。

譬如，邹守益（1491—1562 年）于 1511 年得遇王阳明，那年邹在进士考试中名列第三。1517 年，邹前往参访了当时正在赣南协调战事的王阳明。在讨论了王对《大学》的新诠释后，邹遂称为其弟子，好几年都属于王所激赏的门徒之一。16 世纪 20 年代，邹充任官职，但仍去拜访在绍兴的王阳明。邹以他自己的叙述记录了 1527 年在天泉桥谈话的要点，王阳明曾笑着说，钱德洪和王畿二人都应该认识到各自的偏向，一个需要"功夫"以成就德行，另一个则需要信赖心的"本体"。在邹的叙述中，这二种方法要合并为一，暗示着邹认为他的立场就是如此。④ 对邹来说，这涉及到持敬的方法。真实地持敬不能从与人的本性合一的存在中分开，并消除道德实现偏向于内在方面或偏向于外在方面的危险（由钱和王畿所代表）。⑤ 像钱和王畿一样，邹守益于 1541 年后退出了官场。他回到了老家江西安福。将近 20 年间，他不断到州府和邻近省份旅游、讲学，有数千人参加。

---

① 《明史》，第 283 卷，第 7275 页。黄宗羲：《明儒学案》，第 32 卷，第 744—745 页。
② 黄宗羲：《明儒学案》，第32卷，第703页。另见秦：《黄宗羲的〈明儒学案〉》，第 165 页。
③ 黄宗羲：《明儒学案》，第16卷，第333页。见秦：《黄宗羲的〈明儒学案〉》，第 118 页。黄的论断，重申了他自己老师对王学的判断，在 20 世纪讨论晚明思想的文献中被毫无疑问地普遍接受。
④ 黄宗羲：《明儒学案》，第 16 卷，第 341 页。
⑤ 黄宗羲：《明儒学案》，第 16 卷，第 337 页。

邹教导士人有关其基于良知的道德哲学的全面理解。

上述这四个例子说明了王阳明主要弟子们所出现的不同诠释，从至少他们不否认他的主张的意义上说，他们仍忠实于他的概念。弟子们相互批评，但他们没有成为支派，即使到了 1541 年他们为官生涯结束后也是如此。他们相互联络，共同出场，并形成了朋友、弟子和学生相互重叠的圈子。与他们的在军事和行政部门的生活是极为成功的导师不同，这些弟子们在朝廷中都曾有过受挫的经历。像他们的导师一样，他们没有就所讨论的话题留下大量的正式著述。由于学说是口头传授的，所以对于争议性的差异有着足够的空间。朱熹也曾留有大量的谈话与对口头和书面问题的答复的记录（由别人所记），他的弟子们在理解他的学说中也不曾完全一致，但并不存在着王阳明的身后学说所特有的诠释者辈出。二者的差异在于，在 16 世纪中，讲学乃是在广大教育者的听众之前传播新诠释的媒介。

既通过致力于讲学从事传播王阳明的学说，同时又在官场上取得成功的弟子是欧阳德（1496—1554 年）。1516 年秋，他通过了江西乡试，并前往赣南追随巡抚王阳明学习。尽管王正由于偏离朱熹学说而遭到非议，但作为一个有才能的年轻人，欧阳却断定王的学说是"正确的学问（正学）"，并成为他的弟子。欧阳直到 1523 年才赴北京参加进士考试，通过考试后，他开始了长达 30 年的从政生涯，大多在两都任职，官至礼部尚书。1554 年卒于官。

欧阳德对于传播王阳明学说的贡献，并不在于王的教义，而在于制度化方面。在王阳明于 16 世纪 20 年代被削职时，他吸引了数百人到绍兴聆听他的讲学，通常他们不得不安排由二位主要弟子钱德洪和王畿分讲。16 世纪 20 年代，王艮四处旅行，对大量听众阐述他如何做一个圣人的行动主义观点，但在 1522 年，他坐着圣人的车，穿着圣人的服装（像他所认为的）来到北京时，他却遭到了欧阳德的留难，并被王阳明的一封信所召回。[①] 新近引入的良知观念，作为更偏离国家钦定的朱熹解释，导致了争论。当新皇帝在朝廷把政局搞得动

---

① 《明人传记辞典》，第 1383 页。

荡不定时，对王阳明的批评达到了顶峰。到 1529 年他去世时，王的影响主要集中于浙江和江西。16 世纪 30 年代，朱熹道学思想的申辩者吕楠，在南京组织了大规模的讲学集会，从 1527 年到 1535 年，和 1536 年至 1539 年，吕曾在南京身居要职。邹守益参与了吕楠的讲学，就像湛若水那样，他像王阳明的弟子的诠释那样为"良知"的思想辩护。王阳明的思想引起了争论，但它们并没有立即在南都清除了旧思想，而且在北都也没有太多的关注。在 16 世纪 40 年代，当邹守益、钱德洪和王畿等弟子辞去官职，并投身于讲学后，他们所到之处主要仍在南方诸省。作为一个在职官员，欧阳德的作用在于，在北京形成了公开讨论王阳明良知思想的风气。

欧阳的任职，包括国子监和翰林院的领导职位，但他公开承认以讲学为其要务。[1] 他最伟大的胜利，在他去世前才到来。1553—1554 年，他与一位大学士及其他重要官员组织了一系列的讲学。集会在北京的一个道观灵济宫举行，数千士子和官员参加。回顾起来，这被认为是一件以后从未曾达到的、前所未有的盛事，尽管有过尝试。[2] 通过联合如此众多人参与讲学，以及他在首都的高职，欧阳德而不是其他弟子把王阳明的良知学说引入主流。据黄宗羲所述，"称欧阳德门人者半天下"[3]。王阳明的学说从没有出于考试的目的而被合法化，但到 16 世纪 50 年代，它显然已被精英圈子所接受了。

学说与歧异：再传的一代

在 1553 年聆听讲学的士子之一是罗汝芳（1515—1588年），那年春天，他正在北京完成进士考试。罗是在1510年后出生的再传弟子们之一，他们没有亲见王阳明本人，但他们都为他的学说所吸引。罗汝芳出生于江西吉安府的南城，作为一个年轻人，罗汝芳试图通过控制其欲

---

① 黄宗羲：《明儒学案》，第17卷，第360页。见秦：《黄宗羲的〈明儒学案〉》，第123页。

② 黄宗羲：《明儒学案》，第17卷，第360页。见秦：《黄宗羲的〈明儒学案〉》，第 123 页。《明史》，第 273、277 页，作出了相同的估计。

③ 黄宗羲：《明儒学案》，第17卷，第360页。见秦：《黄宗羲的〈明儒学案〉》，第123页，译文有删改。原文为"称南野(南野为欧阳德的号。——译者注)门人者半天下"。

望、修整内心而实现自身的纯净。[①]这仍被薛瑄(1389—1464年)的追随者们教导为道学的必需。[②]由于他的努力,罗反而病倒了自己。在他于1540年首次参加乡试失败后,他在一座佛寺偶见一匾,上书"急救心火"[③]。他以为里面有一个高明的医生,罗就前往探询,并发现那是正在寺中讲学的颜钧。

颜钧并非一位士子。当时的批评者(王世贞)和当时的推崇者(罗汝芳)二人都评论说,颜在阅读上存在某些困难。[④] 至少到1540年,颜钧都在宣讲王艮对良知的诠释,此时罗汝芳听到他的讲学。颜认为,由于我们的心像珍珠一般完美,我们应该抛弃那些有害的和压抑人的心志的旧习来修身,而应听任自然而为之。在颜钧看来,"有何睹闻,著何戒惧? ……见闻知识、道理格式,皆足以障道"[⑤]。颜钧认为,他有弟子讨论随性或心,但大多数只是谈论随情。通过这些强调,"情"一词在晚明获得新的意义。他的学说,也招致了一些批评者认为是不体面的追随者到他门下。[⑥]

颜钧开给罗的药方是,认识到他的病症来自于控制欲望的内在冲突——这是无谓的斗争,因为道德能力已经内在于他,因此他不必试图从外边强行施加给他。如此宽释后,罗汝芳声称他是颜的弟子;在第二次机会(1543年)中,他通过了乡试。[⑦] 第二年春,他到北京准

---

① 黄宗羲:《明儒学案》,第34卷,第760页。参见乔安娜·F.韩德林在《明代思想中的行动:吕坤及其他士大夫们的重新定位》中对罗汝芳的论述(伯克利,1983年),第37—54页及《明人传记辞典》。二者都罗列了罗汝芳的主要资料。

② 黄宗羲:《明儒学案》,第8卷,第155页,杨应诏学案。

③ 黄宗羲:《明儒学案》,第34卷,第760页。参见秦:《黄宗羲的〈明儒学案〉》,第186页;曹胤儒:《盱坛直诠》(晚明;台北重印,时间不详),下卷,第48ab 页。

④ 引文见侯外庐:《中国思想通史》,第 4 卷下册,第 999 页。

⑤ 《自我与社会》中的译文稍有改动,狄百瑞编,第 179 页,引文见黄宗羲对颜钧的论述,黄宗羲:《明儒学案》,第 32 卷,第 706 页。另见秦:《黄宗羲的〈明儒学案〉》,第 165—166 页。

⑥ 黄宗羲:《明儒学案》,第 32 卷,第 703—704 页。参见秦:《黄宗羲的〈明儒学案〉》,第 165—166 页。另见侯外庐:《中国思想通史》,第 4 卷下册,第 999 页;狄百瑞编:《自我与社会》,第 178—179、250 页。

⑦ 曹胤儒编:《盱坛直诠》,下卷,第 48b 页。参见黄宗羲:《明儒学案》,第 34 卷,第760—761 页;韩德林:《明代思想中的行动》,第 39 页。

备会试。① 他虽通过了会试，但他的病症可能复发了，因为他没有去参加廷试。相反，他回到家乡，并投身于通过学习、讲演、做善事而实现王艮的学说。他最后于 1553 年回到了北京，通过了廷试，成为一个新的进士，在南直隶接受了一个县官的任职。有十多年时间，他在不同的省和首都任职，与此同时他作为一个导师和讲学者而树立了声誉。② 当罗汝芳在 1565 年回到北京时，他促成了一位首辅大学士对另一场在灵济宫的讲学的资助。③

罗汝芳作为一个阐释在人心中发现道德力量的思想的讲学者的声誉，由于为颜钧的努力而于 1568 年得到提高。颜钧因为反对一个高官而在南京入狱，并被恐吓要处死。但他仍公然反抗，遭受 50 大杖的笞打，没有乞求悲怜。④ 得知颜钧正在狱中，处境危险，罗汝芳不惜自身性命，冒着危险来到南京帮助他，坚持不懈，直到颜钧获释。⑤ 1568—1571 年，罗汝芳留在家中，为其母守丧。1572 年，他开始旅游，对大量士子听众演讲。黄宗羲记载说，罗汝芳口头表达如此有效，以至于他能够很快打开即使几乎不学之士的心地，能让他们看到真正的道，所有朱熹理学的肤浅陈套都一洗而尽。⑥北上山东，南下广东，西到湖广，东沿江至南京和扬州，罗四处讲演，并直接影响下二代知识分子的重要部分，如耿定向和李贽、

---

① 曹胤儒编：《盱坛直诠》，下卷，第 49a 页。侯外庐：《中国思想通史》，第 1002 页，解释了黄宗羲。《明儒学案》第 34 卷第 761 页提及罗不赴廷试，因为他六年来都在照料狱中的颜钧。黄宗羲似乎用了错误的资料，而我则同意曹把罗汝芳营救颜钧的日期推到 1568 年。这也是韩德林所采用的日期，《明代思想中的行动》，第 51 页。秦在《明人传记辞典》第 976 页中，似乎把颜钧被捕的地点放在北京而不是在南京，且把时间放在 1565 年或是 1566 年。

② 韩德林：《明代思想中的行动》，第 39—41 页。另见黄宗羲：《明儒学案》，第 34 卷，第 804 页。

③ 曹胤儒：《盱坛直诠》，下卷，第 56a 页。韩德林：《明代思想中的行动》，第 43 页。

④ 王世贞：《弇州史料后集》，第 35 卷，《嘉隆江湖大侠》，引见侯外庐：《中国思想通史》，第 999 页。

⑤ 曹胤儒：《盱坛直诠》，下卷，第 58a 页。参见韩德林对罗汝芳的论述，《明代思想中的行动》，第 37—54 页，以及《明人传记辞典》。二者都罗列了有关罗汝芳的主要资料。

⑥ 黄宗羲：《明儒学案》，第 34 卷，第 762 页。参见秦：《黄宗羲的〈明儒学案〉》，第 188 页。另见韩德林：《明代思想中的行动》，第 42 页。

管志道和周汝登。① 在其垂暮之年，罗反省他50来年的仕途浮沉，他发现法律、惩罚、苦难有增无减，它们并非是一个构成完美社会的手段。他看到政府的任务并不在于禁除罪犯和其他坏人，而在于从所有百姓中努力培养善。② 罗似乎发现，讲学是达到这一目的的最有效的手段。甚至在他生命的最后一年，他还计划到南京参加士人的一个大型集会。③

讲学的政治倾向是显而易见的。罗汝芳写道，他向江西省的巡抚提出在全省举行集会的想法，而且江西的督学官员也支持这个设想。当地官员们曾商议在省府南昌的一个佛寺集会。但当罗从上游南昌回到府治吉安时，那里的官员们则声称在省府举行集会是"不便的"。江西各地的官员、诸生和缙绅和清高的隐士们准备第二年春，在被认为吉安东北部地处偏僻的永丰县聚会。④ 如此，各级政府的官员们，在野诸生，都竞相控制讲学聚会。

官员和潜在的官员们组织聚会的政治意图是现实的。在这种聚会中被参与者推认为教师或导师，意味着他对可能用于政治扩张及道德教化的弟子们具有某种影响。罗汝芳告诉十多位他的追随者说，正如他的学问激励10个朋友（即那些他正在与他们谈话的人），他们每个人转过来又可激励十多个人，100个人中每个人又可激励十多人，依此类推，直至成百上千的人都推行罗汝芳的学说。⑤ 不管这多么天真，也只是一个政治梦想。

罗汝芳学说的核心在于，我们需要恢复不学不虑的赤子良心，此一良心内在于吾心，内在于吾心的即是天理。⑥ 罗氏举了他的慈母抚

① 曹胤儒：《盱坛直诠》，下卷，第39ab页；韩德林：《明代思想中的行动》，第43—45页。参见黄宗羲：《明儒学案》，第34卷，第783页。
② 黄宗羲：《明儒学案》，第34卷，第780页。
③ 李贽：《焚书》（1590年；1961年北京重印），第3卷，第123页。
④ 引见侯外庐：《中国思想通史》，第4卷下册，第1000—1001页，出于《近溪子文集》，第5卷，《谏省会同志》。
⑤ 曹胤儒：《盱坛直诠》，下卷，第27b页。另引见韩德林：《明代思想中的行动》，第46页。
⑥ 黄宗羲：《明儒学案》，第34卷，第762页。参见秦：《黄宗羲的〈明儒学案〉》，第188页。

育幼儿的例子；他心境平静而且饮酒斟酌，而并非有意而为之。① 罗对他的弟子们说，当他还年轻的时候，他就不费劲地认识到爱家人和爱朋友的强烈的内在感情，这种感情正是在《四书》中所教导的做一个仁者的方法，但却被许多注释者搞糊涂了。② 这些训示比王阳明的训示更简洁，更少体现出学者的学识。它还似乎更接近佛教禅宗，这是许多研究者认识到的相近的主张。尽管他熟悉佛学，但罗及其追随者坚称他的思想不是佛学。一则轶闻提到，为了阻止他的孙子读元僧明本所撰的《中峰广录》，罗对他说："佛教禅宗的理论使人遁世，一入其中，如落陷阱，更能转头出来，复归圣学者，百无一二。"③ 罗及他的老师和追随者们都小心地提防着越过标志着士的学识的难以划分的界限。也许出于防止批评，罗引用了明朝开国皇帝的六条圣谕并予以讲解，这六条圣谕是具有不容置疑的正统性的训示，适合于所有的士，包括官员。④ 不论存在任何类似或影响，罗都并不是一个佛教徒。

与罗汝芳同时代的江西人胡直（1517—1585 年）给人留下了强烈佛教徒式的著述和名声。⑤ 但胡的知性探求使他穿越许多曲折。尽管他的父亲曾是王阳明的一位追随者，胡直却并不感兴趣；但在江西，他不可能避开王的思想环境。在 16 世纪 40 年代初，他接受了欧阳德的指导，视之为他的老师，并于 1543 年通过乡试，此时胡直作出了一个重要的改变。他与王的思想的关系，使他走向另一个江西的

---

① 黄宗羲：《明儒学案》，第 34 卷，第 764 页。

② 黄宗羲：《明儒学案》，第 34 卷，第 790 页。译文见吴伯益：《儒家的历程：传统中国的自传体著述》（普林斯顿，1990 年），第 129—130 页。

③ 黄宗羲：《明儒学案》，第 34 卷，第 762 页。参见秦：《黄宗羲的〈明儒学案〉》，第 189 页。另参见《明人传记辞典》中的罗汝芳条。顾宪成对罗氏的评论，见于黄宗羲：《明儒学案》，第 58 卷，第 1389 页，罗据说曾斥责儿子阅读一部佛教著作。

④ 例如，参见曹胤儒：《盱坛直诠》，下卷，第 52a、18a 页。另见《明人传记辞典》，第 977 页；韩德林：《明代思想中的行动》，第 50 页。

⑤ 参见《明人传记辞典》，第 624—625 页；黄宗羲：《明儒学案》，第 22 卷，第 512—513 页；秦：《黄宗羲的〈明儒学案〉》，第 136—138 页；容肇祖：《明代思想史》，第 206—218 页。

门徒罗洪先（1504—1564 年）。罗是讲学聚会的批评者，曾怀疑某些王阳明的教义，并代之以强调自我克制和静坐。① 在 1547 年接受罗的教导后，胡直就开始了他最为佛教化的阶段。

据其后来的自述，胡致力于深度的静坐，以超越他内心的骚扰。六个月后，他获得了一个突然开悟。"洞见天地万物，皆吾心体。"② 这一洞见最终表述为胡直的主张："吾心者所以造天地万物者也。"③ 这一极端的主观主义，在其涵义上通常被理解为佛教的主张，而胡直也因此常被推定为佛教徒④，虽然胡宣称他发现了这一思想的儒家经典的先例。在此阶段，胡曾想隐修做一个和尚，但他继续从事于经典文本，并准备参加考试。⑤ 1533 年春，胡直参加了在北京举行的进士考试，但他失败了。这动摇了他对自我中心的宁静的信心，他认为他通过冥思已经达到这种境界。第二年，当他听闻他早年导师欧阳德去世的消息时，他甚至更动摇了。⑥

胡直再次回过头来。他发现他自身有一种新的责任，即：以远古圣人作为他的榜样；必须使日常行为与道德良知（正如王阳明所教导）相匹配；指出朱熹和王阳明学说现行解释的不完备性。胡指出，孔子曾教导弟子们孝悌；他从未教人穷尽物理。⑦ 胡还担心那些追随王阳明的同时代人过多地相信道德自我发展的内在方面，以至于贬抑其外在方面，特别是礼仪。胡直力主恢复孔子有关约之以礼、博之以文的教诲。⑧ 胡转归参与其他士子的讲学，并于 1556 年通过了进士

---

① 黄宗羲：《明儒学案》，第 22 卷，第 521 页《困学记》。另见第 18 卷，第 388—389 页；秦：《黄宗羲的〈明儒学案〉》，第 134 页。
② 黄宗羲：《明儒学案》，第 22 卷，第 521 页《困学记》。另见罗德尼·泰勒：《深入自我：胡直的自传性反思》，载《宗教史》，第 21 卷，第 4 期（1982 年），第 330 页。
③ 黄宗羲：《明儒学案》，第 22 卷，第 513 页。秦：《黄宗羲的〈明儒学案〉》，第 137 页。
④ 参见容肇祖：《明代思想史》，第 208—211 页。
⑤ 黄宗羲：《明儒学案》，第 22 卷，第 522 页。
⑥ 黄宗羲：《明儒学案》，第 22 卷，第 523 页。
⑦ 黄宗羲：《明儒学案》，第 22 卷，第 524 页。
⑧ 黄宗羲：《明儒学案》，第 22 卷，第 525 页。

考试，从此开始了他在各省任职的经历。①

虽然胡并不由于参与当时流行的讲学而为人所知，但由于他试图把基于人心、本性和良知的道德观与个人在世为人服务的义务结合起来，因而引人注目。在此意义上，胡的佛教立场说到底不如罗汝芳，然而，其思想（及他与罗的交往）中的政治含义，仍扰乱着传统权威的支持者。1573 年，在罗汝芳就任新职前的一次会面中，张居正问他，胡直现在何地任职。当时胡正完成在广西担任的行政副职。罗说，胡在一封信中说将在不久后回到北京。（结果却表明，胡直被派往广西任按察佥，但胡却辞官回江西，以十年时间从事其哲学和自传的撰述）② 张居正可能担心官位较低的罗汝芳和胡直在讲学中和道德立场上日隆的声望，就像他担心他的同僚徐阶大学士在北京的灵济宫讲学时那样。有人猜测，这是因为张居正不想让罗与胡直同时呆在北京。1573 年，罗被派往担任山东一个县的地方官，尔后转赴偏远的云南。③ 在云南任期满后，罗于 1577 年辞职，这部分地出于张居正的挑衅，因为扬言要派他回到云南。④ 1577 年，有许多官员参加了罗在北京光慧寺的讲学，引起了大学士的嫉恨。⑤ 罗继续游学，在成百上千的听众面前讲学。⑥ 罗并没有屈服于张居正对讲学的禁止。有人曾问他，如果他继续讲学，是否担心被控告为谋反。罗回答说，士子若为名声而讲学，可能会沮丧，但有些人，像罗汝芳本人，以一颗诚心讲学却不会如此。⑦

罗汝芳在 16 世纪 70 年代和 80 年代取得的广泛成功，可以解释

---

① 黄宗羲：《明儒学案》，第 22 卷，第 526 页。

② 曹胤儒：《盱坛直诠》，下卷，第 60b 页；容肇祖：《明代思想史》，第 207 页。《困学记》被认为由胡撰写于 1573 年，当时他已离官去职。

③ 曹胤儒：《盱坛直诠》，下卷，第 60b 页；韩德林：《明代思想中的行动》，第 43 页。

④ 这种说法隐含于黄宗羲《明儒学案》，第 34 卷，第 806 页，杨起元条。

⑤ 侯外庐：《中国思想通史》，第 1097 页。

⑥ 曹胤儒：《盱坛直诠》，下卷，第 77a—78b 页；韩德林：《明代思想中的行动》，第 42—44 页。

⑦ 曹胤儒：《盱坛直诠》，下卷，第 75b—76a 页。

为是良知理念传播中的一个高峰。认识并推崇罗的焦竑（1540—1620年），曾作出了一个敏锐的判断：罗发展了王阳明和王艮的学说，达到了无以复加的程度。[1] 但应该注意的是，罗汝芳参与了使达到道德境界的努力方向摆脱仅仅去践行道德的约束（就像他本人对颜钧的忠诚那样），而转到他与士子的聚会中讲议道德这一方面。

另一位受颜钧影响的文士是梁汝元（1517—1579 年），他由于叛逆而陷入政治困境，他以何心隐这一化名而更广为人知。像颜钧和罗汝芳一样，他也是江西省吉安府人。[2] 30 岁时，他通过了乡试，名列前茅。但那时他遇到了颜钧，并放弃了更进一步的科举考试的成就或担任官职。自 1546 年成为颜钧的弟子后，梁（何）经历了曾令他的同时代人及后来历史学家发生分化的生涯。1553 年后的数年间，梁汝元在家乡永丰县，以相当理想化的形式，曾想把梁姓族人及其他人组织起来，他希望自私的个体或家庭利益，包括土地所有权，最终被具有更为广大的集体性内容所代替，梁本人则成为这一活动的领导者。这种观点使他成为马克思主义历史学家所注目的人物。[3] 但他引发了与家族领袖和当地官员的冲突。他试图在村民与征税者之间建立新的"聚和"组织。在 1559 年的一次事件后，梁汝元遭到逮捕，并判处死刑，随后被减刑为流放。在湖广省最高长官中的一些官员的调解下，挽救了他的性命，梁离开江西北上北京去试他的运气。1560—1561 年在北京时，他遇到了罗汝芳及其他参与讲学的人。他的行动引起了可怕的大学士严嵩的严重敌意，随后梁汝元避走南京。此后，他更名换姓为何心隐。[4]

---

[1] 焦竑：《澹园集》，第 20 卷，第 12a 页；引见爱德华·钱：《焦竑与晚明新儒学的重建》（纽约，1986 年），第 38 页。

[2] 狄百瑞编：《自我与社会》，第 234 页，罗列了论述何心隐的主要的第一手材料和第二手材料，并对他作出了一个不错的评论，见第 178—188 页。《明人传记辞典》，第 513—515 页；罗纳德·丁伯格：《圣人与社会：何心隐的生平与思想》（檀香山，1974 年）。

[3] 参见容肇祖编：《何心隐集》的前言（北京，1960 年），第 1—2 页；侯外庐：《中国思想通史》，第 4 卷下册，第 1018—1019 页。参见《何心隐集》，第 70—72 页。

[4] 黄宗羲：《明儒学案》，第 32 卷，第 705 页。参见秦：《黄宗羲的〈明儒学案〉》，第 167 页。另见容肇祖编：《何心隐集》（北京，1960 年），第 95 页。

将近 20 年间，何心隐到处游历，并从事被理解为一种道德活动的讲学。[1] 像罗汝芳一样，何在吸引大量民众和忠诚的支持者方面颇有成效。他力图扩大"家"这个词的含义，以运用于所有的集合体（如朋友之"家"与自治民族之"家"），以致使整个帝国，包括全天下也将成为一个家。对何来说，"友"这个词将被扩展为指涉在人类关系的广泛序列中最佳的关系；他的用法接近于英语中"fellowship"所隐含的意思。[2] 在强调这些整体性与同一性的观点时，何心隐提出了 16 世纪晚期在政治、社会和知识领域所出现的分化和分歧日益增长的觉醒。他把"友"片面理解为师、友、贤、圣这几个主要方面，轻视了其他等级关系，因而遭到了批评。[3] 何心隐的说教却受到了士子的欢迎，他们把自身组织成为同侪团体的网络，在一个以父子而不是友人作为原型关系的社会政治系统中，这种团体需要意识形态的支持。

何心隐对讲学实践也作出了傲慢的宣示。他把讲学吹嘘为真正根本的活动，尧、舜特别是孔子为讲学创立了典范。何论辩说，作为导师的孔子比任何统治者都更重要。他论述了何、罗汝芳及其他人正在从事的使命的重要性：为他人传授重新规范社会之道，这隐含着这个社会正受到既有的领导者恶劣的对待的意思。[4] 何的说教再次受到了被那些正从事这类活动的人的欢迎，但其傲慢自大却激怒了一些官员，他们接受这种前提，即坚信他们参与其中的帝国政府，即使不是皇帝本人的话，也具有裁定道之所在的特权，它并不取决于某些巡回煽动暴乱的演说者。何死于狱中的数年后，一个推崇者撰写了一篇祭

---

[1] 这些年间何心隐活动的编年体论述，见侯外庐：《中国思想通史》，第 4 卷下册，第 1006—1008、1010—1011 页。

[2] 参见《何心隐集》，第 28 页；侯：《中国思想通史》，第 1023 页；丁伯格：《圣人与社会》，第 80、86 页。

[3] 在《何心隐集》中由李贽所征引，第 11 页。参见《自我与社会》，第 186 页。

[4] 何心隐：《原学原讲》，收入《何心隐集》，第 1—25 页。在侯外庐《中国思想通史》中曾讨论此文，第 1013—1016 页；《自我与社会》，第 185—186 页；丁伯格：《圣人与社会》，第 87—101 页。侯外庐，第 1006 页，及丁伯格，第 52 页，标明此文的时间为 1579 年，在张居正下令查禁私人书院和讲学与那年稍后，何心隐死于狱中之间。

文，明确地把他的死因归咎于讲学。①

何心隐曾周期性地在湖广省孝感县度过一段时间。1576年，他在那里讲学时，巡抚下令以暴民逮捕他。由于预先得到警告，何躲避当局长达两年多时间，但在1579年初，他在南直隶与江西交界的祁门被抓。他被押回湖广首府武昌，那年稍后，在狱中惨死于鞭笞之下。② 对于逮捕他的动机及其致死的责任，仍有着争议。一种同时代人的说法认为，当遭到鞭笞时，何心隐坚持认为是张居正想杀死他，与他们在近20年之前相遇时所作的预言吻合。③ 另一种说法则认为，张居正可能并没有下令逮捕并处死何，而是由于湖广官员为了取悦大学士而进行的挑唆，而湖广又是张的故乡。④还有一种说法认为，何之死归因于他在孝感的资助者家族与巡抚之间的争斗。⑤ 无论是谁对之负责，何之死足以表明讲学有着严肃的政治含义。数年后，李贽指出，在何被捕后，当他被押回到三千多公里之外的监狱而死于监狱所在的武昌时，沿途所到之处，人们都认识到了逮捕何是不公正的。有关何心隐面对即将到来的死亡时泰然处之的叙述，是想重振士子反对政府的力量。然而，当局却判定何为一个反叛者。⑥

撇开所有的法律考虑，何是一个叛乱者。何心隐的听众，就像颜钧与罗汝芳的听众一样，基本上由士子所构成，其中包括中、下层官员，并且都是以江南为中心。正如颜钧，何一定是一个充满魅力的人物，他的呼吁蕴藏着非世俗的、充满活力的解放思想的信息，这同时成为对他的批评的一个主要原因。正如黄宗羲指出，颜钧与何心隐在

---

① 程学博：《祭梁夫山先生文》，收入《何心隐集》，第135—137页。曾数次帮助何心隐的程学博在云南写了他的祭文，1584年，在张居正之死和贬黜后，他在那里任监察副使之职。

② 我依照《何心隐集》中的叙述，第5页。

③ 《何心隐集》，第138页和第144页，引沈德符和王世贞语。另见黄宗羲：《明儒学案》，第32卷，第704页。参见丁伯格：《圣人与社会》，第52—54页。

④ 李贽：《焚书》，第93页。另见于邹元标《何心隐集》中所引，第121页。《自我与社会》，第181页；侯外庐：《中国思想通史》，第1008页，描述了这种说法。

⑤ 《何心隐集》，第142页，引耿定理语。

⑥ 侯外庐：《中国思想通史》，第1011页。

言行上都不束缚于士人学问的传统。① 对于那些学他主张的人来说，1579 年何心隐之死作为一个教训，即内心情感无限制的表达是造成社会分裂的力量。独立于权威的良知概念，已被何心隐推演到一种逻辑的极端。

讲学作为建立外在于政府控制和外在于已确立了的等级关系权威的文士网络的一种手段而发挥作用。在 16 世纪 70 年代，王阳明的亲传弟子钱德洪与王畿，以及后来的追随者如罗汝芳与何心隐，都在江南及别的地方致力于吸引大量民众的讲学，在这些地区他们建立了追随者与同情者的集团。黄宗羲写道，这种活动可称之为相互标榜。② 它们体现了种种新增长的可能性，去充当一种在非地方性基础上与官府领导相抗衡的系统化地动员士人意见的手段。在晚明，这对那些领导者来说，成了一个地方性的难题。何的同时代人王世贞，提供了一条线索来暗示什么是思考。联想到颜钧与何心隐，王写道，他们几乎引起皇朝走向灾难，就像汉乱之际黄巾军与五斗米道组织那样。③ 帝国政府继续再控制、破坏或镇压宗教组织，这些组织通常包括那些识字不多或不识字的人们。不可控制的文士组织则更具威胁。因此，有关张居正应对 1579 年何心隐之死负责的传说，对他们来说具有一种特定的真实性，这种真实性由张于 1579 年下令关闭私人书院，作为他阻挠大规模聚会讲学的再次努力的一部分而更令人相信。④

在 16 世纪 70 年代，面对王阳明学说的众多追随者，张居正（1525—1582 年）是最为严厉的反对者。作为 10 年的首辅大学士，他是他们最高层次的政治对手，而且他运用自己手中的权力既反对个人（如罗汝芳、胡直，也许还有何心隐），同时也反对机构（如讲学

---

① 黄宗羲：《明儒学案》，第32卷，第704页。参见秦：《黄宗羲的〈明儒学案〉》，第166页。另见《自我与社会》，第179页。

② 黄宗羲：《明儒学案》，第58卷，第1375页。参见秦：《黄宗羲的〈明儒学案〉》，第 223 页。

③ 见于《何心隐集》，第 143 页。另引见侯外庐：《中国思想通史》，第 1003、1011—1012 页。译文见于《自我与社会》，第 178 页。据此，何正在组织一个秘密社会的谣传就增加了重要性。见侯外庐，第 1029 页。

④ 《神宗实录》，第 83 卷（万历七年，正月），引见侯外庐：《中国思想通史》，第 1098 页。

的大型聚会和私立的书院，后者是国家资助的教育机构之外的另一种选择）。在其著作中，张建议树立一种有充分先例为依据的知性立场——在政府决策中依靠实用主义的权术——以反对流行的基于人自身良知来对培养道德纯粹性的关注。在他死后，张的名声的每一方面都受到了损毁，但至少直到 1577 年，他的声音在反对士子价值观斗争中是最为重要的一种。

尽管后人抨击他，但张居正作为一个士子却有着令人叹为观止的经历。1540 年，当他 16 岁时，他就通过了湖广乡试。虽然他在 1544 年未能通过会试，但他在三年后再试时通过了，位列二甲第九名[①]，仍是一个不寻常的年轻人。委派到翰林院后，他在那里几乎连任了 7 年，直到 1554 年因病乞养而退居。[②] 在他父亲的敦促下，他于 1566 年重新回到朝廷任职，被委派到国子监，他在那里或翰林院一直任职到 1567 年他任大学士为止。[③] 张是一种宫廷政治的人物，他从未离开京城担任行政职务。

张居正的迅速擢升，部分地归因于他获得了 1552 年至 1568 年任大学士的徐阶（1503—1583 年）的支持。[④] 与张居正不同，徐阶是道学新诠释的支持者。在 16 世纪 30 年代，徐在京城受冷遇，就到外省任职，并在士子中树立了声望。他与王阳明的一些主要弟子关系良好，并引人注目地参与了 1553—1554 年及其后在京城的讲学。[⑤] 他实际上成了新学说在最高级别政府中的一个支持者。有人可能玩世不恭地认为，徐向其不求甚解的士子听众卖弄玄虚的道德探究。他们大多数人似乎并不介意徐阶通过其儿子在家乡松江府圈占了大量土地。他们知道徐阶乘 1567 年嘉靖皇帝驾崩之机，针对徐先前视而不见的

---

① 杨铎：《张江陵年谱》（上海，1938 年），第 5—6 页。见《国朝历科题名碑录初集》、《明清历科进士题名碑录》，李周望编（台北，1969 年），第 767 页。

② 杨铎：《张江陵年谱》，第 17 页。

③ 杨铎：《张江陵年谱》，第 27 页。

④ 《明人传记辞典》，第 573—574 页；嵇文甫：《晚明思想史论》（重庆，1944 年），第 55 页。张还得到了高拱（1512—1578 年）的支持，高拱在 1566—1567 年任大学士，他是徐阶的竞争对手。

⑤ 黄宗羲：《明儒学案》，第 27 卷，第 618 页。

弊政的继续滥用拟定最终诏令。① 在他退休后，当他因贪婪而遭到海瑞的批评，并再次遭到了老对手高拱的攻击，但徐并没有遭受针对张居正的那样敌意。黄宗羲指出，徐阶的同时代人颂扬他的成就，并认为他肯定理解道，因为他曾致力于讲学。在黄看来，他们都被蒙骗了，要不就是在骗人。徐爱用权术，其行为本身并非如张居正所说的真儒之所为，真儒之所为是在处理政府事务的行为中处事不用智计，而是与天理保持一致。②

与徐阶相比，张居正也许是一个更有成效的管理者，一个更苛求的道德的人。那么，憎恶为何都直指张呢？他的批评者的动机主要是个人的、财政的（如他的税制改革部分地针对曾成功地逃税的地方权贵）和政治方面的，但张居正为士子提供了道学的另一种选择，认识到这一点是重要的。他广泛地阐述其政治活动方式的正当性，根据其信条："若为国家利益，吾人将不计生死。"③ 通过把自己与明朝开国皇帝的政策与实践相结合，他实际上把自己立于不败之地，开国皇帝"因时改制，建立适合百姓之治"④，没有比明朝的皇帝们更高的政治权威。张反复地说，后世的朝代和皇帝（特别是明太祖）才应是我们的指南，而古代的圣贤统治者则不是。1571 年，他任会试主考官时，他拟出论文的论题之一，是仿效荀子提倡的法后王，还是孟子提出的法先王这一问题。⑤ 张对这一问题的讨论，使其倾向一览无余。那些希望在他任大学士期间有所晋升的士子，不可能对此熟视无睹。他认为，朱熹对"止于至善"之理想目标的解释暗指不改变，而不是执守中道，因此，张发现它是一个不切实际的理想。⑥ 在他本人对《四

---

① 《明人传记辞典》，第 574 页。参见黄宗羲：《明儒学案》，第 618 页，黄氏对徐阶的最终评论。

② 黄宗羲：《明儒学案》，第 27 卷，第 618 页。

③ 如罗伯特·克劳福所译：《张居正的儒家法家思想》，见《自我和社会》，第 368 页。

④ 如罗伯特·克劳福所译：《张居正的儒家法家思想》，第 372 页。

⑤ 张居正：《张太岳集》（1612 年；1984 年影印本上海重印，），第 16 卷，第 7b 页（第 192 页）。另引见稽文甫：《晚明思想史论》，第 50 页；杨铎：《张居正年谱》，第 43 页。

⑥ 克劳福所译：《张居正的儒家法家思想》，第 378 页。参见张居正：《张太岳集》，第 18 卷，第 1b 页（第 208 页）。

书》的注解中，张采纳了朱熹而不是王阳明的立场，朱熹认为人们可以通过格物而致知，而王阳明则主张我们直观地探究吾人心中之理，而不是在外物中探究。① 张的伦理并不是主体性的伦理，虽然在其思想与行为中具有明显的自信。他的立场不断地回归到实用的，或者说是权宜之计的行为上来，特殊地说，是为了帝国的利益，一般地说，则是为了整个百姓的利益。在决策中，他或许并不同意流行的习俗，但根本的事情是，他渴望实现为国家与作为士大夫而行动的动机。②

张居正声称出于追求国家利益，而非一己私利，阐明他不能容忍那些致力于道德性的讲学而不参与帝国管理的士子和官员。那些仍在野而致力于思考和讲学的士子，乃是不负责任的清谈者，而决非为道德楷模。张居正写道："今人妄谓孤不喜讲学者，实为太诬。孤今所以上佐明主者，何有一语一事背于尧舜周孔之道？但孤所为皆欲身体力行，以是虚谈者无容耳。"③ 这确实是一个权宜之见。张不赞同讲学，并于 1579 年试图通过关闭书院来禁止讲学。

由于张对王阳明追随者的攻击，以及他对权宜之计的倡导，一旦时运逆转，张就遭到了猛烈的反击。1577 年农历九月，他的父亲去世。张居正已担任大学士 10 年，并自年轻的万历皇帝在 1572 年登基以来，他就一直任首辅大学士。当他父亲去世的消息传到京城时，张做了正常且道德上正当的事情：他请求辞却所有的职位，回家服丧 27 个月。但所作的决定却并不有利于他这么做。理由多种多样。下个春季皇帝婚典的计划正在制定，皇帝认为，张居正届时是不可或缺的。张在京城的幕僚及同党，则出于如果他被取而代之的话，自己的职位将难保，就说服他留在北京。据称，张居正本人担心，如果他在守丧期间离开了政治，那他回任时权力就不能完好无损。④ 有些评论家指出，张是诚心诚意地恳请离职赴丧。然而，普遍认为，他左右着

① 克劳福所译：《张居正的儒家法家思想》，第 399 页。
② 稍改自克劳福的译文：《张居正的儒家法家思想》，第 403 页。
③ 张居正：《张太岳集》，第 30 卷，第 16ab 页（第 373 页）。另引见嵇文甫：《晚明思想史论》，第 48 页；部分见克劳福译文：《张居正的儒家法家思想》，第 398 页。
④ 对于这些理由的一种摘要，参见杨铎：《张江陵年谱》，第 55 页。

年轻的皇帝，而且从表面上判断，如果张真诚地想回到家乡守满丧期，他可能已经作出安排，以致皇帝可能会被迫批准。他连上三份要求离任的奏折未被皇帝采纳，张留在朝廷任职，但减少了事务。①

无论其理由为何，张居正权宜之计先于道德准则的行动，遭到了直接而强烈的谴责。随着一系列其他人所撰写的奏疏，邹元标提出了他本人的谴责。针对张认为"非常"情况有时需要非常之人来处理（即使这违反了在其他情况下是"常"的道德义务）的主张，邹元标予以反驳，他引证了《论语》的论断，认为不能正己者则不能正人。特别是针对当时的争论，邹引用了不证自明的道理，认为不孝之子必不可信赖为对皇帝忠诚的人。邹甚至预见到对他自己的惩罚，必出自于张居正对合法手段的利用。邹遭受了80杖打，并遭到流放。② 据其批评的观点来看，张没有正当地祭悼他的父亲，而这是伦理体系的一项基本要求。因此，张作为一个官员，甚至作为一个士子的正直性受到了怀疑。这些批评，由于当廷杖打批评者、把他们驱逐出京城，并以处死相要挟，一时受到抑止。③ 1582年，张居正死后，他蒙受了身后的羞辱。没有一个后继的大学士试图像张居正那样，阻止王阳明学说追随者基于知性的诉求。

讲学的倡导者和王阳明的佛教式教义的倡导者，都比张居正活得更长。最后一位王阳明的嫡传弟子王畿死于1583年，而第二代弟子的领袖人物胡直（死于1585年）和罗汝芳（死于1588年）则仍保持着影响。罗汝芳曾推崇颜钧为圣人。反过来，罗汝芳则被杨起元（1547—1599年）认为是一个圣人，至少根据顾宪成非同情的批评来说是如此。④ 杨起元是广东人，在曾服膺于湛若水学说的父亲的影响

---

① 张：《张太岳集》，第41卷，第1a—3a页（第516—517页）。

② 邹元标：《经世文编》中的奏议，陈子龙总编撰（1639年；1962年北京重印），第445页，第5b、6b页和第7b页（第4891—4892页）。

③ 《明人传记辞典》，第54页；杨铎：《张江陵年谱》，第55页；朱东润：《张居正大传》（1945年；1968年台北重印），第279页。

④ 黄宗羲：《明儒学案》，第58卷，第1388页。另引见黄宗羲：《明儒学案》，第34卷，第806页，在论述杨起元的结束。参见侯外庐：《中国思想通史》，第1002页；《明人传记辞典》，第1505页。

下长大成人。杨于 1567 年通过了乡试，但随后在三次会试中均告失利。与此同时，他听闻了罗汝芳的学说。1577 年，杨成功地成了一名进士时，他还在北京遇见了罗汝芳，并自称为其弟子。盛传杨有事必先获罗的称许。[①] 在京城历任不同的官职后，杨于 1586 年到江西南昌罗汝芳隐居之山拜访。由于罗年事已高，杨视师说永存为其使命。他帮助准备了罗的谈话录与著述的出版刊行。杨还进一步提出了他本人对于"明德"的解释，认为"明德"源自于天，并与我们的身体本身的知觉与行为密不可分。通过强调欲念与知觉，杨进一步提出，消除在我们情感（情）与道德木性（性）之间任何重大的概念性差异[②]，这是自宋代以来道学中就已出现的重要内容。对几乎不通文墨的王艮和颜钧传布的学说的信念，杨增进了它们的吸引力，因为在罗汝芳去世的那年，杨即接受了督学的任职，并随后出任国子监祭酒之职。[③] 他的影响出自于一种权威性的职位。后来的批评者认为杨起元应对把禅宗佛教思想引入考试试题从而进一步败坏了程朱学说负责。[④]

在 16 世纪 90 年代，王畿的佛教化诠释也继续得以传布。周汝登（1547—1629 年）曾于 1571 年到绍兴附近去聆听王畿讲学，并自称为其追随者。后来，可能在 1577 年在京城，周受到了罗汝芳的影响。罗当时建议他仔细阅读由唐代僧人道世编撰的《法苑珠林》120 卷，周开始推崇王畿。通过 1573 年的乡试和 1577 年的进士考试后，周汝登接受了朝廷的任命；1581 年退养回家，他继续致力于道德哲学。他是罗汝芳的公开弟子，但同时也帮助王畿的思想文集在其身后刊行。在罗去世的 1588 年，周又接受任命。在出任王艮的家乡泰州的盐政官员时，周为纪念王艮而表示了敬佩之情。[⑤]

---

① 黄宗羲：《明儒学案》，第 34 卷，第 806 页。
② 黄宗羲：《明儒学案》，第 34 卷，第 806、811 页。
③ 黄宗羲：《明儒学案》，第 34 卷，第 806 页；《明人传记辞典》，杨起元条。
④ 艾南英，引见顾炎武：《日知录集释》，第 18 卷，第 19a 页，《举业》。
⑤ 黄宗羲：《明儒学案》，第36卷，第854页。参见秦：《黄宗羲的〈明儒学案〉》，第199—200页。另见《明人传记辞典》，第 271—272 页，周汝登条。

1592 年在南京时，周汝登参与在那里由他与杨起元、许孚远共同组织的讲学聚会。由于他代表了王畿的观点，使得他多少有些引人注目；当王畿的学说在南京聚会上被提出作为讨论的话题时，他继续加以发扬。许孚远（1535—1604 年），一个来自湖广的 1562 年进士，力图消除任何有关王畿对王阳明无善无恶心之体的否定性理解的讨论。许撰写并传播反对王畿的九种论点。周汝登则回应以九种反驳。他们的论战都相继刊出。[①] 在其论点中，许孚远论辩道，王畿的论点并非先于经典和既有的诠释，而且古代圣人（及朱熹）都竭力表明，我们心中的现象世界、天理以及道德性都是真实而实在的，它们都存在。王畿有关非实存的心、欲、知及物是比实存的心、欲、知及物更为实在的东西，这种学说比实存的东西更误导人们进入佛教思维。在其驳难中，周汝登则坚持认为，无善无恶心之体的教义明确地隐含于经典与诠释中。为了扩展王畿学说，周声称无善或无恶，甚至也不存在于我们的心中。他假设说，恶的实存并没有逻辑上的必要性，因为它并不被理解为仅仅是圣人所指的善的对立面或对应物。对周来说，所讨论的善，并不是普通的和表面的善，而是完整的善性（至善），仅能领会为具有本体论地位的非实存（无）东西。如果这就是善的地位，那么给与恶以实存（有）的地位则是多余的。这些观点与其说是语词，倒不如说是纯粹的概念；与其说取决于证据，倒不如说取决于假设。

周汝登于 1597 年从朝廷退休，并定居于绍兴。为了在浙东促进对王阳明和王畿的推崇，周还组织了大型讲会，以纪念 1527 年王畿可能获得也可能没有获得王阳明同意的四无说诠释的集会。在隐退中，周还编撰了一部他标之为《圣学宗传》的 18 卷的选集。从古代圣人开始，周氏力图表明，强调实现至善（超越善恶二分）的良知

---

① 论战收入黄宗羲《明儒学案》，第 36 卷，第 861—868 页。见黄宗羲：《明儒学案》，第 36 卷，第 854 页；秦：《黄宗羲的〈明儒学案〉》，第 200、206 页。另见黄宗羲：《明儒学案》，第 4 卷，第 976 页；《明人传记辞典》，第 274 页；赫因里希·布希：《东林书院及其政治与哲学的意义》，载《华裔学志》，第 14 卷（1949—1955 年），第 80 页。

学说的线索，贯穿于王阳明及其主要弟子。王畿四无句的学说被标识为有最高洞见的解释，并已被罗汝芳所坚持。作为罗的追随者，周汝登不仅盛扬儒学的一条特殊线索，而且他还通过自己的著作，确证了他本人是实现这一传播的继承人。《圣学宗传》刊行于1609年，但在知识潮流正在改变之际，周汝登的影响力仍集中在绍兴。数十年后，黄宗羲在他本人的《明儒学案》的导言的第一句话中征引周的著作，但把它贬为华而不实，基本史料不足，过于倾向禅宗的佛学。[①]

在评述周汝登的解释之中，黄宗羲阐明了一个问题（黄宗羲对王阳明学说表示同情并试图加以挽救）：王阳明教导说，心之体无善也无恶。据黄之见，周汝登错误的背离，在于认为，我们的本性不仅无恶，而且也无善。一些周的同时代人担心，像他所提出的观点正在败坏道德的根基。由于否认善基于或根于我们的本性，这实际上似乎使圣人尧和舜所提出的标准无意义，并摧毁了佛教与儒家思想之间的根本差异。[②] 无论这些争论的哲学功劳是什么，它们代表了一种正在形成的意识，即到16世纪晚期，"无"的争论正削弱着道德的确信性。

在晚明，对于在自心中发现并领会善与义的个体能力的争论，对于取代既定的程朱学说的其他解释的有效性的争论，对于政治上权宜之计的争论，以及对于包括来自于佛教徒及其他文本与导师的概念的争论，都与提倡对其他观点的公开性相关联。这正是一个令人注目的相对主义支持者李贽易受影响的环境。

对李贽（1527—1602年）作出的解释其范围之广使人无法作出定论，我认为，这部分地由于其相对主义。他非常明确地阐述说：人类判断并没有固定性；在表达对人的判断中，人不持定见。[③] 然而，

---

① 黄宗羲：《明儒学案》，《发凡》，第17页。参见秦：《黄宗羲的〈明儒学案〉》，第45页。

② 黄宗羲：《明儒学案》，第36卷，第854—855页。参见秦：《黄宗羲的〈明儒学案〉》，第200—201页。

③ 李贽：《秦论》，载《藏书》（南京，1599年；1959年北京重印），第7页，译见萧公权在《明人传记辞典》写的条目，第811页。

绝大多数评论家在评判李贽本人时，却并没有运用这一设定。从1580年以后，李贽的著作，包括所有形式的论断，根据某个读者的偏好，为其相信一种事情或另一种事情的主张提供了一个明确的基础。李贽曾被贴上诸如儒家、佛教徒、法家、反对崇拜偶像者、进步论者、虚无主义者、民粹主义者以及个人主义者等标签。[①] 对他的贬抑正如对他的崇敬一样激烈。[②] 我的理解是，我们不可能裁定李相信的哪一个特殊论断是真实的，因为，由于他自身采用一种相对主义者的立场，他看不到坚持固定观点的必要。

李贽出身于早先曾涉身海外贸易和伊斯兰教的福建世族，并从父亲那里接受了早期教育。[③] 1522年，他通过乡试；为了进一步准备会试，他接受了任职。1556年，他开始了担任下级职位的经历。[④] 1560年，为丁父忧而辞职，1564年，回到北京接受了国子监的任职，尔后又因祖父亡故而退职。1566年，他再次回到京城，李担任礼部的一个官吏。他先前就曾抵制讲学活动，甚至当他在南京任职时也是如此。现在在北京，他却对《金刚经》，然后又对王阳明和王畿的学说感兴趣。"这显然是其知性生活中的一个转折点。"[⑤]

当他于16世纪70年代再次在南京任职的五年中，李贽投身于

---

① 参见陈学霖：《李贽（1527—1602年）在当代中国历史编纂学中的地位：对其生平与著作的新揭示》（怀特·普莱恩斯，1980年），第14页及第5页。黄仁宇：《平淡的1587年——衰落中的明王朝》（即中译本《万历十五年》。——译者注）（纽黑文，1981年），指出对李贽的解释不一致是其没有一个核心主题的结果（第211页），而且其前后产生的思想并不一致（第198页）。

② 参见嵇文甫：《晚明思想史论》，第46页。

③ 容肇祖：《李贽年谱》（北京：三联，1957年），第17—18页。我对李贽的论述依据容肇祖所提供的材料，并深受在狄百瑞《晚明思想中的个体主义与人道主义》中李的论述的影响，收于《自我与社会》，狄百瑞编，及萧公权在《明人传记辞典》中的李贽条。有关李贽的基本文献与第二手文献的一种资料性通览，见狄百瑞论述的注159；一种新近的观点见于《自我的学问》，狄百瑞编（纽约，1991年），第392—393页。到1979年的一种更完备的目录见于陈学霖：《李贽》，第163—207页。

④ 容肇祖：《李贽年谱》，第20页。

⑤ 见萧公权在《明人传记辞典》写的条目，第808页。相同的论点见狄百瑞：《自我与社会》，第190页，与黄宗羲的最早阐释有关，《明儒学案》，第14、304页。参见容：《李贽年谱》，第28页。

深入的哲学探究。在南京，他遇见了王畿和王艮的儿子。李宣称王艮之子是他的导师。他开始与耿定向（1524—1596 年）交往，耿定向是与他的弟弟一道促进王艮对良知之诠释的官员。李贽开始参与讲学，并阐述他本人的观点。他阅读了更多有关佛教的书籍。[①]最后，在云南担任三年知府后，李于 1580 年辞职退休。[②] 这是他长达 20 多年的并非不寻常的官府经历的终结。他把其余生中的 20 年用于读书，并明确阐释令他引人注目，甚至名声不好的不寻常的思想。

　　1580 年，李贽开始了异常的行为与撰述。他没有回到福建，而是从云南来到了耿定向及其弟弟在湖广的家乡，他在那里生活、教学了四年。正是在那里，他批评了他的资助者以及其他人，这些人虽然视罗汝芳之忠于颜钧为其榜样，但他们对 1579 年死于湖广监狱中的何心隐却没有尽力援手相救。[③] 在李看来，何心隐是一个圣人，是时代的伟大英雄之一。[④] 同时，李还可以称赞张居正为英雄，尽管李知道许多人坚持认为张对何的死负有责任。通过谴责别人，某种程度上甚至谴责何心隐，李免除了张直接共谋的罪责。[⑤] 李贽与耿定向之间的争端，导致了他于 1585 年离开耿的家乡。他把妻子送回福建，她在 1588 年死于福建。然后他自己来到了湖广麻城的一个佛教寺院，他建立了一个佛堂。[⑥] 在那里，他剃光了头发，衣着似一个僧人，尽管他既未具戒，亦未获准许出家的资格。

　　李贽为其决定找出了很多理由，其中包括他对抛弃家庭责任的渴

① 容肇祖：《李贽年谱》，第 31—35 页。参见嵇文甫：《晚明思想史论》，第 40 页。
② 容肇祖：《李贽年谱》，第 44 页。
③ 狄百瑞：《个体主义与人道主义》，第 191、204 页；容：《李贽年谱》，第 51—52、63—64 页；侯外庐：《中国思想通史》，第 1041—1042 页。
④ 嵇文甫：《晚明思想史论》，第 41 页；侯外庐：《中国思想通史》，第 1035 页。另见黄宗羲：《明儒学案》，第 58 卷，第 1388 页。
⑤ 李贽：《答郑明府》，载《焚书》，第 1 卷，第 47 页。另见嵇文甫：《晚明思想史论》，第 44 页；黄仁宇：《平淡的 1587 年》，第 212—213 页。
⑥ 容肇祖：《李贽年谱》，第 55、104 页；对于李贽“佛堂”的描述，参见黄仁宇：《平淡的 1587 年》，第 194 页。

望，渴望在炎热的夏季消暑，渴望使那些认为他多么超俗的人困惑不解，并渴望自由自在地"做人"。[①] 他没有摆脱其自身怀疑论的动机。他谴责他同时代的那些伪善的人，他们假装道貌岸然，超凡脱俗。李赞给他的友人焦竑写了一封信，"安知我无商贾之行之心，而释迦其衣而欺世而盗名也耶？"[②] 当然，我们不可能知道。李没有发过宗教誓愿，他在宗教规约上特别松懈。[③] 他继续使用其俗家姓名并广为人知。他在佛教寺院里挂了一幅孔子像。[④] 考虑到他撰写的题词可能与肖像挂在一起，李像别人一样写道，他也认为孔子是一个伟大的圣人，而老子和佛陀则代表"异端"。没有人真正领会这一区别。人们曾接受其父辈与导师们的谆谆教诲，而父辈与导师又受之于更早的儒，更早的儒在其时代里都误解了孔子本人的教导。"至今日，虽有目，无所用矣。余何人也，敢谓有目？亦从众耳。既从众而圣之，亦从众而事之，是故吾从众事孔子于芝佛之院。"[⑤] 他不想被人从字义上去理解这一表述。所有他本人及其他人的解释都可能被视为相对主义的解释。在其垂暮之年，有一个比他年轻的崇拜者拜访他，劝他戒荤。崇敬者担心阎罗王不许他往生净土。李赞对这种担忧置之不顾，声称阎罗王也吃荤，因此能对李说什么呢？此外李还说，他相信儒教和孟子所教导的 70 岁后可许之以吃肉。[⑥] 在遭到其他严拒后，崇敬者最后恳请李，因为他是个大名人，通过这样做，能够挽救时代习俗。李写信告诉他说："若说他等皆真实向道，我愿断一指，誓不吃

<hr />

① 狄百瑞：《个体主义与人道主义》，第 192 页。参见容：《李赞年谱》，第 64—65 页；萧公权在《明人传记辞典》写的条目，第 808、810 页；侯外庐：《中国思想通史》，第 1036—1038 页。

② 李赞：《又与焦弱侯》，载《焚书》，第 2 卷，第 47 页，从狄百瑞的译文作了修正，《个体主义与人道主义》，第 205 页。参见黄仁宇：《平淡的 1587 年》，第 190 页。

③ 黄仁宇：《平淡的 1587 年》，第 197 页。

④ 侯外庐：《中国思想通史》，第 1039 页。

⑤ 李赞：《题孔子像于芝佛院》，载《续焚书》（1611 年；1959 年北京重印），第 4 卷，第 102 页。

⑥ 孟子只说，如果国君不扰乱百姓，以至于家畜不失其饲养时节，那么即使七十老翁也可吃上肉。见《孟子》第 1 卷第 3 节。

辈!"① 若不考虑别的内容，他的怪僻是借之以表达其相对主义的手
法。

1590 年，李贽在麻城刊行他的书信、诗词及其他著述的汇编，
并冠之以令人激愤的书名：《焚书》。1599 年，他的《藏书》在南京
刊行，次年，出现了《焚书》的增订本。② 在这些著作中，他再三
抨击那些伪装的儒家及宋代道学的追随者们，极尽冷嘲热讽之能
事。③ 他指责讲学而不是提升道德，而是把人从道德行为引向歧途，
故而是有害的。教人学孝不能取代基于人的内在道德能力的孝的行
为。④ 那些讲学者都是追逐名声、高官厚禄和荣誉的伪善者。李引
以为乐的事情之一，似乎是公开谴责那些戴着道德面具的自我正确
者。⑤

据李贽看来，每个人都可决定其"所欲"，而不应让他自己依赖
于别的权威。"昨日是而今日非矣，今日非而后日又是矣，虽使孔夫
子复生于今，又不知作如何是非也，而可遽以定本行罚赏哉!"⑥ 李
贽通过提供自己的书籍提出自己的观点，把关于数百名历史人物的传
统看法颠倒了过来。如果有关历史的评判仅仅是相对的，那么，就没
有人可断定李是错误或正确。认同所有历史评判的相对性，这也许是
容易的；但道德的评判则是一个更繁重的事情。

道德论者认为我们应该把共同利益（公）先于个体利益（私），
与此相反，李贽宣称，一个人必定或能够随其私人所愿行事。⑦ 这

①　李贽：《书小修手卷后》，载《续焚书》，第 2 卷，第 69—70 页。
②　容肇祖：《李贽年谱》，第 68、91 页；萧公权：《明人传记辞典》，第 809、811 页；狄
　　百瑞：《个体主义与人道主义》，第 192—193 页。
③　李贽：《又与焦弱侯》，载《焚书》，第 2 卷，第 46 页。
④　李贽：《又与焦弱侯》，载《续焚书》，第 1 卷，第 16 页。狄百瑞：《个人主义与人道主
　　义》，第 204 页。
⑤　李贽：《又与焦弱侯》，载《焚书》，第 2 卷，第 45—46 页。
⑥　李贽：《藏书》，第 7 页，对狄百瑞的译文稍作修改，见《个体主义与人道主义》，第
　　201 页。另见萧公权：《明人传记辞典》，第 811 页。
⑦　狄百瑞：《个体主义与人道主义》，第 200—201 页；萧公权在《明人传记辞典》写的条
　　目，第 812 页；容肇祖：《明代思想史》，第 244 页。

就把他置于与数百年来儒家学说争论的境地。据李贽看来，我们应该重新回到未教育的、并因此未受污染的、设定为内在于我们每个人的童心。[①] 李贽的非传统行为，表明他依从于其内心的愿望，[②] 正如他激进的观点是其独立性的证据一样。"夫世人之是非，其不足为渠之轻重也，审矣。且渠初未尝以世人之是非为一己之是非也。若以是非为是非，渠之行事，断必不能如此矣。"[③] 此外，如果人的是非观完全与圣人的观点相一致，那就将没有表达己见之处。[④] 他坚持认为，把自己的观点强加给其他人，还认为有关是非争论的思想，都是自我蒙骗。"今彼讲是非，而我又与之讲是非，讲之不已，至于急辩。人之听者，反不以其初讲是非者为可厌，而反厌彼急辩是非者矣。"[⑤] 有关是与非的争论是没有结果的，因为道德是相对的。对于道德评判来说，并不存在无可争议的根基。李多少带些讽刺意味地建议，其《藏书》可用于皇帝在经筵讲读，在科场用以选士[⑥]，但他并不妄称仅他本人才有对过去与现在的其他人予以评判的特权。

李允许每个人都表达这种评判。"盖人人各具有是大圆镜智（《般若波罗蜜多心经》之所教），所谓我之明德也（《大学》之所教）。是明德也，上与天同，下与地同，中与千圣万贤同，彼无加而我无损者也。"[⑦] 在某种意义上，李贽是在把良知思想推演到一个逻辑极端[⑧]，

① 李贽：《焚书》，第 3 卷，第 97—98 页。另见狄百瑞：《个体主义与人道主义》，第 195 页；萧公权在《明人传记辞典》写的条目，第 811—812 页。

② 萧公权在《明人传记辞典》写的条目，第 812 页。

③ 李贽：《又答耿中丞》，载《焚书》，第 1 卷，第 18 页；稍改自于狄百瑞的译文：《个体主义与人道主义》，第 199 页。

④ 李贽：《司马迁》，载《藏书》，第 30 卷。引见容肇祖：《明代思想史》，第 241 页。

⑤ 李贽：《与杨定见》，载《焚书》，第 1 卷，第 19 页。

⑥ 李贽：《与耿子健书》，载《续焚书》，第 1 卷，第 46 页。另引见侯外庐：《中国思想通史》，第 1045 页；容肇祖：《李贽年谱》，第 77—87 页；黄仁宇：《平淡的 1587 年》，第 216 页。

⑦ 李贽：《与马历山》，载《续焚书》，第 1 卷，第 3—4 页。译文引自狄百瑞：《个体主义与人道主义》，第 194 页；萧公权在《明人传记辞典》写的条目，第 810 页。

⑧ 容肇祖：《明代思想史》，第 242 页。

不过这时没有提出一个含蓄的假设，即每人可以按照在自己内心发现的传统道德价值行事。李同意每个人都能够并应该由他本人决定，而不必与其他人相一致。李论述说，即使是天地也不能强迫众人都与他人的秩序观相一致；因此，对自封的导师来帅，施令他人去当孔子，是误导他人，而圣人自己却都从不打算去做这种事。[1]

李贽的相对主义立场阐述了令其听众迷惑、有时感到震惊的一种反对偶像崇拜观念[2]，但关注他却有着一个更深层的动机。邹善（1556 年进士），王阳明弟子邹守益的儿子，曾被问到为何李贽有如此众多的追随者。邹善说："人心谁不欲为圣贤？顾无奈圣贤碍手耳。今渠谓酒色财气，一切不碍，菩提路有此便宜事，谁不从之？"[3] 史孟麟，一个 1583 年进士，他与顾宪成及东林书院密切相关，他写道，当李贽于 16 世纪 70 年代在南京讲学时，曾教导说："个个人都是见见成成的圣人。闻有忠、节、孝、义之人，却云都是做出来的（而不是自发的），本体原无此忠、节、孝、义。学人喜其便利，趋之若狂。"[4] 确切地知道有多少士子确曾受到李贽的影响，这也许是不可能的。但显然他也激起了反对。史孟麟指责李及其他晚近的导师们，这些人出于追求自发性（自然）的热情，教导人们循其本性，这意味着饥来吃饭、困来即眠。对于史孟麟来说，这就是鼓励人类像禽兽一样活动，违背了孔子和孟子有关需要道德工夫的反复教导。[5] 李的批评者反对追随李的人们，把他们说成是道德方面的懒汉，但李正在追求个体道德自主性探究的一种明确解答，而个体道德的自主正是一百

---

[1] 李贽：《答耿中丞》，载《焚书》，第 1 卷，第 17 页。

[2] 参见萧公权在《明人传记辞典》中所提供的例证，第 811 页。李贽惊世骇俗的修正主义历史观点的例子，被 1602 年抨击他的奏疏所引用，下文将论及此疏。

[3] 黄宗羲：《明儒学案》，第 16 卷，第 347 页；另译见于狄百瑞：《个体主义与人道主义》，第 217 页。

[4] 史孟麟，见黄宗羲：《明儒学案》，第 60 卷，第 1475 页。另译见于布希：《东林书院》，载《华裔学志》，第 89 页。侯著，第 1067 页，从顾宪成在《顾端文公遗书》的《当下绎》中，征引了一段几乎完全相同的话。容肇祖：《明代思想史》，第 243 页，认为在此顾宪成引史孟麟语。

[5] 史孟麟，见黄宗羲：《明儒学案》，第 60 卷，第 1475 页。

多年来持续关注的问题。

李贽支持每个人能够按照其自身的愿望与情感行事的观点，而且更是照此行动。通过揭露不完美的论点与不诚实的行为，对某些人来说，他似乎成功地阐述了对被贬斥的日常道德信念（如女性的低下地位，听命于权威的无可置疑的传统），以及对浮夸的哲学建构，特别是道学的建构的另一种选择。① 他填补了在 16 世纪 80 年代与 90 年代其他学说所不能履行的真空。但他是一个文士，是一个曾经做官 20 年的举人功名获得者。李贽的一些阐释，强调了他是疏离所有其他文人的异己，他"背叛了自身所处的阶级，即统治的精英"②，或者强调由于他有商业与伊斯兰教的家庭背景，也许从未完全与官吏们的文化精神合为一体。③ 李的社会背景并非单一，而且他作为北京国子监的一位祭酒，说明他对经典传统的精通，更超过了他的上司和同僚的认可，尽管他通常不与他们一道。沈德符（1578—1642 年）曾较明确地宣称李"聪明盖代"④。无论李的心理动机或知性动机是什么，他为士子听众强调了一种相对主义的解释，即每一个人都可以决定他自己。他的推崇者袁宏道指出，李并没有成为一个遁世者。⑤ 他运用其文学技巧和他对经典、历史、佛教和道教经典、官场程序及士大夫习俗的洞识，削弱了传统思想。⑥ 虽然李坚持人的本性总是同一的，或者至少相差不远，坚持人类发现他们所处的环境也总是相同的，但他却多少有些感到他自己与众不同，或者至少他几乎认识不到与大众

---

① 参见容肇祖：《明代思想史》，第 246—247、255—256 页。

② 狄百瑞：《个体主义与人道主义》，第 210 页。

③ 让－弗朗索瓦·比耶特：《李贽，被诅咒的哲学家（1527—1602 年）》（1979 年），第 269 页。作者认为李贽的思想与行为是他所谓的家庭背景与士大夫价值观之间矛盾的一个产物。中国的一些马克思主义历史学家也强调这个方面，如侯外庐主编：《中国思想通史》，第 4 卷下册，第 1031 页。不过参见黄仁宇：《平淡的 1587 年》，第 199 页。

④ 沈德符：《万历野获编》（1619 年；重印于 1827 年、1869 年、1959 年；1980 年北京第 2 版），第 691 页。

⑤ 见黄仁宇：《平淡的 1587 年》，第 199 页。

⑥ 参见狄百瑞：《个体主义与人道主义》，第 203 页；容肇祖：《明代思想史》，第 253—254 页。

性情投合。他知道，由于表达自己别具一格的观点，他会冒犯人。"大概读书食禄之家，意见皆同，以余所见质之，不以为狂，则以为可杀也。"①

确实，他的观点被理解为冒犯人的，而且最终是危险的。1590年，他的第一部著作刊行后，也许是在耿定向的施压下，他离开了在湖广麻城附近的佛教避难处。耿曾批评李，又是收入《焚书》中的一系列尖刻的书信的收件人。② 在不同的资助下，李贽四处旅行、落脚，资助者中有些是权贵。③ 1600年冬，李贽回到麻城，当时，一伙暴民烧毁了他曾留居的佛寺。反对他的愤怒再度激发，因为他支持对社会以及性习俗的离经叛道，虽然他那时已是70多岁了。④ 他逸遁以躲避逮捕之灾，并于次年春，他北上北京附近的通州。⑤ 1602年，作为一位退休了的监察官的客人留在那里，此时他再度遭到攻击。可能在一位曾被李冒犯过的大学士的唆使下，京城的一位御史呈报了一份奏疏，说明李是一个曾剃光头发的前任官员。他被控告刊行诬蔑孔子的有害书籍，并厚颜无耻地沉溺于有伤风化的行为。年轻人仿效其淫泆方式，而士人则据其祟行伪造的佛教而膜拜礼佛。那位御史建议，在他可能祸乱京城之前，就把他遣返回福建，而且烧毁他的所有著述。这个奏议得到了批准。⑥ 在他自己的辩护中，李贽称，他的书籍是为了提高圣人学说的，而不是诋毁圣人学说。在通州被捕后，李贽割断了喉

---

① 李贽：《蜻蛉谣》，载《焚书》，第5卷，第209页。另见于萧公权：《明人传记辞典》中的译文，第814页。参见容肇祖：《李贽年谱》，第57—58页。

② 萧公权在《明人传记辞典》写的条目，第809页；黄仁宇：《平淡的1587年》，第195—196页。

③ 黄仁宇：《平淡的1587年》，第208页。

④ 萧公权在《明人传记辞典》写的条目，第813—814页。参见对于控告李贽的一种隐秘的政治动机的讨论，见于萧，第815页；参见黄仁宇：《平淡的1587年》，第217页。

⑤ 容肇祖：《李贽年谱》，第104—106页。

⑥ 《明实录》，《神宗实录》（台北，1966年），第369卷，第11a—12a页（第6917—6919页）。另见见顾炎武：《日知录》，第18卷，第28b—29a页，《李贽》。部分译文见于萧公权：《明人传记辞典》，第814页。另引见于狄百瑞：《个人主义与人道主义》，第217页；陈学霖：《李贽》，第4页；黄仁宇：《平淡的1587年》，第219—220页。

道，并于一两天后去世。① 无论他是一个殉道者还是一个病老头，任何试图理解其最终行为的意义，还必须考虑到他的相对主义。②

李贽的相对主义中所包含的危险并没有随着他的死而消失。尽管遭到禁止，但他的著作仍继续流传。1625 年的一篇奏疏报称，士子和官员们仍喜欢它们，并把它们收藏起来免遭禁毁。③ 李贽著作的魅力，部分在于其震撼人的价值。在这方面，它们类似于当时的小说，即著名的《金瓶梅》，它也随着严禁而得到了广泛流传。④ 更重要的是，李的著述及最著名的晚明小说都表达了一种隐含的相对主义信息：没有独一无二、永恒不变、一贯正确的观点，而存在多元的、分立的、有条件的主旨。⑤ 在这些小说中，价值观是混乱而颠倒的，就像李贽的生活一样。李贽并非反道德者。他不是一个哲学上的怀疑论者，也不是反智论者。他作出有关是与非的判断。正如萧公权所说，"他所需要的是所有的价值、知识与道德，都由每个人的内在信念所确认"⑥。由于以不同的方式提出既不存在特定的、共同的标准，也不存在一成不变的真理，李贽逐渐削弱了所有外在权威，这是整个16 世纪许多作者曾讨论的一种思想观点。在 1602 年一篇赞同查禁李贽著作的奏议中，礼部尚书冯琦写道，陈献章与王阳明之流，巧妙地把佛教概念塞进"吾道"，而如今李贽之流却公开推崇佛教，把它置于"吾道"之上。⑦ 顾炎武则更进一步痛心地发现，没有另外一个人

① 萧公权在《明人传记辞典》写的条目，第 814 页；容肇祖：《李贽年谱》，第 111、113 页；黄仁宇：《平淡的 1587 年》，第 189—190 页。
② 参见黄仁宇的评论：《平淡的 1587 年》，第 189 页。
③ 引见顾炎武：《日知录》，第18卷，第29b页，在李贽条的结尾。参见狄百瑞：《个人主义与人道主义》，第243页，在注261上对这一点的进一步证据。
④ 在狄百瑞的《个体主义与人道主义》中记载了一个相似之观点，第 215 页。另见嵇文甫：《晚明思想史论》，第 46 页。
⑤ 参见安德鲁·K. 普拉克斯：《明代小说中的四大名著》（普林斯顿，1987 年），第 498—512 页。对于有思想的读者来说，随着表面意义的消解后，帕拉克斯发现了四大小说名著中的讽刺意味。值得注意的是，李贽作为译注者或编辑者，其名字与四大小说名著中的三部有联系。参见帕拉克斯，第 215、376、513 页。
⑥ 萧公权在《明人传记辞典》写的条目，第 817 页。
⑦ 引见顾炎武：《日知录集释》，第 18 卷，第 22a 页，《科场禁约》。

像李贽那样无忌惮地反叛圣人。[①] 对个体之间意见差异的可能性的认同，而不是主张一种源自于每个人自察其心所导致的共同结果[②]，李贽才成为一个相对主义者，他贬斥士人共同的道德，并进而贬斥朝廷命官所共有的道德。但作为一个相对主义者，李贽并没有揭示出士大夫精英的一种可以共同接受的伦理。

重新强调道德工夫

16 世纪 70 年代，讲学的支持者引起了张居正大学士及其盟友的反对，他们力图阻止其讲学，因为其政治影响日益增长，知识基础日益加强。在另一条战线上，王阳明的后继者被认为在提倡独立地建立人自己的伦理的个人主义思想，从而招致了一些士人的反对，后者坚决相信人的内在道德良知的观念，但他们也再次强调在人的生活和政府行为中，需要大力实现道德的善。在此再次强调的过程中，历史上最重要的领导者是顾宪成。

顾宪成（1550—1612 年），一个来自苏州北部大运河边上无锡商人的第三子，1576 年在南京乡试中，他名列榜首，从此在南直隶的士子中声名大振。[③] 他几乎马上就不得不参加父亲之死的丧事，但到了 1580 年，他就可以去北京，并通过了会试。他的官场生涯开端良好，他被安排在京城的户部任职。他与两位 1580 年的新科进士志同道合，他们也像顾一样，在其乡试中曾名登榜首，一位是福建的姜世昌，另一位是北京的李三才（死于 1623 年）。顾还开始抨击当朝宰相张居正，张居正于 1581 年通过对京城官吏进行常规的监察考核，排挤那些在他因 1577 年在丁父忧期间未离任而抨击他的官员。1582

---

① 顾炎武：《日知录集释》，第 18 卷，第 29a 页，《李贽》。另引见于狄百瑞：《个体主义与人道主义》，第 216 页。

② 李贽：《藏书》，第 7 页。

③ 参见布希《明人传记辞典》中所撰写的条目。另见布希论顾的章节，《东林书院及其政治与哲学的意义》，载《华裔学志》，第 14 卷（1949—1955 年），第 1—163 页。另见容肇祖：《明代思想史》，第 284—301 页；黄宗羲：《明儒学案》，第 58 卷，第 1376 页；秦：《黄宗羲的〈明儒学案〉》，第 226 页。

年，当为祈祷张从重病中康复而举行宗教仪式时，顾与他在户部的一些同僚们，其中包括他的朋友赵南星（1550—1627年），拒绝与支持祈祷者的朝廷官员同流合污。张一死，顾宪成本人就于1583年秋以一页辞呈离职而去。①

此其时，顾正服膺于王阳明的良知概念。1586年秋，当他回到京城时，他遇到了唐伯元（1541—1598年），一位1574年的进士，唐在1584年曾强烈抗议把王阳明的名字列入孔庙，此事在张居正死后才最终实现。② 唐对顾说，所有有关良知的谈论对于社会都是危险的，因此，他不可避免地谴责王阳明。顾详细地解释了王阳明为何必须通过结合《大学》与《孟子》的语句，来阐述致良知的概念。王的概念并非错误，而且不应该被指责为那些仅声称按其良知行动的人的反社会的过分行为。顾告诉唐说，他划定的界限仅止于人性无善亦无恶的学说，这个学说是对周汝登的一个直接批评。③ 这些批评，顾氏在后来寻找时机更充分地加以发展。

在京城朝廷中时断时续任职10年后，顾氏的批评如此令人难堪，以至于他受到处罚，被剥夺了任职资格，革职为民。1594年，在大量同情者的送行下，顾离开了京城，他做官的生涯至此完结。回到无锡后，顾宪成逐渐建立了另一个讲坛，他从中可以得到继续在京城任职的机会。他把书房命名为"小心斋"，表明与"自然"正相对立的心情。他开始在当地寺庙从事讲学。然后，他与兄弟们一道在其家中建了一座"同人堂"，这是一个有着明显政治蕴意的名称。到1598年，他有意寻找他称作善士的同盟者，这些人并不局限于他所处的南直隶地区。④ 1603年，顾宪成、他的弟弟以及高攀龙筹措资金捐造了一座永久性的讲学场所。他们恢复了一个古老的名称，称之为"东林

---

① 关于赵南星，参见《明人传记辞典》。《明史》，第243卷，第6297—6301页。
② 《明史》，第282卷，第7257页。黄宗羲：《明儒学案》，第42卷，第1005页。参见布希：《东林书院》，第113—114页。
③ 顾宪成：《小心斋札记》（1877年；1975年台北重印），第4卷，第3页。参见布希译文，第113—114页。
④ 侯外庐：《中国思想通史》，第1100页。

书院"。东林书院于 1604 年落成，顾撰订了书院会约与章程，并在管理时尽其可能独立于当地官府。他们规划每一秋季举行一次为时三天的重要讲会，无数的小讲会在众人逗居之地举行。它很快构建成为进行观察和众人为之瞩目、为之侧耳的场所，尽管正如黄宗羲所指出，实际参与东林讲学者，为数有限，且大都来自南直隶。[①]

在讲学中，顾宪成发现了努力复兴政府领导者道德的另一条有关联的出路。他知道，辨明是与非乃是处理政治问题的一个必要基础。在其东林书院会约中，顾捍卫讲学，使它们免受那种说讲学与履行道德无关甚至有害的指责。[②] 他认为，讲学被滥用了，而且他把其滥用的部分责任归溯到王阳明。他特别指出王阳明所说的两句话。"求诸心而得，虽其言之非出于孔子者，亦不敢以为非也。求诸心而不得，虽其言之出于孔子者，亦不敢以为是也。"[③] 这是一种对自立的召唤。在顾宪成看来，这些观念在把人们从程朱学说的禁锢中解放出来，具有一种令人振奋的、强有力的作用。通过这些思想，王阳明把士人从攻读成堆的经籍中解放出来，并设法消除他们的借口，使他们不致认为崇敬圣人（包括孔子）而履行道德是不可企及的理想，因为实现这种理想需要士人深入学习，别无他途。但顾同样抱怨说，在这两句话中的思想，曾导致了人们鲁莽地忽视为我们大家在行为上作为共同楷模的圣人。顾宪成论辩说："阳明得力处在此，而其未尽处亦在此矣。"[④] 顾竭力阐明这样一种学说，即在一定程度上，要避免阳明后学者的莽"荡"，同时又不回复到在明代通常与朱熹思想联系在一起的"拘"。

顾的解答，部分地要再度证实善在每个人中是其人性的构成部

---

① 黄宗羲:《明儒学案》，第58卷，第1375页。参见秦:《黄宗羲的〈明儒学案〉》，第 223 页。

② 参见布希:《东林书院》，第 35 页，意译了《东林书院记》中的《会约》（1881 年版），第 2 卷。另见于侯外庐:《中国思想通史》，第 1101 页。

③ 引见于容肇祖:《明代思想史》，第 288—289 页。参见布希:《东林书院》，第 100 页。王在给罗钦顺的一封信中写下了这些话。

④ 引见于容肇祖:《明代思想史》，第 288 页。译文见布希:《东林书院》，第 100 页。

分。顾否认把人性界定为不仅无恶而且也无善的阐释。[1] 他认为，一些人在设定心是无善无恶时，把心体称为"空灵、明澈、澄明、安详和宁静"，它们意指那是我们应该达到的心的所有状态或实在，因此，它们是善的；它们是独特品德的独特名称，与心的其他万德一起，全部汇归到包括孝慈、忠诚及所有其他传统品德的原来的善。据顾宪成之见，善是色或心体的属性。[2] 顾否认王阳明有放弃朱熹学说的根本主张即认为心就是理（心即理）的能力。[3] 相反，顾认为，善也在于我们心外的事物之中，因此，他竭力想恢复心是道德培养的一个合适对象的思想。

顾使"性善论"成为他的口号，目的在于转移对心的关注，从而离开对心的自然的关注。他的标明日期始于 1590 年的哲学札记，向所有曾视"心"为讲学中心的人挑战。他写道："人论学为知性；知性才可论学。"[4]

顾宪成并不提倡简单地恢复朱熹学说。他指出，程颐与朱熹所提出的重要主张，即认为我们可以通过格物而穷理，并没有在经典中出现。[5] 他知道，在其时代，很少人想去讨论朱熹。然而，顾竭力挽救朱熹，坚持程朱在字面上并不是有意为了穷理，我们就必须甚至去格一草一木（或者格发芽的竹，像王阳明曾无效尝试的那样）；他们旨在使我们的工夫关注主要内在于我们而不是外在于我们的本性和道德心。[6] 顾的意图在于调和朱熹与王阳明，使世界免遭太拘与太荡的极端。

为了反对危险的依赖于自发地随从人的良知的指令，顾强调了道

---

[1] 黄宗羲：《明儒学案》，第 58 卷，第 1379 页。参见秦：《黄宗羲的〈明儒学案〉》，第 230—231 页。另见于容肇祖：《明代思想史》，第 297 页。

[2] 唐君毅：《刘宗周的学说》，收入《新儒家的演变》，狄百瑞编，《东方文化》，第 10 卷（纽约与伦敦，1975 年），第 308—309 页。

[3] 布希：《东林书院》，第 103 页。

[4] 顾宪成：《小心斋札记》，第 1a 页。

[5] 顾宪成：《小心斋札记》，第 7 卷，第 10b 页。参见容肇祖：《明代思想史》，第 295 页；布希：《东林书院》，第 116 页。

[6] 容肇祖：《明代思想史》，第 293—296 页；布希：《东林书院》，第 116—117 页。

德工夫的必要性。他了解王阳明四句教的洞见，但发现它涉及到"心之体"时，却使工夫处于意义含糊不清的境地。① 对顾来说，这种工夫的一个重要方面，在于推尊经典为道德指导的源泉，② 但同样地，一个人需要立志，通过个人努力（自立），实现成为一个完全道德的人的目标。③ 东林书院讲会的公开意图，在于帮助参与者在其日常生活中依照顾对道德工夫的解说而行动。④

顾宪成并不是在阐述任何新的思想主张。吴应箕（1594—1645年）评论说，顾在东林书院的讲学是"其学经生之所知者，绝无足听也……"⑤ 在某种意义上，吴是正确的。但顾和一些同时代人都觉察到，太多的士人已经失去了出于道德指南而阅读经典的兴趣，需要重新唤醒他们。圣人的典籍是拯救人们走向个人主义的外在约束，而这种个人主义似乎在威胁人们。在这一努力中，顾的声音是一种主要的声音，但是，东林书院的政治内容，而不是他的思想，吸引了历史学家对他的关注。

邹元标（1551—1624年）同样想到了道德改良，他的经历类似于顾宪成。1577年邹元标考中进士，当年阴历十月，再次抨击宰相张居正没有丁父忧而离职的批评达到高峰。四名官员在宫廷上遭到杖打，以阻止抨击。值此之际，邹元标设法提出他本人的奏议，抨击张居正对年轻皇帝有着不良影响。宫中太监不想接受奏折，对他说：你岂不怕死？论议此事岂非其时？邹使他们相信那只是请求辞职的文本。奏本被收受而阅后，邹遭到了80杖打，并戍遣贵州，在那里他度过了六年时间。⑥ 1582年张居正死后，邹重回朝廷任职。进入朝廷

① 顾宪成：《东林会约》，第一条，引见于容肇祖：《明代思想史》，第291页。
② 顾宪成：《东林会约》，第三条，引见于容肇祖：《明代思想史》，第291页。
③ 顾宪成：《东林会约》，第二条，引见于容肇祖：《明代思想史》，第291页。
④ 顾宪成：《东林会约》，第四条，引见于容肇祖：《明代思想史》，第292页。参见布希：《东林书院》，第35页。
⑤ 吴应箕：《东林本末》，收入李季编《东林始末》（上海，1946年），第12页。参见布希：《东林书院》，第119页。
⑥ 黄宗羲：《明儒学案》，第23卷，第533页。《明史》，第243卷，第6301—6302页。另见于《明人传记辞典》中的邹元标条。

后，他继续上奏疏弹劾不同的高官，同时又在任和离职，直到 1593
年他离开朝廷退休为止。

邹元标回到家乡江西吉水（吉安府），并建立一个书院讲学。他
保卫讲学，以反驳关于从事讲学者不切实际和碌碌无为的批评。据邹
之见，真才实学由讲学而成。[①] 邹认识到，当他自己年少时，曾气盛
粗鲁，并错误地自以为"觉"，这是一个具有强烈佛教含意的术语。
许多年后，他才逐渐认识到，学更为重要。[②] 邹主张以识心体入手[③]，
但邹依然批评世人把"从心所欲"解释为无视是非的纵欲。邹坚持认
为，欲必定不离于矩。[④] 他教导说，道德努力（工夫）涉及到在所有
人伦关系中行恕，包括对愚夫愚妇。[⑤] 邹想修正恕是"如己之心"的
流行解释。他坚持恕也包括"如人之心"的思想。[⑥] 正如黄宗羲所指
出，尽管邹对行恕的解释更与禅佛的用法而不是孔门之恕有关联，但
他强调体现外在的严毅方正之气，则与儒家一致，不是佛教徒的思
想[⑦]，这一强调还揭示了邹元标也正从对王阳明学说更加个体主义的
解释中脱离出来。然而，他对经典段落的语源学解释常常牵强附会，
而没有哲学论据的支持。

在长达 25 年的中断后，邹元标于 1620 年在万历皇帝驾崩后被召
回朝廷。他起初暂任刑部右侍郎，然后任吏部侍郎。1622 年，他在
京城建立了一座讲学书院，与冯从吾共同主其事。

冯从吾（1556—约 1627 年）是陕西长安人，而不像邹元标与顾
宪成那样是南方人。冯随许孚远（1535—1604 年）学习，许曾与周
汝登就王畿对四句教的否定性解释进行过争论。因此，冯不算是王阳
明后学中个体主义的追随者，而像邹元标与顾宪成一样，他的做官生

① 黄宗羲：《明儒学案》，第 23 卷，第 533、536 页。
② 黄宗羲：《明儒学案》，第 23 卷，第 535 页。
③ 据黄宗羲的归纳，见黄宗羲：《明儒学案》，第 23 卷，第 535 页。
④ 黄宗羲：《明儒学案》，第 23 卷，第 547 页。
⑤ 黄宗羲：《明儒学案》，第 23 卷，第 535 页。
⑥ 黄宗羲：《明儒学案》，第 23 卷，第 539 页。
⑦ 黄宗羲所作的评论，载《明儒学案》，第 23 卷，第 535—536 页。

涯中止于 16 世纪 90 年代。冯于 1589 年考中进士,并任监察御史一年。在对皇帝个人行为提出批评后,他于 1592 年称病离职。当他于 1595 年或 1596 年继续任职时,他被迫随曾引起皇帝不满的其他监察御史一道去职。① 退休后,冯住在长安,在那里从事讲学与著述。1609 年,在官府的支持下,在长安为他建立一座书院。数以百计的人(他们并非都是士人)参与讲学。② 冯从吾捍卫讲学实践,使其免遭同时代人的怀疑和官府的猜忌,甚至宣称讲学是格物的重要任务。③ 他还强调小心检点和遵守规章的必要性。④

冯从吾的主要论断之一,是针对无善亦无恶的"无心"思想。自称为"吾儒"代言人角色,他力图驳斥其对手,即那些他称之为"异端"的代表。"吾儒"的正确观点是一个人的心被界定为无恶,并与利无关;而与之不同的是,他们错误地主张,我们的心既与义无关,也不是善。他们的观点基于王畿的"无心"理论,即人心本体的空无性。它与利或义无关,既非善亦非恶。据冯之见,他的对手们坚持认为,既然存在着无善无恶之心,那么,据此逻辑,就存在着无不善之心。这就是说,在某种超脱的意义上,心是善的。在实践的基础上,冯担心,内心缺乏对义的关切,未必意味着缺乏对利之关切;内心中缺乏善,未必意味着缺乏恶。他的分析是,如果人心中脱离了义,那它将去追求利;如果心脱离了善,它必将去追求恶。一个人不可能超越这些选择。一个人必定非此即彼。既然"吾儒"的前提是性善与义,那么,此善与义必定在吾心之中。⑤ 在他大力重建他的主张——心在道德方面不是超越一切的,它需要加以约束,而不是放纵——时,冯从吾正试图驳斥一个世纪以来的论点。冯的观点倾向于重新强调行善

---

① 《明人传记辞典》中有关冯从吾的条目,英语中对冯最广泛的讨论是韩德林,见《晚明思想中的行为》,第 84—99 页;《明史》,第 243 卷,第 6315—6316 页;黄宗羲:《明儒学案》,第 41 卷,第 984 页。

② 韩德林:《晚明思想中的行为》,第 86 页。

③ 黄宗羲:《明儒学案》,第 41 卷,第 984、992 页。

④ 韩德林:《晚明思想中的行为》,第 84—99 页;引冯从吾:《冯少墟集》,第 15 卷,第 43a、58a 页。另见于黄宗羲:《明儒学案》,第 41 卷,第 984 页。

⑤ 黄宗羲:《明儒学案》,第 41 卷,第 985—986 页。

的可能性与渴望。在听命于万历皇帝而被迫辞职后，他就在长安地区提倡这些思想。1620年，皇帝驾崩后，冯再次有了在朝廷任职的机会。

1621年，冯从吾回到北京，在大理寺任职，而后又接受了一个监察御史的职位。邹元标也被委任于大理寺，并且甚至在他抵达京城之前，就担任刑部侍郎之职。1622年，冯与邹二人都是监察御史，二人都感兴趣于追求他们曾在家乡省花费了20年时间的讲学。他们共同在京城组织了首善书院。① 黄尊素（1584—1626年）大概提醒过邹元标，不要在京城举行讲学，但没有效果。② 更大的后果是宦官魏忠贤的反对，他几乎立即颁布了禁止首善书院的条令，理由是讲学导致了宋室的毁灭③，暗示着明皇朝世系不应遭受类似的命运。在京城开设一座讲学书院的努力就此中断，而邹元标与冯从吾二人则都乞休辞官。他们是幸运的，因为他们在家乡尽享其退休之年。④

他们的同时代人，高攀龙（1562—1626年），则不那么幸运。他随他们参与了在首善书院的讲学，然后于1623年退休回到无锡老家。尽管他不愿意回来，但仍于1624年回到北京，再度在朝廷任职，这一行为直接导致他于1626年自杀。

高攀龙，像顾宪成一样，是无锡人。⑤ 1586年，当顾从政府机构告假归家，高攀龙聆听了他的讲学，当时高是一位年轻的1582年的乡试举人。它奠定了高的名声。⑥ 1589年，高通过了会试，其

---

① 《明史》，第243卷，第6306、6316页；黄宗羲：《明儒学案》，第41卷，第984页。

② 《明史》，第243卷，第6363页。参见黄宗羲：《明儒学案》，第61卷，第1489页；布希：《东林书院》，第74页；约翰·梅斯基尔：《明代中国的书院：一篇历史论文》，亚洲研究学会丛书，第39卷（塔克森，1982年），第142页。

③ 《明史》，第243卷，第6306页。参见布希：《东林书院》，第62页。冯从吾推测说，宋代的衰弱归咎于禁止讲学。黄宗羲：《明儒学案》，第41卷，第984页。

④ 参见《明人传记辞典》冯从吾条和邹元标条。

⑤ 参见《明人传记辞典》高攀龙条；布希：《东林书院》，第142—144页；黄宗羲：《明儒学案》，第58卷，第1398—1399页，译见于秦：《黄宗羲的〈明儒学案〉》，第234—240页；容肇祖：《明代思想史》，第301—303页。

⑥ 容肇祖：《明代思想史》，第301页。

主考官是顾的朋友赵南星。在服指定高为继承人的叔父之丧后，高于 1592 年到京城担任一个次要的职位。第二年，他在南京任朝廷行人之职，此时，赵南星及稍后的顾宪成，因牵连到抨击大学士们审察京城官员而遭革职。高则因其随之而起的抗议而被谪任广东。

　　远赴华南，对于高攀龙来说是一个自我发现的旅程。[1] 他的叙述描述了一次心理学与哲学的探索。他从他及其他人可能视之为忠诚的一种表面上的政治耻辱着手。通过他正在形成的包括风景与回忆以及新朋友与新思想的一种更广大的世界意识，体现了他与其正遭受挫折的境遇相互调适的阶段。在福建山区的一个偏僻的小旅舍，他在顶层找到一个地方，在那里可以凝视山溪潺潺，山峦叠翠。心旷神怡之际，他独自地阅读（或回忆?）宋代大思想家程颢对《论语》中有关患难之时仍乐在其中段落的评论，程颢曾补充说:"万变皆在人，其实无一事。"[2] 高突然体会到其寓意之所在，有如重担顿尔卸肩之感。他顿感与宇宙大化合为一体。高说，他先前曾鄙视学者号称懂"悟"，如今却亲身体验到了悟。这对其余生来说，都具有意义。正如唐君毅所指出，这也是与物质世界、天地大化合为一体的儒家之悟。[3]

　　正如高指出，他于 1594 年的证悟，与人所周知的王阳明于 1508 年的证悟经验形成对比。王身处贵州土著人之间的有人身危险的放逐中，而高则在福建特定水路上的一个旅舍里。王在夜深人静之时听闻一声而获得一种崭新的洞见；而高则当他凝视着风景并手持二程兄弟之书时，觉察到了程颢之意谓。王的体认（我们必须探究吾人之心，

---

① 黄宗羲:《明儒学案》，第 58 卷，第 1400—1401 页。参见秦:《黄宗羲的〈明儒学案〉》，第 236—238 页。高对广东之旅的叙述，译见于罗德尼·泰勒:《关注自我:新儒家传统中的宗教性自传》，载《宗教历史》，第 17 期（1978 年），第 276—281 页。参见罗德尼·泰勒:《新儒家中修养成圣贤的宗教目标:高攀龙选集研究》（迪塞，哥伦比亚大学，1974 年），第 178—184 页。摘录译见于吴:《儒家的历程》，第 132—140 页。

② 引见容肇祖:《明代思想史》，第 310 页；唐君毅:《论晚明东林顾宪成与高攀龙之儒学》，载《中国学志》，第 6 期（1972 年），第 555 页。另译见于布希:《东林书院》，第 129 页，以及在注 224 中的英语资料。

③ 唐君毅:《论晚明东林顾宪成与高攀龙之儒学》，第 556—557 页。

而不是探究外在客体)开始教导一种激进的对既有学说的新阐释;而高的体认则是,道德提高的功夫应依靠(而且必须来自)我们自己的心。① 高在广东只度过了数月大体上欢乐的时光,然后就辞职回到了无锡老家。在随后的 20 多年里,他努力为其同时代人恢复旧的道学的道德说教。

在其任职的最初数年,高就曾编选过二程、朱熹以及明初最忠于他们的追随者薛瑄的著作。与此同时,高因其上疏驳斥张世则(1574年进士)以其所著的《大学古本初义》取代朱熹的《大学集注》为钦定本的奏议,而博得一定的名声。据张世则之见,程朱之学败坏了宋代的道德气俗。在高于 1595 年辞离官场后,他在退休中努力遵循朱熹所描述的半日静坐半日读书的养生术。高继续温习经典,以及宋代以来的道学典籍。到 1602 年,他编撰了 14 卷本的朱子节要,并于次年完成了张载一篇著名文章的注释(此即《正蒙注》。——译者注)。② 1605 年,他撰写了一篇批驳一位由儒入释的士子为佛教辩护的文章。③

影响更为重大的是,高建议顾宪成兄弟在无锡建立一座称之为东林书院的讲学场所。它于 1604 年建成开放,自顾宪成于 1612 年去世后,直到书院于 1625 年被诏令烧毁,高攀龙一直是书院的领导者。高的名声与命运,与书院紧密相连。

像顾宪成一样,高竭力恢复与道学相关的士子的纪律意识。高批评王阳明,因为他不理解格物这一重要用语是一个指导人自心的过程。④ 高的纠正在于论证了由于格物涉及到发挥人的道德知识的工

---

① 容肇祖:《明代思想史》,第 311 页。
② 黄宗羲:《明儒学案》,第 58 卷,第 1399 页。参见秦:《黄宗羲的〈明儒学案〉》,第 234 页。另见《明史》,第 243 卷,第 6311 页;容:《明代思想史》,第 301—302 页;布希:《东林书院》,第 121 页;《明人传记辞典》,第 702 页。
③ 高攀龙:《高子遗书》(晚期;1983 年台北重印),第 51b—52a 页。见布希:《东林书院》,第 90—91 页。
④ 《三时记》,引见容肇祖:《明代思想史》,第 304 页。译见于泰勒:《培养成圣贤的宗教目标》,第 192—264 页。

夫，而道德知识并不像王阳明所曾教导的那样是单纯内在的。① 然
而，高所提倡的工夫却仍然大致上与人的自心相关。像朱熹一样，高
把工夫置于静坐与读书之中，但对高来说，正如与对薛瑄来说一样，
探究的首要目标在于人本性与心之体的善，而不是外在于吾心的现象
世界的一草一木。② 高的致知方法，更强调敬与静，而不是有关现象
世界的知识积累。③ 据顾之见，通过静坐深思，我们才能够格物。④
通过沉思，吾心可引向与天理合为一体，除却圣人尽管这并不是一个
自发的过程。对高来说，放任自心是不够的，人必须努力实现人性之
善。就此而论，高攀龙并非远离王阳明的学说。尽管他本人把自己与
王阳明区别开来；高的歧异在于不同于其同时代人的主张，即把良知
作为一种个体主义的基础，不同于王认为我们可以发现在人心中的理
（或原则）的观点。

　　并非不同情高的黄宗羲曾对他作出了一个富有洞察的评论。高子
之学，表面上"一本程朱，故以格物为要。但程朱之格物，以心主乎
一身，理散在万物，存心穷理，相须并进。先生（指高）谓'才知反
求诸身，是真能格物者也'，颇与杨时所说'反身而诚，则天下之物
无不在我'为相近，是与程朱之旨远矣。先生又曰：'人心明，即是
天理。穷至无妄处，方是理。'深有助乎阳明'致良知'之说。而谓
'谈良知者，致知不在格物'。……先生谓有不格物之致知，则其所致
者何事？故必以外穷事物之理为格物，则可言阳明之致知不在于格
物。若如先生言，人心明即是天理，则阳明之致知，即是格物，明
矣。先生之格物，本无可议，特欲自别于阳明，反觉多所扞格耳"⑤。

　　黄的评论有着坚实的哲学根据，但它并不贬低高攀龙的意图：重
建道德的善，为道德自我完善的一个目标，并反对善是自发地内在于

---

① 　参见布希：《东林书院》，第 123 页。
② 　容肇祖：《明代思想史》，第 309 页。
③ 　布希：《东林书院》，第 125 页。
④ 　引见容肇祖：《明代思想史》，第 308 页。
⑤ 　黄宗羲：《明儒学案》，第 58 卷，第 1402 页。参见秦：《黄宗羲的〈明儒学案〉》，第
　　240 页。

我们的心灵，以及我们真正的本性是超越善恶的流行学说。高称许明初朱熹学说的追随者曹端的话，可适用于高本人，其内容是"并无新奇异说"①。高正试图把朝向王阳明、内在良知以及决定或超越善与恶的个体主义者的心，回复到朱熹、格物以及在政府和整个社会中有意识地发扬行善避恶之心上来，即使冒生命危险也在所不惜。②

高行善事。他捐赠土地给贫苦者，并为贫困者组织了一个地方性的慈善社团（同善会）。他在东林书院教导学生。他参与江南的其他书院的讲学。③ 他静坐，并过着一种审慎小心的道德生活。在他60岁时，高在新皇帝登基后到北京接受了朝廷任命。自16世纪90年代中期起他的许多都离职的盟友，包括邹元标、冯从吾与赵南星，此时也回到朝廷。高参与了1622年首善书院在京城的复建，并于次年获准归家乞养。他回到了无锡和东林书院。

在当年快结束前，高被再次召任刑部右侍郎。在他抵达京城之前的1624年夏天，他的学生杨涟任都察御史，提呈弹劾宦官魏忠贤的24条罪状的奏议。此年秋，高被说服就任都察左都御史。在此任上，因崔呈秀任盐官时的腐败行为，他奏请罢免崔之职。这一奏章为赵南星所支持，赵当时任户部尚书。崔从魏忠贤那里力求帮助。高与赵都被免除官职，魏开始认真地整肃东林力量，首先解散，随后于1625年夏逮捕并处死了六位东林同党，其中包括杨涟。

第二年春，逮捕高攀龙及其他六人的诏令颁发。高撰写了一份奏疏解释说，尽管他曾削职为民，但他曾任朝廷命官，因此，不能接受一位高官被捕的污辱而玷污其朝代，他必须自杀。在夜半时分，高自沉于一个池塘。此后不久，无锡的东林书院即遭彻底拆毁。④

更多的是由于其漫长的东林书院的领袖身份及其自杀的遭遇，而不是由于其思想的哲学功劳，从"知学者"的观点来看，高攀龙在

---

① 高攀龙：《高子遗书》，第5卷，第23页。引见于容肇祖：《明代思想史》，第304页。
② 参见唐君毅：《论晚明东林顾宪成与高攀龙之儒学》，第562页。
③ 《明人传记辞典》，第703—704页。
④ 布希：《东林书院》，第132页。

17 世纪较晚时期无疑地被描写为两位大儒之一。[①] 高 12 卷本的文集刊印于 1632 年。黄宗羲记得，他随即与老师一道翻阅它们，老师曾对黄指出，在高的思想中弥漫着佛教的影响。邹元标与冯从吾也曾被视为深受禅学的影响。就此而言，黄的老师还认为朱熹也受禅学的影响。黄宗羲把他所称的与高攀龙并列为时代大儒的老师，就是刘宗周。

刘宗周（1578—1645 年）代表了晚明为道学提供一种诠释的尝试的顶峰，这种诠释既避免个体主义者认为道德的基础在于每一个人自心的过度主张，同时也激励每一个人形成以行善为一种生活之道的律令。刘在一生中实现了这二者，尽管像高攀龙一样，他的自杀揭示了一个道德的人被外在的政治事件所击垮的最终遭遇。

刘出生于浙江山阴，那里也是王畿和周汝登的家乡。王畿死于1583 年，周则于 1597 年退养回绍兴。当刘正逐渐长大成人时，周有关王畿的否定性诠释的学说颇有影响力。刘的父亲死于刘出生前，他的孩提时代穷困多艰。他与母亲都由其外公帮助，他的教育主要是他母亲家庭支持的结果。[②] 他最终与他母亲的一位侄女成亲。刘于 1595年成为一位童生，通过了绍兴府试，并于 1597 年秋到杭州参加乡试，在第一次就获得通过。[③] 第二年春，刘会试失利，并随后因眼疾而居家三年。1600 年，他北上京城在国子监备考。1601 年春，他通过进士考试，随即获知他母亲在浙江已经去世了。[④]

刘回到家乡，度过了悲痛的服丧期。[⑤] 1603 年，他赴湖广去拜访在德清的许孚远（1535—1604 年），他恳请许为其母亲的生平撰文，同时还向他请教了关于学问的要义。16 世纪 90 年代初，许曾在南京

---

① 据黄宗羲：《明儒学案》，第 1507 页。参见秦：《黄宗羲的〈明儒学案〉》，第 235 页；布希：《东林书院》，第 132 页。
② 姚名达：《刘宗周年谱》（上海，1934 年），第 13、16 页。
③ 姚名达：《刘宗周年谱》，第 24—26 页。
④ 姚名达：《刘宗周年谱》，第 28—31 页。
⑤ 姚名达：《刘宗周年谱》，第 31—32 页。

的一次讲学聚会上对周汝登与四无说提出挑战。现在，1603 年，他对年轻的刘宗周说，学问的两个主要任务，就是持存人性中的天理，并限制人的欲望。在这次会见中，刘正式认许孚远为师，并在其一生中都努力实现这两个目标。[①]

第二年，刘结束了为其母亲的服丧期，并在亲戚的敦促下，到京城接受了一个朝廷职位的任命。他被委任为行人，几乎无所事事，他在 50 年前曾是著名的讲学场所灵济宫跟一位道士学琴。更为重要的，刘开始搜阅明代期间的朝廷典故。[②]（10 年前在相同的职位上，高攀龙曾阅读了宋代哲学家们的著作。）刘开始阐述一种以典章制度为根据的观点，它把最高的个人道德水准应用于现任高官的担任者，包括皇帝。在其朝廷任职不到半年，刘草拟了一个无效的奏章，弹劾当朝大学士沈一贯（死于 1616 年）。次年初（1605 年），刘辞职而去，并回家七年。[③] 这是他与朝廷机构关系的一种模式：至多在朝廷任职一年或两年，随后几年在家中致力于著述、读书与静坐。

无论在朝还是为民，刘都以冗长的奏议追求其对好朝廷的思想，并于 17 世纪 30 年代观见了皇帝，所有这一切都旨在于阐明，就皇帝与所有值得任用的官员来说，诚实的道德工夫都是值得推行的，并将挽救帝国于艰难困境之中。他把谈论诸如火器或严厉惩罚等题目贬为转移人心志之说。[④] 虽然实际在朝廷任职总共不到四年时间，但刘仍被擢升为北京府尹（1629 年）、工部左侍郎（1636 年）和都察左御史（1642 年）。崇祯皇帝反复考虑任命他为大学士，尽管刘当面忠告他作为一个统治者的失败。这正是刘宗周确立的道德正直的声誉。

1612 年，刘访问了东林书院，并拜访高攀龙。[⑤] 刘支持东林党人

① 姚名达：《刘宗周年谱》，第 33 页。
② 姚名达：《刘宗周年谱》，第 34—35 页。
③ 姚名达：《刘宗周年谱》，第 36—37 页。
④ 参见黄宗羲对刘宗周奏疏的概述，以及黄宗羲在《明儒学案》中的评论和觐见，《明儒学案》，第 62 卷，第 1508—1511 页。参见秦：《黄宗羲的〈明儒学案〉》，第 255—259 页。
⑤ 容肇祖：《明代思想史》，第 324 页；姚名达：《刘宗周年谱》，第 45 页。

与其他派系的斗争，并于 1622 年当他在京城时，帮助建立首善书院。① 1631 年，他开始参与在山阴的讲学，并组织常规的聚会。② 但刘再三表达了他对这种有组织活动的疑虑。他本人的声望并非来自于他与其他士子的联合。

刘是一位多产的作者，但容肇祖发现，在刘的思想中并没有显著的创新。③ 他是一位有能力的思想家，但他的思想着力于拯救。与顾宪成和高攀龙一样，刘宗周努力使世人摆脱善是自然的思想观念，并回复道德工夫的践履。高曾使"敬"与"静"成为一个口号。刘对于真学的铭箴则是"慎独"。①

刘回到了《大学》中的诚意一语，认为意实际上优先于心。换言之，我们可以把我们的良知（如王阳明所教导而为刘宗周所接受的那样）付诸实践，其方法是仅仅通过知善知恶的意愿，好善而恶恶，为善而去恶。⑤ 刘把道德工夫的关注点从心转向了意，其铭箴可解释为"在独处中保持绝对的善良意志"，同时在所有涉及与他人的行为中也保持这种心态。⑥ 心的地位降级了，丧失了原先的中心地位，刘对王阳明的"四句教"提出了他本人的修正：（1）有善有恶者心之动；（2）好善恶恶者意之静；（3）知善知恶者是良知；（4）为善去恶者是物理。⑦ 刘氏试图说服世人严守其意，以便与善行保持一致。他以其生活树立了一个道德典范。

---

① 姚名达：《刘宗周年谱》，第 98—99 页。

② 姚名达：《刘宗周年谱》，第 175—176 页。

③ 容肇祖：《明代思想史》，第 334 页。唐君毅：《刘宗周的道德心学与实践的学说及其对王阳明的批判》，收入《新儒学的演变》，狄百瑞编，第 326 页，断定刘比顾与高更前进了一步。

④ 我选用了秦的译文。见其《黄宗羲的〈明儒学案〉》，第 262 页。另见姚名达：《刘宗周年谱》，第 184 页。"慎独"一词出自于《中庸》首章，及《大学》第 6 章。

⑤ 见唐君毅：《刘宗周的学说》，第 323 页。

⑥ 唐君毅：《刘宗周的学说》，第 324 页。

⑦ 刘宗周：《刘子全书》（1824 年；1986 年台北重印），第 10 卷，第 26 页。参见唐君毅：《刘宗周的学说》，第 324 页。对刘氏四句教的一个不同的解释，参见杜维明：《刘宗周哲学人类学中的主体性》，收入《个体主义与神圣性：儒家与道家价值观研究》，多纳德·J. 墨罗编（安阿伯，1985 年），第 226 页。

刘宗周挽救世界的努力被明朝的覆灭所粉碎。1644 年，他到南京就任新组成的朝廷的左都御史之职，但不久他即以其威望惩治了那些意欲强化他们复辟力量的最有势力的大臣。刘辞职并返回原籍。1645 年，清军入侵浙江，刘对其追随弟子们说，1644 年春北都之变时，他没有选择死，以其身被削职为民；当南都之变时，他没有选择一死，因为皇帝逃走，而他没有任职；但而今，家乡沦陷，他决心与之共存亡。刘绝食 20 日而卒。① 明遗臣在浙江的抗清没有维持多久。②

刘宗周之死标志着一个终结。当然，他有着追随者，但正如他最著名的弟子黄宗羲所指出，在刘氏曾指导的山阴书院的许多人，大都深涉禅学之中。③ 虽然黄宗羲仍同情道学，但黄本人却成为一个历史学家，而不是一个道德的仲裁者。④ 刘氏学说依然是认识士子道德学问问题的一种自立解决途径，这是嘲讽。

儒士之学的其他追求

在明末时期，由朱熹最早系统化的道学仍是出于教育与考试目的的官方钦定学说。经过一个多世纪的思考、讨论以及阐释精微的著述，数以千计的士子还受到了王阳明及其他人对道德哲学的根基与实现进行重新思考的反弹影响，但讨论仍保持在道学所确立的框架之内。在支持惟一可选择的思想体系，以取代属朱熹并遭到许多批评的学说上，并没有出现一致的共识。任何背离或与这些学说不一致的个体思想家，都可能由于超越了主流（大统）所规定的界限而遭到指

---

① 见秦：《黄宗羲的〈明儒学案〉》，第 261 页；姚：《刘宗周年谱》，第 336—337、341 页。
② 姚名达：《刘宗周年谱》，第 342 页。
③ 黄宗羲：《明儒学案》，第 62 卷，第 1512 页。参见秦：《黄宗羲的〈明儒学案〉》，第 261—262 页。
④ 唐君毅：《刘宗周的学说》，第 327 页，认为我们可以容易理解从刘到黄的过渡。依我之见，这是一个深刻的转向。

责，并成为一种不同的异端学说。对朱熹思想的信心甚至兴趣已经销蚀，但他以四书形式所确立的经典科目，特别是《大学》与《中庸》，继续普遍地为士的道德哲学提供概念范畴。

谁是晚明的"儒家"

对于儒家，并不存在确切的、普遍可接受或适用的界定。至明朝初期，作为户口登记制度中的儒，被用来专指主要为国家服务的特定类型的教育和礼仪专家，但其作用已经不再存在。[①] 尽管 16 世纪伴随着道学诠释的增生，但为了强调道学的支配地位，我在这里狭义地解析了儒的意思。这种解析或多或少都遵循了黄宗羲在挑选其个体儒家的代表，及将他们的文本收录于《明儒学案》时的做法。他收录了大约 200 多位思想家，后来的历史学家（包括我），在确认他们为儒家这一点上，一般都依照他的主张。

儒家标签的这一相对狭义的运用，有着二种重大的涵义。其一是，不忽视黄宗羲的企图，即证明"吾心"是领会作为所有道德思想与行为的基础的"理"的关键所在的假定。[②] 存在着诠释的批评差异，但其中并没有人具有裁决的最终权威。黄宗羲仍相信真正的儒家所教导与生活的道，是正确而不可分割的，但同时他承认所有不同类型的方法也被人探究。[③] 他的意图之一在于汇集一部书，对不同观点进行广泛罗列，其中许多观点他都以自己的评论明确地加以驳斥，以揭示许多明代儒家误入歧途的地方。在其称之为泰州学派的章节中，这是一个再度流行的主题，但重要的是，黄宗羲并不把所有错误的思想家排除出其作为儒家的范畴。他承认他们对正确学说的探究，即使

---

① 参见王毓铨：《明代徭役制的几个显著特征》，载《明史研究》，第 21 期（1986年），第 219—305 页。我未列出一种特殊的人，他们被界定为归属于"儒"的范畴：诸如孔子、孟子以及某些弟子之类的早期圣人的有学识的后代，也未列出创立宋代道学的一些领袖大师的有学识的后代，这些大师当然包括程氏兄弟和朱熹。他们归于《明史》《儒林传》，第 284 卷，第 7295—7305 页。

② 参见黄宗羲于 1693 年《明儒学案》前言的开首句，第 7 页，秦的《黄宗羲的〈明儒学案〉》中未译。

③ 黄宗羲：《明儒学案》，第 7 页。

在他们并未取得成功(按照他的判断)之时也是如此。

其实,对于建构"正确"学说或教义,并不存在确定性:没有正统可言。朝廷钦定的文本及理学的解释有其特定的功能;与此同时,以王阳明的不同追随者为典型(但不限于他们)却有着不同的诠释和侧重。换言之,在考察明代思想家们时,我们追随黄宗羲的引导的一个重要的否定性的涵义,是存在相当大一批作为个体甚至是群体的儒家,而我们(或他们)都不可能决定他们共同具有的一种确定的、不相冲突的、限定的教义(假定称之为"儒家主义"),因为他们自身也互不赞同。

我们可以选择不追随黄,而是在广义上阐明"儒家"的意义。我们可以设定,对于儒家,我们或许意指所有的士,即根据既有的典籍与道学诠释,已掌握高水平的撰写文章的写作技巧的学问精英。① 根据这一界定,所有文官也是儒。有两种考虑有损于这一假定的适用性:其一是,我们没有办法确定绝大多数作为个体的士的思想内容——他们没有留下相互关联的著述。其二是,我们知道许多士——如果在此指广义的儒家——个人表示出强烈愿望,参与那些明显可以界定其教义为"异端"学说的活动,如佛教与基督教。到晚明时,士人支持佛教僧人、机构、思想和修行,乃是提高他本人及其家族而无损于作为一个士人的地方身份的一种公开手段。② 因此,把所有的士广义地界定为"儒家",将使我们处于一种概念不清的立场,即在晚期,作为一个儒家,可以不相信、拘从或实践一套决定性的思想概念,这套思想观念可以被方便地贴上"儒家主义"的"思想体系""教义"的标签。

对儒家的广义界定提醒我们,在追随黄宗羲的用法中,我们不得不从儒家中排除一些有影响力的士——张居正和李贽就是两个主要的

---

① 值得注意的是,一些中国字典,如大部头的《辞海》,则以"通经之士"作为儒的定义。

② 参见蒂莫西·布鲁克:《祈求权力:晚明中国的佛教与士绅社会的形成》(坎布里奇,马萨诸塞,1993 年),第 15—29 页。布洛克把士称为"gentry"。

典型，因为黄没有把他们选入其中。在此，我们在追随黄宗羲采用儒家的狭义界定时，有着第二种重要的含义：它武断地排除了许多学者，这些人们不关心用道学确定的术语，去论述道德的基础、理解和实践，但他们更关心的明显地也不是佛教、道教、伊斯兰教或基督教的其他类型的知性努力。他们是儒家吗？他们有助于"儒家学说"吗？

与道学无关的士的努力

不同于直接参与道学讨论，并因此排除于黄宗羲编撰的《明儒学案》之外，但在晚明仍被其同时代人认为正式的（虽然不是标准的）士，追求三种主要类型的知性努力。这三种类型是：（1）被称为文化努力（文或文学）的文学与艺术的追求，包括书法、绘画和其他高雅艺术以及吟诗作文；（2）历史著作及相关的经世著述；（3）可被宽泛地称为注经学者或经典研究的一类。在早些时候，这三类著述中至少有部分作品被认为是儒家学问的表达，但随着朱熹体系的成功，到明代时，他们在实际上已处于边缘。他们不是"异端"，但也不被认为是儒家思想的"主流"（大统），也不是对我们可称之为"儒家学说"有直接贡献的人。

文学与艺术追求

在晚明时期，所有类型的士人都继续写诗，而且数以千计的诗作及大量较短的散文篇章被共同保存下来。[1] 黄宗羲曾表达过极端化的评判，认为明代文学作品远不及前代[2]，尽管它们以不同版本流传至今，但在此却可作为难以验证和不相关的东西而置之不论。在晚明，撰定诗文、出版书法作品、甚至绘画，在许多士人的能力范围内都是安逸从容的事情，而且从总体上说，这些作品为数甚多。[3] 这种追

---

[1]　清初由朱彝尊编纂的诗选《明诗综》，收入 3000 多位诗人所撰的诗作。

[2]　黄宗羲：《明儒学案》《发凡》，第 17 页。秦：《黄宗羲的〈明儒学案〉》译文，第 45 页。

[3]　"晚明文学书目"一种方便的评论见于 A. H. 帕拉克斯：《明代小说中的四大名著》（普林斯顿，1987 年），第 25—49 页，其中讨论了以诗歌、散文、文学理论、戏剧与传奇等数种类型著述的发展。

求，并不妨碍他们作为功名获得者、官员或者广义上的儒家的身份。对于许多士人来说，这些都是实现或提升其声望的手段，也是吸引士人从事讲学并参与规模不等的、在晚明普遍存在的士人团体的一个动机。然而，对一些人来说，这种创造性的努力是其生活中的特定兴趣。在 16 世纪及其以后，他们中最著名的人被称为是"文人"，即美称为"从事于文化追求的人"，他们也可不贴切地转译为"读书人"①。他们是一种社会类型。在明代，他们并不被认为是"儒家"。他们宣称其努力使他们置身于与参与道学讲论的士的知性竞争之中。

"文人"的一个著名典型是王世贞（1526—1590 年）。王世贞是明代最为多产的作者之一，他出生于苏州附近的一个县，苏州则是具有"文人"传统的地方。王世贞的祖父和父亲都是进士出身，他于 1547 年同样通过了最高的考试，并随后在北都任职十多年，此时他开始确立了在那里诗词圈中领袖人物的声望。他后来把其政治挫折，部分地归咎于他作为一个作家的早年声誉。1560 年，当其父亲由于一次战事失利而被处死后，王的生活出现了逆转。从此以后，王曾长期赋闲在家，间或外出旅游或任职。在其生命的最后一年，王世贞在南京谋到了一个级别较高的官职。② 王世贞努力从事著述。他的文章及有关时事、近期历史、书法、绘画、园林设计及许多其他方面的笔记，当然也包括诗词在内，达数百卷之多。他自视为自己时代第二位最出色的诗人和作家，如果不是最出色的话。对其生命中的最后 20 年来说，他确实是指导文学见解的名人，有着数十位弟子；他显然不愿与其 1547 年的同科大学士张居正为伍。③

---

① 作为一种翻译，"文学人"（还有某些人用于称文人的"读书人"和"文士"）掩盖了非话语性艺术，特别是绘画的文人的活动。以文人画著称的美学作品，在整个 16 世纪及 17 世纪初曾独领风骚。

② 《明史》，第 287 卷，第 7379—7381 页。另见《明人传记辞典》，第 1399—1404 页。王世贞的条目在黄宗羲《明儒学案》中未被收录。

③ 吉川幸次郎：《元明诗概说》（东京，1963 年），第 207—208 页。译见于约翰·蒂莫西·韦克斯德：《中国诗歌五百年（1150—1650 年）》（普林斯顿，1989 年），第 164—165 页。

作为一个"文人"，王世贞向当时的道学支持者提出了一种挑战。首先，作为古代文体（古文）的支持者，王及其同道的诗文大师们都倚重于文化传统的权威，因为它的盛行先于二程与朱熹数百年。王的弟子胡应麟（1551—1602 年）曾在会试中再次失利，他与其说是一位诗人，不如说是一位藏书家和版本收集者，他曾为"文人"范围辩护说："或曰上古无文之事，经中无文体之事，吾以为无越于上古之文人者，无优于经中之文体者。"① 其次，王世贞及其他"文人"主张，文化努力（文）应有甚至超于道学之上的首要地位。② 在北宋末年，这二种取向之间的冲突就曾出现，但程颐的怀疑以及后来朱熹的成见，压倒了"文"作为文化传统的创造性贡献之基础的主张。在晚期，冲突再度出现。在王世贞病重期间，他的爱好被掐头去尾地收入对他也许是虚假的报道中，说他在虔诚地阅读北宋伟大的"文"（文学创造性）的倡导者苏轼的著作，并把它们视为实行"道"的手段。③ 第三，且最为重要的是，16 世纪的主要诗人，通过承认情感作为好诗的一个来源或灵感的重要地位，而从道学中分化出来。

情，被不同地理解并转译为感情、感觉、情绪、激情和爱情等，在其他术语中，它还意味着独特的处境或条件，这是激发内在于我们的情感的概念的基础。（与情的第二种涵义相关的是"奇"，不寻常或陌生的思想，它代表了整个 16 世纪所流行的一种士人兴趣的风格。）肯定情的作用，意味着向朱熹道学中对两个核心术语性和理的标准诠释的挑战。人性的既有诠释，排除了对情感与欲念的阐述。由于在其普遍和道德的方面注重穷理或对理的知性探究，理的特殊与独特的方面就被认为是不重要的。至于王阳明及其追随者们把心

---

① 胡应麟：《诗薮》（上海，1958 年），第 2 页。另译见戴维·罗尔斯顿：《怎样阅读中国小说》（普林斯顿，1990 年），第 15 页。
② 吉川幸次郎强调了这一点。见《元明诗概说》，第 216 页。另见于韦克斯德：《中国诗歌五百年》，第 172—173 页。
③ 《明史》，第 287 卷，第 7381 页。另引见吉川：《元明诗概说》，第 212 页（韦克斯德：《中国诗歌五百年》，第 169 页），及《明人传记辞典》，第 1403 页。

诠释为普遍而道德的，而不是个体与经验的，他们同样遗忘了情。[1] 把人类情感重新估价为修正人性理解的一种手段，对晚明儒家学问就具有意义。在回答他为何不参与道学讲论的问题时，伟大的剧作家汤显祖（1550—1616 年）宣称他实际上在讲论道学；只不过他所关注的是情，而其他人则在讨论性。[2] 汤显祖还讨论说，与朱熹的观点不同，除了探究事物之理，还有其他东西可以了解我们的世界；除理而外，汤在其戏剧中还揭示了被忽视的情的内容。[3] 编撰于 17 世纪 30 年代、题为《情史》的著作的前言，则略带夸张地声称，情是儒家经典中一个重要的学说，恰如其分地理解的话，它还是道德的基础。[4] 从 16 世纪初以后，如何探讨情在情感及特殊情境二者中的含义问题——无论是积极的还是消极的——都在相当多样和数量的戏剧、小说、故事中被揭示出来。在许多这些作品中，源自于儒家、佛教及道教传统的观念被杂糅在一起。但是在不仅肯定"情"的重要性，而且在肯定其具体和现实（不是幻想性的）内容这两个意义上，这些著作的作者、被吸引的读者以及士人，都对文人的共同思想重新进行引导，使之从道学中脱离出来，甚至在故事或小说的教训被过分地与"情"纠缠在一起而产生危害时也依然如此；只要一读这类书籍，一个士人就会从事这种涉及"情"的工作。[5] 然

---

[1] 有关晚明文人重新强调情，及其与王阳明强调心（作为"心灵"而不是"意志"）的公认的关联，参见陆侃：《试论明代文艺理论中的主情说》，载《文学论集》，第 7 辑（北京，1984 年），第 165—180 页。

[2] 据陈继儒在其于 1623 年所撰的汤氏《牡丹亭》序。收入于汤显祖：《牡丹亭》（上海，1959 年），第 4 页。另引见于李怀义（音）：《着迷和清醒：中国文学中的爱与幻想》（普林斯顿，1993 年），第 60 页。

[3] 汤显祖：《题字》，其于 1598 年的序言性的评论，《牡丹亭》，第 1 页。另引见李怀义：《着迷》，第 50—51 页。

[4] 冯梦龙：《情史类略》（长沙，1984 年），序言，第 1—3 页。另引见李怀义：《着迷》，第 91—92 页，并译见于李华元：《情史中的中国爱情故事》（哈姆登，1983 年），第 12—14 页。

[5] 在冯梦龙《情史类略》序言中，强调了情的非幻想的特性，第 1 页。在作为"体"的感情或情感与作为"用"的美之间的内在联系，在晚明小说的杰作《金瓶梅》第一章的开端，被描绘为一个主题。参见《金瓶梅》，戴维·托德·罗伊英译（普林斯顿，1993 年），第 12 页。

而，所有这些文学作品及艺术的追求，并不总是被同时代人理解为直接有助于儒家学问。

历史著述

撰写及编撰其他人的政治历史的著述，是晚明士人可以从事却无损于其作为广义上的儒家身份的知性追求的一个相关形式。[①] 王世贞作为一个"文人"的典型，曾撰写了大量有关晚近历史的著述，包括一套15卷本的大学士的传记。许多类似于王世贞的历史著述的风格，无论它们作为后世学者的资料如何有价值，但在解释上却常常是相当非正式、故作真实甚至是怪僻的。[②] 王还撰写他自己的"古文"，并冒名顶替地使其同时代人视为新近所发现的文献。据王看来，它们被误认为惟一的真迹，仅用以表明他与其他作者极其精通"古文"的精神与风格。[③] 这种对于历史的杜撰态度或许是有代表性的；有明一代，找不出可与唐、宋及清代的大历史学家相媲美的人物。在16世纪90年代，当朝廷开始编修国史时，计划很快搁浅，尽管它促成了一些私人支持的有关明史的出版物。[④] 最著名的代表作是焦竑的120卷本传记和6卷本的明代文献目录。[⑤]

试图运用历史资料作为影响朝政大纲手段的著述，是对道学的一种间接挑战。道学基于天理，而不是实用的制度改革，注重个人、甚至皇帝的道德培养。丘浚于1487年所撰的巨著《大学衍义补》，在整个16世纪都成为现实政策与建议的一个主要资料库，它是在道德权威经典《大学》所提供的框架内写成的。[⑥]

---

① 对于一般的考察，见傅吾康：《明代的历史著述》，载《剑桥中国史》，第7卷，第726—782页。傅吾康注意到，在晚明时，"对原始材料的一种更为批评的态度"变得逐渐明显，第726页。
② 参见傅吾康：《明代的历史著述》，第730—731页。
③ 王世贞：《艺苑卮言》，第2卷，第9a页。
④ 参见傅吾康：《明代的历史著述》，第746页。
⑤ 爱德华·钱：《焦竑》，第55—56页。傅吾康：《明代的历史著述》，第176页。
⑥ 朱鸿林：《丘浚的〈大学衍义补〉和它在16、17世纪的影响》，载《明史研究》，第22期（1986年），第7—10页，评述了丘氏著作的刊行过程及其摘要。黄宗羲没有把丘浚收入其《明儒学案》中。

甚至在张居正于 1582 年去世之前，以及逐渐意识到朝廷不足以应付帝国内部的灾乱之前，但特别是在这种意识扩展后，出现了一种可注意的倾向，即针对地方和朝廷高官们刊行基于明代官方著述的建议书籍。例如，冯应京（1555—1606 年），1592 年的一位进士，曾由于抵制征用银两而被皇帝的宠臣逮捕入狱；他从明代奏疏中拣选了他冠名为《经世实用编》的 28 卷选集汇编。① 大约与此同时，邹观光（1556—约 1620 年），他曾与东林书院的领袖们在一起，编撰了丘浚著作的一部普及本。② 这些编撰的建议，在范围上适度，在适用性上是零星而不系统的，没有更多的意识形态的主旨，并因此被描述为调和的经世之道。③

在 17 世纪 30 年代，一部大部头的明代分类著述被汇编起来，为官员们提供了一种便利的资料。508 卷的《经世文编》包括了自明初以来大约 500 位作者的数千个论题。《经世文编》的主要编撰者是陈子龙（1608—1647 年）。1637 年他刚考中进士后，在他可以接受朝廷任命前夕，其继母就去世了。④ 在他退居于松江老家期间，陈和一些朋友致力于汇编他曾收集了数年的资料，并结合取

---

① 《明史》，第 237 卷，第 6176 页。见威廉·S. 阿特威尔：《1608—1647 年：晚明士大夫陈子龙》（迪塞，普林斯顿大学，1974 年），第 82—83 页，提供了在晚明时出现的其他一些经世著述的篇目。明代经世著述 11 种撰述的主题索引见于《明代经世文类目录》（东京，1986 年）。

② 朱鸿林：《丘浚的〈大学衍义补〉和它的影响》，第 13 页。

③ 托马斯·梅茨格主编：《明末清初的经世思想与社会变迁》，收入《近世中国经世思想研讨会论文集》，中央研究院近代史研究所编（台北，1984 年），第 21—35 页。通过在实学意义上广义地运用术语经世致用，在这一标题下，山井涌试图描绘一种思考类型，作为先前明代对心的强调与后来 18 世纪对考证学的强调之间的一种学术转化的模式。山井涌认为，社会利益和实学形成于 17 世纪初，特别是由主要的东林思想家及其同盟者，以及与新引进的天学有关的士人所提出。然而，山井涌的绝大多数例子是清初的思想家们，并且在 17 世纪最后 30 年才崭露头角。他没有提到可追溯到丘浚的经世传统，以便阐述他的观点。参见山井涌：《明清思想史研究》，特别是第 239—266 页。

④ 陈子龙：《年谱》，见《陈子龙诗集》（上海，1983 年），第 633、657、659 页。另见朱东润：《陈子龙及其时代》（上海，1984 年），第 106、119 页。英语中对陈子龙生平最为完备的论述是阿特威尔的《陈子龙》。另见《清代名人传》，恒慕义编，第 102—103 页。

自其他书籍，以及其他人知道他们的工作而向他们提供的资料。他们于 1639 年刊行了这部书。在其前言中，陈子龙写道，时下政府不打算汇集明代施政的全部记录。随着政府招募人才，无人会在祖传的房中存藏官方的文献。私人收藏的官方文献版本往往被用于在厨房点火。一些庸俗的古学者（陈指的是十分狭义的"儒"）厚古薄今；致力于追求文化的文人注意华丽的词藻更甚于政治现实（陈指文人）；这些人总的说缺乏真才实学。陈强调汇编的实用性。它选收了讨论边防、财政活动及其他主要国务的文献。因此，陈在序言中提出一个问题：这些细节是否会被其他人（如被满人雇为谋士的人）所利用？陈指出，明朝从未被阴谋诡计所左右，从而解决了这个问题。他的汇编不但涉及国家知识，还谈到尽个人之所能为王朝办事之道，即如何效"忠"。

与有着一段非凡的朝廷经历的丘浚不同，陈子龙及其同盟者则是些鲜有或没有官场经验的青年后生。陈虽曾任过职，但他在同时代人中的极高声望，却归因于他的诗歌技巧和参与诗社。《经世文编》包括有关政策、制度及对策方法的特殊的、非正式的资料。它对用于形成决策的历史先例，作出了分门别类的编选，而且它并不强调道德的自我培养。一些官僚在官场例行公事和专才方面，往往喜欢进行指导，而把道德力量的问题置于脑后，而适度的经世则在一个好政府的各级得以实施。历史著述，特别是取自过去的经世著述，与明确实用的建议性书籍，诸如那些讨论农业技术和地方行政管理技巧的书籍，共同挑战着道学所建构的理论内容。虽然，在清初，有关历史的探究获得了一种崭新的重要性，但在晚明时期，这类著述却不被理解为有助于儒家教义，无论它们对为帝国统治服务的儒家多么有用。就其本质来说，致用性不可能作为士与士大夫们的共同道德理念。

作为学术追求的考证学

在晚明，不同于道学的另一门学问开始充满争议地形成，并在随后的两个多世纪里成为最具影响力、而在此时也还无从命名的选择。后来，在清代，它逐渐作为考证或考据学而广为人知。20 世纪的历史学家们，虽然以多少有些不同的术语界定或评价它，但绝大多数人开始把考据学作为主导18世纪的知识取向，并把它与晚明的知识取向相对照。宽泛地概括说，清代考据学指对典籍，特别是（但不只限于）对经典文本的一种学术研究的模式；由于训诂学与音韵学的变迁，以及注释者以他们自身的先见阅读，经典文本被认识到已经历了数百年的误解。考据学家们运用一系列语文学技巧，而不是狭隘的注释汇集文本材料，通过审察其相关性与可靠性，以建构一种有关典籍内容的论点或解释，对此，阅读者在所提供证据的基础上可以作出回应，并对此可举出支持或反驳任何独特主张的更进一步的考据材料。① 当然，文字典籍曾是近二千年学术的中心，而且许多思想家力图建立他们自己对更早期典籍权威的主张；18世纪是值得注意的，因为此时对于评估证据是严格的，对于收集证据是热忱的，并且人们愿意把文本证据（包括从古代圣人继承而来的经典）作为具有一种历史的文献，而不是作为永恒而普遍的真理的完美体现，或是作为内在信仰的支柱来对待。

自汉代以来，经典即已成为儒学的核心，而注解经典则被继续作为改进儒学的既有手段。② 在晚明时代，为了获得作为士之资格的技能，年轻人熟读四书，并至少精研五经中的一部及其由朱熹提供的与道学有关的标准注释书。在此意义上，所有的明代士人都是经由道学灌输的儒家。那些追求讲学者或许被扩展理解为在经典的某一方面影响着一种诠释。然而，在汉唐时代，以对经典进行详尽而系统的评注为特征的儒家经学，在晚明已成明日黄花。《明史》的撰修者发现，270余年间，没有人由于专门在经典文本的诠释上成为名家。③ 尽管

---

① 我的宽泛的界定，部分地取自于钱穆：《中国近三百年学术史》，第134—135页。对于一个有意不与清代学术相关，也不与任何特别的主题或材料相关的界定，见林庆彰：《明代考据学研究》，第2版（台北，1986年），第2—3页。林氏注意到三个主要方面：收集材料、批评性地评判材料，以及通过归纳与演绎得出结论。通过这一概括性的界定，林氏能够并确实发现了几乎每一个历史时期的考证学。

② 这一点在《儒林传》的开始得到证明，载《明史》，第282卷，第7221页。

③ 《明史》，第282卷，第7222页。18世纪《四库全书总目提要》的编辑者，1.1，作出了类似的说明。

如此，有关四书五经的评论仍有大量详注，包括有些在黄宗羲的《明儒学案》中未曾收录的士人所撰的评注。如首辅张居正撰写了反对朱熹观点的四书评注，但像明代大多数其他评注一样，张的评注着重于阐发大义，而不是解释典籍中的独特的字词与句子，以便使古代经典的原初语言更可明达。

明代评解《易经》最具创意的是来知德（1525—1604 年）所撰的《周易集注》。^①来氏出生于四川，1552 年通过乡试。遵照父亲的教导，他于 1558 年来到京城，但他认识到他不适合于追求考试的成功，或在官场上谋得一官半职。他回到了家乡，并在痛悼父亲的死后，他专心致志于一种退居读书的简朴生活。来氏年轻时，曾随一名道士学习，他还研读天文与音乐，但在追求儒家学问的公开目标中，他潜心于《周易》，并为之心神不宁。用功六年后，他感到自己学无所得。他来到一座山上隐修，在那里他经常几天几夜不吃不睡。据其自述，大约近 30 年间（从 1570 年到 1598 年），来氏殚尽思虑，并完成了阐释经典之作的手稿。当他提交它时，给世人留下深刻印象。1602 年，在巡抚王象乾（约 1546—1630 年）及其他官员的荐举下，来氏被召入京城，并任职于翰林院。^②来氏以年迈请辞，这反而提高其名望。他在 80 岁后不久即去世。^③

来知德主张，自孔子殁后，《周易》的研究曾沉寂了两千年。^④尽管他对《周易》的诠释传统进行了彻底研究，特别是自汉代的术数

---

① 有关来知德的残缺不足的传记材料，参见徐芹庭：《易经研究》（台北，1974 年），第 12—13 页。另见《明史》，第 283 卷，第 7291 页；拉瑞·舒尔兹：《来知德（1525—1604 年）与〈易经〉的现象学》（普林斯顿大学论文，1982 年），第 48—56、102—126 页。

② 《四库全书总目提要》，第 73—74 页，及恒慕义《清代名人传》"王象乾"条。王在刊行某些杨慎著作中也有所助益。参见《明人传记辞典》杨慎条，第 1533 页。

③ 徐芹庭：《易经研究》，第 12 页。在 18 世纪，《四库全书》编撰者指出，100 多年来，来氏的理论吸引了许多信从者。

④ 来知德：《周易集注》，第 12 页（重印于《四库全书珍本四集》，第 11 册；台北，年代不详），《原序》，第 2b 页，另见第 3b 页。来对其隐修以研究《易经》的表述在第 4a 页上。

学传统及宋代由程颐与朱熹所创立的义学传统,但来断定依赖于后人诠释的读者受到了蒙蔽。人们必须直接通过(据称)源自孔子本人的十翼注来理解。[1] 为了理解孔子,人们必须掌握关键性的术语,而最重要的是理解内在于六十四卦系统中的对称性。来氏的贡献在于去发现并分析那些关系(如,决定每一卦的对立面的几种不同方式)。来氏描述的威力在于,他首次指出了逻辑和数的关系,这种关系不容置疑地存在于卦的线性结构中,而不依赖含混不清的、无法确证的有关理的论断。因此,来氏对于卦象线性关系的诠释,代表了一种明显不同于朱熹支持道学的对文本的解读。来氏的目的不仅仅是要阐释一种古代文本。来氏希望使其读者们认识到,卦的线条与结构,就像术数一样,是现象世界中的"实在"事物,先于任何文本并外在于任何人的心灵而实存。在此意义上,他运用来自于天地万物的外在证据以确立其思想。

对于其学说不是基于既定的注疏或自己心态的晚明著述家来说,可以识别出二种主要类型的证据:源自于人对天地万物的感知材料,以及源自于更早的却不一定是古代典籍的材料。这是两种可以分立的研究对象与学问来源,但正如在 16 世纪的欧洲,那里的人文主义学术家们与可称之为原始科学的探究在很大程度上是可以相互渗透的,明代作者们发现,他们不难把更早些的叙述与其自身的观察和经验的记录相并列。在此,二者的区别在于:其一,探究口头证据是为了理解文本材料;其二,建立有关天地万物的知识,特别是人类不能创造的天地万物,虽然从其他文书中提取出来的材料也被纳入这种知识来源之中。

部分基于源自现象世界的证据的一个著名的晚明学术典范是李时珍(1518—1593 年)所著的《本草纲目》。[2] 李时珍出身于湖广的一

---

[1] 来知德:《周易集注》,第 4b 页。另见徐芹庭:《易经研究》,第 6—11 页。

[2] 有关李时珍概括叙述,参见《明人传记辞典》,第 859—865 页,以及李约瑟主编《中国科技史》,第 6 卷(剑桥,1986 年),第 308—321 页,二者都涉及到日文、中文及西方语言的有关李时珍的大量第二手文献。

个医药世家，在他十多岁的少年时，他就成为一个生员，但在三次乡试失败后，他就放弃了科举，并献身于医药实践，一如其父之所为。李时珍担任了湖广朱王子的随从医师，并随后在北京太医院任职。后来，李在一篇序言中写道，从 1552 年至 1578 年，他都在收集并校勘他的材料。[①] 这些材料他选取自 40 本有关本草的著作。有些是现存的，但其他则仅在其他书中所引用的片段里才可找到；它们可追溯到汉代，但主要是来自宋代。[②] 李氏还从大约 300 种其他医学书籍中拣选材料，包括处方，同时他还收集相关植物的实例，以及在经典和数以百计的、直至明代的其他非医学典籍中出现的其他本草。李氏并非简单地把所有这些引释堆砌在一起；他通过表明一种植物名称的变化或者不同地区之间的差异，而且还表明有时同一种名称被用于完全不同的实物，力图重新调和 2000 多年间这些术语的用法。他以 52 卷的巨编，在约 2000 个标题下列举了植物、动物和矿物的实例。书中对许多所含成分的原始形态都有木刻图例、有数以千计的药方和说明、一个征引著作的长长书目，以及众多不同的摘录、评注与目录。在三易其稿，并经过另一个 10 年的修订后，李时珍于 1590 年向王世贞展示其手稿抄本，这个著名的文学人物，当时正处于从南京刑部尚书的任职上致仕的过程之中。[③] 通过撰写一篇赞扬李的序言，王对这部著作表示了认可，但印行此书的任务直到 1593 年才告完成，就在那年李时珍去世。

李时珍的《本草纲目》是典籍学者的一个巨大成就。它简洁、雄心勃勃、打破常规，并且刻意提出创见。李运用他自身的医学知识和合药经验及人类生理过程，去解决并通常修正了曾被先前的作者们所断定的内容，这些内容不仅有关名称，而且还关涉到描述、来源、配制、特性与效用。尽管李时珍知道，实用性是评判一个人医学知识的

---

① 李时珍：《序例》，载《本草纲目》（标点本，北京，1975 年），第 1 卷，第 1 章，第 11 页。
② 参见保罗·A. 昂舒尔德：《中国药物史》（伯克利，1986 年），对本草文献作了通览，并对之作出了昂舒尔德本人亚种类的区分。
③ 《明人传记辞典》王世贞条，第 1402 页。

重要标准，但实用性似乎并不成为他书中的主要目标。① 他并不严格地运用五行的相关范畴，但强调他把事实放在第一位。② 在其导论性评论中，李以朱熹学说中的一个关键术语"格物"展开讨论。据李看来，在其有关本草的著作中，"其考释性理（的过程），实吾儒格物之学，可裨《尔雅》、《诗经》之缺"③。正如其著作所阐明的，"格物"概念正以一个新的方向被应用。李时珍并不揭示一般的事物之理，而是把它们描述为特殊的事物（药物）之理。作为一个推论，他提出，如果一个人具有万物的实证知识，他就能够更好地阐释事物甚至超越古代典籍。朱熹的实践方法涉及到相反方向的运动，即从经典中的理到我们日常的现象世界，特别是到社会领域。李时珍并不主张恢复业已消失的古代学问。他再三强调他已获得了新的知识。

李时珍的伟大著作有四个方面领先于清代考证学的早期阶段。（1）它取代了先前的努力。由于李氏的著作在 17 世纪以降受到了数次重刊的殊荣，后来被许多不同的版本所摘要、缩编与改编，它几乎终结了宋代著名的本草著作及其明代的衍生出版本的重刊活动。（2）尽管它涉及到实际学问，但它与其说是一部学者的著作，倒不如说是一部实践者的手册。后者的功能很快由一些衍生版本所实现。④ （3）它在没有帝国为编撰或刊行提供资助下产生。这部著作在李死后，由其家人于 1596 年呈献给皇帝，其用心也许是希望资助或奖赏，但表面上是应刚成立的国史编纂机构的呼吁。因为此书对它有用。⑤ 虽然一些后来的版本以行省政府的经费刊印出版，但李时珍当时却是以私

---

① 参见李约瑟：《中国科技史》，第 6 卷上，第 312 页。
② 参见李约瑟：《中国科技史》，第 6 卷上，第 317 页。
③ 李时珍：《凡例》，载《本草纲目》，第 34 页。李约瑟的译文有所不同，《中国科技史》，第 6 卷上，第 320—321 页。
④ 参见昂舒尔德，第 163 页和第 169 页。不过，据 18 世纪《四库全书》的编撰者，每一位从事医学者人手一册李时珍之书。《四库全书总目提要》，第 2132 页。
⑤ 《明人传记辞典》，第 861 页。在其对皇帝所提的奏议中，李时珍之子至少三次提到了新设的编史馆。李时珍：《本草纲目》，第 23—24 页。

人学者的行为由自己主动撰写这部著作。[①]（4）它批判性地对待典籍及其内容，并直接参照一些天地万物所提供的证据。

同样也涉及典籍与天地万物方面的一部同时代著作是朱载堉（1536—1611 年）所著的《律吕精义》，虽然它不像李时珍的《本草纲目》那样规模宏大、影响深远或备受推崇。此书撰于 1584 年至1596 年间。[②] 朱的父亲曾是帝国皇子，但由于批评嘉靖皇帝的行为而于 1550 年下狱，而在其父于 1591 年去世后，朱载堉避而不承袭这个头衔。无论其动机为何，他尽大半生时光研究音律学与历法，特别还研究算术。

在《律吕精义》中，朱载堉力图证实他所发现的前人之所未见，他创造的"新法密律"，采用等比级数即平均划分音律，是一种推算一套十二弦或律管的长度比率的方法，这种从一个到下一个之间的差异的比率将是相等的。为了获得"平均律"，朱氏的比率计算出 1 除以在西方已为人所知的 2 的 12 次根，即 $\sqrt[12]{2}$，大约为 1.059463。[③] 通过以一种音调的单位长度作为开始，即称之为黄钟的音调，朱认识到，黄钟音调的音律在下一个更高的"音阶"中，实际上是其单位长度的二分之一。[④] 通过一种抽取平方根和立方根的费力过程，朱计算了 11 种介于其间的每一弦或音管的理想长度。在其著作中，朱氏表明了如何推算三种音阶中 36 种理想音管的内在与外在的长度的方法。他还阐述了如何制作和演奏音管的方法。朱载堉以其著作两卷的篇幅，把他的理想与他所谓的古老方法进行了比较，特别是自汉代以来，当时音管成为标准的吹奏乐器，以及从南宋以后，当时蔡元定（1135—1198 年）提出了有关涉及到音乐的经典表述的权威

---

① 这一点见于昂舒尔德，第 145 页，和李约瑟，第 6 卷上，第 311 页。
② 对于其传记的一个概述，参见《明人传记辞典》，第 367—371 页，朱载堉条。最为详尽的研究是戴念祖的《朱载堉：明代的科学与艺术巨星》（北京，1986 年）。
③ 参见戴念祖：《朱载堉》，第 67—71 页；李约瑟：《中国科技史》，第 4 卷上，第 223—224 页。
④ 参见戴念祖：《朱载堉》，第 67—71 页；李约瑟：《中国科技史》，第 4 卷上，第 223—224 页。

性评注。①

1606 年，朱载堉以一种精美印制的他的《律吕精义》带图的版本送呈给皇帝，即他的亲戚，随之一同送呈的还有其他 10 种，他题为《历书》，共达 38 卷。这些著作于 1595 年首次以手稿本刊行。②在其随手稿一同送呈的奏议中，朱氏强调，古代圣人们已经详细地专门了解了历法与音乐，并一般地了解了数的知识。数的知识曾是孔子所教导的六艺之一。只是到后来，音律与历法的知识留给了专家，并被分离，导致了混乱，而朱现在提出要加以修正。③他的提议被礼部签署为需要作更进一步的研究，却没有作出改革。④在其有关历法与他视之为密切相关的音律的著作中，朱载堉研究了先前的典籍，以便帮助建立其新理念。他还通过那些可见的现象如日食和音乐声音，寻求相关的证据。然而，正如他在其 1595 年奏疏中所知道的，他没有必需的仪器去对朔望作精确的测量，以及观察天体的位置以确定至日和春秋分的时间。⑤对于其音调的新系统，他亦不可能建造律管去测试其推算。其学问大体上仍以典籍为依据。

考据学的最著名的以典籍为依据的 16 世纪先驱是杨慎（1488—1559 年）。杨氏生于北京，他的父亲曾在翰林院任职，并处在于 1507 年成为大学士的路上，并将影响首都政治长达 20 年之久。杨慎年轻时就于 1511 年以进士榜首通过了考试。他任职于翰林院，从事于大量帝国主持的编撰工作，其中包括正德朝的《实录》。他似乎注定要

① 参见戴念祖的概括，《朱载堉》，第39—40页，以及弗里茨·库特纳：《朱载堉王子的生平与著作》，《民族音乐》，第19卷，第2期（1976年），第189—195页。考虑到"平均律"的音阶，库特纳比肯尼迪·罗宾逊对朱载堉的成就更有保留，后者的热情观点，收于李约瑟，第4卷上，特别是第220—228页。
② 《明人传记辞典》，第 369 页，和《四库全书总目提要》，第 799 页。
③ 朱载堉：《圣寿万年历》（1592 年，《四库全书》珍本重印，四集，台北，年代不详），《卷首》，第 5a 页。
④ 《明史》，第 31 卷，第 527 页。可能反映了当时的一个通常观点，朱氏更为年轻的同时代人沈德符指出明朝历法并不像朱所称的那样错误百出。沈德符：《万历野获编》，第20 卷，第 528—529 页。
⑤ 朱载堉：《圣寿万年历》，《卷首》，第 9b 页。

经历一种引人注目的朝廷生涯，但当他于 1524 年与数十位其他官员一道向新皇帝质询所谓的礼仪之争时，杨慎却与其他许多人同遭廷杖，并被谪往云南。他在那里流放中度过其余生，并成为明朝期间最为多产的作者之一。[1]

杨氏绝大多数有影响力的著述都基于其阅读。他搜阅所有的著述，特别是经典、史书、先秦诸子、经世著作、轶闻、本草著作、诸如志书的地理学撰述、札记著作和读书笔记，以及语言学研究著作。[2] 他说，他花费了 40 多年时间致力于语源学与音韵学问题的研究。[3] 在杨氏 14 卷有关经典的读书笔记中，他讨论了《大学》中至关重要的术语"格物"，反对朱熹在其集句中增添了太多的东西；杨从论述礼仪的典籍、《荀子》及某些后汉典籍中征引了一些有关段落，但他论述如何理解"格物"的主要观点，却依据于使他自圆其说的内容。他似乎感觉到，对于志同道合的士人来说，只要思考他所说的内容，这就足够了。[4] 杨氏对博览群书的强调，正是与某些王阳明的追随者所倡导的致知的直觉方法相对立。杨氏谴责那些不读书的同时代的士人们，他们忽视学术上的改善，简直就像禅僧一样写错别字。[5] 杨氏积累数年的读书笔记被整理为书稿，其中大多数在万历年间由焦竑及其他人最后编辑刊行。最与考据学相关的著述，被汇编为《升庵外集》100 卷，于 1616 年刊行。与同时代的道德哲学家们不同，杨氏关注典籍、字句和事相。其论题的范畴从天地模式直至动物与植物、人造器具与人世事务，以及语词问题。[6] 譬如，1544 年尚在云南时，杨氏撰写了《异鱼图赞》的序言，这部四卷本的书中引用并注解了 87 种鱼类，以及 35 种其他海洋生物；他详细校勘并修正其撰述来

---

① 《明人传记辞典》，第 1531—1532 页，杨慎条，以及林庆彰：《明代考据学研究》，第 39—41 页。

② 林庆彰：《明代考据学研究》，第 41 页。

③ 林庆彰：《明代考据学研究》，第 81 页。

④ 杨慎：《升庵经说》（《丛书集成》，上海，1936 年），第 10 卷，第 155 页。

⑤ 引见于林庆彰：《明代考据学研究》，第 49 页。

⑥ 林庆彰：《明代考据学研究》，第 44 页，列举了《外集》的 27 种论题范畴。

源的资料。① 尽管杨氏对其运用的资料并不挑剔，或者在征引证据时并不严格，乃至提出了他伪称撰写于 1000 多年以前的书籍，但他的著述刺激着其他人去寻找改正其错误的证据。②

考据学的批评性努力，在明代几乎不受重视，梅鷟对古本《尚书》复杂历史的研究，几乎不为人所知，甚至其手稿也是如此，它们直至 19 世纪早期才被刊印。梅鷟是来自南直隶的 1513 年的一个乡试举人，他曾在南京的国子监任职数年，并撰写了有关《五经》的 12 部著作，但对其生平的其他方面却所知甚少。③ 梅氏重新开启了官方承认的古文版本之真实性的讨论，这是在 16 世纪后半叶开始萌芽、但尚未兴盛的怀疑学派的一个明证。与此相类似，陈第（1541—1617年）所撰的有关《诗经》中所运用的音韵的四卷本研究，大致上也被其同时代人所忽略，并被清代早期的学者（如顾炎武）所蔑视；顾炎武曾研究相同的音韵系统，却得出了非常不同的结果。④ 陈氏的著作《毛诗古音考》，刊行于 1606 年，这部分地是为回应杨慎针对这一问题的著作，并部分地出于焦竑的建议，焦竑给予陈氏以借阅他个人收集的韵书著作的机会，使他能够评判论述早期音韵系统的先前的成果。⑤

对于正值明末时期所撰写的著述，方以智（1611—1671 年）因其自身对考据学的广泛贡献而被后世所认识，他曾提出对先前的努力持一种评判态度。"新都（杨慎之字）最博，而苟取僻异，实未会通，张东莞（即张萱）学新教，窃取尤多，岭南之九成（即陶宗仪，1335—1402 年）、子行（14 世纪）也。澹园（即焦竑）有功于新都，

---

① 见《四库全书总目提要》，第 2425 页。
② 林庆彰：《明代考据学研究》，第 128 页。
③ 《明人传记辞典》，第 1059 页；林庆彰：《明代考据学研究》，第 131 页。没有更进一步的细节在傅兆宽之著作中提出，《梅鷟的辨伪略说及尚书考异证补》（台北，1988 年），第 7 页。
④ 林庆彰：《明代考据学研究》，第 413—414 页，及《四库全书总目提要》，第 42 卷，897、902 页，《毛诗古音考》与《音论》条。
⑤ 林庆彰：《明代考据学研究》，第 391—393 页，及《明人传记辞典》，第 180—184 页，陈第条。

而晦伯（陈耀文）、元美（王世贞）和元瑞（胡应麟）驳之不遗余力。以今论之，当驳者多不能驳，驳又不尽当。然因前人备列以贻后人，因以起疑，因以旁征，其功岂可没哉！"[1] 无论方以智评价的功劳何在，在涉及到杨慎、陈耀文、胡应麟和焦竑等人中，他所提名的主要人物，后来的历史学家继续认为可能是 16 世纪的清代考据学的先驱。[2] 这一学术类型，没有被黄宗羲认可并收入其《明儒学案》之中，却为方以智及后来 18 世纪的学者们所共同认可，它是不同于道学的选择，道学先于考据学，却没有直接引发成熟的考据学；考据学在 17 世纪 30 年代开始形成，并从 17 世纪 80 年代的清朝时期开始走向兴盛。

（陈永革　译）

---

[1] 方以智：《通雅》，《自序》。部分引见于林庆彰：《明代考据学研究》，第 492—493 页。

[2] 见《四库全书总目提要》，第 2501 页，在方以智本人的《通雅》之前的对明代考据学的一个评论中，提及了杨慎、陈耀文和焦竑等人的名字。林庆彰在其《明代考据学研究》中，关注八位例子，包括杨慎、陈耀文、胡应麟、焦竑，当然还有方以智。其他三人是梅鷟、陈第和方以智的同时代人周因（字亮工）。另见钱穆《中国近三百年学术史》，第 135—136 页，及嵇文甫《晚明思想史论》，第 98 页，基本上都是同一名单。值得注意的是，嵇氏增加了王世贞的名字。

第十二章

天学:基督教及其他西方思想
引入晚明中国

在晚明的知识圈中所体现的不同思想中,西方人的天学是最少有先例可援引的。[①] 尽管努力使某些内容迎合经典典籍中的词汇和概念,但天学还不可避免地被贴上西学的标签。它是外来的,而其他不同于道学的主要知识,包括佛教,则仅仅是"异学"而已。尽管对传教士的批评者指出它是外来的,以期贬低天学,但其外来性,在晚明时期,与清初康熙年间相比,仍不太成为问题。利玛窦以李西泰之名而广为人知,但也没有明显地损害他当时的名声。他与其同道们一道刊行了有关世界的不同部分,即他们所来的地方泰西的书籍。利玛窦写道,南京的一位都察官员在 1599 年对他说,他曾在广西及其他地方居住过,他"不再是一个在中国的外国人。怎么有可能反对他居住在南京,那里有如此之多的回回(穆斯林)?"[②] 自 1595 年后,利玛窦就开始推行"我们要像中国人那样"的行动策略。[③] 特别是在传教的初期阶段,少数传教士自觉地打算努力中国化,但他们留给士人影响的一个重要方面,是他们来自于一个遥远的未知的地方。[④]

与此同时,他们提出了其学说的要义是有普遍意义的。一位利玛

---

① 基督教和基督教的派别,曾在唐代时期出现,并在元代时再次出现。对于一个简述,参见乔治·哈利斯:《利玛窦的使命:16 世纪引导中国文化变化努力的个案研究》,载《华裔学志》第 25 卷(1966 年),第 120—122 页。

② 利玛窦:《利玛窦文集》,德礼贤神父编,第 2 卷,第 47 页,注 536;哈利斯《利玛窦的使命》中的译文,第 69 页。

③ 利玛窦:《利玛窦文集》,第 1 卷,第 378 页,注 491。参见哈利斯《利玛窦的使命》中的译文,第 69 页。

④ 参见哈利斯在《民族性问题》中就矛盾的深入讨论,载《利玛窦的使命》,第 49—70 页。

窦的皈依者于 1608 年写道,这位传教士不仅不是"异"或外来者,而且他的行为和学问,与天一致。[①]"天"这个词,西方人用以区别他们试图在中国传播的学问,既指宗教的天主,或者基督教的上帝,亦指世俗的天文知识,或是专指天文学及一般意义的科学。从对有关天体现象的推演中理解的某些皈依者,通过认识到"东西洋同一心、同一理"[②],进而认识到一个外在的、宇宙的、隐藏在宗教真理和普遍的"自然法则"背后的天主。

尽管这种所谓的自然法则,被传教士们表述为如此普遍地存在,但从我们后来 20 世纪的观点来看,他们在晚明中国所传播的有关天体模式的学问,乃是具有文化界限且片面的。只有十来位传教士公开参与了大约 50 个标题,其中有算术、天文学、地理学和当时被理解为自然哲学的论题。[③]几乎没有例外,这些著述乃是在欧洲大学的课程中仍在流行的亚里士多德经院主义的表述。亚里士多德、托勒密和加伦都被作为权威而反复引证,与此同时,欧洲科学知识的先驱者们,却抛弃了它们而去寻求新的假说、方法和权威。哥白尼和伽利略虽曾被提及,但太阳静止或太阳中心的假说并没有得到传播,只有布雷赫(Tycho Brahe 的仍以地球为中心的)折中体系是例外。[④]我们不必去判断为什么耶稣会士传授亚里士多德的经院主义学说,而不传授与哥白尼、开普勒、伽利略、奥塞留和威廉·哈维等人有关的新科学的长处或动机,但我们应该记住,在晚明时期提供给中国读者们的

---

① 李之藻,利玛窦《畸人十篇》的序言,见《天学初函》,李之藻编(1628 年;1965 年台北重印),第 2a 页,总第 103 页。参见彼德森:《他们为何皈依基督教?》,载《东西方相遇:耶稣会士在中国(1582—1773 年)》,查尔斯·E. 罗南神父和鲍尼·B. C. 奥合编(芝加哥,1988 年),第 138 页;乔纳森·斯彭斯:《利玛窦的回忆》(纽约,1984 年),第 127 页。

② 李之藻,引自彼德森:《他们为何皈依基督教?》,第 142 页。

③ 对于更进一步的编年体和自传资料,参见威拉德·J. 彼德森:《晚明发表的西方自然哲学》,载《美国哲学学会会刊》,第 117 卷,第 4 期(1973 年),第 295—296 页。

④ 参见彼德森的摘要,《西方自然哲学》,第 298—300 页。另见内森·西文:《哥白尼学说在中国》,载《哥白尼太阳中心说研讨会,第二届》(华沙,1973 年),特别是第 76—82 页。

天学，仅仅是解释现象世界的一系列互相竞争的思想中的一种而已。

一种适用于宗教观念的类似观点被作为天学的构成部分而提出。传教士属于罗马天主教，而不是新教徒。在晚明，他们必须从里斯本乘船抵达中国，途经果阿和澳门，并因此而受制于葡萄牙人，从1580年起，他们又屈从于西班牙国王的权威。那些通过其著述并与士子谈论以参与晚明的知识环境的几乎所有的传教士都是耶稣会士。所有这些都广为人知，不成问题，但结果却是，为其中国听众所提供的宗教理念，在西欧、在西班牙半岛或在耶稣会的团体中，甚至在中国受尊重的代表人物中间，却不被认为是普遍的思想。[①] 一个有关的例子是围绕着葡萄牙一所大学的一位耶稣会士路易斯·德·莫利纳（1535—1600年）的神学思想所展开的争论。文章撰写于特兰托会议于1564年无结果地结束后的数十年，莫利纳试图调和托马斯主义教义，特别是多明尼各和西班牙国王所捍卫的神圣荣耀，和伊纳爵·罗耀拉的《神操》中所强调每一个人都要致力于得到拯救的能力和需要的教义之间的争论。[②] 甚至在莫尼拉的著作《和谐》于1588年在里斯本出版之前，有关这一论题就展开过激烈的争论。这场争论持续到16世纪80年代及90年代，仅在1607年中止，由于一道教皇的训令要求双方休战，直到罗马作出裁决，但这一裁决却从未作出。[③] 主要的耶稣会思想家，如有影响的罗伯特·贝拉曼（1542—1621年），曾是利玛窦在耶稣会的罗马学院的一名教师，他虽然并不完全赞同莫利纳，但却在参与传教实践与国外传教的耶稣会士中间获得了欢迎。[④] 到17世纪末，耶稣会士正被"指控在国内支持松弛的精神标准，并且不加选择地提供圣餐、轻易的赦罪及太过频繁的交往；同时在国外

---

① 参见 A. D. 赖特：《反对改革：天主教欧洲与非基督教的世界》（伦敦，1982年），第30—31、138页。

② T. M. 帕克：《罗马教廷、天主教改革和基督教传道》，见《反改革与价格革命（1559—1610年）》，载《新编剑桥近代史》，第8卷，R. B. 沃纳姆（剑桥，1968年），第68—69页。

③ 帕克：《罗马教廷、天主教改革和基督教传道》，第68—69页。

④ 帕克：《罗马教廷、天主教改革和基督教传道》，第68—69页。约瑟夫·西比斯：《利玛窦的先驱》，见罗纳与奥《东方与西方的相遇》，第36—37页。

还准备修改真正的天主教教义"①。然而，在耶稣会士开始在中国活动
之初，同样的活动却被积极地理解为与当地文化实际相结合，和宣扬
初期阶段真实信仰的鼓动是出于实干而不是荣耀。②

　　对于中国潜在的皈依者对耶稣会的宗教的可接受性具有重要意义
的另一个争论之处，就是狭义地根据在依附于可追溯到亚里士多德或
柏拉图的学说，与广义地根据异教徒著作者的可接受性之间的旷日持
久的斗争。③ 1593 年，当时的一位多产作家和翻译家法兰西斯科·帕
特里齐（1529—1597 年），出版了他的《新宇宙哲学》，题献给教皇
格里高利 14 世，敦促他下令，以柏拉图主义与赫姆斯·特里斯梅季
斯图斯的传统代替在基督教学校（特别是耶稣会士办的学校）中讲授的
危险的亚里士多德经院主义学说。④ 帕特里齐受聘从弗拉拉到罗马教授
柏拉图主义，但其著作最后却受到抨击。尽管如此，约在耶稣会士进
入中国前后，存在着强烈的、有时较普遍的观点：以一种更为开放的
立场对待异教徒的宗教表达，而在整个 17 世纪，这些观点却一直受
到阐释与批评。被称为古典神学的学说的支持者们，最终在罗马天主
教内部的斗争中失利，但与此同时，他们的观点却为每一位耶稣会士
提供了辩护；他们认定"被认为是孔夫子的著作，以及其他古代中国
经典，乃是与基督教的伦理学和一神论相一致的，是与好的'自然'
宗教相一致的"⑤。这一态度的极端表达，可能出现于一位中国的传
教士李明于 1696 年在巴黎出现的著作《中国现势新志》一书中。他
提出建议说："中国人在直到基督时代的 2000 年期间，就已知道了真
正的上帝，尊崇他，在某种程度上可以视为基督教徒的一种范例，曾
在世界上最古老的庙宇中祭祀他，就曾具有信仰以及基督教的美德，

---

① 赖特:《反对改革》，第 35 页。
② 参见哈里斯:《利玛窦的使命》，第 155 页。
③ D. P. 沃克:《古代神学：15—18 世纪基督教柏拉图主义研究》（伦敦，1972 年），第
　　128—130 页。
④ 沃克:《古代神学》，第 111—112 页；法兰西丝·A. 耶芝:《布鲁诺与异端传统》（芝
　　加哥，1964 年），第 181—183 页。对于《宇宙新哲学》的一个摘要，参见保罗·O.
　　克里斯特勒:《意大利文艺复兴的八位哲学家》（斯坦福，1964 年），第 118—125 页。
⑤ 沃克:《古代神学》，第 197 页。

他们在所有国家中最受到上帝的荣耀的惠泽。"①

李明及其他神父都愿意在主张古代神学曾出现于最古老的中国中，并把他们与死后的利玛窦视为同盟者。②尽管尚无直接的证据表明，早期耶稣会传教士全都参与了这些激进的推论，但至少存在着间接的证据表明，这类思想的酝酿，在 16 世纪末开创了采取一种调和的立场去对待他们开始称之为儒家的思想的可能性，以及顺应时势地利用更审慎的态度去介绍基督教神学。

穿 上 新 衣

1557 年，葡萄牙商人们获得了在后来被称为澳门的永久居住的特权。它成为在广州南部香山县的一个半岛上一个小小的定居点，他们得到官方的允许，可以每年二度进行贸易访问。1513 年，葡萄牙船只就曾抵达中国沿海；而一个贸易使团则于 1520 年访问了北京。③随商人们一道航海前来的传教士们，也像商人们一样，其机会受到了中国当局的严格限制。虽然两种人都希望追求他们在中国的目标。在日本进行传教工作二三年后，耶稣会士沙勿略（1506—1552 年）断定使中国皈依是使日本皈依的关键。他提出作为教皇的一名特使随同另一个葡萄牙使团前往北京，并说服皇帝恩准基督教徒在帝国居住、旅游和布道传教。葡萄牙的对手在马六甲阻挠了这个计划，沙勿略就设法只身前往中国。他被带到后来称为澳门的西南部的一个小岛上，他的计划遭受挫折，1552 年，他终死在那里。④

过了 30 年后，50 多位神父世俗信徒（绝大多数是耶稣会士和方

---

① 沃克：《古代神学》，第 199 页，引自维吉尔·比诺：《中国与法国哲学思想的形成（1640—1740 年）》（巴黎，1932 年），第 98 页。另见《儒家中国哲学》中的类似观点，柏应理编，1687 年于巴黎出版。如保罗·A. 鲁尔在《孔子还是孔夫子？耶稣会士对儒家的解释》中所引（悉尼，1986 年），第 118 页。也参见敦约翰所表达的保留意见，载《巨人的时代：明朝末年中国耶稣会士的故事》（伦敦，1962 年），第 26—27 页。

② 沃克：《古代神学》，第 200—201 页。

③ 利玛窦：《利玛窦文集》，第 1 卷，第 149 页。

④ 西比斯：《利玛窦的先驱者》，第 23—27 页。

济各会士，但也有一些是奥古斯丁会和多明尼各会会士）徒劳地试图出于非贸易的目的而在明朝区域内建立其据点。[①] 在经历了数十年的挫折后，被委派为非洲东部所有耶稣会士活动的观察员的范礼安（1539—1606 年）开始了一个巨大的改变。在他于 1577—1578 年从果阿前往日本的途中，曾在澳门停留。不同于在负责掌管澳门教区的耶稣会士的偏好，范礼安决定派往中国的传教士都应该学习中国习俗，并学习口头语言和书面语言。为了响应他的规定，罗明坚（1543—1607 年）从果阿调往澳门。[②]

罗明坚于 1579 年夏抵达澳门，并开始了高强度的汉语课程学习。他进步极快，以至于与他的导师一道试图把《大学》译成拉丁文[③]，他于 1580 年开始随商人们一道到广州的例行旅游。[④] 此时，罗明坚报告称，他对中文的学习，正在澳门受到批评，甚至受到了耶稣会士同伴的批评。据其所述，有人问他：当他可能在耶稣会的其他部门任职时，身为神父忙于这种事情有什么意义？去学习中国语言，把自己奉献给一个毫无希望的事业，对他来说，是在浪费时间。[⑤]

范礼安为他辩护，并于 1582 年规定不再力图让皈依人更像葡萄牙人，明智的策略应是认为中国基督教徒就是中国人。作为对罗明坚所提出的一个建议的回应，范礼安还让果阿当局派遣几位耶稣会士前往澳门学习中文。他们于 1582 年夏天抵达澳门。[⑥]

就在此事之前，罗明坚随澳门市长前往广东省巡抚的所在地肇

---

①　西比斯:《利玛窦的先驱者》，第 27—30 页。

②　利玛窦:《利玛窦文集》，第 1 卷，第 147 页；哈利斯:《利玛窦的使命》，第 36—37 页；西比斯:《利玛窦的先驱者》，第 32—33 页；敦约翰:《巨人的时代》，第 17 页。

③　克努德·伦德贝克:《儒家经典译介欧洲的第一部译本》，载《中国传教研究》，第 1 期（1979 年），第 1—11 页。

④　西比斯:《利玛窦的先驱者》，第 29、34 页。

⑤　罗明坚的信文，收于《利玛窦神父的历史著作》，彼埃托·塔奇·冯图瑞编（马切拉塔，1911—1913 年），第 2 卷，译见敦约翰:《巨人的时代》，第 19 页。另见哈利斯:《利玛窦的使命》，第 55 页。

⑥　敦约翰:《巨人的时代》，第 19 页；斯彭斯:《利玛窦的先驱者》，第 34 页；哈利斯:《利玛窦的使命》，第 7 页。

庆，他们被告知，一位来自菲律宾的耶稣会士所率领的一群西班牙人触犯明朝法律。这些人在福建南部登陆上岸，并被人当作间谍带到广州。据称罗明坚可能给巡抚留下了一个良好的印象，他在罗明坚随"间谍们"返回澳门后，曾派人前往邀请他。[1] 罗明坚接受了邀请，并带上新到澳门的一位耶稣会士巴范济（1554—1612年），随他一道在一座佛教寺庙居住。

不同于那年早些时候他穿着欧式服装、满脸胡须地出现于巡抚面前，罗明坚穿着僧服，并剃光了发须。据罗明坚所述，巡抚"想让我们以他们的神职人员的风格打扮，这与我们稍有不同；现在我们已经这么做了，也就是说我们已经成为中国人，以便为基督赢得中国"[2]。

早在数年前，遵照范礼安的指示，日本的耶稣会传教士就已采用禅佛教徒的服装，而罗明坚与巴范济则正采纳它们，以便取得在肇庆居住的许可权。[3] 然而，他们几乎马上被命令返回澳门。巴范济随后即前往日本。当再一次受到可能是由肇庆的知府发出的邀请时，罗明坚于1583年夏天回到了肇庆。他仍穿着僧服，并剃光了头，这一次他由另一位新抵达的耶稣会士利玛窦陪同前往。[4]

无巧不成书。就在沙勿略在中国南部海岸逝世前数月，利玛窦（1552—1610年）已在意大利呱呱坠地。[5] 在罗马学习法律三年后，

---

[1] 西比斯：《利玛窦的先驱者》，第29—30页；见敦约翰：《巨人的时代》，第19—20页。

[2] 译见敦约翰：《利玛窦的先驱》，第83页，引自冯图瑞：《利玛窦神父的历史著作》，第2卷，第416页。

[3] 哈利斯：《利玛窦的使命》，第82、84页。参见西比斯：《利玛窦的先驱者》，第58页，注72，一位新抵达日本的耶稣会士证明，他正在重新开始生活。

[4] 哈利斯：《利玛窦的使命》，第55—56页；西比斯：《利玛窦的先驱者》，第35—36页。

[5] 有关简略的传记性摘要，参见由傅吾康在《明人传记辞典》写的条目，第2卷，第1137—1144页，和哈利斯《利玛窦的使命》，特别是第6—18页。有关利玛窦在中国的至关重要而不可缺少的资料，是他本人的记载，在《利玛窦文集：利玛窦从欧洲到中国的原始资料（1579—1615年）》，德礼贤神父编，三卷本（罗马，1942—1949年）。英语中其生平最完备的记载，在芬森特·卡罗宁《来自西方的智者》（伦敦，1955年）中可以找到，还可以从敦约翰的《巨人的时代》中找到，第83页和第84页。利玛窦经历的各方面的详尽的再现，见斯彭斯：《利玛窦的回忆》。上述著作都收录有关利玛窦的更深入的书目。

他于 1571 年作为一位见习修士加入了耶稣会，并由此结识了范礼安。范礼安于 1574 年离开罗马前往果阿和东亚，并帮助把利玛窦抽调到中国。[①] 在罗马在耶稣会士的指导下研读期间，利玛窦接受了克利斯托芬·克拉维斯（1537—1612 年）的指导，他是一位重要的经院数学家，在 1582 年颁布的格里高利历的推算上起了作用，并且也接受了罗伯特·贝拉明（1537—1621 年）的指导，后者是著名的耶稣会神学家，于 1576 年到罗马任教，而且他的观点最终赢得了教皇的支持。[②] 为了准备在东方传教，1577 年，利玛窦前往葡萄牙的科英布拉大学，这里正在撰写成为亚里士多德主义自然哲学的权威理论的版本，并在 16 世纪 90 年代最终出版。[③] 因此，在利玛窦二十几岁时，利玛窦接触到了迅速发展的观念的影响，这是一个在葡萄牙人的控制下耶稣会在亚洲传教的观念；也接触了最新树立的关于数学和天文学方面的观念以及技术神学的新思想（这种思想旨在与天主教徒和一切可以想像的异教徒的辩论时获胜）；更接触了一种系统而详尽的关于自然现象记载的最新讲解，这种讲解即将成为 17 世纪前半期大部分天主教会大学的标准。

1578 年，利玛窦与其他 12 名耶稣会士一道乘船从里斯本前往果阿，其中有罗明坚神父。在果阿，利玛窦完成了他的神学学习，并于 1580 年被立为一名神父。[④] 随后，他被派往澳门，在他于 1582 年夏天抵达澳门后，他立即开始学习中文。[⑤] 一年以后，利玛窦随同罗明坚来到了肇庆。罗明坚已经被准许在那里居住，可能得到了当地官员王潘的支持，王是一位来自浙江绍兴的进士。他们修建了一处住所和教堂，继续学习讲官话，学习阅读中国。书籍。在其老师们的帮助

---

① 西比斯:《利玛窦的先驱者》，第 32 页。
② 西比斯:《利玛窦的先驱者》，第 36 页；赖特:《反对改革》，第 91 页；帕克:《罗马教廷》，第 67 页。即使在中国，利玛窦仍还保持与克拉维斯的联系。
③ 参见彼德森:《西方自然哲学》，第 297 页。帕特里夏·赖夫:《自然哲学教科书，1600—1650 年》，载《思想史杂志》，第 30 卷（1969 年），第 23 页。
④ 参见哈利斯:《利玛窦的使命》，第 7、151 页。
⑤ 利玛窦:《利玛窦文集》，第 1 卷，第 154 页，注 207。利玛窦明确提及他正在学习他所称的官话。参见哈利斯:《利玛窦的使命》，第 38—39 页。

下，他们把十诫、祷告文和一本教义问答译成了中文。利玛窦绘制了一张世界地图，并以中文标出地名。罗明坚不但北行到了绍兴，并且还西行去了广西，然后北上湖南；他正在寻求交往，而不找皈依者，以便在肇庆之外开展传教活动。①1581年，罗明坚听命于范礼安返回罗马，去劝说当局组派一个教皇使团出使去见明帝。这曾一直是沙勿略的愿望，把这一行动看作在中国获准归信最有效的手段，而范礼安想再尝试一次。利玛窦仍与另一位耶稣会士麦安东留在肇庆，麦安东当时也开始学习中国语言。②

1585年，利玛窦就已声称："我可以没有翻译而与每一个人交谈，而且可以相当熟练地写作和阅读。"③ 在1592年的一封信中，他更谦逊地回忆说："我勤勉地投身于语言的学习之中，并在一两年后，我就可以没有一位译员而生活。我还学习写作。然而，这更为困难；而且尽管我直到现在都一直在刻苦用功地学习，但我仍不能读懂所有的书籍。"④ 在此前一年，范礼安曾要求利玛窦把《四书》译成拉丁文，这使他埋首沉浸在重要的典籍中。1594年，他再次开始随同一位教师学习，此前他至少七年没有教师的指导了。"我每天都有两节课跟我的老师学习，并花一些时间写文章。通过鼓励自己写文章，我开始写了一本书，根据自然理性而提出我们的信仰。当这本书出版时，它将分送给全中国。"⑤

利玛窦正在熟悉能够使他接近他心目中的听众——士子们的技巧，其办法是使用他们的语言和"自然理性"。

与此同时，利玛窦和麦安东却于1589年都已被驱逐出肇庆，但被批准在广东北部数百里的韶州居住。他们仍穿着僧服，剃着光头。

---

① 哈利斯：《利玛窦的使命》，第8—10、40—41页。
② 哈利斯：《利玛窦的使命》，第10页。
③ 译见哈利斯：《利玛窦的使命》，第41页，引自冯图瑞：《利玛窦神父的历史著作》，第2卷，第60页。
④ 译见哈利斯：《利玛窦的使命》，第43页，引自冯图瑞：《利玛窦神父的历史著作》，第2卷，第91页。
⑤ 译见哈利斯：《利玛窦的使命》，第44页，引自冯图瑞：《利玛窦神父的历史著作》，第2卷，第122页。

当地人似乎已把他们的礼拜堂和住处当作一座佛寺。他们可以在那里安排聚会,包括宴会,就像在肇庆所做的一样。他们还被书籍、画像、地图和奇异的机械工具,包括时钟和星盘等所吸引。[①] 利玛窦在肇庆就已认识到官员们可以前来参加聚会,因为这并不是一座私人住处,它具有一种准公众的地位。当重要人物都聚集于此时:"街上停满了他们的轿子,我们门前的河岸则停满了大型的、精致的官员们的船只。"[②]

瞿汝夔就是拜访他们的士子之一,他是一位来自苏州的生员。[③] 瞿到利玛窦那里是为了获得有关水银和汞的资料,但他的意图是否在于炼金术还是冶金术,这并不清楚(有关增加从矿石中提炼出来的白银产量的新工艺,在 16 世纪已经形成,并正在秘鲁和墨西哥被卓有成效地运用)。[④] 无论瞿氏的意图何在,利玛窦认为这种有关从汞(argento vivo)中提炼出真正的白银(vero argento)的需求,传教士们不可能帮上忙。[⑤] 尽管如此,瞿在两年多时间内一直与利玛窦继续保持联系。他显然就是那个建议利玛窦和麦安东不应该做(佛教)和尚(僧人),而应该蓄发并称为儒士的人。[⑥]

对于这一改变,利玛窦必须征得范礼安的批准,范礼安于 1592 年秋从日本抵达澳门。一年多时间过去了,郭居静,一位新近抵达澳门的耶稣会士,才向范礼安提出这个问题。据利玛窦所述,郭居静主张,在中国传教士应蓄发须,并穿上丝服、戴礼帽。这一请求得到了范礼安的批准。[⑦] 郭居静随后于 1594 年前往韶州去帮助利玛窦(麦

① 哈利斯:《利玛窦的使命》,第 86—87 页。
② 利玛窦:《利玛窦文集》,第 1 卷,第 259 页,注 312;根据哈利斯的译文稍有改动,见《利玛窦的使命》,第 86 页。
③ 利玛窦:《利玛窦文集》,第 1 卷,第 240 页,注 295。
④ 参见斯彭斯的简述,载《利玛窦的回忆》,第 185—188 页。另见哈利斯:《利玛窦的传教》,第 44、124 页。
⑤ 利玛窦:《利玛窦文集》,第 1 卷,第 240 页,注 295。
⑥ 根据李之藻在其唐代的景教碑文中讨论。李:《读景教碑书后》,第 13a 页,见李之藻:《天学初函》,第 1 卷,第 85 页。李可能是由利玛窦告诉他此事。参见哈利斯:《利玛窦的使命》,第 87 页,和保罗·鲁尔:《孔子还是孔夫子》,第 18 页。
⑦ 利玛窦:《利玛窦文集》,第 1 卷,第 335—337 页,注 429。部分译文见哈利斯:《利玛窦的使命》,第 89 页。

安东于 1591 年因发烧死于澳门，就像他的继任者一样）。他们不再剃除发须，但仍然穿着僧服。

次年春，利玛窦北上江西。在吉安府吉水县，他拜访了曾在韶州任职的一名官员。对于这第一次公开亮相，他穿上了他的新服装。[①] 他后来在 1595 年的一封信中描述他的服装说："由士子（letterate）和显贵者所穿戴的正式服装，是由深紫色的丝绸制成，有着长长而阔大的袖子；下摆触到了我的双脚，镶着一条半掌宽的深蓝色的丝边，而悬到腰部的双袖和领子，以同样的方式镶着丝边。……中国人遇到拜访他们并不十分熟悉的人、出席正式的宴会以及拜访官员时，就穿着这种礼服。既然迎接客人的人根据他们的级别也穿着礼服，因此，当我穿着礼服出访时，我的声望就大大提高了。"[②]

到 1595 年末，当他在南昌建立了一座住处时，利玛窦还坐了一顶轿子，并在身边跟着一批仆人。[③] 利玛窦是非常明确的，他并不愿把自己表现为一个外国当权者（无论是西班牙国王还是罗马教皇）的一位官方代表，而是愿意把自己作为与士大夫们有着情趣高雅关联的有学识的中国人的一位同侪。回忆起这一关联时，利玛窦写道："如此一来，现在可以更好地有信心继续下去了，好像我们事实上就是中国人。"[④] 前一年，他开始撰写一本中文书，而现在，从 1595 年起，利玛窦则开始扮演他的新角色，即作为一个士子甚至作为一位"西儒"的角色。虽然在某种意义上说，利玛窦的写作技巧还不是以撰写出一篇可以通过科举考试的文章而成为士，但他可被接受为士的同侪，其接受程度大致相当于一些佛僧，或像王艮那样的人物。

---

① 利玛窦：《利玛窦文集》，第 1 卷，第 346—347 页，注 7。
② 从哈利斯的译文稍作改动，《利玛窦的使命》，第 90 页，引自冯图瑞：《利玛窦神父的历史著作》，第 2 卷，第 199—200 页。参见鲁本斯所绘的卷插图，载敦约翰：《巨人的时代》，第 177 页。
③ 哈利斯：《利玛窦的使命》，第 90—91 页。
④ 利玛窦：《利玛窦文集》，第 1 卷，第 378 页，注 491。改译自哈利斯，第 70 页。

西士利玛窦

穿着他的新衣服,利玛窦沿赣江来到了南昌,并随后沿江而下至长江,再前往南京。他于 1595 年 5 月底抵达南京。他拜访了曾在肇庆和韶州时结识的许多人物,但在两个星期内,他就被迫离开南京,尽管他发誓,他宁愿被关进监狱,也不愿离开南京。① 利玛窦返回了南昌,经受住了最初的一些磨难后,他可以在那里居住三年。他力图获得省府官员们及帝室皇子们的支持,但绝大多数时候他都致力于与当地的士子们进行广泛的社会和知性的交往。② 作为这些活动的一个直接成果,利玛窦于 1595 年用中文撰写了一篇称之为《友论》的文章。③ 它先以手稿本流传,然后以各种各样的刻本流通,不过利玛窦本人抱怨说,他不可能公开出版它,因为他不能得到来自其耶稣会的监管者的必要的准许。④ 与此相类似,为了回应对他的记忆能力所表示的推崇(这是他在与士子们的聚会上所乐意证实的能力),他于 1596 年用中文完成了另一篇小文章《记法》。⑤ 他可以在南昌购置一座房子,但不再有一座礼拜堂(就像在肇庆和韶州时那样),而只有一个房间或厅堂作为讲学论道即士子们所称的讲学之所。⑥ 除了外出游访,利玛窦称,他在 1597 年秋季被拜访者搞得应接不暇,当

---

① 参见敦约翰:《巨人的时代》中的译文,第 39 页,引自冯图瑞:《利玛窦神父的历史著作》,第 2 卷,第 201 页。

② 参见敦约翰:《巨人的时代》,第 41 页。

③ 这篇文章的一种万历刊本,名叫《友论》;它后来出现的标题则叫《交友论》。

④ 敦约翰:《巨人的时代》,第 44 页,引自冯图瑞:《利玛窦神父的历史著作》,第 2 卷,第 248 页。

⑤ 利玛窦:《利玛窦文集》,第 1 卷,第 359—360、362—363、376—377 页,注 469、475 和注 490;敦约翰:《巨人的时代》,第 40 页;斯彭斯:《利玛窦的回忆》,特别是第 135—142 页。

⑥ 利玛窦于 1596 年秋所写的两封信,见敦约翰:《巨人的时代》,第 46 页,引自冯图瑞:《利玛窦神父的历史著作》,第 2 卷,第 215、230 页。另外参见利玛窦:《利玛窦文集》,第 2 卷,第 46 页,注 536。

时数以千计的士子正为了江西乡试而汇聚南昌。① 因此，在他穿上把自己表现为一个士子而不是一个僧人的服装的两年后，利玛窦在他的交谈与著述中，以及在其行为与环境中，都表明他都是一位士子。他在这些年里所撰写的《天主实义》草稿首次印行于1603年，其内容结构为一位中儒与一位西儒（指利玛窦本人）之间的一场对话。

有人劝利玛窦说，试图作为国王或教皇的一名使团成员前往北京，这并不可行，但他仍然把北京作为他的目标。他曾设想了一种可能性，即当时在南昌的一位皇子可以为他作安排。② 但当郭居静从韶州来到南昌时，他带来消息说，王弘海（1542—1601年？）数天后将前来看望他，这样就提供了一个真正的机会。王来自广东，他于1565年中了进士，早在数年前，在他自南京礼部尚书退职后返家途中，曾路过韶州。在他与利玛窦的交谈中，王提出了这种想法，即利玛窦或许可以有助于当时在礼部的监管之下的改革明代历法的讨论。③ 1598年，正当王再次北上，以望再次接受朝廷的任命时，他在韶州作了停留，并提出利玛窦随他一同前往。因此，在此年7月，利玛窦和郭居静，在两位中国兄弟的陪同下从南昌随王弘海乘船北上。这两人一位是钟鸣仁（1562—1622年），另一位是游文辉。王前往南京，然后北上京城，去参加农历八月庆祝皇帝生日的庆典。④

利玛窦的第一次北京之行，并非一帆风顺。王从南京北上，并未与利玛窦等人同行。一到京城，利玛窦却发现无法向皇帝呈上他为皇帝购置的礼物，而且他的结识者似乎全都提防着他。利玛窦返回了南方，他先到了苏州。当他患病时，瞿汝夔曾在苏州照顾他，然后他于

---

① 敦约翰：《巨人的时代》，第47页，参阅冯图瑞：《利玛窦神父的历史著作》，第2卷，第242页。

② 利玛窦：《利玛窦文集》，第2卷，第6—7页，注503。

③ 由于1596年提出的历法改革一个冗长的奏疏，促成讨论突然进行。参见威拉德·彼德森：《传教士来到明廷之前的历法改革》，载《明史研究》，第21卷（1986年），第49—55页。

④ 利玛窦：《利玛窦文集》，第2卷，第8—10页，注504—506；另见敦约翰：《巨人的时代》，第50页。

1595 年春天到了南京。在王弘诲的鼓励下，他设法在南京购置了一座房子，并继续从事在南昌曾经使他成为一个引人注目的人物的活动：与好奇而有影响的人进行交往；展示他的时钟、多棱镜、乐器、地图、图画以及其他奇异物件；并讨论他的思想。1600 年春天，他在钟鸣仁和游文辉（他擅长于西洋画）以及耶稣会士庞迪我（他知道如何调音、演奏、教授准备送给皇帝的礼物中的一种击弦键琴）的陪同下再度前往北京。① 在经历了各种各样的困难之后，特别是随之而来和尴尬的处境，即他究竟是不是一位给朝廷带来贡品的使者，如果不是的话，那么他及其礼物将如何处理。直到 1601 年初，利玛窦才开始在北京安顿下来，并度过了他的余生。

作为一名在北京的士子，利玛窦乃是一位巨大的成功者。成群结队的人络绎不绝地前来这位耶稣会士的住处拜访他，其中许多人利玛窦都必须回访。因为利玛窦清楚，他是大量士子和官员每年到北京赴试或出于政府公干的一名受益者。"在全国 15 个省汇集于京城的数以千计的人们中间，有许多人要么在北京或者其他居住点已经认识了耶稣会神父们，要么曾经听说过我们以及我们的教义，要么已经读过我们曾公开刊行的书籍，或者读过谈论我们的书籍。结果，我们不得不整天在会客厅接见拜访者……对于所有这些人，我们都谈论与我们的神圣信仰相关的事情。"②

大多数造访者，都只不过是出于好奇，但与某些人，利玛窦可以保持持续数年的严肃的知性关系，而其中少数人还皈依了他的"神圣信仰"。

要做一名士子，并不仅仅只是一件改换衣服的简单事情。利玛窦已经投身于一种可能会、也可能不会损害其传布基督教使命的生活方式，而传教正是他来中国的目的。肇始于范礼安的更加中国化的策

---

① 哈利斯:《利玛窦的使命》,第14页;敦约翰:《巨人的时代》,第53—60、69—71页。对于礼物的讨论,参见斯培斯《利玛窦的回忆》,特别是第194—195页,以及在利玛窦《利玛窦文集》中的目录,第2卷,第123—124页。

② 利玛窦:《利玛窦文集》,第 2 卷, 第 353—354 页, 注 769, 对敦约翰《巨人的时代》中的译文稍作改动, 第 92 页。

略，决没有必不可少的终结点。学习说中国话，导向阅读中国书籍，而阅读则导向运用中文写作。运用中文写作，就需利用中国的语汇去阐释非中国的思想，而转译则会丧失重要的特性。界限游移不定。譬如，在利玛窦去世后，在受洗时使用的拉丁用语的书面版本，开始被人翻译出来，而不仅仅是按字直译出来。① 对利玛窦来说，他自信是他正在把其主人的思想更切近地拉向他本人的思想，"我努力使士的学派的领导者孔夫子转向我们，办法是以对我们有利的方式诠释在其著述中任何模棱两可之处"②。然而，在描述中国士子的经验，而不是在反思他们的经验时，利玛窦发觉，"（士子）的这种学说并不是通过选择得到的，而是通过学习文献吸取的，不论是功名获得者，还是官员，都不能放弃它"③。因此，在某种程度上，学习运用中文去阅读和写作，利玛窦和其他传教士们正在准备把他们所带来的"天学"广为传播而自我学习。在什么是中学什么是西学的紧张对峙中，在外来的学说和本土的学说的冲突中，在多大程度上能作出可容许的调和，这些都是在传教士中间，以及远在欧洲的天主教徒中间争论的核心，争论的内容涉及调和的政策、对关键词语如何翻译和是否翻译的决定、继续由皈依者举行还是由传教士修正的仪式的地位等方面。④ 从 1595 年后他自身的行为方式来看，利玛窦决定像一位士子那样活动，这似乎明显地不损害其基督教的传教，即使这样做削弱了其外族性。

利玛窦著作中所提出的天学

从利玛窦的观点来看，他正在谈论、撰写的都是关于"我们的神

---

① 参见哈利斯：《巨人的时代》（译者注：原文如此），第 146 页；利玛窦：《利玛窦文集》，第 1 卷，第 370 页。

② 利玛窦：《利玛窦文集》，第 2 卷，第 296 页，注 709。另译见鲁尔：《孔子还是孔夫子？》，第 1 页。

③ 利玛窦：《利玛窦文集》，第 1 卷，第 115 页，注 176。部分译文见于哈利斯：（原文如此。——译者注）《巨人的时代》，第 112—113 页。

④ 参见敦约翰：《巨人的时代》，第 227—230 页。鲁尔在《孔子或孔夫子？》中考虑了这一争论，特别是第 43—50、70—149 页。

圣信仰",都是为了"我们的神圣信仰"。他以利用奇特的非宗教的物体(如时钟和棱镜)和人们对他好奇心的方式,来利用其文化资产中的非主要部分,以吸引人们和使人们长期追求天主,从而"软化了他们的心"[①]。利玛窦知道,他正在把他们引向福音,但这并不是他在其讲论中或者是在其著述中的出发点。他的大部分士子听众,可能从未领悟其神圣信仰的核心教义。除了相对于较少的几位受洗者之外,大多数与利玛窦认识并知道他的著作的士子,只要不满足于他们的好奇心,就会面对一连串的通过"天学"这一宽泛而特殊的标签所表达的观念。当他尚在人世时,甚至当他于 1601 年离开人世后,利玛窦及其著作都被人们认为是具有士子的知识背景中的一个新奇部分。

利玛窦的许多语汇,以及他的某些思想,被所有的士子所分享,但部分吸引力却在于他的某些语汇以及他的许多思想都是新奇的、或是陌生的、或是古怪的、或者是外来的。那是一个连续的整体。譬如,利玛窦介绍了他所收集的有关友谊的 100 个条目,以一种十分恰当的方式引用了《论语》第 16 篇第 8 节中的典故:他不远万里从大西航海而来,目的在于表达对大明天子之文德的崇敬。[②] 利玛窦证实了他期待接受庇护的愿望,当他解释他编撰此书的原初动机来自他在南昌出席一次宴会之时,当时一位皇子拉着他的手,并询问在西方国家中的交友之道。[③] 当手稿流传开来时,他的读者们对于一个人在交友时应该小心谨慎,保持友谊应该持之以恒,或者认为追求利润商人们不可能成为真正的朋友诸如此类的观点不会感到惊讶。友谊或友情的思想和理想,数十年来就曾在士子们中间,特别是那些参与讲学的士子们中间一直展开着讨论,因此,利玛窦的贡献可能与那些讨论相类似。他的读者们可能会注意到,利玛窦的某些典型例子提到了一些迄今未知的国家和人物确确实实是西洋的 [这是不可避免的事情,因为利玛窦从

---

① 敦约翰:《巨人的时代》,第 91 页,引自冯图瑞:《利玛窦神父的历史著作》,第 2 卷,第 376 页。

② 利玛窦:《交友论》,第 1a 页,见李之藻:《天学初函》,第 299 页。这段话也译见方豪:《利玛窦〈交友论〉释注》,载《华裔学志》,第 14 卷 (1949—1955 年),第 574 页。

③ 利玛窦:《交友论》,第 1、300 页。

高尚德（1498—1573 年）所编撰的一部论友谊的文集中，征引了绝大多数古代作者们的格言评注].① 大多数士子在读到以下内容时，可能会停顿下来：朋友总是成双成对出现，就像"上帝给人以一对眼睛、两只耳朵、两只手和两只脚……"② 他们此前可能从未在这样一个句子中看到古典术语"上帝"的名称，而利玛窦论友谊的著作并未解释他如何意指上帝。与此相似的是他讨论记忆的文章，这篇文章描述了有关记忆联想的技巧，以及有关认清和发现意象，特别是中国文字的意象的技巧③，其中包括许多过去未知的西方名词；它以这种观点开始："由天主，即造物主馈赠给人类的心灵，与其他万物相比，乃是最具知性者。"④ 因此，在他于 16 世纪 90 年代中期开始流传的著述中，都具有一种强烈的人文主义的而不是宗教的倾向，利玛窦在其中插进了一些新名称，以及一种他希望在中国传播的新的核心概念：一位至尊之神的基督教思想。

在他的名为《天主实义》的著作中，利玛窦对其思想提供了一种更为广泛但并不彻底的解释。他至少在 1595 年就已开始撰写这部著作，此时他正作为一名文人在南昌，它于 1603 年在北京首次刊行。⑤ 通过一名中士与一名西士之间的对话形式出现，这部著作部分地基于利玛窦曾有的实际谈话。⑥ 通过交替运用天主、上帝和

① 斯彭斯：《利玛窦的回忆》，第 142、150 页。斯彭斯提及，利玛窦重提了从他所记起的高尚德的著作中的例子。参见德礼贤：《利玛窦〈交友论〉详注》，载《华裔学志》，第 15 卷（1956 年），第 366 页。

② 利玛窦：《交友论》，第 6、309 页。在一条注释中，利玛窦发现在印章体中，朋、友二字，涉及到成双成对的意象。

③ 斯彭斯：《利玛窦的回忆》，由基于利玛窦的第二节所构成，解释了如何运用技巧的方法。参见利玛窦：《记法》，第 4b—5b 页，重印于《天主教东传文献》（台北，1965 年），第 16—18 页。

④ 利玛窦：《记法》，第 1a、9 页。

⑤ 参见利玛窦：《天主实义》，道格拉斯·郎卡希尔和胡国祯译（圣路易斯，1985 年），第 19 页。除了翻译，这部著作还收录了一种中文文本的编辑版本；另一种二卷本的版本，则收录了被郎卡希尔和胡国祯所忽略的序言，见于李之藻《天学初函》。

⑥ 利玛窦：《天主实义》，第 61 页。参见第 16—17 页。在《天主实义》的对话与利玛窦 1608 年所撰的《畸人十篇》的对话之间，存在着一些重复的内容，在《畸人十篇》中利玛窦列出了几乎所有对话者的名字，并包括了徐光启和李之藻。

天帝的术语①,利玛窦为其上帝的存在而辩论,并认为上帝是天地的造物主与统治者,是永恒而不可测知的存在,是道德的源泉。敬崇天主,乃是道德的自我修养的惟一真正的手段,因为人的永生的灵魂将在死后得到评定。②利玛窦广泛地利用了经院哲学的论述以支持他的观点,并且驳斥了佛教徒、道教徒以及某些失误的儒家所主张的错误观念。在对话的结束处,利玛窦提出了耶稣的主题。"(天主)于是大发慈悲,亲来救世也。于一千六百有三年前,岁次庚申,当汉朝哀帝元寿二年冬至后三日,择贞女为母,无所交感,脱胎降生,名号为耶稣。耶稣即谓救世也。躬自立训,弘化于西土,复化归天。此天主之实迹也。"③除却这一段落,利玛窦并没有"深入探讨上帝在历史中的自我启示"④。利玛窦不是从信仰的神秘中展开讨论,而是让西士强调了他正是在"理"的基础上进行回应,"理"可能就是利玛窦大致上指他的"理性"一词。⑤对于他的西方听众来说,利玛窦在其中文著作中所表达的事情是十分明确的。"本书并不论述我们信仰的所有神秘,这些神秘只需要对教义问答和基督教徒作出解释,而仅仅是论述某些原则,特别是诸如能够被自然理性(ragioni naturali)所证明,以及被同样的自然之光(lume natural)所理解的原则。"⑥利玛窦并不要求其广大的士子听众,首先要相信他的学说,以便理解它们。他通过使他的学说与他们的学说相同化——至少在他们的学说误入歧途之前相同化,以便

---

① 利玛窦:《天主实义》,第56页,注6。利玛窦还解释说,在西方国家,天主被叫做陡斯,亦即 deus(神),第71页。

② 利玛窦:《天主实义》,第337、375、383页。参见利玛窦本人的描述,译见敦约翰:《巨人的时代》,第96—97页,引自利玛窦:《利玛窦文集》,第2卷,第293—295页,注709。

③ 稍改自利玛窦《天主实义》中的译文,第449页。

④ 利玛窦:《天主实义》,第24页。为此,郎卡希尔和胡被感动得把利玛窦的著作描绘为"一部前福音的对话"。

⑤ 利玛窦:《天主实义》,第71页。

⑥ 改自敦约翰《巨人的时代》中的译文,第96页,出自利玛窦:《利玛窦文集》,第2卷,第292—293页,注709。另见约翰·D.韦特克:《理解中国人》,第69页,收于罗南等:《东西方相遇》。

把差异减少到最低程度。他在其《天主实义》的导言中告诉他们说，当他来到他们的国家时，"窃以为，中土的尧舜子民及周孔的信徒们确实不可更改、玷污天理和天学。但即便在这里，它也是不可避免的"①。在这样的段落中，利玛窦所阐述的观点是，他的思想并非完全是新型的，在中国古代就已有先例可引的思想。他并非言不由衷；在此，他正假定中国曾出现过一种前基督教的自然神学。在于 1609 年写给巴范济的一封信中，他说："在古代时，他们也像我们的国家一样忠实地相信自然法则。1500 年以来，他们几乎从不崇拜偶像，而且他们所崇拜的偶像并不像埃及人、希腊人和罗马人所崇拜的偶像那样可以加以谴责……在最古老而权威的文人著述中，只有天、地及天地之主，才受到崇拜。我们一旦仔细检查这些著作，就会从中发现仅有极少的内容有悖于理性之光，而与理性之光相符的内容则多得多，而且他们的自然哲学也并不逊色。"② 在其中文著述中，利玛窦援引了许多中国典籍中的段落，特别是在《尚书》和《诗经》中的句子，在这些句子中术语"上帝"和"天"都被视为具有超常的、非人的能力的一种神（或诸神）的名称而在文中出现，神具有回应人类的祈请的能力。③ 对于愿意开始这样阅读此书的士子们来说，虽然这在经典文本占主导的氛围中并非完全正当，利玛窦准备继续着手指出，自古代以来就曾获得的启示与详尽的阐述的地方是在西土而不是在中国。

---

① 改译自利玛窦：《天主实义》，第 59 页。

② 冯图瑞：《利玛窦神父的历史著作》，第 2 卷，第 386 页。另译见于谢和耐《中国与基督教：作用和反应》（巴黎，1982 年），第 39 页，由珍妮特·劳埃德译为《中国与基督教的冲突：一种文化的分歧》（剑桥，1985 年），第 25 页。

③ 参见本杰明·史华慈：《中国古代的思想世界》（坎布里奇，马萨诸塞，1985 年），第 50—53 页。一些 20 世纪的评论家业已提及，利玛窦认为，基督教上帝的一个充分发展了的观念，已经在周初时期的经典文献中出现。在我看来，利玛窦正在讨论的是，在古代神学中存在着对真实的上帝理念的光照或预示。他正在利用古代语汇中他可以吸取的某些含义，但他却利用了经院神学的论点去论证神的特性，这种神的特性在中国典籍中并不是显而易见的，特别是万物创造者的那些特性，它的无所不能以及把它与我们的现象世界区别开来的一种本体论的立场。

另一方面，利玛窦引介给中国士子们的某些学问，却毫无疑问是新式的。几乎就在抵达广东不久后，他就认识到他们对世界地图具有一种引人注目的好奇心，那时世界地图正被欧洲的绘图者们所了解。从 1584 年起，世界地图的复制品被制作并流传，有时并没有得到他的允准。① 有关世界地图的评论与注释，其中有些由利玛窦本人所作，但其他则由具有鉴赏力的读者所作，这些评注都积聚于地图边缘，以及在表示海洋的空白处。南北半球的图像放置于地图的四角。地图被人们以木刻板的方式刊印了数次。1607 年刊印的版本，其尺寸为4.1×1.8 米。② 美洲在右边，而延伸到非洲的欧亚大地则在左边，中国，或者如它所标识的大明，则接近于中央。它显而易见只不过是一个比以往的中国人所知道的更为广阔的世界的一个部分。利玛窦可能就其如何旅行、旅行所花费的时间以及新地方的名称与独特景观，进行了详尽的描述。③ 它不仅扩展了地理学的视域，利玛窦正在教导人们说，地球乃是一个球体。

对于一个坚持认为地球本质上是由一个称之为天的苍穹所覆盖的即平又方的土地的文士，利玛窦提出了一个不动的、球形的地球，它位于一系列同心的球状行星的中心。④ 在《乾坤体义》中的第一篇文章（《乾坤体义》共分三卷，以利玛窦的名义于1614 年刊行）中，他描述天地的形状说："地与海本是圆形而合为一球。居天球之中，诚如鸡子黄在青内。有谓地为方者，语其德静而不移之

① 利玛窦:《利玛窦文集》，第 1 卷，第 127 页，以及第 207—212 页，注 262—263。
② 利玛窦:《利玛窦文集》，第 1 卷，第 207 页。在洪煨莲的论文中至少考辨了八种版本。见其《考利玛窦的〈世界地图〉》，《禹贡》，第 5 卷，第 3—4 期（1936 年），第 28 页，重印于《利玛窦研究论集》（香港，1971 年），第 94 页。
③ 对于这张 1602 年版的地图的重印本，参见《利玛窦〈与万国全图〉》（北京，1936年），并参见德礼贤《利玛窦神父的中国地图》（梵蒂冈市，1938 年）。有关这张地图的一种简便的摘要，见于陈观胜《利玛窦对于中国地理学知识的贡献与影响》，载《美国东方学会学报》，第 59 卷（1939 年），第 325—359 页。
④ 参见彼德森:《西方自然哲学》，第 298 页。

性，非语其形体也。"① 利玛窦解释说，在他前往中国的途中，他如何必须经过非洲赤道的最南端，因此他是在与中国正相对的地球的另一面。他使其读者们确信一个人看到的天是在头顶上，而不是在下面。"故谓地形圆而周围者，皆生齿者信然矣。"② 利玛窦同样坚持，当他阐述 11 颗环绕着的球形之天的大小与运行速度时，他说在这些球形之天上，行星与恒星都在不动的、最外层的球体中运行。他坚持认为，只有四种元素（四元行），而不是像中国的一些著者所坚持认为的五种元素（五行），他描述它们有着冷、热、干、湿四种特性，他坚持认为造物主在创造宇宙的最初混沌中就把它们区别开来了。③

西方数学作为一种有用的学问的典型是具有吸引力的，这种学问似乎在"理性"的基础上可以普遍被人接受，然而，它在那时也同样仍不为中国人所知。④ 利玛窦早在 16 世纪 70 年代初期，就曾在韶州教给瞿汝夔一些数学与几何学的知识⑤，而这正是他在北京所讲论的一个常规话题。可能是在徐光启的鼓励之下，利玛窦与徐光启于 1606 年至 1607 年着手翻译欧几里得的《几何学》的最初六本著作，其版本是曾为利玛窦在罗马的教授克里斯托芬·克拉维斯（克劳）编排的。他们的翻译程式是由徐光启记下利玛窦从拉丁文口译的中文。他们进展很快，但漏译了一些部分，他们的译作于 1608 年以《几何原本》之名刊行。⑥ 在其序言

---

① 利玛窦：《乾坤体义》，重印于《四库全书珍本》，第 1a 页，戊集（台北，1974 年）。这篇文章最初出现于地图上。
② 利玛窦：《乾坤体义》，第 2ab 页。
③ 利玛窦：《乾坤体义》，第 5a—6b、10a—13b 页。
④ 譬如，我们应注意到，徐光启在其为数学著作所撰写的序言中，经常提及中国历史上古代先驱者们都表明了对于这些著作中的论题的兴趣和知识。
⑤ 利玛窦：《利玛窦文集》，第 1 卷，第 297—298 页，注 362。
⑥ 利玛窦：《利玛窦文集》，第 2 卷，第 356—360 页，注 772。在第 358—359 页上的一条注释中，德礼贤简要地提到了这六部翻译著作的内容。更详尽的叙述，涉及到有关前言材料的翻译，是见于德礼贤《欧几里得中文主要译作在中国的出现》，载《华裔学志》，第 15 卷（1956 年），第 161—202 页。对于利玛窦的数学训练的简要说明及克劳维斯对于数学对耶稣会士的重要性的观点，参见斯彭斯：《利玛窦的回忆》，第 142—143 页。

中，徐记载了利玛窦曾告诉他说，如果欧几里得的著作不翻译，那么其他著作（特别是有关天文学的著作）就不可能被理解。[①] 其他涉及到数学知识的著作，也被译成中文，并得以刊行。有一篇讨论星盘的短文，于1607年刊行。利玛窦有时直接称它为《球》，而其中文标题则为《浑盖通宪图说》（二卷）。它源自于克劳维斯1593年的著作，其内容是有关利用一个天体球体模型和一个星盘，以测量天体物体的位置。[②] 一部有关算术的著作同样基于克劳维斯所撰写的一部题为《算术训练》的著作，与李之藻共同翻译，并在利玛窦去世后的1613年刊行，题为《同文算指》。[③] 这部著作一开始涉及到了算棍和算盘的使用，然后解释了西方人如何增加纵列数字、乘方方法等等。它使用中国的数字，而不是在欧洲流行的所谓阿拉伯数字。《乾坤体义》的第三卷解释了平面几何学和球面几何学。因此，利玛窦有助于把西方数学技巧作一个可靠的介绍，使中国的读者们可用于理解并解决天文学上的难题。

潜在的理想是，当一个人学习几何学与三角学，并运用这些技巧去分析天体现象时，他同时也学习到了宇宙（天地）的构造，就像利玛窦所教导的那样；而且当一个人根据这一结构接受思考时，他还可能接受一个前提，即宇宙是由一位造物主（天主）创造的。这些确切的关联，由利玛窦的一位同时代人，以比利玛窦更能容忍的方式简明扼要而确切地作出了。由于深受新柏拉图主义的影响，约纳斯·开普勒于1610年致信给伽利略，当时伽利略的著作《恒星的信使》刚在威尼斯出版。开普勒宣称："几何学是完整和永恒的，它闪耀着上帝之心的光辉。人们分享几何学的知识，是人反映着上帝的形象的理由

---

① 徐光启：《序》，第2b页，见利玛窦：《几何原本》，收于《天学初函》，李之藻编，第4卷，第1924页。参见利玛窦：《利玛窦文集》，第2卷，第356页，注7。

② 参见利玛窦：《利玛窦文集》，第1卷，第128页；第2卷，第174—177页。另见斯彭斯：《利玛窦的回忆》，第148页。原本收入《天学初函》，李之藻编，第3卷。

③ 利玛窦：《利玛窦文集》，第2卷，第175页。原本收于李之藻：《天学初函》，第5卷。"同文"似乎指恢复早些时期的中国数学语汇而用于外来内容。参见利玛窦：《利玛窦文集》，第2卷，第175页，注2。

之一。"① 如果一个人接受存在着的一个造物主，那么他就开始理解天主的一种属性，而利玛窦当时正准备阐释上帝的其他属性，其中包括天主的存在乃是道德与拯救的根基。这正是利玛窦在北京活动之动机的更深层的证据，是其真理的确证性知识的基础，也是其人格力量的源泉。这一理想有时得到了实现；瞿汝夔和李之藻二人都是最先被利玛窦学说的"其他"部分所吸引的文人，并继而皈信为基督教徒。这一知性过程，曾在冯应京（卒于 1607 年）于 1601 年为《天主实义》撰写的一篇序言中被提及，而冯本人却并未成为一名基督教徒。"利子周游八万里（来到中国），高测九天，深测九渊，皆不爽毫末。吾所未尝穷其形象，既已穷之有确据，则其神理当有所受，不诬也。"② 数学与天文学作为天学的两个方面，在我们称之为科学和宗教之间没有明显的界线，其可靠性却增加了利玛窦"神圣信仰"的可信度。

对于利玛窦来说，他深切地认识到，他正在顺应时势地利用西方文化的这些其他方面，以树立他作为一位有识之士的声望。这既是吸引对其信仰感兴趣的文人的手段，同时也是为他及其同侪增加在中国传教机会的手段。在 1605 年春写给罗马的一封信中，他说："由于我的世界地图、时钟、地球仪、星盘以及其他我所制作并教授的东西，我已经获得了作为世界上最伟大的数学家的声誉，而且不用任何星占术书籍，在一些葡萄牙人的星历表和目录的帮助之下，我就能够比他们（即他的中国主人）更为准确地预测日食和月食。"③（1598 年，利玛窦没有结果的首度北京之行，是受到了一位礼部官员的帮助，他认为利玛窦在历法改革中将会有所助益）在同一封信中，他说他数年来一直在提出一个未被注意的请求。"没有

---

① J. 开普勒：《论〈恒星的信使〉》，J. V. 菲尔德译《开普勒宇宙论中的星占学》，收于《星占学、科学与社会》，帕特里克·柯里编（伍德布里奇，萨福克，1987 年）

② 冯应京：《天主实义序》，第 3ab 页，收于李之藻：《天学初函》，第 1 卷，第 363—364 页。参见利玛窦：《利玛窦文集》，第 2 卷，第 167 页。

③ 利玛窦致谭若望的信，收于冯图瑞：《利玛窦神父的历史著作》，第 2 卷，第 285 页，稍改自敦约翰《巨人的时代》中的译文，第 210 页。

比派遣一些精于占星术的神父或兄弟来到朝廷更为有利了。我说占星术士，因为在几何学、时钟和星盘方面，我是非常熟悉的，并有这些方面足够的书籍。但（中国人）制造它们并不多，他们研究行星的轨道和实际位置，计算日月食的时间，特别有人能编制星历表（即用以推算全年日、月、行星位置的表）……因此，我认为如果我说的这位数学家前来，我们就能把我们的表译成中文（我有此能力），而且校正历法将会提高我们的声望，使我们能更方便地进入中国，并确保我们能得到更多的自由和安全。"① 利玛窦在预知思想将如何发展方面，具有先见之明。尽管他有此请求，但在其有生之年，请求没有实现。

1610 年春，利玛窦死于北京，据称，他因活动过多（包括接见那年参加会试的许多士子）而被搞得疲惫不堪。② 那年他正处于作为一名西士的声望的巅峰。在由李之藻及其他人向皇帝奏疏后，皇帝恩准为利玛窦提供一处葬身之地。③《明实录》万历三十八年四月的简短地记载说："壬寅，赐西洋国故陪臣利玛窦空闲地亩埋葬。"④ 经过一些花招后，耶稣会传教士们在城墙外面占据了一处原先属于一名宦官的地产。这块狭而长的土地大约有 20 亩（或是 3 英亩），四周都有围墙，南边大半由超过 30 间房屋和厅堂构成，其中一座成为一个礼拜堂。⑤ 1611 年，利玛窦即葬于此处。

当然，天学的传播并没有与利玛窦一起结束。他曾指定龙华民（1559—1655 年）为其继任者，担任传教的监督。在利玛窦去世时，

---

① 冯图瑞：《历史著作》，第 2 卷，第 284—285 页，译文稍改自敦约翰《巨人的时代》中的译文，第 210—211 页。

② 利玛窦，《利玛窦文集》，第 2 卷，第 534—535、542 页；敦约翰：《巨人的时代》，第 105—107 页。

③ 裴化行：《利玛窦神父与当时的中国社会（1610—1611 年）》（天津，1934 年），描述了西方语言有关围绕利玛窦之死和葬礼诸事件的证据。

④《明实录》（1418 年至 17 世纪中期；1966 年台北重印），《神宗实录》，第 470 卷，第 8b 页（总第 8884 页）。"陪臣"是来自周代的一个术语，指从其他国家到周王国宫廷的官员，有时用于指称来自一个纳贡国家的官员。

⑤ 裴化行：《利玛窦神父与当时的中国社会（1610—1611 年）》，第 35—36 页。

在中国至少有七位来自欧洲的耶稣会士。庞迪我（1571—1618 年），他自 1601 年以来就随利玛窦留在北京，而熊三拔（1575—1620 年）也是在北京的耶稣会士；王丰肃（1568—1640 年）在南京；郭居静（1560—1640 年）在上海；阿尔瓦罗·费雷拉（1571—1649 年）和罗如望（1565—1623 年）在南昌；而龙华民则在韶州。[①] 有八位耶稣会兄弟是中国人，估计有 2500 名天主教徒。[②] 最具影响的是一批文人与官员，他们都是道学的同情者，或是皈依者。（原文如此。——译者注）

与天学相关的文士：三柱石

从利玛窦留居广东开始，文士们就表明了他们对从泰西所带来的学问的不同方面的兴趣。作为对他们的兴趣的回应，利玛窦被引入涉及到他的以译介并刊印著作的过程。在利玛窦去世后，这一过程仍在继续。文士们协助其他耶稣会士出书，其形式有翻译、编辑，直至印刷，尤其为出版的书籍撰写赞同性的序言；此外，还采取了支付印刷费用的形式。文士们还撰著并刊行了他们自身的与西学有关的著作，并形成了集成，与那些以传教士的名义出版的著作一道，在明朝末期继续增长。

徐光启（1562—1633 年）乃是与西学相关联的最为杰出的文士，这不仅在其同时代人的眼中是如此，而且在后来研究者的心目中也是如此。徐光启出生于当时上海的一个小镇，父亲从事经商，而母亲则来自于一个当地的士子家庭。徐在生活有时拮据的环境中长大成人，这种环境部分地归因于在其孩提时代在沿海地区破坏性极强的海盗袭击。当他 20 岁时，他通过了府试，但自 1582 年到 1594 年，他至少

---

① 敦约翰：《巨人的时代》，第 120、122、126 页。金尼阁和迪亚斯于 1610 年抵达澳门。对于耶稣会士的名字与日期的拼注，我沿用荣振华《在华耶稣会士列传（1552—1800年）》，耶稣会历史研究所丛书（罗马，1973 年），第 37 卷。

② 利玛窦：《利玛窦文集》，第 1 卷，第 289 页，注 4。哈利斯的著作曾讨论过这八位兄弟，载《利玛窦的使命》，第 147—151 页。

四次在南京乡试中都告落榜。就在这些年间,利玛窦正在广东安顿下来。[①] 1592 年,在他的母亲离世后,徐光启在广西的一个知府的家中担任他儿子的老师。[②] 在从江西南下的途中,徐途经韶州,造访了利玛窦在那里修建的一座天主教礼拜堂。那时,利玛窦正穿着他的儒服北上。徐与传教士郭居静一道在礼拜堂中进行了交谈,并看到了一幅耶稣的画像。[③] 1597 年,在聘请他为儿子们任教的那位官员的鼓励下,徐光启前往北京,在那里再次准备参加在秋天举行的乡试。他荣登榜首,不过他没能通过次年春天的会试。他带着作为一名举人的崇高荣誉,于 1598 年返回了上海,并且成为 1597 年主考官焦竑[④]的一位实际上的追随者。20 年来,大致上从 1582 年到 1602 年,徐一直都在为考试做准备,并撰写了数十篇阅读四书五经注疏的手稿。[⑤] 这正如他的友人于 1603 年指出,他孜孜求学的工夫一直强烈地关注于经典[⑥],并且继续作为一名不知疲倦的著作者和编撰者。但徐的生活即将发生转折。

当徐光启与利玛窦于 1600 年春天首次在南京晤面时,徐就曾听说过利玛窦及其世界地图。[⑦] 利玛窦回忆说,徐当时来去匆匆,只能稍稍听闻一点信奉"天地的创造者与万物的造物主"(即天主)的内容。[⑧] 在他们短暂的晤面后,利玛窦就再次踏上了北京之行。1603 年冬天,徐再次从上海来到南京。他拜访了当时正负责南京传教的罗如

---

① 梁家勉:《徐光启年谱》(上海,1981 年),第 33—53 页。另见王重民:《徐光启》,何兆武编订(上海,1981 年),第 5—8、14—15 页。有关徐光启生平的一个简短的概要,参见恒慕义:《清代名人录》(华盛顿,D C.,1943—1944 年),第 316—319 页。

② 王重民:《徐光启》,第 16—17、22—23 页;梁家勉:《徐光启年谱》,第 57—58 页。

③ 利玛窦:《利玛窦文集》,第 2 卷,第 253 页,注 681,这是有关这一事件的原始材料。参见梁家勉:《徐光启年谱》,第 57 页;王重民:《徐光启》,第 22—23 页。

④ 梁家勉:《徐光启年谱》,第 59—61 页。

⑤ 这些文章的题目,其中绝大多数已失佚,由梁家勉在《徐光启年谱》所列举,第 69 页。

⑥ 参见王重民:《徐光启》,第 24 页,

⑦ 徐光启:《跋二十五言》,收入《徐光启集》,王重民编校(上海,1963 年),上册,第 86 页。

⑧ 利玛窦:《利玛窦文集》,第 2 卷,第 253 页,注 681。另引见维尔特·彼德森:《他们为何皈依基督教?》,收于罗农等编:《东西方相遇》,第 143 页。

望，并表达了接受信仰指导的愿望。他阅读并记住了一本教义问答的中文手抄本和《基督教义》，后者可能是利玛窦《天主实义》的一个版本。他与罗如望讨论天主教义，并于10天后，徐光启就接受洗礼，教名为保禄。[①] 他返回上海，与家人共度春节，但随后即回到南京。他与罗如望同住，每天听弥撒。[②] 1604年春，徐前往北京，找到了利玛窦，并领受了圣餐礼。他再次参加并通过了会试，成为一名进士。在其从政之初，他被委任在翰林院任职，这为徐去发展与利玛窦之间的一种工作关系，提供了充分的机会。[③]

徐光启几乎马上就为利玛窦即将刊行的名为《二十五言》的小册子撰写了一篇跋。《二十五言》是选自2世纪的一位禁欲主义者埃皮克提图斯的教义。[④] 徐光启回忆了他与利玛窦之间的第一次接触，却并未直接提及他于前一年岁末的受洗。他写道，涉及到了每一个主题的利玛窦之学，其主要教义以持续不断而公开地以为上帝服务为主旨。利玛窦所说与所著的一切，都完全符合于忠君孝亲的训诫，与改善人心与世道完美相一致。徐承认，他首先感到疑虑，当一旦他逐渐懂得了解释，……他就开始服膺请事焉。[⑤] 徐还补充说，他曾对利玛窦谈及，利玛窦所携来中国的许多著作，都应该被翻译出来，当然这正是利玛窦想去做的事情。徐本人涉身译事，从1600年到1607年，当他处理完在翰林院的事务后，每天午后数小时，他都与利玛窦一同着手翻译《几何学》的中文版。[⑥]1607年，徐还与利玛窦合作，共同完成了有关测绘的一本小册子，名为《测量法义》，这是利玛窦早在10年前就已着手

---

① 利玛窦：《利玛窦文集》，第2卷，第254—255页，注682。见梁家勉：《徐光启年谱》，第69页；王重民：《徐光启》，第24页。

② 利玛窦：《利玛窦文集》，第2卷，第255页，注683。另引见彼德森：《为何他们成为基督教徒？》，第144页。

③ 利玛窦：《利玛窦文集》，第2卷，第308页，注714。

④ 参见克里斯托弗·斯帕拉丁：《利玛窦对埃皮克提图斯的著作的利用》，《格里高利》，第56卷，第4期（1975年），第551—557页。

⑤ 徐光启：《跋二十五言》，载《徐光启集》，上册，第87页。另参见彼德森：《他们为何皈依基督教？》，第145—146页。

⑥ 利玛窦：《利玛窦文集》，第2卷，第357页，注772。参见梁家勉：《徐光启年谱》，第81页。

进行的。^①当已经受洗的徐的父亲于 1607 年农历五月去世时，他们之间的直接合作被迫中断。徐辞去了他在朝廷中的职务，回到了上海。^② 当徐于 1610 年回到京城之前，利玛窦本人却已去世了。

徐光启继续参与天学。丁忧期间，他致力于《几何原本》与《测量法义》的出版，同时他还撰写了一篇论三角形的论文、另一篇比较西方测量法的文章，以及现存最早的测量方面的文字材料。^③ 1608年，他邀请郭居静从南京前往上海，并让人在他自己的住处附近修建了一座礼拜堂。^④徐还前往澳门考察那里的环境。

1610 年，当他抵达北京时，徐再次到翰林院任职。他还开始与庞迪我和熊三拔合作，从事与天文仪器和历法表的文本有关的工作。^⑤ 在一次 1610 年晚期的日食没有被钦天监的官员准确测量出来后，1612 年初，礼部的一道奏疏提议徐光启与李之藻（他正在南京工部任职）被安排与龙华民和熊三拔一道共同翻译有关历法的西方著作，以免差错变得更为严重。^⑥ 那个提议没有什么结果，但在 1612年，徐笔录了根据熊三拔口译的一整套基于西方的有关水利技术的思想与建议。在其前言中，徐光启写道，利玛窦曾鼓励过这个项目，而且他曾向熊三拔提议他们来完成它。^⑦ 出版时，取名《泰西水法》，共包括 4 卷，提议中有些是技术性的，而有些则是传说，（譬如如何选择井的位置），一卷回答了有关水利的问题，以及基于亚里士多德的四元素理论的解决方法；还有一卷谈到锅炉、蓄水箱的运水装置的

① 徐光启：《题测量法义》，载《徐光启集》，上册，第 82 页。如果利玛窦 1600 年在南京与徐光启相遇时就曾与徐讨论过测量法，这就削弱了王重民主张的说服力，王认为徐在与利玛窦打交道前对应用数学特别感兴趣，因为关于他早期惟一兴趣的证据就是他在 1603 年显然呈送给上海地方官的一套关于测量的解释。参见王重民：《徐光启》，第 22—23 页。

② 梁家勉：《徐光启年谱》，第 85—86 页。

③ 梁家勉：《徐光启年谱》，第 88、92 页。

④ 梁家勉：《徐光启年谱》，第 89 页。

⑤ 梁家勉：《徐光启年谱》，第 97 页。

⑥ 梁家勉：《徐光启年谱》，第 95、98—99 页，引自《明实录》。

⑦ 徐光启：《泰西水法序》，载《徐光启集》，第 67—68 页。两篇其他的序言也称赞利玛窦，参见王重民：《徐光启年谱》，第 99—100 页。

粗浅的图示和说明。熊三拔补充了一篇论基本要素的导论性的文章，以基本的假设展开了讨论：天主，即造物主，很久以前创造天地万物，就像大师工匠运用工具造宫殿。文章认为，造物主所利用的工具和材料，就是四种元素（地、水、风和火），如果一个人能理解它们，他就理解了天地万物如何成为一体的道理。[①] 同时，书中又把技术和自然哲学与至高无上的万能的神的宗教含义联系起来。在他本人为《泰西水法》所撰的序言中，徐光启从另外一种视域提出阐释说："余尝谓其教必可以补儒易佛，而其绪余，更有一种格物理之学，凡世间世外，万事万物之理，叩之无不河悬响答，丝分理解，退而思之，穷年累月，愈见其说之必然，而不可易也。"[②] 徐为西学东渐而进行论辩。

在他于 1614 年为《同文算指》撰写的一篇序言中，徐以一种不同的方式强调了上述立场。他像熊三拔那样运用工匠在修建宫殿中用工具与材料的相同譬喻（但没有提及造物主），以表明数学，即他称之为算术的实践重要性。据徐之见，从远古圣人直至唐代，数学有着一种重要的地位，但它在最近的数百年间（即自宋代以来）尤其衰落。对此，他提出了两个缘由。儒家哲学家们逐渐贬低世间实事，而妖妄之士则声称通过神数预知未来。因此，古代建设的有用的数学方法枯萎衰退，它们的著作，对文士来说，大多数失传了。但从 1 到 10 的计算方法却为所有的国家所通用，正如所有的人都有 10 个手指，并用它们来计数。徐写道，他的友人李之藻曾搜集过古代数学的遗产，并随后在北京和利玛窦及其同志共同合作，他们的历法和数学知识比汉唐以来留传的知识更为精密，并广泛得多。在阅读了李之藻为利玛窦所准备的手稿后，徐就与李一道共同比较了古代中国的方法与西方的方法的差异，结果发现它们之间是相互一致的。正是李之藻，当时结合了两大传统，并刊行了名

---

① 熊三拔：《水法本论》，第 1a 页，收入《泰西水法》，见于李之藻编：《天学初函》，第 3 卷，第 1549 页。

② 徐光启：《泰西水法》，载《徐光启集》，第 66 页。另引见彼特森：《他们为何皈依基督教？》，第 147 页。

为《同文算指》的著作。[1]

李之藻（1565—1630 年）是另一位与天学有关涉的著名文士。他出生于杭州，并于 1595 年通过了进士考试。他在数年后回忆说，当时他正在工部任职，"1601 年（万历辛丑），利氏来宾；余从寮友数辈访之。其壁间悬有大地全图，画线分度甚悉。利氏曰：此吾西来路程也"[2]。利玛窦记载说，李被地图上的国家与大陆的极大扩展了的地形所吸引，[3] 但李似乎对地球作为一个球体的新模式更加感兴趣。李回忆说，看到地图后，他为了证实利玛窦声称的地球的大小、地球的形状以及对其处于球形的天的中央的位置，亲自进行了计算。[4] 正如利玛窦所描述："由于他聪慧过人，他很快就掌握了我们有关地球的情况，如它的大小及球体形态、它的两极；还掌握了九个（同心圆）的天、太阳和星辰的相对于地球的广袤性以及其他知识，这些他人都是难以相信的。"[5] 李帮助准备了一张地图的扩大版，刊行于 1602 年，李撰写了一篇评注，其中他考察了中国先人们为球状的地球划分成度，如同行星苍穹的球体划分成度那样。他着重阐述了地球比以前所认为的更为广大的思想，认为圆形的天围绕着地球。[6] 据利玛窦所述："从我们之间所形成的这种亲密友谊，而且每当他的工作允许时，他都喜欢更多地学习这种知识。"[7] 随后的数年间，李之藻向利玛窦学习了有关西方数学和天文学的知识，其中包括制作并使用星盘和地球仪。他们于

---

① 徐光启：《刻同文算指序》，载《徐光启集》，第 79—81 页。
② 李之藻 1623 年为艾儒略《职方外纪》所撰的序言，第 1a 页，收入《天学初函》，李之藻编，第 3 卷，第 1269 页。另引见彼德森：《他们为何皈依基督教?》，第 137 页。
③ 利玛窦：《利玛窦文集》，第 2 卷，第 168 页，注 628。
④ 李之藻：《职方外纪序》，第 1b—2a 页，收于《天学初函》，李之藻编，第 3 卷，第 1270—1271 页。
⑤ 利玛窦：《利玛窦文集》，第 2 卷，第 170—171 页，注 628；另见于彼德森：《他们为何皈依基督教?》，第 137 页。
⑥ 李之藻在《利玛窦全图》（北京，1936 年）的中太平洋位置上的评注，参见彼德森：《他们为何皈依基督教?》，第 141 页。另参见利玛窦在 1602 年版的地图上为李之藻在刊印这张扩大版中所起的作用的介绍性评注。
⑦ 利玛窦：《利玛窦文集》，第 2 卷，第 171 页，注 628。

1607 年翻译了论述地球和星盘的一部著作，名为《浑盖通宪图说》。[1]
在其序言中，李之藻提出了一种扩展了的观点，认为在所围绕着的天
体中，地球是一个相对较小的球体。[2]

李之藻于 1607 年为利玛窦的《天主实义》，于 1608 年为其《畸人
十篇》，分别撰写了序言。在后者中，他写道，他认识利玛窦已近十
年，现在认识到，当他去做一件事情时，如果它与利玛窦的言论相一
致，他就知道应该去做，而如果不一致时，那么他就知道不应该去
做。[3] 大致在同时，利玛窦谈到李之藻时说：“他在我们神圣信仰的
方面，接受得非常好，并准备接受洗礼，如果神父们不曾发现他有妾
的缺陷的话；他答应让她离开家庭。”[4] 李之藻约在 1610 年休其小
妾，当时正值他病重之时。利玛窦数星期间日夜都陪伴着他，同时还
敦促李表明其信仰。李同意了，并受洗礼，教名里昂。他还为教会捐
献了一百两白银。[5] 他恢复了健康，但利玛窦却在那年与世长辞了。
李继续从事天学的工作。李于 1611 年春离开了朝廷，以照顾其患病
的父亲。回到杭州老家后，他邀请了郭居静和金尼阁到杭州与他会
面。他似乎把他父亲死后的“丧礼”委托给他们[6]，而他对他们的信
赖似乎促进了他的友人杨廷筠去学习他们宗教信仰的更多的东西。

杨廷筠（1557—1627 年）遇见郭居静与金尼阁时，他们正与李之
藻在杭州。杨廷筠 1592 年中了进士，他被任命为江西省吉安府的安福
县令，江西当时仍为倡导王阳明学说的讲学中心。[7] 那里的领导人物之

① 利玛窦：《利玛窦文集》，第 2 卷，第 173—178 页，注 631。

② 李之藻：《序》，载《天学初函》，李之藻编，第 3 卷，第 1711—1722 页。李并没有把利
玛窦的名字列为作者，仅把自己作为作者。

③ 李之藻：《畸人十篇序》，第 1a—2a 页，见《天学初函》，李之藻编，第 1 卷，第 101—103 页。

④ 利玛窦：《利玛窦文集》，第 2 卷，第 178 页，注 632。另见彼德森：《他们为何皈依基
督教？》，第 139 页。

⑤ 方豪：《李之藻研究》（台北，1966 年），第 29 页。另见彼德森：《他们为何皈依基督
教？》，第 139 页。

⑥ 参见彼德森：《他们为何皈依基督教？》，第 139 页。

⑦ 尼古拉·斯坦达尔特：《杨廷筠：晚明儒生和基督教徒的一生和思想》（莱顿，1988 年），
第 7—8 页。斯坦达尔特的著作是最详细，但并没有完全综合中国和西方的有关杨廷筠的
材料。

一是刘元卿（1544—1609 年），刘是一位 1570 年的举人，据称因其抨击时政，在惟一的一次会试中落第。他回到了安福，并于 1577 年在当地修建的一座书院任教。[1] 刘主张，"讲学无非是集同侪以明道德关系"，并主张"无讲，则学不明"[2]。杨廷筠与刘元卿熟悉，并与邹元标（1551—1624 年）相识，邹参与了吉水附近的书院的讲学活动。[3] 在担任监察御史时，杨于 1603—1604 年捐款并为东林书院的修建撰文，而且在随后的数年间，杨还参加了那里的聚会活动。[4] 当他在南京担任提学官时，他编辑了丘浚（1514—1595 年）《家礼》版本，据称《家礼》为朱熹所作。杨的序言与其他在江南的官员们的其他序言一道出现，其中包括数位东林书院的成员。[5] 这些年间，杨还与诸如松江的陈继儒（1558—1639 年）和董其昌（1556—1636 年）、嘉兴的李日华等艺术家们相交往。[6] 当杨于 1609 年称病从朝廷退职返回杭州时[7]，他成为那里讲学活动的活跃分子。在浙江巡抚的鼓励下，杨组织了一个称为真实社的研究团体，以宣传道学。[8] 与此同时，杨捐献了金钱和其他财物支持当地的佛教寺院和居士社团。[9] 居士佛教在当时杭州兴盛时，它由佛教僧人袾宏（云栖袾宏，1535—1615 年）所领导。[10] 1605 年，高攀龙前往杭州游览西湖时，他对杭州数位推崇袾宏及其著作的文人有所议论，尽管他抨击朱熹及既定的教义，以便倡导那种"异端"的佛

---

① 黄宗羲：《明儒学案》，第 21 卷，第 498 页。参见斯坦达尔特：《杨廷筠》，第 9 页。

② 稍改自斯坦达尔特的译文《杨廷筠》，第 10 页。

③ 参见斯坦达尔特：《杨廷筠》，第 111—112 页。

④ 斯坦达尔特：《杨廷筠》，第 35 页。

⑤ 斯坦达尔特：《杨廷筠》，第 46—47 页。其中一篇序言由方大镇（1558—1631 年），即方以智的祖父所写。

⑥ 斯坦达尔特：《杨廷筠》，第 26—31 页。李日华是 1592 年的进士，与杨同科，1604 年后仍未从仕。参见《明人传记辞典》，第 1 卷，第 826—827 页。

⑦ 斯坦达尔特：《杨廷筠》，第 12 页。

⑧ 丁志麟：《杨淇园先生超性事迹》（一个晚明的刊本收藏于巴黎的国家图书馆，编号为 3370），第 1ab 页。丁写道，这一陈述来自曾认识杨的艾儒略的口述。另参见斯坦达尔特：《杨廷筠》，第 52 页。

⑨ 丁志麟：《杨淇园先生超性事迹》。另参见斯坦达尔特：《杨廷筠》，第 40 页。

⑩ 参见于君方：《中国的佛教复兴：袾宏与晚明的圆融》（纽约，1981 年），第 76—87 页。

教教义。^① 杨似乎曾既有助于高攀龙于东林书院恢复道学训练的努力，同时也有助于袾宏致力于恢复佛教僧侣及居士佛教徒的戒律。杨具有广阔的视野，作为一名官员他处事得当，曾经参与当时最具影响的知识、艺术和宗教圈子，并且似乎在帝国最吸引人的城市之一中拥有充足的财富。^② 当他于 1611 年遇见郭居静和金尼阁时，杨乃是一个成功的文人，参与有组织的宗教追求。

更早些时候，杨就曾在北京与利玛窦结识，但没有被其学说所吸引。当他在杭州遇见那二位传教士时，他才被他们的学说所吸引，并且参加了他们的一系列讨论，甚至邀请他们卜他家中做客。杨渐渐地被说服，相信天主是天地的造物主，他受难，当他降临大地像一个人那样生活时，是为了赎回世上的罪恶；相信为天主服务，就需要服从宗教信仰所施加的道德原则与仪式规定。在把小妾送走后，杨于 1611 年农历六月受洗，教名马克，在他遇见郭居静和金尼阁两个月之后。他年满 55 岁。^③ 杨是追求天学的宗教方面的一个文人的主要典范。他相对地不关心天学的科学方面。他在 1614 年为《同文算指》撰写的一篇序言中说，不同于徐光启和李之藻，他不能理解利玛窦所教导的数学。^④ 相反，他撰写道德和宗教问题的作品，这实际上继续利玛窦的策略，即使来自西方的宗教教义与挑选出来的中国哲学传统相适应。

在他皈依数年后，杨校订了庞迪我名为《七克》（《要克服的七种罪》）的著作，该书完成于 1614 年。在其序言中，杨把耶稣会士的布道归纳为两个概念："曰钦崇一天主万物之上，曰爱人如己。"^⑤ 他提

---

① 高攀龙：《高子遗书》（晚明；1983 年台北重印），第 3 卷，第 25ab 页。另引见谢和耐：《中国与基督教》，第 37 页（英译本中第 252—253 页）。

② 参见斯坦达尔特在《杨廷筠》中的归纳，第 225 页。

③ 这一摘要引自丁志麟在《杨淇园先生超性事迹》中的叙述，第 4a—5a 页。参见彼德森：《他们为何皈依基督教？》，第 131—134 页；斯坦达尔特：《杨廷筠》，第 54 页。敦约翰：《巨人的时代》，第 114 页，指出杨氏受洗的日期为 1613 年，但早于金尼阁返回欧洲的那一年。

④ 杨廷筠，序言，第 1b—2a 页，《同文算指》，载《天学初函》，李之藻编，第 5 卷，第 2904—2905 页。参见斯坦达尔特：《杨廷筠》，第 53 页。

⑤ 稍改译自斯坦达尔特：《杨廷筠》，第 120 页。

及了在"吾儒"经典文本中表达相同思想的句子,如"事上帝"(《诗经》,第236篇),或"罪于天"(《论语》,3.13)。杨把庞迪我的道德规诫等同于道学(尤其是张载的《西铭》)中既有的词汇。在杨氏的摘要中说:"伏傲、息忿、解贪、防淫、远妒、清饮食、迷醒懒惰,于为善之七克。克其心之罪根,植其心之德种。凡所施爱,纯是道心。道心即是天心。"[1] 杨挥洒自如地把道德之学的语汇与由传教士们所倡导的天的存在的新意义联结起来。他正在逐渐形成把新思想与其本身的思想相结合的方法。

杨廷筠与李之藻和徐光启一道,后来成为广为人知的中国基督教的三柱石。他们对天主教及传教士们之间的相对晚期的信奉和支持,在1616—1617年将经受考验。

南京教难

自1611年以来,南京的传教日益兴盛。沈德符(1578—1642年)注意到,中土士人到处都在传授从西洋传来的思想,其中尤以南京为甚。[2] 王丰肃是南京的监督者,在他的指导下,在由李之藻出资购买的一处房产的西侧修造了一座教堂,平信社团因出于慈善与学习而被组织起来,皈依的人数增加了。[3] 然而,传教士们却开始遭受来自两个方面的排挤。在日本的大主教卡瓦略(1559—1630年),为躲避当时正在日本进行的对基督教的严厉查禁,于1614年前往澳门。他具有监管在中国的耶稣会士的权力,并于1615年,他命令他们停止传授数学,并拒绝参与任何朝廷进行的历法改革。(这个命令直接针对在北京的熊三拔和庞迪我)。取而代之的是,他们都将集中于布道。[4] 可能是回应卡瓦略的命令,王丰肃更加强调了在南京教区的布道,并且强调吸引更多的公众关注教会活动,以此作为吸收更多的皈

---

[1] 改自斯坦达尔特在《杨廷筠》中的译文,第121页。

[2] 沈德符:《大西洋》,在其《万历野获编》中(1619年;1980年北京重印),下册,第784页。

[3] 敦约翰:《巨人的时代》,第121页。

[4] 敦约翰:《巨人的时代》,第123页。

信者的一种手段。[1] 与此同时，沈潅（卒于 1624 年），于 1615 年作为南京礼部侍郎走马上任。[2] 像杨廷筠一样，沈是杭州人，也是一位 1592 年的进士。他们两人之间想必应该相互认识。沈曾在翰林院任职，他于 1621 年至 1622 年回到北京任大学士，可能与魏忠贤结党。在他抵达南京后那年，沈就开始了一系列的上疏，在这些奏疏中，他提出驱逐外国的传教士，惩治其追随者，并压制天学活动。这是自利玛窦离开广东后，对于基督教徒来说最为严峻的危机。

1616 年夏，沈潅送呈了他的第一道奏疏，指名道姓地谴责在南京的王丰肃和阳玛诺，以及在北京的庞迪我与能三拔。[3] 他强调说，他们都是外来蛮夷，他们的到来并不具有法律或其他理由，因此不应该再受到宽容。他们也许声称他们都已经到了中国，并且已经同化（即成为中国人），但他们都称其国家为大西洋，这就与我们的大明相提并论；而且他们称其教义为天主教，这与帝国诸如天王、统治天下的天子之类的名词的涵义相悖。尽管他曾意识到利玛窦以及其他在北京的耶稣会士的出现，但沈却说，当他抵达南京时，他发现这些蛮夷们已经吸收了普通百姓中的大批居民，而且甚至有些有识之士都相信他们的学说。沈指控说，蛮夷们误导普通百姓背离他们对其祖先的礼义崇拜，而代之以崇拜天主。（在中国及其他地区的基督教社团中对利玛窦策略的批评者，指责社团宽容叛信者的祖先崇拜，这真是讽刺。）[4] 由于他们以救济和钱财奖赏引诱穷人们加入教会，因此，沈氏含沙射影地指出，在其组织努力的背后，必定存在着叛乱的倾向。在沈氏最后长篇累牍地论述西方蛮夷的历法知识和天体现象的知识中存在着同样的影射，因为这些知识通常是皇帝机构的特权。当得知他们曾于 1611 年受到礼部的荐举，参与修订计算帝国

① 敦约翰：《巨人的时代》，第 125 页。

② 对于沈潅生平的一个摘要，参见《明人传记辞典》，第 2 卷，第 1177—1178 页。

③ 沈潅的奏疏译文见爱德华·托马斯·凯利：《1616—1617 年南京的反基督教迫害》（哥伦比亚大学学术论文，1971 年），第 277—282 页。凯利的研究，作为对这一事件最为详尽的叙述，审慎地征引了中文和西方的资料。他收录了沈潅在《破邪集》中的奏疏的中文文本，该书由徐昌治编纂，最初于 1639 年编辑，但仅保存于日本，并重印于 1855 年。

④ 参见鲁尔：《孔子还是孔夫子？》，第 74—76 页；谢和耐：《中国与基督教》，第 247—252 页（英译本，第 181—185 页）。

历法的天文学基础时，沈氏强调说，他们的知识是不同的，而且是危险的。他试图展示他本人对于历法制作的传统知识。他特别指出，蛮夷们声称太阳、月亮和五大行星，各有其自身的天，都以不同的速度运行着，并与地球的中央各有不同的距离，这种主张，既不同于自古以来在中国就为人所知的有关天体模式的内容，同时也有违于在地球上只存在着一个主宰的类似的政治理念。

他的第一道奏疏没有得到皇帝的答复，沈氏于 1616 年秋初呈送了另一道奏疏。在这道奏疏中，他补充说，外国蛮夷们及其归附者们在南京举行经常性的秘密聚会，并声称他们在洪武皇帝的陵墓附近维持着一个居所，再次影射某些反朝廷的企图。他表示了他的担心，因为有些文士和官员们同情他们及其教义，包括他们的算术。[1] 虽然沈潅对于攻击传教士们的动机，依然有待于进一步推测[2]，但在他以及与他相一致的其他人所送呈的奏疏中所提出的理由有三个主要方面：他们都是外来蛮夷，他们的到来为法律所不允许，对于中国来说乃是潜在的危险；他们正在组织贫苦百姓，这些是社会的动乱者与潜在的反朝廷者；他们在文士当中都有其推崇者，这些人都导致分裂，显而易见都是离经叛道之徒。[3]

虽然与天学相关联的士子，并未在沈潅的奏疏中被指名道姓，但他们都意识到他们也受到了攻击。徐光启从一场病中康复后，于 1616 年农历七月回到翰林院任职[4]，第二个月，他就给在上海的家人写了一封信，信中告诉他们"西洋先生"已经受到了来自礼部的所呈送的奏疏的指控。徐称，他不清楚原因何在，更不明白沈潅为何突然

---

[1]　凯利：《1616—1617 年南京的反基督教徒迫害》，第 282—286 页。

[2]　凯利：《1616—1617 年南京的反基督教徒迫害》，第 108—123 页，考察了这个论据和某些推论。

[3]　在其对于沈潅的论点的讨论中，E. 泽克也阐述了三个主要方面：传教士们正在倡导"非道德的活动"，"怀疑政治活动和结社"和"在百姓中搞颠覆活动"。参见 E. 泽克：《1616 至 1921 年南京第一次反基督教运动》，收入《荷兰东方学报：荷兰东方学会会议纪要》，P. W. 佩斯特曼编（莱顿，1971 年），第 191 页。泽克指出，沈氏批判传教士们既影响了普通百姓，同时也影响了士子。

[4]　梁家勉：《徐光启年谱》，第 113 页。

攻击他们。他不能理解为何间谍的问题在传教士们在京城居住了 17 年之后又被人重提，但他从一名太监那里得到证实说，皇帝明白当时的形势。徐吩咐家人，把他们的住处的西厢房准备好，以备从南京来到上海的传教士们之用。[1]

徐光启，他在翰林院中任检校官的官阶比沈潅低，向皇帝送呈了他本人的一道长折。[2] 沈氏的第一道奏折，或是一个摘要，已经刊登于《邸报》上，徐在其奏折中对此曾明确提及。徐称，他熟悉从泰西远道而来的人的学问（他避而不用任何带有蛮夷之意的术语）。他曾与他们共同讨论他们的学说，并曾参与撰著、刊印他们的著述。他还曾验证过他们办法制作的方法，并曾为他们上过奏疏。因此，正如在沈潅的奏疏中所暗示的那样，他是那些相信他们的官员之一。如果"陪臣们"（这是在万历皇帝同意利玛窦在京城安葬的诏书中的词语）理应受到惩处，那么，徐含蓄地追问说，他又怎么可能躲避惩处。他指出，对于外国人在中国居住，曾有过许多历史上的先例；他特别援引了洪武皇帝聘请穆斯林（回回大师）翻译从阿拉伯国家传来的有关历法制作的著作的例子。虽然徐并没有补充说，一个穆斯林机构仍在钦天监继续设置着，但他的确注意到，为伊斯兰教礼拜而建立的清真寺四处遍布，而其经文却未曾译成中文，并接受检查（对于不道德的或是煽动叛乱的教义的检查）。徐强调指出，"陪臣"的学说与行为的每一个方面都是正确的，无可指责，并完全符合于圣人之道。他们的学问可以为儒家服务，并可用以救正佛教。徐称，他们并不是鼓吹社会的叛乱或是道德的败坏，而是鼓励所有人出于为天服务热爱人类的律令而行善。徐认为，对此的证据就是，西方国家中数百年来普遍的和谐相处。他建

---

① 徐光启：《第十一信》，载《徐光启集》，下册，第 492 页。

② 徐的奏疏以数个不同的版本存在着，《徐光启集》，下册，第 431—437 页。它译见于凯利的著作，第 294—302 页，及见于 E. G. 布瑞杰曼："徐保禄（即徐光启）的辩解，为了耶稣会士庞迪我等人而向明代万历皇帝呈送，庞迪我曾于万历四十四年七月［公元 1617 年（原文如此——译者注）］，受到了由礼部送呈的一篇奏折的指控"，载《中国博物》，第 19 期（广东，1850 年），第 118—126 页。

议说，皇帝不要遣送"陪臣们"离开中国，而应该把他们都召集到京城并加以考察，让人翻译他们的著作，让他们与诽谤他们的道教徒或佛教徒进行辩论，然后由能干的官员们加以评判。应该允许他们向士子与百姓们、向他们居住地的穷人和富人们传播他们的学说，并要求他们就其追随者们及其自身的行为作定期的汇报。如果他们做错了任何事情，他们当然应该被驱逐出境。在其奏疏的结束之处，徐附带地提及了改革历法的事情，这几乎是毫不相干的（这或许使人作出推论，让传教士们参与推算帝国历法的建议，正是这次事件的关键）。[①] 由于沈氏的攻击，徐被迫从事于做自利玛窦以来传教士们就一直想做的事情:他为了让外来的基督教传播而请求得到皇帝的正式的批准。这在一年之前，即在 1615 年，王丰肃就曾再次敦促，试图从皇帝那里得到这种批准，但他却被徐光启等人所劝阻，理由是这仍然并不可取。[②]

当杨廷筠获悉沈㴶的第一份上疏时，他正在杭州过着退隐生活。根据耶稣会士的记载，他曾为他们而致信给他在北京的朋友们，并邀请传教士们到他的住处。不久后，郭居静、龙华民、艾儒略、毕方济与史惟贞（1584—1628 年）都得到了他提供的庇护。[③] 或许就在此时，杨撰写了一篇文章特别阐述了这种思想，即从西方国家传来的天主教，显然不能被理解为一种诸如白莲教之类的邪恶或异端的宗教（邪教）。他列举了它们之间所存在的 14 点不同之处，但这些不同之处似乎全都是根据他的第一点的发挥，第一点的不同在于，邪教引导人们行恶，而这种西方宗教只引导人们为善。[④] 杨建议说，这种西方宗教的教义可以经过仔细评析，以确定是否存在可能鼓励人行恶的内容，并且提出

---

① 徐光启:《辨学章疏》，载《徐光启集》，下册，第 431—436 页。
② 凯利:《1616—1617 年的反基督教迫害》，第 31—32 页；参见敦约翰:《巨人的时代》，第 120—121 页。
③ 凯利:《1616—1617 年的反基督教迫害》，第 39、191—192 页，来自于耶稣会士的资料。
④ 杨廷筠:《鸮鸾不并鸣说》。一个手抄稿本保存在梵蒂冈图书馆，重印于《天主教东传文献续编》（台北，1966 年），第 1 册，第 39 页。杨的文章译见于凯利:《1616—1617 年的反基督教迫害》，第 303—307 页。

安排二个人分别潜入这种西方宗教与白莲教，以便了解它们，并了解它们之间的根本差异。杨指出，西方人与士子及普通百姓之间长达 30 多年的接触，已经确立了诚实而正直的声誉，以此作为反对其批评者毫无根据的指控的证据。[1]

在徐光启和杨廷筠推荐的可能在朝廷上进行商议的复杂过程之前，更不必说在进行实施之前，沈㴶从北京礼部尚书方从哲（他不久就成为首辅大学士）那里得到了逮捕传教士们的权力。由于得到事先的提醒，就在沈氏派官员前往耶稣会士住处带走王丰肃之前，龙华民与艾儒略得以离开南京［另一位耶稣会士谢务禄（又名曾德昭，1586—1658 年）正在患病，暂时被关押在屋中］。起初并没有中国人被逮捕，但不久后，平信徒、传教士的仆从以及拜访过该住处的当地基督教徒全都遭到了逮捕。[2] 在北京，熊三拔和庞迪我，尽管名列于沈㴶的第一道奏疏之中，却没有遭到逮捕。庞迪我起草了一本小册子，为天主教及其信徒辩护，他将手稿寄往南京刊行，这可能使情形更加恶化。[3] 文稿被木刻，印了大约有 100 份，但在它们被分送之前，所有参与此事者全都遭到逮捕[4]，每个人都曾受到了数个月的拘禁、审讯和鞭笞，直到 1616 年末（或者西历 1617 年初），朝廷准备了一道诏令，后来颁布时命令将王丰肃、庞迪我及其同谋们押往广州，再遣送返回各自的国家。[5] 诏令中的基本理由是，作为外国人，他们对于国家安全构成了一种威胁，特别

---

[1] 杨廷筠：《鸮鸾不并鸣说》。杨氏让一或二个人安排潜入白莲教的建议（第 4a 页；第 45 页），使我相信，这是回应沈㴶主要影射之一的文章，杨之文撰写于 1616—1617 年，而不是撰写于 1622 年，如斯坦达尔特《杨廷筠》第 93 页所说的那样，这就是说，在重大的山东白莲教暴动期间，或者是此后不久。在 1622 年提出朝廷需要查明白莲教是否代表着一种危险，这必定是愚蠢的事情。在 1622 年的一封信中，正如曾德昭后来所说，徐光启提出了（杨氏的）天主教与白莲教之间的 14 点差异之处，这倒是非常可能的事情。斯坦达尔特怀疑，曾德昭在 1622 年是否误把徐而不是杨廷筠为原来提出 14 点区别的人。

[2] 凯利：《1616—1617 年的反基督教迫害》，第 45—51 页。

[3] 凯利：《1616—1617 年的反基督教迫害》，第 54、59—60 页。

[4] 凯利：《1616—1617 年的反基督教迫害》，第 60—64 页。

[5] 《神宗实录》，第 552 卷，第 1a—2a 页（第 121 册，第 10425—10426 页）。诏令译见于凯利：《1616—1617 年的反基督教迫害》，第 85—86 页。

是王丰肃曾牵涉到创建一种宗教以误导百姓。惟一说他们与士勾结的暗示,是提到更早些时候推荐庞迪我可以帮助历法测算的内容。[①] 曾经与利玛窦相识并推崇利玛窦的沈德符,评析了 1618 年或 1619 年所发生的事件。他把在由沈淮等人所送呈的奏疏中主要观点归结为"以天主教在留都(南京)煽惑愚民,信从者众";但他同时也指出,礼部曾奏请允许通晓历法的庞迪我等人参与对日月星辰的观测工作。沈德符补充说,蛮夷们将被驱逐出境,"若以为窥伺中华,以待风尘之警,失之远矣"[②]。

1617 年春,庞迪我和熊三拔离开北京,被押往广州。毕方济与龙华民,他们两人的名字在任何一道奏疏中都未曾被特别提及,则前往杭州与杨廷筠在一起。[③] 在南京,王丰肃与曾德昭被关押审讯,以核实他们作为外国人的身份,随后,在允许分还给他们未曾被没收充公的一些个人财产后,他们被关进了木槛,押往广州。[④] 大约有二十来位随他们一道被捕的中国人受到了审判,并受到了从强迫服劳役到被杖打后遣返原籍不等的判决处理。[⑤] 王丰肃、曾德昭、庞迪我和熊三拔被限制在广州境内,直到 1618 年,此时他们被送往澳门,可能是等船带他们回国。庞迪我不久后即死在那里,熊三拔于 1620 年也死在那里。王丰肃与曾德昭一直留在澳门,直到 1622 年他们可以重新作为传教士进入中国。从 1617 年到 1620 年,传教活动处于几乎停滞的状态,既没有新的著作刊行,也没有公开与文士交往的尝试。

重建天学

在南京事件逐渐淡化后,在徐光启、李之藻和杨廷筠的领导

---

① 凯利:《1616—1617 年的反基督教迫害》,第 85—86 页。
② 沈德符:《万历野获编》,下册,第 784 页。沈氏的报告乃是也出现于《神宗实录》中的材料的一个简明版。有关沈氏与利玛窦的谈话,参见第 785 页。
③ 凯利:《1616—1617 年的反基督教迫害》,第 88 页。
④ 凯利:《1616—1617 年的反基督教迫害》,第 91—94 页。
⑤ 凯利:《1616—1617 年的反基督教迫害》,第 99—103 页。

下，通过公开出版物和传教士们的公开作用，天学重新得以传播。万历统治的最后数年，徐光启在军事事务中日渐活跃，特别是京城附近的军事防御，以及在东北部抵御日益增长的满族威胁的防卫政策时更是如此。在仍于杭州过退休生活的杨廷筠和在扬州北部大运河畔的高邮仍为工部官员李之藻的合作下，1619年至1620年，徐光启安排了从澳门带来的四门火炮，以加强明代的防御力量。① 这暗示着耶稣会士将随火炮北上，以协助对火炮的用法给予指导。从1620年起，传教士们都先后离开了杨廷筠在杭州的住处。艾儒略前往山西。郭居静及随后的毕方济前往上海和嘉定，那里开放了一座新的教堂。曾德昭于1620年离开澳门前往杭州，较年轻的阳玛诺则于1621年抵达北京，而在数年以后，王丰肃则以一个新的中国名字前往山西传教。② 耶稣会士的主要敌人沈㴶于1621年被任命为大学士，而一场重大的白莲教起义则于1622年在山东爆发，这导致了再次抗议外国人的到来。但他们在沈氏于1622年离职后重新回到了京城。1619年，两位新到的传教士抵达澳门，他们是汤若望（1592—1666年）和邓玉函（1576—1630年）。两人特别熟悉天文学及其他西方科学，并于1623年与龙华民一道被派往北京。③ 另一位新抵达的传教士傅方济（1589—1653年）起初前往嘉定，随后则与李之藻一道留在杭州，李在1625年从朝廷离职。④

杨廷筠在重新恢复出版中起着主导作用。1621年，他刊行了他的名为《代疑编》的两卷本著作。这部著作编排的内容为弥格子（即杨廷筠本人）答复一位儒士所提出的24个问题，这位儒士表达了对由西士们带来的某些思想的疑虑。⑤ 杨讲述了亚里士多德模式的一个圆形的地球，每一面都由人类居住着，它处于有可见星体的诸同心圆

① 梁家勉：《徐光启年谱》，第132—133、138页；方豪：《李之藻研究》（台北，1966年），第157—167页。
② 方豪：《李之藻研究》，第167—171页；《明人传记辞典》，艾儒略条、郭居静条、毕方济条、曾德昭条和王丰肃条；敦约翰：《巨人的时代》，第187页。
③ 《明人传记辞典》，汤若望条和邓玉函条。
④ 《明人传记辞典》，傅方济条；方豪：《李之藻研究》，第205页。
⑤ 杨廷筠：《总论》，第1a页，《代疑编》，重印于《天主教东传文献》（台北，1965年），第495页。

星球的中央。他驳斥了作为由天主所创造的天文模式的对立面的佛教多重天概念。[1] 天主是万物的创造者,杨批驳了张载的理论,即认为万物是由单一的气(或粒子)构成的;也批驳了程朱的理论,即认为气的特殊聚集的理使万物成为现在的样子。他对朱熹的主张提出了异议,朱认为没有必要去考虑"创造"现象世界的某物(特别是主宰)的存在,因为万物都是"自然"地形成,没有任何外在作用的意图。[2] 杨廷筠认为,我们感觉的证据将说服我们,物质世界并非偶然存在,而只能是天主无所不能的结果,天主在七天内创造了天地。[3] 究竟宇宙是由外在的某物所创造,还是自动地形成的,这是传教士们的天学与宋代哲学家们所传授的道学之间的一个根本性的差异。

杨还阐释了无处不在的天主概念,它在西方国家中被称之为"陡斯(Deus)",在古代崇拜神庙中,它体现在教的经典文字中,而不是用一种形式或形状来表达。[4] 他描写了天主如何悲悯人类,人类从前曾具有内在的道德良知,但后来却失去了它;天主降临于大地,并现为人身,被称为耶稣,即世界的救主。[5] 杨谈到了玛利亚如何成为耶稣的母亲,谈到了耶稣被钉死在十字架上的事件以及十字架的含义,并且谈到了三位一体。[6] 杨指出,所有这些知识,都没有被包括在《五经》或《四书》之中,尽管它们确实包括了天的能力,以及对天的崇拜的思想。他强调说,内在于每个人身上的道德知识和道德行为能力,与其说是完全天生的,或者说是一个人的文化产物,倒不如说是由于天主的恩典或者说是馈赠。[7] 这种天的恩典的观念,虽说曾

---

[1] 杨廷筠:《总论》,第1章,第12a—15a页(第546—551页)。

[2] 杨廷筠:《总论》,第1章,第1a页(第503页)。第一个回答的部分内容译见于斯坦达尔特:《杨廷筠》,第111—112页。

[3] 杨廷筠:《总论》,第2章,第2a—3a页(第506—507页)。

[4] 杨廷筠:《总论》,第2章,第1ab页(第583—584页)。

[5] 杨廷筠:《总论》,第2章,第2a页(第585页)。这一段译见于斯坦达尔特:《杨廷筠》,第129—130页。

[6] 杨廷筠:《总论》,第2章,第3b—11b页。

[7] 杨廷筠:《总论》,第2章,第16b页(第614页)。斯坦达尔特:《杨廷筠》,第150—151、207页。对于这一点从杨的著作中提供了其他的例子。

出现于《五经》之中，但正如杨试图所表明的那样，它们并非是同一的。最后，杨在书中提出了几个他的回答，以缓和对于西士的来历、动机和学识的疑虑，始终明确地把其教义与佛教教义区别开来。

尽管所有这些都在努力把西学纳入中国的词汇和先例之中，或者加以调和，但杨直言不讳地指出了某些差异。在一部他死后刊行的著作中，他明确而简明地指出："（在中西方的典籍中）崇天与信天之说是相似的，然称实体之天与认理气为天（这是朱熹所教导的），却异于天必有一主之说。天主无声无息之论，及超越于人之视听言动之说乃是相似的，然伟大的天主降生于世并赎身救世之说，言教、身教和恩教（的不同阶段）之说，及恩教之后的道德比古代更为发扬之说，则完全不同于人们今不如昔的观念。"[1] 在其《代疑编》的绪论中，杨明确地表达了一个问题，即鉴于有这些相似之处，"吾儒"为什么应该关注这些思想，而不应像贬低禅宗佛教或公元 3 世纪的思辨哲学思潮那样，把它们贬为异端。[2] 他的著作试图阐明使文士读者们信服的一种答案。

杨氏的著作并非限于宗教教义，不过这是天学中最令他关注的内容。在他于 1620 年返回北京再次接受朝廷的任职后，他为艾儒略论述西方国家的教育制度的著作撰写了前言，这部著作名为《西学凡》。通过对科目的音译，艾儒略把在大学中的六门课程，以重要性的递升次序排列为修辞学、包括物理学和数学的（自然）哲学、医学、法律、教法和神学。他解释了在每门课程中的学习内容，以及它们在学生的在哪一个阶段进行学习。[3] 在其序言中，杨氏强调指出，在以中文刊行的天学著作的背后，尚有大量知识未被业已翻译出来的著作所穷尽，甚至未被最近用船运到中国的多达 7000 部著作所穷尽，而这

---

[1] 杨廷筠：《代疑续编》，第 1 章，第 2a 页，稍改译自斯坦达尔特：《杨廷筠》，第 207 页。

[2] 杨廷筠：《总论》，特别是第 1a 页（第 495 页）。参见《代疑续编》的开始，译见于斯坦达尔特《杨廷筠》，第 206 页，关于同样的问题，却更加尖锐地提出。

[3] 艾儒略：《西学凡》，收入李之藻《天学初函》，第 27—59 页。注意李之藻首次把这一文本收入集中。

些知识是中国长期以来一直所缺乏的。① 杨氏还为艾儒略在他进行的编校协助下刊行于 1623 年的另一部著作《职方外纪》撰写了一篇序言。此书共五卷，描述了亚洲、欧洲、非洲、美洲和四大洋，并附有地图，标明其国家以及其特点。② 在其序言中，杨氏再次重复了这一主题，即当我们面对这个广袤的世界及万物时，我们必须追问是谁或者是何物使它们如此存在。杨氏每一次都这样回答他本人的问题：是伟大的统治者、万能的工匠、无所不能的造物主。据杨所述，西士正把人们吸引到对天帝的一种更深的崇敬。③ 当然，含糊不清之处仍然存在。杨氏的老朋友陈继儒在其一篇纪念文章中写道，当杨于 1625 年从朝廷退职后，他返回杭州"讲学论道"④。这种陈述使杨氏不断声称新思想正在传播开来的说法黯然失色。

叶向高（1562—1627 年）乃是同情但从未被说服成为天学归附者的士子的一个典型。叶向高是福州府人，他于 1583 年年纪轻轻就获得进士功名。他在翰林院任职，并随后在南京国子监任职⑤，他在南京遇见了利玛窦，这可能是在 1599 年。年后，他作为礼部尚书和大学士前往北京任职，并从 1608 年到 1614 年，他任首辅大学士，有时是惟一的大学士。由于被他的以前的学生、后来于1620 年成为泰昌皇帝从退养中召回任为大学士，叶从 1621 年任职到 1624 年，当时魏忠贤与东林党人之间的冲突正愈演愈烈，他就辞职回乡。在他返回福州的途中，叶在杭州遇见艾儒略，并邀请他前往福州。艾儒略应邀前往，部分地由于叶氏的支持，他于 1625 年开始在福建的首度传教，并使数百人皈信。艾儒略一直留在福

---

① 艾儒略:《西学凡》，特别是第 1a—b、4b—5a 页（第 9—10、16—17 页）。
② 一个更详尽的论述见陆鸿基:《艾儒略的〈职方外纪〉研究》，载《东方学和非洲研究学报》，第 40 卷，第 1 期（1977 年），第 58—84 页。另参见彼德森:《西方自然哲学》，第 306—307 页。
③ 杨廷筠:《序言》，特别是艾儒略《职方外纪》第 5 页（第 1296 页），收入李之藻《天学初函》，第 3 卷。
④ 陈继儒，引见梁家勉《徐光启年谱》，第 153 页。
⑤ 参见《明人传记辞典》，叶向高条。

州，直到他于 1649 年去世。[①]

当他于 1624 年离开北京时，叶向高为杨廷筠的小册子，即一部从未刊行的论十诫的著作，撰写了一篇赞同杨的序言。[②] 他评述了这些大西来的人的学识如何精深，以及他们如何为敬奉天树立了一个典范。虽然注意到了杨氏在追求他们的教义中的虔诚，但叶氏同时也发现他们的学说内容对于某些人来说可能是异想天开的，甚至可说是对佛教的一种改善。在叶氏看来，"许多文士和官员都曾随他们学习，但几乎没有人如此深刻地尊崇他们，并如此全身心地相信他们，以至于认为他们已经真正发现了人的本性，并且解决了生死问题"[③]。1627 年春，叶向高从福州附近一个县的老家对福州进行了一次访问。艾儒略拜访了他，在第二天，叶对艾儒略作了回访。艾儒略随即刊行了这两天来他们就天学问题所展开讨论的谈话记录。[④] 艾儒略当然关心把其教义与佛教区别开来，并坚持认为有一个独一无二的造物主，即天主。由于他是刊行这部著作的人，所以在表述时被设计为对疑问或反对意见的解释，就像杨廷筠的《代疑编》一样。叶的问题似乎是他本人的问题，但它也代表了其他士子可能问的问题。[⑤] 在聆听了艾儒略的理论，即认为"有一个天地万物的造物主并统治着天地万物"后，叶氏想了解在天地存在之前，怎么可能出现天地的主人，即天主。[⑥] 艾儒略认为，"所以然"必须先于"其固然"（结果）。[⑦] 争论的问题是宇宙必须是由其外部的某物所创造，还是在其内部的自然过程中产生。当叶向高指出宋代的太极观念先于存在，并负责从地中分离

---

① 参见《明人传记辞典》，艾儒略条，及敦约翰：《巨人的时代》，第 189—192、259—261 页。
② 叶的序言译见陆鸿基：《生死大事：1627 年福州的一次学校谈》，载《东西方相遇》，罗南等编，第 201—202 页。
③ 稍改译自陆鸿基：《生死大事》，第 201 页。
④ 艾儒略：《三山论学记》（1847 年版），重印于《天主教东传文献续编》（台北，1966 年），上册，第 419—493 页。艾儒略描述了这两次会面。第 1a、435、7b、448 页。这次谈话是陆鸿基在《一个生与死的难题》中的论题，173—206 页。
⑤ 陆鸿基：《一个生与死的难题》，第 176 页。
⑥ 艾儒略：《三山论学记》，第 4b、442 页；陆鸿基：《生死大事》，第 187 页。
⑦ 艾儒略：《三山论学记》，第 4b、442 页；陆鸿基：《生死大事》，第 187 页。

出物理之天的过程时，艾儒略相当正确地坚持认为，太极观念并没有超越于理和气（粒子?），而且它们自身不可能有意识地创造某物。[1] 叶问艾儒略，这一外在的造物主是不是既创造善又创造了恶，这是一个在他看来发现了困难的问题。[2] 当叶在第二天重新开始提问时，他再次问到了恶的问题。如果万能的天主为了造福于人类而创造了万物，叶问道，那么为何他创造了长着毒牙而有毒的东西，它不仅毫无用途，而且还对人类有害?[3] 行善之人为何遭受伤害? 艾儒略回答说:"造物主之道深不可测，而人类的理智则是有限的。"[4] 为何善人受到伤害，而坏人反倒得以逃脱? 或者说，为何存在如此之多的坏人，而善人却如此之少?[5]（叶氏追问这些问题时，正是魏忠贤处于其权势的顶峰时期，并导致了叶氏所认识的东林书院的同盟者的惨死。）叶向高追问了有关邪恶的这些问题的其他说法，看起来并没有被艾儒略认为天主有其目的的回答所说服。叶氏还对艾儒略灵魂不死的命题、死后灵魂的天堂和地狱的存在、耶稣降临于大地、天主教在西方国家中的良好效果等等提出了疑问。叶氏的最终立场，仍是一种保持距离而有礼貌的立场，虽然艾儒略在最后记载说，叶氏表示对于这一新奇而陌生的教义将继续感兴趣。[6] 艾儒略没有机会与叶一道共同探讨这些思想，叶在那一年结束前就死了。

　　第二年，即 1628 年，另一位文士刊行了一本论述天主教义的小册子，此时他正在扬州府任法官。[7] 王徵（1571—1644 年）是陕西

---

[1]　艾儒略:《三山论学记》，第 5b、444 页；陆鸿基:《生死大事》，第 187 页。

[2]　艾儒略:《三山论学记》，第 6a、445 页；陆鸿基:《生死大事》，第 188 页。即使没有设定一个造物主，道学的支持者们曾经也为以下问题争论不休，即在世上存在恶和无序，他们认为这是由理的特点所决定。

[3]　艾儒略:《三山论学记》，第7b—8a、448—449页;陆鸿基:《生死大事》，第189页。

[4]　艾儒略:《三山论学记》，第9b—10a、452—453页;陆鸿基:《生死大事》，第190页。

[5]　艾儒略:《三山论学记》，第 11a、12b、445、458 页；陆鸿基，《生死大事》，第 191—192 页。

[6]　艾儒略:《三山论学记》，第 30a、493 页；陆鸿基:《生死大事》，第 196 页。

[7]　方豪:《王徵之事迹及其输入西洋学术之贡献》，载《文史哲学报》，第 13 卷（1964 年），第 39—40 页。

人，并非来自江南。[①] 他于 1594 年通过乡试后，在他于 1622 年通过会试之前似乎已九次落第。王在其前往北京的旅途中，知道了传教士。他提到阅读庞迪我刊行于 1614 年的《七克》。王受到如此感动，以至于使他放弃了他追求了 20 年的对佛教和道教的兴趣。他与于 1617 年被迫离开北京的庞迪我就这种新教义进行了多次讨论。[②] 王徵接受洗礼的时间并不清楚，但极可能在他与庞迪我交往之时；王后来写道，当他受洗时，他发誓不纳小妾，但在 1622 年通过进士考试后，他却屈从于他的父亲的要求。[③] 无论如何，在王于 1621 年为杨廷筠的著作《代疑编》所撰写的一篇序言中，公开表达了他对天主的信从。通过详尽阐述"信"（信仰）的主题，王写道，在其著作中，弥格子（即杨廷筠）为相信由西士所带来的东西提供了证据。[④] 可能于 1625 年居丧期间，王曾在陕西西安随金尼阁（1577—1628 年）短暂地学习过拉丁文。他们两人共同致力于撰写一部小册子，阐明罗马字母的系统用法，而不求助于其他汉字去注明中国字的发音。此书刻本刊行于 1626 年，名为《西儒耳目资》。[⑤] 当他于 1626 年在北京等候朝廷再次任命时，王遇到了耶稣会士龙华民、汤若望和邓玉函。基于与邓玉函的讨论，王徵于 1627 年翻译并刊行了另一部著作，名为《远西奇器图说》，其中包括机械与工具的木刻画。两部书都有意识地提出了先前在中国未曾知道的材料。[⑥]

　　当《畏天爱人极论》于 1628 年刊行时，新思想的话题在王徵本人对新信仰的阐释中被明确地提了出来。他提出的问题是，鉴于从古

---

① 对他的生平的一个摘述，参见恒慕义：《清代名人传》，王徵条。

② 王徵：《畏天爱人极论》（1628 年）（一个抄本保存于巴黎国家图书馆，编号为 3368），第 3b—5b 页。

③ 参见陈纶绪：《晚明社会与耶稣会士》，载《东西方相遇》，罗南等编，第 171—172 页。

④ 王徵：《序》，第 2ab 页，见杨廷筠《代疑编》，收入《天主教东传文献》（台北，1965年），第 485—486 页。参见方豪：《王徵》，第 40—41 页。

⑤ 罗常培：《耶稣会士在音韵学上的贡献》，载《国立中央研究院历史语言研究所集刊》，第 1 期，第 3 卷（1930 年），第 274—275 页。

⑥ 王徵在《畏天爱人极论》（原文之注为"说"，改为"论"，下同。——译者注），第 2b页指出。

代传承下来的丰富多样的文献资料,王徵对此进行了长达 20 年的探究,为什么他却把它们摒弃了,而去"坚信西儒所谓的天主之教?"①用另一句话说:"为何简单地放弃已知者,却改信未曾知者?为何放弃传统学问而改信新学问?放弃近在眼前的学问,而改信遥远的学问?"王争辩说,这是一种古代的圣人们未曾有过的陌生学说,② 虽然他们,而现在则是我们中国人,懂得了畏天和爱人的思想。③ 为了回答这些(修辞学)的问题,王回顾他与庞迪我的讨论,然后用他自己的语言把陡斯(deus)或是天主的特性解释为无所不能、无所不知的物主,他必须受到他的创造物,即人类的崇敬。为了拯救他们忍受苦难的灵魂,人类必须行善而避恶;这样他们才可能进入大堂,避免堕入地狱。王徵没有提到耶稣,既没有提到他是一个人,也没有提及他是一个救主,也没有提到圣灵的概念。他的使命是在天主所提供的框架内进行道德的净化。在解释十诫时,他把它们归纳为两个主题:畏天和爱你的同类。④ 王由于他所管辖的军队于 1631 年在东北暴乱而遭到了弹劾并被流放,在以后返回陕西时,这似乎是他一直倡导的核心学说。王徵的著作为更为广泛的听众讲解,它更像是利玛窦的《天主实义》,而不像杨廷筠的《代疑编》。它遵循着在一种"自然宗教"的基础上展开讨论的策略,这种"自然宗教"在《五经》可以找到先例,但并不详细地提出这一启示性宗教的某些核心教义。王徵的著作为说服自己及其他需要成为有道德的人提供了一种精致而新型的理由。这正是王徵在他帮助罗雅谷(1593—1638 年)在陕西建立一座教堂数年后,于 1634 年建立一个从事善行的仁善会(仁会)的部分动机。⑤

　　1628 年更为重要的出版活动是由李之藻编辑的一部总汇的编纂。这部总汇称之为《天学初函》,它包括了到那时为止的绝大多数有关

① 王徵:《畏天爱人极论》,第 1b—2a 页。
② 王徵:《畏天爱人极论》,第 2a 页。
③ 王徵:《畏天爱人极论》,第 3a 页。
④ 王徵:《畏天爱人极论》,第 43b—44a 页。
⑤ 方豪:《王徵》,第 43、46 页。

803

天学的重要著述。① 李氏把总集划分为两个部分，标明为"一般原则
（理编）"和"具体现象（器编）"，每个部分都包含 10 个标题。在
"理编"的标题下，李收录了利玛窦论友谊的著作（即《友论》）、《二
十五言》、《畸人十篇》和《辩学遗牍》，这一部分收集了一些他撰写
的与批评者进行辩论的文字和谈话，还收录了庞迪我的《七克》；一
部由毕方济（1582—1649 年）撰写的论灵魂的著作，这部著作由徐
光启于 1624 年译成中文，并收有他的序言；以及艾儒略论欧洲教育
制度和世界地理学的两部著作。李之藻还收录了一篇短文，它论述在
西安最近发现的石碑（大秦景教流行中国碑。——译者注），石碑记
载了 8 世纪出现在唐都的（聂斯托里）基督教的情况。总汇的第二部
分由熊三拔和徐光启撰写的有关水利技术的著作，以及八部论述数学
和天文学的著作所构成。这些著作在不同程度上由利玛窦、徐光启和
李之藻撰写、编辑和作序，内容涉及几何学、数学、三角学、测量学
以及观测天体现象的新仪器。第二部分的第十部书是一部小册子，由
阳玛诺（1574—1659 年）撰写，最早刊行于 1615 年，名为《天问
略》。阳玛诺提供了亚里士多德宇宙论的一个概述，并补充了有关近
来发现的一个报告，这些发现是通过利用（伽利略制作的）一架望远
镜，观察有关木星的卫星、土星的光环、太阳的斑点以及肉眼无法观
察的无数星星的存在才取得的②（一部由汤若望撰写刊行于 1626 年
的有关望远镜的小册子，没有被李之藻收录）。③

　　李之藻收选的书名，虽然似乎偏向于与他有关的著作，但体现了
天学作为它在晚明时期长达 30 年间对士子受众所展示的广度。它们
从宇宙学到技术学，从几何学到地理学，从伦理学到末世论，两大部

---

① 方豪指出，如果约 20 部著作未被李之藻汇集与重刊，它们可能已经佚失，因为它们更早的
版本已不存在。参见方豪《李之藻辑刻〈天学初函〉考》，介绍了李之藻编纂的《天学初
函》（1628 年；1965 年台北重印），第 1 页。梁家勉在《徐光启年谱》第 180 页中，认为
《天学初函》刊行于 1629 年或 1630 年，而不是 1628 年，1628 年是撰序的日期。

② 阳玛诺：《天问略》，第 43ab 页，见李之藻《天学初函》，第5册，第2717—2718页。参见
礼贤：《伽利略在中国》，卢福斯·苏特尔与马修·塞亚塞亚合译（坎布里奇，马塞诸塞，
1960年），第8页；彼德森：《西方自然哲学》，第 298 页。

③ 参见德礼贤：《伽利略在中国》，第 33—34 页。

分相互关联,并相互包含。即使歧义多种,但它们都通过施诸于天这个词的新意义而全都关联起来。在其序言中,李之藻解释说,汇辑使这些著述易于获得;它们传达了"所谓最初、最真、最广之教,圣人(即孔子)复起而不易也"[①]正是这种宽泛的学说,即天学,而不是天主教教义,才是传教士们所主要关注的内容,对士子来说,天学体现了知性的一种不同选择。出现于崇祯统治(1628—1644年)初年的《天学初函》体现了天学作为相互连贯的、可实践的一套学说的特性。

为皇帝服务的天学

新皇帝于1627年的登基,提供了一种新的政治环境,它使增强天学的合法性成为可能。徐光启自从他于1621年称病乞养以来,一直过着退休生活,于1628年正月重新回到礼部任职。[②] 1629年农历五月,一个机会不期而至,当时在华北发生了一次可见的日食。徐光启对可在北京看到日食的时间提出了预测,结果比钦天监所作的预测更为准确。[③] 礼部为此作了一个消极性的辩解,说推算天文乃至历法大事的制度已有260年未作修订,于是它建议应该建立一个历法改革的新机构,并提出徐光启、李之藻、邢云路、范守己(1542—1611年)(以上四人都曾于1611—1612年被同样提名)及其他具有相关特长的人被指派为新机构的成员。人们注意到,庞迪我与熊三拔二人早在20年前亦曾被提名,但他们现在都已去世,而龙华民、邓玉函则被提名替补,而成为可以参加的西方外国人。[④] 皇帝采纳这一建议,

---

① 李之藻:《题辞》,第1b页,见《天学初函》,第2页。

② 梁家勉:《徐光启年谱》,第142、158页。

③ 参见徐的奏疏。徐光启:《徐光启集》,第319—322页。根据《大统历》、《回回历》和新法推算日食初亏、食甚和复圆的时间,在英文版第323—324页上的一条注释中列举出来。

④ 梁家勉:《徐光启年谱》,第163—164页;另见《明史》,第31卷,第529页。对耶稣会士们参与历法改革活动的最详尽的西方论述,当推裴化行的《汤若望的天文学百科全书(《崇祯历书》,1629年和《西洋新法历书》,1645年)。论克拉维斯、伽利略和开普勒对中国历法改革的影响》,载《华裔学志》,第3卷(1938年),第35—77、441—527页。

并于此年年末前颁布诏令，在 1621 年已被拆掉的首善书院的原址上，建立一个历法改革机构（历局）。① 李之藻尽管患病在身，但仍从杭州的退休状态中被召回，历局雇请工匠们制作精确观测天体现象所需要的仪具。② 在一份奏疏中，徐详述了历法体系中需要改革的 16 个方面，并且需要修造 10 种仪器，他强调了正确的理论与准确的观测相结合的必要性。③ 他还论辩说，历法改革将带来很多利益，包括更加准确地测量、推算、建构、地图绘制、计时，乃至医学实践（因为了解天象条件与病人健康之间关系的医生们，可以更加精确地调整用药和针灸疗法）。④ 邓玉函在数学与天文学方面训练有素。他曾在帕多瓦随伽利略学习，并曾于 1611 年在罗马被接纳为林赛科学院的成员之一；此年稍后，他加入了耶稣会。当金尼阁自 1614 年到 1618 年在欧洲各地游说，征集金钱、书籍以及参与预见到像在 1629 年所批准的这样一项工程所需要的专家，邓玉函应召到中国传教。邓玉函于 1619 年抵达澳门，1622 年到达嘉定，并自 1625 年以后一直留在北京。他不断从中国写信，向开普勒请教有关预测日月食的建议，并修正了欧洲对北京经度的星历表之见。⑤ 然而，在许多工作未竟之前，邓玉函和李之藻二人都于 1630 年去世。⑥ 徐光启随后荐举了罗雅谷（1593—1638 年）和汤若望（1592—1666 年）晋京。⑦ 罗雅谷从山西来，而汤若望则从陕西来，两个人都曾在陕西随王徵一同工作。⑧ 两人作为处理历法与天文事务的外国专家，都在北京度过了他们的余生。

由于人们皆知没有功名的外国人正被指派在朝廷任职，并因其历

---

① 参见梁家勉：《徐光启年谱》，第 147 页。
② 梁家勉：《徐光启年谱》，第 164、166 页。
③ 徐光启：《条议历法修正岁差疏》，见《徐光启集》，第 332—338 页。参见梁家勉：《徐光启年谱》，第 164—165 页。徐氏的要点也被收入《明史》，第 31 卷，第 530 页。
④ 徐光启：《条议历法修正岁差疏》，第 337—338 页。
⑤ 参见《明人传记辞典》，邓玉函条。
⑥ 梁家勉：《徐光启年谱》，第 172、174 页。
⑦ 梁家勉：《徐光启年谱》，第 173 页。参见徐光启：《徐光启集》，第 345—346 页。
⑧ 梁家勉：《徐光启年谱》，第 183 页。

法制作的知识而接受薪俸,其他人都想与他们竞争。1630 年,一位来自四川的生员由一名监察御史荐举为一位专家,他可以修正在计算历法的旧体制中的许多推算错误。徐光启通过揭露他的方法的缺陷,其中包括对以往体制的误解,及其预测上的不准确性,试图阻止他晋京。① 第二年,即 1631 年,一位名叫魏文魁的布衣百姓,他曾受到邢云路早在 20 年前对历法改革的尝试的影响。② 他所撰写的两部著作被送呈朝廷,以考查他对改进历法的准确性的主张。徐光启再次上疏批评,把魏的建议与以新方法对日月食时间的推算结果,以及对时代历法中至关重要的冬至日的时间推算结果进行比较。③ 布衣魏氏的主张几乎没有反对徐的权威的可能性,徐是一位大学士,并且是那年春季会试的一名主考官员。④ 三年来,徐光启送呈了一系列详尽的奏疏(其中有些附有图解),解释了日月食的预测,并再三地论证了新方法与新表格的数据的优越性,所有这一切都以一种显而易见的效果教育皇帝和朝廷,使他们了解与天学有关的新思想和西方专家的优点。到了 1623 年,汤若望和罗雅谷及其中国的合作者们,通过把他们研究的工作(部分地根据第谷·布雷的理论),已准备好向皇帝呈送 70 多卷的理论、方法和仪器的阐释,以及用以推测太阳、月亮的位置(对于至日和日月食)的更为准确的历表。他们还呈交了星辰的图表及五大行星的星历表。⑤

　　徐光启于 1633 年去世,然而,即使在失去了他们最强有力的辩

---

① 徐的奏疏,见于徐光启:《徐光启集》,第 359—361 页。参见梁家勉:《徐光启年谱》,第 176 页;《明史》,第 31 卷,第 531 页。

② 梁家勉:《徐光启年谱》,第 190 页,注 17。

③ 《明史》,第 31 卷,第 532—534 页;梁家勉:《徐光启年谱》,第 185—186 页。

④ 梁家勉:《徐光启年谱》,第 185 页。

⑤ 参见徐氏对提议的奏疏,见《徐光启集》,第 371—372、385—386 页。书名也在陆鸿基《天文学的百科全书》中列举出来,附录 5,第 443—444 页。历表与历书的提交至少持续到 1636 年。见于桥本敬造:《崇祯历书与科学革命的进程》,收于《亚洲的科技:薮内清教授祝寿文集》(京都,1982 年),第 370—390 页;另参见桥本敬造:《崇祯改历与徐光启的作用》,收于《中国科技史探讨:李约瑟博士八十寿辰文集》(上海,1982 年),特别是第 192—198 页。

护者，即所谓三柱石的最后一位之后，耶稣会士们仍继续从他们参与帝国资助的工程中获益。历局由李天经负责，一位由徐光启在他去世前不久提名的省级官员。[1] 李并不是一位基督教徒，而且他曾遭到汤若望的批评，因为他不是这个机构的强有力的倡导者。[2] 1634 年，随着徐光启的离世，魏文魁再次送呈他的对于历法体制的建议。这一次他被召入京，并为他在城东建立了一个历法机构（东局），以平衡耶稣会士为主导的设在城西的历局（西局）。两个历局继续与常规的历局（大统局）和设在钦天监的回回局进行竞争。[3] 譬如，1636 年正月，四批竞争者在一个晚上被召集起来，相互比较他们对于一次月食的预测的准确性。李天经带着罗雅谷、汤若望一起到场，另外还有魏文魁及来自钦天监和礼部的官员们。李氏对这次月食次数的数据，被裁定为最为精确。[4] 预测行星位置的西洋方法的优越性再次得到了证实。而李天经继续监管西局编制的历表以及其他著述。虽然并非所有的著作都以全文刊行，但到了 1636 年，历书、历表和弦图总计约达 137 卷之多。它们被统称为《崇祯历书》，满族的统治者则将之改名为《西洋新法历书》。在崇祯统治期间，历法被重修，但从未在西洋方法的基础上重新推算。[5] 汤若望于 1642 年关闭了西历局，而不是让它被钦天监接管，但在 1644 年，他接受了清朝的资助：被任命为钦天监监正，他和新方法在长达 20 年间未曾有竞争对手。[6]

17 世纪 30 年代期间，耶稣会士因促进天学而享有相对的安全。1637 年，共有 16 个传教区。全帝国约有数千名皈信者，但没有一个像徐光启、李之藻、杨廷筠那样出类拔萃。[7] 在福建，艾儒略出版了

---

① 徐氏的奏疏见于《徐光启集》，第 424—426 页。参见敦约翰：《巨人的时代》，第 222 页。

② 参见裴化行：《天文学百科全书》，第 453 页；敦约翰：《巨人的时代》，第 309 页。

③ 《明史》，第 31 卷，第 536 页。有些耶稣会士怀疑李天经曾随魏氏学习，并同情他；参见敦约翰：《巨人的时代》，第 309 页。

④ 《明史》，第 31 卷，第 541 页。

⑤ 参见《明史》，第 31 卷，第 543 页。

⑥ 参见《明人传记辞典》，第 1154 页。

⑦ 敦约翰：《巨人的时代》，第 309 页。

一部有关自然哲学的著作，名之为《性学觕述》，这部著作乃是基于加伦对于自然、生命和动物（与灵魂有关）精神的判别。[1] 艾儒略还撰写了另外一部简要介绍西方文化的著作，称为《西方答问》。[2] 在山西，王丰肃刊行传播亚里士多德式的宇宙观，称之为《寰宇始末》。大致在同时（1636—1637 年），汤若望出版了另一部周密的论述造物主的著作，称之为《主制群征》。[3] 但所有这些著作，与作为传教士们在中国继续存在的根基的在京城所做的有关历法的工作相比较，就显得相形见绌了。对此的标志是皇帝于 1638 年赐予罗雅谷和汤若望的御书铭文，铭文上有"钦褒天学"四个字，意为皇帝褒扬天学。[4] 这里的天学可能仅仅是指他们对天体现象的知识，但是它的接受者们想必愿意把它解释为适用于他们 40 多年来在中国一直教导的所有东西。

对于晚明时期的士子来说，代表着天学的著作汇编，至少具有三个主要的相关方面。首先，它提供了另一个文化传统的知识，这个文化传统在地理上距离甚远，并且在先前未曾为中国人所知。外族性和新奇性，对其崇拜者来说是明显的，并被其反对者所利用。但在晚明时期，它却被普遍地得到了宽容，而并不是简单地扫地出门。值得一提的是，在当时及随后的两个世纪中，抗议者及其著作在士子受众的评价方面，却没有天学的著作和支持者做得好。虽然，在清代时期，士子们不太感兴趣于了解外国文化，但许多新思想，特别是有关天文学及其他技术知识，却被吸收进了他们的著作，以及被他们收进了帝国资助的总集之中。传教士们并不总是在传授最新的欧洲思想（譬如，特别是哥白尼以后的宇宙观，这在欧洲尚未曾广泛地认识）。[5]

---

[1] 参见彼德森：《西方自然哲学》，第 308—309 页。

[2] 参见 J. L. 米什：《为中国提供一个欧洲形象：艾儒略的〈西方答问〉》，载《华裔学志》，第 23 卷（1964 年），第 1—87 页。

[3] 汤若望的著作被重印于《天主教东传文献续编》（台北，1966 年），第 2 册，第 495—615 页。

[4] 敦约翰：《巨人的时代》，第 310 页。

[5] 参见内森·西文对于某些明代的耶稣会士的著作所提出的宇宙论的摘要，《哥白尼学说在中国》，收于《哥白尼》（华沙，1973 年），第 76—82 页。

但它们实际上出版了 16 世纪末 17 世纪初高等学府中的主导学说的一个综合的样本。[①] 这是新型的,足以成为中国的所传下来的学说的另一个不同的选择。

其次,与此同时,汇编显示了其学说中的道德戒条与在中国传统中的戒条的相似性。它提供了广泛的哲学命题,它们与主导思想并不一致,这些命题都有着中国化的类似思想,因此,对读者来说,并非是难以想像的东西。例如,我们感受到的宇宙必定在由一个外在于天地过程的造物主所引起,这些提法也以不同的形式在中国传统中出现,尽管它们通常受到了贬低。道德之善的根本不仅在所有人的身上并有待于发现的观念,即使在晚明也有其支持者;虽然传教士关于道德的基础是出于主的恩典的说法与孟子的假设背道而驰,但外部力量是一切人共有的道德的基础的主张并不是不可想像的。因此,似乎不可以得出结论说,在"大观念"的平台上,或在可称之为普遍法则的基础上,中国人与欧洲人的概念乃是不可比较的,或者说在某些先验的前提上相互间不可理解。[②] 人们或许不愿同意存在于前基督教和非基督教的思想家们的一种"自然神学"的可能性,但注意到诸如莱布尼茨之类的启蒙哲学家轻而易举地认定在朱熹的"理"的概念中一种神性的一神论的意义,这是有启发性的。[③]

再次,总汇包括的思想需要有了信仰才能接受,它倾向于文化上的特殊性,而不是表面上的普遍性。例子有:作为一位历史人物在一个遥远的地方(从中国人观点来看)降生;死后得到永远的拯救的理念;或者是使西方的典籍优先于儒家传播的经典的思想。

士子们在很大程度上对于这三个方面都是敏感的,但他们都是在阅读天学的著述中意识到它们。一位名叫孙兰的学者,他曾向汤若望

---

① 参见彼德森:《西方的自然哲学》,特别是第 315—316 页。
② 谢和耐在一部雄辩性的作品中得出这一结论。参见他的《中国与基督教》。谢和耐提供了有关在晚明时期对耶稣会士的攻击的最好的评论,对此,他认为与在清代时期的情况没有什么不同。
③ 参见谢和耐所征引的例子,载《中国与基督教》,第 279—280 页(英译本,第 206 页)。

学习有关天地的知识,曾作出了一种典型的反应。在其评判中,"常谓西儒以七克为教,似近于孔门'克己复礼'之说。[1] 然接其人,聆其论,咸精于历数,合于制器尚象之旨;独膜拜天神,侈言天堂地狱,则异教也"[2]。故不可入。更一般地说,早在李贽时,没有一个人会指控他是一个心胸狭隘的文化保守主义分子,他就曾表达了他的惊异,认为利玛窦的目的可能是取代源自于周公和孔子的学问。[3] 当然,那正是天学的西方支持者们仍然希望去做的事情。他们都想让天学成为主流的学说,而不仅仅是"异端"。

(陈永革 译)

---

[1] 引自《论语》,第 12 章,第 1 页。

[2] 孙兰:《柳庭舆地隅说》,引见于谢国桢《明末清初的学风》(北京,1982 年),第 6 页。

[3] 李贽:《与友人书》,载《续焚书》,第 36 页。另见沈德符:《万历野获编》,第 783 页。

第十三章

明代的官方宗教

导　言

　　因为不相信存在一个超世的造物主和法则的制造者，使人类社会必须对其臣服以拯救自己，中国社会的成员认为，他们社会的兴衰取决它与包容它的宇宙的关系是否和谐。宇宙秩序被体验为正常地给予生命和维持生命，同时被体验为由广为人知的太阳、月亮及星辰和周期所控制。由星辰运行所决定的天文学及时间周期的重要性，具体反映在中国人的宗教中，它主张天体崇拜在所有其他崇拜中具有至高无上性。中国天文学的地极—赤道式理论构架，把宇宙的统治权设在北极地带，这被视为天廷的中宫。大地，与天相对应，以其丰饶多产为特征，在四季更替的规律下运行，在人类组织的共同合作下支持着农业和畜牧业。然而，大地作为人类的葬身之处，同时也是灵魂从生到死，以及从死到生的通道。因此，有了丰产的崇拜和祖先崇拜与大地的结合。人类以及动物灵魂死后的假想中的生存，在周代后期中国哲学出现很久之后仍允许神话诗般的想像，并在可见的现象世界背后，创造并保持着一个充满活力的无形世界。

　　被中国人视为神祇的无形世界的积极力量，人类可以通过举行祭祀和祈祷仪式而与之沟通；并且通过这些仪式，宇宙被理解为会作出反应。道德秩序，正如它可能最先由哲学家们所界定的那样，被反映到宇宙秩序上，然后，在人类事务中通过报应性审判的程序，以及在合法性权威的支持之下积极地保持着它。有人可能认为，在任何一个时期，有多少中国人，就有同样之多的世界观。但对于目前的目标而言，假设他们中这些世界观可被分组为相对同质的类型。除了在其他地方外，我们可以用以下的不同方式去理解世界：一种是关于其意义的争论的文字记载；一种是中华帝国官方宗教祭祀仪式的形式。官方宗教由祀典所界定。对于在帝国中被组织起来的所有中国社会阶层来说，上至帝国朝廷，下至普通家庭，从祭拜的场所、祭拜的仪式到参与祭拜者，都被详尽地规定。

佛教与道教都有其自身的经典，有其受戒的僧侣及其崇拜的场所。佛道二教之间的区别，佛道两教与官方宗教之间的区别，都得到帝国政府专门设置以管制它们的机构的明确规定，其措施是控制度牒及寺观的建设。在官方宗教、佛教与道教的正式规定的范围之外，还保持着大量分散的宗教活动。这些宗教活动，也许是个体的、家族的或者是社区的、教众的，或者是宗派的，不过佛教僧人或是道教徒通常都协助这些活动。这一大量特殊的范畴，其中大都被宽泛地概括在民间道教或民间佛教的名称之中，在此，将被称之为"民俗宗教"。

帝国政府的官员们被指望把这些民间宗教活动置于不断的审查之下，并在适当的场合，要么提出值得推荐的崇拜，把它们纳归于官方宗教的范围之内；要么甄别出可能颠覆国家或扰乱公共秩序的崇拜（特别是一种宗派类型的崇拜），对此，应加以镇压。处于这二个极端之间的宗教活动，都得到了官府的宽容。这些受到宽容的宗教活动，主要是对与自然现象相关联的神祇崇拜，或者是对著名人物或模范人物的神的崇拜。

在礼的更广泛范围的背景下，宗教意味着象征人与神之间的相互交换。在官方宗教中，这种相互交换关系，主要由伴随着祈祷者或宣称者的祭祀所构成。这些活动，通常以每年一度的循环在规定的时间内所举行，但重要的事件为增加仪式的举行提供了机会。专门的中央政府机构直接负责祭祀，包括礼部的祠祭清吏司与太常寺。两个机构都有着一般的制定政策和行政管理的职责。神乐观[①]，至少在名义上隶

---

① 这里的"观"，通常指一种道教建筑（参见下述所论）。

属于太常寺,则成为在京城所举行的更为重要的祭祀中所用的乐生与舞生们居住与训练的场所。重要的、但并非主要地参加祭祀的机构中包括钦天监,它提供每年一度的历法,这对于协调仪式与天文学周期的一致是至关重要的。钦天监还让皇帝得知表示吉凶的天体现象,对此需要皇帝有所行动。工部则根据礼部所提供的特殊要求修建祭坛与庙宇,而户部则提供由公共土地(牲地)为献给这一用途所饲养的祭祀的动物。①

表13—1列举了晚明时期(1540—1643年)在官方宗教中的绝大多数仪式和仪式种类。大祀,是指根据明太祖的法律规定的、应该由皇帝亲自主持的仪式。然而,实际上,在1540年后,皇帝们通常委派代表代理这一职能,甚至在祭天时都是如此。在帝国两京中的中祀与小祀,一般均由皇帝的亲戚、功勋贵族成员或者由文官(武官则主持军事仪式)所主持。州、府或县各级的祭祀,则由该级别的在任官员所主持。天、地、日、月四种郊坛,自1530年以后,分别坐落在北京城墙的东、南、西、北四边。另外,在宫城的南边、天坛的西边,是另一套祭坛,其中包括先农坛及天地诸神的祭坛。宫城的最重要的南大门是午门,在其东、西二侧,则分别是宏大的太庙和宏大的社稷坛。在宫城内有:嘉靖皇帝的帝室社稷祭坛;明太祖的祭奉先逝者的殿堂(奉先殿,即每日供奉帝室祖先的家庭祭祀场所);祭祀家庭守护神,即门神、户神、灶神、中露神与井神的五祀神龛。

帝国仪式划分为大祀、中祀和小祀三种类型,这多少有些含混不清。祭天和祭祀帝室的祖先,显然具有明显的重要性。这些仪式在朝廷中是时常发生、有时甚至是激烈争论的主题。社神和稷神的祭祀,则不太重要;而对皇地祇、朝日和夕月的祭祀无关紧要。在明初,虽然朝廷的祀典承认,在礼仪上皇帝们通常有义务亲自主持大祀,但他们只是在祭天时,或许在祭祀帝室祖先时,才坚持照办。大约从1540年起,甚至祭天也基本上被忽视了。

---

① 和田清:《明史·食货志译注》(东京,1957年),第1卷,第45页,注10。

表 13-1　　　　　　　　　　　　**晚明帝国的祭祀**

大　　祀

圆丘	祭昊天上帝	冬至日
方泽	祭皇地祇	夏至日
东郊	祭朝日	春分日
西郊	祭夕月	秋分日
太庙	祭祖先	正月、四月、七月、十月和十二月
太社太稷	祭太社太稷	二月与八月

中　　祀

帝社帝稷	（太社太稷祭的第二天）
太岁和四季月将	二月和八月
风、云、雷、雨	二月和八月
岳镇、海渎、山川	二月和八月
城隍	二月和八月
旗纛庙	八月
旗纛场	九月
先农	二月
天地神祇	八月
历代帝王	二月和八月
先师孔子	二月和八月

小　　祀

祭司户	正月
祭司灶	四月
祭司雷	六月
祭司门	七月
祭司井	十月
祭司马	二月
祭泰厉坛	四月和十月

北　　京

真武庙	正月初一、皇帝生日、三月初三、九月初九、每月初一与十五
东岳泰山庙	皇帝生日与三月二十八
京都城隍庙	皇帝生日与三月二十八
关羽	关羽生日与五月十三
在灵济宫的徐知证和徐知谔	正月初一和冬至日

续表

（曾治愈过永乐皇帝的五代道士的神祇）姚广孝（洪武与永乐皇帝所宠信的佛教僧人）	冬季和春季

南　　京

真武庙	"重三"(三月初三)和"重九"(九月初九)
蒋子文（当地的守护神）	四季第一个月的第一天及除夕
有功之臣（功臣；有功业的贵族）	四季的第一个月及岁末
京都城隍庙	祭祀历代帝里后的第八大
关羽	四季的第一个月及岁末
天妃	正月十五，二月二十三

皇子封地

大祀庙；社稷；风、云、雷、雨；（当地的）山川；城隍神；旗纛；五祀；泰厉

诸州、府和县

旗纛	二月和八月
社稷	二月和八月
风、云、雷、雨	二月和八月
岳镇、海渎、山川（在行政单位的区域之内）	二月和八月
（无祀鬼神）泰厉	三月、七月和十一月
（由帝国条例批准在册内增加的各种地方神祇）	

社区与家庭

祖先	二月、五月、八月和十一月
社稷	二月和八月
泰厉	三月、七月和十月
灶神	十一月

　　对于中祀的形式来说，帝社和帝稷祭坛是一种由嘉靖皇帝所设置的一种古制，却并未比他的统治时间更长。不可见的反木星的、有其12年的轨道及其随从的太岁和月将，是天文时间的掌管者。风、云、雷、雨，是天地间维持生命的动因。1370 年的一道奏疏曾提到了这些

神祇中的三位:天地养育生命,生之以风,滋之以雨,长之以雷。岳镇、海渎,都是陆地的主神,它们都在天的终极主宰下,掌管着天气、地震与滑坡之类的自然现象。东岳泰山神,作为天在地上的神祇总管,是这群神祇的头领。山川与天地神祇,是总的范畴,它们使对众多较小的神祇的献祭成为可能,而没有任何麻烦,也不必花钱为每个神提供一座神龛、一块神匾和各自的祭品。城隍神,是帝国行政市镇的保护神;而旗纛(及它们相关的神祇)则构成了军队的行业宗教。先农(神话中的神农帝)与皇帝的耕作仪式相关联,这包括每年一度耕作祭坛附近的牲地。这块牲地出产的谷物,被用于大祀。对统治者与历代帝王的崇拜,以及对孔夫子及其门徒的崇拜,对皇帝和儒家弟子来说,都分别具有巨大的重要意义。对于小祀的仪式来说,五祀(家中的祭祀)是一个纯粹的古风(他们的灶神,不同于民间的灶神)。泰厉鬼神的大坛,可能出现于官方列举的清单中的最末,这是由于它的不吉利的特征,而不是按其重要性来排列。这种仪式抚慰那些死时没有人为他们提供献祭者的人的鬼魂。这种泰厉祭坛,以一种较小的规模,在任何层次上都被复制,直到乡乡村村。

这里所列举的神祇,都被分类为天、地或人。这产生了一些问题。风、云、雷、雨诸神,有时被划归为天神①,但它们并不是星辰②,而且在重要的祭礼中,它们通常与陆地的诸神一起献祭。③ 有些皇帝按民间的做法把城隍神、山川之神与历史人物混为一体,但当对这些神祇的崇拜在朝廷的规定下进行时,也产生了一些冲突。在擅长于礼仪的儒家士大夫中间,认为只有死人的鬼魂才可以在有屋顶的祭庙中举行祭拜,而天地诸神,作为与星辰、山川相关联的现象,只能在露天的祭坛上进行献祭,这是一种普遍的观点。这三个领域,在其名词的用法上也有区分,天体和人神被称为神,陆地上的诸神则被称为祇。对天上诸神的献祭被称为祀,对陆地诸神的献祭被称为祭,对人间诸神的献祭则被称为

---

① 《大明会典》,第85卷,第18a页。
② 章潢(1529—1608年)编纂:《图书编》(1613年;1971年台北重印),第10726页。
③ 《太祖实录》,第52卷,第9a页。

享。礼拜仪式的一些方面，按规定的应参照五种物质能量即土、木、金、火、水的约定俗成的关联，同时亦与更为基本的互补性能量"阴"（宇宙进程中的静止状态）和"阳"（宇宙力量的能动状态）相关联。因此，天的祭坛在南坡（阳），而其配偶皇地祇的祭坛，则处于北坡（阴）；供奉给五座圣山东岳、南岳、西岳、北岳和中岳的丝绸的颜色，分别为绿色、红色、白色、黑色和黄色。

官方宗教与民间宗教之间的一个重要区别，涉及到对山川之神的理解与献祭的方式。在民间宗教中，把这些神祇与历史人物，或者是虚拟的历史人物的神祇认同起来，并相应地供奉它们。但是，官方观点则主张，这类神祇根本不具有人类的本源，而是认为这些神祇的存在，一直都是自发出现的，并在持续不断的宇宙进程中一直得以维持着。这意味着，为死人的神灵举行的特别拟人化形象的仪式，并不适用于对山川诸神的献祭。

1370年，明太祖作出了这一区别，当时他表明了对于山川诸神的一种仪式改革的正当性。"夫岳镇、海渎，皆高山广水，自天地开辟，以至于今。英灵之气，萃而为神，必皆受命于上帝，幽微莫测，岂国家封号之所可加？渎礼不经，莫此为甚。至如忠臣、烈士，虽可以封号，亦惟当时为宜。夫礼所以明神人，正名分，不可以僭差。"[1]

官 方 宗 教

除了上述所列举的祭祀，还有些完全是官方的其他祭祀，而这些祭祀仅只准在特殊的场所举行。由这些仪式所献祭的神祇，都被认为是典范性的，但不具有全国性的地位。如果它们是死者的神灵，他们就将在其出生地，或者在他们的拜官之地，或者在他们的埋葬之地，被人祭拜。因此，在官方宗教的范围内，全国性的祭拜与地方性的祭拜之间，可以划出一条固定的线索。[2]

---

[1] 《太祖实录》，第53卷，第12页。
[2] 关于这一名单，参见《明史》，第50卷，第1310—1311页。

官方宗教的核心是祭祀的献祭仪式。献祭仪式可以被理解为一种宇宙的专题探讨,这些仪式,通过统治者的权威而在全帝国建立起来,旨在促进人与诸神祇之间的伟大共同体的周期性复兴。它的成功,是通过达到一种和谐与祥和的体验作为衡量标准。这些体验,出自于有准备的斋戒与虔诚;语言、姿势、色彩、音乐和舞蹈的精心编排;欢宴、香火与美酒的香味的混合。

祭祀的所有参加者都必须经受一至三天的斋戒,在此期间,他们避免分散注意力和不洁的关系,并且克制其内心。他们都必须离开他们的家居,住在斋戒之地,禁止饮酒和吃强刺激的食物,并且不与患病者、服丧者或是涉及到刑事诉讼者打交道。

尽管存在着具体差异,但祭祀的基本形式却如下所述:当参加者到达祭祀地点时,他们要脱下他们的鞋子,登上祭坛,乐师和舞蹈人员各就其位。献祭仪式从对诸神的祈祷开始,随后贡献上燔祭品、三盏燔酒;朗诵祷告文;以献祭酒祝酒;分享献祭燔肉;端走碗碟和酒杯;护送离去的神祇;最后目送献祭品投入燃烧的坑中。献祭伴随着乐生与舞生们的表演,同时所有参加者都面对诸神顶礼祭拜。

每当数位神被共同祭拜时,它们要按主次排列。排列中的一个巨大差异表现在,献祭给主要神祇的祭祀为"正祭",献给其他神祇的从属的祭祀为"从祭"。一种不太明显的区别,则是主要的受祀者(主祀)与次要的受祀者(配祀)之间的区别。同一个级别的神祇之间,其排列次序,由安放牌位的神龛的位置标明出来。主神牌位放在神殿的最高处,面南而立,模仿宇宙进程中的男性,或者宇宙进程的"阳"的一面。其次之神,在排列上则位于主神的东面,即在主神的左侧,面对正西而立。下一次神位,位于主神的西侧,面对东方而立。再下一个神祇,则占据东侧的第二个位置,然后是西侧的第二个位置,如此等等,依次排列。其原则是,在排列次序上首先由高度与相邻程度来标明,而在任何一对神祇中,相比之下更受尊敬者都在东侧。然而,在皇地祇与社稷神的情形中,它们的神匾则模仿女性的从属地位,或者表示宇宙进程中静止性的一面(阴)。它们面对北方,而在后者的情形下,社神的牌位则总是被安放在东侧,次尊贵的神祇,由于通常在主神的东侧,现在则正在其右边。因此,神位的尊贵由基本方位来决定,而不是由身体的左右对称所控制。

官方宗教的祭拜仪式的设计,目的是创造一种小宇宙,用以表达天、地、人的宇宙的三位一体、宇宙进程的周期性,以及宇宙元素的等级秩序。只有当所有这些条件都被满足时,那些出席仪式者才有可能"感到神明"(感神),这正如明太祖在他即位初年所说:"草创之初,典礼未备,其将何以交神明致灵贶?"①

神祇们,就其性质来说,据信能够与人进行沟通。在有明一代诸多的事例中可以引述一个例子,1376年,据称明太祖对钦天监的报告感到心烦意乱,报告报称,五大行星的运行"次序混乱",而太阳和月亮也处于不和,他提出需要批评朝政。呈送的一份冗长的奏疏答辩道:"盖天为万物之祖,王为万邦之君。天之生物,不能自治,故生圣人以代天工,以君治之而成其能,是以人君为天之子。天子有过中之政,则不言垂象以代其言,犹父之教子也。天子知天之示教,而改行修省求贤于下,下之人言得以达,则是天使之言也。人君于是而听纳之,则嘉其不违教命,虽怒亦转而嘉矣。"②

帝国专制与士子精英:大祀

在其长期在位的过程中,明太祖及其士子顾问们,对于官方宗教怀有多少有些不同的观点,这种情况变得明显起来。尽管需要征询作为礼仪专家的学者的意见,但他却表现出改变他们的建议的很大的决心,这一般是提高他本人的威望而削弱他们的权力的方式。为了达到这一目的,他首先必须规定一个宗教的立足点,从中他可以攻击比他更精通经典和历史学识的人所占据的位置。他的策略主要是,宣称他主要通过内省已经获得了一种高人一等的智慧。③ 如果一个仪式不利于他,

① 《太祖实录》,第30卷,第1a页。
② 《太祖实录》,第109卷,第1a、2a—4b页。
③ 朱元璋:《明太祖御制文集》(台北,1965年),第390页。

对他来说就有足够的理由而对经典权威的最有学识的阐述置之不理。因为他是天子，是圣人统治者的传统中在世的继承人。他的洞识具有不可挑战的权威，而且，他研究星象学以及对预兆的解释，由此他能够从观察到的宇宙反应中，去判断一次举行的仪式的正确性。

皇帝与文士们之间有关官方宗教的对抗，从对于历代帝王的崇拜与孔子崇拜之间的相互关系中，可以得到很好的说明。历代帝王的祭拜是作为一位朝代的缔造者的明太祖所关心的问题，他明确地站在他们的立场上。而孔子崇拜则是文士们的行业宗教，并被供奉在他们的学庙之中。

首先，明太祖把祭拜孔子贬低到一种由官方承认的地方祭拜的地位，献祭给孔子的供奉，仅限在孔子的出生地曲阜举行。① 但他不久即屈服于文士们的抗议，并准许在从国子监到县学的所有孔庙中进行祭祀。然而，在 1371 年，相对较低级的孔庙祭祀被明确而永久性地确定下来。著名学者宋濂，在回应皇帝的诏令时，对于孔庙的明确规定，提出了建议。除了一些技术性的祭拜仪式和事务，并从从祀名单中删除了一些有疑问的弟子们，这些祭祀包括了补充古代的圣人统治者，他们被认为是孔子之前的儒家之道的阐释者。规定还指出，通过把三皇（伏羲、神农和黄帝）移入孔庙，这些神祇就可以不再充当民间药神的角色。对它们祭拜的民间仪式，在元代就已获得了官方的允许，但在明初就可以压制了。

儒家圣人之道的传播可以追溯到伏羲之时，此说曾在晚唐和宋代时受到士子们的支持。② 最初可能作为一种把其传统与佛教污染隔离起来的方式。然而，明太祖认为这种学说有着另一种意义：它把孔子及其门徒们提高到了与历代帝王平起平坐的地位，并暗示着这就把他本人的文士顾问提高到了接近于他本人的地位。出于对这一建议的不满，皇帝拒绝了它，并于不久后找到了一个借口，解除了宋濂在翰林院的职位，并把他贬职为一个县令。③

---

① 龙文彬编纂：《明会要》（台北，1963 年），第 1 册，第 174 页。
② 陈荣捷：《朱熹的新儒学》，载《宋代研究》，F. 奥宾编：《系列二》，第 1 册（巴黎，1973 年），第 73—81 页。
③ 夏燮：《明通鉴》（台北，1962 年），第 179、283 页；谷应泰：《明史纪事本末》（台北，1956 年），第 534—535 页。

正当宋濂提出建议时,明太祖就已经开始系统地恢复历代统治者们的陵墓祀庙,并已经拟定了一个名单,列出了应受官方祭拜的 36 位历代统治者的名单。在这 36 位帝王中,有宋濂曾仓促地提出要求儒家祭祀的所有的古代圣王。① 1373 年,皇帝为 17 位这类神祇修建了历代帝王庙。这些人都是圣王及主要朝代的缔造者。这 17 位帝王及其他 19 位帝王还都在其寝陵中受到祭祀。② 在主庙中的祭拜仪式,于 1388 年得到了扩展,增补了将受到从祀的大臣们。③

洪武皇帝在把古代圣人的礼仪转用于祭祀其帝王先辈们,其隐藏的动机是确信在他与历代帝王之间具有一种特殊而相当神秘的关系。虽然他明白文士们一直都是把圣人学说保存下来的典籍监护者,但他似乎曾经相信,有一种由老子所传授的一种玄秘的圣人学说,而他作为有关道家经典《道德经》的一部注疏的撰著者,已经掌握了这种密旨。④

通过把他本人公开地置于历代帝王的继承者的地位,并且使他自己信服他拥有他们的智慧,明太祖显然相信,其解决宗教问题的内省方法,并非独断专横,而从最深刻的意义上说,这正是真理的源泉。1377 年,当他修正大祀典礼时,他断定人类情感(人情)乃是圣人们在其创设的文明生活原则所运用的尺度。⑤

天地祭祀

皇帝们及其文士顾问们,有时对于天地祭祀的正确形式而争吵不休,这种形式可能要么分祀,要么合祀。在礼仪的分祀形式中,天地分别都有其自身露天的祭坛:天坛,圆形的祭坛,在帝国首都的南部;地坛,方形的祭坛,则在首都的北部。天地各自都有献祭。供奉天的祭祀,在冬至日举行,而对地的献祭则在夏至日举行。在合祀的形式下,天地神位被共同地安置在京城南边的一座神殿中,时间在农历正月,共

---

① 《太祖实录》,第 59 卷,第 7 页。
② 《太祖实录》,第 84 卷,第 4b 页;第 86 卷,第 8b 页;92 卷,第 1a 页。
③ 《太祖实录》,第 188 卷,第 5b 页。
④ 《明太祖御制文集》,第 345—348 页;《太祖实录》,第 99 卷,第 1a 页。
⑤ 《明太祖御制文集》,第 389—395 页。

同接受献祭。这一议题，在明代初期并未被人提起。宋代新儒家理学派的阐释者朱熹，曾维护分祀形式，而反对明代实行的合祀形式。每当他们讨论这一议题时，他的名字时常被他在明代的追随者们所提起。洪武皇帝起初被说服采纳分祀形式；但到了 1377 年，出于他自身的原因，他对大祀进行了一场大规模的改革，并确定了天地合祀的制度。1530 年，嘉靖皇帝显然被他要发扬他在统治家庭中旁系的决心所激励，并决心给王朝带来新的繁荣，便着手推行他本人对大祀的全面改革。其措施之一，就是重新建立作为分祀的天地祭祀。他还设置了堂式的天帝祭祀，以仿效相当神秘的神堂，即明堂，明堂据称曾被周代统治者们用以提高他们的权威。在新设的厅堂中举行礼仪，只行于嘉靖皇帝一朝，但露天分祭的祀仪则被保留下来。①

　　圆坛和方坛于 1367 年的设置，暗示着推行礼仪的分祀形式，但洪武皇帝那时可能尚未考虑到另一种可选择的形式。当他于 1367 年 12 月视察南坛时，他只是询问他的侍从们，它们是否符合古代的设计要求。人们使他相信，它这些符合古代的设计，但存在着许多足以表示新朝代显著特征的差异。② 大概在不久后，他就想到了合祀的可能性。因为在 1368 年 1 月 23 日，在其皇帝登基的典礼上，他在圆坛顶层同时祭祀天地；在第二层祭坛上祭祀日月；在周围的封口处，祭祀星辰、社稷、太岁、岳镇、海渎、山川、城隍。

　　登基一周后，中书省臣李善长（1314—1360 年）和一位翰林学士陶安（1312？—1368 年）奉旨向皇帝呈送了《郊社宗庙议》。③ 这项奏议考察了大祀的经典基础及其历史先例，在每一个方面都提出了建议，当时为明太祖所采纳。郊祀部分（在市郊举行的帝国祭祀），正如《明实录》中概括那样，构成了分祀形式的一种概要。作者们得出结论说，天地分祀曾用于夏、商、周三代。引这一主张出典于《周礼》，特别是《大司乐》

① 《明史》，第 47 卷，第 1236 页以下。有关宋代及宋代以前的明堂的先例，有着大量的文献资料，参见牟复礼与崔瑞德编：《剑桥中国明代史》，第 7 卷（剑桥，1988 年），第 457—461 页。

② 《太祖实录》，第 27 卷，第 3b 页。

③ 《太祖实录》，第 30 卷，第 1a—4b 页。

和《大宗伯》两章;《孝经》也被引证。然而,所有这些仅证实在周代流行。奏疏随后指出,这种经典形式,在秦代时,被戎蛮对白、青、黄、赤四位天帝的祭拜取而代之。汉代由于增加了第五位天帝黑帝及其他非经典的祀仪,加重了秦代的错误。合祭的设置,据说最初曾由王莽(公元前45—公元23年)在元始年间(公元1—5年)所倡导。[①] 据传回复到经典形式的祭祀是三国魏时的经学家王肃,他反对东汉的郑玄学派(127—200年),重申了天的独一无二的本性。唐代、宋代和元代多次反反复复地用分祭和合祭;而且在元代期间,甚至出现了最后的一种上天的多神崇拜的恢复。对于分祀形式的争论,乃是基于其传说中的古制和经典中的形态;或许是为了使其观点更具说服力,奏疏者声称,在郊祀的分祀仪式中,帝国的一位祖先总是被尊为天的配祀。

虽然后来据传皇帝于1377年采纳了合祀之举,是仓促和考虑不周的。但有证据表明,作出这个决定的过程由来已久。从一开始,明太祖也许曾对这些礼仪有所顾虑。1368年春,他诏令编纂一部著作,该著作完成于1371年,名为《存心录》。这部著作,既是一部大祀的历史,也是一部诸神满意或不满意礼仪的可见标志的记录。[②] 正当《存心录》可能尚在编纂时,皇帝查阅了手稿本,以确定一次长达六天的日斑的意义,并得出结论,认为它们源自于圆坛祭祀中的一些不妥之处,他提出增补几次从祀。

在《明实录》中关于一年一度在圆丘上对诸帝的最早祭祀是在1368年冬至日,诸种名单,包括独在顶层的昊天上帝;在第二层上,是面对西方的太阳和星辰,以及面对东方的月亮与太岁。[③] 对于方坛上的最初的诸神的名单,出现在1369年夏至日举行的祭祀,其中包括了在第一层上面对西方的皇地祇、五岳、四海,在第二层上则是面对东方的五镇、四渎。[④] 在这些神祇中,于1370年增补了明太祖父亲的神位

---

① 《太祖实录》,第30卷,第2b页。
② 《太祖实录》,第31卷,第3b页;第67卷,第1a—2b页。
③ 《太祖实录》,第36卷上,第1b页。
④ 《太祖实录》,第42卷,第1b—3a页。

作为天的配祀，并在圆坛的封口处，在配祀中增设了风、云、雷、雨。[①]
次年，出于没有解释的原因，圆丘以较小的规模被重修。[②] 到 1374 年
祭祀时，发生了一个重大的变化，这似乎成为走向合祀的一个过渡性阶
段。就在那一年，除了与昊天上帝有关的天神外，它在圆丘上的配祀，
现在包括了通常作为皇地祇配祀的所有成员，在配祀时，一般都与皇地
祇相关联，但没有其配偶。其目的是要明确地体现出天神掌握高于地
祇的直接权威，尽管继续在二座祭坛上分祀天地。[③] 1375 年冬至日，相
同的神祇祭祀名册被再次列出来，而祀仪则包括了名义上由明太祖本
人亲自谱曲的赞颂词。[④]

　　除了合祭的愿望，洪武帝还希望采用厅堂的形式来举行祭祀仪式，
他在几个场合都曾表达了这一愿望。在 1369 年，皇帝提出修造包括所
有帝国郊祀的建筑，以便庇护活着的祭祀参加者和诸神，免遭风雨之
苦。虽然人们说服了他，在这种时候，可以留在祭坛附近所修建的建筑
物内，观看祭祀（望祭），但大致在同时，他与礼部尚书崔亮（？—1370 年）
就寿星的祭坛以及四位天上星宿（司中、司命、司民、司禄）的祭祀，进行
了一次更加公开的交锋。尽管崔亮坚持认为，四天神坛的祭祀必须在
露天进行，由与雨、霜、露等相关联的物质能量来渗透，而且认为将它们
封闭起来会违反礼仪，但洪武皇帝表示不同意，他说：风、雨、雪及星辰
的物质能量渗透到天地之间。它们无处不见。故设若建有一座祭殿让
诸神可以"栖身"其中，那么即便遇到风雨之时，祭祀亦可顺利进行。

　　随后，他诏令为"星宿"修建封闭的神龛。在 1376 年初，随着一座
祭祀太岁的综合仪式殿的修建，以厅堂形式的祭殿设置迈出了更远的
一步。风云雷雨诸神、五岳、五镇、四海、四渎、钟山（南京的山坛）、京城
地区的山川、四季月将和南京的城隍神，总共有 13 座祭坛在那里修建，
祭坛都可容纳在一座殿堂之内。

<hr>

① 《太祖实录》，第 52 卷，第 9a 页。
② 《明史》，第 47 卷，第 1237 页。
③ 《太祖实录》，第 91 卷，第 1a—1b 页；《明史》，第 47 卷，第 1230 页。
④ 《太祖实录》，第 102 卷，第 3b 页。

明太祖于 1377 年 9 月走出了合祭的最后一步，当时他诏令修造一座祭祀的综合殿。主建筑即成为大祀殿。然而，这一新型的合祀礼仪将要在冬至日首次举行，由于新建筑尚未竣工，祭祀改在奉先殿举行。在其献给诸神的祈祷文中，皇帝概述了他之所以采用新的祭祀形式，并反对文士们照本宣科的原因：

> 曩昔建国之初，遵依古制，分祀天地于南北邻，周旋九年，于心未安。诚以人君者，父母天地，仰覆载生，成三恩之一也。及其严奉礼祀，则有南北之异。揆以人事，人正事亲，曷敢异处？钦惟典礼其分祀者，礼之文也；其合祀者，礼之情也。徒泥其文而情不安，不可谓礼。方改建祀殿，功未就绪。今朝堂适成，时当冬至，讲合祀于殿，迁自今以春首，合祀于南郊，永为定礼。谨奉皇考仁祖淳皇帝，配惟上帝、皇地祇，鉴之！[1]

1378 年秋，新祀殿与祭坛宣告竣工。主殿是一座长方形的建筑，前殿有 20 根圆柱。四根中间的圆柱上被涂上了金漆；而其余的柱子则用三种颜色的油漆。外表以代表树木的绿色的瓦润饰，象征了举行祭祀的农历正月中处于上升的基本力量。在大殿的中央，在旧圆坛的地基上修建了一张石台。

在 1379 年 1 月首次祭祀时，17 座祭坛安排如下。在大殿的石台上是三座祭坛：昊天上帝与皇地祇的祭坛，二者都面向南面；在上述二座祭坛的前方，是为皇帝的父亲而设立的祭坛，面西而向。自主殿而下的阶梯的东侧，是一座为日神而设的祭坛，西向而立，而在其阶梯的西侧，则是一座朝东的为月神而设的祭坛。

两条长廊，各有六座祭坛。12 座祭坛都因此而成双地相对排列。在东长廊，是为五大行星而设立的祭坛，面对的是通过固定星体的木星十二辰轨道的祭坛；为太岁而设的祭坛，则面对为风、云、雷、雨而设的祭坛；为五岳而设的祭坛，面向为五镇而设的祭坛；为四海而设的祭坛，

---

[1] 《太祖实录》，第 116 卷，第 4a 页。

面向为四大渎而设的祭坛；为天下诸山而设的祭坛，面向为天下诸河而设的祭坛；而为世上天神而设的祭坛，则面向为地上诸神而设的祭坛。

在他就如何管理新礼仪而给太常寺的诏令中，皇帝再次表明了他的改革的正当性。他宣称，分别崇拜宇宙进程的终极表现，即阳的一面和阴的一面(也就是天和地)是荒谬的，也是违背"礼"(宇宙秩序)的原则的，因为阳和阴正处于其力量的顶峰。尽管承认这曾是古代圣王们的做法，但他仍坚持每个人都应该更好地认识这一点。他接着猛烈地抨击了传统的观念，说它是进步的一个障碍：如果百姓们不愿意改革，执古而不变，那么他们就将继续饮用地穴中的污水，仍然住在树上，茹毛饮血为生。[①]

1379 年 1 月 29 日，合祀祭仪在大祀殿首次举行。祭仪被认为是一次成功的祭祀，因为从参加祭祀者宣誓禁斋时起，晴空万里；而正当他们登上祭坛时，夜空星光灿烂，一阵阵"吉祥之风"吹拂着他们，一片片"吉祥之云"绚丽多彩。[②] 祭祀完毕后的庆贺酒会上，皇帝重复了他对文士们的抨击。在其对朝臣们的演讲中，他说："然仪必贵诚，而人心叵测。至诚者少，不诚者多，暂诚者或有之。若措礼设仪，文饰太过，使礼烦人倦而神厌，弗享非礼也。……今十二年春，始合天地大祀，而上下悦。"[③]

10 年后，即 1387 年，在一次由气象学的征象所证实的特别成功的祭祀典礼之后，他对参加祭祀的朝臣们，发表了如下冗长而乏味的说教："所谓敬天者，不独严而有礼，当有其实。天以子民之任付于君焉。……人君者，父天、母地、子民，皆职分之所当尽。"[④]

第二年，合祀祭仪完成了最终形式。1388 年，如下祭祀的神坛都被重新修建，而且它们的数量从 14 座增加到了 24 座：两座有关星辰的祭坛被移入了内院；20 座石坛，每一座都有台阶与护栏，则在外院修建；每座五岳、五镇和四海都有其祭坛；一座祭坛，现在则提供给历代帝

---

① 《太祖实录》，第 120 卷，第 4b—5b 页。

② 《太祖实录》，第 122 卷，第 1ab 页。

③ 《太祖实录》，第 122 卷，第 2a 页。

④ 《太祖实录》，第 188 卷，第 2a—2b 页。

王们。历代帝王坛包括于自然界的伟大神祇的祭坛之中,再次表明了明太祖宗教思想中的拟人化的倾向:这种混合的倾向显然并未使人感到他的异常。[①]

在1398年至1402年的内战期间,合祀的祭仪一直得到保持。建文皇帝曾于1399年和1402年两度举行合祀,都以洪武皇帝为配祀;而永乐皇帝则从1403年至1413年间,亲自举行合祀,从1417年到1424年间,则曾五度举行合祀。1420年,一座新的大祀殿建于北京,它完全仿制原先建于南京的大祀殿。不过,皇帝曾数次派人代替他举行祭祀的事实,却表明他或许不再像他的父亲那样重视祭祀。

15世纪期间,皇帝亲自举行的合祀相当定期;从1425年到1505年的80年间,指派代表举行祭祀仅发生过八次。然而,并不是所有的皇帝都以恰如其分的尊敬态度对待祭祀的这种功能。而缺乏新的建筑或改革,则表明这些祭仪可能已经成为例行公事。祭祀必须由皇帝亲自主持的事实(如果它们要适当地进行),就使祭祀成了对他的善良意志的要挟。在正德皇帝统治年间,这显然已成为令他深感痛苦之事,在其统治的晚年期间,他成功地把祭祀仪式降低到一种拙劣的模仿。每当祭祀结束之时,他就急匆匆地赶往他的狩猎之处,而不是留下来出席惯例的宴会[②],而且他拒绝亲自举行检查大祀献祭的牺牲的仪式。[③] 在1518年到1519年的冬季期间,正德皇帝正外出巡幸,他无视于他的朝臣们让他及时返回京城参加大祀的恳请。钦天监为此不得不两次预测以后大祀的日期,祭祀仪式终于推迟了一个月后举行。这就需要依次推迟其他的祭祀仪式,因为必须保持它们的合适顺序。当仪式结束时,像往常一样,皇帝离开而前往原野,但这一次,京城遭受了一次地震及一场沙尘暴的袭击。人们劝说皇帝返回京城,就在他抵达京城的第二天晚上,沙尘暴就平息了下来。[④] 1520年,一件更加糟糕的事情发生

---

① 《太祖实录》,第189卷,第3b—4a页;《大明会典》的图解,第181卷,第21ab页。参见牟复礼和崔瑞德编:《剑桥中国史》,第7卷,第137页。

② 《明通鉴》,第1744、1760页。

③ 《明通鉴》,第1757页。

④ 《明通鉴》,第1785页。

了。皇帝正在再次巡幸的途中，他为了方便，却想让仪式改在南京举行。然而，这证明是无法实现的。数个月过去了，文武百官都正在焦急地等候他返回北京。到了秋天，一位大学士写信给他说："或者因郊祀未举，庙祭未亲，太皇太后升祔未行，祖宗之心容有未安，在天之灵以此警示陛下，未可知也。"（引见《明通鉴》第 1821 页。——译者注）

这一请求和所有其他请求，都被置若罔闻，皇帝最终在年末才返回北京，受到了一批逢迎官员的欢迎。在 11 个月后，才作出了举行大祀的一次安排，但就在大祀结束之前，朝臣们的预言得到了应验。皇帝突然病到，口吐鲜血。不到两个月，他就驾崩了。[1]

由于正德皇帝拒不合作，扰乱了大祀。他的继承人，嘉靖皇帝，面对来自于他的朝臣们的强烈反对而改革祭祀，再次扰乱了大祀。在此期间的过火行为的原因，可能是出于这一事实，那就是他的已故父亲虽然从未登位，但嘉靖皇帝却坚持认为，他的父亲死后应该被视同他曾经登位。由于不同意这一出于孝道的错谬，一位年长资深的大臣大学士杨廷和（1459—1529 年）提出了一个合法的设定，年轻的皇帝作为其亲堂兄（已故的正德帝）的弟弟和其亲伯父（弘治帝）的儿子的身份登基。争论在嘉靖皇帝于 1522 年登基时提出，并一直持续到了 1538 年。此时，其大多数早先的反对者皆已谢世，或者是被逐出了朝廷。到了最后，出于孝道的错谬在很大程度上压倒了合法的设定。[2]

原先作为改革帝室祖先崇拜的一种尝试，在 1530 年扩展成为一场官方宗教的全面改革。对此的一个原因可能是，虽然皇帝已经得到了许多为他的父亲争取的东西，但仍有许多目的尚未实现。这些目标之一，就是想让他的父亲在大祀中成为天的配祀。为了妥善地做到这一点，鉴于每一位主神仅有一位配祀者，他要么从这一角色中取代朝代的缔造者明太祖，要么他必须为昊天上帝设置两种有所不同的祭祀，朝代的缔造者明太祖为其中的一位配祀，而他本人的父亲则成为另一位配

---

[1]　《明通鉴》，第 1814—1830 页。参见牟复礼和崔瑞德编：《剑桥中国史》，第 7 卷，第 418—423、436—437 页。

[2]　参见牟复礼和崔瑞德编：《剑桥中国史》，第 7 卷，第 440—450 页。

祀。使这可能取得成功的方法，就是恢复分祀，同时也保留祀殿的形式。他发现在《孝经》中的一段话，暗示说周代曾经有一座献祭上帝的明堂，同时还有一座献祭天的郊礼坛，这是一种完全适合他的需要的模式。至少在两个场合上，他求助于占卜，以确定明太祖在这件事情上的意愿，但死去的祖先的神明却两次都否决了这一计划。此事就被搁下，直到夏言（1482—1548 年），当时在吏部任职的一位给事中，发现了恢复这一论题的一种别出心裁的解决方法。[①]他指出，在古代，皇后曾在北郊祭坛主祭桑蚕神的祭祀，而在南郊祭祀坛由君主主祭每年一度的春耕仪式。这一资料支持了皇帝全面恢复分祀的意图，他诏令大学士张璁（1475—1539 年），与夏言共同商议此事。夏言随后呈送了另一道奏疏，在奏疏中，他抨击了现存的大祀仪式，内容是把洪武皇帝和永乐皇帝一同作为配祀，并在正月而不是在至日时举行祭祀，都违背了经典的标准。随后他建议，对《诗经》、《尚书》和《周礼》作一次新的研究，这项研究还将包括研究从汉代的匡衡到宋代的朱熹的所有这些经典的注疏，以及包括明太祖对于分祀的最初设想。

　　甚至早在皇帝展读这份奏疏，并把它传送给礼部进行商议之前，吏部侍郎王汝梅（约 1517 年进士）就送呈了一道奏疏以回应夏言的奏疏。这道奏疏的抄本，显然已经落入王的手中。王指控夏言犯了大错。然而，皇帝却驳斥王氏的奏议说："（王）汝梅等举《召诏》中郊用二牛，谓明言合祭天地。夫用二牛者，一帝一配位，非天地各一牛也。又或谓天地合祀，乃人子事父母之道，拟之夫妇同牢。此等言论，亵慢已甚。又或谓（周代时）郊为祀天，社稷为祭地。古无北郊，夫社乃祭五土之祇，犹言五方帝耳，非皇地祇也。社之名不同，自天子以下，皆得随所在而祭之。故《礼》有'亲地'之说，非谓祭社即方泽祭地（此即北郊祭地）也。"[②]

　　与这些考察报告一道，皇帝随即把夏言的奏议转给礼部加以商议。当张孚敬（即张璁）呈送一篇《郊祀考议》时，皇帝也把它转给礼部，就如

---

① 《明通鉴》，第 2052 页。
② 引自《明史》，第 48 卷，第 1248 页。——译者注

何得出一个正确的结论提供更进一步的意见。勇敢无畏的大监察官霍韬(1487—1540年),深非张的报告,认为分祀之说,仅见于《周礼》,那是王莽的一部伪书,根本不足为据。夏言随即指控霍进行秘密的派系活动,而皇帝则出于对这一罪状,把霍关进监狱,不顾张璁为他说情。

现在到了最终的面对面的对抗的阶段。皇帝召集朝臣们进行一次表决。当表决结果上报时,据称有82人同意分祭;84人赞同分祭,但出于对现存法规的尊重而不愿大胆地明言;26人同意分祭,并同意采用以往的山川坛为方丘;206人主张合祭,但并不认为分祭是错误的;198人则没有发表意见。尽管反对者206人占多数,而赞成者为192人,但礼部仍同意恢复分祭礼仪。不过,为了削减改革的花费,礼部建议,现存的大祀殿,仍然适用于对昊天上帝的祭祀,而山川坛则可用作皇地祇的祭祀。[①]

皇帝并不满意于这份报告,而采纳了夏言的建议,把大祀殿保留为昊天上帝的大享(秋收献祭)祭祀地,而就在大享殿的南侧,为祭天新建了一座圆坛。在北郊增建了一座方丘,而为日月分别修建东郊和西郊祭坛,从而完成了基本的设置,这个设置一直使用到明朝的覆灭为止。[②]

隆庆皇帝可能曾短暂地把大祀恢复到正常状态。他废除了秋收(大享)的祭祀,并经常主持圆丘的祭祀。然而,他的直接继承人万历皇帝,却在他在位的47年间,仅亲自主持过三次祭祀;一位奏疏者曾指出某些预兆乃是来自于上天对他的行为的一种警告,却为此而遭到了指责。1575年,大学士张居正,基于下述四个理由,敦促年轻的皇帝恢复合祭:第一,适合于在至日举行的祭祀,天气十分寒冷或酷热;第二,当在露天祭坛举行祭祀时,朝臣们将饱受恶劣天气之苦;第三,恢复合祀,将使永乐皇帝再次与洪武皇帝一道,作为昊天上帝的配祀;第四,合祀将使祭祀符合人类情感。虽然记载说,皇帝赞同这一建议,但他从未让它实施,而分祭则继续被采用。[③]

---

① 《明会要》,第100页。参见牟复礼和崔瑞德编:《剑桥中国史》,第7卷,第457—461页。

② 《明会要》,第100、114页。

③ 《明会要》,第101页。

帝国的祖先崇拜

引论

皇帝直接从上天接受不可见的委托统治权，但他却继承他的皇位。皇帝的祭祀，被天所接受，证实了这一委托统治权；而由祖先接受其祭祀，则表明了他是一位值得继位的儿子。然而，在原则上，皇帝作为天之子的角色，及其作为乃父之子的角色，却并非处于相互矛盾之中，因为，他作为一个活生生的虔敬之人而实现了这两个角色。确实，在死亡中，历代统治者的神祇，父宗们与儿子们，都将登临昊天上帝的天庭，明太祖大概就是如此相信的。明太祖于 1368 年对他的祖先们的祈祷中，提供了一位明代皇帝恩请他的先人们向昊天上帝传达讯息的一个罕见但意义重大的例子。

> 十一月初三日，冬至，祀上帝于南郊，先告祖考监知，历代有天下者，未尝不以祖配天。兹臣独不敢者，以臣功业犹有未就，政治或有缺失，惧有责焉。况去年上天垂戒，早暮兢汤，恐无以承上帝好生之德，故不敢辄奉以配。惟！祖神与天通，恐上帝有问，愿以此言敷奏帝前，善恶无隐……[1]

在设置对一位祖先的祭祀作为昊天上帝的配祀者的背后，存在着这样一种想法，即帝室祖先与昊天上帝一道形成了一个合作的共同体。然而，实际上，事情却更为复杂。帝国的祭祖仪式，是在皇位继承从父亲传到儿子的设定上组织而成的，但在一种情形下，它却是从侄子传给叔父（永乐皇帝的篡位）；在另一种情形下，皇位则从兄长传给了弟弟（从英宗传给代宗）；在第三种情形下，皇位则从堂兄传给了堂弟（从武宗到世宗）。上述的每一种情形的解决办法，都会与规定发生抵牾。从存在二种不同形式的祖先崇拜中，产生了其他一些问题：宫殿的形式和单堂的形式；每种形式都有其拥戴者。有些皇帝倾向于超越合理的界限，以抬

---

[1] 《太祖实录》，第 36 卷上，第 1a 页。

高其祖先的地位,有时还导致了他们与其文士顾问之间的冲突。

帝室的祖先崇拜区别于处于较低层次的仪式,主要由于它更大的复杂性,以及它更易受到官员的积极干预,但人们却发现它是基于同一个原则。宫廷争议反映了在人死后的两种灵魂存在的普遍坚持的信仰:两者都必须得到后代的供奉。魂在家中的一座神龛中,由后代每天供奉,存在着常规的和不定时的特殊仪式,或在家中的神龛前举行,如果家族地位较高,就在扩大的祖庙(宗庙)中举行。

在祭祖仪式中,祖先们都被认为是神,一个宽泛的概括性的名词,涵盖着男性与女性的诸神,以及祖先神。每一位祖先神都有一块木制的牌位被安放在神龛或宗庙中,在牌位上刻着神的名字和正式的社会职务等级。每一位毕恭毕敬的祭祖仪式参拜者,都被指望感受到神明的不可见的降临,而这种现身将集中于牌位上。神的牌位,据说是神明们的"栖居地",而牌位的底座,则被称之为神明们的"宝座"。诸如出生、死亡、婚礼或是家庭危机之类的重要的家庭事务,都要向祖先们汇报,而祖先们的建议,则可通过占卜而获悉。

对保存在尸体中的灵魂(魄),在其葬身之地以常规的供奉献祭。魄,有时被称为鬼,以表示与神明的区别。

祖先们被认为能够主动地进入他的活着的子孙后代的生活之中。像其他神明一样,他们能够允准或是拒绝后人的祈求。由于他们一直都被想像为曾经活着的那样,对祖先们的祭拜也被相应地设计。他们的宗庙是房屋,或者是宫殿,献祭品则是食物和衣服;而在穷人家,供祭品则是纸钱,祈祷者和誓言都被传达给特定的祖先。

当其全面展开时,帝室的祖先崇拜就在宫墙之外的太庙中举行;在宫墙之内的奉先殿,则被作为室内的祖庙。明太祖的寝陵在南京,而后来13位皇帝最终都被安葬在北京的北部的一座山谷中。建文皇帝在南京有一个简单的葬地,而代宗则被安葬在北京附近西山上的一处中型的陵墓中,离十三陵相当远。

在宫殿形式的宗庙中,总数达九位祖先,每一位都有自己的祭庙;在单殿形式的宗庙中,九位祖先,每一位都在一幢共同的建筑物中,都被安排有一室。从1367年到1375年,以及从1536年到1545年间,使用宫殿形式的宗庙。单殿形式的宗庙,则从 1375 年到 1536 年,以及从 1545 年到 1644 年间推行。在宫殿形式中个别庙的安排,以及在单殿形式中室的安排,都由相继的一代代分类为昭(明亮)和穆(阴暗)来加以编排。这种做法,可能源自于史前后期或是历史纪元早期的在一个分支众多的氏族中的母系之间的婚姻制度。在这样一种制度中,昭和穆的设计,反映了孙子与祖父,作为同一支系的女性的儿子们相互之间的关系,要比不同支系的女姓所生的父亲和儿子之间的关系更加紧密地联系在一起。然而,在明代朝廷的讨论中,却表明并没有意识到昭穆范畴的起源,而且它们现在则被机械地运用于相继的一代一代的关系之中。因此,有人作出一种尝试,区分一、三、五代的祖先为昭代,并把他们的牌位安放在缔造者的牌位的更受尊敬的东侧;而二、四、六代的祖先则归类为穆代,他们的牌位则安放在西侧。这种一代一代之间更替的原则产生了一些问题,当继位者并非从父亲传到儿子时,建文皇帝和明代宗都被简单地排除在宗庙之外。嘉靖皇帝成功地把他的从未登过基的父亲安放在宗庙的昭代,尽管他实际上属于穆代。

祖庙,无论是属于宫殿的形式,还是属于单殿的形式,都由二或三个部分构成。殿堂在前,在殿堂的后面是受祭者的“寝”。第三幢建筑,被称为“祧”,用来安置较远的祖先们,则坐落在单殿“寝”的后边,如果是宫殿形式,坐落在太庙的“寝”之后。当“寝”完全排满九位祖先时,在每一代皇帝死后,占位的一个牌位将被移至“祧”,以便为死去的皇帝的牌位腾出空间。

标准的设计由于永久性祖庙(世庙)的增加而被修改,或者在单殿的形式下,增加永久性的寝室(世室)以容纳某些祖先的牌位,以显对他们表示与众不同的敬意。这些牌位永不会被移入“祧”。除此之外,从明太祖时期开始,帝室亲属的重要支系的牌位,都被安置在主殿的东侧,而功勋贵族的牌位则安置在西侧,以便使所有的牌位都在每三年一度的集体祭祀(祫)中被人供奉献祭。[1]

四季祭祀(四享)被供奉给主庙和分庙的神祇,在单殿的形式下,则

---

[1] 《太祖实录》,第 64 卷,第 6b 页。

供奉给"寝"中的神祇。每三年一度的集体祭祀（祫），则包括"桃"中的神祇。尚有另外一种祭祀，被称之为禘（帝的一种变形），有人建议设立，但遭到了洪武皇帝的反对。这种祭祀，在古代曾供奉统治之家的根本祖先。明太祖拒绝了这一设想，因为不可能鉴定这类皇族成员的身份。嘉靖皇帝于 1531 年恢复了这一设想。据称，朱姓家族的根本祖先，是神话传说中的圣人颛顼，还有人建议设一块空白的无名神位，可用于第一位祖先的位子，无论他可能是谁。虽然这二种提议都遭到了负责礼仪事务的官员们的反对，但皇帝仍采纳了空牌位的建议，并把帝室祖先的祭祀（禘）设置为一种常规的每五年一度的祭祀仪式，在祭祀时，无名的第一位祖先的牌位面南而设，而明太祖的神位则作为配祀，面西而设。禘的祭祀仪式，在 1531 年和 1536 年至少举行过两次。

历史

在明太祖崛起时，共有四代祖先。他的双亲不曾举行葬礼，就于 1344 年被安葬在由一位同情他们的邻居所提供的一处地点。[①] 他的出生地濠州，长期被敌人占领，于 1355 年收复，而明太祖，当时为吴王，才能返乡探亲。他打算掘出双亲的尸体，并给予他们以一个适合他们身后提高的地位的葬礼，但他被人说服并劝阻，认为如果他掘开他们的坟墓，与他们的遗骨相关联的神圣的物质力量（灵气）就将漏失。这就可能削弱他们维持他及其子孙后代的能力。因此，他满足于抬高他的双亲的坟头，并征募了 20 户当地家庭作为世袭的墓地守护者。[②] 由明太祖修建的其他家族的坟墓，还有他的祖父的坟墓，他的外祖父的坟墓，以及马皇后的父亲的坟墓。[③] 作为其皇帝登基的准备工作的一部分，就在宫城外边的午门东侧修建了一座祖庙。这座新建的祖庙属于宫殿类型，有四座单独的庙，每座庙分别属于开国皇帝的父亲、祖父、曾祖父和太祖父（分别为仁祖、熙祖、懿祖和德祖）。德祖庙坐落于宫城围墙的北端；懿祖庙和仁祖庙则在德祖的前方，位于东侧，这是昭位；熙祖庙在

---

① 《太祖实录》，第 1 卷，第 1b 页。
② 《太祖实录》，第 20 卷，第 4b、5 页。
③ 《明会要》，第 267 页；《太祖实录》，第 65 卷，第 1b 页。

西侧，即穆位。①

李善长负责的研究直到 1368 年 1 月才正式提交，但其结论却事先运用在祖庙设计之中。宫殿形式源自于周代时期，而被弃之不用的单殿形式，则是源自于汉代时期的一种后起的发明。当祭祖与郊祀一起举行时，选择的基础似乎一直是相对古老的称之为宫殿的形式。②

在洪武初年，每年一度的祭祖仪式被复杂化了。朝臣百官被派往在泗州的熙祖墓和在凤阳的仁祖墓，供奉太牢祭祀（一种一头牛、一只羊和一只猪的祭祀）。供奉牛、羊、猪（太牢）的日期是元旦、清明节、农历七月十五、农历十月初一以及冬至日和夏至日。此外，显然当地官员，在每一个伏日、每一个腊日、所有社神供奉的日子以及每一个月的初一和十五都供奉一只羊，但这些日子正好与重大节日相一致时则例外。③ 在南京的祖庙当供奉祖先的祭祀单独举行时，则在他们各自的宗庙中进行，时间是春季的第一个月；而集体举行时，则在德祖庙中进行，时间是夏季、秋季和冬季的第一个月，以及每年的最后一天。每个季节的新鲜供奉（荐新），则在每个月的初一，以及在清明节、端午节（五月初五）、七月十五和冬至日等重大节日进行。④ 经典制定的每三年一度的祭祀（袷），在 1368 年后也按定期举行。⑤

在 1370 年末，皇帝诏令，在宫殿的地基上修建奉先殿。早些时候，他就曾敕令礼部考虑兴建第二座庙堂的问题。他认为，作为一处外宫的设置，太庙仅仅适合于四季的礼仪及岁末的祭祀，并且提出，他需要一处内宫的祖庙，这将适合于更亲密的家庭仪式。在这里，他可以更充分地表述自己孝顺虔诚之情。礼部尚书陶凯，找到了对于所提修建祖先庙堂的一个宋代时的先例，说宋代的皇帝们每日及在节日期间在他们的家中祖庙中举行祭拜，并使用其帝室祖先们的画像。当修建奉先殿时，宫殿中提供"衣冠神位"代表四代皇帝和皇后（即明太祖皇帝的四

---

① 《太祖实录》，第 25 卷，第 1a 页。

② 《太祖实录》，第 30 卷，第 3a—4a 页。

③ 《太祖实录》，第 101 卷，第 5b 页；《明会要》，第 281 页。

④ 《太祖实录》，第 30 卷，第 9a 页；第 53 卷，第 5a 页。

⑤ 《明会要》，要 145 页。

代祖先)。由于把祖先牌位安置在太庙的寝堂中,奉先殿可能也同样设置了祖先们的画像,与宋代时的先例保持一致。洪武皇帝及皇子们在此每天早晚都可以进行祭拜,而皇后与宫妃们则可以在每月初一与十五举行荐新。所有这一切,都"一如百姓之所为"。这种祭拜殿堂的修建,如同在1378年重建的大祀殿,可能在士子支持的正规的非人格化模式面前,体现出他统治帝国的主要的个人性格一面。①

1367年,就在明太祖激进地改革天地祭祀的前一年,他废除了他原先的宫殿式的太庙,并修建了一座单堂形式的新的太庙。他之所以如此的理由,在《明实录》中并没有记载。但是太庙,现在经过整顿,在设计上基本上类似于奉先殿的形式。② 在经历三天的斋戒,并委派朝臣、权贵们前往各地通报京城举行所有主要神祇的新仪式后,皇帝及其皇太子把四位祖先的神牌位安放在主殿的中央的神龛中,21位旁系亲戚的牌位安放在东廊,12位功臣的牌位则安置在西廊。在诸神的祭祀之后,皇帝及太子接着就把诸神的牌位移入九室"寝",每一个"寝"都配有床、床罩、席子、柜子和衣帽架,"就像是在服侍生者一样"。从那时起,五年一度集体拜祭诸神的祭祀举行了五次。③

明太祖本人陵墓在南京东部的钟山上,马皇后于1382年在一场佛教式的葬礼后被葬于此处时,她是第一位入葬者。她的牌位随后被安放在太庙中。④ 洪武皇帝于1398年随她而去,而明代一个记载称,40位宫妃被要求自杀以伴随他的驾崩。其中两位随洪武皇帝一道安葬在他的寝陵——明孝陵。⑤

建文皇帝把他的祖父的牌位安放在太庙的穆侧,紧挨着熙祖的穆位,当他于1399年和1401年举行祭天大祀时,他都让他的祖父配祀。

① 牟复礼:《元明食物史》,载《中国文化中的食物》,张光直编(纽黑文,1977年),第216—218页;《明史》,第52卷,第1331页;《太祖实录》,第59卷,第3a—3b页;《明会要》,第10卷,第153页。
② 《太祖实录》,第104卷,第4a页;第110卷,第153页。
③ 《太祖实录》,第110卷,第1b—2a页。
④ 《太祖实录》,第164卷,第2a页。
⑤ 《明通鉴》,第599页;《明会要》,第282页。

他还把他自己的父亲,已故的皇位继承人朱标,抬高到了已故皇帝的行列。然而,永乐皇帝却把朱标降级到太子的行列,并且删除了建文皇帝的年号,通过宣称 1399 年至 1402 年这几年,为洪武皇帝在位的最后三年。①

永乐皇帝于 1420 年在北京兴建了一座新的太庙,这座太庙在设计上类似于在南京已有的那座祖庙。各牌位于 1421 年被安放。皇帝为在两京重复修建祭坛和太庙找到了一个先例,即周代成王时曾在洛邑兴建了第二首都。② 永乐皇帝,由 16 位宫妃伴随,于 1424 年安葬在北京附近,是首位葬在后来称为明代十三陵的皇帝。

在永乐皇帝与嘉靖皇帝统治期间,对祖先的祭拜有了其他方面的修改。这些变革,包括洪武皇帝与永乐皇帝这两位皇帝,被安排为在祭天中一同配祀的制度③;明英宗废除了残杀宫妃的殉葬制度;1489 年在太庙寝陵后边增加了一座"祧"庙。懿祖,明太祖的曾祖父的牌位第一个进入这座新庙,他移迁而空出的寝室,安放了死去的成化皇帝的牌位。德祖,尽管比懿祖更高一辈,但他作为家族的族长,仍保留在寝堂的中央寝室。④

嘉靖皇帝对于祖先崇拜的改革,促发了一场重大的宫廷政治危机,这场危机断断续续地持续于他统治的最初 20 年。正德皇帝死于 1521 年,那年他 29 岁,没有留下皇位的直接继承人。大学士杨廷和决定由朱厚熜、即死去的皇帝的 13 岁的亲堂弟为皇位继承人。杨廷和认为,他可以作为他的伯父弘治皇帝的养子,并作为其堂兄正德皇帝的弟弟而登位。但出于对朝廷官员的恐惧,那个年轻的男孩拒绝了,并且开始了一场长达 20 年的争斗,即把死后的全部荣誉赐给其生父的斗争。如果他顺从于他的顾问们的愿望,那么统治家族的主系与帝位继承之间的一致性就将得以继续保存。但年轻的皇帝的行动路线是宣称他的父

---

① 《明通鉴》,第 742、743 页;《明会要》,第 129 页。但参见《明会要》,第 130 页。夏言在 1534 年向皇帝提出,两座庙最初是在汉代时采用。
② 《明通鉴》,第 777 页;《明会要》,第 282 页。
③ 《明会要》,第 104 页。
④ 《明通鉴》,第 1394—1395 页。

亲是一个死去的皇帝,这令人注意到了一个事实,即皇位现在传到了另一个支系。如果皇帝取得成功,那么这将意味着其褊狭的家族利益就必须战胜抽象的普遍性的原则,对此原则,绝大多数朝臣们当时是一致的。①

其计划的第一个阶段,到1526年已经得以实现。皇帝要求朝臣们推认他的母亲为皇太后,追谥他的父亲(他已于1519年去世)以兴献皇帝的称号,把他的牌位安放在奉先殿的东廊,并在北京太庙的地基上为他兴建一座永久性的庙宇。他与文士们之间的对峙,于1524年达到了顶峰,此时数以百计的朝臣们举行了一场情绪激昂的聚会,在紫禁城抗议他决定正式停止称他的父亲和母亲为他的本生父母。这一似乎无伤大雅的观点的重要意义在于,它为皇帝就在一个月后所采取的下一步铺平了道路,当时他最终平息了这场关系名称的论争,正式接受弘治皇帝为"皇叔",他的双亲则为"皇父和圣母"。与此同时,聚集在大门口的抗议者们,则遭到了被关进监狱和在某些情形下可能致死的鞭笞的粗暴惩处。②

这些改革,于1525年编纂的两个官方文件,即《明伦大典》(在1528年修订颁布)和《大礼集义》,得到了朝廷的批准。然而,皇帝却仍然远未满足。一个困难是,为他的父亲兴建一座永久性的庙,乃是意欲平息皇帝的一种妥协,并且阻止他提出更为激进的建议,那就是他把父亲的牌位安放在太庙的主殿中,在那里,它将占据为死去的皇帝保留的一个昭位或穆位,这种前景是如此扰人,以至于即使在皇帝最为坚决的支持者中间,也几乎找不到任何支持者。皇帝还不时地遭到劝阻,不能把他父亲的遗骸从安陆的家族封地中移出去,并埋葬在北京北部的明朝的陵墓群中一处新修的帝室墓地中。

当皇帝于1530年兴建一处新的郊祀祭坛时,他是把此事作为一个更大的计划的一部分而进行的,计划包括恢复明堂,或者是类似于明

---

① 关于这场皇位危机及其后果,参见牟复礼和崔瑞德编:《剑桥中国史》,第7卷,第436—461页。
② 《明会要》,第105页。

堂的建筑;但在 1530 年到 1538 年间,他却不得不勉强接受一场在大祀殿举行的每年一度的求得丰收的祈祷。在第一次举行祭祀献祭中,洪武皇帝和永乐皇帝都是昊天上帝的配祀,然而,自此以后,永乐皇帝就被弃置不用。1530 年,张孚敬就曾提出,大祀殿并不像明堂一样,而丰收祈祷并不是周代传统中的一场大享。[①] 1538 年,扬州的行政官员丰坊,提出在首都为祭祀昊天上帝兴建一座明堂,以皇帝的父亲作为配祀,同时在各个府县修建数百座规模较小的明堂,以祭拜皇帝并称颂他的朝廷。[③] 这一建议的后半部分被忽视了,但皇帝却迫切要求在北京建明堂。户部侍郎唐胄,大胆反对这一建议,他认为,如果有人成为昊天上帝的配祀,那他就应该是永乐皇帝。为了支持他的观点,他征引了宋代哲学家朱熹的意见,那就是配祀的荣誉应该归于值得享受的统治者们。唐胄被关进了监狱,并削职为民,而皇帝则继续设置以他的父亲为配祀的新礼仪。这种新的祭礼在宫殿的一个殿堂中举行,直到大享殿于 1545 年在过去的大祀殿的基础上修建完成,后者于 1539 年为大享殿留出空间而已被拆除。

随着大享殿的观念引入,太庙正在被改变。1531 年,皇帝打算再次重修太庙,它应具有分庙的宫殿形式,但这个计划遭到了反对,因为太庙的地基不够大,而且在每一座庙中分别举行献祭,这将花太长的时间。1534 年,南京太庙毁于大火。夏言使皇帝相信,原先那座单殿祖庙的被毁,正是上天同意他在北京兴建一座宫殿形式的太庙计划的一个信号。这种论调占了上风,至少赢得了皇帝的同意。既有的单殿祖庙被夷为平地,并于 1536 年,分庙挤进了旧庙址的地基。太庙集中在原址的北部,朝南而建。在它的前方,是两座永久性的庙堂,一座为永乐皇帝而建,另一座则虚位以待。在这两座庙堂的前方,是三座在东侧的昭庙,和三座在西方的穆庙。祖庙有一座主殿、寝室和祧庙,而较小的庙则每座都有一个殿和一个寝室。

1538 年,皇帝恐吓他的反对者们,并再次提高他的父亲的地位,授予他庙号睿宗,因此为他提供一座正规的昭庙或穆庙扫清了道路。与

---

① 《明通鉴》,第 2147 页。

此同时,他提高了永乐皇帝的地位,通过把他的庙号从太宗改称为成祖,皇帝使他成为一位祖先,并在特权上与明太祖平起平坐,这暗示着他是帝系的开创者。然而,灾难于1541年降临了。在一次风暴中,一场大火从睿宗庙开始,蔓延到永乐皇帝庙和太庙,并因此而殃及其他宗庙。只有睿宗的坟墓从这场大火中幸存下来。

直到1543年,皇帝采用了建造新太庙的计划,这一次,太庙再次具有单殿的形式。皇帝考虑到自己的情感,并得出结论说,礼仪并不出自于天;它们出自于人情,我的帝室祖先们希望能够聚集一堂。在此环境下,这确实遵循了止确的礼仪。新的太庙完成于1545年,明太祖占据了"寝"的中央室。在他的左侧,是在一座永久性的寝室中的永乐皇帝,还有宣德皇帝(明宣宗)、成化皇帝(明宪宗)以及嘉靖皇帝的父亲;而在明太祖的右侧,则是洪熙皇帝(明仁宗)、正统皇帝(明英宗)、弘治皇帝(明孝宗)和正德皇帝(明武宗)。嘉靖皇帝以孝道为幌子的把戏此时得以完成。他的从未登上皇位的父亲此时被放在昭位诸帝之末而在其父之兄(弘治)之后(弘治被置于其父之前的穆位)。这样就公然违反了按辈分的排列,因为兄弟被排在不同的辈分是不恰当的。

在1550年,嘉靖皇帝在有关1550年太庙祭拜的论题上再次激怒了士子们,当时他把洪熙皇帝的牌位移入祧庙,以便在"寝"室中穆位的最后一排为他所喜爱的嫔妃孝烈皇后的牌位腾出地方。这是他本人大约17年后在她旁边将占据的位置。

皇帝的母亲于1538年的去世,恢复了他的父亲最终的安息之处的论题,这是一个他在1524年就曾最先提出的议题。直接的问题是,他的父母双亲是否应该被安葬在一起,如果应该如此,那么他们的共同安葬地是否应该是在北京,还是在安陆(现在则被称为承天府,以与两个首都应天府和顺天府相对应,作为适合于一个新的帝室支系的发源地)。

当皇帝开始准备把他的父亲的尸骨迁到北京时,这正是他喜欢的解决方法,御史陈让警告他不要泄漏在坟墓中的灵气,并提出代之以一处复制的衣冠冢。他的父亲将留在承天府,他的母亲则将在北京安葬,而他可以把他父亲的衣冠与母亲安葬在一起,他的母亲的衣冠则随他的父亲一起安葬。根据身体的灵魂（魄）既与衣服相关联，同时也与死者的身体相关联的信仰，这种做法将把皇帝双亲在精神上联结起来，因此没有必要迁移其中一位的尸骨。皇帝对于这一建议几乎没有加以考虑，他把奏疏者斥责为他的阻挠者，并把他削职为民。不过，皇帝在他作出决定时，却犹豫不决，并称他曾整夜辗转反侧、通宵达旦地考虑他父亲的"魄"，在一直安居了将近20年后，现在却将暴露在风尘中，并被漫长的旅途所震动。他还推测，他的父母双亲的神明将被这一前景所困扰。因此，他决定让他的母亲南下承天府。礼仪官员指出，这个计划并不是一种改善了的计划，因为就像前面那个计划一样，面临着同样的难题。皇帝随即前往承天府，考察那里的坟墓，随后返回北京视察北京附近的墓群，最终决定让他的父亲平静安息，而决定把他的母亲安葬在北方。他以这种想法安慰自己，即尧帝的母亲与父亲也被分开安葬。①

在嘉靖初年期间，常见的冲突遍及到了有关祭祀的每个方面，朝臣们起初都曾普遍地力图阻止形成一种新支系，而在这一点上失利后，他们则力图限制它的扩展。因此，尽管谈论这一议题仅仅是政治性的，但更多的东西都涉及到了。朝臣们自身对于论题存在着分歧，而至少那些支持皇帝的人不参加争论，仅仅是出于利己的理由。皇帝的早期反对者包括从1517年到1524年任大学士的杨廷和、从1517年到1524年任大学士的毛纪，以及从1517年到1523年任礼部尚书的毛澄。他们三人都在正德年间担任过高官，并曾帮助过渡到嘉靖朝。正是他们提出了合法的虚构，即使嘉靖作为弘治皇帝的养子，但遭到了年轻的皇帝的反对，并在他登位后的三年之内，把他们全都降职或罢官。在开始时，皇帝还有十多位杰出的支持者。这些人包括，从1515年到1516年和从1525年到1529年任大学士的杨一清；从1527年到1532年任大学士的张孚敬；1527年任礼部尚书和从1530年到1531年任大学士的桂萼；从1524年到1526年任礼部尚书的席书；从1527年到1529年任礼部尚书和从1532年到1534年任大学士的方献夫；1523年任南京都察史的黄绾；以及霍韬，他于1521年到1540年期间断断续续地在北

---

① 《明会要》，第276—277页。

京,主要是在国子监任职。

在当时白热化的争论中,皇帝的支持者们经常被指责为阿谀奉承者,或者是被指控为王莽例了的仿效者,但有证据表明,对于他们中的有些人来说,争论的是哲学性的原则。所有皇帝的支持者,除了张孚敬之外,都在某种程度上与王阳明相一致,要么作为他的支持者,要么作为他的追随者。[①] 其中有些人,特别是杨一清和桂萼,都曾与王阳明分道扬镳,当时恰在后者去世前不久。这可能是出于政治上的动机。但有些人,包括霍韬与方献夫,他们后来都反对皇帝,当时他试图重新确立天地分祭的制度。在这一点上,嘉靖皇帝背离了在为其孝道的主张辩护时所利用的内省的伦理前提,而霍与方则仍坚持忠实于这一前提。另一方面,至少有些皇帝的反对者,可能一直完全忠实于他们所援用的相当抽象的合法性原则,并忠实于宋儒之学的传统。[②] 正如方献夫于1522 年阐明自己的立场所说:"先王制礼,本缘人情;君子论事,当究名实。窃见近日中所议,有未合乎人情,未当于名实。一则守《礼经》之言,一则循宋儒之说也。臣独不以为然。"[③]

然而,大致上在 1530 年后,基于哲学论题的结盟变得更加难以找到;结党和党争加剧了,而出于对皇帝的专制行为的恐惧,除最为勇敢的朝臣之外,势必无人敢去反对他。

社稷祭坛

大祀的第三种类型是社稷双神的祭祀,它们的祭坛有时被人作为是意指朝代的国家的祭坛。作为两种祭祀之一,社神处于这种祭拜的意义的中心。社坛象征着大地神圣的创造力,它可能从起初作为一处神圣的小树丛,逐渐形成它的历史上的熟悉形式:方形的、平坦的、稍高的祭坛。社神对于农业的重要性,使它处于中国集体生活的中心地位,并说明了它用于"社会"这一近代名词的原因。

---

① 《明人传记辞典》,第 673、1518、1414—1415、757 页。
② 《明人传记辞典》,第 671 页。
③ 《明通鉴》,第 859 页。

正当社会在前帝国时期大规模地被等级化地组织起来时,随着在皇宫的祭坛上所提供的祭祀,在封建诸侯和官方权威的封地的祭祀,以及在乡村及其邻近地区的祭祀,祭拜本身在形式上变成了等级化。社神祭拜与一种权力的等级制度的结合,改变了它的性质,给与它以一种双重的性格:社神拜祭既是集体的,同时也是政治性的。在周代后期和汉代初期的典籍中,皇社(大地神坛)在祭坛四边及其顶端,由不同颜色的泥土所构成,相当于东南西北四个基本方向和中央。当一种新的封建食邑地被确立起来时,其边侧朝向食邑地的泥土被采掘出来,装入代表帝王的黄土箱中,并送往被封的贵族,作为他的社坛的核心。在这种意义上,从较小的社团联合成为较大的社团而形成疆域,同时还自上而下地与从王室至食邑地的君主权威相辅相成。

政治权威从在其中深深扎根的集体等级制度中部分地分离出来,这也被汉代初期的三合坛所证实,三合坛是一种在《礼记》的《祭法》篇中所描述并体现出来的祭坛。除了代表着封闭社团的太社之外,还有一个保卫统治者家族利益的社,以及一处围着墙的、代表着前一个政体的权力祭坛,这种祭坛由于有顶而成为无效。[①] 这种政治权威的分离,随着采用严格的皇地祇的帝室祭拜而被进一步地实现。皇地祇就是天帝的宇宙对应者。汉武帝(公元前140年至前87年在位)采用了这种祭拜方式,才使崇高的社的等级制度免受干扰,同时又完成了天、地、人的宇宙性的三位一体。至少到了后汉时期,皇地祇已明确地从男性神中分别出来,这基于一个事实,即社是一位明确无疑的女性神祇。这种性别类型的分属,把天地并立与物质能量的阴阳状态相结合。这可能反映了汉代思想中的主导的宇宙观念。因此,有理由认为,自汉代以来,在官方宗教中,社与皇地祇显然是累赘而不必要的。但前者对表达作为一个伟大的社团的中国人的世界的古代神话,则是必要的,而后者则体现表达帝王的统治权的普遍意义。

在古典传统中,宗庙与社坛,代表着皇室与官方权威的两种根本的基础。在举行仪式时,帝王及其朝臣们都表示了他们的虔敬,并理解为他们

[①] S. 库维尔译:《礼记》(河间府,1913年),第265—266页。

本人及其子民获得了神的庇护。明太祖的社坛完成于 1367 年 9 月 3 日。他开始使用的祭祀仪式是社稷分祭,但他不久就改变了他的想法,而支持合祭。合祭形式一直保持到 1550 年,当时嘉靖皇帝为了寻求朝代的复兴以及他的支系的更大的荣耀,恢复了他推认为古制的分祭。

　　正如士子们基于他们对经典的阅读而作出的描述,社稷祭坛应被一个挨一个的排列(分别位于东和西)。社稷坛的每座圈地,占据了宫门西侧的一块空地,并与宫门东侧的宗庙相对称。这两座北向的祭坛,是五丈(50 尺;15.24 米)见方的正方形,高度为五尺(1.524 米),在每一侧都有五级台阶。两座祭坛之间的距离为 50 尺(五丈;15.24 米)。① 正如在古典模式中,社(地神坛)的泥土的颜色,分别对应于东南西北四种基本方向和中央。《明史》记载了有关建于中都(今凤阳,明太祖在安徽的出生地)社坛的有关社土来源的特殊资料:黄土来自于直隶地区和河南;红土取自于浙江、福建、广东和广西;白土取自于江西、湖广和陕西;青土取自于山东;黑土则取自于北京(北平)。② 黄土,作为中央和至高无上的象征,被用作装饰涂层,围着祭坛。松树,作为集权中央的代表,被种植在每座祭坛的南边。两座祭坛都用内墙和外墙围起来,配有一个用以燃烤的坑、圈动物的圈栏和厨房。社神以一根代表"生活起源"的石柱为标志,这根石柱长五尺、宽二尺,顶端窄小,而它的一半长度被埋在社坛的中央。对于数字五与二的信奉,可以用它们分别与地和阴之间的术数学上的关联来说明。对于稷坛,此时没有提供神的牌位。③ 社稷祭祀由皇帝亲自供祭,时间是春季与秋季的第二个月的戊日。祭祀仪式分别为对丰收的一场祝祷和感恩的祈祷。④

　　社稷祭坛的原初设计和理由是李善长在 1368 年呈送的奏疏中提出的,这道奏疏还描述了其他大祀的形式。据我们曾经看到的材料,奏疏者们坚持在北郊举行皇地祇的祭祀古制,而这需要他们相信古代统

---

① 1 丈为 10 尺。
② 《明史》,第 49 卷,第 1268 页。
③ 《太祖实录》,第 24 卷,第 8b 页。
④ 《太祖实录》,第 30 卷,第 4a 页。

治者们曾经使用祭拜大地的郊祀和社祭。① 他们还发现,在古代所供奉的祭祀中,社和稷的配祀有:句龙(后土,共工之子);弃(周稷、后稷,"黍主",周王室的远祖)。奏疏的撰者们坚持认为,在周代以后,只有大社及地方上的相应祭祀被使用。王社祭祀可能已经因采用皇地祇的帝国祭拜而被认为不必要,而"胜国(亡国)社"亦已经消失不见。

皇帝坚持希望在祭坛上建立一座建筑,以防天气变化。但这一次他改变了主意,有人劝他,这样会断绝风雨的滋润而对神的力量起破坏作用。他被说服了,就在祭坛的北边修建一座宫殿,以便在恶劣的天气中作"望祭"之用。② 然而,皇帝对此仍不感到满意。大致在同时,其时他正主张实行天地与祖先合祀,他决定重新设计社稷祭坛,以适合于社稷二神合祀的形式。他诏令礼部尚书张筹再次翻检祭拜的历史,并提供所需要的经典根据。张筹注意到了《尚书》《召诰》中的一段话,在这段话中,描述了周公供奉牛、羊和猪(太牢)在新都洛邑的祭祀。在此,没有任何资料提到稷神,他认为,这意味着祭祀是一种供奉社稷双神的联合祭祀。另一个问题,也随着建议为社稷双神都设置木牌(尽管社的石柱仍将保存在其通常所在的位置上)而得以解决,这样稷神也有了其归宿。这种补充,得到了由朱熹所认可的一条资料的支持,他觉得稷神从未曾有一块神牌是不可理解的。最后,根据不太可靠的理由,即以往的帝王们曾偶尔以其他神话人物配祀取代句龙和后稷,但张筹认为,取消他们是为了在礼仪上给皇帝父亲留出空位。所有这些建议都有利于明太祖,为此他当即诏令开始重建社稷坛。这种新的设计在原则上类似于以往古老的设计,除了起初的双坛被一座双层的单坛所代替,其顶端为 50 尺(五丈;15.24 米)见方的正方形,底部则为 53 尺(16.15 米)见方的正方形。③

社稷祭祀在 150 年间基本上保持不变,除了明太祖的神位于 1399 年取代他的父亲的神位作为配祀,并于 1425 年由永乐皇帝加入配祀。

---

① 《太祖实录》,第 30 卷,第 2a—b 页。
② 《太祖实录》,第 30 卷,第 9a 页;第 34 卷,第 8a 页。
③ 《太祖实录》,第 114 卷,第 1b—4a 页。

永乐皇帝在北京所修建的新坛完成于 1421 年,同样基于南京祭坛的设计。① 不过,嘉靖皇帝,在其改革中包括了社稷改革。1530 年正月,他发现,尽管社稷祭祀仪式不如天地祭祀那样重要,但洪武皇帝与永乐皇帝都享受了两种祭祀的配祀待遇,这似乎有违于他的秩序感。于是,他诏令回复到古代(及洪武初年)崇祭句龙和后稷的配祀惯例。他还在一种古制的形式下恢复了源自于周王朝的礼俗,即保持用来支持王室的双坛。他在宫城的西苑设社坛和稷坛,它们以俗称土谷坛而广为人知。皇帝决定重新命名它们为帝社坛和帝稷坛,以仿照据信早在周代时就已经出现的王社坛和王稷坛。那里的祭祀在太社和太稷祭祀后第二天举行。他的继位者隆庆皇帝被人们说服,认为这些新仪式是多余的,就废止了它们。②

有关社稷形式的争论集中于京城的大坛,但社稷祭拜作为官方宗教的一部分的重要意义,却在于其等级制的特征。不同于对天地的郊祀,社稷崇拜在全国普遍地举行。皇子们的封地、各府、各州、各县都有社稷祭坛。修筑每一座祭坛所需要的一百方土,都要从附近名山的顶端采挖。祭坛的大小及符合每个行政级别的祀仪所需物品,全都由法律详细而明确地加以规定。这些仪式与在首都举行的祭祀仪式同时,由在任的地方官员们主持。除了规模稍小之外,地方仪式与帝国仪式之间的主要差别是,配祀的供祭仅仅在大坛举行。在县级以下,每个村庄都要求保持它们自身的社稷祭坛,以其民俗的形式供奉五土之神和五谷之神。

道教与大祀

人们说服明太祖,道士们具有与神相沟通的方法,于是,他就把大祀所伴随的音乐和舞蹈全都委托给了道士们。在这一点上,他似乎被他的继任者所遵循。因为,礼仪的效果,不仅依赖于所有参加者

---

① 《明史》,第 49 卷,第 1267 页;《明通鉴》,第 743 页。
② 《明史》,第 49 卷,第 1267—1268 页;《明通鉴》,第 2051 页。

们的虔诚,而且还依赖于整个仪式的感染力。因此,音乐和舞蹈被认为是感动诸神的基本手段。基于此,明太祖努力使音乐变得肃穆而崇高,而乐生和舞生都应具有良好的形象,要求技艺高超而训练有素。从他占领南京的早期起,和在他登基之前,他就开始招募道童,并着手训练他们。① 他在礼仪音乐上的实际兴趣,体现在他召见了为1367年7月举行的祭祀表演而挑选的一群道童。这些道童们被翰林院学士和音乐权威朱升召集起来去见未来的皇帝。皇帝首先敲打出一套乐器上的几个音符,然后让朱升辨识。这位士子把宫音误认作徵音。皇帝随后说:"朱升每言能审音,至辨石音,何乃以宫作徵耶?"宫廷起居注官员熊鼎回答说:"八音之中,石声最难和。古惟后夔能和磬声。故书曰:'于予击石附石,百兽率舞。'"皇帝说:"石声固难和,然乐以人声为主,人声和即八音谐和矣!"他随即命乐生登歌一曲。当他们演唱完毕时,皇帝叹息道:"古者作乐以和民声,格神人,而与天地同其和。近世儒者鲜知音律之学,欲乐和顾不难耶?"熊鼎答复说:"乐音不在外求,实在人君一心,君心和,则天地之气亦和;天地之气和,则乐亦无不和矣。"皇帝据说表示由衷地赞同。②

　　1367年秋,洪武皇帝召道教乐师冷谦,把他从其隐修的道山召至京城作为他的乐师,为乐器调音,并排练表演者。他于1373年进一步招进道士,当时他正挑选朝天宫的道师,以提供大祀中所使用的香和丝物。

　　道士们在仪式表演中所占据的支配地位,于1379年被加以制度化,当时明太祖正着手兴建一座道教宫观,即在南郊西侧随着大祀殿一道修建的神乐观。神乐观是专门为年轻的表演者修建的住处,并且为了确保他们的独身生活,他们都处于道教天师周元初的掌管之下。在神乐观的基础上,还修建了一座大同殿,道童们可以在每次祭祀之前都在那里进行演练。皇帝通过撰写一篇铭文,表示了他对这种设置的高度重视。这篇铭文被刻在一块碑的正面。为居住在那里的道士们所提

---

① 《明会要》,第339页。
② 《太祖实录》,第24卷,第4a页。

供的薪俸的数目,则被刻在石碑的另一面。①

乐生和舞生们经常,或者通常,是从具有贵族称号的家族和武官们的家族中招募而来;然而,他们一旦住进神乐观,并服从神乐观的道教戒律,他们就被归类为道士。② 在这种意义上,明太祖与老兵们之间的团结被得以巩固,而且在战争的胜利与帝国的权威之间的紧密联系被再次得以强调。1384 年,当明太祖派遣神乐观的表演者去帮助诸皇子宫中的乐生和舞生的训练时,帝室的团结也得到了加强。③

当一座新的神乐观在北京修建起来时,原先的神乐观仍在南京保留,以便在那里举行仪式。后者显然毁于大火,因为,在 1497 年大学士徐溥曾表示他不赞同这种设置,当时他对皇帝奏称:"神乐观(及其他道教宫观)皆焚毁无余,彼如有灵,何不自保? 天厌其秽,亦已明甚。"④然而,这座道观不久就被重建,因为它在嘉靖年间再次兴盛。1530 年,嘉靖皇帝把一套乐器运出皇宫,用于调适正在神乐观使用的乐器。⑤ 那个时期,乐生的数量可能达最大(2200 人),以便满足皇帝复杂的仪式所强加的需要。⑥

一位后来的评论家显然代表乾隆时期的一种官方的观点,把明代宫廷生活中的道士的腐败的责任推到明太祖身上,因为他决定把大祀的表演委托给道士们。虽然还有其他因素,但这种观点并非不合情理。神乐观的设置,可能使任命道教神职人员同时担任朝廷命官变得异常容易,如礼部尚书(崔志端于 1504 年)、大常寺丞(李孜省于 1479 年)⑦和大常寺卿(邓常恩于 1481 年)。⑧

---

① 《太祖实录》,第 122 卷,第 4a 页;《续文献通考》,第 3715—3716 页;《明会要》,第 341 页;《大明会典》,第 2980 页。

② 《续文献通考》,第 3716 页。

③ 《太祖实录》,第 165 卷,第 2b 页。

④ 《明通鉴》,第 1455 页。

⑤ 《明会要》,第 344 页。

⑥ 《大明会典》,第 2981 页。

⑦ 监察御史强烈反对这种任命;结果,皇帝被迫任命他担任另一个职务。见《明通鉴》,第 1293 页。

⑧ 《明会要》,第 528—529、662—663 页。

官方宗教与帝国

官方宗教是一种遍及全帝国的制度,而且它的绝大多数仪式都在京城之外举行。每个行政管理层次的各级官员,在他所管辖的地区之内主持对诸神的祭祀。因此,官方宗教处于两个平行的等级组织之中,其中一个是组成帝国的人类社会的等级组织,另一个则是诸神的等级组织,对于后者,明太祖指出,"使诸神听命于天,而众鬼神听命于神,庶天、神权网之不紊也"①。

此外,在官方宗教中,礼仪必须是在人与神的等级制的相应层次上进行人与神的沟通。明太祖阐明了这一点,当时他宣称:"朕思天地造化能生万物而不言,故命人君代理之,前代不察乎此,听民人祀天地,祈祷无所不至。普天之下,民庶繁多,一日之间祀天,若不知其几,渎礼逾分,莫大于斯。古者天子祭天地,诸侯祭山川,大夫士庶各有所宜,祭其民间合祭之神。"②

由每个府、州、县举行的官方祭拜,包括了一整套合乎标准的三座露天祭坛:社稷祭坛,风云雷雨、河渎山川、城隍诸神祇的祭坛,以及厉坛。除此之外,在每个行政区域的所在地,还有一座官府支持的城隍庙,以及一座设在当地学校中的孔庙。每个设有军事总部的城镇,还有一座保护旗纛的祭坛。如果一位地方行政长官的辖区内设有一座岳镇海渎神庙,或者设有一座君主的陵墓,他就要负责维修,并以皇帝的名义监督官方的祭祀,虽然这些神祇都不被认为仅仅是地方性的神祇,而且它们还在帝国首都的祭坛受祭。

除了这些符合标准的地方性的祭祀,还有神庙或神龛,它们祭祀"古今圣贤、忠臣、烈士,能抵御大灾、捍大患,以劳定国,以死勤事,或奉

---

① 《太祖实录》,第56卷,第1b页。
② 《太祖实录》,第55卷,第3a页。

特敕建庙赐额，或沿前代降敕护持者"[1]。

在县以下，每个村镇都需要保持一座厉坛，而且每个由一百户家庭组成的单位（里）都需要保持一座社稷祭坛。所有的普通百姓无故都要参加厉坛和社稷坛的祭祀。他们还要在家中设神龛祭拜死去的父母和祖父母；他们还允许祭祀灶神，这是家族命运的保护神。贫困者也不免除这些虔敬的义务，因为贫困者最为简陋的供祭也可被接受。[2] 在地方官员和帝国朝廷共同合作下，官方宗教中的在册神祇不断增加。作为他们的职责之一，地方官员们被要求寻找值得祭祀的神祇（无论是人间的还是天上的），并为争取官方的认可而呈报它们的名字与历史。如果皇帝批准，他就给予它们以官方的地位，具体做法是为神庙刻一座标志牌，提供祈祷时所用的疏文，并定出祭祀供献神祇的日期。74 位这样的神祇出现在明朝官方史书的一份名单中，而更多的则可能在地方史籍和散落在各种实录中找到。[3] 这些荣誉的接受者，包括来自所有历史近期的人物，但他们中绝大多数是文臣、武官、哲学家和文学之士。自然神祇相对少见，而平民百姓，即便有，亦极少被收录其中。地方神祇被奏请的选择，可能体现了与这些神祇有关的官员们与地方士绅的共同利益。诸如孝子和贞妇之类的模范百姓，必须对悬挂在大门口的牌匾引以为荣，因为它们是帝国表彰的标志。[4]

由于地方上举行礼仪需要助手，这就为乡绅家庭与官府建立关系并取得特权提供了机会。在洪武年间，乡绅家庭公开竞争，为他们的儿子们争取这种地位，导致了腐败和滥用职权，所以有必要限制从乡校学生中招募人员。

尽管地方官员的宗教角色，可能有助于加强他们的权威，但他们也服从于帝国朝廷的控制。地方官员们在法律上从属于地方神祇，它们监督着他们的行为，并奖励或惩罚他们。在一位新上任的地方官员就

---

[1] 俞汝楫编纂：《礼谱集考》（1620 年），重印于《四库全书珍本续集》（上海，1935 年），第 30 册，第 13ab 页。

[2] 《太祖实录》，第 36 卷上，第 5b—6a 页。

[3] 《太祖实录》，158 卷，第 1a 页；第 174 卷，第 4a 页。

[4] 例如，《太祖实录》，第 181 卷，第 4a 页；217 卷，第 7a 页。

职时所规定的仪式中,这一点可以看得很清楚。在他就职之前,他必须参拜地方神祇。在城外的斋宫斋戒三天后,上任者把他本人参拜所有官方登记在册的神祇。然后,他才前往官署接见他的幕僚;随后他来到露天的祭坛,以及忠臣和烈士们的祭庙,他在那里上供,最后才回到衙门官署。在衙门的院子中,他从远处深深鞠躬,并面向帝国京都的方向行五跪三拜之礼。当他第一次朝拜地方神祇时,就任者需要诵读准备好了的一篇祝祷疏文,其祝文曰:"维! 某年某年某日,具官某,奉命来官,专务人事,主典神祭,今者谒神,特与神誓:予有政事未备,希神默然相助,使我政兴务举,以安黎民。傥怠政奸贪,陷害僚属,凌虐下民,神其降殃(于予)。谨牲礼致祭,神其鉴之。尚享!"①

把原来不属于地方宗教的地方祭拜纳入为官方宗教的范围,源出于这样一种心照不宣的认识,即像佛教和道教的官方承认的形式那样,官方宗教必须逐渐与民间宗教达成妥协,因为民间宗教在家庭及其周围、乡村和城镇无处不在。杂乱的民间宗教的众多的神是拟人化的神,并按等级制度被组织起来,它们都体现了因果报应的公正的原则。它们之所以必须被拟人化,是因为即使是山川的神祇和天上的神祇,全都被普遍认同为历史上的或传说中的人物的活着的灵魂。随着在每个世代,有些神祇由于被它们的崇拜者所抛弃而可能被人们遗忘,与此同时,新的神祇却被抬出来取代它们。民间宗教多变的特性,以及缺乏经卷文字的事实,导致有时无法确定与具体地点有关的神祇的历史身份。

民间的多神说虽然没有一个标准的界定,但正如在通俗读物与绘画中,以及在通俗神话中所表现出来的那样,它是在与天上的统治者及其宫廷相关的一种等级制度中被组织起来的,它逐级而下地管辖着英雄、圣贤或者是地上的祇和冥界之神。因果报应原则在东岳泰山神、城隍神、土地神和灶神的祭拜中,都得到了很好的体现。所有这些神祇,都构成了一种神祇的官僚制度,置身于在天帝的至高无上的统治之下。天帝通常也被称为玉皇大帝。灶神,以它们刊印的形象出现,监视着家庭成员的行为,并每月一次都向城隍庙中的地方神祇汇报,每年一次在

---

① 《太祖实录》,第170卷,第3b—4a页。

春节期间向玉皇大帝汇报,随后由它们分别作出相应的奖惩。与这些神祇相关的两种重要的民间礼仪,是每年一度送灶神向玉皇大帝汇报,以及每年一度的游行和城隍神的生日庆典。

从这些活动中,我们可清楚地看出,在官方宗教与民间宗教之间有着大量的重叠部分;而且可以看出,它们之间存在着某些类似之处。两种宗教都承认天上的统治者的至高无上性,无论它们的名字是昊天上帝还是玉皇大帝;两种宗教都在某种意义上把多神理解为等级制的组织,并都被理解为一种报应性公正的根本保证者。更进一步说,两种宗教都具有多变的性格,尽管程度有所不同,因为各种各样的新神祇不时地被补充到民间多神的行列;而皇帝们、有功之臣们和儒家圣贤们,则在官方宗教中被补进与他们相符的神庙中。

尽管如此,它们之间的不同之处,同样也是显而易见的。民间宗教通常实际上享有来自于官方规定之外的自由,因此,即使没有官府的中介,甚至普通百姓也具有求助于神的自由。除此之外,在其始终如一地拟人化的意义上,民间宗教比官方宗教更加一致,而在官方宗教中,天上之神和地上之祇,至少在理论上被理解为无形式的物质能量的具体体现,这些神祇在祭祀中被仔细地从死去的人类的神祇中区别开来。由于缺乏这种分析性的区别,在民间宗教中等级制度的概念多少有些庸俗化了,等级观念基本上必须根据有关的神的"灵验"程度的大小作数量上的区别。此外,一个普通百姓可以在适当的崇拜场所向任何神祇献祭,从他们住处的灶神一直到玉皇大帝庙中的天上的神祇。

有些祭拜,或者至少是祭拜场所,由官方宗教与民俗宗教所共同享有。这些场所的重要实例,是好些献给城隍神和东岳泰山神的场所。城隍神的祭拜,被明朝当局理解为起源较晚的崇拜,并没有经典上的准许。城隍崇拜最初出现在东汉时代,这种做法在唐代已经变得非常普及,而到了10世纪时,城隍神得到了官方的承认。从那时起,皇帝们赐予它们以贵族的称号,封号则根据人们对它们的欢迎和拟人化程度以及尚武精神等观念而定。东岳泰山神的崇拜,这是一种更受人崇尊的古制,在汉代时期,就开始以其后来的作为人类命运掌管者的通俗形式出现。到了宋代时期,它与五岳的其他神祇,亦被皇帝们按惯例授予封号。但它对于皇位具有一种特殊的意义,具体体现了历代帝王的继承权与统治权。

明太祖最初承绪了宋元时期赐予城隍神和五岳之神以封号的做法。然而,在1370年,或许在曾说服他采用天地分祭的那些士子们的影响下,他一反常态,明确地指出这些神祇都是地上之祇,而不是人间之神;他剥夺了它们的封号,以及作为贵族身份的外在标志,禁止在它们的神庙举行拟人化的偶像崇拜,并以合乎标准的神的牌位(上有特定的山或者城市的神祇的新名号)取代了它们的塑像。

这种改革,旨在解决当皇帝授予这些神祇以封号时所产生的矛盾,尽管在郊祀中,它们都已被归类为地上的祇或者是非人间的神。1370年的改革,如果它完全成功的话,其效果也是不会持久的。民间宗教及其相关联的偶像崇拜,不久后,又在城隍庙及岳神主庙和支庙中再次繁盛起来。

同一种崇拜的这些相互矛盾的规定的持续性,意味着地方官员们被指望去保持五岳神之类的主庙,并在那里根据条例进行祭祀,尽管这些神庙都由道教机构直接管理,并且也用于民间祭拜。与此相类似的是,地方官员们还根据法律被要求向城隍神汇报,服从于它们的监管,并维护着它们的神庙。与此同时,这些神庙还要充当法律规定以外的宗教的活动中心。当地方官员不能指望得到皇帝们的支持,而至少有几位皇帝却接受了共同崇拜的民间形式时,他们的处境甚至变得更加困难了。例如,明太祖不顾东海之神的祭拜的官方形式,而利用其民间形式以提高他的权力。1368年,他敕令道士周原德前往山东莱州,在那里的东海之神的主庙进行祭祀:"周原德未至前数日,滨海之民见海涛恬息,闻空中洋洋然若有神语者,皆惊异。及原德至,临祭,烟云交合,异香郁然,灵风清肃,海潮响应。竣事,父老皆相贺,争至德所,曰:'海涛不息者,十余年矣。今圣人(即明太祖)应运,太平有兆,海滨之民何幸亲见之!'原德还奏,上悦。"(引见《礼部志稿》,第84卷,第27ab页。——译者注)

与明太祖的做法相类似,当正统皇帝于1447年签署了纪念在北京的城隍神庙恢复的铭文时①,他也承认了官方祭祀的民间方式。1488年,作为一道反对道教的奏疏的一个部分,一位古板的儒家学者,礼部尚书周洪谟,请求结束派遣官员到东岳神庙供祭的常规祭祀的做法,当时这种做法由于在南郊的露天祭坛祭祀而不再必要。他还提出,民间庆祝城隍生日的做法应受到限制,因为这种做法不符合它们作为地祇的官方身份。② 这两个建议都被置若罔闻。1530年,嘉靖皇帝迈出了更远的一步。尽管这似乎与他的其他改革的复古性质相矛盾,但他公然同意对城隍神的民间理解,并废除了对城隍神的郊祀,代之以委托祭祀官员在城隍生日与皇帝生日那天到北京的城隍神庙去祭祀。

官方宗教调整着两种按照等级制度划分的世界:生命的有形世界,它处于天子的统治之下;神祇的无形世界,处于昊天上帝的管辖之下。官方祭祀为皇帝及其所有层次的朝臣和民众去建立人与神祇之间的和谐关系提供了一个场合。在祀典中,对于每个级别的祀仪原则,都作出了详尽的规定。一种适用于一切的等级制度的原则统领着天、地、人三界之间的关系,而这些关系就在帝国大祀中表现了出来。与此相似,这一原则在全帝国统一并规定了下一个行政等级举行的仪式。首先,在空间的划分与再划分的意义上,每个行政级别的在任的文武官员,主持在他们本人所管辖区域内的神祇的祭祀。其次,在较低的级别上,官方礼仪的设置是不完整的,这明显地表现在以下事实上,即在宇宙三界,只有地祇和人神在朝廷以外受祭,而且这些祭祀都只是部分的。昊天上帝以及所有的星辰全都被排除在外,与它们一道排除在外的,还有天的配偶皇地祇。第三,在较低级别中的祭礼仪式的参加者是不完整的。文官与武官只在帝国的大祀中,才一同参加。而在诸省中,文武祭祀礼仪是相互排斥的,武官不能参加文祭,而文官则不能参加军事祭祀。而且,在较低级别中,乐生、舞生和掌管礼仪的官员,似乎都不是道教的法师。这可能更进一步地减弱了地方仪式的效果。最后,在较低级别上的礼仪逐渐减少。在较低级别上,祭坛的规模更小,供祭品更简朴,而

---

① 《明人传记辞典》,第293页。
② 《礼部志稿》,第84卷,第27ab页。

参加者及表演者的等级和人数也较低和较少。

从上所述,可以看出,在官方宗教中,祭拜的全国性的等级制度,并非仅仅提出了参加祭祀的人与神之间的地位差异的规定。相反,较低级别的礼仪的不完整性,不论就供祭的神祇数量与种类而言,或是就礼仪效果的有限性而言,都形成了一种从天坛直到乡村的神龛的递减的规模,规模愈小,仪式影响普遍的和谐与生活安康的能力也愈小。

犯罪问题

帝国朝廷对社会秩序的和谐与团结的处心积虑,以及对国家安全的煞费苦心,在有关宗教的《大明律》的条文中,都得到了强烈的体现。根据条文的法律立场,人们大致可以区别出四类宗教活动。第一种类型是法令与祭祀典仪所需要的那些活动;第二种类型是服从于国家宗教控制的受度牒的佛教和道教神职人员的被默许的宗教活动;第三种类型是那些一般都被贬低为不值得在官方宗教中采用的宗教活动形式,但这些宗教活动被认为无足轻重、不伤大雅,不需要加以压制(这种类型的宗教活动,包括本文曾界定为民间宗教的绝大多数宗教活动);第四种类型是国家认为对社会的和平与道德的健全构成一种威胁的宗教活动。

在划分这些应被宽容与不应被宽容的非官方的宗教活动之间的界线时,有时要参照教义上的论题,但这些论题并不是决定性的。《大明律》中的文字一般都贬抑佛教和道教的学说,而不论与它们相关的活动是否受到宽容或者是应被加以禁止。应加以镇压的一个更为坚决而强有力的标准取决于它是不是一个被发现有一个受神启发的头领以及有一群顺从他的意志的追随者的组织。《大明律》中涉及到宗教的条款,还规定了对于各类违法活动的惩处。这些活动,尽管不一定是宗教性质的,却在宗教的庇护下进行,如在佛教寺院和道教宫观中包庇罪犯,或者庇护出没于寺院的人群中的任何性乱行为。

在祭祀的总标题下,《大明律》包括了六条特别阐释活着的人与神祇之间的交流关系的条款。最初四条条款,涉及到了官方宗教仪式的表演与对祭祀圣地的保护。第五条和第六条则明确规定了被禁止的宗教活动的类型。① 第一条,《大祀及庙享》明确规定了对以下官员的处罚:他们由于种种原因未能出席大祀和中祀的祭祀活动。大祀仪式一直都被认为是调和皇帝与重大主神及祖先们之间的关系。据信,如果出现任何疏忽、过错与失误,都可能对帝国带来最严重的后果,因此他们都将受到严厉的惩处。在北京和南京,所有要求出席祭祀的官员,都将尽可能早地被预先告知,他们必须通过斋戒净化自己。从太常寺的立场而言,当事人在这件事情上的失职,将受到笞打 50 或者 100 下的惩处,这取决于它是否导致了仪式上的错误。如果已经作出了相应的通告,但 名官员在祭礼中犯下了过错,也同样将遭到杖打 100 下的惩处。如果一名官员由于违反了他的斋戒的誓言而亵渎了祭祀,他将被扣掉一个月的薪俸。如果在服丧期,或在过去某时受过肉刑而参加祭祀,他也要被杖责 100 下。然而,鉴于明代大多数朝廷官员受过这类处罚,因此没有资格参加祭祀,故有人怀疑这条法律能否被坚持执行下去。相同的惩处施加于太常寺的官员,如果他明知而又让一个不干净的官员去参加祭祀仪式。

如果献祭物不合乎标准,或者是数量上不充足,或者如果负责祭祀牲畜的官员,没有妥当地照料祭品,导致它们病弱,那么就将基于违反的严重程度,负责者将受到从轻笞 40 到重杖 90 不等的惩处。②

在祀典中,与仪式相关的条文还扩大施行于诸省的官方宗教活动。地方官员们需要及时地颁布举行仪式的通告,而疏忽或错误则要受到笞打 100 的惩罚。此外,祀典中的仪式需要列出来,明确禁止官员们对一个不在祀典规定中的神祇供祭。违背者将犯有行"不经"之礼、"邪恶"之礼的罪责,并处以笞打 100 的惩处,即使所涉及的神祇不属于明令禁止的、被宗教派别所利用的、并被官方视为颠覆社会秩序的"淫祠"之列。③

在最先四条法令的其他二条的内容是,官方宗教的圣地、历代帝王

---

① 《大明律》,第 11 卷,第 1a—4b 页。

② 《大明律》,第 11 卷,第 6a—7a 页。

③ 《大明律》,第 11 卷,第 4b—6a、7ab 页。

的祭坛及寝陵，都将得到保护，以免遭受蓄意的破坏或偶然的毁坏，并且不得用于放牧牲畜、开垦种地或者是采集柴草。

《大明律》条令还包括了一条规定，支持举行官方允许的社会所有阶层的丧葬礼仪。这个有关丧礼与葬礼的条款规定，如果借口"风水"决定埋葬位置没有完成，而让尸体在家中一年不埋葬，可处以重杖 80 的处罚。其次，对于用火葬代替土葬，它规定了重杖 100 的惩罚；在某些情况下，处罚可减轻。最后，如果居丧之家安排一场佛教或是道教的法事，而男女混杂，饮酒食肉，那么，这个家庭的家长将被处以重杖 100 的处罚，而参与其中的佛教僧人或道士将被迫还俗。然而，任何上述法律规定，是否在明代期间都被严格地援用，这是值得怀疑的。

某些非官方的宗教活动之所以被禁止，表面上是因为它们形成了私下反对由官府朝廷所认可的神祇，而实际上却是由于它们损害了社会和政治秩序。[①] 在违法的第一种类型中，即"亵渎神明"，严禁的行为被划分为三种类型。第一种类型是，私下对位于官方神庙之顶端的天上诸神的崇拜，它们是：对上帝的崇拜，对北斗七星的崇拜，以及对七曜（太阳、月亮、木星、火星、土星、金星和水星）的祭拜。有关祭拜的用具"天灯"和"七灯"的内容，是指灯笼可以按照模仿星斗的模式而加以排列。这里所表明的天神，如果被私人以这种方式冒犯，违犯者将处以重杖 80 的惩罚。然而，真正涉及到的内容可能是政治性的；祭拜的领导者在暴乱时可能僭用皇帝的特权。

在违法的第二种类型中，如果佛教僧人和道士修斋设醮，拜奏昊天上帝，或者是祈禳大灾，将被处以重杖 100 的惩罚，并将强迫还俗。这些仪式，通常都在佛教或者是道教的集体聚会上举行，因此，原条款可以被视作为对宗教聚会本身的一种禁止，但附加的注释特别指出，提倡请求和请愿的行为应予惩罚。

第三种类型，涉及到了在佛教寺院、道教宫观或者是非佛道庙观中男女之间的不道德关系。这个条款，被认为是对寺观的特别令人反感的冒犯。允许他们的妻女常到寺院去的家长，常居住在那里的僧人或

---

① 《大明律》，第 11 卷，第 8a—9b 页。

道士,以及允许妇女们进出寺院的守门者,都要被处以轻笞 40 的惩处。但我们从明代的通俗文学中得知,这些行为在明代仍司空见惯、习以为常。

《大明律》的下一部分,即《禁止师巫邪术》,把所讨论的宗教活动集中归并为三个分款:特别被归于巫术活动的宗教活动行为;非僧道信徒组织的宗教集体活动;村里之长没有把他们知道的这些宗教活动呈报给上级。在此所涉及到的主要内容,在注释中得以明确阐释,这就是异端的宗教结社的网络加以扩展,以至于它们会强大到足以造成帝国统治瓦解的危险。尽管在此所包括的有些特殊类型的宗教活动,一般都具有一种个体性或者是非宗派化的特征,但它们之所以清楚地在此被包括其中,是因为它们被认为过去曾被危险的教派领导人所利用,以便于他们建立权力神授的政权。

第一条分款的条文规定如下:"凡师巫假降邪神、书符、咒水、扶鸾、祷圣,自号端公太保师婆,及妄称弥勒、白莲社、明尊神、白云宗等会,一应左道乱正之术,或隐藏图像,烧香聚众,夜聚晓散,佯修善事,煽惑人民,为首者绞,为从者各杖一百,流三千里。"(引见《大明律·禁止师巫邪术》条)

虽然师巫们诸如画符、咒水、扶鸾之类的日常活动,在这里都被引征为异端而邪恶的活动,但注释却用从"隐藏图像"开始的五种违法行为的严重性,作为严惩重罚的解释。规定为首者与随从者处罚不同的事实也清楚地表明,这个条款的条文乃是针对有组织的活动,其次才针对那种宗教性的异端活动。用注释的话来说:百姓可能被邪说所愚弄,而小人易上当受骗。通过邪术,为首者可以扰乱天下。这在历史上可以清楚为鉴。

第二条称:"若军民装扮神像,鸣锣击鼓,迎神赛会者,杖一百,罪坐为首之人。"这个分款有关村里之长的用语认为,该禁令的用意适用于传统的农耕仪式。但在注疏中却解释说:"义社村民的春秋祈祷感恩应有迎神赛会,虽鸣锣击鼓群众聚集也不禁止。"

有关巫术条款的第三条分款,只不过是重申了在每百户为里与每十户为甲这种行政管理体制中的集体责任的原则。既然如此,如果村

长知道在此所规定的任何违法行为，却没有上报，那么他就将受到笞打
40 下的惩处。注释指出，村中的任何人都不可能对巫术一无所知，或
不可能不知道非法的宗教活动；就村长来说，毫不知情的借口是难以接
受的。

两条补充性的条款，把这些禁令的范围扩大到了帝室宫廷以及佛
教寺院与道教宫观。某些皇帝支持异端宗教活动的倾向，可能激发了
对帝室守卫或者是奴仆们把巫师引入宫廷的罪行加以惩处的补充条
款。处罚同样还施诸于那些在其寺院中隐藏异端修行者的佛教或道教
神职人员。

在《仪制》的总目之卜，还有两条禁止使用天文学、星占术和占卜术
反对国家安全的条文。对于条文的制订者来说，一个显而易见的困难
是，占星术和占卜术都在各地普遍实行，所以条文必须区分允许与不允
许的形式。在收藏禁书及私习天文的标题之下，条文称："凡私家收藏
玄像器物（即望管、浑天仪、星盘等等）、天文图谶应禁之书，及历代帝王
金玉符玺等物者，杖一百。若私习天文者，罪亦如之，并于犯人名下追
银一十两，给付告人兑赏。"[1]

注释清楚地表明，这里的陈述涉及的天文书籍及器物可能会被人
用于打破帝国对裁定历法的独断地位，以及可能被用于从事预言以损
害国家和欺骗百姓的活动。与此相类似的是，历代帝王的图像、金玉符
玺等物，都会招致对其私藏者的动机的怀疑。[2]

其他涉及到预言的条款，指的是不负责任的妄言休咎的算命术士，
条款严禁算命术士随意地出没于无论是文官还是武官的任何官员之
家，并且谈论"命运休咎的预言"。违犯者将被处以杖 100 的惩罚。基
于生辰的正统推算者以及卜课者，则被特别规定不在此禁限之内。而
且，注释指出，由于官员与普通百姓"并不相同"，只有前者被禁止与算
命术士相接触。注释还声称意见不一致的"福祸预测"，特别是指那些
涉及统治朝代的命运的预言。这里所关涉的中心，是出于官员们阴谋

---

[1] 《大明律》，第 12 卷，第 5a—6b 页。

[2] 《大明律》，第 12 卷，第 21b—22a 页。

颠覆的担忧；违犯者将处以死刑，"以防患于未然"。

明朝国家制订法律条文以支持官方宗教，并镇压被认为将成为国家和社会的不可容忍的危险的宗教活动。这些条文，必须在这样一种社会背景之下形成，即这个社会中的个体与群体通常在家中举行仪式，在当地的神龛和寺庙中祭拜与祈祷，参加宗教性的活动和节日活动，信奉算命卜卦及宗派组织。条款的内容，把违法行为从非违法的行为中区别开来，而在前者的范围之内，对惩罚的严厉性与罪行的严重性及从轻发落的条件进行调整。宗教自身的仪式形式和信仰，似乎不是合法性的重要标准，而汴释的效果一般地限定着法律的适用范围。

结　　论

《孝经》第九章中说："郊祀后稷以配天，宗祀（周代）文王于明堂以配上帝。"《明史》对此解释说：在此所作出的分别（即在天与上帝之间的分别），是天的形体与其主宰之间的分别（"以形体主宰之异言也"。——译者注）。① 因此，皇天上帝这个术语是含混不清的，并暗示着一种选择的可能性：一个人可能把上帝既称为一位抽象而完整的自然，亦可以称作为一位神祇或者是神明。自然之天在露天祭拜，而上帝之天则在宫殿中祭拜。因此，天与上帝可以作为理解宇宙的两种模式：抽象之天，强调动态与静态（阳与阴）与术数学之间的相互作用；而神格之天，则强调崇拜者与作为知性存在（主宰）的神祇之间的相互关系。

这两种理解模式，分别对应于组织天地大祀的两种方式。合祀的形式，这种形式曾被明太祖所选中，它强调了昊天上帝在一种明确加以描述的宇宙的等级制度中的至高无上的权威。分祀的形式，则阐明了物质力量在活动与静止之间的动态平衡中的抽象理念。在进行分祀中，它否认了昊天上帝在宇宙秩序中的中心地位。相反地，分祀的形式引起了那些朝臣们的兴趣，他们沉迷于使圣人之学在天下流行的艰巨任务。并且站在他们的立场上反对专制暴政或不负责任的统治者们。

---

① 《明史》，第48卷，第1247页。

另一方面，皇帝们及其高官大员们都一致认定中央政府对地方政府以及整个社会具有等级分明的权威。在这种意义下，等级制度完全体现于官方祭祀的设置之中。在较低层次上，举行祀仪的数目和种类都减少，同时天神祭拜被完全不准在帝国首都之外举行；武官和文官举行的祭拜被严格限制在他们自身的范围之内；道教的表演者不能出现在地方祀仪中。对地祇与人间神的地方祭拜，只限于那些在每个行政管辖的地区之内的神祇。

对于官方宗教，就总体而言，天地大祀的动态平衡的模式为保守的士子们所偏好，这种偏好显然产生了某种反常的心理。这种模式模糊了处于最高层次的等级制度的原则，虽然这种模式是在一种按照等级制度组织起来的帝国的背景下举行的，而且它反对在一种传统祭拜的背景下的拟人化的一神论。这种祭拜十分容易令人想到拟人观，因为拟人观把诸神视为尊贵的客人，并且有"感动"它们的明显意图。对于这种与众不同的用途的喜好，引起了感到需要的宫廷学者们的注意，他们作为处于专制帝王和未受教育的民众之间的政治精英，需要显示出自己与以上两种人的区别，以支撑他们的地位。

这些冲突的界线，在明太祖统治期间，就已经最清楚地划分出来。在嘉靖皇帝统治期间，它们由于皇位的支系的继承权论题而被掩盖，但它们依然清晰可见，特别是在对昊天上帝的大享祭祀制度的设置中。嘉靖统治之后，皇帝与朝廷之间的论争并没有得到解决，而是被搁置起来，并因此而被遗交给继之而起的清王朝。

（陈永革　译）

第十四章

明代佛教

导　言

到明朝建立时，佛教已在中国存在了 1400 多年。在隋朝（581—618 年）和唐朝（618—907 年）期间建立起来的佛教主要宗派有天台、华严、唯识、律宗、净土和禅宗，它们在明代都仍继续存在，就像在宋（960—1279 年）、元（1206—1368 年）时期存在那样。W. C. 史密斯指出，就像所有成熟的世界宗教那样，佛教是一个"修炼的传统"[①]。明代佛教具有早先时代佛教的许多特征。因此，我们不可能区分出一种明确的整体，并把它称之为明代佛教。进一步地说，撰写一部明代时期佛教的总体历史的任务，由于现存学者不多而更加困难。因此，很长一段时间以来，佛教学者和中国佛教史家们（除了日本学者之外），大都认为，在"佛教的黄金时代"的唐代以后，是佛教的一个衰落时期，因此没有在佛学研究中注入更多活力。只有在最近数十年间，西方学者有关明代佛教的论述才开始出现。因此，我们对于明代佛教的认识，在很多方面仍然是初步而不完整的。

不过，人们可以就明代佛教提出几点概括性的认识。首先，在佛教僧伽或僧侣社团与朝廷之间存在着一种密切的关系。这一点明显地表现在明太祖时期朝廷试图对僧伽的每一个方面都施加严格的行政控制，表现在不同时期皇室对佛教持续不断的慷慨资助，表现在个体僧人参与宫廷和政治的活动。

第二，佛教宗派之间的界线是不固定而变动的。人们对下列各宗

[①]　威尔弗雷德·坎特韦尔·史密斯：《信仰和信念》（普林斯顿，1979 年），第 10 页。

进行自己的融合是可能的，如，不仅可以在诸如天台宗、华严宗与唯识宗等哲学化的宗派之间进行融合，而且可以把这些宗派之一与禅宗合并，或者把禅宗与净土宗融合，或者把所有这些宗派与律宗即玄秘佛教（主要表现为仪轨和持咒）进行融合。在某种程度上，这种融合是来自宋代时期的一种遗产，因为诸如禅教合一（禅宗与哲学化佛教的同一）、禅净双修（禅宗与净土宗的双重修持）之类的口号，就已经在那时出现。忽视并模糊佛教宗派之间差异的这种趋势，在明代确实得到了进一步强化。

第三，佛教思想家，特别是那些晚明时期的佛教思想家，在使佛教被佛教社团之外的民众更可接受这方面，表示出相当大的兴趣。这种兴趣导致了形成一种充满活力的居士佛教运动，以及一种不同于儒家和道教传统的普世主义的普遍意识。

第四，在明代，佛教慈悲的传统形式重新得到了强调，传布佛教教义的新方法也已形成。明代佛教在民众生活中成为一种普遍力量，并构成为他们精神生活的一个内在部分。明代出现的佛教修行的风格与形式，贯穿清代，并流传至今。因此，当出于灵感而回溯以往时，明代佛教徒为后代宗教的修行创立了新的范式。

明代期间佛教的存在几乎是显而易见的。佛教寺院散布在名胜风景区，而佛教僧人则时常在精英著述与通俗文学中出现。他们在明代文化中确实是人们耳熟能详的人物。但明代有多少僧伽呢？要确定寺院人口的总数或者是寺院的总数是不可能的。从政府三令五申试图限制它们的数量，以及从朝臣们谴责这一现状所提出的奏疏中，人们可以估摸出二者的数字是相当之大的。洪武皇帝起初鼓励僧伽度牒，1572年，在他成为皇帝五年后，57200名佛道僧尼获准出家；第二年，出家者人数竟达96328之多。他还废除了有关宗教的传统税收，称之为免丁钱。下面是后来期间出现的度牒人数的个别数据：1440年，5.1万名僧尼受牒，而在1451年，另有5万人受度牒。1476年，度牒人数增至10万人，而在1486年，则增至20万人。这些度牒人数的总量共计50万人。这个总数包括了佛教徒和道教的神职人员。它并不包括所有的佛教僧人，早在1291年的元代时，就曾记载僧人数量达到了 213148 人。①

由于度牒人数的急速增长，皇帝早先就采取了限制度牒的措施。在 1373 年，朝廷规定欲求度牒者必须参加考试，证明自己精通佛经知识。1395 年，这一规定再次得到强调，当时诏令所有佛道僧侣须到京城参加考试，那些考试失败者将被还俗。洪武和永乐二位皇帝都试图规定欲求度牒者的名额和年龄限制。规定度牒人数，每县不超过 20 人，每州 30 人，每府 40 人。度牒仪式每三年仅举行一次。洪武皇帝在位时，男人必须在 40 岁以上，而女性须在 50 岁以上，他或她才可离弃家庭生活。永乐皇帝降低了僧人的年龄限制，包括 14 岁至 20 岁之间的男子（对于尼姑的年龄限制则没有规定）。在以后的期间内，举行度牒仪式的次数也被减少。起初，度牒仪式每五年举行一次；到宣德年间（1426—1435 年），仪式则每 10 年举行一次。在 1487 年，由于有人在一份奏议中提出建议，它变成了每 20 年举行一次。

这些条令的有效性是极其成问题的。并无证据表明，年龄限制曾被强制实行，任何曾读过明代僧人传记的人都可轻而易举地证实。即使其他条例更为有效，但它们的效果也被日益普遍的私人度牒以及官府出售度牒证明所削损。在 15 世纪期间，这两种做法都习以为常，而且二者自唐代以来就已存在。明初时期的官府条令的原初意图，是阻止它们再度出现。出售度牒于 1451 年第一次获准，它作为一种应急措施，被用来筹措经费以缓解四川的饥荒。如果一个人捐 5 石米，并送抵贵州，他就将得到一份度牒证明。这一措施在 1453 年和 1454 年再次出现，当时也是为了应付财政危机。在成化在位期间（1465—1487 年），出售度牒规模扩大，且售价更高。1484 年，1 万张空名度牒以每份 10 石米的价格标价出售，以便缓解陕西和山西的饥馑。两

---

① 道端良秀：《中国佛教史》（东京，1958 年），第 231 页。有关僧伽的资料可在下列著作中看到。陈观胜：《佛教在中国：一种历史考察》（普林斯顿，1964 年），第 435—436 页；郭朋：《明清佛教》（福建，1982 年），第 3—41 页；间野潜龙：《明代文化史研究》（东京，1979 年），第 243—334 页；于君方：《中国佛教的复兴：株宏与晚明的圆融》（纽约，1981 年），第 144—162 页。

个月后，通过 13 个省的行政管理机构，6 万张度牒以每份 12 两银子的价格出售。僧侣人数剧增，以致一名官员随即夸张地宣称：目前，僧数几占人口的一半。[①] 空名度牒，正如它的名称所清楚显示，它并不登上购买者的名字，而是购买者自己写上的。这就使得所有由洪武皇帝、永乐皇帝在明初颁布的有关名额、年龄限制与资格的条令，成为一个嘲讽。1372 年的明太祖诏令，可能是反对这种弊端的一个最有效果的措施。他诏令编撰所有度牒僧众的名册。这些名册被称之为"周知册"；它们包括所有僧众的名字，他们所登记的祖籍，以及他们接受度牒的日期。这些名册被颁发给所有主要的佛教寺院。当一个行脚僧来到一个寺院要求允许挂单时，他的名字要在名册中加以核对。任何冒充者或不合法的度牒僧即可由此查出，并驱逐出寺。相同的榜文在 1394 年再度颁发。到明代中叶，由于出售空名度牒变得更加平常，遂无人再提周知册之事。试图控制僧人的资格，不得不由各个寺院去实行。这说明了此后佛教的衰落，以至于现代学者陈垣认为："盖明自宣德（1426 年）以后、隆庆（1567 年）以前百余年间，佛教式微已极。万历以来（1573—1619 年），宗风稍振。"[②] 僧伽品质上的败坏，也说明了晚明期间四位最具影响的佛教领导人为何要强调僧伽戒律的重要性。

佛教寺院既建于城市，同时也建于乡村。它们增加了名山的名声，或者由于它们的出现而使所在的山扬名于世。它们充当行人、学子和赴试者的旅舍，或者是作为士子集会的场所。它们为寺院集市和戏剧表演提供空间。地方志都辟出一节论述佛教寺庙和道教宫观。许多县都至少有一座规模相当大的寺观，如果没有好几座的话。

---

① 《明实录》，成化二十年十二月，第 259 卷上（南京，1962—1968 年），第 49 册，第 4367 页。那位官员的评论可在《明实录》中找到，弘治九年五月，第 113 卷上，第 55 册，第 2051 页。这显然是一种过高的估计。据何炳棣："到 14 世纪末，中国的实际人口可能超过 6500 万……然而，晚明的人口统计表明，在 15 世纪上半叶人口稳定地减少，那时相对固定的人口总数大体在 6000 万水平上下波动。"参见何炳棣：《1368—1953 年中国人口的研究》（坎布里奇，马萨诸塞，1959 年），第 9 页。

② 陈垣：《释氏疑年录》（北京，1964 年），第 370 页。

　　对于佛教寺院数量的限制，如同对于僧众人数的限制一样，早在洪武年间就有规定。1373 年，诏令每一府、州和县仅可有一座较大的佛寺及一座道观。所有僧众和神职人员都聚居在一处，并由持守戒律而名声好的模范方丈主持掌管。相同的条令于 1391 年再度颁发，作为一个"净化佛道"总纲领的一个部分。不许建立新寺院的禁令也在后来年间颁布。

　　据《明史》行政地理章，明帝国共有 140 个府、193 个州和 1138 个县。如果有关寺院的限额规定确实得到遵守，那么其数应该不多于 1138 座。事实显然并非如此。到 15 世纪中期，在成化年间，仅在帝国首都北京就有千余座佛寺。[①] 在万历年间，据称京城"名蓝精刹甲宇内，三民居而一之"[②]。宛平是北京西边的一个相对较小的县，它就有 351 座佛寺和 140 座庵堂。[③]《金陵梵刹志》是一部编撰于 1627 年的有关南京佛教寺院的记录，它收录了约 160 座佛寺的资料，这些佛寺被划分为三个等级（大、中、小）。编撰者称，有 100 座其他佛寺，他认为规模太小而未加收录。[④]

　　修建佛寺在明代乃是平常之举。有些皇帝资助了大规模的佛寺修建工程。在南京的大报恩寺和大兴隆寺分别重建于 1447 年和 1449 年，后者的建筑材料耗费了数万两白银。大隆福寺于 1453 年建造时，工程动用了数万名士兵，并花费了几十万两白银。1576 年，慈圣皇太后捐款修建了慈寿寺，花费两年才告完工。万历皇帝也资助修造了北京的万寿寺，据称甚至比其母亲修造的寺院还更壮观。[⑤]

　　宦官和官员们也经常资助佛教寺院的兴建或修复工程。最近研究表明，大约 1500 年以后，地方乡绅也开始成为佛教的强有力的资助

① 《明史》，第 182 卷，《王恕传》；引见郭朋：《明清佛教》，第 7 页。
② 陈垣：《明季滇黔佛教考》（北京，1940 年；1959 年北京重印），第 130 页。
③ 沈榜：《宛署杂记》（1593 年；1961 年北京重印），第 195—202 页。
④ 葛寅亮编：《金陵梵刹志》（1627 年；1976 年台北重印），第 1 卷，第 1 页。
⑤ 于君方：《中国佛教复兴》，第 152—153 页。沈榜对于寺院财富的奢侈以及宛平居民们对其信仰的挥霍，印象深刻并惊讶不已。他说："万寿寺佛像，一座千金。"《宛署杂记》，第 207 页。

者。他们还承担了寺院建造和恢复工程。这种资助行为是乡绅对佛教感兴趣并接受佛教的一种明确标志。但更为重要的是，正如提蒂莫西·布鲁克所论，这是地方乡绅用于巩固其家族在一个地区主导性地位的一种策略。[①] 数年前，沃尔弗拉姆·埃伯哈德从福建、浙江、安徽、湖南和广东等地方志中有关佛教寺庙修建的材料的研究中发现，除 10 世纪之外，中国历史上寺院修建最活跃的时期，出现于 1550 年至 1700 年间。[②]

就皈依者的人数与社会接受程度而言，明代佛教盛行。明帝国的南北二都、江南及更偏僻地区的记载，都表明了佛教强大的存在与影响。15 世纪下半叶，一位在云南省任职的官员，曾就国家的可悲情形而向皇帝奏疏。他指责佛教乃是天下的祸患之一，"当今之世，佛教繁盛；释氏之教，到处蔓延，延至二都、每个行省、诸州府县，以及每一个乡村，既误导士绅百姓，亦诱使愚夫愚妇陷溺其中"[③]。谢肇淛，一位 1592 年进士，在 100 年后响应了这种情感。他注意到佛教已经遍布全国。佛教寺院不仅比学校数量更多，而且装修得更好。诵经声、梵音和持咒的声音，比乐器的演奏和吟唱更洪亮。他说，上自王公贵人，下至妇人童稚，每个人都喜欢崇信佛教、谈禅拜佛。[④]

有明一代，尽管佛教日益流行，但其宗教体制的历史却经历不同的过程。明代佛教体制的历史可被划分为三个时期：明初时期，包括洪武年间和永乐年间（1368—1424 年）；明中期，大约持续了 140 年，从 15 世纪中叶到 16 世纪中叶；最后是始于万历年间（1573—1620 年）的晚明时期。明初时期，以涉及到佛教生活的每一个方面的详尽的法规为标记。明初的皇帝们对佛教学问与实修都

---

① 布鲁克：《祈求权力：晚明中国的佛教与绅士社会的形成》（坎布里奇，马萨诸塞，1993 年）。
② 沃尔弗拉姆·埃伯哈德：《中世纪和近代中国的建庙活动》，载《华裔学志》，第 23 卷（1964 年），第 264—318 页。
③ 布鲁克：《祈求权力》，第 91—92 页。引见余继登：《皇明田科敕文》，第 226 页。
④ 谢肇淛：《五杂俎》（万历时期；1977 年台北重印），第 200 页。

持有一种积极的兴趣。明中期则出现了所有佛教立法败坏瓦解现象。有些皇帝继续偏爱并资助佛教，但这样做似乎与真正的信仰无关，而且佛教知识也远不如其先辈。明中期的佛教，一般都被认为正处于一种濒灭状态。与此相反，晚明时期，在四位大师云栖袾宏（1535—1615 年）、紫柏真可（1543—1603 年）、憨山德清（1546—1623 年）和藕益智旭（1599—1655 年）的领导下，则看到了佛教宗教体制的复兴。

明代初期的佛教

明太祖 17 岁时成为一个沙弥，并在此后的八年里在安徽凤阳的皇觉寺度过。住持高品有妻子和子女。这是一个规模较小的农村寺院，但绝非特殊。明太祖的寺院生活的第一手经验，可能与他努力制定新措施很有关系。与此同时，他早期与佛教的关系，使他对佛教的事物怀有好感。因此，他后来联合著名佛教大师，促进了重要佛教经卷的研究，并鼓励举行佛教的法事。

1368 年，登基即位第一年，明太祖邀请江南重要禅师于南京蒋山常善寺（后改称为灵谷寺）举行法会。在此次法会上，他选任住持掌管南京的重要寺院。不过，法会的主要目的是为了祈祷，以普度在他胜利前死于战争的众生。宋濂，明太祖的重要顾问，写道："四海兵争将卒，民庶多殁于非命；精爽无依，非佛世尊为足以度之。惟洪武元年秋九月，诏江南大浮屠十余人，于蒋山禅寺作大法会。二年春三月。复用元年故事。"[1]

在洪武统治初期，南京每年都举行类似的佛教法会，皇帝经常与文武百官一道参加这些佛教法会。[2]

---

① 宋濂：《慧辨琦禅师志略》，载《金陵梵刹志》，第 3 卷，第 335 页。
② 郭朋：《明清佛教》，第 12 页。他的观察乃是基于《明会典》和《古今图书集成释教部汇考》。

在这些佛教活动期间，明太祖结识了楚石梵琦（1296—1370年）①、宗泐（1318—1391年）② 和国师道衍，道衍以其俗名姚广孝（1334—1418年）③ 而更广为人知。他们三人都属于临济禅系的禅师。不过，他们是十分不同的。梵琦回避在政治上引人注目，而宗泐与道衍的政治风头都甚健。16 世纪的大师云栖袾宏称赞梵琦为"明代最主要的禅师"，并把他的传记置于《皇明名僧辑略》这部明代著名僧人的传记选编的首篇，而没有把宗泐与道衍收录其中。④ 智旭则更热切地称赞他说："禅宗自梵琦大师后，未闻其人也。"⑤ 这似乎是正统佛教团体对他所持的普遍评价。

梵琦，原籍浙江象山，4 岁失怙，由他的祖母抚养成人，她教他背诵孔子《论语》。9 岁时，他成为一个小沙弥；16 岁时，在著名的元代书法家赵孟頫的帮助下，为他偿付了度牒的费用。他在杭州昭庆寺受具足戒。四五年后，他因阅《楞严经》而有所省悟。随后，他决定随禅师元叟（1255—1341 年）学禅。元叟是径山寺的住持，而径山则因伟大的南宋大师大慧（1089—1163 年）而闻名于世。梵琦于1324 年春节之夜在北京开悟。由于他擅长书法而著称，他在北京曾受到了元帝硕德八剌的召见，参加抄写金字大藏经的一项工程。当梵琦听闻西门外的击鼓声时，他顿时汗如雨注，并深省其师父的早先开示，他撰写一首偈语以示其悟道：

> 拾得红炉一点雪，
> 却是黄河六月冰。

当梵琦回到径山寺时，元叟认可了他的省悟。元代期间，他先后被指

---

① 《明人传记辞典》，第 422—425 页。
② 《明人传记辞典》，第 1319—1321 页。
③ 《明人传记辞典》，第 1561—1565 页；牧田谛亮：《民众的佛教：从宋代到近代》，载《亚洲佛教史·中国编》（东京，1973 年），第 2 卷，第 96—108 页。
④ 袾宏：《云栖法汇》（南京，1897 年），第 17 卷，第 12a 页。
⑤ 《灵峰宗论》，第 5 卷之 3，第 3 页。引见郭朋：《明清佛教》，第 47 页。

定为六座禅寺的住持。在他的晚年，即 1359 年在永祚寺建了一间书房后，他自称为西斋老人。这标明他对净土宗的推崇。他撰写了一卷赞扬净土的诗歌，是明代第一位倡导禅净双修的禅师。他把禅净双修的目标阐释为意识到人的自心与佛之间的同一性。反复诵念阿弥陀佛四字，以及由"求佛者究竟为谁？"这一问题引发的怀疑之心，引向人们实现"无心"之境。这一状态，通常通过参究某个称为"公案"的特定的禅词或句子（如"无"字）而达到。①

梵琦参加了在南京蒋山寺举办的最初二期佛教法会。1370 年他去世的那年，他两次被明太祖诏令从佛教经典中辑出有关死亡（圆寂）状态的资料。他本人则以一种示范样式示寂。在沐浴之后，他禅坐，并撰一偈向众僧话别。当有人问他将去何方，他答曰："净土。"当问他："佛在西方，而不在东方吗？"他以一声禅喝而示寂。尽管当时禁止火葬，但明太祖却破例为梵琦火葬，但他的牙齿、舌头和念珠都保持完整，据称在灰烬中还发现了无数舍利子。宋濂撰写了《塔铭》，他在文中描述梵琦说："世间万物，林林总总，皆能助发真常之机。（对他来说），嘻、笑、怒、骂，无非佛事。"② 一些梵琦的言论保存在其《语录》中："处处无非佛事，头头总是道场。酒肆淫坊，了无罣碍；龙宫虎穴，任便经过。亦可入魔，亦可入佛，然后佛魔俱遣，凡圣不存。"③

梵琦一直关注着在其时代中的禅的处境。在永祚寺对众僧的开示中，他曾慨叹说："兄弟开口便道我是禅和，及乎问他如何是禅，便东觑西觑，口如扁担相似。"④ 尽管梵琦在其教示中利用了佛经，但他强调禅所珍重的完全的自由与自主。为了让他的听众们重视这一内容，他作了一次讲话，把哲学化佛教的中心教旨颠倒了过来："教中有六念：念佛、念法、念僧、念戒、念天、念施。衲僧门下，念个什

---

① 于君方：《中国佛教的复兴》，第 55 页。
② 宋濂：《佛日普照慧辩楚石禅师六会语录序》，见《卍续藏经》（1905—1912 年；1977年台北重印），第 124 册，第 71 页。
③ 宋濂：《佛日普照慧辩禅师语录序》，第 104 页。
④ 宋濂：《佛日普照慧辩禅师语录序》，第 130 页。

么？若道念佛，道著佛字，漱口三年，不可是念佛也。若道念法，法尚应舍，何况非法，不可是念法也。清净行者，不入涅槃；破戒比丘，不入地狱，不可是念僧也。持犯但束身，非身无所束，不可是念戒也。三界无安，犹如火宅，不可是念天也。施者、受者，并所施物，三轮空寂，俱不可得，不可是念施也。"①

梵琦从元帝硕德八剌及明太祖获得了极高的赞誉。尽管他并不追求名位，但他显然怡然自得于这种皇帝的关注。一种强调佛教僧伽涉足于政治生活的程度，可从梵琦记录其参与蒋山寺举行的法会时撰写的一篇文章中看到。该文名为《水陆升座》②，出现在其《语录》的末尾。综观这篇短文，梵琦都称自己为"臣僧"。

像梵琦一样，宗泐也通过其文学才能而引人注目并得到皇帝的宠信。他是浙江临海人。年幼时，即失去双亲，由亲戚抚养成人。8 岁时，被送入随大䜣禅师（1284—1344 年）学习，大䜣是一位著名的文学家，是元帝图帖睦尔（1304—1332 年）的一位宠信。大䜣禅师曾以《心经》考他，他诵读一遍即能记住。大䜣感到满意，并称赞他说："你是在无明路上的智慧之炬。"③ 他 14 岁时，剃度出家；1337 年当他 20 岁时，在崇拜观音的杭州三大僧寺之一的中天竺寺，接受了具足戒。他在当地文学圈子中是一名积极分子，并与著名士子相结为朋友。

在首次担任中天竺的住持时，他在僧伽中的重要性加强了。在 1368 年后，他驻锡于南京最著名的禅寺天界寺。1369 年，他被推介给明洪武皇帝，给皇帝留下了如此深刻印象，以至于他会被委任为一名文臣，如果他愿意考虑放弃宗教生活的话。宗泐拒绝了，但在其余生中，他仍与皇帝保持密切往来。皇帝的宠遇接踵而至。1372 年，当一次佛教法会在广西钟山举办时，宗泐受委托谱写了八首称颂佛陀的佛教乐曲。皇帝诏令太常寺演奏这些乐曲，并伴随舞蹈。他还请宗

---

① 宋濂：《佛日普照慧辩禅师语录序》，第 131 页。
② 宋濂：《佛日普照慧辩禅师语录序》，第 291—294 页。
③ 曾普信：《中国禅祖师传》（台湾，1967 年），第 320 页。

渤讲解有关佛法的一次正式课程，委任他为天界寺住持。

1377 年，当宗泐 60 岁时，他被委托与如玘（1320—1385 年）一道撰著洪武皇帝认为是佛教根本的三部经典《心经》、《金刚经》和《楞伽经》的注疏。这些注疏经洪武皇帝钦准，并亲自为《心经》撰写了一篇序言后在 1379 年刊行。他先前曾编撰了《金刚经》注疏的一部汇编，即《集注金刚经》。现在他诏令这三部佛教经典及其新注疏在全国颁布并研习。这可能是为何明代佛教学者为这三部佛经注疏多于其他佛经的主要原因。[①]

当他完成汗释后，宗泐开始前往西域求法，这使他离开中国三年。他前往西藏，还可能到过印度，并带回了一些梵文佛经。他求法的成功，给他带来了荣耀。1383 年，他就任右善世，即新成立的僧录司的主管，它具有掌管全帝国僧伽的权威。他把道衍（姚广孝）引荐给皇帝。他参加马皇后的葬礼时，他证实了他的随机应变的智慧。就在马皇后入葬时，一场雷雨突如其来。皇帝感到失望，并对宗泐说："既然皇太后要被焚化，请作一偈为她送行。"宗泐当即道："雨落，天哭；雷震，地恸。西天佛子皆为马皇后送行。"[②]

在讨论姚广孝的经历之前，有必要描述一些明太祖年间所作的涉及到佛教分类的重要措施。这些措施包括僧官制度；僧人与寺院的分宗制度；他对"净化"佛教的尝试，这个尝试导致了他本人对日常寺院管理的最小细节的关心，其关心程度，无论在他之前或者在他以后的时代，均无所见。

明太祖对控制僧伽极感兴趣。在某些地方，他遵循先例，但在其他地方则创立新制。僧官的设置，是前者的一个典型；而僧人与寺院的分宗，则是后者的一个代表。僧官自后秦（384—417 年）以来就已经一直存在。在唐代和宋代时期，僧伽们都在僧录的领导之下；在

---

① 张圣严提出了一些数据："在《卍续藏经》中所收录的有关《心经》的 46 部注疏中，26 部撰于明代；有关《金刚经》的 42 部注疏中，14 部撰于明代；有关《楞伽经》的 11 部注疏中，8 部撰于明代。"张圣严：《明末中国佛教之研究》（东京，1975 年），第 54 页。

② 曾普信：《中国禅祖师传》（台湾，1967 年），第 321 页。

元代，它则因负责佛教和西藏事务，改称宣政院。

明太祖依循元制，并于 1368 年在南京天界寺内创立善世院。第一位统领是慧昙（1304—1371 年），同时他还担任善世院所在寺院的禅寺住持。他被授予从二品的文官阶位，并称之为"演梵善世（一作善逝）利国从教（一作崇教）大师"。他具有掌管天下僧伽的权力。但正如名称所示，主管僧官的职责是阐扬出于国家的需要宣传佛教，提高公众道德。他由三位其他僧官协助，他们的职责是委派或撤销著名公共寺院的住持，并惩处有违法律的僧人。15 年后，即在 1383 年，另一个设制，即僧录司的佛教机构建立起来，它仿效唐宋佛教体制，并取代了善世院。

在京城的僧录司最初设有八位僧官：左、右善世，文官级别为正六品，这大大低于原先的善世院统领的官阶。正如我们所见，宗泐被任命为左善世，而他的同道如玘则为右善世。随后有左、右阐教，级别为从六品；左、右讲经，级别为正八品；最后为左、右觉义，官阶为从八品，他们都被视为文官，并自 1342 年起，他们还接受薪水，如，善世官接受每月薪水为十担谷，而随后的三个级别则分别为八担谷、六担半谷和六担谷。

京城僧官们的职责如下。左善世监督禅修、禅宗公案的修习和宗教修炼。右善世则督促僧录司其他僧官的工作，并负责欲求度牒僧人的考试。左、右阐教负责协助指导禅修。左、右讲经管理捐赠，并答复有关佛教的质询。两位觉义官则根据寺规院律管理僧人，并惩处违背佛教戒律的过错者。僧录司设于天界寺内，八位僧官通常还是南京三大寺院天界寺、灵谷寺和报恩寺的住持。如宗泐任左善世时，同时还担任着天界寺的住持之职。

另外，还有地方层次的僧官。每个府都设有僧纲司，由一位都纲和一位副都纲负责。每州都设有一个僧正司，由一位僧正负责。每县都有一个僧会司，由僧会负责。都纲官居从九品，每月薪俸五担谷。但较低的僧官则没有官品和薪水。他的职责也不是非常明确。似乎除了僧纲司之外，其他僧官都徒为虚设，从未正式付诸实施。①

---

① 于君方：《中国佛教的复兴》，第 166—167 页。

宋元期间，公共寺院被分为三种类型：禅、教、律。洪武皇帝保留了前两种，但重新命名教为"讲"，并以新的名称"教"取代最后一种"律"，"教"是仪式佛教，更通常地被称为瑜伽。每一种类型的功能都在于 1382 年为礼部所颁发的条令中所明确规定："其禅，不立文字，几见性者方是本宗。讲者，务明诸经旨义。教者，演佛利济之法，消一切现造之业，涤死者宿作之愆，以训世人。"①

教僧，或瑜伽僧，都是仪式专家。因为他们经常到百姓家中去从事丧葬或其他仪式，因此，他们亦被称为应赴僧。他们所从事的仪式，代表了显教与密教两种仪式的结合。唐宋期间，主要属于天台宗的佛僧，曾创立了忏法的各种仪式和诵经持咒（曼陀罗）的套话。他们还编撰了礼拜仪式，并指导举行焰口施食和水陆法会的仪式。这两种仪式都为死者而举行。前者为用于拯救那些转入饿鬼之列的死者，这一仪式以其怪异的名称而为人所知，因为这些生物以其"焰口"（从口中喷出火焰）为特征。僧人们诵念咒语并配之以手印（目陀罗，mudra）和精神观想的行为，将食物和水变成漫游的饿鬼们可食用的物质。法事需进行数小时。后者，即"水陆法会"，则相对来说更为普遍，同时也更为复杂。它们用于拯救死于水陆的所有生命，并因此而得名。水陆法会的仪式要持续七天七夜。② 在元代期间，玄秘佛教就由通常也是仪式专家的西藏和蒙古喇嘛再次传入中国。因此，早在明代之前，中国就有一个仪式佛教的宗派存在。然而，只有到了明代，它才被划分为一种明确的宗派，与其他禅定（禅）和经典研习（讲）的佛教宗派相提并论。对在地方志中所记载的明初寺院的一项研究表明，瑜伽教派构成了地方寺院的大多数。③

就在他于 1383 年选出三部佛经作为经典研习的核心课程之前，

① 《钦录集》，见葛寅亮：《金陵梵刹志》（1627 年；1980 年台北重印），第 2 卷，第 141 页。
② 张圣严：《明末中国佛教之研究》，第 56 页。另见霍姆斯·韦尔奇：《中国佛教的修持（1900—1950 年）》（坎布里奇，马萨诸塞，1967 年），第 190 页。
③ 龙池清：《明初的寺院》，载《中国佛教史学》，第 2 卷，第 4 期（1938 年），第 9—29页。另见《明代的瑜伽教僧》，载《东京学报》，第 11 卷，第 1 期（1940 年），第405—413 页。

明太祖还制定了在佛教法事中所使用的所有仪式和曼陀罗的标准。在于 1395 年颁发的称为《申明佛教榜册》的诏令中，瑜伽教僧被给予优厚待遇。而专长于禅定和经典阐扬的僧人则都必须持守于他们所处的寺院中，而且，除学习外，他们不允许外出行脚，而瑜伽教僧则被鼓励到寻常百姓家去操办佛教仪式，因为这样做，"（他们教导）孝子顺孙报祖父母劬劳之恩"[①]。相同的条例还收录了不同佛教法事的费用。例如，对于持续一整天的法事，每个僧人收取 500 枚铜板；而持续三天的一场法事，一位僧人可得到 1500 枚铜板。然而，撰写疏文、敲打铜钹和祈求神明的三位主要僧人，则每位均可得到 5000 枚铜板。念经的费用，可能取决于佛经的长短。因此，念诵《华严经》、《般若波罗蜜多经》和《大宝积经》，需要花费 10000 文铜板；念《涅槃经》，需要花费 2000 文；念《法华经》和《梁皇忏》，花费 1000 文；而念《楞严咒》则仅花费 500 文。[②]

为了维持三类的区分，僧人们根据不同的标准而验证身份，并必须穿戴着不同颜色的服装。僧人德清证实说："至我圣祖（即明太祖），制以禅、讲、瑜伽三科度僧，以《楞伽》、《金刚》、《佛祖》三经，以试禅、讲；以焰口、施食、津济疏文，以试瑜伽。能通其一，方许为僧。今南都（南京）之天界为禅，报恩为讲，能仁为瑜伽，遵国制也。"[③]

明初的情形则有所不同。明朝开国之初，南京的三大寺院是天界、灵谷和报恩寺。这些寺院并不排他性地依附于由明太祖所界定的三科佛教之一。当我们阅读明代僧人的传记时，他们通常被划分为禅、讲或律僧。他们可以在不同的寺院在专长于禅定、经典研究或寺

---

① 葛寅亮：《钦录集》，载《金陵梵刹志》，第 2 卷，第 160 页。
② 葛寅亮：《钦录集》，载《金陵梵刹志》，第 2 卷，第 161—162 页。
③ 《憨山德清梦游集》，第 20 卷，第 7 页。引见徐宋彭（音）：《一位明代佛教领袖：憨山德清（1546—1623 年）的生平与思想》（帕克大学，1979 年），第 142 页。有人发现《心经》作为考试经典之一。"佛祖"一词之所指并不明确，它似乎不可能指《佛祖通记》（54 卷）、《佛祖历代通载》（22 卷），或者是《佛祖刊目》（41 卷），三部分别是宋代、元代和明代编撰的佛教编年史。

律的教师们的指导下学习。然而，几乎没有一个僧人被划分为教僧（瑜伽僧）。佛教仪式的操办并不被排他性地限定于以教（瑜伽）为中心的寺院。寺院可以容纳各种不同类型的僧伽。与此相类似的是，僧人们可以在与他们不相关的寺院中学习并从事修炼。

因此，佛教的这三种分类，并没有与在西方宗教中的教派或宗派相同的功能。它们主要适用于寺院和僧人的行政管理上的划分。这一情形的变动性，可由另一个例子，即僧伽服饰的颜色加以说明。在明朝初年，规定禅僧要穿黄袍，讲僧则穿红袍，而教僧则穿浅绿色袍。在 16 世纪末，僧人袾宏曾回忆在他年轻时所曾见到穿着不同颜色的僧袍的僧人，并哀叹这些年间所发生的变化。有趣的是，在其评论中，他并没有提及教，而是提到了以戒律或毗尼作为第三种类型"律"："禅、讲、律古号三宗，学者所居之寺，所服之衣，亦各区别。如吾郡，则净慈、虎跑、铁佛等，禅寺也。三天竺（上、中、下天竺）、灵隐、普福等，讲寺也。昭庆、灵芝、菩提、六通等，律寺也。衣则禅者褐色，讲者蓝色，律者黑色。予初出家，犹见三色衣。今则均成黑色矣，诸禅、律寺均作讲所矣。"[①]

袾宏的观察在两个陈述上令人感兴趣。首先，它表明尽管朝廷明文规定，但传统的禅、讲、律三分法［相应于禅定（三摩地）、智慧和道德］仍继续实行。教（瑜伽）僧在所有三种类型的寺院中都可以找到，正如瑜伽仪式在所有寺院中举行一样。第二有趣的是，从一种类型转向另一种类型可以是容易而迅速的。在贯穿袾宏一生的数十年间，他注意到，在他所居住的区域的所有寺院都变成为讲寺中心，而所有僧人都穿着黑色衣。如果这是万历年间（1573—1620 年）出现在杭州的情形，那么其他地区，在别的时期也可能经历过类似的变迁。

所有这些政府措施的主要动机，是要使僧伽受到严密控制来净化自己。自明初以来，一个问题就不断地困扰着寺院教团，那就是世俗僧人的出现。当明太祖是一位年少的沙弥时，明太祖本人就曾生活在

---

① 　袾宏：《竹窗二笔》，载《云栖法汇》，第 25 卷，第 33 页。

一个由一位已婚和尚住持的寺庙中。这绝非作为一个孤立的例子,已婚僧人似乎曾是司空见惯的事情。据 1391 年的《申明佛教榜册》,元代是寺院戒律败坏的罪魁祸首;但它还规定说:"今之后敢有不入丛林,仍前私有眷属,潜在民间,被人告发到官,或官府拿住,必斩首以示众,容隐窝藏者,流三千里。"[①] 当人们把它与三年后颁发的更为温和的规令比较时,这个条例的严厉性就昭然若揭:"僧有妻室者,许诸人捶辱之,更索取钞五十锭;如无钞者,打死勿论。有妻室僧人愿还俗者,听;愿弃离修行者,亦听。若不还俗,又不弃离者,许里甲邻人擒拿赴官。徇私容隐拿者,发边远充军。"[②]

难以估计这些条例如何有效,或者事实上它们是否被实际上强制推行。然而,僧尼们的负面形象确实能在通俗文学中常见。他们经常被描写为贪婪而淫荡。贪婪是与他们在操办佛教仪式与法事中的垄断性相关。而淫荡则是由已婚神职人员遗留给佛教的一份遗产。例子可在诸如《禅真逸史》、《金瓶梅》之类的晚明小说中找到,同时也可以在像著名的短篇小说集《二拍》和《三言》中发现。在《笔记》中记载的叙述也提及已婚神职人员的存在。万历年间的一部著作中包含了下述段落:

> 天下僧惟凤阳一郡饮酒、食肉、娶妻,无别于凡民,而无差役之累。相传太祖(明太祖)汤沐地,以此优恤之也。至吾闽之邵武、汀州,僧道则皆公然蓄发,长育妻子矣。寺僧数百,惟当户者一人削发,以便于入公门,其他杂处四民之中,莫能辨也。按陶谷《清异录》谓僧妻曰"梵嫂"。《番禺杂记》载:广(即广东)中僧有室家者,谓之"火宅僧"。则它处亦有之矣。[③]

这种对已婚僧人的不满,仅在元代时期才开始出现,当时藏传佛

---

① 见《金陵梵刹志》,第 2 卷,第 159 页。
② 见《金陵梵刹志》,第 2 卷,第 179 页。
③ 谢肇淛:《五杂俎》,第 205—206 页。

教被引入中国。在西藏，这是导致宗喀巴（1357—1419 年）改革的几个寺院弊病之一，他"提倡所有僧人回归到传统佛教的生活方式，清除符咒巫术，恢复独身制度，严禁吃肉和饮酒，持守严厉的寺院戒律，开设严格的课程"①。改革派是格鲁派或黄帽派。明代的皇帝们，像他们元代的先辈们一样，既支持这一新宗派，同时也支持较早的教派，其中有些教派（如宁玛派和噶举派）允许结婚的神职人员。

在密教性事瑜伽的修习及其根据性空的传统价值的价值转化与某些僧伽成员的世俗化之间，或许有着一种关联。在藏传佛教中，结婚和性事并不一定会妨碍宗教修持。神圣的行者莲华生大师，在 7 世纪时把密教引进西藏，并与一位配偶一道修习这种佛教，乃是最为著名的例子之一。元朝时期已婚僧侣的出现，可能与西藏佛教传入中国有关，但这到目前为止并不能以任何具体方式来证实。

明太祖对于已婚佛教僧侣这一问题的解决，是尽可能地把他们与世俗社会隔离起来。正如先前所述，教（瑜伽）僧允许到百姓家中操办仪式，但其他僧人则不准与寻常百姓混杂。许多措施被颁发，以阻止僧人与寻常百姓之间的来往过分密切。例如，禁止僧在人群中乞讨施舍物；一家之长不允许妻子或女儿到佛寺或道观去供香。如果他不能如此做，他就将遭到竹板笞打 40 下，而寺院的住持和守门者遭到同样的惩罚。若无充分的理由，一个秀才或其他行业的人不能进入寺院，并与僧人共享食物。②

这些条例确实形同虚设，因为我们既从历史记载，也从通俗文学中得知，密切交往，到寺院去供香，对于有地位和闲暇的妇女来说，是一种喜好的消遣，僧尼们经常受邀请到乡绅和商贾家中诵念佛经和宝卷，而士人们则喜欢到寺院访问并与僧人讨论学问。然而，制订这些律令的事实，仍具有某些历史意义。它们标示出明太祖的一种深层的恐惧，僧伽既易于受到世俗世界的诱惑，同时也可能污染世俗社会。它们还揭示出了明太祖根深蒂固的渴望，即控制并监视寺院生活

---

① 陈观胜：《佛教在中国：一种历史考察》，第 442 页。
② 于君方：《中国佛教的复兴》，第 151 页。

的方方面面。明太祖试图把僧伽从世俗社会分离出来的最后一个例子，就是他颁布了设置砧基道人职务的条令；砧基道人就是在拥有自身田产的寺院中掌管砧基簿的僧人。他征集佃户上交的租粮，并分配他们要承担的任务。任何与地方官府交涉的事务，都必须交由他来处理，他担任着寺院的生意经理和公共关系代理人的角色。其他所有僧人都不允许与官府发生任何关系。[①]

在许多方面上，永乐皇帝都遵循由他的父亲所制定的条例。特别是在两个方面，这两位明初的皇帝使他们自己获得了护法者的名声。一方面是通过他们自身有关佛教的著述，另一方面是通过他们的编纂并刊行两套佛教藏经的资助者的身份。在明太祖著述文集的 20 卷中，有 46 篇涉及到了佛教。他还撰写了大量佛教诗偈。其中有些出现于《护法集》中，这个标题清楚地显示出他刊印这部著作的意图。[②] 他还资助了首部明刻大藏经。1372 年，他邀请有学问的僧人到蒋山寺帮助校对大藏经的清样。最终，636 函包括 6331 卷藏经得以刊行。由于出版在南京，这一版本以"南藏"而广为人知。为了得到洪武皇帝和马太后的庇荫，永乐皇帝于 1420 年赞助了另一部大藏经的刻印。这一版本部头稍大，共包括了 6361 卷，并具有较佳的质量，因为它改正了先前版本的错误，而且还因为它刊印的字也较大。每一页分 5行，每行有 15 个字，取代了先前版本每页 6 行，每行 17 个字。由于这套藏经刻印于北京，这个版本被后人称为"北藏"[③]。

永乐皇帝有关佛教方面的著述甚至比他的父亲更丰富多产。他撰写了（或者更可能是让别人写的）《诸佛世尊如来菩萨尊者神名经》（40 卷）和《诸佛世尊如来菩萨名称歌曲》（51 卷）。最引人注目的著

---

① 葛寅亮：《钦录集》，载《金陵梵刹志》，第 2 卷，第 149 页。这项职务在 1386 年设立，但在七年后，弊端就已经开始出现。许多砧基道人都粗俗无礼而且暴虐无道，他们不为寺院的僧人们服务，反而充当作威作福的主人。僧录司奉命宣布，今后无论谁如此行事，都将杖打 100 下，然后发配戍边。同上，第 172 页。

② 郭朋：《明清佛教》，第 19 页。

③ 幻轮：《释氏稽古略续集》（《大正藏》，第 2038 经），见《大正新修大藏经》（东京，1924—1934 年），第 49 册，第 943a 页。张圣严：《明末中国佛教研究》，第 53 页。

作也许是九卷本的《神僧传》。这部《神僧传》始于西汉迦叶摩腾，而终于元代的胆巴，总共收录了208位僧人。虽然绝大多数是僧人，但也有一些是居士佛教徒。我们难以审察该书在选材过程中的标准。尽管某些所收的僧人确实是"充满奇异的变化"，因此被标明为"神僧"，但许多其他僧人却并非因超凡的能力而特别著称，而只是些译经家、禅师以及诸如玄奘、智顗、窥基和道宣之类的佛教宗派的祖师。另外，他并不遵循著名僧人的传记的分类形式，这种形式在传统上根据其专长把僧人划分为10类。[①] 尽管此书与众不同，《神僧传》之所以值得一提，是因为这是由一位中国皇帝所撰写的第一部此类著作。

永乐皇帝的妻子，徐皇后（1362—1407年）[②]，由于在一个梦境中接受启示，享有抄写一部佛经的第一人的荣誉。这部佛经名为《大明仁孝皇后梦感佛说第一希有大功德经》（简称《佛说希有大功德经》）。此经被收录于大藏经中。在标明时间为1403年的序言中，皇后解释了此经的缘起。她讲述说，在1398年正月的一个晚上，她焚香和静坐后，正在房中读经。突然，一道略带紫色的金光照满整个房间，似乎在梦中，她看见观音菩萨在金光中现身。她起身迎接观音，观音引她而去。观音站在千叶宝莲花上，手持七宝念珠，走在她前面。她们越过彩云，穿过名为"般若智慧"之桥，抵达了仙境，大门上以金字撰写的一块门匾，上书"灵鹫峰"。走进大门，她看到路上铺着黄金、琉璃、珊瑚、琥珀及其他珍贵材料。那里生长着奇特的植物和唱着佛教乐曲的稀有鸟类。童男童女们列队游行，向佛陀和其他圣人贡献礼品。

她为奇异景色惊叹不已，不知什么福分使她看到此景。洞悉她思想的观音，微笑着对她说，这里是佛陀讲经说法之处。大千世界从未有人有机会至此；但因皇后曾在前世开悟，所以才给予她听闻《稀有大功德经》的特权，因为她不久后将遭逢一次大灾难。此经在所有佛

---

① 郭朋：《明清佛教》，第23—25页。

② 《明人传记辞典》，第566—569页。她是经籍的一位资助者，并被认为是《古今烈女传》的著者。她还支持《内训》和《劝善书》的编撰。

经中最为至高无上，并能够救人脱离所有灾难。如果一个人勤勉而虔诚地诵此经一年，他就将获得"预流"的状态；诵念二年，他将成为一位"一来者"；念诵三年，他即可成为一个"不还者"；念诵四年，他将成为一个"阿罗汉"；念诵五年，他将成为一位菩萨；念诵六年，他将成为佛。然后，观音以甘露洒皇后的头，完全洗净她的心念。此后，观音递给她一部经卷，她发现就是这部佛经。一阅之后，她即能晓其大义；再阅之后，她就完全理解；到第三次诵读后，她就能达到精确诵记。观音对她说，她们在 10 年后将再次得遇。正当皇后欲言他事时，她被宫女的声音从梦境中惊醒。她当即取纸和笔，写下启示给她的佛经中每一个字和每一句咒语。在三年战乱期间（1399—1402 年间的内战），她每天念诵经文，即能感到无忧无惧。现在和平已再次现于天下，她不想把这部令人称奇的佛经据为己有，而愿意把它刊印出来，广泛分送，让每一个人都能共同分享。[①]

此经的哲学内容并无非凡之处。它类似于可在那些大乘佛经如《首楞严经》或《圆觉经》中找到的性空与唯心的教义。最初三页包括佛陀对舍利佛提问的解答：一个人如何知晓"心"和"性"的真实本性，以及一个人如何理解空性？佛陀告诉众人说："应无所住而生清净心，以如实见得清净故，是名第一希有。世人欲识如来心性，是心性者，我不独有，众生皆具。唯性自性，本根妄想，自心分别，迷常住真心，失真空净性。"[②]

佛经的第二卷的篇幅是第一卷的二倍，并几乎完全都是诸菩萨所诵念的咒言。经文的真实旨意，在结尾时才变得清晰，此时，闻者被告知诵念这部佛经和所有咒言。诵经据说将护持信仰者免遭所有恐惧与劫难，保护诵经者免遭火灾、水灾、劫盗、毒害和野兽的伤害，将帮助逝去的九代祖先都获得解脱，将为无后者带来聪慧的子孙，将保

护念诵者免遭堕入阿鼻地狱。最后，经文说："若善男子、善女人持诵此经一句一偈及一神咒，所获福德无量。"[①]

佛经在一个梦境或幻境中给人类作者以启示，这在藏传佛教中屡见不鲜。这部经包含如此之多的咒语的事实，乃是它与藏传佛教传统密切相关的一大佐证。永乐皇帝其实就是喇嘛教的一位大护法者。这是明代统治者从元代承继下来的一种惯例。敬仰喇嘛的动机，可能既出于宗教信仰，同时亦出于政治考虑。明太祖曾封赐予元廷四位国师以国师的称号。永乐皇帝提高和增加了西藏喇嘛的威望和实权。在他统治期间，有五王，四位法王，两位"西天佛子"，九位灌顶大国师和十八位灌顶国师。[②] 五王不仅仅只是赐予宗教上的荣誉称号，他们还被赐予了采邑领地，因此事实上与世俗贵族毫无二致。

明初时期，最受敬崇的一位佛教僧人是道衍（姚广孝，1335—1418年）。他与永乐皇帝的崛起密切相关，并在其余生中继续充任帝国的顾问。他时常被人与刘秉忠（1216—1274年）相比较，刘秉忠曾以类似的方式为忽必烈皇帝服务。但与先前僧名为子聪的刘秉忠不同，姚广孝终其一生都保持着僧人的身份。姚出生于苏州，13岁时成为僧伽。他最初习禅；但发现禅过于深奥难解，他就转归净土宗。在同时还研习天台宗后，他最后回到了禅宗，但仍保持着对净土宗的信仰。在非佛教的研究中，他也同样是折中的。除了研习儒家经典和诗文之外，他还随一位道教大师研究了阴阳、卜卦、相命和堪舆的理论。他还对兵法谋略感兴趣。所有这些研究，都为他在后来为未来的永乐皇帝服务时打下了一个良好的基础。

1382年，他首次与宫廷有了联系，当时宗泐举荐他参加为马皇后之死举行的诵经法会。此后，他被任命为燕王朱棣即未来的永乐皇帝的宫廷效劳。像在南京的明太祖一样，燕王在北京他身边也是围绕着佛教僧人。由于姚兴趣广泛知识渊博，不久即赢得了燕王的信任和友谊，并成为他在国政和军事事务上的密参。虽然我们并不清楚从

---

① 《卍续藏经》，第1册，第693页。
② 《明史》，第331卷，《西域传》。引见郭朋：《明清佛教》，第26—27页。

1382 年到 1398 年的 16 年间姚氏在北京活动的详细材料，但人们都相信他说服燕王发动政变，并在三年后成功地帮助他夺取了帝位。所有这些都可能并不完全属实，但永乐皇帝却称许他为战争中功勋最为卓著的官员。1402 年，永乐皇帝统治初年，他任命姚为僧录司的总管。两年后，他被任命为法定继承人的少师。皇帝还请他还俗，赐予他一处住宅，两名宫女，以及一个新名字——广孝（"广阔的孝忠"）。但他继续留住在一座寺院中，穿着僧服，并拒绝了所有的赏赐。他仅在觐见皇帝或处理朝政时，才穿上俗服。

绝大多数历史学家，不论他是佛教徒还是儒家，都曾苛刻地评判他。暴乱期间的大多数暴力和杀戮都归咎于姚，即使他曾为学者方孝孺进行斡旋，方孝孺曾是在南京暴乱后被处死的 800 名反对者中的一员。这种否定性的评价的一个实例，是关于姚与姐姐的故事。当他出家做和尚时，他的姐姐据称曾劝告他要发扬一名僧人应有的慈悲心。她说，这是因为她知道他"好杀戮"。后来，在内乱期间，她为他的参与行为深感悲伤，对人悲叹说，她不理解具有慈悲心的一名僧人何以能够去做这种事情。

1404 年，当姚被派往苏州和浙江去执行解除洪涝与饥馑之苦的使命时，他去看望他已有 22 年未曾相见的姐姐。起初，她拒绝与他相见，称"贵人何用至贫家为？"姚随即改换僧服，再次上她家。在家人的诸多劝说后，她最后才出来见他。当姚连连下拜后，她却斥责说："我安用尔拜许多耶？曾做和尚不了底，是甚好人？"言毕遽还户，不复再见。[1]

然而，姚并非没有推崇者。晚明佛教大师袾宏曾撰写了两篇名为《姚少师》的短文，称许他并为他辩护。第一篇文章指出，尽管他身居高官的地位，但姚终其一生仍保持着一名僧人身份，这是常人所不能理解之处。他还称赞姚氏的《佛法不可灭论》一文，在文章中，姚氏把儒、道二教与佛教进行比较。姚认为，既然儒、道二教都仿效天，它们就不可能由天而出。但佛陀教法却为所有天上诸神所遵循，且无一物敢违逆于佛陀。因此，佛教高于其他二教。

---

[1] 《释氏稽古略续集》，载《大正新修大藏经》，第 49 册，第 9416 页。

在他的第二篇文章中，袾宏为姚氏的世俗经历辩护说："或谓少师佐命，杀业甚多，奚取焉？然所取于少师者有三：以其贵极人臣，而不改僧相；二以其功成退隐，而明哲保身；三以其赞叹佛乘，而具正知见。杀业非所论也。虽然少师曾靖难中，启奏方孝儒贤者，慎勿加害。即此一言，功过可相准矣。吾是以取之。"[①]

由于姚广孝拒绝回到世俗生活，并为佛教辩护，驳斥对佛教的批评，姚给袾宏留下了深刻的印象。在姚氏的文字著述中，其中最为著名的确实是他的《道余集》，这是驳斥由二程兄弟和朱熹所提出的反对佛教思想的 部著作。他撰此著于 1412 年，时年 78 岁。在其序言中，他解释了撰述此著的缘由："余曩为僧时，时值元季兵乱。年近三十，从愚庵及和尚于径山习禅学，暇则披阅内外典籍，以资才识。因观河南二程先生《遗书》，及新安晦庵朱先生《语录》。三先生皆生赵宋，传圣人千载不传之学，可谓世间之英杰，为世之真儒也。三先生因辅名教，惟以攘斥佛、老为心。……三先生因不多探佛书，不知佛之底蕴，一以私意出邪诐之辞……二程先生《遗书》中有二十八条，晦庵先生《语录》中有二十一条，极为谬诞。余不揣，乃为逐条据理一一剖析。岂敢言与三先生辩也，不得已也！"[②]

姚广孝的文学才能，还由于他参与了《永乐大典》的撰修，及其有关净土佛教的撰述而不朽于世。这些净土著述中，主要的是：《诸上善人咏》，它称赞了 123 位据信已往生净土的贤士；《净土简要录》，这是一篇有关往生净土的论述。两部著作都完成于 1381 年，并都被收录于佛教大藏经中。

明代中期的佛教

从永乐皇帝统治的结束到万历皇帝统治的开始的大约 150 年间，佛教处于一种严重颓败的状态。这并不是意指佛教的消失。相反，随

---

① 袾宏：《竹窗二笔》，载《云栖法汇》，第 25 卷，第 17ab 页。
② 《释氏稽古略续集》，载《大正新修大藏经》，第 49 册，第 9416 页。

着更加慷慨大方地修建寺院和大规模出售官衔和度牒，帝国的资助达到新的高峰。佛教颓败是精神性的而不是物质性的。用佛教徒本身的话来说，末法时代，自唐代以来就一直是一个始终存在的现实，而到了明代时期，则尤其明显；它标明了佛教自身对寺院戒律的松弛和对禅定与经典研究的忽视。

早在 1451 年，官府就曾出售度牒以筹集银两救济饥荒。15 世纪的后半叶时期，这种做法和出售官衔变得更为平常。1482 年，一个官衔的价格是 120 两白银和 100 担谷子。僧官的数量剧增，大大超出了原定名额的八名。在成化年间（1465—1487 年），僧官数目在短时间内，增加到 1120 名。直到万历年间，僧官数量才最终被削减为四名。① 明代中期的皇帝们全都是藏传佛教的大护法。他们继续把荣誉和称号赐给喇嘛们。沈德符在万历年间（1573—1620 年）的著述，对这一等级制的不同层次作了如下描述：“番僧之号凡数等：最贵曰大慈法王，曰西天佛子，次曰大国师，曰国师，曰禅师，曰都纲，曰喇嘛。宣宗（1425—1434 年）末年，入居京师各寺者最盛。至正统初（1436—1439 年），遣回本处者至六百九十一人。既而礼部尚书胡滢，再请汰其四百五十人以闻。上命法王、佛子不动，余者去往，听其自裁。盖此辈于禄寺等日给酒馔牲廪，有日支二次三次者。此外又别支廪给。”②

在成化年间（1465—1487 年），有 437 名西藏僧人持有从法王到禅师不等的称号，有 789 人则持有喇嘛的称号。他们皆都自由自在地出入于宫廷之中。③ 武宗皇帝如此沉迷于藏传佛教，以至于他于 1510

---

① 赵翼：《廿二史札记》，第 34 卷，《明史·成化、嘉靖中方技授官之滥》，引见郭朋：《明清佛教》，第 35 页。被保留的四名僧官是一名左觉义和三名右觉义。三名右觉义分别住在灵谷寺、天界寺和报恩寺，这些都是在南京的三大寺院。值得注意的是，佛教觉义的地位，在原先四级僧官中是最低的一级，他们的职责与掌管僧人、寺院戒律和惩治过错者相关，而不是与禅定或研究经籍有关。葛寅亮：《金陵梵刹志》，第 52 卷，第 1774 页。

② 沈德符：《万历野获编》（北京，1959 年），第 684—685 页。

③ 赵翼：《廿二史札记》，第 34 卷；《明史》，第 179 卷，《邹智传》。引见郭朋：《明清佛教》，第 35 页。

年赐予自己为"大庆法王"的称号，有时则披戴着一个高级喇嘛的徽记，并登坛讲经说法。[①]

出售度牒削弱了官府对僧伽和僧官的控制，因为对于每个人来说，出家做和尚乃是一桩轻而易举的事情。僧人们所享受的经济上的利益，被视为是普通百姓披上僧服并伪造其身份的一个诱因。15 世纪期间，源自于这些做法所导致的松弛变得臭名昭著，并为奏疏者和当时亲历者的叙述提供了素材。余继登在其《皇明田科敕文》中，描述宣德统治（1426—1435 年）末年的情形说：近年来，农户与兵户皆欲逃脱赋税与劳役。他们成千上万地伪装成僧尼。他们不事耕织，却食住无忧。甚至更有在其僧房蓄养妻妾，在其道观生养子孙者。道德窳败，莫此为甚。[②]

佛教的可悲情形，由僧人继晓（死于 1488 年）的著名经历而得以戏剧性地标明。他于成化年间（1465—1487 年）在佛教机构中掌握着最高权力，并作为其传记在明代的官修史书中被收于《佞倖列传》的惟一一位僧人而臭名昭著。[③]

继晓，俗姓黄，湖广江夏人氏。其母亲据称曾是一个妓院老板的女儿，而他本人则在京城出售春药。他通过其在"秘术"中的技巧而获得了成化皇帝的赏识。1484 年，他说服皇帝在北京西市修建大永昌寺，这项工程需要强迫数百户家庭搬迁，并需要从国库中支出数十万白银的费用。刑部员外郎林春，抗疏反对这一庞大工程，但终归无效。他还称继晓为"一个游手好闲的市井之徒"。林春这一批评冒犯了皇帝。在被锦衣卫关进监狱，并杖打 30 次后，他被贬至云南省担任一个偏职。其他官员也同样因其奏议而遭受报复。南京的都察御史吴文度（1441—1510 年）遭到廷杖；而另一位都察史杨萧，则被谪往江西省任职。继晓的恶业最终临到了他自己。他于 1485 年被迫还

---

① 《明史》，第 184 卷，《刘春传》。引见郭朋：《明清佛教》，第 32 页。

② 余继登：《皇明田科敕文》，第 10 卷；引见野口铁郎：《明代中期的佛教界》，载《东洋史学论集》，第 7 卷（1963 年），第 192—193 页。

③ 《明史》，第 307 卷；引见野口铁郎：《明代中期的佛教界》，第 189—232 页。

俗，并于 1488 年被捕处死。

继晓掌权时期，也可以看出出售度牒的急剧增加。出现如此之多的僧尼，陈鼐，一位惊惶失措的监察御史，于 1479 年预示性地警告说："使不早为处置，大则啸聚山林，谋为不轨；小则兴造妖言，煽惑人心，为患非细。今苏州等处累获强盗，多系僧人。"①

继晓代表着被权力与个人野心所腐蚀的僧人的独一无二的例子。他是道教徒邵元节（1459—1539 年）和陶仲文（1481—1560 年）在佛教界的对应者，邵和陶在数十年后影响了嘉靖皇帝，并帮助他实现其对佛教的迫害。然而，尽管在明代中期绝大多数僧人并不像继晓那样叛教，但他们中许多人都聚集到京师，与太监和朝臣高官们相结交，以便使他们可以获得特权。这一趋向持续到晚明时期，并成为僧伽世俗化的诸多原因之一。王元翰，他于 1601 年取得进士功名，注意到僧人们都喜欢前往京城。在这些游走京师的僧人中间，上者参访尊宿，以期能得到帮助悟明大事。其次者则是为了求取文章和墨宝以抬高自己的身价。最下者则趋鹜宦官，营办衣食。② 游走京师的僧人中的大多数似乎都是最后一种类型。

宫廷与僧人之间的密切往来，还在寺院与皇室崇拜之间的密切关系中得到反映。作为朝圣者与留学到过明代中国的日本僧人，通常都对在寺院中公开展现的忠诚有着深刻的印象。僧人策彦周良记载说，在 1539 年，他参访在宁波的延庆寺，看到在大雄宝殿的中央，毗卢遮那佛塑像的两边设有迦叶和阿难的塑像，而且看到还有一块上书"皇帝万万岁"的匾额，悬挂在大殿正中塑像的前方。两个月后，当他参访径山寺时，在供放释迦牟尼佛的大雄宝殿，他看到也有三块匾置放在那里。中间的一块，上书"皇帝万万岁"；左边的一块，上书"皇后万岁"；右边的一块，则上书"圣皇太子千秋"③。为了国家的繁荣和皇室的安康所举行的祈拜仪式，长期以来一直都是正常寺院活

---

① 《明实录》成化十五年十月条；引见野口铁郎：《明代中期的佛教界》，第 195 页。
② 陈垣：《明季滇黔佛教考》，第 130 页。
③ 牧田谛亮：《策彦入明记研究》（京都，1952 年），第 1 卷，第 96、109—110 页。

动的一部分。庆祝皇帝的生日，并为已逝的皇帝们举行周年纪念的法
会，始于唐朝时期。

　　早在宋元时期较早朝访中国的日本人，就经常注意到禅僧和禅寺
参与皇室崇拜，例如，道元（1200—1253 年）注意到寺院每天都在
念诵祈求统治者的福祉和国家平安的佛经。除了这些每天的祈祷外，
在每月的初一和十五，以及每逢皇帝生日的周年庆祝时，还举行一场
祝愿皇帝安康的特别仪式。在宋代时期，道元在有些禅寺中看到题献
给皇帝、皇后和皇太子的匾额，与策彦周良大约在 300 年后的记载完
全一致。① 南宋和元代时期所编订的寺院规约也提供了同样趋向的证
据。例如，《幻住庵训约》，由伟大的元代佛教大师中峰明本（1263—
1323 年）为他本人的寺院——幻住庵所制定的一部私人规约，规定
了有一整个月（从农历二月初三到农历三月初三）住僧们都要为皇帝
的长命百岁祈祷。② 因此，明代僧人们承续了一个长期以来为众人所
公认的传统，它支持着皇室与僧伽之间的互利关系：僧人们为皇帝的
平安而祈祷，希望得到皇帝的保护与赞助。

　　虽然明代中期的佛教，一般认为正处于一种衰败状态，但作为个
体的僧人却在历史上留下了他们的印记，并由于他们的学识与贡献而
为人所知。这些僧人们全都是与政治和朝廷保持距离的禅僧。同样也
是由禅僧所领导的晚明佛教复兴，并非在一个历史的真空中发生。它
虽然反映了这一时代知性与宗教的生命力，以及时代的多样性，但它
同时也基于由生活在先前的"黑暗时代"的高僧大德们所提出的道德
严肃性和精神准则的崇高理想。在明朝中期，四位名僧的活动，出现
在袾宏的《皇明名僧辑略》中。他们是空谷景隆（1387—1466 年）、
楚山绍奇（1403—1473 年）、毒峰季善（1443？—1523 年）和笑岩德
宝（1512—1581 年）。笑岩德宝生活在嘉靖和万历年间，袾宏本人曾

---

① 马丁·柯尔克特：《五山：中古时期日本的临济禅寺制度》（坎布里奇，马萨诸塞，
　 1981 年），第 191—192 页。
② 于君方：《中峰明本与元朝的禅宗佛教》，载《元代思想：蒙古人统治下的中国思想与
　 宗教》，陈学霖与狄百瑞主编（纽约，1982 年），第 451 页。

短期随他习禅。

空谷景隆①，为姑苏人氏。19岁时，他偶尔读到了二部禅宗典籍，即由禅宗第三位祖师僧粲所撰的《信心铭》，和由唐代大师永嘉所撰的《证道歌》。自此以后，他立志出家为僧。他前往各地参访，并追随在南京、湖广和浙江地区的所有佛教名师参学。当他28岁时，他成为一个沙弥，并在10年后成为一位僧人。他在杭州昭庆寺接受了具足戒，并于45岁后留在灵隐寺七年。他曾前往天目山朝拜，并且就在向伟大的禅师高峰原妙（1237—1295年）的塔礼拜时，他获得大悟。在其晚年岁月中，他就居住在西湖边上的一座房子中。尽管他是一位禅师，但像明初的梵琦一样，他也倡导称名念佛的净土修行。

当他74岁时，有一位弟子曾问他有关禅净双修的问题，禅净双修是由永明延寿（904—975年）所开创的佛教修行传统。这位弟子援引了永明的说法，"有禅有净土，犹如戴角虎"，用以阐明禅净双修的可取性。但他也了解前人称之为脚踏二边船，有陷入水中的极大危险。他问空谷如何解决这两种观点之间的矛盾。空谷回答说："执守参禅，提个话头，自谓守静工夫，更无别事。念佛往生，寅夕礼诵，皆所不行。此谓有禅无净土也。此等参禅，亦非正气则为守死话头，不异土木瓦石。坐此等病者，十有八九，莫之能救。禅是活，如水上葫芦，捺着便传活泼泼地。故云：参祖师活意，不参死句（公案）。如此参禅，不轻念佛往生之道。寅夕礼诵，亦所遵行，左之右之，无不是道。……（修行者应）内秘菩萨行，外现是声闻。此谓有禅有净土也。"②

像梵琦一样，空谷也是一位佛教的护教者，并在他54岁时，撰写了一部二卷本的著作，名曰《尚直编》。在序言中，他把批评的矛头直指朱熹，朱是新儒家阵营的代表人物，同时也是佛教的敌对者："宋儒深入禅学，以禅学性理著书立言，欲皈功于自己。所以反行排

① 曾普信：《中国禅祖师传》，第330—332页；袾宏：《皇明名僧辑略》，见《云栖法汇》，第17卷，第18—28页；《释氏稽古略续集》，见《大正新修大藏经》，第49卷，第945a页。
② 袾宏：《皇明名僧辑略》，见《云栖法汇》，第17卷，第24b—25a页。

佛，设此暗机，令人不识也。如是以佛法明挤暗用者，无甚于晦庵（即朱熹）也。"①

楚山绍琦②为四川人氏。9 岁时，父亲去世，他就离弃了家庭生活。他的第一位老师告诉他说，由于他智力愚钝，因此对他来说，甚难得悟。正是在这种预言的刺激下，他四处参访，寻找能够指导他的名宿。最后，他被指定去用功参究"赵州无"这一至关重要的话头。

1441 年，他开始参究这一话头数年后，他再次前往参见他的第一位老师东普无际和尚。他们之间曾有如下禅机的交锋。师问："子数年来往住何处？"答曰："我所住廓然无定在。"师问："汝有何所得？"答曰："本自无失，何得之有？"师问："莫不是学得来者？"答曰："一法不有，学自何来？"师问："汝落空耶？"答曰："我尚非我，谁落谁空？"当老师问及他目前的识见时，他念诵了一个偈子，"水浅石出，雨霁云收"。老师斥责了他，不承认他学有所成。傍晚，他被召见并被问及他对此话头的理解，他宣称对此毫不怀疑，因为"青山绿水，燕语莺啼，历历分明，更疑何事"？老师更进一步追问时，他说："头顶虚空，脚踏实地。"老师听此，即召弟子鸣钟集众，取其袈裟、拂子以授楚山，传其法印。

楚山喜欢对自己的弟子强调禅法训练的困难，以及信念与献身的绝对必要性。在一次禅期普说中，他对众僧说："结制解制，但以举起话头为始。若一年不悟，参一年；十年不悟，参十年；二十年不悟，参二十年。尽平生不悟，决定不移此志。直须要见个真实究竟处，方是放参之日也。"③

不同于其他名僧，楚山主要活动于贵州与四川。正如陈垣对在晚明期间这些边远地区的佛教的研究所清楚地表明的情况那样，许多佛教活动一直在这些地区持续着。④ 楚山就是这一地区的当地僧人进而

---

① 引见曾普信：《中国禅祖师传》，第 333 页。
② 株宏：《皇明名僧辑略》，见《云栖法汇》，第 17 卷，第 48a—49b 页；《释氏稽古略续集》，见《大正新修大藏经》，第 49 卷，第 944b 页。
③ 株宏：《皇明名僧辑略》，见《云栖法汇》，第 17 卷，第 41a 页。
④ 参见陈垣：《明季滇黔佛教考》。

成为全国名僧的一个例子。

毒峰季善①为安徽人氏，17岁时，开始过寺院生活。当他第一次参"赵州无"的话头时，他立即觉得他理解了它。他的老师警告他说，他虽有不同寻常的智力，但他应该专心致志于"究明大事"（证悟），不要受想当某个寺院的住持的诱惑。他21岁那年，开始闭关修行。在关房中，惟有一条凳子，却没有床。他发誓，在悟明大事之前，他决不倒身安卧。在他禁不住整夜坐在凳子上而垂头睡觉后，他去掉了凳子，而是整日整夜地站立着，或者是在关房行走。在当他再次倚着屋柱睡觉时，他发誓他将不靠墙壁而只是在房子中间行走。他成功地实现了誓言。闭关后，他继续过着一种苦行修道的生活，并高度赞扬忘我与克制的理想为真正的佛教传统。

毒峰的苦行修道表明了明代佛教宗教性的一个方面，这是从元代承继下来的另一个遗产。根据现代的考证，唐宋时代并没有发现闭关修行的做法，闭关只是从元代才开始出现。在明代时期，它在禅修者中变得十分流行。有些人像毒峰那样，闭关修行确实是出于深刻的内心信念和真正的精神信仰。然而，其他人则视闭关为沽名钓誉与吸引居士信众资助的一种手段。例如，空谷强烈地反对这种趋向。他有一次曾为二位正考虑闭关修行的僧人撰写了下述文字："岂可安坐关房，现成衣食，自在过时？而况张道伴、李道伴、张施主、李施主，常来相望，各入关房，闲话半日，岂是真正修行，纯净工夫，克期求悟也？灵源居昭默堂，高峰坐死关。皆悟道之后养道者也。不似今人茫然而坐。"②

毒峰季善曾随楚山从学一时。但就其禅观而言，他却更接近于空谷的立场。与空谷一样，他相信参究"念佛公案"的有效性。毒峰对于参究念佛公案的方法，提出了详尽的指导："看'这念佛的是谁？'要在这'谁'字上看到，深下疑情，疑这念佛的是谁。故谓'大疑大

---

① 袾宏：《皇明名僧辑略》，见《云栖法汇》，第17卷，第16b—17a页；曾普信：《中国禅祖师传》，第334页；《释氏稽古略续集》，第946页。

② 袾宏：《皇明名僧辑略》，见《云栖法汇》，第17卷，第26ab页。

悟，小疑小悟，不疑不悟'良哉言也！你若才有切切之心，疑情重也，话头自然现前，绵绵密密，净念相继……执而持之，勿令间继。（结果）一念不生，前后际断。"[1]

　　笑岩德宝[2]，与他同时代的云谷（1500—1575 年）和遍融一样，因其与晚明改革者之间的关联而为我们所熟知。笑岩德宝出生于江西。他作为讲教的学生而开始其寺院生涯。当他 20 岁时，他参学来到了讲教中心。当他听讲有关《华严经》的注疏时，他突然有省，并真正转归习禅。他撰写了《笑岩录》，据袾宏所述，他像隐士一般地生活。与他相反，遍融却从未撰写过任何东西。袾宏和真可二人都曾随他从学过一段时间。当袾宏与其他僧人一道在京城拜访他时，遍融对他们说，不要追求名利，或者求宠于权势者，而应该全身心地致力于修禅求道。云谷在培养德清这方面起到了至关重要的作用，1565年冬，德清曾参加了由云谷指导的在天界寺举行的禅期。据德清所述，直到云谷来到南京后那里才修禅。他还记载说，在年轻僧人中就他只身一人选择修禅，并且穿着寺院的服装，而其他僧人则穿着各种颜色的俗服，并对禅修毫不感兴趣。[3]

　　与在他之前的空谷景隆和毒峰季善一样，云谷运用"念佛公案"作为禅修的一种方式。学生们要称念佛名，把阿弥陀佛作为他们在参究中的话头。他们要追问自己："念佛者是谁？"由此，他们产生将引向悟的疑情。这样，称名念佛不再是对阿弥陀佛表达信仰的一种简单的虔诚行为，正如它以前在传统的净土修持中所被理解的那样。云谷对于这一修行技巧的最终普及，贡献良多。云谷作为一位擅长于佛教仪式的僧人而开始他的寺院生涯。在他转归禅修后，他仍保持着其他兴趣，其中之一乃是通过道德修养掌握一个人命运的途径。1569 年，他送给袁了凡（1533—1606 年）一部道教的劝善书——《功过格》，

①　袾宏：《皇明名僧辑略》，见《云栖法汇》，第 17 卷，第 13b 页。译见于君方：《中国佛教的复兴》，第 56 页。

②　曾普信：《中国禅祖师传》，第 338—339 页；袾宏：《释氏稽古略续集》，见《大正新修大藏经》，第 49 卷，第 951ab 页。

③　徐宋彭（音）：《一位明代佛教领袖》，第 65—66 页。

并把袁了凡从一个宿命论者改造成为劝善书修行的一位热心的推行者。[①] 就其因材施教与福音传道般的热忱而言，云谷可被视为是在万历年间出现的下一代佛教改革者中的一位先驱者。

晚明时期的佛教

晚明佛教的复兴主要出现在万历时期（1573—1615 年），尽管它实际上开始于 16 世纪初，并一直持续到清代初叶。活动于万历时期的一些僧人出生于嘉靖年间，而其他出生于万历年间的僧人则仅在清初时期才始活跃。佛教复兴如何出现？从一个广阔的视野来说，佛教复兴并非别的，而只是表明这一时期普遍的知识和宗教活力的运动的一个方面。王阳明学派，特别是王学的左派，创造了一种知识的开放性与精神的活力，它们喜好观察现实并获得自我认识的新方法。书院的出现，各种题目的大量著作的撰著与刊印，识字人数的增加，白话文学的普及，包括宝卷和善书的新型宗教文本的出现，最后从儒、释、道三教中汲取灵感的宗教派别的增生，这些都是这一新时代最引人注目的特征。[②] 佛教复兴正是受到了这些新思潮刺激并回应于这些新思潮的反映。很难想像它会出现于一个不同的历史情境。然而，在一个更为限定的意义上说，佛教复兴确与两大原因密切相关：这个时期的四位大师的活动与居士佛教运动时代的出现。

在此一时期之初，几乎看不到佛教的兴隆。在 16 世纪晚期，佛教徒们刚刚从由嘉靖皇帝所推行的、反佛教迫害的梦魇中恢复过来。作为对道教的一个坚定信仰者以及道教法师陶仲文的一个热心支持者，嘉靖皇帝曾应允要让 1300 两黄金从佛像黄金表面中刮落下来，

---

① 《释氏稽古略续集》，见《大正新修大藏经》，第 49 卷，第 950c 页；于君方：《中国佛教的复兴》，第 120—123 页。

② 这些新趋向的有些内容，已由丹尼尔·奥弗迈耶在《民间佛教：晚期传统中国的异端教派》（坎布里奇，马萨诸塞，1976 年），及理查德·H.C. 石《晚明的宗教与社会：16 和 17 世纪中国的教派与民众思想》（伯克利加州大学学位论文，1980 年）有所探讨。

并批准焚烧 2000 斤佛教的圣物。[①] 万历皇帝，正如他的大多数先皇，也是一位佛门庇护人，当他即位时，就立即中止了对佛教的迫害。他的母后更是一位佛教的狂热信徒，她标榜自己为九莲菩萨，并成为僧伽的一位大赞助者，与佛僧德清和真可等人相结交，德清和真可二人最终都通过他们与太后的关系而卷进了宫廷政治。然而，在万历时代帝国的资助，正与先前时期存在的情形一样，在佛教的内在发展中起着微不足道的作用。事实上，如此慷慨大度的资助，通常对僧伽产生消极并腐蚀的影响。万历皇帝，如同对支持佛教感兴趣一样，他对控制僧伽也同样感兴趣。在某种程度上，他似乎回归于以前诸帝的政策。他们把显而易见的对佛教的个人兴趣，与其试图严格有力地对僧伽进行政府控制结合起来。

晚明政府控制并干涉寺院事务的一个例子，清楚地显示于在1606 年颁布的一个文件中，这个文件称为《各寺僧规条例》。它包括52 卷《金陵梵刹志》，并在南京的所有寺院实施。这是一个极为有趣和说明问题的文件，因为它谈到万历年间涉及到佛教寺院的政府政策，基本上是内政与行政管理性质的政策。

自明初以来，南京的寺院就一直都被划分为三种类型：三座大寺院、五座中等规模的寺院，最后为一百多座小寺院。这种分类，使人想起南宋时形成的对禅寺的五山分类制度。南宋禅宗寺院吸取了世俗的、官场制度的惯例，而把官寺逐渐划分为三个等级。最高的等级为五山，由径山寺、灵隐寺、天童寺、净慈寺和阿育王寺所构成，它们全部位于浙江境内。第二等级是十刹。而最低的等级，是为诸刹，共三十五刹。据明初官员宋濂称，这一寺院分类制度由南宋宁宗皇帝（1195—1225 年在位）年间的御史史弥远所提出。佛寺如此排列，类似于文官部门的官僚等级委任制。僧人先在最低等级寺院中充作住持，如果他胜任优秀，则被提升为下一个更高等级寺院的总管。当他成为五山之一的住持时，他就受到尊崇，就像一位布衣百姓成为大臣

---

① 　沈德符：《万历野获编》，第 679 页。（原文误为 2000 斤，据沈著应为 1200 斤。——译者注）

或将军的那样受到尊崇。

宋濂把对等级制度的强调视为禅宗世俗化的一个标志，因为在以前，所有寺院在地位上一律平等。[①] 日本禅僧们运用这一模式，在镰仓时期创建了他们自己的五山制度。然而，在中国的五山分类制度，自宋代以降，并不十分广泛地采用。事实上，在南京的三大寺院中，没有一座寺院被收录于五山之中。灵谷寺先前曾被列为十刹之一，而天界寺等级甚至更低，被列为三十五诸刹之一。它们之所以在明初开始崭露头角，是它们坐落于帝国首都南京的直接结果。明太祖使它们成为其主要僧官的总部，以便让它们能够象征性地（如果不是事实上地）监管这个地区内的所有寺院，就像中央政府监管全体人民一样。

1606 年，南京寺院的分类制度在内政和行政管理上的功能变得更为明确。首先，寺院形成了一种三层的等级制结构。三大寺院中的每一座都掌握一座或二座中常规模的寺院，而后者则依次具有监管一定数量的更小的寺院的权力。在这种等级结构中，掌管寺院集体组织的原则，似乎主要是基于行政管理，而不是基于宗教上的或者是地理上的标准。换言之，在决定那座寺院归属于谁监管的问题上，县的界线，而不是地缘相接或皈依的教义，起着至关重要的作用。[②]

寺院还被规定实行相互监视的活动，并就其成员的过错向官府汇报。这非常近似于平民百姓的保甲组织，它赤裸裸地把民法强加给僧伽，即规定用寺规来管制自己。构成一个单位的小寺院，必须屈从于一种相互担保，并呈送其典信物给掌理它们的中等寺院的住持。住持收到所有典信物后，他将于下一个月的第一天将其送呈僧录司。12 种过错必须被呈报：引诱妇女；收容罪犯；养牛羊；宴乐和饮酒；抵押寺院财产；砍伐大树；亵渎佛堂；未经官府许可而创建寺院；参与法律诉讼；忽视宗教修行；聚众赌博；收容无度牒僧。人们容易注意到，除却引诱妇女、饮酒、抵押寺院财产和忽视宗教修行，其余诸条禁令都与违反官府条令、

---

① 今枝真爱：《中世禅宗史的研究》（东京，1970 年），第 141—146 页。
② 具体情形由石守谦（音译）在一篇论文中所称引，见《有关明代时期金陵地区佛教寺院的一些观察》（未刊稿，1980 年），第 15—18 页。

违反公共秩序有关，而不是与破坏寺院戒律有关。

　　监管寺院和相邻寺院的住持，必须检视并汇报在其管辖之下的违反上述行为的所有人员。如果邻居包庇一桩罪过，他们都将作为同犯而受到同样的惩处。1607 年，一套称之为"十房牌"的保安制度被公布，以进一步保卫南京寺院的安全。在此制度下，每一座大寺院或中等寺院中每十房都有一块木牌。如果一座寺院不足十房，那么全部寺院都只有一块木牌。小寺院则与掌管它们的相邻寺院共有一张木牌。十房为其居住者的行为相互负责。每房都轮流负责保卫一个月，并为其他九房的行为作担保。上述十二种过错中的任何一种行为都必须呈报给当局。否则，负责之房以及两个相邻之房都均将受到惩处。

　　1606 年的条令还规定了掌管僧伽的四名僧官以及大寺院的住持，必须在礼部制订的考试基础上加以甄选。这种制度不同于明初的僧官有权荐举住持的安排。考试基于《梵网经》和《首楞严经》。[①] 据明代历史学家沈德符所述，僧人以适用于文官考试中的"八股"文体撰写其试题。与其儒家对应者一样，"其入选僧人亦称礼部侍郎为座师，呼其同辈为敝寅"[②]。

晚明时期的四位佛教大师

　　晚明的佛教大师被集体称为"龙象"，以标识其独特的身份。然而，作为个体，他们都是极其不同的。虞淳熙（卒于 1621 年），一位政府高级官员和著名的居士佛教徒，他曾与三位年长的大师有私交，称袾宏为"温和的祖母"，称真可为"猛士"，而称德清为"骑士王"。[③] 明代佛教的学术研究，都集中于这些僧人，而且对他们中的每一位都已有专题研究。

① 石守谦：《有关明代时期金陵地区佛教寺院的一些观察》，第 17—18 页。
② 沈德符：《万历野获编》，第 687—688 页。
③ 德清《东游集》中序言，此书由福徵于 1617 年编纂。引见徐宋彭：《明代的一位佛教领袖》，第 1 页。

云栖袾宏（1535—1615 年）① 为浙江杭州仁和人氏。他花费了早年的 32 年人生从事传统儒家文士的生涯。16 岁时，他成为乡校的一名学生，并因其儒道典籍的学识，而在诸生中脱颖而出。17 岁时，他通过最低等的科举考试。大致在其时，他还通过邻居的一位老妇人而对佛教产生兴趣。她向他介绍了称念佛名的净土修持。他还把铭言"生死事大"这一禅僧喜好的句子，刻于书桌上，作为一种警示。他对一部叫做《功过格》的宋代道教的道德善书甚感兴趣，他重新刊印了此书，并免费赠送。在他的晚年，他利用它作为他自己的著作《自知录》的基础，这是由一位佛教僧人所撰述的第一本，亦是惟一的一本道德劝善书。

到 20 岁他结婚时，他已开始自称为莲池居士，他选择"莲池"作为他渴望在净土天堂转生的一个隐喻。他坚持素食，修行称念佛名，严禁为祭祀而杀生，而用水果和蔬菜来代替。家庭悲剧相继发生。当他 27 岁时，他先丧其幼子，然后失去了父亲。两年后，他失去了妻子。在他的母亲的坚持下，他再度与一位来自贫困家庭的妇女结婚，她也是一名虔诚的佛教徒。两年后，他不但没有通过更高一级的考试，而且他所挚爱的母亲亦与世长辞了。

在其妻子的帮助下，她说服他的亲戚们不要阻止他，他离弃了家庭生活，在 1566 年接受具足戒，出家为僧，那年，他 32 岁。（当他妻子 47 岁时，即在她的母亲去世后，也出家为尼，并取法名为袾锦。）在随后的数年间，袾宏前往五台山朝拜，行脚到北京参访禅僧辨融和笑岩，并参加了在浙江地区的不同寺院举行的五次禅期。1571年，他回到了杭州，在云栖山上的一座草棚静修。他帮助当地村民祈雨，并通过密教仪式降伏了危害当地的猛虎。在当地官员和乡绅们的鼓励下，他重修了一座古老寺院，这是一百多年前由于山洪而荒废的寺院。当 1577 年重修寺院告成时，袾宏名之曰"云栖寺"，并一直驻留于此，直到他于 1615 年示寂。不同于与他更年轻的同时代人真可和德清，袾宏此后再未游学；尽管他在文士与官员中有许多追随者，

---

① 《明人传记辞典》，第 322—324 页；于君方：《中国佛教的复兴》。

但他未使自己牵涉进宫廷政治之中。

袾宏的学说，通常被认为是禅净双修的顶峰；禅净双修是由出生于杭州的同乡永明延寿所开创的一种传统。1584 年，袾宏撰写了一部《阿弥陀经》的注疏，它是净土佛教的重要典籍之一。对于袾宏来说，称名念佛的目标是实现一心，即一种修持者的心灵与关注对象达到一体的状态。从这一状态中，一个人然后才能进一步体认到"自性即是阿弥陀佛，心与净土不二"。袾宏主要吸取了华严哲学，更进一步区别了人心的两个层次：具体的心（事一心）和普遍的心（理一心）。当人称念阿弥陀佛之名时，一个人应全神贯注于耳闻洪声，心中静思此声。当一个人修持念佛一段时间后，他就会被阿弥陀佛的思想所完全占据。这是静定专注（samadhi，三摩地）的状态。它适用于愚夫愚妇们的修持。第二个层次，即理一心则适用于利根者的修行。这是一种更为深刻的解悟类型。在这种修行方法中，一个人不仅实现持续的与佛同一的状态，而且还体认到人的自心与佛的存在的同一，最终超越了思想。没有理智的范畴可以适用于它们。因此，一个人实现了空的智慧。从称念佛名中，一个人达到了没有思虑的无念状态。根据这一论旨，袾宏确立了净土与禅宗教义的兼容性。

袾宏的第二个终生志愿是要重振寺院戒律。他为僧尼们编撰了有关戒律的基本读本，为云栖寺创建了一套寺院规约，恢复了两月一次的诵戒制度（为比丘或佛教僧人制订的二百五十戒），并撰写了一部注释天台大师智顗对《梵网经》的注疏，《梵网经》包括了居士佛教徒的基本戒律菩萨戒。袾宏积极提倡戒杀与放生，是这部佛经中所强调的两项基本戒律。放生会由他的居士信众所组成，并成为晚明佛教慈悲心最具特色的表达形式之一。

袾宏复兴佛教的第三个贡献是他对佛教仪轨的阐述和制定标准。虽然他本人有时举行密教仪式，但他并不赞同僧人花费所有时间完全投身于他们的资助者对佛教法事的持续不断的需求的倾向。然而，他对佛教仪式的普遍需求有所感受。鉴于缺乏在仪式与仪轨上的一致性，他开始着手矫正这种状况。结果是他撰写了两部著作，为水陆大忏的仪式和焰口施食的仪式提供指导。这两种仪式由密教与天台仪式结合而成，而袾宏的著作则成为后来这些仪式实践者的标准参考材料。

袾宏的第四个主要关注点是对重要的典范性文献的编撰。他于1584年撰写了《往生集》，一部有关据信已实现在净土转生的僧人和居士们的传记；《缁门崇行录》，一部撰于1585年的对僧人崇高行为的记录；《禅关策进》，一部记录以往禅师的悟修行为与教导的汇编，成于1600年；《武林西湖高僧辑略》，选取杭州地区著名僧人的传记；最后，《皇明名僧辑略》。他的著作选辑名为《云栖法汇》，共有34卷，由其弟子们在他示寂后编纂而成，刊行于1624年。

尽管他关心许多不同的内容，但袾宏主要被认为与净土传统密切相关。他对其弟子们的最后一语是"虔敬念佛"。在清代时期，他被视为净土宗的第八位祖师。他在僧人智塔编撰的一部戏剧中作为一个主角出现，智塔在明清之际住于杭州宝华寺。该剧以明代称为"传奇"的一种通俗戏剧形式编撰，名为《净土传灯归元经》。剧中内容与净土教的"三大祖师"慧远、延寿和袾宏有关。几乎有一半的剧情涉及到袾宏生平中的有关主要事件。此外，在剧中，"二祖"延寿，在他圆寂前预言，净土教在600年后将由袾宏复兴。此剧，据称直至近代仍曾上演。

紫柏真可（1544—1604年）和憨山德清（1546—1623年）是好朋友。他们有着共同的兴趣，他们的生活在有些方面明显地既相互贯穿，又很相似。紫柏视德清为师，但德清比紫柏小两岁，却比他多活了几乎20年。另一方面，德清则通过尊崇他的名声，通过撰写了一篇冗长而感人的《塔铭》（他还为袾宏撰写了一篇《塔铭》），并把真可的著述汇集成编，传诸后世，来回报这种友谊。

真可①为太湖之滨、苏州之南的吴江人氏。他早在5岁时，预示着一种宗教命运的信号就显示出来，当时曾有一位神秘僧人突然到来，并抚摩着这个男孩的头顶，预言他将终有一天成为一位天人导

---

① 《明人传记辞典》，第140—144页；J. 克里斯托弗·克利里：《晚明佛教领袖紫柏真可》（哈佛大学论文，1985年）。

师。虽然他作为一个男孩异乎寻常地魁梧而强壮，但他对孩童玩耍不感兴趣。他还不喜欢看到女性，甚至对女性近亲也避而不见。他好酒，并崇敬济弱救贫、打抱不平的游侠人物。1560 年，当他 16 岁时，持棒挟剑离家出走。他路遇一僧，即苏州虎丘寺的明觉，并与他相结交为朋友。明觉整夜称念八十八佛的名号，真可深叹其虔诚，就恳请他为自己剃度；次日晨，他成为明觉的弟子。在随后数年间，他在庐山研习法相哲学，到北京遍融门下习禅，并到五台山朝拜。

真可曾为绝世静修而自我闭关，有些闭关每次持续半年。他曾完全凭借意志的力量一天步行 60 里以锤炼自己。九年后，他回到了苏州。那时，他遇见了密藏道开，一位先前的儒家弟子，后来则成为他最可依赖的弟子。其他几位来自士大夫和官僚圈子的著名的居士信徒，其中一位叫陆光祖，帮助他重修了在浙江嘉兴的楞严寺，此寺曾由一个富有家庭所占持，并用作其私人花园。他们成功地修建了一座禅堂，真可为这座禅堂刺血撰写了一篇纪念韵文，但完全恢复寺院却不得不等到 20 年后。

真可在道开的陪伴下，于 1586 年第二次北游。他拜访了在山东崂山的德清，在那里他们共同度过了 10 天；此次晤面决定了他们终生的友谊。那时，德清已成为李皇太后的宠信者。通过德清，真可被引荐给宫廷；这一引荐最终导致了他的惨死。同一年，他参访了北京附近房山县的石经山。出于唐代僧人静琬（死于 639 年）这个榜样的激励（静琬曾把佛迹贮藏在一个岩洞中，并在石板上刻着佛经），真可在皇宫中组织了一次历时三天的遗迹展览。这次展览还给与他刻印另外一套佛教藏经的想法，以便在佛教的末法时代保存佛教。他打算把佛经刻印成一种普通的中文方册版式的书籍，以便阅读和携带，而不是通常的梵箧版式。德清完全赞同这一设想。藏经印板于 1589 年在真可的监管下在五台山开刻。这一工程耗费了很长一段时间，在真可去世后很久才完成。1592 年后，木刻板的制作在径山寺以及苏州、杭州地区的其他地方继续进行。最后，所有木板被运往嘉兴楞严寺刊印。出于这一缘由，这部藏经以《径山藏》或《嘉兴藏》而为人所知。

　　真可，如同他的友人德清，乃是一名不知疲倦的行脚者。他游历了峨眉山、武当山、庐山和五台山：这些都是著名的朝拜中心。1592年，他与德清在京城再度晤面。他们在一起共同度过了 40 天。他们商定编撰一部由玄极于 1401 年编撰的《续传灯录》的续集，以记载直到他们时代的禅宗语要。他们还决定朝拜广东曹溪，该地是著名的禅宗六祖慧能（618—713 年）创建的寺院中心。然而，这两个计划都没有一个得到实现。1595 年，德清，用他自己的话说，"触怒龙颜"，被捕入狱、还俗，然后被流放，其罪名表面上是未经朝廷许可而私造寺院。真可念诵《法华经》为他的朋友寻求庇护，正如他曾一度抄写此经为他的双亲祝福那样。

　　六年后，即在 1601 年，真可前往京城去矫正在他看来的二桩错事。他意欲运用他在宫廷中的影响，特别是他对皇太后的影响，为德清寻求赦免，以及争取江西南昌的知府吴宝秀的释放，吴曾因抗议矿税而被捕入狱，而他的妻子则因被禁止陪伴他而自杀身亡。真可的活动遭到了充当矿税征税官的宦官们的嫉恨。当妖书事件发生时（妖书是指指责皇帝所宠爱的郑妃及其儿子危及国家的小册子），真可与皇太后及其他在此事件中受到怀疑的官员们之间的关系，把他置身于危险之中。早些时候，真可曾写信给京城的著名医生沈令誉，抨击皇帝不孝，理由是把德清流放，并且毁坏了最初在慈圣皇太后的支持下所修建的海印寺。当沈氏的住处被查封时，这封信被人发现。真可被逮捕，并关进东厂的死牢。他因没有履行其宗教职责却往来京城而遭到鞭打。他被杖责三十，并于数天后圆寂。

　　真可作为一位伟大的禅师，而不是一位宗教殉道者而被人怀念。尽管他终生的一个梦想是通过编撰一部明代的禅史来发扬禅宗传统，但他同样感兴趣于促进经典的研究。此外，他觉得天台、华严和瑜伽这三大主要哲学化的佛教宗派，完全可以兼容。他从《法华经》、《华严经》和《般若经》中找出可比较的术语，逐点阐明教义的这种可兼容性。他推荐几套经卷作为学习佛教课程的基础，推荐时总是选择不同哲学传统的经卷来互相补充。一套由瑜伽经论、《华严经》和《楞严经》所构成，而另一套则由《华严经》、《法华经》、《楞严经》和

《圆觉经》所构成。他强调经典研究，这与其以可携带书籍的形式刊刻佛教藏经的计划直接相关。结果，当人们外出时，可以携带数卷，就像他们携带俗世书籍那样，而居士信众则不必前往寺院图书馆去研习藏经。诸如云南和四川之类的偏远地区，最后都能获得经卷，据陈垣所述，从晚明时期以来，这有助于在这些地区形成一种充满活力的佛教传统。

与袾宏一样，真可同样感兴趣于三教的和谐一致。他感到儒家、道教和佛教三大传统有着相当共同的基础。又与袾宏一样，他接受儒家的道德和道教的形而上学，但在等级中把最高的地位留给了佛教。然而，一种更成熟的和更具攻击性的论点，声称佛教代表了儒家的真正精髓，这是由比他年轻的同时代人德清和智旭所提出的观点。

憨山德清（1546—1623 年）[1]为其传记撰写人提供了大量的资料，因为他是撰写了自传，即纪年体自传的第一位中国佛教僧人，这部自传始于德清生年，而终于德清示寂前一年。他的母亲是一位虔诚的佛教徒。她怀上他是一个梦的结果：观音菩萨在梦中送了一个男孩到她门口。出生后有一年，他曾患重病。他母亲就向观音祈祷，并许诺如果他康复，她将送他到一座寺院去修行。12 岁时，他进入南京报恩寺做小沙弥。报恩寺是一座由永乐皇帝重修的寺院，是佛教的讲教中心，而且同时也是佛教沙弥、道教与儒家弟子的一座重要教育中心。他留在那里六年，研习了三教传统的主要典籍。他特别着迷于《华严经》。19 岁时，他得遇云谷禅师，后者激励他去修禅。次年，他参加了在天界寺举行的禅关，并接受念佛公案的修炼。这成为他在修禅及指导修禅中所遵循的方法。他在禅修上的坚韧努力，也为其余生留下了一个后续问题。在天界寺，他还结识了僧人与建筑师福登（1540—1613 年）[2]，后来成为他的行脚游伴、终生侍从及其有时过于

----

[1] 《明人传记辞典》，第 1272—1275 页；徐宋彭：《明代的一位佛教领袖》；吴百益：《德清的心灵自传》，见狄百瑞和 17 世纪思想研讨会编：《新儒学的演变》（纽约，1975年），第 67—92 页。

[2] 《明人传记辞典》，第 462—466 页。

简略的传记的注释者。他们曾于 1573 年共同前往五台山。

在五台山，德清有一系列引人注目的禅修体验，这些经验使他达到了禅悟的高峰。他失去了其身心意识，仅见世界呈现为一面大圆镜，山河大地皆映现于其中。他无师指导，只是通过阅读《楞严经》而彻悟，而此经他先前是感到难以明晓的。经过八个月持续不断的研读，他完全领悟了经旨。他最终撰写了两部有关《楞严经》的注疏，这是他对佛教的主要的注释性贡献。

1574 年，袾宏来五台山拜访他，他们共度了 10 天。1577 年，德清受到慈圣皇太后李氏的注意。她挑选他参加一次为国家祈福的诵经法会。此事缘于德清怀念自己的双亲并出于苦行赎罪的目的，德清曾用自己的血与金粉混合制成的墨水抄写《华严经》。皇太后获悉此举，即赠金箔为其所用。写经几乎耗时四年。他每写一笔，就诵念着阿弥陀佛。在抄写这部经的过程中，他做了许多梦，其中一些梦乃是其精神状态的高度象征。

1581 年，当写经大功告成时，德清与福登（他本人已抄写了另一部佛经）决定为忏悔与苦行而举办一场无遮大会。此时，万历皇帝曾经请道士祈求一个成为其继承人的皇子。他还派了一个代表团去湖北的一个著名的道教圣地武当山举办了一个祈祷大会。皇太后当即请德清在五台山祈祷大会上祈求一位继承者。皇太后与皇帝喜欢两个不同的皇妃；皇帝当然希望他喜欢的妃子成为继承人的母亲。1582 年，在祈祷大会后约九个月以后，皇太后所钟爱的王妃生了一个儿子，德清的祈祷法被认为有功于导致这一吉利大事的实现。德清名声大振，他继续得享皇室的赞助。当他前往崂山时，皇太后说服皇帝赐赠 15 套大藏经中的一套给他，尽管崂山并非重要的佛教中心。她与其他皇妃捐赠款项，在一座古老道观的附近修建了海印寺，以存放这套大藏经。

德清与皇太后的密切关系最终导致了他的死。皇帝喜欢由陈妃后来所生的儿子，并拒绝其长子（即由王妃所生的儿子）为皇储。当宫廷的权力斗争愈加激烈时，德清被逮捕。1595 年，他被押往京城受审，并以未经官府准许而修建一座新寺——海印寺的罪名打入大牢。

他被迫还俗，并被流放到广东雷州。历时 12 年，他都身穿俗服，并
必须定期向军事当局汇报，直至他在一次大赦中被赦。但他仍然享有
活动自由，并与许多重要的政府官员、著名的士子与主要的新儒家们
相交。他不停地到处行脚，他的足迹几乎遍及中国所有重要的佛教中
心，在那些地方他宣讲佛法，并撰写佛经注释，以及有关儒家、道教
经典的注疏。他还花费相当巨大的精力重修或建造寺院，其中就有禅
宗六祖慧能曾经传法开教的曹溪南华寺。在他示寂后，德清被认为是
禅宗七祖，其防腐保存的"肉身"，被安放在曹溪南华寺。

　　德清的佛学曾被徐宋彭（音）称为一种"心灵哲学"。它是瑜伽
法相学、天台学和华严学的一种综合。除了疏解《楞严经》，他还撰
写了《大乘起信论》注疏，这是一部为中国佛教徒所写的原始的经
典。他还运用一种佛教方式诠解《老子》、《庄子》和三部儒家经典。
1595 年，他著《中庸直旨》；1604 年，他撰《春秋左释心法》；1611
年，他撰《大学决疑》。通过对儒家经典加以佛教意义的解释，德
清希望使它们与佛教有关心性的修炼的学说相适应。这是一种进取
性的诠释方法，因为它试图利用长期以来为儒家精英们所熟悉的由
来已久的表述，来为佛教的旨趣服务。儒家经典被诠释为含有隐而
未显的密旨，只有在佛教解释学的背景下加以解读，才能显现出
来。这种方法与传统佛教的论辩术不同，一般地说，论辩术试图澄
清批评者对佛教的所谓的误解。这种方法还指出了一种明显的但通
常被人所忽略的事实：到晚明时，儒家与道家经典乃是所有受教育
者的中国人的文化遗产。德清和智旭等僧人对儒家经籍进行同样的
佛教式的再诠释，他们在年轻时都曾接受过一种完全的儒家式教
育。儒家和道教典籍，一如佛教经典，都为他们的知性和精神世界
提供了支架。晚明佛教徒都有足够的信心，声称他们能够恢复原初
的道统，即孔门心学。在他们看来，道统已被新儒家弄得隐晦不
明，而且原旨也被歪曲。

　　藕益智旭（1599—1655 年）①，就其性情与活动来说，与袾宏

---

① 《明人传记辞典》，第 244—246 页；张圣严：《明末中国佛教之研究》。

相类似。据 1652 年当他 54 岁时撰写的自传（它古怪地冠名为《八不道人传》），[①] 正是通过阅读袾宏的著述，他才转归佛教。智旭是苏州附近的木渎人。父母双亲皆为佛教居士。由于他们一直无子，因此就向观音祈求，并诵念《大悲咒》10 年。当他母亲梦见观音许以生子时，她已经 40 多岁了。当这个孩子 7 岁时，他就成了一位素食者。12 岁时，他随塾师学习，并投身于弘扬圣学。他发誓要摧毁佛、道二教，并放弃了素食。他撰写了《辟佛论》，此书由数十篇把佛教批驳为一种异端学说的文章所构成。他曾梦见他与孔子与颜回举行会谈。

智旭 17 岁时，读到了袾宏的《自知录》序言及其文集《竹窗随笔》。对他来说，这表明是一个转折点；他不再感到与佛教势不两立，并焚毁了他反对佛教的文章，以表明内心的这一转变。1618 年，当他 20 岁时，他失去了父亲；他诵念《地藏本愿经》以帮助父亲在来世救赎转生。他还开始考虑抛弃家庭生活。然而，他并没有放弃他对儒家经典的研习。同年，他撰写了一篇有关《论语》的注疏。当他读到"天下归仁"之句时，他并未领会何从着手。经过三天三夜的废寝忘食，最后他从这一困境中脱身而出，宣称他已大悟孔颜心法。后来，他把自己的领悟与王阳明的悟境相提并论。他们二人通过个人的努力，都重新领悟了在颜回死后曾湮没失传的圣学。24 岁那年，智旭离弃了家庭生活。在此抉择中，《楞严经》起着至关重要的作用，因为他在前些年中曾听闻该经中的一个经文："世界缘于性空，由空而生大觉。"他并不理解这种大觉何以作为世界的根基。正是这一"问句"驱使他成为一个佛教修行者。尽管他最终于 1622 年由德清的一位弟子雪岭剃度为僧，但智旭最初并未去接受三皈戒。相反，他在一座佛像前发了净土四十八愿，并自取名为"大朗居士"。当他 25 岁时，在袾宏的遗像前接受了作为一位僧人的戒律，并于次年以同样的

---

① 智旭解释其自传冠名时说："古者有儒、有禅、有律、有教，道人既然不敢；今亦有儒、有禅、有律、有教，道人又艴然不屑；故名八不也。"见《藕益大师全集》，圣忏编（台北，1974 年），第 16 卷，第 10220 页。

方式接受了菩萨戒。

智旭是一位多产的作家，也是一位博学的学者。据其自述，他撰写了23部著作，共113卷（他的弟子成时认为有40种著述，共计198卷）。最重要的著作是《阅藏知津》，它为《大藏经》提供了一种新型的书目编排。东京版的大藏经（1880—1885年），即根据其版式编排。与袾宏一样，他倡导禅宗与净土宗的结合。他还为所有的哲学化的宗派所吸引。当他32岁时，他曾打算撰写一部有关《梵网经》的注疏，但无法决定依从哪个佛教宗派。他做了四个阄，每个阄上写着华严宗、天台宗、法相宗和自立的宗四宗的名称，恳请佛陀的指导。他每次拈阄出现的都是天台宗。因此智旭就用天台哲学作为他诠释儒家与佛教的基础。当他47岁时，他撰写了《周易禅解》，并在两年后撰著了《四书藕益解》。根据同一尺度，他在这些著作中设法使一些有关的"格义"相配。

除却帮助其儒家同时代人理解佛教外，智旭还想表明儒家学说的真义只有根据佛教才能理解。他论及了散落在儒家经典中的"妙旨"。这些微言大义的段落，指涉着佛教经典中所展示的同样的真理。但由于机缘尚未成熟，而且人们的知识水平和精神成长太过低下，因此，孔子和其他儒家圣人只能运用"便通"手段，以一种不同于佛教徒的语言阐述其教义。遗憾的是，早在曾子时代起，儒家就不能阐明深含于儒家经典中的"妙旨"。智旭毅然肩负起为其同时代人阐明这些"妙旨"的使命。在某种意义上，他正实现其年轻时弘扬圣学的梦想。开启深藏在儒家经典中的意义的钥匙，必将在佛教心性之学中找到。

智旭不仅是一位博学的学者和多产的注疏者，他还是其时代最虔诚的佛教徒之一。他崇拜观音和地藏，这两位是晚明时期最为普遍受人尊崇的菩萨。观音菩萨关照着每个人在现实生活中的困难，而地藏菩萨则解脱每个人在死后的苦难。他也是持咒的狂热修持者，一位表现为以血写经、在头臂烤炙香疤、自省和忏悔等形式的自觉苦行者，此外，他还把掷骰拈阄之类的通俗游戏改造成为在普通百姓中传播佛教超度教义的新工具。对于智旭生活中这些几乎鲜为人知的方面，张圣严都曾作了一个详尽的探究。[①] 它们反映了宗教性的一个方面，这对于我们认识明代佛教是至关重要的。

与赎罪苦行与忏悔一样，持咒乃是基于对人们充满罪恶感的认信，也是基于再度净化和完善自我的渴望。智旭深切地感受到其恶业的重负，并力图通过这些仪式来消除它们。他还为双亲、友人、施主和佛法祝福而持咒。在 31 岁后，他就经常这么做。他最喜欢的三种咒是：《地藏灭定业真言》、《观音菩萨大悲咒》和《首楞严咒》。例如，在 1632 年，为了消除他自己和其他人的恶业，他持第一咒（即《地藏灭定业真言》）468 万遍。同年，他持第二咒（即《观音菩萨大悲咒》）10.8 万遍，为同寺僧人们和居士信众祈佑。在从 33 岁到 48 岁的 15 年间（从 1631 年至 1646 年），智旭共修忏法 25 次。在各类不同的忏法中，两种最为经常修持的忏法是，向观音忏悔的《大悲忏》和相信地藏威力的《占察经行法》。

以自己的血写经是大乘佛教所推崇的虔敬行为之一。《法华经》和《梵网经》特别倡导这一修持方法。真可和德清二人都曾刺血写经。智旭还记录下来其他同时代人曾致力于这种修行的事件。他本人在 26 岁到 32 岁期间曾六度刺血写经。在他选以刺血抄写的佛经中间（以次数的递减为序），分别是《法华经》、《金刚经》、《梵网经》和《华严经》。

智旭时常克制自我的另一种苦行形式是所谓的"燃臂香"和"燃顶香"。自我禁欲和自我牺牲是《莲花经》、《楞严经》和《金光明经》所赞赏的虔诚行为。著名僧人的传记也有僧人们牺牲其生命，或通过焚指和手臂而献出其身体的一部分，作为虔诚的终极行为的记载。智旭并没燃臂，而是把艾绒放在他的手臂上，并在上面点燃一炷香，直到标记烙印入肉中。他似乎是修行这一禁欲方式的为时最长者。涵盖 26 岁至 58 岁期间的记载表明，他焚香燃臂达 28 次之多，燃顶达 6 次，所燃之香从 3 支至 28 支。

在结束对智旭的讨论之前，我们应该讨论他在通俗佛教教育领域

---

① 张圣严：《明末中国佛教之研究》，第 181—234 页。

中的贡献。他的第一个贡献是提倡《占察善恶业报经》(《大正藏》第839 经)的使用。[1] 这部佛经据称是隋朝时期菩提腾翻译的，但普遍认为是一部在中国编撰的伪经。此经由地藏菩萨宣讲，告诉修行者投掷木签以发现他们的业报状态与未来的命运。他还描述了一种忏悔的方法。在 1631 年，当智旭 33 岁时，一位居士告诉他有关此经的内容。他当即派信差到云栖寺请来一部《占察经》。两年后，他撰写了《占察经行法》；1650 年，他 52 岁时，撰写了两部有关此经的注疏。

据智旭的指示，一个人要像掷骰子那样使用的三套木轮。第一套由十面组成，与十善行及其对立面十恶行相应。每个木轮将在表面上刻上一种善行，在反面则刻上一种恶行。在向地藏菩萨祈求指导后，他将转动木轮以寻找其目前的业报状态，然后把抛掷的结果与他的生活经历相比较。只要人内心忠诚，据称则将有某些相应的结果出现。如果结果是好的，一个人不应感到骄傲，而是继续保持下去。如果结果不好，一个人就要悔改，并在将来改善其行为。

第二套木轮由分别代表言、行、意的三个木轮组成。这些木轮也以长短不等的垂直线和水平线标明。这些线条暗示着业报是善或恶、严重或温和。一个人要投掷这套木轮以发现由言、行或意所导致的过去之业的状态及其善或恶的程度。

最后，第三套木轮将被用于预示一个人未来的报应。这套木轮包括六套骰子，每个骰子有三面。这套木轮是以 1 至 18 的连续数字所标记（数目十八代表由六种感觉器官、六根和六种根意识所构成的十八界）。为了发现一个人在三界之中的未来报应，他必须投掷骰子三次。再生的全部可能的组合共有 189 个。智旭显然经常用此方法预测他本人的未来，并从中获得更多的解脱。智旭曾在株宏遗像前授予自己以一位僧人（比丘）的戒律。这与毗尼戒律的做法有所不同。作为他研究毗尼的结果，当他 35 岁时，放弃了比丘的身份；在他 46 岁时，则放弃了沙弥的身份。他依据《占察善恶业报经》的教义修行赎

---

[1] 郭利英（音译）：《中国佛教的占卜和净化游戏：中国伪经〈占察经〉》，载《法—日佛教文化研讨会》，格兰德·福斯蒙主编（巴黎，法兰西学院，1991 年 9 月）。

罪；46 岁时，他投骰子并得到一个判断，大意是说他已获得了一名
僧人的净戒。他感动地说，在末法时代，除了通过依据这部佛经投掷
骰子的办法，没有其他办法接受净戒。

1651 年，智旭创建了一种骰子游戏，称为《选佛图》，并在两年
后为名叫《选佛谱》的游戏撰写了一部冗长的说明。[①] 在其 1653 年
所撰的序言中，智旭写道，他曾沉迷于这种游戏长达 30 多年，并在
描述了他当时如何发明这一游戏的经过时说："选佛之语，始于禅客
点悟丹霞（1054？—1119 年）；而《选佛图》，传闻创自于捺麻僧也。
学士解缙作《升官图》，故捺麻僧作《选佛图》，必应博谙教乘，深入
禅律，未有个达法门中事，辄敢师心自创立者。惜其失传，无从得
见。"[②]

1619 年，当他 21 岁时，智旭购买了一种称之为《升佛图》的游
戏，但它混乱不堪。1623 年，他在杭州看到有人在玩一种由幽溪大
师无尽传灯（1554—1627 年）设计的游戏，这种游戏描述了十法界
的升降过程的大致情形。1625 年，他看到了另一种统收三教的图解，
但理致不清，不足为取。1629 年，正当他驻留灵谷寺时，他看到那
里许多僧人沉迷于下棋，于是想介绍给他们一种更能陶冶性情的游
戏。通过吸取幽溪大师的理念，他制作了另一种图解。经过多次试验
或改正，他于 1631 年最终决定使用两个骰子，每一个骰子都有六个
侧面，上刻南、无、阿、弥、陀、佛六个字。这些符号由梵文"南无
阿弥陀佛"或"皈依阿弥陀佛"所构成。南与无的发音暗示着不幸的
命运，而阿、弥、陀、佛的发音则预示着好运。依据于骰子的各种不
同的组合，一个人可以通过十法界进行升降。

这一游戏的灵感，显然出自于《占察善恶业报经》。然而，这
一游戏的源初，则可能出自西藏。捺麻之名可能是藏语喇嘛之误。
其原型极可能是一种西藏的骰子游戏，这种游戏曾引入中国，但后
来却失传了。西藏佛教徒确曾玩过一种骰子游戏，它非常类似于智

---

① 著者在京都的一所大学图书馆中查阅到了这部珍本。
② 智旭：《选佛谱序》。

旭所创的那一种。一种称为转生游戏的近代游戏版本仍保存至今。这种游戏据说是由萨迦派的梵文学者孔迦嘉赞（亦称文殊萨迦班禅，1182—1251 年）在 13 世纪初期发明，为的是供其患病的母亲消磨时间之用，而不使她在白天睡觉。"转业的游戏揭示了藏传佛教的宇宙观。通过在画卷或'刻板'上刻划出一种宇宙地形，它显示出人们未来转世的可能性，并阐明了通往解脱的道路以及开悟的方法。在玩这一游戏的过程中，游戏者对某种命运的趋向被揭示出来，同时它还为他们超越日常存在、实现免遭苦难的未来境界提供指导。"① 这 ·游戏背后的旨意昭然若揭。智旭希望人们通过游戏认识到三界轮回或幻象世界的苦难，并学到由三套法轮所提供的不同的解脱方式。甚至于六个字符的选择，也是基于教学法上的考虑；"南无阿弥陀佛"，事实上是鼓励修行者在任何时候都要念诵的句子。

智旭在精神上与袾宏相近，这正如真可与德清精神上的相近。但晚明四大师至少在三件事情上具有共同之处。首先，尽管他们全都习禅并提倡禅修，但他们在明代及后来时期的禅宗编年史中，却全被划归"法嗣不详"之列。这种情形的出现，部分地由于他们本身并未过多地关注法系传承；他们都相信促进佛教内部的和谐一致，以及三教之间的和谐一致。这种情形的出现，还由于临济宗内部日益加剧的僵硬的法嗣归属。最后，这种情形导致了临济宗僧与常被认为更自由也更宽容的曹洞宗僧之间的激烈论争。这种冲突一直持续到了清代时期。② 其次，就教义而言，他们都具有开放精神，并融合了不同佛教宗派的思想。然而，他们全都强调寺院戒律的至关重要性。尽管倡导三教之间的相互融合，但他们都相信佛教的至高无上性。第三，他们基本上都是保守者，并都献身于维护佛教的正统。袾宏与德清曾严厉地批评罗宗的创立者罗清（主要活动时期为 1509—1522 年），罗宗在教义与修持上都非常类似于他们本身所倡导的净土虔敬主义。袾宏与

① 马克·塔兹和朱迪·肯特译：《转世：西藏的解脱游戏》（纽约，1977 年），序言。
② 陈垣：《清初僧诤记》（北京，1962 年）。

智旭还曾肩负起抨击基督教思想的使命。[①] 袾宏甚至认为有必要抨击反对偶像崇拜的个人主义者李贽，虽然真可与李贽依然是好朋友。晚明的佛教大师们都希望改革并复兴佛教。虽然他们有时意欲使佛教适应当时的环境，但他们忠于佛教基本教义的信念，却从未令人置疑。

晚明社会中的佛教

虽说晚明四大师如山峰般傲然屹立，但他们不像先前时期的著名僧人，并不是与世隔绝的个体存在，而是领导着一个充满活力并自我维持的佛教僧人与民众信徒的社团。有关晚明时期禅宗佛教和居士佛教的最近研究，有助于我们把四大师置于一种适当的视域。一种宗教健康的标志是其皈依者们所提供的宗教著述。佛经的迻译与论著撰述，使唐代成为中国佛教的伟大的创造性时代之一。语录、灯录和寺院清规的编撰，则使宋代成为中国禅宗佛教的黄金时代。灯录关注法系的准确传承，这种法系传承以在一位大师的指导下献身于宗教修炼为其特征。

在宋朝统治的 200 年间，五部这种灯录被编撰完成，并在宋代末年（大约在 1228—1233 年）被撷要编辑成《五灯会元》。1401 年，150 年多后，玄极辑成了《续传灯录》。然而在 190 年后，即从 1595 年到 1653 年的 58 年间，却出现了 50 种禅籍，篇幅共 386 卷。它们由 36 位禅师和 10 位居士所撰著。平均每间隔 14 个月就有一部新著出现。这些著述涵盖了禅宗历史、禅师语录以及有关禅宗典籍的疏释。这种文字化趋向一直持续到清代乾隆年间（1736—1795 年），而且作品并非仅限于禅宗著述，它还逐渐包括经典和戒律的研究。在同一时期，共编撰了 65 种、凡 269 卷的非禅宗的著述。[②] 佛教健康发展的第二个标志是，在晚明时期禅僧的人数和重要居士佛教徒的活

① 谢和耐：《中国和基督教的冲突》（伦敦和纽约，1985 年），第 72—82 页。
② 张圣严：《明末中国的禅宗人物及其特色》，载《华岗佛学学报》，第 9 期（1984 年），第 3—4 页。

动。通过疏理撰于 1642 年到 1794 年间的九部灯录，张圣严收集了有关 117 位禅修者的材料。根据他们的出生地，绝大多数（72 人）来自东南诸省，包括浙江（31 人）、江苏（13 人）、福建（11 人）、安徽（6 人）、江西（6 人）、湖北（4 人）和湖南（1 人）。中国北方次之，以河北（12 人）、河南（6 人）和陕西（4 人）为代表。在西南地区，只有四川（12 人）贡献出了相当一批著名禅僧。[①]

晚明禅宗佛教以三个重要的新发展为特征，首先是对锻炼学生方法的重视，其次是严格的法脉统属相对放松，第三点是把密教修持与经典研究引入禅宗。由于禅宗一直都重视以心传心，因此禅宗教育不同于书院或官办学校的教育，不能单独依赖于书本知识。禅宗教学如果要有效果，就必须灵活。禅宗传统坚持认为马祖和大慧都曾是伟大的导师，前者有 139 位开悟弟子，后者则有 75 位弟子。他们之所以擅长于教学，是因为他们知道如何以"活"的方法教导学生。禅宗教学成为一个非常重要的课题。在晚明时期，出现了四部涉及到禅宗的教育方法的著作。袾宏的《禅关策进》和费隐通容（1592—1660 年）的《祖庭钳锤录》，这两部书都征引实际事例描述以前的禅师与其弟子之间的互动关系，并运用这些实例作为教学的范例。晦山戒显的《禅门锻炼说》，是以古代谋略家孙子的《兵法》作为范例，根据策略和谋略来解释禅宗锻炼。第四部著作的撰著，是从学习者的观点，而不是像前面的三部著作那样根据导师们的观点。无异元来（1575—1630 年）的《博山参禅警语》讨论了所有类型的"禅病"，即新修炼者在禅定修习中可能遇到的身心困难。它探讨了禅修的困难，并提出了克服这些困难的方法。

基于 117 位禅修者的经验，可以归纳出几点结论。首先，就其中的绝大多数人来说，从 20 岁到 40 岁的 20 年间，并且特别是 20 岁到 30 岁的 10 年间，对于他们的宗教修炼来说乃是最为关键的时期。其次，晚明的禅修者可被划分为三组：临济禅、曹洞禅和祖师禅。他们的参禅方法在许多方面都是相似的。然而，临济宗的禅修者，在其交

---

① 张圣严：《明末中国的禅宗人物及其特色》，第 15—17 页。

往过程中，喜好呼喝及其他突如其来的怪异行为；曹洞宗的修习者，有时运用传统的"群臣五位"的辩证术以勘验修学者；祖师禅（晚明佛教的四位大师都认同此禅）的修持者常常无视于严格的法派统属的正式传承，而以佛经或禅籍作为他们的宗教经验的有效基础。第三，禅修者通常把他们的禅修经验区别为二个阶段：第一个阶段是省（awareness），此时他们认为他们认识到"实相"为何物，虽然这种知识实际上并不是真正的知识。第二个阶段是由不同的程度所构成的悟（awakening）。只有禅修者在已经获得完全的悟后，他才能真正地说"饿即食，而寒即衣"，他才能宣讲佛法，并教示别人。① 从这些材料中，人们得到的印象是，在晚明禅宗佛教界中，禅宗的训练乃是一种极为关注的有活力的内容。

晚明居士佛教反映了类似于当时寺院佛教中所发现的那些倾向。对于居士佛教的研究，有着各种不同的资料来源。有些作为著名的学者或官员的居士佛教徒的传记，可以从明代的官修的《明史》中找到。书信、诗文、哲学与文学的著述也提供了重要资料来源。但最为方便的资料，则是由其他佛教信徒所编撰的居士传。现存最为著名居士传由彭际清（1740—1796 年）所撰。彭际清共收录了 103 位明代居士佛教徒，其中仅有 4 位生活在万历时期之前。他们中的绝大多数为江南人氏，其中大多数则来自江苏和浙江两省。他们都是修持称名念佛与"放生"的净土信仰者。但他们也对禅宗和佛典研究感兴趣。《金刚经》和《心经》是最为流行的佛经，紧随其后的则是《法华经》、《华严经》、《大乘起信论》及其他佛教经文。最后，他们还都热衷于持咒。最为经常运用的咒言乃是《大悲咒》（献给千眼观音的咒言）和献给佛母准提（Cundi）的《准提咒》，佛母准提被认为是观世音菩萨的化身。②

① 张圣严：《明末中国的禅宗人物及其特色》，第 51—52 页。
② 张圣严：《明末的居士佛教》，载《华岗佛学学报》，第 5 期（1981 年），第 7—36 页。对于那些追随祩宏的居士佛教徒的研究，参见于君方：《中国佛教的复兴》，第 64—100 页。

居士佛教徒构成了信徒社团的护法卫士。但佛教的信仰与修行绝不仅仅限于这些特定的社团。对于诸如观音菩萨、地藏菩萨、阿弥陀佛、药师佛等佛教人物，或者是对于诸如业报与转世等等之类的佛教观念的信仰，都为明代社会所有阶层的中国人所共同持有。伟大的 16 世纪的小说《金瓶梅》和《西游记》，以及利玛窦和其他耶稣会士的游记，对于佛教浸透到精英与民众文化的程度，都提供了广泛而如实的描述。为生者和死者们祈福的佛教仪式、因果报应和西方极乐世界的佛教观念、称念佛名的佛教修持、放生、持斋吃素、静坐禅定和苦行禁欲，所有这些都被整合入普通民众的信仰系统之中。朝拜圣山和著名寺院，乃是僧人和平民百姓都同样趋之若鹜的活动。①

每一年的节日也被佛教仪式所打断。在描述北京郊区宛平县的居民们的宗教日历中，当地知县沈榜为我们对于佛教与普通百姓生活之间的密切关系提供了精彩一瞥。农历三月二十八日是庆祝东岳泰山神的生日。在那一天，百姓们成群结队地挤在通往寺院的道路上，其中有些人一步一跪拜。令人惊奇的事情是，当他们如此跪拜时，他们呼唤着佛的名号。他们的唤佛声据称如此之大，以至于"震天动地"。

农历四月初八，是佛陀的生日，坐落于宛平县南边 70 里的戒台寺安排讲经说法。讲经法会持续八天，于四月十五日结束。来自全国各地的游僧们全都汇聚于此。为了满足众人的需要，商贾们设立了摊位，甚至"倾国妓女"也纷纷竞相赶往在附近被称为"秋坡"的地方展现自己。这一次集会俗称"赶秋坡"。

---

① 普陀山、五台山、峨眉山和九华山构成了四大神圣的佛教名山，吸引了难以计数的朝拜者。当时朝拜的普遍盛行的一种间接的暗示，乃是佛教领袖们偶尔对它所表达的异议。似乎一直喜欢朝拜圣地的德清本人，认为观音的道场普陀山，根本上说是在每个人的内心中，因此，没有必要到普陀山去朝拜观音。徐宋彭：《一位明代佛教领袖》，第 122 页。对于普陀山作为观音的圣地，参见于君方：《普陀山：朝拜和中国佛教圣地的创立》，载《中国的朝拜与圣地》，韩书瑞和于君方主编（伯克利，1992 年），第 190—245 页。

宛平之西为潭柘寺，寺内有两条青蛇。每一年的佛陀生日那天，观光客们都络绎不绝地前来此寺，向他们视为神圣的两条青蛇表示敬意。他们提供祭品、用手触摸青蛇，并祈求避免不幸与灾祸。这一习俗被称为是"观佛蛇"。最后有一个称为"念夜佛"的习俗。每当有人患病时，他就发誓称念佛名一个月，从十二月初一开始。然后，他将每夜在固定的时间外出。当他手中持着一炷香走街串巷时，都称念佛的名号。只有当手中的香燃尽，他才可回家。他于除夕之夜，才完成誓言。[①]

与对佛教理念和神性之虔诚共同并存的，还有着许多对佛教僧人们的怀疑和不敬。利玛窦对佛教僧人曾有极为低下的评价，他把他们斥责为性放纵和粗俗无知之徒。他还发现他所遇见的许多受过教育的中国人似乎都毫无宗教使命感。[②] 在《西游记》第三十六回中有一位住持，他只愿接受富有的施主，而不愿接受贫穷的游方行脚僧挂单。在第九十八回，甚至阿难和迦叶都被描绘为如此充满商业头脑的人物，以至于期望朝圣者以礼物换取这些人企求的佛经。小说《金瓶梅》充斥着和尚与尼姑们的负面形象。在第五十七回，僧人们典当其宗教法衣和法器，出售寺院的钟，甚至变卖其修建寺院的建筑材料，以便满足他们的物质需要。[③]

尽管对现存的佛教不再抱有幻想，但对于"真正僧人"的公众崇信并未消失殆尽。与此相反，这种崇信有助于一个神话人物的创造与流行，这个人物体现了儒、释、道三教的最完美且最令人喜爱的特征。这就是济公，即"济颠僧"，他是一位持久不变地为所有社会阶层的中国人所喜闻乐见的公众人物。关于这一人物形象的故事传说的现存最早的版本出现于1567年。[④] 由于它被叫做《钱塘渔隐济颠师

① 沈榜：《宛署杂记》，第167—169页；谛田牧亮：《民众的佛教》，第110—111页。
② 路易斯·加拉格尔译：《16世纪中国：利玛窦行记（1583—1610年）》（纽约，1953年），第105页。
③ 克里斯托弗·克利里：《紫柏真可》，第23、28页。
④ 迈尔·沙哈尔：《是悟僧还是魔术师？16世纪小说〈济颠语录〉中济公神的描绘》，载《民俗信仰与中国文化国际会议纪要》（台北，1994年），第1卷，第251—303页。另见其《中国济公神早期历史中的虚构与宗教》（哈佛大学论文，1992年）。

语录》，它被错误地收入《卍续藏经》的经典撰述中。这个传说自宋代以来，就可能广为人知。它描述了名义上属于杭州净慈寺的一位狂僧的生平与事迹。他衣冠不整且懒散成性。他好饮酒和吃肉。他极少呆在寺院里，却在闹市街坊到处闲逛，而且甚至出没于妓院。尽管他违反了寺院戒律，并嘲讽其共住僧人们，但他却受到了广大民众的喜爱，认为他是一位真正的罗汉，甚至认为他是一位"活佛"。他通过打抱不平和行使其神奇的疗法济助贫弱之人和患病者。济公使人想起了游侠骑士、不朽者和狂野的禅宗人物寒山与拾得。确实，他可以被视作为一个综合而成的偶像，他产生于当时三教融合的精神。然而，在这一类型的人物中，人们却可以看到密教悉檀（sidhha），即"大成就者"的强烈痕迹。[①] 济公，像他们那样，都喜欢颠倒传统习俗中的价值观。他会以肮脏的洗澡水与口水为药给人治病。他一开始触怒群众和引起群众的嫌恶，后来却使他们感到震惊，并认识到所有对立面的终极的空性。济公的事迹最终演变成为一部叫做《济公传》的共280回的巨著。他通过诸如戏剧，而现在则通过电影、电视连续剧之类的娱乐媒体，在台湾和中国大陆继续得以广为传诵。济公在许多方面都是明代留下来的佛教遗产的一种持久而充满活力的合适的象征。在这一公众人物的虚构的经历中藏传佛教与汉传佛教两个传统的结合，还强调了需要更深入地考察明代佛教与藏传佛教之间的关系，这是一个学者们几乎尚未开始研究的领域。

（陈永革　译）

---

① 最广为人知的悉檀之一是珠巴衮雷（生于1455年）。有关他的故事传说，曾被译成英文。参见基思·道曼译：《神圣的狂者：珠巴衮雷令人称叹的一生与赞歌》（克利尔莱克，1983年）。珠巴衮雷的某些事迹，使人想起了济公的行事。

第 十 五 章

明代文化中的道教

　　道士与道教的信仰和活动，贯穿于整个明朝社会之中。然而，鉴于目前学术界的研究现状，对于明代时期道教所起的作用，我们仅能再现一个不完整的图像。道在历史上曾出现过许多不同的形式。研究业已揭示出明代社会中处于各阶层和不同地域的道教的独立的生活场景。把它们一同联结起来后，这些生活场景构成了一幅道教的画卷，它类似于在一幅中国画卷里的图像。当这幅画卷展开时，它就呈现出了一片清晰的景色，渐隐渐远地消失在连绵不断和雾霭朦胧之中。尽管这些道教景色显得多么不连贯，但如果认为目前不完整的知识反映了历史实在，并且认为明代道教的这些迥然不同的方面实际上是不相关联的，这将是一个错误。道，可能确曾在六朝时期就产生了分化[①]，但到了明代，道教分化的派别已经融合为一体。潜在的资助者或热心支持者对道士的期望，建立在他们所理解的道教的作用与能力的基础之上。社会各阶层的期望和理解，与训练有素的道士们的信仰和修持之间相互起着作用，共同创建了明代道教。

　　内森·西文曾叹惜"道教"一词含义不清，他警告所有使用它的人，在每一特殊的背景下，都要严格区别其意旨。[②] 对于纳森的劝告，必须增加这样的说明以防止误解，即明代中国人对道士有自己的看法，从而使简明的界定复杂化了：他们忽视或毁坏了宗派与仪式修

---

① 霍姆斯·韦尔奇：《道教：道的分化》，修订版（波士顿，1966 年），特别是第 105—106 页。

② 内森·西文：《令人困惑的"道士"一词，特别讨论古代中国科学和宗教的关系》，载《宗教史》，第 17 卷（1978 年），第 303—330 页。

持之间的明确区别。研究上的进展，已足以对道教的不同侧面之间的相互关系提供观照。确实存在着松散地组织起来的道教"体系"，它与其说是根据集中起来的神学方案或制度方案组织起来，倒不如说是由各种感悟和资助类型所组成。

对于明代道教不完整形象的一个原因，是相关典籍的散乱，这归因于《道藏》这一道教文献的权威的官方汇编，在明代中叶之前即已编成并刊行。尽管有些明代初期的典籍已被收录其中，但《道藏》所收录的明代著述，与宋代或元代的资料相比，则微不足道；它很快就被编定，以至于来不及收集许多明代典籍。然而，《道藏》的编撰本身却是明代道教历史上的一件大事，也是其主要遗产之一，明版《道藏》，仍是道教经藏著述的标准汇编。

1406 年，永乐皇帝（1403—1424 年在位）指派张宇初（1359—1410年）监督编纂现存的道教文献的一部综合性汇编。这一工程从全国各地的道观中搜集了道教的藏书和著述。在永乐皇帝死后，帝国对此工程的热情消失，直至 1444 年正统皇帝（1436—1449 年在位）才诏令最终刻板并刊行这部汇编，工程是在云南邵以正（生卒时间不详）的监督下进行。1447 年，英宗皇帝把成套的道藏分送给明朝帝国各地的道观。经板藏于京城，这样，随后的皇帝们就能方便地刊印并颁送道藏，以展示他们对道教机构的慷慨大度。[1]

由于许多道教宫观都曾在元代末年的混乱中遭受火灾及其他灾害，因此，朝廷资助下的《道藏》工程，在帮助道观保存或恢复岌岌可危的文献中，起了一种至关重要的作用。然而，尽管意图甚佳，但总汇实际上却并未收录所有既存的著述。例如，福建龙溪的玄妙观藏有一套共 564 函的旧《道藏》，不知什么原因，这套《道藏》未被送往北京用于修藏工程。[2]

甚至《续道藏》，即《道藏》的增补本，虽在皇帝的监督下于 1607 年编纂并刊行，都未保存所有重要的明代典籍。例如，《性命双修万神圭

---

① 陈国符：《道藏源流考》（上海，1949 年），第 185—189 页。
② 陈国符：《道藏源流考》，第 188 页。

旨》这一性命双修的指导手册是明代道教最具代表性的典籍之一，却没有被官方的编修者所注意。这部典籍描述并阐明了大量内丹术的玄秘：内丹术是使个人恢复原始的纯净和活力，以及使个人得道的静修过程。《性命双修圭旨》中的思想，综合了全真道南北二宗的修行方法。这样一部重要典籍被官方编纂者所疏忽，不禁令人想到充实明代道教形象的更多的典籍，也许仍没有被收录其中。①

对于有关明代道教知识不完整的另一个原因，就目前所知而言，乃是由于在明代期间没有增加引人注目的道教宗派。明代并不是以新宗派的形成，或者是以杰出思想家的出现为标记的时期，而是以道教的不同支派间的联合与汇同为特征的时代。

天师道（天师为这一宗派的领袖）是专精于道教的仪式与修道的最为古老的道教宗派，它的形成可以追溯到汉代。尽管曾遭到一些挫折，但这个道派仍一直延续到明代。在元代期间，吴全节（卒于 1346 年）曾致力于把正一道（天师道）传统与活动于中国北部的全真道结合起来。② 在此期间，天师道传统还吸收了其他几个南方的宗派，最著名的是茅山道派及其上清经典。尽管茅山道在元代作为天师道的一个支派而生存下来，但其命运却在明初衰落了。即使如此，明初的学者与官员宋濂（1310—1381 年），似乎一直属于与茅山的道士们保持着社会与文学关系的著名士子中的一员。③ 我们应注意到，这里所提及的每个道教派别，都与一套别具一格的典籍和斋仪相关联。

好几位天师对明代道教都留下了重要的影响。第四十三代天师张宇初，曾几次被召入宫廷举行道教斋仪。1391 年，皇帝委派他鉴定道教辟邪术，以便清除异端术士与道派；他因此而成为道教正统的一位官方卫士。④ 1406 年，他被委任去领导编撰道教文献，从而导致了《道藏》的刊印。张宇初在《道藏》中留下了一些他本人的著述，其中包括《道门

---

① 傅勤家：《中国道教史》（上海，1937 年），第 207 页。
② 孙克宽：《元代道教之发展》（台中，1968 年），第 2 卷，第 156—157 页。
③ 孙克宽：《元代道教之发展》，第 2 卷，第 142—143 页。
④ 杜联喆：《张宇初》，载《明人传记辞典》，第 107—108 页。参见《明史》，第 299 卷，第 7654—7655 页。

十规》。为了与他在宫廷中的职责相一致,他作为占统治地位的天师而
超越了宗派利益,他的文章在某种程度上是折中的,它描述了所有主流
道派的修行实践,并叹惜道教的这些宗派的分歧。他简要地回溯了不
同道教派别的历史,认为所有这些派别都源自于同一个道。他强调了
所有道教徒都有虚无、清净与无为的基本概念。据他所见,道教是与儒
家社会的王道相容不悖的。基本的伦理戒律是道教的根基;倘若没有
建立道果(由伦理之道的实践所产生的良好的结果)的基础,一位训练
有素的道士就不可能在斋仪或静定修持上取得成功。[①] 张宇初并不忽
视道教的制度建设。他强调必须以高尚的精神和正直的道德来领导道
观,同时还需要管理的智慧。那些选择宗教生活的人都应该断然舍弃
世俗生活。他写道:"学道之士以清净为本。睹诸邪道如睹仇雠,远诸
爱欲如避臭秽,除苦恼根,断亲爱缘,是故出家之后,离情割爱,舍妄归
真,必当以究明心地⋯⋯"[②]

　　他继续写道,这些道士们都应投身于修炼其心性,持守宗教生活的
戒律,净化身心,并过着朴实无华而离世的生活。这些宗教僧侣将不仅
是世俗信徒的有效楷模,而且还为国家与社会的福祉而致力于祈祷和
斋仪。因此,他得出结论说,国家应该支持正统道教宫观的活动,这是
理所当然的事情。张宇初的文章为道教徒与社会都能够认同的道教的
行为及作用确立了准则。

　　有一位或两位其他天师,与明皇室保持着密切的关联,但第四十四
代天师张元吉(1435—1485 年)却热衷于改善信仰,从而引起了强烈的
反应。张起初在朝廷上成功地增加了道士的度牒,从而增加了受度为
道士的名额,但后来,他的非正统的劝人改宗和管理方法,却使他身败
名裂。他被指控犯有诸如囚禁儿童、挪用财产和私设一座监狱之类的
罪行。[③] 在这一不幸的事件之后的 10 年间,由于一场谁当继承者的迟
迟未决的争端,天师的职位一直空缺。

① 撰于 1406 年。《道藏》(上海涵芬楼影印本,1926 年),第 988 册,第 5b 页。
② 《道藏》,第 988 册,第 14b 页。
③ 杜联喆:《张元吉》,载《明人传记辞典》,第 108—110 页。

全真道在明代继续保持影响。《性命双修圭旨》所提供的证据表明，全真道的南北二宗正走向和解。全真道北宗，由宋代的王哲(1112—1170年)、马丹阳(1123—1183年)和丘处机(1148—1227年)所创建，强调命的修炼①，目的是为了增强精力与延年益寿。全真道南宗，则在宋代由许道光(生卒时间不详)和白玉蟾(1194—1229年)所创立，强调修性与修神的首要性，目的是为了开发智慧与悟道。② 许道光是一位禅师，因此，全真道南宗呈现出强烈的佛教影响，这就不足为奇了。《性命双修圭旨》在一种自我修炼的实用而广大的计划中提倡性命双修。③

徐守诚(卒于1692年)，曾接受过丘处机一系列的全真道训练，在明末清初修持性命双修。④ 他还在江西南昌附近的净明道本山西山研究净明道。通过诸如许守诚等的聪慧的修持者以及诸如《性命双修圭旨》之类典籍的良好作用，全真道的理论与修行实践得以在整个明代社会中扩展开来。

对于在明代的其他道教宗派，我们所知甚少。神霄派似乎被吸收入其他宗派之中，它是否在明代期间仍在独立起作用，这尚不清楚。

明代最具活力的道教宗派可能是净明道。尽管其创立可追溯到六朝时期的许逊(239—292年)，但净明道作为一个别具一格的整体，出现于宋元时期。元末时期，黄元吉(1270—1324年，一说为1271—1355年)编撰了《净明忠孝全书》，作为这一宗派的明确思想表述。净明道强调儒家忠、孝、诚和正意等儒家价值，⑤主张每一个人都对他或她的行为负责，善的行为最终必将得到善报，而恶的行为则必将受到恶报。修

---

① 命，指生命力或生命能量的一种储存，据称每一个人在出生时就据他或她的环境而接受下来。这种生命储存被认为通过人的生命活动，特别是那些令人快感的纵欲活动而在"消耗"。因此，当接受的命消耗时，个体的能量就会消失，他或她就将会逐渐变老和衰弱，并将最终死亡。

② 人类的"性"与"神"是指人类的精神的两个方面。这些方面在宗教修炼中被平静、改变、净化和加强，目的是为了培养洞识和清净感知，它们最终被理解，而达到个人的神、性与道的统一。

③ 傅勤家：《中国道教史》，第207—210页。

④ 秋月观映：《中国近世道教的形成：净明道基础的研究》(东京，1978年)，第171页。

⑤ 正意是一个取自于儒家《大学》的概念，指一个人的意识与行为不断地向善的训练。

命与修性的道教方法,有助于开发智慧以使伦理生活成为可能;而静明的斋仪可用于使心理上或精神上的操守清白,这样人们不至于为过去的弱点而神情沮丧。

净明道在元末时期的动力,一直持续到了明代。实际上,"净明道"一词并不用于诸如《明史》之类的官方材料中,但张宇初在其道教宗派史中却提到了它[①],而且它还出现于许多明代文人的著述中。净明道一词在明代官方资料中的缺省,可能说明了净明道被政府官员们认为是从属于正一道或全真道的道派。许多更早一些的道派在明代都被认为是这两大道派之一的支派。赵宜真(盛年期 1350 年),一位江西人,就是明代净明道道士的一个例子。由于一个梦警告他要放弃科举学习,他以各种形式的道教进行修炼,其中最引人注目的是天师道、上清道和全真道传统,但最后他却选择了净明道。他相信智慧修炼能保持心灵的清明,而坚持伦理教义则提供了精神成长的实际证明。[②] 由于他并不忽视净明道的仪规遗产,他编撰了清微派[③]的仪规经典。另一位著名的净明道士是刘渊然(1351—1432 年),一位元代官员的儿子,他也是江西人。在获得了作为雷雨师的名声后,他被皇帝于 1393 年邀请居住在南京,并为皇室操持斋仪。他一度利用皇帝的恩宠,派遣其弟子遍布于中国南部,以倡导净明道信仰。[④]

宁王朱权(1378—1448 年),是明太祖的第十七个儿子。他在西山上的天宝洞中修行道术。他充分地受到净明道教义的指导。当他拒绝接受他的家人让他返回皇宫的请求时,他的皇子封地于 1403 年被移至南昌,在那里他继续其宗教生活。[⑤]

有明一代,所有道教宗派都在南昌西山上得以修炼。有些道派曾

---

① 《道门十规》,见《道藏》,第 988 册,第 4a 页。
② 秋月观映:《中国近世道教的形成》,第 156—158 页。
③ 译文按照朱迪思·M. 博尔茨:《10—17 世纪道教文献一览》,中国研究丛书,32(伯克利,1987 年),第 38 页。
④ 秋月观映:《中国近世道教的形成》,第 159—160 页;《明史》,第 299 卷,第 7656—7657 页。
⑤ 秋月观映:《中国近世道教的形成》,第 161—162 页;《明史》,第 117 卷,第 3591—3592 页。

在玉隆宫的范围之外建立了一些较小的中心，玉隆宫是净明道的本山或总部，但西山的氛围，则以自由流动的相互影响和思想与修持的相互混合为特征。① 这种灵活的做法，与全真道的南北二宗传统的和解相媲美。明代时期，不同道派之间的界线，似乎一直是很不固定的。

这种变动性可能源自于有影响力的道士的相对缺乏。那些四处求道者，在不同的道教圣地修习，寻求一位大师的至关重要的亲自指导。然而，由于错误地认定道教教派在功能上类似于基督教的教派，这就容易过高地估计道教派别的机构性主导作用。近来对道派的研究，却得出了一个不同的结论。每一个道派都体现了可靠的仪规典籍的一种别具一格的启示，这些仪规典籍是由师父传给在精神上和知性上都值得接受秘密的口头传授的弟子们。换言之，一个道派为道士们的更高级修炼提供了一个典籍的基础，并为传承特别的仪规和静定的修行技能提供了一种制度化的构架。诸道派需要俗家信众的赞助和支持，以修建并维持宗教设施。因此，名门望族或社会组织都共同结合而支持一个道派，同时表达他们的宗教信仰，并显示他们在一个地方或地区的领导地位。② 然而，道派并不是排他性的教派，它们需要其修炼者与普通信众的绝对忠诚。尽管修炼者们有责任不把道派的密旨透露给那些精神上不值得透露或没有适当准备的人，但修炼的道士们与普通信徒都是自由地和感到可以自由地从任何有用的资源中探寻道的真谛。基于典籍的道派都坐落在特定的道教宫观和中心，这些地方为学者们提供场所，他们在那里可以搜集材料，以认定道教的信仰、价值观和修炼方法。然而，要研究道士个体与道教修持方法在明代文化中所起的作用，诸道派必须被视为是不固定的潮流，道教活动和修持从中向许多方向流动。

机遇的模式与对道士们活动的控制，在很大程度上乃是皇帝们的政策与态度的一个结果。标准由明太祖制订。作为朝代的开创者，他试图如此确切地确立皇室的权威，以致使帝国的安全在任何层次上都

---

① 秋月观映：《中国近世道教的形成》，第 171 页。

② 米歇尔·斯特里克曼：《茅山的启示：道教与贵族制社会》，见《通报》，第 63 卷（1977 年），第 1—64 页。

能得以维持。部分地由于明朝的开国皇帝在朝代更替运动中有着涉及宗教的亲身经历,宗教更是不能逃出他的审察。他的宗教政策是力图控制宗教组织的规模与活动,其中包括道教组织。

首先,他设定了一个道教事务院(宣教院),以监控道教组织和宫观。这一机构直接平行于为控制佛教教团而设立的机构。宣教院监管受戒道士的被称之为道录司登记机构,道录司用以控制度牒的数量与状况。这一机构的有效性被后来的皇帝们所削弱,当时朝廷开始出售度牒作为增加财政收入的一种方法。然而,道录司确实利用控制了度牒的道士道姑及他们住在重要宫观所的人数,从而限制了道教宗教组织的规模与潜在影响。主要道观似乎都曾发现了限制的严格,因为当这些道观中的著名道士能得以被一位皇帝所闻知时,他们似乎总是要求增加其度牒的名额。

明太祖还试图控制地方道观的特性与影响。朝廷诏令,在每一个县都要把当地道观全部合并入一个官方的道教宫观。至于某些其他宫观可以得到一种特殊的帝国恩准,以保持其不受干扰,条件则是当地民众根据它们在历史上或精神上的重要性,请求朝廷保存这些道观。官府的认同,意味着道士或神职人员有较多的合法名额,以及为国家和社区祝福而举办的一年一度的仪式能得到公众支持。然而,如果政策的目的是要压制非官方的道观,那么就会失败。地方志文献记录了明代期间道教宫观的持久活力。大量的道观不仅仍然保持活动,而且地方还主动定期进行重建或扩建。有关明代道教宫观的数量,目前没有可靠的数据,但对散布在城镇和乡村风景区的道教宫观的繁盛,地方志却给人留下了深刻印象。除非有关道教的复兴或活动独特的资料被收入地方文献中,人们难以确定,它们所举出的道观是否实际上有居留的道士、专门的仪规和活动的群体。尽管如此,即使所举的一些道观濒临消失,但在明代中国,许多县似乎仍有十多座在活动的道教宫观。

要评断道教宫观在明代中国社会中的实际作用,还需要更进一步的研究。我们知道,自宋代以来,作为正式修炼的持戒的专业人员的所在地,道教宫观逐渐仿效佛教徒的寺院模式和体制。在一定程度上,这或许是宋代为管理寺院道观所设立的政府体制的一种副产品。在宋代，如同在明代那样，佛教和道教机构及其规章制度，是相互对称的；政府控制的体制，或许有助于使一种正在出现的道教宫观制度正规化。

天师张宇初的《道门十规》，肯定了宫观戒律、独身制以及一种宗教苦行生活的基本原则。然而，由于天师道允许已婚道士的存在，因此在这一点上天师道多少有些灵活，这些已婚神职人员可以在地方道观中服务，并为世俗社会操办斋仪。然而，他们被禁止住在道观里，结婚使他们脱离了修道者的公共生活与戒律，但并没有取消他们作为神职人员的职能。

全真道，特别是作为该派本山总部的北京白云观，则保持着一种更正式的道观制度，一直较好地延续到了近代。20世纪40年代，吉冈义丰(音)曾在白云观研究道观的生活及其道规。[①] 他所观察到的白云观戒律就基于宋代的戒律。它们可视作明代道教宫观生活的一种理想模式，但要作必要的说明，即各道派在白云观中遵守和履行这种宫观模式的程度有很大的差别。

当一个年轻人亲近一位道士，并礼敬他为师父后，宗教活动即告开始(笔者一直未能找到有关道姑的组织化的宗教生活的任何资料)。尽管选择道士身份的动机变化多端，疾病、社会上的不幸和人格上或身体上的怪癖，或者对世俗生活的悲观失望，构成了主要的动机。贫苦家庭的较小的儿子们，通常以道教徒或佛教徒的生活为其归宿。经过一个时期的劳作与学习后，沙弥道士接受冠巾礼，从此时开始，他可以在一个公共道观登记注册为沙弥道士，这是受戒为道士的准备。一旦在道观注册登记，他就服从于一种严格的道观戒律，包括每日工作和学习的安排，吃斋、严格的仪式准则及敬重宫观道长。道观则在仪式和典籍方面提供更进一步的训练，并在这些方面考核受度牒的候补者。在受戒后，他可以留在道观中继续从事更深入的训练，也可以几乎自由地四处参学，追求他本人的宗教成长，或者归附于一座他生活和活动的地方道

---

① 吉冈义丰(音)：《道观生活》，见《道教面面观：中国宗教论文集》，霍姆斯·韦尔奇和安娜·塞德尔(汉名石秀娜)编(纽黑文，1979年)，第229—252页；另见《道教研究》(京都，1952年)，第196—345页。

观,在那里,他们的生活和活动原则上受到规定宫观道士活动的法律的管制。法律特别规定了每位道士(讲、教或静定)的职责,并要求所有的道士都居住在他们所登记的道观中。特别严格的法律控制道士进入京城,并禁止大规模的宗教聚会,以免宗教热情的倾注导致社会的无序。然而,这些法律并不被严格地执行。

这种广泛的宗教控制体制,很可能徒有其表,形同虚设,特别是就其松弛的执行情况而言。然而,有证据表明,主流道教和佛教却并非是这些法律与规章条令的目标。明太祖的政策,是直接针对更边缘性的宗教组织,白莲教和道教的秘密社,它们在变化多端的环境下可能为民众的叛乱提供领导或组织的支持。明朝政府在努力镇压这些边缘性运动中,总是高度紧张地保持警觉。① 许多控制道教组织的法律事实上都用于防止非正统的修持渗透到道教机制中。② 因此,明太祖委派张宇初验证道教符咒科箓的正统性,以便把伪谬的道术消灭于萌芽状态。

不仅是明太祖,而且其他明朝皇帝对道教徒和佛教徒们的态度都远比明朝制定的法律更宽宏大量。虽然绝大多数皇帝都重申了他们遵循明太祖的严厉政策,并赞同有关削减宗教开支的请求,但在事实上,这些政策并未付诸实施,这部分地由于皇帝们本身都相信道教,相信道教对其个人生命及国家事务都有所助益。③

明代皇帝们中的这一宗教倾向,肇始于明太祖仍是一位名叫朱元璋的行乞僧之时。在官修的明代编年史对其生活的部分虚构的历史叙述中,谈到在他的少年时代,一位游方道士就曾预言了他有将来当皇帝之命。④ 年纪轻轻时,朱元璋就进入一座佛教寺院学习修行,但不久就

---

① 丹尼尔·L. 奥弗迈耶:《民间佛教:晚期传统中国的异端教派》(坎布里奇,马萨诸塞,1976 年),特别是第 1—11 页。

② 杨启樵:《明代诸帝之崇尚方术书及其影响》,载《明代宗教》,陶希圣编(台北,1968 年),第 216 页。另见其《明清史抉奥》(香港,1984 年)。

③ 杨启樵:《明代诸帝之崇尚方术书及其影响》,第 203—297 页。

④ 陈学霖:《明太祖(1368—1398 年)的崛起:明初编年史中的事实与虚构》,载《美国东方学会学报》,第 95 卷,第 4 期(1975 年),第 691—692 页。

离去,因为这座寺庙僧多而粥少。[1] 后来当他投身于改朝换代的战争之中时,朱元璋转而向道教术士,最为著名的周颠仙(生卒时间不详)和张中(张铁冠,生卒时间不详)求助。他招募他们在他的军队中操办神事,为各种方略提供指导,预卜各种危险行动的结果,并在当军事谋略不足以取得军事胜利之时,提供精神上的支持。为了选择未来皇帝的首都位置,张铁冠曾作了一种风水分析。[2] 朱把他自己装扮成神士的角色和为民众利益的奇迹创造者。在记载其统治的实录中说到,当朱元璋正遭受旱灾之苦时,有人告诉朱元璋,有一位其职责为掌管造雨的地方神祇。如果一位恳请者的请求被答应,那么就会有一条鱼或一只乌龟出现而作为征兆。传说继续说:"上闻,即斋沐往祷。祷毕,立渊西崖,久之,无所见(鱼或龟),乃弯弓注矢,祝曰:'天旱如此,吾为民致祷:神食兹土,其可不恤民!吾今与神约,三日必雨,不然,神恐不得祠于此也。'祝毕,连发三矢而归。后三日,大雨如注。上即乘雨诣祠谢。是岁滁大熟。"[3]

这些有关朱元璋的宗教兴趣与业绩的故事传说,可能在一些事实中混杂着更多的虚构,但它们都被朱元璋及其支持者们所批准并收入官方实录之中。朱元璋似乎怀有某些真正的宗教感情,而且他喜欢利用自己与道教有关的传说,以提高他的帝王的形象。这种传说在民众的想像中证实了他具有受命于天的身份。[4]

当他登基即位时,朱元璋的宗教兴趣并未中止。他邀请了许多宗教人士到宫廷中演示其仪式的超凡能力,而且他再三派遣使者去探寻隐世不出的高人张三丰(生卒时间不详)。根据传说,张已仙化,并随后在元末或明初再次复活。在他再生后,他曾在全国各地的许多圣地现身。几位皇帝都徒劳地想召他入宫,但有片断性的记录,记载了他曾现

---

① 杨启樵:《明代诸帝之崇尚方术书及其影响》,第 207 页。

② 陈学霖:《张中及其预言:一个明初道士传奇的传布》,载《远东》,第 20 卷,第 1 期(1973 年),第 77 页。

③ 陈学霖:《明太祖的崛起》,第 699 页;引自《太祖实录》,第 1 卷,第 14—15 页。另见阿尔文·P·科恩:《古代中国的雨神》,载《宗教史》,第 17 卷(1978 年),第 248 页。

④ 陈学霖:《明太祖的崛起》,第 708 页。

身为地方上的名士。[①]

由于明太祖致力于使其朝代的合法化,他热衷于让道教术士荣耀其宫廷,这似乎令人费解。然而,道士们,特别是那些隐姓埋名者如张三丰等人,现身于世却可以作为合法性的象征。这些隐世的高人,据信只愿意为一个神圣统治者的朝廷增色;他们的现身可以证明至高无上的君主的美德。道士们为统治者们提供合法性的能力,部分地可能反映了这一事实,即大量道教仪式具有比如保卫国家、避免灾难以及为统治者延年益寿之类的目的。换句话说,道教仪式承诺加强皇权和增进统治者的个人力量。除此之外,皇帝的登基冠冕仪式本身被模式化为一种古代的道教仪式。[②] 因此,儒家士大夫们有时指责皇帝们对道教的兴趣是私人的、自私的,而且对其统治能力来说,乃是一种威胁,但皇帝们却时常有着一种截然不同的观点。他们相信他们正在加强自己在全国维持秩序的能力,通过修道他们能成为强健而有能力的君主。

帝国仰赖道教的支持与仪式的帮助,这使对道教的控制体制表现出一个不同的方面。朝廷机构为著名道士在宫廷中担任长期的职位提供了合适的安排,而皇帝则把惯例的荣誉恩赐给所赏识的道士。参与帝国资助的道教工程,诸如编撰道教典籍《道藏》,成为更进一步的朝廷任命的一个基石。[③] 更有甚者,官方宫观的称号,为帝国对道教仪式的资助提供了合法性。在某些皇帝统治时期,全国各地的官方宫观被规定举行醮(净化和再生的仪式)与斋(静修),作为支持国家的仪式。因此,宗教制度有益于并改善了主流道教,即使它在防止边缘性的和潜在的颠覆活动时也是如此。

帝国对道教的兴趣,并未因明太祖的死亡而中止。他的儿子永乐

① 石秀娜(安娜·塞德尔):《明代的一位不朽道士张三丰》,载《明代思想中的自我与社会》,狄百瑞主编(纽约,1970 年),第 483—526 页。
② 石秀娜(安娜·塞德尔):《帝国财富与道教科仪:道教伪说的根源》,载《纪念 R. A. 斯坦因的密教和道教文集》,迈克尔·斯特里克曼编(布鲁塞尔,1983 年),下册,第 291—371 页,特别是第 291—301 页。
③ 陈国符:《道藏源流考》,第 188 页。

皇帝曾请求战争之神玄武派遣天兵天将在战场上帮助他。[①] 或许部分地出于这一助佑的态度,他诏令重修在湖北武当山的道观,对玄武神的崇拜之处即集中于此。他把武当山改称为太和山,以褒彰玄武神对维护国家和平的贡献。他证明这一慷慨大度的工程乃是正当的,部分地因为注意到明太祖也曾享有玄武神的保护。[②] 在重修道观的过程中,他依循着乃父的意愿,或者至少是与他父亲的情感是一致的。除此之外,据传说,武当山是在真人张三丰的宗教生涯中的一处重要道场。与他的父亲一样,永乐皇帝派遣了大批密使出去探访这位隐世高人,但都枉费心机。永乐皇帝对武当山费尽心机,也许是希望张三丰能够屈尊现身于此。[③]

这一宗教道场的恢复重建,需要难以计数的财力、物力和人力。对于这种大规模的工程需要监督,为此,永乐皇帝指派官员前往监理工程的进展,并安排其开支。即使在工程竣工后,他仍委派一名监工定期视察道观,并汇报有关所需的修补或材料。监管者监督着宫廷调拨给道观的香、油、一年一度的仪式日程所需要的特殊供应和提供给常住道士的食物。尽管监管者的位置,一般是为退休官员们所提供的闲差,但这种监管机构却成了政治战场,当时永乐皇帝开始安排太监,而不是文官担任这一职务。[④] 监管者职位之争,反映了文职官僚机构围绕着道教所展开的政治冲突的格局。

儒家士大夫们经常上疏,反对在道教仪式和道观上铺张浪费,特别是在增加国防开支和削减财政二者造成国库紧张时更是如此。然而,当皇帝们请太监掌管道教事务时,儒家对道教挥霍无度的反对意见再度升级。挥霍不仅削弱了文官机构的权力及其对支出的控制,而且它还导致了皇帝无法从儒家士大夫们那里取得建议及影响。在明代的许多时期,文官们难以与皇帝取得沟通。出于两个原因,皇帝们宁愿生活

---

① 杨启樵:《明代诸帝之崇尚方术书及其影响》,第 218 页。
② 间野潜龙:《明代文化史研究》(京都,1979 年),第 366 页。
③ 间野潜龙:《明代文化史研究》,第 341—343 页。
④ 间野潜龙:《明代文化史研究》,第 347—358 页。

在深宫。首先,他们不必面对儒家对其宗教活动的无休无止的抗议,他们愿意享受对内宫的更直接而亲自的控制。从皇帝的观点来看,这种安排简直便利之至。就太监的立场来说,他们欢迎这一额外的职责,因为对道观的监管扩大了他们在皇宫的高墙之外的影响,并使他们从帝国国库取得巨大的收入和奖赏。这种重要的工程不仅提高了他们的权力,而且还为自己提供了聚积财富的机会。[①] 由于永乐皇帝有责任对在武当山的道观提供物质与财政的保障,监管者有权与当地武官共同工作,偶尔还代掌武官的权力。这个职责因而也可用于揽权和影响该地区。

永乐皇帝对道观和机构设置的支持,或许有着宗教的动机,因为据称他对道教具有一种深切的个人信仰。根据一种说法,他曾见到一位骑着仙鹤的道士自云端而降。这一插曲,几乎可以断定是杜撰的[②],但它却代表了有关帝室的普遍感受,或者也许是帝室的普遍愿望。为庆祝皇帝家庭成员们的生日,永乐皇帝出资修造道观。然而,他的宗教的慷慨大度,既有利于佛教,也有利于道教;像许多统治者那样,他注意在宗教信仰或赞助上不要过于偏心。

明代帝室对道教宫观和仪式的赞助的模式,实际上每一个皇帝统治时期都重复出现。不过,帝室参与道教活动的最具戏剧性的例子出现于嘉靖皇帝年间(1522—1566 年在位)。在他统治的初期,这位皇帝取缔了许多宗教机构,削减了 350 名官员。他的官员们力图限制道观与仪式的开支。[③]

然而,一次与死亡擦肩而过之事给嘉靖皇帝留下了对其死亡的恐惧的深刻印象。道士们,以其延年益寿的许诺,从此取得了皇帝的支持。他变得非常感兴趣于长生不老之灵药,包括延年益寿的房中术的修行,据称它对全面保持精力和生育能力都有所裨益。据传,道士把许

---

① 间野潜龙:《明代文化史研究》,第 356—357 页。
② 杨启樵:《明代诸帝之崇尚方术书及其影响》,第 223—224 页,表明这一插曲乃是基于一种更早的传说。
③ 杨启樵:《明代诸帝之崇尚方术书及其影响》,第 251—252 页。

多青春期少女带进皇宫,以便帮助皇上修炼这些道术。[①]

为了学习道教长生不老的秘术,嘉靖皇帝求助于道教顾问。邵元节(1459—1539年)以其在医药及延年益寿的房中术方面的专长而得到了皇帝的推崇。邵为江西人,既接受过在江西龙虎山上的天师道传统的训练,同时也受到过茅山道教的上清仪轨的训练。他的学道经历,再次证实了明代时期天师道和茅山道之间的密切关联。除了处理皇帝的医药难题,邵还被派往在皇宫附近的许多道观操办道教斋仪。在1533年,他被归功于帮助皇帝和皇后受胎并生了一位儿子。皇帝在赐给邵的奖赏时是慷慨大方的。皇帝为邵修建了一座巨宅,赐给他大量礼物和头衔称号。当朝臣们对他垂青邵元节而提出批评时,皇帝则进行反驳,他在一道诏书中宣称,邵氏以其道术帮助了国家。[②]

嘉靖皇帝的另一位重要道教顾问是陶仲文(1481—1560年)。陶起初曾是一个衙门的胥吏,曾获得了一些撰写道教符咒和祈祷请愿词的专长。[③] 他帮助邵元节用法术驱逐了皇宫地基的一个妖怪,由此得以作为一个道士而出入于皇宫。他的法术不久就使他赢得了皇帝的信任。他的仪式被认为是非常有成效的;据传说,他曾用法术缴获蒙古人的刀枪而使他们陷于困境。他的成功获得了慷慨的奖赏。他被赐予全国道教的最高的道士的头衔:道录司左承,并随后被赐给贵族的头衔。·1546年,据称他邀请了24000名信众到京城,度他们为道士。如果说张三丰是明代时期最受人欢迎的道士,那么,陶仲文则是在皇帝中最为成功的道士。

官方的历史材料哀叹陶氏对皇帝的影响,并时常渲染其活动的玄秘和耸人听闻的方面。民间材料则歪曲真相,其方式是暗示乃至虚构出法术和超自然的能力。然而,通过对这些偏见的调整,人们就可以发现多少有些不同的图景。面对着其身体虚弱与死亡,皇帝转向道士以

---

① 柳存仁:《陶仲文》,见《明人传记辞典》,第1266—1268页,特别是第1268页;对于嘉靖皇帝与道教修行之间的关系,参见《剑桥中国史》,第7卷,第479—482页。

② 杨启樵:《明代诸帝之崇尚方术书及其影响》,第262页。

③ 柳存仁:《陶仲文》,见《明人传记辞典》,第1266页。

寻求药物上的帮助,正如全中国数以百万的人的所作所为。道士们以治病和长生术、房中术及其他方面的专长而著称于世。如果皇帝对道士的反应上有别于其他人,这是由于他拥有更多的财富和更大的权力。皇帝对道教医药和治疗科仪有效性的信念容易使他相信其他道教科仪的潜在能力。大多数道教科仪毕竟都是基于同一的结构模式,无论它们的目的是为了治病、驱除皇宫地基上的妖魔,还是为了阻止野蛮人的入侵并摧毁国家。所有的仪式的原则都是召集正义的神的力量以彻底击败妖魔的力量。因此,如果道士们能够医治身体的疾病,那么,皇帝也可能相信他们也能治好政体上的疾病。道士们自然会激起皇帝们的信任。自唐代以来,许多类型的醮(净化与复活的仪式)仪都曾被用于延长皇帝及其子孙的寿命,并用于维持国家的安全与和平。①

儒家士大夫和历史学家们总是指责皇帝对道士们的过分轻信。然而,实际情形却复杂得多。首先,自汉代以来就存在着一个由来已久的传统,即利用道教科仪为帝国统治服务。道士们可以援引大量的历史先例,用以支持他们在朝廷使用醮斋科仪。虽然道教在儒家的文献中时常被诬蔑为反体制的,但在事实上,许多道教科仪的专家却被认定为可以满足朝廷的主要关心:维持人民的健康和繁荣。其次,举行道教科仪具有政治上的价值,因为它们充当着朝廷关心百姓生活福利的象征。通过在国家捐资的道观中安排常规的醮斋科仪,朝廷以一种被普遍认同与信赖的象征形式,展示其对国家和平与繁荣的希望。换言之,广大民众都响应这些仪式的意义。因为醮仪在明代的普通百姓中更受人们的欢迎,它们在宫廷中就更为流行。②

通过与朝廷支持的儒家村讲仪式的惨败相比较,道教仪式的象征价值或许可能得到最彻底的了解。这些村讲仪式由明太祖所创建,旨在明代社会各阶层中培养合适的儒家价值。村讲运用道德圣人的典范,并提供恶人的必然下场的例子,用以强调这些价值;仪式将包括公开褒扬当地社区内的道德典范。这些礼仪一般都完全不能改变民间的

① 刘枝万:《中国道教的祭祀和信仰》(东京,1983 年),上册,第 442—453 页。
② 刘枝万:《中国道教的祭祀和信仰》,第 455 页。

想像,它们的实际执行遭到严重失败。[1] 相反地,道教的仪式与民众宗教的象征性的体系之间,则具有一种更有机的关联。尽管包括了庄严的象征仪式的醮斋仪规,缺乏民间仪式的激情和生命力,但它们的实际奉行却总是包括更加大众化的公众仪式。[2] 换句话说,道教徒在几个世纪中学到了要全社会参与宗教活动,就需要在展示和表现中证明公众的想像。

第三个方面缓和了把帝国相信道教说成是简单地上当受骗的斥责,这一事实就是皇帝们,与其他中国人一样,需要从其宗教顾问中得到可见的结果。皇帝们也许慷慨大度地赏赐给那些似乎具有非凡的仪式上的或者魔幻般的超凡能力的道士,但他们在对那些失败者的惩处时,是同样果断和严厉的。即使年轻的朱元璋在他怀疑道士过分夸大其能力时,也检验他们。他曾把周颠仙关在小屋达 23 天之久,为了检验周声称他可以没有食物而活一个月;同一个周颠仙,当他宣称具有浮身术时,朱元璋就下令把周颠仙扔进一条河中。[3]

尽管这些处置方法部分地反映了许多明代皇帝追求并实行的膨胀了的个人权力,但这也是中国人对神灵的一种扩大了的,或者说是夸大了的强烈的实用主义态度。中国人崇敬那些在回应祈求者愿望时看起来具有能力或灵验的神祇。对神明的回应,祈求者则报之以供奉,或者是某些为之效劳的誓词。但一个神明在回应祈求者时如果一再失灵,除了导致信仰危机外,还有其他后果:神明经常被遗弃,人们转而支持其他似乎更具威力的神明,失灵的神偶尔会受胁迫或采取一种更合作的态度。[4] 如同对待神明的态度,对待术士,特别是那些宣称具有超凡

---

① 维克多·M. 梅尔:《在〈圣训〉的撰著推广中的语言与意识形态》,见《晚期中华帝国的民间文化》,戴维·约翰逊、安德鲁·J. 内森和埃维林·S. 罗斯基编(伯克利,1985 年),第 352—353 页,及萧公权《19 世纪中华帝国对农村的控制》(西雅图,1960 年),第 185—205 页。尽管梅尔和萧二人都引用了 19 世纪训诫的实例,但明代训诫体制的失败,却在酒井忠夫的《中国善书的研究》(东京,1960 年)中受到关注,第 34—55 页。

② 参见如迈克尔·R. 萨索:《道教和斋仪》(普尔曼,华盛顿,1972 年)。

③ 陈学霖:《明太祖的崛起》,第 702 页;引自《太祖实录》,第 299 卷,第 3348—3350 页。关于处决一名道士的例子,参见杨启樵:《明代诸帝之崇尚术书及其影响》,第 252 页。

④ 阿尔文·科恩:《祈求雨神》,第 244—265 页。

法术的术士的态度也是如此。

永乐和嘉靖两位皇帝或许曾为诸如有才能的邵元节和陶仲文之类的道士提供了非同寻常的机会，但这条致富之路却布满了荆棘。一步失误，就可能是致命的。为了成功，一个道士就必须不仅是成为一位道术上的大师，而且还必须是一位灌输信仰与信心的大师。他必须真正确信其能力。

儒家士大夫们为道士们的成功而惴惴不安，主要原因是这妨碍了他们接近皇帝，并阻止了他们履行作为进谏者的职责。嘉靖皇帝统治期间，以其最极端的形式例证了这个问题。嘉靖皇帝对于官员们对其道士顾问邵和陶的批评感到厌烦，他使好几位抨击其精神顾问的官员遭到了严厉惩处。情形最终变得如此激化，以至于皇帝开始视接受道教思想为检验每位官员忠诚与否的试金石：他使道教实际上成为一种国家的正统。只有那些表示对道教同情并积极理解道教的官员，才能取得他的信任。[①] 他特别垂青于那些可以为他撰写青词的官员们；青词是在道教仪式中所使用的辞藻华丽和技巧性的仪式祈愿文。夏言（1482—1548 年）和严嵩（1480—1565 年），都通过这种方式取得了皇帝对他们的宠信，并最终被赐予大权而权倾一时。两人都升为礼部尚书，并同掌首席大学士的职责。[②] 如此一来，嘉靖皇帝对于道教的偏好，使得他与文职官僚之间的关系趋于紧张，并削弱了儒家圣贤政治的价值观。

道教在宫廷中的作用，既反映同时也影响到道教在明代社会其他阶层中的作用。显而易见，在官方组织下修建道教宫观，为皇帝、国家、地方祈庆而举行一年一度的仪式，这就把官僚机构引入到道教活动之中。地方官吏或者他们所信任的使者，被指望代表国家，以确保仪式被恰当地举行。但这种朝廷代表的出现，却为道教仪式增加了光彩和威

---

① 杨启樵：《明代诸帝之崇尚方术书及其影响》，第 261—272 页。

② 奚孙凝芝：《夏言》条，《明人传记辞典》，第 527—531 页；苏均炜：《严嵩》条，《明人传记辞典》，第 1586—1591 页。另外参见牟复礼和崔瑞德主编：《剑桥中国史》，第 7 卷，第 479—485 页，以及《道教对明代新儒家精英的浸透》，收于柳存仁《和风堂文选》（莱顿，1976年），第 51—69 页。

望,并吸引了渴望在其同侪和在地方官吏眼中提高其地位的地方家庭的赞助。

在重建或修复道教宫观的帝国工程中参与监管的地方官吏们,都得到了充分的奖赏。① 鉴于皇帝对重修宫观的兴趣,地方官吏们时常自发地去资助修复和更新道观。例如,在 1486 年,一位名叫吴淑(约1475 年?)的地方官,扩建了西山上的一座净明道观。② 地方志中收录了这种慷慨解囊的大量实例。一座地方道观的修复对于一名地方官来说,通常是一个好差事。它表明积极地建立与地方的融洽关系的动机和行为,这反过来将可以增加官员的政绩。诸如此类的善举,与提高征税效率,加强地方治安,以及纠正存在已久的腐败现象相比,就不会有那么多的政治风险。在所有这些例子中,根深蒂固的地方利益很可能不满于左右地区政治经济的任何企图。鉴于明朝地方行政体制,地方官员与当地百姓之间存在着结构性的距离。根据回避制的原则,地方官员不仅仅是这个地区的一名外来者,而且他还被职业化的小官吏如胥吏、差役、录事等人所包围,这些人就其职责而言都处于与地方百姓相对立的地位。③ 因此,资助修建一座地方道观乃是一种巧妙的手段,通过这种手段一位地方官员可以避开由其官职所施加的限制,而直接与当地社区的福利相联系。

与皇帝一样,每当遇到自然灾害或危机关头,地方官员们也都转向道教徒以寻求帮助。例如,刘渊然(1351—1432 年)在一位地方官员恳请求雨时首次出现于公众记录中。他后来被请求为丰收祈祷。④ 这类需求在传统中国有着漫长的历史。地方官员面对自然或人为的灾难时,感到有责任去做一些事情,但对于这些难题,却通常没有官僚体制的解决方法。公众仪式为表达关切提供了一种方式:去做一些显而易见的事情。更进一步地说,这种仪式把民众期望的压力从地方世俗的

---

① 间野潜龙:《明代文化史研究》,第 378 页。
② 秋月观映:《中国近世道教的形成》,第 53 页。
③ 约翰·R. 瓦特:《衙门与城镇管理》,见《晚期中华帝国的城市》,施坚雅编(斯坦福,1977年),第 353—390 页。
④ 秋月观映:《中国近世道教的形成》,第 159 页。

官僚转向天上的官员：谋事在人，成事在天。

如此一来，尽管明代政府偶尔试图使地方宗教皈依于一种由礼部所规定的严格正统的礼仪结构，[1]但在事实上，由来已久的地方习俗，以及到明代中期时宫廷中道教仪式的发展，[2]却已改变了这些努力的朝向，以至于官员们在支持地方道教仪式中开始合作。

明代时期，重建道观和资助道教仪式，当然绝非只是宫廷和地方官吏们的事。绝大多数宗教活动很可能在地方上都得到了支持。然而，一浪高过一浪的虔敬的原动力，在结构上类似于那些在明代社会中最高阶层所出现的那些情形。下面的例子，也许足以说明明代期间宗教复兴的过程。

在广东省广州府南海县，有一座祀奉战神玄武的庙宇。1449年，这座庙宇由一个当地家族扩大并重修，以表达对战神的感激之情，他们相信战神曾保佑他们免遭敌手。此后，该地被建立了他们自身政权的暴乱者所征服并占领。抵抗者们聚集在玄武庙，并从这里他们发动了一场游击战的袭击，刺杀了22名暴乱者的头目。愤怒的暴乱者对玄武庙进行了围攻。困在庙中的忠君者祈求战神的解救。就在围困期间，一大群海鸟和像云一样密集的大批昆虫造成了如此之大的恐慌，致使暴乱者四处溃逃。皇帝闻知为了帝国事业的这一神的干涉后，把玄武庙改名为灵应观。1513年，在帝国经费的资助下，全部建筑被再次扩建和重修。[3]

灵应观的复建，充分说明了宗教复兴由地方开始，尽管在这个例子中，战神施恩的特性，使庙观最终取得了帝国的认可。然而，许多庙观的支持，仍继续以地方为基础。庙观中的僧道，建造了渡口，吸引当地商人参加他们的庙观集市和节日，从而鼓励他们利用这些机会开设专门的市场。商人们则捐赠香、油和寺观的其他生活必需品，以报答所取得的实惠。当地的村民则贡献其土地，为寺观提供一种经济基础的支持。大多数捐赠物，都是由中层农民捐献的小量物品，而不是富有的地主的大宗

---

① 间野潜龙：《明代文化史研究》，第378页。
② 刘枝万：《中国道教的祭祀与礼仪》，第26页。
③ 间野潜龙：《明代文化史研究》，第383—388页。

捐献。因此，并不依赖几个大家庭的支持，这座庙观建立了一种广泛的赞助基础。[1] 正是这座庙观在提供地方保护与安全，以及在从暴乱者手中解救该地区中的作用，加快了这种慷慨行为的倾注和信仰的高涨。后者在地方仪式中得以表达和庆祝，其中包括一场玄武神坐在轿中穿村越镇的每年一度的游行庆典。当地的信仰者认为，那些轮流抬轿者，都将会时来运转。[2]

即使民众对玄武神的反应是热情洋溢的，但这在任何特殊的意义下并不表明是道教的活动。在此，道教活动与民俗宗教及其习俗相混合。尽管如此，仍有理由把这座庙观与道教联系起来，因为祀奉玄武神的灵应观，在明代宗教体制中被注册登记为一座道观。玄武神的崇拜以武当山为中心。从永乐皇帝开始，有数位明朝皇帝对这座山进行慷慨大度的帝国资助，在朝廷的资助下，安置了大量有度牒的道士以维持常规的道教仪式，并修习了武当派道教。武当道派尤其擅长于延年益寿的房中术，以及武艺和静坐术。因此，一个道教的宗教团体和道派，逐渐与玄武神的崇拜相联系。广东的灵应观则成为这种崇拜的一个支流。然而，在俗家民众的心目中，灵应观的意义源自于战神在其日常生活中的超自然的帮助。在他们的眼中，战神的解救众生的能力就代表着道教。

与此相类似，拥有某种能力或特性的个体，同样逐渐被认为与道教相关联，他们在明代民众或俗人的想像中符合传统的悟性，并具体体现了道教。这些形形色色的人物，通常出现于虚构的传说和戏剧中，同时也出现在明代装饰艺术中的画卷和花瓶上。他们全都超凡脱俗、性情怪僻，稍有些痴狂。他们中许多人是相面或解梦，和对行事方式愚昧无知的人提出警告的算命人。他们据信都能够无拘无束地进入梦境或精神世界，能够传递音讯，或者与恶魔决斗。他们是提供药水、药丸的治病者，或者能行法治病和强身。例如，在《金瓶梅》的结尾处，孙月梅被迫放弃了她的儿子，这实际

---

[1]　间野潜龙：《明代文化史研究》，第389—391页。
[2]　间野潜龙：《明代文化史研究》，第393页。

上是她所留下的一切，因为她在数年前曾答应把他送给普静，一个既佛亦道的僧人，以取得庇护。[①] 此外，西门庆最终害了他自己，因为在一位道士所提供的壮阳药的刺激下，他过度地纵欲；他服用了道士们的壮阳药，却没有注意他们要他改变作风的警告。

这些道教人物，在虚构中如同在现实生活中一样，与普通人全然不同。他们似乎都是没有根基的人。如果他们与一座公认的道观或修道组织有联系，那么这种事实就极少在对他们的描写中有所叙述。在性格特征上所认为的道士的部分本性是飘移不定的，他们自由自在，不受传统习俗的拘束，很像庄子曾描绘他自己的那样。对于这些怪僻人物，很少找到简短的、圣徒传记式的描写，除非他们恰巧与一位皇帝或某些其他著名的历史人物有所关联。例如，对周颠仙曾有一个简短的描述，就是由于明太祖下诏为他撰写了一篇墓志铭。它这样开始写道：

> 颠仙，姓周，不知其名，自言建昌人。身长壮，貌奇崛，举止不类常人。年十余岁，病癫。常操一瓢入南昌(江西)，乞食于市。久之，到临川。未几复还南昌。日施力于人，夜卧闲簷间，祁寒暑雨自若。尝趋省府曰：'告太平。'人皆异其言，遂呼为颠仙。不数年，天下果乱。……颠仙隐迹不见。[②]

宋濂，明太祖的一位顾问，在皇帝的批注和回忆以及他本人记忆的基础上，撰写了一篇张铁冠的传记。他说，张中是一位失意的儒家学者，曾特别致力于对《春秋》的研究。在他科举不第后，遂纵情于山水，并曾在某地随一位神异之人学习。他经常为朱元璋提供预言，但一般来说有坚持他的意见的声誉。宋濂写道："(张中)为人狷介，寡与人言。"宋濂还提到："濂数与(张)中游，见其人类阳狂玩世者。与之语，稍

---

① 《〈金瓶梅〉：西门及其六位妻妾的传奇故事》，弗郎兹·库恩译；伯恩哈特·密尔英译本，阿瑟·韦利序(伦敦，1939 年，1942 年；1960 年纽约重印)，第 853 页以下。在传奇小说与戏剧中，道士和佛教僧人之间的差异，通常被描绘得实际上似乎难以区别。

② 陈学霖：《明太祖的崛起》，第 701 页。引自《太祖实灵》，第 3348 页。

涉伦理,辄乱以他言,人莫测其故。"①宋濂认为有必要记录张中的预言,以考察其中有多少预言被证明是真实的。

我们还幸运地有一份对一位名声稍逊的道士卓晚春(生卒时间不详)的相对完整的描述,他与年轻时的林兆恩(1517—1598年)是道友。林兆恩是福建莆田的一个富有家庭的书香子弟,他放弃了举业,并经历了一段时间的宗教探索后,最终找到了儒、释、道三教的综合宗教(三一教)。在其有关早年生活的撰述中,林给我们留下了一篇卓晚春的记载,如果没有他与林兆恩之间的关系,卓的生平可能仍是隐晦不明的。

卓氏符合于无拘无束、不关心世俗现象的非物质主义的道士的通俗感性形象。他无视于其个人的形象,跣足而行,衣衫不整,毫不注意对待贫富的礼仪规矩。他以乞食为生,并为竞相款待他的当地权贵们看相算命。通过为林解释一个梦的意义,他开始确立了与林之间的关系。尽管受到了当地权贵们的欢迎,但据林所述,卓氏却毫不留恋物质生活:"无升斗之储,人或邀之,而少拂其意;虽琼筵珍馐,亦不愿往;无分厘之资,每得于人者,辄以施人。"②

在以全真教南宗的道教修炼方法教导年轻的林兆恩中,卓晚春起了重要的作用。但在所记载的两人之间的对话中,卓对探询的答复,却被描写为令人迷惑而隐晦难明。这也许反映了卓氏确信道教教义必须是秘传的观点,只有当学习者精神上有准备时,教义才能逐渐地展现;这也可能是在文本中的一种安排,用以提高林兆恩在道教问题上的权威和洞识;或者这只是反映了卓氏不喜欢被人推举为导师的角色。总之,没有任何迹象表明,卓氏有正式的弟子,或者留有他本人思想的记录。就像庄子传统中的一位道士,他避免引人注目,不受声名之累。

在明代中国,可能出现过成百上千个卓晚春之类的道士。这类道教神奇人物,受过一个或更多的道教宗派的训练,但他们既不愿意也无

---

① 陈学霖:《张中及其预言》,第68—72页;宋濂的传记,见于《宋学士文集》(四部丛刊本),第9卷,第4a页。

② 朱迪思·A. 伯林:《林兆恩的三合一宗教》(纽约,1980年),第65页。引自《寱言录》第1卷,第1ab页,见王贞冈编《林子禅集》,林兆珂于1606年所撰的序言,第20卷。

能力成为伟大的导师。这些人传播着他们的仪式技巧，及其精神性的洞察，以适当的方式换取一种能过得去的生活，从而使他们可以继续过着一种宗教的生活。

就通俗性而言，俗家道教容易与当地的民俗传统相混合。这一点也与民俗佛教有着惊人的相似之处。醮斋两种科仪，构成了明代道教仪式实践的核心，并具有许多功用，但二者在民众的层次上，都占有主导地位。首先，它们通常被用于避免自然灾害；其次，它们常被用于抚慰或帮助死者的灵魂。[1] 第一种功能与第二种功能绝非毫不相干，因为中国人相信，自然灾难就是由饥饿、烦躁和愤怒的鬼，即未得安宁的死人所引起的。诸如施食饿鬼之类的佛教民俗仪式有着同样的基本目的。然而，佛教的仪式从未使道教仪式黯然失色；这部分地因为在中国人的心目中，道教神祇最直接地参与了道德报应的系统，这种系统包括了神祇与人类王国的真正合一。道教的天宫，在玉皇大帝或上帝的统领下，乃是人间朝廷的审判体制的一种延伸。因此，当被人问到，既然佛教仪式显然拥有更大的优势，但对于死者来说，为什么道教仪式仍是必不可少的，唐代一位军事将领李约的妻子对此回答说："佛门功德不从上帝所命，不得天符指挥，只似世间人情请托嘱致而已，鬼神无所遵弃，得力极迟。虽云来世他生，亦恐难得其效。"[2]

换言之，佛教的业报法则，仅仅是作为完全基于人类行为的道德报应的一种模式，缺少在人类行为背后的天的力量，而且运作过于缓慢，只在多少有些模棱两可的未来生活中影响人。道教的善恶报应观，则运作得更为快捷，而且是根据整个中国社会都相同的公平的原则。

俗家民众对明代道教的理解在一部晚明小说中得到了描述，其内容涉及对儒、佛、道三种精英传统的需要以便更有效地教化粗俗的世俗民众。《三教开迷归正演义》，刊行于 1612 年至 1620 年之间，由一位地

① 刘枝万：《中国道教的祭祀与信仰》，第 402—409、428 页。

② 刘枝万：《中国道教的祭祀与信仰》，第 419 页。引自《道教灵验记》，第 15 卷，第 10b 页，《道藏》，第 326 册。

方上的武将潘镜若(生卒时间不详)为生活在城镇和中产阶层的人士所撰。[①] 在小说中,三教的代表人物在负责教化崇正里的百姓中,表现得非常拙劣。在随之而起的喧哗中,受骗上当的万灵,偶然地从属于地狱的阴间中被释放出来。这些邪恶的幽灵,在人世间到处游荡,迷惑具有人类的弱点的不幸的牺牲品。它们夸大牺牲品的缺陷和幻觉,并把他们转变为它们自身扭曲的形象。

三教的代表人物运用奇异的知识,帮助这些受骗的牺牲品明白他们行为的错误,并回归到正确的道路。儒家特别运用逻辑的说服力,求助于中国社会的传统。然而,儒生得到"神力"(即道教)的帮助,道教的能力在于行施法术,"精力"可以进入并制造受害者的梦境,并让他们看到其行为的长期后果。它可以召唤神将们前来帮助与妖魔鬼怪交战,这些有精神魔力的妖怪严重地误用其魔力,给人们制造不幸和伤害。小说声称,道教(和佛教,就此而言)的精神性帮助,尽管看起来并不十分适合于一个严厉的儒者,但有益于儒家之道。三教中的儒家代表作了如下的阐释:我们儒家确立了古代生活和人类生活关系的不变的准则,但是由于儒家的真心诚意之道未能改变人世间的每一个缺点,因此佛教和道教提供了帮助我们的某些准则。[②]

《三教开迷归正演义》给道教在明代的宗教经济中的作用,提供了一条重要的线索。道教在明代社会中之所以成功的部分秘密,正是由于它被许多人看作支持并促进了儒家的各种价值观,而不是削弱它们。明代道教的主流,是在当时的道德善书中所阐释的综合信仰体系的一个组成部分。

尽管善书的起源可以追溯到宋代,但到了明代时期,这些善书及其相关的实践,已成为世俗宗教活动的一个重要部分。明代皇室的成员们刊印并分送了大量善书,用以开导中国百姓。[③] 这些善书,如同名声

---

① 沢田瑞穂:《三教思想与平话小说》,第16卷(1960年),第37—39页,及其《佛教与中国文化》(东京,1975年),第163—167页。另见 A. 伯林:《宗教与民俗文化:〈三教演义〉中的道德资本的管理》,收于《晚期中华帝国的大众文化》,第188—218页。
② 潘镜若:《三教开迷归正演义》(藏于天利大学图书馆,约1612年版),第13卷,第35a页。
③ 酒井忠夫:《中国善书的研究》,第1章。

不佳的村讲那样，以道德典范与邪恶不法的恶人故事传说阐释其价值观。

最早的道德善书是功过格，由天上的神祇持以公正地执行上天对罪恶者和德行者的赏罚。那些在阳间未能得到奖善惩恶报应的人，终将受到神的奖赏，或者是恶魔的惩罚。在这些早期的道德善书中，宗教的或者是孝道的价值观取代了社会德行，并有忏悔或赦免的仪式以减轻罪恶的重负。一个人作出道德誓言，在很大程度上是作为与诸神所订立的契约，以便积德而获得祝福和奖赏。

然而，到了明代时期，功过格体系已演变成为独立于精神世界的东西。这些功过格，首先关注的是日常生活中的德行，并强调个体在日常生活中的社会和经济的责任。商人的德行、农夫的德行、官员的德行、父亲的德行，如此等等，都被一一制订出来。个体保持他或她自身优劣的记录，并运用功过格作为道德自我发展的一种指导。到此时，这种功过格已成为道德自我完善的实践手册和行善的记录。

《三教开迷归正演义》表达了明代善书的精神心态。尽管它不时地谈到人们在精神世界曾所取得的道德奖赏的记载，但小说的关注点却并不在于一个人在阴间的命运，或者是在来世的转生。在这部小说中，善恶报应在一个人的亲戚、同辈和邻居们的反应中最明显地表现出来。那些行为不诚实、自私自利或者是贪婪成性的人，必定面临着他的家人或友人们的愤慨与蔑视。此外，小说不时地告诫说，没有家庭与邻居们的和谐支持，一个人从长期看不可能在中国社会中成功发达。在一个以关系为基础的社会中，自我中心的人生态度，将不可避免地受到孤立并对个人有害。那些或多或少想方设法度过他们一生，却没有为他们的过错付出过代价的人，将为其后代留下一种不可承受的生活，因为他们的子孙们将不得不生活并劳作在由其双亲的过错所恶意编织的网中。因此，在这部小说中的道德报应完全是世俗的。这种道德报应根植于中国社会结构之中，而不是基于对在神主持的正义关系中的个体灵魂命运的关切。

在明代的善书中，以及《三教开迷归正演义》中，都存在着一种十分实用的、非神话化的宗教观的暗示，这极可能是出现成长中的城市各阶级的暗示。这一新型的观点，证实了传统中的由来已久的价值观，但理解并实行它们所根据的却是自然主义的或社会的准则，而不是根据超自然的公正。

由于善书与功过格都是明代所有宗教传统的一个组成部分，因此，在涉及到这种宗教心态中，难以分辨出儒家、道教和佛教的因素。善书乃是明代折中主义的具体证明：视儒、释、道三教为引向同一个目标的一种趋势。[①] 明太祖本人为这一宗教趋势提供了最初的动力。在其有关三教的论述中，他认为，那些认为佛、道二教有害于国家和煽动民众而批评佛教与道教的人是错误的。他说，儒家是显明的德行之道，而道教和佛教则是隐藏着的德行之道，可以暗助王道。[②] 儒、释、道三教共同构成了天道。

明太祖宣称儒、释、道三教和谐相处的部分动机，是为了使其朝廷从主流的佛教和道教中取得更多的支持，但其论述却依然在帝国秩序中给佛教与道教以明确而公开的合法地位。而且，他的思想似乎再次强调了一种更广泛的社会趋势，即认为三大主流宗教是相互补充的。如果说，中国人几乎总是把儒家的准则与某些佛教或道教的学说在其个人生活中相互结合起来，那么，在明代时期，他们则以异乎寻常的信心做到了。由于佛教居士以及具有一定影响的道教支派都热衷于将其教义与修持整合入处于儒家核心的规训与价值之中，而做到这点则是可能的。一旦佛教与道教把儒家价值观接纳为其宗教修持的中心，那么三教整合的主要障碍也就得以清除了。

道教参与三教关系的和谐共处，在明代最活跃的道教支派净明忠孝道中或许得到了最清楚的说明。净明道不仅是明代道教中最为别具一格的典型，而且还可用来阐明上面所讨论的道教的不同支派与不同层次的关联性。

---

① 酒井忠夫：《中国善书的研究》，特别是第 3 章。
② A. 伯林：《林兆恩的三合一宗教》，第 46—47 页。明太祖的文章，收录于《御制文集》（1627 年），第 1 卷，重刊于《金陵梵刹志》，葛寅亮编（南京，1672 年；影印本，南京，1936 年）。

净明道传统,可以追溯到六朝时期许逊的生活时代。作为一名地方官,以及一名统治者的顾问,许逊通过运用神术帮助百姓,并在逆境中挽救了他们,因而受人注目。他代表着受难者和遭受危险的人的利益的突出行为,感动了他的精神威力的受惠者,他们在江西南昌附近的西山,为他建立了一座神圣的道场。在这座圣山上,他的道教修持得以实践。这些道术,都以所谓的孝道密法为中心。这些仪式使用道教道术和超精神的能力,以培养达到一种精神永恒的境界。[1] 虽然这个宗教组织随着时间的流逝而衰落,但它却在隋代及唐初,由胡慧超(卒于703年)所恢复。由于胡的努力,西山附近的当地百姓了解了许逊的法力,并推崇他的遗产。

在南宋时期,大约在1131年,西山地区落入反宋的暴民之手,广大民众遭受战乱之苦。在此危急时刻,民众忘却了阶级与宗派对立:人民团结一致抵抗共同的敌人。在此期间,何真公(盛年期1128年),净明道派的一位近世导师,为百姓的平安而祈求。他从许逊那里得到了有关抚慰百姓的科仪的启示。从此以后,净明道传统成为十分民族主义的传统,强调把对国家忠诚,对父母、长辈和上级孝敬和尊重的儒家价值,作为其教义的真正核心。不同于全真道及其他南宋时期新兴的道教宗派,儒家美德并非是一种事后才想起的东西,而是净明道传统的真正核心。[2]

1171年,在何的启示后40年,出现了一种功过格,它似乎已以净明道为修炼中心。[3] 虽然这种形式并非只围绕着净与明、忠与孝的美德而被明确地构成,但它依然强调与宋代后期发展起来的这一传统保持一致。它鼓励支持朝廷的实际行动,是体现在何真公所提示的仪式中的爱国主义和强烈的孝道感的一种自然产物。这种功过格类似于更早些时候由太上老君所启示的《太上灵宝净明洞神上品经》,太上老君

---

[1]　秋月观映:《中国近世道教的形成》,第248—249页。

[2]　秋月观映:《中国近世道教的形成》,第4—5章。

[3]　秋月观映:《中国近世道教的形成》,第195页以下。秋月记载了酒井忠夫与吉冈义丰之间的一场论战,争论内容是这一文本是否就是道教的净明道传统。

是老子的一种神化形式，他作启示是因为他的孩子（即世人）放松了基本的价值。神祇的目的在神的誓言中显示出来，在于提供一种正确的行为指南，并引导人们回归到真正的道。[①]

在元初时期，刘玉（1283—1301 年，一说为 1257—1308 年）重新界定了这一运动，并称之为净明忠孝道。运动的核心是确立道德报应由天的法则所掌管这一前提。除非人们重新正确地履行忠孝之道，由此净化其生命能量，并纯化其心灵，否则他们就将继续遭受疾病和灾难之苦。尽管刘玉否认任何人都能够因他或她的道德过失而得到宽恕，也否认能通过法术或诸神的神圣干预而获得完全的拯救，但他确实坚持主张儒家在提升道德生活方面是毫无成效的，因为他们忽视了人类精神及其与天的联系的内在作用。他坚持，人类必须认识到上天对他们的精神状态的警告，以便面对他们处事方式的错误。自我欺骗是十分容易的，但一个人却决不可能欺骗上天。道术仪式之需要是为了促使忠诚的反省，激励真正的转化。[②] 黄元吉（1270—1324 年）肯定是净明道著述的编纂者，也是刘玉的弟子。他同样把太一的教义和真大道的学说吸收到净明道中，同样使其教义与儒家价值协调一致。[③]

因此，甚至在明代以前，净明道就有了一种广泛的兼容态度，在其自身中吸纳诸多不同的道教支派与宗派。而且，如上所述，在西山，主流道教的所有形式，实际上都在和谐地实修，很少有甚至没有与道教的其他形式相对立的证据。除此之外，考虑到其与众不同的历史，净明道坚决地肯定基本的各种儒家价值观，既通过伦理行为，也通过仪式法术，致力于用它们来支持国家。

净明道的特征之一是从一开始就肯定社会价值观，并抛弃道教中的避世主义倾向。许逊本人曾是选择其一生为其他人服务的那种道士的楷模，而不是追求其自身的精神超升。由元代时期正直的儒家学者

---

① 秋月观映：《中国近世道教的形成》，第 186—187 页。此经为《道藏》第 756 册，太上老君的誓言载于第四节。

② 秋月观映：《中国近世道教的形成》，第 183—185 页。

③ 秋月观映：《中国近世道教的形成》，第 750 页。

所撰写的《净明忠孝全书》的几篇序言，全都反复强调了这一原则。所有的序言，实际上都有着共同的旨意：大多数道教徒都已忘记或忽视了老子对社会的关切，但净明道相信利用道教能改善世界，并在患难时期帮助普通白姓。[①]

而且，净明道培养忠孝的方法，与新儒家思想家们的理念有一种引人注目的相似之处。据刘玉所述，只有当心灵无忧无虑或不受干扰之时，忠诚才是可能的；而真正的孝超越了对一个人的双亲，而扩展到天的心灵。类似的观点，曾被许多新儒家的思想家们所提出。这些美德的培养，并不是遵循表面的法则或规则，或者是遵循一种特殊的行为准则的简单事情。真正的美德乃是基于一种精神上或心理上的平静状态，这必须每天通过勤勉而虔诚的修养才能达到。

鉴于在其要旨的相似性，明代净明道信徒们与新儒家思想家们都转向善书和功过格，以检视其精神进步，这就不足为奇了。他们不注意自身的悟道，而是确信精神上的成长和智慧都具体地表现于行为之中，所以他们都认为，通过记录其日常行为就能够证明其进步，并发现需要进一步注意的地方。这种道教方式，对于新儒家思想家们来说，都相对地容易接受。

因此，净明道受到认同并构成为明代一些著名的新儒家思想家生活的一部分，这也不足为奇。王畿（1498—1583 年）是新儒家的泰州学派左派的一名领袖人物。在浙江新安参加了一次讲学后，他结识了净明道士胡东州（生卒时间不详），这样他就可以更多地了解有关这一吸引人的教义。另一位明代新儒家思想家罗汝芳（1515—1588 年）研究过净明道的伦理学，并从中学习修炼心的方法。即便是相对保守的高攀龙（1562—1626 年）也认为净明道传统是道教学说中最为正确和适合的形式。[②]

自从元代的刘玉把净明道学说与一种道德报应的自然主义观念整合为一后，净明道与士子阶层之间的关系，就一直显得非常积极主动。

---

① 秋月观映：《中国近世道教的形成》，第 149—153 页。
② 秋月观映：《中国近世道教的形成》，第 2—3、174 页。

其实,秋月观映曾坚持,净明道教的一个显著特征,在于它似乎把注意力集中在受教育阶层身上,而不是关注农民或者是商人[①],这至少在宋末时期及其后是如此。换言之,它是自觉地设法吸引知识精英。秋月也许有一点走得太远了。在刘玉和黄元吉身上,净明道就发现这两位领导者都曾受到过宋代时期由新儒家和道教徒所提出的世界观的深刻影响。到宋代时期,一种自然主义的宇宙论与态度就已经开始渗透到这一宗派的道教思想。但有证据表明,净明道仍作为一个履行仪式的与民间的宗派而继续履行其职能,至少在其西山本部来说是如此。同一道派的这二种诠释可能同时并存,显示了明代道教的一个重要特征。正如印度教和日本的神道所显示的情形,一种土生土长的宗教传统,都有着强烈的地域基础,同时也与民俗传统密切相关,道教的新发展,不必取代以往的做法:它们只不过是揭示了一种新的意义与实践的新层次。

在西山,净明道对许逊的崇拜就一直存在着,并持续到晚期的传统中国。净明道在宋代的活动相当活跃,因为宋代集新儒学大成的伟大的学者朱熹(1130—1200年)对他所看到的民众对道教仪式的狂热和泛滥的迷信深为不满。直至光绪年间(1875—1908年),在西山,仍有纪念许逊生平、法力与经历的一年一度的节日庆典的日程。

在许逊的生日那天,信徒们聚集到西山的许逊庙观,祈求长命百岁;他们持着火把,围绕着田野,以确保好年成。在农历八月,他们献祭并祈求他驱除可能糟踏庄稼的害虫,并汇报村庄的情况。此后,许逊的几个塑像在处于他保护之下的村庄进行一年一度的巡行,这一过程持续六天。在农历七月二十八那天,在道观中有一场驱除当地的猛虎及其他害虫的仪式。在八月十五中秋节,当地官员造访许逊的庙观,开始持续数天的一场祝仪和宴请。在晚些时候,许逊的塑像要送往他有生之年曾随其修炼道教的谌母的庙观。一场庆祝他得道升天的仪式包括造访曾是许逊主要弟子之一的他的女婿的神龛。送像的行列持续数天,并前往许逊生活中的许多重要地方。送像行列的这一曲折往返行

---

① 秋月观映:《中国近世道教的形成》,第175页。

进路线，据说是欺骗一些吓人的厉鬼，它们可能嫉妒给与许逊的关注，但前往许多与对他进行朝拜有关的地方，这一路线有着积极的效果。[①]成群结队的人们沿途聚集，表明了行进的路线，并参与部分的或全部的朝拜行程。白玉蟾（1194—1229 年）记载说，在宋代时期，当朝拜许逊庙时，路人摩肩接踵，熙熙攘攘，许多商人沿途摆摊。[②] 基于宋代及清代时期的热烈的崇拜的证据，我们有理由推知，在明代时期，这些活动极可能以一种相似的方式持续着。

许多这些仪式，特别是一年一度朝拜与许逊的生活经历相关的不同地方，中国人的民俗传统绝对相同。许逊最初的声名，并不出自于他后来所阐释的仪式典籍，而是出自于其终结瘟疫、捕捉妖魔和保持水道的洁净与安全的超凡能力。这就是说，许逊最初并没有代表一个特定的道派的别具一格的仪规；他与一个密道仪式体系之间的独特的关联是随着时间的推移而逐渐形成的。在净明道中，较古老的民间传统把许逊推崇为一个奇迹制造者，一个模范的地方官，以及一位家长式的关心百姓福祉的中国人价值观的体现者，这种民间传统保持在一个宗派中，为净明教自身在道教史中赢得一个独特的地位。在明代，人们可以从几本出版的基于他的生活的小说和传奇中，看出许逊崇拜的生命力。[③]

净明道，因其对儒家价值的重要肯定，及其坚持关心百姓和国家的福祉的主张，使为科举而学习或标榜自己为儒家的知识精英在理性上肯定了道教，从而消除了肯定道教的基本障碍。我们已经注意到了王畿、罗汝芳和高攀龙肯定这一崇拜的著述。

明代最享有盛名的新儒家思想家王阳明（1472—1529 年），据说年轻时代曾对道教甚感兴趣。在其熟识者中有很多道士，甚至据说他在花烛之夜与一位道士，而不是与他的新娘度过。[④]

---

① 秋月观映：《中国近世道教的形成》，第 131—136 页。
② 白玉蟾：《玉隆集》，收于《修真十书》，第 34 卷，第 8ab 页，《道藏》，第 128 册。
③ 秋月观映：《中国近世道教的形成》，第 5 页。
④ 柳存仁：《明代思想中的道教自我修炼》，见《明代思想中的自我和社会》，狄百瑞主编，第 310—318 页。

然而,净明道和全真道对明代知识精英的影响的最好且最具体的例证,莫过于林兆恩。林兆恩在许多方面体现了明代对所有三教的开放精神;他本人的精神探寻把他引向许多方面。我们已经讨论过林兆恩与道教怪杰卓晚春之间的交往。然而,在林的宗教思想和宗教观点成熟之后,他却不再与卓有往来。他本人就是一位宗教导师。他在三教合一的教义的基础上创立了一个宗教,这个教义的核心虽然基本上是儒家的,但仍受到了道教的深刻影响而据以建立起来。

林兆恩的自我修炼的九个阶段基于全真道所教导的内丹术的自我修炼过程。不过它们又与全真道不同,他利用道教符号体系的某些部分,来阐释并表达他的体系,特别是那些直接归因于《易经》和基于《易经》的宇宙论的部分。他避开了赤裸裸的炼丹术的象征,即炉和鼎;他还避开了更具泛神论基础的诸如金童与玉女、龙虎相争之类的神话符号。由于既避免使用炼丹房的炼丹术,又避免了民间传说中的神话符号,林利用了内丹术的框架结构,并把它置于儒生和道士们共同信仰的宇宙论的符号系统之中。

此外,如同净明道那样,他把基本的儒家价值的实践,置于其自我修炼的实践的核心地位。他声称,这些价值是道的始端,是道的真正的根基;不理解这些价值,就不可能有更高层次的修炼。而且,如同净明道那样,他主张仪式和实践都有助于培养这些美德。譬如,他指出念诵"三教先生"的词语以保持这些美德存在于个人心神中的感觉。他认为,随着三教的存在,要使人心闲散和沉溺于烦人的欲念,就更加困难。[①] 这种观点,在某种程度上,与净明道强调人们需要一种精神与天的感觉以保持他们内心和个人隐秘行为的忠诚的观点并行不悖。其次,林教导他的弟子们运用"对天发誓(疏天)",在其中他们念诵与其在社会上的作用相称的价值,并向上天汇报其精神境界的进步。这些誓词既有口语,也有书面语,因此而成为明代功过格运动的组成部分。最后,像道教徒那样,林教导说,精神发展的最高层次,只能传给已充分地

---

① 伯林:《三合一宗教》,第 131 页。

准备好了的弟子；他认为这些层次，在本质上乃是秘不可传的。[1]

当与六朝或唐代的道教派别和道教修炼相比较时，林兆恩的道教似乎被明显地儒家化了；但与元明时期的净明道相比较时，它简直就是与儒家相适应的道教的另一个例子。明代的道教，大都被理解为具有治病的能力、避邪和保持世界和平与和谐的一种自我修炼的方术。明代道教基本上根植于与儒家的世界观相同的宇宙论，但它利用了一种更为广泛的符号，在精神世界和民间世界中，对道德的自我修养提供了一种丰富的符号化的结构描述。这与其在明代小说中所起的作用是一致的。或许两部最著名的明代小说《金瓶梅》和《西游记》已被一些人认为基本上是运用道教符号来撰写的，这就是明显的证据。维多利业·卡斯曾提及，《金瓶梅》中的构成，就是利用了道教科仪来给小说断句，并将其划分为不同的章节。[2]《西游记》的诗词对炼丹信条的密切关注说明，《西游记》也许至少在一个层次上，可以被理解为道教修炼的一个隐喻。[3] 然而，在这些小说中，正如在林兆恩的思想中一样，道教的结构却决不改变儒家或佛教的学说内容。在明代，当然如果正确理解的话，许多人可以看到，在道教的结构与其他世界观之间有一种深刻的可兼容性。

正是净明道与其他道教运动的彻底的调和性，才使道教在明代文化中产生了如此之大的影响。在明代时期，道教的制度化与专业化的技巧以及道派也许变得不甚重要，这在很大程度上是因为其动力是用来与更广泛的社会相调和。自宋代以来，这样一种推动力就已经出现了。到了明代，道教的不同道派之间的界限，以及道教与其他宗教观念之间的界限，确实是非常具有渗透性的。慷慨大度的帝国与地方的支持，刺激了、也许甚至形成了这一趋势。与更为广泛的社会价值相兼容，剥夺了道教的某些知性的特性，在明代几乎没有伟大的道教知识分

---

[1] 伯林：《三合一宗教》，第108—116、26—27页。

[2] 维多利亚·B. 卡斯：《〈金瓶梅〉中的末世论：道教的模式》，布卢明顿，印第安纳，印第安纳大学《金瓶梅》研讨会，1983年5月。

[3] 安东尼·B. 于编译：《西游记》（芝加哥，1977年），第1卷，第37页。

子。另一方面，道教在明代知识分子和文化生活中的影响，却正在上升。道教与更广泛的中国人的价值观相适应，为中国人的宗教热诚提供了一种表现的机会：从西山的民俗仪式，经由林兆恩的新宗教，到皇帝对武当山道教的参与，道教为明代社会的所有阶层都作出了某些贡献。

（陈永革 译）

参考文献介绍

本卷个别章的主旨内容范围甚广。提供这些章的现存的原始史料及第二手的学术论著，其复杂和详简程度也不大相同。本卷各章都在其脚注中提供了主要的史料和重要的第二手著作。但有的章具有多得不寻常的文献，因此作者们在下面的书目评注中提供了他们在各自学术领域中所掌握的材料的指南。

4. 明朝与亚洲腹地[*]
作者:莫里斯·罗萨比

尽管傅吾康和其他学者指出了《明实录》的种种不足，但它们是明代与亚洲腹地的最重要的原始史料。日本学者通过选录和编辑有关蒙古、满洲、西藏、西域和中亚的中文名称，方便了人们对浩如烟海的《实录》的材料的使用。他们还采撷了《李朝实录》中关于朝鲜和满洲的材料。我在拙作《明代中国与哈密和中亚的关系》中初步分析了这些史料的价值。

较后期的综述提供了有关明代对外关系的有价值的信息。正史《明史》载有明王朝与其北邻和西邻关系的完整的记载，而按《实录》的编年体裁撰写的《国榷》往往记载在其他史料中找不到的材料。官方的地图，即《大明一统志》和《寰宇通志》以及诸如《广舆志》和顾炎武的《天下郡国利病书》等私刻地图，通过提供有价值的经济数据对历史作了补充。《大明会典》论述了专门与外国人打交道的制度

---

[*] 按:参考文献介绍中此类标题的序号及标题为本书相应各章的序号及标题。

和规定，《四夷馆考》则使读者大致了解会同馆的情况，后者为受权培训与外国人打交道的专家的机构。《明书》为一部王朝史形式的私人著作，《明会要》为论述王朝制度的著作，两者对了解明代对外关系的总的情况很有价值。

关于明代与亚洲腹地的更专门的著作给历史中总的图景增添了极有价值的材料。金幼孜的《北征录》和《后北征录》和杨荣的《北征记》记载了永乐帝对蒙古人的五次征战；李实的《北使录》、杨铭的《正统临戎录》和袁彬的《北征事绩》提供了正统帝被瓦剌蒙古人所俘的第一手生动的记载。萧大亨的《北陆风俗》是 16 世纪后期有关蒙古人风俗的珍贵的材料，此书已被司律思翻译，载于《华裔学志》，10（1945 年）。陈诚的《西域番国志》是他于 15 世纪早期在中亚的游记，部分内容已被莫里斯·罗萨比翻译，载于《明史研究》，17（1983 年秋季刊）。徐缙的《平番始末》和马文升的《兴复哈密记》载有 15 世纪晚期和 16 世纪早期征战吐鲁番的详细记述。马文升的《抚安东夷志》提供了明代与女真人关系的材料。

亚洲腹地诸民族论述明代的史料很少。蒙古的一般历史，如《俺答传》（查尔斯·鲍登译成英文）和《额尔德尼传》（I. J. 施密特的《东蒙古史》[圣彼得堡，1829 年] 中有译文，约翰·R. 克鲁格尔在 1967 年的《蒙古学学会不定期论文集》中有部分译文）对明代与蒙古人的关系只提供了极少的细枝末节。还没有论述中国的女真人的重要著作。

论述明代亚洲的日本的第二手著作是引人注目的。日本学者除了采撷《实录》和历史丛书作出各种索引外，尤其关心明—蒙古和明—女真的关系。和田清、田村实造、荻原淳平、羽田亨和其他日本学者的著作对了解明代蒙古人方面具有不可估量的价值。关于这方面，日本学术著作的有帮助的指南包括：冈本芳次（音）的《战后日本满蒙史研究》，载《华裔学志》，19（1960 年）；理查德·T. 王的《1961—1981 年日本的明代研究：分类书目》（明尼阿波利斯，1985 年）。神田纪一郎（音）对陈诚和会同馆的研究、松村涧关于哈密和和田的论文以及谷光隆关于茶马贸马的著作称得上是日本对明代与中亚关系研究的重大贡献；而江岛寿雄、旗田巍、福叶岩吉（音）、河内良弘、鸳渊一，特别是园田一龟，都撰写了论述女真人的有权威性的著作。

　　西方对明代与亚洲腹地关系方面的成就是显而易见的。如要查阅蒙古人、中亚人和女真人以及从事边防的中国官员的传记，《明人传记辞典》是一部很好的启蒙工具书。波科提洛夫、傅吾康、思律司的著作增加了我们对这个时期蒙古人的了解。司律思和莫里斯·罗萨比撰写了女真人之间的发展。罗萨比、V.V.巴托尔德的著作和麦特拉的《到中国的波斯使者》已经对中亚作了报道。埃利奥特·斯珀林的博士论文《明初期对西藏的政策》（1983 年）论述了明代和西藏之间相对稀少的接触。

5. 明代中国与朝鲜的朝贡关系

作者:唐纳德·N.克拉克

　　明代和朝鲜关系的史料按语种和时期分类。在朝鲜一方，主要的文献为古汉文。它们包括：《高丽史》，一部中国风格的历史，1454年发行，内有在朝鲜对外关系中活跃的人的事件和传记；《高丽史节要》，涉及的内容大部分相同，但多少被浓缩并按年代加以组织。头面人物的传记也用汉文编写，它们常常收于这些人的文集中。这些传记可在《明人传记辞典》所引材料，以及房兆楹的《浅见图书馆》和其他参考材料中见到。[①]

　　明代和李氏王朝这两部实录是这一章论述的一系列事件详情的主要史料，不过中朝关系的有关材料散见于各卷，往往难以发现。朝鲜许多君主的实录已被译成朝鲜白话文，从而使朝鲜读者在这个领域进行研究时更加方便。明代和朝鲜关系的基本概况见《明史》的《朝鲜列传》。《明史》第 320 卷的这一记载已被黄元九译成朝文并加注解，1973 年在《东方学志》发表。其处理方式与末松保和的相似，后者

---

① 　郑麟趾:《高丽史》，3 卷本（1454 年版；1972 年汉城影印本）；南秀文:《高丽史节要》，载《朝鲜史料丛刊》，1（汉城，1932 年）；房兆楹:《浅见图书馆：带说明的书目》（伯克利，洛杉矶，1969 年）。

于 1941 年编了单行本《高丽朝末期朝鲜初期的对明朝关系研究》，此书从《实录》、《明史》和朝鲜的史料中把片断的材料汇集起来并加以注解。[1]

关于一般论述中朝朝贡关系和专门论述明朝与朝鲜关系的研究已有几种专著。全海宗是这一方面处于前列的作者。西方的论文计有：休·D.沃克的《李明两朝和好：1392—1592 年的中朝关系》；唐纳德·克拉克的《自治、合法性和朝贡政治：高丽衰亡和李朝建立期间的中朝关系》，此书专论洪武期间的关系。关于这个题目的较早的西方经典著作有：M.弗雷德里克·纳尔逊的《东亚的朝鲜和旧秩序》和威廉·伍德维尔·罗克希尔的《从 15 世纪至 1895 年中国与朝鲜的交往》。[2]

专门的研究有威廉·R.肖的《儒教国家的法律准则》，此书涵盖了朝鲜吸收明律过程的内容。约翰·梅斯基尔的《崔溥日记：渡海漂游记》是根据崔的日记翻译的一名朝鲜人在 1487 年至 1488 年在长江和北京之间沿运河见闻的详尽而且很有可读性的记载。[3] 富路特研究面很广，明代和朝鲜的关系就是其中一个方面。他贡献了两部 1600 年前中朝争端和冲突的有帮助的论文。[4]

永乐朝沿用元代的人贡的做法，迫使朝鲜送年轻人至中国皇宫充当嫔妃、侍从和太监，这成了王崇武、李晋华和傅斯年在《中央研究院历史语言研究所集刊》上发表的几篇论文的主题，他们都专门讨论

---

[1] 黄元九：《明史朝鲜传译注》，载《东方学志》，14(1973 年 12 月)，第 35—103 页。

[2] 休·沃克：《李明两朝和好：1392—1592 年的中朝关系》（洛杉矶加州大学论文，1971 年）；唐纳德·克拉克：《自治、合法性和朝贡政治：高丽衰亡和李朝建立期间的中朝关系》（哈佛大学论文，1978 年）；M.弗雷德里克·纳尔逊：《东亚的朝鲜和旧秩序》（巴吞鲁日，1946 年）；威廉·伍德维尔·罗克希尔：《从 15 世纪至 1895 年中国与朝鲜的交往》（伦敦，1905 年）。

[3] 威廉·R.肖：《儒教国家的法律准则》（伯克利，洛杉矶，1981 年）；约翰·梅斯基尔：《崔溥日记：渡海漂游记》（塔克森，1965 年）。又见《明人传记辞典》的"崔溥"条目，第 257—259 页。

[4] 例如，见富路特：《15 世纪末的中朝关系》，载《皇家亚洲学会朝鲜分会学报》，30(1940 年)，第 35—46 页；《朝鲜对中国的历史记载的干预》，载《皇家亚洲学会华北分会通讯》，68 (1937 年)，第 27—34 页。

了一个论点，即永乐帝的生母本人就有朝鲜血统。[1]

东北的明—女真—朝鲜的"安全三角"引起了明朝与朝鲜的关系的紧张。在司律思、莫里斯·罗萨比、加里·莱迪亚德等人的西方著作及《明人传记辞典》中"猛可帖木儿"、"李满住"、"李成桂"等人的条目中都有论述。[2] 在 1910 年至 1945 年的殖民时期，日本学者对朝满民族之间的关系表现出很大的兴趣。但他们的研究常常遭到朝鲜学者的批判，原因是他们为了日本帝国的利益，故意模糊了朝鲜和满洲之间的地理、种族和历史方面的差别；但是，这些著作作了大量的原始研究，使我们大大地丰富了明代在该地区内进行的沟通和了解。[3]

16 世纪 90 年代丰臣秀吉入侵朝鲜引发的中日战争的文献在朝鲜十分丰富。但大部分文献都被偶像化了，都叙述了朝鲜海军将领李舜臣的功绩和他发明的用来对付日本舰队的包铁甲的"龟船"，但也有可靠的学术著作。[4] 从日本一方进行研究的英语研究有：W. G. 阿斯顿的《丰臣秀吉的入侵朝略》和久野吉（音）的《日本对亚洲大陆的扩张》。[5] 玛丽·伊丽莎白·贝里关于丰臣秀吉更近期的著作，[6] 以日本人的历史角度看待对朝鲜的征战，而《明人传记辞典》中陈璘、刘

---

[1] 王崇武：《明成祖朝鲜选妃考》，载《中央研究院历史语言研究所集刊》，17（1948年），第 165—176 页；李晋华：《明成祖生母问题汇证》，同上，V1，1（1936 年），第 55—78 页；傅斯年：《跋明成祖生母问题汇证》，同上，V1（1936 年），第 79—86 页。

[2] 司律思：《永乐朝的中国女真关系》（威斯巴登，1955 年）；罗萨比：《元朝时期的女真人》，载《康奈尔大学东亚论文集》，27（伊萨卡，1982 年）；莱迪亚德：《中—满—朝三角中的阴阳关系》，载罗萨比编：《中央王国及其处于平等地位的邻邦》（伯克利，1983 年），第 313—353 页；又见 T. C. 林：《明帝国的满洲》，载《南开社会经济季刊》，8：1（1935 年 4 月），第 1—43 页。

[3] 关于明代方面的材料，例如见池内宏：《满鲜史研究》，3（东京，1963 年）。

[4] 南天佑：《龟船构造的再讨论》，载《历史学报》（1976 年 9 月），第 131—178 页；H. H. 安德伍德：《朝鲜的船舰》，载《皇家亚洲学会朝鲜分会学报》，23（1934 年），第 1—99 页。

[5] W. G. 阿斯顿：《丰臣秀吉之入侵朝鲜》，第 1 章，载《日本亚洲学会学报》，6：2（1878年；1905 年再版），第 227—245 页；第 2 章，载同一学报 9：1（1881 年；1906 年再版），第 89—96 页；第 3 章，载同一学报 9：3（1881 年；1905 年再版）；第 4 章，载同一学报，11：1（1883 年），第 117—125 页。又见久野吉：《日本对亚洲大陆的扩张》2 卷本（伯克利，1937 年）。

[6] 玛丽·伊丽莎白·贝里：《丰臣秀吉》（坎布里奇，马萨诸塞）。

继、李如松和小西行长等中日交战者的条目以明朝的观点提供大量的细节。有帮助的关于战争的中文研究有王崇武和李光涛的著作。[①] 这些研究作品强调一个事实，即在 16 世纪 90 年代保卫朝鲜是一次中朝的联合行动，但根据朝鲜人的观点，它们很少赞誉朝鲜人为自身作出的努力。因此，研究人员应该注意把战争三方——中国人、朝鲜人和日本人——的版本考虑进去。

6. 明朝对外关系：东南亚

作者：王赓武

从汉至清的传统中国史学家在论述时把朝贡关系置于防御外国、对外贸易和与外国交往的中心地位。因此他们大力撰写对外关系的朝贡制度的运转，从汉代该制度的起源开始写到盛唐，然后写到明清两朝最后的有限度的形式。但他们对外国本身并不那么感兴趣，除非这些王国和公国对朝贡制度发起挑战和危及帝国的安全。因此，中国对外关系的大部分传统史料和学术著作关心北方和西方陆地边境的强大的游牧国家或联盟。东南亚的王国很少给中国皇帝制造麻烦，因此几乎未引起注意。然而，官方历史自汉以来几乎不断地报道与东南亚不同国家的朝贡关系。到了明代，对这个地方的了解比以往更多。11位明代皇帝的《实录》的保存意味着我们对这种关系已经有了更详细的资料。这些记录显然是本文最重要的材料来源。在 1959 年至 1968 年期间，在这些《实录》中有关东南亚的材料被汇集起来，南京版本并与台北版本进行了对照校勘。它们发表于赵令扬等编的《明实录中之东南亚史料》（第 1 卷 1968 年；第 2 卷 1976 年）。杰弗里·菲利

---

① 王崇武：《李如松征东考》，载《中央研究院历史语言研究所集刊》，16（1947 年），第 343—374 页；王崇武：《刘绖征东考》，载《中央研究院历史语言研究所集刊》，14（1949 年），第 137—149 页；李光涛：《朝鲜壬辰倭寇中之平壤战役与南海战役》，载《中央研究院历史语言研究所集刊》，20：1（1948 年），第 275—298 页；李光涛：《明人援朝与杨镐蔚山之役》，载《中央研究院历史语言研究所集刊》，41：4（1969 年），第 545—566 页。

普·韦德已经把中国与东南亚关系的全部参考材料翻译出来，作为1994年他的香港大学博士论文的部分内容。论文名《14至17世纪作为东南亚史史料来源的〈明实录〉》。它有8卷，其中6卷为译文，另附索引1卷。它对所有未来的学者，特别是那些不能阅读中文原文的人来说，将提供有价值的帮助。人们期待全部著作能很快出版。《明史》和其他几种明代汇编，如陈子龙的《皇明经世文编》和张卤的《皇明制书》也很重要。

不同类型的论述明代的著作提供了《实录》和《明史》中见不到的材料。它们是：马欢的《瀛涯胜览》；费信的《星槎胜览》；慎懋赏的《四夷广记》；严从简的《殊域周咨录》。下列著作更为专业，但对本文特别有用。关于越南的材料有：陈荆和等编的《大越史记全书》，该书由东京大学于1984—1986年出版，3卷本；张镜心的《驭交记》。关于云南境外东南亚大陆的资料，有李元阳的《云南通志》；田汝成的《炎徼纪闻》；特别有帮助的是钱古训的《白夷传》，此书由江梁整理和注释，1980年在昆明出版。关于葡萄牙和其他欧洲人的材料有：张燮的《东西洋考》；张维华（1934年）和戴裔煊（1984年）的《明史佛郎机传》注解本；张天泽的开创性研究《中国葡萄牙贸易：1514—1614年》（1934年）。

关于中国对外关系的近现代学术研究也注意到朝贡制度。这种研究实际上始于欧洲列强在19世纪成功地向这一制度提出挑战之时。当时中国人对这种来自西方威胁的反应是试图把列强置于传统的背景中，这可以从魏源的《海国图志》（1842—1852年）最后一部在这一框架内编纂的巨著中看出。由于欧洲人通过海路前来，而且已经控制了东南亚的大部分，魏源之所见反映了对该区的一种正在发生变化的看法。这就形成了一种与明代和清初对东南亚了解的有趣的对此：见简·凯特·伦纳德《魏源和中国对海外世界的再发现》（1984年）。

从事东南亚和中国研究的欧美学者很快被中国与东南亚的传统关系所迷住。关于从事这个课题的最早的学术研究的人是一些汉学家，如W. P. 格罗恩费尔德特、伯希和、夏特和W. W. 罗克希尔。他们又转而影响J. 桑原和藤田丰八等日本学者，后来又影响了像张星烺、冯承钧等中国学者。但他们的研究关心的只是在欧洲人来临前中国对东南亚的认识,而没有对中国对外关系的性质作出任何系统的研究。外界对朝贡制度最早的透彻的研究是费正清和邓嗣禹的开创性作品《论清代朝贡制度》(1941年)。正是这篇文章,才导致本文作者从事侧重早期(宋代前约1000年)中国与东南亚沿海诸国关系的类似课题。成于1954年的《南海贸易》提供了研究宋、元、明与该区关系的背景。这个作品继续着重研究明朝最初两朝,即洪武帝及其孙永乐帝(原文如此,应为建文帝。——译者注)两朝的严格控制的朝贡制度(见发表于1964年、1968年和1970年的论文目录)。这些论文为这里所作的分析提供了大部分详细的参考材料。

本文之论在两个方面超越了以前的三个作品:它把研究扩大到中国陆地边境的大陆东南亚诸国;它把叙述超越1424年而至16世纪后半期。早期学者的作品又提供了帮助,如先前的马基·哈维·德·圣—戴尼和伯希和的作品,然后的G. E. 哈维和G. H. 卢斯的著作。更近期的有C. P. 菲茨吉拉德的《中国人向南方的扩张》(1972年),它对了解越南和云南各部落国各自的命运作出了重要的贡献。本文作者还比较了宋代统治下北方和南方的边境国家,这样可以与明代统治下的发展作出有益的对比(《二等帝国的词藻:宋早期与邻邦的关系》,1983年)。

最后要提一下中国大陆和台湾的学术情况。大陆的大部分社会主义史学家对把强调中国中心论和朝贡制度作为中国的对外关系的中心这一点感到不快。他们认为与朝贡有关的体制、礼仪和动听的词藻只是皇室和儒家官员支持的封建结构的扩大。它们决不是汉族中国人对其邻近民族的优越感的表现。他们的观点是,中国的对外关系应通过为国防和国与国间有序的贸易制定的政策加以研究。因此在过去40年的大部分时间中,明代与东南亚关系的研究集中在船运技术、航海技术和南方巨大港口的崛起等方面,以及海上贸易和沿海商人阶级和对付海盗掠夺的防务等方面。在更近期,对海军将领郑和的舰队远航的政治意义,和各个东南亚城市、港口中新兴的华侨社团的兴趣又恢复了。但是,对作为中国与东南亚关系基础的朝贡制度的作用和重要性的探讨，还没有人作出尝试。

台湾的学者同样对航运和航海、贸易和防务、郑和以及海外华侨感兴趣，但他们也毫不迟疑地在朝贡背景下研究东南亚各国。研究中国对外关系的领头学者为方豪，但他更专注丁明代，张奕善和曹永和各有著作。特别值得一提的是几篇关于明代诸帝利用朝贡制度的论文（原先发表于 1974 年和 1976 年），它们收于张奕善的《东南亚史研究》（1980 年）。

至于在中国陆路边境的几个陆地国家，很少有中国学者予以注意。但三部书是有帮助的。它们是王婆楞的《中缅关系史》（1941年）、舍贻泮的《明代之土司制度》（1968 年）和方国瑜的《中国西南历史地理考释》（2 卷本，1987 年）。

7. 与欧洲沿海国家的关系，1514—1662 年

作者:小约翰·E.威尔斯

在这一章论述内容所定的两个大背景中，明代的对外关系远没有得到充分研究。《剑桥中国史》第 7、8 两卷的其他各章、《明人传记辞典》中外国人的传记，以及司律思、罗萨比和王赓武的博学的著作提供了许多极佳的研究出发点。但在任何语种中，尚没有令人满意的关于明代朝贡制度的思想、制度和实际情况的充分的研究。小威尔斯的《使者与错觉》（第 13—25 页）提供了简明和纲要性的概述及某些史料和研究的参考材料。关于在另一个大背景中的研究，即亚洲滨海的欧洲人的活动，则在最近 20 年中进展迅速；关于有关文献的概览，见小威尔斯的《1500—1800 年海上的亚洲》。

在各语种中，还没有论述明代与海上欧洲人关系中任何重要方面的专著。主要的障碍是缺乏利用欧洲的档案材料和古老的印刷资料，同时也没有掌握中国的史料。也许最接近掌握 16 世纪 40 年代至 50年代重大事件和问题的记载的全部资料的人是博克瑟（《16 世纪的中国南方》）和布拉卡。张维华搜集中国史料而成的作品《西方的先驱及其发现之澳门》对明代的中—欧关系的各个方面来说是一部不可或

缺的启蒙工具书。揭示与欧洲人关系和沿海中国某些侧面的另一部小型汇编为《闽海赠言》。小威尔斯在《清史问题》发表两篇文章，试图概述鸦片战争前中—欧关系方方面面的研究资料和机会。

关于与葡萄牙人的关系，张维华、周景濂、戴裔煊和藤田丰八的著作已经收集了详简不一的中文史料；见伯希和的《一篇关于澳门初期的著作》的长篇评论。更近期和质量较佳的著作是普塔克的《葡萄牙在中国》。关于直至 1524 年的关系，在本世纪（指 20 世纪）之交的福开森和伯希和（《明代历史上的火者与写亦虎仙》）对中西方的史料作了最透彻的考察。托梅·皮勒的《东方大全》成书于他出使之前。它包括了 16 世纪初期沿海中国、葡萄牙及其竞争对手当时多方面的材料。科特绍对皮勒著作的长篇导言包括了关于史料来源、皮勒生平及其飞黄腾达的有价值的信息，但导言没有解决福开森发表的史料来源中某些严重问题。张增信的长篇论文和坎默尔的专著内容特别丰富，并对有些令人头痛的地名问题作了详尽的考查。本书这一章的记述是基于一种尝试，即使读者能阅读到最全面的葡萄牙编年史中关于这件事的诱人的章节。若奥·巴罗斯等的《亚洲》，以及福开森、伯希和和上述中文资料编者收集的史料对我们对这段时期明代政治社会的现有理解，对中—欧关系持续的紧张状态和不和作了非常敏锐的解释。布拉卡已对澳门的起源作了极佳的阐述。关于与明代关系的其他著作，见前面所列著作收集的中文史料。此外还有：印光任、张汝霖的《澳门纪略》；博克瑟的《远东的费达尔戈人》、《热带的葡萄牙人社会》中论澳门的一章及本书书目中他的其他著作和散见于西方人所编书目中他的文章，尤其是论葡萄牙与日本贸易的严谨的著作《来自亚马孙的大船》。葡萄牙编年史者关于澳门史方面的成果，远不如在 1517 年至 1524 年那段时期的成果令人满意。博克瑟、费雷塔斯、曼德斯·达·卢兹已经发表了重要的文献。近期的重要研究有：普塔克所编有关葡萄牙人和亚洲的一卷文集，其中有几章与澳门和乔治·苏扎的计量作品有关。澳门本地的历史写作质量参差不一，但有时能引导学者探讨新问题和发现新史料；普塔克的书目，即《葡萄牙在中国》列有大部分这类材料，特别是 L. G. 戈麦斯和曼奴埃尔·特谢拉神父的著作。又见近期克里默的汇编。澳门文学院现在有一个雄心勃勃的计划，企图收集和再版原始资料和研究著作。费成康的著作是一个重新唤起中国人对澳门史兴趣的重要信号。

舒尔茨讨论了中国人与马尼拉的西班牙人的关系，收于菲利克斯汇编中的其他作者也作了同样的讨论。乔努对贸易的计量研究是经典之作。对马尼拉中国皈依者社区的出现的研究作得很少。阿杜亚特的《传教史》是多明我会传教士的最重要和可查阅的资料之一，这些传教士深深地投入对马尼拉中国人的布道工作之中；同时此书也是关于社区史其他方面的重要资料。其他可查阅到的资料包括莫尔加的《大事记》、布莱尔和罗伯逊翻译和概括的义献，以及印度总档案馆的许多文献，这些可在帕斯特尔的《辛苦的布道工作》一书的若干注中见到。里德、坎宁安的专著，特别是柯斯塔关于耶稣会士的许多巨著有助于充实这方面的背景材料。总的来说，根据对海外中国人和对东南海诸国政治和商业现有的认识，要充分掌握所有印刷的和手写的文献并重新阅读它们，还有许多工作要做。

关于荷兰人与明代中国的关系，包括他们在台湾 38 年的商业和殖民活动，近现代的学术活动正在迅速发展。印刷的史料有巴达维亚地区的《记录册》、柯尔哈斯版的《公文总览》和格罗恩费尔德特论初期活动的著作中的有关段落，最近期的由布鲁塞及其同事合编的热兰遮地区《记录册》的精本中也有这种资料，此书第 1 卷已问世，第 2 卷的出版也在期待之中。中文的史料已由张维华发表，另外也见之于一本佚名的小册子《明季荷兰人》。布吕鲁和岩生成一充分地利用了中国人和荷兰人的资料；博克瑟的《兴衰》在研究与郑芝龙的关系方面也很重要，奥斯特霍夫根据荷兰的档案材料，提供了有帮助的概括。坎贝尔的研究和译文集中讨论了荷兰人的传教活动，但这些活动的对象是土著居民，而不是中国殖民者。谢泼德、曹永和等人把荷兰殖民时期置于中国殖民早期史的更长时间跨度的背景中进行考察。根据维尔霍文、威尔士，以及"西班牙文献……"研究了西班牙人在台湾北端的出现。

本章只是粗线条地论述了明代中国传教活动的出现，而重点放在传教活动与明代官场的相互作用，以及传教士参与西班牙人和葡萄牙人的活动等方面。它并没有致力于讨论文化方面，即罗马天主教与中国民俗和精英文化之间的关系。在敦约翰的《巨人的时代》中，在罗南等编的论文集中，以及在《明人传记辞典》外国人的条目中，人们都可以找到了解关键人物、重要事件的资料及研究和记载的指导。斯坦达尔特对杨廷筠的研究为查找资料和进行研究提供了极有帮助的指南，并且是一个既精通明代思想史、又通晓天主教神学和布道学的学者所出成果的优秀榜样。

根据明代国家观点，与海外欧洲人关系的最重要的方面往往是外国人建立的与中国叛徒、商人、海盗等人物的联系。欧洲的记载则明确地指出，事实上海外的华人在晚明充分参与了建立南中国海世界的活动。因此要增加明代与海上欧洲人关系的了解，往往必须在尽可能了解海外华人的社会、文化和经济背景的前提下才能做到。小威尔斯的《从王直到施琅的沿海中国》提供了某些全面的解释性主题。在这个领域的中国学术活动依靠广泛地阅读地方志和分散的文学史料，已经有了很大的进展；特别见张彬村的博士论文和林仁川、张增信的近期著作。布鲁塞的《奇怪的伙伴》把巴达维亚称为"一个中国的殖民城镇"，对巴达维亚史作出了重要的贡献。中国人与西班牙马尼拉的关系在很大程度上是一部马尼拉的中国社区史，但迄今把马尼拉中国人视作沿海福建社会的关系，或把马尼拉社区与其他"中国殖民城镇"作比较的研究还做得很少。

11. 晚明思想中的儒学
作者：威拉德·彼得森

对研究儒家思想来说，个人在儒家问题方面的著作是主要的资料。部分地由于 16 世纪私人刻印书籍的发展，现存的有关儒家的书籍为数甚多，它们仍需要学者去探索。本章的注解旨在成为查阅选定人物的原始文献和第二手著作的指南，这些人已被后期历史学家视为有一定的重要地位。黄宗羲（1610—1691 年）编的 62 卷《明儒学案》这一不朽的汇编提供了一些思想家的材料，他们被认为是根据称为明代儒家的多方面表现选定的。他从 200 多位人物的著作中摘录其文，按照自己的思路安排在 17 个标题下。它仍是几乎所有从事这一课题的学者开始其研究的文本。黄宗羲为每个标题写了导言性的意见，同时提供了每个作者的传记材料，以及自己对他们给明代儒学所作贡献的批判性的评价。秦家懿在她的《黄宗羲及其〈明儒学案〉》中提供了有用的英语介绍，该书还载有她译出的黄的关于 42 位较突出的明儒的序言材料及注释。一部使用更方便的《明儒学案》版本 1985 年在北京出版，沈芝盈对该书加以标点并作了编辑注解，1987 年在台北重即。沈氏版本应根据朱鸿林的《明儒学案点校释误》的详尽的释误进行校勘。

在《明儒学案》的材料和判断的基础上，容肇祖在 1941 年出版了《明代思想史》，这是第一部研究明代儒家主要倾向和人物的内容丰富的近代综述。由于提出了何心隐、李贽和陈第等 16 世纪后期的人物对明代思想作出的贡献，容的记述超过了黄的作品。约在同时，嵇文甫甚至走得更远。嵇在 1944 年出版的《晚明思想史论》中除了黄宗羲认定的思想家外，又增加了几章，内容有佛教的复兴、西学的来临、考证学的开始，从而显示了知性活动的多样性。在更近期（1987 年），侯外庐及其同事在他们的大部头的中国思想史著作《宋明理学史》第 2 卷中全面评述了明代的儒家，进一步补充了黄宗羲所引的原始材料，但除了他们本人的马克思主义观点外，基本上没有超越黄宗羲的框架。

在英语著作中，还没有对明儒的充分的论述。赫尔默特·威廉的论文《论明代的正统》概括了 15 世纪突出的思想家的生平和思想，这些人都背离了国家倡导的儒家。狄百瑞在他的题为《晚明思想中的个体主义和人道主义》中根据个人自主的问题评估了 16 世纪思想中的一些著名人物，此文收于他的会议文集《明代思想中的自我和社会》（1970 年）中。在其他方面，以英语发表的大部分研究作品专注于个人或小集团。作为最著名的明儒，王阳明的思想已经吸引了学术界各方面的注意，但在英语著作中，对王的思想的最佳的介绍依然是已故的陈荣捷关于王的译文中的意见，见陈的《王阳明关于讲究实际的教导及其儒家著作》（1963 年）。

大岛明荣（音）的《日本对宋明时期理学的研究：书目概览》（1987 年）评论了日本对明代儒家思想研究的发展。1949 年，岛田虔次发表了《中国近代思想的挫折》，书中他力图指出晚明儒家思想中几种近代特点的存在（其中包括个人主义和多元论），但在 1644 年满洲人的征服后，它们被窒息了。针对黄宗羲的偏见，荒木见悟在几个研究作品中强调儒家思想和佛教思想的相互作用。特别在 1979 年的《明末宗教思想研究》中更是如此。关于他思想的英文概括，见他的《晚明之儒佛》。另一位第一流的学者山井湧力图阐明在清代继续发展的明代思想倾向，见其《明清思想史研究》，此书更符合黄宗羲对明代儒家思想的看法。

12. 天学：基督教及其他西方思想引入晚明中国

作者：威拉德·彼得森

论述西学引入晚明的作品非常丰富，但它们一般更注意西方人的作为和写作，而不是关心中国人如何接受和吸收欧洲思想的情况。

在明代，耶稣会传教士垄断了在中国的居住权和布道权，他们最受人注意。最早的参考材料之一是路易·菲斯泰的《1552—1773 年来华耶稣会士的传记和书目》，它为许多后来的探索提供了入门途径，不过它基本上被荣振华的《在华耶稣会士列传（1552—1800 年）》所代替。20 世纪 30 年代开始，裴化行在他的许多与在华耶稣会士题目有关的书籍和论文中定下了很高的学术标准。可与之相比的是方豪的一批中文的学术著作，他把他的许多论晚明的作品收于名为《方豪六十自定稿》（1969 年）的文集中。关于晚至 1610 年的早期的传教活动，巴斯夸尔·德埃利亚关于利玛窦在华及其经历的注释版本是无与伦比的，此书共 3 卷，名为《有关 1579 至 1615 年利玛窦自欧来华行纪的原始文献》。利玛窦死后，再也没有可与之相比的有关在华耶稣会士的资料。敦约翰的《巨人的时代：明朝末年中国的耶稣会士的故事》依据耶稣会的档案材料，是最容易查阅的可靠的记载。

埃里克·泽克等人编的《约 1580 至约 1680 年在华耶稣会使团的书目》列出了耶稣会在华第一个世纪活动的西欧语种的第二手作品，对研究很有帮助。所涉及内容包括传教士、皈依者、礼拜仪式、宗教活动和论战，以及世俗活动和写作；它还列出了在不同的西方藏书地点所藏的中文材料的西方语种书目和指南。（作者们还编了有关西学的 17 世纪中文资料的书目。）

徐宗泽所编的《明清间耶稣会译著提要》（1949 年）这部仍有用的书目简要地阐述了明代耶稣会士及其中国助手所写的中文著作。耶稣会士及其亲密助手所写的晚明中文著作的摹写版本在 20 世纪 60 年代之初已在台湾出版；李之藻在 1628 年汇编的文集《天学初函》已被重印；其他著作也收于 3 卷本的《天主教东传文献》中。有关明代西学的手稿和印刷材料分散在东亚、俄罗斯和欧洲的图书馆，有的没有编目或无法查照，但研究人员最终将会利用它们，以加深我们对晚明思想和社会中天学作用的认识。

13. 明代的官方宗教

作者：罗梅因·泰勒

晚期中华帝国的官方宗教的书目表现出一种矛盾现象：一方面它是中国文明中文献内容最为丰富之一，但另一方面，它在近现代的历史学术研究中却受到了相对粗浅的待遇。出现这种现象的主要原因可能是，至少从内藤虎次郎以来，大部分中国的历史学家把精力主要放在阐述和衡量长期的线性社会变化方面。从这个观点看，官方宗教在主要轮廓方面的强固的延续性以及它的宇宙学原理，使得它显得与历史无关，因此是无关紧要的。

但是，在回答不同的、但同样可以答辩的一系列问题时，官方宗教可以算是一个合适的学术题目。如果要了解的话，中国社会长期以来是怎样被理解为一个整体的？人们如何去理解这样一个事实，即在面临近代研究作了如此明确的文献记载的深刻变化中，中国社会作为一个整体在 2000 多年来是怎样被组成一个一统天下的帝国的？官方宗教教义和实践的历史至少可对这些问题提供部分答案。它不能代替世俗变化的研究，但它可以提供一个从中取得更好了解的全面的基础。

专门研究明代官方宗教的近期英文出版物有：安·帕卢丹的有帮助的作品《明皇陵》。[①]《中国宗教研究学会学报》将 1979 年秋季号专门用作一个专题讨论的文集，名为《晚期中华帝国的国家仪式》[②]，并附有明清两代的参考资料。文集共收 4 篇论文，它们是：卡尼·T. 费舍尔的《明世宗时期的大礼之事》[③]；贺允宜的《1368—1398 年明朝建国的礼仪事宜》[④]；克里斯琴·乔基姆的《清代的朝觐礼仪》[⑤]；小约翰·威尔斯的《帝国晚期的国家礼仪：讨论基础的几点意见》[⑥]。霍华德·韦克斯勒在他的《玉和丝的供品》[⑦] 一书中对直至唐代的帝国祭祀娴熟地显示出重要的诠释传统。詹姆斯·L. 沃森的《神的标准化：960 年至 1960 年华南沿海天后地位的提高》[⑧] 研究了把源于民间的崇拜纳入官方宗教的过程。但是，最佳的全面讨论仍可以在杨庆堃的《中国社会的宗教》中见到。

关于官方宗教仪式正式结构的基本史料，见申时行编的《大明会典》第 43 至 118 卷（礼部）和第 215 卷（太常寺）。俞汝楫编的《礼部志稿》也有同样的材料，但补充了大量的奏议和上谕。龙文彬的《明会要》也给《会典》作了补充，是一部方便的参考书。《明实录》作为主要的档案汇编是不可缺少的，但除非研究人员从事狭隘地限定

---

① 安·帕卢丹：《皇明陵》（纽黑文，1981 年）。

② 中国宗教研究学会：《晚期中华帝国的国家仪式》，载该会学报，7（1979 年秋季号），第 46—103 页。

③ 卡尼·T. 费舍尔：《明世宗时期的大礼之争》，载《中国宗教研究学会学报》，7（1979 年秋季号），第 71—87 号。

④ 贺允宜：《1368—1398 年明朝建国的礼仪事宜》，载上述同期学报，第 58—70 页。

⑤ 克里斯琴·乔基姆：《清代的朝觐礼仪》，载上述同期学报，第 88—101 页。

⑥ 小约翰·E. 威尔斯：《帝国晚期的国家礼仪：讨论基础的几点意见》，载上述同期学报，第 46—57 页。

⑦ 霍华德·韦克斯勒：《玉和丝的供品：唐代正统化的仪式和象征》（纽黑文，1985 年）。

⑧ 詹姆斯·L. 沃森：《神的标准化：960 年至 1960 年华南沿海天后地位的提高》，载《晚期中华帝国的民间文化》，戴维·约翰逊等编，1985 年，第 292—325 页。

的时期的研究，否则，使用时比较困难。《明史》专论仪式的几卷（第47—60卷）基本上取材于《实录》，在题目上按年代编排，与上述诸书同样重要。《明通鉴》为编年史，取材于官方和非官方的史料，使用很方便。就我所知，关于专门阐述世宗朝"大礼之争"的最佳作品是谷应泰的《明史纪事本末》的第50卷。

15. 明代文化中的道教

作者:朱迪斯·A.伯林

对明代道教的研究因以下事实而复杂化了：帝国倡导的道教教义《道藏》成于1444年，发行于1447年，在明代尚属早期。因此明代各不同派系道观的文本尚未以帝国倡导的"道教"的名义被收集和编纂。

于是，一些学者为了寻求重要的资料就转而求助于以下几个来源，地方志、道观、名山志、有关宗教的帝国文献或朝廷的编年记录、留存的或在诸如《性命双修万神圭旨》等其他文集发表的材料、在诸如林兆恩等人著作中关于道教人物或活动的材料，或求助于地方官员的随笔或奏折。

除了少数自认的"道教"文本，所有的这些材料都有一种并非原来的道教的立场或观点，它们对道教的阐述来自外界，而不是来自传统的内部。如同研究千禧年佛教的材料那样，阅读道教文本的材料必须谨慎，要记住它们存在编史工作方面的偏见。

也许是因为材料的分散和不完整，对明代道教的研究仍处于婴儿时期。中国的学者通过开辟这一研究领域的开创性的学术研究而走到了前面。傅勤家的研究道教史的著作《中国道教史》（1938年）把《性命双修万神圭旨》置于道教的发展背景下进行研究。陈国符1949年的论道藏发展的著作《道藏源流考》为道教教义和明代对教义的编修的历史研究奠定了基础。孙克宽1968年的两卷本的《元代道教之发展》有助于弄清明代以前道教的情况。虽然这些著作都没有专门论述明代，但如果学者们试图在这个基本上未经探索的领域中进行研究，它们仍是很有帮助的。

第一部专门论述明代道教的作品是杨启樵论道教对明代诸帝影响的论文，此文收于陶希圣的《明代宗教》（1968年）中。杨启樵利用帝皇的史料和宫廷的编年史，肯定是持局外人的观点批判了"道教"的迷信和它对诸帝的影响。但他的著作中有丰富的材料，如果它的偏见得到其他关于中华帝国制度史中道教仪式和实践的作用方面的研究的补救，它数得上是最有帮助的作品。

安娜·塞德尔为狄百瑞的《明代思想中的自我和社会》文集提供了第一篇研究张三丰的重要的英语论文。由于材料有限，而且只对过去的研究作介绍性的评述，所以她的结论有点谨慎，但其论文表示，在研究传统中国的晚期时，道教不应被忽视。

在过去的10年中，我们的东亚同行开辟了重要的新领域。1978年，秋月观映撰写了论净明道的极为重要的著作《中国近世道教的形成：净明道基础的研究》。此书在使用大批材料以阐述完整的净明道历史方面，堪称样板。由于净明道在明代依然十分重要，此书改变了我们对明代道教形态的了解。1979年，间野潜龙的《明代文化史研究》收了几篇研究会的论文，它们揭示了明代的道教和佛教。1983年，刘枝万的《中国道教的祭祀和信仰》提出了几个重要问题，并且研讨了一批关于"道教"与传统中国的地方和民间传统的关系。这些作品以各自的方式大大地提高了明代道教研究引发的问题的了解。

其他学者也作出了重要的研究，这些研究虽然是专门阐述道教，但有助于弄清赖以了解道教的明代背景。最重要的也许是酒井忠夫的经典性的著作《中国善书的研究》（1960年），自出版后，它引起了大量的学术研究。维克托·梅尔为《晚期中华帝国的民间文化》（戴维·约翰逊等编）提供了对公众进行圣谕教育的帝国活动的研究作品，它既基于这个重要课题的过去的学术成果，又大大地推进了一步。

我的论林兆恩的三教传统和潘镜若关于宗教学的小说这两方面的作品是基于泽田瑞穗和间野潜龙的学术著作并加以发挥。有一些学者，包括安东尼·于、安德鲁·普拉克斯和维多利亚·卡斯，正在从事有关明代传说的研究，这无疑会继续加深我们对"道教"的一些研究课题以及这些课题在明代宗教思想中所起作用的认识。

（杨品泉 译）

参 考 书 目

[1] Adachi Keiji. Shin-Minkokuki ni okeru nōgyō keiei no hatten-Chōkō karyūiki no baai. In Chūgokushi kenkyūkai, ed. *Chūgoku shizō no saikō sei-kokka to nōmin*. Kyoto: Bunikaku, 1983, pp. 255—288.

足立启二：《清代和民国时期农业经营的发展——专论长江下游》，载中国史研究会编：《中国史像的再构成——国家与农民》，京都，1983 年，第255—288 页。

[2] Adachi Keiji. Shindai Kahoku no nōgyō keiei to shakai kōzō *Shirin*, 64, No. 4 (July 1981), pp. 66—93.

足立启二：《清代华北的农业经营与社会构造》，载《史林》，64：4 （1981年 7 月），第 66—93 页。

[3] Adachi Keiji. Shindai Soshū-fu ka ni okeru jinushiteki tochi shoyū no tenkai *Kumamoto daigaku bungakubu ronsō*, 9 (Nov. 1982), pp. 24—56.

足立启二：《清代苏州府地主的土地所有的发展》，载《熊本大学文学部论丛》，9 （1982 年 11 月），第 24—56 页。

[4] Aduarte, Fray Diego, O. P. *Historia de la Provincia del Santo Rosario de la Orden de Predicadores en Filipinas. Japon. y China*, 2 vols. Madrid: Consejo Superior de Investigaciones Cientificas, Departamento de Misionologia Espanola, 1962.

阿杜亚特：《菲律宾、日本、中国传教史》，马德里，1962 年。

[5] Akizuki Kan'ei *Chūgoku kinsei Dōkyō no keisei: Shinmeidō no kisokuteki kenkyū*. Tokyo: Sōbunsha, 1978.

秋月观映：《中国近世道教的形成：净明道基础的研究》，东京，1978 年。

[6] Aleni, Giulio. *Chih-fang wai chi*. 1623. In Li Chih-tsao, ed. *T'ien-hsüeh ch'u han*, rpt. 6 vols. Taipei: T'ai-wan hsüeh-sheng shu-chü, 1975, Vol. 3, pp. 1269—502.

艾儒略：《职方外纪》，载李之藻编：《天学初函》，台北，1965 年，第 3 卷，第 1269—1502 页。

[7] Aleni,Giulio. *Hsi hsiieh fan*. In Li Chih-tsao,ed. *T'ien-hsiieh ch'u han*,rpt. 6 vols. Taipei:T'ai-wan hsüeh-sheng shu-chü, 1965, Vol. 1,pp. 21—60.

艾儒略：《西学凡》。载李之藻编：《天学初函》，1965 年，第 1 卷，第 21—60 页。

[8] Aleni, Giulio. *San-shan lun hsiieh chi*. 1847ed,; rpt. in *T'ien-chu-chiao tung ch'uan wen-hsien hsüp'ien*, 3 vols. Taipei:Hsüeh-sheng, 1966, Vol. 1, pp. 419—93.

艾儒略：《二山论学记》，载《天主教东传文献续编》，台北，1966 年，第 1 卷，第 419—493 页。

[9] Amano Motonosuke. Mindai no nōgyō to nōmin. In *Min-shin jidai no ka-gaku gijutsushi*, ed. , Yabuuchi Kiyoshi and Yoshida Mitsukuni. Kyoto: Kyōto daigaku jinbun kagaku kenkyūjo, 1970,pp. 465—528.

天野元之助：《明代的农业与农民》，载薮内清等编：《明清时代的科学技术》，京都，1970 年，第 465—528 页。

[10] Anderson, J. L. "History and climate:some economic models. "In *Climate and history:studies in past climates and their impact on man*, ed. T. M. L. Wigley,et al. ,Cambridge:Cambridge University Press, 1981,pp. 337—55.

安德森，J. L.：《气候史：几种模式》，载威格利等编：《过去气候及其对人类的影响》，1981 年，第 337—355 页。

[11] Aoyama Sadao. "Min-dai no chizu ni tsuite. "*Rekishigaku kenkyū*. 7,No. 11 (1937),trans. as"Ming-tai ti-t'u chih yen-chiu. "Trans. Lin Ssu. 1941;rpt. in *Ming-shih yen-chiu lun ts'ung*, ed. Wu Chih-ho, Taipei: ta-li ch'u-pan-she, 1985, Vol. 2,pp. 503—15.

青山定雄：《明代地图之研究》，载《历史学研究》，7:11 （1937 年）；林丝有中译文，（1941 年）；转载于吴智和编：《明史研究论丛》，台北，1985 年，第 2 卷，第 503—515 页。

[12] Araki Kengo. "Confucianism and Buddhism in the late Ming. "In *Unfol-ding of neo-Confucianism*,ed. ,W. T. deBary. New York:Columbia University Press,1975,pp. 39—66.

荒木见悟：《明末之儒佛》。载狄百瑞编：《新儒学的演变》，纽约，1975

年，第 39—66 页。

[13] Araki Kengo. *Minmatsu shūkyō shisō kenkyū.* Tokyo：Sōbunsha，1980.

荒木见悟：《明末宗教思想研究》，东京，1980 年。

[14] Arez, Ilda Maria Azevedo Coutiñho Vasconcellos e Souza and Jessie Mc-Nab. *Portugal and porcelains.* Lisbon：Manuel A. Pacheo，1984.

阿雷兹、杰西·麦克纳布：《葡萄牙和瓷器》，里斯本，1984 年。

[15] Ashtor, Eliyahu. *Studies on the Levantine trade in the Middle Ages.* London：Variorum Reprints，1978.

埃利耶胡·阿什托尔：《中世纪地中海东部国家贸易研究》，伦敦，1978 年。

[16] Aston, W. G. "Hideyoshi's invasion of Korea. "ch. 1, *Transactions of the Asiatic Society of Japan*, 6, No. 2(1878, rpt. 1879),pp. 227—45;ch. 2, 9,1(1881,rpt. 1906),pp. 89—96;ch. 3,9,3(1881, rpt. 1905)pp. 213—24; ch. 4,11,1(1883),pp. 117—25.

W. G. 阿斯顿：《丰臣秀吉之入侵朝鲜》，载《日本亚洲学会学报》，6:2、9:1、9:3、11:1期。

[17] Atil, Esin. *Süleymanname：The illustrated history of Süleyman the magnificent. Washington*,DC：National Gallery of Art,1986.

艾森·阿蒂尔，苏莱曼一族：《苏莱曼苏丹的插图本传记》，华盛顿，国立美术馆，1986。

[18] Attman, Artur. *Dutch Enterprise in the World Bullion Trade*, 1500—1800. Gøteborg：Kungl. Vetenkaps-och Vittershets-Samhallet,1983.

阿蒂尔·阿特曼：《1500—1800 年世界金银块贸易中的荷兰企业》，哥德堡，1983 年。

[19] Atwell, William S. "Ch'en Tzu-lung(1608—1647)：A scholar-official of the late Ming dynasty. "Diss. Princeton University,1974.

威廉·阿特韦尔：《晚明士大夫陈子龙》，普林斯顿大学论文，1974 年。

[20] Atwell, William S. "International bullion flows and the Chinese economy circa 1530—1650. "*Past and Present*,95(May 1982),pp. 68—90.

威廉·阿特韦尔：《约 1530—1650 年国际银块流动与中国经济》，载《过去与现在》，95（1982 年 5 月），第 68—90 页。

[21] Atwell, William S. "Note on silver, foreign trade, and the late Ming econo-

my. ”*Ch'ing-shih wen-t'i* ,3,No. 8(Dec. 1977),pp. 1—33.

威廉·阿特韦尔：《白银、对外贸易和晚明经济》，载《清史问题》，3:8（1977 年 12 月），第 1—33 页。

[22] Atwell，William S. “A seventeenth-century 'general crisis' in East Asia?” *Modern Asian Studies*, 24, No. 4(1990), pp. 661—82.

威廉·阿特韦尔：《17 世纪东亚的"总危机"?》，载《近代亚洲研究》，24:4（1990 年），第 661—682 页。

[23] Aymard，Maurice. “Autoconsommation et marches:Chayanov, Labrousse ou Le Roy Ladurie?” *Annales: Économies, Sociétés, Civilisations*, 38, No. 6 (Nov. —Déc. 1983), pp. 1392—410.

莫里斯·艾马尔：《自身消费和市场：恰业诺大、拉布鲁斯或勒罗伊·拉迪里?》，载《经济学、社会、文化年鉴》38（6）1983 年，11—12 月，第 1392—1410 页。

[24] Bakewell，Peter. *Miners of the Red Mountain: Indian labor in Potosí*, 1545—1650. Albuquerque:University of New Mexico Press,1984.

彼得·巴克韦尔：《红山的矿工：1545—1650 年波托西的印第安劳工》，阿尔伯克基，1984 年。

[25] Bakewell，Peter. “Mining in colonial Spanish America.”In *Colonial Latin America. Teh Cambridge History of Latin America*, Vol. 2. ed. ,Leslie Bethell. Cambridge:Cambridge University Press,1984,pp. 105—51.

彼得·巴克韦尔：《西属美洲殖民地的采矿业》，载《剑桥拉丁美洲史》，第 2 卷，1984 年，第 105—151 页。

[26] Barraclough，Geoffrey, ed. *The Times atlas of world history*. London: Times Books,1978.

杰弗里·巴勒克拉夫：《泰晤士世界历史地图集》，伦敦，1978 年。

[27] Barrett，Ward. “World Bullion Flows,1450—1800. ”In *The rise of merchant empires*, ed. James D. Tracy. Cambridge: Cambridge University Press,1990,pp. 224—54.

沃德·巴雷特：《1450—1800 年世界银块的流动》。载詹姆斯·特蕾西编：《商业帝国的崛起》，剑桥，1990 年，第 224—254 页。

[28] Barros，João de and Diogo de Couto. *Da Asia de João de Barros'e Diogo de Couto*, 24 vols. Lisbon:1777—1778; rpt. Lisbon: Livraria Sam Carlos,

1973—1975.

若奥·巴罗斯等著：《亚细亚》，里斯本，1777—1778 年；1973—1975 年再版。

[29] Barthold, V. V. *Four studies on the history of Central Asia*, Vol. ll, trans. T. and V. Minorsky, 3 vols. Leiden: E. J. Brill, 1956—62.

V. V. 巴托尔德：《关于中亚史的四篇研究论文》，米诺斯基等译，莱顿，1956—1962 年。

[30] Bawden, Charles R. *The Jebtsundanba Khutukhtus of Urga*. Wiesbaden: Otto Harrassowitz, 1961.

查尔斯·鲍登：《库伦的哲布尊丹巴呼图克图》，威斯巴登，1961 年。

[31] Bawden, Charles R. *The modern history of Mongolia*. New York: Frederick A. Praeger, 1968.

查尔斯·鲍登：《蒙古近代史》，纽约，1968 年。

[32] Beattie, Hilary J. *Land and lineage in China — a study of T'ung-ch'eng county. Anhwei. in the Ming and Ch'ing dynasties*. Cambridge: Cambridge University Press, 1979.

希拉里·贝蒂：《中国的土地和门第——明清时代安徽桐城县研究》，剑桥，1979 年。

[33] Berling, Judith A. "Religion and popular culture: The management of moral capital in *The Romance of the Three Teachings*." *Popular Culture in Late Imperial China*, eds. David Johnson, Andrew J. Nathan and Evelyn S. Rawski. Berkeley: University of California Press, 1985, pp. 188—218.

朱迪思·伯林：《宗教与民俗文化：〈三教演义〉中的道德资本的管理》。载戴维·约翰逊等编：《晚期中华帝国的大众文化》，伯克利，1985 年，第 188—218 页。

[34] Berling, Judith A. *The syncretic relingion of Lin Chao-en*. New York: Columbia Univer sity Press, 1980.

朱迪思·伯林：《林兆恩的三合一的宗教》，纽约，1980 年。

[35] Bernard, Henri. "L'Encyclopédie astronomique du Père Schall (Tch'ong-tcheng lichou, 1629, et Si-yang sin-fa li-chou, 1645). La réforme du calendrier chinois sous l'influence de Clavius, de Galilée et de Kepler." *Monumenta Serica*, 3(1938), pp. 35—77, 441—527.

裴化行：《汤若望神父的天文学百科全书》〔《崇祯历书》（1629）及《西洋新法历书》（1645）〕：在克劳维斯、伽利略和刻卜勒影响下的中国历法改革》。载《华裔学志》，1938（3），第 35—77 页，第 441—527 页。

Bernard, Henri. *Aux origines du cimetière de Chala : Le don princier de la Chine au P. Ricci*(1610—1611). *Extrait du Bulletin Catholique de Pekin.* Tientsin : Hautes Études, 1934.

裴化行：《二里沟基地的由来：中国皇室赐予利玛窦神父的封赠（1610—1611）》，载《北京天主教公报节录本》。天津，1934 年。

Bernard-Maître, Henri. "Whence the Philosophic Movement at the Close of the Ming." *Bulletin of the Catholic University of Peking*, 8(1931), pp. 67—73.

裴化行：《明末的哲学运动》，载《北京辅仁大学学报》，8（1931 年），第 67—73 页。

[36] Berry, Mary Elizabeth. *Hideyoshi.* Cambridge, Mass. : Harvard University Press, 1982.

玛丽·伊丽莎白·贝里：《丰臣秀吉》，坎布里奇，1982 年。

[37] Billeter, Jean-François. *Li Zhi, philosophe maudit* (1527—1602) : *Contribution a une sociologie du mandarinat chinois de la fin des Ming.* Travaux de droit, d'éconnomie, de Sociologie et de Sciences Politiques, 116. Genève and Paris : Librairie droit, 1979.

让-弗郎索瓦·比耶特：《李贽，被诅咒的哲学家（1527—1602 年）：对明末中国官场社会学的贡献》，载《法律、经济、社会学和政治学研究》，116，日内瓦和巴黎，1979 年。

[38] Bishop, John L. , ed. *Studies of governmental institutions in Chinese history.* Cambridge, Mass. : Harvard University Press, 1968.

约翰·毕晓普：《中国历史中的政府制度研究》，坎布里奇，1968 年。

[39] Blair, Emma Helen and James A. Robertson, eds. *The Philippine Islands, 1493—1803 : Explorations by early navigators, descriptions of the islands and their peoples, their bistory and records of the Catholic missons as related in contemporaneous books and manuscripts, showing the political, economic, commercial and religious condition of those islands from their earliest relations with European nations to the beginning of the mineteenth*

century. 55 vols. Cleveland，Ohio：The A. H. Clark company，1903—1909.

埃玛·布莱尔、詹姆斯·罗伯逊编：《1493—1803 年菲律宾群岛的政治、经济、商业和宗教概况》，克利夫兰，1903—1909 年。

[40] Blussé，J. Leonard. "The Dutch occupation of the Pescadores（1622—1624）." *Transactions of the International Conference of Orientalists in Japan*，18(1973)，pp. 28—43.

列昂纳德·布鲁塞：《荷兰对澎湖列岛的占领，1622—1624 年》，载《日本东方学家国际会议会刊》，18（1973 年），第 28—34 页。

[41] Blussé，J. Leonard. *Strange Company：Chinese Settlers，Mestizo Women and the Dutch in VOC Batavia.* Dordrecht，Netherlands and Riverton，New York：Foris，1986.

列昂纳德·布鲁塞：《奇怪的伙伴：在巴达维亚的中国殖民者、梅斯蒂佐妇女和荷属东印度公司的荷兰人》，纽约，1986 年。

[42] Blussé，J. Leonard. "The V. O. C. as Sorcerer's Apprentice：Stereotypes and Social Engineering on the China Coast."In *Leyden Studies in Sinology*，ed. W. L. Idema. Leiden：Leiden University Press，1981，pp. 87—105.

列昂纳德·布鲁塞：《荷兰人在中国沿海的陈规和社会策划》。载 V. L. 伊德玛编：《莱顿汉学研究》，莱顿，1981 年，第 87—105 页。

[43] Blussé，J. Leonard，M. E. van Opstall，and Ts'ao Yung-ho，eds. *De Dagregisters van het Kasteel Zeelandia，Taiwan. Deel*I：1629—1641. Rijks Geschiedkundige Publicatien，Grote Serie，195. The Hague：M. Nijhoff，1986.

列昂纳德·布鲁塞等编：《台湾热兰遮记录册，卷 1，1629—1641 年》，海牙，1986 年。

[44] Bodde，Derk and Clarence Morris. *Law in imperial China，exemplified by* 190 Ch'ing *dynasty cases translated from the Hsing-an hui-lan.* Cambridge，Mass. ：Harvard University Press，1967.

卜德：《中华帝国的法律：以〈刑案汇览〉的 190 件清代案例为例》，坎布里奇，1967 年。

[45] Boltz，Judith M. *A Survey of Taoist litreature：tenth to seventeenth centuries.* China Research Monographs，32. Berkeley：University of California Press，1987.

朱迪思·M. A. 博尔茨：《10—17 世纪道教文献一览》，伯克利，1987 年。

[46] Borah, Woodrow. *Early colonial trade between Mexico and Peru*. Berkeldy and Los Angeles: University of California Press, 1954.

伍德鲁·博拉：《早期墨西哥与秘鲁的殖民地贸易》，伯克利与洛杉矶，1954 年。

[47] Borah, Woodrow. *Silk raising in Colonial Mexico*. Berkeley and Los Angeles: University of Calitornia Press, 1943.

伍德鲁·博拉：《殖民地墨西哥的丝蚕饲养》，伯克利与洛杉矶，1943 年。

[48] Boxer, Charles R. *The Christian century in Japan: 1540—1650*. Berkeley and Los Angeles: University of California Press and London·Cambridge University Press, 1951.

查尔斯·博克瑟：《日本的基督教时代：1540—1650 年》，伯克利、洛杉矶、伦敦，1951 年。

[49] Boxer, Charles R. *Fidalgos in the Far East*. The Hague: M. Nijhoff, 1948; rpt. London: Oxford University Press, 1968.

查尔斯·博克瑟：《远东的费达尔戈人》，海牙，1948 年；伦敦，1968 年。

[50] Boxer, Charles R. *The grest ship from Amacon: Annals of Macao and the old Japan trāde*, 1555—1640. Lisbon: Centro de Estudos Históricos Ultrainarmnos, 1959; rpt. Macau: Instituto Cultural de Macau, 1988.

查尔斯·博克瑟：《来自亚马逊的大船：澳门与旧日本的贸易编年史，1555—1640 年》，里斯本，1959 年。

[51] Boxer, Charles R. "Portuguese Military Expeditions in Aid of the Mings Against the Manchus, 1621—1647." *T'ien-hsia Monthly*, 7, No. 1 (August 1938), pp. 24—50.

查尔斯·博克瑟：《葡萄牙支援明朝反对满族的军事远征，1621—1647 年》，载《天下月刊》，7：1（1938 年 8 月），第 24—50 页。

[52] Boxer, Charles R. *Portuguese society in the tropics: The municipal councils of Goa, Macao. Bahia and Luanda*, 1510—1800. Madison and Milwaukee: University of Wisconsin Press, 1965.

查尔斯·博克瑟：《热带地区的葡萄牙社会：果阿、澳门、巴伊亚和罗安达的地方自治市政会》麦迪逊和密尔沃基，1965 年。

[53] Boxer, Charles R. "The rise and fall of Nicholas Iquan." *T'ien-hsia Month-*

ly，11，No. 5（April-May 1939），pp. 401—39.

查尔斯·博克瑟：《郑一官的兴衰》，载《天下月刊》，11：5（1939 年 4—5 月），第 401—439 页。

[54] Boxer, Charles R. , ed. and trans. *South China in the sixteenth century*，*being the Narratives of Galeote Pereira*，*Fr. Gaspar da Cruz*，*O. P.*，*Fr. Martin de Rada*，*OESA*. Hakluyt Society，Series II，No. 106. London，1953；rpt. Nendeln，Liechtenstein：Kraus Reprint Limited，1967.

查尔斯·博克瑟：《16 世纪的中国南方：盖略特·伯来拉、加斯帕·达·克路士、马丁·德·拉达的记述》，伦敦，1953 年；1967 年内德尔恩、列支敦士登再版。

[55] Boxer, Charles R. "Macao as a religious and commercial entrepôt in the sixteenth and seventeenth centuries."*Acta Asiatica*，No. 26（1974），pp. 64—90.

查尔斯·博克瑟：《16、17 世纪作为宗教和商业港口的澳门》，载《亚洲学报》，26（1974 年），第 64—90 页。

[56] Boxer, Charles R. *The Dutch seaborne empire*，1600—1800. New York：Knopf，1965. rpt. London：Penguin，1988.

查尔斯·博克瑟：《荷兰海上帝国，1600—1800 年》，纽约，1965 年；1988 年伦敦再版。

[57] Boxer, Charles R. "*Plata es Sangre*：Sidelights on the drain of Spanish -American silver in the Far East，1530—1750." *Philippine Studies*，18（1970），pp. 457—68.

查尔斯·博克瑟：《1530—1730 年从西属美洲流到远东的白银的启示》，载《菲律宾研究》，18（1970 年），第 457—468 页。

[58] Braga, J. M. *The Western pioneers and their discovery of Macao*. Macao：Imprensa Nacional. 1949.

J. M. 布拉卡：《西方先驱者及其对澳门的发现》，澳门，1949 年。

[59] Braudel, Fernand. *The perspctive of the world*，*trans. Siân Reynolds*. New York：Harper and Row，1984.

费尔南德·布鲁德尔：《对世界的透视》，纽约，1984 年。

[60] Braudel, Fernand. *The wheels of commerce*，trans. Siân Reynolds. New York：Harper and Row, 1983.

费尔南德·布鲁德尔：《商业的转动》，雷诺兹译，纽约，1983 年。

[61] Bray, Francesca. *Agriculture.* Part 2 of Biology *and biological technology. Science and civilisation in China*, Vol. 6, ed. Joseph Needham. Cambridge: Cambridge University Press, 1984.

弗朗西斯卡·布雷：《农业，生物和生物学技术第二部分》。载李约瑟编：《中国科技史》，第 6 卷，剑桥，1984 年。

[62] Bray, Francesca. "Patterns of evolution in rice-growing societies." *Journal of Peasant Studies*, 11(1983—1984), pp. 3—33.

弗朗西斯卡·布雷：《产米社会进化的类型》，载《农民研究杂志》，11（1983—1984 年），第 3—33 页。

[63] Bretschneider, E. *Mediaeval researches from Eastern Asiatic sources* 1910; rpt. New York: Barnes and Noble, 1967.

E. 布雷特施奈德：《根据东亚史料的中世纪研究》，1910 年；1967 年纽约再版。

[64] Bridgman, E. G. "Paul Su's Apology, addressed to the emperor Wanlih of the Ming dynasty, in behalf of the Jesuit missionaries, Pantoja and others, who had been impeached by the Board of Rites in a Report dated the 44th year, 7th month of his reign(A. D. 1617[sic]). "*The Chinese Repository*, 19(Canton, 1850), pp. 118—26.

E. G. 布里奇曼：《苏保罗在万历朝四十四年约 1617 年七月的奏议中为庞迪我等耶稣会士所作的辩护》，载《中国文集》，19（广州，1850 年），第 118—126 页。

[65] Brokaw, Cynthia. *The ledgers of merit and demerit: social change and moral order in late imperial China.* Princeton: Princeton University Press, 1991.

辛西娅·布罗考：《功过格：晚期中华帝国的社会变化和道德秩序》，普林斯顿，1991 年。

[66] Brokaw, Cynthia. "Yüan Huang(1533—1606)and the ledgers of merit and demerit. "*Harvard Journal of Asiatic Studies*, 47, No. 1(1987), pp. 137—95.

辛西娅·布罗考：《袁了凡（1533—1606 年）和功过格》，载《哈佛亚洲研究杂志》，47:1（1987 年），第 137—195 页。

[67] Brook, Timothy. "Censorship in eighteenth-century China: A view from the

book trade. "*Canadian Journal of History*. Vol. 23:2(1988). pp. 177—96.

蒂莫西·布鲁克：《18 世纪中国的监察制度：书籍贸易一瞥》，载《加拿大历史杂志》，23:2（1988 年），第 177—196 页。

[68] Brook, Timothy. "Commercial economy and cultural doubt in China. "In *Economy and culture in eastern Asia*, ed. Timothy Brook and Hy Van Luong. Ann Arbor: University of Michigan Press, 1997.

蒂莫西·布鲁克：《中国的商业经济和文化困惑》。载布鲁克等编：《东亚的经济和文化》，安阿伯，1997 年。

[69] Brook, Timothy, "Family continuity and cultural hegemony: the gentry of Ningbo, 1368—1911, "In *Chinese local elites and patterns of dominance*, eds. Joseph Esherick and Mary Rankin. Stanford: Stanford University Press, 1990, pp. 27—50.

蒂莫西·布鲁克：《家族延续性和文化霸权：1368—1911 年宁波的缙绅》。载埃什里克等编：《中国的地方精英和统治的形式》，斯坦福，1990 年，第 27—50 页。

[70] Brook, Timothy. "Gentry domination in Chinese society: monasteries and lineages in the structuring of local society, 1500—1700. "Diss. Harvard University, 1985.

蒂莫西·布鲁克：《中国社会中的绅士支配：1500—1700 年地方社会结构中的寺庙和族系》，哈佛大学论文，1985 年。

[71] Brook, Timothy. *Geographical sources of Ming-Qing history*. Ann Arbor: Center for Chinese Studies, University of Michigan, 1988.

蒂莫西·布鲁克：《明清史的地理资料》，安阿伯，1988 年。

[72] Brook, Timothy. "Mapping knowledge in the sixteenth century: the gazetteer cartography of Ye Chunji. "*The East Asian Library Journal*, 7, NO. 2 (Winter, 1994), pp. 5—32.

蒂莫西·布鲁克：《16 世纪的地图绘制知识：叶春及的制图地名索引》，载《杰斯特图书馆杂志》，7:2（1994 年冬季号），第 5—32 页。

[73] Brook, Timothy. "The merchant network in 16th century China-a discussion and translation of Zhang Han's 'On merchants. "*Journal of the Economic and Social History of the Orient*, 24, NO. 2(1981), pp. 165—214.

蒂莫西·布鲁克：《16 世纪中国的商人网络——张翰的〈论商贾〉的讨论

及译文》，载《东方经济社会史杂志》，24：2（1981 年），第 165—214 页。

［74］ Brook，Timothy. *Praying for power：Buddhism and the formation of gentry society in late Ming China*. Cambridge，Mass. ；Council on East A-sian Studies，Harvard University，1993.

蒂莫西·布鲁克：《祈求权力：晚明中国的佛教与士绅社会的形成》，坎布里奇，1993 年。

［75］ Brook，Timothy. "Rethinking syncretism：The unity of the three teachings and their joint worship in late-imperial China." *Journal of Chinese Religions*，No. 21(1993)，pp. 13—44.

蒂莫西·布鲁克：《综合精神的再思考：晚期中华帝国的三教合一及其共同崇拜》，载《中国宗教杂志》，21（1993 年），第 13—44 页。

［76］ Brown，Delmer M. *Money Economy in Medieval Japan：A Study in the Use of Coins*. New Haven：Yale University Press，1951.

德尔默·布朗：《中世纪日本的货币经济：钱币使用研究》，纽黑文，1951 年。

［77］ Busch，Heinrich. "The Tung-lin shu-yüan and its political and philosophical significance." *Monumenta Serica*，14(1949—1955)，pp. 1—163.

海因里希·布希：《东林书院及其政治与哲学的意义》，载《华裔学志》，14（1949—1955 年），第 1—163 页。

［78］ Cammann，Schuyler. "Presentation of dragon robes by the Ming and Ch'ing court for diplomatic purposes." *Sinologica*，3(1951—53)，pp. 193—202.

苏勒尔·凯曼：《明清宫廷为了外交目的赠送的龙袍》，载《汉学》，3（1951—1953 年），第 193—202 页。

［79］ Campbell，William. *Formosa under the Dutch*. London：K. Paul，Trench，Trubner，1903；rpt. Taipei，n. d.

威廉·坎贝尔：《荷兰人统治下的福摩萨》，伦敦，1903 年；台北再版，无日期。

［80］ Caron，FranÇois and Joost Schouten. *A true description of the mighty kingdoms of Japan and Siam*. London：Argonaut Press，1935.

弗朗索瓦·卡伦、朱斯特·斯考顿：《日本和暹罗王国纪实》，伦敦，1935 年。

［81］ Carswell，John. "Blue-and-White in China，Asia，and the Islamic World." In

Blue and White: chinese porcelain and its impact on the Western world, ed. John Carswell. Chicago: The University of Chicago and the David and Alfred Smart Gallery,1985,pp. 27—35.

约翰·卡斯韦尔：《中国、亚洲和伊斯兰世界的青花瓷》。载约翰·卡斯韦尔编：《青花瓷器：中国瓷器和它对西方世界的冲击》，芝加哥，1985年，第27—35页。

[82] Carswell, John. "China and Islam: A survey of the coast of India and Ceylon."*Transactions of the Oriental Ceramic Society*,42(1977—78),pp. 25—45.

约翰·卡斯韦尔：《中国和伊斯兰：印度和锡兰沿海调查》，载《东方陶瓷学会学报》，42（1977—1987年），第25—45页。

[83] Cartier, Michel. "Notes sur l'histoire des prix en Chine du XIVe au XVIIe siècle."*Annales: Économies, Sociétés, Civilisations* 24, No. 4（Juill.-Août 1969),pp. 876—79.

米歇尔·卡蒂埃：《14至17世纪中国的物价史》，载《经济、社会、文明编年史》，24：4（1969年7—8月），第876—879页。

[84] Cartier, Michel. "Nouvelles donnés sur la démographie chinoise... l'époque des Ming(1368—1644)."*Annales: Économies,SociéCivilisations*,28,No. 6（Nov.-Déc. 1973). pp. 1341—59.

米歇尔·卡蒂埃：《明代中国人口统计的新资料，1368—1644年》，载《经济、社会、文明编年史》，28：6（1973年11—12月），第1341—1359页。

[85] Cartier, Michel. "Une naissance difficile: la démographie historique en Chine populaire."*Revue bibliographique de sinologie*（n. s.），9(1991),pp. 119—26.

米歇尔·卡蒂埃：《中国人口统计史》，载《汉学书目评论》，9（1991年），第119—126页。

[86] Cartier, Michel. *Une réforme locale en Chine au XVIe siècle, Hai Rui... Chun'an 1558—1562*. Le monde d'Outre-mer, Passé et présent, Ière série, Études,39. Paris:Mouton & Co. ,1973.

米歇尔·卡蒂埃：《中国16世纪的一次地方改革：海瑞在淳安》，巴黎，1973年。

［87］ Cass，Victoria B. "Eschatology in *Chin P'ing met*：The Taoist Pattern. "Unpublished paper. Conference on *Chin P'ing mei*. Indiana University, Bloomington，May，1983.

维多利亚·卡斯：《〈金瓶梅〉中的末世论：道教的模式》，印第安纳大学《金瓶梅》研讨会未发表论文，布卢明顿，1983 年 5 月。

［88］ Chaffee，John. *The thorny gates of learning in Sung China：A social history of examinations*. Cambridge：Cambridge University Press，1985.

约翰·查菲：《宋代中国治学的荆棘之门：关于考试的社会史》，剑桥，1985 年。

［89］ Chai Shan

翟善编：《诸司职掌》，1393 年，收于张卤编：《皇明制书》，1579 年；2 卷本，东京再版，第 1 卷，第 173—412 页。

［90］ Chan，Albert. "Chinese-Phililppine Relations in the Late Sixteenth Century and to 1603. "*Philippine Studies*，24(1978)，pp. 51—82.

陈纶绪：《16 世纪晚期到 1603 年的中国与菲律宾关系》，载《菲律宾研究》，24（1978 年）第 51—82 页。

［91］ Chan，Albert. "The decline and fall of the Ming Dynasty：A study of internal factors. "Diss. Harvard University，1953.

陈纶绪：《明朝的衰亡：内因研究》，哈佛大学论文，1953 年。

［92］ Chan，Albert. *The glory and fall of the Ming Dynasty*. Norman, Oklahoma：University of Oklahoma Press，1982.

陈纶绪：《明朝的兴亡》，诺曼，1982 年。

［93］ Chan，Albert. "Late Ming society and the Jesuit Missionaries. "In *East meets West：The Jesuits in China*，1582—1773，eds. Charles E. Ronan and Bonnie B. C. Oh. Chicago：Loyola University Press，1988，pp. 153—72.

陈纶绪：《晚明社会和耶稣会士》，载《东西方相会：1582—1773 年的在华耶稣会士》，查尔斯·E. 罗南等编，芝加哥，1988 年，第 153—172 页。

［94］ Chan，David B. *The usurpation of the prince of Yen*，1398—1402. San Francisco：Chinese Materials Center，Inc. 1976.

陈少岳：《燕王的篡位，1398—1402 年》，旧金山，1976 年。

［95］ Chan，Hok-lam. "Chang Chung and his prophecy：The transmission of the legend of an early Ming Taoist." *Oriens Extremus*, 20, No. 1(1973), pp. 65—102.

陈学霖:《张中及其预言:一个明初期道士传奇的传布》,载《远东》,20:1(1973 年),第 65—102 页。

[96] Chan, Hok-lam. "The Chien-wen, Yung-lo, Hung-hsi, and Hsüan-te Reigns, 1399—1435." In *The Ming Dynasty*, 1368—1644. *The Cambridge History of China*. Vol. 7. eds. F. W. Mote and Denis C. Twitchett. Cambridge:Cambridge University Press,1988,pp.182—304.

陈学霖:《建文、永乐、洪熙和宣德之治,1399—1435 年》,载《剑桥中国明代史》,即《剑桥中国史》第 7 卷,牟复礼、崔瑞德编,剑桥,1988 年,第 182—304 页。

[97] Chan, Hok-lam. *Li Chih 1527—1602 in contemporary Chinese historiography:New light on his life and works*. White Plains, NY:Sharpe,1980.

陈学霖:《李贽(1527—1602 年)在当代中国历史编纂学中的地位:对其生平与著作的新揭示》,怀特·普莱恩斯,1980 年。

[98] Chan. Hok-lam

陈学霖等编:《明实录中之东南亚史料》,香港,1968 年。

[99] Chan, Hok-lam. "The rise of Ming T'ai-tsu(1368—98):Facts and fictions of early Ming Historiography." *Journal of the American Oriental Society*, 95,No. 4(1975), pp. 679—715.

陈学霖:《明太祖(1368—1398 年)的崛起:明初编年史中的事实与虚构》,载《美国东方学会杂志》,95:4(1975 年),第 679—715 页。

[100] Chan, Wing-tsit. "Chu Hsi's completion of neo-Confucianism." *Études Song*, ed. F. Aubin. Series II. I. Paris:Mouton & Co. and École Pratique des Hautes Études,1973,pp.73—81.

陈荣捷:《朱熹的新儒学》,载《宋代研究》,2:1,巴黎,1973 年,第 73—81 页。

[101] Chang Cheng-ming and Hsüeh Hui-lin

张正明、薛慧林:《明清晋商资料选编》,太原,1989 年。

[102] Chang Ching-hsin

张镜心:《驭交记》,1638—1641 年;上海《丛书集成初编》再版,1935—1937 年。

[103] Chang Chü-cheng

张居正：《张江陵书牍》，16 世纪；1917 年上海再版。

张居正：《张太岳集》，万历本；1984 年上海再版。

[104] Chang Chung-li. *The Chinese gentry-studies in their role in nineteenth-century Chinese society*. Seattle：University of Washington Press，1955.

张仲礼：《中国缙绅在 19 世纪中国社会作用的研究》，西雅图，1955 年。

[105] Chang Chung-yüan. "'The essential source of identity'in Wang Lung-ch'i's Philosophy."*Philosophy East and West*，23(1973)，pp. 31—47.

张钟元：《本体的基本源泉》，载《东方和西方哲学》，23（1973 年），第 31—47 页。

[106] Chang, George Jer-lang. "Local control in the early Ming(1368—1398)." Diss. University of Minnesota，1978.

张哲郎：《明初的地方控制，1368—1398 年》，明尼苏达大学论文，1978 年。

[107] Chang, George Jer-lang, trans. "The placard of people's instructions (*Chiao-min pang—wen*)."Ming Studies，7(Fall，1978)，pp. 63—72.

张哲郎：《教民榜文》，载《明史研究》，7（1978 年秋季号），第 63—72 页。

[108] Chang，George Jer-lang. "The village elder system of the Ming dynasty." *Ming Studies*，7(Fall，1978)，pp. 53—62.

张哲郎：《明代的村的耆老制》，载《明史研究》，7（1978 年秋季号），第 53—62 页。

[109] Chang Hsieh

张燮：《东西洋考》，1617 年；1937 年上海再版；1962 年台北再版。

[110] Chang Hsien-ch'ing

张显清：《明代官绅优免和庶民"中户"的徭役负担》，载《历史研究》，1986/2，第 161—174 页。

张显清：《晚明心学的没落与实学思潮的兴趣》，载《中国社会科学院历史研究所：明史研究论丛》，南京，1982 年，第 1 卷，第 307—338 页。

[111] Chang Hsüeh-yen

张学颜：《万历会计录》，1582 年，芝加哥大学缩微本。

[112] Chang Huang

章潢：《图书编》，1613 年；1971 年台北再版。

[113] Chang I-shan

张奕善：《东南亚史研究论集》，台北，1980 年。

[114] Chang Ju-lin and Yin Kuang-jen

张汝霖、印光任：《澳门纪略》，1751 年；转收于《昭代丛书》，无出版
地及日期。

[115] Chang Lu

张卤：《皇明制书》，1579 年；1966—1967 年东京再版。

[116] Chang Pin-ts'un. "Chinese Maritlme Trade: The Case of Sixteenth-Century
Fu-chien(Fukien)."Diss. Princeton University,1983.

张彬村：《中国海上贸易：16 世纪的福建》，普林斯顿大学论文，1983。

[117] Chang Pin-tsun. "Maritime trade and local economg in late Ming Fukien."
In *Development and decline of Fukien Province in the* 17th *and* 18th *cen-
turies* ,ed. E. B. Vermeer. Sinica Leidensia 22. Leiden:Brill,1990,pp. 63—
82.

张彬村：《晚明福建的海上贸易和地方经济》。载 E. B. 费梅尔：《17 和
18 世纪福建省的兴衰》，莱顿，1990 年，第 63—82 页。

[118] Chang Pin-ts'un

张彬村：《16、17 世纪中国的一个地权问题：福建省漳州府的一田三主
制》，载《食货月刊》，14:2 (1984 年 5 月)，第 95—107 页。

[119] Chang Sheng-yen. *Minmatsu Chūgoku bukkyō no kenkyū*. Tokyo: Sankibo
Busshorin,1975.

张圣严：《明末中国佛教的研究》，东京，1975 年。

[120] Chang Shih-Yü

张世域：《龙泉县志》，1878 年。

[121] Chang T'ien-tse. *Sino-Portuguese Trade from* 1514 *to* 1644: *a synthesis
of Portuguese and Chinese sources.* Leiden: E. J. Brill, 1934;rpt. Leiden:
E. J. Brill,1969;rpt. New York. AMS Press,1973.

张天泽：《1514 至 1644 年的中葡贸易：葡中史料的综合》，莱登，1934、
1969 年；纽约，1973 年。

[122] Chang T'ing-yu

张廷玉等编：《明史》，1736 年；北京，1974 年。

[123] Chang Tseng-hsin

张增信:《明季东南中国的海上活动》,2卷,台北,1988年。

[124] Chang Tseng-hsin

张增信:《16世纪前期葡萄牙人在中国沿海的贸易据点》,载《中国海洋发展论文集》,3卷,台北,1986年,第2卷,第75—104页。

[125] Chang Wei-hua

张维华、戴裔煊编:《明史佛郎机传笺正》,北京,1984年。

[126] Chang Wei-hua

张维华:《明史佛郎机吕宋和兰意大里亚四传注释》,北京,1934年;1982年上海再版,名《明史欧洲四国传注释》。

[127] Chang Yu-ch'u

张宇初:《道门十规》,载《道藏》988,1445年;1598、1607、1845、1926、1962年再版;台北,1977年。

[128] Chang Yu-i

章有义:《17世纪前期徽州租田关系的一个微观研究——歙县胡姓〈怀忻公簿〉剖析》,载《中国社会科学院经济研究所集刊》,5（1983年），第33—59页。

[129] Chang Yüeh

张岳:《惠安县志》,1530年。

[130] Ch'ang-sun Wu chi

长孙无忌等编:《唐律疏议》,北京,中华书局,1983年。

[131] Chao I

赵翼（1729—1814年）:《廿二史札记》,国学基本丛书第356卷,1968年台北再版。

[132] Chao Kang. *Man and land in Chinese history-an economic andlysis*. Stanford: Stanford University Press, 1986.

赵冈:《中国历史中人和土地的经济分析》,斯坦福,1986年。

[133] Chao Kang and Ch'en Chung-i

赵冈、陈钟毅:《中国经济制度史论》,载《中国制度史论丛书》,1,台北,1986年。

[134] Chao Ling-yeong(Chao Ling-yang)

赵令扬等:《明实录中之东南亚史料》,2卷本,香港,1968年和

1976 年。

[135] Chao Yung-hsien

赵用贤：《赵定宇书目》，上海，1957 年。

[136] Chaunu, Pierre. *Les Philippines et le Pacifique des Ibériques（XVIe，XVIIe，XVIIIe siècles）：Introduction methododolosique et indices d'activité*. Paris：Ecole Practique des Hautes Etudes. Centre de Recherches Historiques. Ports，Routes，et Trafics，No. 11. SEVPEN，1960.

皮埃尔·乔努：《伊比里亚人的菲律宾和太平洋（16、17、18 世纪）：方法和活动介绍》，载《港口、航线与交通史研究》，11，巴黎，1960 年。

[137] Chen，Fu-mei Chang，"A priliminary[sic]analysis of tenant-landlord relationships in Ming and Qing China."Paper prepared for the symposium on social and economic history of China from the Song Dynasty to 1900，Beijing，Oct. 26—Nov. 1,1980.

陈张富美：《明清时代佃农地主关系的初步分析》，北京召开的自宋至 1900 年社会经济史学术研讨会论文，北京，1980 年。

[138] Chen，Fu-mei Chang and Ramon H. Myers. "Customary law and the economic growth of China during the Ch'ing period."*Ch'ing-shih wen-t'i*，3，No. 5（Nov. 1976），pp. 1—32；3，No. 10（Dec. 1978）. pp. 4—27.

陈张富美、拉蒙·迈尔斯：《清代中国的习惯法和经济发展》，载《清史问题》，3：5（1976 年 11 月），第 1—32 页；3：10（1978 年 12 月），第 4—27 页。

[139] Ch'en Chi-ju

陈继儒：《松江府志》，1631 年。

[140] Ch'en Ch'i

陈琦：《甘肃公路交通史》，北京，交通出版社 1987 年。

[141] Ch'en Ching-ho. *The Chinese community in the sixteenth-century Philippines*. Tokyo：Center for East Asian Cultural Studies,1968.

陈荆和：《16 世纪菲律宾的中国社区》，东京，1968 年。

[142] Ch'en Ching-ho

陈荆和：《16 世纪之菲律宾华侨》，香港，1963 年。

[143] Ch'en Hsüeh-wen

陈学文：《中国封建晚期的商品经济》，长沙，1989 年。

陈学文：《明清时期江南巨镇乌青镇的经济结构》，载《中国经济史研究》，1988/2，第 29—38 页。

陈学文：《明清时期江南的一个专业市镇——濮院镇的经济结构之探索》，载《中国社会经济史研究》，1985/1，第 54—61 页。

[144] Ch'en Hsün

陈循：《寰宇通志》，收于《玄览堂丛书续集》，1456 年；1947 年南京重印。

[145] Ch'en Hung-mo

陈洪谟：《常德府志》，1538 年。

[146] Ch'en, Jerome and Nicholas Tarling, eds. *Studies in the social History of China and Southeast Asia： essays in memory of Victor Purcell*. Cambridge：Cambridge University Press,1970.

陈志让、尼古拉斯·塔林：《中国和东南亚社会史研究文集》，剑桥，1970 年。

[147] Ch'en Kao-hua

陈高华：《明代哈密吐鲁番资料汇编》，乌鲁木齐，1984 年。

[148] Ch'en Kao-yung

陈高佣等编：《中国历代天灾人祸表》，1939 年；1984 年上海重印。

[149] Ch'en, Kenneth. *Buddhism in China： A historical survey*. Princeton：Princeton University Press,1964.

陈观胜：《佛教在中国：一种历史考察》，普林斯顿，1964 年。

[150] Ch'en, Kenneth. "Matteo Ricci's Contribution to and Influence on Geographical Knowledge in China."*Journal of the American Oriental Society*,59(1939),pp. 325—59.

陈观胜：《利玛窦对中国地理学知识的贡献与影响》，载《美国东方学会学报》，59（1939 年），第 325—359 页。

[151] Ch'en Kuang-ch'ien

陈光前：《慈利县志》，1574 年。

[152] Ch'en Kuo-fu

陈国符：《道藏源流考》，上海，中华书局，1949 年。

[153] Ch'en Tzu-lung and Hsü Fu-yuan

陈子龙、徐孚远编：《皇明经世文编》，1639 年；1962 年北京重印；1964 年台北重印。

[154] Ch'en Tzu lung

陈子龙：《年谱》，收于《陈子龙诗集》，上海，上海古籍，1983 年。

[155] Ch'en Wen-shih

陈文石：《明代卫所的军》，载《中央研究院历史语言研究所集刊》，48：2（1977 年 6 月），第 177—203 页。

[156] Ch'en Yao-wen

陈耀文：《天中记》，收于《类书荟编》，万历版，台北，1974 年。

[157] Ch'en Yüan

陈垣：《清初僧诤记》，北京，中华书局，1962 年。

陈垣：《明季滇黔佛教考》，北京，科学出版社，1959 年；1962 年重印。

陈垣：《释氏疑年录》，北京，中华书局，1964 年。

[158] Cheng Chen-man

郑振满：《明清福建的里甲户籍与家庭组织》，载《中国社会经济史研究》，1989/2，第 38—44 页。

[159] Cheng Ch'ing-yün and Hsin Shao-tso

郑庆云、辛绍佐：《延平府志》，1526 年。

[160] Cheng Han

郑涵：《吕坤年谱》，中州古籍，1985 年。

[161] Cheng Ho-sheng and Cheng I-chün

郑鹤声、郑一钧：《郑和下西洋资料汇编》，济南，齐鲁书社，1980、1983 年。

[162] Cheng, K'o-ch'eng. "Cheng Ch'eng-kung's maritime expansion and early Ch'ing coastal prohibition." In *Development and deline of Fukien Province*, ed. E. B. Vermeer. Leiden: E. J. Brill, 1990, pp. 217—44.

郑克晟：《郑成功的海上扩张和清初的海禁》，载《福建省的兴衰》，莱顿，1990 年，第 217—244 页。

[163] Ch'eng K'ai-hu

程开祜：《筹辽硕画》，约 1620 年，收于《清史资料》1—12 卷，台北，1968 年。

[164] Ch'eng Meng-hsing

程梦星等：《扬州府志》，1733 年。

[165] Chi Huang

嵇璜：《（钦定）续文献通考》，1749 年，收于《十通》第 8 卷，上海.
1936 年；台北《影印文渊阁四库全书》重印，第 626—631 卷，1983 年。

[166] Chi Liu-ch'i

计六奇：《明季北略》，4 卷，台北，1969 年。

计六奇：《明季北略》，1671 年；重印于《明清史料汇编》，台北，1968
年。

[167] Chi Wen-fu

嵇文甫：《晚明思想史论》，重庆，1944 年；收于《嵇文甫文集》，郑州，
1990 年，第 3 卷，第 127—279 页。

[168] Chi Yün

纪昀等编：《四库全书总目提要》，上海，1933 年；1971 年台北重印。

[169] Chiang Kuo-pao

蒋国保：《方以智哲学思想研究》，安徽，1987 年。

[170] Chiao Hung

焦竑：《焦氏笔乘》，1606 年；《国学基本丛书》本，1968 年台北重印。

焦竑：《澹园集》，1606 年；《金陵丛书》本，南京，1916 年。

[171] Chien-yüeh Tu-t'i

见月读体：《一梦漫言》，康熙版，约 1987 年莆田重印。

[172] Ch'ien, Edward T. *Chiao Hung and the restructrring of neo-Confucian-
ism in the Late Ming*. New York: Columbia University Press, 1986.

爱德华·钱：《焦竑与晚明新儒学的重建》，纽约，1986 年。

[173] Ch'ien Ku-hsün

钱古训：《白夷传校注》，江应梁编，昆明，1980 年。

[174] Ch'ien Mu

钱穆：《中国近三百年学术史》，1937 年；1966 年台北重印。

钱穆：《中国历代政治得失》，1959 年；1972 年台北重印。

钱穆：《国史大纲》，1940 年；台北，1953 年。

[175] Ch'ien Pao-tsung

钱宝琮：《中国数学史》，北京，科学出版社，1965 年。

[176] Chin Ch'i-ming

金其铭：《农村聚落地理》。载李旭旦编：《人文地理学论丛》，北京，人民教育出版社，1985 年，第 126—143 页。

[177] Ching, Julia. ed. *The records of Ming scholars by Huang Tsung-hsi*. Honolulu: University of Hawaii Press, 1987.

秦家懿（朱莉娅·秦）：《黄宗羲的〈明儒学案〉》，檀香山，1987 年。

[178] Chittick, Neville. *Kilwa: An Islamic trading center on the East African coast*, 2 vols. Nairobi: British Institution in East Africa, 1974.

内维尔·奇蒂克：《基尔瓦：东非海岸的一个伊斯兰贸易中心》，内罗毕，1974 年。

[179] Ch'iu Chün

丘浚：《大学衍义补》，1488 年；收于丘浚：《丘文庄公丛书》，台北，1972 年。

丘浚：《大学衍义补》，1506 年；台北，1971 年。

[180] Chŏn Hae-jong

全海宗：《韩中关系史研究》，汉城，1970 年。

[181] Chŏng In-ji

郑麟趾：《高丽史》，1545 年；汉城影印三卷本，1972 年。

[182] *Choson wangjo sillok.* 〔*Yijo Sillok* 〕*T'aebaeksanpon*, 1400—45; 2nd printing 1603—06; tacsimile rpt. ed. Kuksa P'yoch'an wiwon hoe, 1955—58; facsimile rpt. Seoul: T'amgudang, 1968—70.

《朝鲜王朝实录（李朝实录）》，1400—1445 年；1603—1606 年再版；1955—1958 年摹本重印；1968—1970 年摹本重印。

[183] Chou Chen-ho and Yu Ju-chieh

周振鹤、游汝杰：《方言与中国文化》，载《中国文化史丛书》，上海，1986 年。

[184] Chou Ch'i-yüan

周起元：《序》。载张燮：《东西洋考》，北京，1981 年，第 17—18 页。

[185] Chou Ching-lien

周景濂：《中葡外交史》，上海，1936 年。

[186] Chou K'o-fu

周克复：《金刚持验记》，1799 年。

[187] Chu-hung

袾宏（1535—1615），《皇明名僧辑略》，收于《云楼法汇》第 17 卷，南京，1897 年。

袾宏：《云楼法汇》，南京，1897 年。

[188] Chu, Hung-lam. "Ch'iu Chün's *Ta-hsüeh yen-i pu* and its Influence in the Sixteenth and Seventeenth Centuries." *Ming Studies*，22（1986），pp. 1—32.

朱鸿林：《丘浚的〈大学衍义补〉和它在 16、17 世纪的影响》，载《明史研究》，22（1986 年），第 1—32 页。

[189] Chu Hung-lam. "Ch'iu Ch'ün（1421—1495）and the *Ta-hsüeh yen-i pu*：statecraft thought in fifteenth-century-China."Diss. Princeton University, 1983.

朱鸿林：《丘浚（1421—1495 年）及其〈大学衍义补〉：15 世纪中国的经世思想》，普林斯顿大学论文，1983 年。

[190] Chu, Hung-lam. "The debate over recognition of Wang Yang-ming." *Harvard Jour-nal of Asiatic Studies*，48，No. 1(1988),pp. 47—70.

朱鸿林：《对王阳明认识的争论》，载《哈佛亚洲研究杂志》，48：1（1988 年），第 47—70 页。

朱鸿林：《明儒湛若水撰帝学用书〈圣学格物通〉的政治背景与内容特色》，载《中央研究院历史语言研究所集刊》，62：3（1993 年），第 495—530 页。

朱鸿林：《明儒学案点校释误》，台北，1991 年。

[191] Chu I

朱衣：《汉阳府志》，1546 年。

[192] Chu I-tsun

朱彝尊：《静志居诗话》，1819 年。

朱彝尊：《明诗综》，1705 年；1962 年台北重印。

[193] Chu, Ko-chen(Chu K'o-chen, Co-ching Chu). "A preliminary study on the climatic fluctuations during the last 5000 years in China." *Scientia Sinica*，16，No. 2(May1973),pp. 226—56.

竺可桢：《中国 5000 年来气候变化的初步研究》，载《中国科学》，16：2（1973 年 3 月），第 226—256 页。

[194] Chu Kuo-chen

朱国祯：《涌幢小品》，1622 年；1935 年上海新文化书社重印；1959 年北京中华书局重印。

[195] Chu Shun-shui

朱舜水：《朱舜水全集》，上海，1963 年。

[196] Chu T'ing-il

朱廷立：《盐政志》，1529 年本；东京，1969 年。

[197] Chu Tsai-yü

朱载堉：《律历融通》，约 1581；收于《四库全书珍本四集》，第 149 页，台北，无日期。

朱载堉：《生寿万年历》，1592 年；收于《四库全书珍本四集》，第 149—150 页，台北，无日期。

[198] Chu Tung-jun

朱东润：《张居正大传》，1945 年；1968 年台北再版。

朱东润：《陈子龙及其时代》，上海，上海古籍，1984 年。

[199] Chu Yüan-chang

朱元璋：《明太祖集》，合肥，黄山书社，1991 年。

朱元璋：《明太祖御制文集》，无日期；1965 年台北重印。

[200] Chu Yün-ming

祝允明：《野记》，1511 年；收于《历代小品》，上海，1940 年。

[201] Chu Yün-ts'ai

朱运材：《文昌县文物志》1988 年。

[202] Ch'u Huan-wu

巨焕武：《明代巡按制度》，1970 年。

[203] Ch'ü T'ung-tsu. *Law and society in traditional China*. The Hague：Mouton, 1961.

瞿同祖：《传统中国的法律和社会》，海牙，1961 年。

[204] Chü T'ung-tsu. *Local government in China undre the Ch'ing*. Cambridge, Mass.：Harvard University Press, 1962.

瞿同祖：《清代中国的地方政府》，坎布里奇，1962 年。

[205] Chü Wan-li and Ch'ang Pi-te

屈万里、昌彼得：《图书版本学要略》，台北，1953 年。

[206] Chüan-chou wen-wu kuan-li wei-yüan hui, Chüan-chou shih hai-wai chiao-

t'ung shih po-wu kuan

泉州市文物管理委员会、泉州市海外交通史博物馆：《福建泉州地区出土的五批外国银币》，载《考古》，6 (1975 年)，第 373—379 页。

[207] Chüan Han-sheng. "The Chinese Silk Trade with Spanish America from the Late Ming to the Mid-Ch'ing Period."In *Studia Asiatica : Essays in Asian Studies in Felicitation of the 75th Birthday of Professof Ch'en Shou-yi*, ed. Laurence G. Thompson. San Francisco: Chinese Materials Center，1975，pp. 99—117.

全汉昇：《晚明至清中期中国与西属美洲的丝绸贸易》。载 L．G 汤普森编：《亚洲研究：贺陈受颐教授 75 岁寿辰文集》，旧金山，1975 年，第 99—117 页。

[208] Ch'üan Han-sheng

全汉昇：《中国经济史论丛》，2 卷，香港，1974 年。

全汉昇：《明清间美洲白银的输入中国》，载他的《中国经济史论丛》，Ⅰ，第 435—450 页。

全汉昇：《明清时代云南的银课与银产额》，载《新亚学报》，11 (1976 年 3 月)，第 61—88 页。

全汉昇：《明中叶后中国的黄金输出贸易》，载《中央研究院历史语言研究所集刊》，53 第 2 部分 (1982 年)，第 213—225 页。

全汉昇：《明代银课与银产额》，载《新亚书院学术年刊》，9 (1966 年)，第 245—267 页。

全汉昇：《宋明间白银购买力的变动及其原因》，载《新亚学报》，8：1 (1967 年 2 月)，第 157—185 页。

全汉昇、李龙华 (Li Lung-hua)：《明中叶后太仓岁入银两的研究》，载《中国文化研究所学报》，5：1 (1972 年)，第 123—155 页。

[209] Chuang Wei-chi

庄为玑：《福建南安出土外国银币几个问题》，载《考古》，6 (1975 年)，第 352—355 页。

[210] Chun, Hae-jong(Chŏn Hae-jong). "Sino-Korean tributary relations in the Ch'ing period."*The Chinese world order*, ed. John K. Fairbank. Cambridge. Mass. : Harvard University Press, 1968, pp. 90—111.

全海宗：《清代中国与朝鲜朝贡关系研究》。载费正清编：《中国的世界秩序》，坎布里奇，1968 年，第 90—111 页。

[211] Chung-kuo Hai-yang fa-chan shih lun-wen chi pien-chi wei-yüan hui

中国海洋发展史论文集编辑委员会编：《中国海洋发展史论文集》，4 卷，台北，1984、1986、1988、1991 年。

[212] Chung-kuo she-hui k'o-hsüeh-yüan, li-shih yen-chiu-so, Hui-chou wen-ch'i cheng—li-tsu

中国社会科学院历史研究所徽州文契整理组：《明清徽州社会经济资料丛编》，2 卷，北京，中国社会科学出版社，1988、1990 年。

[213] Chung-yang yen-chiu-yüan

中央研究院：《中央研究院第二届国际汉学会议论文集庆祝中央研究院庆六十周年：明清与近代史组》，第 1 卷，1989 年。

[214] Cipolla, Carlo. *The monetary policy of fourteenth-century Florence.* Berkeley, Los Angeles, and London: University of California Press, 1982.

卡洛·西波拉：《14 世纪佛罗伦萨的货币政策》，洛杉矶、伦敦，1982 年。

[215] Clark, Donld N. "Autonomy, legitimacy, and tributary politics: Sino-Korean relations in the fall of Koryŏ and the founding of the Yi. "Diss. Harvard University, 1978.

唐纳德·克拉克：《自治、合法性和朝贡政治：高丽衰亡和李朝建立期间的中朝关系》，哈佛大学论文，1978 年。

[216] Cleary, J. Christopher. "Zibo Zhenke: A Buddhist leader in late Ming China. " Diss. Harvard University, 1985.

克里斯托弗·克利里：《晚明佛教领袖紫柏真可》，哈佛大学论文，1985 年。

[217] Clunas, Craig. *Superfluous things: material culture and social status in early modern China.* Cambridge, Polity Press, 1991.

克雷格·克卢纳斯：《华而不实的器物：近代中国初期的物质文化和社会地位》，剑桥，1991 年。

[218] Cohen, Alvin P. "Coercing the rain deities in ancient China, "*History of Religions*, 17(1978), pp. 244—65.

阿尔文·科恩：《古代中国的雨神》，载《宗教史》，17（1978 年），第

244—265 页。

[219] Cohen, J. M. ed. *The four voyages of Christopher Columbus*. London:
The Cresset Library,1988.

J. M. 科恩:《哥伦布的四次航行》,1988 年。

[220] Colin,Francisco, S. J. *Labor Evangelica de los Obreros de la Compania
de Jesus en las Islas Filipinas*. Ed. Pablo Pastells, S. J. New ed. ,3 vols.
Barcelona:Henrich,1900.

弗朗西斯科·科林: 《菲律宾耶稣会士传布福音的活动》,巴塞罗那,
1900 年。

[221] Collcutt,Martin. "Circa 1492 in Japan: Columbus and the legend of Golden
Cipangu. "In *Circa 1942: Art in the Age of Exploration*, ed. Jay A. Lev-
enson. Washington, DC: National Gallery of Art; New Haven and Lon-
don: Yale University Press, 1991,pp. 305—14.

马丁·科尔克特:《1492 年前后的日本》,载《探险时代的艺术》,J. A.
利文森编,纽黑文、伦敦,1991 年,第 305—314 页。

[222] Collcutt, Martin. *Five mountains. The Rinzai Zen monastic institution in
medieval Japan*. Cambridge, Mass. : Harvard University Press,1981.

马丁·科尔克特:《五山:中古时期日本的临济禅寺制度》,坎布里奇,
1981 年。

[223] Coolhaas, W. Ph. , ed. *Generale Missiven van Gouverneurs-Generaal en
Raden aan Heren XVII der Verenigde Oost-Indische Compagnie*. Rijks
Gescheidkundige Publicatien, Grote Serie, Vols. 104,112,125,134,150,
159,164,193,205. The Hague: M. Nijhoff, 1960,1964,1968,1971,1975,
1976,1979,1985,1988. (The first three volumes provide cources from 1610
to 1674.)

W. Ph. 科尔哈斯:《17 世纪荷属东印度公司总督公函》,第 104、112、
125、134、150、159、164、193、205 卷,海牙,1960、1964、1968、
1971、1975、1976、1979、1985、1988 年。 (前三卷有 1610 年至 1674
年资料。)

[224] Crawford, Robert. "Chang Chü-cheng's Confucian Legalism. "*Self and so-
ciety in Ming thought*, ed. Wm. Theodore de Bary. Studies in Oriental
Culture, No. 4. New York and London: Columbia University Press,1970,

pp. 367—413.

罗伯特·克劳福德：《张居正的儒家法家思想》。载狄百瑞编：《明代思想中的自我和社会》，纽约、伦敦，1970 年，第 367—413 页。

[225] Cremer, R. D. *Macau: Gity of commerce and culture*. HongKong: UEA Press, 1987.

R. D. 克里默：《澳门：商业和文化城市》，香港，1987 年。

[226] Crinbb, Joe, "A historical sarvey of the precious metal currencies of China." *Numismatic Chronicle*, 7th Ser., No. 19(1979), pp. 185—209.

乔·克里布：《中国贵金属货币的历史考察》，载《古钱学史》，7:19（1979 年），第 185—209 页。

[227] Cronin, Vincent. *The wies man fron the West*. London: Hart-Davis, 1955.

文森特·克罗宁：《来自西方的智者》，伦敦，1955 年。

[228] Cross, Harry E. "South American bullion production and export, 1550—1750." In *Precious metals in the later medieval and early modern world*, ed. J. F. Richards. Durham, North Carolina: Carolina Academic Press, 1983, pp. 397—423.

哈里·克罗斯：《南美的银块生产和出口，1550—1750 年》。载 J. F. 理查兹编：《中世纪后期和近代初期的贵金属》，达勒姆，1983 年，第 397—423 页。

[229] Cunningham, Charles H. *The Audiencia in the Spanish Colonies, as illustrated by the Audiencia of Manila*(1583—1800). Berkeley: University of California Press, 1919.

查尔斯·坎宁汉：《西班牙殖民地的检察法院，以马尼拉的检察法院为例，1583—1800 年》，伯克利，1919 年。

[230] *Dagh-Register gehouden in't Casteel Batavia, 1628—1682*, 31 vols. Batavia and The Hague: Nijhoff, 1887—1931.

《1628—1682 年 巴达维亚的记录册》，31 卷，海牙，1887—1931 年。

[231] Danjō Hiroshi. "Min-Shin kyōshinron." In *Sengo Nihon no Chūgokushi ronsō*, ed. Tanigawa Michio. Nagoya: Kawai Bunka Kyōiku Kenkyū-jo, 1993, pp. 192—233.

壇上宽：《明清乡绅论》。载谷川道雄编：《战后日本的中国史论争》，名古屋，1993 年，第 192—233 页。

[232] Danjō Hiroshi. "Mindai Kakyo kaikaku no seijiteki haikei." *Tōhō gakuhō*, 58(1986). Kyoto：Kyoto Daigaku, pp. 499—524.

壇上宽：《明代科举改革的政治背景》，载《东方学报》，58（1986 年），京都，第 499—524 页。

[233] David，Percival，trans. and ed. *Chinese Connoisseurship：The"Ku Ku Yao Lun,"* The *Essential Criteria of Antiquities*. London：Faber and Faber，1971.

珀西瓦尔·载维编译：《中国人的鉴赏：〈格古要论〉》，伦敦，1971 年。

[234] D'Elia，Pasquale M. "Further notes on Matteo Ricci's *De Amicitia.*"*Monumenta Serica*,15(1956),pp. 356—77.

D'Elia，Pasquale M. *Galileo in China*，trans. Rufus Suter and Mathew Sciascia. Cambridge，Mass. ：Harvard University Press,1960.

D'Elia，P. *Il mappamondo cinese del P. Matteo Ricci*，S. J. Vatican City：Biblioteca apostolica Vaticana,1983.

D'Elia，Pasquale. "Presentazione della Prina Traduzione Cinese di Euclide." *Monumenta Serica*,15(1956),pp. 161—202.

德礼贤：《对利玛窦〈交友论〉的进一步注释》，载《华裔学志》1956（15），第 356—377 页。

德礼贤：《伽利略在中国》，鲁弗斯·苏特尔及马休·萨斯西西译，马萨诸塞，1960 年。

德礼贤：《利玛窦的中文世界地图》，梵蒂冈，1983 年。

德礼贤：《介绍欧几里得几何学的最早中译本〈几何原本〉》，载《华裔学志》，1956 年，（15），第 161—202 页。

[235] de Antonio Alvarez. "Commerce between the Philippines and Nueva Espāna."In *The Philippine Islands*,eds. E. H. Blair and J. A. Robertson,55 vols. Cleveland，Ohio：A. H，Clark，1903—09，Vol. 30, pp. 23—109.

德阿布罗，安东尼奥·阿尔瓦雷斯：《菲律宾与新西班牙（墨西哥）之间的商贸》，收入《菲律宾群岛》，55 卷，俄亥俄州，1903—1909 年，第 30 卷，第 161—202 页。

[236] de Bary Wm. Theodore. *Learning for one's self：Essays on the individual in neo-Confucian thought*. New York：Columbia University Press，

1991.

狄百瑞：《自省：新儒学中论个人的文集》，纽约，1991 年。

[237] de Bary, Wm. Theodore, ed. *Self and society in Ming thought. Studies in Oriental Culture*, No. 4. New York and London: Columbia University Press,1970.

狄百瑞：《明代思想中的自我和社会》，纽约、伦敦，1970 年。

[238] de Bary ,Wm. Theodore, ed. *Sources of Chinese tradition*. New York: Columbia University Press,1960.

狄百瑞：《中国传统的源泉》，纽约，1960 年。

[239] de Bary, Wm. Theodore, ed. *The unfolding of Neo-Confucianism. Studies in Oriental Culture*, no. 10. New York and London: Columbia University Press,1975.

狄百瑞：《新儒学的演变》，载《东方文化研究》，10，纽约、伦敦，1975 年。

[240] de Clavijo, Ruy Gonzalez. *Clavijo: Embassy to Tamerlane*, 1403—1406. Trans. Guy Le Strange. London: G. Routledge and Sons,1928.

R. G. 德・克拉维约：《1403—1406 年到帖木儿帝国的使者》，伦敦，1928 年。

[241] de la Costa, Horacio. *The Jesuits in the Philippines*, 1581—1768,Cambridge MA, Harvard University Press,1961.

霍雷肖・德拉・科斯塔：《1581—1768 年菲律宾的耶稣会士》，坎布里奇，1961 年。

[242] de Morga, Antonio. *The Philippine Islands, Moluccas, Siam, Cambodia, Japan, and China at the close of the sixteenth century*. Trans. Henry E. J. Stanley. London. Hakluyt Society, 1868.

安东尼奥・德・莫尔加：《16 世纪末的菲律宾群岛、马六甲、暹罗、柬埔寨和中国》，亨利・斯坦利译，伦敦，1868 年。

[243] Dehergne, Joseph. *Repertoire des Jesuites de Chine de 1552a 1800. Bibliotheca Instituti Historici S. I.*, Vol. 37. Roma: Institutum Historicum S. I. ,1973.

荣振华：《在华耶稣会士列传（1552—1800 年）》，罗马，1973 年。

[244] Demiéville, Paul. "The first philosophic contacts between Europe and Chi-

na. "*Diogènes*, 58(1967), pp. 75—103.

戴密微:《欧洲与中国之间的第一次哲学接触》,载《第欧根尼》,58 (1967 年),第 75—103 页。

[245] Dennerline, Jerry Paul. *The Chia-ting loyalists: Confucian leadership and social change in seventeenth-century China.* Yale Historical Publications, Miscellany, 126. New Haven: Yale University Press, 1981.

杰里·登纳林:《嘉定保皇分子:17 世纪的儒家领导和社会变化》,纽黑文,1981 年。

[246] Dennerline, Jerry Paul. "Fiscal reform and local control: The gentry-bureaucratic alliance survives the conquest." In Frederic Wakeman Jr. and Carolyn Grant, eds. *Conflict and control in Late imperial China.* Berkeley: University of California Press, 1975, pp. 86—120.

杰里·登纳林:《财政改革和地主控制:绅士——官僚结盟在征服后的生存》。载魏斐德等编:《晚期中华帝国的冲突和控制》,伯克利,1975 年,第 86—120 页。

[247] de Ursis, Sabatino

熊三拔:《泰西水法》。1612,载李之藻编:《天学初函》,1628 年,台北再版为 6 卷,1965 年,第 3 卷,第 1505—1710 页。

[248] Diaz, Manoel

阳玛诺:《天问略》,1612 年。载李之藻编:《天学初函》,1628 年,台北版,第 5 卷,第 2619—2718 页。

[249] Dietrich, Craig. "Cotton culture and manutacture in early Ch'ing China." In *Economic organization in Chinese society.* Ed. W. E. Willmott. Stanford: Stanford University Press, 1972, pp. 109—35.

克雷格·迪特里希:《清初的棉花种植和加工》。载 W. E. 威尔莫特编:《中国社会的经济组织》,斯坦福,1972 年,第 109—135 页。

[250] Dillon, Michael. "Jingdezhen as a Ming industrial center." *Ming Studies*, 6(1978), pp. 37—44.

迈克尔·狄龙:《明代的一个工业中心:景德镇》,载《明史研究》,6 (1978 年),第 37—44 页。

[251] Dimberg, Ronald. *The sage and society: The life and thought of Ho Hsin-yin.* Honolulu: University of Hawaii Press, 1974.

罗纳德·丁伯格：《圣人与社会：何心隐的生平与思想》，檀香山，1974年。

[252] Dor-Ner, Zvi. *Columbus and the Age of Discovery*. New York: William Morrow and Company, 1991.

热维·杜尔－内尔：《哥伦布与发现的时代》，纽约，1991年。

[253] Dowman, Keith, trans. *The divine madman: The sublime life and songs of Drukpa Kunley*. Clearlake, Calif.: The Dawn Horse Press, 1980.

基思·道曼译：《神圣的狂者：珠巴衮雷令人赞叹的一生与赞歌》，克利尔莱克，1980年。

[254] Dreyer, Edward L. *Early Ming China: A political history 1355—1435*, Stanford.: Stanford University Press, 1982.

爱德华·德雷尔：《早期明代的中国：1355—1435年政治史》，斯坦福，1982年。

[255] Dreyer, Edward L. "Military Origins of Ming China." In *The Cambridge History of China*, Vol. 7, ed. Frederick W. Mote and Denis Twitchett. Cambridge: Cambridge University Press, 1988, pp. 58—106.

爱德华·德雷尔：《明代的军事起源》，载《剑桥中国史》，第7卷，剑桥，1988年，第58—106页。

[256] du Halde, Jean Baptiste. *The General History of China*, 3 vols. London: John Watts, 1741.

让·巴普蒂斯特·杜霍尔德：《中国通史》，3卷，伦敦，1741年。

[257] Duara, Prasenjit. *Culture, power and the state: rural North China, 1900—1942*. Stanford: Stanford University Press, 1988.

普拉森吉特·杜阿拉：《文化、权力和国家：1900—1942年华北农村》，斯坦福，1988年。

[258] Dubs, Homer H. and Robert S. Smith. "Chinese in Mexico City in 1635." *The Far Eastern Quarterly*, 1, No. 4 (Aug. 1942), pp. 387—89.

霍默·达布斯、罗伯特·史密斯：《1635年在墨西哥城的华人》，载《远东季刊》，1:4（1942年8月），第387—389页。

[259] Dudbridge, Glen. "Women pilgrims to T'ai Shan: Some Pages from a Seventeenth-Century Novel." In *Pilgrims and Sacred Sites in China*, eds. Susan Naquin and Chünfang Yü. Berkeldy: University of California Press,

1992,pp. 39—64.

格伦·达德布里奇:《朝拜泰山的女香客:一本 17 世纪小说中的几页》。载韩书瑞、于君芳编:《中国的香客和圣地》,伯克利,1992 年,第 39—64 页。

[260] Dunne, George H. , S. J. *Generation of giants: The story of the Jesuits in China in the last decades of the Ming dynasty*. London: Burns and Oates, 1962; and Notre Dame, Ind. : University of Notre Dame Press, 1962.

敦约翰:《巨人的时代:明朝末年中国的耶稣会士的故事》,伦敦,1962 年;诺特丹,1962 年。

[261] Dunstan, Helen. "The Ho-tung Salt administration in Ming times. " Diss. Cambridge University,1980.

海伦·邓斯坦:《明代的河东盐政》,剑桥大学论文,1980 年。

[262] Dunstan, Helen. "The late Ming epidemics: a preliminary survey. "*Ch'ing-shih wen-t'i*,3,No. 3(Nov. 1975),pp. 1—59.

海伦·邓斯坦:《晚明流行病初步探讨》,载《清史问题》,3:3(1975 年 11 月),第 1—59 页。

[263] Eberhard, Wolfram. "Temple-building activities in medieval and modern China. " *Monumenta Serica*,23(1964),pp. 264—318.

沃尔弗拉姆·埃伯哈德:《中世纪和近代中国的建庙活动》,载《华裔学志》,23(1964 年),第 264—318 页。

[264] Eberstein, Bernd. *Bergbau und Bergarbeiter zur Ming-Zeit*(1368—1644). Mitteilungen der Gesellschaft für Natur-und Völkerkunde Ostasiens, Band 57. Hamburg: Gesellschaft für Natur-und Völkerkunde Ostasiens,1957.

贝恩德·埃伯斯坦:《明代(1368—1644 年)的矿业和矿工》,汉堡,1957 年。

[265] Ebrey, Patricia,ed. *Chinese civilization and society: A sourcebook*. New York: The Free Press,1981.

帕特里夏·埃布里:《中国的文明和社会资料》,纽约,1981 年。

[266] Egerton, Clement, trans. *The golden lotus: A translation from the Chinese original of the novel*. Chin P'ing Mei. London: Routledge and Kegan

Paul,1939.

克莱门特·埃杰顿英译:《金瓶梅》,伦敦,1939年。

[267] Ejima T. "Anraku Jizai nishū ni tsuite. "*Shien*, 48(1951),pp. 55—82.

江岛寿雄:《关于安乐自在二州》,载《史渊》,48(1951年),第55—82页。

[268] Elias, Ney,ed. and E. Denison Ross, trans. *A History of the Moghuls of central Asia, being the Tarikh-i-Rashidi of Mirza Muhammad Haidar, Dughlat.* 1898;rpt. , New York: Praeger Publishers,1970.

奈伊·伊莱亚斯编、E. 丹尼森·罗斯译:《一部中亚莫卧儿人的历史》,1898年;纽约,1970年。

[269] Elison, George. "The cross and the sword: Patterns of Momoyama history. " In *Warlords, artists, amd commoners: Japan in the sixteenth century*,eds. George Elison and Bardwell L. Smith. Honolulu: University of Hawaii Press,1981,pp. 55—85.

乔治·埃利森:《十字架与剑:桃山时代史模式》。载乔治·埃利森等编:《军阀、艺术家与平民:16世纪的日本》,檀香山,1981年,第55—85页。

[270] Elmquist, Paul Oscar. "Rural controls in early modern China. " Diss. Harvard University,1963.

保尔·奥斯卡·埃尔姆奎斯特:《早期近代中国的农村控制》,哈佛大学论文,1963年。

[271] Elvin, Mark. "The last thousand years of Chinese history: Changing patterns in land tenure. " *Modern Asian Studies*, 4, No. 2(1970), pp. 97—114.

马克·埃尔文:《最近一千年的中国历史:土地占有权模式的变化》,载《近代亚洲研究》,4:2(1970年),第97—114页。

[272] Enoki Kazuo. "Tsung le's mission to the Western Regions in 1378—1382. " *Oriens Extremus*,19(1972),pp. 47—53.

榎一雄:《宗泐出使西域,1378—1382年》,载《远东》,19(1972年),第47—53页。

[273] Esten, John, ed. *Blue and white China: Origins/Western influences.* Boston and Toronto: Little, Brown, and Company,1987.

约翰·埃斯顿：《中国青花瓷：其起源及西方的影响》，波士顿、多伦多，1987 年。

[274] Fairbank, John K. , ed. *The Chinese world order：Traditional China's foreign relations*. Cambridge Mass. , Harvard University Press, 1968.

费正清编：《中国的世界秩序：传统中国的对外关系》，坎布里奇，1968年。

[275] Fairbank, John K. *Trade and diplomacy on the China coast*. Cambridge, Mass. : Harvard University Press, 1953.

费正清：《中国沿海的贸易和外交》，坎布里奇，1953 年。

[276] Fairbank, John K. and S. Y. Teng. "On the Ch'ing tributary system. " *Harvard Journal of Asiatic Studies*, 6(1941), pp. 135—246. rpt. *Ch'ing Administration：Three Studies*, eds. John K. Fairband and Ssu- yü teng. *Harvard-Yenching Institute Studies*, Vol. 19. Cambridge, Mass. : Harvard University Press, 1960.

费正清、邓嗣禹：《论清代朝贡制度》，载《哈佛亚洲研究》，6（1941年），第 135—246 页。转载于以上两作者编：《清代管理：三项研究》，载《哈佛燕京学报》，19，坎布里奇，1960 年。

[277] Fan Shen

樊深：《河间府志》，1540 年。

[278] Fan Shu-chih

樊树志：《明清江南市镇探微》，上海，复旦大学出版社，1990 年。

樊树志：《明代浙江市镇分布与结构》，载《历史地理》，5（1987 年），第 185—199 页。

樊树志：《万历清丈述论兼论明代耕地面积统计》，载《中国社会经济史研究》，1984/2，第 25—37 页。

[279] Fang, Chaoying. *The Asami library：a descriptive catalogue*. Berkeley and Los Angeles：University of California Press, 1969.

房兆楹：《浅见图书馆书目》，伯克利、洛杉矶，1969 年。

[280] Fang Hao

方豪：《方豪六十自定稿》，2 卷，台北，1969 年。

方豪：《李之藻研究》，台北，1966 年。

方豪：《王徵之事迹及其输入西洋学术之贡献》，载《文史哲学报》，13

（1964 年），第 31—96 页。

[281] Fang I-chih

方以智：《通雅》，1666 年本。

方以智：《物理小识》，1664 年；收于《国学基本丛书》，1968 年台北重印。

[282] Fang Kuo-yü

方国瑜：《中国西南历史地理考释》，2 卷，北京，中华书局，1987 年。

[283] Farmer, Edward L. "The despot as lawgiver: the codes of the founding Ming emperor." Unpublished paper.

爱德华·法默：《作为法典制订者的专制君主：明代开国皇帝的法典》，未发表论文。

[284] Farmer, Edward L. *Early Ming government: The evolution of dual capitals*. Cambridge, Mass.: Harvard University Press, 1976.

爱德华·法默：《早期明代政府：两京制的演变》，坎布里奇，1976 年。

[285] Farmer, Edward L. "The Great Ming commandment (*Ta Ming ling*)." Unpublished manuscript.

爱德华·法默：《大明令》，未发表稿。

[286] Farquhar, David M. "Oirat-Chinese tribute relations, 1408—1446." *Studia Altaica: Festschrift für Nikolaus Poppe*. Wiesbaden: Otto Harrassowitz, 1957, pp. 60—68.

戴维·法夸尔：《瓦剌与中国人的朝贡关系，1408—1446 年》，载《阿勒泰研究》，威斯巴登，1957 年，第 60—68 页。

[287] Faure, David. *The structure of Chinese rural society: lineage and village in the Eastern New Territories*. Hong Kong: Oxford University Press, 1986.

戴维·福里：《中国农村社会结构：新界东部的宗族和村落》，香港，1986 年。

[288] Fei Ch'eng-k'ang

费成康：《澳门四百年》，上海，人民出版社，1988 年。

[289] Fei Hsiao-t'ung. "Peasantry and gentry: an interpretation of Chinese social structure and its changes." *American Journal of Sociology*, 52, No. 1 (July 1946), pp. 1—17.

费孝通：《小农和绅士：中国社会结构及其变化的一种解释》，载《美国社会学杂志》，52：1（1946 年 7 月），第 1—17 页。

[290] Fei Hsin

费信：《星槎胜览校注》，冯承钧编，上海，1938 年。

[291] Felix, Alfonso, Jr. *The Chinese in the Philippines, 1550—1770*, 2 vols. Manila: Solidaridad, 1966.

小阿方索·菲利克斯：《菲律宾的中国人，1550—1770 年》，2 卷，马尼拉，1966 年。

[292] Feng Ch'i

冯琦：《宗伯集》，约 1607 年；东京，1975 年。

[293] Feng Meng-lung

冯梦龙：《清史类略》，邹学明编，湖南，1934 年。

冯梦龙：《杜十娘怒沉百宝箱》。收于冯梦龙编：《警世通言》，1624 年；1965 年香港重印。

[294] Feng Ts'ung-wu

冯从吾：《冯小墟集》，1612 年；1974 年台北重印。

[295] Ferguson, Donald. "Letters fron Portuguese captives in Canton, written in 1534 and 1536. With an introduction on Portuguese intercourse with China in the first half of the sixteenth century." *The Inaian Antiquary*, 30 (1901), pp. 421—51, 467—91; rpt. Bombay: n. p., 1902.

唐纳德·费开森：《1534—1536 年葡萄牙俘虏的来信，附：关于 16 世纪上半期葡萄牙与中国交往评价》，载《印度文物》，30（1901 年），第 421—451、467—491 页；孟买重印，无日期。

[296] Ferandez-Armesto, Felipe. *Columbus*. Oxford and New York: Oxford University Press, 1991.

菲利浦·费尔南德斯－阿米斯托：《哥伦布》，牛津、纽约，1991 年。

[297] Feuerwerker, Albert. "From 'feudalism' to 'capitalism' in recent historical writing from mainland China." *The Journal of Asian Studies*, 18, No. 1 (1958), pp. 107—16.

费维恺：《近期中国大陆历史著作中从"封建主义"到"资本主义"的观点》，载《亚洲研究杂志》，18：1（1958 年），第 107—116 页。

[298] Feuerwerker, Albert. "Proto-industrialization' and China's 'capitalist

sprouts': a comparative discussion." In *Kim Chun-yŏp kyosu hwagap kinyŏm Chunggukhak nonch'ong*, ed. Kim Chun-yŏp kyosu hwagap kinyŏm Chunggukhak nonch'ong p'yŏch'an wiwŏnhoe. Seoul: Kim Chun-yŏp kyosu hwagap kinyŏm Chunggukhak nonch'ong p'yŏnch'an wiwŏnhoe, 1983, pp. 395—414.

费维恺：《"原始工业化"和中国的"资本主义萌芽"：一个比较讨论》。载金俊烨教授华甲纪念中国学论丛编纂委员会编：《金俊烨教授华甲纪念中国学论丛》，汉城，1983 年，第 395—414 页。

[299] Field, J. V. "Astrology in Kepler's cosmology." *Astrology, science and society*. Ed. Pattick Curry. Woodbridge, Suffolk: Boydell Press, 1987, pp. 143—70.

J. V. 菲尔德：《开普勒的宇宙学和星占学》。载 P. 柯里编：《星占学、科学与社会》，伍德布里奇，1987 年，第 143—170 页。

[300] Fisher, Carney. *The chosen one: Succession and adoption in the court of Ming Shizong*. Sydney: Allen & Unwin, 1990.

卡尼·费希尔：《明世宗朝的继承和接纳》，悉尼，1990 年。

[301] Fisher, Carney T. "The great rituat controversy in the age of Ming Shih-tsung." *Bulletin of the Society for the Study of Chinese Religions*, 7 (Fall, 1979), pp. 71—87.

卡尼·费希尔：《明世宗时期的大礼之争》，载《中国宗教研究学会学报》，7（1979 年秋季号），第 71—87 页。

[302] Fisher, Carney T. "Smallpox, salesmen, and sectaians: Ming-Mongol relations in the Jiajing reign (1522—67)." *Ming Studies*, 25 (Spring, 1988), pp. 1—23.

卡尼·费希尔：《天花、商贩和宗教门派：嘉靖朝（1522—1567 年）期间明王朝与蒙古的关系》，载《明史研究》，25（1988 年春季号），第 1—23 页。

[303] FitzGerald, C. P. *The southern expansion of the Chinese people*. New York: Praeger, 1972.

C. P. 菲茨吉拉德：《中国人向南方的扩张》，纽约，1972 年。

[304] Fletcher, Joseph F. Jr. "The Mongols: ecological and social perspectives." *Harvard Journal of Asiatic Studies*, 46, No. 1 (June, 1986), pp. 11—50.

小约瑟夫·弗莱彻：《蒙古人：生态环境与社会的透视》，载《哈佛亚洲研究杂志》，46：1（1986 年 6 月），第 11—50 页。

[305] Franke，Herbert. "Tibetans in Yüan China", ed. John D. Langlois. *China under Mongol rule*. Princeton：Princeton University Press，1981，pp. 296—328.

赫尔贝特·弗兰克：《元代中国的西藏人》。载郎洛瓦编：《蒙古统治下的中国人》，普林斯顿，1981 年，第 296—328 页。

[306] Franke，Wolfgang. "Chinesische Feldzüge durch die Mongolei im frühen 15. Jahrhundert." *Sinologica*，Ⅲ（1951—53），pp. 81—88.

傅吾康：《15 世纪中国对蒙古的远征》，载《汉学》，Ⅲ（1951—1953 年），第 81—88 页。

[307] Franke，Wolfgang. "Ein Dokument zum Prozess gegen Yü Ch'ien i. j. 1457." *Studia Serica*，6（1947），pp. 193—208.

傅吾康：《一份指控于谦的文件》，载《汉学研究》，6（1947 年），第 193—208 页。

[308] Franke，Wolfgang. *An Introduction to the Sources of Ming History*. Kuala Lumpur and Singapore：University of Malaya Press，1968.

傅吾康：《明史资料介绍》，吉隆坡、新加坡，1968 年。

[309] Franke，Wolfgang. "Yung-lo's Mongolei-Feldzüge." *Sinologische Arbeiten*，Ⅲ（1945），pp. 1—54.

傅吾康：《永乐帝对蒙古的远征》，载《汉学研究》，Ⅲ（1945 年），第 1—54 页。

[310] Franke，Wolfgang. "Yü Ch'ien，Staatsmann und Kriegsminister 1398—1457." *Monumenta Serica*，11（1946），pp. 87—122.

傅吾康：《国务活动家与兵部尚书于谦，1398—1457 年》，载《华裔学志》，11（1946 年），第 87—122 页。

[311] Freitas，Jordao de. *Macau：Materiais Para a sua Historia no Seculo XVI*. Macau：Instituto Cultural de Macau，1988.

若尔达奥·德·弗雷塔斯：《16 世纪澳门史料》，澳门，1988 年。

[312] Friese，Heinz. *Das Dienstleistungs-System der Ming Zeit*，1368—1644. Hamburg：Gesellschaft für Natur-und Volkerkunde Ostasiense，1959.

海因茨·弗雷泽：《明代（1368—1644 年）的政绩考核制》，汉堡，1959

年。

［313］ Fu Chao-K'uan

傅兆宽：《梅鷟辨伪略说及尚书考异证补》，台北，1988 年。

［314］ Fu Ch'in-chia

傅勤家：《中国道教史》，上海，1937 年。

［315］ Fu I-ling

傅衣凌：《清代永安赔田约的研究》，载其《明清农村社会经济》，北京，1961 年，第 44—59 页。

傅衣凌：《明清农村社会经济》，北京，三联书店，1961 年。

傅衣凌：《明清社会经济史论文集》，北京，人民出版社，1982 年。

傅衣凌：《明清时代商人及商业资本》，北京，人民出版社，1956 年。

傅衣凌：《明代江西的工商业人口及其移动》，载《抖擞》，41（1980 年 11 月），第 1—7 页。

［316］ Fu Lo-shu. *A documentary Chronicle of Sino-Western relations*, 2 vols. Tucson: University of Arizona Press, 1966.

傅乐淑：《中西关系编年史文献》，2 卷，塔克森，1966 年。

［317］ Fu Ssu-nien

傅斯年：《跋明成祖生母问题汇证》，载《中央研究院历史语言研究所集刊》，6:1（1936 年），第 79—86 页。

［318］ Fu Wei-lin

傅维鳞：《明书》，康熙本，收于《国学基本丛书》，上海，1928 年；收于《畿辅丛书》，台北，1966 年。

［319］ Fujii Hiroshi

藤井宏：《〈新安商人的研究〉中译本序言》，载《中国经济史研究》，1984/3，第 51—54 页。

［320］ Fujii Hiroshi. "Ichijō benpō no ichi sokumen." In Wada hakushi kanreki kinen Tōyōshi ronsō hensan iinkai, ed. *Wada hakushi kanreki kinen Tōyōshi ronsō*. Tokyo: Kōdansha, 1951, pp. 571—90.

藤井宏：《一条鞭法的一个侧面》，载《和田博士还历纪念——东洋史论丛》，东京，1951 年，第 571—590 页。

［321］ Fujii Hiroshi. "Mindai dendo tōkei ni kansuru ichi kōsatsu." *Tōyō gakuhō*, 30:3(1943), pp. 386—419; 30:4(1944), pp. 506—33; 31:1(1947), pp. 97—

143. Tokyo.

藤井宏：《明代土地统计考察》，载《东洋学报》，30：3（1943 年），第
386—419 页；30：4（1944 年），第 506—533 页；31：1（1947 年），第
97—143 页，东京。

[322] Fujii Hiroshi. "Mindai dendo tōkei ni kansuru ichi kōsatsu. "*Tōyō gakuhō*,
30，No. 3(Aug. 1943)，pp. 90—123；30，No. 4(Aug. 1944)，pp. 60—87；31，
No. 1(Feb. 1947)，pp. 97—134.

藤井宏：《明代土地统计考察》，载《东洋学报》，30：3（1943 年 8 月），
第 90—123 页；30：4（1944 年 8 月），第 60—87 页；31：1（1947 年 2
月），第 97—134 页。

[323] Fujii Hiroshi. "Mindai enshō no ichikōsatus. "*Shigaku zasshi*. 54，No. 5
(1943)，pp. 62—111；54，No. 6(1943)，pp. 65—104；54，No. 7(1943)，pp.
17—59. Tokyo.

藤井宏：《明代盐商的考察》，载《史学杂志》，54：5（1943 年），第
62—111 页；54：6（1943 年），第 65—104 页；54：7（1943 年），第 17—
59，东京。

[324] Fujii Hiroshi. "Shin'an shōnin no kendyū. " *Tōyō gakuhō*，36，No. 1(June
1953)，pp. 1—44；36，No. 2(Sept. 1953)，pp. 32—60；36，No. 3(Dec. 1953)，
pp. 65—118；36，No. 4(March 1954)，pp. 115—45.

藤井宏：《新安商人的研究》，载《东洋学报》，36：1（1953 年 6 月），第
1—44 页；36：2（1953 年 9 月），第 32—60 页；36：3（1953 年 12 月），
第 65—118 页；36：4（1954 年 3 月），第 115—145 页。

[325] Fujita Toyohachi. "Porutogaru-jin Makao senkyo ni itaru made no sho
mondai. " In Fujita Toyohachi. *Tōzai kōshō-shi no kenkyū*：*Nankai-hen*.
Tokyo：1923，pp. 417—91.

藤田丰八：《葡萄牙人占据澳门的几个问题》，载他所著《东西交涉史的
研究：南海篇》，东京，1932 年，第 417—491 页。

[326] Fukutake Tadashi. *Asian rural society*：*China，India，Japan*. Seattle：
University of Washington Press，1967.

福武直：《亚洲农村社会：中国、印度和日本》，西雅图，1967 年。

[327] Fukutake Tadashi. *Chūgoku nōson shakai no kōzō*. 1964；rpt. as his *Fuku-
take Tadashi chosakushū dai-kyū kan*. Tokyo：Tōkyō daigaku shuppankai，

1976.

福武直:《中国农村社会的构造》，再版为《福武直著作集第九集》，东京，1976年。

[328] Fuma Susumu. "Mindai byakurenkyō no ichi kōsatsu-keizai tōsō to no kanren to atarashii kyōdōtai. " *Tōyōshi kenkyū*, 35, No. 1 (June 1976), pp. 1—26.

夫马进:《明代白莲教考察——与经济斗争有关的新型共同体》，载《东洋史研究》，35:1 (1976年6月)，第1—26页。

[329] Fung, Yu-lan. *A history of Chinese philosophy*, trans. Derk Bodds, 2 vols. 1937; rtp. Princeton: Princeton University Press, 1963

冯友兰:《中国哲学史》，卜德英译，2卷，1937年；1963年普林斯顿重印。

[330] Furushima Kazuo. *Chūgoku kindai shakaishi kenkyū*. Tokyo. Kenbun in Rekishigaku kenkyū, 1948, {1950}.

古岛和雄:《中国近代社会史研究》，东京，1948年。

[331] Furushima Kazuo. "*Ho Nōsho* no seiritsu to sono chiban. " *Tōyō bunka kenkyūjo kiyō*, 3[1952]; rpt. in his *Chūgoku kindai shakaishi kenkyū*, Tokyo: Kenbun shuppan, 1982, pp. 334—67.

古岛和雄:《〈补农书〉的撰写及地点》，载《东洋学文化研究所纪要》，3 (1952年)；重印于《中国近代社会史研究》，东京，1982年，第334—367页。

[332] Fuson, Robert H, trans. *The log of Christopner Columbus*. Camden, Maine: International Marine Publishing Company, 1987.

罗伯特·富森:《哥伦布航海日志》，坎登，1987年。

[333] Gaastra, F. S. "The Exports of Precious Metal from Europe to Asia by the Dutch East Asia Company, 1602—1795. " In *Precious metals in the later medieval and early modern worlds*, ed. J. F. Richards. Durham, North Carolina: Carolina Academic Press, 1983, pp. 447—67.

F. S. 加斯特拉:《荷属东印度公司从欧洲出口至亚洲的贵金属，1602—1795年》。载J. F. 理查兹编:《中世纪晚期和近代早期世界的贵金属》，达勒姆，1983年，第447—467页。

[334] Gale, James Scarth. "Hanyang. "*Transactions of the Korea branch of the*

Royal Asiatic Society, Ⅱ (1902), pp. 1—43.

詹姆斯·斯卡思·盖尔:《汉阳》,载《皇家亚洲学会朝鲜分会学报》,
Ⅱ (1902 年),第 1—43 页。

[335] Gallagher, Louis J., trans. *China in the sixteenth century: the journals of
Matthew Ricci, 1583—1610*. New York: Random House, 1953.

路易斯·加拉格尔译:《16 世纪中国:利玛窦行记,1583—1610 年》,纽
约,1953 年。

[336] Gamble, Sidney D. *North China villages-social, political, and economic
activities before* 1933. Berkeley: University of California Press, 1963.

西德尼·甘布尔:《华北村落——1933 年前的社会、政治和经济活动》,
伯克利,1963 年。

[337] Gardner, Daniel K. *Chu Hsi and the Ta hsüeh*. Cambridge: Council on
East Asian Studies, Harvard University, 1986.

丹尼尔·加德纳:《朱熹与〈大学〉》,坎布里奇,1986 年。

[338] Geiss, James. "The Chia-ching reign, 1522—1566." In *The Cambridge
History of China*, Vol. 7, eds. Frederick W. Mote and Denis C. Twitch-
ett. Cambridge: Cambrige University Press, 1988, pp. 440—510.

盖杰民:《嘉靖时期,1522—1566 年》,载《剑桥中国史》,第 7 卷,剑
桥,1988 年,第 440—510 页。

[339] Geiss, James. "Peking under the Ming, 1368—1644." Diss. Princeton Uni-
versity, 1979.

盖杰民:《1368—1644 年明代统治下的北京》,普林斯顿大学论文,1979
年。

[340] Gernet, Jacques. *Chine et Christianisme: Action et réaction*. Paris: Galli-
mard, 1982. Trans. as *China and the Christian impact: A conflict of cul-
tures, trans*. Janet Lloyd. Cambridge: Cambridge University Press, 1985.

谢和耐:《中国与基督教:作用和反应》,巴黎,1982 年;珍妮特·劳埃
德:《中国和基督教的冲突:一种文化的分歧》,剑桥,1985 年。

[341] Gernet, Jacques. "Christian and Chinese World Views in the Seventeenth
Century." *Diogenes*, 105 (1979), ed. Jean d'Ormesson. Fiesole: Casailni,
Libri, pp. 93—115.

谢和耐:《17 世纪基督教和中国的世界观》,载《第欧根尼》,105 (1979

年)，费索尔，第 93—115 页。

[342] Gernet, Jacques. *Le monde chinois*. Paris: Armand Colin, 1972. Trans. as *A history of Chinese civilization*, trans. J. R. Foster. Cambridge: Cambridge University Press, 1982.

谢和耐:《中国》，巴黎，1972 年；J. R. 福斯特英译:《中国文明史》，剑桥，1982 年。

[343] Giles Herbert Allen, trans. "The Hsi Yüan Lu'or instructions to Coroners." *China Review*, 3(1874—75), pp. 30—172; rpt. as "Section of the History of Medicine." *Proceedings of the Royal Society of Medicine*, 17 (Lonon, 1924), pp. 59—107.

瞿理斯英译:《洗冤录》，载《中国评论》，3（1874—1875 年），第 30—172 页；再版为《中国医药史篇》，载《皇家医药学会纪要》，伦敦，1924 年，第 59—107 页。

[344] Glamann, Kristof. *Dutch-Asiatic trade*, 1620—1740. The Hague: Martinus Nijhoff, 1958.

克里斯托夫·格拉曼:《1620—1740 年荷兰与亚洲的贸易》，海牙，1958 年。

[345] Goldstone, Jack A. "East and West in the seventeenth century: political crises in Stuart England, Ottoman Turkdy, and Ming China." *Comparative Studies in Society and History*, 30(1988), pp. 103—42.

杰克·戈德斯通:《17 世纪的东西方：斯图亚特王朝的英格兰、奥斯曼时代的土耳其和明朝》，载《社会与历史的比较研究》，30（1988 年），第 103—142 页。

[346] Goodrich, L. Carrington. "The Columbian discovery: China and the New World." *Chinese Studies in History*, 8, NO. 4(Summer 1975), pp. 3—14.

富路特:《哥伦布的发现：中国与新大陆》，载《中国历史研究》，8：4（1975 年夏季号），第 3—14 页。

[347] Goodrich, L. Carrington. and Chaoying Fang, eds. *A dictionary of Ming biography*, 1368—1644, 2 vols. New York and London: Columbia University Press, 1976.

富路特、房兆楹编:《明人传记辞典》，纽约、伦敦，1976 年。

[348] Goodrich, L. Carrington. "Korean interference with Chinese historical re-

cords. "*Journal of hte North China Branch of the Royal Asiatic Society*, LXVⅧ(1937),pp. 27—34.

富路特：《朝鲜对中国历史记载的干预》，载《皇家亚洲学会华北分会学报》，68（1937年），第27—34页。

[349]　Goodrich, L. Carrington. "Sino-Korean relations at the end of the XIVth century,"*Transations of the Korea Branch of the Royal Asiatic Society*, XXX(1940),pp. 35—46.

富路特：《16世纪末的中朝关系》，载《皇家亚洲学会朝鲜分会学报》，30（1940年），第35—46页。

[350]　Grau y Monfalcon, Juan. "Informatory Memorial of 1637."In *The Philippine Islands*,eds. E. H. Blair and J. A. Robertson, 55 vols. Cleveland, Ohio：A. H. Clark,1903—1909, Vol. 27,pp. 55—212.

胡安·格鲁·蒙法尔孔：《1637年的通报奏议》。载布莱尔等编：《菲律宾群岛》，55卷，克利夫兰，1903—1909年，第27卷，第55—212页。

[351]　Gray, Basil. "The export of Chinese porcelain to India. " *Transactions of the Oriental Ceramic Society*,36(1964—66),pp. 21—36.

巴兹尔·格雷：《中国对印度的瓷器出口》，载《东方陶瓷学会学报》，36（1964—1966年），第21—36页。

[352]　Grimm, Tilemann. "Das Neiko der Ming-Zeit von den Anfangen bis 1506. " *Oriens Extremus*,1,no. 2(1954),pp. 139—77.

蒂尔曼·格里姆：　《1506年前明代内阁的工作》，载《远东》，1：2（1954年），第139—177页。

[353]　Grimm, Tilemann. *Erziehung und politik im konfuzianischen China der Ming-Zeit （1368—1644）*. Hamburg：Gesellschaft fur Natru-und Volkerkunde Ostasiens,1960.

蒂尔曼·格里姆：《明代中国（1368—1644年）的儒家教育和政治》，汉堡，1960年。

[354]　Grimm, Tilemann. "Ming education intendants. " *Chinese government in Ming times：seven studies*,ed. Charles O. Hucher. New York：Columbia University Press,1969,pp. 129—47.

蒂尔曼·格里姆：《明代的提学官》。载贺凯编：《明代的中国政府》，纽约，1969年，第129—147页。

[355] Groeneveldt, W. P. *De Nederlanders in China*, *Eerste Deel*: *De eerste Be-moeiinigen om den handdl in China en de vestiging in de Pescadores* (1601—1624). The Hague,1898.

W. P. 格罗恩费尔德特：《在华的荷兰人》，海牙，1898 年。

[356] Grove, Linda and Christian Daniels. *State and society in China-Japanese Perspectives on Ming-Qing social and economic history*. Tokyo: University of Tokyo Press,1984.

琳达·格罗夫、丹尼尔斯·克里斯琴：《中国的国家和社会——日本人对明清社会经济史的看法》，东京，1984 年。

[357] Grove, Linda and Joseph W. Esherick. "From feudalism to capitalism-Japanese scholarship on the transfofration of Chinese rural society." *Modern China*,6,NO. 4(Oct. 1980),pp. 397—438.

琳达·格罗夫、约瑟夫·埃什里克：《从封建主义到资本主义——日本学者论中国农村社会的变化》，载《近代中国》，6：4（1980 年 10 月），第 397—438 页。

[358] Guy, John S. *Oriental trade ceramics in South-East Asia*, *ninth to six-teenth centuries*. Singapore: Oxford University Press,1986.

约翰·盖伊：《9—16 世纪东南亚的东方陶瓷贸易》，新加坡，1986 年。

[359] Habib, Irfan. "A system of Trimetallism in the age of the 'price revolu-tion': Effects of the silver influx on the Mughal monetary system." *The imperial monetary system of Mughal India*. ed. J. F. Richards. New Delhi: Oxford Uiversity Press: 1987, pp. 138—70.

伊尔凡·哈比布：《"价格革命"时期的三本位主义体系——银的流入对莫卧儿货币制度的影响》，载《莫卧儿印度的帝国货币制度》，J. F. 理查兹编，新德里，1987 年，第 138—170 页。

[360] Hai Jui

海瑞：《海瑞集》，陈义钟编，2 卷，北京，中华书局，1962 年。

[361] Hall, D. G. E. *A history of Southeast Asia*, 4th ed. London: Macmillan, 1981.

D. G. E. 霍尔：《东南亚史》，第 4 版，伦敦，1981 年。

[362] Hamaguchi Fukuju. "Mindai ginnō hihan ronkō." In *Kimura Masao sensei taikan kinen Tōyōshi ronshū*, ed. Kimura Masao sensei taikan kinen

jigyōkai Tōyōshi ronshū henshū-iinkai. Chōfu: Kimura Masao sensei taikan
kinen jigyōkai Tōyōshi ronshū henshū-iinkai,1976,pp. 279—88.

滨口福寿：《明代银纳批判论考》，载《木村正雄先生退官纪念——东洋
史论集》，1976 年，第 279—288 页。

[363] Hamaguchi Fukuju. "Ryūkei Banreki no senpō no shintenkai." *Tōyōshi
kendyū*,31,No. 3(Dec. 1972),pp. 73—92.

滨口福寿：《隆庆万历的钱法的新发展》，载《东洋史研究》，31：3
（1972 年 12 月），第 73—92 页。

[364] Hamashima Atsutoshi. *Mindai Kōnan nōson shakai no kenkyū*. Tokyo:
Tōkyō daigaku shuppansha,1982.

滨岛敦俊：《明代江南农村社会的研究》，东京，1982 年。

[365] Hamashima Atsutoshi. "Minmatsu Kōnan kyōshin no gutaizō-Nanjun Shō-
shi ni tsuite." In *Minmatsu Shinshoki no kenkyū*,eds. Iwami Hiroshi and
Taniguchi Kikuo. Kyoto: Kyōto daigaku jinbun kagaku kenkyūjo,1989,
pp. 165—223.

滨岛敦俊：《明末江南的乡绅的具体形象——南浔庄氏》。载岩见宏、谷
口规矩雄编：《明末清初的研究》，京都，1989 年，第 165—223 页。

[366] Hamashima. Atsutoshi. "The organization of water control in the Kiang-
nan delta in the Ming Period." *Acta Asiatica*,38(1980),pp. 69—92.

滨岛敦俊：《明代江南三角洲治水的组织工作》，载《亚洲学报》，38
（1980 年），第 69—92 页。

[367] Hamashima Atsutoshi, Morita Akira, and Kaida Yoshihiro. "Min-Shin jid-
ai no bun'u o megutte-deruta kaitaku no shūyakuka." Chapter 4 of: Wa-
tanabe Tadayo and Sakurai Yumio,eds. *Chūgoku Kōnan no inasaku bunka-
sono gakusaiteki kenkyū*. Tokyo: Nihon hōsō shuppan kyōkai,1984,pp.
171—232.

滨岛敦俊、森田明、海田能宏：《明清时代的分圩——三角洲开发的集
约化》。载渡部忠世、櫻井由躬雄编：《中国江南的水稻耕作文化》，东
京，1984 年，第 171—232 页。

[368] Hambis, Louis. *Documents sur l'histoire des Mongols à l'époque des
Ming*. Paris: Presses Universitaires de France,1969.

路易斯·汉比斯：《明代蒙古人历史文献》，巴黎，1969 年。

[369] Hamilton, Earl J. *American treasure and the price revolution in Spain, 1501—1650.* Cambridge, Mass.：Harvard University Press, 1934.

厄尔·汉密尔顿：《1501—1650 年美洲财富和西班牙的价格革命》，坎布里奇，1943 年。

[370] Handlin, Joanna. *Action in late Ming thought-the reorientation of Lü K'un and other scholar-officials.* Berkeley：University of California Press, 1983.

乔安娜·韩德林：《晚明思想中的行动——吕坤和其他士大夫的重新定位》，伯克利，1983 年。

[371] Harrell, Stevan. "The rich get children：segmentation, stratification and population in three Cheklang, lineages, 1500—1850. "In *Family and population in East Asian history*, eds. Susan B. Hanley and Artyur P. Wolf. Stanford：Stanford University Press, 1985, pp. 81—109.

斯蒂文·哈勒尔：《富人生儿育女：1500—1800 年浙江三个家族的分割、分层和人口状况》。载苏珊·汉利等编：《东亚史中的家庭和人口》，斯坦福，1985 年，第 81—109 页。

[372] Harris, George L. "The mission of Matteo Ricci, S. J.：A case study of an effort at guided cultural change in China in the sixteenth century. "*Monumenta Serica*, 25(1966), pp. 1—168.

乔治·哈里斯：《利玛窦的使命：16 世纪引导中国文化变化努力的个案研究》，载《华裔学志》，25（1966 年），第 1—168 页。

[373] Hartwell, Robert M. "Demographic, Political and social transformations of China, 750—1550. "*Harvard Jurnal of Asiatic Studies*, 42, No. 2(Dec. 1982), pp. 365—442.

郝若贝：《750—1550 年中国的人口统计、政治和社会的变化》，载《哈佛亚洲研究杂志》，42：2（1982 年 12 月），第 365—442 页。

[374] Harvey, Godfrey Eric. *A History of Burma from the earliest times to 10 March* 1824, *the beginnings of the English conquest.* London：Longans Green 1925.

戈弗雷·埃里克·哈维：《缅甸史，从最早期至 1824 年 3 月 10 日英国征服时》，伦敦，1925 年。

[375] Hashimoto Keizō. "Ch'ung-chen kai-reki to Hsü Kuang-c h'i no yaku-

wari. *Explorations in the history of science and technology in China：Compiled in honour of the eightieth birthday of Dr. Joseph Needham.* Shanghai：Chinese Classic,1982,pp. 185—201.

桥本敬造：《崇祯改历与徐光启的作用》，载《中国科技史探讨：李约瑟博士八十寿庆文集》，上海，1982 年，第 185—201 页。

[376] Hashimoto Keizō. "*Ch'ung-chen li shu* ni miru kagaku kakumei no katei." *Science and Skills in Asia：A Festschrift for Prof. Yabuuti Kiyoshi.* Kyoto：Dōhōsha,1982,pp. 370—90.

桥本敬造：《崇祯历书与科学革命的过程》，载《亚洲的科技：薮内清教授纪念文集》，京都，1982 年，第 370—390 页。

[377] Hatada Takashi. *Chūgoku sonraku to kyōdōtai riron.* Tokyō：Iwanami snoten,1973.

旗田巍：《中国村落与共同体理论》，东京，1973 年。

[378] Hatada Takashi. "Mindai Joshinjin no tekki ni tsuite." *Tōhō gakuhō*,11, No. 1(1940),pp. 260—67.

旗田巍：《关于明代女真的铁器》，载《东方学报》，11：1（1940 年），第 260—267 页。

[379] Hayashi Kazuo. "Chūgoku kinsei ni okeru chihō toshi no hattatsu-Taiko heigen Usei-chin no baai."In *Chūgoku kinsei no toshi to bunka*,ed. Umehara Kaoru. Kyoto：Dōhōsha,1984,pp. 419—54.

林和生：《中国近代地方都市的发展——专论太湖平原乌青镇》。载梅原郁编：《中国近代的都市与文化》，京都，1984 年，第 419—454 页。

[380] Hazelton, Keith Duane. "Lineages and local elites in Hui-chou,1500—1800."Diss. Princeton University,1985.

基思·杜安·黑兹尔顿：《1500—1800 年徽州的世系和地方精英》，普林斯顿大学论文，1985 年。

[381] Hecken, Felicia. "A fifteenth-century Chinese diplomat in Herat."*Journal of the Royal Asiatic Society*,3rd Ser. 3：1(April,1993),pp. 85—98.

费利西亚·赫克恩：《15 世纪中国与赫拉特的外交》，载《皇家亚洲学会学报》，3：1（1993 年 4 月），第 85—98 页。

[382] Heer, Ph. De. *The care-taker emperor.* Leiden：E. J. Brill,1986.

菲利浦·德·黑尔：《看守皇帝》，莱顿，1986 年。

1021

［383］ *Histoire de ce qui s'est Passé au Royame de la Chine en l'Année 1624*，Par-
is，1629.〔anonymous，attributed to V. P. Kirwitzer，S. J.〕

《中华王国经历记，1624 年》，巴黎，1629 年（佚名，被认为 V. P. 基尔
威泽尔所作）。

［384］ Ho，Peng Yoke. "The Astronomical Bureau in Ming China." *Journal of
Asian History*，3(1969)，pp. 137—57.

何丙郁：《明代的钦天监》，载《亚洲史杂志》，3（1969 年），第 137—
157 页。

［385］ Ho Ping-ti. " The Geographic Distribution of *Hui-kuan* 〔 *Lands-
mannschaften*〕in Central and Upper Yangtze Provinces." *The Tsing-hua
Journal of Chinese Studies*，New Ser. 5,2(Dec. 1966)，pp. 120—52.

何炳棣：《长江中上游会馆的地理分布》，载《清华中国研究杂志》，新
版5：2（1966 年 12 月），第 120—152 页。

［386］ Ho Ping-ti. "The introduction of American food crops into China." *Ameri-
can Anthro-pologist*，57(April 1955)，pp. 191—201.

何炳棣：《美洲谷物在中国的引入》，载《美国人类学家》，57（1955 年 4
月），第 191—201 页。

［387］ Ho Ping-ti. *The ladder of success in Imperial China：Aspects of social
mobility*，1368—1911. New York：Columbia University Press，1962；rpt.
New York：Columbia University Press，1980.

何炳棣：《中华帝国晋升的阶梯：1368—1911 年社会流动的几个方面》，
纽约，1962 年；1980 年再版。

［388］ Ho Ping-ti

何炳棣：《南宋至今土地数字的考释和评价》，载《中国社会科学》，
1985/2，第 133—165 页；1985/3，第 25—147 页。

［389］ Ho Ping-ti. *Studies on the population of China，1368—1953*，No. 4 of
Harvard East Asian Studies. Cambridge，Mass.：Harvard University
Press，1959.

何炳棣：《1368—1953 年中国人口的研究》，坎布里奇，1959 年。

［390］ Ho Yun-yi. "Ritual aspects of the founding of the Ming dynasty 1368—
1398." *Bulletin of the Society for the Stuey of Chinese Religions*，7(Fall，
1979)，pp. 58—70.

贺允宜：《1368—1398 年明朝建国的礼仪事宜》，载《中国宗教研究学会学报》，7（1979 年秋季号），第 58—70 页。

[391] Hoshi Ayao, *Mindai sōun no kenkyū*, Tōkyō：Nihon gakujutsu shinkōkai, 1963. English abstract trans. as *The Ming tribute grain system*, trans. Mark Elvin. Michigan Abstracts of Chinese and Japanese works on Chinese History, No. 1. Ann Arbon Center for Chinese Studies University of Michigan.

星斌夫：《明代漕运研究》，东京，1963 年。马克·埃尔文摘译成英文，安阿伯。

[392] Hosono Kōji, "Rirōjin to kirōjin." *Shigaku Zasshi*, 8, No. 7（July 1969）, pp. 51—68.

细野造二：《里老人和耆老人》，载《史学杂志》，8：7（1969 年 7 月），第 51—68 页。

[393] Hoston, Germaine A. *Marxism and the crisis of development in prewar Japan*. Princeton：Princeton University Press, 1986.

杰曼·霍斯顿：《马克思主义和战前日本的发展危机》，普林斯顿，1986 年。

[394] Hou Jen-chih. "Ming-tai Hsüan Ta Shan-hsi san-chen ma-shih k'ao." *Yenching hsüeh-pao*, 23（1938）, pp. 183—237. Trans. as "Frontier horse markets in the Ming dynasty." In *Chinese social history in translations of selected studies*, Vol. 7, trans. and eds. Sun, E-tu Zen（Jen I-tu）and John de Francis. American Council of Learned Societies-Studies in Chinese and Related Civilizations, 1957, pp. 309—32.

侯仁之：《明代宣大山西三镇马市考》，载《燕京学报》，23（1938 年），第 183—237 页。载孙任以都等英文编译：《中国社会史论文选译》，第 7 卷，1957 年，第 309—332 页。

[395] Hou Wai-lu

侯外庐：《中国思想通史》，北京，人民出版社，1956、1959 年。

侯外庐等：《吕坤哲学选集》，北京，中华书局，1962 年。

侯外庐、邱汉生、张岂之：《宋明理学史》，2 卷，北京，中华书局，1984—1987 年。

[396] Hroch, Miroslavl and Josef Petrá. *Sedmnácté století-krize feudální*

společnosti?. 1976；*trans. as Das 17. Jabrbundert-Krise der Feudalgesell-schaft*，trans. Eliška and Ralph Melville. Historische Perspektiven. 17 Hamburg：Hoffmann und Campe，1981.

米洛斯拉夫·赫洛克及约瑟夫·佩特拉：《十七世纪封建社会的危机》1976 年；艾利斯卡及拉尔夫·梅尔维尔德文译本《十七世纪封建社会的危机》，收入《历史展望》。汉堡，1981 年。

[397] Hsi，Angela. "Social and economic status of the merchant class of the Ming dynasty. " Diss. University of Illinois，1972.

奚孙凝芝：《明代商人阶级的社会和经济地位》，伊里诺斯大学论文，1972 年。

[398] Hsia Hsieh

夏燮：《明通鉴》，1870 年，1959 年重印；1962 年台北重印为《新校明通鉴》。

[399] Hsia Nai

夏鼐：《扬州拉丁文墓碑与威尼斯银币》，载《考古》，6（1979 年 6 月），第 532—537 页。

[400] Hsiang Ta

向达编：《两种海道针经》，北京，中华书局，1961 年。

[401] Hsiao Fang

萧放：《论明清时期江西四大工商市镇的发展及其历史局限》，载《江西经济史论丛》，1（1987 年 5 月），第 139—175 页。

[402] Hsiao Kung-chuan〔Hsiao Kung-ch'üan〕. *Compromise in Imperial China*. Parerag 6. Seattle：School of International Studies，University of Washington，1979.

萧公权：《中华帝国的妥协》，西雅图，1979 年。

[403] Hsiao Kung-chuan. *Rural China：Imperial control in the nineteenth century*. Seattle：University of Washington Press，1960.

萧公权：《19 世纪中华帝国对农村的控制》，西雅图，1960 年。

[404] Hsieh Chao-chih

谢肇淛：《五杂俎》，万历本，台北 1977 年重印。

[405] Hsieh Ku

谢顾：《瑞昌县志》，1568 年。

[406] Hsieh Kuo-chen

谢国桢:《明末清初的学风》,北京,1982 年。

[407] Hsieh Pin

谢彬:《南京户部志》,1550 年。

[408] Hsieh Yu-ts'ai

解毓才:《明代卫所制度兴衰考》。载卫聚贤编:《说文月刊》,2 卷,
1941 年;收于包遵彭编:《明史论丛》,10 卷,台北,1968 年,第 4 卷,
第 155—247 页。

[409] *Hsien kang shih lei*

《宪纲事类》,1371 年;修订本,1439 年;收于张卤编:《皇明制书》,
1579 年;1966—1967 年东京重印,2 卷。

[410] Hsing-chi and Hsing-yüan

行玑、行元:《黄檗寺志》,1637 年。

[411] Hsü, Wen-hsiung. "From Aboriginal Island to Chinese frontier:The devel-
opment of Taiwan before 1683. "In *China's Island Frontier:Studies in the
Historical Geography of Taiwan*, ed. Ronald G. Knapp. Honolulu:Uni-
versity Press of Hawaii,1980,pp. 3—29.

徐文相(音):《从土著岛屿到中国边疆:1683 年前的台湾开发》。载罗
纳德·纳普:《中国的岛屿边疆:台湾的历史地理研究》,檀香山,1980
年,第 3—29 页。

[412] Hsü Ch'in-t'ing

徐芹庭:《易经研究》,台北,1974 年。

[413] Hsü Hung

徐泓:《明洪武年间的人口移徙》,载《第一届历史与中国社会变迁(中
国社会史)研究会》,台北,1982 年,第 252—293 页。

徐泓:《明代后期华北商品经济的发展与社会风气的变迁》,载《第二次
中国近代经济史会议》,台北,1989 年,第 1 卷,第 107—173 页。

徐泓:《明代社会风气的变迁——以江浙地区为例》,载《第二届国际汉
学会议论文集(庆祝中央研究院院庆六十周年):明清与近代史组》,
1989 年,第 1 卷,第 137—159 页。

[414] Hsü Hung-tsu

徐弘祖:《徐霞客游记》,晚明版,重印为 3 卷,上海古籍,1980 年。

[415] Hsü Kuang-ch'i

徐光启：《徐光启集》，王重民编，2卷，上海，1963年。

[416] Hsü Sung-peng. *A Buddhist leader in the Ming*：*The life and thought of Hanshan Te-ch'ing*，1546—1623. University Park，Pa.：Pennsylvania Staet University Press，1979.

徐宋彭（音）：《一位明代佛教领袖：憨山德清（1546—1623年）的生平与思想》，帕克大学，1979年。

[417] Hsü Tsung-tse

徐宗泽：《明清间耶稣会士译著提要》，1949年；1958年台北再版。

[418] Hsü Tzu

徐鼒：《小腆记传》，1887年；重印收于《明清史料汇编》，第35—38卷，第12篇，第5—6页，台北，1968年。

[419] Hsü Wang-fa

徐望法：《浙江公路史》，北京，人民交通出版社，1988年。

[420] Hsüan-hua. *A General Explanation of "The Essentials of the Sramanera Vinaya and Rules of Deportment."* San Francisco：Buddhist Texts Translation Society，1975.

玄化：《沙弥律和行为戒律要义通解》，旧金山，1975年。

[421] Hsueh Yün-sheng

薛允升：《唐明律合编》，万有文库本，5卷，台北。

[422] Hu，Bangbo. "Maps in the *Gazetteer of Yung-an County*." *Gest Library Journal*，6，No. 1（Sping，1993），pp. 85—100.

胡邦柏（音）：《永安县志的地图》，载《杰斯特图书馆杂志》，6：1（1993年春季号），第85—100页。

[423] Hu Ying-lin

胡应麟：《诗薮》，上海，1958年。

[424] Huai Hsiao-feng

怀效锋：《嘉靖专制政治与法制》，长沙，1989年。

怀效锋：《十六世纪中国的政治风云》，香港，1988年。

[425] Huan lun

幻轮：《释氏辑古略续集》，载《中国佛教史传丛刊》；收于《大正新修大藏经》，第49卷，1924—1934年；台湾，建康书局，1958年，第1

卷，第 903—953 页。

[426] Huang Chang-chien

黄彰健：《明洪武永乐朝的榜文峻令》，载《中央研究院历史语言研究所
集刊》，46:4（1975 年），第 557—594 页；收于其《明清史研究丛稿》，
台北，1977 年，第 237—286 页。

黄彰健：《明代律例汇编》，2 卷，台北，1979 年。

黄彰健：《大明律诰考》，载《中央研究院历史语言研究所集刊》，24
（1953 年 6 月），第 77—102 页；收于其《明清史研究丛稿》，台北，
1977 年，第 155—207 页。

黄彰健：《读明刊繇庆勋懿集所载明太祖与武定侯郭英敕书》，收于其
《明清史研究丛稿》，台北，1977 年，第 142—151 页。

[427] Huang Ch'i-ch'en

黄启臣：《明清珠江三角洲商业与商人资本的发展》，载《中国社会经济
史研究》，1984/3，第 37—50 页。

[428] Huang Jen-yü

黄仁宇：《从三言看晚明商人》，载《香港中文大学中国文化研究所学
报》，7:1（1974 年 12 月），第 133—153 页。

[429] Huang Liu-hung

黄六鸿：《福惠全书》，1694 年；章楚编译成英文，塔克森，1984 年。

[430] Huang Mien-t'ang

黄冕棠：《明史管见》，济南，1985 年，第 346—372 页。

[431] *Huang Ming tsu hsün*

《皇明祖训》，1395 年；重印为《明朝开国文献》，4 卷，台北，1966 年。

[432] Huang, Philip C. C. *The peasant economy and social change in North Chi-na*. Stanford: Stanford University Press, 1985.

黄宗智：《华北的小农经济和社会变化》，斯坦福，1985 年。

[433] Huang Pien

黄汴：《一统路程图记》，1570 年；重印为杨正泰编：《天下水陆路程》，
太原，山西人民出版社，第 199 页。

[434] Huang, Ray. *China: a macro history*. Rev. ed. Armonk: M. E. Sharpe, 1900.

黄仁宇：《中国宏观史》，修订本，阿尔曼克，1990 年。

[435] Huang, Ray. *1587, a year of no significance: the Ming dynasty in decline*. New Haven and London: Yale University Press, 1981.

黄仁宇：《平淡的 1587 年，衰落中的明王朝》，纽黑文、伦敦，1981 年。

[436] Huang, Ray. "Fiscal administration during the Ming dynasty." *Chinese government in Ming times: seven studies*, ed. Charles O. Hucker. New York and London: Columbia University Press, 1970, pp. 415—49.

黄仁宇：《明朝的财政管理》。载贺凯编：《明代的中国政府》，纽约、伦敦，1970 年，第 415—449 页。

[437] Huang, Ray. "The Liaotung campaign of 1619." *Oriens Extremus*, 28, No. 1(1981), pp. 30—54.

黄仁宇：《1619 年的辽东战役》，载《远东》，28:1（1981 年），第 30—54 页。

[438] Huang, Ray. "Military expenditures in sixteenth century Ming China." *Oriens Extremus*, 17, Nos 1—2(1970), pp. 39—62.

黄仁宇：《16 世纪明代的军费》，载《远东》，17:1—2（1970 年），第 39—62 页。

[439] Huang, Ray. *Taxation and governmental finance in sixteenth-century Ming China*. Cambridge Cambridge: University Press, 1974.

黄仁宇：《16 世纪明代的税收和政府财政》，剑桥，1974 年。

[440] Huang Tsung-his

黄宗羲：《明儒学案》；沈芝盈标点本，1987 年台北重印。

[441] Huber, Johannes. "Chinese settlers against the Netherlands East India Company: The rebellion led by Kuo Huai-i on Taiwan in 1652." Paper for International Work-shop on the History of Fujian and East-West Relations in the 17th/18th Centuries, Leiden, University, December 1988.

约翰尼斯·胡贝尔：《中国移民对荷属东印度公司的反抗：1652 年台湾郭怀一领导的叛乱》，福建和 17、18 世纪东西方关系史讨论会论文，莱顿，1988 年 12 月。

[442] Hucker, Charles O. *The censorial system of Ming China*. Stanford: Stanford University Press, 1966.

贺凯：《明代中国的监察制度》，斯坦福，1966 年。

[443] Hucker, Charles O. *China: A critical bibliography*. Tucson: University

of Arizona Press,1962.

贺凯:《中国文献目录评价》,塔克森,1962 年。

[444] Hucker, Charles O. , ed. *Chinese government in Ming Times: seven studies*. New York. Columbia University Press,1969.

贺凯编:《明代中国政府:七篇研究论文》。

[445] Hucker, Charles O. *A dictionary of official titles in Imperial China*. Stanford: Stanford University Press,1985.

贺凯:《中华帝国职官辞典》,斯坦福,1985 年。

[446] Hucker, Charles O. "Government organization of the Ming Dynasty." *Harvard Journal of Asiatic Studies*, 21(December,1958),pp. 1—66 and 23(1960—61),pp. 127—51. Rpt. *Studies of Governmental Institutions in Chinese History*,ed. John L, Bishop, Cambridge, Mass. : Harvard University Press,1968,pp. 57—151.

贺凯:《明代的政府组织》,载《哈佛亚洲研究杂志》,21(1958 年 12 月)第 1—66 页、第 23 页(1960—1961 年),第 127—151 页。重印名《中国史中政府制度研究》,约翰·毕晓普编,坎布里奇,1968 年,第 57—151 页。

[447] Hucker, Charles O. "The Ming dynasty: Its origins and evolving institutions. Michigan papers in Chinese studies,No. 34. Ann Arbor: Center for Chinese Studies,the University of Michigan,1978.

贺凯:《明代的起源及其制度沿革》,密歇根大学中国研究论文,第 34 号,安阿伯,1978 年。

[448] Hucker, Charles O. *The traditional Chinese state in Ming times*(1368—1644). Tucson: University of Arizona Press,1961.

贺凯:《传统的明代中国》,塔克森,1961 年。

[449] Hudson, G. F. *Europe and China*. London: Arnold,1931.

G. F. 赫德森:《欧洲与中国》,伦敦,1931 年。

[450] Hummel, Arthur W. , ed. *Eminent Chinese of the Ch'ing period*(1644—1912),2 vols. Washington, DC: US Government Printing Office,1943—44.

恒慕义:《清代名人传》,2 卷,华盛顿,1943—1944 年。

[451] Hung Wei-lien

洪煨莲：《考利玛窦的世界地图》，载《禹贡》，5：3—4（1930 年）；收于周康燮编：《利玛窦研究论集》，香港，1971 年，第 67—116 页。

[452] Huo Chi

霍冀编：《九边图说》，1569 年。

[453] Hwang Wŏn-gu. "Wyŏng-sa Chosŏn-jŏn yŏkchu". *Tongbang hakchi*. Seoul, XIV (December 1973), pp. 35—103.

黄元九：《明史朝鲜传译注》，载《东方学志》，汉城，14（1973 年 12 月），第 35—103 页。

[454] Ikeuchi, Hiroshi. *Mansen-shi kenkyū*. Ⅲ. Tokyo：Yoshikawa Kōbunkan, 1963.

池内宏：《满鲜史研究》，Ⅲ，东京，吉川弘文馆，1963 年。

[455] Imaeda Aishin. *Chūsei Zenshūshi no kenkyū*. Tokyo：Tokyo daigaku shuppankai, 1970.

今枝爱真：《中世禅宗史的研究》，东京，1970 年。

[456] Innes, Robert L. "The Door Ajar：Japan's Foreign Trade in the Seventeenth Century." Diss. University of Michigan, 1980.

罗伯特·勒鲁瓦·英尼斯：《半开的门：17 世纪日本的对外贸易》，密歇根大学论文。

[457] *Instrucao para o Bispo de Pequim，e Outros Documentos Para a História de Macau*. Lisbon：Agencia Geral das Colonias, 1943.

《给佩基姆主教的指示，及有关澳门史文献》，里斯本，1943 年。

[458] Ishida Hiroshi. "1930-nendai Kahoku mensaku chitai ni okeru nōminsō bunkai-toku ni Kitō nōson no funō'keiei no seikaku ni kanren shite."*Ajia keizai* 21, No. 12 (Dec. 1980), pp. 48—62.

石田宽：《20 世纪 30 年代华北种棉地区农民层分析——东部农村"富农"经营的性质和关联》，载《亚洲经济》，21：12（1980 年 12 月），第 48—62 页。

[459] Ishida Hiroshi. *Chūgoku nōson no rekishi to keizai-nōson henkaku no kiroku*. Ōsaka：Kansai daigaku shuppanbu, 1991.

石田宽：《中国农村的历史和经济——农村变革的记录》，大阪，1991 年。

[460] Ishida Hiroshi. *Chūgoku nōson shakai keizai kōzō no kenkyū*. Kyoto：

Kōyō shobō,1986.

石田宽：《中国农村社会经济结构研究》，京都，1986 年。

[461] Ishida Hiroshi. "Kaihōzen no Kahoku nōson no ichi seikaku-toku ni son-taku to byō to no kanren ni oite . " *Kansai daigaku keizai ronshu* 32, No. 2(1984)；32, No. 3(1984)；rpt. in his *Chūgoku nōson shakai keizai kōzo no kenkyū*. Kyoto：Kōyō shobō,1986.

石田宽：《解放前华北农村的性质——专论村落与庙宇的关系》，载《关西大学经济论集》，32:2（1984 年）；32:3（1984 年）；收于其《中国农村社会经济结构研究》，京都，1986 年。

[462] Ishihara Hiroshi. *Teiki-ichi no kenkyū-kinō to kōzō*. Nagoya：Nagoya daigaku shuppankai,1987.

石原润：《定期集市的研究——机能和结构》，名古屋，1987 年。

[463] Iwama Kazuo. " Minmatsu Shinsho ni okeru Chōkō deruta no 'jisakunō'keiei-nōshi Chō Rishō ni okeru jikōshugi." *Tochi seido shigaku*, 96(July 1982), pp. 52—68.

岩间一雄：《明末清初长江三角洲的自耕农经营——农民张履祥的自耕主义》，载《土地制度史学》，96（1982 年 7 月），第 52—68 页。

[464] Iwami Hiroshi. "Gekidō suru shakai. " Tamura Jitsuzō, ed. *Saigo no tōyōtaki shakai*. Tokyo：Chūōkōronsha,1968, pp. 127—45.

岩见宏：《动荡的社会》。载田村美造编：《最后的东洋式社会》，东京，1968 年，第 127—145 页。

[465] Iwami Hiroshi. "Kasei nenkan no ryokusa ni tsuite. " In *Tamura hakushi shōju Tōyōshi rinsō*, ed. Tamura hakushi taikan kinen jigyōkai. Kyoto：Kyōto daigaku bungakubu Tōyōshi kenkyūshitsu nai Tamura hakushi tai-kan kinen jigyōkai,1968, pp. 39—56.

岩见宏：《嘉靖年间的力差》，载《田村博士颂寿——东洋史论丛》，田村博士退官纪念事业会编，京都，1968 年，第 39—56 页。

[466] Iwami Hiroshi, *Mindai yōeki seido no kenkyū. Tōyōshi kenkyū sōkan*, 39. Kyoto：Dōhōsha,1986.

岩见宏：《明代徭役制度的研究》，载《东洋史研究丛刊》，39，京都，1986 年。

[467] Iwami Hiroshi. "Min no Kasei zengo ni okeru fueki kaikaku ni tsuite. "

Tōyōshi kenkyū, 10, No. 5 (May 1949), pp. 1—25.

岩见宏：《明代嘉靖前后的赋役改革》，载《东洋史研究》，10：5（1949年5月），第1—25页。

[468] Iwami Hiroshi. "Santō Keikairoku'ni tsuite." In Shimizu hakushi tsuitō kinen henshū iinkai, ed. *Shimizu hakushi tsuitō kinen: Mindaishi ronsō.* Tōkyo: Daian, 1962, pp. 197—220. Trans. as "An introduction to the *Shandong jinghuilu*", trans. Helen Dunstan. In *State and society in China-Japanese perspectives on Ming-Qing social and economic history*, trans. and eds. Linda Grove and Christian Daniels. Tokyo: University of Tokyo Press, 1984, pp. 311—33.

岩见宏：《山东经会录》。载清水博士追悼纪念编纂委员会编：《清水博士追悼纪念——明代史论丛》，东京，1962年，第197—220页。海伦·邓斯坦英译：《山东经会录导言》，收于琳达·格罗夫等编译：《日本人对明清社会经济史的看法》，东京，1984年，第311—333页。

[469] Iwao Seiichi. "Japanese Foreign Trade in the Sixteenth and Seventeenth Centuries." *Acta-Asiatica*, No. 30 (1976), pp. 1—18.

岩见成一：《16、17世纪日本的对外贸易》，载《亚洲学报》，30（1976年），第1—18页。

[470] Iwao Seiichi. "Kinsei Nisshi bōeki ni kansuru sūryōteki kōsatsu." *Shigku zasshi*, 62, No. 11 (Nov. 1953), pp. 981—1019.

岩生成一：《近代日中贸易数据的考察》，载《史学杂志》，11（1953年11月），第981—1019页。

[471] Iwao, Seiichi. "Li Tan, Chief of the Chinese residents at Hirado, Japan in the last days of the Ming Dynasty." *Memoirs of the Research Department of the Toyo Bunko* (1958), Vol. 17. pp. 27—83.

岩生成一：《日本平户中国居民的头领李旦，明朝末期的日本》，载《东洋文库研究部纪要》（1958年），第17卷，第27—83页。

[472] Iwao Seiichi. *Shuinsen to Nihonmachi.* Tokyo: Shibundō, 1978.

岩生成一：《朱印船和日本町》，东京，1978年。

[473] Jackson-Stops, Gervase, ed. *The treasure houses of Britain: Five hundred years of private patronage and art collecting.* Washington, DC: National Gallery of Art, 1985.

杰维斯·杰克逊—斯托普斯：《英国的珍宝馆：500 年的私人资助和艺术收藏》，华盛顿特区，1985 年。

[474] Jansen, Marius B. *China in the Tokugawa World*. Cambridge Mass.：Harvard University Press, 1992.

马里乌斯·詹森：《德川时代的中国》，坎布里奇，1992 年。

[475] Jen Tao-pin

任道斌：《方以智年谱》，合肥，1983 年。

[476] Jochim, Christian. "The imperial audience ceremonies of the Ch'ing dynasty." *Bulletin of the Society for the Study of Chinese Religions*, 7(Fall, 1979), pp. 88—103

克里斯琴·乔基姆：《清代的朝觐礼仪》，载《中国宗教研究学会学报》，7 (1979 年秋季号)，第 88—103 页。

[477] Johnson, David, Andrew J. Nathan, and Evelyn S. Rawski, eds. *Popular culture in late imperial China*. Berkeley：University of California Press, 1985.

戴维·约翰逊等编：《中华帝国晚期的大众文化》，伯克利，1985 年。

[478] Johnson, Wallace. *The T'ang code*, *Volume I*, *General Principles*. Princeton：Princeton University Press, 1979.

华莱士·约翰逊：《大明律卷一·通则》，普林斯顿，1979 年。

[479] Jones, E. L. "Disasters and economic differentiation across Eurasia：a reply." *Journal of Economic History*, 45(1985), pp. 675—682.

E. L. 琼斯：《横跨欧亚大陆的灾难和经济差异：一个答复》，载《经济史杂志》，45 (1985 年)，第 675—682 页。

[480] Jones, Wiliam C. *The Great Qing Code*. Oxford：The Clarendon Press, 1994.

威廉·琼斯：《大清律》，牛津，1994 年。

[481] Jung Chao-tsu

容肇祖：《焦竑及其思想》，载《燕京学报》，23 (1938 年)，第 26—32 页。

容肇祖：《何心隐集》，北京，1960 年。

容肇祖：《李贽年谱》，北京，1957 年。

容肇祖：《明代思想史》，1948 年；1962 年台北重印。

[482] Junpei Ogiwara, ed. *Mindai seiiki shiryō*. Kyoto：Kyōto Daigaku Bungakubu Nairiku Ajia Kenkūsho,1974.

荻原淳平编：《明代西域史料》，京都，1974 年。

[483] Kamiki, Tetsuo and Kozo Yamamura. "Silver Mines and Sung Coins-A Monetary History of Medieval and Modern Japan in International Perspective." In *Precious metals in the later medieval and early modern worlds*, Ed. J. F. Richards. Durham, North Carolina：Carolina Academic Press, 1983,pp. 329—62.

上木哲夫（音）、广三山村（音）：《银矿和宋代的钱币：在国际视角下的中世纪和近代日本的货币史》。载 J. F. 理查兹编，《晚期中世纪和早期近代世界的贵金属》，达勒姆，1983 年，第 329—362 页。

[484] Kammerer, Albert. *La Découverte de la Chine par les Portugais au XIV-le Siècle et la Cartographie des Portulans*, *avec des Notes de Toponomie Chinoise par Paul Pelliot. T'oung Pao*, Supplement to Vol. 39, 1994.

阿尔贝特·卡梅雷：《16 世纪葡萄牙人发现中国，波图兰的制图学，伯希和的中国地名研究注释》，载《通报》，第 39 卷附刊，1994 年。

[485] Kao Hsin-hua

高心华：《明初迁民碑》，载《文物参考资料》，1958/3，第 49 页。

[486] Kao I-han

高一涵：《中国御史制度的沿革》，上海，1933—1934 年。

[487] Kao P'an-lung

高攀龙：《高子遗书》，明末本，1983 年台北重印。

[488] Karmay, Heather. *Early Sino-Tibetan art*. Warminster：Aris and Phillips,1975.

希瑟·卡梅：《早期的中国西藏艺术》，沃明斯特，1975 年。

[489] Kasakevich, V. M. "Sources to the history of the Chinese military expeditions into Mongolia." Trans. Rudolf Løwenthal. *Monumenta Serica*, 8 (1943),pp. 328—35.

V. M. 卡萨克维奇：《中国远征蒙古史资料》，鲁道尔夫·洛温塔尔译，载《华裔学志》，8（1943 年），第 328—335 页。

[490] Kaschewsky, Rudolf. *Das Leben des Lamaistischen Heiligen Tsongkhapa Blo-Bzan-Grags-pa（1357—1419）*. Trans. Rudolf Løwenthal. Wiesba-

den：Otto Harrassowitz，1971.

鲁道尔夫·卡斯切夫斯基：《格鲁派教长宗喀巴喇嘛生平》，鲁道尔夫·
洛温塔尔译，威斯巴登，1971 年。

[491] Kataoka Shibako. "Fukken no ichiden ryōshusei ni tsuite." *Rekishigaku
kenkyū*，294(Nov. 1964)，pp. 42—49.

片冈芝子：《福建的一田两主制》，载《历史学研究》，294（1964 年 11
月），第 42—49 页。

[492] Kataoka Shibako. "Minmatsu Shinsho no Kanoku ni okeru nōkai keiei."
Shakai keizai shigaku，25，Nos. 2—3(June 1959)，pp. 77—100.

片冈芝子：《明末清初华北的农家经营》，载《社会经济史学》，25：2—
3（1959 年 6 月），第 77—100 页。

[493] Katayama Seijirō. "Gekkō nijyūshi-shō no hanran."*Shimizu hakushi tsuitō
kinen Mindaishi ronsō*. Tokyo：Daian，1962，pp. 407—10.

片山诚二郎：《月港"二十四将"的叛乱》，载《清水博士追悼纪念——
明代史论丛》，东京，1962 年，第 407—410 页。

[494] Katayama Tsuyoshi. "Shindai Kanton-shō Shukō deruta no zukōsei ni
tsuite-zeiryō，koseki，dōzoku." *Tōyō gakuhō*，63，Nos. 3—4 (Mardch
1982)，pp. 1—34.

片山刚：《清代广东珠江三角洲的里甲制——税粮、户籍与宗族》，载
《东洋学报》，63：3—4（1982 年 3 月），第 1—34 页。

[495] Katō Eiichi. "The Japanese-Dutch trade in the formative period of the se-
clusion policy."*Acta-Asiatica*，No. 30(1976)，pp. 34—84.

加藤荣一：《闭关政策形成阶段的日本与荷兰的贸易》，载《亚洲学报》，
30（1976 年），第 34—84 年。

[496] Kawagoe Yoshihino. "Min-Mō kōshōka no mitsubōeki."*Mindai shi
kenkyū*，3(1974)，pp. 17—32.

川越泰博：《明蒙交涉下的秘密贸易》，载《明代史研究》，3（1974 年），
第 17—32 页。

[497] Kawakatsu Mamoru. *Chūgoku hōken kokka no shihai kōzō-Min-Shin fueki
seidoshi no kenkyū*. Tokyo：Tōkyō daigaku shuppankai，1980.

川胜守：《中国封建国家的统治结构——明清赋役制度史研究》，东京，
1980 年。

[498] Kawakatsu Mamoru. "Minmatsu, Chōkō deuta no shakai to kōsei." In Nishijima Sadao hakushi kanreki kinen ronsō henshū iinkai, ed. *Nishijima Sadao hakushi kanreki kinen-Higashi Ajia shi ni okeru kokka to nōmin*. Tokyo: Yamakawa shuppansha, 1984, pp. 487—515.

川胜守：《明末长江三角洲的社会和荒政》。载西岛定生博士还历纪念论丛编集委员会编：《西岛定生博士还历纪念——东亚的国家和农民》，东京，第 487—515 页。

[499] Kawakatsu Mamoru. "Minmatsu Shinsho, Chōkō deruta ni okeru mensaku to suiri." *Kyūshū daigaku Tōyōshi ronshū*, 6 (Oct. 1977), pp. 77—90, 8 (March 1980), pp. 98—101

川胜守：《明末清初长江三角洲的棉花种植和水利》，载《九州大学东洋史论集》，6（1977 年 10 月），第 77—90 页；8（1980 年 3 月），第 98—101 页。

[500] Kawakatsu Mamoru. *Min-Shin Kōnan nōgyō keizaishi kenkyū*. Tokyo: Tōkyō daigaku shuppansha, 1992.

川胜守：《明清江南农业经济史研究》，东京，1992 年。

[501] Kelly, Edward Thomas. "The Anti-Christian persecution of 1616—1617 in Nan-king." Diss. Columbia University, 1971.

爱德华·托马斯·凯利：《1616—1617 年南京的反基督教迫害》，哥伦比亚大学论文，1971 年。

[502] Kilburn, Richard. *The Hatcher Porcelain Cargoes*. Oxford: Phaidon-Christie's, 1988.

理查德·基尔伯恩：《哈彻号的瓷器船货》，牛津，1988 年。

[503] Kim Chong-bak

金钟博：《明代里甲制度与赋役制度之关系及其演变》，中国文化大学论文，1985 年。

[504] Kimura Motoi. "Kyōdōtai no rekishiteki igi'o kentō sura ni atatte." *Shicbō (shin)*, 2 (July 1977), pp. 2—15.

木村础：《共同体的历史意义和讨论》，载《史潮》（新），2（1977 年 7 月），第 2—15 页。

[505] Kindleberger, Charles P. *Spenders and hoarders: The world distribution of Spanish American Silver*, 1550—1750. Singapore: Institute of South-

east Asian Studies, 1989.

查尔斯·金德尔伯格：《挥霍者和窖藏者：1550—1750 年西属美洲白银在世界的分配》，新加坡，1989 年。

[506] Kirkman, James S. "The Cosast of Kenya as a Factor in the Trade and Culture of the Indian Ocean." In *Sociétés et Compagnies de Commerce en Orient et dans l'Océan Indien*. Ed. Michel Mollat. Paris: SEVPEN, 1970, pp. 247—253.

詹姆斯·柯克曼：《作为印度洋贸易和文化的一个因素的肯尼亚海岸》。载米歇尔·莫拉特编：《东方和印度洋商业的社会和公司》，巴黎，1970 年，第 247—253 页。

[507] Kishimoto Mio. "Kōki nenkan no kokusen ni tsuite-Shinsho keizai shisō no ichi sokumen." *Tōyō bunka kenkyūyo kiyō*, 89 (Sept. 1982), pp. 251—306.

岸本美绪：《康熙年间的谷贱现象——清初经济思想的一个侧面》，载《东洋学文化研究所纪要》，89（1982 年 9 月），第 251—306 页。

[508] Kitamura Hironao. "Gi-shi san kyōbai to sono jidai." *Keizaigaku nenpō* (1957—1958); rpt. in his *Shindai shakai keizaishi kenkyū*. Kyoto: Hōyū shoten, 1971, pp. 88—153.

北村敬直：《魏氏三兄弟及其时代》，载《经济学年报》（1957—1958 年）；收于其《清代社会经济史研究》，京都，第 88—153 页。

[509] Kitamura Hironao. "Minmatsu-Shinsho ni okeru jinushi ni tsuite." *Rekishi-gaku Kenkyū* (1949); rpt. in his *Shindai shakai keizaishi kenkyū*. Kyoto: Hōyū shoten, 1971, pp. 18—49.

北村敬直：《论明末清初的地主》，载《历史学研究》（1949 年）；收于其《清代社会经济史研究》，京都，1971 年，第 18—49 页。

[510] Ko Yin-liang

葛寅亮：《金陵梵刹志》，1607 年；1936 年南京重印。

[511] Kobata Atsushi. "Edo shoki ni okeru kaigai kōeki." In *Nihon keizai no kenkyū*, ed. Kobata Atsushi. Tokyo: Shibunkan, 1978.

小叶田淳：《江户初期的海外贸易》。载小叶田淳编：《日本经济研究》，东京，1978 年。

[512] Kobata Atsushi. "Jūroku, jūshichi seiki ni okeru Kyokutō no gin no ryūtsū." In *Kobata Atsushi Kyōju taikan kinen kokushi ronsō*. Kyoto:

Kobata Atsushi Kyōju taikan kinen jigyōkai, 1970, pp. 1—8.

小叶田淳:《16、17 世纪远东的白银的流通》, 载《小叶田淳教授退官纪念国史论丛》, 京都, 1970 年, 第 1—8 页。

[513] Kobata Atsushi. *Kingin bōekishi no kenkyū*. Kyoto, Hosei daigaku shuppan kyoku, 1976.

小叶田淳:《金银贸易史研究》, 京都, 1976 年。

[514] Kridete, Peter, Hans Medick, and Jürgen Schlumbohm. *Industrialisierung vor der Industrialisierung*. 1977; Trans. as Peter Kriedte, Hans Medick, and Jürgen Schlumbohm. *Industrialization befroe industrialization-rural industry in the genesis of cuplialism*, trans. Beate Schempp. Studies in Modern Capitalism. Cambridge: Cambridge University Press, 1981; and Études sur le captalisme moderne; Past and Present Publications. Paris: Éditions de la maison des sciences de l'homme, 1981.

彼得·克雷德特等:《工业化前的工业化》, 1977 年; 比德·舍姆普译成英文, 名:《工业化前的工业化——孕育资本主义时的农村工业》, 剑桥, 1981 年; 巴黎, 1981 年。

[515] Kristeller, Pual O. *Eight Philosophers of the Italian Renaissance*. Stanford: Stanford University Press, 1964.

保罗·克里斯特勒:《意大利文艺复兴时期的八位哲学家》, 斯坦福, 1964 年。

[516] Ku Hsien-ch'eng

顾宪成:《小心斋札记》, 1877 年; 1975 年台北重印。

[517] Ku Yen-wu

顾炎武:《日知录集释》, 黄汝成编, 1872 年; 重印为《国学基本丛书》, 第 17—18 卷, 1935 年; 1968 年台北重印。

顾炎武:《日知录道读》, 赵俪生编, 成都, 巴蜀书社, 1992 年。

顾炎武:《顾亭林诗文集》, 北京, 1959 年。

顾炎武:《天下郡国利病书》, 1662 年; 重印为《四部丛刊之编史部》, 第 16—20 卷, 上海, 1936 年; 1975 年京都重印; 1979 年台北重印。

[518] Ku Ying-tai

谷应泰:《明史纪事本末》, 重印成 4 卷, 收于《国学基本丛书简编》, 上海, 1936 年; 1956 年台北影印; 1977 年北京重印。(原为《明朝纪事本末》。)

[519] K'uai-chi Chih

《会稽志》，1572 年本。

[520] Kuno, Yoshi S. *Japanese expansion on the Asiatic continent: A study of the history of Japan with special reference to her international relations with China, Korea and Russia*. 2 vols. Berkeley: University of California Press, 1937—40.

久野吉（音）：《日本对亚洲大陆的扩张：日本史研究，特别侧重它与中国、朝鲜和俄国的国际关系》，2 卷，伯克利，1937—1940 年。

[521] Kuo Li-ying. "Divination, jeux de hasard et purification dans le bouddhisme chinois: autour d'un sūtra apocryphe chinois, le *Zhancbajing*." *Colloque franco-japonais sur l'adaption du buddhisme aux cultures locales*. Paris: Collège de France, Septembre, 1991. To appear in Publications de l'École Francais Extrême Orient. Ed. Gerard Fussman.

郭利颖（音）：《中国佛教中的算命、赌博及净礼：围绕中国伪经〈占察经〉，"有关佛教适应本地文的法、日学术讨论会"论文。巴黎，1991 年 9 月。

[522] Kuo P'eng

郭朋：《明清佛教》，福建，人民出版社，1982 年。

[523] Kuo Yin-liang

葛寅亮：《金陵梵刹志》，1627 年；1976 年台北重印。

[524] Kuribayashi Nobuo. "Ichijō benpō no keisei ni tsuite." In Shimizu hakushi tsuitō kinen henshū iinkai, ed. *Shimizu hakushi tsuitō kinen: Mindaishi ronsō*. Tokyo: Daian, 1962, pp. 115—37.

栗林宣夫：《一条鞭法的形成》，载《清水博士追悼纪念——明代史论丛》，东京，1962 年，第 115—137 页。

[525] Kuribayashi Nobuo. *Rikōsei no kenkyū*. Tokyo: Bunri shoin, 1971.

栗林宣夫：《里甲制研究》，东京，1971 年。

[526] Karoki Kuniyasu. "Ichijō benpō seiritsu no seisanryokuteki kiso." *Mindaishi kenkyu*, 4 (Nov. 1976), pp. 1—12.

黑木国泰：《一条鞭法实行的生产力基础》，载《明代史研究》，4（1976 年 11 月），第 1—12 页。

[527] Kusano Yasushi. *Chūgoku no jinushi keizai-bunshūsei*. Tokyo: Kyūko

shoin,1985.

草野靖：《中国的地主经济分种制》，东京，1985 年。

[528] Kusano Yasushi. "Minmatsu Shinsho-ki ni okeru denmen no henshitsu-Shōshūfukai o chūshin ni. " *Kumamoto daigaku bungakubu ronsō*,5(March 1981),pp. 24—68.

草野靖：《明末清初时期田面的变化——专论漳州府地区》，载《熊本大学文学部论丛》，5（1981 年 3 月），第 24—68 页。

[529] Kuttner, Fritz A. "Prince Chu Tsai-yu's Life and Work. "*Ethnomusicology*,19. 2(1975),pp. 163—206.

弗里茨·库特纳：《朱载堉王子的生平与著作》，载《民族音乐》，19·2（1975 年），第 163—206 页。

[530] Lach, Donald F. *Asia in the making of Europe*. Chicago：University of Chicago Press,1965.

唐纳德·拉奇：《欧洲发展时期的亚洲》，芝加哥，1965 年。

[531] Lai Chih-te

来知德：《周易集注》，约 1598 年；收于《四库全书珍本四集》，11，台北，无日期。

[532] Lai Hui-min

赖惠敏：《明代南直隶赋役制度的研究》，载《文史丛刊》，63，台北，1983 年。

[533] Lam Yuan-chu. "Memoir on the campaign against Turfan. "*Journal of Asian History*,24,No. 2(1990),pp. 105—60.

刘元珠（音）：《吐鲁番战役》，载《亚洲史杂志》，24：2（1990 年），第 105—160 页。

[534] Lamb,H. H. *Climate*, *history*, *and the modern world*. London：Methuen, 1982.

H. H. 拉姆：《气候、历史和近代世界》，伦敦，1982 年。

[535] Lane, Frederic C. *Venice and history*. Baltimore：Johns Hopkins press, 1966.

弗雷德里克·莱恩：《威尼斯和历史》，巴尔的摩，1966 年。

[536] Lang-yün Hai-chu

浪云海珠：《云游草》，1638 年。

[537] Langlois, John D. "The code and *ad hoc* legislation in Ming law," *Asia Major*, Third Series, 6.2(1993), pp. 85—112.

约翰·郎洛瓦：《明法中的律和特别立法》，载《大亚细亚》，第 3 套，6:2 (1993 年)，第 85—112 页。

[538] Langlois, John D. "The Hung-wu reign, 1368—1398." *The Ming Dynasty, 1368—1644, Part I*. Ed. Frederick W. Mote and Denis Twitchett. Vol. 7 of *The Cam-bridge History of China*. New York: Cambridge University Press, 1988, pp. 107—81.

约翰·郎洛瓦：《洪武之治，1368—1398 年》，载《剑桥中国史》，第 7 卷，纽约，1988 年，第 107—181 页。

[539] Langlois, John D. "Law, statecraft, and *The Spring and Autumn Annals* in Yüan political thought." *Yüan Thought: Chinese Thought and Religion Under the Mongols*, eds. Hok-lam Chan and Wm. Theodore de Bary. New York: Columbia University Press, 1982, pp. 89—153.

约翰·郎洛瓦：《元代政治思想中的法律、经世论和〈春秋〉》。载陈学霖、狄百瑞编：《元代思想：蒙古人统治时期中国人的思想和宗教》，纽约，1982 年，第 89—153 页。

[540] Lao Cheng-wu

劳政武：《论唐明律对官人之优遇》，台北，1976 年。

[541] Lavely, Williamm, James Lee, and Wang Feng. "Chinese demography: the state of the field." *Journal of Asian Studies*, 49, No. 4 (Nov. 1990), pp. 807—34.

威廉·拉夫利、李中清、王丰（音）：《中国的人口统计学：该领域的状况》，载《亚洲研究杂志》，49:4 (1990 年 11 月)，第 807—834 页。

[542] Ledyard, Gari K. "The Korean security crisis of 1598: National security Confucian style." Unpublished paper presented before the Columbia University Seminar on Korea. New York: December, 1980.

加里·莱迪亚德：《1598 年朝鲜的安全危机》，哥伦比亚大学朝鲜研讨会未发表论文，纽约，1980 年 12 月。

[543] Ledyard, Gari K. "Korean travelers in China over four hundred years, 1488—1877." *Occasional papers on Korea*, Ⅱ (March, 1974), pp. 1—42.

加里·莱迪亚德：《1488—1877 年 400 年来朝鲜到中国的旅客》，载《朝鲜不定期论文集》，Ⅱ（1974 年 3 月），第 1—42 页。

[544] Ledyard, Gari K. "Yin and yang in the China-Manchuria-Korea triangle. " *China among equals：The middle kingdom and its neignbors*,10th—14th *centuries*,ed. Morris Rossabi. Berkeley：University of California Press, 1983,pp. 313—53.

加里·莱迪亚德：《中—满—朝三角中的阴阳关系》，载莫里斯·罗萨比编：《中央王国及其处于平等地位的邻邦：10—14 世纪》，伯克利，1983 年，第 313—353 页。

[545] Lee, Ki-baik. *A new history of Korea，trans*. Edward W. Wagner with Edward J. Shultz. Cambridge, Mass. ：Harvard University Press,1984.

李基白（音）：《新编朝鲜史》，爱德华·瓦格纳等英译，坎布里奇，1984 年。

[546] Leonard, Jane Kate. *Wei Yüan and China's Rediscovery of the Maritime World*. Council on East Asian Studies. Cambridge, Mass. ：Harvard University Press,1984.

简·凯特·伦纳德：《魏源和中国对海外世界的再发现》，坎布里奇，1984 年。

[547] Leslie, Donald Daniel. *Islam in Traditional China：A Short History to 1800*. Canberra：Canberra College of Advanced Education,1986.

唐纳德·丹尼尔·莱斯利：《1800 年前伊斯兰教在中国的简史》，堪培拉，1986 年。

[548] Leslie, Donald Daniel. *Islamic Literature in Chinese，Late Ming and Ealy Ch'ing：Books，Authors and Associates*. Canberra：Canberra College of Advanced Education,1981.

唐纳德·丹尼尔·莱斯利：《晚明和清初期的中文伊斯兰文献：书籍、作者和助手》，堪培拉，1981 年。

[549] Leung, Angela Ki Che. "Organized Medicine in Ming-Qing China：State and Private Medical Institutions in the Lower Yangtze Region."*Late Imperial China*,8,No. 1(June 1987),pp. 135—66.

安吉拉·梁：《明清中国有组织的医学：长江下游地区国家及私人的医疗机构》，载《晚期中华帝国》，8:1（1987 年 6 月），第 135—166 页。

[550] Levathes, Louise. *When China ruled the seas：the treasure fleet of the*

Dragon Throne, 1405—33. New York and London: Simon and Schuster, 1994.

路易丝·利文西丝:《中国统治海洋之时:龙座的宝藏舰队,1405—1433 年》,纽约、伦敦,1994 年。

[551] Li, Chi. *The Travel Diaries of Hsü Hsia-k'o*. Hong Kong: Chinese University of Hong Kong Press, 1974.

李祁:《徐霞客游记》,香港,1974 年。

[552] Li Chih

李贽:《焚书》,1590 年;1961 年北京中华书局重印。

李贽:《续焚书》,1611 年;1959 年北京中华书局重印。

李贽:《藏书》,南京,1599 年;1959 年北京中华书局重印。

[553] Li Chih-tsao

李之藻:《天学初函》,1628 年;1965 年台北重印,6 卷。

李之藻:《同文算指》,1613 年;收于李之藻编《天学初函》,台北重印本,第 5 卷,第 2771—3426 页。

[554] Li Chin-hua

李晋华:《明成祖生母问题汇证》,载《中央研究院历史语言研究所集刊》,6:1(1936 年),第 55—78 页。

[555] Li Chin-te

李晋德:《客商一览醒迷》,1635 年本;杨正泰编,太原,山西人民出版社,1992 年。

[556] Li Chou-wang

李周望:《国朝历科题名碑录初集》,收于《明清历科进士题名碑录》,台北影印本,4 卷,1969 年。

[557] Li Hsi and Ts'ai Fan

李熙、蔡藩编:《琼山县志》,1917 年。

[558] Li Hsien

李贤:《大明一统志》,1461 年;1965 年台北重印。

[559] Li Ki. *ou Memoires sur les bienséanxes et les cérémonies*, trans. Seraphin J. Couvreur, 2 vols. Ho kien fou: Imprimerie de la mission Catholique, 1913.

李基(音):《礼貌和礼仪要义》,瑟拉芬·库韦尔法译,2 卷,1913 年。

[560] Li Kuang-t'ao

李光涛：《朝鲜壬辰倭寇中之平壤战役与南海战役》，载《中央研究院历史语言研究所集刊》，20：1（1948 年），第 275—298 页。

李光涛：《明人援韩与杨镐蔚山之役》，载《中央研究院历史语言研究所集刊》，41：4（1969 年），第 545—566 页。

[561] Li Lung-ch'ien

李龙潜：《明清经济史》，广州，广东高等教育出版社，1988 年。

[562] *Li Ma-tou K'un-yü wan-kuo ch'üan t'u.* Peking：Society of Chinese Historical Geography，1936.

《利玛窦坤舆万国全图》，北京，1936 年。

[563] Li Shih

李实：《北使录》，15 世纪中；收于沈节甫：《纪录汇编》，台北，1960 年。

[564] Li Shin-chen

李时珍：《本草纲目》，约 1593 年；再版标点本，北京，人民卫生出版社，1975 年。

[565] *Li tai chih kuan piao*

《历代职官表》，1780 年钦命编定。北京，乾隆时期宫廷本；收于《国学基本丛书》，8 卷，上海，1937 年。

[566] Li Tung-yang

李东阳：《大明会典》，1511 年；1963 年台北影印。

[567] Li Ung Bing. *Outlines of Chinese history*, ed. Joseph Whiteside. Shanghai：The Commercial Press，1914.

李恩平（音）：《中国史纲》，约瑟夫·怀特赛德编，上海，1914 年。

[568] Li Wai-yee. *Enchantment and disnchantment：Love and illusion in Chinese literature*. Princeton：Princeton University Press，1993.

李怀义（音）：《着迷和清醒：中国文学中的爱与幻想》，普林斯顿，1933 年。

[569] Li Yü

李渔：《李渔全集》，15 卷，台北，1970 年。

[570] Li Yüan-yang

李元阳：《云南通志》，1576 年；1934 年昆明重印。

[571] Liang Ch'i-ch'ao

梁启超:《清代学术概论》,1920 年;1958 年台北重印;徐中约英译,坎布里奇,1959 年。

梁启超:《中国近三白年学术史》,1924 年,1966 年台北重印。

[572] Liang Chia-mien

梁家勉:《徐光启年谱》,上海,上海古籍出版社,1981 年。

[573] Liang Fang-chung

梁方仲:《中国历代户口、田地、国赋统计》,上海人民出版社,1980 年。

梁方仲:《梁方仲经济史论文集》,北京,1989 年。

梁方仲:《明代国际贸易与银的输出入》,载《中国社会经济史集刊》,6:2(1939 年),第 267—324 页。

梁方仲:《明代粮长制度》,上海人民出版社,1957 年。

梁方仲:《明代的户帖》,载《人文科学学报》,2/1(1943 年),收于《梁方仲经济史论文集》,北京,中华书局,1989 年,第 219—228 页。

[574] Liang Fang-chung. *The Single-Whip Method of Taxation in China.* Trans. Wang Yu-ch'uan〔sic〕(Wang Yuquan). Harvard University Chinese Economic and Political Studies, Special Series. Cambridge, Mass.:Harvard University Press,1956.

梁方仲:《中国税制中的一条鞭法》,王毓铨英译,坎布里奇,1956 年。

[575] Liang Sen-t'ai

梁森泰:《明清时期浮梁的农林商品》,载《中国社会经济史研究》,Ⅰ,1988 年,第 28—38 页。

[576] Libbrecht, Ulrich. *Chinese Mathematics in the Thirteenth Century:The Shu-shu chiu-cheng of Ch'in Chiu-chao.* Cambridge, Mass:MIT Press, 1973.

乌尔里克·利伯雷克特:《13 世纪中国的数学》,坎布里奇,1973 年。

[577] Liew, Foon Ming. *Tuntian farming of the Ming dynasty*(1368—1644). Mitteilungen der Gesellschaft für Natur-und Vølkerkunde Ostasiens, Band 97. Hamburg:Gesellschaft füt Natur-und Vølkerkunde Ostasiens,1984.

刘凤鸣(音):《明代的屯田》,汉堡,1984 年。

[578] Lin Chao-en

林兆恩：《寤言录》；收于王贞冈编：《林子全集》，1606 年本，林找可作序。内阁文库藏。

[579] Lin Ch'ing-chang

林庆彰：《明代考据学研究》，第 2 版，台北，1986 年。

[580] Lin Hsiang-jui

林祥瑞：《福建永佃权成因的初步考察》，载《中国史研究》，1982/4，第 62—74 页。

[581] Lin Jen-ch'uan. "Fukien's Private Sea Trade in the 16th and 17th Centuries."In *Development and decline of Fukien Province in the 17th and 18th centuries*,ed. E. B. Vermeer, Leiden, E. J. Brill,1990,pp. 163—215.

林仁川：《16—17 世纪福建私人海上贸易》。载 E. B. 费米尔编：《福建省在 17—18 世纪的发展和衰落》，莱顿，1990 年，第 163—215 页。

[582] Lin Jen-ch'uan(Lin Renchuan)

林仁川：《明末清初私人海上贸易》，上海，1987 年。

[583] Lin K'uei and Li K'ai

林魁、李恺：《龙溪县志》，1534 年。

[584] Lin Li-yüeh

林丽月：《明代的国子监生》，台北，1978 年。

[585] Lin，T. C. "Manchuria in the Ming empire." *Nankai Social and Economic Quarterly*,VⅢ,No. 1(April 1935),pp. 1—43.

T. C. 林：《明帝国的满洲》，载《南开社会经济季刊》，8：1（1935 年 4 月），第 1—43 页。

[586] Lin，T. C. "Manchuria trade and tribute in the Ming dynasty." *Nankai Social and Economic Quarterly*,9(1937),pp. 855—92.

T. C. 林：《明代满洲的贸易和朝贡》，载《南开社会经济季刊》，9（1937 年），第 855—892 页。

[587] Lin Yu-nien

林有年编：《安溪县志》，1552 年。

[588] Littrup, Leiff. *Subbureaucratic government in China in Ming times：a study of Shandong Province in the sixteenth century*. Instituter for sammenlignende kulturforskning, Serie B：Skrifter 64. Oslo：Universitetsforlaget,1981.

利夫·利特鲁普：《明代中国基层官僚政府：16 世纪山东省研究》，奥斯陆，1981 年。

[589] Litzinger, Charles Albert. "Temple community and village cuitural integration ın Nortn China. evidence from 'sectarian cases' (chiao-an) in Chihli, 1860—95. "Diss. University of California at Davis, 1983.

查尔斯·艾伯特·利津格：《华北寺庙社区和村落文化的融合；取自 1860—1895 年直隶教案的证据》，加州戴维斯大学论文，1983 年。

[590] Liu Chao-min

刘昭民：《中国历史上气候之变迁》，台北，1992 年。

[591] Liu Chih-wan. *Chūgoku Dōkyō no matsuri to shinkō*, 2 vols. Tokyo: Ōfūsha, 1983.

刘枝万：《中国道教的祭祀和信仰》，2 卷，东京，1983 年。

刘枝万：《道教灵验记》，摘自《道藏》，326:15:419 页，1445 年；1598、1607、1845、1926、1962 年重印；1977 年台北重印。

[592] Liu Chih-wei

刘志伟：《明清珠江三角洲地区里甲制中"户"的衍变》，载《中山大学学报（社）》，1988/3，第 64—73 页。

[593] Liu Chih-yuan

刘志远：《四川洪雅县明墓出土的银锭文字》，载《文物参考资料》，69:5（1956 年），第 45—46 页。

[594] Liu Chün-ts'an

刘君灿：《方以智》，台北，1988 年。

[595] Liu Ch'ung-jih and Wu Hsin-li

刘重日、武新立：《研究封建社会的宝贵资料：明清抄本"租底簿"两种》，载《文献》，3（1980 年 10 月），第 145—158 页。

[596] Liu Mi

刘谧：《三教平心论》，福建，1637 年。

[597] Liu Sen

刘森：《略论明代徽州的土地占有形态》，载《中国社会经济史研究》，1986/2，第 37—43 页。

[598] Liu Shih-chi

刘石吉：《明清时代江南市镇研究》，北京，1987 年。

刘石吉：《明清时代江南市镇之数量分析》，载《思与言》，16：2（1987年7月），第128—149页。

[599] Liu Tsui-jung. "The demography of two Chinese clans in Hsiao-shan, Chekiang, 1650—1850. "In *Family and population in East Asian history*, eds. Susan B. Hanley and Arthur P. Wolf. Stanford: Stanford University Press, 1985, pp. 13—61.

刘翠溶：《1650—1850年浙江萧山两个宗族的人口统计》。载苏珊·汉利等编：《东亚史中的家庭和人口》，斯坦福，1985年，第13—61页。

刘翠溶：《明清人口之增殖与迁移——长江中下游地区族谱资料之分析》。载许倬云等编：《汉学研究资料及服务中心丛刊·论著类》，1，台北，1983年，第285—316页。

刘翠溶：《明清时期家族人口与社会经济变迁》，台北，1992年。

[600] Liu Ts'un-yan. "The Penetration of Taoism into Ming Neo-Confucianist Elite. "In *Seldcted papers from the Hall of Harmonius Wind*. Leiden E. J. Brill, 1976, pp. 76—148.

柳存仁：《道教对明代新儒学精英中的渗透》，载《和风堂选集》，莱顿，1976年，第76—148页。

[601] Liu Ts'un-yan. "Taoist Self-cultivation in Ming Thought. "*Self and society in Ming thought*, ed. William Theodore de Bary. New York: Columbia University Press, 1970, pp. 291—330.

柳存仁：《明代思想中的道教自我修炼》。载狄百瑞编：《明代思想中的自我和社会》，纽约，1970年，第291—330页。

[602] Liu Tsung-chou

刘宗周：《刘子全书》，1824年；1968年台北再版。

[603] Liu Wu

刘梧：《惠州府志》，1542年。

[604] Liu Yung-ch'eng

刘永成：《清代前期农业资本主义萌芽初探》，福州，1982年。

刘永成：《论中国资本主义萌芽的历史前提》，载《中国史研究》，1979/2（7月），第23—46页。

[605] Ljungstedt, Sir Andrew. *An historical sketch of the Portuguese settlements in China*. Boston, 1836.

安德鲁·扬斯德特:《葡萄牙人在中国殖民简史》,波士顿,1836 年。

[606] Lo Ch'ang-p'ei

罗常培:《耶稣会士在音韵学上的贡献》,载《中央研究院历史语言研究所集刊》,1:3（1930 年），第 267—338 页。

[607] Lo Hung-hsien

罗洪先:《念菴文集》,无日期;1974 年台北重印。

[608] Lo, Jung-pang. "Policy formulation and decision-making on issues respecting peace and war."*Chinese government in Ming times: Seven studies*,ed. Charles O. Hucker. Studies in Oriental Culture, No. 2 New York and London: Columbia University Press,1969,pp. 41—72.

罗荣邦:《涉及和平和战争问题的政策制定和决策》。载贺凯编:《明代中国政府》,纽约、伦敦,1969 年,第 41—72 页。

[609] Lopez, Robert Sabatino. "China silk in Europe in the Yüan period."*Journal of the American Oriental Society*,72(1952),pp. 72—76.

罗伯特·萨巴斯蒂诺·洛佩兹:《元朝时欧洲的中国丝绸》,载《美国东方学会杂志》,72（1952 年），第 72—76 页。

[610] Lopez, Robert S. and Harry A. Miskimin. "The economic depression of the renais-sance."*The Economic History Review*,2nd Ser.,14(1962),pp. 408—426.

罗伯特·S. 洛佩斯等:《经济萧条和复苏》,载《经济史评论》,第 2 套,14（1962 年），第 408—426 页。

[611] Lopez, Robert, Harry Miskimin, and Abraham Udovitch. "Eanland to E-gypt,1350—1500: Long-term Trends and Long-distance Trade."In *Studies in the ecomimic history of the Middle East from tne rise of Islam to the present day*,ed. M. A. Cook. London: Oxford University Press, 1970,pp. 93—128.

罗伯特·洛佩斯等《1350—1500 年英格兰至埃及：长期趋势和长途贸易》,载 M. A. 柯克编:《从伊斯兰的崛起至今的中东经济史研究》,伦敦,1970 年,第 93—128 页。

[612] Lu Ch'ien

卢前:《八股文小史》,上海,1937 年。

[613] Lu Hsi-hsiung

陆锡熊：《娄县志》，1788 年。

[614] Lu Jung

陆容：《菽园杂记》，860 卷。第 626 卷；收于《丛书集成简编》，2 卷本，第 1 卷，台北，1965—1966 年，第 131—132 卷。

[615] Lu K'an

路侃：《试论明代文艺理论中的主情说》，载《文学论集》，7，北京，中国人民大学出版社，1984 年，第 165—180 页。

[616] Lü Wei-ch'i

吕维祺编：《四译馆则例》，约 1613 年；1928 年京都重印，2 卷。

[617] Luan Ch'eng-hsien

栾成显：《明代地主制经济之一考察——兼叙明初的户帖与黄册制度》，载《东洋学报》，68：1—2（1987 年），第 35—70 页。

栾成显：《关于朱元璋攒造的龙凤时期鱼鳞册》，鹤见尚弘日译，载《东洋学报》，70：1—2（1989 年 1 月），第 25—48 页。

[618] Luk, Bernard Hung-kay. "A serious matter of life and death: learned conversation at Foochow in 1627." *East meets West*: *The Jesuits in China*, 1582—1773, eds. Charles E. Ronan and Bonnie B. C. Oh. Chicago: Loyola University Prass, 1988, pp. 173—206.

陆鸿基（音）：《生死大事；1627 年福州的一次学术交谈》。载查尔斯·罗南编：《东西方相遇：1582—1773 年，在中国的耶稣会士》，芝加哥，1988 年，第 173—206 页。

[619] Luk, Bernard Hung-kay. "A study of Guilio Aleni's Chih-fang wai chi." *Bulletin of the School of Oriental and African Studies*, 40, No. 1 (1977), pp. 58—84.

陆鸿基（音）：《艾儒略的〈职方外纪〉研究》，载《东方和非洲研究学报》，40：1（1977 年），第 58—84 页。

[620] Lnudback, Knud. "The first translation from a Confucian classic in Europe." *China Mission Studies Bulletin*, 1 (1979), pp. 1—11.

克努德·伦德贝克：《儒家经典译介欧洲的第一部译本》，载《中国传教研究》，1（1979 年），第 1—11 页。

[621] Lung Wen-pin

龙文彬编：《明会要》，1887 年；1956 年北京重印，2 卷；1963 年台北重印。

[622] Lynch, John. *Spain under the Habsburgs*, Vol. 2 *Spain and America* 1598—1700. 2nd ed. Oxford: Basil Blackwell, 1981.

约翰·林奇：《哈布斯堡王室统治下的西班牙》，第 2 卷，《1598—1700 年的西班牙和美洲》，第 2 版，牛津，1981 年。

[623] Lyon, Eugene. "Track of the Manila Galleons." *National Geographic*, 178, No. 3(September 1990), pp. 3—37.

尤金·莱昂：《马尼拉大帆船的航道》，载《国家地理》，178：3（1990 年 9 月），第 3—37 页。

[624] Ma Huan

马欢：《瀛涯胜览校注》，冯承钧编，上海，1938 年。

[625] MacCormack, Geoffrey. "The T'ang and Ming law of homicide." *Revue internaionale des droits de l'antiquité*, 35(1988), pp. 27—78.

杰弗里·麦科马克：《唐明法中的杀人》，载《国际古代法杂志》，35 （1988 年），第 27—78 页。

[626] MacCormack, Geoffrey. *Traditional Chinese penal law*. Edinburgh: Edinburgh University Press, 1990.

杰弗里·麦科马克：《传统中国的刑法》，爱丁堡，1990 年。

[627] Macintosh, Duncan. *Chinese blue and white porcelain*, 2nd ed. London: Bamboo, 1986.

邓肯·麦金托什：《中国的青花瓷》，第 2 版，伦敦，1986 年。

[628] Mair, Victor. "Language and ideology in the written popularizations of the Sacred Edict." In *Popular culture in late imperial China*, eds. David Johnson, Andrew J. Nathan and Evelyn S. Rawski. Berkeley: University of California Press, 1985, pp. 325—59.

维克托·梅尔：《在〈圣训〉的撰著推广中的语言与意识形态》。载戴维·约翰逊等编：《中华帝国晚期的大众文化》，伯克利，1985 年，第 325—359 页。

[629] Maitra, K. M., trans. *A Persian embassy to China, being an extract from Zubdatut Tawarikh of Hefiz Abru*. New intro. L. Carrington Goodrich. New York: Paragon, 1934; rpt. New York: Paragon Book Reprint Corporation, 1970.

K. M. 梅特拉译：《一个到中国的波斯使者》，富路特作导言，纽约，1934 年；1970 年纽约再版。

[630] Makino Tatsumi. "Chūgoku ni okeru sōzoku no sonraku bunpu ni kansuru tōkeiteki ichi shiryō-Sengenkyōshi ni tsuite." *Kazoku to sonraku*, 2 (March 1942); rpt. in his *Makino Tatsumi chosakushū dai-san-kan. Kinsei Chūgoku sōzoku kenkyū*. Tokyo: Ochanomizu shobō, 1980, pp. 171—289.

牧野巽：《有关中国宗族的村落分布的统计资料——剡源乡志》，载《家族与村落》，2（1942 年 3 月）；收于《牧野巽著作集，3，近代中国宗族研究》，东京，1980 年，第 171—289 页。

[631] Makino Tatsumi. "Chūgoku no ijū densetsu-tokıı ni sono ooaen dūkyō densetsu o chūshin to shite." In his *Makino Tatsumi chosakusbu-dai-go-kan. Chūgoku no ijū densetsu/Kanton genjū minzoku kō*. Tokyo: Ochanomizu shobō, 1985, pp. 1—163.

牧野巽：《中国的移居传说——专论祖先同乡的传说》，收于《牧野巽著作集（5）：中国移民传说广东原住民族考》，东京，1985 年，第 1—163 页。

[632] Makino Tatsumi. "Minritsu ni okeru shinzoku han'i no kakudai." *Chūgoku kazoku kenkyū* (Original title: *Shina kazoku kenkyū*). Tokyo, 1994; rpt. in Ichiko Chūzō, Naito Kanji and Nakano Takashi, eds. Makino Tatsumi cho-saku shu, 7 vols. Tokyo: Ochanomizu shobō, 1970, Vol. 2, pp. 83—106.

牧野巽：《明律中亲属范围的扩大》，载《中国家族研究》，东京，1994 年；收于市古宙三等编：《牧野巽著作集》，7 卷，东京，1970 年，第 2 卷，第 83—106 页。

[633] M akita Tairyō *Minshū no Bukkyō: Sō Kara gendai made. Ajia Bukkuyōshi Chūgokuhen*, 2. Tokyo: Kōsei Shuppansha, 1973—76, pp. 91—120.

牧田谛亮：《民众的佛教：从宋到近代亚洲佛教史. 中国编 2，庶民的佛教》，东京，1973—1976 年，第 91—120 页。

[634] Makita Tairyō, ed. *Sakugen nyū minki no kenkyū*, 2 vols, Kyoto: Hōzōkan, 1955.

牧田谛亮编：《策彦入明记研究》，2 卷，京都，1955 年。

[635] Mano Senryū. *Mindai bunkashi kenkyū*. Kyoto: Dōhōsha, 1979.

间野潜龙：《明代文化史研究》，京都，1979 年。

[636] Marks，Robert. *Rural revolution in South China：Peasants and the making of history in Haifeng county*，1570—1930. Madison：University of Wisconsin Press，1984.

罗伯特·马克斯：《华南的农村革命：农民和在海丰县创造的历史，1570—1930 年》，麦迪逊，1984 年。

[637] Marmé，Michael. "Heaven on Earth：The rise of Suzhou，1127—1550. "In *Cities of Jiangnan in late imperial China*，ed. Linda Cooke Johnson. Albany：State University of New york Press，1993，pp. 17—45.

迈克尔·马梅，《人间天堂：1127—1550 年苏州的兴起》，载《晚期中华帝国的江南城市》，琳达·柯克·约翰逊编，奥尔巴尼，1993 年，第 17—45 页。

[638] Masatoshi，Tanaka. "Rural handicraft in Jiangnan in the sixteenth and seventeenth centuries. "In *State and society in China：Japanese perpectives on Ming-Qing social and economic history*，eds. Linda Grove and Christian Daniels. Tokyo：Tokyo University Press，1984. esp. pp. 79—100.

田中正俊：《16 和 17 世纪的江南农村手工业》。载琳达·格罗夫等编：《中国的国家和社会：日本人对明清社会经济史的看法》，东京，1984 年，第 79—100 页。

[639] Maspéro，Georges. *Le royaume de Champa*. Libraire National d'Art er d'Histoire. Paris：Van Oest，1928.

马伯乐：《占婆王朝》，巴黎，1928 年。

[640] Massey，Thomas P. "Chu Yüan-chang and the Hu-lan cases of the early Ming dynasty. "Diss. University of Michigan，1983. Ann Arbor：UMI，1983.

托马斯·梅西：《明初朱元璋和胡蓝案件》，密歇根大学论文，安阿伯，1983 年。

[641] Massing，Jean Michel. "The quest for the exotic：Albrecht Dürer in the Netherlands. "In *Circa 1492：Art in the Age of Exploration*，ed. Jay A. Levenson. Washington，DC：National Gallery of Art；New Haven and London：Yale University Press，1991，pp. 115—19.

琼·米歇尔·马辛：《追求舶来品》，载《1492 年前后：探险时代的艺术》，杰伊·利文森编，纽黑文、伦敦，1991 年，第 115—119 页。

[642] Matsuda Yoshirō. "Minmatsu Shinsho Kanton Shukō deruta no saden kaihatsu to kyōshin shihai no keisei katei. "*Shakai keizai shigaku*, 46, No. 6(March 1981), pp. 55—81.

松田吉郎：《明末清初广东珠江三角洲沙田开发和乡绅控制的形成过程》，载《社会经济史学》，46：6（1981 年 3 月），第 55—81 页。

[643] Matsumoto Yoshimi. *Chūgoku sonraku seido no shiteki kenkyū*. Tokyo: Iwanami shoten, 1977.

松本善海：《中国村落制度史研究》，东京，1977 年。

[644] Matsumoto Yoshimi. "Mindi. "In Wada Sei, ed. *Chūgoku chihō jichi hattatsushi*. Tokyo: Kyūko shoin, 1939, pp. 84—127.

松本善海：《明代》。载和田清编：《中国地方自治发展史》，东京，1939 年，第 84—127 页。

[645] McDermott, Joseph P. "Bondservants in the T'ai-hu Basin during the late Ming: a case of mistaken identities. "*Journal of Asian Studies*, 40, No. 4 (Aug. 1981), pp. 675—701.

约瑟夫·麦克德莫特：《晚明太湖流域的奴仆：错误身份认定的案例》，载《亚洲研究杂志》，40：4（1981 年 8 月），第 675—701 页。

[646] McNeill, William H. *The pursuit of power*. Chicago: University of Cnicago Press, 1982.

威廉·麦克尼尔：《追逐权力》，芝加哥，1982 年。

[647] Medley, Margaret. "Organization and production at Jingdezhen in the sixteenth century. "In *The porcelains of Jingdezhen*, ed. Rosemary Soctt. London: Percival David Foundation, 1993, pp. 69—82.

玛格丽特·梅德利：《16 世纪景德镇的组织和生产》，载《景德镇瓷器》，罗斯玛里·斯科特编，伦敦，1993 年，第 69—82 页。

[648] Meilink-Roelofsz, M. A. P. *Asian trade and European influence in the Indonesian Archipelago between 1500 and about 1630*. The Hague: M. Nijhoff, 1962.

M. A. P. 迈林克—罗洛夫斯：《1500 年至约 1630 年期间亚洲贸易及欧洲在印度尼西亚群岛的影响》，海牙，1962 年。

[649] Melikhov, G. V. "Politika minskoi imperii v otnoshenii Chzhurchzhenei

(1402—1413). "*Kitai i sosedi*, ed. S. L. Tikhvinski. Moscow：Nauka, 1970,pp. 251—74.

G. V. 梅利科夫：《明代帝国与女真人的政治关系，1402—1413 年》。载 S. L. 齐赫文斯基编：《中国及邻邦》，莫斯科，1970 年，第 251—274 页。

[650] Mendes da Luz,Francisco Paulo. *O Conselbo da India：Contributo ao Estu-do da Historia da Administracao e do Comercio do Ultramar Portugues nos Principios do Seculo XVII.* Lisbon：Agencia Geral do Ultramar ,1952.

孟代斯·达鲁兹，弗朗西斯科·保罗《十七世纪初葡萄牙海外经营与贸易的历史研究》。里斯本，1952 年。

[651] Meng Chün

孟俊：《光州志》，1660 年。

[652] Meng Sen

孟森：《崇祯存实疏钞》，1633 年；1934 年北京重印。

孟森：《明代史》，台北，1957 年。

孟森等：《明代边防》；收于包遵彭编：《明史论丛》，10 卷，台北，1968 年，第 6 卷。

[653] Meskill, John. *Academies in Ming China：An historical essay.* Mono-graphs for the Association for Asian Studies，No. 39. Tucson：University of Arizona Press,1982.

约翰·梅斯基尔：《明代中国的书院》，塔克森，1982 年。

[654] Meskill, John, trans. *Ch'oe P'u's Diary：A record of drifting across the sea.* Tucson：University of Arizona Press,1965.

约翰·梅斯基尔译：《崔溥日记：渡海漂流记》，塔克森，1965 年。

[655] Metzger, Thomas, et al. "Ching-shih thought and the societal changes of the late Ming and early Ch'ing periods."In *Chin-shih Chung-kuo Ching-shih ssu-hsiang yen—t'ao hui lun-wen chi*,ed. Chung-yang yen-chiu yüan chin-tai shih yne-chui so. Taipei：Chung-yang yenchiu yüan, 1984, pp. 21—35.

托马斯·梅茨格：《晚明清初经世思想与社会变迁》。载中央研究院近代史研究所编：《近世中国经世思想研讨会论文集》，台北，1984 年，第 21—35 页。

[656] Metzger, Thomas A. "On the historical roots of economic modernization in

China：the increasing differentiation of the economy from the polity during late Ming and early Ch'ing times. "In *Modern Chinese economic history-Proceedings of the conference on modern Chinese economic history*，Academia Sinica，Taipei，Taiwan，Republic of China，August 26—29，1977，eds. Hou Chi-ming and Tzong-shian Yu. Taipei：The Institute of Economics，Academia Sinica，1977，pp. 3—21.

托马斯·梅茨格：《论中国经济现代化的历史根源：明末清初时期政体经济分化的日益加剧》，载《近代中国经济史会议纪要》，侯继明等编，1977 年，第 3—21 页。

[657] Metzger, Thomas. "Was neo-Confucianism 'tangential' to the elite culture of late imperial China?"*American Asian Review*，4，No. 1(1986)，pp. 1—33.

托马斯·梅茨格：《理学与晚期中华帝国的精英文化"不相干"吗?》，载《美国亚洲评论》，4:1（1986 年），第 1—33 页。

[658] Miao Chüan-chi

缪全吉：《明代胥吏》，台北，1969 年。

[659] Miao Chüan-sun

缪荃孙编：《顺天府志》，1886 年；1983 年北京大学出版社重印。

[660] Michibata Ryōshū. *Chūgoku Bukkyōshi*. Kyoto：Hōzōkan，1958.

道瑞良秀：《中国佛教史》，京都，法藏馆，1958 年。

[661] Mills, J. V. G. , trans. and ed. *Ma Huan, Ying-yai Sheng-lan. "The Overall Survey of the Ocean's Shores'*〔1433〕. Cambridge：Cambridge University Press，1970.

J. V. G. 米尔斯编译：《马欢的〈瀛涯胜览〉，1433 年》，剑桥，1970 年。

[662] *Mindai Man-Mō shiryō：Richō jitsuroku shō*. 18 vols. Tokyo：Tōkyō Daigaku Bungakubu，1954—59.

《明代满蒙史料李朝实录抄》，18 卷，东京，1954—1959 年。

[663] Mindaishi kenkyū iinkai. *Mindai keiseibun bunrui mokuroku*. Tokyo：Tōyō bunko，1986.

明代史研究委员会：《明代经世文类目录》，东京，1986 年。

[664] *Ming-chi Ho-lan-jen chin-chu P'eng-hu ts'an-tang*

《明季荷兰人占据澎湖残档》，载台湾银行经济研究社编：《台湾文献丛刊》，154，台北，1962 年。

[665] *Ming shih-lu*

《明实录》，1418 年至 17 世纪中，国立北平图书馆藏红格抄本，133 卷，台北，1961—1966 年。

[666] *Ming tai Teng-k'o-lu hui-pien*

《明代登科录汇编》，载屈万里编：《明代史籍汇刊》，台北，1969 年。

[667] Ming T'ai-tsu

明太祖：《皇明制书》，张卤编，1579 年；1966—1967 年东京重印。

明太祖：《皇明祖训》，1395 年；收于《明朝开国文献》，载吴相湘编：《中国史学丛书》，34，3 卷，台北，1966 年。

明太祖：《皇明祖训》，1373 年；收于张卤编：《皇明制书》，1579 年；收于《明朝开国文献》，4 卷，台北，1966 年，第 3 卷。

明太祖：《皇明祖训录》，1395 年；收于 4 卷本《明朝开国文献》，第 3 卷，台北，1966 年。

明太祖：《明朝开国文献》，收于吴相湘编：《中国史学丛书》，34，4 卷本，台北，1966 年。

明太祖：《御制文集》，1627 年；收于葛寅亮编：《金陵梵刹志》，南京，1627 年；1936 年南京影印。

明太祖：《御制文集》，无日期；收于吴相湘编：《中国史学丛书》，22，台北，1965 年。

[668] Mio, Kishimoto. "The Kangxi depression and Early Qing local markets." *Modern China*, 10, No. 2(1984), pp. 227—56.

岸本美绪：《江西萧条和清初期的地方市场》，载《近代中国》，10：2（1984 年），第 227—256 页。

[669] Mish, J. L. "Creating an image of Europe for China: Aleni's Hsi-fang ta-wen." *Monumenta Serica*, 23(1984), pp. 1—87.

J. L. 米什：《为中国提供一个欧洲形象：艾儒略的"西方答问"》，载《华裔学志》，23（1984 年），第 1—87 页。

[670] Miskimin, Harry A. *Cash, credit and crisis in Europe*. London: Variorum Reprints, 1989.

哈里·米斯基明：《欧洲的现金、信用和危机》，伦敦，1989 年。

[671] Miskimin, Harry A. *The economy of early Renaissance Europe, 1300—*

1450. Cambridge：Cambridge University Press，1975.

哈里·米斯基明：《1300—1450 年，早期文艺复兴时期欧洲的经济》，剑桥，1975 年。

［672］ Miyazaki, Ichisada. *China's examination hell*：*The civil service examinations of imperial China*，trans. Conrad Schirokauer. New York and Tokyo：Weatherhill，1976.

宫崎市定：《中国的考试狱：中华帝国的文官考试》，康拉德·希洛考尔英译，纽约、东京，1976 年。

［673］ Miyazaki Ichisada. "Min-Shin Jidai no Sōshū no keikōgyō hattatsu."In *his Ajia shi kenkyū*，Vol. 4. Kyoto：Tōyōshi Kenkyū kai，1964，pp. 306—20.

宫崎市定：《明清时代苏州轻工业的发达》，载其《亚洲史研究》，第 4 卷，京都，1964 年，第 306—320 页。

［674］ Miyazaki Ichisada. Mindai So-Shō chihō no shidaifu to minshū."*Shirin*，37，No. 3(June 1953)，pp. 1—33.

宫崎市定：《明代苏松地方的士大夫和民众》，载《史林》，37：3（1953 年 6 月），第 1—33 页。

［675］ Miyazaki Ichisada. "Sōdai igo no tochi shoyū keitai."*Tōyōshi kenkyū*，12，No. 2(Dec. 1952)，pp. 1—34.

宫崎市定：《宋代以后的土地所有形式》，载《东洋史研究》，12：2（1952 年 12 月），第 1—34 页。

［676］ Mizoguchi Yuzō. "Iwayuru Tōrinha jinshi no shisō-zenkindaiki ni okeru Chūgoku shisō no tenkai."*Tōyō bunka kenkyūjo kiyō*，75（March 1978），pp. 111—341.

沟口雄三：《东林党人士的思想——前近代时期中国思想的发展》，载《东洋学文化研究所纪要》，75（1978 年 3 月），第 111—341 页。

［677］ Mo Tan

莫旦：《吴江志》，1488 年。

［678］ Momose Hiromu. "Mindai no ginsan to gaikoku gin ni tsuite."*Seikyū gakusō*，19(1935)，pp. 90—147.

百濑弘：《明代产的白银和外国银》，载《青丘学丛》，19（1935 年），第 90—147 页。

［679］ Montalto de Jesus, C. A. *Historic Macao*. Shanghai：Kelly and Walsh,

1902.

C. A. 蒙塔尔托：《澳门史》，上海，1902 年。

［680］ Morga, Antonio de. *Sucseos de las Islas Filipinas*, ed. and trans. J. S. Cummins. Hakluyt Society, Second Series, No. 140. London: Universiyt Press, 1971.

安东尼奥·德·莫尔加：《菲律宾大事纪》，J. S. 卡明斯编译，伦敦，1971 年。

［681］ Morgan, David. *The Mongols*. Oxford and New York: Basil Blackwell, 1986.

戴维·摩根：《蒙古人》，牛津、纽约，1986 年。

［682］ Mori Masac. "Chūgoku zenkindaishi kenkyū ni okeru chiiki shakai no shiten-Chūgokushi jinpojiumu "Chiiki shakai no shiten-chiiki shakai to rida'kichō hōkoku."*Nagoya daigaku bungakubu kenkyū ronshū*, 83. *Shigaku*, 28(March 1982), pp. 201—23.

森正夫：《中国前近代史研究中地域社会的观点——中国史研讨会"地域社会的观点——地域社会和区域"基本报告》，载《史学》，28（1982 年 3 月），第 201—223 页。

［683］ Mori Masao. "Iwayuru'kyōshinteki tochi shoyū'ron o megutte-daikai yohi hōkoku ni kaete."——*Rekishi hyōron*, 304(Aug. 1975), pp. 11—16.

森正夫：《乡绅的土地所有论——代大会预备报告》，载《历史评论》，304（1975 年 8 月），第 11—16 页。

［684］ Mori Masao. "Jūgo seiki zenpan Soshūfu ni okeki yōeki rōdōaei no kaikaku."*Nagoya daigaku bungakubu kenkyū ronshū*, 41. shigaku, 14: *Nakamura Eikō kyōju taikan kinen*,(March 1966), pp. 105—24.

森正夫：《十五世纪前半期苏州府徭役劳动制的改革》，载《史学》，14：中村荣考教授迭官纪念（1966 年 3 月），第 105—124 页。

［685］ Mori Masao. "Jūgo seiki zenpan Taiko shūhen chitai ni okeru kokka to nōmin."*Nagoya daigaku bungakubu kenkyū ronshū*, 38. *Shigaku*, 13 (March 1965), pp. 51—126.

森正夫：《十五世纪前半期太湖周边地带的国家和农民》，载《史学》，13（1965 年 3 月），第 51—126 页。

［686］ Mori Masao. "Jūroku seiki Taiko shūhen chitai ni okeru kanden seido no kaikaku. "*Tōyōshi kenkyū*, 21, No. 4 (March 1963), pp. 58—92; 22, No. 1 (July 1963), pp. 67—87.

森正夫：《十五世纪前半期太湖周边地带官田制度的改革》，载《东洋史研究》，21:4（1963 年 3 月），第 58—92 页；22:1（1963 年 7 月），第 67—87 页。

[687] Mori Masao. *Mindai Kōnan tochi seido no kenkyū.* Tōyōshi kenkyū sōkan, 42. Kyoto: Dōhōsha, 1988.

森正夫：《明代江南土地制度的研究》，东洋史研究丛刊，42，京都，1988 年。

[688] Mori Masao. "Mindai no kyōshin-shitaifu to chiiki shakai to no kamen ni tsuite no oboegaki. "*Nagoya daiaku bungkubu kenkyū ronsō. shigaku*, 26 (March 1980), pp. 1—11. Trans. as "The gentry in the Ming: an outline of the relations between the shih-ta-fu and local society. " Acta Asiatica, 38 (1980), pp. 31—53.

森正夫：《明代的乡绅士大夫与地域社会关系概论》，载《史学》，26（1980 年 3 月），第 1—11 页；英译文载《亚洲学报》，38（1980 年），第 31—53 页。

[689] Mori Masao. "Minmatsu no shakai kankei ni okeru chitsujo no hendō ni tsuite. "*Nagoya daigaku bungakubu sanjisshūnen kinen ronshū.* Nagoya: Nagoya daigaku bungakubu, 1979, pp. 135—59.

森正夫：《明末的社会关系和秩序的变动》，载《名古屋大学文学部三十周年》，名古屋，1979 年，第 135—159 页。

[690] Mori Masao. "Min-Shin jidai no tochi seido. "In *Higashi Ajia sekai no ten-kai* II. Iwanami kōza Sekai rekishi, 12: Chū sei 6. Tokyo: Iwanami shoten, 1971, pp. 229—74.

森正夫：《明清时代的土地制度》，载《东亚世界的发展》II，岩波世界历史讲座，12：中世 6，东京，1971 年，第 229—274 页。

[691] Mori Masao. "Nihon no Min-Shin jidai shi kenkyū ni okeru kyōshinron ni tsuite. "*Rekishi hyōron*, 308 (Dec. 1975), pp. 40—60; 312 (April 1976), pp. 74—84; 314 (June 1976), pp. 113—280.

森正夫：《日本明清史研究中的乡绅论》，载《历史评论》，308（1975 年12 月），第 40—60 页；312（1976 年 4 月），第 74—84 页；314（1976 年

6 月），第 113—280 页。

[692] Morineau, Michel. "D'Amsterdam à Séville: de quelle réalité l'histoire des prix estelle le miroir?" *Annales: Économies, sociétés, civilisations*, 23, No. Ⅰ (Janv. -Fév. 1968), pp. 178—205.

Morineau, Michel. *Incroyables gazettes et fabuleux métaux-les retours des trésors américains d'après les gazettes bollandaises* (*XVIe-XVIIIe siècles*). Studies in modern capitalism. London: Cambridge University Press, 1985; and Études sur le capitalisme moderne. Paris: Éditions de la maison des sciences de l'homme, 1985.

米歇尔·莫里诺：《从阿姆斯特丹到塞尔维亚：历史如何成为反映真实的一面镜子?》。载《经济·社会·文化年鉴》，1968 年 1—2 月，23 (1)，第 178—205 页。

米歇尔·莫里诺：《非凡的故事和奇异的金属——继荷兰人故事之后美洲财富的回报》，载《近代资本主义研究》，剑桥，1985 年。还有《近代资本主义研究》法文版。巴黎，1985 年。

[693] Morison, Samuel Eliot. *Admiral of the ocean sea: A life of Christopher Columbus*. Boston: Little, Brown, and Company, 1992.

塞缪尔·埃利奥特·莫里森：《海洋上的将领：克里斯托弗·哥伦布的一生》，波士顿，1992 年。

[694] Morita Akira. "Mindai Kōnan no suiri to jinōkan." *Fukuoka daigaku kenkyūjo hō*, 14(1971); rpt. in his *Shindai suirishi kenkyū*. Tokyo: Aki shobō, 1974, pp. 417—49.

森田明：《明代江南的水利和治农官》，载《福冈大学研究所报》，14 (1971 年)；收于其《清代水利史研究》，东京，1974 年，第 417—449 页。

[695] Morita Akira. "Minmatsu ni okeru tōchōsei no henkaku." *Tōhōgaku*, (1963); rpt. in his *Shindai suirishi kenkyū*. Tokyo: Aki shobō, 1974, pp. 450—71.

森田明：《明末塘长制的变革》，载《东方学》（1963 年）；收于其《清代水利史研究》，东京，1974 年，第 450—471 页。

[696] Morita Akira. "Min-Shin jidai no suiri dantai-sono kyōdōtaiteki seikaku ni tsuite." *Rekishi kyōku*, 13, No. 9(Sept. 1965), pp. 32—37.

森田明：《明清时代的水利团体——论其共同体的性质》，载《历史教育》，13：9（1965年9月），第32—37页。

[697]　Moses, Larry W. *The political role of Mongol Buddhism.* Bloomington：Indiana University Uralic Altaic Series, No. 133, 1977.

拉里·摩西：《蒙古佛教的政治作用》，布卢明顿，1977年。

[698]　Mote, Frederick W. "The Ch'eng-hua and Hung-chih Reigns. 1465—1505."In *The Cambridge History of China*, Vol. 7, eds. Frederick W. Mote and Denis C. Twitchett. New York：Cambridge University Press, 1988, pp. 343—402.

牟复礼：《成化和弘治统治时期，1465—1505年》，载《剑桥中国史》，第7卷，牟复礼、崔瑞德编，纽约，1988年，第343—402页。

[699]　Mote, Frederick W. "China in the age of Columbus. "In *Circa 1492：Art in the age of exploration*, ed. Jay A. Levenson. Washington, DC：National Gallery of Art；New Haven and London：Yale University Press, 1991, pp. 337—50.

牟复礼：《哥伦布时代的中国》，载《1492年前后：探险时代的艺术》，杰伊·利文森编，纽黑文、伦敦，1991年，第337—350页。

[700]　More, Frederick W. "China's Past in the Study of China Today. "*Journal of Asian Studies*, 32(1972), pp. 107—20.

牟复礼：《当代中国研究中的中国历史》，载《亚洲研究杂志》，32（1972年），第107—120页。

[701]　Mote, Frederick W. "The growth of Chinese despotism. "*Oriens extremus*, 8(1961), pp. 1—41.

牟复礼：《中国专制主义的成长》，载《远东》，8（1961年），第1—41页。

[702]　Mote, Frederick W. "A millennium of Chinese urban history：Form, time, and space concepts in Soochow. "*Rice University Studies*, 29, No. 4(Fall 1973), pp. 35—65.

牟复礼：《最近一千年的中国城市史：苏州的形态和时空概念》，载《赖斯大学研究》，29：4（1973年秋），第35—65页。

[703]　Mote, Frederick W. *The Poet Kao Ch'i Princeton*：Princeton University Press. 1962.

牟复礼：《诗人高启》，普林斯顿，1962 年。

[704] Mote, Frederick W. "The rise of the Ming Dynasty, 1330—1367. "In *The Cambridge History of China*, Vol. 7, eds. Frederick W. Mote and Denis C. Twitchett. New York：Cambridge University Press, 1988, pp. 11—57.

牟复礼：《明王朝的兴起，1330—1367 年》，载《剑桥中国史》第 7 卷，牟复礼、崔瑞德编，纽约，1988 年，第 11—57 页。

[705] Mote, Frederick W. "The transformation of Nanking, 1350—1400. "In *The City in Late Imperial China*, ed. G. William Skinner. Stanford：Stanford University Press, 1977, pp. 101—53.

牟复礼：《1350—1400 年南京的改变》。载施坚雅编：《中华帝国晚期的城市》，斯坦福，1977 年，第 101—153 页。

[706] Mote, Frederick W. "The T'u-mu incident of 1449. "*Chinese ways in warfare*, eds. Frank A. Kierman, Jr. and John K. Fairbank. Cambridge：Harvard University Press, 1974, pp. 243—72.

牟复礼：《1449 年的土木之变》。载 F. A. 基尔曼等编：《中国的用兵之道》，坎布里奇，1974 年，第 243—272 页。

[707] Mote, Frederick W. "Yüan and Ming. "In *Food in Chinese culture：Anthropological and historical perspectives*, ed. K. C. Chang. New Haven and London：Yale University Press, 1977, pp. 193—257.

牟复礼：《元明食物史》。载张光直编：《中国文化中食物的人类学和历史学剖析》，纽黑文、伦敦，1977 年，第 193—257 页。

[708] Mote, Frederick W. and Denis C. Twitchett, eds. *The Ming Dynasty*, 1368—1644, Part 1. *The Cambridge History of China*, Vol. 7. Cambridge：Cambridge University Press, 1988.

牟复礼、崔瑞德编：《剑桥中国明代史，1368—1644》，即《剑桥中国史》，第 7 卷，剑桥，1988 年。

[709] Mou Tsung-san. "The immediate successor of Wang Yang-ming：Wang Lung-hsi and his theory of *ssu-wu*. "*Philosophy East and West*, 23(1973), pp. 103—20.

牟宗三：《王阳明的直接传人：王龙溪和他的四无论》，载《东西方哲学》，23 (1973 年)，第 103—120 页。

牟宗三：《王学的分化与发展》，载《新亚书院学书年刊》，14 (1972

年），第 89—131 页。

[710] Mowry, Hua-yuan Li. *Chinese love stories from Ch'ing-shih*. Hamden,
Conn. :Archon,1983.

李华元（音）：《〈情史〉中的中国爱情故事》，哈姆登，1983 年。

[711] Mu T'ien-yen

慕天颜：《请开海禁疏》。载贺长龄编：《皇朝经世文编》，台北，26/
14b，第 964—967 页。

[712] Mudge, Jean McClure. *Chinese export porcelain in North America*. New
York: Clarkson N. Potter,1986.

琼·麦克卢尔·马奇·《北美的中国出口瓷器》，纽约，1986 年。

[713] Muramatsu Yūji. *Kindai kōnan no sosan-Chūgoku jinushi seido no
kenkyū*. Tokyo: Tōkyō daigaku shuppankai,1970.

村松裕次：《近代江南的租栈——中国地主制度的研究》，东京，1970
年。

[714] Myers, Ramon H. "Cotton textile handicraft and the development of the
cotton textile industry in Modern China."*The Economic History Review*.
2nd Ser. ,2,No. 18(1965),pp. 614—32.

拉蒙·迈尔斯：《近代中国棉织手工业和棉织工业的发展》，载《经济史
评论》，第 2 套，18（1965 年），第 614—632 页。

[715] Myers, Ramon H. "Some issues on economic organization during the Ming
and Ch'ing periods: A review article."*Ch'ing-shih wen-ti*,3, No. 2(Dec.
1974),pp. 77—93.

拉蒙·迈尔斯：《明清时期经济组织的若干问题》，载《清史问题》，3:2
（1974 年 12 月），第 77—93 页。

[716] Nachod, Oskar. *Die Beziehungen der Niederl!? ndischen Ostindischen
Kompagnie zu Japan im Siebzehnten Jahrhundert*. Leipzig: Hierse-
mann,1897.

奥斯卡·纳霍特：《17 世纪荷属东印度公司与日本的关系》，莱比锡，
1897 年。

[717] Naitō Kenkichi. "Dai Min ryō kaisetsu."*Tōyōshi kenkyū*,2, No. 5(1937);
rpt. in Naitō Kenkichi, ed. *Chūgoku hōseishi kōshō*. Osaka shiritsu daigaku
hōgaku sōshō,21. Tokyo:Yuhikaku,1963,pp. 90—116.

内藤乾吉：《大明令解说》，载《东洋史研究》，2：5（1937年）；收于内藤编：《中国法制史考证》，大阪市立大学丛书，21，1963年，第90—116页。

[718] Nakamura Jihci. "Chūgoku Shūrakushi kenkyū no kaiten to tenbo toku ni sonrakushi o chūshin to shite." In *Chugoku shurakushi no kenkyu-shūhen sho chiiki to sono hikaku o fukumete Tōdaishi kenkyūkai hōkoku.* 3, ed. Tōdaishi kenkyūkai〔Tokyo〕: Chūō daigaku bungakubu Tōyōshigaku kenkyūshitsu, 1980, pp. 5—22.

中村治兵卫：《中国集落史研究的回顾和展望——专论村落史》，载《中国集落史研究——与周边诸地区的比较》，唐代史研究会编《唐代史研究会报告》，3，东京，1980年，第5—22页。

[719] Nam Ch'ŏn-u. "Kwisŏn kujo e taehan chaegŏm-t'o". *Yŏksa hakpo. The Korean Hishtorical Review*, LXXI(Spetember 1976), pp. 131—78.

南天祐：《龟船构造的再讨论》，载《历史学报》（韩国历史评论），71（1976年9月），第131—178页。

[720] Nam Su-mun. *Koryŏ-sa chŏryo*. Chōsen Shiryō Sōkan, No. 1. Keijō〔Seoul〕: Chōsen Sōtokufu, 1932.

南秀文：《高丽史节要》，载《朝鲜史料丛书》，1，汉城，1932年。

[721] Needham, Joseph, et al., eds. *Science and Civilization in China*, 13 Vols. Cambridge: Cambridge University Press, 1955—86.

李约瑟：《中国科技史》，13卷，剑桥，1955—1986年。

[722] Nef, John U. "Silver production in Central Europe, 1450—1618." *The Journal of Political Economy*, 49, No. 4(August 1941), pp. 575—91.

约翰·内夫：《1450—1618年中欧银的生产》，载《政治经济杂志》，49：4（1941年8月），第575—591页。

[723] Nelson, M. Frederick. *Korea and the old orders in eastern Asia*. Bation Rouge: Louisiana State University Press, 1946.

M. 弗雷德里克·纳尔逊：《东亚的朝鲜和旧秩序》，巴吞鲁日，1946年。

[724] Ng Chin-keong〔Wu Chen-ch'iang〕. "A study on the peasant society of South Fukien, 1506—1644." *Nan-yang ta-hsüeh hsüeh-pao (jen-wen k'o-hsüeh)*, 6(1972), pp. 198—213.

吴震强：《福建南部的小农社会研究，1506—1644 年》，载《南洋大学学报（人文科学）》，6（1972 年），第 189—213 页。

[725] Ng Chin-keong. *Trade and society*：*The Amoy network on the China coast，1683—1735*. Singapore：Singapore University Press，1983.

吴震强：《贸易和社会：中国沿海的厦门网络，1683—1735 年》，新加坡，1983 年。

[726] Ngô Si Liên. *Ta Yüeh shih-chi ch'üan-shu*（*Dai Viêt su k'y toan thu*），ed. Ch'en Ching-ho. Tokyo：University of Tokyo，1984.

吴士连：《大越史记全书》，陈荆和编，东京，1984 年。

[727] Niida Noboru. *Chūgoku hōseishi*. Expanded ed. Tokyo：Iwanami，1963.

仁井田陞：《中国法制史》，增订本，东京，1963 年。

[728] Niida Noboru. "Gen-Min jidai no mura no kiyaku to kosaku shōsho nado（Ⅰ）-nichiyō hyakka zensho no tagui nijisshū no naka kara." *Tōyō bunka kenkyūjō kiyo*，8（1956），rpt. in his（*Zōtei*）*Chūgoku hōseishi kenkyū*：*Dorei nōdo hō / Kazoku sonraku hō*. Tokyo：Tōkyō daigaku shuppansha，1981(Ist ed. 1962)，pp. 743—89.

仁井田陞：《元明时代的村规和小作证书（一）——日用百科全书类二十种》，载《东洋文化研究所纪要》，8（1956 年），收于其《（增定）中国法制史研究：奴隶农奴法——家族村落法》，东京，1981 年（第 1 版，1962 年），第 743—789 页。

[729] Niida Noboru. "Gen-Min jidai no mura no kiyaku to kosaku shōsho nado（3）-toku ni Gentai teikan' Shinben ji bun rui yō kei satsu sei sen'ni tsuite." In his（*Zōtei*）*Chūgoku hōseishi kenkyū*：*Hō to kanshū / Hō to dōtoku*. Tokyo：Tōkyō daigaku shuppankai，1981，pp. 671—93.

仁井田陞：《元明时代的村规和小作证书（三）——元泰定本〈新编事文类要启刺青钱〉》，收于其《（增定）中国法制史研究》，东京，1981 年，第 671—693 页。

[730] Niida Noboru. "Gen-Min jidai no mura no kiyaku to kosaku shōsho ni tsuite-arata ni chōsa shita nichiyō hyakka zenshho no tagui nijisshū ni yotte." In his（*Zōtei*）*Chūgoiku hōseishi kenyū*：*Dorei nōdohō / Kazoku sonrakuhō*. Tokyo：Tōkyō daigaku shuppan sha，1981，pp. 790—829.

仁井田陞：《元明时代的村规和小作证书——再调查日用全书二十余

种》，收于其《（增定）中国法制史研究：奴隶农奴法——家族村落法》，东京，1981 年，第 709—829 页。

[731] Niida Noboru. "Min-Shin jidai no ichiden ryōshu shūkan to sono seiritsu." *Hōgakkai zasshi*, 64, No. 3 (1946), 64, No. 4 (1946); rpt. in his (*Zōtei*) *Chūgoku hōseihi kenkyū*: *Chūgoku hōseishi kenyū*: *Tochibō/Torihikihō*. 1960; Tokyo: Tōkyō daigaku shuppansha, 1981, pp. 164—215.

仁井田陞：《明清时代一田两主习惯的产生》，载《法学会杂志》，64：3（1946 年）；64：4（1946 年）；收于其《（增定）中国法制史研究》，1960 年，东京，1981 年，第 164—215 页。

[732] Nimick, Thomas G. "The county, the magistrate, and the yamen in late Ming China." Diss. Princeton University, 1993.

托马斯·尼米克：《晚明的县、知县和衙门》，普林斯顿大学论文，1993 年。

[733] Nishijima Sadao. "Chūgoku shoki mengyō no keisei to sono kōzo." *Tōagaku (Orientalica)* 2, 1949; rpt. in his *Chūgoku keizaishi kenkyū*. Tokyo: Tōkyō daigaku, 1965, pp. 805—72. Trans. as "The formation of the early Chinese cotton industry." In *State and society in China-Japanese perspectives on Ming-Qing social and economic history*, trans. and eds. Linda Grove and Christian Daniels. Tokyo: University of Tokyo Press, 1984, pp. 17—78.

西岛定生：《中国早期棉业的形成及其构造》，载《东亚学》，2，1949 年；收于他的《中国经济史研究》，东京，1965 年，第 805—872 页。英译文收于格罗夫等编：《中国的国家和社会：日本人对明清社会经济史的看法》，东京，1984 年，第 17—78 页。

[734] Nishimura Genshō. "Chō Kyosei no tochi jōryō-zentaizō to rekishiteki igi haaku no tame ni." *Tōyōshi kenkyū*, 30, No. 1 (March 1971), pp. 33—61; 30, Nos. 2—3 (Dec. 1971), pp. 214—41.

西村元照：《张居正的土地丈量——全面了解其历史意义》，载《东洋史研究》，30：1（1971 年 3 月），第 33—61 页；30：2—3（1971 年 12 月），第 214—241 页。

[735] Nishimura Genshō. "Min kōki no jōryō ni tsuite." *Shirin*, 54, No. 5 (Sept. 1971), pp. 1—52.

西村元照:《明后期的土地丈量》,载《史林》,54:5(1971 年 9 月)。
第 1—52 页。

[736] Nishimura Genshō. "Shinsho no hōran-shichō taisei no kakuritsu, kaikin'srta ukeoi chōzeisei e."*Tōyōshi kenkyū*,35/3(Dec. 1976),pp. 114—74.

西村元照:《清初的包揽》,载《东洋史研究》,35:3(1976 年 12 月),
第 114—174 页。

[737] Nivison, David. "Protset against convention and conventions of protest." *The Confu-cian persuasion*,ed. Arthur F. Wright. Stanford:Stanford University Press,1960,pp. 177—201.

戴维·尼维森:《对习俗的抗议和抗议的习俗》;收于芮沃寿编:《儒家
信仰》,斯坦福,1960 年,第 177—201 页。

[738] Noguchi Tetsurō. "Mindai chūki no Bukkyōkai."In *Tōyō shigaku ronshū*,7 (1963),pp. 189—232.

野口铁郎:《明代中期的佛教界》,载《东洋史学论集》,7(1963 年),
第 189—232 页。

[739] O Kŭm-sŏng. *Chungguk kŭnse sahoe kyŏnguesa yŏn'gu-Myŏng-dae sinsach'ŭngŭi hyŏngsŏng kwa sahoe kyŏngjejŏk yŏkhal.* Sŏultae tongyang sahak yŏn'guch'ongsŏ 3. Seoul:Ilchogak,1986. Trans. as *Mindai shakai keizjishi kenkyūshinshisō no keisei to sono shakai keizaiteki yakuwari*, trans. Watari Masahiro. Tokyo:Kyūko shoin,1990.

吴金成:《中国近世社会经济史研究——明清绅士层的形成对社会经济
的作用》,大东洋史学研究丛书,3,汉城,1986 年;渡昌弘日译:《明
代社会经济史研究——绅士层的形成对社会经济的作用》,东京,1990
年。

[740] O Kŭm-sŏng. "Ilbon e issŏsŏ ŭi Chungguk Myŏng-ch'ŏng sidae sinsach'ung yŏn'gu e taehayŏ."*Tong'a munhwa*,15(Dec. 1978),pp. 198—220. Trans. as"Nihon ni okeru Chūgoku Min-Shin jidai shinshisō kenkyū ni tsuite." *Mindaishi kenkyū*,7(Nov. 1979),pp. 21—45.

吴金成:《日本对中国明清时代绅士层的研究》,载《东亚文化》,15
(1978 年 12 月),第 198—220 页;日译文载《明代史研究》,7(1979 年
11 月),第 21—45 页。

[741] O Kǔm-sǒng. "Mindai no kokka kenryoku to shinshi no sonzai keitai." In *Higashi Ajia sekaishi tankyū*, eds. T'eng Wei-tsao, Wang Chung-lo, Okuzaki Hiroshi, and Kobayashi Kazumi. Tokyo: Kyūko shoin, 1986, pp. 267—80.

吴金城：《明代的国家权力和绅士的存在形态》。载滕纬藻等编：《东亚世界史探究》，东京，1986年，第267—280页。

[742] O Kǔm-sǒng. "Minmatsu Dōteiko shūhen no suiri kaihatsu to nōson shakai", trans. Yamane Yukio. *Chūgoku suirishi kenkyū*, 10(Oct. 1980), pp. 14—35.

吴金成：《明末洞庭湖周边的水利开发和农村社会》，山根幸夫日译，载《中国水利研究》，10（1980年10月），第14—35页。

[743] O Kǔm-sǒng. "Myǒng-dae sinsach'ung ǔi hyǒngsǒng kwajǒng e taehayo." *Chindan hakpo*, 48(Oct. 1979), pp. 39—72. Trans. as "Mindai shinshisō no keisei katei ni tsuite", trans. Yamane Yukio and Inada Hideko. *Mindaishi kenkyū*, 8(Nov. 1980), pp. 39—60; 9(Oct. 1981), pp. 19—44.

吴金成：《明代绅士阶层的形成过程》，载《震檀学报》，48（1979年10月），第39—72页；山根幸夫等日译，载《明代史研究》，8（1980年11月），第39—60页；9（1981年10月），第19—44页。

[744] O Kǔm-sǒng. "Myǒng-dae sinsach'ung ǔi sahoe idong e taehayǒ." *Sǒnggok nonch'ong*, 13(1982), pp. 86—122. Trans, as "Mindai shinshiso no shakai idō ni tsuite", trans. Yamane Yukio. *Mindaishi kenkyū*, 14(March 1986), pp. 23—48; 15(March 1987), pp. 47—66.

吴金成：《明代绅士层的社会流动》，载《省谷论丛》，13（1982年），第86—122页；山根幸夫日译，载《明代史研究》，14（1986年3月），第23—48页；15（1987年3月），第47—66页。

[745] O Suk-kwon, comp. *Kosa ch'waryo*. 1613; photographic rpt. Kyujanggak Series No. 7, 1941. Seoul: Keijō teikoku daigaku.

鱼叔权编：《考事撮要》，1613年；奎章阁丛书，7，汉城，1941年。

[746] Obata Tatsuo. "Kōnan ni okeru rikō no nensei ni tsuite." *Shirin*, 39/2 (March 1956), pp. 1—35.

小佃龙雄：《关于江南里甲的编制》，载《史林》，39/2（1956年3月），第1—35页。

[747] Oh Keum-song〔O Kǔm-sǒng〕"New light on the Chinese gentry: their for-
mation and social mobility. "Paper prepared for the 11th annual meeting of
the mid-Atlantic region of the Association for Asian Studies, Oct. 22—24,
1982, Pittsburgh.

吴金成：《对中国绅士的新探讨：他们的形成和社会流动》，中大西洋区
亚洲研究协会第 11 届年会（1982 年 10 月 22—24 日）论文，匹兹堡。

[748] Okada Hidehiro. "Life of Dayan Qaghan. "*Acta Asiatica*, 11(1966), pp.
46—55.

冈日英弘：《大元可汗生平》，载《亚洲学报》，11（1966 年），第 46 55
页。

[749] Okumura Ikuzō. "Chūgoku ni okeru kanryōsei to jichi no ketten-saibanken
o chūshin to shite. "*Hōseishi kenkyū*, 19(1969), pp. 25—50.

奥村郁三：《中国官僚制与自治的结合——集中讨论裁判权》，载《法制
史研究》，19（1969 年），第 25—50 页。

[750] Okuzaki Hiroshi. *Chūgoku kyōshin jinushi no kenkyū*. Tokyo: Kyūko
shoin, 1978.

奥崎裕司：《中国乡绅地主研究》，东京，1978 年。

[751] Okuzaki Hiroshi. "Chūgoku Mindai no kasō minshū no ikikata-zensho ni
arawareta ichi sokumen. "*Senshū shigaku*, 13(April 1981), pp. 22—50.

奥崎裕司：《中国明代下层民众生活中的善书的一个侧面》，载《专修史
学》，13（1981 年 4 月），第 22—50 页。

[752] Olbricht, Peter. *Das Postwesen in China unter der Mongolenherrschaft in
13 und 14 Jahrhundert*. Wiesbaden: O. Harrassowitz, 1954.

彼得·奥尔布里希特：《13 和 14 世纪蒙古统治下中国的邮政》，威斯巴
登，1954 年。

[753] Oosterhof, J. L. "Zeelandia: A Dutch colonial city on Formosa(1624—
1662). "In *Colonial cities: Essays on urbanism in a colonial context*, eds.
Robert Ross and Gerard J. Telkamp. Dordrecht: Nijhoff, 1985, pp. 51—
63.

J. L. 奥斯特霍夫：《热兰遮：福摩萨的荷兰殖民城市（1624—1662 年）》，
收于《殖民城市：殖民地背景下的城市生活》，罗伯特·罗斯等编，尼
杰霍夫，1985 年，第 51—63 页。

[754] Ōsawa Masaaki. "Chūgoku ni okeru shōkeiei hatten no sho dankai." In Chūgokushi kenkyūkai, ed. *Chūgoku shizō no saikōsei-kokka to nōmin.* Kyoto: Bunrlkaku, 1983, pp. 55—78.

大泽正昭:《中国小经营发展的几个阶段》。收于中国史研究会编:《中国史像的再现——国家和农民》, 京都, 1983 年, 第 55—78 页。

[755] Oshibuchi Hajime. "Kenshū saei no setsuritsu nendai ni tsuite." *Rekishi to chiri*, 26, No. 6(1930), pp. 447—67.

鸳渊一:《建州左卫的设立年代》, 载《历史和地理》, 26:6(1930 年), 第 447—467 页。

[756] Oshima, Akira, "Japanese studies on neo-Confucianism during the Sung and Ming dynasties: A bibliographical survey." *Acta Asiatica*, 52(1987), pp. 86—109.

大岛明荣(音):《日本对宋明时期的理学研究:书目概览》, 载《亚洲学报》, 52(1987 年), 第 86—109 页。

[757] Overmyer, Daniel L. *Folk Buddhist Religion: Dissenting Sects in Late Traditional China.* Cambridae, Mass.: Harvard University Press, 1976.

丹尼尔·奥弗迈耶:《民间佛教:晚期传统中国的异端教派》, 坎布里奇, 1976 年。

[758] Owen, Stephen. *Traditional Chinese poetry and poetics: Omen of the world.* Madison: University of Wisconsin Press, 1985.

斯蒂芬·欧文:《传统中国的诗和诗集:世界的预兆》, 麦迪逊, 1985 年。

[759] Oyama Masaaki. "Ajia no hōkensei-Chūgoku no hōkensei no nomondai." In *Gendai rekishigaku no seika to kadai 2: Kyōdōtai, doreisei, hōkensei*, ed. Rekishigaku kenkyūkai. Tokyo: Aoki shoten, 1974, pp. 119—36.

小山正明:《亚洲的封建制——中国的封建制问题》。收于历史学研究会编:《现代历史学的成果和课题 2:共同体、奴隶制、封建制》, 东京, 1974 年, 第 119—136 页。

[760] Oyama Masaaki. "Fu-eki seido no henkaku." In *Higashi Ajia sekai no tenkai* II. *Iwanami kōza Sekai rekishi: 12: Chūsei.* Tokyo: Iwanami shioten, 1971, pp. 313—45.

小山正明:《赋役制度的变革》, 载《东亚世界的展开 II, 岩波世界历史讲座，12：中世 6》，东京，1971 年，第 313—345 页。

[761] Oyama Masaaki. "Mindai Kahoku fueki seido kankakushi kenkyū no ichi kentō."*Tōyō bunka*, 37 (March, 1974), pp. 99—117.

小山正明：《明代华北赋役制度改革史研究的探讨》，载《东洋文化》，37（1974 年 3 月），第 99—117 页。

[762] Oyama Masaaki. "Mindai no jūdanhō ni tsuite."(1). In *Zenkindai Ajia no hō to shakai*, ed. Niida Noboru hakushi tsuitō kinen ronbunshū henshū iinkai. Vol. 1 of *Niida Noboru hakushi tsuitō kinen ronbunshū*. Tokyo：Keisō shobō, 1967, pp. 365—86;(2)；*Chiha daigaku burigakubu bunka kagaku kiyō*, 10 (March 1968), pp. 1—40.

小山正明：《明代的十段法（1）》。载仁井田陞追悼纪念论文集编纂委员会编：《前近代亚洲的法和社会》，《仁井田陞博士追悼纪念论文集》，第 1 卷，东京，1967 年，第 365—386 页；（2）：载《千叶大学文理学部文化科学纪要》，10（1968 年 3 月），第 1—40 页。

[763] Oyama Masaaki. "Mindai no ryōchō ni tsuite-toku ni zenpanki no Kōnan deruta chitai o chūshin to shite."*Tōyōshi kenkyū*, 27/4 (March 1969), pp. 24—68.

小山正明：《明代的粮长——集中讨论前半期江南三角洲地带》，载《东洋史研究》，27/4（1969 年 3 月），第 24—68 页。

[764] Oyama Masaaki. "Minmatsu Shinaho no daitochi shoyū：toku ni Kōnan deruta chitai o chūshin ni shite."*Shigaku zasshi*, 66/12 (Dec. 1957), pp. 1—30;67/1 (Jan. 1958), pp. 50—72. Trans. as "Large landownership in the Jiangnan delta region during the late Ming-Early Qing period."In *State and society in China-Japanese perpectives on Ming-Qing social and economic hisotry*, eds. Linda Grove and Christian Daniels. Tokyo：University of Tokyo Press, 1984, pp. 101—63.

小山正明：《明末清初的大土地所有——专论江南三角洲地带》，载《史学杂志》，66/12（1957 年 12 月），第 1—30 页；67/1（1958 年 1 月），第 50—72 页。英译文载琳达·格罗夫等编：《中国的国家和社会：日本人对明清社会经济史的看法》，东京，1984 年，第 101—163 页。

[765] Pai Yu-ch'an

白玉蟾：《玉隆集》，《修真十书》，34，第 8ab 页。《道藏》，第 128 卷，

1445 年；重印于 1598、1607、1845、1926、1962 年；1977 年台北重印。

[766] Paludan, Ann. *The imperial Ming tombs*. New Haven: Yale University Press, 1981.

安·帕卢丹：《明皇陵》，纽黑文，1981 年。

[767] Pan Jixing. "The Spread of Georgius Agricola's *De Re Metallica* in Late Ming China."*T'oung Pao*, 77(1991), pp. 108—18.

潘吉星：《乔治乌斯·阿格里柯拉的〈矿冶全书〉在明代中国的传播》，载《通报》，77（1991 年），第 108—118 页。

[768] P'an Ching-jo

潘镜若：《三教开迷归正演义》，40 卷，南京，约 1612—1620 年。

[769] Pao Tsun-p'eng

包遵彭：《明史论丛》，10 卷，台北，1968 年。

[770] Pao Ying

包瑛：《固始县志》，1959 年。

[771] Parker, Geoffrey. "The Emergence of Modern Finance in Europe."In *The Fontana economic history of Europe: The sixteeth and seventeenth centruies*, ed. Carlo Cipolla. Glasgow: Fontana, 1974, pp. 527—84.

杰弗里·帕克：《欧洲现代金融的萌发》。载卡洛·西波拉编：《丰塔纳欧洲经济史：16—17 世纪》，格拉斯哥，1974 年，第 527—584 页。

[772] Parker, T. M. "The Papacy, Catholic reform, and Chiristian missions." *The New Cambridge Modern History*, ed. R. B. Wernham. Cambridge: Cambridge University Press, 1968, Vol. 8, pp. 44—71.

T. M. 帕克：《罗马教廷、天主教改革和基督教传道》。载 R. B. 沃纳姆编：《新编剑桥近代史》，第 8 卷，剑桥，1968 年，第 44—71 页。

[773] Parry. J. H. "Transport and trade routes."In*The economy of expanding Earope in the 16th and 17th centuries*, eds. E. E. Rich and C. H. Wilson. *The Cambridge Economic History of Europe*, Vol. 4. Cambridge: Cambridge University Press, 1967, pp. 155—218.

J. H. 帕里：《运输与贸易路线》。载 E. E. 里奇等编：《剑桥欧洲经济史》，第 4 卷中《16、17 世纪扩张中的欧洲的经济》，剑桥，1967 年，第 155—218 页。

[774] Parsons, James B. "The Ming dynasty bureaucracy: Aspects of back-

ground forces. " *Chinese government in Ming times*： *Seven studies*，ed. Charles O. Hucker. New York：Columbia University Press，1969，pp. 175—231.

詹姆斯・帕森斯：《明代官僚政治：幕后势力面面观》。收于贺凯编：《明代中国政府》，纽约，1969 年，第 175—231 页。

[775] Parsons，James B. *The peasant rebellions of the late Ming dynasty*. Tucson：University of Arizona Press，1970.

詹姆斯・帕森斯：《明末农民起义》，塔克森，1970 年。

[776] Pelliot，Paul. "Le Hoja et le Sayyid Husain de l'Histoire des Ming. " *T'oung Pao*，Vol. 38(1948)，pp. 82—292.

伯希和：《明代历史上的火者与写亦虎仙》，载《通报》，38（1948 年），第 81—292 页。

[777] Pelliot，Paul. "Le Sseu-yi-kouan et le Houei-t'ong-kouan. " *T'ong Pao*，Vol. 38(1948)，pp. 207—90.

伯希和：《四夷馆和会同馆》，载《通报》，38（1948 年），第 207—290 页。

[778] Pelliot，Paul. "Un Ouvrage sur les Premiers Temps de Macao. " *T'oung Pao*，31(1935)，pp. 58—94.

伯希和：《一篇关于澳门的初期著作》，载《通报》，31（1935 年），第 58—94 页。

[779] P'eng Ch'ao

彭超：《休宁〈程氏置产簿〉剖析》，载《中国社会经济史研究》，1983 年 4 月，第 55—66 页。

[780] P'eng Hsin-wei

彭信威：《中国货币史》，第 1 版，上海，1954 年；第 2 版，上海，1958 年；第 3 版，上海，1965 年。

[781] Perdue，Peter C. *Exhausting the earth-state and peasant in Hunan*，1500—1850. Harvard East Asian Monographs 130. Cambridge，Mass. ：Council on East Asian Studies，Harvard University，1987.

彼得・珀杜：《耗尽地力——1500 年至 1850 年国家和湖南农民》，哈佛东亚研究丛书，130，坎布里奇，1987 年。

[782] Perdue，Peter C. "Insiders and outsiders-the Xiangtan riot of 1819 and col-

lective action in Hunan. ”*Modern China*, 12, No. 2（April 1986）, pp. 166—201.

彼得·珀杜:《区内人和区外人——1819 年的湘潭骚乱和湖南的集体行动》,载《近代中国》,12:2（1986 年 4 月）,第 166—201 页。

[783]　Perkins, Dwight H. *Agricultural development in China 1368—1968*. Chicago: Aldine Publishing Company, 1969.

德怀特·珀金斯:《1368—1968 年中国的农业发展》,芝加哥,1969 年。

[784]　Perlin, Frank. “Financial institutions and business practices across the Euro-Asian interface: Comparative and structural considerations, *1500—1900.* ”In *The European discovery of the world and its economic effects on pre-industrial society*, 1500—1800, ed. Hans Pohl. Stuttgart: Franz Steiner Verlan, 1990, pp. 257—303.

弗兰克·珀林:《欧亚结合部的财政制度和商业活动:1500—1900 年的比较思考和结构思考》。载汉斯·波尔编:《1500—1800 年欧洲之发现世界及它对前工业社会的经济影响》,斯图加特,1990 年,第 257—303 页。

[785]　Perlin, Frank. “Money-use in late pre-colonial India and the international trade in currency media. ”In *The Imperial Monetary System of Mughal India*, ed. J. F. Richards. New Delhi: Oxford University Press, 1987, pp. 232—73.

弗兰克·珀林:《晚期前殖民时期印度的货币使用和通货媒介形式的国际贸易》。载 J. F. 理查兹编:《莫卧儿印度的帝国货币制度》,新德里,1987 年,第 232—273 页。

[786]　Potech, Luciano. *Central Tibet and the Mongols: The Yuan Sa-skya period of Tibetan history*. Rome: Istituto Italiano per il Medio ed Estremo Oriente, 1990.

卢西亚诺·佩特奇:《西藏中部与蒙古人:西藏史中的元朝萨迦派时期》,罗马,1990 年。

[787]　Petech, Luciano. “Tibetan relations with Sung China and with the Mongols. ”*China among equals*, ed. Morris Rossabi. Berkeley: University of California Press, 1983, pp. 173—203.

卢西亚诺·佩特奇:《西藏与宋代中国及蒙古人的关系》。载罗萨比编：《中央王国及其处于平等地位的邻邦》，伯克利，1983 年，第 173—203 页。

[788]　Peterson, Willard J. *Bitter gourd*：*Fang I-chih and the impetus for intellectual change*. New Haven and London：Yale University Press, 1979.

威拉德·彼得森：《方以智和争取知性活动的动力》，纽黑文、伦敦，1979 年。

[789]　Peterson, Willard J. "Calendar reform prior to the arrival of missionaries at the Ming court. "*Ming Studies*, 21(1986), pp. 45—61.

威拉德·彼得森：《在传教士来到明廷之前的历法改革》，载《明史研究》，21 (1986 年)，第 45—61 页。

[790]　Peterson, Willard J. "Fang I-chih：Western learning and the investigation of things. "*The unfolding of neo-Confucianism*. ed. Wm. Theodroe de Bary. Studies in Oriental Culture. No. 10. New York and London：Columbia University Press, 1975, pp. 369—411.

威拉德·彼得森：《方以智：西学与格物》。载狄百瑞编：《新儒学的演变》，纽约、伦敦，1975 年，第 369—411 页。

[791]　Peterson, Willard J. "Life or Ku Yen-wu. "*Harvard Journal of Asiatic Studies*, 28(1968), p. 114—56; and 29(1969), pp. 201—47.

威拉德·彼得森：《顾炎武生平》，载《哈佛亚洲研究杂志》，28 (1968 年)，第 114—156 页；29 (1969 年)，第 201—247 页。

[792]　Peterson, Willard J. "Western natural philosophy published in late Ming China. "*Proceedings of the American Philosophical Society*, 117, No. 4 (1973), pp. 295—322.

威拉德·彼得森：《晚明发表的西方自然哲学》，载《美国哲学学会会刊》，117:4 (1973 年)，第 295—322 页。

[793]　Peterson, Willard J. "Why did they become Christians? "*East meets West*：*The Jesuits in China*, 1582—1773, ed. Charles E. Ronan, S. J. and Bonnie B. C. Oh. Chicago：Loyola University Press, 1988, pp. 129—52.

威拉德·彼得森：《他们为何皈依基督教?》。载查尔斯·罗南等编：《东西方相遇》，芝加哥，1988 年，第 129—152 页。

[794]　Petzinna-Gilster, Sabine. *Huian, ein chinesischer Kreis im 16. Jahrhundert in China*：*dargestellt an den Aufzeichnungen des Magistrats Ye*

Chunji. Hamburg:〔Petzinna-Gilster〕,1984.

萨比尼·皮齐纳-吉尔斯泰:《知县叶春及记录的 16 世纪中国的惠安地区》,汉堡,1984 年。

[795] Pfister, Louis. *Notices biographiques et bibliographiques sur les Jésuites de l'ancienne mission de Chine 1552—1773*. 2 vols. Variétés sinologiques, 59,60. Shanghai:n. p. ,1932—34.

路易·菲斯泰:《1552—1773 年来华耶稣会士的传记和书目》,2 卷,上海,1932—1934 年。

[796] *Pi-ni jih-yung*

《比尼日用》,黄檗寺,1630 年。

[797] Pinot, Virgile. *La Chine et la formation de l'esprit philosophique en France (1640—1740)*. Paris: Geuthner,1932.

维吉尔·比诺:《中国与法国哲学思想的形成(1640—1740 年)》,巴黎,1932 年。

[798] Pires, Tome. *The Suma oriental of Tome Pires*, ed. Armando Cortesao. Hakluyt Society,2nd Series,Vol. 89. London: University Press,1944.

托梅·皮勒:《东方大全》,阿曼多·科特绍编,第 2 套 89 卷,伦敦,1944 年。

[799] Plaks, Andrew H. *The four masterworks of the Ming novel*. Princeton: Princeton University Press,1987.

安德鲁·普拉克斯:《明代小说中的四大名著》,普林斯顿,1987 年。

[800] Pokotilov, Dimitrii. *History of the eastern Mongols during the Ming dynasty from 1368 to 1644*, trans. Rudolph Løwenthal. Chengtu: West China Union University,1947—49.

德米特里·波科提洛夫:《明代东蒙古史,1368—1644 年》,鲁道尔夫·洛温泰尔英译,成都,1947—1949 年。

[801] Pope, John Alexander. *Chinese porcelain from the Ardebil Shrine*. Washington: The Smithsonian Institution,1956.

约翰·亚历山大·波普:《阿尔达比勒圣地发现的中国瓷器》,华盛顿特区,1956 年。

[802] Pope, John Alexander. *Fourteenth-century blue-and-white: A group of Chinese Porcelains in the Topkapu Sarayi Müzesi, Istanbul*. Washilng-

ton, DC：The Smithsonian Institution, 1952.

约翰·亚历山大·波普：《14 世纪的青花瓷器：伊斯坦布尔托普卡皮·萨拉伊博物馆的一批中国瓷器》，华盛顿，1952 年。

[803] Postan, M. M. "The trade of medieval Europe：The North."In *The Cambridge Economic History of Europe*, Vol. II：*Trade and Industry in the Middle Ages*, eds. M. M. Postan and Edward Miller, 2nd ed. Cambridge：Cambridge University Press(1987), pp. 240—305.

M. M. 波斯坦：《中世纪欧洲北部的贸易》，载 M. M. 波斯坦等编：《剑桥欧洲经济史》，第 2 卷，《中世纪的贸易和工业》，第 2 版，剑桥，1987 年，第 240—305 页。

[804] Prakash, M. M. *The Dutch East Company and the economy of Bengal*, *1630—1720*. Princeton：Princeton University Press, 1985.

M. M. 普拉卡什：《荷属东印度公司与孟加拉经济，1630—1720 年》，普林斯顿，1985 年。

[805] Ptak, Roderich. *Portugal in China：Kurzer Abriss der Portugeisisch-Chineischen Beziehungen und der Geschichte Macaus*. Bad Boll：Klemmerberg, 1980.

罗德里希·普塔克：《葡萄牙在中国：葡中关系概况和澳门史》，巴德巴尔，1980 年。

[806] Ptak, Roderich, ed. *Portuguese Asia：Aspects in history and economic history (sixteenth and seventeenth centuries)*. Stuttgart：Steiner Verlag, Wiesbaden, 1987.

罗德里希·普塔克：《葡萄牙亚洲：历史和经济史的几个方面（16 和 17 世纪）》，斯图加特，1987 年。

[807] Rawski, Evelyn Sakakida. *Agricultural Change and the Peasant economy of South China*. Harvard East Asian Series 66. Cambridge, Mass.：Harvard University Press, 1972.

伊夫林·罗斯基：《华南的农业变化和小农经济》，坎布里奇，1972 年。

[808] Rawski, Evelyn S. "Ming society and the economy." *Ming Studies*, 2 (Spring, 1976), pp. 12—19.

伊夫林·罗斯基：《明代的社会和经济》，载《明史研究》，2（1976 年春季号），第 12—19 页。

[809] Reed，Robert R. *Colonial Manila：The contest of Hispanic urbanism and process of morphogenesis*. Berkeley，Los Angeles，and London：University of California Press，1978.

罗伯特·里德：《殖民地时代的马尼拉：西班牙都市化背景及其发育进程》，伯克利、洛杉矶、伦敦，1978 年。

[810] Reif，Sister Patricia. "Textbooks in natural philosophy，1600—1650." *Journal of the History of Ideas*，30(1960)，pp. 17—32.

帕特里夏·赖夫：《自然哲学的教科书，1600—1650 年》，载《思想史杂志》，30（1969 年），第 17—32 页。

[811] Reischauer，Edwin O. and John K. Fairbank. *East Asia：The great tradition*. Boston：Houghton Mifflin Co.，1960.

赖肖尔、费正清：《东亚，伟大的传统》，波士顿，1960 年。

[812] Ricci，Matteo

利玛窦：《记法》，收于《天主教东传文献》，台北，1965 年。

利玛窦：《几何原本》。收于李之藻编：《天学初函》，1965 年台北重印，6 卷，第 4 卷，第 1921—2522 页。

利玛窦：《交友论》。收于李之藻编：《天学初函》，1965 年台北重印，6 卷，第 1 卷，第 299—320 页。

利玛窦：《乾坤体义》，1614 年；收于《四库全书珍本五集》，台北，1974 年。

[813] Ricci，Matteo. *China in the 16th century：The journals of Matthew Ricci，1583—1610*，trans. Louis J. Gallagher. New York：Random House，1953.

利玛窦：《16 世纪的中国，利玛窦日记，1583—1610 年》，路易斯·加拉格尔英译，纽约，1953 年。

[814] Ricci，Matteo. Fonti Ricciane：*documenti originali concernenti Matteo Ricci e la sotria delle prime relazioni tra l'Europa e la China1579—1615*，ed. Pasquale d'Elia，S. J.，3 vols. Rome：La Libreria dello Stato，1942—1949.

利玛窦：《利玛窦文集》，德礼贤神父编，3 卷，罗马，1942—1949 年。

利玛窦：《天主实义》，1603 年。收于李之藻编：《天学初函》，1628 年再版为 6 卷，台北，1965 年，第 1 卷，第 351—636 页。

［815］ Ricci, Matteo. *The true meaning of the Lord of Heaven*, trans. Douglas Lancashire and Peter Kuo-chen Hu. St Louis: Institute of Jesuit Sources, 1985.

利玛窦：《天主实义》，道格拉斯·兰开夏等英译，圣路易丝，1985 年。

［816］ Richardson, Hugh E. *Tibet and its history*. Boulder: Shambhala, 1984.

休·理查森：《西藏及其历史》，博尔德，1984 年。

［817］ Rockhill, William Woodville. *China's intercourse with Korea from the XVth century to 1895*. London: Luzac and Company, 1905.

威廉·伍德维尔·罗克希尔：《从 15 世纪至 1895 年中国与朝鲜的交往》，伦敦，1905 年。

［818］ Rodrigues, João. *This island of Japon*. Trano and ed. Michael Cooper. Tokyo: Kodansha International, 1973.

胡奥·罗德里格斯：《日本岛国》，迈克尔·库珀编译，东京，1973 年。

［819］ Rogers, Mary Ann. "Visions of grandeur: the life and art of Dai Jin." In *Painters of the great Ming: the imperial court and the Zhe school*, ed. Richard M. Barnhart. Dallas: Dallas Museum of Art, 1993, pp. 127—94.

玛丽·安·罗杰斯：《宏伟的视野：戴进的生平和艺术》，载《大明的画家：宫廷和浙派》，理查德·巴恩哈特编，达拉斯，1993 年，第 127—194 页。

［820］ Rolston, David, ed. *How to read a Chinese novel*. Princeton: Princeton University. Press, 1990.

戴维·罗尔斯顿编：《怎样阅读中国小说》，普林斯顿，1990 年。

［821］ Ronan, Charles E., S. J. and Bonnie B. C. Oh, eds. *East meets West: The Jesuits in China, 1582—1773*. Chicago: Loyola University Press, 1988.

查尔斯·罗南等：《东西方相遇：耶稣会士在中国（1582—1773 年）》，芝加哥，1988 年。

［822］ Rossabi, Morris. "Altan Khan." *Encyclopedia of Asian history*, 4 vols, ed. Ainslie Embree. New York: Macmillan Co., 1987, Vol. I, p. 50.

莫里斯·罗萨比：《俺答汗》，载《亚洲史百科全书》，4 卷，安斯利·恩布里编，纽约，1987 年，第 1 卷，第 50 页。

［823］ Rossabi, Morris. "Cheng Ho and Timur: Any relation?" *Oriens Extremus*, 20, No. 2 (December, 1973), pp. 129—36.

莫里斯·罗萨比：《郑和与帖木耳有关系吗?》，载《远东》，20：2（1973
年 12 月），第 129—136 页。

[824] Rossabi, Morris, ed. *China among equals：The Middle Kingdom and its
neighbors*, *10—14th centuries*. Berkeley：University of California Press,
1983.

莫里斯·罗萨比：《中央王国及其处于平等地位的邻邦：10—14 世纪》，
伯克利，1953 年。

[825] Rossabi, Morris. "China and the Islamic world." *As others see us：mutual
perceptions*, *East and West*, ed. Bernard Lewis, et al. New York：Inter-
national Society for the Study of Comparative Civilizations, 1985, pp.
269—83.

莫里斯·罗萨比：《中国和伊斯兰世界》，载《东西方的相互看法》，伯
纳德·刘易斯等编，纽约，1985 年，第 269—283 页。

[826] Rossabi, Morris. "The 'Decline' of the Central Asian Caravan Trade." In
*The rise of merchant empires：long-distance trade in the early modern
world*, ed. James D. Tracy. Cambridge：Cambridge University Press,
1990, pp. 351—70.

莫里斯·罗萨比：《中亚商队贸易的"衰落"》，载《商人帝国的兴起：
早期近代世界的长途贸易》，詹姆斯·特雷西编，剑桥，1990 年，第
351—370 页。

[827] Rossabi, Morris. "Islam in China." *The encyclopedia of religion*, ed. Mir-
cea Eliade, 16 vols. New York：Macmillan Publishing Company, 1987,
Vol. 7, pp. 377—90.

莫里斯·罗萨比：《伊斯兰教在中国》，载《宗教百科全书》，16 卷，默
西亚·伊利亚德，纽约，1987 年，第 7 卷，第 377—390 页。

[828] Rossabi, Morris. *The Jurchen in Yüan and Ming*. Cornell University
East Asia Papers. No. 27. Ithaca, NY：Cornell China-Japan Program,
1982.

莫里斯·罗萨比：《元明时期的女真人》，康奈尔大学东亚论文集，27，
伊萨卡，1982 年。

[829] Rossabi, Morris. "Ming China and Turfan, 1406—1517." *Central Asiatic
Journal*, 16, No. 3(1972), pp. 206—25.

莫里斯·罗萨比：《1406—1517 年明代中国与吐鲁番的关系》，载《中亚杂志》，16:3（1972 年），第 206—225 页。

[830] Rossabi, Morris. "Ming China's relations with Hami and Central Asia, 1404—1513: A reexamination of traditional Chinese foreign Policy." Diss. , Columbia University,1970.

莫里斯·罗萨比：《明代中国与哈密和中亚的关系，1404—1513 年：对传统中国对外关系的再审视》，哥伦比亚大学论文，1970 年。

[831] Rossabi, Morris, "Mongolia: From Chinggis Khan to Independence." In *Mongolia: the legacy of Chinggis Khan*, ed. Parricia Berger. New York: Thames and Hudson,1995,pp. 25 49.

莫里斯·罗萨比：《蒙古：从成吉思汗到独立》，载《蒙古：成吉思汗的遗产》，帕特里夏·伯杰编，纽约，1995 年，第 25—49 页。

[832] Rossabi, Morris. "Muslim revolts in late Ming and early Ch'ing." *From Ming to Ch'ing*, eds. John Wills and Jonathan Spence. New Haven: Yale University Press,1979,pp. 168—99.

莫里斯·罗萨比：《晚明和清初期的穆斯林叛变》，载《从明至清》，约翰·威尔斯等编，纽黑文，1979 年，第 168—199 页。

[833] Rossabi, Morris. "Notes on Esen's pride and Ming China's prejudice." *The Mongolia Society Bulletin*,9,No. 2(Fall,1970),pp. 31—39.

莫里斯·罗萨比：《评也先的傲慢和明代中国的偏见》，载《蒙古学会会刊》，9:2（1970 年秋季号），第 31—39 页。

[834] Rossabi, Morris. "The tea and horse trade with Inner Asia during the Ming." *Journal of Asian History*,4,No. 2(1970),pp. 136—68.

莫里斯·罗萨比：《明代与亚洲腹地的茶马贸易》，载《亚洲史杂志》，4:2（1970 年），第 136—168 页。

[835] Rossabi, Morris. "A translation of Ch'en Ch'eng's *Hsi-yu fan-kuo chih*." *Ming Studies*,17(Fall,1983),pp. 49—59.

莫里斯·罗萨比：《英译陈诚之〈西域番国志〉》，载《明史研究》，17（1983 年秋季号），第 49—59 页。

[836] Rossabi, Morris. "Two Ming envoys to Inner Asia." *T'oung Pao*,62,Nos. 1—3(1976),pp. 1—34.

莫里斯·罗萨比：《明王朝的两个出访亚洲腹地的使者》，载《通报》，

62:1—3 (1976 年)，第 1—34 页。

[837] Rowe, William T. *Hankow. commerce and society in a Chinese city, 1796—1889*. Stanford: Stanford University Press, 1984.

威廉·罗：《1796—1889 年汉口的商业和社会》，斯坦福，1984 年。

[838] Roy, David Tod, trans. *The Plum in the Golden Vase, or Chin P'ing Mei*, Vol. 1. Princeton: Princeton University Press, 1993.

戴维·托德·罗伊：《英译〈金瓶梅〉》，第 1 卷，普林斯顿，1993 年。

[839] Rule, Paul. *K'ung-tzu or Confucius? The Jesuit interpretation of Confucianism*. Sydney: Allen and Unwin, 1986.

保罗·鲁尔：《孔子还是孔夫子？耶稣会士对儒学的解释》，悉尼，1986 年。

[840] Ryūchi Kiyoshi. "Minsho no jiin." In *Shina Bukkyō shigaku*, 2, No. 4 (1938), pp. 9—29.

龙池清：《明初的寺院》，载《中国佛教史学》，2:4 (1938 年)，第 9—29 页。

[841] Ryūchi Kiyoshi. "Mindai no yūga kyōsō." *Tōyō gakuhō*, 11, No. 1(1940), pp. 405—13.

龙池清：《明代的瑜伽教僧》，载《东洋学报》，11:1 （1940 年），第 405—413 页。

[842] Seaki Yūichi. "Minmatsu no Tōshi no hen-iwayuru 'nuhen' no seikaku ni kanren shite." *Tōyōshi kenkyū*, 16/1 (June 1957), pp. 26—57.

佐伯有一：《明末董式之变》，载《东洋史研究》，16/1 （1957 年 6 月），第 26—57 页。

[843] Saeki Yūichi. "Nihon no Min-Shin jidai kenkyū ni okeru shōhin seisan hyōka o megutte-sono gakusetsushiteki tenbō." In Suzuki Shun and Nishijima Sadao, eds. *Chūgokushi no jidai kubun*. Tokyo: Tōkyō daigaku shuppankai, 1957, pp. 253—321.

佐伯有一：《日本的明清时代研究关于商品生产的评价及其学说史的展望》，载铃木俊等编：《中国史的时代划分》，东京，1957 年，第 253—321 页。

[844] Saeki Yūichi. "Shukōgyō no hattatsu." In *Yuragu Chūka teikoku. Sekai no rekishi*, 11, ed. Chikuma shobō henshūbu. Tokyo: Chikuma shobō, 1961,

pp. 213—32.

佐伯有一：《手工业的发展》，载《中华帝国》，《世界历史》，11，筑摩书房编集部编，东京，1961 年，第 213—232 页。

[845] Sahillioglu. "The role of international monetary and metal movements in Ottoman monetary history."In *Precious metals in the later medieval and early modern worlds*, ed. J. F. Richards. Durham，North Carolina：Carolina Academic Press,1983,pp. 269—304.

萨希利奥格鲁：《奥斯曼货币史上的国际货币作用和金属流动》，载《晚期中世纪和早期近代世界的贵金属》，J. F. 理查兹编，达勒姆，1983 年，第 269—304 页。

[846] Sakai Tadao. *Chugoku zensho no kenkyū*. Tokyo：Kōbundō,1960.

酒井忠夫：《中国善书的研究》，东京，1960 年。

[847] Sadai Tadao. "Mindai zen-chūki no hōkōsei ni tsuite."In *Shimizu hakushi tsuitō kinen：Mindaishi ronsō*, ed. Shimizu hakushi tsuitō kinen henshū iinkai. Tokyo：Daian,1962,pp. 577—610.

酒井忠夫：《明代前中期的保甲制》，载《清水博士追悼纪念——明代史论丛》，东京，1962 年，第 577—610 页。

[848] Santangelo, Paolo, *Le manifatture tessili imperiali durante le dinastie Ming e Qing con particolare attenzione a quelle di Suzhou*. Napoli：Instituto universitario orientale,1984.

保罗·桑坦格罗：《明清两朝宫廷御用纺织品，尤其苏州纺织品》，那不勒斯，1984 年。

[849] Saso, Michael R. *Taoism and the rite of cosmic renewal*. Pullman：Washington State University Press,1972.

迈克尔·萨索：《道教和斋仪》，普尔曼，1972 年。

[850] Satō Fumitoshi. "Minmatsu shakai to ōfu."In his *Minmatsu nōmin hanran no kenkyū*. Tokyo：Kenbun shuppan,1985,pp. 152—26。

佐藤文俊：《明末社会和王府》，载其《明末农民叛乱研究》，东京，1985 年，第 152—260 页。

[851] Satō Hisashi. "Mindai Chibetto no Rigompa ha no keitō ni tsuite."*Tōyō gakuhō*,45(1963),pp. 434—52.

佐藤长：《关于西藏尼贡巴教派》，载《东洋学报》，45（1963 年），第

434—452 页。

［852］ Satō Hisashi. "Mindai Chibetto no hachi tai kyō-ō ni tsuite." *Tōyōshi kenkyū*, 21（1962）, pp. 295—314；22（1963）, pp. 203—25；and 22（1964）, pp. 488—503.

佐藤长：《明代西藏的八大教主》，载《东洋史研究》，21（1962 年），第 295—314 页；22（1963 年），第 203—225 页；22（1964 年），第 488—503 页。

［853］ Sawada Mizuho. *Bukkyō to Chūgoku bungaku*. Tokyo：Kokusho Kankokai, 1975.

泽田瑞穗：《佛教与中国文化》，东京，1975 年。

［854］ Sawada Mizuho. "Sankyō shisō to heiwa shōsetsu." *Biburia*, 16（1960）, pp. 37—39.

泽田瑞穗：《三教思想与评话小说》，《Biburia》，16（1960 年），第 37—39 页。

［855］ Scanlon, George T. "Egypt and China：Trade and imitation." In *Islam and the trade of Asia*, ed. D. S. Richards. Philadelphia：University of Pennsylvania Press, 1970, pp. 81—95.

乔治·斯坎伦：《埃及与中国：贸易与仿效》，载《伊斯兰与亚洲贸易》，D. S. 理查兹编，费城，1970 年，第 81—95 页。

［856］ Scarpari, M.

M. 斯卡帕里：《中国发现的十五世纪威尼斯银币》，载《考古》，（1979 年 6 月），第 538—541 页。

［857］ Schall von Bell, Adam

汤若望：《主制群征》，1637 年；收于《天主教东传文献续编》，3 卷，台北，1966 年，第 2 卷，第 495—615 页。

［858］ Scheurleer, D. F. Lunsingh. *Chinese Export Porcelain*. New York, Toronto, and London：Pitman, 1974.

D. F. 伦辛·斯切尔里尔：《中国瓷器的出口》，纽约、多伦多、伦敦，1974 年。

［859］ Scholz, Hartmut. "The rural settlements in the eighteen provinces of China." *Sinologica*, 3（1953）, pp. 37—49.

哈特默特·肖尔兹：《中国 18 个省的农村定居地》，载《汉学》，3（1953

年），第37—49页。

[860] Schulz, Larry. "Lai Chih-te (1525—1604) and the Phenomenology of the Classic of Change. "Diss. Princeton University,1982.

拉里·舒尔兹：《来知德（1525—1604年）与〈易经〉的现象学》，普林斯顿大学论文，1982年。

[861] Schurz, William Lytle. *The Manila galleon*. New York: E. P. Dutton and Co. ,1939; rpt. paperback, New York: Dutton & Co. ,1959.

威廉·莱特尔·舒尔茨：《马尼拉大帆船》，纽约，1939年；1959年纽约重印为平装本。

[862] Schwartz, Benjamin I. *The world of thought im Ancient China*. Cambridge, Mass. : Harvard University Press,1985.

本杰明·史华慈：《中国古代的思想世界》，坎布里奇，1985年。

[863] Sebes, Joseph. "The precursors of Ricci. " *East meets West : The Jesuits in China 1582—1773* ,eds. Charles E. Ronan, S. J. and Bonnie B. C. Oh. Chicago: Loyola University Press,1988, pp. 19—61.

约瑟夫·西比斯：《利玛窦的先驱者》，载《东西方相遇》，查尔斯·罗南等编，芝加哥，1988年，第19—61页。

[864] Segawa Masahisa. *Chūgokujin no sonraku to sōzoku-Honkon shinkai nōson no shakai jinruigakuteki kenkyū*. Tokyo: Kōbundō,1991.

濑川昌久：《中国人的村落和宗族——香港新界农村的社会人类学研究》，东京，1991年。

[865] Segawa Masahisa. "Mura no katachi: Kanan sonraku no tokushoku. " *Minzokugaku kenkyū* ,47, No. 1(June 1982), pp. 31—50.

赖川昌久：《华南村落的特色》，载《民族学研究》，47:1（1982年6月），第31—50页。

[866] Seidel, Anna. "Imperial treasures and Taoist sacraments-Taoist roots in the Apoc-rypha. "In *Tantric and Taoist Studies in Honor of R. A. Stein*, ed. Michel Strickmann,2 vols. Brussels: Institut belge des Hautes études Chinoises,1983,Vol. 2, pp. 291—371.

石秀娜（安娜·塞德尔）：《帝国财富与道教科仪——伪说的道教根源》，载《纪念斯坦因的密宗和道教文集》，米歇尔·斯特里克曼编，2卷，布鲁塞尔，1983年，第2卷，第291—371页。

[867] Seidel. Anna,"A Taoist immortal of the Ming dynasty: Chang San-feng. " In *Self and society in Ming thought*,ed. William Theodore de Bary. New York: Columbia University Press,1970,pp. 483—516.

石秀娜:《明代的一位不朽道士张三丰》。载狄百瑞编:《明代思想中的自我和社会》,纽约,1970 年,第 483—516 页。

[868] *Sejong sillok*. In *Chosŏn wangjo sillok*, Vols. 2—6. Seoul: Kuksa p'yŏnch'an wiwŏnhoe,1955—58. Index,1963.

《世宗实录》,载《朝鲜王朝实录》,第 2—6 卷,汉城,1955—1958 年;索引,1963 年。

[869] Semedo, C. Alvaro. *The history of that great and renowned monarchy of China*. Translated from the Italian. Printed by E. Tyler for John Crook, London,1655. Microfilm of original in Harvard University Libraries. Ann Arbor, MI:University Microfilms,1969. p. 114.

谢务禄(曾德昭):《伟大和著名的中国君主国史》,从意大利文译成英文,伦敦,1655 年,原文缩微本藏于哈佛大学图书馆,安阿伯,1969 年,第 114 页。

[870] Seng Ch'an

僧忏编:《藕益(智旭)大师全集》,台北,1975 年。

[871] Serruys, Henry. "Chinese in southern Mongolia during the sixteenth century. "*Monumenta Serica*,18(1959),pp. 1—95.

司律思:《16 世纪初期南部蒙古的中国人》,载《华裔学志》,18(1959 年),第 1—95 页。

[872] Serruys, Henry. "Early Lamaism in Mongolia. "*Oriens Extremus*,10(October,1963),pp. 181—216.

司律思:《蒙古早期的喇嘛教》,载《远东》,10(1963 年 10 月),第 181—216 页。

[873] Serruys, Henry. "Four documents relating to the Sino-Mongol peace of 1570—1571. "*Monumenta Serica*,19(1960),pp. 1—66.

司律思:《有关中蒙 1570—1571 年和平的四个文件》,载《华裔学志》,19(1960 年),第 1—66 页。

[874] Serruys, Henry. *Genealogical tables of the descendants of Dayan-qan*. The Hague:Mouton and Co. ,1958.

司律思：《大元汗后裔谱系》，海牙，1958 年。

[875] Serruys, Henry. "Mongols ennobled during the early Ming." *Harvard Journal of Asiatic Studies*, 22(1959), pp. 209—60.

司律思：《明朝早期被封为贵族的蒙古人》，载《哈佛亚洲研究杂志》，22（1959 年），第 209—260 页。

[876] Serruys, Henry. "The Mongols in China druing the Hung-wu period (1368—1398)." *Mélanges Chinois et bouddhiques*, 11(1959), pp. 1—328.

司律思：《洪武朝（1368—1398 年）的在华蒙古人》，载《中国和佛教文集》，11（1959 年），第 1—328 页。

[877] Serruys, Henry. "The Mongols of Kansu during the Ming." *Mélanges Chinois et bouddhiques*, 10(1955), pp. 215—346.

司律思：《明代甘肃的蒙古人》，载《中国和佛教文集》，10（1955 年），第 215—346 页。

[878] Serruys, Henry. "The office of Tayisi in Mongolia in the fifteenth century." *Harvard Journal of Asiatic Studies*, 37, No. 2(December, 1977), pp. 353—80.

司律思：《15 世纪蒙古的太师》，载《哈佛亚洲研究杂志》，37：2（1977 年 12 月），第 353—380 页。

[879] Serruys, Henry. "Remarks on the introduction of Lamaism into Mongolia." *Mongolia Society Bulletin*, 7(1968), pp. 62—65.

司律思：《喇嘛教传入蒙古的几点意见》，载《蒙古学会简报》，7（1968 年），第 62—65 页。

[880] Serruys, Henry. *Sino-Jurchen relations during the Yung-lo period, 1403—1424*. Wiesbaden: Otto Harrassowitz, 1955.

司律思：《永乐朝（1403—1424 年）的中国女真关系》，威斯巴登，1955 年。

[881] Serruys, Henry. *Sino-Mongol relations during the Ming II: The tribute system and diplomatic missions(1400—1600). Mélanges Chinois et bouddhiques*, 14(1967), Bruxelles. L'Institute belge des hauted études chinoises, 1967.

司律思：《明朝时期的中国蒙古关系 II：朝贡制度和外交使团（1400—1600 年）》，载《中国和佛教文集》，14（1967 年），布鲁塞尔，1967 年。

[882] Serruys, Henry. "*Sino-Mongol relations during the Ming Ⅲ*: trade relations: The horse fairs(1400—1600)." *Mélanges Chinois et bouddhiques*, 17 (1973—75), pp. 9—275.

司律思：《明朝时期的中国蒙古关系Ⅲ：贸易关系：马市（1400—1600年）》，载《中国和佛教文集》，17（1973—1975 年），第 9—275 页。

[883] Serruys, Henry. "*Sino-Mongolian trade during the Ming.*" *Journal of Asian History*, 9, No. 1(1975), pp. 34—56.

司律思：《明代的中蒙贸易》，载《亚洲史杂志》，9：1（1975 年），第 34—56 页。

[884] Shahar, Meir. "Enlightened Monk or Arch-Magician? The portrayal of the god Jigong in the sixteenth -century novel *Jidian yulu.*" *Proceeding of the International Conferdnce on Popular Beliefs and Chinese Culture*. Taipei: Center for Chinese Studies, 1994, Vol. 1, pp. 251—303.

迈尔·沙哈尔：《是悟僧还是魔术师？16 世纪小说〈济颠语录〉中济公神的描绘》，载《民俗信仰和中国文化国际会议纪要》，台北，1994 年，第 1 卷，第 251—303 页。

[885] Shahar, Meir. "Fiction and religion in the early history of the Chinese god Jigong." Diss. Harvard University, 1992.

迈尔·沙哈尔：《中国济公神早期历史中的虚构传说与宗教》，哈佛大学论文，1992 年。

[886] Shakabpa, Tsebon W. D. *Tibet: A political history*. New Haven: Yale University Press, 1967.

夏克巴·孜本：《西藏政治史》，纽黑文，1967 年。

[887] Shaw, William R. *Legal norms in a Confucian state*. Center for Korean Studies, Korean research monographs. No. 5. Berkeley: University of California Press, 1981.

威廉·肖：《儒教国家的法律准则》，伯克利，1981 年。

[888] She I-tse

舍贻泽：《明代之土司制度》，载《禹贡》，4：11（1936 年），第 1—9 页；收于其《中国土司制度》，重庆，1944 年。

[889] Shek, Richard H. C. "Religion and society in late Ming: Sectarianism and popular thought in sixteeth and seventeenth century China." Diss. Univer-

sity of California，Berkeley，1980.

理查德·H. C. 石（音）：《晚明的宗教和社会：16 和 17 世纪中国的教派和民众思想》，加州大学论文，伯克利，1980 年。

[890] Shen Chia-pen

沈家本：《明大诰峻令》，收于《沈寄簃先生遗书·甲编》，无出版日期，2 卷；1964 年台北再版，2 卷，第 822—843 页。

[891] Shen Mao-kuan

慎懋官：《华夷花木鸟兽珍玩考》，1581 年；缩微卷藏于北京图书馆。

[892] Shen Mao-shang

慎懋赏：《四夷广记》，1609—1619 年；1947 年南京重印。

[893] Shen，Mr.

沈氏：《奇荒纪事》，载陈恒力编：《初农书研究》，北京，1958 年，第 289—291 页。

[894] Shen Pang

沈榜：《宛署杂记》，1593 年；1961 年北京出版社再版。

[895] Shen Shih-hsing

申时行编：《大明会典》，228 卷，1587 年；1936 年上海重印，40 卷；1964 年台北重印，影印本，1964 年。

申时行：《赐闲堂集》，序言日期 1616 年；华盛顿特区国会图书馆缩微胶卷 865—866 号。

[896] Shen Te-fu

沈德符：《万历野获编》，1619 年；1827 年重印；1869 年重印；1959 年重印；1980 年重印第 2 版。

[897] Shen Yu-jung

沈有容：《闽海赠言》。台湾银行经济研究社编：《台湾文献丛刊》，56，台北，1959 年。

[898] Sheng-yen

圣严：《明末中国的禅宗人物及其特色》，载《华冈佛学学报》，9（1984 年），第 1—62 页。

圣严：《明末的居士佛教》，载《华冈佛学学报》，5（1981 年），第 7—36 页。

[899] Shepherd，John R. "Taiwan aborigines and Chinese settlers on the Taiwan

frontier in the seventeenth and eighteenth centuries. "Diss. Stanford University,1981.

约翰·谢泼德：《17 和 18 世纪台湾边境的土著居民和中国移民》，斯坦福大学论文，1981 年。

[900] Shiba Yoshinobu. *Sōdai shōgyōshi kenkyū.* Tōkyō：Kazama shobo,1968; abstr. Trans. as *Commerce and Society in Sung China*, trans. Mark Elvin. Ann Arbor：Center for Chinese Studies, University of Michigan, 1970.

斯波义信：《宋代商业史研究》，东京，1968 年；马克·埃尔文英文摘译，安阿伯，1970 年。

[901] Shiga, Shūzo. "Criminal procedure in the Ch'ing dynasty, with emphasis on its administrative character and some allusion to ist historical antecedents. "*Memoirs of the research department of the Toyo Bunko*, No. 32 (1974),pp. 1—45;and No. 33(1975),pp. 115—38.

滋贺秀三：《清代的刑事诉讼程序：重点论述其行政特性及历史先例的类比》，载《东洋文库研究部纪要》，32（1974 年），第 1—45 页；33（1975 年），第 115—138 页。

[902] Shigeta Atsushi. "Ichijō benpō to chiteigin to no aida. "*Jinbun kenkyū*,18/3 (March 1967);rpt in his *Shindai shakai keizaishi kenkyū.* Tokyo：Iwanami shoten,1975,pp. 122—37.

崇田德：《一条鞭法和地丁银》，载《人文研究》，18/3（1967 年 3 月）；收于其《清代社会经济史研究》，东京，1975 年，第 122—137 页。

[903] Shigeta Atsushi. "Kyōshin no rekishiteki seikaku o megutte-kyōshinkan no keifu. " *Jinbun kenkyū*(*rekishigaku*)(*Funatsu Katsuo kyōju tainin kinen gō*),22,No. 4(March 1971),pp. 85—97.

崇田德：《乡绅的历史性质——乡绅观的由来》，载《人文研究（历史学）船津胜雄教授纪念号》，22：4（1971 年 3 月），第 85—97 页。

[904] Shigeta Atsushi. "Kyōson shihai no seiritsu to kōzō. "In *Higashi Ajia sekai no tenkai Ⅱ*. Iwansmi kōza Sekai rekishi 12；Chu-sei 6. Tokyo：Iwanami shoten,1971, pp. 347—80. Rev ed. in Shigeta Atsushi. *Shindai shakai keizaishi kenkyū.* Tokyo：Iwanami shoten,1975, pp. 155—206. Trans. as part of "The origins and structure of gentry rule. "In *State and society in*

China-Japanese perspectives on Ming-Qing social and economic history, eds. Linda Grove and Christian Daniels. Tokyo: University of Jokyo Press, 1984, pp. 335—85.

崇田德:《乡村支配的成立和结构》,载《东亚世界的发展 II:岩波世界历史讲座 12:中世 6》,东京,1971 年,第 347—380 页。修订版载他的《清代社会经济史研究》,东京,1975 年,第 155—206 页。英译文名《乡绅统治的起源和结构》,载琳达·格罗夫编:《中国的国家和社会——日本人对明清社会经济史的看法》,东京,1984 年,第 335—385 页。

[905]　Shigeta Atsushi. "Shinchō nōmin shihai no rekishiteki tokushitsu-chiteigin seiritou no imi suru mono." In *Zenkindai Ajia no hō to shakai*. Vol. 1 of *Niida Noboru hakushi tsuitō kinen ronbunshū*, ed. Niida Noboru hakushi tsuitō kinen ronbunshū-henshū iinkai. Tokyo: Keisō shobō, 1967; rpt. in Shigeta Atsushi. *Shindai Shakai keizaishi kenkyū*. Tokyo: Iwanami shoten, 1975, pp. 98—122.

崇田德:《清朝农民控制的历史性质——地丁银的建立》,载《前近代亚洲的法和社会》,载《仁井田陞博士追悼纪念论文集》,第 1 卷,东京,1967 年;收于崇田德:《清代社会经济史研究》,东京,1975 年,第 98—122 页。

[906]　Shih, Chin, "Peasant economy and rural society in the Lake Tai area, 1368—1840." Diss. University of California at Berkeley, 1981.

史晋(音):《1368—1840 年太湖地区的小农经济和农村社会》,伯克利加州大学论文,1981 年。

[907]　Shimada Kenji. *Chūgoku ni okeru kindai shii no zasetsu*. Tokyo Chikuma, 1949.

岛田虔次:《中国近代思想的挫折》,东京,1949 年。

[908]　Shimizu Morimitsu. *Chūgoku kyōson Shakai ron*. Tokyo: Iwanami shoten, 1951.

清水盛光:《中国乡村社会论》,东京,1951 年。

[909]　Shimizu Taiji. *Chūgoku kinsei shakai keizai shi*. Tokyo: Nishino shoten, 1950.

清水泰次:《中国近世社会经济史》,东京,1950 年。

[910] Shimizu Taiji. "Mindai Fukken no nōka keizai-toku ni ichiden sashu no kankō ni tsuite."*Shigaku zasshi*, 63, No. 7(July 1954), pp. 1—22.

清水泰次：《明代福建的农家经济——专论一田三主的惯例》，载《史学杂志》，63：7（1954 年 7 月），第 1—21 页。

[911] Shimizu Taiji. "Mindai ni okeru dendo no kiki."*Chisei*, 6, No. 4（July 1941）；rpt. in his *Mindai tochi seidoshi kenkyū*. Tokyo：Daian, 1968, pp. 443—58.

清水泰次：《明代土地的诡寄》，载《地政》，6：4（1941 年 7 月）；收于其《明代土地制度史研究》，东京，1968 年，第 443—458 页。

[912] Shimizu Taiji. "Mindai ni okeru sozei ginnō no hattatsu."*Tōyō gakuhō*, 22, No. 3(1935), pp. 367—416.

清水泰次：《明代租税银纳的发展》，载《东洋学报》，22：3（1935 年），第 367—416 页。

[913] Shimizu Taiji. "Tōkenkō."*Tōa keizai kenkyū*, 11/2（April 1927）, Rpt. in his *Mindai tochi seidoshi kenkyū*. Tokyo：Daian, 1968, pp. 386—404.

清水泰次：《投献考》，载《东亚经济研究》，11/2（1927 年 4 月）；收于其《明代土地制度史研究》，东京，1968 年，第 386—404 页。

[914] Shoji, Kawazoe. "Japan and East Asia", trans. G. Cameron Hurst III. In *Medieval Japan*, ed. Kozo Yamamura. *The Cambridge History of Japan*, Vol. 3. Cambridge：Cambridge University Press, 1990, pp. 396—446.

庄司川副（音）：《日本和东亚》。G. 卡梅伦・赫斯特III英译，载高三山村（音）编：《剑桥日本史》，第 3 卷，剑桥，1990 年，第 396—446 页。

[915] Shu Hua, et al. ; Yü Wen-t'ai. (Hsin k'o yü pan hsin li). Recut *San t'ai Ming lu chao P'an cheng tsung*. 1606. Hishi copy hele at Gest Library, Princeton University of the original in Naikaku Bunko, Tokyo.

舒化等编：《余文台：新刻御颁新例》；重刻为《三台明律招判正宗》，1606 年。普林斯顿大学盖斯特图书馆、东京内阁文库藏有此书。

[916] Simmons, Pauling. *Chinese Patterned Silk*. New York：The Metropolitan Museum of Art, 1948.

波林・西蒙斯：《有图案的中国丝绸》，纽约，1948 年。

[917] Sivin, Nathan. "Copernicus in China."In *Colloquia Copernica*, II, *études*

sur l'audience de la théorie héliocentrique. Warsaw: Conférences du Symposium de l'Union Internationale d'Histoire et de Philosophie de Sciences, 1973, pp. 63—122.

内森·西文：《哥白尼学说在中国》，载《哥白尼太阳中心说研讨会》Ⅱ，华沙，1973 年，第 63—122 页。

[918] Sivin, Nathan. "On the word 'Taoist' as a source of perplexity, with special reference to the relations of science and religion in ancient China."History of Religion, 17(1978), pp. 303—30.

内森·西文：《令人困惑的"道士"一词，特别讨论古代中国科学和宗教的关系》，载《宗教史》，17（1978 年），第 303—330 页。

[919] Skinner, G. William. "Chinese peasants and the closed community: an open and shut case."Comparative Studies in Society and History, 13, No. 3(July 1971), pp. 271—78.

施坚雅：《中国的小农和封闭的村落：一个开放和关闭的实例》，载《社会和历史比较研究》，13:3（1971 年 7 月），第 271—278 页。

[920] Skinner, G. William, ed. The city in late impericl China. Stanford: Stanford University Press, 1977.

施坚雅：《中华帝国晚期的城市》，斯坦福，1977 年。

[921] Skinner, G. William. "Marketing and social structure in rural China." Journal of Asian Studies, 24, No. 1(Nov. 1964), pp. 3—43; 24, No. 2 (Feb. 1965), pp. 195—228;(May 1965);24/3, pp. 363—99.

施坚雅：《中国农村的市场和社会结构》，载《亚洲研究杂志》，24:1（1964 年 11 月），第 3—43 页；24:2（1965 年 2 月），第 195—228 页；24:3，第 363—399 页。

[922] Skinner, G. William. "Presidential address:the structure of Chinese history."Journal of Asian Studies, 44, No. 2(Feb. 1985), pp. 271—92.

施坚雅：《主席发言：中国历史的结构》，载《亚洲研究杂志》，44:2（1985 年 2 月），第 271—292 页。

[923] Skinner, G. William. "Sichuan's population in the nineteenth century: lessons from disaggregated data."Late Imperial China, 8 No. 1(1987), pp. 1—79.

施坚雅：《19 世纪四川的人口：从分散数据汲取的教训》，载《晚期中华帝国》，8：1（1987 年），第 1—79 页。

[924] Smith, Paul J. , "Commerce, agriculture, and core formation in the Upper Yangtze, 2 AD to 1948. "Conference on spatial and temporal trends and cycles in Chinese economic history,1980—1980(原文如此。——译者注), Bellagio, Italy, August 17—23,1984.

保罗·史密斯：《公元 2 年至 1948 年长江上游的商业、农业和中心形态》，中国经济史中时空趋向和循环会议，意大利贝拉焦，1984 年 8 月 17—23 日。

[925] Smith, Roger C. "Treasure ships of the Spanish Main: The Iberian-American Maritime empires, "In *Ships and Shipwrecks of the Americas*, ed. George F. Bass. London: Thames and Hudson,1988,pp. 85—106.

罗杰·史密斯：《西属美因河的宝船：伊比里亚—美洲的海上帝国》，载《南北美洲的船只和沉船》，乔治·巴斯编，伦敦，1988 年，第 85—106 页。

[926] Smith, Wilfred Cantwell. *Faith and Belief*. Princeton: Princeton University Press,1979.

威尔弗雷德·坎特韦尔·史密斯：《信仰和信念》，普林斯顿，1979 年。

[927] Snellgrove, Daveid and Hugh Richardson. *A Cultural history of Tibet*. Boulder: Prajna Press,1980.

戴维·斯内尔格罗夫、休·理查森：《西藏文化史》，博尔德，1980 年。

[928] So, Kwan-wai. *Japanese piracy in Ming China during the 16th century*. East Lansing: Michigan State University Press,1975.

苏均炜：《16 世纪在明代中国的日本海盗》，东兰辛，1975 年。

[929] Society for the Study of Chinese Religions. *State ceremonial in late imperial China*. Bulletin, No. 7(Fall,1979),pp. 46—103.

中国宗教研究学会：《晚期中华帝国的国家典礼》，载该会学报，7（1979 年秋季号），第 46—103 页。

[930] Souza, George Bryan. *The survival of empire: Portuguese trade and society in China and the South China Sea*, 1630—1754. Cambridge: Cambride University Press,1986.

乔治·布莱恩·索扎：《帝国的残存：1630—1754 年在中国和南中国海的葡萄牙贸易和社会》，剑桥，1986 年。

[931] Spalatin, Christopher. "Matteo Ricci's Ues of Epictetus' Encheiridion." *Gregorianum*, 56, No. 3(1975), pp. 551—57.

克里斯托弗·斯帕拉丁：《利玛窦对埃皮克提图斯的著作的利用》，载《格莱戈里亚》，56:3（1975 年），第 551—557 页。

[932] Spate, O. H. K. *The Spanish lake*. London: Croom Helm, 1979.

O. H. K. 斯帕特：《西班牙深红颜料》，伦敦，1979 年。

[933] Spence, Jonathean D. *The Memory palace of Matteo Ricci*. New York: Viking Penguin, 1984.

乔纳森·斯彭斯：《利玛窦的回忆》，纽约，1984 年。

[934] Sperling, Elliot. "Early Ming policy toward Tibet: An examination of the proposition that the early Ming emperors adopted a 'divide and rule' policy toward Tibet." Diss. Indiana University, 1983.

埃利奥特·斯珀林：《早期明朝皇帝对西藏实行"分而治之"政策的考察》，印第安纳大学论文，1983 年。

[935] Sperling. Elliet. "The 5th Karma-pa and some aspects of the relationship between Tibet and the early Ming." In *Tibetan studies in honour of Hugh Richardson*, eds. Michael Aris and Aung San Suu Kyi. Warminster: Aris and Phillips, 1979, pp. 280—89.

埃利奥特·斯珀林：《五世噶玛噶举活佛及西藏与早期明王朝关系的几个方面》。载迈克尔·阿里斯等编：《纪念休·理查森西藏研究文集》，沃明斯特，1979 年，第 280—289 页。

[936] Spooner, Frank C. *The International Economy and Monetary Movements in France, 1493—1725*. Cambridge, Mass.: Harvard University Press, 1972.

弗兰克·斯普纳：《1493—1725 年法国的国际经济与货币流动》，坎布里奇，1972 年。

[937] Spufford, Peter. *Money and its use in medieval Europe*. Cambridge: Cambridge University Press, 1988.

彼得·斯珀福特：《欧洲中世纪的货币及其使用》，剑桥，1988 年。

[938] Standaert, Nicolas. *Yang Ting-yün, Confucian and Christian in Late Ming China: His life and thought*. Leiden: E. J. Brill, 1988.

尼古拉·斯坦达尔特：《杨廷筠：晚明儒生和基督教徒的一生和思想》，

莱顿，1988 年。

[939]　Strickmann, Michel. "The Mao Shan Revelations. Taoism and the Aristoc-racy. "*T'oung Pao*, 63(1977), pp. 1—64.

米歇尔·斯特里克曼：《茅山的启示：道教与贵族制社会》，载《通报》，63（1977 年），第 1—64 页。

[940]　Su Keng-sheng

苏更生：《明初的商政与商税》，载《明史研究论丛》，吴智和编，2 卷，台北，1985 年。

[941]　Su T'ung-ping

苏同炳：《明代驿递制度》，台北，1969 年。

[942]　Suematsu Yasukazu. *Rai-matsu Sen sho ni okeru tai Min kankei.* Seoul: Keijō teikoku daigaku bungakkai, 1941.

末松保和：《高丽朝末朝鲜朝初的对明关系》，汉城，1941 年。

[943]　Sun Ch'eng-tse

孙承泽：《春明梦余录》，1631 年；1883 年南海惜分阴馆古香斋重印；1965 年香港重印；台北，1971 年。

[944]　Sun Chin-ming

孙金铭：《中国兵制史》，台北，1960 年。

[945]　Sun, E-tu Zen (Jen I-tu) and John deFrancis. *Chinese social history in translations of selected studies*, Vol. 7. American Council of Learned Soci-eties-Studies in Chinese and Releted Civilizations, 1957.

孙任以都、约翰·弗朗西斯：《中国社会史论文选译》，第 7 卷，美国学术团体理事会——中国及有关的文明研究，1957 年。

[946]　Sun, E-tu Zen. "Sericulture and Silk Textile Production in Ch'ing China. " In *Economic organization in Chinese society*, ed. W. E. Willmott. Stan-ford: Stanford University Press, 1972, pp. 79—108.

孙任以都：《清代中国的养蚕业和丝织生产》，载 W. E. 威尔莫特编：《中国社会的经济组织》，斯坦福，1972 年，第 79—108 页。

[947]　Sun, E-tu Zen and John de Francis, eds. *Chinese social history.* Washing-ton, DC: American Council of Learned Societies, 1956.

孙任以都、约翰·弗朗西斯编：《中国社会史》，华盛顿特区，1956 年。

[948]　Sun K'o-k'uan

孙克宽：《元代道教之发展》，2卷，台中，1968年。

[949] Sun To

孙铎：《鲁山县志》，1552年。

[950] Sung Lien

宋濂：《慧辨琦禅师志略》，载《金陵梵刹志》，3，1967年；1976年台北重印。

宋濂：《宋学士文集》，收于《国学基本丛书》，台北，1968年，第303—304卷，9：4。

[951] Sung Tz'u. *The washing away of wrongs: Forensic medicine in thirteenth-century China*, trans. Brian E. McKnight. *Science, Medicine and Technology in East Asia*, Vol. 1. Ann Arbor: University of Michigan Center for Chinese Studies, 1981.

宋慈：《洗冤录：13世纪中国法医学》，布赖恩·麦克奈特英译，译文载《东亚的科学、医学和技术》，第1卷，安阿伯，1981年。

[952] Sung Ying-hsing

宋应星：《天工开物》，1637年；孙任以都等英译，帕克大学，1966年。

宋应星：《天工开物》，序言日期1637年；1962年台北再版。

[953] Suzuki Hiroyuki. "Mindai Kinshūfu no zokusan to komei." *Tōyō gakuhō*, 71, Nos. 1—2(Dec., 1989), pp. 1—29.

铃木博之：《明代徽州府的族产与户名》，载《东洋学报》，71：1—2（1989年），第1—29页。

[954] *Ta-Ming hui-tien*

《大明会典》

(1) 正德本，180卷，传1503年；第一次印于1509年；重印为李东阳等：《正德大明会典》，3卷，东京，1989年。

(2) 最后修订本，228卷，申时行等编于1587年；1936年上海重印，40卷，万有文库本；1964年台北摹印1587年原本，5卷；1976年台北重印。

[955] *Ta Ming lü*

《大明律》，1397年；收于张卤编：《皇明制书》，1579年；重印成2卷，东京，1966—1967年，第2卷，第23—172页；近代本，怀效锋编，北京，1990年。

[956] Tacchi Venturi, Pietto, ed. *Opere Storiche del P. Matteo Ricci S. J.*, 2 vols. Macerata: Giorgetti, 1911—13.

彼埃托·塔奇·冯图瑞:《利玛窦神父的历史著作》，2 卷，马切拉塔，1911—1913 年。

[957] Tada Kensuke. "Sengoku-Shin-Kanki ni okeru kyōdōtai to kokka." *Shichō* (shin), 2 (July 1977), pp. 16—33.

多田㧟介:《战国秦汉时期的共同体与国家》，载《思潮》（新），2 (1977 年)，第 16—33 页。

[958] *T'aejo sillok*. In *Chosŏn wangjo sillok*. Seoul: Kuksa p'yŏnch'an wiwŏnhoe, 1955—1958, Index, 1963, Vol. 1.

《太祖实录》，载《朝鲜王朝实录》，汉城，国史编辑委员会，1955—1958 年；索引，1963 年，第 1 卷。

[959] *T'aejong sillok*. In *Chosŏn wangjo sillok*. Seoul: Kuksa p'yŏnch'an wiwŏnhoe, 1955—1958. Indes, 1963, Vols. 1—2.

《太宗实录》，载《朝鲜王朝实录》，汉城，国史编辑委员会，1955—1958 年；索引，1963 年，第 1—2 卷。

[960] Taga Akigorō. *Sōfu no kenkyū*. Tokyo: Tōyō Bunko, 1960.

多贺秋五郎:《宗谱的研究》，1960 年。

[961] Tai I-hsüan

戴裔煊:《明史佛郎机传笺正》，北京，中国社会科学出版社，1984 年。

[962] Tai Nien-tsu

戴念祖:《朱载堉：明代的科学和艺术巨星》，北京，人民出版社，1986 年。

[963] "T'ai shang ling pao ching ming tung shen shang p'in ching."

《太上灵宝净明洞神上品经》，载《道藏》，756，1445 年；1598、1607、1845、1926、1962 年重印；1977 年台北重印。

[964] *T'ai-tsu pao-hsün*

《太祖宝训》，序言日期约 1418 年；收于吕本等编：《皇明宝训》，（1602 年）的《驭夷狄》，第 25—28 页。

[965] Tamura Jitsuzō, ed. *Mindai Man-Mō shiryō*. 18 vols. Kyoto: Kyōto daigaiu bungakubu, 1954—59.

田村实造编：《明代满蒙史料》，18 卷，京都，1954—1959 年。

[966]　Tan-tzu

憺漪子（汪淇笔名）：《天下路程图引》；收于杨正泰编：《士商类要》的清初版本，太原，1992 年。

[967]　T'an Ch'ien

谈迁：《国榷》，约 1653 年；1958 年北京古籍出版社重印。

[968]　T'an Ti-hua, Huang Ch'i-ch'en, Yeh Hsien-en

谭棣华、黄启臣、叶显恩：《刘永成著〈清代前期农业资本主义萌芽初探〉评价》，载《中国社会经济历史研究》，1983/1，第 122—125 页。

[969]　Tanaka Issei. *Chūgoku saishi engeki kenkyu.* Tokyo：Tōkyō daigaku shuppankai, 1981.

田中一成：《中国祭祀演剧研究》，东京，1981 年。

[970]　Tanaka Masatoshi. "Chūgoku rekishi gakkai ni okeru ' Shihon shugi no hōga' kenkyū. " In *Chūgoku shi no jidai kubun*, ed. Suzuki Shun and Nishijima Sadao. Tokyo：Tokyo University Press, 1971, pp. 219—52.

田中正俊：《中国史学界关于资本主义萌芽的研究》。载铃木俊、西岛定生编：《中国史的时代划分》，东京，1971 年，第 219—252 页。

[971]　Tanaka Masatoshi. "Ho Nōsho o meguru shokenkyū(Ⅰ)-Minmatsu Shinsho tochi seidoshi denkyū no dōkō. *Tōyō gakuhō*, 43, No. 1(June 1960), pp. 110—16.

田中正俊：《补农书诸研究（上），明末清初土地制度史研究的动向》，载《东洋学报》，43：1（1960 年 6 月），第 110—116 页。

[972]　Tanaka Masatoshi. "Minpen-kōso nuhen. " In Chikuma Shobō henshūbu, ed. *Yuragu Chūka teikoku.* (Sekai no rekishi, 11). Tōkyō：Chikuma Shobō, 1961, pp. 41—80. Trans. as "Popular uprisings, rent resistance, and bondservant rebellions in the late Ming," trans. Joseph McDermott. In *State and society in China-Japanese perspectives on Ming-Qing social and economic history*, eds. Linda Grove and Christian Daniels. Tokyo：University of Tokyo Press, 1984, pp. 165—214.

田中正俊：《民变——抗租奴变》。载筑摩书房编辑部编：《中华帝国史（世界历史，11）》，东京，1961 年，第 41—80 页；约瑟夫·麦克德莫特英译，译文载琳达·格罗夫等编：《中国的国家和社会——日本人对明清社会经济史的看法》，东京，1984 年，第 165—214 页。

[973] Tanaka, Takeo. "Japan's Relations with Overseas Contries." In *Japan in the Muromachi Age*, eds. John Whitney Hall and Toyoda Takeshi. Berkeley, Los Angeles, and London: University of California Press, 1977, pp. 159—81.

田中长男（音）：《日本与海外国家的关系》。载约翰·W. 霍尔、丰田毅（音）编：《室町时期的日本》，伯克利、洛杉矶、伦敦，1977 年，第 159—181 页。

[974] T'ang Chin

唐锦：《大名府志》，1506 年。

[975] T'ang, Chün-ı. "The development of the concept of moral mind from Wang Yangming to Wang Chi." In *Self and society in Ming thought*, ed. Wm. Theodore de Bary. New York: Columbia University Press, 1970, pp. 93—119.

唐君毅：《从王阳明到王畿的道德心概念的发展》。载狄百瑞编：《明代思想中的自我和社会》，纽约，1970 年，第 93—119 页。

[976] T'ang, Chün-i. "Liu Tsung-chou's Doctrine of moral mind and practice and his critique of Wand Yang-ming." *Unfolding of neo-Confucianism*, ed. Wm. Theodore de Bary. New York: Columbia University Press, 1975, pp. 305—31.

唐君毅：《刘宗周的道德心学与实践的学说及其对王阳明的批判》。载狄百瑞编：《新儒学的演变》，纽约，1975 年，第 305—331 页。

唐君毅：《论晚明东林顾宪成与高攀龙之儒学》，载《中国学志》，6（1972 年），第 549—566 页。

[977] T'ang His-jen and Yang Wen-heng

唐锡仁、杨文衡：《徐霞客及其游记研究》，北京，中国社会科学出版社，1987 年。

[978] T'ang Hsien-tsu

汤显祖：《牡丹亭》，徐朔方编，上海，1959 年。

[979] T'ang Wen-chi

唐文基：《明代赋役制度史》，北京，1991 年。

[980] Taniguchi Kikuo. "Kankō-chin no seiritsu ni tsuite について." In Nunome Chōfū, ed. Tō-Sō *jidai no gyōsei-keizai chizu no sakusei (Kenkyū seika*

hōkokusho). Ōsaka：Ōsaka daigaku kyōyōru nai,1981,pp. 111—19.

谷口规矩雄：《汉口镇的建立》。载布目潮沨编：《唐宋时代的行政、经济地图的构成（研究成果报告）》，大阪，1981 年，第 111—119 页。

[981] Taniguchi Kikuo. "Mindai Kahoku no 'taiko' ni tsuite". *Tōyōshi kenkyū*, 27,No. 4(March 1969),pp. 112—43.

谷口规矩雄：《明代华北的大户》，载《东洋史研究》，27：4（1969 年 3 月），第 112—143 页。

[982] *Tao tsang*

《道藏》，988 卷，1445 年；1598、1607、1845、1926 年重印；1977 年台北重印。

[983] T'ao Hsi-sheng and Shen Jen-yuan

陶希圣、沈任远：《明清政治制度》，台北，1967 年。

[984] Tarling, Nicholas,ed. *From early times to c. 1800. The Cambridge History of Southeast Asia*, Vol. 1. Cambridge：Cambridge University Press, 1992.

尼古拉·塔林编：《从早期至 1800 年前后》，载《剑桥东南亚史》，第 1 卷，剑桥，1992 年。

[985] Tatz，Mark and Jody Kent. *Rebirth*：*Tibetan Game of Liberation*. New York：Doubleday Anchor Books,1977.

马克·塔兹、朱迪·肯特：《转世：西藏的解脱游戏》，纽约，1977 年。

[986] Taylor, Rodney L. "Journey into self：The autobiographical reflections of Hu Chih."*History of Religions*,21,No. 4(1982),pp. 321—38.

罗德尼·泰勒：《深入自我：胡直的自传性反思》，载《宗教史》，21：4（1982 年），第 321—338 页。

[987] Taylor, Rodney. "The centered self：Religious autobiography in the neo-Confucian tradition."*History of Religions*,17(1978),pp. 266—83.

罗德尼·泰勒：《关注自我：新儒学传统中的宗教性自传》，载《宗教史》，17（1978 年），第 266—283 页。

[988] Taylor, Rodney. "The cultivation of sagehood as a religious goal in Neo-Confucianism：A study of selected writings of Kao P'an-lung."Diss. Columbia University,1974.

罗德尼·泰勒：《新儒学中修养成圣贤的宗教目标：高攀龙选集研究》，

哥伦比亚大学论文，1974 年。

[989] Telford, Ted A. "Patching the holes in Chinese genealogies: mortality in the lineage populations of Tongcheng county, 1300—1880. "*Late Imperial China*, 11, No. 2(Dec. 1990), pp. 116—37.

特德·特尔福德：《补缀中国谱系学的漏洞：1300—1880 年桐城县的家族人口的死亡率》，载《晚期中华帝国》，11：2（1990 年 12 月），第116—137 页。

[990] Telford, Ted A. "Survey of social demographic data in Chinese genealogies. " *Late Imperial China*, 7, No. 2(Dec. 1986), pp. 118—48.

特德·特尔福德：《中国家谱学中社会人口统计数据的考察》，载《晚期中华帝国》，7：2（1986 年 12 月），第118—148 页。

[991] Teng Ssu-yü

邓嗣禹：《明大诰与明初之政治社会》，载《燕京学报》，20（1936 年），第455—483 页。《明大诰》收于明太祖：《明朝开国文献》；又收于吴相湘编：《中国史学丛书》，34，3 卷，台北，第 1 卷，第 1—26 页。

[992] TePaske, John J. "New world silver, Castile, and the Philippines, 1590—1800. "In *Precious metals in the later medieval and early modern Worlds*, ed. J. F. Richards. Durham, North Carolina: Carolina Academic Press, 1983, pp. 425—45.

约翰·德派斯克：《1590—1800 年新大陆的白银、卡斯提与菲律宾》。载J. F. 理查兹编：《晚期中世纪和早期近代世界的贵金属》，达勒姆，1983年，第 425—445 页。

[993] Terada Hiroaki. "Denmen dentei kankō no hōteki seikaku-Gainenteki na bunseki o chūshin to shite. "*Tōyō huka kenkyūjo kiyō*, 93(Nov. 1983), pp. 33—131.

寺田浩明：《田面田底习惯法的性质——概念的分析中心》，载《东洋学文化研究所纪要》，93（1983 年 11 月），第 33—131 页。

[994] Terada Takanobu. "Kokō juku, tenka soku. "*Bunka*, 43, Nos. 1—2(Sept, 1979), p. 87.

寺田隆信：《湖广熟天下足》，载《文化》，43：1—2（1979 年 9 月），第87 页。

[995] Terada Takanobu. " Kuan-yü hsiang-shen. "In Ming-Ch'ing-shih kuo-chi

hsüeh-shu t'ao-lun-hui mi-shu-ch'ulun-wen tsu. *Ming-Ch'ing-shih kuo-chi-hsüeh-shu t'ao-lun-hui lun-wen-chi*. Tientsin：T'ien-chin Jen-min ch'u-pan-she,1982,pp.112—25.

寺田隆信：《关于乡绅》，载《明清史国际学术讨论会论文集》，天津，1982 年，第 112—125 页。

[996]　Terada Takanobu. "Mindai Soshū heiya no nōka keizai ni tsuite." *Tōyōshi kenkyū*,16/1(June 1957),pp.1—25.

寺田隆信：《明代苏州平原的农家经济》，载《东洋史研究》，16/1（1957 年 6 月），第 1—25 页。

[997]　Terada Takanobu. "Minmatsu ni okern gin no ryūtsūryō ni tsuite-aruiwa Shō Chin no chōhō ni tsuite." In *Tamura hakushi shōju Tōyōshi ronsō*,ed. Tamura hakushi taikan kinen jigyōkai,Kyoto：Kyōto daugajy bungakubu Tōyōshi kenkyū-shitsu nai Tamura hakushi taikan kinen jigyōkai,1968,pp. 407—21.

寺田隆信：《明末银的流通——评蒋臣的钞法》，载《田村博士颂寿东洋史论丛》，京都，1968 年，第 407—421 页。

[998]　Terada Takanobu. *Sansei Shōnin no kenkyū*. Tokyo：Tōyōshi Kenkyūkai, 1972. Trans. as *Shansi shang-jen yen-chiu*. trans. Chang Cheng-ming,et al. T'ai-yüan：Snansi jen-min Ch'u-pan-she,1986.

寺田隆信：《山西商人研究》，东京，1972 年；张正明等中译，太原，山西人民出版社，1986 年。

[999]　Tarada Takanobu. *Sansei shōnin no kenkyū-Mindai ni okeru shōnin oyobi shōgyō shihon*. Tōyōshi kenkyū sōkan, 25. Kyoto：Tōyōshi kenkyūkai, 1972.

寺田隆信：《山西商人研究——明代商人的商业资本》，载《东洋史研究丛刊》，25，京都，1972 年。

[1000]　Terada Takanobu. "Sensei Dōshu-no Ba-shin-Min-Shin jidai ni okeru ichi kyoshin no Keifu." *Tōyōshi Kenkyū*,33,No.3（Dec.1974）,pp.156—82.

寺田隆信：《陕西同州的马氏：明清时代一位乡绅的系谱》，载《东洋史研究》，33：3（1974 年 12 月），第 156—182 页。

[1001]　Terada Takanobu. "Shōhin seisan to jinushisei o meguru kenkyū-Min-Shin shakai keizai kenkyūshi no shomondai. *Tōyōshi kenkyū*,19,No.4（March

1961），pp. 502—11.

寺田隆信：《商品生产和地主制研究——明清社会经济研究史诸问题》，载《东洋史研究》，19：4（1961 年 3 月），第 502—511 页。

[1002] Thorner, Daniel, "Peasant economy as a category in economic history." In *Middle ages and modern times. Deuxième comférence internationale d'histoireÉconomique，Aix-en-Provence*，1962，Vol. 2. Paris：Mouton &. Co. ，1965，pp. 287—300.

丹尼尔·索纳：《作为经济史中一个课题的小农经济》，载《中世纪和近代》，埃克斯昂普罗旺斯 1962 年召开的第二届经济史国际会议，第 2 卷，巴黎，1965 年，第 287—300 页。

[1003] T'ieh-chou Hsing-hai

铁舟行海：《金山志略》，1681 年。

[1004] *T'ien-chu-chiao tung ch'uan wen-hsien，hsu-pien，san pein*

《天主教东传文献，续编、三编》，台北，1965、1966、1972 年。

[1005] T'ien Ju-ch'eng

田汝成：《炎徼纪闻》，1560 年；上海重印，《丛书集成初编》，3979，1935—1937 年。

[1006] T'ien Ju-k'ang

田汝康：《〈渡海方程〉——中国第一本刻印的水路蒲》。载李国豪等编：《中国科技史探索》（英文标题），上海，1982 年，第 301—308 页。

[1007] Tillman, Hoyt. *Utilitarian Confucianism：Ch'en Liang's challenge to Chu Hsi*. Cambridge, Mass.：Council on East Asian Studies, Harvard University,1982.

霍伊特·蒂尔曼：《功利主义的儒学：陈亮对朱熹的挑战》，坎布里奇，1982 年。

[1008] Ting Chih-lin

丁志麟：《杨淇园先生超性事迹》，晚明版。

[1009] Ting l(Yeh Ting-i)

丁易（叶丁易）：《明代特务政治》，北京，1950 年。

[1010] Toscanelli, Paolo. "Toscanelli's Letter to Columbus, 1474." In Dan O'Sullivan. *The age of discovery，1400—1550*. London and New York：Longman,1984,pp. 96—98.

保罗·托斯卡内利：《托斯卡内利给哥伦布的信，1474 年》。载丹·奥沙利文：《发现的时代，1400—1550 年》，伦敦、纽约，1984 年，第 96—98 页。

[1011] Ts'ai Kuang-ch'ien

蔡光前等编：《琼州府志》，1619 年。

[1012] Ts'ai T'ai-pin

蔡泰彬：《明代漕河之整治与管理》，台北，1992 年。

[1013] Ts'ao Shu-chi

曹树基：《湖南人由来新探》，载《历史地理》，9（1990 年 10 月），第 114—129 页。

[1014] Ts'ao Yin-ju

曹胤儒：《盯坛直诠》，晚明版；台北重印，无出版日期。

[1015] Ts'ao Yung-ho

曹永和：《台湾早期历史研究》，台北，1979 年。

[1016] Tseng P'u-hsin

曾普信：《中国禅祖师传》，台湾，1967 年。

[1017] Tsiang, T. F, "China and European expansion." *Politica*, 2（March, 1936）, pp. 1—18.

蒋廷黻：《中国与欧洲的扩张》，载《政治学》，2（1936 年 3 月），第 1—18 页。

[1018] Tsing, Yuan. "The Porcelain Industry at Ching-te-chen 1550—1700." *Ming Studies*, 6（1978）, pp. 45—53.

袁清：《1550—1700 年景德镇的瓷器工业》，载《明史研究》，6（1978 年），第 45—53 页。

[1019] Ts'ung Hun-hsiang

从翰香：《论明代江南地区的人口密集及其对经济发展的影响》，载《中国史研究》，1984/3，第 41—54 页。

[1020] Tsurumi Naohiro. "Futatabi, Kūki jūgonen jōryō no Soshūfu Chōshūken gyorinsatsu ni kansuru dendo tōkeiteki kōstasu." In *Nakajima Satoshi sensei koki kinen ronshū*, ed. Nakajima Satoshi sensei koki kinen jigyōkai. Tokyo: Kyūko shoin, 1980, pp. 415—33.

鹤见尚弘：《康熙十五年的苏州府长洲县鱼鳞册有关田土统计的再考

察》，载《中岛敏先生古稀纪念论集》，东京，1980 年，第 415—433 页。

[1021]　Tsurumi Naohiro. "Genmatsu, Minsho no gyorinsatsu." In *Yamane Yukio kyōju taikyū kinen Mindai shi ronsō*, eds. Mindaishi kenkyūkai and Mindaishi ronsō henshū iinkai. Tōkyō: Kyūko shoin, 1990, pp. 665—80.

鹤见尚弘：《元末明初的鱼鳞册》，载《山根幸夫教授退休纪念——明代史论丛》，明代史研究会、明代史论丛编集委员会编，东京，1990 年，第 665—680 页。

[1022]　Tsurumi Naohiro. "Gyorinsatsu o tazunete-Chūgoku kenshū no tabi." *Kindai Chūgoku kenkyū ihō*, 6 (March1984), pp. 30—68.

鹤见尚弘：《鱼鳞册调查——中国的学术访问》，载《近代中国研究汇报》，6（1984 年 3 月），第 30—68 页。

[1023]　Tsurumi Naohiro. "Kōki jūgonen jōryō, Soshūfu Chōshūken gyorinsatsu no dendo tōkeiteki kōsatsu." In Kimura Masao sensei taikan kinen jigyōkai Tōyōshi ronshū henshū iinkai, ed. *Kimura Masao sensei taikan kinèn Tōyōshi ronshū*. Chōfu: Kimura Masao sensei taikan kinen jigyōkai Tōyōshi ronshū henshū iinkai, 1976, pp. 311—44.

鹤见尚弘：《康熙十五年丈量苏州府长洲县鱼鳞册田土统计的考察》，载《木村正雄先生退官纪念——东洋史论集》，1976 年，第 311—344 页。

[1024]　Tsurumi Naohiro. "Kokuritsu Kokkai Toshokan shozō Kōki jūgonen jōryō no Chōshūken gyorinsatsu ippon ni tsuite." In Yamazaki sensei taikan kinenkai, ed. *Yamazaki sensei taikan kinen Tōyō shigaku ronsō*. Tokyo: Yamazaki sensei taikan kinenkai, 1967, pp. 303—18.

鹤见尚弘：《论国立国会图书馆所藏康熙十五年丈量的长洲县鱼鳞册》，载《山崎先生退官纪念——东洋史论丛》，东京，1967 年，第 303—318 页。

[1025]　Tsurumi Naohiro. "Kyū Chūgoku ni okeru kyōdōtai no shomondai-Min-Shin Kōnan deruta chitai o chūshin to shite." *Shichō(shin)*, 4 (Jan. 1979), pp. 63—82.

鹤见尚弘：《旧中国共同体诸问题——明清江南三角洲地带》，载《史潮（新）》，4（1979 年 1 月），第 63—82 页。

[1026] Tsurumi Naohiro. "Mindai ni okeru kyōson shihai. "In *Higashi Ajia sekai no tenkai Ⅱ* . Iwanami kōza Sekai rekishi 12:Chu-sei 6. Tokyo: Iwanami shoten,1971,pp. 57—92. Trans. as"Rural control in the Ming dynasty",trans. Timothy Brook and James Cole. In *State and society in China-Japanese perspectives on Ming-Qing social and economic history*, eds. Linda Grove and Chrisian Daniels. Tokyo: University of Tokyo Press, 1984,pp. 245—77.

鹤见尚弘:《明代的农村控制》,载《东亚世界的发展:岩波世界历史讲座,12:中世6》,东京,1971年,第57—92页;蒂莫西·布鲁克等英译,译文载琳达·格罗夫等编:《中国的国家和社会:日本人对明清社会经济史的看法》,东京,1984年,第245—277页。

[1027] Tsurumi Naohiro. "Mindai no kireiko ni tsuite. "*Tōyō gakuhō* ,47, No. 3 (Dec. 1964),pp. 35—64.

鹤见尚弘:《明代的畸零户》,载《东洋学报》,47:3(1964年12月),第35—64页。

[1028] Tsurumi Naohiro. "Shinsho, Soshūfu no gyorinsatsu ni kansuru ichi kōsatsu-Chōshūken, ge nijūgo to shōzen jūkyū zu gyorinsatsu o chūshin to shite. "*Shakai keizai shigaku* ,34, No. 5(Jan. 1969),pp. 1—31.

鹤见尚弘:《清初苏州府的鱼鳞册考察——集中讨论长洲县下二十五都正扇十九图鱼鳞册》,载《社会经济史学》,34:5(1969年1月),第1—31页。

[1029] Tu Hsiu-ch'ang

杜修昌:《中国农业经济发展史略》,杭州,1984年。

[1030] Tu Jung-k'un

杜荣坤:《西蒙古史研究》,乌鲁木齐,1986年。

[1031] Tu Line-che

杜联喆:《明人自传文钞》,台北,1977年。

[1032] Tu Nai-chi

杜乃济:《明代内阁制度》,台北,1967年。

[1033] Tu, Wei-ming. "Subjectivity in Liu Tsung-chou's Philosophical Anthropology. "*Individualism and Holism: Studies in Confucian and Taoist Values* ,ed. Donald J. Munro. Ann Arbor: University of Michigan Center for Chinese Studies,1985,pp. 215—38.

杜维明:《刘宗周哲学人类学中的主体性》。载唐纳德·芒罗编:《个体主义与神圣性:儒家与道家价值观研究》,安阿伯,1985 年,第 215—238 页。

[1034] T'u Lung

屠隆:《白榆集》,1600 年;1977 年台北重印。

[1035] T'ung Ch'eng-hsü

童承叙:《沔阳志》,1531 年。

[1036] Twitchett, Denis C. *Financial administration under the T'ang dynasty.* Cambridge:Cambridge University Press,1963.

崔瑞德:《唐代的财政管理》,剑桥,1963 年。

[1037] Twitchett, Denis C. ed. *Sui and T'ang China*, *589—906*, *Part 1*, *The Cambridge History of China*, Vol. 3 New York:Cambridge University Press,1979.

崔瑞德编:《隋唐史,589—906 年》,即《剑桥中国史》,第 3 卷,纽约,1979 年。

[1038] Twitchett, Denis and Herbert Franke,eds. *The alien regimes. The Cambridge History of China*, Vol. 6. New York:Cambridge University Press,1989.

崔瑞德等编:《异族政权》(即《剑桥中国辽西夏金元史》。——译者注),即《剑桥中国史》,第 6 卷,纽约,1989 年。

[1039] Twitchett, Denis and Tilemann Grimm. "The Cheng-t'ung,Ching-t'ai,and T'ien-shun Reigns, 1436—1464."In*The Ming dynasty1368—1644*,*Part 1. The Cambridge History of China.* Vol. 7,ed. Denis C. Twitchett and Frederick W. Mote. Cambridge:Cambridge University Press, 1988, pp. 305—42.

崔瑞德·泰尔曼·格里姆:《正统、景泰和天顺统治时期,1436—1464 年》。崔瑞德、牟复礼编:《剑桥中国史》,(1368—1644,第一部)第 7 卷,剑桥,1988 年,第 305—342 页。

[1040] Ueda Makoto. "Chiiki no rireki-Sekkōshō Hōkaken Chūgikō." *Shakai kenzai shigaku*,49, No. 2(June 1983),pp. 31—51.

上田信:《浙江省奉化县忠义乡的履历》,载《社会经济史学》,49:2

（1983 年 6 月），第 31—51 页。

[1041]　Ueda Makoto. "Chiiki to sōzoku-Sekkōshō sankanpu." *Tōyō bunka kenkyūjo kiyō*, 94 (March 1984), pp. 115—60.

上田信：《地域与宗族——浙江省山区》，载《东洋学文化研究所纪要》，94（1984 年 3 月），第 115—160 页。

[1042]　Underwood, Horace H. "Korean boats and ships." *Transactions of the Korea branch of the Royal Asiatic Society*. XXⅢ (1934), pp. 1—99.

霍勒斯·安德伍德：《朝鲜的船舰》，载《皇家亚洲学会朝鲜分会学报》，23（1934 年），第 1—99 页。

[1043]　Unschuld, Paul A. *Medicine in China : A history of pharmaceutics*. Berkeley: University of California Press, 1986.

保罗·昂舒尔德：《中国药物史》，伯克利，1986 年。

[1044]　Van der Pijl-Ketel, C. L. , ed. *The ceramic load of the Witte Leeuw* (1613). Amsterdam: Rijksmusaum, 1982.

C. L. 范·德·皮伊尔—克特尔：《"威特留号"的瓷器货物（1613 年)》，阿姆斯特丹，1982 年。

[1045]　Van der Sprenkel, O. B. "High Officials of the Ming." *Bulletin of the School of Oriental and African Studies*, 14, No. 2 (1953), pp. 289—326.

O. B. 范·德·斯普伦克尔：《明代的高级官员》，载《东方和非洲研究学院学报》，14:2（1953 年），第 289—326 页。

[1046]　Verhoeven, F. R. J. *Bijdragen tot de Oudere Koloniale Geschiedenis van het Eiland Formosa*. Diss. Leiden. The Hague: privately printed, 1930.

F. R. J. 维尔海芬：《台湾岛对［荷兰］早期殖民史的贡献》，1930 年私人出版于海牙。

[1047]　Vogel, Hans Ulrich. "Chinese central monetary policy, 1644—1800." *Late Imperial China*, 8, No. 2 (Dec. 1987), pp. 1—52.

汉斯·乌尔里克·沃格尔：《中国中央的货币政策，1644—1800 年》，载《晚期中华帝国》，8:2（1987 年 12 月），第 1—52 页。

[1048]　Vogel, Hans Ulrich. *Untersuchungen über die Salzgeschichte von Sichuan (311V. Ch—1911): Strukturen des Monopols und der Produktion*. Stuttgart: Franz Steiner Verlg, 1990.

汉斯·乌尔里克·沃格尔：《公元前 311 年至公元 1911 年四川的产盐史

考察：专卖和生产组织》，斯图加特，1990 年。

[1049] Wada Hironori. "Rikōsei to rishadan, Kyōreidan-Mindai no kyōson shihai to saishi." In *Nishi to higashi to-Maejima Shinji sensei tsuitō ronbunshu*, ed. Keio gijuku daigaku Tōyōshi kenkyū-shitsu. Tokyo: Kyū-ko shoin, 1985, pp. 413—32.

和田博德：《里甲制与里社坛及乡例坛——明代的农村控制和祭祀》，载《前岛信次先生追悼论文集》，庆应义塾大学东洋史研究室编，东京，1985 年，第 413—432 页。

[1050] Wada Masahiro. " Mindai kyojinsō no keisei katei ni kansuru ichi kūsatsukakyo jōrei no kentō o chūshin to shite." *Shigaku zasshi*, 87, No. 3 (March 1978), pp. 36—71.

和田正广：《明代举人阶层形成过程的考察——科举条例探讨》，载《史学杂志》，87：3（1978 年 3 月），第 36—71 页。

[1051] Wada Masahiro. "Mindai no chihōkan posuto ni okeru mibunsei joretsu ni kansuru ichi kōsatsu." *Tōyōshi kenkyū*, 44/1(June 1985), pp. 77—109.

和田正广：《关于明代地方官职位身份制序列的考察》，载《东洋史研究》，44/1（1985 年 6 月），第 77—109 页。

[1052] Wada Masahiro. "Yōeki yūmen, jōrei no tenkai to Minmatsu kyojin no hōteki ichiji-men'eki kijungaku no kentō o tsūjite." *Tōyō gakuhō*, 60, No. 1—2(Nov. 1978), pp. 93—131.

和田正广：《徭役优免条例的发展和明末举人的法律地位——免役基本额的探讨》，载《东洋学报》，60：1—2（1978 年 11 月），第 93—131 页。

[1053] Wada Sei, ed. *Minshi shokkashi yakuchū*. (A translation of chapters 173, 174, 175 of the *Ming Shih*.)2 vols. Tokyo: Tōyō Bunko 东洋文库, *Tōyō Bunko ronso*, No. 44, 1960.

和田清编：《明史食货志译注（第 173、174、175 卷）》，2 卷，东京，《东洋文库论丛》，44，1960 年。

[1054] Wada Sei. "A study of Dayan Khan." *Memoirs of the research department of the Toyo Bunko*, 19(1960), pp. 1—42.

和田清：《大元可汗研究》，载《东洋文库研究部论文集》，19（1960 年），第 1—42 页。

［1055］ Wakeman, Frederic E. Jr. "China and the seventeenth-century crisis." *Late Imperial China* ,7,No. 1(June 1986),pp. 1—26.

魏斐德：《中国和17世纪危机》，载《晚期中华帝国》，7：1（1986年6月），第1—26页。

［1056］ Wakeman, Frederic Jr. *The great enterprise-the Manchu reconstruction of imperial order in seventeenth-century China* ,2 vols. Berkeley：University of California Press,1985.

魏斐德：《大事业——满洲人重建17世纪中华帝国秩序》，2卷，伯克利，1985年。

［1057］ Waldron, Arthur. *The Great Wall of China*, Cambridge, Cambridge University Press,1990.

阿瑟·沃尔德伦：《中国的长城》，剑桥，1990年。

［1058］ Kuhn, Franz, trans. ,Bernard Miell, *Chin p'ing mei. The Adventurous Story of Hsi Men and his Six Wives*. With and introduction by Arthur Waley. London：John Lane, The Bodley Head,1939；rpt 1942；rpt. New York：Capricorn Books,1960.

弗朗兹·库恩：《〈金瓶梅〉：西门庆及其六个妻妾》，阿瑟·韦利作导言，伦敦，1939年；1942年重印；1960年纽约重印。

［1059］ Walker, D. P. *The ancient theology：Studies in Christian Platonism from the fifteenth to the eighteenth century.* London：Duckworth,1972.

D. P. 沃克：《古代神学：15—18世纪基督教柏拉图主义研究》，伦敦，1972年。

［1060］ Walker, Hugh D. "The Yi-Ming rapprochement：Sino-Korean foreign relations,1392—1592."Diss. University of California at Los Angeles,1971.

休·沃克：《李明两朝和好：1392—1592年的中朝关系》，洛杉矶加州大学论文，1971年。

［1061］ *Wan-liti-ch'ao*

《万历邸抄》，编于万历晚期；台北，1963年。

［1062］ *Wan-tzu hsü tsang-ching*

《卍字续藏经》，1905—1912年，1977年台北重印。

［1063］ Wang Ao

王鏊：《震泽长语》，16世纪早期；收于《百部丛书集成》，台北，1965

年。

[1064] Wang Cheng

王徵：《畏天爱人极论》，1628 年；手稿本藏于巴黎，国家书目编号
3368 号。

[1065] Wang Chi

王畿：《王龙溪先生全集》，1588 年；1970 年台北重印。

[1066] Wang Ch'i

王圻：《续文献通考》，1586 年；1979 年台北重印，24 卷。

[1067] Wang Chia-shih

王家士：《光山县志》，1556 年。

[1068] Wang Chung-min

王重民：《徐光启》，何兆武编，上海人民出版社，1981 年。

[1069] Wang Ch'ung-wu

王崇武：《李如松征东考》，载《中央研究院历史语言研究所集刊》，16
（1947 年），第 343—374 页。

王崇武：《刘綎征东考》，载《中央研究院历史语言研究所集刊》，14
（1949 年），第 137—149 页。

王崇武：《明成祖朝鲜选妃考》，载《中央研究院历史语言研究所集
刊》，17（1948 年），第 165—176 页。

[1070] Wang Ch'ung-wu. "The Ming system of merchant colonization. "*Chinese
social history*, trans. E-fu Zen Sun and John de Francis. Washington,
DC：American Council of Learned Societies，1956，pp. 299—308.

王崇武：《明代的商屯制》，载《中国社会史》，孙任以都、约翰·德·
弗朗西斯英译，华盛顿，美国学术团体理事会，1956 年，第 299—308
页。

[1071] Wang, Gung－wu. "China and Southeast Asia, 1402—1424. "*Studies in
the social history of China and Southeast Asia：Essays in memory of
Victor Purcell*, eds. Jerome Ch'en and Nicholas Tarling. Cambridge：
Cambridge University Press，1970，pp. 375—401.

王赓武：《中国与东南亚，1402—1424 年》。载陈志让、塔林编：《中国
与东南亚社会史研究：纪念维克托·珀塞尔文集》，剑桥，1970 年，第
375—401 页。

[1072]　Wang, Gung-wu. "Early Ming relations with Southeast Asia: A background essay."*The Chinese world order: Traditional China's foreign relations*, ed. John K. Fairbank. Cambridge, Mass: Harvard University Press, 1968, pp. 34—62.

王赓武：《明朝早期与东南亚的关系：背景探析》。收于费正清编：《中国的世界秩序》，坎布里奇，1968 年，第 34—62 页。

[1073]　Wang, Gung-wu. "Merchants without Empire: The Hokkien Sojourning Communities."In *The rise of merchant empires: Long-distance trade in the early modern world*, ed. James D. Tracy. Cambridge: Cambridge University Press, 1990, pp. 400—21.

王赓武：《无帝国的商人：福建旅居社团》。载詹姆斯·特蕾西编：《商人帝国的兴起：早期近代世界的长途贸易》，剑桥，1990 年，第 400—421 页。

[1074]　Wang, Gung-wu. *The Nanhai Trade: A study of the early history of Chinese trade in the South China Sea*. Monograph issue of *Journal of the Malayan Branch of the Royal Asiatic Society* (June, 1958).

王赓武：《南海贸易：中国人在南中国海贸易的早期史研究》，《皇家亚洲学会马来亚分会学报》，单行本，1958 年 6 月。

[1075]　Wang, Gung-wu. "The rhetoric of a lesser empire: Early Sung relations with its neighbours."*China among equals: The Middle Kingdom and its neighbors, 10th—14th centuries*. Berkeley and Los Angeles: University of California Press, 1983, pp. 47—65.

王赓武：《二等帝国的词藻：宋早期与邻邦的关系》，载《中国与处于平等地位的邻邦》，伯克利、洛杉矶，1983 年，第 47—65 页。

[1076]　Wang Hung-hsü

王鸿绪等：《明史考》，1723 年；1963 年台北重印，7 卷。

[1077]　Wang Kuo-kuang

王国光：《万历会计录》，张学颜编，1582 年；原本缩微胶卷，藏于芝加哥大学图书馆。

[1078]　Wang Meng-chün

汪孟钧：《龙井见闻录》，1762 年以后；1884 年杭州重印。

[1079]　Wang P'o-leng

王婆楞:《中缅关系史》,长沙,1941年。

[1080] Wang Shao-wu and Zhao Zong-ci(Chao Tsung-tz'u). " Droughts and floods in China,1470—1979. "In *Climate and history: studies in past climates and their impact on man*, eds. T. M. L. Wigley, et al. Cambridge: Cambridge University Press,1981,pp. 271—88.

王绍武(音)、赵宗慈(音):《1470—1979 年中国的旱涝灾害》。载 T. M. L. 威格利等编:《气候和历史:过去的气候及其对人类影响的研究》,剑桥,1981年,第 271—288 页。

[1081] Wang Shih-chen

王世贞:《艺苑卮言》,丁福保编,无出版地点和日期。

王世贞:《弇山堂别集》,1590年;收于《中国史学丛书》,16,台北,1965年。

[1082] Wang Wen-su

王文肃:《古今算学宝鉴》。

[1083] Wang, Yang-ming. *Instructions for practical living*, trans. Wing-tsit Chan. New York: Columbia University Press,1963.

王阳明:《实践致用的教导》,陈荣捷英译,纽约,1963年。

[1084] Wang Yang-ming

王阳明:《王文成公全集》,晚明本,重印于《四部丛刊》,上海,1926年。

[1085] Wang Yeh-chien. *Land taxation in imperial China*, *1750—1911*. Cambridge, Mass.: Harvard University Press,1973.

王业键:《1750—1911 年中华帝国的田赋》,坎布里奇,1973年。

[1086] Wang Yi-t'ung. *Official relations between China and Japan 1368—1549*. Cambridge,Mass.: Harvard University Press,1953.

王伊同:《中国与日本的官方关系,1368—1549 年》,坎布里奇,1953年。

[1087] Wang Ying-ming

王英明:《历体略》,约 1612 年;重印收于《四库全书珍本,四集》,50,台北,1973年。

[1088] Wang Yü-chüan

王毓铨:《明朝人论明朝户口》,载《中国历史博物馆馆刊》,13—14

（1989 年 9 月），第 160—169 页。

王毓铨：《明朝的配户当差制》，载《中国史研究》，1991/1，第 24—43 页。

王毓铨：《明朝徭役审编与土地》，载《历史研究》，1988/1，第 162—180 页。

王毓铨：《明代的军屯》，北京，1965 年。

王毓铨：《明代的王府庄田》，载《历史论丛》，1（1964 年 9 月），第 219—305 页。

[1089] Wang, Yuquan (Wang Yü-ch'üan). "Some salient features of the Ming labor service system."*Ming Studies*,21(1986),pp. 1—44,

王毓铨：《明代徭役制的几个显著特征》，载《明史研究》，21（1986 年），第 1—44 页。

[1090] Watanabe, Hiroshi. "An index of embassies and tribute missions from Islamic countries to Ming China as recorded in the *Ming shih lu* classified according to geographic area."*Memoirs of the research department of the Toyo Bunko*,33(1975),pp. 285—347.

渡边纮良：《〈明实录〉记载的伊斯兰国家出使明代中国的使节及贡使索引，按地理区域分类》，载《东洋文库研究报告》，33（1975 年），第 285—347 页。

[1091] Watanabe, Shin'ichirō. "Chūgoku zenkindaishi kenkyū no kadai to shōkeiei seisan yōshiki."In *Chūgoku shizō no saikōsei-kakka to nōmin*,ed. Chūgokushi kenkyūkai. kyoto：Bunrikaku,1983,pp. 37—54.

渡边信一郎：《中国前近代史研究的课题与小经营生产模式》。载中国史研究会编：《中国史像的再构成——国家与农民》，京都，1983 年，第 37—54 页。

[1092] Watanabe Tadayo and Sakurai Yumio, eds. *Chūgoku Kōnan no inasaku bunka-sono gakusaiteki kenkyū*. Tokyo：Nihoh hōsō shuppan kyōkai,1984.

渡部忠业、樱井由躬雄编：《中国江南的稻米耕作文化》，东京，1984 年。

[1093] Watson, James L. "Standardizing the gods：The promotion of T'ien Hou ('Empress of Heaven')along the South China coast(960—1960)."*Popu-*

lar culture in late imperial China, eds. David Johnson, Andrew J. Na-
than and Evelyn Rawski. Berkeley: University of California Press, 1985,
pp. 292—325.

詹姆斯·沃森:《神的标准化:960 年至 1960 年华南沿海天后地位的提
高》。载戴维·约翰逊等编:《中华帝国晚期的大众文化》,伯克利,
1985 年,第 292—325 页。

[1094] Watt, John R. *The district magistrate in late imperial China*. New
York: Columbia Unviersity Press, 1972.

约翰·瓦特:《中华帝国晚期的知县》,纽约,1972 年。

[1095] Watt, John R. "The Yamen and Urban Administration." *The City in Late
Imperial China*, ed. G. William Skinner. Stanford: Stanford University
Press, 1977, pp. 353—90.

约翰·瓦特:《衙门与城镇管理》。载施坚雅编:《中华帝国晚期的城
市》,斯坦福,1977 年,第 353—390 页。

[1096] Wechsler, Howard. *Offering of jade and silk: Ritual and symbol in
the legitimation of the T'ang dynasty*. New Haven: Yale University
Press, 1985.

霍华德·韦克斯勒:《玉和丝的供品:唐代正统化的仪式和象征》,纽
黑文,1985 年。

[1097] Wei Chin-yü

魏金玉:《明清时代佃农的农奴地位》,载《历史研究》,1963/5。第
109—134 页。

[1098] Wei Ch'ing-yüan

韦庆远:《明代黄册制度》,北京,1961 年。

[1099] Wei Huan

魏焕(约 1529 年):《九边考》,摘收于《明代边防》,包遵彭编:《明史
论丛》,第 6 卷,台北,1968 年,第 33—112 页。

[1100] Wei Yüan

魏源:《海国图志》,1847 年;1966 年台北重印。

[1101] Welch, Holmes. *Taoism: The parting of the way*. Rev. ed. Boston: Bea-
con Press, 1966.

霍姆斯·韦尔奇:《道教:道的分化》,修订本,波士顿,1966 年。

[1102] Welch, Holmes. *The practice of Chinese Buddhism*, 1900—1950. Cambridge, Mass. : Harvard University Press, 1967.

霍姆斯·韦尔奇：《中国佛教的修持（1900—1950 年）》，坎布里奇，1967 年。

[1103] *Wen hsing t'iao li*

《问刑条例》，万历本，收于张卤编：《皇明制书》，1579 年；徂徕物茂卿（1666—1728 年）的《律例对照定本明律国家解》重印，内田智雄、日原利国编，东京，创文社，1966 年，第 555—859 页。

[1104] West, S. George, ed. *List of the writings of Charles Ralph Boxer published between 1926 and 1984*. London: Tamesis Books, 1984.

乔治·韦斯特：《查尔斯·博克瑟 1926 年至 1984 年间著作目录》，伦敦，1984 年。

[1105] Whitmore, John K. "Vietnam and the Monetary Flow of Eastern Asia, Theirteenth to Eighteenth Centuries. " In *Precious metals in the later medieval and early modern words* ed. J. F. Richards. Durham, North Carolina: Carorlina Academic Press, 1983, pp. 363—93.

约翰·惠特莫尔：《13—18 世纪越南与东亚的货币流动》。载 J. F. 理查兹编：《晚期中世纪和早期近代世界的贵金属》，达勒姆，第 363—393 页。

[1106] Whitmore, John K. *Vietnam*, *Hô Qu'y Ly*, *and the Ming (1371—1421)*. Yale Southeast Asia Series. New Haven: Yale University Press, 1985.

约翰·惠特莫尔：《越南、胡季嫠与明朝（1371—1421 年）》，纽黑文，1985 年。

[1107] Widmer, Ellen. "The epistolary world of female talent in seventeenth-century China. " *Late Imperial China*, 10:2 (December 1989), pp. 1—43.

埃伦·威德默：《17 世纪中国书信界的才女》，载《晚期中华帝国》，10:2（1989 年 12 月），第 1—43 页。

[1108] Wiens, Mi Chu. "Changes in the fiscal and rural control systems in the fourteenth and fifteenth centuries. " *Ming Studies*, 3 (Fall, 1976), pp. 53—69.

居密：《14—15 世纪财政和农村控制制度的变化》，载《明史研究》，3（1976 年秋季号）第 53—69 页。

［1109］ Wiens，Mi Chu. " Cotton Textile Production and Rural Social Transfor-
mation in Early Modern China. "*Chung-kuo wen-hua yen-chiu so hsüeh-
pao*. 7，No. 2(Dec. 1974)，pp. 515—31.

居密：《近代中国早期的棉织品生产与农村社会变化》，载《中国文化
研究所学报》，7：2（1974 年 12 月），第 515—531 页。

［1110］ Wiens，Mi Chu. "Lord and peasant，the sixteenth to the eighteenth centu-
ry. "*Modern China*，6，No. 1(Jan. 1980)，pp. 3—39.

居密：《16 至 18 世纪的地主和小农》，载《近代中国》，6：1（1980 年 1
月），第 3—39 页。

［1111］ Wiens，Mi Chu. "The origins of modern landlordism. "In Shen Kang-po
hsien-sheng pa-chih jung-ch'ing lun-wen chi pien-chi wei-yüan hui, ed.
Shen Kang-po hsien-sheng pa-chih jung-ch'ing lun-wen-chi. Taipei：
Lienching ch'u-pan-shih-yeh kung-ssu，1976，pp. 289—344.

居密：《近代地主制的起源》，载《沈刚伯先生八秩荣庆论文集》，台
北，1976 年，第 289—344 页。

［1112］ Wiens，Thomas B. *The macroeconomics of peasant ceonomy，China，
1920—1940*. New York：Garland Publishing Inc. ，1982.

托马斯·威恩斯：《1920—1940 年中国小农经济的宏观经济学》，纽
约，1982 年。

［1113］ Wiethoff，Bodo. *Die Chinesische Seeverbotspolitik und der private
Áberseehandel von 1368 bis1567*. Hambury：Gesellschaft für Natur-und
Vølkerkunde Ostasiens e. v. ，Ham-burg，1963.

波多·维特霍夫：《1368—1567 年中国的海禁政策和私人海外贸易》，
汉堡，1963 年。

［1114］ Wigley，T. M. L. ，et al. ，eds. *Climate and history：studies in past cli-
mates and their impact on man*. Cambridge：Cambridge University Press，
1981，pp. 3—25.

T. M. L. 威格利等：《气候和历史：过去的气候及其对人类影响的研
究》，剑桥，1981 年，第 3—25 页。

［1115］ Wild，Norman. "Materials for the Stuty of the Ssu I Kuan. "*Bulletin of
the School of Oriental and African Studies*，No. 11(1943—1946)，pp.
617—40.

诺曼·怀尔德：《四夷馆研究材料》，载《东方和非洲研究学报》，11（1943—1946 年），第 617—640 页。

[1116] Wilhelm, Hellmut. "On Ming Orthodoxy. "*Monumenta Serica*, 29(1970—71), pp. 1—26.

赫尔默特·威廉：《论明代的正统》，载《华裔学志》，29（1970—1971年），第 1—26 页。

[1117] Will, Pierre-Étienne. "State intervention in the administration of a hydraulic infra-structure: the example of Hubei province in late Imperial times. "In *The scope of state power in China*, ed. S. Schram. London: School of Oriental and African Studies, University of London, 1985; and Hong Kong: The Chinese University Press, 1985, pp. 295—347.

皮埃尔—厄蒂埃尼·维尔：《水利基础设施管理中的国家干预：以帝国晚期的湖北省为例》。载施拉姆编：《中国国家权力的范围》，伦敦，1985 年；香港，1985 年，第 295—347 页。

[1118] Will, Pierre-Étienne. "Un cycle hydraulique en Chine: la province du Hubei du XVIe au XIXe siècles. "*Bulletin de l'école française d'extrême-orient*, 68(1980), pp. 261—87.

皮埃尔—厄蒂埃尼·维尔：《中国水力的循环：16 至 19 世纪的湖北省》，载《法兰西远东学院学报》，68（1980 年），第 261—287 页。

[1119] Will, Pierre Étienne and R. Bin Wong. *Nourish the people: the state civilian granary system in China, 1650—1850*. Ann Arbon Center for Cninese Studies, University of Michigan, 1991.

皮埃尔—蒂埃尼·维尔：《养育百姓：1650—1850 年中国的国家民用粮仓制》，安阿伯，1991 年。

[1120] Wills, John E., Jr. "Advances and archives in early Sino-Western relations: An update. "*Ch'ing-shih wen-t'i*, 4, No. 10(December 1983), pp. 87—110.

小约翰·威尔斯：《早期中西关系的进展和档案》，载《清史问题》，4：10（1983 年 12 月），第 87—110 页。

[1121] Wills, John E., Jr. "The Dutch Period in Taiwan History: A Preliminary Survey. "Unpublished.

小约翰·威尔斯：《台湾历史上的荷兰时期：试探性的综述》，未发表。

［1122］ Wills, John E. , Jr. "Early Sino-European relations: Problems, opportuni-
ties, and archives. "*Ch'ing-shih wen-t'i*, 3, No. 2 (December 1974), pp.
50—76.

小约翰·威尔斯:《早期的中欧关系:问题、机遇和档案》,载《清史
问题》,3:2 (1974 年 12 月),第 50—76 页。

［1123］ Wills, John E. , Jr. *Embassies and illusions: Dutch and Portuguese en-
voys to K'ang-hsi, 1666—1687*. Harvard East Asian Monographs, No.
113. Cambridge, Massachusetts: Fairbank Center for East Asian Re-
search, 1984.

小约翰·威尔斯:《使者与幻觉:荷兰、葡萄牙使者觐见康熙,1666—
1687 年》,哈佛东亚研究单行本,113,坎布里奇,1984 年。

［1124］ Wills, John E. , Jr. "From wild coast to prefecture: The transformation
of Taiwan in the sevonteenth century. "In *Taiwan: Economy, Society,
and History*, eds. E. K. Y. Chen, Jack F. Williams, and Joseph Wong.
Hong Kong: University of Hong Kong, Centte of Ssian Studies, 1991.

小约翰·威尔斯:《从荒芜的沿海成为府:台湾在 17 世纪的变化》。载
E. K. Y. 陈等编:《台湾的经济,社会和历史》,香港,1991 年。

［1125］ Wills, John E. , Jr. "The hazardous missions of a Dominican: Victorio
Riccio, O. P. in Amoy, Taiwan, and Manila. Les missions aventureuses
d'un Dominicain, Victorio Riccio. "In *Actes du IIe Colloque International
de Sinologie, Chantilly*, 1977 (Pais, 1980), pp. 231—57.

小约翰·威尔斯:《一个多明我会会员的传教历险记》。载《1977 年尚
蒂伊第二次国际汉学研讨会文集》,巴黎,1980 年,第 231—257 页。

［1126］ Wills, John E. , Jr. "Maritime Asia, 1500—1800: The interactive emer-
gence of European domination. "*American Historical Review*, 98, No. 1
(February 1993), pp. 83—105.

小约翰·威尔斯:《1500—1800 年海上的亚洲:欧洲支配地位兴起的
相互作用》,载《美国历史评论》,98:1 (1993 年 2 月),第 83—105
页。

［1127］ Wills, John E. , Jr. "Maritime China from Wang Chih to Shih Lang:
Themes in peripheral history. "In *From Ming to Ch'ing: Conquest, Re-
gion, and Continutiy in Seventeenth-Century China*, eds. Jonathan D.

Spence and John E. Wills, Jr. New Haven and London: Yale University Press, 1979, pp. 201—38.

小约翰·威尔斯：《从王直到施琅的沿海中国：边缘历史题目》。载乔纳森·斯彭斯等编：《明清之交：17 世纪中国的征服、地区与持续》，纽黑文、伦敦，1979 年，第 201—238 页。

[1128] Wills, John E., Jr. "State ceremony in late imperial China: Notes for a framework of discussion." *Bulletin of the Society for the Study of Chinese Relgions*, 7(Fall, 1979), pp. 46—57.

小约翰·威尔斯：《帝国晚期的国家礼仪：讨论基础的几点意见》，载《中国宗教研究学会学报》，7（1979 年秋季号），第 46—57 页。

[1129] Wills, John E., Jr. "Tribute, defensiveness, and dependency: uses and limits of some basic ideas about Mid-Ch'ing foreign relations." *Annals of the Southeast Conference of the Association for Asian studies*, Vol. 8 (1986), pp. 84—90; rpt. *American Neptune*, 48, No. 4 (Fall 1988), 225—29.

小约翰·威尔斯：《朝贡、防御与依附：关于清代中期对外关系某些基本思想的使用和范围》，载《亚洲研究协会东南亚会议年刊》，第 8 卷（1986 年），第 84—90 页；《美国海神》，48:4（1988 年秋季号），第 225—229 页。

[1130] Witek, John D. "Understanding the Chinese: A comparison of Matteo Ricci and the French Jesuit mathematicians sent by Louis XIV." *Eart Meets West: The Jesuits in China*, 1582—1773, eds. Charles E. Ronan, S. J., and Bonnie B. C. Oh. Chicago: Loyola University Press, 1988, pp. 62—102.

约翰·威特克：《理解中国人：利玛窦与路易十四派遣的法国耶稣会数学家之比较》。载查尔斯·罗南等编：《东西方相遇》，芝加哥，1988 年，第 62—102 页。

[1131] Wolf, Arthur P. "Social hierarchy and cultural diversity-a crtique of G. William Skinner's view of Chinese peasant culture." In Chung-yang yen-chiu-yüan, ed. *Chung-yang yen-chiu-yüan ti-erh-chieh kuo-chi Han hsüeh hui-i lun-i lun-wen-chi(Dec, 29—31, 1986-Ch'ing-chu Chung-yang yen-chiu-yüan yüan ch'ing liu-shih chou-nien)*: *Min-su yü wen-hua tsu*. Taipei：1989，pp. 311—18.

亚瑟·沃尔夫：《社会等级和文化多样性——施坚雅的中国小农文化观点的批判》，载《中央研究院第二届国际汉学论文集（庆祝中央研究院院庆六十周年：民俗与文化组）》，台北，1989 年，第 311—318 页。

[1132] Wolters, O. W. *The fall of Srīvijaya in Malay history*. Ithaca：Cornel University Press，1970.

O. W. 沃尔特斯：《马来历史上室利佛逝的衰亡》，伊萨卡，1970 年。

[1133] Wolters, O. W. *Early Indonesian commerce：A study of the origins of Srīvijaya*. Ithaca：Cornell University Press，1967.

O. W 沃尔特斯：《早期印度尼西亚的商业：室利佛逝起源研究》，伊萨卡，1967 年。

[1134] Wong, R. Bin. "Food riots in the Qing dynasty."*Journal of Asian Studies*，41，No. 4(Aug. 1982)，pp. 767—88.

王宾（音）：《清代的米骚乱》，载《亚洲研究杂志》，41：4（1982 年 8 月），第 767—788 页。

[1135] Woodruff, Phillip. "Status and lineage among the Jurchens of the Korean northeast in the fifteenth century."*Central and Inner Asian Studies*，1 (1987)，pp. 117—54.

菲利浦·伍德拉夫：《15 世纪朝鲜的东北女真人的地位和门第》，载《中亚和亚洲腹地研究》，1（1987 年），第 117—154 页。

[1136] Woodward, David. "Maps and the rationalization of geographic space."In *Circa 1492：Art in the Age of Exploration*，ed. Jay A. Levenson. Washington，DC：National Gallery of Art；New Haven and London：Yale University Press，1991，pp. 83—87.

戴维·伍德沃德：《地图及地理空间的合理化》，载《1492 年前后：探险时代的艺术》，J. A. 利文森，纽黑文、伦敦，1991 年，第 83—87 页。

[1137] Wright，A. D. *The Counter-Reformation：Catholic Europe and the Non-Christian World*. London：Weidenfeld and Nicolson，1982.

A. D. 赖特：《反对改革：天主教欧洲与非基督教世界》，伦敦，1982 年。

[1138] Wright, Mary C. "The adaptability of Ch'ing diplomacy：The Case of Korea."*Joarnal of Aaian Studies*，XVII，No. 3(May1958)，pp. 363—81.

芮玛丽：《清朝外交的适应性：以朝鲜为例》，载《亚洲研究杂志》，17：3（1958年5月），第363—381页。

[1139] Wu, Cheng-han〔Wu Chen-han〕. "The temple fairs in late imperial China."Diss. Princeton University, 1988.

吴辰汉（音）：《晚期中华帝国的庙会》，普林斯顿大学论文，1988年。

[1140] Wu Ch'eng-ming

吴承明：《中国资本主义与国内市场》，北京，中国社会科学出版社，1985年。

吴承明：《论清代前期我国国内市场》，载《历史研究》，1983/1，第96—106页。

吴承明：《明代国内市场和商人资本》，载《中国社会科学院经济研究所集刊》，5（1983年），第1—32页。

[1141] Wu Chi-hua

吴缉华：《明代海禁与对外封锁政策的连环性》，载《明史研究论丛》，吴智和编，台北，1985年，第2卷，第127—143页。

[1142] Wu, Ch'i-yü. "Who were the Oirats?" The Yenching Journal of Social Studies, 3, No. 2(August 1841), pp. 174—219.

吴基昱：《谁是瓦剌人?》，载《燕京社会研究杂志》，3:2（1841〔?〕年8月），第174—219页。

[1143] Wu Chin-ho

吴智和：《土木之变后明朝与瓦剌之交涉》，载《明史研究专刊》，3（1980年9月），第75—99页。

[1144] Wu Han

吴晗：《江浙藏书家史略》，北京，1981年。

吴晗：《朱元璋传》，上海，1949年；1965年，三联书店，修订本；1979年北京重印。早期版本《从僧钵到皇权》，1994年。

吴晗：《明代的军兵》，载《中国社会经济史集刊》，5:2（1937年）；重印于其《读史札记》，1956年；1961年北京重印，第92—141页。

[1145] Wu Hsiang-hsiang

吴相湘：《明朝开国文献》，收于《中国史学丛集》，34，台北，1966年。

[1146] Wu, K. T. "Ming Printing and Printers." Harvard Journal fo Asiatic

Studies, 7, No. 3(1943), pp. 203—60.

吴光清：《明代的印刷和印刷商》，载《哈佛亚洲研究杂志》，7:3 （1943 年），第 203—260 页。

[1147] *Wu-lun shu*

《五伦书》，1443 年。

[1148] Wu, Pei-yi. *The Confucian's progress: Autobiographical writings in traditional China.* Princeton: Princeton Univrsity Press, 1990.

吴伯益：《儒家的历程：传统中国的自传体著述》，普林斯顿，1990 年。

[1149] Wu, Pei-yi. "The spiritual autobiography of Te-ch'ing." *The unfolding of neo-Confuciansim.* Ed. Wm. Theodore de Bary and The Conference of Seventeenth Century Thought. New York: Colmbia University Press, 1975, pp. 67—92.

吴伯益：《德清的心灵自传》。载狄百瑞等编：《新儒学的演变》，纽约，1975 年，第 67—92 页。

[1150] Wu, Silas. "Transmission of Ming memoriala and the evaluation of the transmisson network." *T'oung Pao*, 54(1968), pp. 275—87.

吴秀良：《明代奏议的传送和传送网络的评价》，载《通报》，54 （1968 年），第 275—287 页。

[1151] Wu Tan-ko

伍丹戈：《明代的官田和民田》，载《中华文史论丛》，1979/1，第 119—163 页。

[1152] Wu Ying-ch'i

吴应箕：《东林本末》；收于李季编：《东林始末》，上海，1946 年。

[1153] Wu, Yuan li. *The Spatial economy of communist China.* New York: Praoger, 1967.

吴元黎：《共产党中国的空间经济》，纽约，1967 年。

[1154] Wyatt, David K. *Thailand, a short history.* New Haven: Yale University Press, 1982, 1984.

戴维·怀亚特：《泰国简史》，纽黑文，1982 年。

[1155] Yamane Yukio. "Ichijō benpō to chiteigin." In Chikuma shobō henshūbu, ed. *Yuragu Chūka teikoku.* Sekai no rekishi. 11. Kokyo: Chikuma shobō, 1961, pp. 282—99.

山根幸夫：《一条鞭法和地丁银》。载筑摩书房编集部编：《中华帝国，世界历史，11》，东京，1961 年，第 282—299 页。

[1156] Yamane Yukio. "Jūroku seiki Chūgoku ni okeru aru kokō tōkei ni tsuite-Fukken Kei'an-ken no baai." *Tōyō daigaku kiyō*, 6（March 1954），pp. 161—72.

山根幸夫：《十六世纪中国户口统计——福建惠安个案研究》，载《东洋大学纪要》，6（1954 年 3 月），第 161—172 页。

[1157] Yamane Yukio. "Min-Shin jidai Kahoku ni okeru teiki-ichi." *Tōkyō joshi daigaku shiron*, 8（Nov. 1960），pp. 493—504.

山根幸夫：《明清时代华北的定期集市》，载《东洋女子大学史论》，8（1960 年 11 月），第 493—504 页。

[1158] Yamane Yukio. "Min-Shin sho no Kahoku no shishū to shinshi, gōmin." In Min-Shin shi ronsō kankōkai, ed. *Nakayama Hachirō kyōju shūju kinen Min-Shin shi ronsō*. Tokyo: Ryōgen shoten, 1977, pp. 303—32.

山根幸夫：《明代和清初华北的集市和绅士豪民》。载明清史论丛刊行会编：《中山八郎教授颂寿纪念——明清史论丛》，东京，1977 年，第 303—332 页。

[1159] Yamane Yukio. "Mindai Kahoku ni okeru ekihō no tokushitsu." In *Shimizu hakushi tsuitō kinen：Mindaishi ronsō*, ed. shimizu hakushi tsuitō kinen henshū iinkai. Tokyo: Daian, 1962, pp. 221—50.

山根幸夫：《明代华北役法的特征》，载《清水博士追悼纪念——明代史论丛》，东京，1962 年，第 221—250 页。

[1160] Yamane Yukio. *Mindai yōeki seido no tenkai*. Tōkyō joshi daigaku gakkai kenkyū sōsho, 4. Tokyo: Tōkyō joshi daigaku gakkai, 1966.

山根幸夫：《明代徭役制度的发展》，载《东京女子大学学会研究丛书》，4，东京，1966 年。

[1161] Yamanoi Yū. *Min-Shin shisōshi no kenkyū*. Tokyo: Toryo University Press, 1980.

山井湧：《明清思想史研究》，东京，1980 年。

[1162] Yamawaki Teijirō. *Nagaski no Tōjin bōeki*. Kokyo: Yoshikawa Kōbunkan, 1972.

山胁悌二郎：《长崎的唐人贸易》，东京，1972 年。

[1163] Yang Chen-fu

杨震福：《嘉定县志》，1882 年。

[1164] Yang Ch'i-ch'ao

杨启樵：《明清史抉奥》，香港，1984 年。

杨启樵：《明代诸帝之崇尚方书及其影响》。收于陶希圣、包遵彭编集：《明史论丛》，10 卷，台北，1968 年，第 10 卷，第 203—297 页。

[1165] Yang, C. K. *Religion in Chinese society*. Berkeley：University of California Press，1967.

杨庆堃：《中国社会中的宗教》，伯克利，1967 年。

[1166] Yang Hsüeh-feng

杨雪峰：《明代的审判制度》，台北，1928 年。

[1167] Yang I-fan

杨一凡：《洪武法律典籍考证》，北京，法律出版社，1992 年。

杨一凡：《洪武三十年〈大明律〉考》，载《学习与思考》，5（1981 年），第 50—54 页。

杨一凡：《明大诰初探》，载《北京政法学院学报》（1981：1），第 54—62 页。

杨一凡：《明大诰研究》，南京，江苏人民出版社，1988 年。

[1168] Yang, Lien-sheng. *Money and ceredit in China：A short history*. Cambridge, Mass.：Harvard University Press，1952；rpt. 1971.

杨联陞：《中国的货币和信用简史》，坎布里奇，1952 年；1971 年重印。

[1169] Yang Mao-ch'un

杨懋春：《近代中国农村社会之演变》，台北，1980 年。

[1170] Yang Ming

杨铭：《正统临戎录》，15 世纪中叶；收于沈节甫：《纪录汇编》，台北，1969 年。

[1171] Yang Shen

杨慎：《升庵经说》，1582 年；收于《丛书集成》，上海，1936 年。

[1172] Yang Shu-fan

杨树藩：《中国文官制度史》，台北，1976 年。

[1173] Yang T'ing-yün

杨廷筠：《鸮鸾不并鸣说》，约 1617 年；摹写本藏于梵蒂冈图书馆；收于《天主教东传文献续编》，台北，1966 年，第 1 卷。

杨廷筠：《代疑篇》，1612 年；收于《天主教东传文献》，台北，1965
年，第 471—631 页。

[1174] Yang To

杨铎：《张江陵年谱》，上海，1938 年。

[1175] Yang Yang

杨旸等：《明代奴儿干土司及其卫所研究》，郑州，1982 年。

[1176] Yao Ming-ta

姚名达：《刘宗周年谱》，上海，1934 年。

[1177] Yasuno Shōzō. "Jinushi no jittai to jinushi sei kenkyū no aida "Tōyōshi
kenkyu, 33/3 (Dec. 1974), pp. 183—91.

安野省三：《地主的实态和地主制研究》，载《东洋史研究》，33：3
（1974 年 12 月），第 183—191 页。

[1178] Yasuno Shōzō. "Minmatsu Shinsho Yōsukō chūryū iki no daitochi shoyū
ni kansuru ichi kōsatsu-Kohoku Kansenken Shōgyōsai no baai o chūshin
to shite. "Tōyō gakuhō, 44, No. 3 (Der. 1961), pp. 61—88.

安野省三：《明末清初长江中游的大地主所有制考察——专论从湖北汉
川县萧尧采集的材料》，载《东洋学报》，44：3（1961 年 12 月），第
61—88 页。

[1179] Yates, Frances A. Giordano Bruno and the Hermetic Tradition. Chicago：
University of Chicago Press, 1964.

弗朗西丝·耶茨：《布鲁诺与异端传统》，芝加哥，1964 年。

[1180] Yeh Hsien-en

叶显恩：《略论珠江三角洲的农业商业化》，载《中国社会经济史研
究》，1986/2，第 16—29 页。

叶显恩：《明清徽州农村社会与佃仆制》，合肥，1983 年。

[1181] Yen-Chung-p'ing

严中平：《明清两代地方官倡导纺织业示例》，载《东方杂志》，42：8
（1946 年 4 月 15 日），第 20—25 页。

[1182] Yen Ch'ung-nien

阎崇年：《努尔哈赤传》，北京出版社，1983 年。

[1183] Yen Sung

严嵩:《袁州府志》,1514 年。

[1184] Yen Ts'ung-chien

严从简:《殊域周咨录》,1574 年;1930 年北京重印。

[1185] Yi Hyn-jong

李铉淙:《对明关系》,汉城,1973 年,第 298—356 页。

[1186] Yim, Shui-yuen. "Famine relief statistics as a guide to the population of sixteenthcentury China: a case study of Honan Province." *Ch'ing-shih wen-t'i*, 3, No. 9 (Nov. 1978), pp. 1—30.

尹水源(音):《作为研究 16 世纪中国人口指南的饥荒救济统计:对河南省的个案研究》,载《清史问题》,3:9(1978 年 11 月),第 1—30 页。

[1187] Yin Yün-kung

尹韵公:《中国明代新闻传播史》,重庆出版社,1990 年。

[1188] Yokota Seizō. "Mindai ni okeru kokō no idō genshō ni tsuite." *Tōyō gakuhō*, 26, No. 1 (1938), pp. 116—38; 26, No. 2 (1939), pp. 122—64.

横田整三: 《明代户口的移动现象》,载《东洋学报》,26:1(1938 年),第 116—138 页;26:2(1939 年),第 122—164 页。

[1189] Yonekura Jirō. *Tōa no shūraku-Nihon oyobi Chūgoku no shūraku no rekishichirigakutaki hikaku kenkyū*. Tokyo: Kokin shoin, 1960.

米仓二郎:《东亚的村落:日本与中国的村落历史地理学的比较研究》,东京,1960 年。

[1190] Yoshida Kōichi. "Gendai Chūgoku ninshiki to Chūgokushi kenkyū no shikaku." In Chūgokushi kenkyūkai, ed. *Chūgoku shizō no saikōsei-kokka to nōmin*. Kyoto: Bunrikaku, 1983, pp. 1—36.

吉田浤一:《现代中国认识与中国史研究的视角》。载中国史研究会编:《中国史像的再构成——国家与农民》,京都,1983 年,第 1—36 页。

[1191] Yoshikawa Kōjirō. *Gen Min shi gaisetsu*. Tokyo: Iwanami, 1963.

吉川幸次郎:《元明诗概说》,东京,1963 年。

[1192] Yoshioka, Yoshitoyo. "Taoist monastic life." *Facets of Taoism: Essays in Chinese religion*, ed. Holmes Welch and Anna Seidel New Haven: Yale University Press, 1979, pp. 229—52; also in *Dōkyō no Kenkyū*. Kyoto: Hōzōkan, 1952, pp. 196—345.

吉冈义丰（音）：《道教的道观生活》。载霍姆斯·韦尔奇等编：《道教面面观：中国宗教文集》，纽黑文，1979 年，第 229—252 页；又载于《道教研究》，京都，1952 年，第 196—345 页。

[1193]　Young, John D. *Confucianism and Christianity：The first encounter.* Hong Kong：Hong Kong University Press, 1983.

约翰·D. 杨：《儒学与基督教：第一次遭遇》，香港，1983 年。

[1194]　Yu Ju-chi

俞汝楫编：《礼部志稿》，1602 年；重印收于教育部中央图书馆筹备处编：《四库全书珍本初集》，第 73—77 书箱，上海，1935 年。

[1195]　Yü, Anthony, trans. and ed. *The journey to the West*, 4 vols, Chicago, University of Chicago Press, 1977—1981.

安东尼·于译注《西游记》，4 卷，芝加哥，1977—1981 年。

[1196]　Yü, Chun-fang. "Chung-feng Ming-pen and Ch'an Buddhism in the Yuan."*Yuan thought：Chinese thought and religion under the Mongols*, eds. Hok-lam Chan and Wm. Theodore de Bary. New York：Columbia University Press, 1982, pp. 419—77.

于君方：《中峰明本和元代的禅宗佛教》，载陈学霖、狄百瑞编：《元代思想：蒙古人统治下的中国的思想与宗教》，纽约，1982 年，第 419—477 页。

[1197]　Yü Chün-fang. "P'u-t'o shan：Pilgrimage and the creation of the Chinese Potalaka."In *Pilgrins and sacred sites in China*, eds. Susan Naquin and Chün-fnag Yü. Berkeley：University of California Press, 1992.

于君方：《普陀山：朝拜和中国佛教圣地的创立》。载韩书瑞、于君方编：《中国的朝拜与圣地》，伯克利，1992 年。

[1198]　Yü Chun-fang. *The renewal of Buddhism in China：Chu-hung and the late Ming synthesis.* New York：Columbia University Press, 1981.

于君方：《中国佛教的复兴：株宏和晚明的圆融》，纽约，1981 年。

[1199]　Yü Hsiang-tou

余象斗编：《万用正宗》，1599 年。

[1200]　Yü Wei-ming

郁维明：《明代周忱对江南地区经济社会的改革》，台北，1990 年。

[1201]　Yü Ying-shih

余英时：《中国近世宗教伦理与商人精神》，台北，1987 年。

余英时：《从宋明儒学的发展论清代思想史》，载《中国学人》，2（1970年），第 19—41 页；收于他的《历史与思想》，台北，1976 年，第 87—165 页。

余英时：《历史与思想》，台北，1976 年。

[1202]　Yü, Ying-shih. "The intellectual world of Chiao Hung revisited. "*Ming Studies*, 25(1988), pp. 24—64.

余英时：《再探焦竑的知性世界》，载《明史研究》，25（1988 年），第 24—64 页。

[1203]　Yü, Ying-shih. "Some preliminary observations on the rise of Ch'ing Confucian intellectualism. " *Tsing Hua Journal of Chinese Studies*, 11 (1975), pp. 105—46.

余英时：《关于清代儒学知性学说兴起的一些初步观察》，载《清华中国研究杂志》，11（1975 年），第 105—146 页。

[1204]　Yü, Ying-shih. "Toward an interpretation of the intellectual transition in seventeenth-century China. " *Journal of the American Oriental Society*, 100. 2(1980), pp. 115—25.

余英时：《试释 17 世纪中国知识的过渡》，载《美国东方学会杂志》，100：2（1980 年），第 115—125 页。

[1205]　Yüan Hung-tao

袁宏道：《袁宏道集笺校》，2 卷，北京，中国古籍出版社，1981 年。

[1206]　Yüan, I-chin. "Life tables for a southern Chinese family from 1635 to 1849. " *Human Biology*, 3, No. 2(1931), pp. 157—79.

袁易今（音）：《1635 年至 1849 年一个中国南方家庭的寿命表》，载《人类生物学》，3：2（1931 年），第 157—179 页。

[1207]　Yule, Hnery. *The book of Ser Marco Polo the Venetian concerning the kingdoms and marvels of the East*, 2 vols. Rev. Henri Cordier, 3rd ed. London: John Murray, 1903.

玉尔：《马可·波罗，一位威尼斯人关于东方王国及奇迹的书》，亨利·科尔迪修订，第 3 版，伦敦，1903 年。

[1208]　Yün-ch'i Chu-hung

云栖袾宏：《竹窗随笔》，收于其《云栖法汇》，南京，1897 年。

云栖祩宏：《哮义无蔼庵录》，1624 年；收于其《云栖法汇》，南京，1897 年。

[1209] Zeitlin, Judith. "The petrified. heart：Obsession in Chinese Literature, Art, and Medicine."*Late Imperian China*,12,No. 1(June 1991),pp. 1—26.

朱迪思·蔡德林：《僵化之心：中国文学、艺术和医药中的感情执著》，载《晚期中华帝国》，12：1（1991 年 6 月），第 1—26 页。

[1210] Zhang Jiacheng ed. *The reconstruction of climate in China for historical times.* Peking：K'o-hsüeh ch'u-pan-she,1988.

张家诚：《中国各历史时期气候的再现》，北京，1988 年。

[1211] Zhang Jiacheng, Zhang Xiangong, and Xu Xiejiang. "Droughts and floods in China during the recent 500 years."In *The reconstruction of climate in China for historical time*, ed. Zhang Jiacheng. Peking：K'o-hsüeh ch'u-pan-she,1988,pp. 40—55.

张家诚等：《中国近五百年旱涝分布图集》，载《中国各历史时期气候的重现》，张家诚编，北京，1988 年，第 40—55 页。

[1212] Zheng Peiyüan, Gong Gaofa, and Zhang Jinrong. "Temperature change and its impact on agriculture in Qing China."Paper prepared for the Workship on Qing population history, California Institute of Technology, Pasadena, California,26—32 August 1985.

郑沛元（音）等：《气温变化和它对清代农业的影响》，为清代人口史研究会准备的论文，帕萨迪纳，第 26—32 页，1985 年 8 月。

[1213] Zheng Sizhong. "Climatic change and its effect on food production during the period 1400—1949."In Zhang Jiacheng, ed. The *reconstruction of climate in China for historical times*. Peking：K'o-hsüeh ch'u-pan-she, 1988,pp. 138—45.

郑思忠（音）：《1400—1949 年气候变化及其对粮食生产的影响》，载《中国各历史时期气候的再现》，张家诚编，北京，1988 年，第 138—145 页。

[1214] Zürcher, E. ,Nicolas Standaert, and Adrianus Dudink, eds. *Bibliography of the Jesuit Mission in China*,ca. 1580—ca. 1680. Centre of Non-Western Studies Publications,5. Leiden：n. p. ,1991.

E. 泽克等编:《约 1580 至约 1680 年在华耶稣会使用的书目》,莱顿,1991 年。

[1215]　Zürcher E. "The First Anti-Christian Movementin China (NanKing, 1616—1621)." *Acta Orientalina Neerlandica*, *Proceedings of the Congress of the Dutch Oriental Society*, ed. P. W. Pestman. Leiden: E. J. Brill, 1971, pp. 188—95.

E. 泽克:《1616 至 1921 年南京第一次反基督教运动》,载《荷兰东方学报,荷兰东方学会会议纪要》,P. W. 佩斯特曼编,莱顿,1971 年,第 188—195 页。

[1216]　Zurndorfer, Harriet. *Change and continuity in Chinese local history: The development of Huichou prefecture, 800 to 1800*. Leiden, E. J. Brill, 1989.

哈里特·曾道尔夫:《中国地方历史的变化和延续:800—1800 年徽州府的发展》,莱顿,1989 年。

（杨品泉　译）

译 后 记

本书为《剑桥中国史》第 8 卷的中译本。

本书不同于《剑桥中国明代史》上卷按明代诸帝执政先后的顺序进行线性叙事；下卷则对明代的政府、典章制度、行政管理、财政经济、社会结构、晚明儒学、宗教信仰、刑名司法、交通运输、商业交易、对外关系以及自然条件等主题做了横截面的论述和剖析。两者的结合，相信会给读者提供明代的比较完整的全貌和认识。

《剑桥中国明代史》下卷诸位作者在撰写各章时引用了大量日文的和西方多种语言的资料和文献，并对它们的观点和见解进行了评述和发挥，这也给译者在翻译时带来一定的难度。少数中文资料（如明版的地方志）因不能找到原文，只能删去引号，照英文回译。本书的翻译得到中国社会科学院历史研究所栾成显、沈定平、许敏三位同志的许多帮助，此外，杨一凡、潘吉星、秦海波等专家亦给予热情的帮助。本书责任编辑张小颐女士为提高译文质量做了大量工作，特此一并感谢。

本书的译校分工如下：

杨品泉译第 8 卷总编序、导言、第 1、2、3、9、10 章，参考文献介绍及参考书目，校第 4、5、6、7、8、11、12、13、14、15 章。

吕昭义译第 4、5、6、7 章。

吕昭河译第 8 章。

陈永革译第 11、12、13、14、15 章。

由于水平有限，不妥及错误之处，敬请指正。

本书译校者
2005 年 3 月